中国烟草年鉴

CHINA TOBACCO ALMANAC 2002

上

国家烟草专卖局主编

经济日报出版社

中國煙草
CHINA TOBACCO

中国烟草年鉴

贰零零贰

长沙卷烟厂

常德卷烟厂

蚌埠卷烟厂

芜湖卷烟厂

柳州卷烟厂

昭通卷烟厂

广州卷烟二厂

许昌卷烟总厂

新郑烟草（集团）公司

杭州市烟草专卖局（分公司）

中國烟草年鑒

鸣谢单位

玉溪红塔烟草（集团）有限责任公司

上海烟草（集团）公司

武汉烟草（集团）有限公司

昆明卷烟厂

红河卷烟厂

杭州卷烟厂

宁波卷烟厂

【中国烟草年鉴】

免费赠送

如下机构

□中央政策研究室 □国务院发展研究中心 □全国人大办公厅 □全国政协办公厅 □中宣部 □财政部 □税务总局 □国家发改委 □农业部 □全国各省省委、人大、政府、政协办公厅 □国家图书馆 □首都图书馆 □北京大学图书馆 □清华大学图书馆 □中国人民大学图书馆 □中国农业大学图书馆 □复旦大学图书馆 □上海交通大学图书馆 □云南大学图书馆 □四川大学图书馆 □西北大学图书馆 □武汉大学图书馆 □浙江大学图书馆 □南京大学图书馆 □中山大学图书馆 □厦门大学图书馆

玉溪红塔集团董事长 党委书记

柳万东

先后担任云南天燃气化工厂党委书记、云南省工商局局长、
党组书记、云南省委组织部副部长、省纪委委员。
2002年4月担任玉溪红塔集团董事长、党委书记后，通过“提质创新”、“三项制度”改革、
企业文化建设等一系列强有力的举措，成功推出“山高人为峰”企业核心理念，
开发出“铂金”系列产品，被广大消费者接受和喜爱，
带领红塔走出近年下滑的低谷，实现了恢复性的增长。

评价一个行业、一家企业不能仅以规模论英雄，
还要考虑企业的社会贡献。稳定持续的税收贡献能力，
真实反映了企业在市场竞争中的
良好生存状态，反映了企业良好的经营纪录。

反映了中国烟草对社会

正是依赖于源源不断的税收，国家的教育、科学、
国防等事业才会不断发展壮大，
综合国力才会稳定提升。纳税多寡
成了综合评价企业社会贡献的重要标准。

2002年度中国纳税百强企业（中国烟草企业排名）

名次	地区	企业名称
3	云南省	玉溪红塔烟草（集团）有限公司
6	湖南省	长沙卷烟厂
7	云南省	昆明卷烟厂
10	湖南省	常德卷烟厂
11	云南省	红河卷烟厂
12	浙江省	杭州卷烟厂
13	浙江省	宁波卷烟厂
15	云南省	曲靖卷烟厂
19	江苏省	南京卷烟厂
24	贵州省	贵阳卷烟厂
25	福建省	龙岩卷烟厂
26	湖北省	武汉烟草（集团）有限公司
28	四川省	成都卷烟厂
30	广东省	广州卷烟二厂
33	云南省	云南红塔集团楚雄卷烟厂
34	安徽省	蚌埠卷烟厂
35	江苏省	淮阴卷烟厂
37	青岛市	颐中烟草（集团）有限公司青岛卷烟厂
39	江西省	南昌卷烟厂
40	厦门市	厦门卷烟厂
44	江苏省	徐州卷烟厂
48	山东省	将军烟草集团有限公司济南卷烟厂
57	陕西省	宝鸡卷烟厂
58	河南省	许昌卷烟厂
59	安徽省	芜湖卷烟厂
60	安徽省	合肥卷烟厂
62	云南省	会泽卷烟厂
68	四川省	什邡卷烟厂
70	云南省	大理卷烟厂
77	河北省	石家庄卷烟厂
83	河北省	张家口卷烟厂
85	广西区	广西甲天下烟草有限公司
92	深圳市	深圳卷烟厂
93	山东省	颐中烟草（集团）有限公司青州卷烟厂
99	河南省	新郑卷烟厂

的综合贡献。

由财政部、国家税务总局有关部门主持的2002年度中国纳税百强企业中(总排名)，中国烟草企业就占了

35家

红河HONGHE
奔腾的

雄风
紅河捲煙廠

红河·一个致力于提升产品品质、不断缔造中式卷烟新体验的企业。

生产自动化、物流自动化、信息自动化已彻底改变红烟人的工作方式、内容和思维方式，使其向智能劳动转化，进入全面创新。

① 2002年9月，全国烟草管理工作会议在红河卷烟厂召开，会议期间，国家烟草专卖局局长姜成康在云南省副省长程映萱、云南省烟草专卖局局长李维林及红河卷烟厂厂长邱建康的陪同下视察红烟。

② 2002年2月，原国家烟草专卖局局长倪益谨在红河卷烟厂生产车间视察。

③ 2000–2002年连续3年获得全国汽车拉力赛专业组冠军的红河卷烟厂“红河汽车拉力车队”。

都寶
银色气质 自由畅想
有一种气质非比寻常
有一种感觉令人神往
生活波折 岁月流转
因为心存梦想
所以从不言弃
成功 就在不远方
时尚银色都宝
银色气质 自由畅想
Special Lights
BLEND FROM THE USA
安徽·芜湖卷烟厂出品

① 2002年4月国家局局长倪益谨到芜湖卷烟厂指导视察。

② 2002年11月19日，繁昌县三山镇一消费者向芜湖卷烟厂赠送锦旗“品牌是树，质量是根、真诚服务，互惠双盈”，以感谢该厂良好的售后服务。

芜湖卷烟厂依靠技术进步求发展，以市场需求为导向，坚持走科技兴厂的道路。制丝生产线采用计算机系统控制，并有一条干冰膨胀烟丝生产线；从英国、德国和意大利等国引进具有当代国际一流水平的PASSIM、BE、BO、GDX-2等卷接包设备，融机、光、电、质量控制为一体。企业通过了ISO9002国际质量体系认证2000版换版工作，产品质量达到了国际、国内同行业先进水平。『迎客松』、『盛唐』、『都宝』牌号卷烟，于去年荣获中国名优卷烟称号，在历次全国卷烟质量评比中名列前茅。其中『迎客松』牌卷烟在国家烟草专卖局举办的评审中，连续七次荣登『全国卷烟优等产品』榜，是安徽省唯一获此殊荣的品牌。同时，芜湖卷烟厂在国内率先与英美烟草公司进行技术合作，共同研制开发出具有国际流行吸味的中式混合型『都宝』牌卷烟，在国内卷烟市场独树一帜。『都宝』卷烟在国家局今年上半年市场抽检中，入围前三名，成为中式混合型卷烟的**领导品牌**。

伴随着改革开放的大潮，芜烟人正与时俱进，用智慧和勤劳，描绘着更新更美的画卷。总投资6亿元的『十五』技改工程即将竣工。届时一个以计算机为主要应用工具的，集科学研究、产品开发、生产和技术创新于一体，环境优美的新芜烟将展现在世人面前。

③ 芜湖卷烟厂为退休职工举行欢送会。

④ 为纪念建党81周年，芜湖卷烟厂在市委大礼堂召开庆祝大会，全厂600多名党员，积极分子参加了会议，图为大会会场。

⑤ 2002年底，芜湖卷烟厂对“两松”开发有功人员奖励现金10万元人民币。

⑥ 为庆祝“七一”芜湖卷烟厂举行“让党旗在歌声中飘扬”歌咏比赛，图为获得一等奖的商贸、烟叶、物流党支部联队在表演。

芜湖卷烟厂简介

芜湖卷烟厂座落于芜湖市城南新区，是全国烟草行业重点骨干企业之一。1996年被国家烟草专卖局列为行业10%重点技术改造企业，1997年起被国家经贸委列入全国512家国有大型企业之列。企业两次被中国烟草总公司、国家烟草专卖局授予『先进集体』称号，2002年第二次被安徽省委、省政府授予**『省级文明单位标兵』**称号，是**『中国500强』**企业之一，**『全国纳税100强』**之一。

③

芜烟经过50余年的发展，培养出一支善打硬仗、素质优良的员工队伍，建立了科学严谨的企业管理体系，取得了令人瞩目的经济效益和社会效益，在去年国家烟草专卖局公布的全国卷烟工业企业综合指数排名中，**名列安徽省第一位**。

④

国家烟草专卖局(总公司)现任领导

GUO JIA YAN CAO ZHUAN MAI JU(ZONG GONG SI)

XIAN REN LING DAO

姜成康

1984.3—1988.10 福建省龙岩烟草专卖局（公司）副书记/局长/经理
1988.10—1994.12 福建省烟草专卖局（公司）党组书记/局长/经理
1994.12—2001.3 国家烟草专卖局 党组成员/副局长
2001.3—2002.6 国家烟草专卖局 党组副书记/副局长
2002.6—2002.9 国家烟草专卖局 党组书记/局长
2002.9—今 国家烟草专卖局（中国烟草总公司）
党组书记/局长/总经理

杨传德

1986.10—1991.11 安徽省烟草专卖局（公司）党委书记
1991.11—1996.10 国家烟草专卖局 党组成员/纪检组长/
监察局长/机关党委书记
1996.10至今 国家烟草专卖局 党组成员/副局长

张保振

1976.8—1985.8 河南省新郑卷烟厂 干事/宣传科副科长/党办主任
1985.8—1988.4 河南省新郑卷烟厂 党委书记
1988.4—1994.12 河南省烟草专卖局 党组成员/副局长
1994.12—2001.3 河南省烟草专卖局（公司）党组书记/局长/总经理
2001.3至今 国家烟草专卖局 党组成员/副局长

何泽华

1991.8—1992.11　淮阴卷烟厂　党委书记/厂长
1992.11—1995.5　江苏省淮阴市烟草专卖局　党组书记/局长/经理
　兼任淮阴卷烟厂　党委书记/厂长
1995.5—1998.8　江苏省烟草专卖局（公司）
　党组成员/副局长/副经理
1998.8—2000.1　合肥经济技术学院　党委书记
2000.1—2003.4　安徽省烟草专卖局（公司）党组书记/局长/经理
2003.4—2003.7　安徽中烟工业公司　总经理
2003.7至今　国家烟草专卖局　党组成员/副局长

李克明

1988.2—1997.5　安徽省烟草公司生产技术处
　主任科员/副处长/处长
1997.6—1998.7　河北省烟草公司　副经理
1998.7—2000.3　国家烟草专卖局发展计划司　副司长
2000.3—2002.5　国家烟草专卖局经济运行司　司长
2002.5—2003.7　国家烟草专卖局发展计划司　司长
2003.7至今　国家烟草专卖局　党组成员/副局长

葛祥久

1984.5—1988.10　中央纪委　副处长
1988.10—1993.4　中央纪委　处长
1993.4—1997.10　中央纪委第六纪检监察室　副主任
1997.10至今　国家烟草专卖局　党组成员
　纪检组长/直属机关党委书记

潘必兴

2003.7.15　免去副局长职务
　现任中国烟草学会理事长

2002
大公司
中国烟草

年度工作提要

中国烟叶生产购销公司

总 经 理：赵 兴

副总经理：周尚勇

副总经理：赵振山

Tobacco

总经济师：聂和平

2002年，烤烟实际种植面积1445万亩，比国家指导面积多52万亩；比上年实际种植面积多16万亩。漂浮育苗移栽面积258万亩，占种植面积的18%，优良品种面积占97.5%。烤烟收购量达3035万担左右，控制在国家计划以内，应用三段式烘烤工艺及配套技术达到80%以上。收购烤烟上等烟比例达到34.35%，同比增加4.87个百分点；中等烟比例达到59.01%，同比减少1个百分点；下低等烟6.65%，同比减少3.5个百分点。累计完成标准化基层站2179个，占51%；累计完成标准化烤房334万座，占78%。全年原烟交接数量为2415万担，占80%左右；委托加工数量为2065万担，占70%左右。绝大部分产区当年经营赢利，产区经营形势好转。

2002 大公司

中国烟草

年度工作提要

中国卷烟销售公司

总 经 理：田忠振

副总经理：吴庚宏

助理巡视员：谷印川

Tobacco

助理巡视员：张志伟

2002年，卷烟销售网络建设联动工作全面铺开，整体推进；加强了对行业的管理力度，进一步规范了省际间卷烟交易；销售价格平稳，销量稳步增长；加大了卷烟经营规范管理的力度，名优烟市场的培育成效明显。11个联动城市共销售卷烟291.44万箱，比上年增长10.11%；实现卷烟经营利润18.15亿元，同比增长58.11%；卷烟平均单箱收入6625元，同比增长8.36%。

2002 大公司 中国烟草

年度工作提要

中国烟草物资公司

总 经 理：边有伦

副总经理：吴建明

副总经理：鞠远珊

副总经理：孙兰成

助理巡视员：漆启高

Tobacco

助理巡视员：苗交明

2002年，大力推行卷烟材料资质认证采购工作和网上交易技术，努力做好物资供应工作，经济效益稳步增长。全年公司本部共销售醋纤丝束112984吨，同比增长9.15%；实现销售收入347030万元，销售成本332552万元，同比降低6.68%；实现利润8876万元，同比下降21.60%；利润总额8076万元，同比提高7.4%。

年度工作提要

中国烟草机械集团有限责任公司

董 事 长：李福辰

总 经 理：张林海

副总经理兼总工程师：
李兆升

Tobacco

副总经理兼总会计师：
宋春华

2002年，继续坚持烟机工业“十五”计划的指导思想和发展战略，以整顿规范烟机市场经济秩序为手段，努力增强烟机企业的核心竞争力，在各烟机企业广大干部职工的共同努力下，实现了经济效益的增长，保持了烟机工业的持续平稳发展。全年签订烟机整机销售合同290份（618台/套），合同金额19.1亿元，比上年增加25%；烟机工业销售收入11.8亿元，与上年基本持平。产需双方签订烟机设备大修合同118份（117台/套），合同金额2.3亿元，比上年增加80%。共签订烟机出口有效合同24份（22台/套），合同总金额560万美元；生效合同金额320万美元，实现收汇370万美元，比上年增加30%。

年度工作提要

中国烟草进出口集团公司

总 经 理：张　辉

副总经理：李世胜

副总经理：郭胜锁

副总经理：陈金铭

副总经理：梁占华

Tobacco

副总经理：潘肖勇

2002年，坚持“平稳发展、稳健经营”原则，扎实做好两烟进出口工作；加强企业管理工作，提升企业素质；积极推进体制改革；加强各级班子、职工队伍和党风廉正建设，集团经济运行质量和效益保持了平稳发展的良好态势，实现进出口总值10.5亿美元，同比增长7.59%；出口总值4.1亿美元，同比增长12.27%；烟叶出口13.27万吨，同比增长5.56%；出口创汇1.84亿美元，同比增长6.98%；卷烟出口152亿支，同比增长16.92%；出口创汇2亿美元，同比增长19.05%；实现销售收入48.38亿元，同比增长20.35%；实现利润4.74亿元，同比增长100%。

中国烟草交易中心

总 经 理：李泽华

副总经理：李宝忠

Tobacco

2002年，成功地举办了10次各类烟草专卖品交易会，交易卷烟1089.39万箱、烟叶2389.71万担、卷烟纸87007吨、二醋酸纤维丝束123730吨、聚丙烯纤维丝束37837吨、特殊滤棒516190万支、醋酸纤维666400万支、聚丙烯纤维651790吨。突出服务功能，大力宣传重点企业和名优卷烟，免费为重点企业和名优卷烟印制了大量精美的宣传画册，为36家重点企业展位制作并挂上了重点企业牌匾。积极创新交易手段，成功地开发了交易中心网上交易系统，为未来烟草专卖品网上交易的全面启动奠定了坚实的基础。

2002
大公司
|中|国|烟|草|

年度工作提要

中国烟草实业发展中心

总 经 理：张永栋

副总经理：李保林

副总经理：李东明

Tobacco

总会计师：娄宝山

2002年，实业中心直接管理的国家局投资单位为15家，其中证券公司3家，担保公司1家，生产经营性企业11家，总投资将近416亿元。1998年，所属企业汇总，盈亏相抵，亏损1956万元；1999年亏损1277万元，减亏幅度为34.7%；2000年亏损1090万元，减亏幅度为14.6%，2001年整体上实现了扭亏为盈，盈亏相抵后盈利520万元；2002年所属全资企业盈亏相抵后，实现利润533万元，比上年同期略有增长。2002年11月，国家局党组决定赋予实业中心宏观指导、协调与服务烟草系统多元化经营的职能。

《中国烟草年鉴》编辑委员会

《中国烟草年鉴》编辑部

《中国烟草年鉴》主要撰稿人名单

国家烟草专卖局（总公司）

办公室：林　海　徐　丹
发展计划司：袁　超
专卖管理司：卢勇华
人事劳动司：俞关勇
政策法规司：张翠平
经济运行司：李念庆
财务审计司：张玉霞
科技教育司：于明芳
纪检组、监察局：赵同军　张　炜
机关服务局：左　红
离退休办公室：彭齐宁
中国烟叶生产购销公司：王现军
中国卷烟销售公司：崔　萍
中国烟草进出口集团公司：宁　伟
中国烟草机械集团总公司：曲　伟
中国烟草物资总公司：陈玉秋
烟草经济信息中心：秦　剑
中烟培训中心：王晶晶
中国烟草学会：郑富钢
中国烟草交易中心：陈道富
中烟实业发展中心：余维之
中国烟草杂志社：焦素彬

各省、自治区、直辖市、计划单列市和经济特区烟草专卖局（公司）

北京市：訾学东　朱永才
天津市：白　岩
河北省：李松卯　张生华
山西省：隋连科　张瑞丽
内蒙古自治区：尹　琪
黑龙江省：陈立鹏
吉林省：姚树臣　梁洪来
辽宁省：于嘉云　李建华
上海市：唐　煦
江苏省：陆海根　张　华
浙江省：罗　霞
安徽省：李甲林
江西省：李定芳　左荣华
福建省：江　晟
山东省：曹红祥
河南省：李长银
湖北省：林文生　严育新
湖南省：邹纲强　陈新田
广东省：周修文　李小文
海南省：李方友
广西壮族自治区：全维新
重庆市：吴应禄　皮屹峰
四川省：麻世强　陈　敏
贵州省：王庆德　陈祥富
云南省：普国荣
陕西省：王　玉
甘肃省：张建新　路建华
青海省：戴岳鹏
宁夏回族自治区：张立刚
新疆维吾尔自治区：张淑文
西藏自治区：扎　西　程　伟
大连市：李建波　戚　兵
深圳市：常天山

编辑说明

2002版《中国烟草年鉴》是本编辑部编撰的第七部《中国烟草年鉴》。它吸收了以前几种版本的优点，在栏目设置、编写方式等方面又做了一些必要的调整，使信息量和可读性均有所增加。

2002版《中国烟草年鉴》共计130万字。

2002版《中国烟草年鉴》分设13个栏目：

1．**摄影篇**——用珍贵的图片资料反映党和国家领导人视察烟草行业的重要活动和中外烟草界的友好交流活动；继续选用一部分照片反映烟草行业基层的工作、精神文明建设、生活情况。

2．**文献篇**——刊登党和国家领导人对烟草行业作出的重要指示以及国家烟草专卖局领导同志的部分工作报告和重要讲话。

3．**综合篇**——介绍国家烟草专卖局（总公司）各部门工作概况。

4．**区域篇**——介绍各省、市、区烟草行业概况。

5．**企业篇**——介绍各地区级烟草专卖局（公司）、重点烟草企业、烟草集团公司的基本情况。

6．**统计篇**——以图表的形式集中反映全国烟草行业的主要经济指标。

7．**组织人事篇**——介绍国家烟草专卖局（总公司）及各省、市、区烟草专卖局（公司）的机构设置和领导任职情况。

8．**科教篇**——介绍我国烟草系统的重点科研教育单位、科技动态和卷烟新产品。

9．**法规篇**——收录国务院和国家烟草专卖局发布的有关烟草工作的法律、法规以及部分省市区制订的与烟草有关的地方性法规。

10．**人物篇**——介绍全国烟草行业涌现的英模人物和代表人物。

11．**纪事篇**——以“大事记”的形式记录2002年一年间全国烟草行业发生的重大事件。

12．**文化篇**——介绍烟草行业有关报刊和国内外新版与烟草行业有关的图书。

13．**附录**——收集了2002年一年间烟草行业涌现的先进集体和先进个人的名单。

2002版《中国烟草年鉴》在篇幅分配方面做了一些新的调整，使篇幅有所压缩；延续2001版《中国烟草年鉴》的作法，选取一些重要栏目的内容，出一本英文简缩本《年鉴》；在版式的分栏、字体字号选用等方面也做了些新的尝试。凡此种种，不一一列举。

另外，对于烟草行业习惯使用的计量单位，如“亩”、“担”等，为了方便行业内人士阅读和使用，我们未按法定计量单位进行换算，特意保留，在此说明。

HJL

武烟集团

武汉烟草(集团)有限公司

WUHAN TOBACCO GROUP CO.,LTD.

■ 武汉烟草（集团）有限公司组建于1995年，
是全国烟草行业36家重点企业之一和全行业5家拥有国家级技术中心的企业之一，也是国家烟草专卖局确认的10%重点技改企业。
集团总部位于享有"九省通衢"之称的华中重镇武汉。集团现有员工4137人，资产总额66亿元，
下设武汉卷烟厂、三峡卷烟厂、红安卷烟厂。武烟集团核心企业武汉卷烟厂是中国历史最悠久的烟草企业之一，
其前身是创建于1916年的南洋兄弟烟草公司汉口分公司。

■ 集团现主要生产"红金龙"、"黄鹤楼"等品牌系列卷烟，与英美烟草公司合作生产"顺百利"、"茂大"品牌雪茄烟，
是行业内唯一一家能生产烤烟型、混合型卷烟和雪茄烟产品的企业。
其中，"红金龙"系列产品被评为全国烟草行业名优烟，"黄鹤楼"系列产品被国家烟草专卖局评为2003年度卷烟优等品。
集团公司曾先后荣获全国"五一"劳动奖状和全国思想政治工作先进单位等称号。

■ 2003年，武烟集团生产规模达到97万箱，实现了销量、税利、利润同步增长，其中销量同比增长31%；
税利同比增长32.5%；利润同比增长117%。
销量和税利增幅分别位居行业36家重点工业企业的第1位和第2位。
企业步入一个稳定、协调、健康发展的新轨道。

武烟全体员工将以"名牌兴业、回报社会"为宗旨，继续发扬"务实求精，争创一流"的企业精神，
努力实现创建诚信型、智慧型、进步型行业一流企业集团的宏伟目标。

"思想有多远，我们就能走多远"。

极品黄鹤楼
黄鹤樓
极品香烟
20
Huanghelou
湖北·武汉卷烟厂出品
吸烟有害健康

龍鳳呈祥
共度精彩人生
重庆烟草工业有限公司
■ 重庆烟草工业有限公司是按现代企业制度规范，由重庆卷烟厂、涪陵卷烟厂等企业改革重组而成，拥有资产28亿元，其中固定资产10.3亿元，所有者权益8.4亿元。公司年综合生产能力50万箱，是全国烟草行业29家重点企业和11家现代企业制度试点单位之一，居重庆工业50强前茅，年创税利12亿元，是重庆市第一纳税大户。
■ 公司以“创新、攀高、争先、超越”的企业精神和“我们创造一流”的企业理念为追求，实行人、财、物、产、供、销统一管理，对所属法人企业和非法人企业实行法人授权管理模式。公司拥有当今国内外先进卷烟技术装备，主要技术工艺指标均达到国内同行业先进水平。公司全面推行ISO9000族国际质量标准体系，全面采用计算机管理手段，信息化建设走在了全国烟草行业前列。公司拥有包括两名国家级卷烟评委的一流专业技术队伍，在技术创新方面近年来已取得显著成效，卷烟焦油含量已提前三年达到国家烟草行业要求，特别是在采用“两低一高”（低焦油、低危害、高香气）技术等方面已步入全国烟草先进行列。目前公司拥有“宏声”、“天子”、“龙凤呈祥”、“金牌重庆”、“华福”、“山城”等卷烟品牌系列。
■ 此外，公司实施“卷烟主业稳中求进，多元产业超常发展”的“双轮驱动”战略，按照现代企业制度规范改制组建了宏声实业（集团）公司和华福卷烟配套材料公司，以全资、控股、参股等方式发展多元产业，初步形成了高新技术、房地产、榨菜食品、宾馆旅游、卷烟配套材料等五大产业门类，资产总额达4.5亿元，年创税利3000多万元，将力争在2005年实现税利达一个亿以上。
重庆烟草工业有限公司
LONG FENG CHENG XIANG
吸烟有害健康

中国烟草年鉴

2002 年

目　录

摄影篇

文献篇

综合篇

区域篇

企业篇

统计篇

组织人事篇

科教篇

·科研教育单位·

·卷烟新产品·

法规篇

人物篇

纪事篇

文化篇

·烟草报刊简介·

·烟草新书目·

附录

摄影篇

摄影篇

珍贵的回忆

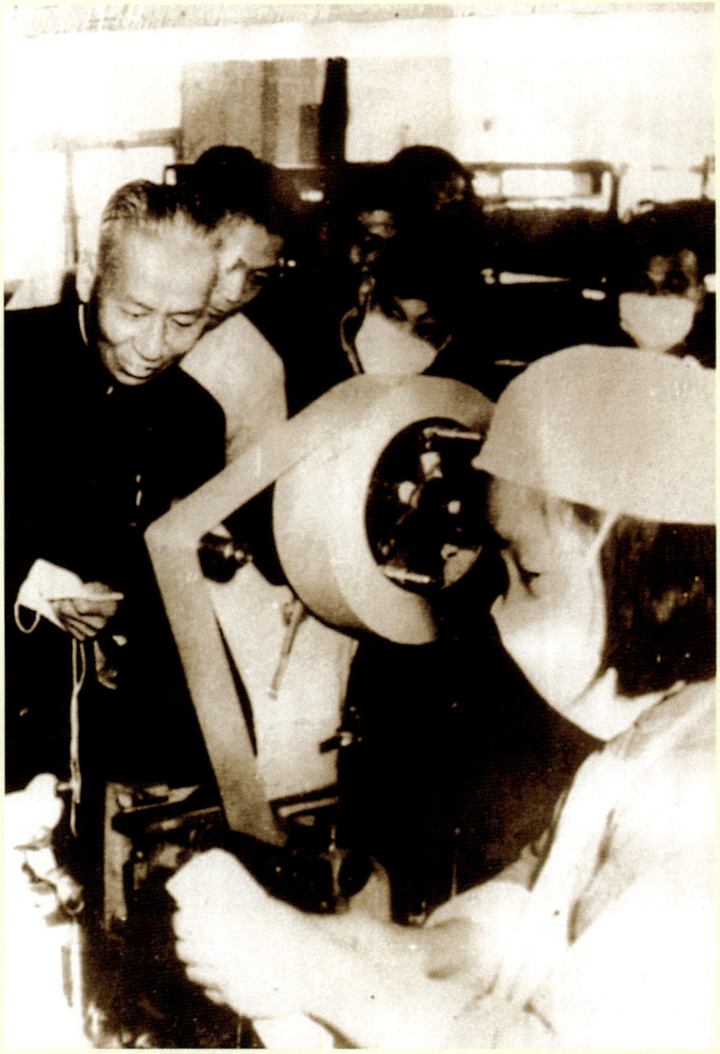

前国家主席刘少奇视察蚌埠卷烟厂。

（刘彦玲／摄）

2003年3月，在十届全国人大一次会议上，江泽民、胡锦涛等党和国家领导人接见石家庄卷烟厂厂长严金虎（左一）等代表。

（谢晖育／摄）

2002年7月17日，中共中央政治局常委、国家副主席胡锦涛（中）到曲烟企业麒麟区越州镇实地考察优质烤烟生产基地的情况。图为胡锦涛与烟农亲切握手。

(一) 中共中央政治局常委、全国政协主席李瑞环（中）在湖北省委书记俞正声、省长张国光的陪同下视察红安卷烟厂。

(二) 中共中央政治局常委、中纪委书记、全国总工会主席尉建行（左）亲切接见2002年全国〝五一〞劳动奖章获得者、许昌卷烟厂厂长、书记宋有申。

(一) 2002 年 7 月 20 日，国务院副总理吴邦国（右二）到延吉卷烟厂视察。

(二) 中共中央政治局常委、中央纪律检查委员会书记吴官正（右四）视察红塔集团。

㈠ 2002年5月17日，全国人大副委员长铁木尔·达瓦买提（左三）和广东省人大副主任侣志广（右一）在广州卷烟一厂厂长、党委书记成善松（左五）等厂领导的陪同下参观企业形象展示厅。

㈡ 中顾委委员王世泰（右二）在深圳卷烟厂厂长卢杰英（左二）、党委书记钟春锋（左一）的陪同下考察车间。

(一) 2002年10月，全国政协副主席李贵鲜（前左）在营口卷烟厂李德贤厂长陪同下参观车间。

(二) 2002年8月28日，全国政协副主席毛致用（左三）出席了常德卷烟厂联合工房投产仪式，并在中共常德市委书记程海波（右二）和常德卷烟厂常务副厂长杨智敏（右三）的陪同下参观了联合工房。

（殷丽／摄）

(一) 全国妇联副主席沈淑济（右二）、云南省妇联主席赵秀英在曲靖卷烟厂副厂长俞瑞方（左二）陪同下，到生产车间检查工作。

(二) 2002年10月31日，国家经贸委常务副主任谢旭人（左）、上海烟草（集团）公司副总经理高宪法（中）、上海市经贸委主任唐登杰（右）视察了上海烟草。

(一)

(二)

（胡喜魁／摄）

(三)

(四)

(一) 河北省省委书记、省人大常委会主任白克明（左五），在张家口市委书记杨德庆、市长高金浩的陪同下，到张家口卷烟厂视察指导工作，图为厂长卢瑞刚正在向各位领导介绍企业情况。

(二) 2002年7月10日，广西壮族自治区党委书记曹伯纯（右二），在自治区烟草专卖局局长罗毅（右一）、柳州市委书记沈北海（左三）、柳州卷烟厂厂长张汉涛（右三）的陪同下视察了柳烟新厂工地。

(三) 湖北省省委书记俞正声（左三）在武烟集团视察工作。

(四) 2002年4月28日，辽宁省省长薄熙来（右二）在厂长李德贤（左二）陪同下视察营口卷烟厂。

(胡晓星／摄)

(高娟／摄)

(一) 海南省省长汪啸风（左一）、副省长吴昌元（前左三）在海南省烟草专卖局（公司）局长、总经理许志龙的陪同下视察海南红塔卷烟有限责任公司。

(二) 2002 年 7 月 22 日，中共湖南省省委副书记胡彪（左二），在常德市人民政府常务副市长杨光宏（左一）和常德卷烟厂厂长兼党委书记曾献兵（左三）的陪同下，视察金鹏凹版印刷有限公司。

(三) 河南省副省长张以祥（右二）等省市领导察看“红旗渠”制丝生产线。

(四) 重庆市副市长吴家农（左二）在公司总经理樊宣刚（右二）的陪同下视察重庆金益烟草公司。

（冯海东　姜树勤／摄）

（李荣／摄）

(一) 2002年8月27日，安徽省省委副书记、省政协主席方兆祥（前左一），省委常委、合肥市委书记车俊（右二）、在合肥卷烟厂厂长王汉文（右三）陪同下到合肥卷烟厂考察调研。

(二) 2002年8月3日，国家烟草专卖局局长姜成康（右）在上海烟草专卖局局长董浩林（左）陪同下视察上海烟草。

(三) 2002年4月25日，国家烟草专卖局局长倪益瑾（左三）在安徽省烟草专卖局局长何泽华（左二）陪同下视察芜湖卷烟厂。

(四) 2002年9月18—20日，由国家烟草专卖局主办的全国烟草行业企业管理工作会议在红河卷烟厂召开。图为出席会议的国家局局长姜成康（前中）在红烟视察。

中国烟草
CHINA TOBACCO

（王开友／摄）

（郑友志／摄）

(一) 2002年7月19日，国家烟草专卖局局长姜成康到江苏省海安县烟草公司视察。图为姜成康局长在客户服务中心戴上耳机，向零售户了解网建新模式运行情况。

(二) 2002年8月16—22日，国家烟草专卖局副局长杨传德（右二）在四川省阿坝州烟草专卖分局（公司）局长（经理）苏王福（左一）的陪同下，考察阿坝州烟草市场。

(三) 国家烟草专卖局副局长张保振（左三）在河南省烟草专卖局局长赵九来的陪同下视察许昌卷烟厂。

(四) 国家烟草专卖局纪检组组长葛祥久（右一）及经济运行司司长李克明（右二）到张家口卷烟厂视察指导工作。

（李华欣／摄）

（冉从安／摄）

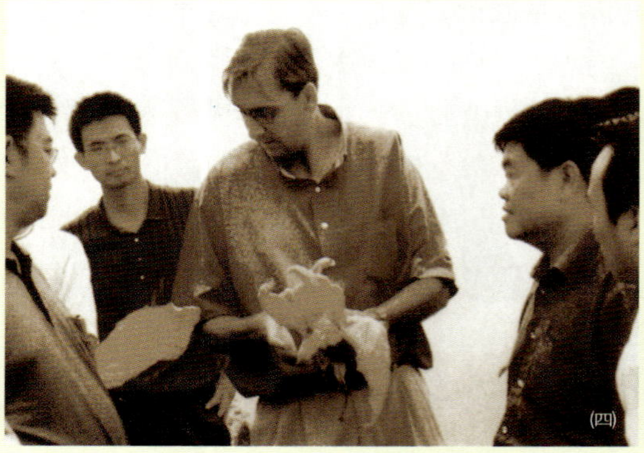

(一) 2002年4月17日，国家烟草专卖局副局长潘必兴（左）到石家庄卷烟厂视察指导工作。

(二) 中国烟叶生产购销公司总经理赵兴（左一）与英美烟草公司亚太地区烟叶总裁卜苗力（右二）视察公司的优质烤烟基地。

(三) 英美烟草公司烟草专家（右）考察南雄烟叶生产工作。

(四) 英国大陆烟草公司中国代表处贵州助理霍博与贵州烟草进出口公司有限责任公司副经理龙骁一道到遵义市正安县考察当地的烤烟生产工作，其间，双方对2002年烟叶贸易工作达成意向性意见。

(一) 2002年1月22日，国家烟草专卖局（总公司）在北京举行了纪念中国烟草总公司成立20周年新春招待会。外国烟草公司驻京机构代表、各国使馆代表等一百多位嘉宾出席了招待会。

(二) 2002年2月5日，中国烟草总公司和菲利普莫里斯国际集团长期友好合作框架意向书在北京钓鱼台国宾馆正式签署。作为国际烟草界的两支重要力量，中菲双方此次签署长期友好合作意向书，反映了双方在新世纪希望继续加强业已存在的友好合作关系的愿望，同时也标志着世界上两大烟草公司的合作伙伴关系就此将掀开新的一页。

(三) 2002年七、八月间，由国家烟草专卖局领导提议，经济运行司牵头，办公室、人劳司共同参与，组织了10家大型卷烟企业的领导到英国、德国考察帝国及利是美烟草公司。图为考察团成员在诺丁汉烟厂留影。

（周腾浪／摄）

（李宏波／摄）

(一) 2002年9月，美国通用电气公司（GE）来长沙卷烟厂就合作项目进行技术洽谈。

(二) 2002年7月1日，中法合资建设高档卷烟用纸项目意向书在广东省江门市签署。国家局计划司副司长孙桂芳与代表施伟策－摩迪国际集团摩迪制纸公司的贝朗日总经理共同签署了意向书。

(三) 2002年9月10—13日，国际烟农协会主席卡瑞罗先生（左二）一行四人在中国烟草学会国际部贾延林主任的陪同下，对陕西省烟叶生产情况进行了考察。

(四) 2002年10月，韩国烟草人参公社一行6人到陕西省烟草学习考察。图为考察团团长郭同荣（左）与陕西省烟草专卖局局长李嵩震（右）交流时的情景。

（王志彬 何宽信／摄）

（寻春林／摄）

(一) 2002年11月15–27日，江西省烟草专卖局局长揭国雄一行10人赴巴西考察烟叶生产。图为揭国雄局长（右）在巴西与大陆烟叶公司巴西首席代表大卫·华特森先生交流烟叶生产技术。

(二) 泰国烟草专卖局素川局长在浏阳烟叶仓库久闻高成熟度烟叶。

(三) 国外烟草专家到云南省宣威市视察烤烟生产，对宣威烤烟给予高度评价。

(四) 中国烟草总公司与加莱赫集团公司就在中国和俄罗斯进行卷烟的双边许可证生产及销售正式签署了合作意向书并成立了联合项目小组。

（汪为民／摄）

（张小乐、王学仕／摄）

（李文靖、王学仕／摄）

(一) 2002年1月16日，全国烟草工作会议在长沙隆重召开。国家烟草专卖局局长倪益瑾在会上作了题为〝狠抓基础、狠抓规范、狠抓落实、确保烟草行业2002年各项工作取得新的进展〞的工作报告。

(二) 2002年7月16—18日全国烟草专卖局长（公司总经理）座谈会在合肥召开。国家局局长姜成康在大会上作了题为〝保持良好发展态势，坚决做到‘五个确保’，全面完成烟草行业2002年的各项工作任务〞的讲话。

(三) 2002年6月20—21日，全国烟草系统第十七次政工会议在北京召开。国家局领导倪益瑾、姜成康、潘必兴、杨传德、张保振、葛祥久和中烟政研会会长郁源培参加了大会。

(四) 〝2002年下半年全国卷烟交易会〞于5月19—21日在北京召开，图为国家烟草专卖局倪益瑾局长、姜成康副局长、卷烟销售公司田忠振总经理与全国烟草行业十佳访销员合影留念。

（姜树勤／摄）

㈠ 十六大代表，长沙卷烟厂厂长卢平（右二）与其他代表一起步出人民大会堂。

㈡ 合肥卷烟厂员工争看报道十六大盛况的报纸。

(一)
（汪为民／摄）

(二)
（权义忠／摄）

(三)
（冯乔棣／摄）

(一) 2002年1月1日，是中国烟草总公司成立20周年纪念日。国家烟草专卖局、中国烟草总公司在湖南长沙主办了大型文艺晚会—《我们一同走过》。晚会以歌颂烟草行业实行专卖体制20年来改革与发展的历程和成就为主题，追溯了烟草行业创业20年的艰苦历程，展望了烟草行业辉煌的未来。

(二) 2002年4月29日上午，中国烟草博物馆奠基仪式在上海卷烟厂对面举行。上海市人大常委会主任陈铁迪，原国家建设部副部长、全国政协委员谭庆琏，国家烟草专卖局局长倪益瑾、副局长潘必兴，国家局老领导金茂先，中国工程院院士朱尊权等出席了奠基仪式。参加奠基仪式的还有各省市局负责同志，中国烟草博物馆第二次联络会议代表，新闻界朋友及上海烟草（集团）公司的代表。

(三) 2002年12月22—24日，中国烟草学术年会暨国际烟草科技交流展示会在广州举办。图为交流会开幕典礼。

(张小乐／摄)

(周 奔、付 鹞／摄)

(一) 2002年5月18—22日，全国烟草行业技术创新成果展览会在北京举办。全国人大副委员长王光英、国家经贸委副主任黄淑和、中国国际贸促会会长俞晓松、中科院副院长杨柏龄、中国科协副主席曾庆存等以及国家烟草专卖局领导出席了开幕式。

(二) 2002年9月1日，中华、红塔山、大红鹰、红河、芙蓉王、白沙、云烟等7个卷烟品牌，经国家质检总局审核批准荣膺2002年"中国名牌产品"。这是卷烟产品第一次入选"中国名牌产品"序列。图为各烟草企业代表手捧"名牌"，心系未来。

(三) 重庆金益烟草公司成为全国烟草系统首家一次性同时通过ISO9001质量体系认证和ISO14001环境体系认证的打叶复烤企业。

(四) 2002年11月1日，"金圣"品牌无形资产价值41.8亿元新闻发布会在南昌隆重举行。江西省凌成兴副省长（左五）出席了新闻发布会并作重要讲话，江西省局张正蝉副局长代表省局讲话。郑伟副总经理兼南昌烟厂厂长作新闻发布。

（张小乐／摄）

（周腾浪／摄）

(一) 2001年12月31日，中国烟草总公司研究员专业技术资格评审委员会成立仪式在北京举行。这是烟草行业第一次成立具有高级专业技术资格评审权的评审委员会。国家局副局长张保振专程到会表示祝贺，并向评审委员会成员颁发了聘书。

(二) 左天觉博士（右）和中国工程院院士朱尊权（左二）一行深入长沙卷烟厂紧密型烟叶基地——浏阳鹤源烟叶基地，对烟叶栽培情况进行考察了解。

(三) 国家级烟草专家冯国桢（左一）到云南省宣威市检查指导烤烟生产。

(四) 2002年7月，著名美籍华裔科学家左天觉博士向中国烟草博物馆赠送了一批珍贵藏品，潘必兴副局长（左）代表国家烟草专卖局向左天觉博士颁发荣誉证书。

（张杰／摄）

(一) 2002年9月29日，江西省烟草专卖稽查岗位技能大比武在武警南昌指挥学校隆重举行。图为杨传德副局长（左一）、朱英培副省长（左二）在揭国雄局长（左三）陪同下检阅江西烟草专卖稽查队伍。

(二) 陕西省咸阳市烟草专卖局李振海局长（右三）冒雨向群众讲解真假卷烟的鉴别方法。

(三) 国庆节期间，芜湖市烟草专卖局与安徽省各烟厂联手举办〝安徽名优卷烟宣传展示活动〞。

(四) 湖北烟机打假专项行动成效显著。

（一）

（二）

（四）

（洪 九／摄）

㈠ 2002年9月24—27日，全国卷烟销售网络建设现场会在上海召开。在现场观摩上海五个区的卷烟销售网络体系和观看整个卷烟销售流程的集中演示之后，来自全国卷烟销售战线的代表们真切地感受到了〝国内一流、国际先进〞的上海卷烟销售网络所展示的现代卷烟流通的风貌。图为上海网建的建店模式。

㈡ 实施国际化发展战略，青州卷烟厂的〝东方、八喜〞系列卷烟成功出口美国等国家。图为2002年7月18日举行的出口剪彩仪式。

㈢ 〝3.15〞之际，重庆市烟草专卖局参加全市〝消费者维权活动〞。

(一) 北京市门头沟区烟草专卖局（公司）积极尝试组建了卷烟零售户协会。图为协会会员接受销售奖励款。

(二) 厦门卷烟厂工会为了提高职工政治文化素质，积极配合党委组织救灾，献爱心及向红十字会捐款等活动。

(三) 2002年10月8日，安阳卷烟厂协办了2002中国林州"红旗渠"杯滑翔伞世界杯热身赛暨滑翔伞优秀选手赛开幕式。总政歌舞团的演员们为开幕式献上了一台精彩的文艺节目。

(四) 山西省烟草专卖局（公司）与山西省工程机械厂于1997年根据省委指示精神结为对子单位。五年来山西省烟草专卖局每逢元旦、春节，都要到山西工程机械厂给困难职工送慰问金、米、面、对联等。

中国烟草
CHINA TOBACCO

(一)

(二)

(三)

(四)

(一) 上海烟草（集团）公司以“爱我中华”为主题，通过资助主办上海国际芭蕾舞比赛，国际女装设计大赛等一系列活动展示企业良好的品牌形象。图为同一首歌——走进上海浦东“爱我中华”大型演唱会现场。

(二) 2002年11月1日，白沙集团长沙卷烟厂冠名第五届城市运动会签约仪式在长沙召开。长沙卷烟厂党委副书记刘海燕（左）与湖南省体育总局局长傅国良（右）正式签订合作协议。

(三) 2002年1月，为把修改后的《中华人民共和国工会法》贯彻落实到职工中去，滕州卷烟厂工会与滕州市总工会举办了《工会法》宣传周活动，图为厂工会领导和市工会领导把宣传材料送到职工手中。

(四) 2002年8月24日，陕西省电视台演播大厅气氛热烈，陕西省烟草系统“金叶杯”实践公民道德演讲竞赛正在这里紧张进行。通过比赛提高了干部职工的思想道德水平，展示了陕西烟草系统思想道德建设的成果。

文献篇

文献篇

云南省烟草公司副总经理　昆明市烟草企业党委书记　昆明卷烟厂厂长

李万兴

研究生、高级经济师。1995年在第50届世界统计大会上

获首届“中国经营管理大师”称号，

被全国总工会授予“全心全意依靠工人阶级办企业优秀厂长”称号。

在全国烟草专卖局长（公司总经理）座谈会上的讲话

国家经贸委副主任　欧新黔

（2002年7月16日）

同志们：

很高兴能够参加这次全国烟草专卖局长（公司总经理）座谈会，首先我代表国家经贸委对会议的召开表示热烈的祝贺，向参加会议的全体代表以及烟草行业的广大干部职工表示诚挚的问候！国家经贸委党组分工，由我具体分管烟草工作，希望通过参加这次会议，与在座的同志们进行沟通和交流，进一步了解和熟悉烟草工作，以便今后和同志们一起共同做好工作，将烟草行业的改革与发展进一步向前推进。

借此机会，我主要讲四点意见：

一、对烟草行业今年上半年所做的各项工作和取得的显著成绩要给予充分肯定

从宏观上讲，今年上半年我国经济保持了平稳运行，经济运行的质量稳步提高。上半年国内生产总值初步测算达42942亿元，按可比价格计算，比上年同期增长7.9%，继续处于宏观调控的预期目标区间之内。由于产业结构调整力度加大、国有企业改革积极向前推进，国际经济形势好转和出口增加，企业生产经营总体状况明显改善。上半年工业生产增幅达12.4%，明显高于上年同期9.9%和年初预计10%的水平；工业产品销售率达97.11%，高于去年同期水平。特别是国家经贸委确定的512户国家重点企业，今年前5个月产销及出口增速较快，实现工业总产值（不变价格）9596.9亿元，增长15.6%。在这种经济形势下，烟草行业也继续保持了良好发展态势。上半年在继续严格控制总量的前提下，卷烟产销协调增长，卷烟市场价格保持稳定，市场经济秩序明显改善，结构调整取得积极进展。全行业实现工商税利达到753.96亿元，同比增长19.55%；实现工商利润达到219.25亿元，同比增长13.62%。应该说，烟草行业为增加国家财政收入做出了新的贡献。这一成绩的取得，是烟草行业50万干部职工始终坚持以邓小平理论和江泽民总书记“三个代表”的重要思想为指导，全面贯彻落实党的十五届五中、六中全会和中央经济工作会议精神，坚持以提高经济增长的质量和效益为中心，以整顿和规范市场经济秩序为重点，以推进结构调整为主线，狠抓基础、狠抓规范、狠抓落实和扎实工作、奋力开拓的结果。对此，要给予充分的肯定。

二、要继续真抓实干，努力完成好下半年的各项工作任务

关于烟草行业下半年的工作，下午姜成康同志将作具体部署。这里，我重点是结合当前的发展形势和烟草行业的实际，针对目前需要着力抓好的几项重点工作，简要谈一点看法。下半年，烟草行业要认真总结经验，继续加大整治力度，把整顿和规范烟草市场经济秩序工作深入持久地开展下去。通过开展了一年多时间的整顿和规范工作，烟草行业取得的成果是显著的，外部环境的逐步好转和内部秩序的逐步规范，使行业拓宽了进一步发展的空间。今年上半年全行业实现经济效益的显著增长，也主要得益于整顿规范的成果。下一步，要按照全国整顿和规范市场经济秩序领导小组第五次全体会议的部署和要求，进一步增强对整顿工作长期性、艰巨性和复杂性的认识，克服松懈情绪，针对存在的突出问题，着力研究治本之策，坚持边整、边改，努力扩大整顿工作的成果。特别是打击制售假烟活动，要在查源头上继续狠下功夫，给予更加严厉的打击，同时要密切防止个别地区出现反弹，努力做到彻底根治、不留“死角”。要继续加快烟草企业组织结构调整工作的步伐。烟草行业实施企业组织结构调整，关闭一批长期亏损、效益低下、产品没有出路的小烟厂，方向是正确的，但难度是很大的。因此，对企业组织结构调整必须始终要有正确的认识，要着眼于行业的长远发展，以确保稳定为前提，努力克服困难和阻力，继续有步骤、有计划地加快进行调整，力争再通过两三年时间，使烟草企业组织结构“散、乱、低”的问题得到较好解决，使烟草行业的整体竞争实力得到明显增强。要继续深化企业内部改革。要按照建立现代企业制度的要求，继续不断完善法人治理结构，转换企业经营机制，健全和完善严格的监督制约机制和有效的竞争激励机制，积极改革人事、用工、分配制度，通过实施减员增效，竞争上岗，精简机构，明确职责，严格考核，进一步激发企业发展的动力和活力，增强企业的核心竞争力。

三、要进一步打牢发展的基础，实现烟草行业的持续稳定健康发展

经过20年的改革与发展，烟草行业充分发挥了“统一领导、垂直管理、专卖专营”管理体制的优势。从走“规模效益型”发展道路、“产品结构效益型”发展道路，到今天以规范运作为主要特征的“稳中求进”的发展道路，始终保持了较好的发展势头，全行业已累计实现工商税利超过1万亿元。在当前“两烟”市场已经基本饱和，烟草行业上速度、上产品结构的余地极其有限的情况下，要避免出现大起大落，把保持平稳发展作为一个长期性的战略方针，继续牢牢坚持“狠抓基础，稳中求进”的指导思想和“一要规范、二要改革、三要创新”的工作重点，进一步把发展的基础打得更牢固。要在积极培育和构建烟草大市场、大企业、大品牌上真正下功夫，通过不断增强市场控制能力、抗御风险能力和行业整体竞争实力，实现烟草行业的持续稳定健康发展。因此，要进一步搞好专卖管理和销售网络建设，最大程度地提高市场控制力和市场占有率，这不仅可以有效地抵御入世后外烟的冲击，而且能够从根本上维系烟草行业的长远发展。要加大对重点企业、优势品牌的扶持力度，积极创造有利于重点企业发展和优势品牌成长的环境和条件，通过提升企业的管理水平、营销水平，进一步提高经济运行的质量和效益。要努力提高烟草产业科技进步水平，特别是在“吸烟与健康”愈来愈受到人们广泛关注的形势下，需要我们通过加大科技创新力度、建立健全科研体系、加强降焦减害的基础研究和应用技术攻关，不断提高卷烟产品的科技含量，降低烟草的有害成分。要加大对人才的培养和开发力度，不断充实经营管理人才、专业技术人才队伍，带动行业职工队伍整体素质的提高。

四、认真学习《安全生产法》，努力做到安全第一，预防为主

《安全生产法》已经审议通过并正式颁布，将于11月1日起开始实施。我们要认真学习，熟悉法律条款，做到依法行政，同时要认真搞好职工的培训、教育，使从业者知法、懂法、依法。

朱镕基总理曾经强调指示：“没有哪一个部门没有安全问题。”安全生产事关人民群众生命财产安全，事关改革开放稳定大局，任何时候、任何情况下，都要把安全生产作为第一位的大事认真抓实抓好，常抓不懈，警钟长鸣。

吴邦国副总理指出，当前安全工作存在着“落实不下去，严格不起来”的问题，因此，我们要狠抓落实。姜局长也谈到烟草行业安全生产的任务是很重的，他还要专门讲落实安全生产的问题，我很赞成他的看法。我们各级领导要注重抓好基层工作，抓好安全生产的基础工作，在日常的工作中坚持处理好改革、发展、稳定、安全的关系，努力实现安全第一、预防为主。

总之，在我国已经加入WTO，烟草行业又步入一个新的发展阶段的形势下，希望烟草行业广大干部职工在党中央、国务院的正确领导下，真正把思想统一到江总书记“5·31”重要讲话精神上来，按照“三个代表”的要求，在总结20年改革与发展的成功经验的基础上，扬长避短，发挥优势，扎扎实实地做好各项基础工作，继续保持稳中求进的良好发展态势，争取为满足市场需求、增加国家财政积累做出新的贡献。

狠抓基础　狠抓规范　狠抓落实　确保烟草行业2002年各项工作取得新的进展

——在2002年全国烟草工作会议上的报告

国家烟草专卖局局长　倪益瑾

(2002年1月16日)

同志们:

我们这次全国烟草工作会议的主要任务是,认真贯彻落实党的十五届六中全会、中央经济工作会议以及全国经贸、计划、财政等重要会议精神,以整顿和规范烟草市场经济秩序为重点,总结2001年的主要工作,分析行业当前面临的形势和存在的主要问题,明确2002年行业工作的总体要求和主要工作任务,使全行业干部职工进一步认清形势,转变观念,统一思想,真抓实干,扎扎实实地做好各项工作,全面推进烟草行业在新世纪的改革与发展。

2002年1月1日,是中国烟草总公司成立20周年纪念日,也是《烟草专卖法》正式施行10周年纪念日。20年来,在党中央、国务院的正确领导和各级党委政府、各有关部门的大力支持下,全行业通过深化改革,强化专卖,积极推进技术创新,大力加强社会主义精神文明建设,充分发挥了行业"统一领导、垂直管理、专卖专营"管理体制的优势,保持了持续、稳定、健康发展的势头,累计实现工商税利超过1万亿元,为满足消费需求、增加国家财政积累做出了应有的贡献。全行业50万干部职工要以纪念总公司成立20周年和《专卖法》施行10周年为契机,进一步总结经验、发扬成绩、坚定信心、鼓舞干劲,更加积极主动地完成好新世纪烟草行业改革与发展的各项任务。下面,我代表国家局党组讲四个问题:

一、2001年主要工作的回顾

2001年,全行业继续坚持"狠抓基础,稳中求进"的行业工作指导思想,坚持"一要规范、二要改革、三要创新"的工作重点,紧紧围绕发展这个主题,以结构调整为主线,以改革和创新为动力,突出抓好整顿和规范工作,使全行业在经济运行、专卖管理、行业改革、科技进步、精神文明建设等方面取得了新的成绩,较好地完成了年初确定的各项任务目标,实现了"十五"计划的良好开局。

一是行业生产经营继续保持良好发展态势,经济运行质量和效益进一步提高。按照年初确定的调控目标,继续严格控制"两烟"总量。烟叶生产依靠全面推行合同制,较好地落实了国家的种植和收购计划,全年种植烤烟1429万亩,收购烤烟145万吨(2900万担),全国烟叶收购等级合格率达到81.2%。通过积极努力,较好地完成了朱总理提出的"三年压缩全国烟叶工商库存2000万担"的任务目标。卷烟生产坚持适度从紧安排生产计划,对有各种超产瞒产现象或苗头的企业特别是地方烟厂继续实行驻厂员制度加强监控,保持了卷烟产销协调发展。以城镇为重点的城乡卷烟销售网络进一步延伸,通过实施访销配送和加强专销结合,"以我为主、归我管理、由我调控"的卷烟销售网络体系初步形成,市场控制力明显提高,进一步推进了促销、稳价和增效工作。全行业全年累计生产卷烟3398.7万箱(16993.5亿支),同比增长1.9%;累计销售卷烟3396.6万箱(16983亿支),同比增长0.7%;实现工商税利1150亿元,较上年1050亿元增长100亿元。烟草进出口工作也取得了较好成绩,全年共出口烟叶12.6万吨,同比增长24.8%;出口卷烟130.6万件(130.6亿支),同比增长56%;实现出口创汇3.67亿美元。

二是狠抓两个"三年目标"任务的全面推进,整顿和规范市场经济秩序工作取得了阶段性成果。全行业把整顿和规范烟草市场经济秩序工作作为全年工作的重中之重,明确了整顿和规范六个方面的重点任务,制定了有关实施意见、规定和措施,提出了具体的任务和目标,对重点方面、重点环节实行重点突破。卷烟打假工作取得积极进展,对制假"重灾区"和非法拼装倒卖烟机团伙实施了重点打击,与公安部等执法部门在9个省(区)联合开展专项卷烟打假行动,对制假分子加大了追刑力度。全行业共出动打假人数403万人次,查处制售假冒商标卷烟案件24万起,收缴假冒卷烟53万件,捣毁制假窝点2303个,查获制假卷接包设备1671台、烟叶2.1万吨;抓捕制假违法分子2684人,其中已判刑544人,比上年增加376人。通过积极开展专卖队伍"素质年"活动,加强各级专卖执法人员的岗位培训,专卖稽查队伍的综合素质得到明显提高,基本实现了"正规化管理,规范化办案"的阶段目标。在"两烟"流通秩序整顿中,重点查处了一批顶风违纪、性质恶劣的大案要案,对全部烟草专卖品准运证实行了网络化管理,使工商企业的生产经营行为进一步规范,全年卷烟体外循环数量控制和压缩到100万箱。各省级局(公司)按国家局要求抓紧对自查出的170多项涉及地区封锁性质的文件规定、措施要求进行了认真清理,为进一步解决地区封锁问题奠定了基础。“两烟”货款清欠作为整顿工作的一项重点，已进行全面部署并积极开展了自查和对账工作，尤其对贵州省烟叶货款的清欠问题进行了重点解决，确保了贵州省当年烟叶收购资金的落实。通过在全行业开展《会计法》执行情况的检查，使行业的执法意识和法人代表的责任意识进一步增强。全行业认真贯彻执行调整卷烟消费税率政策，进一步规范了工商企业间的利益调节问题。组织开展了对2040户烟草商业企业的清产核资工作，共清理出各类资产损失132亿元，基本摸清了这些企业的家底。全行业共完成审计项目15178个，查出违纪金额6.8亿元，促进增收节支4.1亿元。在加强安全生产方面，国家局通过组织两次行业安全大检查，督促有关企业对查出的各类事故隐患认真进行整改，并对发生责任事故的单位进行了通报，对有关领导和责任人给予了严肃处分。烟用物资比质、比价采购和公开招投标工作全面推开并逐步规范，新建工程项目的科学有效和公开公正管理得到明显加强。

三是切实加大结构调整的力度，进一步促进了行业改革和企业发展。全行业抓住卷烟消费税率调整的契机，以满足市场需求和产品适销对路为前提，继续严格卷烟产品的成本管理，着力从原料、工艺、技术等方面提高产品的科技含量，积极推进产品结构的调整。国家局向全行业下发了《关于加快卷烟产品结构调整的意见》，重新修定了行业名优卷烟评选办法，评选出36个品牌为2001年度烟草行业名优卷烟，并制定了加快名优烟发展的扶持政策和措施。对批量小、亏损大的品牌进行清理整顿，取消了部分交易量小的卷烟牌号（规格）的交易资格，使品牌的集中度有了提高。以“扶大关小”为重点，坚定不移并积极稳妥地推进企业组织结构调整工作，为优势企业、优势品牌的发展腾出市场空间。全行业统一思想，知难而进，在淘汰落后生产能力、关闭小烟厂方面取得了积极突破，全年有8家烟厂停产，4家烟厂正式宣布破产终结，1家烟厂进入破产程序，2家烟厂实施托管，4家烟厂被合并或兼并。关停挂杆复烤厂的工作也取得了较好成绩，至去年底已关闭了81家。在深化企业改革、实施减员增效工作中，全行业通过各种有效形式，共分流和安置富余人员约1.5万人。

四是大力实施科教兴烟战略，技术创新工作取得了较好成绩。各烟叶产区大力普及和推广先进适用技术，烟叶品质和等级结构进一步改善，可用性不断提高。上等烟叶比例达到29.56%，同比增长7.29个百分点；中等烟叶比例为60.4%，同比增长1.04个百分点；：下低等烟叶的比例基本控制在10%左右，较好地满足了卷烟工业生产的需要。工业企业的技术创新体系建设继续得到加强，16家企业的技术中心通过国家认定或行业认定，经人事部批准有5家企业建立了博士后科研工作站。烟机、烟用物资的国产化水平不断提高，造纸法烟草薄片技术的研究开发取得了突破性进展。卷烟产品质量稳步提高，降焦减害工作取得新的进展，2001年卷烟产品总合格率为99%，到年底卷烟焦油量平均值降至15毫克/支，比上年下降1毫克。继续实施“百千万人才培养工程”，2001年共组织培养研究生160人，累计培养研究生学历人员已达780多人。各类专业技术培训和继续教育的有计划开展，促进了干部职工队伍素质的全面提高。行业信息化建设进一步推进，全年完成了2个B类站和50个C类站的建设工作，并对已建成的34个B类站进行了全面验收。卷烟销售基础软件开始在8个省推广使用，工业企业基础软件已经完成开发任务，正在进行软件测试和试点工作。各级烟草学会在推进科技进步方面发挥了积极作用，烟草经济研究也取得了一定成果。

五是认真贯彻落实“三个代表”要求，党风廉政建设和精神文明建设得到积极推进。全行业广大党员、干部和职工采取多种形式认真学习和深刻领会江总书记“七一”重要讲话，学习贯彻党的十五届六中全会《决定》，努力实践“三个代表”的重要思想，使基层党组织建设、各级领导班子建设、干部和职工队伍建设、党风廉政建设和社会主义精神文明建设都取得了积极进展。按照党中央的统一部署，组织开展了全系统工业企业“三讲”学习教育活动，收到了预期的效果。贯彻落实中央纪委第五次、第六次全会及国务院第三次廉政工作会议精神，继续从源头上预防和治理腐败，特别是从规范领导干部从政行为入手，切实加强了领导干部的廉洁自律工作，严肃查处了一批违法违纪案件。全年全系统共接受群众来信、来访、电话举报3274件（次），初步核实违纪线索709件，立案536件，结案566件，处分758人，挽回经济损失3924.96万元。领导干部的教育培训工作取得了较好成绩，有近170名司局级和处级干部参加了国家局党校的学习，有74名司局级干部、23名大中型企业领导参加了赴澳大利亚和日本的境外培训。老干部工作和后备干部的培养、教育、使用工作得到了改进与加强。“七一”前夕，组织了全行业纪念和庆祝建党80周年文艺演出活动，充分展示了烟草职工积极向上的精神风貌，进一步增强了行业的凝聚力。

总的看，2001年的各项工作都取得了全面进展，特别是在经济效益方面创造了中国烟草20年发展史上的最好水平，为推进烟草行业在新世纪的新发展迈出了坚实的第一步。

二、当前烟草行业面临的形势和存在的主要问题

2002年，以党的十六大召开为标志，将是我国历史上具有重大意义的一年。认真分析烟草行业面临的形势，清醒看到自身存在的各种矛盾和问题，对于做好全年的各项工作十分重要，也是我们统一思想并采取正确应对措施的前提。

关于今年的总体经济形势，中央经济工作会议做了全面、深刻的分析。有两件大事的发生对经济发展的影响不能低估。一是“9·11事件”的影响，以及美国、日本、欧盟国家等经济衰退或低迷，致使今年国际经济环境将相当严峻。二是我国加入世界贸易组织，将使我们面临着新的机遇和挑战。烟草行业的发展与经济大环境的关系十分密切，尤其是国内经济的增长水平、人民收入的增加程度，直接影响卷烟需求总量和需求结构，这种影响还往往带有一定的滞后性。在当前烟草行业发展势头较好的情况下，我们对可能出现的矛盾和问题一定要有清醒的认识和足够的估计。

关于烟草行业面临的形势，国家局党组在去年年初作过一个基本分析，提出烟草行业“处在内外多重压力之下、置身内部各种矛盾之中”。实践表明，这个分析是符合烟草行业实际情况的。目前这种状况并没有根本的改变。不同的在于：一是多重的压力更直接、更紧迫了，特别是我国加入世贸组织后，潜在的压力已经变成了现实的压力。同时，世界卫生组织（WHO）制定的烟草控制框架公约将在2003年完成，2002年将是非常关键的一年，需要我们高度重视并积极做好相关工作。二是行业内部的各种矛盾虽然在前进中不断得到缓解和好转，但制约和影响行业健康发展的诸多因素仍然存在，一些深层次的矛盾和问题还没有从根本上得到解决。

我国加入世贸组织，总体上说既是机遇，也是挑战，一定要有全面的认识。能否真正抓住机遇，迎接挑战，做到利大于弊，将严峻的挑战转化成为难得的历史机遇，关键取决于我们的工作。入世对烟草行业的影响不能低估，搞得不好就可能会出现被动局面。按照我国入世谈判的承诺，直接涉及烟草行业的主要有两条：一是烟草专卖品进口关税下降，意味着进口卷烟和其他烟草专卖品的销售价格将要下调，其竞争力会有所提高；二是经过两年的过渡期，将取消特种烟草专卖经营企业许可证（零售部分），即所有国内的卷烟零售户都可以经营进口卷烟，这将使购买外国卷烟更为方便，进口卷烟的销量会有所增加。这“一高一增”的变化，直接影响到国内的卷烟产品和卷烟市场，这是显而易见的。从更深层次上看，入世是一种冲击，是一次新的挑战，最主要的是对思想观念和政府行为的冲击。一方面，世贸组织的运行基础是市场经济，而市场经济是开放的经济，直接表现在市场的开放、待遇的平等上；市场经济是竞争的经济，最终结果是优胜劣汰；市场经济是法制的经济，要求一切按规则运行；市场经济是高效的经济，企业追求的是经济效益最大化。我们的企业将在这种开放、竞争的市场经济环境中加快参与世界经济的步伐，将在这种有序、高效的市场经济运行基础上直接面对来自国内和国际两大竞争。另一方面，加入世贸组织后，我国将采取更加开放的对外政策，政府职能将会发生很大转变，这必然会对烟草行业的管理体制、经营机制等产生冲击。面对这样一种形势，我们如何在坚持和完善国家烟草专卖制度的前提下，适应入世的变化和要求，转变管理职能，深化体制改革，加快结构调整，提高整体竞争实力，是摆在全行业面前迫切需要解决的课题。

从烟草行业目前的情况看，我们还存在着一些比较突出的不相适应的问题：一是面对形势的变化和入世要求，我们的思想观念和工作作风不适应。在行业相当一部分同志头脑中缺乏忧患意识、竞争意识，危机感和紧迫感不强。有的企业不是眼睛向内，苦练内功，狠抓管理，而是喜欢做一些表面文章，缺乏求真务实，真抓实干，扑下身子抓工作的作风。还有的企业生产经营遇到困难，不是主要从内部找问题、找原因、找办法，而是片面强调外部条件，一味抱怨客观环境。比如，现在有一种现象，就是“卷烟调税和地区封锁是个筐，什么都能往里装”，不论是效益下降，还是销路不畅，或者是经营管理中出现问题，都不分青红皂白地全部装到这个“筐”里，缺乏求其在我的责任意识和自强不息的主动精神。二是行业“散、乱、低”的问题尚未根本解决，我们的整体竞争能力不适应。企业组织结构调整有了积极进展，但离做精做强中国烟草的要求差距很大，任务还很重；不规范的生产经营行为得到一定治理，但体外循环、超产瞒产、地区封锁以及“两烟”违法违规经营和货款拖欠等问题依然存在，有些问题还比较严重，甚至有的单位和企业我行我素，顶风作案；企业的基础管理，特别是财务管理中的资金、成本管理还相当薄弱，有的企业财务数据失真、成本核算严重失实；一些企业的产品水平、劳动生产率水平还不高，行业和企业的整体竞争实力还不强。三是卷烟制假售假的问题仍很突出，我们的市场环境和控制能力不适应。经过近几年对制售假烟的连续打击和重拳出击，专卖管理得到明显加强，但是，目前卷烟走私问题还时有发生，非法拼装倒卖烟机的问题比较严重，特别是制售假冒商标卷烟的违法行为依然大量存在，“内管外打”的任务仍很艰巨。对此，必须以打假为重点，全面强化专卖执法工作，努力提高市场控制力，为行业的健康发展提供良好的市场环境。四是当前烟草经济运行中还存在需要高度注意的问题，我们内部各项基础工作不适应。烟叶生产已连续几年控制在国家计划之内，并且较好地完成了压缩库存的任务，在这种形势下，容易产生松懈情绪，要注意防止超种超收回潮，形成新的恶性循环。卷烟产销虽然暂时呈增长趋势，总体看比较协调，但存在着产大于销的隐患，而且去年的卷烟销售走势存在前高后低的现象，有的省连续数月销量同比下降。卷烟工业企业亏损面扩大，亏损额增加，必须加大扭亏力度。受我国社会购买力总体水平的制约，对行业经济效益具有主要影响的高价位卷烟预计近几年内不会有大的增长，入世后外国卷烟也主要是参与此类卷烟的竞争，因而如何避免此类卷烟的盲目开发生产，集中精力做大做强一批优势品牌，是需要全行业高度重视和共同努力的问题。目前，部分重点卷烟工业企业管理粗放，机制陈旧，生产经营状况不佳，有的还出现产销下降、竞争能力下降、生产经营困难的被动局面，尤其需要引起全行业的关注。

面对严峻的形势和存在的突出问题，全行业的同志特别是各级领导干部要保持清醒的头脑，不能因为取得了成绩就沾沾自喜、盲目乐观，也不能由于形势严峻就丧失信心、无所作为。当前更应该注意警惕前一种倾向。一定要振奋精神，奋力拼搏，知难而进，做好工作。

三、烟草行业2002年工作的总体要求和需要把握的几个问题

根据党中央、国务院及国家经贸委对今年经济工作的总体部署，联系烟草行业改革与发展的实际，国家局党组研究提出2002年烟草工作的总体要求是：以邓小平理论和党的十五大精神为指导，进一步全面贯彻落实党的十五届五中、六中全会和中央经济工作会议精神，按照“三个代表”要求，紧密结合新的形势和任务，继续深入推进实施烟草行业“十五”计划，坚持以提高经济增长的质量和效益为中心，以整顿和规范市场经济秩序为重点，以推进结构调整为主线，以深化改革和推动创新为动力，以增强市场控制能力、抗御风险能力和行业竞争实力为目的，进一步狠抓基础、狠抓规范、狠抓落实，着力构建和培育烟草大市场、大企业、大品牌，确保实现专卖管理和经济运行工作“两个三年阶段性目标”，统一思想，坚定信心，转变作风，真抓实干，全面完成2002年的各项工作任务，促进行业持续、稳定、健康发展，以新的成绩迎接党的十六大胜利召开。2002年主要工作任务确定为：烤烟种植面积1383.8万亩，生产、收购烟叶176.9万吨（其中烤烟170万吨、晾晒烟6.9万吨）；卷烟生产、销售计划基本维持上年水平，均为3425万箱（17125亿支，含出口）；全行业在消化卷烟消费税率调整因素影响的情况下，力争全年实现工商税利比上年有所增长、工商利润总额保持上年水平。

为了圆满完成今年的工作任务，确保各项目标的实现，国家局党组经过认真分析研究，要求全行业各单位特别是各级领导干部，在今年工作中要认真重视和着重把握好以下几个方面问题：

第一，要紧紧抓住转变观念这个关键，切实增强危机感、紧迫感和责任感。今年是我国加入世贸组织后的头一年，入世对我们的影响和冲击是多方面的，但影响更明显、更带普遍性的是对人们思想观念的冲击；我们能否做到积极应对、战胜挑战、趋利避害、争取主动，最关键的也在于思想观念的转变。近些年全行业所做的许多工作，包括研究确定“狠抓基础，稳中求进”的行业工作指导思想和“1144”改革与发展的基本思路，包括提出“规范、改革、创新”的工作重点并反复强调把狠抓规范作为突出重点，包括企业组织结构调整、卷烟销售网络建设、科技开发、降焦减害、内管外打等等，从根本上说都是做强自己、壮大实力、应对挑战的积极措施。但从实际情况来看，我们的一些同志无论在认识上还是在工作上，都表现得不是那么主动、积极和迫切。我们讲市场经济是开放的经济、竞争的经济、有序的经济、高效的经济，而一些同志的市场观念并不强烈，缺乏“优胜劣汰”的竞争意识和忧患意识。因此，面对已经到来并且愈益加深的严峻挑战，面对日趋激烈的国际国内市场竞争，全行业上下必须加速思想观念的转变，切实增强危机感、紧迫感和责任感。增强危机感，就是要有强烈的忧患意识和长远的战略眼光，审时度势，居安思危，不能自我满足、盲目乐观；增强紧迫感，就是要有时不我待、只争朝夕的精神，想问题要超前，办事情要抓紧，干工作要勤奋；增强责任感，就是要有尽职尽责、尽心尽力的高度敬业精神，完不成任务吃不下饭、干不好工作睡不着觉，自我从严，争创一流。我们要丢掉在烟草行业比较严重和普遍存在的一切依赖“保护”的思想、眼睛向上向外的“等、靠、要”思想以及各种自满自足、不求进取的思想，以奋发有为的精神状态积极参与竞争，迎接和战胜挑战。

第二，要紧密围绕整顿和规范市场经济秩序这一重点，坚定不移地狠抓基础、狠抓规范、狠抓落实。整顿和规范市场经济秩序是党中央、国务院的重大部署，也是整个“十五”期间的一项十分重要的任务。对于烟草行业来说，抓好市场经济秩序的整顿和规范更具有特别重要的意义和很强的现实针对性。全行业要在去年开展整顿和规范市场经济秩序工作的基础上，进一步加强领导，明确目标，突出重点，落实责任，加大力度，标本兼治，努力取得更大成效。今年是专卖管理和经济运行两个“三年目标”的最后一年，要突出强调和坚持狠抓基础、狠抓规范、狠抓落实。狠抓基础，就是要继续坚定不移地贯彻落实“狠抓基础，稳中求进”的行业工作指导思想，扎扎实实地做好各项打基础、管长远、见实效的工作。千万不要以为近两年烟叶生产稳住了、卷烟产销上升了、实现税利增长了，就又盲目乐观、沾沾自喜、头脑发热，片面追求高速度。总结多年烟草工作的经验教训，急功近利、急于求成、大起大落实为烟草发展之大忌。狠抓规范，就是要继续坚定不移地坚持“一要规范、二要改革、三要创新”的行业工作重点，并要把狠抓规范作为重中之重突出抓好。规范是改革、创新的前提条件，规范之中又包含着改革、创新。近两年来全行业狠抓规范取得成效，既说明规范能够带来效益，也说明规范是应对入世挑战的有效措施。目前行业内各种不规范的问题仍然比较严重，必须坚持不懈，采取切实措施加以综合整治。通过狠抓规范，确保行业改革与发展的各项工作能够顺利、健康运行，在规范中更好地推进改革与创新。狠抓落实，就是行业的各项工作部署、各项政策指令和各项制度规定，都要在“抓落实”上狠下功夫，下大功夫，务求实效。抓工作不认真、不落实，满足于过得去、一般化，是行业上下需要共同重视和加以整治的顽症。对上级的各项指示要求和工作部署，不能合意的就执行，不合意的就不执行；不能“上有政策，下有对策”，不能我行我素、各行其是；不能抓而不紧、敷衍应付。狠抓落实，不仅是干好工作的需要，也是一个工作作风和干部素质问题。在学习贯彻六中全会《决定》的过程中，我们必须大力倡导和坚决树立脚踏实地、最讲认真、求真务实、真抓实干的作风。

第三，要切实突出结构调整这条主线，着力培育好大市场、大企业、大品牌。结构调整是“1144”跨世纪改革与发展基本思路的重点内容，也是“十五”期间行业发展的一条主线。我们要进一步加大调整力度，加快调整步伐，着力做好构建大市场、扶植大企业、培育大品牌的工作。构建大市场，要求我们的各级局（公司）和所有工商企业，要求我们的各项工作，都要有利于建立和形成全国统一、公平竞争、规范有序的大市场，坚决反对和纠正各种形式的地区封锁行为，积极推进专卖体制下适应市场经济发展要求的烟草市场体系建设，努力提高烟草行业参与国际市场竞争的整体实力。扶植大企业，要求我们必须加快企业组织结构调整步伐，继续下大力气做好关闭小烟厂和“扶优扶强”的工作。四川、重庆、湖南、湖北、辽宁等省（市）局近几年关闭小厂都是很有成绩的，要认真总结经验，在全行业深入加以推进。所有小烟厂较多的省局（公司）都要订出规划，明确目标，抓住机遇，知难而进，积极主动，过细工作，确保今年关闭小烟厂要有突破性进展。现在是关闭小厂的最有利的时机，机不可失，必须紧紧抓住。要在全行业树立这样的一个观点：积极关闭小厂，就是对国家、对行业的突出贡献。要用这个观点，去动员和说服那些小烟厂的现有领导，使他们深明大义，主动做好工作。对重点骨干企业要继续加大扶持力度，为他们的壮大发展创造有利环境，要鼓励和支持工业企业间的联合、兼并和重组，推进这些企业做大做强。培育大品牌，要求我们必须加大产品结构调整力度，进一步压缩、精简牌号，特别是要做好名优卷烟的宣传促销工作，工商联手培育市场。国家局要求全行业都要认真做好36个行业名优卷烟品牌的市场培育工作，要把销售名优卷烟牌号省会城市不少于30个、地市分公司不少于20个、县级公司不少于10个的规定作为硬指标加以考核和落实。通过努力，要力争今年在培育一批有一定规模数量、有较高技术含量、有较强市场竞争力、深受消费者欢迎的行业名优卷烟品牌上取得较大进展。着力培育大市场、大企业、大品牌是一项具有战略意义的工作，不仅关系到今年行业经济运行的总体质量和效益，而且对行业今后更长时期的发展都有极为重要的影响，必须高度重视并认真抓好落实。

四、2002年的主要工作安排

根据2002年烟草工作的总体要求和主要任务目标，全行业要进一步加大整顿和规范工作的力度，要把整顿和规范工作贯穿到专卖管理和经济运行工作的全过程，标本兼治，综合治理，在实施重点突破的基础上，力求得到全面推进，确保两个“三年目标”的圆满实现。为此，在全年工作中要突出抓好以下6项工作：

（一）以“控制总量”为基本前提，保持“两烟”产销协调和经济运行平稳发展。

按照“控量、促销、稳价、增效”的经济运行调控方针，今年国家局将继续通过下达行业经济运行调控纲要，加强对经济运行情况的监控，及时采取措施解决经济运行中出现的新情况、新问题，严格控制好“两烟”总量，确保经济运行平稳发展。各烟叶产区要围绕“控制总量、提高质量、优化布局、优化结构”的烟叶工作重点，继续把控制总量、提高质量摆在烟叶工作的首位，按照“全面推广、一次到位、明确权责、完善提高”的要求切实将合同制落实到位，对超合同的烟叶一律不予收购。要继续狠抓各项实用技术的普及推广，加强对烟农的技术指导和服务，加快烟叶生产向适宜区的转移和种植的规模化，优化生产布局和改善等级结构，切实提高等级合格率，坚决把市场滞销等级烟叶控制在10%以内，实现减少300万担滞销等级烟叶的年度目标，促进烟叶质量总体水平进一步提高。针对当前卷烟生产情况，国家局在总量安排上仍然要坚持适度从紧，根据市场价格变化和库存情况下达季度生产调控目标，控制好卷烟生产进度，保持产销之间的稍紧平衡。各省级局（公司）要严格按国家局下达的年度和季度调控目标组织生产，并密切关注市场形势变化，加强对生产经营全过程的监控，防止出现产销脱节和结构失衡。要把制止超产瞒产行为作为整顿和规范的重点，特别要防止小烟厂因适销农村市场的低档烟供求紧张而乘机超产，对查实有超产瞒产行为的企业要给予严肃处理。对重点企业的情况、行业名优卷烟产品的生产经营情况要加强分析研究，对卷烟销量、省际间交易量、合同履约率、销售名优卷烟等指标和情况要加强考核，确保卷烟产销协调发展和扩大名优卷烟的市场覆盖面。要毫不放松地继续抓好行业安全生产管理工作，实现生产经营的安全平稳运行。要抓住入世后的有利时机，更好地实施国际化发展战略，以各种有效方式积极开拓国际市场，力求“两烟”出口创汇比去年有所增长，并进一步扩大烟机和烟用材料的出口。全行业要坚持“统一对外”原则，发挥好行业的整体优势，切实加强涉及烟草专卖品进出口贸易和对外经济技术合作的规范管理。

（二）以提高市场占有率和市场控制力为中心环节，进一步加强专卖管理和卷烟销售网络建设。

全行业要紧紧依靠和发挥专卖专营管理体制的优势，继续加大专销结合的力度，通过加强卷烟市场专卖管理，提高市场净化程度，建立规范有序的市场秩序，为卷烟销售网络的建设和功能的发挥创造有利条件。要继续深入开展卷烟打假专项斗争，对制假重点地区实施重拳出击和重点突破，对非法拼装倒卖烟机和为制假提供原辅材料的违法活动加大打击力度。要认真抓好清理和净化市场的基础性工作，加快实施卷烟网络专销结合的“户籍化”管理，通过健全“户籍化”管理制度、推广“户籍化”管理先进经验、制定科学的市场净化率考核指标等措施，加大市场监控力度，为扩大卷烟销售拓展市场空间。要在全行业认真组织开展“四五”普法教育，进一步加强专卖队伍素质建设，提高人员素质和执法水平，自觉依法行政。要坚持“内管外打”方针，继续深入抓好“两烟”流通秩序的整顿，力求在打破地区封锁和遏制“两烟”体外循环方面取得新的进展。今后，要通过深化改革和积极工作，逐步使地市分公司成为全国卷烟交易的商业企业主体，使他们在核定的交易数量之内自主订货、自主选择厂家和品牌。这样做，有利于加强行业管理，有利于打破地区封锁，有利于减少费用开支，也有利于增加市场的有效供给，为卷烟销售网络提供适销货源。卷烟销售网络建设作为行业发展的一项全局性工作，作为应对入世挑战的一项最有价值的工程，全行业务必高度重视并加大推进力度，努力做到合理布局、完善功能、夯实基础、提高水平。今年，国家局拟选择10个网建工作处于中下等水平的省会城市和直辖市，重点加强指导、检查和考核，确保年底达到或接近武汉和成都市的网建水平。网建工作先进地区要瞄准国际先进水平进一步加大工作力度，实现网建水平的稳步提高。要继续制定和完善网络管理制度，加快卷烟销售基础软件推广和联网的步伐，加强访销配送，完善送货服务，进一步提高市场占有率和市场控制力。通过全行业的共同努力，我们要把卷烟销售网络建成中国烟草健康躯体的“动脉”，建成培育中国名优卷烟的“摇篮”，建成有效抵御市场风险的“长城”。

（三）以整顿和规范财务管理为核心，促进企业管理水平的全面提升。

财务管理是整个企业管理的核心，企业生产经营的全部活动及其成效最终都将反映在财务上。加强财务管理，强化会计工作，保证会计核算的真实性，不单纯是财务部门和财会人员的工作，也是整顿和规范市场经济秩序的重点内容。全行业要继续深入贯彻《会计法》，要把贯彻《会计法》与落实朱总理提出“不做假账”的重要指示结合起来，按照财政部的要求开展“回头看，按期整改”活动。国家局对去年《会计法》执行情况的检查已下发了《通报》，各级法人代表对《通报》中提出的问题要引起高度重视，按照《会计法》要求，重新修订和完善内控制度。今年检查再发现类似问题，要严肃处理。国家局、各省级局以及所有企事业单位都要全面加强预算管理，提高执行预算管理的科学性和严肃性。国家局今年将下发《烟草行业企事业单位预算管理办法》（试行）和《烟草企业成本费用核算规程》，要通过强化预算管理继续拓展企业所需物资的公开招标、比质比价采购工作，努力降低采购成本，保持物资材料的合理库存水平，减少资金占用，达到控制成本费用、节约资金、提高效益的目的。为全面摸清行业“家底”，在前两年已分别对工商企业进行清产核资的基础上，今年将继续组织开展对行业多元化经营企业的清产核资工作。目前烟草系统对多元化经营企业投资账面显示已达399亿元，占行业全部净资产的1/4，摸清这部分投资的真实情况，对于减少国有资产流失非常必要，也有利于加强对主业外投资的监督管理。在加强资金管理方面，各省级局（公司）都要加快建立全省行业资金管理中心的步伐，进一步加强资金管理，提高资金运营效率，堵塞资金管理漏洞。要继续抓紧进行“两烟”货款的清欠工作，今年的“两烟”生产经营一律不得发生新欠，要讲求商业信用，规范业务和资金往来，下决心解决好行业内部长期存在的“三角债”问题。要严格执行财经纪律和财经制度，坚持“收支两条线”，认真清理和取消“小金库”，严禁设立账外账。对预算内拨付的卷烟打假经费要加强账务管理，严格按规定使用。要继续按照“全面审计，突出重点”的方针，紧紧围绕行业整顿和规范市场秩序的重点加强审计监督工作，对查出的问题实施跟踪整改，减少违规违纪行为的发生。要进一步完善经济责任审计制度，切实做好法人代表任期内和离任时的经济责任审计工作。对各类报表的统计上报，各级法人代表都要认真负责地进行审核，真正做真、做细、做实，绝不允许弄虚作假、虚报浮夸。

（四）以关闭小烟厂为重点，积极推进企业组织结构调整和深化企业内部改革。

搞好企业组织结构调整，是行业改革的"重头戏"，是解决"散、乱、低"问题的关键所在，也是壮大实力、应对挑战的重要举措。我们要从行业整体效益的提高和长远发展的战略高度出发，坚持"扶大关小"方针，切实加快结构调整步伐。当前，要抓住有利时机，以辣手治乱的气魄和扎实过细的工作，积极推进"关小"工作的进展。各省级局（公司）要对今年列入关停计划的小烟厂按照实施方案抓紧做好有关工作，特别是小烟厂较多的省区，如河南、贵州等省更要加大关小力度，实施重点突破。近几年在关小工作中取得积极进展的省级局（公司）要在巩固已有成果的基础上，继续加以推进。在坚决淘汰落后生产能力、重点关闭10万箱以下小烟厂的同时，有关省级局（公司）对一些10万箱以上的烟厂也要实行兼并重组，进一步优化生产力布局和资源配置。今年，国家经贸委已批准我们列入核呆规模10.5亿元，有关省局和有关企业务必抓紧做好工作，确保核呆计划的落实。关停挂杆复烤厂也是企业组织结构调整中一项难度较大但非抓不可的工作，有关省级局（公司）要提出明确目标并制定具体的实施方案，特别是黑龙江、河南、贵州、重庆等省市要加快挂杆复烤企业关闭和打叶复烤企业改制的步伐。要继续深化企业内部改革，进一步推动现代企业制度建设，在完善法人治理结构、转换企业经营机制、健全和完善严格的监督制约机制和有效的竞争激励机制上真正下功夫，努力取得更大成效。要进一步推进企业劳动、人事、分配制度改革，切实加大减员增效工作力度，所有工商企业都要积极推行竞争上岗，逐步建立起人员能进能出、岗位能上能下、收入能高能低的竞争激励机制。企业减人首先要从厂长减起，再到中层管理人员，最后是一般干部和职工。在去年各省级局（公司）机关机构改革基本完成的基础上，今年要重点推进企业内部的机构改革调整工作。要从核定企业领导职数、核定企业管理层的机构设置和岗位定员、核定职工编制定员入手，逐级实行竞争上岗，切实推进减员增效，增强企业内部活力。目前一些地区性烟草集团公司与所属骨干企业机构设置重叠问题也要一并研究解决。对此，国家局和各省级局要制定和提出具体的指导意见。近几年来，基层一线访销员、配送员、专卖稽查员队伍中增加了很多聘用工，要认真研究和妥善解决聘用工与正式固定工同工不同酬的问题。聘用工和正式工都要竞争上岗，逐步做到在什么岗位工作就领取什么报酬，促使聘用工有积极性，正式工有进取心。要抓紧研究解决聘用人员的工资来源渠道问题，并注意做好从工业分流富余人员充实和加强网建力量的工作，严格控制系统外进人和过多聘用临时工。企业内部的所有改革事项和内容都要研究具体方案，经过职工群众充分讨论，认真细致地做好改革过程中的思想工作，处理好改革、发展与稳定的关系。

（五）以提高产品质量和市场竞争力为目标，加快行业技术创新的步伐。

全行业要继续加快企业技术中心的建设，进一步健全行业技术创新体系，以企业为主，联合研究院所、高等院校以及技术服务机构更好地开展"产学研"合作。要不断加大科技投入，从育种入手，着手培育拥有自主知识产权的优质烤烟品种，积极开展优质烟叶的科研开发。要继续做好对现有卷烟牌号的改造和低焦油、低危害、混合型卷烟产品开发工作，着力培育优质品牌和免检产品，提高品牌的集中度和市场竞争力，并不断向国际市场拓展。针对中低档卷烟由于消费税率调整后出现较多亏损的情况，要从管理、技术等多方面加强研究，特别要注意发挥科技人员的积极作用，制定科学有效的办法和措施减少亏损。要坚持以国内自主开发为主，与引进技术和合作开发相结合，对有一定技术开发潜力的重点企业加强指导，进一步完善质量技术监督体系建设，提高行业技术开发的整体水平和创新能力。要有计划地继续做好对各类专业人才的培养工作和对全行业职工的培训教育，开展更加广泛的学术交流和科学普及活动，特别是要适应入世要求，切实搞好世贸组织有关知识的学习培训和加强烟草经济研究工作，为加快行业科技创新步伐、全面实施科教兴烟战略和国际化发展战略奠定基础。要继续加强行业信息化建设，要求统一建设的项目必须统一，目前已开发完成的子系统软件要加大推广应用的力度，年底以前要基本建成300个C类站，要逐步实现行业卫星网络的综合利用，提高现代化管理水平。此外，5月份将在北京举行全国烟草行业技术创新成果展，各省级局（公司）要组织有关企业认真做好筹展和参展工作，使烟草行业20年来的科技进步历程以及取得的各项技术创新成果，更好地在行业内部交流和向社会进行展示。

（六）以抓好作风建设为切入点，加强干部队伍特别是各级领导班子建设。

中央要求，要把今年作为转变作风年、调查研究年。全行业要继续深入学习和贯彻落实党的十五届六中全会精神和江总书记"三个代表"的重要思想，按照"八个坚持、八个反对"的要求和国家局党组制定的贯彻意见，切实改进和加强作风建设。要努力抓好国家局及省级局机关、特别是领导干部的作风建设，按照"敬业、务实、高效、廉洁"的要求切实改进机关作风，各级机关要在指导、协调、督促、检查上下功夫，牢固树立服务意识，为基层、为企业搞好服务。要放权于企业，让企业享有充分的自主经营权，不要再管自己不该管、管不了、也管不好的事情。各级领导干部要进一步增强全局意识和组织纪律观念，保持政令畅通，将国家局的各项决策和部署真正落到实处，尤其对重大问题要加强请示报告。要注意改进工作方法，坚决克服形式主义、官僚主义，深入实际、深入基层、深入企业，加强调查研究，及时了解和掌握行业工作中存在的问题和困难，有针对性地加以研究解决，实实在在地为基层企业和职工群众排忧解难。各项重大政策和措施的出台，要多到基层做好深入调研，广泛听取各方面的意见。国家局要在全行业的作风建设中起带头作用，机关处以上干部都要有计划、有目的地参加一线实际工作，每年不少于5天。参加一线工作要与本职工作和调查研究紧密结合，做到既有利于密切干群关系，又有利于指导工作，不准搞形式主义，不准干扰基层具体事务，不准劳民伤财。要把加强作风建设与落实党风廉政建设的各项规定和反腐败各项工作紧密结合起来，进一步强化责任制和监督制约机制，通过开展经常性的警示教育，增强拒腐防变和抵御各种不正之风的能力。同时，对各种违法违纪违规案件要继续严肃查处，绝不姑息。要继续做好部分省级局（公司）领导班子的全面考核工作，通过进一步推行民主推荐、公开选拔、竞争上岗、公示制等办法，调整、充实和配备好班子成员，加强对后备干部的选拔和培养，真正做到以好的作风选作风好的人。要认真贯彻落实《公民道德建设实施纲要》，并结合行业实际有针对性地提出加强职业道德建设的目标和要求，进一步提高整个职工队伍素质，推进行业的精神文明建设。

1月9日，吴邦国副总理对烟草工作作了重要批示，指出：去年工作是有成绩的，经济效益、结构调整、整顿市场尤为突出，应予肯定。同意今年工作部署。新的一年，希望在总量控制的基础上，加大结构调整的力度。继续深化改革，加强管理，提高企业效益。打假是一长期任务，只能加强不能放松。吴副总理的批示指明了烟草行业2002年工作的方向，我们要认真贯彻落实。

同志们，面对新的形势和新的任务，我们要以饱满的热情、坚定的信心和扎实的工作去积极应对和努力奋斗。让我们更加紧密地团结在以江泽民同志为核心的党中央周围，高举邓小平理论伟大旗帜，上下一心，奋力开拓，促进烟草行业的持续、稳定和健康发展，以优异成绩迎接党的十六大胜利召开!

突出财务管理的核心地位 强化财务管理和审计监督工作

——在全国烟草行业财务审计工作会议上的讲话

国家烟草专卖局局长　倪益瑾

（2002 年 2 月 26 日）

同志们：

我完全赞同刚才潘必兴同志所作的工作报告。必兴同志的报告是这次会议的主报告，请大家在会议期间认真讨论，回去后认真贯彻落实。

多年来，烟草系统财务审计部门和财务审计工作者坚持职守，认真负责，做了大量有效的工作，为烟草行业持续、稳定、健康发展做出了很大贡献。特别是近三年来，随着整顿和规范工作的深入，财务管理与审计监督进一步加强，促进了行业整体效益大幅度提高和整体实力进一步壮大。我代表国家烟草专卖局（中国烟草总公司）向全系统财务工作者和审计工作者表示衷心感谢！今天又适逢元宵佳节，我也乘此机会代表国家局（总公司）向行业财务审计工作的全体同志和家属致以亲切的节日问候！

今年 1 月中旬召开的全国烟草工作会议提出了全年要认真抓好的六项工作任务，其中一项重要工作就是“以整顿和规范财务管理为核心，促进企业管理水平的全面提升”。下面我想就深刻认识财务管理核心地位，从而增强做好财务审计工作的自觉性讲几点意见，供同志们参考。

一、突出财务管理的核心地位是全面加强企业管理的必然要求

去年全行业实现利润 335 亿元，比上一年增长了 18.56%，其中工业利润 176 亿元，主要集中在十几户企业。我一直在思考一个问题，同样规模的企业，为什么创造的效益不同，有的规模小的企业反而比规模大的企业创造的效益还要高？去年和今年年初我曾带几个调研组分别对不同类型的企业进行过一些调研，经过分析，得到的结论是：企业效益高低，无论外部原因有多少，最根本的还在于企业管理水平不同，再往深层次讲则是财务管理水平不同。尽管企业管理包括了生产管理、质量管理、技术管理、设备管理、定额管理、销售管理、人才资源管理等等，但无论是哪种管理方式，都取代不了财务管理的核心地位。财务管理是对企业的资金运动和价值形态的管理，主要是以成本管理和资金管理为中心环节，通过对价值形态的管理，实现对实物形态的管理，求得最佳的经济效益。财务管理涉及采购、生产、销售等多个环节，是企业一切活动的基础；同时企业的一切生产经营活动最终都要反映到财务成果上来，最终体现为企业利润的多少和效益的高低。财务管理的这些特征和作用决定了它在企业管理中的核心地位。所以，以加强财务管理为核心的企业管理，不但是建立现代企业制度的内在要求，更是提高企业竞争力和实力的重要保证。

烟草行业虽然实行专卖专营，但在行业内，各企业必须融入市场经济竞争的洪流，企业要生存要发展，就要追求合理利润的最大化。而要达到这一目标，就要紧紧围绕财务管理这个核心，特别是坚持以成本和资金管理为重点，实施科学、有效和严细的管理。当前，发挥财务管理在企业管理中的作用，要重点抓好三个方面的工作：

*一是推行全面预算管理，加强审计监督。*党的十五届六中全会《决定》明确提出“强化预算管理和审计监督，经费按预算支出，不得随意追加”。预算制度的完备与否，是企业生产经营活动有序运行的重要保证，也是企业对经营活动进行监督、控制、审计、考核的基本依据，是反映企业管理水平高低的重要标志。要积极创造条件，加快预算管理改革的进程，提高依法行政、依法理财的水平。预算安排要认真贯彻十五届六中全会《决定》的精神，发扬艰苦奋斗的优良传统，反对铺张浪费。办一切事情都要遵守勤俭节约、艰苦创业的原则，量力而行，精打细算，讲求实效。

实行预算管理是一个涉及预测、决策、分解、日常控制、考核的系统工程，是实现企业内部机制与市场对接的关键。要使预算管理的观念深入到每个干部和职工，贯穿于每个部门和每个环节，落实在每个岗位，明确各级预算责任人。各企业制定预算要科学合理，执行预算要准确高效，追加预算要有理有据，检查预算要严肃认真。企业可针对自己的实际情况，制定年度、季度甚至月度预算方案，通过加强预算管理，达到增收节支、挖潜降耗、提高效益的目的。

实行预算管理不只是财务部门的事情，还要确定供、产、销各个环节的责任和对实现预算目标的相应要求，更是对企业领导层的重要约束机制。各企业都应成立由各有关部门参加的预算委员会，预算报告要经过职工代表大会通过，一经确定，不得随意追加。这样才能从源头上防止和纠正企业随意投资、随意花钱现象。

*二是实行目标成本管理，堵塞流失漏洞。*成本是一项综合的技术经济指标，成本高低不仅决定着企业经济效益的好坏，而且决定着企业竞争力的强弱。企业的竞争在某种程度上是成本的竞争，同价位高成本的产品不会有持续的竞争力，

最终还会丧失竞争力。而影响成本高低的关键因素在于对采购成本的控制，主要是对采购价格高低和质量好坏的把握。根据去年量本利报表统计：全行业卷烟平均单箱成本费用率为50.3%，其中一类卷烟34.7%，而四类卷烟达到72.7%；全国平均单箱香精香料消耗60.16元，有的企业是100多元，个别牌号达到200多元，而有的企业才30多元，一类卷烟香精香料消耗全国平均86.8元，江苏只有32.52元，“中华”牌卷烟也只是70元左右；全国平均单箱盒皮消耗319.92元，有的则高达2000多元。企业同价位卷烟牌号之间成本高低悬殊很大，说明降低成本是大有潜力的。今年国家局要按季度公布同价位卷烟牌号的量本利情况，目的就在于通过比较，看到差距，找出原因，认真解决成本控制中存在的突出问题。我们提倡学邯钢目标成本控制的经验，其精髓就是把成本控制指标落实到每个机台、每个岗位、每位员工，让全体员工树立降低一分成本就能增加一分效益的观念，使每个职工都关心成本，监督开支，按照定额、标准和预算进行成本控制。如果今年力争成本降低3%～5%，全行业利润就可增加20亿～30亿元。对此，各企业都要建立健全成本管理和控制制度，把成本管理与控制真正作为基础管理的重要的内容来抓。要建立分级核算的管理制度，重点工业企业成本费用的核算层次不少于两级；要实行成本费用的预算控制和目标成本管理，把目标成本分解到生产经营的各个环节，落实到岗位、落实到人；要大力推行公开招标、比质比价采购，提高采购环节的透明度和科学化，从源头上降低成本。

*三是加强资金管理，提高资金使用效率。*资金是企业运行的血液，是企业赖以生存和发展的重要因素。要以现金流量为重点，实行生产经营各个环节的预算管理，对预算编制、执行、分析、考核建立严格制度，有效地限制无预算资金支出。要加强对应收款项的清理，杜绝虚假销售，合理核定成品库存和原辅材料储备，最大限度地减少资金占用。对预算内资金支出实行负责人限额审批制，限额以上资金支出实行集体审议核签制。建立健全严格的资金监督、审计、考核制度，防止重大决策失误。以预算为依据，对企业投资融资、资金流向、财务变动等情况实施全过程跟踪和监控。建立并充分发挥省级公司资金管理中心的作用，对内部各单位实行统一结算，清理银行账户，制止多头结算。通过多种途径，加速资金周转，减少资金占用，提高资金安全性和周转效率。

二、突出财务管理的核心地位是贯彻执行新《会计法》的重要体现

新《会计法》是适应我国建立社会主义市场经济体制的重要法律，是会计行为的最高规范。认真贯彻实施《会计法》，依法规范会计行为，对于规范经济秩序、优化资源配置、改善经营管理、加强宏观调控有着重要意义。新《会计法》明确了单位负责人对本单位的会计工作和会计资料的真实性、完整性负责。各企业必须根据实际发生的经济业务进行会计核算，填制会计凭证，登记会计账簿，编制财务会计报告；任何单位或个人不得伪造、变更会计凭证、会计账簿和其他会计资料以及提供虚假财务会计报告；会计机构和会计人员必须依照《会计法》规定进行会计核算，实行会计监督。出资人将资产委托给谁，谁就得对资产的合法合理经营以及如期、如实反映经营状况负法律上的全部责任。可以说，新《会计法》的这些规定，进一步明确了财务管理在企业管理中的核心地位和作用。

为了更好地贯彻执行新《会计法》，当前要高度重视两个问题：

*一是进一步严肃法纪，规范工商企业会计核算行为。*加强财务管理，保证核算的真实性，是建立社会主义市场经济信用机制的基础，也是适应加入世界贸易组织新形势的客观要求。党中央、国务院对此非常重视，朱总理在视察上海国家会计学院时亲笔写下了“不做假账”的校训，在北京国家会计学院又题写了“诚信为本，操守为重，遵守准则，不做假账”的校训。我们必须认真贯彻落实总理的指示，把财务管理和会计核算提高到一个新的水平。自去年6月1日起实行的卷烟消费税税率调整政策，从体制上解决了工商利益调节行为不规范问题，但同时也确实增加了部分企业的税收负担，形成了一批新的亏损。从目前了解的情况看，有的企业为了减少亏损，不是从内部管理找原因，从降低成本上下功夫，而是想方设法钻空子、打擦边球，这是十分危险的。大家都要扎扎实实按照规定的要求，自觉遵守《会计法》和有关财经规定，正确核算成本费用，决不允许再在工商成本核算和利益分配上弄虚作假。

*二是认真抓好新《会计法》执行情况的检查和整改。*去年，国家局对8个省32户企业进行了《会计法》执行情况的抽查，发现了不少问题，如会计基础工作不规范，财务管理比较混乱，成本、费用核算不实，会计信息水分大，监督机制不健全，对外投资效益差，财务会计人员素质低等，存在这些问题不单是财会部门的责任，按照《会计法》的规定，更是企业法人代表的责任，有些问题就是法人代表授意和指使的。企业法人代表不要认为自己不懂财会，就不负责任。作为企业法人代表起码要做好三件事：一要学懂必要的财会知识，防止违法财会人员对你的蒙骗；二要按规定设置总会计师，减轻你的压力；三要多听财会、审计部门的意见，让职能部门替你把好关。为了进一步推动《会计法》的贯彻和落实，督促各单位整顿和规范会计秩序，提高会计信息质量，查处会计工作中的违法违纪行为，今年还要继续抽调力量，扩大抽查面，把检查工作与整顿财经秩序、完善会计监督机制、严肃财经纪律结合起来，促进全行业财经秩序的根本好转。

三、突出财务管理的核心地位是整顿和规范烟草市场经济秩序的重要途径

在社会主义市场经济条件下，企业是市场竞争的主体，是以赢利为目的的经济组织，也是自主经营、自负盈亏、自我改造、自我发展的经济实体。一方面，企业要追求最大化的经济效益，就得学会算账，讲求投入产出，遵循市场经济规律和价值规律。一个没有投入产出观念、没有严格会计核算和财务管理的企业，必然是毫无效率可言的企业，必然在竞争中失败。另一方面，市场经济是法制经济，企业一切经营活动必须受到法律法规的制约，如果违反法律法规，势必造成市场秩序混乱，这类企业必然受到制裁。

长期以来，烟草行业存在不规范经营的情况，严重影响了行业的整体利益和健康发展。例如，很多企业不讲商业信用，货款长期拖欠，造成“三角债”数额巨大；有的企业内外串通，互相勾结，搞“背书”，直接将货款汇给烟贩子，造成巨大损失；“两烟”流通秩序混乱，超产瞒产、体外循环情况严重存在，地区封锁屡禁不止；有的单位搞回扣让利，不正当竞争行为五花八门；有的企业在物资采购中买高不买低、买远不买近、买次不买好，贪图私利；有的单位在工程建设中规避招标、搞“暗箱操作”，捞把好处；不少单位花钱大手大脚，铺张浪费，甚至乱投资、乱担保，造成国有资产大量流失；一些单位造假账、搞假报表，编制账外账，私设“小金库”，等等。所有这些问题都与财务管理不严有直接关系，这不仅扰乱了烟草市场经济秩序，而且引发经济犯罪。通过全行业近几年来狠抓规范，情况有了很大的好转，但市场秩序混乱的问题仍然严重存在，顶风作案的问题还时有发生，我们的整顿和规范工作还需要继续加大力度，进一步狠抓落实。

突出财务管理的核心地位，切实规范财务管理工作，既是整顿和规范烟草市场经济秩序的重要内容，也是确保整顿和规范工作不断取得积极成果的重要手段和重要途径。继续大力整顿和规范市场经济秩序，是整个“十五”期间的一项重要任务，是建立和完善社会主义市场经济体制的重要举措。对于烟草行业来说，整顿和规范工作是确保烟草行业在新世纪取得新发展的重要保障和头等大事。而要确保整顿和规范工作有效进行并取得实实在在的成果，就必须狠抓财务管理和审计监督工作。

四、突出财务管理的核心地位是企业改革和发展的迫切需要

十五届四中全会提出的国有企业改革和发展的目标是：适应经济体制与增长方式两个根本性转变和扩大对外开放的要求，基本完成战略性调整和改组，形成比较合理的国有经济布局和结构，建立比较完善的现代企业制度，经济效益明显提高，科研开发能力、市场竞争能力和抗御风险能力明显增强，使国有经济在国民经济中更好地发挥主导作用。

在国有企业改革与发展过程中，不可避免地会遇到企业组织结构调整、资产的重组与流动、企业内部人员调整、三项制度改革等一系列新情况，这些又都会在财务管理上有所反映。国有企业是我国国民经济的支柱，是社会主义制度的经济基础，是实现广大人民群众根本利益的重要保障。烟草行业的资产主要是以国有独资为主体的国有资产，管理和营运好4000多亿元的国有资产，对于增加国家财政收入，满足人民消费需求，巩固和发展社会主义制度，具有十分重要的意义。

为了推进烟草行业的改革与发展，当前在财务管理工作中要注意认真抓好三项基础性工作：

*一是要搞好清产核资。*通过清产核资，对企业占有的国有资产进行全面清查，准确掌握国有资产的数量、分布和结构，合理规划生产力布局，配置生产要素，促进结构优化。通过前两年的清产核资，我们基本摸清了工商企业的“家底”，取得了较好的成果。今年，国家局决定对全国烟草行业的主业以外的投资进行全面的清产核资。各级领导要高度重视这项工作，各单位的主要领导要直接组织和领导，监察纪检和计划、人事等部门要积极搞好配合。要结合整顿和规范市场经济秩序和《会计法》执法检查，加强领导，精心组织，扎实细致，实事求是，敢于揭露矛盾，把主业外投资的资产搞清楚，为行业改革与发展服务。

各单位要认真清理对外担保事项。乱借钱、乱投资、乱担保这“三乱”在行业内严重存在，乱担保比乱借钱、乱投资后果更为令人担忧。企业对外担保，形成或有负债。或有负债形成现实负债后，往往难以追索，从而形成资产损失。目前，这个或有损失给行业带来的影响还无法估量，必须严肃认真对待。具体工作由财务审计司布置。

*二是要搞好产权登记和产权变更。*产权登记是国有资产管理的一项十分重要的基础工作。通过产权登记，摸清行业的“家底”，掌握国有资产增减变动情况和处置情况，考核企业国有资产保值增值情况，明确企业占用国有资产的法律责任。产权变更要为企业组织结构调整服务，促进企业理顺内部产权关系和建立现代企业制度，防止国有资产流失。

*三是搞好资产评估。*资产评估是一项动态化、市场化的社会经济活动，是市场经济条件下的重要经济手段和依据。资产评估要为行业企业组织结构调整服务，多元化经营要防止低估国有资产而形成流失。今后资产的流动和重新组合的工作越来越多，资产评估工作也显得越来越重要。

同志们，通过以上四个方面的分析，我们可以充分看到财务管理和审计监督工作的重要性和必要性，希望全行业的各级领导干部、特别是法人代表要高度重视、积极支持和正确领导本单位的财务、审计工作，也希望全行业所有从事财务、审计工作的同志进一步增强责任感、使命感，坚持原则，忠于职守，认真负责、兢兢业业地搞好本职工作。

为了堵塞漏洞、加强管理、明确责任和推进反腐倡廉工作，国家局在这次会议之前召开办公会议，决定在全行业建立经济责任审计工作联席会议制度。国家局（总公司）的经济责任审计工作领导小组由我担任组长，姜成康、潘必兴和葛祥久同志担任副组长，领导小组成员有财务审计司、人事劳动司、监察局、政策法规司和办公室的负责同志参加，领导小组的办公室设在财务审计司，由张玉霞和张和同志担任办公室主任。希望同志们通过这次会议，进一步统一思想，提高认识，特别要求各单位主要负责同志重视财务审计工作，关心财务审计工作，支持财务审计工作，切实把财务管理放在核心位置，推动财务管理和审计监督工作水平不断提高，促进烟草行业在新世纪的持续、稳定和健康发展。

在2002年全国烟草专卖管理工作电视电话会议上的讲话

国家烟草专卖局局长　倪益瑾

(2002年2月28日)

同志们：

刚才，传德同志对去年的专卖工作进行了总结，分析了入世后专卖管理工作面临的新形势，部署了今年的工作，希望各省级局会后认真贯彻落实。

近几年，通过确定和实现两个专卖管理阶段性工作目标，专卖管理取得了实实在在的进展。特别是经过坚持不懈的努力和艰苦细致的工作，解决了困扰烟草行业十多年的两个“老大难”问题：第一是彻底取缔了卷烟非法批发市场；第二是彻底关闭了非法烟厂，从而进一步加强了烟草行业专卖专营体制。去年，深入开展“素质年”活动，增强了专卖稽查队伍整体素质；实施“户籍化”管理，加强专销结合，提高了市场监控能力；加大卷烟打假工作力度，有效地遏制了假烟严重泛滥的势头；实行烟草专卖品准运证网络化管理，对规范行业内部生产经营行为起到了促进作用。几年来，我们行业保持了持续、稳定、健康发展的良好势头，经济效益得到了进一步提高，这与专卖管理工作不断加强是分不开的。在此，我代表国家局对全体专卖管理人员，特别是战斗在基层一线的广大稽查队员所付出的辛勤工作表示衷心的感谢!

同志们，去年我们取得了一定的成绩，但也要清醒地看到面临的形势依然严峻。春节前，在长沙召开的2002年全国烟草工作会议对当前烟草行业面临的形势进行了分析，烟草行业仍“处于内外多重压力之下、置身内部各种矛盾之中”，而且入世后多重压力更加直接、更紧迫：内部一些深层次的矛盾和问题还没有从根本上解决，制约和影响行业发展的诸多因素依然存在。面对入世后新的形势，市场环境和控制力不适应仍然是一个很大的问题。我曾在1998年于大连召开的烟草行业局长（总经理）座谈会上讲过：专卖是烟草行业的灵魂，是柱石，是生命线。因此，专卖管理工作如何应对入世的挑战，进一步发挥“专卖专营”的优势，提高市场的监控力，创造良好的市场环境，为行业在激烈竞争中加快发展提供重要的保障，是广大专卖管理人员，特别是领导干部必须思考的问题，也是义不容辞的责任。下面我想就此补充谈以下几点意见：

一、转变观念，增强危机感、紧迫感、责任感

思想观念的转变非常关键，要说入世后的冲击，最大的冲击就是对思想观念的冲击。目前，行业内外很多同志都非常关注入世后对我国烟草专卖制度的影响。据反映，有些同志存在片面的认识，一种认为入世后专卖制度将很快被取消，由此产生悲观消极的情绪；另一种认为入世后专卖制度没有发生明显变化，可以继续得到专卖制度的保护，进而产生了盲目乐观的情绪。这两种思想情绪都是非常错误的，其结果是一样的，导致工作上缺乏主动性、创造性，等待观望，无所作为。我们必须正确认识入世对专卖制度产生的影响，积极应对挑战。

我国是以发展中国家身份加入世贸组织的，按世贸组织的规则，发展中国家可根据本国的实际情况，对一些行业在一段时间内采取保护性措施。一方面，我们虽然入世，但并不意味我国在近期内就取消烟草专卖制度；另一方面，我们仍然继续实行烟草专卖制度，但并不意味我国烟草就闭关封锁。在经济全球化迅猛发展的潮流中，世界上实行烟草专卖制度的国家越来越少，我国的烟草专卖制度同样也不可能长期存在。入世后我国烟草专卖制度在市场准入、公平待遇等方面将进一步同国际接轨，烟草行业加快对外开放势在必行。因此，我们必须转变观念，不能指望长期在专卖制度保护下进行垄断经营，要积极参与国际竞争，通过提高市场控制力、抵御风险能力和行业整体竞争实力，巩固中国烟草在国内市场的主导地位，同时拓展国际市场。同志们要认清自己所肩负的重任，牢固树立高度的危机感、紧迫感、责任感，充分认识当前做好专卖管理工作的重要意义，继续艰苦努力、奋力工作。

二、加强和改进专卖管理工作，适应入世的要求

世贸组织规则是以市场经济为基础的，要求政府的经济管理行为以提供服务为主，创造并维护一个有效的经济发展环境。世贸组织规则对各成员国政府都有约束力，规范其经济管理行为。我国烟草专卖管理是政府经济管理行为之一，入世后同样要与国际接轨，遵守世贸组织各项规则。这就需要专卖管理工作为市场建设服务。对这个问题我们有些同志理解得不够全面、不够透彻，往往只看到专卖管理行政执法的一面，而忽略其服务的一面。广大专卖管理人员要认清入世后行政管理重要的转变是服务于市场，要通过加强和改进专卖管理工作营造行业发展的良好环境。关于这个问题，传德同志讲了很好的意见，我想再强调几点：

*一是继续狠抓规范，加强行业内部专卖管理工作。*规范就是按国家法律法规的要求构建市场经济秩序。实践证明，狠抓规范是促进烟草行业发展的有效途径，是应对入世挑战的重要基础工作。没有规范的秩序，经济运行就会处于混乱状态，将严重制约行业的发展。近几年来我们狠抓规范，取得了明显成效。但很多问题尚未得到根本解决，抓规范的工

作仍然非常繁重。当前各级专卖管理部门要进一步加大行业内部专卖管理力度，规范生产经营行为，这既是行业改革发展的要求，也是专卖管理工作的重要任务。

*二是加强队伍建设，提高执法水平。*目前全行业有近4万名专卖管理人员，这支队伍担负着卷烟打假打私、清理整顿市场、对行业内进行专卖管理的重任。建设好这支队伍，提高执法水平极为重要。首先，要加强思想作风建设。要按照“三个代表”的要求，牢固树立全心全意为人民服务的宗旨意识，真正解决为谁执法、为谁服务的问题，大力发扬严于律己、秉公执法、乐于奉献、英勇顽强的“金叶卫士”精神。第二，要加强制度建设。制度是规范化管理、正规化办案的重要保障，各级专卖局要进一步完善管理制度，并要抓好制度的落实，带好队伍。第三，要提高执法水平。通过系统培训和严格考核增强业务能力，规范执法行为，做到文明执法，树立起烟草专卖行政执法良好的社会形象。总之，只有把专卖队伍建设成为政治强、业务精、作风硬、特别能战斗的队伍，才能适应当前形势和任务的需要。

*三是寓管理于服务之中，提高市场的监控能力。*各级专卖管理部门要在去年专销结合工作取得成效的基础上，继续深化与提高。要增强服务于市场和广大零售户的思想意识。服务，既要讲态度、方法、作风，更要讲水平、质量、效率。通过优质服务、文明执法，寓管理于服务之中，团结广大卷烟零售户，共建市场，全面提升户籍化管理工作水平，为网建工作创造更好的条件，提高卷烟市场控制力。

*四是进一步加大打假工作力度，为行业健康发展提供有力保障。*经过近几年对制售假烟违法犯罪行为的严厉打击，假烟泛滥的势头初步得到遏制，但制售假烟活动仍大量存在，卷烟打假的任务依然非常艰巨。同志们要进一步总结经验，乘势而进，积极争取地方政府的支持，与有关执法部门紧密合作，结合当地制售假烟活动的情况，有针对性地开展打击行动。特别是要认真搞好当前与公安部门联合开展的卷烟打假专项行动，加强领导、精心组织，从制假源头和抓捕犯罪分子方面继续加大打击力度，确保今年实现社会上的假烟明显减少的目标。

三、转变作风，创造性地开展工作

今年是作风建设年。广大专卖管理干部要认真学习贯彻十五届六中全会《关于加强和改进党的作风建设的决定》，切实转变思想作风、学风、工作作风，适应新形势，创造性地开展工作。

*（一）转变思想作风。*当前以科学技术为先导的经济全球化进程发展很快，已成为时代潮流。如果我们不能解放思想、创造性地开展工作，就会被时代所淘汰。当前专卖管理工作正在发生着深刻的变化，但有些专卖管理干部仍习惯于凭过去陈旧的思维方式和工作经验想问题、做工作，缺乏创造性。这种思想作风必须努力改变。要自觉地从那些不合时宜的思想认识、工作方法的束缚中解放出来，真正转变思想作风。要以与时俱进和奋发有为的精神状态创造性地开展工作，不断总结新鲜经验，积极探索新形势下加强和改进专卖管理工作的有效途径。

（二）转变学风。“工欲善其事，必先利其器”，我们只有认真学习，才能卓有成效地开展工作。利与弊、机遇与挑战都是相对的，是互相转化的，关键看我们怎么做。做的好，可以少走弯路，趋利避害，化挑战为机遇。我们既要认真学习、准确把握世贸组织规则和我国政府入世的承诺，尤其是在烟草方面所作的承诺；又要以宽广的眼光观察和思考国际烟草界发生的变化，学习借鉴各国烟草公司的经验。学习的目的在于应用，广大专卖管理干部，特别是各级局领导干部要善于运用新理论、新知识，结合本地区的实际情况，卓有成效地开展工作。

*（三）转变工作作风。*思想作风和学风的转变关键要靠转变工作作风来落实。我们要力戒形式主义，少提口号，不摆花架子，不作表面文章。要有时不我待、只争朝夕的精神，尽职尽责、尽心尽力，扑下身来抓各项工作的落实，抓出实实在在的成效来。各级专卖部门领导干部要按照国家局党组的要求，加强调查研究，既要到专卖管理工作形势好的地区去总结经验，更要到问题较多、管理水平落后的单位去帮助指导，了解真实情况，掌握第一手材料，认真研究分析，找准专卖管理工作存在的主要矛盾，把握住工作的主动权，有针对性地解决存在的问题，以扎实的工作作风，不断提高专卖管理工作水平。

四、确定阶段性工作目标，狠抓落实

确定阶段性工作目标，集中精力解决突出问题是一个很好的工作方法。1998年初，在太原召开的专卖管理工作会议提出了第一个“三年阶段性工作目标”，经过同志们的共同努力，提前一年实现了。继而又提出了第二个“三年阶段性工作目标”，进展情况也很好，每年都取得新的成绩，有力地推动了专卖管理工作的开展。这充分说明确定阶段性工作目标，就有明确的努力方向，就有压力和推动力。今年是第二个“三年阶段性工作目标”的最后一年，各级局要将目标具体化，狠抓落实，做到责任明确，措施得力，确保圆满实现今年的目标。今年的目标实现后，明年要确定第三个“三年阶段性工作目标”。专卖司要加强调研，找准专卖管理工作存在的主要矛盾和问题，认真思考下一个“三年阶段性工作目标”应重点抓什么，解决哪些问题，达到什么样的水平，年底前提出新的目标草案。通过实现阶段性工作目标，不断自我加压，使专卖管理工作迈上新的台阶。

同志们，今年专卖管理工作任务已经确定，广大专卖管理干部要以奋发有为的精神面貌真抓实干，再创佳绩，全面实现“三年阶段性工作目标”，为烟草行业的改革与发展提供更有力的保障。

在全国烟草行业整顿和规范市场经济秩序暨经济运行工作电视电话会议上的讲话

国家烟草专卖局局长　倪益瑾

(2002 年 3 月 11 日)

同志们：

刚才，姜成康副局长就全行业整顿和规范市场经济秩序工作以及经济运行工作作了一个很全面的报告。报告总结了去年行业整顿规范和经济运行工作情况，分析了当前经济运行和规范方面存在的突出问题，对今年的整顿和规范市场经济秩序以及经济运行工作作了具体的安排部署。各单位要按照姜成康同志报告中提出的各项任务和要求，紧密结合各自的实际，认真贯彻落实。下面，我主要就贯彻落实最近召开的全国整顿和规范市场经济秩序电视电话会议精神以及国务院领导同志的有关讲话要求，进一步高度重视和认真抓好烟草行业的整顿和规范工作问题，再补充强调两点意见：

第一，进一步充分认识当前大力开展整顿和规范市场经济秩序的极端重要性。朱镕基总理在九届全国人大五次会议所作的《政府工作报告》和李岚清副总理在全国整顿和规范市场经济秩序电视电话会议上的讲话，都从多方面深刻阐述了整顿和规范市场经济秩序的重大意义并提出了明确要求。朱镕基总理在《政府工作报告》中着重强调：大力整顿和规范市场经济秩序，是扩大内需、促进经济良性发展的迫切要求，是加入世贸组织、对外开放迈出新步伐的必然选择，也是完善社会主义市场经济体制的重大举措，直接关系我国现代化事业的成败。要在去年取得阶段性成果的基础上，以更大的决心和更有力的措施，把这项工作深入持久地开展下去。李岚清副总理在讲话中要求，完成今年整顿和规范市场经济秩序的繁重任务，必须做到"三个坚持"，即要坚持用"三个代表"重要思想指导整顿和规范市场经济秩序工作；坚持树立长期作战的思想，克服各种形式的麻痹松劲厌战情绪；坚持严厉打击不法行为，标本兼治。同时强调指出：整顿和规范市场经济秩序，既是着眼于解决当前市场经济中存在突出问题的重大举措，也是贯穿于整个社会主义初级阶段的长期任务；要把整顿与规范有机结合起来，对经济秩序混乱现象的成因进行深入剖析，从法制上、体制上、机制上探索解决问题的办法和途径；通过深入开展专项整治工作，为先进生产力的发展扫除障碍，在全社会树立诚实守信的社会主义先进文化理念，创造公平竞争的环境，维护广大人民的切身利益，适应中国加入世界贸易组织后新形势的需要，进一步促进我国经济持续快速健康发展。中央、国务院领导同志的重要讲话和所提出的各项要求，对整顿和规范市场经济秩序的意义、目的、方针、步骤、主要任务和工作重点等都作了十分透彻的分析和阐述，为我们深入开展整顿和规范市场经济秩序工作指出了明确的方向。全行业各单位要通过全面、深入地学习，深刻领会中央、国务院领导同志的讲话精神，进一步提高认识，把思想统一到党中央、国务院关于整顿和规范市场经济秩序的总体部署和各项指示要求上来，切实下大力搞好行业的整顿和规范工作。当前，有两种倾向特别值得注意：一种是松懈和厌战情绪。认为行业的整顿和规范已经搞了几年了，该查的问题都查过了，没有必要再花很大精力搞了，对整顿规范工作缺乏强烈的责任意识。再一个是消极应付思想。认为整顿和规范是个长期的任务，仅靠一个单位、短时期内不能解决根本问题，只能"慢慢来"，对整顿规范缺乏信心和应有的紧迫感。我们必须看到，整顿和规范取得了积极成果，但存在的问题仍然十分突出；搞好整顿和规范工作，必须破除各种思想障碍，端正认识，统一思想，坚定信心，才能使整顿规范工作真正取得实效。全行业各单位、各部门都要认真贯彻落实党中央、国务院的部署和要求，从实践"三个代表"的高度、从关系到我国社会主义现代化事业成败的高度，从适应入世后我国社会主义市场经济发展要求出发，充分认识搞好整顿和规范市场经济秩序的极端重要性。既要看到开展整顿和规范工作的长期性、艰巨性和复杂性，牢固树立长期作战思想；更要充分认清在当前形势下大力整顿和规范市场经济秩序的必要性和紧迫性，进一步增强紧迫感、使命感和责任感，从而切实以更大的决心和采取更有力的措施，积极抓紧当前工作，把整顿和规范市场经济秩序工作更加深入扎实地开展下去，努力取得新的成绩。这是当前全行业开展整顿和规范工作需要认真加以重视的问题。

第二，进一步坚持把整顿和规范市场经济秩序作为行业工作的重中之重突出抓好。自 1999 年年初以来，国家局明确提出了"一要规范、二要改革、三要创新"的行业工作重点，并强调要把狠抓规范作为突出重点抓好，同时针对行业生产经营、专卖管理等方面存在的大量不规范问题，相继进行了丝束、烟机、香精香料、盘纸、烟叶流通等方面的专项治理整顿，明确提出了专卖管理和经济运行工作的两个"三年阶段性目标"。去年 4 月份以来，按照党中央、国务院的统一部署，我们又集中进行了行业六个方面的重点整治工作，取得了积极成果。通过开展这些整顿和规范工作，不仅有力地遏制和减少了各种不规范行为的发生，逐步规范了内部生产经营运行秩序，而且有效地促进了经济效益增长，保持了行业持续、稳定、健康发展。这几年的实践已经充分证明，坚持把狠抓规范作为行业工作的突出重点，是符合烟草行业特点和工作实际的正确决策，是适应社会主义市场经济发展的迫切需要，也是贯彻落实党中央、国务院重要工作部署的有力措施。坚持不懈地抓好整顿和规范市场经济秩序工作，仍然是全行业今后一个较长时期重中之重的任务。近两年来，国家局在各种会议上曾多次强调要把继续狠抓规范作为“十五”前两三年以至整个“十五”期间的重点任务突出抓好，这是针对行业内部依然存在的各种不规范行为提出来的。整顿和规范市场经济秩序的工作，确实是一项伴随整个社会主义市场经济发展的长期性任务。我们一方面要通过集中整顿和治理，及时有效地解决和纠正当前行业发展进程中突出存在的各种不规范的问题，以此来保证全行业的健康发展；另一方面，又要努力适应市场经济发展要求，在开展各项工作中坚持用市场经济的法则、规则以及各种制度规定来规范和约束生产经营行为，以此来维护和保持正常的市场运行秩序。这也正如李岚清副总理在讲话中所指出的，要把整顿与规范有机结合起来，从法制上、体制上、机制上探索解决问题的办法和途径，以促进法制健全、诚实守信、公平竞争的市场秩序的形成。我们要深刻理解和全面贯彻这次全国整顿和规范市场经济秩序电视电话会议和国务院领导同志的讲话精神，紧密结合行业的实际，继续坚定不移地把整顿和规范作为重中之重，并贯穿到行业工作的各个方面，切实加大工作力度，努力取得新的成效。当前，就是要继续按照国家局已经确定的行业整顿和规范工作的重点任务，即卷烟打假、“两烟”流通、打破地区封锁、财务管理、安全生产、工程建设和烟用物资采购实行招投标等六项重点任务，进一步认真抓好落实，特别是今年要把整顿规范财务管理和卷烟打假这两项任务作为重要切入点切实抓好，努力取得阶段性成效，确保“两个三年阶段性目标”的实现。各级整顿和规范工作领导小组和整顿办要切实负起责任，认真研究和注意解决整顿和规范工作中遇到的各种问题，对于群众举报以及各方面反映出的问题要敢于查处。各单位、各部门的主要负责人都要亲自抓、负全责，把整顿和规范作为分内工作主动抓好，要积极支持整顿办安排的各项工作以及有关的案件查处工作。我们要通过全行业的共同努力，切实把行业整顿和规范市场经济秩序工作更加深入持久、扎扎实实地开展下去，不断取得新的成果，保持行业良好的经济运行秩序，促进烟草行业在新世纪的进一步持续、稳定和健康发展。

在全国烟草系统第十七次政治工作会议上的讲话

国家烟草专卖局局长　倪益瑾

（2002年6月21日）

同志们：

这次会议认真学习了江泽民总书记5月31日在中央党校省部级干部进修班毕业典礼上的重要讲话，以及中央最近批准印发的《2002～2005年全国人才队伍建设规划纲要》。学习领会江总书记“5·31”重要讲话，当前的重要任务是以讲话精神统一烟草行业干部职工的思想，进一步提高贯彻和实践“三个代表”重要思想的自觉性和坚定性，推动烟草行业的改革与发展。落实《人才规划纲要》，对实施人才强国战略，适应我国加入世界贸易组织以后的新形势，实现“十五”计划确定的目标，做好今后的工作，具有重要意义。我们要抓紧制定具体的贯彻措施，进一步推进烟草行业干部职工队伍的建设。会议开始时，潘小迅同志的工作报告，在回顾两年来政治工作的基础上提出了当前要着重抓好的工作任务；姜成康同志的讲话，以江总书记“5·31”重要讲话为指针，着重分析了当前行业面临的形势和任务，提出了切实加强思想政治工作和队伍建设特别是加强领导班子建设的措施意见。同志们在讨论中，提出了许多很好的意见和建议，我们将认真吸收和加以研究。希望同志们会后认真落实成康同志讲话和小迅同志报告所提出的工作任务。

会议筹备过程中，人劳司的同志们再三要我讲话，我想该讲的都已经多次讲了，再讲也是重复，都是老生常谈。下面就领导干部管好自己、抓好班子、带好队伍的问题，再着重强调几点意见。

一、增强自律意识，管好自己，为党为人民掌好权用好权

管好自己、抓好班子、带好队伍，我认为是一个互相联系的整体，只有管好自己才能抓好班子，只有抓好班子才能带好队伍，只有带好队伍才能推进事业的兴旺发达。其中，管好自己最为重要，这是对领导干部最基本的要求。国家局党组历来高度重视领导干部的廉洁自律，每年的烟草行业工作会议、局长（总经理）座谈会，以及每两年一次的精神文明建设会议和每年的政治工作会议、纪检监察工作会议，都必讲党风廉政建设和领导班子建设，提醒领导干部“自重、自省、自警、自励”，要严格要求，防微杜渐，切实管住自己。可以说是苦口婆心，警钟长鸣。

管好自己首要的问题是要正确看待手中的权力。江总书记在中纪委七次会议上指出：领导干部树立正确的权力观，必须正确认识我们手中权力的性质，只有把这个问题真正搞明白了，我们才能正确地看待和运用手中的权力。前不久，我在安徽调研期间同省局的干部座谈时曾经讲过，作为领导干部，要解决好权力观，要把权力正确地运用好，就要经常想一想三个问题，或者叫“自问三题”：一是要自问权力是谁给的，要时刻想到是人民给的、是党组织给的。权力实际上是一种使命、一种责任，也可以说是一种奉献。二是要自问怎么用好这个权力，要时刻想到权力就是执行义务，权力是由义务而产生的，没有执行义务的前提，也就无权力可言，所以，要谨慎用权，要发挥领导班子集体的作用，接受群众的监督，千万不能一个人说了算。三是要自问权力用不好会造成什么后果，要时刻想到随意决策或决策错误，将会对国家、对集体造成多大的损失；如果私心膨胀，假公济私，以权谋私，后果就更不堪设想了。这三个问题只要我们经常想一想，就会谨慎、正确地行使手中的权力，使权力来自于民、用权为民、服务于民；就会自觉地接受组织监督，群众监督，尽心尽责去埋头工作；就会刻苦学习，汲纳各方面的知识，提高我们自己的素质。权力观的问题解决好了，其他问题都会迎刃而解。

管好自己的重要环节是要加强学习。领导干部思想政治素质的提高是管好自己的保证。“以其昏昏，使人昭昭”的精神状态是不可能管好自己的。面对世界经济全球化的加快，面对科学技术的突飞猛进，面对中国加入世贸组织，国际国内竞争日趋激烈，烟草行业各级领导干部迫切需要全面提高自身的政治素养、知识水平、业务本领和领导能力。加强学习的问题，比任何时候都显得更加重要、更为迫切。我们只有按照江总书记的要求，坚持学习、加强学习、改善学习，才能适应新形势新任务的需要，不断解决自身和工作实际中的问题。领导干部的学习，不仅是经济、法律、科学技术知识的学习，更重要的是马克思列宁主义、毛泽东思想、邓小平理论和“三个代表”重要思想的学习。要结合世界观的改造，领会和掌握基本理论、基本观点和基本方法，提高领导干部的马克思主义理论素养。只有发扬理论联系实际的学风，紧密联系自己的思想实际和工作实际，学以立德、学以增智、学以致用，时刻保持清醒的头脑和高尚的情操，才能真正管好自己。

管好自己的关键是要增强自律意识。领导干部手中有权，求你办事的人多，遇到的诱惑和考验也多。烟草行业是一个资金密集、权力集中的带有垄断性质的行业，有的人形容烟草行业“庙大庙小都有钱”、“官大官小都有权”，这样在客观上极易出这样那样的问题。因此，领导干部的自律尤为重要，无论在任何情况下，都要有“如履薄冰之感”，这是我到烟草局工作五年多最真切的感受。只有时刻不忘这个感受就能把握住自己，洁身自好，清廉自守，千万不干“一失足成千古恨”的蠢事。领导干部要自觉提高思想政治觉悟，坚定信念，锤炼意志，增强免疫力，牢固筑起思想道德防线，无论什么情况下，都要做到政治立场不动摇、理想信念不淡化、大是大非不糊涂、党性原则不丧失。在增强自律意识的同时，还要正确对待他律，要自觉接受组织和群众的监督。江总书记在中纪委七次会议上指出：党组织和群众的监督是一面镜子，经常照一照，检查一下自己有什么不足和缺点，及时加以改进和纠正，对自己的成长有好处。现在，我们有的领导干部，一提到监督就反感，认为是对自己的不信任。一见到群众来信，不问青红皂白就有气，不能正确对待群众的监督，有的根本听不得反面意见。总结分析烟草行业领导干部发生的问题，走向犯罪的道路，无一不是放松了世界观的改造，逃避组织监督和群众监督的结果。由此可见，越是职位高的领导干部，越是权力集中、权力大的领导干部，越要自觉接受监督。同时，我这里还要特别指出，领导干部不仅要管好自己，而且要管好自己的子女、亲属和身边工作人员。要十分注意这个问题，决不能利用手中的权力和影响，为子女、亲属、熟人谋私利。要破除“一人得道，鸡犬升天”的封建官宦的陈腐观念。否则既害了自己，也害了子女和他人。

能否管好自己，对一名领导干部来说，是能否讲政治的最好检验。头脑里有了为人民服务这根弦，那么什么该做，什么不该做，就十分清楚了。古人还“吾日三省吾身”，又何况我们呢。我真诚地、恳切地希望我们共勉，真正做到管好自己这个最基本、最起码的要求。

二、切实转变作风，加强监督，抓好领导班子建设

抓好领导班子建设是政治工作的重要任务，没有一个过硬的领导班子，一切都是空谈。毛泽东同志曾经指出：政治路线确定之后，干部就是决定的因素。邓小平同志、江泽民同志十分重视领导班子的建设，有许多重要的论述。国家局党组十分重视领导班子建设。在全国烟草系统第二次精神文明建设工作会议上，对领导班子建设提出了“政治坚强，廉政过硬，团结有力，作风扎实，结构优化，业务精通”的24字要求。按照这个要求，几年来，各级领导班子建设取得了一定成绩。但是，不能估计过高，用24个字来对照检查，还有很大的差距。在领导班子建设上我们还要继续下大功夫。如何抓好烟草行业领导班子建设，结合当前行业实际状况和存在的问题，我认为应当着重抓好以下四个方面：

一要进一步提高一把手的素质。在班子中，一把手处于核心地位，起着掌舵的关键作用，一把手的素质高低决定了班子水平的高低。一把手的素质高、号召力强，就能够最大限度地调动一班人的积极性，班子就有凝聚力、战斗力。反之，班子就散，群众意见就多，工作就上不去。因此，一把手要时时刻刻严格要求自己。要坚持原则，为人正派，光明磊落，胸怀宽厚。要依靠集体领导，营造团结共事的氛围，以民主的作风团结班子成员，做到工作上是同志，生活上是朋友。要以全局的意识带动班子，善于抓主要矛盾，照顾全盘，统筹协调，调动各个方面的力量。要勇于承担责任，推功揽过，淡薄名利，善于关心和体贴同志。要勤于学习和调查研究，以科学的理论作依据，虚心听取各方意见和建议，统揽全局，提高科学决策水平。

二要进一步贯彻执行民主集中制。按照江总书记提出的“集体领导、民主集中、个别酝酿、会议决定”的16字方针，规范领导班子决策的原则和程序，按照党组（党委）议事规则。坚持重要干部任免、重要项目安排和大额资金使用等重大决策班子集体讨论决定。要坚持“讲学习、讲政治、讲正气”，一把手要带头执行民主集中制，加强与班子成员的沟通、协商，发挥好副职的作用。班子其他成员要积极参与集体决策，协助正职把好关，为正职分忧解难。班子成员之间要互相信任，互相支持，互相谅解，互相帮助，不断增强“一班人”的凝聚力、战斗力。要严格执行党的政治纪律，个人服从组织，少数服从多数，下级服从上级，与党中央保持高度一致。有令即行，有禁即止，确保政令畅通。要营造和维护既有民主、又有集中，既有纪律、又有自由，既有统一意志、又有个人心情舒畅的政治氛围。要巩固和扩大“三讲”教育的成果，坚持党内生活制度，认真开好民主生活会，要认真做好准备，会上要认真开展批评与自我批评，认真抓好整改，切实提高民主生活会的质量。领导干部要过好双重组织生活。

三要进一步发扬优良传统。领导干部要发扬艰苦奋斗的优良传统，讲修养、讲道德、讲廉耻，带头贯彻《公民道德建设实施纲要》，做道德建设的模范。要加强对领导干部八小时以外的管理和约束，反对奢糜腐朽的生活方式。这里再次强调，严禁领导干部用公款大吃大喝、游山玩水，严禁到娱乐场所高消费，严禁到下属单位和其他单位报销应由个人负担的各种费用。领导干部未经批准不许擅自出国（境），不准越级审批，必要的出国访问和考察，必须上报主管部门批准，参与地方组团或接受境外邀请出国，必须向上级报告并征得同意。领导干部出差，要轻车简从，不搞超标准接待，坚决反对讲排场、比规格、摆阔气、铺张浪费、大手大脚的享乐主义行为。要严格控制各类形式的庆祝、纪念、奠基、剪彩等活动，树立烟草行业良好的社会形象。

四要进一步切实转变作风。领导干部转变作风的核心问题是保持同群众的密切联系，要深怀爱民之心，恪守为民之责，善谋为民之策，多办利民之事，这是各级领导干部实践“三个代表”要求的具体体现。要相信群众、依靠群众、关心群众。要深入基层，深入实际，调查研究。要建立定期听取群众意见和建议的制度，凡重大决策，都要认真听取群众意见，充分发扬民主。要主动深入到困难大、矛盾多的单位，倾听反映，调整关系，化解矛盾，理顺情绪，解决问题，凝聚人心，把好事办实，把实事办好。领导干部要从文山会海中解脱出来，从繁杂的应酬中摆脱出来，切实压缩会议和文件，改进会风和文风。挤出更多的时间和精力深入基层，解决实际问题。只有扑下身子，真抓实干，才能把工作真正搞上去。要力戒形式主义和官僚主义。形式主义糊弄官僚主义，官僚主义助长形式主义，这种情况在我们烟草行业还比较普遍。要按照江总书记关于“必须时时处处坚持重实际，说实话，务实事，求实效”、“大力发扬脚踏实地、埋头苦干的作风”的讲话精神和六中全会的要求，继续坚持和认真落实烟草系统第三次精神文明会议上提出的“五个力戒，五个大兴”的要求。即力戒事务主义，大兴勤奋学习之风；力戒享乐主义，大兴艰苦奋斗之风；力戒拜金主义，大兴廉政勤政之风；力戒形式主义，大兴真抓实干之风；力戒官僚主义，大兴调查研究之风。

三、发挥政治工作优势，带好行业改革发展需要的“四有”职工队伍

中国加入世贸组织以后，国际国内市场竞争更加激烈，中国烟草企业能否在激烈的竞争中站稳脚跟，继续保持持续、稳定、健康发展的势头，取决于我们能否带好一支高素质的职工队伍。烟草行业的职工队伍是有光荣传统的，在行业改革发展的进程中做出了很大的贡献。随着改革的不断深入，烟草行业职工队伍的建设，出现了一些新情况新问题，必须引起我们的高度重视。

近年来，烟草行业用工总数每年变化不大，但结构成分发生了很大变化。烟草商业企业经营方式的变化，聘用了大量的访销员、送货员、专卖稽查员。到2001年底，聘用“三员”已经超过9万人，一些商业企业聘用“三员”的人数，已接近甚至超过原有职工数量。由于短期内人员数量增长较快，给管理和教育带来了很大的压力。2001年底全系统工业企业从业人员虽较之“九五”初期减员4.9万多人，但劳动生产率仍较低，冗员仍较多，技能一般的人员过剩，素质较高的人才匮乏等问题仍未得到根本解决。2001年全系统卷烟企业达到过去制定的万箱卷烟劳动定员标准的49家，仅占被统计企业的41.5%，人均年生产卷烟只有190箱，2/3的卷烟企业连低水平的标准都达不到。2001年底，全行业六个系列专业技术人员9.2万多人，占全部从业人员的17.8%，其中具有高级职称的只有1000余人，只占专业技术人员总数的1.2%，35岁以下的仅有20多人。

随着改革开放和市场经济的发展，经济和社会生活中的矛盾增多，各种不同的思想认识问题增多。烟草行业的职工不是工作生活在真空当中，也受到了各种各样思想的侵蚀和影响。近年来，全行业减员增效实施再就业工作是有成绩的，但随着企业组织结构调整的步伐加快，关停并转小烟厂，大批职工面临下岗、转岗和分流，四年来分流各类富余人员7万多人，其中大部分是企业内部退养，也有不少企业解除了劳动关系。这其中，分流人员中大多数是识大体、顾大局的，但由于改革触动了各方面的利益，我们的工作还没有到位，在某些企业出现了拦堵交通、集体上访等问题，国家局也接待了集体上访。我们必须有清醒的认识，随着改革的深入，这些问题会越来越突出。如何充分发挥思想政治工作的优势，带出“四有”职工队伍，是烟草行业改革发展大局的需要，也是摆在我们面前的迫切任务。

*一要坚持不懈地开展形势教育，不断增强干部职工的危机感、紧迫感。*大力宣传烟草行业改革发展的成果，团结动员全体职工振奋精神，统一思想，坚定信心，从职工内心深处激发催人奋进的力量，使之转化为生产力，这是新形势下做好思想政治工作的着力点。要用强有力的思想政治教育，引导广大职工不断解放思想，转变观念，增强危机意识、大局意识、全局意识和竞争意识，打好烟草行业改革发展的攻坚战。当前，在职工中要抓好《公民道德建设实施纲要》的学习贯彻，认真按照“有理想、有道德、有文化、有纪律”的“四有”要求建设职工队伍，开展以“优质服务”为重点的职业道德建设活动，以积极进取、大胆开拓的精神，适应烟草行业改革发展的需要。要区分层次、采取切实有效的教育形式，抓住职工关注的问题，促进教育的深入。

*二要充分发挥领导干部的表率作用，以人格力量影响和带动职工队伍。*领导干部的言行举止是无声的命令，“其身正，不令而行；其身不正，虽令不从。”领导干部的表率作用是带好队伍的关键，领导干部的精神状态、工作作风，直接关系到职工积极性和创造性的发挥。因此，领导干部要切实转变作风，和职工打成一片，只有了解职工的思想、工作、生活状况，才能及时解决他们的实际问题，充分调动他们的积极性和创造性。

*三要下大力抓好职工的学习培训，提高职工队伍的整体素质。*江总书记曾经指出：“人才是最宝贵的资源。当今和未来的国际竞争，说到底是人才的竞争。”中国烟草要在激烈的竞争中不断发展壮大，就必须培养、吸引一大批高素质人才，建设一支过得硬的职工队伍。一方面要制定优惠政策，吸引、留住急需、适用的高素质人才；另一方面要靠我们下功夫抓好现有职工的培训。要认真贯彻中央最近批准印发的《人才规划纲要》，切实落实“烟草行业百千万人才工程”。这里要特别强调加强培训的问题。国外有的企业把培训当作一种“福利”，在企业正常生产的情况下，一定比例的职工参加培训，不断提高职工素质，适应市场竞争和产品更新换代，这种做法值得我们借鉴。“十年树木，百年树人”，在职工的培训上要舍得投入，不断使培训经常化、制度化。

*四是领导干部和各级党组织都要积极做好职工的思想工作。*江总书记在“5·31”重要讲话中强调：我们党的最大政治优势是善于组织群众、宣传群众、联系群众，党执政后的最大危险是脱离群众，在任何时候任何情况下，都必须坚持党的群众工作路线，把实现人民群众的利益作为我们一切工作的出发点和归宿。我们要学习和掌握新形势下做好职工思想政治工作的方法和本领，不断提高思想政治工作的针对，陛、有效性。在深化企业内部改革和推进企业组织结构调整过程中，必定会出现许多新情况、新问题，就需要我们认真去研究、细致去处理。要通过有力的政治工作、耐心的思想工作和贴切的实际工作，化解矛盾，引导干部职工了解全局、了解政策，从而理解改革、支持改革，保证在稳定的环境中积极推进改革和调整。

以上意见，不一定妥当，供同志们参考。

在2002年全国烟草工作会议上的总结讲话

国家烟草专卖局副局长　姜成康

(2002年1月18日)

同志们：

2002年全国烟草工作会议今天就要结束了。这次会议以党的十五届六中全会和中央经济工作会议精神为指导，紧密联系烟草行业改革与发展的实际，以整顿和规范烟草市场经济秩序为重点，总结了全行业2001年的工作，分析了当前面临的形势和存在的问题，明确了2002年行业工作的总体要求和主要任务。倪益瑾同志代表国家局党组作了《狠抓基础、狠抓规范、狠抓落实，确保烟草行业2002年各项工作取得新的进展》的工作报告。与会同志围绕这个报告，进行了认真而热烈的讨论，较好地领会了报告的主要精神。同志们在会议讨论中提出的一些问题和建议，国家局会后将认真研究并责成有关部门具体落实。湖北、安徽、上海、山东省（市）局（公司）和成都分公司、长沙卷烟厂等6个单位根据会议主题，结合本单位的实际，从不同工作侧面进行了大会发言或书面发言；刚才4个小组的代表结合讨论情况以及会议精神的贯彻问题又作了大会发言。这些发言都很好，值得大家学习和借鉴。会议期间，我们以热烈而简朴的形式举行了庆祝中国烟草总公司成立20周年的纪念活动，组织与会代表观看了由烟草职工自编自演的专题纪念晚会。会议期间与会代表还参观了长沙卷烟厂。这次会议虽然时间比较短，但安排紧凑、内容丰富、重点突出，经过与会同志的共同努力，会议完成了预定的各项议程，达到了预期的目的，取得圆满成功。

这次会议邀请了中纪委、中组部、国家经贸委、国家计委、财政部、国家税务总局、国家质检总局等部委的同志到会指导，新华社、人民日报、经济日报、中央人民广播电台等有关新闻媒体对会议进行了采访报道。在此，我代表全体与会同志对国家有关部委和各新闻单位对烟草工作的支持和帮助表示衷心的感谢！

为了贯彻落实好这次会议的精神，安排好当前的有关工作，我简要讲两点意见：

一、认真领会和贯彻好这次会议的精神

贯彻落实好这次会议精神对搞好全年工作至关重要，特别是倪益瑾同志在会上所作的工作报告，全面总结了2001年行业的主要工作情况，深刻分析了烟草行业当前面临的形势和存在的主要问题，明确提出了2002年工作的总体要求和需要把握的问题，部署了2002年全行业的主要工作。这个报告是在充分调研的基础上、经国家局党组认真研究并广泛听取国家局机关各部门意见后形成的。经过会议充分的讨论，大家一致认为，这个报告符合中央经济工作会议精神和当前烟草行业实际，对于我们做好今年的工作具有很强的针对性和重要的指导作用，体现了这次会议的主要精神。各单位回去后，要抓紧时间，认真加以贯彻落实，主要的是要把倪益瑾同志的报告传达好、贯彻好、落实好，尤其是各级领导班子和领导干部要做到认真领会、全面贯彻。通过学习领会会议精神，切实增强广大干部职工的危机感、紧迫感、责任感，树立战胜困难、开拓进取的坚定信心。各省级局（公司）要按照国家局关于今年工作的总体要求和安排，结合各自的实际情况，部署好2002年的各项工作，制订出切实有效的贯彻措施，特别要在狠抓落实上下功夫，不能以会议落实会议、以文件落实文件，要以好的作风和好的措施把会议精神真正落实到每个单位的实际工作之中。国家局希望各省级局要抓紧时间尽量在春节前开好省级局（公司）的工作会议，把会议精神尽早传达贯彻下去。这次会议精神的传达贯彻情况，请各省级局（公司）要在2月底前向国家局作出书面报告。

二、认真抓好春节前后的有关工作

一年之计在于春，春节前后不仅是卷烟销售的旺季，而且也是部署安排全年工作的关键之际，时间很紧，要做的工作很多，各单位要高度重视，精心组织，认真抓好春节前后的有关工作，为新的一年开好头。当前在认真抓好工作会议精神的传达贯彻和部署各单位全年工作的同时，要注意抓好以下几项工作：一是各烟叶产区要认真做好育苗移栽前的各项准备工作，按照国家计划落实好种植面积，切实抓好布局调整，坚持逐家逐户、认认真真地与广大烟农签订合同，特别要注意控制总量，稳定规模，防止反弹。同时，要组织好对烟农必要的技术指导和农用物资的供应工作。二是要切实抓好卷烟促销工作。从去年卷烟销售走势看，前高后低的特征十分明显，特别是有6个省卷烟销量持续下降，必须引起高度重视。销量与价格是行业经济运行调控的主要指标，销量下降问题如不能得到有效遏制，行业宏观经济运行势必要出问题。各单位必须采取切实有效的措施，坚决扭转销量下降局面，下决心把销量抓上去。卷烟销售旺季也是假冒商标卷烟和超产卷烟以及体外循环问题的多发之际，要加强对卷烟生产流通环节和卷烟市场的检查和管理，加大专卖执法和打击假冒商标卷烟的力度。三是卷烟生产要从市场实际出发，根据市场和库存情况，合理安排和组织生产，既要搞好产销平衡，防止产销脱节，更要防止库存过大而带来的被动。四是要高度重视并切实抓好安全生产经营工作。安全工作从年初到年底时刻不能放松。当前要突出抓好春节前的安全检查工作，特别是要强调注意交通安全，切实落实好安全责任制。节日期间要安排好值班工作，确保全系统的联络畅通和重大情况及时上报。五是安排好节日期间的各种活动，过一个喜庆、节俭、祥和的春节。各级领导干部要深入基层，深入生产经营第一线，帮助困难企业解决实际问题。要走访离退休老同志和有困难的职工，尽力帮助解决一些实际困难。各级工、青、妇等群众组织要广泛开展送温暖活动，积极组织一些健康有益、丰富多彩的文化体育娱乐活动。必须重申，下级单位不要到上级机关拜年，全行业各单位都不准到国家局机关拜年，坚决防止借拜年之机用公款请客送礼。

同志们，2002年是我国历史上具有重大意义的一年，全行业的各项工作任务很重。面对新的任务和新的挑战，全行业广大干部职工，特别是各级领导干部要以奋发有为的精神状态和真抓实干的工作作风，克服困难，扎实工作，确保2002年烟草行业各项工作取得新的进展，以优异成绩迎接党的十六大的胜利召开。

这次会议在长沙召开，得到了湖南省委、省政府的高度重视，湖南省局（公司）为保证会议的顺利召开做了大量的准备和服务工作，在此，让我们以热烈的掌声对湖南省委、省政府对烟草工作的关心和支持，对湖南省局（公司）以及神农大酒店的热情周到的服务，表示衷心的感谢！

春节快到了，请同志们回去后转达国家局（总公司）党组对全行业干部职工的节日问候。祝同志们身体健康，返程顺利。

在全国烟草行业整顿和规范市场经济秩序暨经济运行工作电视电话会议上的讲话

国家烟草专卖局副局长　姜成康

(2002年3月11日)

同志们:

今天，国家局召开全行业整顿和规范市场经济秩序暨经济运行工作电视电话会议，会议的主要任务是认真贯彻落实全国整顿和规范市场经济秩序电视电话会议以及全国烟草工作会议精神，总结2001年烟草行业整顿和规范市场经济秩序工作和经济运行工作情况，明确2002年整顿规范和经济运行工作的主要任务和工作重点，进一步认清形势，振奋精神，转变作风，真抓实干，确保烟草市场经济秩序的明显好转和经济运行平稳发展。下面，我讲三个问题：

一、2001年行业整顿规范和经济运行情况

2001年，全行业经济运行工作继续贯彻“狠抓基础，稳中求进”的工作指导思想和“一要规范、二要改革、三要创新”的工作重点，坚持“控量、促销、稳价、增效”的调控方针，继续加大整顿规范工作力度，大力推进卷烟产品结构调整，促进了行业经济运行的平稳发展，较好地完成了年初确定的各项目标。

1. 控制总量取得明显成效，产销总体保持平衡。

烟叶生产通过认真贯彻“控制总量，提高质量，优化布局，优化结构”方针，种植和收购计划连续四年控制在国家计划之内，等级结构明显改善，适销对路的烟叶等级比例增加，市场滞销烟叶明显减少。全年收购烤烟145万吨，其中：上等烟叶比例29.53%，同比增加7.3个百分点；中等烟叶比例60.37%，同比增加1.01个百分点；下等烟叶比例10.11%，同比减少8.26个百分点。全国平均收购等级合格率达到81.2%，同比提高1.5个百分点。由于结构改善，全国减少不适销等级烟叶12.5万吨，增加了10万吨上等烟叶的有效供给。

卷烟生产坚持按市场需要组织生产，努力实现产销平衡。继续加强对行业经济运行的监测分析和生产调度，坚持适度从紧安排卷烟生产季度计划，针对有4个月份生产进度偏快、库存偏大的状况，实行了月度生产调度；加大对卷烟生产计划执行情况的检查力度，国家局组织检查组对19个省46个工业企业进行了限产压库检查，严厉查处了淮滨烟厂超产、制假等违纪违法问题，有效遏制了部分烟厂特别是小烟厂超产行为；认真做好省际间计划调剂，全年省际间计划调剂达189.1万箱，优化了资源配置；大力抓好促销，始终把提高市场占有率摆在突出位置，保持了销量的稳定增长。全年生产卷烟3398.7万箱，同比增加63.8万箱，增长1.9%；销售卷烟3396.6万箱（含出口），同比增加23万箱，增长0.7%，其中出口卷烟21.8万箱，同比增长58%，实现出口创汇2.9亿美元。省际间卷烟交易量1026万箱，同比增加102万箱，增长11%。实现了卷烟产销平衡和省际间卷烟正常流通。

2. 产品结构调整迈出较大步伐，卷烟产品结构进一步优化。

为进一步推进卷烟产品结构调整，国家局制定下发了《关于加快卷烟产品结构调整的意见》和《烟草行业名优卷烟评定办法》，明确提出产品结构调整要遵循市场原则、效益原则、技术进步原则和扶优扶强原则，大力精简牌号，培育名牌。为进一步提高我国卷烟产品竞争力，扩大中国卷烟品牌影响，评选公布了36个行业名优卷烟品牌，并出台了相关的扶持政策。通过去年一年的努力，卷烟品牌集中度有所提高，产品结构进一步优化。到去年底全国卷烟生产牌号869个，比年初985个减少116个，省际间交易牌号409个，同比减少69个。河北、安徽、江西、湖南等省在精简压缩牌号方面取得较为明显成效，其中河北省压缩26个，安徽省压缩14个。兰州烟厂对天水烟厂实施托管后，通过对品牌进行统一整合，现主要生产牌号只有3个，优化了产品结构和资源配置，经济效益大幅度提高。

3. 整顿、规范工作深入开展，烟草市场经济秩序进一步好转。

全行业围绕“经济运行三年规范目标”和“专卖管理三年阶段性目标”，继续把规范作为全行业工作的重中之重，特别是去年4月份国务院召开全国整顿和规范市场经济秩序工作会议之后，按照中央、国务院的统一部署，进一步明确了行业整顿规范工作6个方面重点，制定了具体的工作措施，有力推动了行业整顿规范工作的全面深入开展。

去年，全行业整顿和规范市场经济秩序工作始终把打击制售假冒商标卷烟作为突出重点，从4月份开始，按照中央的统一部署，集中力量掀起了打假斗争的新高潮。各级烟草专卖局在当地政府的统一领导下，同有关部门一道，主动出击，积极开展了端窝点、打团伙、断渠道、清市场的打假活动，先后共出动打假人数403万人次，查处制售假烟案件24万起，收缴假烟53万件，捣毁制假窝点2303个，查获9个非法拼装倒卖烟机团伙，收缴制假设备1671台、烟叶2.1万吨，并配合司法机关加大对制假售假违法犯罪分子的追刑力度，抓捕制售假烟违法分子2684人，其中已判刑544人，有力地打击了制假售假违法犯罪分子的嚣张气焰。

“两烟”流通秩序整顿进一步深入，一批大案要案得到了严肃查处。按照整顿的要求，各地加大了对“两烟”流通领域内存在问题的查处力度，对国家局通报的有关案件线索认真进行调查核实，对查实的问题，尤其是顶风违纪及性质恶劣的违法违纪案件，进行了严肃处理，一年来，先后查处了广东梅州非法收购烟叶案、安徽亳州烟厂非法经营云南烟叶案、四川攀枝花分公司涉嫌非法经营烟叶案、湖南长沙市公司非法经营卷烟以及湖北建始卷烟厂与北京房山区公司违法经营卷烟等案件，对有关责任人依法做出了严肃处理，进一步推动了“两烟”流通秩序整顿工作的深入开展。经过整顿和规范，烟叶收购秩序明显好转，等级合格率明显提高，收购进度明显加快，烟叶正常调拨工作开展比较顺利；卷烟经营行为进一步规范，体外循环数量明显减少，全年压缩到100.6万箱，比上年减少近180万箱。

打破行业内地区封锁已经着手进行，一些问题得到了初步清理。各省级局在整顿中认真贯彻落实《国家烟草专卖局关于禁止在行业内卷烟经营活动中实行地区封锁的规定》，用国务院和国家局有关打破地区封锁的规定精神统一全行业的思想，进一步澄清模糊认识，树立全局观念，切实把打破行业内地区封锁问题作为重点来抓。整顿开展以来，各省级局按照国家局《关于认真做好清理烟草行业地区封锁有关规定的通知》，认真组织开展了自查清理活动，共清理出各种有地区封锁性质的文件规定、措施要求170多项。国家局还对个别地区在卷烟经营过程中不恰当的做法提出了批评并及时给予纠正。

财务管理清理整顿成效明显，财经秩序进一步好转。在整顿中，以严格财经纪律、整顿财经秩序为突破口，组织开展了全行业《会计法》执行情况大检查和商业企业的清产核资，共清理出各类资产损失132亿元，查出违纪金额6.8亿元。同时，集中力量进行了行业内企业间“两烟”货款的清欠工作，先后在河南郑州、湖南长沙召开了部分工商企业间烟叶货款对账专题会议，就这些省被欠烟叶货款问题，召集有关工商企业逐笔进行核对，理清债务关系，从中发现了一些案件线索，为有针对性地解决问题创造了条件。在清欠中，我们特别对贵州省被欠烟叶货款专门组织工作组到有关省局做工作，清理拖欠贵州烟叶货款26亿元，保证了贵州省烟叶收购资金的落实。烟用物资公开招投标比质、比价采购工作全面推开，新建工程项目招标管理得到较好落实。上海烟草集团公司通过对供应商进行资质认证、比质比价采购，保证了产品质量，降低了采购成本，规范了采购行为，体现了公开、公正、公平原则，收到了明显效果。

4．卷烟销售网络建设整体推进，企业管理水平不断提高。

去年国家局继抓了南通、武汉网建试点后，本着由东向中向西全面推进以城网为重点的卷烟销售网络建设的整体部署，重点抓了成都网建的试点，总结了“城乡一体，统一运行；专销结合，信息管理；提高素质，注重激励”的网建经验，对进一步完善访销配送体系，加强网建队伍建设，提高服务质量和管理水平，建立有效激励机制，充分发挥网络功能起到了积极推动作用。通过全行业共同努力，基本实现了年初提出的60%省会城市达到或接近武汉水平，60%地级城市达到或接近南通水平的目标，为规范经营、稳价增效发挥了十分重要的作用。上海、武汉、深圳、大连、杭州、南通等网建先进单位着眼发展，瞄准国际先进水平，有了新的进步和提高；合肥、长春等网建基础较为薄弱的城市，坚持高起点、高标准、高质量，加大工作力度，不甘落后，奋起直追，网建工作取得明显成效。

为切实加强企业管理，努力提高企业管理水平，去年在乌兰浩特召开了企业管理工作会议，明确提出要进一步狠抓基础，眼睛向内，挖掘潜力，增加效益；同时要加快企业信息化建设步伐，实现管理创新，提高企业的竞争力。为加强成本控制，去年7月份行业量本利分析系统投入使用，为实施成本管理和控制提供了有效依据。去年全行业工业销售收入成本率为40.21%，同比降低1.88个百分点；流通企业经营费用率2.77%，同比降低0.09个百分点。国产卷接、包装机组四种主力机型的实物质量、稳定性和可靠性进一步提高，在用设备有效作业率已接近同类进口机型。国产高透气度盘纸质量稳定，已部分替代进口盘纸。烟机、烟用物资国产化水平和质量的进一步提高，为行业经济运行平稳发展提供了有力保证。

5．安全工作得到加强，保证了生产经营的顺利进行。

去年全行业认真贯彻落实党中央、国务院关于加强安全生产，开展安全专项整治的指示和要求，结合烟草系统的实际，扎实开展了“安全生产年”活动，针对存在的突出问题，采取了切实有效的措施，进一步强化安全管理工作，保证了生产经营工作的顺利进行。针对企业重点要害部位、卷烟销售网点和宾馆饭店等薄弱环节，国家局组织了2次安全大检查。各省级局（公司）及企业通过组织自检自查和协作区交叉检查，发现并整改了大批事故隐患，有效预防了各类重大事故的发生。进一步建立和完善了规章制度。国家局制定并颁布实施了《卷烟销售网点安全管理规定》、《烟草系统特大、重大安全事故行政责任追究的规定》、《烟草加工系统粉尘防爆安全技术规程》等一系列法规、标准。特别是《烟草系统特大、重大安全事故行政责任追究的规定》的出台和依据《规定》加大对各类安全责任事故的处理，进一步增强了各级领导的安全意识和责任意识，使安全责任制得到了较好的落实。河北、山东、湖北、云南、重庆等省级局（公司），对发生的责任事故不回避、不隐瞒，严格按照《规定》追究了相关责任人和单位领导的责任，在行业中引起了较大反响。全行业加强了安全管理组织机构建设，初步形成了专业培训机制。多数省级局（公司）认真落实国家局关于切实加强安全管理组织机构建设的具体要求，设置了相应的专职安全管理机构，同时加强了基层单位的安全管理组织机构建设，为各项工作的落实和进一步提高安全管理水平提供了组织保证。一年来，通过国家局组织的专项培训、省级局（公司）组织的重点培训以及参加国家有关行政管理部门的日常培训等措施，使行业各级安全管理人员的管理和技术水平有了明显提高。

6．经济运行质量和效益明显提高，全行业继续保持良好发展态势。

去年行业经济运行一个显著特点是整体运行良好，上海、江苏、湖南等生产经营较好的省份继续保持平稳发展，为行业整体效益的提高发挥了重要作用；生产经营困难的省份也有较大的改变，特别是贵州扭转了效益下滑的被动局面，当年工商利润统算实现扭亏为盈。针对卷烟税率调整后原四、五类烟税赋加重的实际，不少单位通过整合牌号，降低成本，培育品牌，引导消费，较好地消化了税率调整后增加的税赋。河北省是生产原四、五类烟比重较大省份，其比重高达70%以上，税率调整后，在消化利转税因素1.5亿元基础上，全年实现利润与上年基本持平，而且全省卷烟销量同比增长21.5%，实现了较大幅度增长。为进一步扶持重点企业，从优质烟叶和进口烟叶安排、技术改造、市场准入等方面为重点卷烟工业企业提供了较好的环境和条件，保证了重点企业良好发展。去年全行业实现税利同比增加142亿元，其中：工业利润同比增加26.4亿元，如加上利转税因素，同比增加70亿元；商业利润同比增加25.9亿元。在税率调整、税赋增加的情况下，保持了工商利润的较大幅度增长。

二、当前经济运行和整顿规范方面存在的主要问题

倪局长在年初的全国烟草工作会议上，对当前烟草行业面临的形势和存在的主要问题，已作了全面和深刻的分析，明确提出了存在"四个不适应"，即：一是面对形势的变化和入世要求，我们的思想观念和工作作风不适应；二是行业"散、乱、低"的问题尚未根本解决，我们的整体竞争能力不适应；三是卷烟制假售假的问题仍很突出，我们的市场环境和控制能力不适应；四是当前烟草经济运行中还存在需要高度注意的问题，我们内部各项基础工作不适应。希望同志们认真学习，深刻领会。从行业经济运行和整顿规范工作看，还存在以下比较突出的问题：

1. 企业竞争实力、适应市场能力相对较弱。

从企业内部管理体制和运行机制看，机构臃肿、人浮于事、管理粗放较为普遍，不少企业技术装备水平很高，但劳动生产率低下。全国卷烟工业企业人均年生产卷烟仅187箱，与国际水平相比差距很大。企业内部尚未形成有效激励和约束机制，没有建立严格的绩效考核制度，大锅饭、铁饭碗仍然较为普遍，竞争意识、市场观念较为淡薄，依赖思想较为严重，减员增效进展缓慢。成本控制能力不强，一些牌号包装成本过高问题突出，产品盈利水平低，46户卷烟工业企业销售成本率超过50%，42户卷烟工业企业亏损。在卷烟经营方面服务意识尚未真正确立，组织的货源不能适应和满足消费者需要，市场占有率还不够高。从国家统计局最新调查的数字表明，全国卷烟市场容量为3698万箱，目前我们只销3375.1万箱，市场占有率仅为91.3%，超过8%的市场份额仍被"假私非超"四种烟占领。行业36户重点企业发展也不平衡，去年有12户企业产销下降，效益下滑；行业"散、乱、低"的问题仍没有根本改观，具有竞争优势的大品牌尚没有形成，品牌集中度不高、"多、乱、杂"的问题突出。

2. 卷烟销量增长速度持续走低。

去年卷烟销量前高后低特征十分明显，特别是部分省下半年卷烟销量持续下降。今年1～2月份，全国销量同比增长9.1%，但仍有3个省销量下降，其中黑龙江、陕西销量下降幅度超过10%。这一问题必须引起高度重视。销量下降表明市场占有率在降低，对市场的控制力在减弱。如果这一问题不能得到尽快解决，势必影响行业经济运行的健康发展。凡是销量下降的省份都必须认真分析原因，要牢固树立销量意识，加大对销量考核力度，组织适销对路货源，满足市场供应，只有这样才能扭转销量下降的被动局面。

3. 行业内各种不规范行为仍严重存在。

地区封锁、市场分割的问题较为普遍，卷烟销售中不正当竞争行为严重存在，对大企业、大品牌的发展形成了严重障碍，同时加大了交易成本，滋长消极腐败行为。制假售假行为屡打不绝："两烟"经营中内外勾结、倒买倒卖的现象时有发生，有的甚至我行我素、顶风作案；超产瞒产行为屡禁不止，卷烟体外循环量去年全国仍有100.6万箱。非专卖品卷烟材料采购尚未全面做到公开招标、资质认证、比质比价，不规范行为仍然存在。卷烟销售网建工作发展不平衡，一些单位网建工作停滞不前，水平低下，对市场控制能力弱，造成价格波动，销量下降。企业财务管理中的资金、成本管理还相当薄弱，私设小金库、账外账、财务数据失真、成本核算失实、对外投资、担保失控等问题较为普遍存在。行业整顿、规范工作任务仍然繁重艰巨。

4. 安全管理仍存在明显薄弱环节。

一些单位安全管理机构和人员受到严重削弱，有些分县公司没有专人负责安全管理工作。道路交通事故和火灾事故比较频繁。2001年，全行业发生道路交通死亡事故13起，死亡36人，占各类事故死亡人数的92.3%，特别是专卖管理部门和卷烟配送部门的道路交通事故尤为突出。火灾事故发生5起，80%发生在"两烟"仓库。安全基础设施建设不适应行业发展需要，有的省基本的安全设施非常薄弱，但仍未制定出整顿的规划和措施，难以实现国家局提出的3年规划目标。各类事故隐患仍然大量存在，宾馆饭店、卷烟销售网络等环节的安全问题仍然比较突出，事故隐患的查找和整改工作存在被动现象，没有建立完善的事故隐患自我发现和整改机制。建设性项目安全设施"三同时"执行不够有力，旧的隐患反复出现的同时，新的隐患源还不断出现，使事故隐患整改工作陷入被动局面。

在全行业经济运行处于较好发展时期，整顿规范取得明显成效情况下，我们一定要清醒认识到存在的突出问题，把困难估计得多一点，把工作做得扎实一点，切忌盲目乐观，只有这样才能保持行业经济运行平稳发展。

三、2002年经济运行和整顿规范工作主要安排

2002年经济运行和整顿规范工作要全面贯彻落实全国整顿和规范市场经济秩序电视电话会议及全国烟草工作会议精神，以增强市场控制能力、抗御风险能力、行业竞争实力为目的，以着力构建和培育烟草大市场、大企业、大品牌为目标，突出"两个扶持"（扶持重点企业，扶持名优品牌），切实加强企业管理，努力提高企业经济效益；深入开展整顿规范工作，努力实现经济运行和专卖管理两个三年规范目标；加大产品结构调整力度，做精做大名优品牌，进一步狠抓基础、狠抓规范、狠抓落实，确保全年经济运行平稳发展。

2002年经济运行主要调控目标为：烤烟种植面积1383.8万亩，生产、收购烟叶176.9万吨；卷烟生产、销售3425万箱（含出口），其中行业名优烟产销量同比增长10%以上，省际间交易量力争达到1100万箱；全年工商税利同比有所增长，实现工商利润保持去年水平。

1. 要把实现平稳发展作为经济运行调控的主要目标。

近两年来，全行业经济效益保持了较高速度增长，尤其是去年在卷烟消费税率调整的情况下，实现税利增加142亿元，增长速度达13.04%。对这个问题怎么看？我认为，一方面是全行业狠抓基础、狠抓规范的结果，对同志们的努力要给予充分肯定。同时也要认识到，经济发展有它的周期性，目前世界经济发展已进入衰退期，这对我国经济发展将会带来较为严重影响。对此中央已采取积极措施，继续实行积极的财政政策和稳健的货币政策，努力扩大内需拉动经济发展。烟草行业发展也必然要受宏观经济的影响，而且往往表现出一定的滞后性。因此，我们所追求的是要在周期性经济发展中避免大的波动，要把工作重点放在夯实基础、提高企业的技术水平、管理水平和营销水平、增强企业核心竞争力上，保持全行业持续、稳定、健康发展。

要保持全行业经济运行平稳发展，当前要注意克服两种倾向，一是要克服急于求成思想，避免大起大落。从近年来经济运行情况看，一些单位为了追求较高的税利指标，提出一些不切实际的口号，脱离市场需要，盲目调高产品结构，调高价格；形势好的时候，过于乐观，甚至头脑发热，一味追求扩大规模，增加产量；有些人为了追求个人名利，突出个人政绩，成本核算严重失实，甚至超产瞒产，做假账。这些现象对企业长期稳定发展是十分有害的。企业的发展必须坚持以市场为导向，按照市场需要来组织生产，加强管理，搞好营销，把发展建立在扎实工作基础之上，决不能急功近利，否则就很容易出现大起大落。这方面上海烟草的发展为我们树立了榜样，自1993年以来，连续9年税利增长速度保持在20%左右，去年实现税利128.2亿，其中利润63.2亿，走出一条长期稳定持续发展道路。每个企业都要确立正确的发展战略，坚持走持续发展的道路。二是要克服无所作为思想，增强发展的信心。从去年生产经营状况看，有1/3的重点企业产销下降，利润下滑。企业发展的不平衡性是正常的，重点企业、名优品牌也不搞终身制，今年还将制定重点企业评价体系，对达不到重点企业标准的要退出重点企业行列。现在问题是重点企业生产经营状况不佳的比例过大，而且重点企业产、销、效益在全行业比重持续下降，这一问题就不得不引起高度重视。凡是产销下降、效益下滑的重点企业都必须认真分析原因，不可否认有客观方面的因素，但重要的还是要从主观上找原因，在同样的市场环境中为什么一些企业发展起来了，而自己却掉队了，问题的关键还是在内部，切忌把问题都推向外部原因，只有这样才能正确分析形势，找出问题症结，研究对策措施。一定要克服无所作为思想，要振奋精神，真抓实干，促进企业的平稳发展。

要保持全行业经济运行的平稳发展，必须继续坚持控制总量方针。控制总量是保持行业平稳发展的重要前提，也是宏观调控的首要任务。今年"两烟"总量控制任务很重，决不能掉以轻心。烟叶生产在连续四年总量得到有效控制后，要继续严格按国家下达计划组织生产和收购，任何单位都不得超计划收购，要防止出现反弹，否则前几年所付出的努力就要前功尽弃，烟叶工作又要陷入十分被动局面。卷烟生产要严格按照国家下达计划和市场需要组织生产，不得盲目赶进度，超计划生产。从今年1～2月份情况看，生产卷烟3218.4亿支，同比增加114亿支，增长3.7%，国内销售卷烟2964.9亿支，同比增加246.5亿支，增长9.1%。36种行业名优卷烟产量763.9亿支，同比增加94.3亿支，增长14.1%，实现销售677.1亿支，同比增加161.8亿支，增长31.4%。2月末卷烟工商库存1851.9亿支，同比减少88.9亿支，比1月末减少80.2亿支。行业实现工商税利280.4亿元，同比增加48.9亿元，增长21.1%，实现工商利润85.3亿元，同比增加10.9亿元，增长14.7%，其中实现工业利润42.7亿元，同比增长8，7亿元，增长25.6%，实现商业利润42.6亿元，同比增加2.2亿元，增长5.5%，实现了行业效益的大幅度增长。卷烟价格总体保持稳中有升的态势。百牌号卷烟三级批发价格指数同比上升2.32个百分点，零售指数同比上升1.24个百分点。36户重点企业卷烟三级批发价格指数同比上升2.07个百分点，零售指数同比上升0.91个百分点。36户重点企业生产卷烟2112.2亿支，同比增长5.1%，占全国总产量的65.6%，增长速度快于全国1.4个百分点。总的来看，行业总体运行态势良好，卷烟产销增长，销量增长大于产量增长，卷烟价格稳中有升，效益大幅度增长。但1～2月份生产经营形势好并不意味着全年形势就好，当前在经济运行中仍然存在一些突出的矛盾和问题，对此决不能掉以轻心，否则将对全年经济运行带来严重影响。存在的问题主要有：一是部分省卷烟生产进度偏快，库存增加，存在着过热现象。1～2月份卷烟生产超正常进度的有21个省，库存同比增加的有12个省。二是个别省销量下降的势头没有得到有效遏制，将严重影响全年经济运行平稳发展。三是36户重点企业中产销下降的企业有15户，一、二类卷烟占全国的比重分别下降5个和5.7个百分点。还有山西、辽宁、黑龙江、山东、贵州、宁夏等6个省卷烟工业整体亏损。要认真分析原因，切实采取有效措施，努力提高产品竞争力，解决好生产进度偏快、销量下降、效益下滑等突出问题。今年卷烟生产计划基本维持去年水平，省际间计划调剂也不可能有大的突破，生产经营较好的企业要注意均衡生产，不要赶进度以至造成后几个月停产。要加大对有超产行为企业的查处力度，一经发现，必须责令其立即停产，并要对企业主要负责人进行严肃处理。

要保持全行业经济运行平稳发展，必须继续下力气抓好稳价促销工作。销量和价格是判断行业经济运行是否正常的两大指标。销量上不去说明"四种烟"所占比重增大，必然影响卷烟生产和价格稳定。针对一段时期以来销量持续走低的现象，今年要把抓销量摆在更加突出位置，特别是销量持续下降的省份，要通过加强网建，组织好适销对路货源，加大对销量考核力度，扭转被动局面，下决心把销量抓上去。这里特别要注意两个问题，一是不要脱离市场实际，盲目调高卷烟价格。要通过品牌来引导消费，而不要简单提价，否则消费者难以接受，势必造成销量下降。二是要根据市场需要，保证五类烟（原四、五类）生产。价格能否稳定对全行业效益提高至关重要，近年来全行业卷烟价格管理水平有明显提高，不少省实行了全省统一批发价格，对此要认真总结，完善提高。在价格管理上当前也要注意两方面问题，一是行业名优卷烟与本省卷烟价位衔接问题，要研究如何逐步实行全行业名优卷烟全国统一批发价格问题，对行业名优卷烟不得采取歧视性价格政策；二是部分销区对卷烟毛利率要求太高的问题。在批发环节保持适当毛利率是需要的，但要求太高，会严重影响卷烟工业利润水平和零售户利益，不利于行业平稳发展。对新的品牌毛利水平如何确定，国家局将要提出指导意见。

2. 要把提高重点企业和名优品牌的竞争力作为经济运行工作的主要任务。

36户重点企业卷烟产量占行业总产量的63.8%，税利占行业工业税利的81.8%，利润占94.1%；行业36个名优卷烟产量占全行业产量的26%，实现税利占行业工业税利的67%。行业抗御风险能力、整体竞争实力的增强，关键在于重点企业和名优品牌竞争实力的增强。企业核心竞争力是企业产品研发水平、成本控制水平、营销水平等的综合体现，而名优品牌又是企业竞争力最直接的体现。只有做精名优品牌，做强重点企业，中国烟草才能在入世后更加开放、更加激烈的市场竞争中站稳脚跟，寻求新的发展。因此，提高重点企业和名优品牌竞争力是经济运行工作最为重要的任务，也是应对入世最有效的措施。

一是要加大卷烟产品结构调整力度，进一步扶持名优品牌，适应和满足市场需要。各单位要按照《国家烟草专卖局关于加快卷烟产品结构调整的意见》，制定切实可行的措施，加快产品结构调整工作。要加大对行业名优卷烟扶持力度。名优卷烟是全行业的共同财富，必须把销好名优卷烟作为销售工作的首要任务，大力扶持名优卷烟发展。今年要落实好省会城市销售名优卷烟不得少于30个、地级城市不得少于20个、县级城市不得少于10个品牌的要求，使名优卷烟真正做到入网销售、摆上柜台，让消费者能自由选择；要完成名优卷烟销量与去年同比增长10%的目标，确保名优卷烟销量增长，规模扩大。凡是有名优卷烟的企业要切实加强工艺技术管理，稳定提高产品质量，更好地适应和满足消费者需要，同时要按国家局要求，加强对名优卷烟品牌规格管理，克服规格过多、过滥现象，以维护名优卷烟信誉。要对五类卷烟生产销售进行整合。去年全国生产五类卷烟（原四、五类卷烟）1204.5万箱，其比重达35.4%。税率调整后，五类卷烟税赋明显提高，一些企业减少甚至停止五类卷烟生产。五类卷烟是市场供应特别是农村市场不可缺少的，如果五类卷烟不能满足市场供应，“假、私、非、超”四种烟必然乘虚而入，同时也会造成下低等烟叶大量积压，因此不能因为税赋提高而使五类卷烟供应断档，让出市场，而是要采取积极措施生产、销售好五类卷烟。要通过整合牌号、简化包装、统一价格，努力降低成本，做到既满足市场供应，又减少亏损，争取略有盈利。要下决心精简牌号。去年全行业除五类烟平均单箱亏损外，其他档次卷烟均有利润，但从具体企业看，有些牌号单箱亏损高达500元以上，亏损十分严重。因此，要根据效益原则，对亏损严重的牌号进行整顿，停止生产，退出市场。今年凡是一、二、三类卷烟亏损的一律不得生产，四类卷烟单箱亏损在200元以上、五类卷烟单箱亏损在250元以上的也要停止生产。要通过采取综合措施，确保实现全年生产牌号减少15%以上的目标。

二是要充分发挥网络扶持重点企业、名优品牌功能，全面推进卷烟销售网络建设，努力提高网建质量和水平。通过近几年网建工作实践，网建运行模式已基本确立，今年要在现有工作基础上不断完善提高，促进平衡发展，力争实现90%省会城市达到或接近武汉、成都网建水平，90%地级城市达到或接近南通水平的目标，做到优质化服务、规范化经营、专业化分工、信息化管理，为重点企业和名优卷烟发展创造良好的市场环境。网建工作要牢固树立优质服务思想，把实现优质服务贯穿到网建工作全过程，真正做到消费者、零售户、卷烟工业企业满意。只有这样网建工作才有强大生命力，才能经受住市场开放的考验。要通过加强网建，全面落实规范经营的各项措施，调进卷烟要以满足本地市场供应为目的，坚持做到入网销售，杜绝倒买倒卖、体外循环等行为。要进一步建立健全访销配送体系，实现全面访销、集中配送、专销结合、访送分离，加强访销员、送货员、专卖稽查员三支队伍建设，以体现专业分工原则。要加快信息化建设步伐，加强信息收集、传递、综合分析，充分发挥信息管理系统功能，用现代管理手段对传统商业进行彻底改造，实现管理创新，建立新型的现代化流通企业。网建工作先进单位要瞄准国际先进水平，努力提高网络运行质量，在现有基础上要有新的提高和发展。网建工作相对落后单位要全力以赴，真抓实干，迎头赶上，争取在较短时间内赶上先进单位水平。为全面推进网建工作，提高省会城市网建水平，国家局今年将按照统一培训、统一制定规划、统一检查指导的要求，重点抓好10个省会城市网建工作联动，同时在上海抓好与国际接轨的城网试点。

三是要围绕提高企业经济效益，增强企业自我发展能力，切实加强企业管理，努力降低成本。企业盈利水平是企业竞争力的重要标志，一个企业只有较高的盈利水平，才能有较强的自我发展能力，在激烈的竞争中才能经受住各种风险和考验，盈利水平低甚至亏损的企业是没有前途和希望的。要切实加强成本控制，努力降低成本，不断提高盈利水平。从卷烟工业企业产品量本利分析看，在成本控制方面仍大有潜力可挖。全国三类卷烟单箱香精香料成本平均59.93元，而低的仅34元，高的超过80元，相差一倍以上。一些企业过度包装问题更为突出，使用十几万元一吨的水松纸，十多元一套的豪华盒皮，这种现象不能再继续下去。要把成本控制作为提高竞争力的重要措施，从产品设计到生产经营过程都要全面实行成本控制，并且要加强事后成本分析和监督检查。今后对企业考核重点要放在成本费用利润率上，这是衡量企业管理水平高低的重要标志。要深化企业内部管理体制和三项制度改革，努力提高劳动生产率。倪局长在行业工作会议上明确提出重点骨干企业通过技改后人均实物劳动生产率要达到800箱，重点企业要达到700箱以上。要达到这一目标必须精简机构，通过竞争上岗，大力推进减员增效工作。卷烟工业企业竞争实力提高必须建立在高效率基础上，减员增效是回避不了、也绕不过的矛盾。红河卷烟厂这方面为全行业树立了榜样，去年人均实物劳产率已超过800箱，这说明只要下决心，加大改革力度，就可以实现国家局提出的劳动生产率目标。非专卖品卷烟材料采购要全面推行资质认证、比质比价采购，要制定行业和企业有关卷烟物资质量标准，凡是进入烟草行业物资市场的都必须通过资质认证，实行严格的市场准入制度；要建立信用制度，对不讲质量、不讲信誉，违反专卖法律法规的要予以曝光，不准与烟草企业发生业务往来。通过采取以上措施，努力降低采购成本，确保产品质量，更好地为卷烟工业企业服务。要切实加强行业信息化建设，通过信息化改造卷烟工业企业，提高管理水平，实现管理创新，从而增强企业竞争实力。今年要重点解决工业MIS系统全面推广和卷烟日常交易实现网上交易等问题。这项工作国家局已作了部署，请各地务必认真抓好落实。

烟叶、物资、烟机、进出口等部门要切实为提高卷烟工业企业的核心竞争力搞好服务。要加大烟叶生产科技投入，推进基层标准化收购站建设，加快打叶复烤企业改制工作，努力提高卷烟原料的供给质量；要大力推广卷烟新材料、新技术的应用，努力提高卷烟材料质量水平，适应和满足卷烟生产发展需要；要进一步提高烟机消化吸收能力，不断提高国产化水平，提高质量稳定性；要积极实施走出去战略，加大海外市场开拓力度，特别是重点企业，要充分利用两种资源，面向两个市场，积极参与国际竞争，努力扩大出口。

3. 要把为重点企业、名优品牌发展创造良好外部环境作为各级烟草部门的主要工作。

全行业能否实现平稳发展，关键在于名优品牌、重点企业能否平稳发展，因此各级烟草部门特别是国家局各部门、各专业公司，各省级局（公司）都要为重点企业、名优品牌发展创造良好外部环境，提供必要的扶持，从各方面提供更为有利的条件，把它作为当前最主要工作。

一是要采取综合措施，为重点企业、名优品牌发展提供良好的市场秩序。要加快企业组织结构调整步伐，对于10万箱以下的小烟厂，要不等不靠，积极主动做好工作，下决心进行关闭；对于10万箱以上的中型烟厂，可以采取委托管理、联合兼并等办法，实行资产重组。通过采取以上措施，从源头上减少管理差、效益低、不规范生产经营行为的问题，为重点企业发展创造良好的市场环境。要努力推进全国统一、规范有序、公平竞争的市场体系的建立，各省级局（公司）要严格按照国家局核定的卷烟调入量层层落实到分县公司。要落实分公司的经营自主权，在国家局核定的计划指标之内，有权根据市场需要自主选择厂家，选择牌号，不得出台品牌调入的限制性措施。

二是要加强监控，加强考核，确保“两个扶持”的全面落实。今年国家局准备根据宏观调控主要目标，重新制定对各省级局（公司）经济责任目标的考核办法，重点考核卷烟销量、省际间卷烟实际调入量、名优烟销量和调入量、工商利润、工业成本费用利润率等6项指标，并实行按季考核，逐季通报考核结果。国家局各部门、各专业公司和各省级局要牢固树立为企业服务思想，切实转变职能，转变作风，加强调查研究，研究新情况，解决新问题，为重点企业发展排忧解难。要鼓励企业间公平竞争，竞争是推动企业进步的动力和源泉。今后，国家局和各省级局出台各项政策和措施，都要紧紧围绕“两个扶持”，通过制定规则，加强指导，严格考核，搞好服务，为重点企业发展壮大创造良好的外部条件和公平竞争环境。不要干预企业生产经营自主权，在国家下达计划之内，在提高效益前提下，生产什么，怎么生产，应由企业自主决定。要高度重视行业名优卷烟的市场培育和扩销增量，不断扩大名优卷烟市场覆盖面和占有率，逐步形成烟草行业的品牌效应，切实做大、做强一批具有比较优势的行业品牌。

三是要进一步夯实安全管理基础，完善安全管理体系，为行业经济运行平稳发展提供有力保障。安全生产责任重大，只有在确保安全生产前提下，企业的生产经营、全行业的经济运行才能有一个良好环境。因此安全工作只能加强，不能削弱。要进一步完善安全管理法规标准体系。根据行业整体发展的需要，针对突出问题，国家局今年将加快制定相关可操作性强的法规、标准，填补管理的空白，规范宾馆饭店、道路交通、卷烟销售网络等薄弱环节的安全管理。要健全安全管理组织机构，落实安全生产责任制。个别安全管理机构落实不到位的单位，今年上半年必须根据国家局2001年安全工作会议精神全面予以落实。要进一步明确各单位主要负责人是安全生产第一责任人，对安全生产要切实负起责任，发生重大安全责任事故，除了追究直接责任人责任外，还要追究主要负责人责任。要加强安全管理监督。在全面落实各级安全责任制的基础上，继续加大对重大责任事故的处理力度，对责任事故的单位领导及有关管理者，严格落实责任追究制度，坚决克服少数单位领导口头重视安全，工作上忽视安全的错误倾向。特别是对瞒报、缓报责任事故的单位负责人，要予以严肃处理。针对新形势下安全管理出现的新问题，国家局将在充分调研的基础上，继续开展深入的专项安全整治工作，将道路交通、宾馆饭店、卷烟销售网络等薄弱环节纳入到专项整治范围。要完善安全基础设施建设。各省级局（公司）要根据实际情况，在确保实效的前提下，制定并实施加强、完善安全基础设施的规划和办法，将安全基础设施建设纳入到安全管理考核的重要内容，定期进行监督考核，确保2004年以前，全行业初步建立起比较完善的安全基础设施体系。同时，要重视科技手段在安全管理中的应用，配备必要的现代化办公设备，加强安全管理信息网络建设。要强化安全管理培训。针对各级安全管理人员调整比较频繁，以及管理、技术知识需要不断更新的情况，突出针对性和有效性，继续开展各种层次的专项管理培训，切实提高各级安全管理人员的工作能力和业务水平。

4. 要继续坚定不移地把整顿和规范烟草市场经济秩序作为行业工作的重中之重。

按照行业经济运行和专卖管理两个三年目标，今年是整顿和规范取得阶段性成果的关键之年。最近，国务院召开了全国整顿和规范市场经济秩序电视电话会议，对全国今年的整顿和规范工作进行了全面的部署。为此，我们要进一步用党中央、国务院有关整顿和规范的指示要求统一全行业上下的思想认识，针对当前行业存在的突出矛盾和问题，紧紧围绕国家局党组确定的烟草行业整顿和规范的六个方面工作重点，立足保持行业稳定和健康发展这一大局，统筹兼顾，深入开展，务求取得实效。

一是要进一步提高思想认识，坚决克服松懈、厌战畏难情绪。可以肯定，前年开展的烟叶流通秩序整顿和去年全面进行的整顿和规范市场经济秩序工作，在各级的共同努力下，已经取得了阶段性明显成果，但也应看到，随着整顿规范工作的不断深入，一些深层次的矛盾随之逐步显现，一些棘手、难以解决的问题也摆在了我们的面前，我们必须充分认识到整顿规范工作的艰巨性和长期性。李岚清副总理在全国整顿和规范市场经济秩序电视电话会议上指出，整顿和规范市场经济秩序，既是着眼于解决当前市场经济中存在突出问题的重大举措，也是贯穿于整个社会主义初级阶段的长期任务。就我们烟草行业来讲，整顿规范工作是为了增强内力以应对入世后更加激烈的市场竞争的当务之急，更是确保我们行业持续稳定健康发展的根本需要。整顿规范工作不是权宜之计，而是一项长期艰巨的任务。虽然近几年行业的整顿和规范工作取得了一定的成效，但对此不能估计过高，决不能因此而滋长盲目乐观、麻痹松懈以及厌战的情绪，必须树立长期作战的思想，坚持不懈地把整顿规范作为各项工作的重中之重来抓。各级领导要端正思想态度，切实加强对整顿规范工作的领导。要进一步明确分工，明确责任，建立责任制。“一把手”要全面负责，亲自挂帅，加强对整顿规范工作的监督检查；主管领导要尽职尽责，精心组织各项整顿规范工作的具体实施；整顿办要切实负起组织、协调、指导的职责，落实好整顿规范各项措施；各有关部门要按照各自的职责分工积极主动地抓好本部门的整顿规范工作，要通力合作，密切配合，不允许推诿扯皮，以促进整顿规范工作的全面落实。

二是要进一步明确工作重点，坚决克服消极应付思想。整顿和规范市场经济秩序工作是一项系统工程，工作头绪多、涉及面广、需要解决的问题错综复杂，如果没有清晰明确的工作思路，没有明确突出的阶段性重点，没有行之有效的工作方法，就很难达到预期的目的。为此，各单位一定要结合自身的实际，统筹把握，区分轻重缓急，在重点、难点和薄弱环节上下功夫、求突破。国家局党组在总结去年工作、分析行业形势的基础上，明确了今年行业整顿规范工作的重点：卷烟打私打假要继续保持高压态势，集中力量对制假重灾区组织几次较大规模的打假行动，有效地威慑制假分子，进一步扩大战果；对地区封锁问题要集中进行专项整顿，制定一套完整的工作方案，在调查研究和重点剖析问题的基础上，抓住突出问题进行重点整治，力求取得突破和实效；“两烟”流通秩序的整顿，要重点解决烟厂超产瞒产问题，从源头上遏制卷烟体外循环，把卷烟体外循环数控制在50万箱左右；结合“两烟”货款清欠中发现的线索，严厉查处烟贩子插手的重大案件和顶风违纪的严重问题；烟用物资采购要全面推行资质认证、公开招标、比质比价，各地应按照国家局的要求，统一思想，统一认识，建立健全资质认证、公开招标、比质比价采购工作的领导机构和工作机构，制定相应的实施方案，在这方面，36户重点企业应率先达到国家局的要求；要继续坚持对卷烟纸、丝束等专卖品的集中统一经营管理，严禁从非正常渠道购进专卖品材料；财经秩序整顿要以行业对外投资的清理整顿为重点，继续加强《会计法》执行情况的检查，重点查处和纠正私设小金库、账外账等严重违反财经纪律行为。要采取切实有效措施，特别是运用信息化手段解决数据失真、成本不实等方面的问题。各省级局要围绕国家局提出的工作重点，制定出切实可行的整顿规范具体实施方案，并将实施方案于4月底以前上报国家局整顿办。各地要按照实施方案分阶段、有步骤地一项一项抓好落实，以扎扎实实的工作求得实实在在的成效。

三是要进一步坚持边整边改，坚决克服不求实效的漂浮作风。在整顿规范工作中，不能就事论事，搞“半截子”工程，要标本兼治、整顿和规范并举，通过整顿发现问题，明辨是非，把握特点，摸清规律，从法制、体制、机制上探索解决问题的办法和途径，从而建立健全各项行之有效的规章制度措施，并付诸于实施，以确保从根本上杜绝问题的发生。通过前一段时期的整顿规范，国家局相继出台了一系列整改措施、规定，如《国家烟草专卖局关于烟草系统特大、重大安全事故行政责任追究的规定》、《国家烟草专卖局关于禁止在卷烟经营活动中实行地区封锁的规定》、《烟草行业固定资产投资项目招标管理办法》、《国家烟草专卖局关于规范烟叶流通秩序的若干规定》，等等，各级在认真贯彻落实国家局这些规章制度的基础上，也要结合本地实际，针对自身存在的问题，进一步建立和完善具体实在、真正管用的规章制度，从制度上保证建立良好的市场经济秩序。

同志们，2002年是党和国家发展进程中非常重要的一年，我们要以奋发有为、开拓创新的精神状态和真抓实干的工作作风，继续加大整顿和规范工作力度，切实加强对经济运行的监控，力争在扶持重点企业和名优品牌方面迈出坚实的步伐，确保烟草行业经济运行平稳发展，以优异的成绩迎接党的十六大的胜利召开。

认清形势　统一思想　狠抓落实 全面推进烟叶生产良性发展

——在全国烟叶工作总结表彰会暨烟叶交易会上的讲话

国家烟草专卖局副局长　姜成康

(2002 年 3 月 20 日)

同志们：

这次全国烟叶工作总结表彰会暨烟叶交易会的主要任务是贯彻落实全国烟草工作会议精神，总结去年烟叶工作，安排部署今年烟叶生产各项任务。会议还将表彰近几年在烟叶工作中做出显著成绩的先进地、县级单位，供需双方签订2002年度烟叶购销合同和2003年度烟叶购销协议。下面我主要讲三个问题。

一、2001 年烟叶工作回顾

2001年是实施“十五”计划的第一年。烟叶产区继续贯彻落实国务院和国务院办公厅两个“紧急通知”精神，认真按照“市场引导、计划种植、主攻质量、调整布局”的烟叶生产指导方针，突出“控制总量、提高质量、优化布局、优化结构”的工作重点，在地方各级政府的关心和支持下，通过全行业广大干部职工的努力，烟叶生产较好地完成了国家局确定的各项调控目标，为“十五”计划的实施开了一个好头，为烟叶生产良性发展奠定了有利的基础。回顾去年的烟叶工作，有以下几个特点：

*一是总量控制成绩显著，烟叶收购量控制在国家计划之内，烟叶压库任务基本完成。*2000年入冬以后，由于产销形势发生了变化，烟叶生产面临严重的超种超收反弹趋势。在这种形势下，国家局及时印发了《关于严格控制烟叶种植面积的紧急通知》，对严格执行国家计划提出了明确的要求。产区认真分析形势，统一思想，明确责任，加强领导，采取有效措施强化总量控制工作。各省制定了目标责任制，明确要求任何单位不准超计划种植和收购烟叶，对超种超收的单位和责任人进行严肃处理。通过全面签订烟叶收购合同，国家计划层层分解落实到农户、田块。烟叶盲目发展的趋势得到及时有效的遏制，确保了按国家计划组织生产收购。据统计，去年全国烤烟种植面积1429.53万亩，收购烤烟2900万担，收购总量控制在国家计划的3400万担之内，各省、区、市的收购量都控制在计划之内。在严格控制总量的同时，大力压缩烟叶库存。1998年以来通过积极消化库存和扩大出口，全国烟叶库存从1998年6月末的7506万担下降到2001年6月末的5930万担，扣除待报废处理的400多万担烟叶，实际库存5500万担，总体上实现了朱总理提出的3年压缩烟叶库存2000万担的目标。烟叶库存的降低，减轻了产区的压力，促进了烟叶生产经营的逐步好转。

*二是结构调整初见成效，市场滞销等级烟叶明显减少，烟叶有效供给水平有所提高。*烟叶等级结构矛盾是多年来烟叶供求关系中的一个突出问题。2000年国家局在涪陵全国烟叶收购现场会上提出要以市场为导向，按市场需求组织烟叶生产和收购，通过3年努力，实现减少1000万担不适销等级烟叶的目标。为此，产区认真按照国家局部署和要求，采取了切合实际的经济、技术措施，引导农民将市场滞销等级烟叶消灭在生产环节。一些产区政府文件规定对部分滞销等级不收购，或在签订收购合同时明确部分滞销等级烟叶不收购。这些积极有效的措施给农民提供了准确的市场信息。截至去年底，全国烤烟上等烟收购比例为29.53%，同比增加7.26个百分点；中等烟比例60.37%，同比增加1.01个百分点；下低等烟比例10.11%，同比减少8.26个百分点。根据去年烤烟实际种植面积和单产水平，扣除自然灾害导致减产的因素，按照下低等烟同比减少8.26个百分点计算，全国减少不适销等级烟叶289.29万担，这些烟叶大部分消化在生产环节，减少了烟农物化劳动和烤烟用煤，降低了生产成本。去年基本实现了国家局提出的下低等烟叶控制在10%以内，当年减少300万担不适销等级烟叶的目标。按上等烟叶同比增加7.26个百分点计算，增加可用烟叶254.27万担。这为缓解烟叶供求结构性矛盾，提高烟叶有效供给水平发挥了积极的作用。

*三是科教兴烟稳步推进，烟叶质量水平不断提高，市场竞争力有所增强。*各烟叶产区十分重视先进实用生产技术的试验、示范与推广，加大了投入力度，开展多渠道、多层次技术培训，狠抓了“四项技术、一项开发”工作，烟叶生产技术水平有了较大的进步。到去年为止，新品种种植面积占37.19%，云烟85、K346、中烟98、云烟87和911－21在一些主产区已成为当家品种。品种布局趋于合理，基本满足了市场需要。云南、福建、贵州、河南、重庆、湖南、湖北等产区推广漂浮育苗移栽面积达到100万亩。漂浮育苗的推广应用使烟叶生产育苗技术达到世界先进水平。以测土配方施肥为重点，推广应用平衡施肥技术在产区全面展开，有力地促进了烟叶的正常生长发育。各地标准化烤房改建继续抓紧进行，去年共改建（新建）标准化烤房84万座，累计完成改建（新建）标准化烤房307万座，占在用烤房386万座的80%，烟叶烘烤质量明显提高。国际型优质烟叶开发取得了

突破性进展。据去年郑州院对全国12个省69个有代表性的主产烟县的243个烟叶样品化验评吸结果，有15个县烟叶样品内外观质量达到或接近进口烟叶质量水平，其他县烟叶质量水平也有明显提高。这是一个较大突破，表明我们是有条件生产国际水平优质烟叶的，完全可以生产出达到进口烟叶质量水平的烟叶，我国烟叶生产质量具有很大的发展潜力。

*四是整顿和规范烟叶流通秩序取得阶段性成果，烟叶流通体制改革进一步深化，生产经营环境明显改善。*去年全行业整顿和规范市场经济秩序工作继续把整顿规范烟叶流通秩序作为六项重点工作之一。各地采取了有力措施，加大了对烟叶流通领域问题的查处力度，尤其是对一些顶风作案的单位和个人进行了严肃处理。经过两年的治理整顿和规范，烟叶体外循环问题基本得到遏制。同时，把清欠烟叶货款作为整顿和规范烟叶流通秩序的重要工作抓紧落实，并重点帮助清理了贵州的烟叶货款26亿元，大大缓解了产区烟叶生产收购资金压力。通过整顿烟叶流通秩序，加强烟叶专卖管理，烟叶生产经营环境明显改善，烟叶收购秩序平稳，收购等级质量进一步提高。据国家局对16个省烟叶收购等级进行抽查，平均等级合格率达到81.2%。这是历史上的较好水平。烟叶流通体制改革进一步深化。以原烟交接、委托加工，分公司统一经营为重点的烟叶流通体制改革已形成共识，得到各级烟草部门和烟草工商企业高度重视和大力支持。由于认识统一，措施得力，狠抓落实，截至去年底全国基本实现分公司统一经营，县级公司组织生产和搞好收购。推行原烟交接、委托加工迈出较大步伐，全国原烟交接、委托加工数量达到40%的工作目标。关停挂杆复烤厂取得突破性进展，到去年底全国共关闭了81条生产线。工商联合投资打叶复烤企业，建立现代企业制度也在逐步推行。

总体来讲，这几年是烟叶生产比较稳定的时期，也是烟叶工作比较好的时期。1997年烟叶严重超种超收超储造成的被动局面已经得到了扭转，大部分产区已经摆脱了经营亏损的状况，烟叶工作开始步入良性发展的轨道。总结近几年烟叶工作的经验，我认为，一是确立了正确的烟叶工作指导方针和符合实际的经济政策是烟叶生产稳定发展的根本前提；二是坚定不移地坚持控制总量，严格按国家计划组织生产和收购，是保持烟叶供需平衡的重要保证；三是全面推行烟叶收购合同制，按合同种植和收购是烟叶生产走向良性发展的基础；四是大力推广普及先进实用的生产技术是提高烟叶质量、改善等级结构的根本措施；五是整顿和规范烟叶流通秩序，深化烟叶流通体制改革是烟叶稳定持续发展的动力。我认为以上几条既是过去几年烟叶工作的经验总结，也是今后烟叶生产全面走向良性发展的重要保证。我们这次会议，要对近几年来认真贯彻落实烟叶生产指导方针，在控制总量、提高质量、改善结构、规范经营方面取得突出成绩的先进地、县级单位进行表彰。希望受表彰的单位继续努力，在新的一年里取得更好的成绩。其他产区要向先进单位学习，认真总结经验，扎实工作，共同促进烟叶生产的良性发展。

二、当前烟叶工作面临的形势和存在的主要问题

我们既要肯定通过几年的努力，烟叶工作取得了较好的成绩，走上了良性发展轨道，同时，也应认识到当前烟叶生产面临的矛盾和存在的主要问题，始终保持清醒的头脑。

第一，主观上面临着思想松懈，工作松劲，生产经营观念不适应市场经济发展的要求，控制总量的问题尤为突出。1998年以来各产区始终把控制总量摆在烟叶工作的首要位置，工作不敢有丝毫懈怠，连续4年烟叶收购量控制在国家计划之内，实现产销平衡，库存下降。截至去年6月末，全国烟叶库存相当于卷烟生产一年半的用量，基本达到合理库存。在供求形势发生变化，烟叶市场形势好转的情况下，一些产区思想上对“控制总量”产生松懈情绪，工作上不够积极主动，这将严重影响今年烟叶生产调控目标的实现。一些烟叶销路较好的产区，存在盲目乐观的思想，扩大种植面积的倾向尤为明显。要清醒地看到一些产区的烟叶质量同进口烟叶仍有一定差距，而部分等级价格却接近进口烟叶水平的问题将更为突出。面对入世后进口烟叶关税逐年降低，摆在面前最重要的任务是要切实提高烟叶质量、增强市场竞争力，而不是盲目地扩大规模、上产量。部分市场萎缩的产区思想上没有主动适应市场的发展变化，及时转变观念，而是想继续保持现有生产规模，没有主动采取措施优化布局、改善结构，普及实用技术，提高烟叶质量以适应市场的需求。有的产区随着近几年烟叶经营形势好转，想把扭亏增盈的希望寄托在扩大种植面积上。有的产区为达到提高上等烟比例，实现优化等级结构的目标，通过扩大种植面积，来保证上等烟比例。这种做法是不可行的，不仅使总量难以控制，也造成优化结构工作偏离方向；既影响烟农的收入，也会给烟叶收购和流通秩序带来十分不利的影响。还有部分种烟大县，由于1997年严重超种超收超储，内部管理混乱，经营不规范，目前已资不抵债，干部职工思想不稳定。这些思想认识问题的存在必将严重影响烟叶生产的稳定发展，直接影响今年烟叶生产“控制总量、提高质量、优化布局、优化结构”工作的落实。

据1月份烟叶公司对全国10个省区的烟叶生产调查分析，农村种植业结构调整步伐加快，目前市场粮食价格仍然低迷，南方稻谷、玉米市场价格每斤0.55元左右，北方小麦0.5元左右，玉米0.4元左右。烟粮比价在1:8左右，有的更高一些。由于比较效益的拉动和驱使，农民种烟仍有较高的积极性。烟叶农特税是较高税种，是产区地方政府财政税收的重要来源。当前面临三个积极性的形势下，超种超收的压力很大。云南、四川和中南烟区的广东、福建、湖南、湖北、江西超种压力很大；黄淮烟区的山东、河南、安徽、陕西和东北烟区的黑龙江、吉林、辽宁、内蒙古既有超种发展趋势，也存在部分产区稳定规模的问题。

第二，烟叶质量既面临国内结构性矛盾的压力，又面临入世后的冲击，结构调整的工作依然十分紧迫。一方面，随着国内卷烟产品结构调整步伐加快，对上中等烟叶的需求将进一步增加，目前烟叶生产整体水平很难满足卷烟生产的需要，烟叶生产面临较大的压力。同时，我国烟叶质量普遍存在上部叶片烟碱含量偏高、化学成分不协调、烟叶成熟度不够，下二棚烟叶烟碱含量偏低、干物质积累少的问题直接影响了烟叶的可用性。另一方面，我国入世后，随着烟叶进口关税下调，国外烟叶价格将随之降低，对一些产区烟叶的国内市场造成直接的冲击。今年进口烟叶关税由28%下调到22%，进口烟叶每吨比去年降低6000元左右。由于进口烟叶等级纯度好于国内烟叶，一些重点卷烟企业购买进口烟叶的要求越来越强烈。如果产区不加快结构调整步伐，贻误时机，国内市场份额势必将逐步减少。去年产区按照市场的需求，通过有效的技术措施调整烟叶等级结构取得了一定的成效，烟叶有效供给水平提高，市场适应能力增强。调整等级结构，根本是要从技术上提高烟叶生产的整体水平，但仍有部分产区技术措施落后，技术措施不到位，布局调整进展缓慢，不适宜地区和田块种植烟叶仍比较普遍，直接影响烟叶质量提高和结构调整步伐。

第三，烟叶基础仍然比较薄弱，抵御自然风险和市场风险能力较低。烟叶生产的基础设施不完善，特别是农田水利设施不配套，极易受到自然灾害的影响，使产量和品质不稳定。部分产区烤房、基层站设施都比较落后，标准化改建工作进展迟缓，不能适应烟叶生产发展的需要。按国家局的统一部署，今年是完成标准化基层站改建的最后一年，截至去年底全国标准化基层站才达到50%，今年的任务还非常艰巨。此外，烟叶管理信息化建设尚未完全推开，烟叶收购合同制有待完善和提高。

第四，随着烟叶流通体制改革的深化，一些深层次矛盾和问题进一步暴露，加快烟叶工作改革步伐已刻不容缓。经过两年的整顿规范，烟叶生产流通秩序明显好转，有效遏制了烟叶体外循环，但个别单位违法违规经营问题仍时有发生。一些单位内部管理混乱，亏损严重，个别产区烟叶生产经营体制仍未理顺。原烟交接、委托加工进展不平衡。随着关停挂杆复烤厂，债权债务以及人员分流安置问题更加突出。不少打叶复烤企业管理体制不顺，企业制度不健全，工艺设施不配套，财务负担较重，企业管理水平较低，片烟加工质量尚不能适应卷烟生产要求。烟叶工商交接等级合格率和烟叶购销合同履约率较低的问题也普遍存在。

三、2002年重点抓好的几项工作

今年烟叶工作总的要求是，认真贯彻全国烟草工作会议精神，坚持“市场引导、计划种植、主攻质量、调整布局”的烟叶生产指导方针，突出“控制总量、提高质量、优化布局、优化结构”的工作重点，转变思想观念，增强市场意识，加快烟叶市场化进程，采取有效措施，进一步提高烟叶质量，加快烟叶流通体制改革步伐，深入开展烟叶流通秩序整顿规范工作，确保实现总量控制目标，保持烟叶工作的良好发展态势。

（一）狠抓总量控制，坚决实现烟叶宏观调控目标。

在烟叶收购量连续4年控制在国家计划之内，并且较好地完成了压缩库存的任务，部分产区思想上产生松懈情绪形势下，关键是要进一步统一思想认识，客观分析烟叶供求形势，增强市场意识，牢记1997年烟叶超种超收的深刻教训。思想上不能有任何麻痹大意，工作上要继续狠抓落实，坚决控制和防止烟叶生产再度出现盲目发展势头。今年国家下达的烤烟种植计划为1392.8万亩，收购量为3400万担。这个计划是根据市场需求量确定的。去年3月份烟叶交易会签订了省际间交易协议，6月份湖南浏阳烟叶收购现场会上对省际间调拨又进行了平衡安排。这个平衡数量加上省内用量就是烟叶收购计划的依据。因此，各产区必须严格按国家计划组织烟叶生产和收购，任何地区、任何单位不得超计划种植和收购。去年烟叶工作座谈会我讲过，在任何时候都要坚持供给与需求总量平衡，在形势不好的时候需要如此，在形势好转的时候更应该这样。在形势好的时候我们更要保持清醒的头脑，如果稍有大意，就很容易出现问题。因此，千万不要头脑发热，急于求成，盲目发展，否则我们几年的努力都将付诸东流，烟叶生产又将陷入十分被动局面。各级烟草部门要对形势做出正确的分析，要把思想认识统一到按国家计划组织生产上来，切实增强市场意识、责任意识。超种压力很大的产区要在移栽前解决好超种的问题，确保实现控制总量目标。

几年实践证明，合同制是控制总量，落实国家计划的最有效办法。今年要按照“全面推广、一次到位、明确权责、完善提高”的要求，进一步全面推行合同制。需要特别指出的是今年签订烟叶收购合同坚决不能留有余地，必须在烟叶移栽前一次签订到位，任何地区、任何单位对无合同、超合同烟叶坚决不予收购，违者一经发现必须严肃处理。烟叶公司4月份要组织工作组进行检查，重点就是抽查合同签订情况。尽管近几年我们不断强化合同制的落实和执行，但还是存在不少的漏洞和问题。去年广东省蕉岭县公司通过烟贩子收购烟叶，这是严重的违法经营行为。广东省局对这件事情给予了严肃处理。今年实现烟叶宏观调控目标要明确责任制，对超种超收的地区和单位要追究主要负责人的责任。

（二）狠抓烟叶质量，突出提高上部烟叶和下二棚烟叶的可用性，通过普及推广先进实用技术努力改善烟叶品质。

提高烟叶质量要围绕优质烟叶生产技术措施，加大普及推广力度，提高实用技术到位率。今年要下大力气抓好平衡施肥技术推广工作，把控制氮肥使用量和增施硝态氮肥作为烟株营养平衡关键环节来抓。我国烟叶质量不均衡，与氮肥使用量不合理有很大的关系，要通过试验确定合理的氮肥用量和硝态氮比例。今年追肥要全部使用硝态氮，不允许使用硝铵作为追肥，烟草专用基肥要达到50%的硝态氮。通过试验示范要进一步改进施肥方法，提高施肥技术，达到科学合理施肥。经过几年努力，品种更新换代工作基本实现一批高抗、优质、适产的新品种在生产中占据主导地位。但个别产区种植多年老品种、使用未经审定的品种等问题依然存在。有关产区要认真按照《烟草种子管理办法》进行清理，加以解决。今年要进一步扩大新品种种植面积，优化品种布局，坚决杜绝劣杂品种。三段式烘烤工艺及标准化烤房改建工作已取得较好效果，要大面积推广应用，加大培训力度，深入农户指导烟农烤好烟，要教会烟农把握烘烤过程中的“关键环节”。全国还有20%的烤房没有完成标准化改建，有关省要加快工作进度，力争完成标准化烤房改建工作。经过两年的试验示范证明，云南等省大面积推广漂浮育苗技术，有利于烟叶的大田生产和提高烟叶可用性，各产区要大力推广，力争漂浮育苗移栽面积达到300万亩以上。推广普及这些技术措施有利于提高上部和下二棚烟叶的可用性，提高烟叶质量。

近两年国际型优质烟叶生产取得了较大的进展。据郑州烟草研究院化验评吸，烟叶品质明显改善，可用性提高。开发国际型优质烟叶生产目的就是要提高烟叶整体水平，改善烟叶品质，增强市场竞争力，替代进口烟叶。各地要加大示范面积，形成规模生产，达到一定商品量，进入卷烟配方。要突出解决上部烟叶开片不够、结构紧密、烟碱偏高、香气不足、可用性差，下二棚烟叶身份薄、烟碱偏低、干物质积累少、颜色淡、香气较差的问题。卷烟企业要积极参与国际型优质烟叶开发，要根据卷烟配方的需要与产区共同协商制定完善的技术方案，加大扶持力度，切实提高烟叶的可用性。产区要严格按照技术方案落实每一项技术措施。今年国家局确定的国际型优质烟叶开发共11个省17个县，面积达2.4万亩，加上各省确定的优质烟叶开发和中外合作基地，全国优质烟叶开发面积达到20万亩。希望各省要重视优质烟叶的开发工作，加强组织领导和监督检查各项技术措施到位，搞好技术指导和培训工作，力争今年优质主料烟生产达到一定的商品量进入卷烟配方。

（三）狠抓优化布局、优化结构，坚决实现下低等烟叶控制在10％以内的目标。

优化烟叶生产布局是实现资源优化配置，提高烟叶质量的重要措施。目前烟叶生产零星分散，种植规模小，生产布局不合理问题一直没有得到根本解决。尽管各地贯彻烟叶生产指导方针，大力调整烟叶生产布局，国家局每年根据市场引导的原则适当增加了长江以南部分烟区的收购计划，调减了北方烟区收购计划，但是全国烟叶生产布局还没有达到优化水平。据烟叶公司调查了解，今年各产区加大调整优化布局的工作力度，贵州省已把坡度大于25度的烟田全部调整到较平坦地块。各产区要认真搞好规划，下决心调整规模小和不适宜县、乡、村的烟叶种植。要把优化区域、优化田块、优化农户作为优化布局主要工作任务，下决心进行种烟土地调整和轮作。力争2年内把高海拔、高坡度的山上烟田全部调整到中低海拔的平坦地种烟。种植田块要向好田好地转移，对土壤pH值过高或过低和有机质含量低的田块要加大土壤改良力度。

只有抓好烟叶生产布局的优化，才能提高烟叶的整体水平，优化结构工作才有保证。去年各产区采取经济、技术措施，调整烟叶结构取得明显成效，各地要继续推行这些好的做法。优化等级结构关键还是要在提高烟叶生产整体水平上下功夫，把滞销等级烟叶消灭在生产环节。要大力普及实用技术，提高实用技术的到位率，努力提高烟叶质量、优化等级结构，满足市场需求。只要下力气抓好落实，工作到位，把下低等烟叶控制在10％以内，减少300万担滞销等级烟叶的目标是可以实现的。

（四）狠抓规范，深化烟叶流通体制改革，努力提高打叶复烤企业的管理水平。

全行业围绕“经济运行三年规范目标”，继续把规范作为全行业工作的重中之重。本月初，国家局召开整顿和规范烟草市场经济秩序及行业经济运行电视电话会议，认真贯彻落实全国整顿和规范市场经济秩序电视电话会议精神，结合烟草行业实际情况，明确和布置2002年全行业整顿和规范的主要任务和工作重点。各地要认真落实这次会议精神。国家局从2000年开始对烟叶流通秩序进行专项治理整顿，在省级局的重视下，这项工作取得阶段性成果。一批大案要案得到严肃查处，尤其是对顶风违纪及性质恶劣的违法违规案件进行了严肃处理，查处了广东梅州非法收购烟叶案、安徽亳州烟厂非法经营云南烟叶案、四川攀枝花涉嫌非法经营烟叶案，对有关责任人给予严肃处理。深入开展了烟叶货款对账工作。从湖南、云南、河南等省货款对账中，又进一步暴露出烟叶经营中违规违纪问题。据了解，在深入开展“两烟”流通秩序整顿中，仍然存在少数工商企业内外勾结倒卖烟叶的问题，充分说明烟叶的专项治理整顿工作远远没有达到预期目标，离“经济运行三年规范目标”还有很大差距。因此，各省级局、烟草工商企业要按照国家局要求，深入开展烟叶流通秩序整顿规范工作。要克服厌战情绪，加强力量，深入查处大案要案。要加快烟叶货款的对账清还工作。烟草工商企业要建立完善内部管理制度，对于少数顶风作案，违法违规经营烟叶的行为一经发现要坚决一查到底，严肃处理。这次会后，国家局将尽快印发《关于规范烟叶流通秩序的若干规定》，希望各省级局切实抓好落实，把整顿和规范烟叶流通秩序工作向前推进一步。

深化改革，就是要全面推行原烟交接、委托加工、分公司统一经营。去年国家局印发了《关于推行原烟交接、委托加工的实施意见》，提出从2001年到2003年用三年时间全面推行原烟交接、委托加工，以保证烟叶资源的合理利用，促进烟叶质量稳步提高，建立规范有效的烟叶购销新秩序。在各级烟草部门和工商企业共同努力下，推行原烟交接、委托加工、实行分公司统一经营取得了突破性进展。按照国家局总体要求，今年推行原烟交接、委托加工要达到80％。重点卷烟企业今年要基本实现原烟交接，委托加工；烟叶主产区也要基本实行原烟交接，签订原烟购销合同，就地就近加工。今年实现这一工作目标，任务比较艰巨。部分重点卷烟企业没有全部实行片烟投料，要加快适应片烟投料工艺改造，尽快拆除卷烟企业的打叶线。打叶复烤企业要增强服务意识和市场意识，加强企业管理，提高片烟加工质量，满足卷烟企业的要求。双方都要严格执行国家局规定的片烟加工费标准。实行分公司统一经营，县级公司负责组织生产、搞好收购是符合行业改革方向的，但是部分产区的分、县公司职责不清，表面上分公司统一经营，实质上仍然是县公司在经营。烟草工商企业要积极主动适应深化改革的要求。希望各省切实加强领导，精心组织实施，力争取得新的进展。

深化烟叶流通体制改革要求全面推行片烟投料，必须尽快提高打叶复烤企业的管理水平和工艺技术水平。今年国家局把提高打叶复烤企业管理水平和工艺技术水平，加快打叶复烤企业改制步伐作为烟叶工作的一项重点。当前影响原烟交接、委托加工全面推行的因素很多，其中一个重要因素就是打叶复烤企业不能适应和满足卷烟工业的需要。目前，尽管一些打叶复烤企业管理水平和技术水平比较高，比如河南的天昌、贵州的南明等，但总体而言，大部分打叶复烤企业管理水平与工艺技术水平还存在不少问题。当前要重点研究和解决以下三个方面问题：一是加快打叶复烤企业改制步伐。现在打叶复烤企业有三种类型，第一种是按照工商联合投资，以有限责任公司形式组织运行的。从实践来看，这种组织形式符合行业改革方向，有利于打叶复烤企业管理水平的提高，也比较好地解决了投资问题。第二种是由产区独立兴建的。这种类型存在问题比较多，债务负担较重，管理水平上不去。第三种类型是由烟厂独立兴建的。加快打叶复烤企业改制，主要就是加快产区独立兴建和工厂独立兴建的打叶复烤企业改制步伐。要按照工商联合投资的指导思想，实现打叶复烤企业投资主体多元化，以有限责任公司组织形式运行。卷烟工业企业，特别是重点卷烟工业企业要直接参与打叶复烤企业的改制，有条件的卷烟企业要在产区建设烟叶仓库。二是要全面加强打叶复烤企业的基础管理，提高打叶复烤企业的现代化管理水平。不少打叶复烤企业基础管理比较薄弱，质量标准、规章制度、职工培训等都存在很大差距。提高打叶复烤的质量水平，关键是要加强打叶复烤的基础工作。要严格按照现代化大生产的要求抓好管理，要加快信息化建设步伐。通过信息化带动管理水平的提高，把信息化与提高管理水平结合起来，增强打叶复烤企业的竞争力。三是对打叶复烤企业人员，尤其是经营者和主要工艺技术人员进行全面培训，提高从业人员素质。推行原烟交接、委托加工，国家局提出的原则就是要就地就近加工。从执行来看矛盾比较大，主要是打叶复烤企业的管理水平和片烟加工质量较低，卷烟工业企业不愿意在这些企业加工片烟。全国卷烟工业企业不可能集中在几个管理水平和质量水平比较高的打叶复烤企业加工片烟，出路还是要提高打叶复烤企业总体水平。提高打叶复烤企业管理水平和工艺技术水平，不仅关系到片烟的加工质量，而且关系到整个烟叶流通体制改革，特别是原烟交接、委托加工的全面推行。国家局决定在今年8、9月份专门召开打叶复烤企业的现场会，专题研究打叶复烤企业问题，通过逐家分析情况，分类指导，狠抓落实。希望有关省局（公司）认真进行研究，做好规划，加快打叶复烤企业改制步伐，提高管理水平和片烟加工质量水平。

（五）转变工作作风，狠抓落实，推动烟叶工作全面良性发展。

国家局要求把今年作为转变作风年、调查研究年。烟叶工作要把转变工作作风、大兴调查研究作为一项重要工作内容，深入基层调查了解具体情况，讲实话、办实事、求实效，推进烟叶工作发展。总结近几年来烟叶工作中存在的超计划种植、经营亏损严重、签订合同不认真、工商交接等级质量低等一些问题，分析其原因，很重要一条就是有的产区烟草部门的领导干部思想作风、领导作风、工作作风存在一定问题，对照江总书记“三个代表”重要思想和党的十五届六中全会精神有很大差距。因此，要狠抓作风的转变。转变作风，要从领导做起，各级领导要为烟叶第一线的干部职工树立良好的形象，起模范带头作用。烟叶生产工作比较艰苦，每个工作人员都要有吃苦耐劳和无私奉献的精神。各级烟草部门领导要按敬业、务实、高效、廉洁的要求，切实改进作风，在烟叶生产每个关键环节，都要深入基层，深入烟田，调查了解情况，帮助基层解决实际问题。要继续完善推行技术人员分片包产制度，听取烟农对种烟的反映，帮助和指导烟农搞好生产。烟叶是烟草行业的基础，每一项工作都要实事求是，扎扎实实，坚决克服不求实效的漂浮作风，要切实做到讲实话、办实事、求实效。去年国家局工作组抽查烟叶收购等级合格率达到80%以上，而抽查工商交接等级合格率却偏低。这就暴露有的产区提等提级销售，表面上是烟草企业经营思想不端正，实际上是领导干部思想作风、工作作风的问题。这次预备会上，国家局科教司对去年工商交接等级质量检查的情况进行通报，希望各省引起高度重视。只要我们切实转变工作作风，严格按照国家局的部署和要求狠抓落实，各项工作就能取得成效。

这次交易会要以转变作风为切入点，开成一个秩序良好、交易规范、会风端正、成果显著的交易会。各省级公司要认真组织协调好本次交易合同和协议签订工作。各工商会员单位要按交易会的统一安排，认真签订好今年烟叶购销合同和明年的协议，严格遵守会议纪律。购销双方都要本着实事求是的工作作风，严格按照预备会上确定的省际间调出调入数量签订合同，上等烟的比例要符合实际，脱离烟叶生产实际水平，合同也是空的。

此外，根据今年长期天气预报和烟草病虫害预测预报，由于今年冬季气温偏高，预计病虫害较常年偏重发生，希望各产区加强预测预报和综合防治工作。

同志们，2002年是党和国家发展进程中非常重要的一年，烟叶工作面对新的形势，我们要保持清醒的头脑，树立坚定的信心，通过扎实的工作，狠抓落实，努力完在烟叶工作的各项任务，推动烟叶工作全面良性发展，以优异的成绩迎接党的十六大胜利召开。

实践“三个代表” 坚持与时俱进 努力开创烟草系统政治工作新局面

——在全国烟草系统第十七次政工会议上的讲话

国家烟草专卖局副局长 姜成康

(2002年6月20日)

同志们:

刚才，潘小迅同志对去年以来行业的政治工作进行了全面的回顾和总结，对当前的形势和存在的问题进行了认真分析，对下阶段政治工作的任务进行了安排和部署，讲得很好。希望会后各单位及时组织传达学习，并结合本单位实际，提出具体的贯彻落实意见，实实在在、卓有成效地解决工作中存在的突出问题，为行业的改革与发展提供强有力的思想和组织保证。倪局长对这次会议非常重视，会议结束时还要专门讲话。下面，我先讲三个问题。

一、认真学习江总书记“5·31”重要讲话，不断增强贯彻“三个代表”重要思想的自觉性和坚定性

江总书记“5·31”，重要讲话，是在重要时刻发表的一篇十分重要的讲话。讲话高屋建瓴，内涵丰富，思想深刻，论述精辟，对于更好地团结和动员全党高举邓小平理论伟大旗帜，全面贯彻“三个代表”要求，为实现历史和时代赋予我们党的庄严使命而努力奋斗，具有十分重要的指导意义。我们一定要认真学习和深刻领会江总书记重要讲话精神，用江总书记的重要讲话来统一思想，不断增强贯彻“三个代表”重要思想的自觉性和坚定性，扎扎实实地做好各项工作。

江总书记“三个代表”的重要思想，是我们党成立以来的全部历史经验和党带领人民建设有中国特色社会主义事业的新鲜经验的科学总结。“三个代表”与马克思主义、毛泽东思想、邓小平理论一脉相承，反映了当代世界和中国的发展变化对党和国家工作的新要求，是我们党的立党之本、执政之基、力量之源，是加强和改进党的建设、推进我国社会主义制度自我完善和发展的强大理论武器。

江总书记“5·31”重要讲话强调，贯彻”三个代表”要求，关键在坚持与时俱进，核心在保持党的先进性，本质在坚持执政为民。贯彻好“三个代表”重要思想，集中起来说就是要做到“四个必须”、“四个新”：必须使全党始终保持与时俱进的精神状态，不断开拓马克思主义理论发展的新境界；必须把发展作为执政兴国的第一要务，不断开创现代化建设的新局面；必须最广泛最充分地调动一切积极因素，不断为中华民族伟大复兴增添新力量；必须以改革的精神推进党的建设，不断为党的肌体注入新的活力。

江总书记深刻指出，党的先进性是具体的历史的，必须放到推动当代中国先进生产力和先进文化的发展中去考察，放到维护和实现最广大人民的根本利益的奋斗中去考察，归根到底要看党在推动历史前进中的实际作用。江总书记这一重要论述从根本上把握了人民的愿望，把握了社会主义现代化建设的本质。我们党要承担起推动中国社会发展的历史使命，必须始终坚持紧紧抓住发展这个执政兴国的第一要务，把保持党的先进性和发挥社会主义制度的优越性，落实到发展先进生产力，发展先进文化，维护和实现最广大人民的根本利益上来。

认真学习，努力实践“三个代表”的重要思想，从烟草行业来说，当前应注意把握以下几个问题：

(一)要继续保持烟草行业的平稳发展。发展才是硬道理，是执政兴国的第一要务，也是解决烟草行业前进中所有问题的关键。国家对烟草实行专卖制度，其目的就是要维护消费者利益，保证国家财政收入，这本身也就体现了“三个代表”的要求。近年来，全行业通过认真贯彻“狠抓基础，稳中求进”的工作指导思想，生产经营保持良好发展态势，税利实现较大幅度增长，较好地完成了国家赋予烟草行业的任务，为国民经济发展做出了应有的贡献。当前摆在我们面前的首要任务还是要确保烟草行业的平稳发展，为增加国家积累做出应有的努力。我们现在所讲的平稳发展是指建立在扎实的工作、实在的效益基础上的发展，而不是盲目追求高速度、高指标的急功近利式发展。因此，在工作中既要克服无所作为的思想，又要防止急于求成的倾向。要在坚持专卖的前提下，积极稳妥地推进以市场为取向的改革，充分发挥市场在烟草资源配置中的积极作用，消除束缚烟草发展的体制性障碍，促进全国统一、规范有序、公平竞争的烟草市场体系的建立；要大力推进结构调整，加大对重点企业、名优品牌的扶持力度，形成合理的烟草产品结构、企业组织结构，促进烟草产业结构优化升级；要努力提高科技水平、管理水平、营销水平，全面提升中国烟草的整体竞争实力，努力提高经济运行质量和效益。总之，要认真分析和研究制约烟草行业平稳发展的主要因素，并采取切实有效的措施来认真加以解决。

(二)要建立良好的烟草市场经济秩序。建立良好的烟草市场经济秩序，这既是烟草行业平稳发展的基本保证，又直接关系到烟草行业在社会中的形象，关系到烟草专卖制度的巩固完善。近年来，烟草行业通过认真抓好整顿规范，把规范作为行业工作的重中之重，取得了明显成效，生产经营秩序明显好转，有力地推动了烟草行业的持续稳定健康发展，也从源头上预防和治理腐败。但也应看到，行业不规范生产经营行为至今仍然严重存在，“两烟”生产经营中超产瞒产、内外勾结、体外循环屡禁不止，物资采购、工程招标暗箱操作在一些单位严重存在，地方封锁在一些单位愈演愈烈，财务管理失控、核算失真、随意上项目随意投资等问题也不同程度地存在，建立良好的烟草市场经济秩序任重而道远。要深刻认识到整顿规范工作的长期性、艰巨性和复杂性，从思想上引起足够重视，切实加强对整顿规范工作的领导；要认真分析本单位存在的突出问题，抓住重点，严肃查处违法违纪案件，推动面上工作的开展，坚持不懈、卓有成效地抓好整顿规范工作；要严格程序，严格管理，健全完善各项规章制度，提高工作的透明度，真正做到公开、公正、公平。整顿规范过程中有大量的思想政治工作要做。如果一个单位经济秩序混乱，各种问题不断发生，那么加强思想政治工作、实践“三个代表”重要思想就只能成为一句空话。

（三）要牢固树立优质服务思想。党中央十分重视公民道德建设，专门下发了《公民道德建设实施纲要》。国家局党组为认真贯彻《公民道德建设实施纲要》也制定了具体实施意见。社会主义道德建设是发展先进文化的重要内容，是提高全民族素质的一项基础性工程，对弘扬民族精神和时代精神，形成良好的社会道德风尚，促进物质文明和精神文明协调发展，全面推进建设有中国特色社会主义伟大事业，具有十分重要的意义。因此，各级党组（党委）要从全面贯彻落实江总书记“三个代表”重要思想的战略高度，把贯彻落实《公民道德建设实施纲要》作为实践“三个代表”重要思想的具体举措。

烟草行业加强职业道德建设，当务之急是要牢固树立优质服务思想，切实做到优质服务。烟草行业目前仍然实行政企合一、专卖专营体制，这一体制对于有计划地组织烟草专卖品的生产和经营，提高烟草制品质量，维护消费者利益，保证国家财政收入发挥了积极作用。但也应看到，专卖专营体制如不注意也很容易产生官商作风，导致服务意识淡薄，甚至损害消费者利益。这种状况与建立、完善社会主义市场经济体制、加强社会主义道德建设是不相符的。我们要大力倡导优质服务，要靠优质服务去赢得信誉、赢得市场、赢得效益。各级领导机关要进一步明确职责，转变职能，转变作风，搞好服务。领导机关搞好服务的前提是明确职责、转变职能、转变作风。要深入基层，认真搞好调查研究，真正了解企业的情况和要求，充分尊重企业的自主权，急企业之所急，努力提高办事效率。工商企业要切实维护消费者的利益，为消费者提供适销对路的优质产品，提供优质的服务。在卷烟销售网络建设中，国家局提出要努力做到卷烟工业企业、零售户、消费者满意，这一要求必须在工作中充分体现出来。卷烟网建工作只有做到优质服务，实现三个满意，才有生命力，否则迟早有一天要被消费者所抛弃。卷烟工业企业同样也要为商业企业、消费者提供优质的、适销对路的产品，提供周到的服务，只有这样才能在激烈的市场竞争中站稳脚跟，巩固发展。

二、切实加强队伍建设，努力提高烟草行业队伍的整体素质

我国已进入全面建设小康社会，加快推进社会主义现代化建设的新的发展阶段，我们面临的国内外环境已经发生了很大变化。从国际环境看，随着冷战结束，经济发展和科技进步，世界多极化和经济全球化曲折发展，综合国力竞争日趋激烈，各种矛盾错综复杂，各种思想相互激荡，敌对势力加紧对我国进行渗透和破坏。从国内环境看，随着对外开放的深入和社会主义市场经济的发展，新事物、新问题层出不穷。这些都对干部队伍的理论素养、知识水平、业务本领和领导能力提出了新的更高的要求。面对新的形势和新的任务，切实抓好干部的学习，提高干部队伍的素质，比以往任何时候都显得更加重要，更加迫切。

从烟草行业的实际看，我国已经正式加入世界贸易组织，面对入世，中国烟草既面临着很好的机遇，又面临着严峻的挑战。加入世贸组织，标志着我国将在更大的范围、更新的层次对外开放，中国经济将更快地融入到世界经济之中。这就要求我们要熟悉和掌握现代管理技术和手段，适应市场经济不断发展和加入世贸组织的需要。入世后最大的竞争是人才的竞争，能否培养一支高素质的人才队伍是最为紧迫的任务，也是应对入世最根本的措施。中国烟草今后能否在激烈的国际市场竞争中站稳脚跟、有一席之地，能否不断发展，关键取决于是否有一支高素质的人才队伍。

最近党中央在批准印发的《2002～2005年全国人才队伍建设规划纲要》中，提出要开发利用国际国内两个人才市场、两种人才资源，紧紧抓住培养人才、吸引人才、用好人才三个环节，着力建设党政人才、企业经营管理人才、专业技术人才三支队伍，为改革开放和现代化建设提供坚强的人才保证。我们要结合烟草行业实际，认真抓好贯彻落实。

近几年来，烟草行业大力加强领导班子建设，积极推进干部人事制度改革，取得了明显成效，干部的整体素质得到提高。我们要不断总结经验教训，解放思想，开拓创新，适应新时代，落实新要求，进一步加强干部队伍建设。这里我想重点讲一讲关于加强各级领导班子建设特别是省局（公司）领导班子建设问题。

烟草行业各级领导班子总体是好的，绝大多数兢兢业业，尽职尽责，积极努力工作，为行业的发展做出了贡献。烟草行业能发展到今天这样的水平，就是全行业共同努力特别是各级领导干部努力的结果。同时我们也要清醒地看到领导班子建设中存在的诸多问题：有的班子民主集中制贯彻不够好，不能形成坚强有力的领导集体，缺乏解决领导班子自身矛盾的能力；有的班子不注重后备干部培养，年龄老化，不能形成合理的人才梯次；有的领导干部工作能力和水平适应不了形势发展的要求，思想上因循守旧，固步自封，缺乏正确分析判断形势、驾驭局面的能力，工作打不开局面；有的领导干部组织纪律观念淡薄，对上级指示决定贯彻不力，在工作中不能摆正位置，缺乏全局观念和大局意识；有的领导干部不注重加强自身修养和改造，道德水准下降，甚至以权谋私，权钱交易，在经济上出了大问题，严重损害了行业形象。以上这些问题如不能认真加以解决，势必对行业发展造成极大影响，因此要紧紧抓住领导班子建设这一重点，带动全行业队伍建设。

（一）要不断加强学习，努力提高领导干部的思想政治素质。领导干部既要学习掌握做好工作必需的各种知识，更要认真学习马克思主义理论，系统掌握马克思主义的基本原理和科学的世界观、方法论，努力使自己的思想理论水平、知识水平适应时代前进和形势发展的需要。要系统地读点书，联系自己的思想和工作实际，认真思考现实生活中的一些重大问题，努力提高自己辩证思维和战略思维能力，增强贯彻党的路线方针政策的自觉性。比如深化行业改革问题，如何在坚持专卖前提下引入市场机制，鼓励竞争，推进烟草经济结构合理优化；如何建立有效的激励机制和约束机制，充分调动各方面的积极性；在政企合一、专卖专营体制下，如何加强内部管理、监督，建立权力互相制约机制，保证行业健康发展等，都要认真进行理性思考，把感性的东西上升到理性认识，努力提高思想理论水平，从而更好地指导实践。

这里特别强调，领导干部一定要树立正确的权力观。江总书记在中纪委七次全会讲话中明确指出："努力使各级领导干部树立正确的权力观，要作为党的一项长期的重大任务，坚持不懈抓下去。"领导干部树立正确的权力观，最根本的是要正确看待和运用手中权力，坚持立党为公、执政为民，始终保持同人民群众的血肉联系，解决好为谁掌权、为谁服务的问题。我们每一名领导干部都要把手中权力看成是一种责任、使命，而不能把它作为谋取私利的工具。烟草行业目前实行政企合一、专卖专营的体制，可支配的资源比较多，求你办事的人也多，各种诱惑考验也多，如果不能始终保持清醒头脑，稍有不慎就要出大问题。因此无论什么情况下都要自重、自省、自警、自励，把握住自己，洁身自好，清正廉洁，为人民掌好权、用好权。解决权力观的问题，最根本的是加强学习和党性锻炼，自觉用马克思主义、毛泽东思想、邓小平理论和江泽民同志"三个代表"的重要思想武装头脑。怎样认识和行使手中的权力，说到底是一个世界观问题，党性问题，也是一个思想境界和道德情操问题。我们现在正处在市场经济大环境中，市场经济是以经济利益原则为中心的经济，它是以经济利益为导向的。改革开放以来，我国社会经济成分、组织形式、就业方式、利益关系和分配方式日益多样化，这些都会对领导干部的思想带来很大影响和冲击。如果我们不重视学习，思想境界低下，道德失范，就很容易利用手中的权力与民争利，牟取私利。因此作为一名领导干部必须要有一种为国家为民族为人民的利益而奋斗的精神，有高尚的道德，有集体主义和奉献精神。要经常想一想，过去参加革命是为什么？现在当干部应该做什么？将来身后留点什么？把这三个问题想清楚了，就能正确地对待和使用权力，自觉地为民尽责、为国竭力、为党分忧。领导干部要坚持正确的权力观，抵御各种腐朽思想的侵蚀和各种物欲的诱惑，既需要加强自身党性修养，又需要党组织的严格要求，严格教育，严格管理，严格监督。现在有的干部职务升了，权力大了，对自己要求却放松了；权力一大，直接监督他的人少了，利用他的人则多了。如果自己不警惕，组织上又不及时教育和监督，就很容易出问题，甚至出大问题。因此要加强对领导干部实施有效监督，建立健全权力制约机制，努力做到领导干部的权力行使到哪里，党组织的监督就出现到哪里。

（二）*要坚持原则，拓宽视野，认真做好干部的选拔和任用工作。*选什么样的人，用什么样的人对于加强领导班子建设至关重要。因为这是群众极为关注的问题，体现着干部选拔任用的价值导向。党的十五届六中全会通过的《决定》提出要用好的作风选人，选作风好的人，并对干部选拔任用工作提出了"五坚持、五不准"，即坚持任人惟贤，不准任人惟亲；坚持五湖四海，不准搞团团伙伙；坚持公道正派，不准拉关系、徇私情；坚持集体讨论决定，不准个人或少数人说了算；坚持按程序办事，不准临时动议。这是党中央对选人用人问题提出的明确要求，也是干部工作必须严格遵循的原则，必须认真抓好贯彻落实。

在干部选拔任用问题上必须坚持任人惟贤和德才兼备原则，按照干部"四化"方针配好各级领导班子。选人用人首先要看其政治上是否坚定，能否认真学习贯彻"三个代表"重要思想，积极贯彻党的路线、方针、政策，在思想上、政治上、行动上与党中央保持一致；是否善于从政治上观察问题，在重大原则问题上立场坚定，是非分明；是否能严于律己，经得起各种严峻的考验。其次要看是否得到群众的公认。要进一步提高干部工作的公开程度和透明度，真正落实群众的知情权、参与权、选择权和监督权，以真正体现"公开、平等、竞争、择优"的原则。今后，对各级领导班子选拔任用人选考核时，要严格按照规定的程序进行，必须经过群众民主推荐，凡是得不到群众认可的不能列入考核对象。这是防止个人说了算，解决干部选拔任用工作中不正之风的有效措施。三是要看是否有突出的政绩。要把那些在艰苦环境和重要岗位经过锻炼，在工作中有突出政绩，具备胜任本职工作的业务水平和专业知识，具有较强的组织协调能力的干部选拔到领导岗位。要鼓励那些有培养前途的年轻干部到基层、到第一线去工作，这对他们的锻炼成长是非常有益的。对那些在基层、第一线经受过考验并干出成绩的干部尤其是年轻干部要大胆使用，以改善干部的年龄结构，形成科学合理的人才梯次。在大是大非问题上、在艰苦环境中、在关键时刻经受不住考验的干部，绝不能提拔任用。

（三）*要健全制度，加强对领导干部的管理教育。*加强领导班子建设要靠制度，因为制度问题更具有根本性、全局性、稳定性、长期性。在健全制度方面，最重要的是贯彻落实党的民主集中制这一根本组织制度和领导制度。我们经常讲，领导班子要形成整体合力，增强凝聚力和战斗力，提高解决自身问题的能力，其中最重要的前提就是要认真贯彻落实民主集中制原则。要认真贯彻执行"集体领导、民主集中、个别酝酿、会议决定"的党委内部议事和决策的基本原则，凡属人事安排、投资项目、大笔财务支出、物资采购、关系全局发展的重要决策、重大问题等都必须坚持集体讨论决定，不允许个人说了算。这里我着重强调，各单位"一把手"要把主要精力用在调查研究上，用在思考问题、提出思路、制定措施、推动工作上，不要把过多的精力花费在具体的事务性工作上。要健全党组会、局长（经理）办公会议制度，凡属会议研究的问题，必须有记录，办公会议议定的事项要发会议纪要。今后对各级工作进行检查时，要认真查阅会议原始记录，以便比较全面地了解制度执行情况。要认真开好一年一度的民主生活会。会前要认真征求机关干部职工和下属单位的意见，对群众反映比较集中的问题，要认真加以解决。

三、紧紧围绕行业改革与发展大局，切实加强思想政治工作

深化改革，大力推进结构调整，实现烟草产业的优化升级，提高中国烟草整体竞争实力，是今后一个时期烟草行业的主要任务。在这一过程当中必然涉及到一系列的利益调整，无法避免各种利益碰撞。因此行业的思想政治工作必须紧紧围绕解决这些矛盾和问题，增强思想政治工作的针对性和有效性，以确保深化改革和结构调整的顺利进行。

江总书记“5.31”，重要讲话号召全党同志坚持讲大局、讲团结、讲稳定，这对于我们搞好当前的各项工作，完成好各项任务，以优异的成绩迎接党的十六大的胜利召开有着十分重要的意义。结合烟草行业的实际情况，当前要注意抓好以下几个方面的工作：

（一）从全行业发展的大局出发，坚持局部利益服从全局利益，为提高行业整体效益和确保行业平稳发展做出贡献。讲大局、讲奉献是领导干部党性的具体体现。在烟草行业深化改革、推进企业结构调整过程中，每一名领导干部必须做到局部利益服从全局利益，在思考问题、制定措施包括改革措施、出台办法等方面都必须坚持维护国家利益，决不允许发生任何损害国家利益的行为；坚持维护全局利益，力戒过分强调局部利益，必要时为了全局利益而不惜牺牲局部利益；坚持维护消费者利益，不得损害消费者权益。要加强请示报告制度，对机构设立、企业改制、国有资产处置等要严格按规定程序报批，不能各行其是；对重大问题、重要情况要及时汇报，以便国家局能及时了解掌握情况，加以指导；对出台有可能影响全行业大局的措施、决定，要事先报告，避免决策失误。只有这样，烟草行业才能为国民经济的发展，促进生产力水平的提高做出应有的贡献。

（二）从保持行业稳定出发，切实转变作风，在深化企业内部改革、推进企业组织结构调整中充分发挥思想政治工作的保证作用。政治工作是一切经济工作的生命线。面对新形势、新情况、新任务，思想政治工作显得更为重要，大有可为。我们要在继承和发扬思想政治工作优良传统的基础上，围绕行业稳定发展的大局，努力进行创新和改进，赋予思想政治工作新的内容，增强时代感，加强针对性和说服力。

深化企业内部改革、推进企业组织结构调整既是行业稳定发展的关键，又是各种矛盾交织的焦点。特别是在企业关停并转、内部机构改革、人员下岗分流、实施再就业过程中，有许多新课题需要认真加以研究解决，有大量的思想政治工作需要去做。各级领导要深入实际，深入群众，体察民情，了解实情，制定周密的工作方案，加强对工作的指导；要充分发挥基层党组织的作用，选派得力干部到第一线做好工作，保证深化改革、结构调整顺利推进；要注意倾听群众的意见，对职工的合理要求，要设法及时给予解决，对不符合政策规定的要求，要做好艰苦细致的解释工作，使职工能理解改革、支持改革；要正视问题，不回避矛盾，及时化解矛盾，防止矛盾激化，把可能会发生的问题解决在萌芽状态，解决在当地，做到守土有责，不允许将矛盾上交。最近国家局为贯彻落实国务院信访工作会议精神，召开了行业信访工作座谈会，希望各单位按会议要求认真抓好落实，采取得力措施，防止和避免各类影响稳定的事件发生，确保稳定。能否处理好深化企业内部改革、推进企业组织结构调整过程中出现的大量矛盾，确保稳定，这是各级领导干部尤其是“一把手”的责任，同时也是对各级领导干部尤其是“一把手”的考验。各级领导干部对此务必引起高度重视，切实加强对思想政治工作的领导，为行业改革与发展创造良好的环境。

同志们，今年的时间已经过半，上半年全行业经济运行工作实现了国家局年初提出的平稳发展的目标，质量和效益明显提高，生产经营呈现良好的发展态势。当前行业改革与发展的任务相当艰巨，摆在我们面前的任务十分繁重。全行业一定要高举邓小平理论伟大旗帜，认真学习江总书记“5·31”，重要讲话和“三个代表”重要思想，齐心协力，振奋精神，扎实工作，与时俱进，为国民经济的发展做出新贡献，以优异的成绩迎接党的十六大的胜利召开！

保持良好发展态势 坚决做到“五个确保” 全面完成烟草行业2002年的各项工作任务

——在全国烟草专卖局长（公司总经理）座谈会上的讲话

国家烟草专卖局局长 姜成康

（2002年7月16日）

同志们：

我们这次会议的主要任务，是要进一步深入学习和贯彻江总书记“5·31”重要讲话精神和“三个代表”的重要思想，继续贯彻落实党的十五届六中全会、中央经济工作会议、全国经贸工作会议和全国烟草工作会议精神，认真总结今年上半年的工作，分析当前形势，研究安排下半年的工作，动员全行业广大干部职工全面完成2002年的各项工作任务，以实际行动和优异成绩迎接党的十六大胜利召开。

会议开始时，我们首先传达学习了吴邦国副总理最近对烟草工作的重要指示。吴副总理的重要指示，对于我们进一步统一思想，明确任务，对于进一步推进烟草行业的改革与发展，对于加强烟草行业的两个文明建设，都具有十分重要的指导意义。我们要把吴副总理的重要指示作为开好这次会议的重要指导思想，并把贯彻落实好吴副总理的重要指示精神作为会议的主要任务。

今年上半年，我国烟草行业在党中央、国务院和国家经贸委的正确领导下，在各地党委政府和各有关部门的大力支持下，全行业广大干部职工继续坚持“狠抓基础，稳中求进”的行业工作指导思想和“一要规范、二要改革、三要创新”的行业工作重点，各方面工作都取得了新的进展，呈现出良好的发展态势。面对入世后的新形势，广大干部职工的危机感、紧迫感和责任感得到进一步增强，整顿规范工作继续深入开展，专卖执法力度进一步加大，以财务管理为核心的各项管理有了新的加强，企业组织结构调整和企业内部改革迈出了新的步伐，科技创新和信息化建设得到积极推进，城乡卷烟销售网络进一步健全和完善，烟叶、烟机和烟用物资的生产供应为卷烟工业的发展创造了有利条件，进出口贸易取得了新的成绩，党风廉政建设、精神文明建设特别是干部队伍的作风建设得到高度重视并取得了新的成效。所有这些，都集中体现在生产经营秩序明显好转，经济运行的质量和效益明显提高，广大干部职工积极向上的精神风貌上。据统计，今年上半年卷烟生产同比增长3.3%，卷烟销售同比增长5.5%，实现工商税利同比增长19.55%，其中工商利润同比增长13.62%。从总体上看，卷烟产销协调发展，市场价格稳中有升，实现税利大幅度增长，为搞好下半年工作和完成全年任务打下了较好的基础。

今天上午，会议专门安排经济运行司、专卖管理司、法规体改司、财务审计司和科技教育司向大家通报了今年上半年有关工作的进展情况。因此，我这里对上半年的工作不再具体总结，着重就抓好下半年的工作强调几点意见和要求。在年初的全国烟草工作会议上，倪益瑾同志代表国家局党组对全年工作已经作出了安排部署，明确提出了今年要抓好的六项工作任务。我们下半年的工作，就是按照全国烟草工作会议的部署继续抓好落实。根据当前形势发展和烟草行业的实际，我主要是提请同志们在下半年工作中要注意把握好五个问题，或者说坚决做到五个“确保”：

一、继续坚持“控量、促销、稳价、增效”方针，适应市场发展变化，确保全行业经济运行平稳发展

上半年经济运行总体上保持了良好的发展态势，但也存在着一些值得注意的问题。主要是：一些省区和一些企业卷烟生产进度明显偏快，要求调增计划的呼声较高，存在着过热现象；少数烟叶产区超计划种植问题突出，面临严重的超收压力；部分省卷烟销量下降，库存增加；卷烟工业企业亏损面增加，而且集中在少数几个省份；一些企业盲目调高产品结构，导致部分地区五类卷烟断档脱销；少数重点企业产销量和效益大幅下滑，生产经营形势不容乐观。对此，必须引起我们的高度重视，保持更加清醒的头脑，采取有效措施，切实加以解决。

我们要把保持烟草行业持续、稳定、健康发展作为各项工作的第一要务。国家对烟草实行专卖制度，其目的就是要维护消费者利益，保证国家财政收入，否则就失去了专卖的意义。烟草行业各项改革措施的推进也需要有平稳发展的环境和条件。同时我们也要认识到，烟草作为一个特殊行业，其发展受到诸多因素的制约，不可能长期保持高速增长，因此不要盲目追求高速度、高指标。我们要把发展建立在扎实可靠的基础之上，要把避免大起大落，保持平稳发展，实现可持续增长作为烟草行业长期坚持的战略方针。对此，全行业的各级领导干部，特别是我们在座的同志们必须有一个清醒的、足够的认识。今年下半年，全行业经济运行要继续保持平稳发展的良好态势，实现全年高开稳走的目标。

要严格控制“两烟”总量，努力保持产销之间协调发展和稍紧平衡。控制总量是保持“两烟”产销协调和全行业经济运行平稳发展的重要前提，是行业宏观调控的首要任务，也是多年烟草发展经验的深刻总结。实践证明，“两烟”产销必须协调发展，必须保持供求之间的稍紧平衡，一旦产大于销，必然会造成市场混乱和效益下降。为保持产销平衡协调，全年卷烟生产计划控制在3400万箱，基本维持去年水平。凡是生产进度偏快的企业要十分注意保持均衡生产，以免造成年前过早停产，影响市场安排；效益不好、亏损严重的企业要甩掉产量包袱，下决心调减计划指标，以赢得主动。要加强对生产计划执行情况的监督检查，严厉查处超产瞒产行为，凡是提前完成年度生产计划的企业必须停产，不得擅自增加产量，更不能“寅吃卯粮”。当前经济运行形势较好，越是在形势好的时候，我们越要保持清醒头脑，越要防止“过热”，越要控制总量。正如吴副总理所指出的，过去烟草是有过大起大落的，要总结经验教训，保持平稳发展。

烟叶生产收购工作经过四年多的艰苦努力，种植面积和收购总量得到了有效控制，烟叶库存有了明显改善。但总量控制的任务仍然很重，决不能掉以轻心，要坚决防止反弹，否则前几年所作出的努力就会付诸东流。目前陆续进入收购期，各烟叶产区要加强对烟叶收购工作的管理，明确责任，搞好服务，建立和维护良好的、稳定的收购秩序，严格按计划、按合同、按标准搞好收购工作。任何单位都不得超计划收购，违者一经发现，不仅要追究直接责任人的责任，而且要追究领导责任。同时，要落实好收购资金，确保烟叶的等级质量，切实提高烟叶收购和工商交接的等级合格率。

要切实抓好促销、稳价工作，努力提高市场占有率。销量与价格是反映行业经济运行是否平稳发展的重要指标，各地、各企业在生产经营中必须高度关注并切实抓好。从近几年的运行情况看，正是由于销量增长，拉动了生产，降低了库存，稳定了价格。因此，抓销量在任何时候、任何情况下都不能放松。上半年在全行业销量增加92.2万箱的情况下，仍有陕西、黑龙江、贵州、湖北、山西、河南等省（市）销量下降，对此必须引起高度重视。下半年要切实把销量摆在更加突出的位置，正确处理产品结构与市场需求的矛盾，注意防止和克服两种倾向：一是卷烟生产脱离市场实际，盲目追求高档次卷烟的生产。这里特别强调要合理安排好五类卷烟生产，确保市场供应，满足农民及城市低收入阶层的消费需要。要通过整合牌号、简化包装、降低成本，减少五类卷烟生产的亏损。重点企业不要轻易放弃五类卷烟的生产，同时还可选择一些技术装备水平较低、管理水平较高的企业相对集中生产五类卷烟。二是卷烟经营脱离市场需求，盲目追求高毛利率卷烟的经营。卷烟经营毛利率要适度，过高的毛利率势必挤占卷烟工业和零售户的利益，这是难以为继的。对低档卷烟的经营要以保本微利为原则，切实做好低档卷烟市场供应工作。我们不能以牺牲销量为代价来换取产品结构的上移，更不能以丢掉一部分市场而换取一时的“虚假繁荣”，要努力实现促销与稳价的统一，卷烟产品结构与市场需求结构的统一。特别是销量下降的地区，要认真找准存在的问题，分析下降的原因，采取积极有效的措施，切实抓好促销工作，下决心、想办法把销量抓上去，迅速扭转被动局面。要突出抓好销量、省际间调入量和名优卷烟销量的考核，严肃考核标准，加强检查监督，提高合同履约率。要坚决制止不正当竞争行为，继续做好稳价工作。对价格管理，国家局要进一步加强宏观调控和政策指导，各地也要认真总结卷烟统一批发价格等有效做法，不断完善和提高。

要认真落实“两个扶持”的各项措施，保证名优卷烟和重点企业的稳定发展。行业36户重点卷烟生产企业其产量比重占全国的64.3%，销售产值比重占全国的75.07%，税利比重占全国卷烟工业的79.9%，利润比重占全国卷烟工业的92.7%；36种名优卷烟其产量比重占全国的25%，税利比重占全国卷烟工业的49%，利润比重占全国卷烟工业的84.9%。全行业的平稳发展关键取决于重点企业的平稳发展，而重点企业的平稳发展又取决于名优卷烟的稳定增长、规模扩大，可以这样说，重点企业和名优卷烟是中国烟草今后发展希望之所在。要加大对重点企业的扶持力度，进一步落实扶持重点企业的各项措施，从技术改造、原料供应、资金安排、计划调剂、市场准入等方面为重点企业创造良好的环境和条件。同时对重点企业也要实行动态管理，有进有退，以切实增强重点企业的竞争实力。要认真落实国家局关于扶持名优卷烟的各项措施，坚决执行国家局关于名优卷烟销售牌号省会城市不少于30个、地市分公司不少于20个、县级公司不少于10个，以及名优烟销量同比增长10%的规定要求，切实保证名优烟销售在下半年有一个新的增长。

二、继续坚持以整顿规范为重点，加大整治力度，确保烟草市场经济秩序明显好转

整顿和规范市场经济秩序是党中央、国务院的重大部署，是贯彻“三个代表”重要思想的具体体现。最近，国务院召开了全国整顿和规范市场经济秩序领导小组第五次会议，认真研究和全面部署了下半年全国的整顿规范工作，提出了明确要求。我们要认真抓好贯彻落实，继续坚持以整顿规范为重点，把烟草行业的整顿和规范工作不断引向深入。

*要进一步提高思想认识，切实加强对整顿规范工作的领导。*认真开展市场经济秩序的整顿和规范工作，对于烟草行业来说，具有十分重要的意义和很强的针对性。自1999年以来，国家局党组明确提出了“一要规范、二要改革、三要创新”的行业工作重点，并一直把狠抓规范作为工作的重中之重，制定了专卖管理和经济运行两个“三年阶段性目标”。实践证明，这个决策是正确的，是符合行业实际的。特别是去年4月份以来，全行业认真贯彻落实全国整顿和规范市场经济秩序会议精神，进一步增强了狠抓规范的自觉性和主动性，紧紧围绕行业确定的六个方面整顿规范的重点内容，不断加大整顿规范力度，取得了阶段性成果。但是，我们必须清醒地看到，一些地方不规范的生产经营行为仍然十分严重，“两烟”生产经营中的超产瞒产、内外勾结屡禁不止，体外循环数量仍居高不下；物资采购、工程招标暗箱操作在一些单位严重存在；地方封锁在一些地区愈演愈烈；财务管理失控、核算失真、不讲信用、弄虚作假、拖欠税款和货款、随意上项目、随意投资、随意担保等问题不同程度地存在。国家局整顿办自去年9月份以来，全面开展了烟叶货款清欠对账工作，先后组织了6次8个省级局（公司）对账会。从核对情况看，2000年底以前的省际间烟叶货款拖欠共49.05亿元，产销双方确认的32.32亿元。在未确认的烟叶货款拖欠中，属于被关闭的小烟厂欠款4.11亿元，双方有争议的3.78亿元，还有8.83亿元至今仍未搞清，其中有的就是与烟贩子内外勾结所造成的。以上这些问题必须引起我们的高度重视，并且

要采取有效措施认真加以整顿和治理。

随着整顿规范工作的不断深入，我们要进一步深刻理解整顿规范工作的重要性、必要性和紧迫性，充分认识整顿规范工作的长期性、艰巨性和复杂性。整个“十五”期间乃至更长时期，整顿和规范市场经济秩序都是经济工作的重点，必须进一步提高思想认识，增强责任感和紧迫感，坚决克服消极应付思想和松懈厌战情绪，把思想认识真正统一到党中央、国务院的各项要求上来，切实下大力气搞好行业的整顿规范工作。既要牢固树立长期作战的思想，更要积极抓紧当前工作，把整顿规范工作深入持久地开展下去。各单位要切实明确分工，明确责任，建立责任制和责任追究制。主要领导要全面负责、亲自过问，同时要明确一名领导负责常务工作、直接抓，整顿办要有专人负责、明确职责、精心组织、搞好协调，有关部门要通力合作，密切配合，不推诿扯皮，确保整顿规范的各项任务落在实处。

*要进一步坚持整顿和规范并举，加强制度建设，巩固整顿规范的成果。*近年来，烟草行业通过开展整顿和规范工作，外部市场环境得到初步好转，内部生产经营秩序逐步规范，有力地推动了行业的持续稳定健康发展。但是，实现烟草市场经济秩序的根本好转还任重道远。一方面，我们要通过集中整顿和治理，及时有效地遏制和减少各种不规范生产经营行为的发生，保证全行业健康发展；另一方面，要加强制度建设，从法制、体制、机制上探索解决问题的办法和途径，努力实现公开、公平、公正的烟草市场经济秩序。要针对存在问题，把严格程序、严格管理、健全规章制度、提高工作透明度作为切入点，着力研究治本之策。通过整顿规范要发现问题，把握特点，摸清规律，从而有针对性地建立和完善各项行之有效的规章制度，并付诸实施，力求从根本上杜绝问题的发生。通过前一时期的整顿规范工作，国家局相继出台了一系列制度、规定和整改措施，各单位要紧密结合实际认真贯彻执行，同时要针对自身存在的问题，进一步建立和完善具体实在、真正管用的有关制度和落实措施，巩固整顿规范的成果，从制度上保证建立起良好的烟草市场经济秩序。

要进一步突出整顿规范工作的重点，加大整顿规范力度，务求取得实效。整顿和规范工作是一项系统工程，各单位一定要突出重点，狠抓落实。去年11月份以来与公安部联合开展的打假专项斗争取得了显著成效，要认真总结经验并建立联合打假的长效协作机制，对卷烟走私制假继续保持高压态势，集中力量对制假“重灾区”组织较大规模的打假行动，有效地威慑制假分子，进一步扩大战果；对地区封锁问题必须旗帜鲜明地加以反对，并要制定一套完整的工作方案，在调查研究和重点剖析问题的基础上抓住突出问题进行重点整治，力求取得突破和实效；“两烟”流通秩序的整顿，要重点解决烟厂超产瞒产、卷烟体外循环问题，把卷烟体外循环数量控制在50万箱左右，同时结合烟叶货款清欠中发现的线索，严厉查处烟贩子插手烟叶经营的重大案件和顶风违纪的严重问题；烟用物资采购、工程项目要全面推行资质认证、公开招标、比质比价，各地要按照国家局的要求统一思想，统一认识，建立健全资质认证、公开招标、比质比价采购工作的领导和工作机构，制定相应的实施方案，特别是36户重点企业，应率先达到国家局的要求，对违反法律、法规，不守信誉的供应商、开发商要建立“黑名单”制度，并在行业内进行公布；要继续坚持对卷烟纸、丝束等专卖品物资的集中统一经营管理，严禁从非正常渠道购进。下半年在抓好以上工作同时，要集中力量开展财会秩序整顿，重点查处用样品烟搭配销售卷烟、私设小金库、账外账以及超产瞒产等严重违法违规行为。所有工商企业都必须依法、按时和足额纳税，并认真解决好拖欠税款和拖欠“两烟”货款问题，真正做到诚实守信、遵纪守法。此项工作国家局还要专门开会进行安排部署。各省级局要围绕国家局提出的工作重点和已制定出的整顿规范实施方案，分阶段、有步骤地一项一项抓好落实，继续加大整治力度，坚决实现两个“三年目标”所提出的要求，确保烟草市场经济秩序进一步明显好转。

三、继续推进卷烟销售网络建设，强化服务功能，确保市场控制力和占有率进一步提高

卷烟销售网络建设是事关烟草行业健康和长远发展的一项全局性工作，也是一项最有价值的战略性基础工程。1999年以来，国家局先后在南通、武汉、成都召开了卷烟销售网络建设现场会，总结和推广了一系列网建的先进做法和经验，确定了网络的基本运行模式，使以城市为重点的卷烟销售网络建设工作稳步推进，网络运行的质量不断提高。在全行业上下、特别是卷烟销售战线全体同志的共同努力下，网络建设已经初具规模，并在调控市场、服务客户、培育品牌、稳价增量等方面发挥了积极的作用。为加快网络建设步伐，今年国家局又开展了11个省会城市网建联动工作和上海网建“国内一流、国际先进”的试点，促进和带动全国网建工作的深入开展。但是，目前全国各地网建工作发展仍不平衡，整体水平距目标要求尚有较大差距。因此，下半年的网建工作要按照年初确定的目标，紧紧围绕建设优质服务、规范经营、专业分工、信息管理的卷烟销售网络，切实抓好各项工作的落实。

要进一步建立健全访销配送体系，努力提高市场控制力和占有率。就面上网建工作而言，工作重点仍应是继续加强访销员、送货员、专卖稽查员三支队伍建设，形成全面访销、集中配送，城乡一体、统一运行，专销结合、信息管理，提高素质、注重激励的网络体系。国家局确定的11个网建联动城市1～5月份销量同比增长11.39%，实现销售收入同比增长22.59%，平均单箱销售收入6562元，同比上升531元，增长9%，实现利润同比增长62.91%。这些数字表明省会城市网建联动工作通过半年努力取得了明显成效，同时也充分说明网建工作还很不平衡，潜力很大。要使网建工作取得明显成效，必须做到领导重视、明确目标、真抓实干、狠抓落实。各省级局（公司）一把手要加强指导，亲自组织实施；地市分公司领导班子除抓好烟叶工作外，应把主要精力放在抓好网建工作上，通过建立完善的卷烟销售网络体系，推进企业内部三项制度改革，加强职工队伍建设，提高企业管理水平。要全面推行访送分离、集中配送。实践证明，凡是实行访送分离、集中配送效果就明显，必须坚定不移地推行抓好。要把提高网络人员素质作为网建工作的重要内容，通过加强培训，严格考核，加速访销员向营销员、市场经理职能的转变，培育一支高素质职业化的市场经理队伍。

要把提高服务质量和管理水平，实现消费者、零售户、卷烟工业企业“三个满意”贯穿网建工作全过程，通过优质服务，进一步赢得信誉、赢得市场、赢得效益。增强服务意识，强化服务功能，真诚地搞好服务工作，不仅是适应市场经济发展的需要，而且是行业道德建设的重要内容。服务的意识就是市场的意识，全行业都要牢固树立优质服务的思想，并将这个思想贯穿到我们的各项工作之中。工业企业要寓生产于服务之中，努力生产受消费者欢迎的适销对路的产品，把市场的需要作为组织生产的前提条件，主动地了解市场和培育市场，加强与商业企业的联系沟通，避免产销脱节。各级专卖机构要寓管理于服务之中，保护合法经营，打击非法经营，通过有效的服务把零售户纳入到专卖管理体系之中，从单纯地强化专卖执法检查向建立控制市场的有效管理机制转变。商业企业要寓经营于服务之中，要在保证为零售户提供充足的适销对路货源的同时，彻底改变官商、坐商的经营作风，在提供文明规范、优质周到、富有特色的服务上下功夫，通过建立零售户经营档案、对零售户进行分类管理、向零售户提供方便的购货渠道和结算方式、对零售户的意见进行及时收集和反馈等多种形式的联络和沟通，进一步提高零售户的忠诚度、满意度，真正与广大零售户建立起相互信任、相互依存、双赢的合作伙伴关系。

遍布全国城乡的300多万个卷烟零售户是我们整个销售网络的最末端，他们直接联系着全国的3亿多烟民，向全社会反映着烟草行业50万职工的经营成果。因此，我们一定要坚持专销结合，强化服务功能，通过有效的管理和优质的服务，把广大零售户凝聚在烟草公司周围，纳入到销售网络之中，使零售户与卷烟销售网络共荣共存。同时，下半年要进一步做好零售网点布局的调整工作，在保证市场覆盖面和方便消费者购买的前提下，尽可能地考虑降低成本和有利于对零售户的服务和管理，通过发放零售许可证等手段，实现零售户的合理布局。

要坚持建管同步，继续加强对卷烟销售网络的科学化、规范化管理，进一步加快信息化建设的步伐，实现网络的高水平运转。上海等网建工作先进地区要继续抓好网建水平的提升工作，通过各种现代化管理手段在各个环节上的运用，积极稳妥地推动电话订货、网上配货、现代物流、电子结算，尽快缩短与国际先进水平的差距。开展网建联动工作的11个省会城市，要按照国家局的总体部署，按照联动方案的各项要求，结合当地网建工作实际，全力以赴抓紧落实，在确保时间进度的同时，务必要把工作做深、做细、做扎实，力争年底实现网建工作达到武汉、成都市水平的联动工作目标。各省级局（公司）也可参照国家局的做法，抓好本省范围内网建工作的联动，进而促进全国网建工作的平衡发展和整体提高，全面实现今年90%的省会城市达到或接近武汉、成都水平，90%的地级市达到或接近南通水平的网建总体工作目标。

四、继续从战略高度抓好“突出主业，增强企业核心竞争力”，大力培育大市场、大企业、大品牌，确保行业整体竞争实力不断提高

入世之后，烟草行业面临着更加激烈的市场竞争，如何提高中国烟草的整体竞争实力，迎接更为严峻的市场挑战已显得刻不容缓，这也是行业上下极为关注并且是必须解决的重要课题。

要提高中国烟草的整体竞争实力，必须要在坚持专卖制度的前提下，积极推进以市场为取向的改革，引入竞争机制，消除束缚烟草发展的体制性障碍。关于坚持烟草专卖制度问题，吴邦国副总理在最近对烟草工作的指示中明确指出：烟草行业实行专卖专营体制有自己的特殊性，烟草虽然也是垄断性行业，但与其他垄断性行业还不完全一样。在目前情况下，烟草专卖专营体制不能变，如果一变，就可能会出现市场管理的混乱。当前的任务是要在坚持专卖专营体制的前提下，认真研究怎样引入市场竞争机制的问题。吴邦国副总理的指示，为烟草行业体制改革指出了明确的方向。目前我们需要从烟草行业的实际出发，充分利用现有专卖体制的有利条件，引入市场机制，大力推进全国统一、规范有序、公平竞争市场体系的建立；把卷烟生产企业推向市场，鼓励竞争，优胜劣汰：积极稳妥地推进烟草行业内部管理体制改革，更好地适应市场经济形势发展的需要，从而推动烟草行业整体竞争实力的增强，促使烟草行业由目前的行政垄断向经济垄断转变。如果实现了这个转变，即使将来国家取消了烟草专卖制度，烟草行业也能依靠自身强大的经济实力稳定发展。因此我们不能等待观望，不能躺在专卖制度上因循守旧、固步自封，更不能把国家专卖扭曲为地方专卖，用行政手段人为地分割市场，排斥竞争。烟草专卖制度能否巩固完善，关键在于把自己的事情办好，为国家做出应有的贡献。这里需要指出，专卖专营是一个有机的统一整体，烟草行业实行的“专卖专营体制”是指国家对烟草专卖品的生产、销售、进出口实行垄断经营，并指定由领取烟草专卖许可证的烟草企业生产经营，同时建立起相应的管理制度、管理机构，采取法律赋予的管理方法和手段进行监督、管理和协调的整个管理体系。从经营角度讲，专卖就是专营，专营就是专卖。从功能上讲，国家赋予烟草行业专卖专营权力，是指赋予烟草行业既有行政管理和行政执法的权力，又有垄断经营的权力。专营以专卖为前提，专卖为专营保驾护航，专卖和专营的关系是同一个主体不同职能的关系。

要提高中国烟草整体竞争实力，不仅要深化改革，解决体制性障碍问题，而且还要下大力气增强重点企业的核心竞争力。为此，我们既要重视生产关系的调整，更要注重生产力水平的提高，只有这样中国烟草才能稳住国内市场，进一步拓展国际市场，立于不败之地。烟草行业的整体竞争实力关键取决于重点企业的核心竞争力。所谓企业核心竞争力，通常是指企业资源有效整合而形成的独具的、支撑企业持续竞争优势的能力。突出核心能力，保持竞争优势，这是企业核心竞争力战略的关键和重点。

*第一，要增强企业的核心竞争力，必须突出主业，把主要精力放在做精做强主业上。*最近红塔集团提出“突出主业、重塑红塔”的口号，我认为这很有必要。突出主业并不排斥多种经营，问题是你是否有进入一个新的领域所应具备的比较竞争优势，否则就难以有所作为。我们行业多元化经营投资不少，但成功的不多，究其原因，很重要的一条就是在投资上存在很大的盲目性。因此，我们在研究多元化投资问题时，决策一定要慎之又慎，千万不要盲目进入自己不熟悉的领域，否则就要陷入“美丽的陷阱”，这方面的教训已经够深刻的了。这里再次重申，全行业各级一把手都不要直接、具体地分管多种经营业务。现在烟草主业需要解决的问题、包括资金方面的问题很多，各级领导特别是主要领导，都应把主要工作精力、主要资金的使用等放在做强主业上。包括卷烟销售网络建设，现阶段主要任务还是要首先卖好烟，提高市场占有率。我们提倡充分利用卷烟销售网络经营配送其他商品，这是今后发展的必然趋势，但不要本末倒置。从目前世界发展趋势看，不少企业正在实施“归核化战略”，突出核

心业务的发展。如果烟草没有将自身主业做好而大谈发展多种经营，那就是不务正业。

*第二，要增强企业核心竞争力，必须努力提高企业技术水平、管理水平和市场营销水平，实现优质、高效、低成本。*企业技术水平的标志是开发和拥有核心技术，核心技术就是能够满足市场需要的拥有自主知识产权的技术。目前我们的一些产品是靠高配方、高包装、高毛利率来占领市场。产品没有自己的风格、特色和技术含量，是谈不上竞争力的，只要市场一放开，就难以维系。在经济一体化、国内市场国际化的形势下，我们要认真研究卷烟市场的特点和发展趋势，从中剥离出能够产生核心技术的需求。在今后的一段时间内，烤烟型卷烟仍将占据我国卷烟市场的主导地位，混合型卷烟的市场份额将会逐渐提高。同时，市场对卷烟低危害的要求是今后的发展方向。根据全球卷烟市场的特点和发展趋势，我们要把开发具有中国特色的卷烟配方和加工技术、降焦减害技术作为企业核心技术的研发方向。以市场为导向，从企业的比较优势出发，充分发挥企业技术中心在开发核心技术方面的作用，不断提高烟草行业的科技贡献率，开发出适应市场需求的具有中国特色的低焦油低危害卷烟。

要把培养核心竞争力贯穿于企业管理的各个环节。企业核心竞争力是各种资源要素的有机组合，必须通过科学有效的管理来实现。重点企业要围绕培育核心竞争力，重视企业发展战略研究，加强企业基础管理，积极推广应用现代管理技术、方法和手段，以适应市场变化和竞争需要为出发点，以实现优质、高效、低成本为目标，努力提升企业的管理水平。要充分利用现代信息技术提升企业的科学决策水平和管理水平。相对于卷烟销售网络的信息化建设，卷烟工业显得滞后了，因此要加快国家局卷烟工业基础软件推广的步伐。通过信息化建设，将先进的管理思想和方法引入企业，优化再造业务流程，使流程更加科学合理和高效，实现由定性管理向定量管理、静态管理向动态管理、事后管理向事前控制的转变，逐步达到科学管理。要严格成本控制，不断降低生产运营成本。先进的投入产出水平是企业竞争优势的一个重要组成部分，成本控制也是竞争力。从行业1～5月份量本利统计的106户卷烟工业企业生产成本分析，销售成本率在30%以下的有4户，分别是上海、红河、宁波、玉溪；35%以下的9户，分别是长沙、常德、广二、南昌、龙岩、南京、徐州、淮阴、杭州，这些企业就有比较强的成本竞争优势。但销售成本率高于45%的有63户，其中高于50%的有29户，这些企业绝大部分是亏损企业，根本谈不上竞争力。要全面推行预算管理，制定降低成本的具体措施，从产品设计、原辅材料采购、生产过程、事后检查等各个环节进行严格控制，切实把控制成本工作落到实处。这里还要强调一个问题，卷烟工业企业技术改造特别是易地改造，决不能简单地认为是生产场所的转移，而是要抓住这一契机，对企业内部管理体制、机构设置、运行机制、管理手段实行彻底改造和创新，真正体现新厂区、新机制、新水平，只有这样才算达到技改或搬迁的目的。

要把市场营销摆在更加突出的位置。目前一些企业在营销中往往过多地关注局部的竞争，过多地考虑眼前的利益，习惯于依赖行政保护，满足于狭小的区域市场，这是急功近利的短期行为，也谈不上真正意义的营销。营销要从企业长远发展的角度出发，考虑将要面对的国际竞争。应以培育品牌、培育忠诚的客户群体为目标实施战略营销。随着行业市场秩序的规范，价格战等低层次的竞争将没有多大空间。卷烟产品在性能、数量、价格等方面的差异都在缩小，品牌竞争将成为企业成败的关键因素。品牌经营以品牌为市场营销对象，以品牌运作为核心。良好的品牌形象有利于形成一个忠诚的、长久的、相对固定的消费群体，有利于占有稳定的市场份额。具体来说，营销的出发点就是要着眼于如何做强做大品牌。要通过牌号的集中、规格的减少，培养品牌意识和品牌忠诚度，引导消费习惯和市场需求。要加强品牌定位、品牌内涵、目标消费群体等品牌战略研究，加强企业形象与公共关系研究，减少低水平的广告宣传，真正提高品牌文化内涵和企业公众形象，构筑企业在品牌上的核心竞争力。为了全面掌握行业36种名优卷烟市场营销状况，国家局正在组织名优卷烟竞争力的专题调查。通过调查，全面分析名优卷烟现状，预测今后发展趋势，找出制约名优卷烟发展的主要因素，从而制定对策，进一步扶持名优品牌卷烟发展。

*第三，要增强企业核心竞争力，必须建立有效激励与约束并存的良好运行机制，使企业充满生机与活力。*要继续深化企业内部三项制度改革，加大精简机构和减员增效工作力度，切实提高劳动生产率。要按照现代企业制度的要求，根据生产经营需要和企业自身特点科学设置岗位，合理配置人员，减少机构层次，明确职责，建立起现代企业的组织架构，确保实现企业的高效协调运作。要从企业领导、中层干部、管理人员到一线工人全面推行竞争上岗，把危机感、紧迫感落实到每一个员工身上，并通过各种有效形式继续做好富余人员的分流和安置工作。要在严格标准、严格考核、明确职责的前提下，加大对科技创新工作者和优秀经营管理者的激励力度。在企业内部可根据不同岗位的性质，结合企业特点，逐步降低固定收入的比例，提高浮动收入的比重，对高层次人才也可实行协议工资制，从各个方面激发人才的积极性和创造性，建立有效的激励机制和约束机制。这是企业活力的源泉，更是培育企业核心竞争力的基础和保证。

*第四，要增强企业的核心竞争力，必须充分注重人力资源的开发，增强人才优势。*现代企业的竞争从根本上说是人才的竞争，我国烟草企业发展的瓶颈是人才，潜力和动力也在于人才。为了增强烟草企业的核心竞争力，就必须充分发挥企业人才的资源优势，加大对人才的培养和开发力度，坚持多层次、全方位培养造就人才，从整体上提高烟草企业的人才资源水平。烟草企业要面对市场，承认与尊重人才的资源价值，全方位搞好人力资源开发，大力培养高素质的创新型人才，使他们成为企业核心竞争力的创造者，要造就一批具有战略眼光、熟悉市场营销、精于管理的企业家队伍；要在企业中形成尊重知识、尊重人才的良好氛围，使烟草企业在激烈的市场竞争中，真正成为发现人才、培养人才、延揽人才、使用人才的载体。同时，企业也要以培育核心竞争力为目标，打造一支与入世相适应的人才队伍。营造有利于人才队伍建设的机制和良好的环境是烟草行业人力资源开发、实施人才战略的关键环节。要按照中央印发的《2002～2005年全国人才队伍建设规划纲要》的要求，认真制定具体贯彻落实意见，下大力气培养领导干部、经营管理人才、专业技术人才三支队伍，力争形成一个拴心留人的环境，培育一个竞相创新的氛围，建立有利于人才脱颖而出的用人机制，重视营造优秀人才施展才能的环境空间和文化氛围。

要提高中国烟草整体竞争实力，必须要有合理的企业组织结构。加快结构调整，优化企业组织结构，全面提升企业核心竞争力，积极发展具有国际竞争力的大企业是当前烟草行业改革与发展的战略任务。近几年全行业统一思想，知难而进，通过大量艰苦细致的工作，在淘汰落后生产能力、关闭小烟厂方面取得了积极进展，为优势企业、优势品牌的发展拓展了一定的市场空间。特别是一些省局（公司），思想认识上有很大提高，在实践中深深体会到只有加快小烟厂关闭步伐，才能使经济运行走上良性发展轨道，取得良好的经济效益。到目前为止，安徽、甘肃、福建、辽宁、山西、青海、重庆、广西等省（区、市）基本完成了小烟厂关停任务，湖北、湖南、四川等省正在积极主动做好小烟厂关停工作。但是要从根本上解决行业“散、乱、低”的问题，实现中国烟草做精做强的目标，还存在很大差距。全行业要抓住有利时机，抓紧做好工作，继续积极稳妥地推进企业组织结构调整，确保关闭小烟厂工作取得新的成效。下半年各省级局（公司）要进一步加大工作力度，加快调整步伐，尤其是“关小”任务较重的省局（公司），务必积极主动地向前推进。要把企业组织结构调整的进展情况，作为考核省级局（公司）工作业绩的重要内容。有关省级局（公司）对于列入今年关停计划的10万箱以下小烟厂和挂杆复烤厂，要按照既定的方案和目标，积极争取和依靠当地党委、政府的关心支持，坚持不懈地做好耐心细致的工作，特别是做好小烟厂和挂杆复烤厂干部职工的思想认识工作，充分运用国家和行业的已有政策，妥善处理好职工分流安置、地方合法既得利益和企业债务三大难题，尽量避免遗留问题，争取按计划如期实现关停。同时，对10万箱以上的中型烟厂也要从实际出发，区别不同情况积极推进联合兼并重组，并且要认真抓好打叶复烤企业的改制工作。作为一种过渡形式，对资产质量较好的中型烟厂可由重点企业实施托管，为联合兼并、资产重组奠定基础，促进资源的整合和优化。要通过全行业共同努力，依靠发挥市场机制的作用和加强宏观调控，形成行业内“两烟”生产适度集中、企业间充分竞争、大企业为主导的协调发展的格局。

五、继续坚持“两手抓，两手都要硬”，大力加强思想政治工作和党风廉政建设，确保两个文明建设协调发展和行业稳定

烟草行业专卖专营体制和集中统一管理的特殊性，要求我们必须始终高度重视和认真抓好精神文明建设的各项工作，更加自觉地坚持“两手抓，两手都要硬”的方针，从而更好地促进行业改革和生产经营的健康发展，确保行业职工队伍的稳定。

当前要进一步深入学习贯彻江总书记“5·31”重要讲话精神和“三个代表”的重要思想，用讲话精神统一全行业干部职工的思想和行动。学习要紧密联系思想和工作实际，深刻领会讲话的精神实质，不断提高广大党员干部贯彻和实践“三个代表”重要思想的坚定性和自觉性。各级领导干部要带头搞好学习，要坚持党组中心组的学习制度和处以上干部进党校学习轮训的制度。党的十六大召开后，各级党组（党委）要及时组织干部职工认真学习十六大文件，采取多种形式掀起学习贯彻十六大精神的高潮。全行业各单位都要紧密结合实际，按照十六大提出的各项任务部署，认真研究贯彻落实措施，以十六大精神为指导，进一步推进烟草行业的改革与发展。

要继续贯彻落实党的十五届六中全会和中纪委七次全会精神，以抓好各级领导班子建设和干部队伍建设为重点，进一步加强作风建设。今年上半年，国家局先后召开了全系统纪检监察工作会议和第十七次政治工作会议，对加强领导班子建设、干部队伍建设、党风廉政建设和思想政治工作都提出了非常明确具体的要求，各单位要按照会议的部署和要求，切实抓好贯彻落实。要按照“政治坚强，廉政过硬，团结有力，作风扎实，结构优化，业务精通”的24字方针进一步加强各级领导班子建设，提高领导班子成员、特别是一把手的素质，增强领导班子驾驭局面和解决自身矛盾的能力。各级领导干部都要牢固树立正确的权力观，正确对待和使用手中的权力，增强责任感和使命感，尽职尽责地做好工作。要切实转变作风，加强调查研究，注意倾听群众意见，深入了解基层情况，有针对性地解决实际问题。要按照“敬业、务实、高效、廉洁”的要求进一步加强各级机关的作风建设。领导干部和机关人员下基层调研都要有明确的任务，出差回来要写出调研报告，防止借机游山玩水，力戒官僚主义和形式主义。要进一步健全监督制约机制，加强对各级领导干部的教育、管理和监督。烟草行业实行统一领导、垂直管理、专卖专营体制，全行业各级领导干部必须自觉维护集中统一领导，坚持重大问题请示报告，坚决做到局部利益服从全局利益，令行禁止，不得各行其是，以保证国家局提出的各项措施落实到位。这要作为对各级领导班子、特别是对各级一把手考核和评价的重要内容。各级领导干部要廉洁自律，自觉抵制各种不正之风和腐败行为，发挥好表率作用。各级一把手，更是要管好自己，抓好班子，带好队伍。

要进一步重视和加强职工思想政治工作，保持行业稳定。当前，烟草行业正处在改革的攻坚阶段、发展的关键时期，各种矛盾和问题大量存在，特别是企业组织结构调整、三项制度改革和减员增效等工作，都直接涉及到职工的切身利益，大量的思想问题和实际问题随之涌现出来。因此，在合理解决各种实际问题的同时，必须切实加强并认真细致地做好广大职工的思想政治工作。要加强思想教育，引导和帮助广大职工从行业发展大局出发，正确地认识和理解改革、支持改革，增强对改革的承受能力。要以贯彻落实《公民道德建设实施纲要》为主要内容，在全行业进一步深入开展职业道德建设和精神文明创建活动，不断提高干部职工的思想道德素质，树立行业新风。对于行业改革过程中出现的各种矛盾和问题，各级党组织和领导干部要以高度的政治责任感，采取积极有效的措施，深入细致地做好工作，及时化解矛盾，把问题解决在萌芽状态、解决在基层单位。要把维护稳定的工作放到更加突出和重要的位置，认真贯彻“谁主管、谁负责”的原则，切实加强信访工作，认真落实24小时值班和重要紧急情况逐级上报制度，使问题能够得到及时处置。特别是十六大前后，要坚决避免和防止群体性进京上访，确保行业和社会稳定。

这里还要特别强调安全生产工作。安全工作既是整顿规范工作的重要内容，也与维护稳定工作有着直接关系。今年以来行业安全事故特别是交通事故、火灾、工伤事故接连发生，安全生产形势十分严峻，必须引起各级主要领导的高度重视。目前正在进行的安全生产大检查必须按照国家局的要求，严密组织、严格标准、严格检查，对事故隐患必须采取切实有效的措施认真加以整改。加强安全生产工作首先要落实责任制，各单位一把手是安全生产第一责任人，必须对安全工作负起全面责任；要健全机构、配好人员，这是加强安全工作的组织保证，减人不能减安保人员，许多单位发生安全事故与安全机构不健全，人员素质差有直接关系；对发生的安全生产责任事故必须严肃处理，不能不了了之。否则加强安全生产就是一句空话。安全工作事关重大，责任重如泰山，希望各单位切实抓好，杜绝各类重大事故发生。同志们，我们下半年的任务还很多很重，切不可因为上半年形势较好而盲目乐观、掉以轻心，务必要发扬真抓实干的作风，继续狠抓基础、狠抓规范、狠抓落实。让我们高举邓小平理论伟大旗帜，紧密团结在以江泽民同志为核心的党中央周围，以更加奋发有为的精神风貌，加倍努力干好工作，落实好吴副总理对烟草工作的重要指示，用五个“确保”的实际行动和优异成绩迎接党的十六大胜利召开。

提高思想认识　加大治理力度 认真组织并切实抓好财经秩序的专项整顿工作

——在全国烟草系统财经秩序专项整顿工作电视电话会议上的讲话

国家烟草专卖局局长　姜成康

（2002 年 8 月 5 日）

同志们：

今天，国家局召开这次电视电话会议的内容和任务非常明确，就是在全系统安排部署财经秩序的专项整顿工作。刚才，葛祥久同志已经代表国家局整顿和规范工作领导小组部署了专项整顿工作的具体安排意见，对整顿的指导思想、工作目标、重点内容、方法步骤以及有关政策和要求都讲得很清楚了。为了落实好国家局的安排部署，切实推进财经秩序专项整顿工作的深入开展并确保收到实效，下面我再突出强调两个问题。

一、提高认识，充分认清财经秩序专项整顿工作的重要性和必要性

严肃财经纪律、整顿财经秩序，是党中央、国务院的明确要求，是促进烟草行业持续、稳定、健康发展的重要保障，也是强化管理、堵塞漏洞，从源头上预防和治理腐败的有效措施，不仅具有重要的经济意义，而且具有重要的政治意义。

去年 4 月，党中央、国务院召开的全国整顿和规范市场经济秩序工作会议，十分明确地把会计秩序作为整顿和规范的内容之一而提到重要议事日程。在《国务院关于整顿和规范市场经济秩序的决定》中，提出了“十五”期间整顿和规范市场经济秩序的八项主要内容，其中的重要一项就是要严肃财经纪律。财政部也明确提出，要把进一步深入贯彻实施《会计法》，整顿会计秩序，加强会计监管，打击造假账、账外设账、提供虚假会计信息等行为作为工作重点。国家局党组根据党中央、国务院和财政部的要求，对严肃财经纪律、整顿财经秩序始终是予以高度重视的，长时间以来一直把强化财务管理作为狠抓规范的重要内容，特别是在今年的财务审计工作会议以及整顿和规范烟草市场经济秩序电视电话会议上，对整顿财经秩序工作进一步作出了安排部署和提出了具体要求。

我们这一次集中时间和精力，对行业的财经秩序进行专项整顿，既不是空穴来风，更不是无的放矢，而是从行业实际出发作出的重要决策和部署，是促进行业改革与发展的重要举措。应当说，通过近几年狠抓基础、狠抓规范，特别是从去年以来全行业深入开展整顿和规范工作，整个生产经营秩序、包括财经秩序都有了明显好转，促进了经济效益的增长，保持了较好的发展势头。但是，我们必须清醒地看到，财经秩序混乱的问题在烟草系统内还大量存在。从最近两三年我们整顿“两烟”流通秩序、开展《会计法》执法大检查和进行工商企业清产核资的实践看，财务数据失真、成本核算失实、对外投资和担保失控、财务处理不规范、资金流动缺乏监督等问题比较普遍，私设小金库、账外设账等违法违规违纪问题比较严重，有些现象和问题可以说是触目惊心。概括讲，主要存在着以下三个问题：

*一是财经法纪观念不强，违规现象较为严重存在。*主要表现在，一些工商企业不讲商业信用，货款长期拖欠，造成系统内“三角债”长期存在且数额巨大；一些工业企业存在着超产瞒产，不入账、不核算、偷逃国家税收，大搞销售折让和体外循环等问题；一些商业企业存在着销售样品烟不记账、滥要“市场准入费”和滥用“市场开发费”等问题；一些专卖管理机构存在着罚没收入不上交、不入账，搞公款私存等问题；有的单位在物资采购和工程建设中搞“暗箱操作”，造成严重浪费，甚至损公肥私。

*二是财务基础工作薄弱，会计核算不规范。*归纳起来有“四个三”，即：“三无”、“三不”、“三多”和“三假”。所谓“三无”，是指无证、无名、无时间，财会人员无证上岗，会计凭证不写名字，账簿启用没有时间；所谓“三不”，是指不及时记账、不及时对账、不及时查账，随心所欲，极不负责；所谓“三多”，是指现金多、账户多、错账多，现金存放超过规定额度，一些单位随意开设账户，会计科目使用存在错误；所谓“三假”，是指假数、假账、假表，对资产、负债、所有者权益等虚列、多列、不列或者少列，致使会计数据严重失真。

*三是财务管理漏洞大，内控制度不健全。*不少单位财务管理不规范、不严格，私设“小金库”、搞账外账的问题比较严重。有的“小金库”财务部门知道，有的连财务部门都不知道，只有少数几个人在暗中操作。一些企业在广告费、促销费的开支上缺乏具体的管理办法和审核程序，存在着严重的违规列支问题。相当一些单位的内部控制制度形同虚设，乱花钱、乱投资、乱担保，造成国有资产大量流失。更有甚者，有的企业内外勾结，搞银行“背书”，直接将货款汇给社

会上的不法烟贩，造成巨大损失。

上述问题的存在，对行业的健康发展有着十分严重的危害。第一，扰乱了行业的经济秩序。市场经济是法制经济，信用为本，无信不兴。如果财务管理不严格、财经秩序不规范、会计核算不真实、经济来往不守信，只能会造成市场经济秩序的混乱，影响行业和企业的健康发展。第二，危及着行业的经济安全。财经秩序的混乱，各种违法违规违纪问题的存在，为侵占国有资产、转移国家资金、偷逃国家税收提供了可乘之机，直接造成了资产质量下降，不良债务增长，企业风险加大，影响和危及着整个行业的经济安全。第三，助长了消极腐败行为的滋生和蔓延。近几年来，烟草行业查处的不少经济犯罪的案件，与财务管理不严、违法违规违纪操作密切相关，特别是私设“小金库”、搞账外账的问题值得高度警觉。最近，有关部门查处我们一个单位的“小金库”就有上千万元，现正在接受审查和处理。由此可见，财经秩序的专项整顿非抓不可，而且必须抓好。

二、加强领导，对财经秩序的专项整顿工作必须精心组织并确保取得明显成效

这次专项整顿工作，我们要严格对照《会计法》、《审计法》和各项财税规章制度的要求，认真查找财务管理中存在的各种问题，坚决堵塞各种漏洞，以实际行动落实好朱总理关于“诚信为本，操守为重，遵守准则，不做假账”的重要指示。全行业各单位都要按照国家局整顿和规范工作领导小组办公室《关于开展财经秩序专项整顿的实施方案》的具体部署，认真抓好各个阶段的工作，积极推进专项整顿的深入开展。为此，要注意做到以下几点：

*一是加强领导，明确职责。*财经秩序的专项整顿工作，在国家局整顿和规范工作领导小组的统一领导下，由整顿办具体组织实施，并充分发挥财务、审计等部门的职能作用。为了加强领导、充实力量，国家局决定，增加副局长潘必兴同志担任领导小组副组长，增加财务审计司司长张玉霞同志担任整顿办副主任，并适时调整充实整顿办的人员力量。这里需要明确，全系统各单位的一把手是这次专项整顿工作的第一责任人，必须对专项整顿工作亲自部署，亲自检查，亲自抓落实。同时，要明确分管财务审计和纪检监察工作的副职领导具体负责，并健全领导机构和工作机构，充实各省级局整顿办的力量，发挥好有关职能部门的积极作用，形成齐抓共管的强大合力。要把财经秩序专项整顿的进展情况，作为今年和明年对领导干部业绩考核的重要内容，对本单位问题较多而又组织领导不力的要追究主要领导和有关领导的责任，必要的要坚决进行调整撤换。各省级局（公司）和全系统各单位都要根据国家局的整体部署和有关规定，紧密结合各自的实际情况，认真制定好专项整顿的具体实施方案，研究和采取针对性和可操作性较强的整顿措施，切实做到狠抓落实，不走过场。

*二是突出重点，全面推进。*财经秩序专项整顿所涉及的内容较多，范围较广，就总体而言，我们要做到有什么问题，就查实纠正什么问题；哪些方面需要加强和改进，就如实和逐项地认真整改。但是，为了全面推进专项整顿的深入开展并确保收到实效，我们必须突出抓好专项整顿的重点。在国家局整顿办的《实施方案》中，对工业企业、商业企业和各级专卖机构需要突出抓好的重点内容，已经作出了明确的规定。概括地讲，全系统专项整顿的重点，就是要以清理整治账外账和“小金库”为重点。因为，这个问题是全系统反映突出、隐患和漏洞最大的问题，如不及时、有效地进行治理，危害极大，后患无穷。所以，全系统各单位都要紧紧围绕这个重点，集中时间和精力，采取强有力的措施，在实施重点突破的基础上，对财经秩序进行全面整顿。

*三是把握政策，认真整改。*这次专项整顿，国家局强调要认真搞好自查，注重自我教育。从一定意义上说，我们不怕工作上有问题，怕的是对问题熟视无睹、视而不见，更怕的是发现了问题遮挡掩盖、不思整改。我们这次专项整顿的政策十分明确，凡是自查中主动说明问题，分清责任，自觉纠正，并积极整改的，只要不涉及到个人经济问题的，可以既往不咎；凡是消极应付、隐情不报、不认真加以整改，甚至拒不纠正问题，特别是在清理整顿中仍然顶风违纪的，要从重从严处理。因此，全系统各单位都要以积极主动的态度，认真搞好自查，并坚持边整边改的方针，对存在的问题认真查找和自觉按照财务管理规定及时纠正。

*四是搞好督查，务求实效。*搞好督促检查，是领导工作的具体延伸，是落实各项决策和部署的有效措施。江总书记曾经指出：“决策的制定和实施方案的部署，事情还只是进行了一半，还有更重要的一半就是要确保决策和部署的贯彻落实。”我们这次专项整顿不仅专门安排了一个省级局全面复查和国家局重点抽查的阶段，而且要求在整个专项整顿过程中都要加强督促检查工作。国家局整顿办要根据整顿工作的实际进展情况，每隔一段时间就要听取一次省级局的汇报，同时要不定期地派出工作组到有关省局和企业进行检查督导。各省级局整顿办更需要抽调得力人员，加强对所属企业和各单位的督查工作，并要在复查阶段严肃认真地、一丝不苟地搞好全面复查。以往专项整顿的实践经验告诉我们，只有发扬最讲认真的精神和真抓实干的作风，整顿工作才能取得阶段性明显成效。因此，我们在这次专项整顿中，要坚持对每一项财务活动都要严格检查，对每一个问题都要弄清来龙去脉，问题查不清决不放手，自查不彻底坚决返工，达不到目的誓不收兵。同时，要在认真梳理分析、找准存在问题的基础上，有针对性地建立和完善各项规章制度，使现有问题得到有效解决并防止类似问题重复发生。

总而言之，财务管理是我们各项管理的核心，是行业和企业全部经济活动和各项工作成果的集中反映，财经秩序是市场经济秩序的基础和关键环节。全行业上下，特别是各级领导干部，务必要统一思想，积极行动，扎扎实实地深入开展财经秩序的专项整顿工作，以实际行动为“十五”期间烟草行业的改革与发展创造有利条件，进一步推进烟草行业在新世纪的持续、稳定和健康发展。

在全国卷烟销售网络建设现场会上的讲话

国家烟草专卖局局长　姜成康

（2002 年 9 月 26 日）

同志们：

全国卷烟销售网络建设现场会今天就要结束了。这次会议在上海召开，上海烟草（集团）公司为大会提供了很好的网建现场，介绍了很好的网建工作经验，全体与会同志从中受到了很大的教育和启发，会议开得是成功的。

从到现场参观、听取介绍和会上代表发言来看，大家对这次会议的感受，我大致归纳为三点，这就是佩服、鼓舞、震撼。首先是“佩服”。与会代表对上海网建达到现在这样的水平普遍是称赞的，对上海的网建工作是服气的。通过上海烟草（集团）公司的努力，上海市的卷烟销售网络建设，比较好地实现了国家局提出的“国内一流、国际先进”的目标要求，因而大家对上海的网建是佩服的。第二是“鼓舞”。通过参观大家感到，在上海、在中国烟草，同样可以建设具有国际先进水平的、堪称国内一流的卷烟销售网络，使大家从中看到了希望，受到了极大的鼓舞。有些同志在发言中说，今后组织网建参观就可以不到国外去了。国外的卷烟网络我也看到不少，像日本的、西班牙的、澳大利亚悉尼的、巴西的等都参观过。在这里可以负责地讲，上海的网建已经比较好地达到了国际先进水平。第三是“震撼”。参加这次会议的代表，包括一些网建先进地区的同志，通过短短几天参观学习，都深深感到了自身网建工作明显的差距，在思想上受到了比较大的震动和冲击，表示一定要通过自己的努力和行动，尽快缩小差距，尽快达到上海的水平。这次会议在开法上还改变了过去一上来领导先作报告，然后再参观、讨论的形式，而是先参观现场和听取经验介绍，会议进展得很好。这主要是有上海网建这样一个先进典型、有上海网建这样一个好的现场，对开好这次会议发挥了重要的作用。

上海的卷烟销售网络建设，一直走在全国的前面。网建基础工作扎实，管理手段和方法先进，员工队伍素质较高。展现在我们面前的电话订货、网上配货、电子结算、现代物流，构建了现代卷烟流通新的风貌。特别是“以客户满意为中心”的经营理念的确立和扎扎实实的工作，使卷烟销售网络深深扎根于广大客户之中，得到了广大客户和消费者的认可与赞同，这正是网络具有强大生命力的根本所在。这一点是难能可贵的。讨论中有不少同志说，如果中国烟草都达到上海这样的网建水平，即使有一天专卖制度取消了，我们仍然能够有比较强的控制力，仍然有比较高的市场占有率。我今年 7 月在合肥召开的局长（总经理）座谈会上提出，怎么实现从现在的行政垄断向经济垄断的转变，这是很值得考虑的问题。上海网建已经比较好地实现了国家局提出的“国内一流，国际先进”的目标，代表着中国卷烟网建发展的方向。在去年成都网建现场会上就有代表提出，学了南通、学了武汉，又学了成都，下一步怎么办，希望国家局能够提出一个更加明确、更加先进的目标。根据这些意见，今年国家局就确定在上海搞“国内一流、国际先进”的试点。这次会议以后，希望与会代表认真学习上海网建的基本经验，紧密结合各地实际，创造性地开展工作，推动全国网建工作进一步地向前发展。同时，也希望上海烟草（集团）公司在现有基础上不断完善、不断进步、不断提高，为全国卷烟网建工作的发展做出新的努力和贡献。

关于如何进一步抓好卷烟销售网络建设工作，刚才销售公司总经理田忠振同志作了一个很好的报告。我认为讲得很全面，希望同志们认真地贯彻落实。下面，我就网建有关工作再强调讲一些意见。

当前，国家局考虑比较多的一个问题，就是烟草企业的组织结构怎么合理优化、生产力布局怎么合理调整、市场体系怎么建立、烟草资源配置怎么进一步优化，从而实现提高中国烟草总体竞争实力的目标。在 7 月份召开的局长（总经理）座谈会上，国家局党组明确提出，要把确保烟草行业持续、稳定、健康发展作为烟草工作的第一要务；要把避免大起大落，保持平稳发展，实现可持续增长，作为行业当前和今后一个时期的战略方针；要把突出主业、增强重点企业的核心竞争力，提高中国烟草的总体竞争实力作为行业当前和今后一个时期的主要任务。一个是第一要务，一个是战略方针，一个是主要任务。面对市场经济的不断发展和入世后更加严峻的市场竞争，如何提高中国烟草的总体竞争实力，已经十分紧迫地摆在我们面前。我们当前面临形势最主要的两个特征，一是买方市场的全面形成，这是一种根本的实质性的转变；二是国内市场的国际化，今后面对的将是跨国烟草公司的竞争。根据这样的形势确定我们的主要任务，就是要提高中国烟草的总体竞争实力。

如何提高中国烟草的总体竞争实力，不仅是国家局现在要认真考虑的问题，也是全行业要认真考虑的一个问题。总体竞争实力怎么提高，我多次讲关键是抓好两条：一是要增强重点骨干企业的核心竞争力，这是中国烟草今后发展希望之所在，中国烟草的希望就在于重点骨干企业核心竞争力的增强；二是要建立完善的卷烟销售网络体系，就是要加强我们的市场体系建设，这是中国烟草最有价值的战略性工程。

这两个方面，一个是希望之所在，一个是最有价值的工程，我想还需要再加上一条，就是要巩固烟叶的基础地位，不断提高烟叶的质量和水平，因为烟叶现在还是制约我们总体竞争实力增强的一个重要因素。如果讲这三条，是不是就比较完整。今天我在这里重点谈网络建设方面的问题，具体讲三点意见：

一、建立完善的访销配送体系，全面推进卷烟销售网络建设

全国的网建工作已经走过八年历程，经历了三个过程或者说是三个阶段，整个网建工作是一个不断总结、不断提高、不断发展的过程。八年的网建经历了三个转变：一是从农网向城网转变。我们网建工作的起始阶段，重点是抓农村卷烟销售网络建设，在当时的条件下主要是解决农村销售渠道下伸问题。自1999年起国家局明确提出要把网建工作的重点从农村向城市转移。二是从网点下伸向全面访销、集中配送转变。网建开始的时候主要是建批发部、建门面，那一阶段的网建工作重点是网点下伸，现在我们已经基本实现向全面访销、集中配送的转变。三是从传统商业向现代流通转变。在网建初期，管理上基本是以手工操作为主要特征，通过几年的努力，现在是以信息化管理为主要特征的管理模式，而且管理水平在不断提高。如上海网建，就已经具备了现代流通的条件，即电话订货、网上配货、电子结算、现代物流。目前全世界零售商最大的就是美国的沃尔玛公司，沃尔玛的发展主要靠集中配送、连锁经营，当然沃尔玛也打出了很好的品牌，它是靠这样的品牌、这样的信誉度赢得了市场。最近我也在想，我们的流通应该怎样来打造自己的品牌，树立我们自己的良好形象，这一点是非常重要的，应当有所发展。

经过八年时间，我们的网建较好地逐步实现了以上这样三个阶段的转变。特别是从近几年的工作看，全国的网建在积极向前推进。1999年，针对严峻的市场形势，为了提高烟草系统的市场占有率和控制力，国家局认真总结了南通网建的经验。南通在当时市场形势十分严峻的情况下，通过健全的销售网络，实行全地区一价制，在比较高的价位实现了销量的增长、效益的提高，使我们大家看到了网建的巨大作用，看到了中国卷烟销售的希望。根据当时卷烟销售中存在的突出问题，国家局明确提出要提高烟草系统的市场控制力和占有率，重点是解决提高零售户入网率、入网销售率、送货率和毛利率。2000年，武汉的网建试点解决了访送分离问题，总结了“全面访销、全面配送、专销结合、访送分离”的网建模式，武汉的网建试点初步奠定了网络运行的基本模式。到2001年，成都网建试点在武汉的基础上又有了新的突破，总结了“城乡一体、统一运行，专销结合、信息管理，提高素质、注重激励”的经验。这一次在上海开会参观，大家看到的已经不是原来意义的网点参观，而是观看整个流程的集中演示。上海的电话订货已经达到24710户，比例占到92%；网上配货达到1699户，占6.3%；电子结算已经达到26001户，占96.8%。上海的电子结算不是简单地读卡，而是通过银行直接扣款，工作效率、安全性都大大提高，能够做到这一点是很不容易的。现代物流还在建设当中，竣工以后将是中国烟草现代化程度最高的物流配送中心。昨天大家已经观看了物流中心的演示，随着现代物流配送中心的建成，上海整个卷烟网络建设都将充分体现现代流通的水平。

上海的网建能够达到现在的水平是长期努力的结果，如果没有坚实的工作基础，没有完善的访销配送体系和专销结合，就不会有今天的水平。同时，扎实的工作作风、认真负责的工作态度，也是上海网建成功经验之所在，这一点更是非常可贵的。现在做什么事最怕的就是不认真。毛主席早就讲过，世界上怕就怕“认真”二字，共产党就最讲“认真”。现在我们许多事情往往就是“马马虎虎”四个字，这样一种应付的态度在行业内也决不在少数。上海的网建如果没有扎扎实实的作风，没有一丝不苟的精神，没有认真负责的态度，也不可能有今天。就说客户档案管理，要设定一个零售户每个品牌的上限、下限，这项工作看起来简单，实际上背后要有大量的、长期的基础性工作要做，否则就搞不起来。还有电话订货，上海已经达到了90%，没有很好的工作基础，电话打过去可能是没人接的，货送去也找不到人。上海的网建完全是在扎实的工作基础上构建的，我们学习上海，很重要的一条就是要学习上海的基本经验，学习上海的精神。尽管目前我们的网建经过8年时间实现了三个阶段的转变，但就全国而言，整个网建工作的发展还是很不平衡的。我们要很清醒地看到这个不平衡性，看到先进与落后地区的差距还是相当大的。因此，就面上工作而言，要继续进一步下功夫抓好网建的基础工作，特别在以下一些方面要突出抓好。

要健全访销配送体系，进一步加强专销结合，净化市场，努力提高烟草系统的市场占有率。要通过健全的销售网络，坚决扼制“假、私、非、超”四种烟对市场的冲击。现在我们的市场占有率还不是很高，按照去年的市场调查，全国卷烟可以销售3600多万箱，今年销得好也只有3400多万箱。卷烟体外循环仍然是居高不下，1～8月份已经超过了80多万箱，其中8月份一个月的体外循环就达20多万箱。目前一些地区的市场占有率、控制力仍然是很低的。因此，专销结合、净化市场的工作在现阶段丝毫不能放松。

要坚持访送分离、集中配送，杜绝各种违法违规经营行为的发生。武汉访送分离运行模式的确定，从这几年的实践来看是成功的。现在仍是搞访送一体的，效果大都不好。因此，访送分离、实行一库式配送模式必须坚定不移地全面推行，这是今后的方向，十分重要。当然对农村、特别是个别比较边远的地区也要从实际出发。

要提高网建的信息化水平，用信息化对传统商业实行彻底改造，提高商业企业的整体管理水平。这次到上海参观学习我感受很深，上海的这套软件，我认为水平是比较高的。网络发展到今天，没有比较先进实用的信息系统来支撑，是不可能实现高效运转的。这方面我们走的弯路也不少。如果我们现在的应用软件达到上海这个水平，在现阶段是够用的，能够基本上满足现阶段的需求。信息化建设的关键在于应用、在于落实。

要加强访销员、送货员、稽查员三支队伍建设，从数量上和质量上保证网络高效正常运作，提供强有力的人员支持。总的原则是力量要加强，队伍要精干，素质要提高。网络人员的精简也需要有个过程。网络的起始阶段，特别是比较低水平的阶段，想减人也是减不掉的。只有网络运行到一定水平以后，才可以把人减下来。现在上海网络的人员比过去少了，为什么减少？是管理手段上去了，经营规范了，这就是一个过程。当然，我不是讲用人越多越好，到了一定程度必然要减。精简人员对我们队伍素质的提高、对运行机制的转变都有很好的促进作用。不然人员进来就动不了，以后又形成大锅饭。随着网建工作的全面铺开，整体推进，今后用工肯定要逐步减少，商业流通的经营费用也会是逐年下降的。这才能真正体现出网络的作用，体现出我们的水平。

我想，只有在这样一个扎实的工作基础之上，才能实现向现代流通的根本转变。我把烟草的现代流通归结为四点：电话订货、网上配货、电子结算、现代物流。当然，有些省可能明年就要实行这种转变，江苏提出明年要率先实现这样的转变。有些地区可能就要用比较长的时间，可能需要两年，也可能要更长一点，但决不能再搞一个“八年抗战”。前一阶段的网建已经搞了八年，不要后一阶段又一个八年。没有八年时间让我们再从从容容去搞一个网络了。同志们！已经入世了，我们面临的形势已经发生了根本的变化。为此，我们一定要有紧迫感，要抓好基础，提高水平，通过努力，顺利实现由传统商业向现代流通的转变，并要争取用比较短的时间来实现这样的转变。

二、把“客户满意”作为网建工作的中心，把“优质服务”贯穿网建工作的全过程

卷烟销售网络是否具有强大的生命力，关键取决于服务。只有牢固树立优质服务的思想，把优质服务贯穿于网建工作的全过程，才能使网络在市场经济发展中发挥出最直接的效用，才能使网络真正成为最具价值的战略性工程。今年年初国家局委托新生代公司对36个名优品牌竞争力进行的调查，昨天大家已经观看了演示，其中涉及到零售户对烟草公司的评价和满意度。这个调查结果显示，零售户对我们烟草公司的满意度全国平均仅40%。最好的是上海，达到83%，上海的满意度高出全国水平的一倍（上海市局自己组织的调查结果是87%）。这个结果说明，烟草公司的满意度从总体来看是不合格的。其中很满意的只占7%，基本满意的为33%，一般的为44%。我认为，如果不是这几年抓网建，我看这个满意度能不能到15%都很难说。而不满意的主要原因，又集中反映在烟草公司对货源的限制上，这个问题必须引起我们的高度重视。如果这种状况长期下去，不能得到有效解决，终究有一天我们要失去客户。谁拥有了客户谁就拥有了市场，失去客户就意味着失去市场。在网络建设上，即使我们硬件投入再多，队伍也在不断壮大，但如果失去了客户，迟早会要出大问题。

在武汉会议上，我讲了“三个满意”，也就是工业企业满意、零售客户满意、消费者满意，并指出要作为考核评价网建工作的主要标志。今天我还是强调如何做到“三个满意”。烟草由于实行专卖制度，卷烟工业企业不能设立分销机构，烟厂的产品需要通过烟草公司与客户见面，直接面对消费者的是烟草公司。在这样一种现行体制下，烟草公司如何为烟厂服务，能否为烟厂服务，就是我们应该认真注意加以解决的问题。现有体制下，如果我们的烟草公司能够为烟厂服务，那这一体制就有存在的必要，说明现有的这种生产关系还能够适应生产力的发展；如果烟草公司不能够为烟厂服务，那烟草公司就没有存在的基础和条件了。现有体制对烟草公司赋予了这样一种权力，各地烟草公司为烟厂服务就是一种责任，这是我们的现行体制所决定的，不是你想不想服务、要不要服务的问题，而是必须履行的责任。我们必须十分明确这一点。

如何建立完善的卷烟销售网络体系，也就是烟草市场体系怎么建立？这是我近段时间思考比较多的一个问题。烟草的市场体系究竟怎么建立，我认为主要有三条：

首先，烟草市场体系的建立要鼓励公平竞争，避免过度竞争，防止不正当竞争。我国的改革是以市场为取向的改革，改革的目标是建立社会主义市场经济体制，市场在资源配置中要发挥基础性作用。现在一般讲市场机制就是三种作用：供求关系、价格和竞争。市场机制在烟草资源配置中怎么发挥作用，最重要的一点就是要鼓励竞争。竞争是市场经济的灵魂。今后烟草市场体系的建立，首先要体现公平竞争，否则就会违背市场规律，就会停滞不前。从烟草行业的特点看，从保持烟草行业平稳发展的需要看，我们既要鼓励公平竞争，又要注意避免过度竞争，防止不正当竞争，否则所付出的成本太大。现在有些同志也提出，以后行业改革能不能让工业企业自己设立分销机构，打破现有的市场格局，这个问题我也许比较保守，我感到这样付出的代价可能太大了，最终也可以达到优胜劣汰的目标，但在这个过程当中付出的代价太大。我们所选择的应该是既要鼓励竞争，又要避免过度竞争。现在一些行业过度竞争产生的问题已经非常明显，可能我们再也经不起这样的折腾。

最近国家局对财经秩序整顿进行了专门部署，重点清查账外账、小金库。其目的就是要建立良好的烟草市场经济秩序，防止各种消极腐败现象的滋生蔓延，同时也是下决心解决不正当竞争问题。样品烟、所谓的市场准入费及各种名目的补贴是“小金库”的主要来源，加大了卷烟工业企业的生产成本费用，扰乱正常的生产经营秩序，必须坚决刹住，下决心进行治理。为此，国家局党组作了决定，准备用一年的时间对这些问题进行专项整治。我想可能一年还不一定够，烟叶流通秩序整顿开始准备搞一年，现在已经搞了三年，尽管成效很大，但不是就完全好了。同时，对过度竞争问题，也要在体制上、制度上来认真研究解决。

第二，烟草市场体系的建立，要充分体现公开、公平、公正的原则。国家局和各级烟草专卖局都要坚持依法行政，公开审批事项，公开办事程序。现在国务院在抓行政审批制度改革，对各个部、委、局的行政审批权限一项一项地予以审核，而且要报纸上公布。今后，没有上级的授权，就不允许有这方面的行政管理权限。自己不能决定自己有什么权限，必须是上级授权。从生产经营的角度来说，必须防止人为地设置市场准入的各种障碍，营造公平竞争的环境，充分体现公开、公平、公正的原则，防止暗箱操作。

第三，要坚持诚信为本，树立烟草行业在社会上的良好形象。烟草市场体系的建立一定要体现诚信，烟草行业能否在社会上树立良好的形象至关重要。现在我们在有些方面做得很不好。比如，我们既是纳税的大户，又是欠税的大户。有些企业依法按时足额纳税的意识非常淡薄，有的甚至出现偷漏国家税收的行为。今年中央10号文件和国务院最近召开的全国增收节支工作会议都点了烟草的名，在欠税大户的5个行业中，烟草欠税是最多的。不光彩啊，同志们！依法按时足额纳税，既是义务，也是责任！这一点一定要注意。有的企业管理不严，各种问题时有发生，严重影响了烟草行业的形象。烟草行业要树立取之于社会、回报于社会的思想，努力为增加国家积累，保证国家的财政收入做出应有的贡献。

烟草市场体系怎么建立，最近国家局搞了4个专题的调研，其中一个专题就是专门研究这个问题。怎么继续抓好整顿规范，怎么建立烟草市场体系，如何为卷烟工业企业服务，我认为当前最重要的是要认真做好引导消费、培育名牌的工作。从36个名优品牌市场竞争力的调查情况来看,烟草公司对品牌的推荐、对零售户的进货选择有着十分重要的影响。零售户进货看什么,第一是看供货量是不是大、有没有保证,第二是看品牌的信誉度是不是高,第三就看烟草公司怎么宣传、怎么推荐。今后我们的营销工作也要适应这样一种转变。随着网络的不断发展和完善,对引导消费和培育名牌将会越来越发挥出十分重要的作用。这次现场会上,上海烟草的市场营销经理、营销员在介绍当中都充分体现了这一点。

烟草行业要保持平稳发展,今后的支撑点在哪里,关键就在于重点企业与名优品牌的发展。因此,希望所有从事卷烟流通工作的同志都要为行业重点企业和名优品牌的发展做好工作。从现阶段来看,要做到零售户和消费者满意,最重要的就是为消费者和零售户提供适销对路的货源,满足他们的需要。随着近几年网建工作的推进,商业环节的官商、坐商作风已有明显的改变,服务质量也有明显的提高,零售户对我们满意度比较高的也是送货送得比较及时,服务态度总体来说还是好的,这里面存在急需解决、也是反映比较集中的就是货源供应问题。我认为新生代公司的这次调查比较符合客观实际。由于存在着市场被严重扭曲的行为,消费者不能买到自己所喜欢的品牌,零售户不能购进市场所欢迎的卷烟,良好的服务也就成为一句空话,严重影响网络功能的发挥,影响卷烟经营的规范。现在我们的网建提了很多而且听起来很好的口号,我提的口号比较低:满意就行!能够真正做到满意就好。因此,下一步网建工作要重点解决的问题,就是怎么努力做到品牌让客户选择、货源满足客户需要。谁能够做到这一点,谁就交了一份合格的答卷。上海烟草网络的客户满意度达到83%,不是国家局封的,而是消费者认可的。我们讲的是要引导消费,但决不能搞强制性消费。如果货源保证和服务客户问题解决不好,那将对我们的现行体制带来直接的影响,就有可能对我们的体制产生动摇。

要做到零售户满意,还要十分注意利益导向问题。市场经济是以利益为导向的,是在追求利益的最大化。能否给卷烟零售户以合理的利益,对于市场的巩固同样十分重要。要确立合理的批零差率,要通过对零售许可证的发放管理,使零售户有个合理的布局,也就是要整合。当然这也需要一个过程,不应急于求成。上海在这方面的经验很值得学习借鉴。上海市目前人口总量1600万,零售户为2.6万户,零售户数仅为总人口数的1.6‰左右。现在全国能够达到2‰的很少,比例高的达到6‰。所以上海每个卷烟零售户的月均毛利收入能达到3000元、批零差达到12%,在经营利益方面是比较可观的。当然,上海的网建也还没有完全过渡到用经济手段进行管理,专卖手段仍然在发挥积极的作用,但已经开始向这个方向转变。去年我做过不少调查,现在许多地区一些零售户每个月的毛利收入不到300元,实际上有些零售户卖烟是捎带的,他还卖其他东西,好像有了烟,其他货就走得比较快。目前上海的网建水平相对全国来说是属于比较高的,各地还不可能都达到上海的水平,但是对利益导向问题必须给予高度重视,认真加以解决。

三、努力提高队伍素质,大力培养一支高素质的、职业化的经理人队伍

烟草行业的队伍建设必须从实际出发,坚持分类指导、分类管理,切实加强领导干部、经营管理人员、专业技术人员三支队伍建设。当前加强烟草行业人才队伍建设,除了继续抓好各级领导班子建设以外,最紧要的是抓好两个方面,一个是专业技术队伍建设,一个是职业经理人队伍建设。只有有一支素质比较高的专业技术队伍和职业经理人队伍,中国烟草才有希望。

关于专业技术队伍建设,最近国家局党组对专业技术职务的评聘工作专门进行了研究,并做出了以下规定:第一,在全系统全面推行专业技术职务的评聘工作,实行评聘分开。这个全系统包括了总公司、省公司本部。第二,专业技术职务实行竞争上岗,择优聘用。不是你评了什么职称,你就可以聘什么岗位,这一点是很重要的。第三,国家局对高级技术职称的岗位设置总量进行宏观控制。一个省级公司设立多少个高级专业技术职务岗位,由国家局根据各省不同的情况进行设定,对中级的、初级的也要按照一定的比例进行设置。第四,对聘上的专业技术人员给予相应报酬,有特殊贡献的还要给予特殊报酬,内部人才缺乏的可以面向社会进行公开招聘。

加强三支队伍建设,不能是一句空话。对领导干部特别是省局级、司局级的领导干部,我们要有一套管理办法;对经营管理人员、对专业技术人员,也要制定相应的管理办法。国家局准备最近出台这些文件,要很好地研究解决这个问题。在我们烟草行业,既要培养一支高素质的专业技术人员队伍,还要培养一支高素质的职业经理人队伍。上海的网建为什么运转比较好,很重要一点就是具有一批素质比较高的网络从业人员,特别是培养了一支素质比较高的职业经理人队伍。他们的访销员已经在向营销员、向市场营销经理转变,访销员不是叫访销员了,叫营销员、营销经理。这次到上海学习,我感到他们不只是名称的改换,而是角色的真正转变。光是改变称呼是没有用的。这一批营销经理、营销员在联络客户、掌握信息、培育品牌、指导经营等方面发挥了十分重要的作用。客户靠他们联络沟通,信息靠他们去掌握,品牌靠他们培育,零售户的经营靠他们来指导,包括怎么出样、柜台如何摆、进什么货,这些营销员都是具体指导的。这是真正的角色转变。正是由于有这样一支队伍,对客户的经营状况、客户的要求、市场变化能够做到心中有数,使烟草公司真正贴近市场、贴近客户,使网络功能得以充分发挥,靠优质服务赢得了信誉。我认为这是上海网建能够成功的一条重要经验,也是我们今后网建工作需要下决心解决的问题。每个单位都要向上海学习,在提高队伍素质、培养一支职业经理人队伍方面下大功夫。我们现在讲的职业经理人不仅仅是指厂长经理,而更多的是讲营销经理、营销员,这是一支很重要的队伍。营销经理、营销员这个岗位非常重要。如果我们的访销员真正实现了向营销员、营销经理这样的角色转变,那就标志着整个行业的网建工作又上了一个新的水平。

同志们,随着市场经济的发展和我国加入世贸组织,烟草行业面临的形势已经发生了根本性的变化,时间对于我们已显得十分重要和紧迫。我们一定要抓住时机,抓紧工作,从事卷烟销售工作的同志多年来为烟草行业的发展做出了很大努力,功不可没,今后更要付出加倍的努力。我诚恳地希望在今后的工作中,我们从事销售工作的同志要保持和发扬好的传统和作风,以奋发有为的精神状态,为提高中国烟草的总体竞争实力,保持烟草行业的平稳发展,做出新的努力和贡献。

谢谢大家!

突出规范 狠抓落实 努力提高行业财务审计工作水平

——在全国烟草行业财务审计工作会议上的报告

国家烟草专卖局副局长 潘必兴

(2002年2月26日)

同志们：

我们这次全国烟草财务审计工作暨财会、审计先进集体、先进个人表彰会，是在国家局党组的亲切关怀下召开的。党组在京的全体成员都参加了今天的会议，党组书记、局长、总经理倪益瑾同志还将在会议上讲话。这是国家局（总公司）组建20年来未曾有过的，充分体现了国家局党组对财务、审计工作的高度重视和殷切期望。这次会议的主要议题是：以江总书记“七一”重要讲话精神和“三个代表”重要思想为指针，深入贯彻党的十五届五中、六中全会和中央经济工作会议精神，按照全国财政和审计工作会议的部署，全面落实全国烟草工作会议对财务、审计工作提出的要求，总结2001年财务、审计工作，安排部署今年的财务、审计工作，表彰行业财会、审计工作先进集体和先进工作者。下面，我先讲几点意见，供大家讨论。

一、2001年财务、审计工作的主要情况

2001年全行、业财务、审计工作在国家局党组的正确领导下，紧紧围绕“一要规范、二要改革、三要创新”的行业工作重点，以整顿和规范财务管理、会计核算，强化审计监督为中心，着力抓了对《会计法》执行情况的检查工作，根据规范工商企业会计核算的要求，认真贯彻落实国家调整卷烟消费税政策，积极推行以“量本利”管理为重点的目标成本管理，加强企业全面预算管理，努力探索加强资金管理的有效途径，认真开展商业企业清产核资工作，按照“全面审计，突出重点”的方针，进一步加强了审计监督工作，为全行业完成年度各项工作目标，实现“十五”计划的良好开局做出了贡献。

（一）深入开展《会计法》执行情况的检查，推动《会计法》在全行业的贯彻落实。

新《会计法》颁布后，我们行业曾在前年自己组织了一次检查。去年，根据财政部的统一部署，又深入开展了一次检查。通过这两年来的宣传、贯彻，总的来看，《会计法》对维护行业经济秩序的基础作用日益显现，对会计行为和会计信息质量的规范作用更加突出，对单位负责人落实其会计责任的约束力有所加强，对造假账等违法违规行为的威慑力和打击力度不断增强，对整顿和规范烟草市场经济秩序，减少和预防违规、违纪、违法行为的发生，提高行业经济运行质量和效益起到有力的促进作用。

但是，从去年对《会计法》执行情况的检查看，我们行业的会计工作仍然存在着相当多的问题，如全行业查出无证上岗的财会人员1170人，不符合基本任职资格的会计机构负责人有44人，必须设立而未设立总会计师的单位还相当普遍；有的单位账簿、凭证无签名、无时间、无内容，个别单位根本不设账；有的单位一个季度或半年集中记一次账，有个市公司一天集中记了408笔账，与银行长期不对账；有的制造假数字、假表格、假账册，虚列、多列、少列、不列资产、负债和所有者权益；有的违反现金管理规定，搞大额度现金结算，个别的还存在私设“小金库”现象；成本、工资、费用核算随意，列支不规范；内部控制不严，对外投资、对外担保失控失监等等，可以说存在的问题还相当严重，有的触目惊心。说明有法不依、执法不严、违法不究的现象在我们行业一些单位仍很突出，部分领导同志特别是有的单位法人代表和财会人员法制观念、遵纪守法意识仍然淡薄。具体情况张玉霞同志在去年11月的行业会计决算布置会上也说了，国家局在去年末还专门发了通报，请各单位负责同志认真地去读一读，举一反三，对照一下自己单位，并按通报的要求，认真组织整改。

（二）认真贯彻调整卷烟消费税政策，规范核算，规范税制。

规范工商企业核算，改革卷烟消费税制，是关系行业生存和发展的重大问题，也是关系着国家对烟草行业的财政收入是否能够保持稳定增长的大事。经国务院批准，财政部、国家税务总局《关于调整烟类产品消费税政策的通知》出台后，行业上下根据国家局的统一部署，用“三个代表”的要求正确对待这次调税政策，认真进行了贯彻落实，开采取积极的态度应对调税给企业带来的影响。为此，各级领导和财务人员从政策出台前的大量数据统计、分析以及各种方案的测算，到政策出台后认真组织实施，实现厂站合并，深入调查研究，及时跟踪了解企业各牌号的盈亏和总体效益变动情况，反映执行过程中出现的问题，以及眼睛向内，及时调整生产经营策略，促进企业发展等方面都做了很多工作，付出了很大的努力。从去年6月份以来半年多时间的执行情况来看，总体上是达到了规范核算、规范税制的要求。但是，税改后企业生产低档烟普遍亏损的问题，是我们今后需要研究解决的问题。

（三）严格财经纪律，加强各项预算资金的管理。

为了支持烟草行业的持续、健康发展，国家财政对烟草行业给予了扶持，预算安排了15亿元的行业发展资金，2亿元的“打假”专项资金，实行烟草商业专营利润返还的政策。15亿元的行业发展资金主要是用在企业组织结构调整上，对企业的关停并转实行补贴；行业集中的专营利润除了用在“科教兴烟”等关系行业发展后劲的经费外，主要也是用在企业结构调整上。这三部分资金全部要纳入财政预算进行管理。也就是说，资金的使用要严格执行《预算法》，要接受各级审计部门的跟踪审计，国家局要直接接受审计署的审计监督。为此，国家局就如何使用好这三笔资金都作出了相应的规定。同时，对返还给各省级局的专营利润和有关省级局经批准自行集中的资金的使用，国家局也按预算管理规定提出了明确的要求，希望各省级局认真落实，经得起审计检查。

去年，随着财政“打假”专项资金的下达，国家局重点加强了对行业打假经费使用的管理工作，3月份下发了《关于印发〈烟草行业打假经费使用管理规定〉的通知》，7月份又转发了《财政部关于印发〈烟草打假经费管理办法〉的通知》，对使用范围、申报、审批和拨款均作出明确的规定。同时，为了认真落实国务院关于实行收支两条线规定，国家局制定并下发了《关于进一步加强烟草专卖罚没收入管理的通知》，对罚没收入、规费收入等收支作出了规定，要求将历年累存的补贴收入按规定入账，并组织了专项审计调查。

另外，为规范卷烟生产计划指标有偿调剂中的收支行为，经向财政部、国家税务总局汇报商量，财政部、国家税务总局正式下发了《关于省际间卷烟生产计划有偿调整有关企业所得税问题的通知》。之后，国家税务总局又进一步明确了关于有偿调剂收入不需交纳增值税的有关具体操作办法。应该说，这两个文件已完全明确了计划指标调入、调出企业的核算办法，规范了计划指标的有偿调整。

（四）开展了全行业商业企业的清产核资工作。

去年，在2000年对烟草工业企业进行清产核资的基础上，报经财政部同意，又对烟草系统中央预算内2040户商业企业开展了全面的清产核资工作。经过一年的努力，已按计划如期完成工作任务。共清理出全部资产损失132亿元，其中明亏41亿元、各类资产损失和资金挂账91亿元。经深入调研和反复研究，由会计师事务所审计后，扣除明亏和剔除政策依据不充分的部分，实际上报财政部要求确认的各类资产损失和资金挂账68亿元。今年1月底，财政部正式下发《关于批复2001年烟草行业商业企业清产核资资金核实的函》，最终确认烟草系统2040户商业企业申报的各类资产损失和资金挂账61亿元。请各省级局（公司）严格依据国家局转发财政部文件的通知要求，督促企业积极处理各类损失，及时调整有关账务，要求各商业企业要在清产核资摸清家底的基础上，加强各项制度建设，防止前清后乱。

（五）加强了审计监督，强化了审计作用。

2001年，全行业共审计项目20454个，查出违纪违规金额13.1亿元，促进增收节支4.4亿元，制止损失浪费7.7亿元。去年，我们在搞好财务收支审计的基础上，突出抓了以下几方面的工作：

一是深化了经济责任审计。按照中央五部委联席会议办公室的要求，在全行业进行了对近两年开展经济责任审计情况的自查和抽查工作。近两年，烟草行业共审计经济责任人1511人，审计单位1480个，查出违规行为金额158177万元，查出损失浪费115292万元，查出个人经济问题9万元，调动的干部中涉及利用审计结果的共472人，其中平调330人、晋升59人、免职43人、降职26人、撤职7人、受其他党纪政纪处分7人。去年相当一部分省市公司开展了对领导干部每三年一次的任期内经济责任审计，如河北省公司已将全省的分公司轮审了一遍。联席会议制度也在一部分省市公司中开始得到落实，山东省局已建立了联席会议制度。

二是全面实施了基建审计，并逐步推行了比价采购和合同审计。大多数省市公司近几年来都非常重视基建审计工作，严格遵守“工程项目先审计后开工，工程价款先审计后结算，竣工决算先审计后验收”的规定。去年全行业共审计基建项目4874个，审计投资额63亿元，核减2.4亿元。去年我们举办了比价采购理论培训班，并推广了曲靖、滕州、宁波等烟厂的经验，促进比价采购审计在全行业的开展，审计范围也逐渐扩大。通过比价采购，有效地促进企业加强内部管理，对遏制和防止购销活动中的不正之风和腐败现象起到了积极作用，降低了生产经营成本，为企业创造了效益。合同审计是贯彻“将审计关口前移”精神的重要体现，审计人员对企业合同的招标、谈判和签订实行同步审计。去年，全行业共审计经济合同8384份，有力地维护了企业合法权益，有效地减少了企业内部违规行为和不正之风。有的企业还开始采用一些较为科学的方法，如宁波卷烟厂正在尝试利用局域网进行网上合同审计。

三是认真做好地方审计机关进点审计的准备与协调工作。去年，是审计署授权地方审计的第一年，据统计，全行业已有13个省（市）接受了地方审计机关的审计，审计烟草商业企业（包括个别工业企业）567家，查出违纪违规金额62926.67万元，应上交10239.44万元，其中罚款936.38万元，平均每个被审计单位被查出违纪违规金额112.37万元，应上交18.28万元。各省级局对地方审计都比较重视，在审计前部署了自查，并加强了与地方审计机构的协调，有的省局局长亲自带队前往审计厅，进行协商、沟通，赢得了地方审计机关的理解和信任。

四是广泛开展了审计调查工作。去年，国家局共组织了两项全行业审计调查工作，一是对16家工业企业的广告费、业务宣传费的管理现状进行检查，为国家局制定相关的管理措施提供了详尽资料；二是对1999年至2000年全行业专卖罚没收入和办案经费进行了专项审计，查出违法违纪金额2374万元，其中：截留283万元、坐支1672万元、挪用15万元、账外“小金库”404万元。通过调查，基本上摸清了现状，暴露了问题，提出了整改意见和审计处理意见，将对加强全行业广告业务宣传费的管理及专卖执法和办案经费收支核算的规范起到积极作用。此外，一些省、市公司还结合自身实际开展了160多项审计调查工作，如河南省公司对商业企业三项费用的调查，云南省公司对烟站的烟叶收、运、调情况进行调查，海南省公司对审计决定执行难问题进行了调查，山东省公司对对外投资企业的情况进行了调查等等，从而拓宽了审计思路和范围。

去年，行业的内审工作也还存在一些问题，如：审计基础和审计工作程序不够规范，经济责任审计成果利用不充分，内审标准和要求还不够高，有的审计调查质量不高，年度财务收支审计效果不明显，有的企业审计机构设置和人员配备情况仍不理想，特别是设置独立审计机构、配备专职审计人员的问题，希望引起我们有关领导的重视，切实加以解决。

二、关于2002年的财务、审计工作

今年的行业财务、审计工作，要以党的十五届五中、六中全会精神和“三个代表”重要思想为指导，以继续深入贯彻执行《会计法》为主线，根据全国烟草工作会议关于“以整顿和规范财务管理为核心，促进企业管理水平的全面提升”的要求，继续把整顿会计核算，规范财务管理，强化审计监督作为工作重点，把狠抓基础、狠抓规范、狠抓落实贯穿于整个财务、审计工作之中，努力做好有关各项工作。

（一）认清形势，转变观念，增强紧迫感和使命感，真正把财务管理摆到企业管理的核心地位上。

去年12月我国已经正式成为世贸组织成员，这就意味着中国的企业需要按照国际惯例开展经济贸易活动。作为国际贸易交往通用语言的会计，毫不例外地将发挥更加重要的中介作用。加入WTO后，大量国外的会计思想和观念将会涌入我国，这既是推动我国会计改革与发展的重大机遇，也必将对我国现行的会计理论、会计实务带来巨大的挑战。我们加入WTO后，虽然还有几年过渡期，但是，我们决不能视过渡期为保护期，而应该把过渡期当作“备战期”，增强紧迫感，尽快建立与WTO要求相适应的企业会计制度。同时，法制的、规范的、效率的市场经济的建立，知识经济时代的来临，也给企业财务管理提出了许多新的要求，迫使企业财务管理根据市场经济原则进行改革和规范。因此，财务管理观念的更新，财务管理的科学化及其效果的最优化已经是摆在每一位企业管理者和财务人员面前紧迫而突出的问题。财务管理是整个企业管理的核心，就是要求构建以财务管理为核心的现代企业管理模式。为此，首先要求企业领导者要转变观念，重视和熟悉财务管理，强化“财务意识”，把加强财务管理真正列入各级领导的重要议事日程，树立“全员财务”观念，形成“全员财务”的大氛围；其次是在企业管理的各个环节，都必须贯彻以财务管理为核心的管理方针。现代企业管理的内容是多方面的，所有这些管理活动都反映一定形式的资金活动；现代企业财务的基础是资金运动，其实质是资金运动过程中所体现的以企业为主体的财务关系。从管理内容看，一般包括资金管理、成本管理和利润管理；从管理的环节讲，它包括财务预测、财务决策、财务计划、财务控制、财务分析、财务考核、财务监督等。

近几年来，我们虽然在强调以财务管理为核心的前提下做了许多工作，广大财务人员也付出了很大的努力，但从行业整体情况看，我们的企业领导者无论在观念的转变上还是重视程度上，与“核心”的要求还有较大的差距；我们的财务人员在适应现代财务管理的素质要求上，也还存在着紧迫感、危机感不强，满足现状、只懂算账的现象仍很突出，普遍缺乏“优胜劣汰”的竞争意识和忧患意识。因此，面对新形势和严峻的市场竞争，各级领导和广大财务、审计人员必须与时俱进，加快思想观念转变的步伐，切实增强危机感、紧迫感和责任感，以加倍的努力去适应以财务管理为核心的现代企业管理制度，促进企业管理水平的全面提升。

（二）继续深入贯彻《会计法》，依法整顿和规范会计秩序，提高行业财务管理水平。

贯彻实施《会计法》，需要标本兼治，落实整改措施。全行业各级各单位要在去年《会计法》执行情况检查基础上，根据国家局关于对《会计法》执行情况检查通报中列举的现象以及自查出来的问题，组织“回头看”活动，切实进行整改，决不允许走过场。国家局在通报中对整改工作提出了非常明确的内容、时限和要求，如要求各省级局将制定的整改措施在今年3月底前以正式文件上报国家局，对不符合任职条件的会计人员和财务负责人要限期分别在今年上半年和一季度内调离工作岗位，要求各省级局督促所属企业在今年7月1日以前建立健全以预算管理和成本（费用）管理为核心的内部控制制度等等，希望各省级局严肃认真对待，加强对本级及其所属单位整改情况的监督检查。今后如果哪个单位在检查中再发现类似问题，要追究单位法人和相关人员的责任。各省级局和36家重点卷烟工业企业要抓紧做好培养和引进总会计师人选的工作，按照《会计法》的规定，尽快配备总会计师。从过去检查的情况看，许多省级局及其二级公司自身财务管理工作都比较薄弱，存在许多不规范的会计行为，因此，请各省级局（公司）要特别注意从自身抓起，对一直困扰我们的“灯下黑”问题拿出切实有效的解决办法，为你们的下属单位做出好的榜样。

贯彻实施《会计法》，就必须建立和完善企业内部控制制度。去年，朱镕基总理相继提出“不做假账”和“诚信为本、操守为重、遵循准则、不做假账”的重要指示，这不仅是对财会、审计人员提出的要求，更是各级领导特别是法人代表的行为准则。“不做假账”，按“游戏规则”办事，是加强财经法纪和监管的基础，更是每个企业领导者和会计人员最起码的职业道德，也是当前整顿和规范市场经济秩序的迫切要求。总理的指示，是对当前会计秩序存在突出问题的深刻剖析，针对性很强，是我们贯彻实施《会计法》，切实整顿和规范会计秩序的行动指南，我们要认真学习和深刻领会精神实质，促进会计工作规范化、法治化。内部控制是一种制度安排，目的是保护资产的安全完整、防止欺诈和舞弊行为、实现既定经济目标。实践证明，建立有效的内部控制制度，对防范欺诈舞弊等行为有着“防火墙”作用。当前，行业和社会上一些单位出现的制造假账、私设“小金库”以及形形色色的经济犯罪案例，剖析其产生原因，无不与内部会计监督不健全、管理和控制弱化有关。因此，行业各单位必须高度重视单位内部控制制度建设。各企事业单位要依照《会计法》及财政部发布的《内部会计控制规范——基本规范（试行）》、《内部会计控制规范——货币资金（试行）》和国家局将要下发的《烟草企业成本、费用核算规程（试行）》、《烟草企业成本、费用管理办法（试行）》，建立起一套控制严格、内容全面、行之有效的内部控制制度，狠抓落实。要强化单位内部涉及会计工作的各项经济业务及相关岗位的控制，保证单位内部涉及会计的机构、岗位的合理设置及其职责权限的合理划分，真正做到不相容职务相互分离、相互制约、相互监督，并且充分重视和发挥内部审计机构对自身财会工作的审计监督作用，只有这样，才能有效地堵塞漏洞、消除隐患、保护财产、防止舞弊，保证企业的健康发展。

要继续做好会计基础规范化达标工作。按照原定进度要求，今年是这项工作的最后一年，主要是做好达标验收工作，要结合《会计法》检查整改情况，组织省与省之间的交叉互查。达标验收工作要保证质量，不要走过场。今年还将继续加快电算化在财会、审计工作中的应用进程，开展会计电算化的中高级培训和计算机替代手工记账的达标验收工作。

积极开展会计委派制的试点工作。会计委派制是当前财政改革的一项重要内容，也是加强财经管理、规范经济秩序的要求，希望各省级局结合各自实际，根据企事业单位的不同情况，积极推行不同形式的会计委派制试点，以摸索经验，总结推广。

（三）突出成本、资金管理，大力推进预算管理。

加强企业财务管理，必须突出成本、资金管理，探索降低成本和节约资金的有效途径，提高企业经济效益。

推行目标成本管理，实行成本否决，是提高企业经济效益的一条重要经验。工业企业要以严格控制采购成本尤其是原辅材料的采购成本为起点，实行企业全员、全过程的目标成本管理。要全面切实推行公开招标、比价采购管理制度，在产品设计中要通过价值工程、质量成本分析选择最佳方案，在生产过程中要通过考核消耗控制成本，在产品的整个供产销和售后服务过程都要有明确的费用控制目标等等。商业企业则要把进货成本和费用控制作为重点，在费用上要进一步细化控制目标，尤其要加强对会议费、接待费、广告费的管理。去年，我们组织全系统工业企业开展了量本利分析，从综合汇总的量本利分析报表上，可以直观地对各企业各牌号卷烟产品的各项成本构成项目进行分析，提供降低成本的方向和途径，借以强化成本费用控制，有利于对整个生产经营实行动态跟踪管理。为了提高量本利分析质量，必须进一步加强和规范量本利分析工作，各单位都要严格执行行业成本费用核算规程和成本费用管理办法，提高卷烟产品成本的真实性、准确性和可比性。从今年开始，要将量本利报表纳入整个会计信息的考核当中，真正做到“资料完整、核算真实、数字准确、报送及时”，同时将量本利的综合数据定期公布，以发挥该表的效能作用，为行业宏观调控提供可靠的决策依据。有关企业领导和工作人员也要善于利用量本利分析数据指导生产经营活动。如通过分析比较，采取措施努力降低中低档卷烟的成本，解决或缓解生产这类卷烟的严重亏损问题，就是当前一个突出的问题。

要进一步完善新的卷烟价格体系，规范卷烟各环节的价格差率，提高制定产品流通各环节价格的合理性，合理制定卷烟计税价格，合理调节工商环节利益。

要重视并切实加强企业的资金管理。近年来，山东、成都、安徽等一些单位相继进行尝试，通过建立各种形式的结算中心制度，改进和解决财务预算管理“虚”、内部资金结算管理“散”和监督考核环节“弱”的问题，有的已经比较规范，并取得了积极的成效。试点证明，一是强化了资金集中统一管理，降低了资金的运营成本；二是改善了服务，减少了资金沉淀，加速了资金周转速度；三是加强了财务监控，有效地遏制了资金的体外循环。实践证明，加强资金管理大有作为。因此，要继续推广他们在资金管理方面的成功经验。商业企业要切实注意勤俭节约费用，注意抓好网点的资金管理，要通过银行系统尽快解决配送卷烟直接收取现金货款的问题，以加强安全措施，努力降低财务费用，保证资金的安全性和高效性，提高经济效益。所有企业都要严格遵守现金管理规定，坚决杜绝违反现金管理规定的行为。要加强打假专项资金的管理，专卖行政罚没收入要切实实行“收支”两条线。所有财政预算资金必须严格按规定用途开支，不得挪作他用。要彻底清理和取消“小金库”，今后如再有发现，要追究有关领导人的责任。

要进一步加强和深化预算管理，经费按预算支出，不得随意追加，切实加强对预算执行情况的监督与考核工作。国家局已下发了《烟草企事业单位预算管理指导意见》，各单位要结合自身实际，制定预算管理实施细则，逐步将预算管理与企业生产经营管理、内部控制制度建设紧密结合起来。

（四）认真做好多元化经营企业的清产核资工作。

为了进一步摸清行业“家底”，在前两年分别对烟草工业、商业企业开展清产核资的基础上，国家局党组决定，今年将在全行业开展对烟草多元化经营企业和境外企事单位的清产核资工作。多年来，烟草系统根据“一业为主，多种经营”的方针，发展多元化经营，在配套发展和壮大主业、分流主业富余人员、安排职工家属就业、扩大社会就业、发展国民经济等方面起到了积极的作用。截至前年年底，全系统对外长期投资已达399亿元（决算数），占当年全系统净资产的1/4。但由于种种原因，多元化经营企业从建立之初大部分就没有纳入预算内管理，生产经营也不规范。通过审计调查发现，对外投资存在着许多问题，主要表现在：行政干预、跟风炒作、长官意志、盲目投资、疏于管理；项目立项无论证、无计划、无审批手续，重复建设严重；管理不规范，资产不清晰，重投轻管甚至只投不管，造成很多企业亏损严重，有的已经资不抵债，处于停产或破产状态，不少企业已成为沉重的包袱。因此，国家局下决心要把多元化经营企业“家底”摸清搞实，为此专门成立了领导小组，由倪局长兼任组长，祥久同志和我担任副组长，并设立专门的工作班子。请各省级局（公司）要认真按照《国家局关于烟草系统2002年多元化经营企业开展清产核资工作的通知》要求，加强对这项工作的领导，各省级局一把手和各单位法人代表要担任本单位领导小组组长，做到组织、人员、工作条件三落实。要严明纪律，做到认真负责，实事求是，力求彻底，不留死角。要实行法人代表负责制，对清查工作不负责任，甚至有意瞒报的单位及其负责人，一经发现，要严肃查处。希望全行业各级各单位按照规定的范围、内容和时间把这项工作做好。清查结束后，要求各单位对每一个投资项目建立起各自规范、完整的资料档案，并按规定向国家局上报年度财务决算报表，以加强管理，避免国有资产的流失。

（五）充分发挥审计职能作用，提高审计成果质量和水平。

要进一步落实党中央、国务院提出的“全面审计，突出重点”的方针。今年，突出重点就是：一抓事前、事中审计。近两年审计发现，卷烟超产瞒产、账外结算形成“小金库”、私分烟草广告宣传费回扣、物资设备采购的暗箱操作、“三产”企业经营烟叶等违法违纪现象时有发生，主要原因是内控制度不严，缺乏相互牵制，这与审计工作长期滞后有关，往往是事件发生之后才让审计介入，而这样形成的损失就很难挽回。为此，我们要以资产安全性审计为中心，大力开展合同审计、开工前审计、招标审计、物资采购比价审计等事前、事中审计，从制度、源头上杜绝舞弊行为发生的条件。二抓管理审计、经济效益审计。要围绕加强财务管理，开展对财务管理中的内控制度进行管理审计。为此，要从节支或控制支出出发开展经济效益审计，对财务预算或支出计划执行情况进行审计，对生产经营各方面资金流量情况进行资金效益审计，对基建项目建设中及竣工决算进行投资效益审计。三抓“收支两条线”的审计。去年，我们进行了罚没收入及办案经费收支审计调查，发现了不少问题，国家局为此专门发出了通报。今年要求各单位对照通报中的问题进行自查自纠，对查出有问题的单位要限期整改。

要建立经济责任审计工作联席会议制度，提高审计结果的利用率。经济责任审计要坚持“四项原则”，即客观性、全面性、历史性与审帮结合的原则；提倡“三公”，即公开、公平、公正；划清“二个界限”，即划清现任与前任的责任、划清主管与直接责任。这“四三二”的经济责任审计工作思路，就是立实事求是为审计之本。为深化和完善经济责任审计，2002年要以建立经济责任审计工作联席会议制度，提高审计结果利用率为重点，在离任审计的基础上普及任期内经济责任审计。联席会议制度要求设立由单位主要负责人任组长，分管组织人事、纪检监察和审计的领导为副组长，相应部门负责人参加的领导小组，下设由相应部门人员组成的办公室，办公室设在审计部门。每年初，组织人事部门要提出经济责任审计计划，其计划依据是有离必审，先审后升，任期内经济责任审计三年轮审一遍。审计部门要确保审计质量，如暂时因审计任务集中，而无法及时完成任务的，可以委托社会审计组织进行，审计费用由委托审计的单位列入预算予以保障。要充分运用审计成果考核评价与选拔干部，经审计发现有重大问题的，不仅不能继续使用，还要依纪依法处理。纪检监察部门要及时查处审计中发现的重大违纪违法问题，要追究企业领导人决策或投资失误的责任。建立联席会议制度后，有关部门要各负其责，失职者要追究责任。

要围绕中心工作，开展专项审计调查，为领导当好参谋。审计调查要围绕行业或企业的中心工作进行，要善于抓敏感性问题进行审计并制定出切合实际的调查方案。今年调查的主要内容有：一是针对行业突出问题进行。国家局将对2001年下拨的专项经费（包括打假经费、关停并转安置经费、专营利润返还经费以及省公司集中的行业资金）的使用情况进行审计调查；二是围绕企业出现的新问题进行，如对税改后企业成本真实性和生产低档烟普遍亏损的问题进行审计调查，要善于抓典型，解剖麻雀，提出合理有效的建议；三是为制订长远审计规划进行的审计调查；四是对审计意见的采纳及审计决定的执行情况，尤其是对问题的整改情况进行跟踪落实调查。

创建一个良好的审计环境，是搞好烟草内部审计工作的保证。目前培育良好审计环境除领导重视和组织、制度落实外，还应注意以下三点：一要采取有效措施，做好地方审计机关审计烟草企业的事前自查与协调工作。各单位要如实把被审计的情况（包括审计决定书与审计意见书复印件）逐级上报。二要加快审计信息化步伐。国务院办公厅已下文明确了电子数据应视同于书面资料，审计部门要利用计算机信息系统开展审计工作。因此，各审计机构至少配备一台台式电脑和一台手提电脑以及相应的通信线路等。三要开展内部审计理论研讨与经验交流工作。中国内部审计协会烟草分会要为内部审计理论研讨与经验交流多做工作，为制订烟草内部审计规章制度出谋划策。烟草分会理事会今年将换届，希望新一届理事会设两个课题组，一个是经济责任审计课题组，草拟好《烟草系统经济责任审计实施细则》；另一个是内部审计工作规范课题组，草拟好《烟草系统内部审计工作规范》。

要全面提高审计结果的质量和水平，发挥审计监督的震慑力。由于审计力量的严重不足，我们只能突出重点，抓一些典型单位进行审计。但只要进入我们的审计范围，就要查深查透，确保审计结果的质量和水平。今后要重点对内部监督机制薄弱的典型单位进行审计，如没有按要求设立内部审计机构或审计人员太少影响审计作用发挥的企业、长期亏损的企业、被政府审计机关等监督部门查出有重大违法违纪的企业等。为了提高审计工作的质量和水平，审计要注意以下环节：一要认真制定审计方案；二要写好审计报告；三要对一些审计结果公布于众，以接受群众监督，达到预防或督促纠错的目的。

（六）提高财会、审计人员素质，建设一支过硬的财务、审计干部队伍，充分发挥财务、审计工作在加强两个文明建设中的重要作用。

财务、审计工作是行业改革和发展事业中十分重要的基础性、关键性、综合性的工作，财务、审计干部队伍是行业职工队伍中十分重要的专业队伍，国家局党组历来十分重视这两支队伍的建设和培养。随着社会主义市场经济体制的建立和完善，财务、审计工作的作用和地位越来越显得重要，工作任务也越来越繁重。但是，目前行业财务、审计队伍不论在数量上还是在质量上都远远不适应这个要求。为此，培养、扩大、提高财务、审计干部队伍的任务迫在眉睫，全行业各级各单位领导都要十分重视财务、审计干部队伍的建设工作，要在培养提高现有财务、审计干部，引进扩大财务、审计干部队伍，重视财务、审计机构建设，为他们的学习和工作创造一个良好条件上做好工作，把建设一支政治过硬、业务精良、作风清正、纪律严明的财务、审计干部队伍真正摆上领导重要议事日程，抓紧抓好抓落实。

财务、审计干部也要充分认清自己肩负的责任，要有强烈的事业心和高度的责任感，努力提高自己的政治素质和业务水平。为此，要加强政治理论学习，努力学习马列主义、毛泽东思想、邓小平理论和江总书记“三个代表”重要思想，学习党的路线、方针和政策，学习国家的法律规章，提高自身的政治素养，增强法规政策观念；要加强业务知识学习，学习宏观经济理论、财政理论、审计理论、投资理论、WTO的有关规则，以及网络与信息管理知识，学习财政、审计的规章制度和财会准则，还要结合行业和岗位实际，学习掌握相关的基本知识，如管基建财务的，要掌握基建程序和项目管理的相关知识，管原辅料核算的，要懂得工业生产过程和原辅料的相关知识等等。同时，要按照十五届六中全会精神，改进工作作风，强化服务意识，主动并善于与其他岗位上的同志合作，共同探讨解决问题的办法，为两个文明建设服务；要廉洁自律，牢固树立为人民理财、做人民公仆的观念，做到坚持原则，大公无私，一身正气，决不搞虚假浮夸，以权谋私。要在工作程序、资金分配与使用、相互监督控制上，增强透明度，既要主动自觉接受监督，也要切实负起岗位赋予的监督职责。

同志们，2002年烟草行业财务和审计工作任务繁重而艰巨，我们要按照“三个代表”的要求，统一思想，振奋精神，团结协作，锐意创新，扎实工作，用我们加倍的努力，创造财务、审计工作新成绩，迎接党的十六大召开。

在全国烟草专卖局长（公司总经理）座谈会上的总结讲话

国家烟草专卖局副局长　潘必兴

(2002 年 7 月 18 日)

同志们：

我们这次全国烟草专卖局长（公司总经理）座谈会开了 3 天，今天就要结束了。这次会议开得很好。会议首先传达学习了吴邦国副总理最近对烟草工作的重要指示，为我们开好这次会议和做好今后工作指出了明确方向。国家经贸委对我们这次会议非常关心和重视，欧新黔副主任专程到会指导并作重要讲话，对当前烟草行业的工作和今后的改革与发展都提出了明确的要求和希望。安徽省委、省政府对我们召开这次会议极为重视，省政府领导亲自到会并作讲话，对开好会议给予了各方面的支持和帮助。会议开始时，国家局 5 个部门的负责同志，分别就上半年全行业的经济运行、专卖管理、企业组织结构调整、财务审计、科技教育工作情况进行了总结通报，并就做好下半年这几个方面的工作提出了意见。在此基础上，姜成康同志代表国家局党组作了题为《保持良好发展态势，坚决做到“五个确保”，全面完成烟草行业 2002 年的各项工作任务》的讲话，对全行业今年下半年以至今后一个时期的工作作了总体安排部署，提出了明确的任务和要求。会议期间，与会同志围绕姜成康同志的讲话进行了认真、热烈的讨论。大家一致认为这个讲话很好，任务明确，重点突出，思路清晰，而且富有新意，一致赞同和拥护讲话中提出的“五个确保”的各项任务部署和要求，并表示要结合实际狠抓落实，确保完成今年的各项目标任务。会议专门安排半天时间组织代表参观学习了安徽省公司的资金管理中心、合肥市的卷烟销售网络建设经验和合肥卷烟厂，使大家很受启发。会议还讨论了《烟草行业 2002 年度经济运行质量和效益考核及奖励办法》，表彰了 2001 年度经济运行工作先进单位。在会议讨论中，同志们对搞好行业工作提出了很好的意见和建议，我们回去后要进一步认真研究和汲取。刚才，福建、江西、辽宁、甘肃、贵州省局（公司）的主要领导同志又作了很好的大会发言，分别结合各自实际汇报和交流了上半年的有关工作情况和贯彻这次会议精神的初步打算，使与会同志从中受到了启发和鼓舞。总之，这次会议大家自始至终情绪饱满，精神振奋，精力集中，通过全体与会同志的共同努力，完成了各项预定议程，取得了圆满成功。

下面，我主要就贯彻落实这次会议精神和切实做好行业当前工作，再强调以下两点意见：

一、要认真重视和切实抓好会议精神的贯彻落实

这次全国烟草专卖局长（公司总经理）座谈会，是烟草行业处于新的发展阶段的关键时期召开的一次重要会议。正如讨论中同志们所讲的，开好这次会议，对于推进烟草行业今后持续、稳定、健康发展具有重要和积极的意义。这次会议之前，在 6 月 27 日召开的国家局机关正处级以上干部大会上，中组部张柏林副部长宣布了中央关于姜成康同志任国家烟草专卖局局长、党组书记和免去倪益瑾同志局长、党组书记的决定，国家经贸委李荣融主任代表经贸委党组在会上作了重要讲话，对国家局党组领导班子和烟草行业工作提出了殷切的希望和要求。在同日上午吴邦国副总理与倪益瑾、姜成康同志的谈话中，对烟草行业管理体制、总量控制、结构调整、整顿规范、打假打私以及领导班子建设、职工队伍建设、党风廉政建设等问题都作了非常重要的指示，为烟草行业的改革与发展指出了明确方向。吴副总理的重要指示我们在这次会议上作了认真传达，李荣融主任的讲话也已经印发到各省级局（公司）。我们这次会议，就是认真贯彻落实吴副总理重要指示和国家经贸委领导同志讲话精神的具体步骤和实际行动，这些指示精神就是我们开好这次会议的重要指导思想。因此，全行业各单位特别是各省级局（公司）党组（党委），要从拥护党中央、国务院的任免决定和贯彻落实国务院领导同志重要指示的高度，从维护烟草行业集中统一领导、确保行业持续稳定健康发展、增强行业整体竞争实力的大局出发，紧密联系各单位工作实际，切实把这次会议精神传达好、贯彻好、落实好。

这次会议的主要精神，集中体现在姜成康同志代表国家局党组所作的讲话中。这个讲话是经过国家局党组和局务会议讨论所形成的，这次会上大家又进一步作了讨论。讲话紧紧围绕“要把保持烟草行业持续、稳定、健康发展作为各项工作的第一要务”，鲜明和突出地提出了“五个继续”、“五个确保”，即继续坚持“控量、促销、稳价、增效”方针，确保全行业经济运行平稳发展；继续坚持以整顿规范为重点，确保烟草市场经济秩序明显好转；继续推进卷烟销售网络建设，确保市场控制力和占有率进一步提高；继续从战略高度“突出主业，增强企业核心竞争力”，确保行业整体竞争实力不断提高；继续坚持“两手抓，两手都要硬”，确保两个文明建设协调发展和行业稳定。这五个方面的要求，不仅概括了近些年来全行业一直坚持的工作重点，而且抓住了当前进一步推进行业改革与发展的关键问题；既是今年下半年工作中必须切实重视并进一步加以解决的问题，也是今后一段较长时期行业发展的全局性工作思路和战略目标要求。切实推进“五个继续”，坚决做到“五个确保”，较好地体现了行业工作的稳定性、连续性和开创性的有机统一，对于保持烟草行业持续、稳定和健康发展至关重要。

传达贯彻好这次会议精神，首先是各省级局（公司）党组（党委），要认真学习领会吴副总理的重要指示和会议的主要精神，进一步统一思想认识，并结合实际制定出具体贯彻落实措施；然后在此基础上逐级进行传达贯彻，把会议精神深入传达到各基层企业和全体干部职工，切实抓好贯彻落实。各省级局（公司）传达贯彻这次会议精神的情况，请在8月底前报国家局。同时，各单位要结合贯彻会议精神，在下半年进一步加强调查研究，有针对性地提出解决问题的措施和办法。全行业都必须大力发扬解放思想、实事求是、与时俱进、开拓创新的精神，扎扎实实地做好各项工作。党的十六大召开后，要按照十六大的部署，紧密联系行业工作实际，特别是结合贯彻落实这次会议精神，进一步深入研究和提出推进行业改革与发展的思路和措施，为做好明年以至今后的工作打好基础。

二、关于当前全行业需要重视抓好的几项工作

今年下半年的工作，姜成康同志的讲话及几个部门的发言都已作了比较详细、具体的安排。我这里只就当前工作中需要特别加以注意的问题，再重复强调以下几点：

*第一，要认真抓好今年的烟叶收购工作。*目前多数产区已进入收购期。针对今年有少数烟区超计划种植的情况，在严格按计划、按合同、按标准加强收购管理，确保烟叶收购等级质量、等级合格率和收购资金落实的同时，要突出注意两个问题：一是任何单位绝不能超计划收购，否则不仅前几年的压库努力将前功尽弃，而且计划种植、合同管理的规定和信誉也会丧失；二是要从保持行业和社会稳定的高度坚决维护好收购秩序，特别是十六大召开前后，绝不允许出现因烟叶收购边界纠纷或“打白条”等引发不稳定问题，发现矛盾要及时妥善解决和制止。

*第二，要在整顿规范工作中切实加大对非法经营的打击力度。*前不久召开的全国整顿和规范市场经济秩序领导小组工作会议，进一步提出要把加大对非法经营的打击力度作为下半年的重点工作。从当前烟草市场情况看，非法制售假冒卷烟的问题仍然非常突出。因此，一方面要继续加大对制假的打击力度，始终保持高压态势，丝毫不能放松；另一方面也要切实加大对市场上非法经营假冒烟的打击力度，一经发现就要坚决查缴，不能任其摆卖。要认真总结和推广卷烟市场户籍化管理方面的经验，进一步巩固和扩大打假成果，以确保到年底真正达到“社会上假烟明显减少”的三年阶段性目标要求。同时，在整顿规范中要切实抓好财经秩序的整顿工作，重点查处私设小金库、账外账和超产瞒产、用样品烟搭售卷烟等问题，继续认真做好多元化经营企业的清产核资工作，确保到年底完成清产核资任务，努力收到实效。

*第三，要不失时机，切实加快“关小”步伐。*关闭小烟厂是当前行业企业组织结构调整的重点任务，各省级局（公司）要按照会议要求继续积极努力地加快推进。当前开展这项工作尽管难度较大，但至少有以下几个方面有利因素：一是经过近几年努力，到今年上半年全行业实施关闭、兼并、合并、破产、停产的卷烟企业已达到66家，在“关小”上已摸索了一定经验；二是今年全国人大九届五次会议朱总理所作的政府工作报告中也专门讲到关停小烟厂的问题，这对加快行业企业组织结构调整是重要的推动力；三是财政部已经下达的15亿元行业发展资金将主要用于行业企业组织结构调整，明年还将继续争取；四是国家经贸委确定的每年10亿元“核呆”规模对企业破产给予了政策支持；五是行业专营利润将首先用于对关闭小烟厂和挂杆复烤企业的补贴等。可以说，现在是实施“关小”非常有利的时机，我们切不可丧失这个有利时机。各有关省级局（公司）一定要认清形势，统一思想，认真研究制定加快“关小”计划，切实加大工作力度，不失时机地加快推进。特别是小烟厂较多、“关小”任务重、进展缓慢的几个省更要加大力度，加快进度，确保今年下半年取得明显进展。“关小”工作决心要坚定，计划要周密，实施要稳妥，工作要做细。关停挂杆复烤厂的工作也要与关闭小烟厂同时推进。这是我们应对入世挑战、提高行业整体竞争力必须抓紧做好的工作。

*第四，要切实按市场、效益的原则抓好产品结构调整工作。*关于搞好产品结构调整、构建烟草“大市场、大企业、大品牌”、努力提高中国烟草整体竞争实力的问题，姜局长在讲话中已经作了很全面的阐述。我这里只强调一点，就是我们做强中国烟草的最终目标是把行业整体做强而不是把现有的每个企业都要做强，把品牌做大也不是单纯地只把高价位卷烟品牌做大，这是关系到我国烟草生产发展和服务方向的问题。今年4月份，我到山西、河北等省调研农村卷烟市场问题时，有的农民就说：你们天天讲“三个代表”，现在我们要抽的烟都买不到，你们到底是代表谁呀！农村消费者的反映值得我们深思。因此，在产品结构调整中要有长远的、全局的观点，必须从市场需要出发，当前特别要注意广大农民和城市低消费水平群体所需要的低档卷烟生产和市场供应问题，大中型企业也不能轻易放弃五类烟生产。解决这个问题，我们既需要向上争取政策，但是根本的出路还是要眼睛向内，立足自身努力，通过改进配方工艺、简化包装、辅料采购等多方面措施努力降低生产成本，商业企业保本微利销售，满足市场供应和消费需求。

*第五，要进一步积极推进卷烟产品的降焦减害工作。*强调抓好这项工作的重要性和必要性在于，一是面对加入WTO以后国内市场国际化的形势，不做好降焦减害的工作就难以提高我们产品在市场的竞争力；二是我国目前卷烟产品焦油量总体偏高，与先进国家相比差距很大，而卷烟产品向低焦油、低危害发展则是必然趋势，不加快降焦减害步伐就难以适应未来市场消费需求；三是我们一些企业的实践证明，较大幅度地降低烤烟型卷烟的焦油量是完全可能的。因此，必须高度重视和继续下大力气抓好卷烟产品的降焦减害工作，特别是部分名优卷烟的降焦步伐要加快，以确保从2004年7月1日起焦油量15毫克/支以上的卷烟不得在全国烟草交易中心上市和到2005年全行业卷烟平均焦油量降至12毫克/支左右目标的实现。为达到这一目标要求，各单位特别是各重点卷烟工业企业要高度重视，采取切实有效措施，提前抓紧做好工作。另外顺便讲一下，中国烟草博物馆的筹建工作在各省级局的大力支持下正在紧锣密鼓地进行，现在土建已全面开工，为保证建成后如期开馆，目前正在开展征集文物藏品的关键性工作，请各省级局（公司）领导给予充分重视和大力支持。

最后，还要强调一下安全工作和维护稳定问题。经贸委欧副主任和姜局长在讲话中都已经专门强调过了，各单位一定要按照要求狠抓落实。现在属于行业性的检查可以说对安全工作下的力量最大，检查的次数最多、最勤，但事故仍然屡有发生。特别是道路交通事故近两年呈明显上升趋势。从发生的几起重大交通事故分析，有些问题并不是完全不可避免的，关键是要有责任心、要有人抓落实。另外，今年上半年多次发生行业内职工到国家局机关长时间上访甚至集体进京上访问题，为此国家局专门召开了信访工作座谈会，提出了明确要求，各单位一定要引起足够重视。特别是十六大召开前后，绝不能出现群体性进京上访事件。各级“一把手”对安全生产和稳定工作必须时刻保持高度的政治责任感，切实负起责任，常抓不懈，确保不出问题。

同志们，我们这次会议在合肥召开，安徽省委、省政府和合肥市委、市政府在各方面给予了大力支持，安徽省局（公司）全力保障，所有会务工作人员及明珠国际大酒店的员工为会议提供了热情周到的服务，让我们以热烈掌声对他们的积极支持和热情服务表示衷心的感谢！

会议如期结束，预祝全体与会同志返程顺利！

提高认识　狠抓落实
深入开展财经秩序专项整顿工作

——在全行业财经秩序专项整顿工作汇报会结束时的讲话

国家烟草专卖局副局长　潘必兴

(2002 年 11 月 8 日)

同志们：

根据10月中旬国家局整顿和规范市场经济秩序工作领导小组第14次会议的决定，为进一步提高全行业各级领导干部对财经秩序专项整顿工作重要性和必要性的认识，层层建立一把手责任制，狠抓有关各项措施的落实，深入扎实地开展整顿工作，国家局专门组织召开了这次汇报会。

在为期两天的汇报会上，我们听取了各省级局（公司）的汇报。从汇报的情况看，大多数省级局（公司）对整顿工作的重要性都有较好的认识，态度比较端正，行动比较自觉，前段整顿工作从总体上看开展得比较正常有序。但是，发展并不平衡，部分地区和单位还存在着认识高度不足，重视程度不足，工作力度不足的问题。通过这次汇报会，起到了交流情况，互相启发，提高认识，取长补短，进一步推进整顿工作的目的。下面，根据各省级局（公司）的汇报情况，我讲两个问题。

一、关于前段整顿工作的情况

从总体上说，前段整顿工作是正常有序的，大多数省级局（公司）都是好的和比较好的。具体表现在：

*一是领导重视，行动比较自觉。*国家局财经秩序专项整顿工作电视电话会议和“南京会议”召开后，绝大多数省级局（公司）都及时召开了党组（党委）会或办公会议，认真传达学习了姜成康局长的重要讲话和葛祥久同志代表国家局整顿和规范工作领导小组部署的关于开展财经秩序专项整顿的实施方案，结合自身实际，专题进行了贯彻，并研究制定了各自的具体整顿方案。不少省级局（公司）的一把手和主管领导亲自进行部署和动员，提出具体要求。湖南省局切实把整顿工作列入重要议事日程，明确把财经秩序专项整顿的开展情况，作为今年和明年对领导干部业绩考核的重要内容，较好地激发了各级领导抓整顿的责任感。广西区局专门召开了由工商企业的法人代表和财务主管领导及财务负责人参加的财经秩序专项整顿的专题会，针对自身存在的突出问题，做出具体部署，任务明确，责任到人，抓点带面，工作抓得比较扎实。各省级局（公司）通过传达贯彻，大多数企事业单位迅速行动起来，层层进行思想发动，认真制定整顿方案，不少单位还结合烟草行业和本地区、本单位的实际，总结经验教训，有的还以过去因财务管理不善发生问题的沉痛教训，深入开展警示教育，引导大家充分认识整顿和规范财经秩序的重要性和必要性，提高领导干部抓好财经秩序整顿工作的自觉性，激发广大干部职工参与整顿的积极性。

*二是措施得当，部署比较周密。*多数省级局（公司）能够结合国家局的要求和自身实际，对本系统的整顿工作进行具体的研究和部署，制定了完整的整顿实施方案和工作计划，明确了整顿的指导思想、方法步骤和标准要求，并认真抓好组织实施。广东省局结合企业改制的具体情况，对商业企业的财经秩序的整顿分门别类地做出了安排，为有针对性地搞好整顿创造了条件。重庆市局确立了“找准问题、查明原因、分清责任、落实措施、整改到位”的20字专项整顿要求，建立了“三有一强化”的工作制度，为财经秩序整顿的扎实推进，明确了工作思路，提供了制度保证。有些省级局（公司）采取以会代训、以点带面的形式，组织所属企事业单位领导集中学习有关文件，统一思想认识；有的组织先行试点，研究总结经验，明确整顿方法和内容。许多省局针对这次自查报表统一运用计算机软件填报汇总的特点，在国家局培训省级局财务审计骨干的基础上，逐级对所属企事业单位的财务骨干进行了培训，对国家局制定下发的自查登记报表进一步分类说明，逐项统一要求，以确保填报口径的一致和数据的准确。有的还从本单位财务往来的实际出发，依据国家局的报表，设计了自查过渡表，分解细化了具体登记内容，为全面准确地清查问题创造了条件。云南省局针对自身实际，在严格按要求填报国家局统一下发报表的基础上，又增设了7份分类表，并在自查中要求各级法人代表、财务、审计和整顿办负责人填报签字认可自查报表真实性的确认书和承担相应责任的承诺书，以确保自查质量。

*三是指导得力，工作比较到位。*绝大多数省级局（公司）能够按照国家局的要求，调整充实了整顿办的力量，并自上而下地成立了相应的领导小组和办事机构，公布了联系和举报电话。河南省局全系统三级整顿办专职人员达到1024人，其中懂财会、审计的人员450人。多数省局在健全组织、充实力量的基础上，各级整顿领导小组和整顿办的同志自觉端正工作作风，集中精力做好本单位的整顿工作，督促指导下属企业的整顿工作。整顿过程中，不少省级局能够结合自身实际，采取各种行之有效的方法，实施具体指导。有的实行领导小组成员分片负责、挂钩蹲点制度，认真开展调研，帮助基层及时发现问题、解决问题。福建省局在自查展开后，

由整顿办牵头，集中11天时间，组织工作组对龙岩、三明、南平等地的15家企事业单位进行了调研、督导，推动基层的整顿工作。有的从薄弱环节入手，切实加强对一些可能问题较多、难度较大的企事业单位的重点指导，以点促面，确保整顿工作整体推进。有的针对整顿中遇到的某一方面的具体问题，认真组织研讨，统一内容，统一要求，使整顿工作的每一个步骤、每一个环节都能落到实处；有的重视抓整顿工作信息，通过舆论宣传发动，开办宣传专栏，编发整顿专刊，上情下达，下情上报，及时宣扬推广先进典型经验，带动督促后进。福建省局至今已向国家局专题上报了五份整顿信息，编发了三期专题简报。一些省级局整顿办还建立了值班、例会和情况通报等制度，及时掌握动态，沟通信息，指导推动工作。

*四是进展有序，进度比较正常。*在下半年生产任务重、销售压力大的情况下，多数省级局都能够切实把整顿工作列入重要议事日程，统筹安排，集中专门力量组织开展财经秩序的专项整顿工作。目前，大多数省级局按照国家局的统一部署，在规定时间内完成了整顿动员学习、提高认识阶段的工作，已组织所属企事业单位开始开展自查工作。从这两天汇报的情况来看，各地自查阶段工作开展一个月以来，虽然由于工作量的大小、具体情况的不同，进展程度有一定的差异，但大多数基层单位都能紧紧抓住自查这一自我反省、自我整改的机会，按照国家局的统一部署和省局（公司）的具体安排，认真开展自查登记工作，使自查工作取得了不同程度的成效。海南省局截至10月底已查出销售云南卷烟的奖售款264万元，外省两个烟厂的网建费79万元和不符合规定的给商业企业的促销奖励款47万元、有奖销售款8万元。甘肃省局针对省局稽查总队和驻铁路烟草专卖局的罚没款上交后的财政返还办案经费未纳入省局财务决算，属于账外账的行为，通过整顿已于8月底将其账户并入省局财务大账，从9月1日起由省局财务部门统一核算，堵塞了隐患。

以上情况说明，从总体上看，整顿工作的开局还是正常的。但是，部分地区、部分单位还存在着一些不容忽视的问题，需要我们引起注意。

一是思想认识不够到位。少数单位对整顿的重要性、必要性缺乏足够的认识，开展整顿工作的自觉性不强。有的瞻前顾后，左观右看，认为整顿是自己与自己过不去，太较真了，得不偿失，因而消极等待，不愿主动查纠问题，工作推一推动一动，不推不动，甚至推了也不动；有的不能正确估价自己，自我感觉良好，把整顿当作无关大局、无关自身的一般性工作来对待，应付差事，甚至有意无意地准备走过场；有的畏难情绪严重，觉得财务管理问题积重难返，比较复杂，怕问题捅开难以收拾，怕查出问题引火烧身，因而，在整顿中患得患失，工作抓而不紧，抓而不实，抱着侥幸的心理，等待观望，个别的甚至寻求对策，企图蒙混过关。这些都说明思想发动工作没有到位，对整顿工作重要性的认识高度明显不足。

二是组织领导不够得力。按照国家局的要求，各级都要建立健全整顿工作的组织领导机构，调整充实有关人员，固定场所办公。但少数单位领导只挂帅不出征，人员只挂名不到位，房间只挂牌不办公，个别的甚至将整顿办电话放在传达室由勤杂人员转接，机构形同虚设，日常工作挂空挡。有的单位甚至把整顿办当成了“维持会”，安排一些闲置人员支撑门面，工作根本谈不上去组织、去指导、去落实。一些省级局的整顿工作，还没有明确的领导分工，没有相应的职责要求，工作脱节，协调沟通渠道不畅，对上级交办的事项、下发的有关文件通知，没有具体人员负责，上报不及时，下传不到位，这里问题的关键还是领导，特别是主要领导的重视程度明显不足。

三是工作抓得不够扎实。一些单位的整顿工作缺乏明确的工作思路，没有结合本地区、本单位的实际制定出切实可行的工作方案，而是照搬照抄上级的部署意见，大而统之，流于形式。有的重点工作不突出，“眉毛胡子一把抓”，既抓不住工作重点和主要矛盾，也有意无意地看不到自身存在的突出问题，稀里糊涂做工作，存在着走过场的危险。有的省级局对本级和直属单位的整顿工作抓得不紧，不同程度地存在着“灯下黑”的情况。还有的缺乏认真的态度和艰苦细致的工作作风，对重点问题视若不见，满足于过得去、差不多，工作浮在面上，具体指导不深入，解决问题不彻底，整顿工作力度明显不足。

上述问题虽然是少数单位存在的，有的单位还存在着具有本单位自身特点的问题，但是，这些问题都应引起我们各省级局和各单位的充分注意，都要举一反三，引以为戒，在下一阶段工作中认真加以解决。

二、以十六大精神为指针，进一步统一思想，提高认识，深入开展财经秩序整顿工作

按照国家局财经秩序专项整顿工作的统一部署，专门的学习动员阶段应该基本结束，目前大部分省级局也已转入自查阶段。为进一步统一思想，提高认识，扎实工作，搞好自查，推进财经秩序整顿工作的深入开展，在这里我讲几点意见：

第一，要以十六大精神为指针，进一步提高认识，切实增强搞好财经秩序整顿工作的自觉性和责任感。

这是我们召开这次专项整顿工作汇报会的主要目的所在。财经秩序专项整顿工作最终成效如何，关键取决于各级领导，特别是法人代表对整顿工作重要性是否有足够的认识和自觉的行动。应该说，通过前段时间的学习动员，大多数单位领导对整顿工作重要性的认识都有所提高。但是，也有一些单位的领导同志认识高度不足，并且随着整顿的逐步深入，涉及到的问题逐渐增加，随之产生一些新的思想障碍，将会影响整顿工作的深入开展。因此，要善始善终地把整顿工作抓到底、抓出成效来，不仅学习动员阶段工作不够到位的单位要补课，进行再动员、再学习，就是学习动员比较到位的单位也必须在进一步提高认识、端正态度上不断下功夫，把学习动员、提高认识贯穿于整个整顿过程。

党的十六大今天上午隆重开幕，我们要以党的十六大精神指导我们的各项工作。为此，各级领导特别是各级、各单位的主要领导要率先努力学习，全面领会党的十六大文件精神，进一步端正思想态度，深刻认识整顿和规范市场经济秩序的重要性和长期性，充分认识整顿财经秩序工作对于整顿和规范市场经济秩序的重要地位及其艰巨性和复杂性，坚决克服临时观点和自满松懈、厌战畏难、消极等待等思想情绪。要以十六大精神为指针，坚持不懈地把财经秩序的专项整顿作为当前的一项重要工作抓紧抓好；要结合学习贯彻党的十六大精神，按照党中央、国务院及国家局有关整顿工作的要求，继续深入细致地做好思想动员，提高对整顿工作重要性的认识，坚定不移地把整顿和规范市场经济秩序工作进行到底。

要深刻认识到，烟草行业开展财经秩序专项整顿，决不是空穴来风，小题大做，而是国家局党组从贯彻党中央、国务院整顿和规范市场经济秩序的要求出发，紧密结合行业实际，总结和吸取我们行业过去诸如褚时健、李邦福、李国庭、陈罗荣等人无一不是经济上出问题的沉痛教训，针对目前存在的各种突出问题所采取的重要举措。它既是建立诚信机制，实现公平竞争，确保烟草行业持续稳定、健康、发展的迫切需要；又是强化财务管理，从源头上堵塞漏洞，预防和治理腐败，爱护干部，特别是爱护我们领导干部的治本之策。希望我们行业的领导干部，特别是各级、各单位的主要领导同志，要充分认识专项整顿财经秩序的极其必要性，充分理解国家局党组的良苦用心，坚决彻底地把财经秩序的整顿工作抓好搞实。通过整顿，坚决纠正过去的问题；通过整顿，建立财务制约机制，健全财务管理制度，根除隐患，确保国家利益不受损失；通过整顿，从源头上建立起防治腐败的机制和制度，实现保护和爱护各级领导干部的目的。所以我们要求全行业领导干部和职工要积极参与整顿，特别是各级、各单位的主要负责同志要切实负起第一责任人的重任，高标准地把财经秩序的专项整顿工作抓紧、抓好、抓到底。

第二，要抓住重点，从严搞好自查，彻底清理财务管理上存在的突出问题。

搞好全行业财经秩序专项整顿，自查是前提和基础。如果自查不彻底，问题得不到清理，不仅会给企业发展留下隐患，还会使自查阶段后的复查、整改工作造成“夹生饭”，严重影响整个整顿工作的成效。因此，各单位一定要充分认识自查工作的重要性，坚持自查从严，真正把本单位存在的突出问题彻底搞清、查实，并加以纠正。为此，各单位首先要抓住国家局提出的整顿重点，认真清理账目，把实情摆出来，按照统一规定的各项自查登记内容，对 2000 年 1 月 1 日以后的有关财务活动逐项进行清理，对有问题账目实事求是地进行登记，找齐相关凭证，弄清相关当事人，达到件件事项有案可查、有源可寻的要求。并按照国家局的检查标准，认真对问题进行定性归类，有什么问题说什么问题，是什么问题就登记什么问题。在这个问题上，决不能为本单位的所谓名利而报喜藏忧，更不能为推卸责任而文过饰非。希望各单位要珍惜这次自查自纠的机遇，依法、依纪、依规对存在的问题进行认真梳理剖析，自我深刻反省，真正把教训找出来，达到自我教育、自我净化、自我提高的目的。有同志提出，我们的整顿要“内紧外松”，我认为，紧也好，松也好，这里有个前提，就是凡有问题的，必须查清搞实，并依法、依纪、依规坚决纠正。所以，彻底自查，坚决纠正，必须毫不含糊，否则，最终于国、于企业、于自身都无利而有害。同时，在自查过程中要坚持开门整顿的方针，要求各企业、各单位必须设立举报箱，充分发动群众参与整顿，积极发挥广大职工群众的监督作用。

在听取汇报中，我觉得还有个这次整顿工作的重点问题需要强调一下。国家局明确提出，这次行业财经秩序专项整顿的重点是清查超产瞒产、促销费、账外账和小金库。各省级局应抓住这个重点不放，力求彻底查清；同时也可以在完成重点清查任务的情况下，结合各自实际，力所能及地解决几个在本地区、本单位带有倾向性的重要问题。切不要转移重点，忽视国家局统一要求的重点问题的解决，否则，会造成不同程度的走过场。譬如，各卷烟销售商业企业对销售奖励款，如销云南烟的政府奖励款的使用，就应该认真进行清理。凡销售地方烟厂产品的公司，要特别专项清理各种不同形式的奖励回扣，等等。关于多种经营的清理问题，应按国家局在年初专门部署的清产核资要求去搞，一般不应与专项整顿混在一起，如果涉及到我们整顿的重点内容才进行追索。

这里还要特别指出的是，在整个整顿工作中，特别是自查阶段，要十分注意防止“灯下黑”的问题。国家局已将凡有资金账户的各直属二级公司和事业单位，都纳入了财经秩序整顿的范围之中，本月中旬还将专门召开整顿领导小组全体会议，专题逐一听取各有关单位的自查汇报，并打算要求所有部门通过自查，由主要负责同志写出没有账外账、小金库的承诺书。从各省局汇报的情况来看，广东、广西、陕西、海南等省已比较注意这方面的问题。如陕西省局编制了机关各部门的自查报表，要求各处室逐项对照，全面检查，并已查出账外资金 70 多万元。我们希望各省级局也要像他们那样，把机关自身及其直属企事业单位纳入财经秩序整顿的范围，采取切实有效的措施，督促他们自觉搞好自查自纠，防止出现“灯下黑”的问题，为所属基层单位的整顿工作带个好头。

第三，要明确政策界限，坚决查处顶风违纪的严重问题和重大典型案件。

应该看到，财务管理上存在的问题是长期积累形成的，成因极其复杂，有的还有其当时的客观环境和行业体制的原因，个别问题还有其个别的甚至个人的原因，因此，整顿必然会触及某些方面的种种利害关系，甚至会“拔出萝卜带出泥”。对此，国家局一开始就规定了明确的政策界限：凡是自查中主动说明问题，分清责任，自觉纠正，并积极整改的，只要不涉及到个人经济问题的，可既往不咎；凡是消极应付、隐情不报，不认真加以整改，甚至拒不纠正问题的，要严肃处理；在清理整顿开始后仍顶风违纪的，要从重从严处理。对此，各级各单位领导，尤其是主要负责同志要有一个清醒的认识，真正放下思想包袱，珍惜和把握住这次自查自纠的机会，正确面对各个时期特定条件下产生的各种各样的问题，在自查过程中积极主动地自查、整改、纠正。有问题并不可怕，只要自觉检查纠正就主动。我们希望尽量把问题暴露在自己行业内部，这样比较容易处理；否则，坐失良机，让问题推向社会，有的问题后果就可能不堪设想了。广西区局专卖处的“小金库”案件，已经使包括原副局长陈尧在内的 3 人被正式逮捕，同志们要切实引以为戒。为此，各省级局要切实负起责任，加大对本级和直属、所属单位自查工作的督查力度，对一些问题较多、整顿又不认真的单位，要组织得力人员重点督促、重点突破，并依据政策追究领导责任；对一些涉及重大经济问题的案件，要及时移交纪检监察部门立案查处；对顶风违纪的问题，要从严从重查处，不能大事化小，小事化了，久拖不办。要注重对重要举报线索的受理和查处，绝不能姑息，绝不允许边整边犯。下一步国家局将不定期、不定点地对各省级局的整顿情况进行督查，凡是发现对严重问题隐情不报、对顶风作案查处不力的，要按照专项整顿政策从严追究领导的责任。

第四，要坚持边整边改，建立健全并落实财务管理的各项规章制度。

敢于触及问题、批准问题是搞好整顿的基础，积极纠正问题、建立防范措施才是整顿的目的。因此，各企事业单位在自查过程中，要认真贯彻边整边改的精神，对查出的问题要及时按政策纠正过来。欠税漏税的，要主动说明情况，依法补齐；私设“小金库”和“账外账”的，要认真查清开支情况，账物立即并入财务大账；截留罚没收入并乱开支的，要立即制止，严格收支两条线，做到专款专用。对过去特定历史条件下遗留的问题，比如过去卷烟价格双轨制时期形成的卷烟差价款及用来进行的投资，也要借这次整顿规范的机会做出妥善处理。这类问题早晚要面对，早解决比晚解决好，主动解决比被动解决好。目前，还有一些企业和系统外的企业搞了一些联营项目，特别是与所谓“外商”和私营企业就卷烟辅料方面的联营问题，有的企业收益不及时入账，而成了可以账外开支的渠道，这也是“账外账”。这个问题有反映，要引起重视，尽快处理。要全面梳理发现的问题，对照《会计法》，认真检查执行制度上的漏洞，有针对性地研究具体的整改措施，制定相应的制度，做到“亡羊补牢”。要以自查出来的问题为戒，增强企业领导干部，特别是法人代表对财务管理的法律责任意识，支持财会人员依法理财；并进一步加强对财会人员的职业道德和法纪观念教育，提高财会人员依法为企业当家理财、为领导把关谋事的素质和能力。各省级局在自查阶段，要及时总结推广一些财务管理规范的先进典型经验，剖析一些典型问题的教训，供基层单位在边整边改中学习借鉴。

第五，要进一步加强组织领导，确保财经秩序整顿的各项工作真正落到实处。

领导重视、组织健全、责任到位，是确保整顿工作顺利进行的基本条件。为此，各省级局和各企事业单位一定要坚持把财经秩序整顿作为当前的一项重要工作来抓，定期分析研究整顿情况，解决整顿工作中遇到的问题和困难。整顿规范领导小组要认真履行职责，切实加强领导。各级、各单位一把手要对本级、本单位的整顿工作负第一责任，分管领导和职能部门要按照职责分工抓好具体工作的组织实施。各省级局要像广西、福建、湖南、重庆等省级局一样，把专项整顿工作列入年度考核的重要条件。

整顿和规范市场经济秩序是一项长期的工作。最近，全国整顿办已经中编委批准，成为一个编制15人的常设机构，我们各级领导和整顿办的同志要树立起长期作战的思想，要抽调得力的专职人员进一步充实整顿办公室，配备专门的办公地点和设施，集体办公，做到定岗、定责、定人。在这里，还要重申，各省级局都要确定一名负责财经秩序专项整顿工作的整顿规范领导小组副组长，充实一名负责财务工作的整顿办副主任，集中主要精力抓好财经秩序的专项整顿。要求省级局整顿办专职人员一般不少于5人，其中财会专业人员不少于2人，工作量大的省还应适当增加。另外还有一点需要明确，财经秩序专项整顿工作，是一项具有综合性的工作，并不是单纯的财务管理事务，不能用财务部门取代整顿办，也不能用整顿办代替财务部门的工作，要做到专项工作有专门机构、专人去做。

在自查阶段，各省级局整顿办要组织人员深入到基层整顿第一线，实行面对面的指导，总结推广经验，纠正发现的问题，确保自查质量。要加强请示报告制度，各省级局整顿办在每月15日、30日向国家局整顿办书面汇报整顿工作开展情况，要建立值班制度，公布整顿办电话。各省级局对国家局督查催办的工作要及时落实、及时回应，不得拖延，确保整顿的各项工作真正落到实处。

关于各省级局在汇报中提出的一些问题和建议，国家局整顿办将在回去以后马上组织研究，争取在本月20日前给大家有个答复。对于自查的时间问题，按照进度服从质量的原则，我们同意延迟到3月末；关于破产和关停企业是否纳入本次专项整顿范围的问题，我们研究可以暂时不予列入，但被兼并企业和合并企业应该列入整顿的范围。

在这里还要特别强调一下清缴欠税的问题。今年以来，在行业上下的共同努力下，经济运行保持了良好的发展态势，尤其是税利的增长幅度超过了产销量的增长。1～10月全行业实现税利已达到1239亿元，比去年同期增加215亿元，其中实现利润360亿元。尽管去年6月1日起实行的新消费税率，使全行业利转税额达80亿元，但工业利润仍然增幅较大，比去年同期增加了32亿元。但是，国家财政收入是以入库数为基础的，为此，为了确保完成今年财政收入的目标，国务院专门召开了增收节支会议，要求清缴欠税，并点名批评了欠税大户，烟草行业是其中之一。国家局党组对此非常重视，专门召开会议进行了部署，并下达了清欠税目标，做到确保当年税收不欠，清理旧欠30%。各省级局按照国家局党组的要求，也进行了布置，做出了努力，但是，到10月末，全行业累计欠税仍达到157亿元（其中工业欠税129.5亿元，商业欠税27.5亿元），与国家局确定的清欠目标相差甚远。企业拖欠税本身就是在市场经济体制下的不公平竞争，是市场竞争中的不规范行为，实际上是违反税法的行为，也属于整顿和规范市场经济秩序的范围。尤其是我们行业的税收入库还与财政部对我们行业的扶持政策挂钩，因此，希望各省级局（公司）领导一定要高度重视这个问题，在后两个月抓紧组织资金入库，国家局将对各省级局税收入库情况及时向全行业通报，以督促确保清欠税任务的完成。同时，根据1～10月的效益情况，保守预计今年全行业实现税利也将达到1400亿元，增幅较大。但是，从这三年的清产核资结果看，我们企业的潜亏挂账、历史包袱也很重。当然，各企业间的情况也很不平衡，利润多的，可能包袱小，或没包袱；利润少的，可能包袱就大。为了做实做强中国烟草，各企业，特别是我们的重点骨干企业一定要夯实发展基础，真实反映成本。要按规定提足折旧和呆坏账准备金，以及对损失的处理等，并积极解决历史包袱，不要报喜藏忧。对以当年利润处理以前年度潜亏挂账的，国家局在考核利润指标时会剔除计算。有的企业还想等财政部给政策来解决潜亏挂账，在此我要告诉大家，中央财政今年非常困难，企业困难还是要靠企业自己来解决，决不能有等、靠、要的依赖思想。

同志们，国家局党组对财经秩序专项整顿工作寄予了很大的期望，任务繁重，要求很高，希望各省级局领导和整顿办的同志认真学习十六大文件，贯彻十六大精神，统一思想，提高认识，加倍努力，狠抓落实，紧紧依靠广大群众的支持和监督，力争取得明显成效，进一步推动全行业整顿和规范市场经济秩序工作的深入开展。

乘势而进 确保专卖管理 三年阶段性工作目标全面实现

——在2002年全国烟草专卖管理工作电视电话会议上的报告

国家烟草专卖局副局长 杨传德

(2002年2月28日)

同志们：

今天我们召开全国烟草专卖管理工作电视电话会议。这次会议的主要任务是：贯彻落实全国烟草工作会议精神，认真总结2001年全国烟草专卖管理工作，针对入世后专卖管理面临的新形势，转变思想观念，加强和改进专卖管理工作，部署今年的工作任务，确保“三年阶段性工作目标”全面实现。围绕这一主题，我讲三个问题：

一、2001年专卖管理工作的回顾

去年是新世纪的第一年。各级烟草专卖局认真贯彻全国烟草工作会议及全国烟草专卖管理工作会议精神，紧紧围绕“三年阶段性工作目标”狠抓落实，在四个方面取得了突破，为新世纪专卖管理工作奠定了基础。

（一）开展“素质年”活动，专卖管理队伍建设取得了新的突破

2001年的专卖管理三年阶段性工作目标是“建立健全专卖稽查队伍，实现正规化管理、规范化办案”。为达到这个目标，各级局根据国家局提出开展“素质年”活动的工作部署，针对专卖稽查队伍组建时间短、新人多的情况，通过内强素质、外树形象，进一步加强了队伍建设。

1. 广泛开展“素质年”活动。各级局高度重视，采取有力措施，扎实有效地开展了这项工作。一是加强组织领导。各省级局按照国家局下发的“素质年”活动总体规划，结合自身实际情况，制定了实施方案，成立了领导小组，为开展“素质年”活动提供了有力的组织保障。二是加强制度建设。各省级局根据《烟草专卖稽查队伍管理暂行办法》，建立健全了专卖队伍管理制度，初步形成了以岗位职责、业务培训、政治学习、组织纪律、廉洁自律、错案追究、考核奖惩、监督制约八项管理制度为核心的制度体系。三是加强培训工作。各级局把培训作为“素质年”活动的一项重要工作，共举办2539期培训班，组织全体专卖管理人员系统学习了烟草专卖行政执法常用的“五法一条例”，并进行了严格考核。四是加强作风建设。各级局针对当前专卖管理队伍在组织纪律、思想作风和工作作风方面存在的问题进行了整顿。还组织专卖人员到部队军营，按照连、排、班的建制，过军事化生活，从内务管理到队列操练进行军事化训练。五是加强检查指导。大多数省级局注重培养“素质年”活动典型，总结经验，通过开展观摩评比活动，推动了这项活动深入开展。11月份，国家局组成检查组，通过随机抽查、闭卷考试、查阅执法文书档案、观看队列操练、召开经营户座谈会及问卷调查等方式，进行了“素质年”活动大检查，确保这项活动扎扎实实地开展。

2. “素质年”活动取得了明显成效。一年来，各级局通过开展“素质年”活动，专卖管理队伍整体素质明显提高。主要表现在：一是行政执法水平有新的提高。通过严格培训，广大专卖人员较好地掌握了有关法律法规知识，依法行政的意识进一步增强，对专卖执法业务更加熟悉，全行业参训人员考试优良率达80%以上；办案文书进一步规范；初步形成了严格按法定程序办案的机制。多数省级局查办的案件，能够做到办案公开公正、事实清楚、证据充分、正确适用法律，没有发生因事实不清、证据不足和适用法律错误等而导致败诉的案件，基本上达到了“规范化办案”的目标。二是思想作风、廉洁自律和文明执法进一步加强，树立了良好的社会形象。通过思想、作风、纪律“三整顿”，加强了精神文明建设，“严于律己，秉公执法，乐于奉献，英勇顽强”的“金叶卫士”精神进一步发扬光大；专卖人员进一步转变了作风，为市场和零售商服务的意识与服务质量有明显提高；各级专卖管理部门落实了收支两条线和罚缴分离的规定，廉政建设进一步加强；专卖人员在执法中着装整齐，出示证件，举止端正，用语规范，较好克服了执法简单、粗暴的行为。三是通过军事化训练，专卖队伍较好地做到纪律严明、秩序良好、内务整齐、步调一致，基本上达到了“正规化管理”的目标，展示了专卖队伍奋发向上的精神风貌。

（二）实施户籍化管理工程，市场监管工作取得了新的突破

去年初，国家局制定下发了《关于卷烟市场户籍化管理的实施意见》，提出了全面实施户籍化管理工程的具体方案。9月份，国家局在浙江台州召开了全行业户籍化管理现场会，总结推广了典型经验，对进一步搞好户籍化管理工作提出了新的要求，各级局认真抓落实。

1. 加强户籍化管理的基础工作。首先是调查摸底，建立档案。各级局对辖区内卷烟零售商进行了全面调查摸底，比较准确地掌握零售商的基本情况，建立了以“五个一”为基本模式的零售商管理档案。二是合理分片，责任到人。划分对卷烟零售商管理区域，制定工作标准，把市场监管责任落

实到人，将管理和服务延伸到每个零售商。三是细分对象，动态管理。根据零售商的守法经营情况，进行考核分类，对零售商实行有针对性的管理。

2. 完善专销结合工作制度。为加强专销结合，使专卖管理和卷烟销售工作形成合力，共建市场，大多数省级局根据本地的实际情况，积极探索，不断完善专销结合工作制度。一是建立专销结合联系制度。专卖和销售部门通过定期或不定期召开联席会议，互相交流工作，共同分析市场状况，研究改进措施，实现了专卖与销售有机结合。二是建立专销监督制约制度。在日常工作中，专卖人员将访销配送存在的问题，访销配送人员将市场管理存在的问题，通过规定的工作程序，以专销工作联系单的形式告知对方。专卖和销售部门在规定时间内进行处理，并反馈处理结果及整改措施，切实做到了相互监督、相互制约、相互促进。三是建立激励制度。量化工作标准，严格进行考核，将专卖管理、访销配送人员的工资及奖金分配同工作绩效挂钩，充分调动专销人员的积极性。

3. 运用现代科技手段，提高市场监管水平。部分省级局在实施户籍化管理工程中坚持高起点、高标准，运用计算机、POS机等现代化管理手段，使专卖管理部门能快速掌握零售商经营动态，为发现处理违法违规经营问题提供了线索，促进了市场监管能力的提高。同时，运用现代化管理手段对业务部门的经营行为也起到监控作用，有效地防止了内部违规行为的发生，促进了生产经营的规范化。

实践证明，实施户籍化管理工程，对解决取缔非法卷烟批发市场后非法经营卷烟由明转暗、由集中转为分散，市场混乱，难以管理的问题起到至关重要的作用，有效地打击了违法经营行为，卷烟市场秩序得到了明显改善，增强了市场控制力，提高了卷烟市场净化水平，为卷烟销售网络建设工作创造了良好环境，促进了行业经济效益提高。

（三）打击制假源头，卷烟打假工作取得了新的突破

去年初，全国烟草专卖管理工作会议对卷烟打假工作做了全面部署，明确了工作重点。5月份，国家局召开了全行业卷烟打假电视电话会议，对卷烟打假工作再次进行了动员和部署。各省级局积极贯彻落实会议精神，加强组织领导，重拳出击，不断掀起打假高潮。

1. 打击非法拼装倒卖烟机活动取得重大突破。多年来，我们打掉了大批卷烟制假窝点，查获了大量制假烟机，但是制假分子可以源源不断地得到烟机补充。去年，国家局明确把打击非法拼装倒卖烟机团伙列为卷烟打假的重点，从源头上加大了打击力度。一是加强组织领导，及时研究部署任务。国家局和有关省级局相继成立了“打击非法拼装倒卖烟机团伙领导小组”，先后召开了5次会议，及时总结每个阶段的工作情况，分析存在的问题，研究下一阶段的工作思路和具体措施，使打击非法拼装倒卖烟机活动逐步深入推进。二是确定重点地区，集中力量开展打击行动。第一阶段确定在河南许昌、湖北襄樊、湖南常德、江西南昌、广东汕头5个地区开展打击行动。一个月内在江西、河南取得了突破。江西省局高度重视，做了大量艰苦工作，侦破了南昌一大型企业四年来违法生产销售YJ14卷烟机后身1000余台的特大案件，涉及14个省拼装倒卖烟机和零部件线索，打开了突破口，对开展打击非法拼装倒卖烟机团伙活动起到了重要推动作用。三是抓住时机，扩大战果。4月下旬南昌烟机案件告破后，立即在案发地召开了第二次领导小组会议，部署了在14个省抓捕涉案人员方案，展开第二阶段打击行动。14个省局专卖处的同志在“五一”期间没有休假，与公安部门联合作战，两个月内抓获了78名涉案人员，取得了阶段性的战果。10月份福建省局连续破获了3个非法倒卖烟机团伙，查出涉及10个省倒卖烟机和零部件的线索，再次取得重大突破。去年在打击非法拼装倒卖烟机活动中，共查获违法犯罪团伙22个、非法拼装烟机130台，抓获犯罪嫌疑人148名，非法拼装倒卖烟机活动的猖獗势头得到了一定遏制。

2. 加强追刑工作，严惩制售假烟违法犯罪分子。针对制售假烟重点地区很难巩固打假成果，经常出现反弹的突出问题，各级局确定以抓捕犯罪分子和做好追刑工作为卷烟打假的工作重点，结合公安部门开展追捕在逃犯罪分子行动，排查涉嫌制售假烟违法犯罪分子名单，连同基本违法事实一并移交司法机关，并积极配合做好追刑工作，严惩制售假烟违法犯罪分子。河北省局配合司法机关加大追刑力度，去年藁城市一个制假重点村的63名犯罪分子被判刑，首要分子杨振辉被判处有期徒刑16年，基本铲除了藁城市制售假烟势力。据统计，去年全国在卷烟打假中共拘留制售假烟违法分子2684人，判刑544人，劳教77人，有力地打击了制售假烟违法犯罪分子的嚣张气焰。

3. 与公安部门密切配合，形成打假合力。为加大对制售假烟重点地区打假力度，解决在制售假烟和非法拼装倒卖烟机重灾区存在侦查犯罪团伙线索难，抓捕犯罪分子和追刑难，暴力抗法、开展打击行动难等突出问题，国家局与公安部于11月6日联合召开了重点地区打击制售假烟专项行动会议，发布了《关于严厉打击制售假冒伪劣卷烟违法犯罪活动的通告》，部署了在9个省（区）联合开展专项卷烟打假行动方案。各省（区）局与公安部门及时向省委、省政府进行汇报，得到有力支持，成立了专项行动领导小组，制定了具体行动方案，迅速开展打击行动，形成了公安与烟草联合打假的强大声势。12月下旬，公安部赵永吉副部长和我带领工作组，赴福建云霄制假重灾区检查指导卷烟打假工作，引起当地党政领导的高度重视，有力地推动了专项行动深入开展。目前，这项行动正向纵深发展，取得了显著成果，为实现今年卷烟打假目标奠定了重要基础。

4. 加大宣传力度，营造卷烟打假社会氛围。各省级局充分发挥新闻媒介作用，及时报道打假成果，揭露打假中存在的问题，推动了卷烟打假工作深入开展。中央电视台对在广东、福建开展的“5·14零点卷烟打假行动”进行了现场直播，并连续跟踪报道，引起当地政府的高度重视。新华社《国内动态清样》两次报道了山东济阳、商河的卷烟制假情况，引起中央领导高度重视，作出了批示，为推动山东卷烟打假工作起到了促进作用。中央电视台、人民日报、经济日报、法制日报等新闻媒介对卷烟打假也多次予以报道，使卷烟打假工作进一步得到了社会各界的关注和支持。

去年，各级局精心组织，开展了“端窝点、打团伙、断渠道、清市场”的卷烟打假工作，不断掀起打假高潮。共出动打假人员403万人次，查处制售假烟案件24万起，收缴假烟53万件，捣毁制假窝点2303个，查获造假卷接包设备1671台、烟叶2.1万吨。与上年同期相比，多出动打假人员6万人次，多查处制售假烟案件4万起，查获制假烟机数量少了817台，查获假烟数量少了4万件。这表明我们加大从源头

上打假的力度，使假烟泛滥的势头进一步得到了遏制，为维护行业正常的生产经营秩序、提高经济效益提供了保障。

（四）实现全部专卖品准运证网络化管理，证件管理取得了新的突破

证件管理是专卖管理重要的基础性工作。运用现代化的科技手段提高证件管理水平对加强行业内部管理，进一步规范经营行为起到了重要作用。去年开发启用了卷烟、烟机及烟用物资准运证网络管理系统，实现了全部烟草专卖品跨省运输准运证的网络化管理。为配合网络管理系统的使用，国家局相继下发了关于启用准运证计算机网络管理系统的有关规定，印制了新版准运证。同时还建立了公告制度，对新增加的授权签发烟草专卖品准运证单位、全国烟叶交易会员单位、被撤销的96家调拨站进行了公告，使烟草专卖证件管理更具权威性和透明度。各省级局严格按照国家局要求，积极培训证件管理人员，配置相关硬件设备，为准运证网络管理系统的正常运行提供了保障。

运用计算机网络管理系统开具准运证，严格了开证程序和凭证，解决了多年来在专卖品流通领域中普遍存在的重复使用合同问题。运用网络管理系统对调出的卷烟、烟叶数量及去向、合同执行情况进行有效监控，及时发现和解决经营中出现的问题，而且定期汇总数据、统计分析，为规范生产经营行为提供了重要依据。全部烟草专卖品准运证实行计算机网络管理，从根本上改变了手工开具准运证的传统管理方式，克服了过去工作中的随意性，提高了工作效率，规范了工作程序，基本实现了准运证管理自动化，使证件管理水平上了一个新台阶。

（五）加强行业内部专卖管理，规范生产经营行为

去年，按照国家局狠抓规范的要求，各省级局进一步加强内部专卖管理，开展了生产经营行为的监督检查工作，对发现的违法违规问题及时进行了严厉查处，查办了一批顶风违法违规、性质恶劣的大案要案，对有关责任人进行了严肃处理，有力地促进了行业内部生产经营秩序的规范。多数省局通过狠抓内部专卖管理，规范生产经营行为，经济效益有了大幅度增长。湖南省局去年共查处内部案件15起，严厉处分41名责任人员，撤销了17名市县两级局领导干部职务。国家局会同有关省局查处了淮滨卷烟厂违法违规生产经营案件、湖北省来凤卷烟厂与北京房山区烟草公司工商勾结倒卖卷烟案件、陕西延安卷烟厂违法违规进口烟机案件、湖南平江县公司与烟贩子内外勾结倒卖卷烟造成重大损失等案件，严肃处理了有关涉案人员，并在行业内进行通报，充分发挥了反面典型的教育作用。去年，卷烟体外循环实现了控制在100万箱左右的目标，使多年来居高不下的体外循环卷烟数量有了明显减少，充分说明了在规范内部生产经营行为方面所取得的成效。

2001年，广大专卖管理人员以务实的工作作风，知难而进，开拓创新，付出了大量心血和汗水，专卖管理工作取得了明显成效。在此，我代表国家局向你们取得的成绩表示热烈祝贺，并对你们的辛勤工作表示衷心感谢。

二、更新思想观念，改进和加强专卖管理工作

在今年全国烟草工作会议上，倪局长深刻分析了加入世贸组织后烟草行业面临的新形势，指出了来自外部的压力和内部存在的主要矛盾和问题，要求全行业广大干部职工要转变观念，增强危机感、紧迫感、责任感。为此，广大专卖管理人员需要进一步认清形势，更新思想观念，与时俱进，加强和改进专卖管理工作。

（一）认清形势，增强忧患意识

当今，世界经济一体化已成为时代潮流，一个国家封闭式的发展历史已经结束。我国加入世贸组织，标志着烟草行业开始融入到国际烟草界竞争之中，这对我国烟草行业来说，既提供了发展机遇，又面临严峻挑战。从入世后近期情况分析，烟草专卖品进口关税要降低，两年后特种烟草专卖品零售经营许可证要取消，外国卷烟在价格上和市场准入条件上，拓展市场的能力加强了。国内烟草市场将转变为名副其实的国际市场，国产卷烟与外国卷烟争夺市场的激烈较量拉开了序幕。

加入WTO后，对专卖管理工作到底具有哪些影响？提出了哪些方面的挑战？我们应当如何应对这些影响和挑战？这无疑是摆在烟草行业，特别是专卖管理工作面前的现实课题，需要我们深入研究，做出回答。当前烟草专卖管理工作面对入世后的新形势，存在着诸多不适应的方面，突出表现在：一是地区封锁严重。不少地区把国家烟草专卖演变成地方专卖，实行地区封锁，与入世后国内市场国际化的形势形成了强烈反差。二是规范有序的卷烟市场秩序尚未形成。市场净化水平比较低，假、私、非、超四种烟仍在严重冲击市场。管理科学、高度垄断的卷烟销售网络体系尚未建成。三是思想观念不适应新形势下专卖管理工作的需要。多年来，不少专卖管理人员，以管理者自居，习惯于检查处罚，不懂如何寓管理于服务之中。加入世贸组织后，这些矛盾和问题对专卖管理工作形成了更大的压力。然而我们不少专卖干部，特别是一些领导干部，头脑不够清醒，依然躺在专卖制度的保护伞下，盲目乐观，严重缺乏危机感。不注意观察和思考国际烟草界发生的变化，特别是面对入世后新的形势，不注意深入研究加强和改善专卖管理的工作思路和工作方法。思想观念陈旧，习惯于用老经验、老方法去解决多年来未能解决好的老大难问题，很难适应入世后形势的变化对专卖管理工作提出的新要求。

因此，我们务必要着眼于加入世贸组织后，烟草专卖制度面临的压力和挑战，树立起强烈的忧患意识。忧患可以使人自警，自强不息，艰苦奋斗，创造性地工作。全体专卖管理人员要以强烈的忧患意识、奋发有为的精神，做好专卖管理工作，为入世后增强我国烟草行业抗御风险的能力，在竞争中发展创造有利条件。

（二）更新观念，与时俱进

为使专卖管理工作适应加入世贸组织后形势变化的要求，我们必须把握时代特征，认识事物发展的客观规律，更新思想观念。

1．要树立依靠提高科学管理水平和竞争实力巩固烟草专卖专营的思想观念。综观世界烟草行业，垄断经营基本上分为两种形式，一种是由于本国烟草行业实力不够强大，为了保持其生存和发展，主要是依靠行政管理和烟草专卖法律保护进行垄断经营；另一种是自身实力强大，以拓展国际市场为目标，主要是依靠经济实力和科学管理进行垄断经营。因此，国际烟草界呈现出以经济实力强弱为特征的两种垄断形式。在当今全球经济一体化的进程中，依靠强大经济实力和科学管理的烟草垄断经营，对依靠行政管理和专卖法律保护的烟草垄断经营形成了严重的挑战。烟草行业实力不强的国

家，在打破贸易壁垒的压力下，将要被迫废除烟草专卖制度，本国的烟草行业也将遭受严重冲击。我们务必要清醒地认识这个问题，尽快转变长期以来形成的一遇到来自外部的冲击就去找政府，什么都要依靠行政手段来保护的思想观念，要树立以依靠行业自身经济实力为基础，通过科学管理形成经济垄断的思想观念。这对我们来讲是一个重大的思想观念转变，也是思想认识上的一次飞跃。树立这种观念，就能够使我们把握住行业发展的方向，正确认识加强和改进专卖管理工作、提高行业经济实力和竞争力在现阶段的重大历史意义，为入世后战胜面临的挑战和压力奠定思想基础。

2．要树立依靠法律和市场经济规则加强和改进烟草专卖管理工作的思想观念。我国实行的烟草专卖制度建立于计划经济开始向市场经济转轨时期，烟草专卖管理是依据《烟草专卖法》实施的，带有明显的行政权力特征。这种具有行政权力特征的专卖管理对我国烟草行业的发展壮大发挥了重要作用。目前我国已加入了世贸组织，WTO是以市场经济为基础的自由贸易体制，需要我们按照WTO的规则，改进我国市场准入和国内市场公平竞争的法律条件，并经过一定的过渡期，逐步达到国际水准。我国烟草行业在政府的努力下，赢得了一个继续在专卖制度保护下发展的过渡时期。在这个过渡期内烟草专卖管理工作将要发生深刻的变化，对外国烟草公司要取消歧视性审批项目，实行国民待遇；对市场监管要取消保护性的制度和规定，实现公平竞争；对专卖管理行政执法要做到权限合法、行为合法、程序合法，切实做到严格按照法律法规和市场规则进行管理。因此，我们务必要清醒地认识到在过渡期内，专卖管理工作将要发生哪些变化。转变过去主要依靠行政管理权力开展专卖管理工作的思想观念，真正依靠法律和市场规则加强和改进专卖管理工作，适应入世后形势发展的需要。

3．要树立依靠服务于市场提高专卖管理工作水平的思想观念。烟草专卖管理是行政行为。在当今世界各国行政行为的现代化进程中，行政行为是否为市场建设服务，是否与市场经济发展相协调，是行政行为现代化进程的重要标志。长期以来，我们有些专卖管理干部思想观念陈旧，摆不正自己的位置，有的甚至形成了一种特权思想，认为专卖执法只享有职权，不应当履行义务，缺乏为市场和卷烟零售商服务的意识，没有真正团结起广大零售商，掌握住卷烟市场专卖管理工作的主动权。加入世贸组织后，我们与外国烟草公司在同一个市场上展开激烈竞争，卷烟零售商将发挥出重要的市场导向作用。谁赢得了广大零售商，谁就赢得了市场，为零售商服务将成为市场竞争的重要内容。因此要认清卷烟零售商与我们是兄弟关系，零售商在卷烟流通中发挥着重要的桥梁作用，为零售商服务、为市场服务是加强和改进专卖管理工作的重要内容。全行业专卖管理干部要转变思想观念，摆正位置，寓管理于服务之中，把广大零售商团结在我们周围，形成利益共同体，建立起强大的卷烟销售网络体系，创造有利的市场环境，把握住市场竞争的主动权。

三、2002年专卖管理工作安排

今年是第二轮专卖管理工作“三年阶段性工作目标”的最后一年，时间紧，任务重。各级局要按照国家局党组对专卖管理工作的要求，在去年实现“四个突破”的基础上，总结经验，再接再厉，确保“三年阶段性工作目标”的全面实现。为此，要着重抓好以下五个方面的工作：

（一）开展“卷烟打假年”活动，确保实现社会上假烟明显减少的目标

专卖管理“三年阶段性工作目标”今年的主要目标任务是，有效遏制制售假烟的违法活动，社会上假烟明显减少。各级局要加强领导，更新观念，从过去遏制假烟泛滥的工作思路和工作方法，转变为根治制售假烟活动的工作思路和方法上来，深入开展“卷烟打假年”活动，实现今年的工作目标。

1．确保重点地区打假取得重大突破。目前，公安部和国家局联合开展的卷烟打假专项行动，确定山东、广东、福建等9省为卷烟打假重点地区。这些地区打假成效如何，直接关系全国卷烟打假工作大局，关系到“三年阶段性工作”目标能否实现。这些省局要抓住专项行动的有利时机，按照行动方案确定的工作任务、主要措施和时间安排，严厉打击制假窝点和非法拼装倒卖烟机团伙。山东省济阳、商河两县回民聚集地区近一年来形成了新的制售假烟重灾区，严重的制假活动没有得到及时有力的打击，与全国卷烟打假形势形成了明显反差。经山东省局做了大量工作，春节前推动地方政府开展了打假行动，取得了初步成果。但存在的问题仍很突出，省局要继续认真做好地方政府的工作，积极配合有关执法部门，创造良好的执法环境，严厉打击制售假烟犯罪分子，务必要取得实实在在的成果。福建、广东省局要解决过去在卷烟打假中捣毁制假窝点多，追逃制售假烟犯罪分子少，抓捕、追刑工作不力的问题，严惩犯罪分子。江西、湖北省局要继续跟踪监控非法拼装倒卖烟机团伙活动，深挖线索，扩大战果。湖南、河南、河北省局要在巩固卷烟打假已取得成果的基础上，深挖隐藏下来的制假窝点和非法拼装倒卖烟机团伙，防止出现新的反弹。广西区局要做好地方政府工作，切实解决暴力抗法问题，打掉贺县、宾阳多年来没有彻底摧毁的制假窝点。其他省局要根据当地实际情况，有针对性地开展端窝点、打团伙、断渠道、清市场的打假工作。特别要保持高度警惕，严阵以待，防止制假活动转入本地区，形成新的制假重灾区。

2．加强抓捕和追刑工作，依法严惩制售假烟犯罪分子。从多年来的打假情况看，追刑不力、违法犯罪分子没有得到严厉的法律制裁，是卷烟制假屡打不绝的一个重要原因。因此，各级局要将抓捕追刑工作作为打假的“治本”措施来抓。一要对有涉嫌犯罪、需要抓人的假烟案件请公安机关提前介入，在打窝点的同时，抓捕制售假烟的主要案犯，做到人赃俱获，为追刑提供有力证据。二要认真研究运用打假方面的刑事法律依据，做好行政处罚与刑事处罚程序上的衔接工作，及时移交犯罪分子名单及基本违法事实，积极配合司法机关做好对制售假烟分子的追刑工作。三要及时向地方人大和政府汇报，解决追刑工作存在的抓人不判刑、以罚代刑、重罪轻判等问题，使制售假烟分子得到应有的惩处。

3．开展治理违法生产经营烟丝专项活动。长期以来烟丝流入制假窝点的问题比较突出，今年上半年要进行专项治理，加强对烟丝生产经营的专卖管理。在专项治理期间，各省级局要对烟丝生产经营情况开展摸底调查，分类排队。对已经取得生产经营资格的企业，经查生产经营规范、没有违法违规行为的，可以保留，重新换发许可证。对无证生产烟丝的企业及作坊，向制假窝点提供烟丝和烟叶的，要坚决予以取缔。各省级局要在6月底前完成专项治理工作，7月15日前

上报治理整顿情况报告，国家局将于8月份进行检查。

4. 继续深入开展打击非法拼装倒卖烟机团伙活动。去年打击非法拼装倒卖烟机团伙工作取得了较大突破，积累了宝贵经验。今年各级局要认真分析研究非法拼装倒卖烟机活动的规律及特点，有针对性地开展打击行动。一要从卷烟制假窝点查获的烟机中排查来源线索，扩大案源，寻找打击非法拼装倒卖烟机团伙的目标。二要在非法拼装倒卖烟机重大案件突破后，加大审讯案犯的力度，查清拼装烟机零部件的来源及烟机倒卖的去向，集中围绕一个非法拼装倒卖烟机团伙开展战役性打击行动。三要加强省级局间的合作。非法拼装倒卖烟机活动一般涉及省份较多，各省级局要互相配合，把非法拼装倒卖烟机的线索链条连接起来，力求打掉完整的团伙。四要加强对烟机零部件生产企业的监管，实行属地管理，落实责任制，防止烟机零部件流入非法拼装倒卖烟机团伙手中。

此外，在卷烟打假中，还要注意抓好两项工作。一要严格按照《打假资金使用管理规定》，用好财政部预算内的卷烟打假专项拨款，加强审计监督，防止出现违法违规行为。二要加强宣传报道，充分发挥舆论作用，推动卷烟打假工作。

（二）运用现代科技手段，提高专卖管理工作水平

信息网络技术是专卖管理工作创新的重要载体，是实现信息共享、量化分析、动态监督的工具，可以有效地提高工作效率和工作质量，节约管理成本。

1. 继续完善准运证网络管理系统。一要做好准运证网络管理系统的跟踪调研、补充完善工作，对准运证系统在运行中的问题要及时解决。要按照“实用、便捷、多功能”的要求，从完善、拓展系统功能方面入手，尽快进行烟叶和卷烟两个准运证网络系统的升级。二要对网络系统到货确认功能的落实和执行情况组织检查，定期做好管理系统数据的统计分析工作，监控“两烟”流向，为规范经营行为提供准确依据。三要加强对网络系统的维护，采取有效措施，确保网络系统的安全运行。

2. 开发运用许可证网络管理系统。根据国家局信息化建设的总体规划，今年国家局将统一组织研制开发许可证网络管理系统。各省级局要根据国家局的统一部署和要求，积极，培训办证人员，配备硬件设备；认真做好开发前的调研工作，收集许可证管理中存在的问题，以便在开发时一并考虑解决。通过运用现代化手段对许可证进行管理，提高办证效率，简化办证程序，增强透明度；实现对全行业许可证办理工作的统一监控和数据收集，使许可证管理与市场准入和市场监管工作有机结合。

3. 开发运用专卖信息管理系统。目前，全行业已经启用了国家烟草专卖局MIS系统专卖子系统，对专卖数据统计、证件管理、案件信息、队伍管理和专卖动态进行网络管理。各省级局已经开发运用的专卖信息系统要及时调整，7月底前要与国家局专卖子系统接轨。国家局正在开发试用省市专卖管理网络系统，待完善后将在全国推广，各省级局不得自行开发，以免造成浪费。

（三）深化户籍化管理，提高专销结合工作水平

去年，通过全面启动户籍化管理工程，卷烟市场监管工作取得了突破。今年的工作重点是全面提升户籍化管理工作水平。

1. 进一步提高对实施户籍化管理工程重要性的认识。目前，全国户籍化管理工作发展势头良好，但严重存在着发展不平衡的问题，不少单位没有充分认识到实施户籍化管理工程是提高卷烟市场监管水平，建立规范有序的市场秩序，推进网建工作的有效途径，工作作风不扎实，不愿做艰苦细致的工作，户籍化管理工作流于形式。各级局要进一步提高对实施户籍化管理工程重要性的认识，转变工作作风，扎扎实实地开展好这项工作。

2. 开展市场净化率达标活动，提升户籍化管理工作水平。市场净化率是评价户籍化管理工作成效、衡量卷烟市场专卖管理水平的重要标准。今年要通过开展净化市场的达标活动，推进市场建设工作。专卖司在试点的基础上，经过反复征求意见，制定了以市场占有率、持证经营率、合法渠道进货率为主要内容的市场净化率计算公式，作为考核卷烟市场专卖管理水平的标准。各级局要根据去年底市场净化状况，提出今年的市场净化率管理目标，制定达标措施，狠抓落实。各省级局要建立卷烟市场净化率动态管理制度，掌握户籍化管理工作的进展情况，开展评比活动，表彰先进。通过开展市场净化率达标活动，不断提升户籍化管理工作水平。专卖司将按市场净化率管理目标，于第四季度结合“卷烟打假年”活动对户籍化管理工作及市场净化情况进行检查评比。

3. 树立典型，充分发挥示范引路的作用。多年的专卖管理工作实践证明，树立典型，以点带面，有利于推动全局性难点问题的解决。实施户籍化管理工程是对粗放式专卖管理方式的改革和创新。各省级局要选择有代表性的单位，重点培养，树立本地区的先进典型；要加强对后进单位的调查研究，进行有针对性的帮助指导，做到抓两头、带中间。对于工作中形成的先进经验，各省级局要及时加以总结推广，充分发挥典型引路的作用，通过召开现场会，推动户籍化管理工作的全面开展，促进市场管理水平的不断提高。

（四）加强监督管理，促进行业生产经营行为进一步规范

近年来，国家局狠抓规范、强化内部专卖管理，取得了明显成效，但是目前行业内各种不规范的问题仍比较突出，违法违规案件时有发生。今年各省级局要继续按照国家局狠抓规范的要求，狠抓落实。一要加强监督检查。各级局要对烟草专卖品生产经营进行全面监控，加大监督检查力度，跟踪检查专卖品的调入、调出数量及流向，实行到货确认制度。从检查中发现线索和问题，及时组织力量查处。二要排查违法违规经营线索。社会上违反烟草专卖法律法规的案件很多都与行业内部生产经营行为不规范有关。各级局在查处案件时，要严格按规定将大要案上报备案，追根溯源，查找出行业内部违法违规经营行为线索。三要加大行业内部查处案件力度。对有案不报、大要案不备案、有案不查、查处不力的，要追究有关领导的责任。对违法违规案件当事人要严格按规定严肃处理，并通报批评，发挥反面典型的教育作用。四是要建立违法违规经营黑名单。将行业内严重违法违规经营、屡经查处得不到整改的企业，列入黑名单，在行业内予以公布。对于列入黑名单的企业，要严格监控其生产经营行为，情节严重的要停产整顿。

（五）加强队伍建设，提高执法水平

通过去年开展“素质年”活动，专卖队伍的整体素质有明显增强。但是，在按照程序执法方面还有许多问题，有待进一步加强。今年各级专卖队伍要认真学习党的十五届六中全会关于《加强和改进党的作风建设的决定》，加强思想作风

建设，以严格按照法定程序执法为重点，提高执法水平。

1．严格执法程序，进一步提高依法行政水平。办案水平是衡量队伍素质的重要标志。通过开展“素质年”活动，广大专卖执法人员的法律知识和依照程序办案的意识有了明显提高。但是，目前一些专卖管理干部仍有“重实体、轻程序”的错误观念。在执法程序中存在十大突出问题，即不亮明身份执法，滥用行政强制措施，不履行法定的告知程序，不重视证据、只凭口供办案，不按规定举行听证，先调查、后立案，乱扣乱罚，滥用自由裁量权、执法尺度不统一，执法主体不合格，案卷不规范。这十个问题，有的带有普遍性，有的在一些地区表现得比较突出。各级局要认真对照，进行自查，有什么问题，纠正什么问题。要进一步完善和落实错案责任追究制度和查处分离制度，监督制约专卖执法行为，防止专卖执法不规范的行为发生。国家局对反映问题比较多的地区，要进行重点执法检查，对问题严重、长时间得不到有效解决的，要整顿稽查队伍，并追究有关领导人的责任。通过严格按程序执法来保证办案质量，提高依法行政水平。

2．建立健全专卖管理所，进一步完善专卖管理组织体系。这几年，各级局都成立了烟草专卖稽查队伍，为卷烟打假打私、清理整顿市场发挥了重要作用。但是，随着专卖管理工作的逐步深入，户籍化管理工程的实施，需要建立和完善专卖管理组织体系，即横向成立专卖稽查队，发挥机动性强的作用，主要任务是端窝点、打团伙、查大案；纵向设立专卖管理所，主要任务是对卷烟零售商实施户籍化管理，加大监控力度，净化规范卷烟市场。构建新型的卷烟市场专卖管理组织体系，为提高执法水平、加强依法行政提供有力的保障。

同志们，在全体专卖管理人员的努力拼搏下，专卖管理工作取得了明显成效。今年国家局将开展评比表彰先进活动，总结经验，鼓舞士气，进一步弘扬“严于律己、秉公执法、乐于奉献、英勇顽强”的专卖精神，乘势而进，确保三年阶段性工作目标全面实现。

认真学习贯彻《干部任用条例》建设一支烟草行业高素质的领导干部队伍

——在全国烟草系统学习贯彻《党政领导干部选拔任用工作条例》电视电话会议上的讲话

国家烟草专卖局副局长　张保振

(2002年7月31日)

同志们：

最近，中共中央颁布了《党政领导干部选拔任用工作条例》(以下简称《干部任用条例》)。7月22日，中央专门召开了全国学习贯彻《干部任用条例》电视电话会议，中共中央政治局常委、中央书记处书记胡锦涛在会上发表了重要讲话。为贯彻落实好中央7号文件和全国电视电话会议精神，国家局党组决定，召开全国烟草系统学习贯彻《干部任用条例》电视电话会议。

我们这次会议的主要任务是，以“三个代表”重要思想和江泽民同志“5·31”重要讲话精神为指导，把学习《干部任用条例》与贯彻胡锦涛同志讲话紧密结合，全面把握《干部任用条例》的内容和要求，深刻领会基本精神，增强贯彻执行的自觉性，动员部署全国烟草系统学习贯彻《干部任用条例》工作，努力建设一支烟草行业高素质的领导干部队伍。下面，我代表国家局党组，就学习贯彻《干部任用条例》讲三点意见。

一、必须站在全局和战略的高度，充分认识颁布实施《干部任用条例》的重大意义

中央颁布的《干部任用条例》是在《党政领导干部选拔任用工作暂行条例》的基础上修订而成的。1995年中央颁布实施的《暂行条例》，对于规范干部选拔任用工作程序，提高干部选拔任用工作质量，加强领导班子建设，遏制用人上的不正之风和腐败现象，发挥了重要作用。《暂行条例》颁布7年来，形势发生了很大变化。中央对党政领导干部选拔任用工作提出了一系列新的要求；干部人事制度改革取得了新的进展，积累了一些经验；党的建设及干部工作的理论研究，也取得了一批新的成果。同时，一些地方和部门存在的用人上的不正之风，是广大干部群众反映比较多的热点问题之一，必须认真加以解决。面对干部选拔任用工作中出现的大量新情况、新问题，《暂行条例》在内容和形式上已不能完全适应工作的需要。根据新形势新任务的要求，本着与时俱进的精神，中央决定重新修订并颁布《干部任用条例》。《干部任用条例》的颁布实施，是党的干部工作更好地贯彻落实“三个代表”重要思想的需要，是适应新形势新任务的要求建设高素质干部队伍的需要，是总结和推广近年来干部人事工作的新经验、新成果，进一步提高干部选拔任用工作水平的需要。

选什么样的人，怎样选人，历来是我们党高度重视的一个重大问题。毛泽东同志深刻指出，政治路线确定之后，干部就是决定的因素。邓小平同志明确指出，政治路线确立了，要由人来具体地贯彻执行。由什么样的人来执行，是由赞成党的政治路线的人，还是由不赞成的人，或者由持中间态度的人来执行，结果不一样。在新的历史条件下，党的第三代领导集体继承和发展老一辈革命家倡导的马克思主义用人观，提出了按照“三个代表”要求，建设高素质干部队伍的重要思想。江泽民同志特别强调，马克思主义这一政党不仅要有正确的思想路线和政治路线，而且要有正确的组织路线，关键是要选好人、用好人。他明确指出，干部选拔任用工作要坚持走制度创新的路子，用科学的选人用人制度来保障把人选准用准。

《干部任用条例》坚持以马克思列宁主义、毛泽东思想、邓小平理论为指导，全面贯彻“三个代表”的要求，科学总结了长期以来特别是改革开放以来党的干部工作丰富的实践经验，吸收了近年来干部人事制度改革的重要成果，是我们党关于党政领导干部选拔任用工作的基本规章，也是从源头上预防和治理用人上不正之风的有力武器。《干部任用条例》的颁布和实施，表明我们党在建立健全选贤任能的科学机制方面迈出了重要的一步，对于推进干部工作的科学化、民主化、制度化，对于形成朝气蓬勃、奋发有为的各级领导层，保证党的基本路线的贯彻执行，保证党的事业的兴旺发达和国家的长治久安，具有重大而深远的意义。

二、认真抓好学习，为全面把握、贯彻执行好《干部任用条例》打牢根基

认真学习贯彻《干部任用条例》，进一步提高党政领导干部选拔任用工作水平，是当前各级党组（党委）及其人事（组织）部门的一项重大而紧迫的任务。贯彻执行好《干部任用条例》，首先要在学习上下功夫，力争全面把握，正确理解基本精神。《干部任用条例》作为党政领导干部选拔任用工作的基本规章，其基本精神，就是以马列主义、毛泽东思想、邓小平理论和“三个代表”重要思想为指导，遵循党的干部工作原则，用科学的制度、民主的方法、严密的程序、严格的纪律，选拔任用德才兼备、身体力行“三个代表”重要思想的党政领导干部。我们在学习贯彻中，要注意把握好“三个结合”的关系。

一要把学习贯彻《干部任用条例》与学习贯彻“三个代表”重要思想、江泽民同志“5·31”重要讲话精神结合起来

《干部任用条例》的颁布实施，是党的干部工作更好地贯彻落实“三个代表”重要思想的需要。我们党要始终代表中国先进生产力的发展要求，代表中国先进文化的前进方向，代表中国最广大人民的根本利益，这是由我们党的性质、宗旨和历史使命所决定的，也是总结我们党成立以来的全部历史经验，总结我们党带领全国人民建设有中国特色社会主义事业的基本经验得出的科学结论。江泽民同志“三个代表”重要思想，集中反映了当代世界和中国的发展变化对党和国家工作的新要求，是我们党的立党之本、执政之基、力量之源，是加强和改进党的建设、推进我国社会主义制度自我完善和发展的强大理论武器，也是我们做好干部工作的根本指针。江泽民同志今年5月31日在中央党校发表的重要讲话，是对建设有中国特色社会主义事业发展规律新的认识和总结，进一步丰富和深化了“三个代表”重要思想，不仅为召开党的十六大作了重要的政治、思想和理论准备，而且对于更好地团结和动员全党为实现党的历史任务而奋斗具有重大而深远的意义。党的干部路线和干部工作历来是同党的基本理论和基本路线联系在一起的，是为党的政治任务和中心工作服务的。在新世纪新阶段，我们必须把“三个代表”重要思想贯彻落实到党的建设和整个干部工作中去。《干部任用条例》体现和贯穿了“三个代表”重要思想和“5·31”重要讲话精神，认真抓好《条例》的贯彻实施，对于以“三个代表”重要思想为指导，全面加强干部队伍建设，必将起到十分重要的作用。我们在学习贯彻《干部任用条例》时，必须深刻认识到这一点。

二要把学习贯彻《干部任用条例》与继续推进干部人事制度改革，建立健全科学的干部选拔任用机制和监督管理机制结合起来　《干部任用条例》是干部人事制度改革的一个重大成果，同时又为进一步深化干部人事制度改革指明了方向。多年来，全国烟草系统在干部选拔任用工作方面，认真贯彻落实中央的文件精神，各级党组织在实践中形成了许多好的做法，积累了许多经验。但也应该看到，形势在不断发展，实践在不断深化，干部人事制度改革，必须以与时俱进的精神来积极推进。根据烟草行业的实际，近期国家局党组将在各省级局人事处长《干部任用条例》培训班的基础上，组织专门力量，对现有的干部选拔任用工作的规章制度进行一次全面清理。对在实践中创造和积累的一些好做法，继续坚持，并不断深化和完善；对不符合《干部任用条例》规定的，及时修改和废止。同时结合行业实际，制订贯彻《干部任用条例》的实施细则。根本目的，是把我们的干部选拔任用工作，统一到《干部任用条例》规定上来。马克思主义的哲学观告诉我们，事物是不断发展变化的，实践也在不断发展。因此，干部选拔任用工作还会出现许多新情况新问题，干部人事制度改革是一项长期的任务，要不断向广度和深度推进。胡锦涛同志特别强调，干部人事制度改革很重要的一点，是要树立科学的用人观念，坚决克服论资排辈、迁就照顾、求全责备、凭个人印象和好恶选干部等陈旧落后观念和习惯。他要求各级领导干部和从事组织人事工作的同志，一定要认真学习、深刻领会江泽民同志在中央纪委第七次全会上对选人用人问题的重要论述，并在实际工作中自觉遵循。为此，烟草系统各级党组（党委）要以贯彻执行《干部任用条例》为契机，继续认真落实中央下发的《深化干部人事制度改革纲要》，加快干部人事制度改革步伐，探索规律，建立健全科学的干部选拔任用机制和监督管理机制，切实推进干部工作的科学化、民主化、制度化。

三要把学习贯彻《干部任用条例》与加强领导班子建设结合起来　领导班子建设，历来是国家局党组高度重视的一个重大问题。近几年，国家局党组在加强行业各级领导班子建设上明确提出了“政治坚强，廉政过硬，团结有力，作风扎实，结构优化，业务精通”的24字要求。当前，烟草行业正处于发展的关键时期，改革的攻坚阶段，改革与发展的任务十分艰巨。前不久，吴邦国副总理对全国烟草工作作了重要指示。吴副总理指出，烟草行业的工作关系到国家财政收入，在目前情况下，烟草专卖专营体制不能变，在此前提下，要研究怎样引入市场竞争机制的问题。他还指出，烟草行业要继续狠抓干部队伍建设；要为国家财政增收作出新的更大贡献。烟草行业贯彻落实好吴副总理的重要指示，完成国家赋予我们的庄严使命，迫切需要建设一支高素质干部队伍，特别是起着龙头作用的领导干部队伍。因此，必须认真贯彻执行《干部任用条例》，提高党政领导干部选拔任用工作的质量，从而进一步优化领导干部队伍结构，提高整体素质，增强生机与活力，为烟草行业持续稳定健康发展提供坚强的组织保证。

《干部任用条例》内容丰富，特点鲜明。学习掌握好其基本内容和要求，是烟草系统目前的一项紧迫的政治任务。国家局党组高度重视这个问题，7月24日上午和29日下午，姜成康同志分别主持召开党组会和由国家局机关二级部门负责人参加的党组扩大会，集中学习了胡锦涛同志的重要讲话，对中央通知和《干部任用条例》进行了专题学习、讨论，并对国家局机关及直属单位的学习贯彻工作作了具体安排。在全国组织人事部门领导干部学习《干部任用条例》培训班结束后，人劳司立即组织全司同志进行了专题学习，并要求全司各处深入研讨，做到精通《干部任用条例》，为履行好职责，当好党组的参谋助手打牢业务根基。根据中组部要求，目前，在全系统开展对《干部任用条例》学习的过程中，要注意区分和安排好三个层次的学习。

第一　抓好领导干部的学习，使各级领导干部熟悉《干部任用条例》。贯彻执行《干部任用条例》，关键在各级党组(党委)，关键在主要领导干部。因此，领导干部的学习尤其重要。各省级局领导干部要强化政治观念、组织观念，带头学习《干部任用条例》。班子的成员要做学习的表率，学得更好一些，领会得更深一些，并带头进行宣讲。这里，我要强调，第十七次政工会上，国家局党组已经明确提出，省级局的领导班子，就是要按照中央《人才规划纲要》中提出的党政人才队伍建设的标准和要求来抓。通过学习《干部任用条例》，要把思想进一步统一到国家局党组的要求上来，这一点绝对不能含糊。近期，各级党组（党委）学习中心组要专门

安排时间，对《干部任用条例》集中进行学习讨论。国家局党校要把《干部任用条例》作为必修课，对参加党校学习的干部进行专题培训；省级局要把《干部任用条例》列入干部培训期间的重要学习内容。同时，各省级局党组（党委）要对本系统本单位学习领会好《干部任用条例》的工作进行认真研究，作出部署，主要负责同志要亲自抓。国家局党组将把学习贯彻《干部任用条例》的情况作为今年民主生活会的重要内容进行检查。

第二　抓好人事（组织）干部的学习，使人事（组织）干部精通《干部任用条例》。人事（组织）部门在党政领导干部选拔任用工作中担负着重要职责，要当好党组（党委）的参谋助手，履行好职能，必须在精通《干部任用条例》上下功夫。人事（组织）部门要在党组（党委）的统一领导下，集中一段时间，认真组织好对《干部任用条例》的学习。学习中要注意全面把握《干部任用条例》的内容和要求，深刻领会基本精神，增强贯彻执行的自觉性。要把《干部任用条例》作为练好业务基本功的重要教材，熟练掌握选拔任用干部的原则、条件、程序、纪律等各个环节的操作办法和要求，紧密结合本单位工作实际，对照《干部任用条例》，认真查找和解决工作中存在的突出问题和薄弱环节，做到学以致用。国家局党组决定在8月上旬举办全国烟草系统省级局人事处长《干部任用条例》培训班。各省级局要在此基础上，组织安排好所属单位人事（组织）干部的学习培训。通过专门的培训研讨，要使各级人事（组织）干部逐章逐条逐款地学习领会，努力吃透《干部任用条例》精神，对重要的章节，要能背得出，从而成为精通《干部任用条例》、熟悉干部人事工作的行家里手。

第三　抓好《干部任用条例》的宣传，使广大干部群众了解《干部任用条例》。《干部任用条例》既是各级党组织选拔任用干部必须遵循的基本规章，又是广大干部群众参与干部选拔任用工作的基本政策依据和同用人上不正之风作斗争的有力武器。各级党组（党委）要运用多种方式，采取多种办法，大力宣传《干部任用条例》颁布的重大意义，全面宣传《干部任用条例》关于干部选拔任用的标准、程序、纪律等规定，使之真正为广大干部群众所了解，努力形成有利于提高干部选拔任用工作质量，有效防止和纠正用人上不正之风的良好社会氛围。当前，烟草行业领导干部选拔任用工作也是广大群众关注的重点问题，我们要利用《干部任用条例》颁布的时机，把有关道理和内容向广大干部群众讲清楚、讲透彻，把评价干部的标准和干部选拔的程序交给干部群众，引导他们正确行使知情权、参与权、选择权和监督权，使党的群众路线在干部工作上得到更直接、更充分的体现。

三、严格执行《干部任用条例》，努力把干部选拔任用工作提高到一个新水平

颁布《干部任用条例》，说到底是要解决好“选什么人，怎样选人”的问题。《干部任用条例》共13章、74条。从明确干部选拔任用工作的指导思想、基本原则和选拔任用条件开始，通过规范民主推荐，考察，酝酿，讨论决定，任职，依法推荐、提名和民主协商，公开选拔和竞争上岗，交流、回避，免职、辞职、降职，纪律和监督等一系列环节，对党政领导干部选拔任用工作作出了全方位的实体性和程序性规定，各章之间相互衔接，形成了干部选拔任用工作的完整体系。制定规章固然重要，执行规章更为重要。各级党组（党委）及其人事（组织）部门要坚决执行《干部任用条例》的各项规定，在实际工作中真正像中央领导同志要求的那样，做到“坚持原则不动摇，执行标准不走样，履行程序不变通，遵守纪律不放松”。当前，烟草系统贯彻执行《干部任用条例》，要全面把握其基本精神，突出做到以下几点：

（一）要严格坚持原则　《干部任用条例》规定了“坚持党管干部”等六条原则，这是党的干部路线方针政策在党政领导干部选拔任用工作中的集中体现。各级党组（党委）要从讲政治、讲党性的高度，准确理解和始终遵循这些原则，在任何时候、任何情况下都毫不动摇，以保证干部工作的正确方向。

（二）要严格执行标准　《干部任用条例》规定了党政领导干部应当具备的六项基本条件和任职资格，这是一个有机的整体，必须全面理解、正确把握。在具体工作中，要坚持用这六项基本条件，全面、准确地衡量干部的思想政治素质和作风、领导能力和业务素质、创新意识和创新能力、工作实绩和群众公认程度，以及廉洁自律情况等。同时，也要注意到，干部的职务类别不同、层次不同，具体条件要求也应有所不同。在选拔任用干部时，要坚持用六项基本条件全面衡量干部，真正把那些政治上坚强、作风上过硬、有突出政绩、得到群众公认的干部选拔上来，形成正确的用人导向，引导广大干部把心思和精力放在工作上，放在学习上，不断提高自身素质，增强本领，为烟草行业的发展多做贡献。

（三）要严格履行程序　《干部任用条例》规定了选拔任用工作的“六个基本程序”，即“民主推荐，考察，酝酿，讨论决定，任职，依法推荐和民主协商”。其中，“民主推荐，考察，讨论决定”是“三个关键程序”。这些程序，是干部工作多年实践的总结，是实现民主和监督的必要载体，是规范用人行为的基本依据，尤其是对防止和纠正用人上的不正之风具有很强的现实针对性。各级党组（党委）在干部选拔任用过程中，要做到坚持程序一步不缺，履行程序一步不错。凡没有经过规定程序的，人事（组织）部门一律不考察、不研究、不呈报，党组（党委）不予讨论，使程序成为不正之风不可逾越的屏障。

（四）要严格遵守纪律　《干部任用条例》在干部工作的纪律和处罚方面，作出了更加完备、更加全面的规定，充实了“十不准”要求的内容。党组（党委）和人事（组织）部门，要按照“十不准”的要求，切实增强政治观念、组织观念、法纪观念，坚持公道正派，按照干部管理权限，对违反规定的干部任免事项不予批准，并要坚决予以纠正，还要按规定对主要责任人以及其他直接责任人作出组织处理或者纪律处分。同时，对用人失察失误造成严重后果的，要追究主要责任人以及其他直接责任人的责任；对用人上的不正之风严重、干部群众反映强烈以及对违反组织人事纪律的行为查处不力的，要追究党组（党委）主要领导和分管领导的责任，真正把《干部任用条例》当作从源头上预防和治理用人上不正之风的有力武器。

（五）要切实加强干部监督工作　加强干部监督，是党政领导干部选拔任用工作的重要环节。严格执行《干部任用条例》，加强干部监督工作，重点是要加强对领导干部的监督和干部选拔任用工作的监督。领导干部尤其是班子成员在用人上有比较大的发言权，要带头执行党的干部路线和干部政策。上级党组（党委）要加强对下级党组（党委）班子成员尤其是“一把手”的教育和管理，强化用人上的监督。按照《干部任用条例》的规定，国家局将抓紧建立干部推荐责任制、干部选拔任用工作监督责任制。人事（组织）部门要对照《干部任用条例》，认真查找和解决工作中存在的突出问题，切实把执行《干部任用条例》摆上重要议程，抓紧贯彻落实到干部工作的各个环节之中，加强监督检查。建立人事（组织）部门与纪检监察部门等有关部门联席会议制度，沟通信息，交流情况，提出意见和建议。人事（组织）部门既要加强对干部选拔任用工作和贯彻执行《干部任用条例》的情况进行监督检查，又要自觉接受组织监督和群众监督。

同志们，这次重新修订的《干部任用条例》，坚持与时俱进，赋予了干部选拔任用的原则、标准以新的时代内涵，充分体现了“三个代表”重要思想和中央对干部选拔任用工作的新要求。烟草行业发展的新形势新任务，需要有一支坚强有力的领导干部队伍。我们坚信，只要各级党组（党委）和人事（组织）部门在干部选拔任用工作中坚定不移地贯彻《干部任用条例》，广大群众积极参与对干部选拔任用工作的监督，就一定能够把那些模范实践“三个代表”重要思想，德才兼备、政绩突出、群众公认的优秀干部选拔到各级领导岗位上来，造就烟草行业一支高素质、能够担当重任、经得起风浪考验的领导干部队伍，为烟草行业持续稳定健康发展提供坚强有力的组织保证。

拓宽工作渠道　提高监督水平
不断完善党风廉政信息员制度

——在国家烟草专卖局第三批党风廉政信息员聘请大会暨座谈会上的讲话

国家烟草专卖局纪检组长　葛祥久

(2002 年 11 月 4 日)

同志们：

今天，国家局党组隆重召开国家烟草专卖局第三批党风廉政信息员聘请大会，这是 1998 年以来，党组第三次召开这样规模的信息员聘请大会了，体现了党组对信息员工作的高度重视。刚才，我们宣读了聘请决定，向信息员颁发了聘书，在此，我代表国家局党组，向被聘请为国家局第三批党风廉政信息员的 42 名同志表示热烈的祝贺！同时，对两年聘期届满，圆满完成任务的国家局第二批党风廉政信息员表示诚挚的谢意！

今天的大会，既是国家局信息员的换届会，也是对 2000 年以来信息员工作总结和交流的会议，同时又是一次推动行业信息员工作上一个新台阶的动员会。昨天，国家局第三批信息员进行了一天的学习和座谈；刚才，福建、江西、江苏省局的纪检组长在会上介绍了两年来开展信息员工作的做法，连续三批担任国家局信息员的罗丽珍同志也谈了多年从事信息员工作的经验和体会，他们的经验值得各单位和信息员借鉴。下面，我就信息员工作讲两个问题：

一、两年来行业开展党风廉政信息员工作情况

1998 年 6 月 20 日，国家局党组建立了党风廉政信息员制度，行业各级对信息员工作给予了高度重视，结合党风廉政建设工作实际，在健全制度、加强队伍建设、拓宽工作渠道等方面，做了很多工作。特别是 2000 年 11 月，国家局党组下发关于加强党风廉政信息员工作意见以来，各单位把贯彻落实此项任务，作为加强党风廉政建设的一项重要工作来抓，围绕行业中心工作，积极探索信息员参与各项工作的切入点和有效途径，使信息员在党风廉政建设和反腐败工作中发挥了积极作用。

（一）统一思想，提高认识，信息员制度不断完善。

为了健全和完善信息员制度，2000 年 11 月，国家局党组提出关于加强党风廉政信息员工作的意见，并在总结两年工作基础上，在长沙召开聘请大会，聘请了 38 名同志为国家局第二批党风廉政信息员。会后，各单位认真学习了国家局党组意见，站在实践江泽民同志“三个代表”重要思想的高度，进一步加深对建立信息员制度重要性的理解和认识，把落实党组意见，作为推动党风廉政建设和反腐败工作不断深入的重要举措，作为密切党群关系，自觉接受群众监督，从源头上预防和治理腐败的有效途径。各单位普遍对信息员工作进行了专题研究，总结分析了以往经验和存在的问题，提出加强信息员工作的意见，信息员制度不断完善。福建、山东、广西省（区）局党组制定了《关于加强党风廉政信息员工作的意见》；河北、黑龙江、青海省局制定了《党风廉政信息员管理办法》；陕西省局制定完善了《党风廉政信息员工作职责与要求》。据统计，全行业有 32 个省级局建立了信息员制度；国家局及行业各级聘请信息员 4848 人，其中国家局及机关聘请信息员 48 人，省级局聘请信息员 967 人。

（二）严格选拔，坚持培训，信息员队伍素质明显提高。

建立一支思想好、素质高的信息员队伍，是做好信息员工作的前提。国家局第二批信息员通过省级局推荐，国家局纪检组、监察局审核确定，其中有省局正副处长，有市级局等基层领导，有党员，也有民主党派人士，体现了群众监督的广泛性。各省级局严格执行国家局规定的聘请条件，近两年相继聘请了第二批信息员。从工作实践看，第二批信息员整体素质有所提高，工作积极性有所增强，履行职责有明显成效。

各单位在严把聘任关的同时，注重信息员思想素质和工作能力的提高，确立了在实践中积累、在工作中学习的思路，采取多种形式，开展培训、学习和交流。国家局纪检组、监察局通过向信息员寄发文件和信息收集要点，邀请部分信息员参加有关会议，引导他们了解和关注行业党风廉政建设情况，两年来共向第二批信息员寄发文件等 3200 多件，下发信息收集要点 4 条；邀请部分信息员参加了今年全系统纪检监察工作会和纪检监察工作座谈会。河北、山西、辽宁、吉林、黑龙江、上海、江苏、安徽、山东、广西、云南、重庆、深圳等省级局召开纪检监察工作会时，请信息员参加。甘肃省局纪检组长述职，请信息员列席。江苏省局每年组织信息员培训和交流。福建省局坚持每年召开一次信息员座谈会。据统计，两年来，各级纪检监察部门共向信息员发放文件等 25460 件，召开座谈会及培训 2234 次。

（三）拓宽渠道，广泛参与，信息员工作思路更加清晰。

各单位把信息员工作作为党风廉政建设和纪检监察工作的重要内容来抓，年初同部署，年终同检查，明确专人负责，注重日常管理，突出广泛参与，讲求工作实效。国家局纪检组、监察局年初结合组局工作重点，认真研究全年信息员工作的整体思路；每月安排阶段性任务，抓好工作落实；每季度向信息员寄发信息收集要点，明确工作重点。各单位把信息员工作纳入党风廉政建设责任制，紧密结合生产经营和党风廉政建设重点，向信息员布置工作时，定内容、定数量、定时间，保证信息反馈及时、准确、有效。各单位在信息员参与工作方面大胆尝试，采取多种形式，保证信息员有对单位生产经营和重大决策的知情权、参与权、监督权。

（四）加强管理，注重跟踪，信息员监督作用更加突出。

各单位重视信息的处理和采用，作为考核各单位工作，检验信息员政绩的重要指标，认真抓好落实。各单位通过加强管理，建立和规范了信息报送程序；建立信息员档案，记录和考核信息员工作；专人负责反馈信息的处理，提出处理意见，转有关部门解决；跟踪信息的处理和落实，及时将处理结果向信息员和有关单位反馈。去年5月，国家局纪检组、监察局得到信息，有些地方烟厂以奖励出国考察为促销手段，组织商业企业人员出国考察，建议国家局制止变相公款出国（境）旅游的不正之风。通过督办，发现反映的问题是当前行业卷烟销售中出现的新情况，具有普遍性。为此，纪检组、监察局与有关部门研究，起草了《国家烟草专卖局关于加强出国（境）管理坚决制止公费出国（境）旅游的通知》，要求各单位制止卷烟销售中的变相用公款出国（境）旅游的不正之风。某省分公司两名同志担任省局信息员后，通过财会审计、检查，及时将发现的问题向纪检监察部门反馈，并针对有的烟站采取弄虚作假手段造成亏损，以及存在的职工借款、短款问题，配合县公司信息员向分公司领导汇报，纪检监察部门及时进行了查处。据统计，两年来，各级信息员反馈信息12000多件，是第一批信息员聘期内提供信息数的近3倍；各级纪检监察部门处理有价值信息3700多件，其中采纳信息近2000件。

从总的情况看，对两年来行业信息员工作可以用六句话概括：信息员工作的重视程度逐年提高；开展信息员工作的思路逐年清晰；对信息员管理的力度逐年加大；信息员参与工作的热情逐年增加；信息员发挥作用逐年明显；信息员制度逐年完善。但是，我们在看到工作成绩的同时，必须清醒地看到信息员工作距党组要求还有很大差距：

一是，领导干部的认识还不够到位。各省级局工作发展不平衡，有的单位领导对信息员工作认识不高，重视不够，国家局党组加强信息员工作的意见还没有很好地落实；有的单位工作不扎实，重形式、轻实效，信息员制度和队伍形同虚设。

二是，纪检监察部门的管理还不够到位。一些单位不重视调查研究，工作思路闭塞；有的单位不能积极地为信息员创造工作条件，信息员作用难以发挥；有的单位没有专人负责，工作缺少规范和行之有效的管理办法；有的单位与信息员沟通不够，信息渠道不畅。

三是，信息员本职与兼职工作的结合还不够到位。有的信息员对履行职责缺乏认识，把履行职责与本职工作脱节，不善于观察和捕捉信息，工作视野狭窄；一些信息员存在怕报复思想，工作有畏难情绪，反馈信息报喜不报忧。

四是，国家局对信息员工作的指导还不够到位。为信息员创造学习、培训、交流的机会不多，对信息员工作宣传力度不够。

二、做好党风廉政信息员工作的几点意见

针对以上存在的问题，我就下一步如何做好信息员工作，完善信息员制度，推动全行业信息员工作上一个新台阶问题讲几点意见：

1．江泽民同志“三个代表”重要思想为指导，提高认识，加强领导，不断完善信息员制度。

提高认识，加强对信息员工作的领导，这是我在两年前召开的国家局第二批信息员聘请会上讲到的一个问题，这也是不断完善信息员制度的关键。完善信息员制度，是烟草行业加大党风廉政建设和反腐败工作力度，确保行业持续、稳定、健康发展的重要举措。烟草行业目前正处在一个重要转折时期，特别是我国加入世贸组织后，国内市场国际化进一步显现，一些深层次的矛盾和问题还没有从根本上得到解决。同时，现行体制条件下所反映出的权力集中、资金密集、可支配资源比较多的特点，使各级领导干部在思想观念、管理水平、创新意识、工作作风、抵御诱惑的能力等方面所面临的考验越来越严峻。为此，国家局党组把“一要规范，二要改革，三要创新”作为行业工作重点，今年又提出进一步狠抓基础、狠抓规范、狠抓落实，把保持行业持续、稳定、健康发展作为各项工作的第一要务，这同样也是对党风廉政建设提出的更高要求。我们必须坚持从严治党的方针，不断完善监督机制，加强和改进党的作风建设；必须紧紧围绕行业中心工作，整顿和规范市场经济秩序；必须积极推进反腐败抓源头工作的不断深入，为行业的持续、稳定、健康发展提供有力保障。要做好工作，纪检监察部门的任务艰巨，更需要各级信息员的广泛参与。

结合行业近几年发生的领导干部违法违纪案件，必须吸取的一条教训，就是多年来我们对领导干部的监督软弱乏力，力度不够，办法不多。加强对各级领导班子和领导干部的监督，仅仅依靠纪检监察部门的工作是远远不够的，仅仅按照过去出了问题再处理的办法，是不能从源头和根本上解决问题的，必须要在监督的思路和方法上与时俱进，有所创新，拓宽监督渠道，真正使权力的运行置于有效监督之下。

完善信息员制度，是加强和改进党的作风建设，密切党同人民群众联系，实践江泽民同志“三个代表”重要思想的具体体现。党的作风就其具体内容而言可以划分为诸多方面，核心问题是保持党同人民群众的血肉联系，这就需要我们必须密切联系群众，体察民情，了解民意，集中民智。从这个意义上讲，完善信息员制度，是国家局和各级党组拓宽反映社情民意渠道的一种形式，通过这种形式，广开言路、广求善策、广纳民意，有利于进一步推进党的作风建设。

各单位党组（党委）和纪检组（纪委）要加强对信息员工作的领导，切实把信息员工作摆上议事日程，制定出落实和完善制度的具体措施，狠抓工作的落实和实效。要支持和关心信息员工作，积极为他们参与行业党风廉政建设和生产、经营、管理及治理整顿工作创造条件，调动信息员工作的积极性。

2．扎实工作，狠抓落实，推动信息员工作上新台阶。

加强领导，是完善信息员制度的关键。但只有领导重视，没有具体的管理办法和措施，制度仍然是形式的东西。各级纪检监察部门工作要开阔思路，管理到位，真正落实好国家局党组关于加强信息员工作的意见，不断完善信息员制度，要抓好四个方面的工作：

抓思路，力求信息员工作与时俱进。信息员制度的实施已经四年了。通过实践总结，特别是近几年来国家局党组对促进和保持行业持续、稳定、健康发展提出的一系列工作任务，我认为，纪检监察部门面对新形势、新情况、新任务，应积极与之相适应，工作思路要与时俱进，工作方法要有所创新。各单位要定期进行专题工作研究，围绕行业改革与发展大局，提出全局性工作和阶段性任务，找准信息员工作与经济工作、与反腐败抓源头工作的结合点和切入点，通过实践，不断丰富信息员工作的内容。

抓队伍，提高信息员整体素质。今年底到明年上半年，大多数省级局面临聘请第三批信息员的任务，个别省局第一批信息员也将换届。各单位要抓住有利时机，认真地对信息员工作进行全面总结和分析，为新的一批信息员队伍组成提出建设性意见。各单位要严格掌握聘请信息员的条件，凡是自身素质不高或群众有反映的推荐对象，以及在上届信息员聘期内不能认真履行职责的，聘请单位不能聘请。信息员不仅要政治过硬、坚持原则、廉洁自律、有较好的群众基础和威信，还要有较强的责任意识、乐于奉献的精神和认真履行职责的态度。各单位要注意信息员队伍的组成，考虑他们参与经济工作、便于收集信息的特点，又要兼顾来源于基层的群众性。各单位要进一步规范信息员聘请程序，聘期期满，要及时办理重聘手续；信息员在聘期内因工作调整、退休、违纪等原因，不宜继续履行职责的，推荐单位应及时提出意见，由上级纪检监察部门办理信息员解聘及补聘手续，保证工作的规范和连续性。

抓管理，确保信息员工作落实到位。各单位要坚持“谁聘请谁管理和谁聘请向谁负责”的原则，把信息员工作列入纪检监察工作的重要内容，由纪检组长主抓，定期研究和部署工作，定期听取汇报，定期检查落实。各单位要明确一名有责任心的同志负责信息员工作，不仅要抓管理，还要经常向主管领导汇报工作，提出工作思路和打算。各单位要进一步规范管理程序。从第三批信息员开始，国家局纪检组、监察局在加强信息员管理方面主要做八项工作：一是，国家局第三批信息员，统一由纪检组、监察局聘请和管理。二是，建立42名信息员档案，记录聘期内工作情况。三是，每季度发出信息报送要点，要求信息员结合所在单位及本职工作，提供一至两条以上有价值的信息。四是，规范信息处理程序。定期综合及报告反馈信息情况；对有价值的信息，及时填报信息处理单报有关领导，并将处理情况向信息员反馈；定期在《纪检监察动态》上选用有关信息。五是，继续向信息员寄发纪检监察有关文件等。六是，定期走访信息员，了解工作，交流思想，征求意见。七是，每年召开一次座谈会，安排学习、培训、座谈、交流。八是，信息员在聘期内要每年进行一次工作总结，聘期结束前进行述职。各单位可以参照国家局的做法，结合实际工作，有创造性地做好信息员管理工作，并帮助信息员解决工作中遇到的实际困难。

抓参与，发挥信息员监督作用。积极地为信息员开展工作创造条件，让他们直接参与行业党风廉政建设和生产、经营、管理工作，这是信息员潜在作用充分发挥的外部动力，也是我们在工作中继续要解决的重要问题。这里，关键的是要把信息员摆在一个重要位置，充分发挥他们的优势。这几年，各单位为信息员开展工作创造了许多条件，比如邀请信息员列席纪检监察会议和参加党风廉政建设方面的活动，定期发送有关文件，参加局务和厂务公开、专项检查、工程招标、效能监察、干部竞争上岗等活动，这些做法是值得借鉴和推广的。从第三批信息员工作开始，国家局纪检组、监察局将继续邀请部分信息员参加纪检监察有关会议，并在党风廉政建设专项检查和民主生活会前征求意见等方面，注意听取他们意见，让他们有知情权、发言权、参与权。

3. *信息员要坚持原则，严格要求，认真履行职责。*

首先，要加强学习，提高理论和政策水平。信息员作为群众监督的一支重要力量，主要职能是参与行业党风廉政建设，履行对国家局领导班子、机关工作人员和所在省级局领导班子的监督，这不仅需要具备一定的政治理论和政策水平，还需要有行业相关知识和实际工作能力。信息员要以江泽民同志“三个代表”重要思想武装头脑，了解行业所面临的形势，结合国家局党组提出的“五个确保”的具体任务，站在行业发展大局的高度认真做好工作。

其次，找准工作结合点，认真履行信息员职责。前两批信息员有一个同感，认为信息员就是监督领导干部有没有违纪，因此既不知工作如何下手，又担心领导给小鞋穿。这是对信息员职责的片面理解，或在理解上走入了误区，忽视了职责的内涵及所涉及行业各方面工作的广泛性。信息员要从思想上彻底消除履行职责怕打击报复、反映问题怕有负面影响的顾虑，敢于坚持原则，实事求是，正确处理好报喜与报忧的关系。信息员要站在党风廉政建设和确保行业平稳发展的高度，把履行职责与行业各项工作紧密结合，有创造性地开展工作，使监督的关口前移，使监督的质量提升，也从根本上解决了主动与被动的矛盾。信息员要把履行职责放在一个重要位置，正确处理好本职与兼职的关系，积极主动、尽职尽责地开展工作，不辱使命。同时，要主动加强与本级纪检监察部门的联系，取得工作上的支持和帮助。

再次，严格要求，做廉洁自律的表率。信息员自身必须是廉政勤政的模范，在履行职责时腰板才能直，说话才能硬。这就要求信息员要带头执行廉洁自律的有关规定，在监督别人的同时，自觉接受组织和群众的监督，做群众的表率。要加强保密观念，严格保密纪律，了解、收集和反馈的信息不得随意传播和向无关人员透露。

同志们，党风廉政信息员制度已经实施了四年，它在行业的党风廉政建设和反腐败工作中发挥了一定的作用，促进了行业的持续、稳定、健康发展，但制度在具体落实中仍要继续尝试和不断完善。希望各单位纪检组长回去以后，要认真地对信息员工作进行一次研究，总结经验，找出不足，提出工作目标。也希望各单位和广大信息员要与时俱进，解放思想，更新观念，大胆实践，总结出更多的经验，不断完善党风廉政信息员制度。十六大即将召开了，我相信，在党的十六大精神指引下，经过我们的共同努力，必将使全行业的信息员工作上一个新的台阶！

郑州卷烟总厂

郑州卷烟总厂

成立于2003年7月8日

是由原郑州卷烟厂与漯河卷烟厂**重组而成**的

大型卷烟工业企业

始建于1948年的郑州卷烟厂，属国家大型二类企业，主打品牌『黄金叶』早在五六十年代就风靡神州，一度成为卷烟产品的代名词；始建于1949年的漯河卷烟厂，作为『全国精神文明建设先进单位』，是河南省烟草行业异军突起的『中型强厂』，其『沙河』牌号在2001年的单品牌交易总量中，进入全国50强。

新成立的郑州卷烟总厂坐落在有『绿城』美称的河南省郑州市，地理位置优越，交通便利。企业拥有国内外先进的卷烟生产制造设备，总资产30.9亿元，主要有『黄金叶』、『沙河』、『散花』、『彩蝶』四大品牌，形成了覆盖省内外高中低档市场的合理布局，其中『黄金叶』、『沙河』为河南省五大优势牌号，具有很强的市场竞争力。

乘改革之东风，创世纪之伟业。新成立的郑州卷烟总厂根据"资源重组、企业再造、品牌整合、市场创新、形象提升、效益提高』的总目标，坚持『做强黄金叶、做大沙河』的品牌发展战略，2003年各项经济指标实现了较快的增长。共生产卷烟67.2万箱，销售卷烟67.6万箱，同比分别增长3.9%和4.09%，年末卷烟『零库存』，实现销售收入24.13亿元，税利12.71亿元，利润1.2亿元，同比分别增长7.93%，14.87%和278.71%。

2004年是郑州卷烟总厂正式运行的第一年，总厂将以十六大精神为指导，努力实践『三个代表』重要思想，认真落实全国烟草行业工作会议精神和河南中烟工业公司党组的各项决策，努力走出一条精品强厂之路。

综合篇

玉溪红塔烟草（集团）有限责任公司总裁

姚庆艳

1957年7月出生，1974年8月参加工作，1982年7月加入中国共产党，研究生文化，现任玉溪红塔烟草（集团）有限责任公司董事会副董事长、总裁、党委副书记。

1975年9月在玉溪卷烟厂二车间工作；1983年12月任玉溪卷烟厂二车间党支部副书记；1984年11月任玉溪卷烟厂纪委副书记；1989年4月任玉溪烟草三合一企业生产二部主任；1992年9月——1995年9月任玉溪烟草三合一企业副厂长；1995年9月任云南玉溪红塔烟草（集团）有限责任公司副总裁、董事；1996年11月调任昆明卷烟厂第一副厂长、昆明市烟草公司副经理；1998年7月任云南省烟草研究院院长；2002年4月任玉溪红塔烟草（集团）有限责任公司副董事长、总裁、党委副书记。

上任玉溪红塔烟草（集团）有限责任公司总裁短短两年间，与柳万东董事长一道率领红塔大力推出“提质创新”、“三项制度”改革、企业文化建设等一系列深化国企改革措施，实现了红塔的恢复性增长，被国内媒体评价为2003年度最具营销影响力的实力人物。

办公室、外事工作

一年来，在国家局党组和各省局（公司）党组的直接关心和领导下，在各有关部门的支持配合下，全系统各级办公室、外事办公室的同志，认真贯彻国家局及各省级局党组的工作部署，围绕行业工作重点，结合办公室、外事工作的实际，狠抓基础，狠抓规范，狠抓落实，在规范化、制度化、科学化建设上又有了新的进展，在参与政务、管理事务，搞好服务上又有了新的起色，在对外联络、对外合作的管理中又有了新的进步，在各项工作中发挥了更加积极的作用。

一、政务信息工作进一步完善，督促检查工作有了新的进步

一年来，各级办公室更加重视政务信息工作，通过完善制度，改进措施，强化考核，使政务信息特别是专报信息在数量上、内容上、质量上均有了明显改进。多数省级局（公司）及部分信息直供点实现了以电子邮件形式发送信息，信息传递速度加快，时效性增强。2002年，国家局办公室共编发《国烟办通报》45期，《领导参阅》69期，《烟草政务信息》33期，《情况反映》37期，共刊登采用各省级局、各信息直供点和国家局机关各部门的信息稿件770余条（篇）。2002年上报中办、国办的信息被采用32条。各级办公室继续加强了与新闻媒体的联系，重视和充分发挥《中国烟草》、《中外烟草》、《东方烟草报》的作用，紧紧围绕行业改革与发展的重点工作，突出打假打私、科技创新、结构调整、网络建设、吸烟与健康和精神文明建设等重大专题的宣传，收到了较好的效果。同时，各级办公室按照国家局的要求，完成了纪念总公司成立20周年的各项宣传活动及全行业技术创新成果展览会的筹展任务。2002年以来，全系统督办工作有了明显改进。国家局领导多次对督促检查工作作出批示和提出要求。各级办公室进一步明确了督办工作职责，不断改进督办方法，积极主动地抓好督办工作，特别是加强了对国家局重要决策和工作部署的贯彻落实情况的督促检查。年初工作会后，国家局办公室结合26个调研组收集的各省级局反映的136条意见和建议，及时下达有关部门研究解决，并向各省级局及时进行了反馈，促进了工作建议的有效落实。

二、公文和档案管理工作进一步规范，公文质量和办文效率有了明显提高

各级办公室认真落实国家局有关公文处理工作的各项规定，不断加强公文处理的规范化建设，不规范的公文数量明显减少，也为今后实现办公自动化打下了较好基础。国家局办公室在认真指导基层执行新修订的公文处理办法的同时，坚持每季度定期对机关内部发文数量和公文质量进行讲评和通报，并加大了对各省级局不规范公文的商退力度，在机关各部门和各省级局的支持配合下，发文数量得到有效的精减和压缩，公文质量有了明显提高。2002年，以国家局（总公司）名义共发文627份。在档案管理中，继续巩固档案管理成果，加强对行业档案工作的指导和监督。在苏州举办了全系统专职档案人员培训班。积极稳妥地开展了档案工作目标管理活动，组织了对江苏、黑龙江、大连、甘肃省级局机关档案管理的行业“优秀”等级考评；受国家档案局的委托，组织了对重庆、曲靖卷烟厂企业档案工作目标管理“国家一级”的认定；认定并审批了哈尔滨、广一、湛江、梅州、广水、昭通、兰州卷烟厂企业档案工作目标管理“国家二级”；审批了江苏等11个省级局上报的61家地（市）县级局（公司）的档案工作目标管理“优秀”等级，其中江苏30家、湖南6家、湖北和四川各5家、山东和广东各3家、海南、河南、安徽、天津各2家、黑龙江1家。充分发挥档案的社会效益和经济效益，积极提供利用，并完成了为中国烟草博物馆征集藏品的工作。安装了国家局机关档案计算机管理软件，并开始试运行。

三、保卫信访和值班保密工作进一步加强

随着行业改革的不断深入，信访工作的任务越来越重。2002年4月28日，国家局印发了《关于切实做好企业和社会稳定工作的通知》（国烟办［2002］172号），5月20日国家局在北京召开了全行业第一次信访工作座谈会，明确了行业信访工作的指导思想、工作重点和基本原则。9月12日国家局又印发了《关于认真排查及时化解不稳定因素，确保十六大期间行业稳定的通知》（国烟办［2002］373号），并于9月24日在湖北武汉召开了有8个省级局主要领导和办公室负责同志参加的烟草行业部分省级局稳定和信访工作座谈会，对当前和十六大期间行业稳定和信访工作进行了全面部署。各省级局先后成立了维护稳定工作办公室，明确了主管部门，配备了信访工作人员，建立了工作制度，层层落实了责任制。各级办公室积极配合有关部门，认真处理各类来信来访，耐心工作，化解矛盾，保证了各级机关的正常运转，维护了行业的稳定。各级办公室高度重视内部安全保卫工作，制定各种预案，认真进行专项排查，加强经常性的安全检查，较好地完成了保卫、保密和机关值班工作。

四、外事管理工作不断向前推进

一年来，各级外事部门认真执行国家局外事管理的有关规定，加强了对出访团组的审批和管理，进一步明确了各类对外合作项目的审批管理权限，较好地完成了各类出国团组的审批和行业重要的外事接待任务，进一步推动了对外经济技术合作工作的健康发展。迄今为止，国家局已与十家外国烟草公司签定了合作意向书、备忘录和合作协议。这一系列合作意向书的签署，不仅构筑了中烟与世界上主要烟草公司在“互利互惠、相互理解、相互谅解、着眼长远”的原则下，在更广泛的领域进行更紧密的合作的战略合作伙伴关系，还标志着入世后的中国烟草正以积极的姿态参与国际竞争，也给各省、市、区局（公司）的对外经济技术合作工作的开展创造了机遇和可遵循的原则。探索了新的对外合作模式——双边许可证生产，不仅可以通过生产加工外国品牌的卷烟来提高我们的管理水平和生产技术，同时也通过我们的品牌在外加工来拓展国际市场，落实国家局的国际化发展战略。

2002年组织实施了二批司局级干部赴澳大利亚和日本的培训，共有45名同志参加了培训。此外，还参与了《国际烟草控制框架公约》谈判的各项准备工作，在认真研究对案文本、配合政府谈判机构进行烟草调研等方面做了很多积极工作。

发展计划工作

2002年，行业发展计划部门按照国家局党组提出的坚持突出主业、平稳发展的工作方针，认真履行工作职责，积极发挥综合部门的参谋、协调、服务作用，在局党组的正确领导和各有关部门的大力支持下，较好地完成了各项工作任务。

一、严格控制“两烟”总量，保持行业平稳发展

1．*控制烟叶总量，保持烟叶市场供需平衡*。在烟叶计划安排上，继续坚持“控制总量、提高质量、优化布局、优化结构”的方针，努力提高烟叶的市场化水平。全年下达烤烟种植面积计划1392万亩，生产收购计划170万吨，省际间调入、调出计划84万吨，供应出口计划、储备计划、晾晒烟生产、收购计划、烟叶进口计划均控制在国家计划之内。6月末的烤烟工商库存基本合理，库存结构有所改善。

2．*控制卷烟总量，保持产销协调发展*。在卷烟计划的安排上，继续坚持“稍紧平衡”的原则，全年下达内销卷烟生产计划17069.5亿支（3413.9万箱）。年末卷烟库存控制在1250亿支（250万箱）左右。

根据产销形势，向计委申报并经批准，全年增加内销烟生产计划83.5万箱，比去年实际增加34.9万箱，这些计划绝大部分安排在重点骨干企业，据初步测算可增加税利15亿元。

适时进行了省际间计划调整工作，全年进行了4次省际间卷烟生产计划调整，调整内销卷烟计划921.5亿支（184.3万箱），计划调整中有183.4万箱安排在重点企业，初步测算，整个计划调整可增加税利60多亿元。

二、积极稳妥地实施重点企业的技术改造，围绕培育重点企业核心竞争力，促进行业技术进步

1．*注重重点企业的整体发展规划，积极开展对重点企业技术改造项目方案的论证和服务*。我们先后组织专家组对长沙、南昌两厂技术改造规划方案和云南造纸法薄片合资项目设计方案进行了评标，对延吉、蚌埠两厂技术改造规划方案进行论证。积极开展对实施中重点改造项目的跟踪服务，分别对南京、淮阴、红河、曲靖、常德、上海、柳州、宁波、杭州、芜湖、兰州、合肥等厂进行了现场调研，听取改造情况，了解项目进度，及时解决项目实施中存在的突出问题。

2．*研究制定行业技术装备政策，努力培育重点企业的核心竞争力*。2002年完成行业技术装备政策的制定工作。在装备政策中我们突出技术进步，把利用高新技术改造传统工艺，利用信息化推进工业化发展，改善企业创造核心技术的装备和手段，提高企业核心竞争力作为核心内容，引导重点企业实现技术进步的快速发展。

3．*把握投资方向、坚持科学决策，积极推进行业技术进步*。2002年我们加强了追踪国际先进技术的工作，为了掌握国外技术装备的发展动态，选择重点技术组织行业专家开展考察论证工作。先后组织专家组赴俄国、意大利、瑞士、德国、波兰等国考察宏尼、科马斯公司最新技术及设备的使用情况。

三、积极探索“两烟”价格管理的有效途径，推进价格管理工作的创新

1．*明确价格管理工作的基本思路，加快价格管理创新*。2002年，我们进一步认清了当前卷烟价格管理面临的突出问题，理清了工作的思路，围绕“两个扶持”，立足培育大企业和名优品牌，营造公平、规范、有序的市场竞争环境，以研究制定《卷烟价格梯次化的指导意见》和《关于卷烟统一批发价格的指导意见》为突破口，加快价格管理的创新。

2．*积极发挥价格杠杆作用，促进烟草市场化水平的提高*。围绕促进烟叶生产的平稳发展和市场化水平的提高，积极发挥价格杠杆作用，对烤烟收购价格和调拨价格进行适度调控，制定烤烟收购价格、调拨价格和烤烟打叶复烤加工费用标准，不断提高烟叶的有效供给水平。

四、加快计划管理工作的规范化、信息化建设，提高计划管理工作水平

1．*以实现网上办公为目标，推进计划管理工作信息化*。2002年我们以推进网上办公为重点，实现行政事项网上申报、审批的计划管理工作信息化为目标，积极推进发展计划信息子系统的应用工作，组织了省级局的培训班，并有选择地在几个省开展了试运行工作。在2001年建立烟草行业装备基本情况计算机分析管理系统的基础上，开展了烟机分配的量化指标分析和研究。同时着手建立烟草行业计划指标分析管理系统，为加强行业宏观调控，科学地分析行业经济运行情况，研究行业发展与企业生产经营的走势等涉及规律性的宏观问题提供科学手段。

2．*以加强计划基础管理为重点，加快计划管理工作规范化*。2002年我们开展了建立行业工程技术专家库工作。对行业内外相关单位的一百多名技术人员通过考试、评审、筛选，组建成专家库，今后招投标项目通过计算机随机确定评委，并且通过培训，使这批技术人员在企业技术改造工作中发挥骨干作用，提高企业技术改造水平。同时，为了加强行业工程建设的基础工作，正在加紧研究制定《打叶复烤厂设计规范》、《烟草原辅料和卷烟成品仓库设计规范》；为了推进投资项目决策和实施的科学化、规范化进程，积极开展项目后评估工作，制定了《烟草行业项目后评估工作管理办法（试行)》。

为适应加入WTO的需要，规范烟草类货物进出口和烟草专用机械设备进口管理，制定、印发了《国营贸易烟草类货物进出口内部管理办法》及《烟草专用机械设备进口管理办法》。

五、发扬理论联系实践的工作作风，全力完成局党组确定的“发展”专题调研工作

十六大报告明确提出：贯彻“三个代表”的重要思想要把发展作为执政兴国的第一要务。局党组站在政治的、战略的高度，提出了烟草行业在新的形势下关系烟草行业未来生存与发展的四个专题调研工作。我司承担了其中“发展”专题的调研任务，在完成日常工作的基础上，我们集中精力、集中人员全力投入到专题的调研和报告的形成工作上，先后召开了有省级局（公司）领导及重点企业（集团）厂长、经理参加的专题座谈会，广泛听取意见，积极采纳建议，初步形成了带有一定理论性、前瞻性、针对性和可操作性的调研报告，得到了局党组的肯定。

六、制定新一轮的扶贫工作规划，完成三峡对口支援工作

根据国务院新一轮扶贫工作纲要的要求和安排，国家局定点扶贫县由原来的湖北省郧县和郧西县调整为湖北省郧西县和竹溪县，我们开展了新一轮扶贫规划的调研和制定工作，局长办公会已基本通过了新一轮扶贫规划的基本要点和内容。

2002年我们提出最后一批长江三峡对口支援预留补贴资金2430万元的分配方案，至此，国家局长江三峡对口支援工作基本完成。

（袁超）

专卖管理工作

2002年是第二轮专卖管理“三年阶段性工作目标”的最后一年，时间紧，工作任务重。各级烟草专卖局认真贯彻全国烟草工作会议及全国烟草专卖管理工作会议精神，知难而进，勇于创新，狠抓落实，取得了明显成效，圆满实现了专卖管理“三年阶段性工作目标”。

一、深入开展“卷烟打假年”活动，实现了社会上假烟明显减少的目标

为实现2002年“有效遏制制售假烟的违法活动，社会上假烟明显减少”的工作目标，各级局深入开展了“卷烟打假年”工作。国家局与公安部在九个制假重点省（区）联合开展了卷烟打假专项行动，打出了声威，打出了成效。一年来，共查处制售假烟案件32万起，收缴假烟49.7万件，捣毁制假窝点2476个，查获制假烟机1375台、烟叶1.3万吨，抓捕制假人员4075人，其中已判刑1076人，劳教281人。专项行动主要采取了以下“五个结合”的措施。

1. 行政执法与刑事司法紧密结合，形成强大的打假合力。多年来，各级烟草专卖局尽管捣毁了很多制假窝点，但由于缺乏抓捕犯罪分子的手段，大部分制假分子没有被绳之以法，致使制假活动不断反弹。专项行动中，烟草部门发挥了有比较健全的举报信息网络和一支富有打假实战经验的稽查队伍的优势，公安部门发挥了侦破大要案、抓捕制假犯罪分子及提供追刑证据的优势，使卷烟打假工作在摧毁制售假烟窝点和团伙，抓捕犯罪分子等方面取得了重大突破。

2. 加强组织领导与督导解决突出问题紧密结合，扎实有效地开展专项行动。国家烟草专卖局与公安部及各重点省（区）都成立了专项行动领导小组。有针对性地部署工作，定期听取汇报，研究分析情况，及时解决遇到的难点问题，分阶段推进工作。国家局与公安部先后十几次派工作组赴“重灾区”督导解决打假中的难点问题。公安部赵永吉副部长和国家烟草专卖局杨传德副局长带领工作组深入福建云霄、广东潮汕制假“重灾区”检查督导打假工作，与地方政府领导分析假烟屡打不绝的原因，研究制定打假根治性措施，有力地促进了“重灾区”打假工作的开展。

3. 实施总体方案与完成具体目标紧密结合，保证阶段性成果的实现。各重点省（区）专项行动领导小组针对本地区制售假烟活动的情况和特点，制定卷烟打假总体方案及阶段性工作任务，明确打击重点、具体措施和时间要求。福建省在认真总结多年来卷烟打假经验教训的基础上，制定了“端窝打点、摧毁网络、惩处犯罪、深挖后台、根除制假”的卷烟打假工作目标。狠抓落实，对重大案件挂牌督办，限期结案，严惩制假主犯、惯犯260人，严肃查处支持、包庇、纵容制售假烟活动的领导干部和政府部门工作人员35人。经过艰苦努力，基本上打垮了以云霄“重灾区”为代表的猖獗的制售假烟活动。

4. 抓捕逃犯与加大追刑力度紧密结合，严惩制售假烟违法犯罪分子。各地烟草专卖局认真排查案件线索，清理制假分子的违法事实，列出涉嫌制假犯罪人员名单，及时移送公安部门。公安部门锁定目标，挂牌督办大要案，抽调精兵强将，开展跨省追捕、网上追逃行动，抓捕逃匿的犯罪嫌疑人。公、检、法部门加强配合，加大对违法犯罪分子的追刑力度。河北省藁城市对一个制假重点村抓捕制假犯罪分子120余人，一次公开宣判63人，最高刑期16年，产生了强大的震慑作用，使一个有着长达十年历史的“重灾区”，卷烟制假活动被彻底铲除，连根拔掉。

5．打击制售假烟活动与打源头紧密结合，把打假引向深入。一是深挖制假烟机源头，打掉58个非法拼装倒卖烟机团伙。湖北襄樊市烟草、公安部门紧密配合，将侦察追踪范围扩大到十余省，抓获了举家逃匿长达一年时间，当地最大的非法拼装倒卖烟机团伙首犯。武汉市烟草、公安联手破获了武汉机床厂非法生产倒卖烟机大案，初步查实该厂在两年时间内，非法生产烟机105台，已卖出86台。二是开展清理整顿烟丝生产厂和生产作坊的专项活动，取消了35家经营不规范的烟丝厂的生产资格，取缔了一批非法烟丝加工厂和烟丝集散市场，有效地遏制了利用烟丝生产渠道向制假窝点倒卖烟叶、烟丝的违法行为。

烟草与公安联手，实施“五个结合”的卷烟打假工作措施，对完成第二轮专卖管理工作目标起到了重要的保障作用，也为今后开展卷烟打假工作积累了丰富经验，奠定了良好基础。专项行动结束后，国家烟草专卖局、公安部联合召开总结大会，表彰了在卷烟打假专项行动中涌现出来的先进集体和先进个人，建立了《联合打击制售假烟违法犯罪活动工作制度》，成立了联合打假组织机构，使烟草和公安部门联合开展卷烟打假工作形成制度化、日常化。各省烟草、公安部门密切合作，认真落实工作制度。广东省烟草和公安部门进一步加大卷烟打假工作力度，取得了新进展，去年8至12月共端掉制假窝点329个，收缴假烟4.2万件，查获烟机282台，抓捕制假分子238人，其中判刑139人、劳教28人，专项行动结束后5个月的卷烟打假成果比专项行动8个月所取得的成果还要大。江苏省局分阶段确定打击重点，连续四次开展战役性打假行动，市场上假烟明显减少。四川、天津、云南、重庆、吉林等省（市）对重点地区转移过去的制假活动，发现线索，及时组织打击行动，捣毁了一批制假窝点，有效地防止了形成新的重灾区。其他省局加强市场监管，严厉打击贩运、贩卖假烟活动，对假烟流入市场起到了有效的遏制作用。通过持续深入的开展卷烟打假工作，专项行动后基本实现了巩固成果、严防反弹、扩大战果的工作目标，为烟草行业提高经济效益起到了重要的保障作用。

二、深化户籍化管理工作，提高卷烟市场监控能力

户籍化管理工作是增强市场监控能力、建立规范有序的卷烟市场秩序的有效途径。台州户籍化管理现场会议以后，各级局进一步转变思想观念、统一认识，实现了从要我做到我要做、从不知如何做到创造性地开展工作的转变，以奋发进取的精神，扎实的工作作风，使户籍化管理工作迅速全面推开，并不断深化，提高了卷烟市场监控能力。

1．全面提升户籍化管理工作水平。各级局在学习浙江台洲、重庆巴南、广西桂林先进经验的基础上，进一步深化了户籍化管理工作。开展户籍化管理工作起步早，市场管理基础较好的省级局坚持高起点、高标准，与时俱进，努力提升户籍化管理工作水平。上海市局把户籍化管理融入到社区管理中，使这项工作有了广泛的社会基础。浙江、江苏、安徽等省级局运用信息技术，开发户籍化管理软件，基本实现了管理现代化。开展户籍化管理工作有一定基础的省级局，进一步完善户籍化管理工作职责、工作制度、工作流程，实行目标管理，提高了管理水平。开展户籍化管理工作起步较晚的省级局虚心求教，学习兄弟省局的经验，结合本省实际情况，加快了工作步伐，扎实有效地开展户籍化管理工作，实现了划片分类管理，有力地打击了违法经营行为，提高了零售户守法经营的自觉性，取得了明显成效。在开展户籍化管理工作过程中，广大专卖管理人员进一步转变思想作风，树立服务于市场的观念，定期召开零售户座谈会，征求意见，改进工作，改善了与广大零售户的关系。实践证明，实施户籍化管理工程对卷烟零售市场由乱到治起到了重要作用，为网建工作创造了良好的市场环境。

2．开展市场净化率达标活动。市场净化程度是衡量户籍化管理工作水平的重要标准。为推动户籍化管理工作的深入开展，进一步增强市场监控能力，对卷烟市场实行目标管理。一是国家局制定了以市场占有率、合法渠道进货率、持证经营率为主要内容的市场净化率计算公式，统一了卷烟市场净化水平的考评标准，对实行卷烟市场量化管理提供了依据。二是在全国七个片区召开了座谈会，交流工作方法，研究解决市场管理中存在的问题，推动达标活动的开展。三是各级局专卖管理部门按照新的计算公式，对市场管理现状进行了全面考核，确定了市场净化水平的基数，提出了经过努力可以达到的目标，并采取措施抓落实。四是建立了考核制度，定期对市场管理状况进行全面考核，并根据考核结果进行分类指导，使净化市场达标活动取得了实效。去年11月份全行业对开展市场净化率达标活动情况进行了检查，各省级局高度重视，加强领导，通过采取明查与暗访相结合、昼查与夜检相结合的方法，对卷烟市场进行了全面深入的检查，比较真实地反映了卷烟市场净化程度普遍有明显提高。通过开展市场净化率达标活动，促进了户籍化管理工作扎实有效的开展，卷烟零售市场秩序进一步规范。

三、加强内部专卖管理，促进生产经营行为进一步规范

各省级局认真落实国家局整顿和规范市场经济秩序的工作部署，采取有力措施，加强了对行业内部生产经营的监管。

1．加强对两烟流通环节的监督检查。一是继续实行烟叶到货确认制度，通过运用准运证计算机网络管理系统定期汇总数据、统计分析，对调出的烟叶数量及去向、合同执行情况进行监控，及时发现和解决经营中出现的问题，提高了监控能力，为规范烟叶生产经营行为发挥了作用。二是许多省级局与生产经营单位签订了《内部专卖管理责任书》，实行责任制，由分管业务领导具体负责，一把手负总责。各生产经营单位定期上报自查自纠情况，省局针对反映出的问题进行核查，一经查实，严肃追究分管领导和一把手责任。年终对责任书的落实情况进行全面检查，并将检查结果与评比先进、年终奖励挂钩，有力地促进了行业内部生产经营行为的规范。

2．严肃查处内部违法违规案件。各省级局通过对生产经营单位的经营业务实行跟踪检查，严格核对两烟调入调出数量，查找违法违规案件线索，查处了一批内外勾结违法违规经营案件，对直接责任人和有关领导进行了严肃处理。去年山东省局共查处内部案件46起，73人受到纪律处分；贵州省局对41名违法违规经营责任人进行了查处，其中县局级以上干部13人，并及时进行了通报，充分发挥反面典型的教育作用，提高了广大干部职工规范经营的自觉性。

四、提高执法水平，加强专卖队伍建设

近两年来，为适应繁重的卷烟打假和加强市场管理工作的需要，各级局组建了专卖稽查队伍。为进一步提高正规化管理、规范化办案水平，在开展素质年活动的基础上，继续加强了专卖队伍建设。

1. *通过开展执法人员统一考试，提高了业务素质*。为了提高专卖执法人员依法行政的水平，国家局部署了全国专卖执法人员统一考试，并成立了统考领导小组。各省级局高度重视，把考试作为“素质年”活动的继续，加强了组织领导。专卖、法规部门紧密配合，精心组织，举办了形式多样的考前培训活动，系统学习了专卖执法常用的“五法一条例”。有10个省级局分管专卖工作的副局长带头参加考试，发挥了榜样作用。全行业共有39458人参加了统考，并考出了较好的成绩，平均分数达89.5。通过统考激发了广大专卖人员的学习积极性，增强依法行政意识，提高了专卖执法业务素质。江西、陕西等省局为了迎接统考，加强专卖管理队伍的业务技能培训，提高素质，树立良好的社会形象，举行了全省专卖稽查技能大比武活动，掀起了学习业务、钻研技能、苦练基本功的热潮，展示了专卖队伍奋发向上的精神风貌。

2. *以严格办案程序为重点，提高专卖执法水平*。科学的执法程序是规范化办案的重要保证，而执法案卷是反映执法过程的书面载体，是衡量执法水平的重要标志。因此，去年以严格按程序办案为重点，从规范专卖执法案卷入手，采取措施抓按程序执法。一是国家局下发了《烟草专卖行政处罚案卷标准》，为规范案卷，严格按程序办案提供了依据。二是各省级局制定了操作性比较强的实施《标准》细则，编写教材，举办培训班，以案说法，提高了广大专卖人员执行《标准》的能力。三是开展案卷评查活动。通过随机抽调案卷，检查《标准》的落实情况，及时解决存在的问题，促进了《标准》的贯彻执行。四是浙江、大连等省级局运用现代网络技术，设计开发案件管理软件，探索出了通过实现案卷制作自动化控制，对不按程序执法起到约束作用的新路子。通过启用《标准》，对纠正专卖执法中长期存在的十个方面不规范的问题起到了重要作用。

3. *开展评选第二届“中国烟草十大金叶卫士”及专卖管理先进集体和个人活动*。在实现第二轮三年阶段性工作目标过程中，广大专卖管理人员知难而进，开拓创新，顽强拼搏，付出大量的心血和汗水，涌现出了许多先进集体、先进人物和可歌可泣的英勇事迹，有的同志在专卖执法中献出了年轻而宝贵的生命。为了表彰先进，鼓舞士气，国家局决定开展评选表彰第二届“中国烟草十大金叶卫士”及先进集体和个人活动。各省级局高度重视，严格按评选条件，层层选拔，好中选优，评选出了武铁云等十名同志为第二届“中国烟草十大金叶卫士”，追认卿永奇等三名同志为“中国烟草金叶卫士”，评选出20个专卖管理先进集体和50名专卖管理先进个人，在这次会议上要进行表彰，以弘扬“严于律己、秉公执法、乐于奉献、英勇顽强”的专卖精神。在此，让我们以热烈的掌声向他们表示祝贺。

人事劳动工作

根据年初制定的工作要点和上级有关精神，2002年，综合处主要做了以下工作：

1. *认真学习贯彻江泽民同志“5.31”重要讲话精神，组织召开了全烟草系统第十七次政工会议*。年初，根据全国宣传、组织、人事和劳动保障工作会议以及全国烟草工作会议精神，结合行业实际，制定下发了《全国烟草系统2002年人事政工劳资工作要点》。6月份，组织召开了全国烟草系统第十七次政工会议，重点学习贯彻江泽民同志“5.31”重要讲话精神。会议之后，对各省级局传达贯彻第十七次政工会议的情况进行了总结通报。

2. *深入学习宣传贯彻十六大精神*。党的十六大召开后，按照中央的部署，认真组织十六大精神的学习宣传贯彻。制定下发了《中共国家烟草专卖局党组关于认真学习贯彻党的十六大精神的通知》，要求各级党组（党委）把学习贯彻十六大精神作为当前和今后一个时期的首要政治任务，精心组织，周密部署，狠抓落实。要求全行业工会、共青团、妇联等群众组织要开展各具特色的学习教育活动，政研会要组织专题研讨，各类新闻媒体要发挥宣传主导作用。号召在全行业迅速兴起一个学习十六大精神的热潮。目前，全行业各级党组织正按照国家局党组的要求，深入学习贯彻十六大精神。中烟政研会从各省级局挑选了一批稿件，编辑出版《〈烟草政工通讯〉学习十六大专刊》。

3. *贯彻落实《公民道德建设实施纲要》*。在调查研究的基础，结合行业实际，起草印发了《中共国家烟草专卖局党组关于贯彻落实〈公民道德建设实施纲要〉的意见》，及时总结模范科技工作者韦建玉同志的事迹，召开了表彰大会，在全行业开展了向韦建玉同志学习的活动。进一步强化了广大干部职工优质服务、诚实守信的意识，推动了职业道德建设活动的不断深入。

4. *围绕中心，服务大局，开展政研会工作*。围绕行业中心工作，组织各政研会会员单位，以“发挥思想政治工作优势，确保行业改革与发展”为主题，扎实有效地开展政研会工作。召开了中烟政研会秘书长座谈会，总结推广了吉林市烟草公司开展“两德教育”的做法，交流学习了一批具有一定针对性和说服力的政研成果。完成了《烟草政工通讯》的编辑发行工作。

5. *顺利完成职称改革工作*。2002年度烟草系统职称改革工作在继续作好工程、农业、经济、会计、政工等五个系列高级专业技术资格评审工作的基础上，经人事部同意，增设了科研系列专业技术资格评审系列，并聘请了10名中科院专家成立了研究员专业技术资格评审委员会。10月份在上海组织召开了烟草系统首次科研系列高级专业技术资格评审会，共有21名同志通过了评审委员会评审，其中5名同志取得了副研究员高级专业技术资格，16名同志取得了研究员高级专业技术资格。行业内正高级专业技术人员由5人增加到了21人。

2002年烟草系统职称评审工作，六个系列共受理33个单位的申报材料199份，评审通过人数为140人，通过率为70%。另外，共有14名同志经总公司职改办委托，通过了地方评审。年度职改工作情况汇报已呈送局领导，近期内召开职改领导小组会议进行审定。

6. *专业技术人才队伍建设方面*。上半年先后赴安徽、上海进行调研，就烟草系统实行专业技术人员聘任制听取了意见，为进一步了解情况，组织广东、湖北等九个省级局（公司）人事职改部门的同志，赴云南省烟草科学研究院、玉溪红塔集团、大理分公司进行了实地调研。在认真听取各省级局（公司）意见及实地调研的基础上，起草了《烟草系统专业技术资格评定与专业技术职务聘任办法（试行）》初稿，并在征求了科教司、法规司的意见后，呈报国家局领导审阅。

2002年9月12日，由姜成康局长主持召开了专题局长办公会，对《办法》的内容逐条进行了审议，会议原则同意《办法》的内容并形成会议纪要。根据会议精神，修改并报批后，在行业内印发了《烟草系统专业技术资格评定与专业技术职务聘任办法（试行）》（国烟人［2002］460号）文件。目前，各省级局（公司）已经开始根据文件精神着手这项工作。

关于选拔政府特殊津贴人员工作，经过认真仔细的筛选，报人事部经国务院批准，最终确定黑龙江省烟草专卖局（公司）的郭兆奎、南通醋酸纤维有限公司的王军、河南省烟草专卖局（公司）的黄元炯、云南省烟草专卖局（公司）王绍坤四名同志为2002年烟草系统享受政府特殊津贴人员。

7. *人事管理信息化建设*。与北京金益康软件公司合作开发了《烟草系统人力资源管理软件》系统，经过多次的修改和测试，已实现对每年例行的干部人事报表、劳动工资报表等工作进行网上查询、汇总，今后不用再开统计例会，将节省大量时间和人力。现已完成省级局（公司）和地市（分）公司的培训，近期将在行业内全面推广使用该软件。

8. *机构改革工作*。对以下几个单位的机构改革方案进行了研究批复：(1) 印发上海中国烟草博物馆工作职责、机构设置和人员编制方案；(2) 印发西藏自治区烟草专卖局（公司）职能配置、机构设置和人员编制方案；(3) 增设江西省烟草专卖局（公司）政策法规与体制改革处；(4) 对江苏省镇江市丹徒县烟草体制调整方案进行了批复；(5) 对南京地区烟草体制调整方案进行了批复；(6) 对无锡锡山市、苏州吴县市烟草机构设置进行了批复。目前，除河北以外，省级局机构“三定”工作已全部完成。

9. *进行了干部学历清查*。按照中组部的部署，于2002年7月下发通知，在行业内对处以上领导干部的学历、学位进行检查清理，并要求各省级局（公司）于今年年底之前将检查清理工作的情况上报国家局人劳司。汇总后上报中组部。

另外，还召开了全国烟草系统学习贯彻《党政领导干部选拔任用工作条例》电视电话会议。参与完成了第四专题调研组工作、举办了两期政工管理干部岗位培训班、并与国务院发展研究中心联合召开了“2002烟草行业企业经营者情况调查结果发布暨宏观经济形势报告会”。

法规体改工作

2002年是烟草法规和体改工作取得重要进展的一年。在这一年里，政策法规与体制改革司本着为行业服务、为基层服务的工作态度，在提供法律意见、法制宣传教育、促进企业组织结构调整、研究行业发展改革思路等方面作了大量细致的工作。

一、法规方面工作

1. 首次开展全行业专卖执法人员法律法规统一培训、考试和上岗资格认证工作。为了加强烟草专卖执法队伍素质建设，进一步推动依法行政、依法治烟工作，提高烟草专卖执法水平，国家局规定全行业专卖执法人员必须参加每两年一次的法律法规知识统一考试，并以通过考试作为从事专卖执法工作的基本条件。2002年上半年组织了首次“全国烟草行业专卖执法人员统一考试”，共有39458人参加这次考试，占应考人数的98.06%，其中国家局统考办组织的统考成绩及格率为99.60%。

2. 做好有关规章、规范性文件的制定、修改工作。修改了《烟草专卖品准运证管理办法》（国家烟草专卖局1998年1号令公布），并以“中华人民共和国国家经济贸易委员会令第

31号”重新公布实施。经反复调查研究后对1993年制定公布的《名晾晒烟名录》进行调整。研究制定了《国营贸易烟草类货物进出口内部管理办法》等一批规范性文件。

3．大力开展“四五”普法活动及加强行政执法监督工作。2002年的普法工作突出在“五个落实”即领导机构落实、人力落实、财力落实、培训落实、奖罚落实上，实现“两个突破”即领导干部学法、用法的突破，并以广播、电视、橱窗等形式开展多种多样的法制宣传教育活动。在行政执法监督方面组织开展了“全国烟草专卖处罚案件评查”工作，在各地随机抽取36份行政处罚案卷，组织专门力量进行评查，并将评查后发现的问题及原因分析、改进要求通报给全行业，收到了较好效果。2002年共受理两起行政复议案件，经认真复议后裁定发回重审1例，维持原裁定结果1例。

4．清理行政审批事项及清理部门规章和其他政策性措施工作。按照国务院行政审批制度改革工作领导小组的要求，积极开展清理国家烟草专卖局行政审批事项工作。2002年共清理各类行政审批事项96项，其中有14项已被国务院列入第一批决定取消的行政审批项目中。研究完成《烟草行业建立与市场经济体制相适应的审批制度研究报告》。为适应中国加入世界贸易组织进程，同时对部门规章和其他政策性措施进行清理，拟制定、修改1件，拟废止或者停止执行8件。

5．提供法律方面意见，认真参与处理行业涉及的法律纠纷，开展法律国际交流活动。对全国人大、国务院共17件法律法规草案提出修改意见，对一些局发文件提出法律法规方面的会签意见，对中国烟草总公司与GD公司技术转让合同、南纤、昆纤、珠纤扩建项目合同、北京中业广告公司建设工程设计合同等重大合同从法律上进行审查、把关。及时协调处理南京、上海消费者投诉案件及“七匹狼”、“红梅”等商标纠纷案件，特别是积极应对美国一些州诉中国烟草企业的代理消费基金案件。组织赴美国际烟草诉讼考察交流活动，与菲·莫公司签订《法律事务交流合作备忘录》。

二、体改方面工作

1．积极探索行业体制改革工作思路。按照国家局领导的要求，在深入调查研究的基础上，圆满完成“积极稳妥推进专卖制度下以市场为取向的烟草体制改革”专题研究工作；认真研究探索行业工商管理体制改革思路；深入思考与行业生产经营体系相配套的各级烟草管理体制的架构；分析与行业体制改革工作密切相关的国家计划、财税体制问题；对一些具体问题如深圳、大连烟草体制、海南烟草商业流通体制、卷烟消费税改革后卷烟工业企业的销售体制、取消县级公司法人资格等问题进行专题研究并提出政策性意见。

2．组织结构调整工作取得新的突破。2002年共有11家卷烟工业企业实施了组织结构调整，其中关闭、停产5家，破产终结1家，兼并重组5家。广西、辽宁、福建、青海、甘肃、重庆、安徽、海南等8个省（区、市）已基本完成小烟厂的结构调整任务。经过调整，至2002年底全国正常生产的卷烟工业企业还有123家（不含非独立法人的生产点12个），组织结构调整工作取得了历史性的突破。另外，还积极争取烟草行业发展资金和专营利润，多次提出企业组织结构调整资金分配使用方案，所申请的企业组织结构调整资金数量也实现新的突破。经过努力，全行业有5家小烟厂共15亿元的银行贷款被列入全国企业破产计划和核销银行呆坏账规模。为推动小烟厂的组织结构调整工作，研究制定了《10万箱以下卷烟工业企业组织结构调整规划》。整理编制全国卷烟工业企业结构调整资料档案，并初步编制《50～150亿支卷烟工业企业组织结构调整意见》。

3．挂杆复烤企业的关闭工作有了明显进展。通过全面调查掌握行业挂杆复烤企业的详细情况，提出关停挂杆复烤企业的具体意见，制订下发了《挂杆复烤企业关停验收办法》，并对重点省份挂杆复烤企业的关停工作进行督促指导。经行业上下的努力，全行业原有224家挂杆复烤企业在2002年关停114家，占关停总数的50.89%，实现了“时间过半，任务过半”的目标。

4．企业改制工作得到深入开展。为促进打叶复烤企业改制工作，年初对打叶复烤企业现状进行了全面调查，5月在成都召开打叶复烤企业改制工作专题汇报会，随后组成调研组对重点省份进行专题调研，并于12月在云南召开“打叶复烤企业加快改制、强化管理、提高产品质量现场会”，进一步统一思想、坚定信心及明确改制工作的程序和应注意事项。另外，研究批复了许昌烟草工业机械厂、秦皇岛烟草工业机械厂、海南卷烟厂、中国烟草山东进出口公司的改制事宜，批复办理了宁夏彭阳、灵武等十家烟草公司管理体制改革、海南省各市、县烟草公司上划、阿坝州烟草系统上划以及云南红河烟草企业“三合一”管理体制分离等工作。

经济运行工作

2002年，全行业认真贯彻落实全国烟草工作会议、行业经济运行电视电话会议精神，紧紧围绕“五个继续、五个确保”的工作目标和工作重点，坚持总量控制原则，着力推进卷烟产品结构调整，积极引导和促进企业提高科学管理水平，狠抓安全管理，较好地完成了全年经济运行调控目标和各项工作任务。行业经济效益稳定增长，经济运行保持了平稳发展态势。

一、理清思路、把握大局、明确目标、狠抓落实

根据年初国家局党组确定的行业工作目标和重点，对全年经济运行工作的目标任务和工作重点进行了梳理分解，理清了工作思路，认真分析了行业的形势和经济运行工作中存在的突出问题，确定了行业经济运行调控具体目标、政策措施和工作方案，组织召开了行业经济运行电视电话会议，下达了《烟草行业2002年经济运行调控纲要》，明确了围绕确保行业平稳发展，提高经济运行工作效率和质量的工作原则和工作重点及工作要求，确定了坚持以市场为导向，保持卷烟均衡生产和稍紧供应，以产品结构调整为主线，突出“两个扶持”，实施和有效推进大品牌、大企业战略的工作思路，并集中主要力量抓好各项宏观政策的落实及配套措施的推进，确保了全年平稳发展。

二、始终坚持“控量、促销、稳价、增效”的方针，以促销为重点、以稳价为前提、以控量为手段，全面加强经济运行监控分析和考核调控

年初针对行业卷烟生产进度同比快了40%的生产过热状况，及时下发了《国家局关于压缩卷烟生产进度的紧急通知》，对确保全年卷烟基本保持均衡生产，实现全年平稳发展起到了重要作用。根据适度从紧和均衡生产的原则，及时下达卷烟生产季度计划，指导各省局公司搞好均衡生产，同时对超季度计划生产和超过控库指标的省进行监控。年末组织了限产压库大检查，共组织10个组重点检查地方烟厂和有超计划生产嫌疑的企业。

密切关注行业经济运行动态，坚持月度经济运行分析制度。充实了《烟草行业经济运行通报》内容，增加结构分析内容，对重点省和企业的情况及问题进行连续跟踪分析，同时起用运行分析系统软件，建立行业名优卷烟工业直报和50户工业企业运行情况直报制度。2002年度行业经济运行考核办法确定了突出销量和促进名优卷烟培育为导向的6大指标，引导各省围绕平稳发展和“两个扶持”积极开展工作，并坚持逐月考核和通报，强化了考核的导向作用。

三、突出“两个扶持”，加快结构调整步伐，有效推进品牌整合和品牌战略的实施

指导和督促各省局公司和各企业贯彻落实《国家局关于加快卷烟产品结构调整的意见》，制定切实可行的实施细则和工作方案，整合现有牌号，确保国家局确定的压缩牌号目标的实现。下发了《国家局关于停止生产部分严重亏损卷烟产品（第一批）的通知》，公布了首批141个不允许生产、销售的卷烟产品。年底对进入全国卷烟交易市场的产品进行了清理，对部分交易量达不到标准的产品取消了交易资格。对五类卷烟整合进行了调研和研究，提出了五类卷烟整合工作的意见。通过努力，目前全国共生产卷烟牌号703个，规格1717个，分别比去年减少了牌号166个和规格433个，下降比例分别为19%、20%。实现了压缩牌号15%的目标。省际间交易牌号已经压缩到400个以内。

积极实施品牌战略，开展品牌战略和基础研究。年初下发了《国家局关于进一步发展行业名优卷烟的若干政策》，进一步统一行业上下对扶持名优卷烟的思想认识和保证各种资源向名优卷烟倾斜，促进名优卷烟做大做强。为摸清名优烟的市场情况，组织实施了行业名优卷烟市场竞争力调查，并公布了调查结果，在行业内引起很大反响，得到充分肯定。为强化企业品牌意识，搞好品牌战略研究，组织了“中外卷烟品牌研讨会”，对指导企业实施品牌战略，提高卷烟品牌管理水平起到了积极作用。组织成立了第六届全国评烟委员会，并完成了“中国卷烟产品发展方向”的研究报告和2002年度卷烟优等品评定。为加强对外技术合作，制定下发了卷烟来牌加工管理办法，规范了有关工作程序，提高了行业来牌加工合作管理水平。为做大品牌，扩大优势企业的市场占有和品牌影响力，研究制定了卷烟联营加工管理办法，规范对联营加工卷烟的管理，重点压缩批量小的牌号，整合优化现有品牌。

四、全面加强企业管理工作，提高科学管理水平，增强重点企业核心竞争力

围绕提高企业科学管理水平，增强重点企业核心竞争力的目标，重点抓了对红河卷烟厂管理创新经验的调研总结，并在红河卷烟厂组织召开了全国烟草行业企业管理工作会议，姜局长在会上做了重要讲话，进一步指明了行业企业改革和加强管理的方向、思路和重点，有力地推动了行业企业改革和企业管理工作，形成了行业内企业争学先进，努力赶超、改革创新的良好态势。对36户重点企业，在加强跟踪指导和扶持的同时，进行了分析评价，提出了重点企业动态管理的意见，并公布了36户重点企业的调整结果，调整了3户，在行业中引起了震动，有力促进了企业之间的竞争，体现了优胜劣汰的市场机制作用。加快推进企业信息化建设步伐，会同局信息中心组织完成了卷烟工业基础软件的阶段性开发、验收和培训，基础软件的推广工作全面铺开。

五、夯实安全管理基础，完善安全管理体系，为行业经济运行平稳发展提供有力保障

进一步完善安全管理法规标准体系，推进落实安全生产责任制度，加大了安全管理检查力度，强化了行业的安全管理培训。在全行业内分别组织开展了两次安全大检查。通过安全大检查，起到了监督、指导的作用。加大了企业对事故隐患的整改力度，促进了各单位规章制度和安全生产责任制的完善和落实，行业安全生产水平有了进一步提高，为烟草行业的稳定发展提供了安全保证。按照国家局要求，组织制定了《烟草系统机动车辆交通安全管理暂行规定》和《烟草系统宾馆饭店安全管理暂行规定》，并已在行业内正式执行。开展了磷化铝熏蒸杀虫的专项开发试验工作。

一年来，在行业内全面杜绝了重大以上责任事故的发生，一般事故也得到了有效遏止，全年的事故发生起数和因工死亡人数都明显下降，特别是在机动车辆安全管理方面，在生产经营不断扩大、机动车辆不断增加的情况下，各类交通事故与去年同比都有明显减少，创造了近几年来安全生产的最好局面。

六、深入基层、调查研究，摸清运行工作的难点和热点问题，认真作好协调服务工作

按照局领导要求，重点负责联系贵州省烟草和红塔集团以及深圳卷烟厂、西昌卷烟厂等。本着切实帮扶企业，解决实际问题，了解微观把握宏观的原则，结合运行调控、产品结构调整、市场调查等工作，先后组织了不同层次的专题调研调查20余次，专题座谈10多次，调研范围涉及10个省，认真了解基层企业的真实情况，听取下面的意见和呼声，掌握第一手资料和活情况，为正确分析判断行业经济形势、把握好大局提供真实的依据和信息，同时为省局公司和企业提供指导服务。

财务审计工作

2002年，全国烟草行业财务审计部门认真遵守国家财经政策和法规，努力夯实会计基础，进一步发挥财务管理在企业管理中的核心作用，加大审计监督力度，加强财务审计队伍建设，做了大量的工作，取得了好的成绩，为烟草行业的改革和发展作出了新的贡献。

一、在行业内推行预算管理、加强资金管理，发挥财务管理在企业管理中的核心作用

1．以建立成本、费用预算为突破口，推行全面预算管理

2002年，我们制定了《烟草行业企事业单位预算管理试行办法》。各省级局（公司）结合本地实际，按照要求相继成立了省级局预算管理委员会，分别制发了各省范围内的预算管理办法，并制订了相关实施细则和管理制度。各省局（公司）在建立省级预算管理委员会的同时，也按照办法要求，督促和指导下属地市级分公司和卷烟工业企业成立预算管理委员会。到目前为止，大部分省已经建立省公司与省以下分公司、卷烟工业企业两级预算管理体制。未建立的省份也在增强预算管理的意识，逐步树立预算管理的理念。

2．以推进资金（管理）结算中心的建立为重点，加强资金集中管理

针对烟草行业资金管理比较分散、资金使用效率低、资金风险大的问题，我们在行业内重点抓了资金管理（结算）中心的典型经验推广工作。2002年6月，我们在山东组织召开了行业资金管理现场工作会，推广山东、安徽、四川等省公司成立资金管理（结算）中心的成功经验和做法。行业内一些省级局（公司）在吸取上述省份成功经验的基础上，结合当地实际创建自己的资金管理模式。

二、狠抓行业会计基础工作，提高会计信息质量

2002年，烟草行业会计工作以“狠抓基础、狠抓规范”为指导，围绕“两查、两验、两个办法”等重点内容开展，促进了会计信息质量的提高。

1．开展了《会计法》执行情况抽查和会计信息质量抽查。2002年，为了进一步落实好《会计法》，国家局组织4个检查组对云南等8个省局（公司）对《会计法》执行情况进行了抽查。从抽查的情况看，《会计法》执行情况整体上好于2001年，2002年检查的8个省局全部建立了内部控制制度。

2．在行业内开展会计电算化验收和会计基础规范化验收工作。2002年，通过在行业内推行会计电算化和开展计算机替代手工账工作，许多省已经实现了“电算化率”和“甩账率”同时达到100%的成绩。2002年，行业内开展了对申报会计基础规范化达标单位进行验收的工作。通过验收，促进了行业会计基础工作水平的进一步提高。有的省已经提前完成了达标任务，会计基础规范化达标率达100%。

3．为了统一工业企业成本费用口径、规范会计核算行为，保证企业成本计算的真实性、合理性，我们完成了《烟草企业成本费用管理办法》和《烟草企业成本费用核算规程》，并在一些企业开展了试点。《办法》和《规程》的制订，是我们统一工业企业成本费用口径、规范核算行为，保证企业成本计算的真实性、合理性所采取的一项基础性工作。

三、加强国有资产管理，开展清产核资工作

1．三年清产核资工作基本结束，完成了预先制定的总体目标

为了摸清企业家底，为烟草系统企业改革打好基础，我们利用2000年～2002年三年时间对烟草系统工业、商业及多元化经营企业开展了清产核资工作。通过清产核资，基本摸清了行业资产损失、有问题长期投资和资金挂账形成的原因，发现和暴露了企业在资产管理中存在的问题，促进了企业加强国有资产的建章建制工作，规范和加强了企业资产管理。总体上看，三年的清产核资工作，基本摸清了国有资产的家底，初步理顺了资产关系，达到了清产核资工作的总体目标。

2．加大国有资产监管力度，防止国有资产流失

针对烟草行业内存在的国有资产日常管理松散，企业撤并没有按照国有资产管理的有关规定进行，资产划转没有经过必要的程序，随意性大的问题，我们在前两年工商企业清产核资摸清家底、明晰产权的基础上，加大对烟草系统企业国有资产监管力度，使国有资产日常管理工作纳入法制化轨道，规范了行业国有资产管理工作。

四、加大审计监督力度，发挥审计“帮促”作用

2002年，行业全体审计部门在严肃财经法纪、维护行业经济秩序、促进企业加强管理、发挥审计监督与服务作用等方面发挥了重要作用。

1．进一步完善了经济责任审计制度，加大经济责任审计工作力度

全行业各级审计部门坚持“全面审计，突出重点”的工作方针，进一步贯彻中央五部委关于开展任期经济责任审计工作的精神，健全经济责任审计制度。绝大部分省市公司都成立了经济责任审计工作领导小组，建立了经济责任审计工作联席会议制度，并结合各省市烟草系统的不同情况制定了相应的执行办法，对联席会议职能、审计工作职责和方法、机构人员配备作了明确的规定，为经济责任审计的顺利开展提供了依据。

2．认真做好授权地方审计的准备和协调工作。

2002年是审计署授权地方审计机关审计烟草企业的第二年，烟草行业全年共有12个省市，499个地县级单位接受了授权审计。

各省局审计部门为了保证此项工作的顺利进行做了大量的沟通协调工作。在审计过程中，积极配合审计机关的工作，及时了解情况，及时解决问题，在有争议的问题上，进行耐心细致的政策解释，维护了行业的正当利益。审计结果也引起了各地领导的高度重视，对审计出的问题提出相应的整改措施，并检查监督被审企业认真落实审计结果。

3．结合行业情况开展了专题审计调查，探索行业审计工作的服务功能。

审计监督是手段，搞好服务，为领导当好参谋、促进企业管理和效益的提高是内部审计工作的目的。按照国家局领导的要求，并结合烟草行业的自身情况，2002年国家局在全行业范围内共组织了两次审计调查工作。一是对2002年打假经费的使用情况进行了调查，纠正了存在的问题，有效地监督了打假经费的管理和使用，确保了国家财政资金的专款专用。二是对四、五类卷烟的亏损情况进行了审计调查。通过审计调查，掌握了四、五类烟亏损的情况，分析了亏损原因，提出了合理化建议，为国家局和省局领导决策提供了准确的第一手材料。

4. 强化专项审计工作，扩大审计范围，更有效地发挥了审计作用

近几年来，各省级局（公司）结合自己的实际情况，拓宽思路，科学、合理地确定审计重点，开展各类专项审计工作。基建审计、采购比价合同审计、后续审计等得到加强，充分发挥审计工作监督与服务的双重职能，为企业提高管理水平、减少损失浪费、创造经济效益提供了有力的保障。

五、加强财务管理信息化建设，为决策提供服务

实现财务管理信息化是发挥财务管理核心作用的重要保证，最近几年，我们加大了财务管理信息化方面的投入，初见成效。

1. 建立了财务信息的平台和载体，实现了财务信息有序流动。一方面，我们建立了全行业的报表网络系统。2002年，国家局（公司）、省局（公司）、市局（公司）和全部卷烟工业企业全部实现联网。

2. 设计、使用有关软件，对信息进行了归集分类。在报表网络系统平台上，行业量本利报表于2001年7月份正式运行。目前，量本利报表、季报、快报等提供的数据使我们比较清楚地掌握各卷烟工业企业目前的成本费用水平，为企业制定预算、降低成本费用提供了依据，为制定行业的经济运行目标提供了依据，为行业的各种决策提供了依据。

六、加大培训力度，加强财务审计队伍建设

1. 加强了审计机构建设，审计力量得到充实。2002年，在行业各级领导的进一步重视下，行业审计机构、队伍建设得到加强。在国家局领导大力支持下，财务审计司新组建了审计二处，主要负责经济责任审计；从整个行业来看，除了直辖、单列市和少数省份外，大多数省局都设立了独立的审计机构。独立的审计机构是开展审计工作的必要基础和保证，这一点正逐渐为各级领导所认同。

2. 在行业内开展各种形式的培训，提高财务审计人员的专业技能和综合素质。2002年，我们在行业内举办了国内、外各种形式和不同层次的培训班。各省级局（公司）也非常重视财务审计人员的培训学习，开展了内容丰富的业务、理论培训，包括计算机知识、财税法规、新会计制度、经济责任审计等内容。有的企业还鼓励财务审计人员积极参加财会资格考试和各类学历考试，扩充知识结构，提高专业水平和综合素质。

科技教育工作

国家局于2002年5月18日至22日在北京成功举办了“烟草行业技术创新成果展”。展览会是国家局在京举办的首次大型烟草行业科技成果展览，展览会以“科技创新，降焦减害，关注健康，奉献社会”为展示主题，全面而概括地展示了烟草行业自1982年组建以来企业科技进步和技术创新的丰硕成果，充分展现了烟草行业的科技水平和烟草制品的科技含量，表观了烟草行业的综合实力和精神风貌，向社会各界显示了卷烟产品科技含量不低、烟草行业对国家贡献不小、烟草行业社会形象不差的基本特点。反映了我国烟草行业在党中央、国务院领导下，坚定不移地推进企业科技进步的决心与信心。产生了较大的积极的社会影响，将作为烟草事业辉煌的一页载入烟草科技发展史册，据不完全统计，国务院有关部委领导和烟草行业及社会各界观展人员约5万人。

国家局全面开展了烟草行业大型骨干企业技术中心认定评价工作。在国家经贸委国家级企业技术中心评估组的指导下，按照国家经贸委《企业技术中心认定与评价办法》和《企业技术中心评价指标体系》的标准与要求，组织开展了旨在促进企业技术中心建设的大型骨干企业技术中心认定与复查工作。烟草行业36家重点卷烟工业企业中已有12家（淮阴、徐州、芜湖、蚌埠、龙岩、厦门、济南、新郑、武汉、常德、黄果树、昆明）企业技术中心通过行业认定。上海、红塔、颐中和长沙技术中心顺利通过国家年检评审，武汉技术中心通过国家认定，成为烟草行业第五家国家级技术中心。国家级和行业级企业技术中心基本具备了国家经贸委所规定的职能，初步形成了行业宏观指导、企业自主实施、产学研紧密合作的多层次技术创新体系及科学运行机制，已逐渐开发和掌握了一批拥有自主知识产权的主导产品、核心技术和共性技术，使烟草企业的技术创新能力、市场竞争能力得到增强。在行业中已发挥了示范与辐射作用，为提高烟草行业国内与国际竞争能力提供了一定的技术基础。

国家局努力实施名牌卷烟发展战略，积极参加中国名牌产品评选活动。通过向国家质检总局和中国名牌战略推进委

员会有力申请，确立了烟草制品在中国名牌产品评选序列中应有的法律地位，奠定了中国名牌卷烟在相关领域产生与发展的基础。根据《中国名牌产品管理办法》有关规定，经国家局专业评选委员会和中国名牌战略推进委员会有关专业委员会综合评价以及中国名牌战略推进委员会全体委员会审议核定，烟草行业7家卷烟工业企业（上海烟草集团公司、玉溪红塔烟草集团有限公司和宁波、昆明、长沙、红河、常德卷烟厂）生产的7个品牌产品（中华、红塔山、大红鹰、云烟、白沙、红河、芙蓉王＜排序不分先后＞）为2002年中国名牌产品。据统计，中国名牌卷烟销售收入逐年增长。仅1999年至2001年，由248.9亿元增长到295.8亿元，增幅为19%，3年累计销售收入810亿元以上。占全国卷烟销售同期收入近20%。

国家局全面启动“卷烟制丝工艺技术水平评价分析及提高质量的集成技术推广研究”工作，针对影响我国卷烟产品市场竞争力的卷烟制丝工艺技术水平不高、工艺管理粗放、卷烟质量稳定性差、焦油量波动性大等问题，以卷烟生产企业为工作对象，通过组织专业技术人员对卷烟生产企业制丝工艺技术水平进行评价分析与诊断，大力推广国家局在制丝工艺技术方面取得的七项新技术新成果。目前哈尔滨、淮阴、楚雄、常德、龙岩等5家卷烟生产企业作为国家局首批试点企业已开展工作并取得一定成效。哈尔滨卷烟厂自2002年1月份开始逐步推广7项新技术新成果，与上年同期相比，利税增长近2个亿，利润增长近4000万元，产量增产45亿多支（9万箱）。

国家局开展降低卷烟烟气有害成分的技术研究并取得多项创新性成果和实用技术，一批低焦油、低危害卷烟产品相继问世。针对国内外共同关注的卷烟烟气主要有害成分，围绕中国烟草行业“降焦减害”发展战略，组织“产学研”协同攻关，开发了一整套降低卷烟烟气有害成分的实用技术，在利用含纳米贵金属的催花材料，改性Y型分子筛和神农萃取液选择性降低CO，TSNAs，PAHs苯系物等有害成分以及降低卷烟烟气自由基技术、卷烟侧流烟气技术等方面取得了多项创新性成果，达到了国际领先水平。上海、长沙、北京、梅州等卷烟企业已成功地运用这些新技术开发出了低焦油、低危害卷烟产品，获得了显著的社会经济效益

国家局积极开展降焦减害工作取得显著成效。2002年全行业降焦减害工作成效显著，通过对124家卷烟生产企业610个牌号（规格）共1124牌次的卷烟产品进行检验，2002年全国卷烟焦油量加权平均值为14.7毫克，比上年降低0.6毫克，首次低于15毫克，基本实现了国家局提出的“从2001年开始，全国卷烟平均焦油量每年要降低0.5毫克/支”的目标。

国家局以培养烟叶分级“国手”为重点，加大行业各级各类人才培养力度。为全面贯彻落实《2002～2005年全国人才队伍建设规划纲要》及《国务院关于大力推进职业教育改革与发展的决定》精神，进一步提高烟草行业职工队伍整体素质，国家局起草了《国家烟草专卖局关于加强烟草行业职工教育培训工作的意见》。为应对我国入世后烟草行业面临的竞争与挑战，国家局采取专业培训与“师傅带徒弟”相结合的方式，对首期选定的6名烟叶分级“国手”进行了重点培养。为加大行业各级各类人才培养的力度，国家局委托中国科技大学等国家重点院校，进行硕士研究生培养，通过考试录取了120名机械工程、农业推广、MBA等专业硕士研究生。同时采取多种培训方式为行业培养了120多名卷烟产品开发高级技术人员、卷接包高级技师和高速机组操作、维修人员；培训了1638名烟站站长与技术人员，开发了卷烟营销员培训项目并培训了26个省级局的117位营销人员；开展了ISO10015试点企业培训工作，已培训三个试点企业的专业人员。为加强行业教育培训管理干部队伍建设，培训了28个省局的65名职教管理人员。

纪检监察工作

2002年，在中央纪委、监察部和国家局党组的领导下，驻国家烟草专卖局纪检组、监察局坚持以邓小平理论和“三个代表”重要思想为指导，认真贯彻中央纪委七次全会精神，坚持从严治党方针，注重从烟草行业实际出发，按照“抓住源头，重点突破，规范自我，整体推进”的工作方针，在深化教育、完善措施、狠抓落实上下功夫，使行业的党风廉政建设和反腐败斗争取得了新的进展。

一、认真贯彻上级会议精神，不断提高思想政治素质

组织和指导行业认真学习十六大会议精神和江泽民同志的“5·31”重要讲话精神；学习中央纪委第七次全会、国务院第四次廉政工作会议和全国纠风工作会议精神；学习贯彻全国烟草工作会议和局长经理座谈会议精神。特别是对党的十六大精神的学习中，借助广播、电视、报纸、刊物等媒体，反复研读十六大报告，力求深刻理解。通过学习，使广大纪检监察干部深刻认识到十六大报告为深入开展党风廉政建设和反腐败斗争指明了前进的方向，充分认识到反腐败斗争的长期性、艰巨性，自觉把思想认识统一到十六大精神上来，坚定了坚持不懈地抓好党风廉政建设的信心。纪检监察干部

的思想理论水平、分析问题解决问题的能力进一步提高。

二、狠抓廉洁自律各项规定的落实，不断增强领导干部廉洁从政意识

按照中央纪委、监察部的部署，坚持把贯彻落实《廉政准则》、《领导干部配偶子女从业规定》等作为领导干部廉洁自律工作的重要内容，紧紧抓住不放。在反腐倡廉教育中，有计划、有步骤地在全行业组织观看了《中共中央关于加强和改进党的作风建设的决定》、《责任的呼唤》等电教片；组织编发《纪检监察动态》和《国烟纪通报》共38期，并通过报刊杂志等媒体，总结报道行业党风廉政建设和反腐败斗争的经验做法，及时通报查处的典型案例；制定下发《国家烟草专卖局关于加强出国（境）管理坚决制止公费出国（境）旅游的通知》；召开了党风廉政信息员座谈会，对国家局第二批信息员工作进行了总结，聘请了第三批信息员。同时，狠抓廉洁自律各项规定的落实，积极推进领导干部诫勉谈话制度、责成说明问题制度，对领导干部廉洁自律情况进行了经常性检查，对落实《领导干部配偶子女从业规定》的情况进行了统计，比较好地保证了廉洁自律各项规定的落实。

切实加大查办案件工作力度，严厉惩处腐败分子。始终把严肃查处各类案件作为加强党风廉政建设的重要环节，坚持实事求是，敢于较真，一查到底，办案工作有了新的突破和进展。驻国家局纪检组、监察局查结处理了香港天利公司案件；配合中央纪委、监察部和有关省、市纪委查办了5名省级局领导干部的违法违纪问题；配合有关部门对涉及4个单位的有关问题进行了初核和协调。同时，对行业办案工作加强指导，指导和督促基层单位及时查结了一批案件。据统计，2002年驻国家局纪检组监察局本级处理群众来信和电话举报435件，全行业处理群众来信来访3080件，初核717件，立案467件，共结案430件，给予党纪政纪处分632人，其中县处级干部38人，相当地厅级待遇干部3人。

三、继续深入开展纠风工作，不断推动行业风气的好转

在抓纠风工作中，坚持标本兼治、纠建结合的方针，做到突出重点，常抓不懈，及时发现苗头，坚决纠正问题。一年来，认真传达贯彻全国纠风工作会议精神，及时转发国务院《关于2002年纠风工作的实施意见》，对全行业纠风工作进行了部署，提出了具体要求；以纠风工作为重点，召开纪检监察纠风统计工作会议，表彰先进，对统计数字进行定性定量分析，为深入开展党风廉政建设提供了依据；坚持把重大工程建设项目招标、烟用物资比质比价和资质认证采购等作为工作的重点，通过参加有关会议、明确有关规定、加强监督检查等措施，有效防止了暗箱操作、假招标等问题的发生；认真开展专项治理工作，按照《国家局关于开展行政事业性收费和罚没收入“收支两条线”管理自查工作的通知》要求，采取自查与抽查相结合的办法，认真纠正存在的问题；继续对预算外资金和“小金库”进行清理，加大对赊欠款、担保贷款等问题的治理力度，认真纠正花钱大手大脚、奢侈浪费和滥发纪念品等问题，收到了较好效果。

四、坚持标本兼治的方针，促使抓源头治理工作向纵深发展

围绕国家局“一要规范、二要改革、三要创新”和“五个确保”的工作重点，我们深入开展调查研究，积极探索和总结烟草行业党风廉政建设和反腐败斗争的特点和规律，坚持关口前移，标本兼治，从源头上预防和治理腐败。年初，我们召开了纪检监察工作会议，在全面部署工作的基础上，重点强调了抓源头工作。之后，围绕整顿和规范“两烟”流通秩序的问题展开了深入的调查研究工作；去年8月，召开了纪检监察工作座谈会，专题研究抓源头工作，听取各省级局情况汇报，总结和分析抓源头工作的情况，推广了浙江、广东、河北、湖北、四川等省级局抓源头治理的经验做法；年底，又组织召开了省级局纪检组组长述职报告会，也把抓源头治理的情况作为重点内容进行了汇报和分析。围绕国家局的中心工作，我们积极参加整顿经济秩序的工作。一年来，我们始终把抓源头工作摆在突出位置，比较好地形成了开展抓源头治理的氛围。行业许多单位通过强化现代管理理念、运用现代信息科技手段实施管理；通过对“小金库”、账外账和样品烟、调剂烟等问题的整顿，及时纠正了一些不规范行为，促进了抓源头工作不断向纵深发展。

五、加强业务学习和培训，努力提高纪检监察队伍的整体素质

按照“政治坚强，公正清廉，纪律严明，业务精通，作风优良”的标准和要求，狠抓纪检监察干部队伍自身建设。认真落实中纪委、监察部《2001年～2005年全国纪检监察干部教育培训计划》的要求，上半年，组织了全行业50名处级以上纪检监察领导干部参加中央纪委北戴河培训中心的培训，下半年又组织35名同志参加培训学习。同时，我们还注意结合工作实际，在查办案件等工作实践中认真探讨业务，相互学习，促进了纪检监察干部整体素质的提高。

烟叶生产购销工作

2002年产区各级烟草部门继续把控制总量摆在烟叶工作首位，突出“控制总量、提高质量、优化布局、优化结构”

的工作重点，狠抓基础、狠抓规范、狠抓落实，在地方各级政府的大力支持下，通过扎扎实实的艰苦工作，全国烟叶生产收购保持平稳发展态势。烟叶收购量控制在国家计划之内；收购秩序稳定，收购等级质量和纯度提高；控氮降碱、优化结构工作成效明显，烟叶品质和等级结构改善；烟叶基础工作进一步加强和规范，适应市场能力增强，产区烟叶生产经营状况好转。

一、坚持控制总量不动摇，烤烟收购量控制在国家计划之内

在连续4年烟叶收购量控制在国家计划之内基础上，产区各省级局（公司）认真贯彻落实国家局控制总量的要求不动摇，积极主动争取地方政府的大力支持，层层分解国家种植收购计划，建立责任制，加强管理，使农民盲目种植得到有效控制。按照“全面推广、一次到位、明确权责、完善提高”的要求，部分产区真正做到育苗前一次全面同烟农签订合同，其他产区在移栽前全面签订收购合同。全国共签订烟叶收购合同468万份，比2001年减少20万份，保证了按国家计划组织生产收购。烟叶收购工作开始后，国家局印发了《关于认真抓好2002年烟叶收购工作的紧急通知》，再次强调要控制总量，严肃纪律，责任到人，坚决按计划、按合同收购烟叶。由于各级烟草部门认识统一、态度坚决、措施有力，强化组织领导，烟叶生产收购工作始终保持平稳发展。据统计，烤烟实际种植面积1445万亩，比国家指导面积1393万亩多种52万亩；比去年实际种植面积1429万亩多16万亩。烤烟收购量3035万担左右，控制在国家计划3400万担以内，比去年实际收购量2834万担有所增加。白肋烟、香料烟收购量比去年有所减少，晾晒烟总量得到较好控制。

二、强化服务、突出管理，烟叶收购秩序进一步稳定，等级质量和纯度进一步提高

产区各级烟草部门认真贯彻落实烟叶收购工作现场会的部署和要求，进一步完善各项收购制度，探索新的收购方式，突出规范、强化服务，确保烟叶收购工作的平稳进行。多数产区实行预检制，分期分部位交售，提高了收购效率，加快了收购进度，保证了收购质量。云南省陆良县探索“入户预检、分批交售、集中运输、密码收购、承诺服务”的收购模式，方便了农民交烟，降低了成本，受到地方政府和烟农欢迎。7月份在湖南郴州召开5省、区边界协调会，加强烟叶专卖管理，要求“看好自己的门，管住自己的人，收好自己的烟”。广东、湖南、福建省毗邻地区各级烟草部门狠抓内部管理，加大专卖执法力度，在地方政府大力支持下，收购秩序稳定，是近年来最好的一年。各地普遍反映，烟叶收购开局顺利，秩序良好，收购进度和调拨进度较快，收购等级质量和纯度较去年有所提高。

产区观念转变，市场化程度的提高，市场意识、服务意识增强，“质量第一、用户第一、信誉第一”的经营思想进一步强化。各级烟草部门切实加强等级质量管理，努力提高烟叶收购等级合格率和工商交接等级合格率，恢复烟叶质量信誉。各产区收购前普遍开展技术培训，提高验级员的业务素质；完善规章制度，明确岗位职责，强化责任追究制度；省级局（公司）组织质量工作组巡回检查，发现问题及时处理。据国家局烟叶质量检查组初步抽查统计，烟叶收购等级合格率和工商交接等级合格率都有所提高。福建、广东、湖南、广西、江西五省（区）抽查统计，平均收购等级合格率为82%，同比提高1.7个百分点。对12家卷烟企业调入的原烟抽查合格率为77.4%。其中上等烟合格率为77.79%，中等烟合格率为77%，下低等烟合格率为85.5%。对云南、贵州、河南、湖北、安徽5省抽查，平均收购等级合格率为79.61%，其中上等烟75.79%。抽查9家卷烟企业接收的原烟，平均等级合格率为78.42%，其中上等烟65.69%。抽查结果表明烟叶等级质量进一步提高。

三、大力普及实用技术，控氮降碱效果明显，烟叶品质进一步改善，可用性增强

产区继续大力普及实用技术，认真落实“四项技术、一项开发”的各项技术措施。今年产区把降低上部叶烟碱含量，提高下二棚烟叶可用性作为普及推广实用技术的突出重点，围绕控氮降碱改进生产技术措施，强化技术指导。据福建省对不同等级化验，烟碱含量明显下降。云南、贵州、河南、广东、黑龙江等省控氮降碱也取得了较好效果。实用技术推广步伐加快。据统计，今年漂浮育苗移栽面积258万亩，占种植面积的18%。优良品种面积占97.5%。应用三段式烘烤工艺及配套技术达到80%以上。大部分产区完成了土壤普查，基本摸清了植烟土壤肥力和理化性状，正在整理数据，制定土壤改良方案和专用肥配方。国际型优质烟开发和中外技术合作开发优质烟取得较好进展，烟叶生产整体水平提高，成熟度好，烤后烟叶组织疏松、光泽较好、有弹性、烟碱含量有较大幅度降低，香气浓度饱满，受到中外专家的好评。

四、优化布局全面启动，优化结构稳步发展，烟叶有效供给水平进一步提高

产区各级烟草部门认真抓好优化布局工作，取得良好开端。据统计，今年全国种烟地区129个比去年减少10个，种烟县544个比去年减少42个，种烟乡镇4971个比去年减少522个，种烟村48481个比去年减少13304个，种烟农户4678249户比去年减少288025户。

产区继续把优化结构适应市场需求作为今年烟叶生产收购工作的重点。通过优化布局，制定合理的政策措施，大力普及实用技术，提高烟叶生产的整体水平，改善等级结构。2002年收购烤烟上等烟比例34.35%，同比增加4.87个百分点，中等烟比例59.01%，同比减少1个百分点，下低等烟6.65%，同比减少3.5个百分点。按照三年减少1000万担滞销等级烟叶的目标要求，今年下低等烟叶比例控制在6%左右，全国可少收滞销等级烟叶300万担左右。基本实现了国家局提出的优化结构的年度工作目标。由于结构优化，烟碱含量降低，上部烟叶和下二棚烟叶可用性增强，烟叶有效供给水平进一步提高，烟叶供求结构性矛盾进一步缓和。

五、烟叶流通体制改革稳步发展，烟叶基础工作进一步加强，烟叶流通秩序更加规范

按照全国烟草工作会议国家局提出狠抓基础、狠抓规范、狠抓落实的工作部署和总体要求，产区各级烟草部门紧密结合烟叶生产实际，加大投入力度，加强烟叶基础工作。以标准化基层站和烤房建设为重点烟叶基础工作得到进一步加强。截止到目前，全国累计完成标准化基层站2179个，占51%。累计完成标准化烤房334万座，占78%。烟水配套工作已开始全面启动，云南、广东、山东等省制定烟水配套发展计划。山东省计划用3年时间达到全部烟田水利配套，实现旱涝保收。

分公司统一经营、原烟交接、委托加工为重点的烟叶流通体制改革正在稳步进行。今年原烟交接数量为2415万担，占80%左右；委托加工数量为2065万担，占70%左右。

随着整顿和规范烟草经济秩序的深入开展，烟叶生产收购经营秩序进一步规范，公开、公平、公正的烟叶市场经济秩序正在形成，诚信、有序、顺畅的市场化进一步发展，购销合同履约率明显提高。2001年度全国省际间烤烟调拨数量为1504万担，占购销合同数量1872万担80.32%，合同履约率同比增加3个百分点。绝大部分产区当年经营盈利，产区经营形势好转。

（王观军）

卷烟销售工作

在国家局的正确领导下，2002年的卷烟销售工作取得了比较明显的成绩，一是卷烟销售网络建设联动工作的全面铺开，整体推进，以及上海卷烟销售网络建设“国际先进，国内一流”形象的树立，促使全国的网络建设工作有了新的突破和进展。二是加强了对行业的管理力度，进一步规范了省际间卷烟交易。三是全年销售价格平稳，销量稳步增长。四是加大了卷烟经营规范管理的力度，名优烟市场的培育受到更进一步的重视，成效明显。

一、2002年网建工作紧紧围绕建设优质化服务、规范化经营、专业化分工、信息化管理的卷烟销售网络建设要求，初步确立了城乡一体，统一运行；全面访销、集中配送；专销结合、信息管理；提高素质、注重激励的卷烟销售网络体系

第一，狠抓了十一城市网建联动工作。为进一步增强行业市场控制能力，大力培育名优烟市场，全面推进以城市为重点的网建联动工作。国家局成立了网建联动工作指导小组，下发了《2002年十省会城市和直辖市网建联动工作方案》，按照《网建联动方案》，各联动城市烟草公司调整机构、精心组织，建立了不同规模的访销中心、配送中心和专卖稽查中心，新的运行模式全面启动。3月份在合肥召开了联动工作会议，网建联动工作正式拉开序幕。5月份又在合肥举办了网建联动工作培训班，实地学习合肥的先进做法。7月初，在重庆召开了第二次网建联动工作会议，通报了前一阶段网建工作情况并明确了下一步的工作重点。通过努力，联动工作取得了实质性进展，联动城市的网建水平整体上有了较大提高。

2002年11个联动城市全年共销售卷烟1457.23亿支（291.44万箱），比上年增长幅度10.11%；实现卷烟经营利润18.15亿元，同比增长58.11%。名优烟销量339.89亿支（68万箱）。卷烟平均单箱销售收入6625元，同比增幅8.36%。

第二，树立了上海网建“国际先进、国内一流”的形象。9月份在上海召开了全国卷烟销售网络建设现场会，集中展示了上海烟草销售网络建设“国际先进，国内一流”的风采，上海网建“电话订货、网上配货、电子结算、现代物流”的管理模式为全行业的网络建设树立了一面旗帜，极大地鼓舞了全行业进一步提高网络建设水平的斗志。特别是给36个重点城市的卷烟销售网络建设树立了榜样。同时，确定了江苏网建学上海一年达标的试点工作。

第三，全面推进以36个重点城市为重点的网建联动工作。12月中旬，在广州召开了36个重点城市卷烟销售网络建设联动工作会议，对2002年的联动工作进行了全面的总结，并对网建工作上层次、上水平做出了部署。网建联动单位从11个城市扩大到了36个重点城市，这是为形成全国统一的烟草大市场采取的一个新举措，也是构筑卷烟现代流通体系的一个步骤。

2002年36家重点城市销售卷烟3328.9亿支（665.78万箱）占全国总销量16960.63亿支（3392万箱）的19.63%，比上年同期2992.4亿支（598.5万箱）增长11.24%，名优烟销量991.22亿支（198.2万箱），占全国名优烟总销量3488.2亿支（697.6万箱）的28.4%。全年36家重点城市的平均单箱销售收入8932元，比上年同期8391元增加541元，上升6.45%。

全国网建联动工作的全面展开，上海网络建设工作现场会的成功举办，为全国网络建设工作取得新的突破起了很大的推动和促进作用。

二、烟草行业的市场控制能力增强，卷烟价格总体上保持了平稳

烟草行业经过8年的卷烟销售网络建设，网络体系基本建立，2002年网络流程和机构经过整合，突出服务，强化管理，注重提高网络的运行效果，网络功能进一步健全，起到了均衡供货、调控市场的作用。网络从供应品牌、引导消费、保证效益等方面发挥了积极的重要职能，烟草行业的市场控制能力明显增强，卷烟市场价格总体上保持了平稳。

2002年全国33家省级单位有22家单位圆满完成卷烟促销指标。网络从供应品牌、引导消费、保证效益等方面发挥了积极的重要职能，烟草行业的市场控制能力明显增强，去年全国消费品价格指数下跌，但卷烟市场价格总体上保持了平稳。全国范围内，沪产名优烟销量稳定，高档品牌货源偏紧，市价稳中有升，其中市场的一大亮点品牌是“中华”市场批发价一直攀升；滇产名优卷烟中“红河”、“玉溪”、“恭贺新禧”和红“云烟”仍具一定的市场竞争力；湘产名优卷烟以高档品牌精品“白沙”和翻盖“芙蓉王”为主，市场销势和价格都稳中有升。

三、“统一、开放、竞争、有序”的现代市场体系建设正在推进，卷烟交易规范、有序，卷烟合同履约率不断提高

随着管理手段的不断提高、考核力度的不断加强和各项调控措施的逐步落实到位，全国省际间卷烟交易日趋规范，合同签订率、履约率不断提高，较好地完成了国家局核定的省际间卷烟调入计划。2002年全国省际间卷烟调入量实现4991.84亿支（998.37万箱），比2001年增加402.84亿支（80.57万箱），计划完成率为96.14%，比2001年的87.37%提高了8.77个百分点。

第一，2002年召开两次全国卷烟交易会，共签章合同118409万余份，交易量近975.37万箱，较好地完成了预定的计划。其中2002年下半年卷烟交易完成情况是：卷烟交易量479.2万箱，比去年同期增加23.3万箱，增长5.1%，比2002年上半年交易量增加34.4万箱，增长37.7%。加上各省与云南签订的卷烟协议量15.3万箱，卷烟交易总量共计494.5万箱，完成国家局核定的省际间卷烟调入计划510万箱的97%。2003年上半年，卷烟交易量是496.17万箱，比去年同期增长12.29%，创历史最高水平。

第二，2002年实际签订卷烟交易合同5755.66亿支（1151.13万箱），实际签订合同量比调入计划量增加563.16亿支（112.63万箱），合同签订率为110.85%，比2001年合同签订率的105.42%提高了5.43个百分点。

第三，采用计算机联网监控程序对全国各工商企业合同履约情况进行统计和分析，加大了合同履约率的检查力度。2002年全国省际间卷烟交易合同实际执行4991.84亿支（998.37万箱），合同履约率为86.73%，较2001年的82.74%提高了3.85个百分点。

四、进一步加大了对行业的管理力度，做好促销稳价工作

第一，在推进网建工作的同时，各级卷烟销售部门把提高网络运行的质量、水平和网络功能的发挥放在更加突出的位置上。一是努力提高市场控制力和市场占有率，根据市场容量和销量认真进行分析，积极组织适销对路的货源，确保销量稳步增长。同时对价格实施科学有效的管理，确保价格稳定。二是降低成本，增加效益。三是名优卷烟的销量有明显的增长。四是规范经营，入网销售。五是建立健全岗位责任制，加强绩效考核，充分调动员工的积极性。

第二，由于加大了对行业的管理力度，行业的市场控制力和市场占有率有了进一步的提高。全年烟草行业卷烟生产17224.6亿支（3444.9万箱），比去年同期16998.8亿支（3399.8万箱）增加225.8亿支（45.2万箱），增长1.3%。国内累计批发卷烟销量17391亿支（3478.2万箱），比去年同期16882.9亿支（3376.58万箱）增加508.1亿支（101.62万箱），增幅3%。2002年烟草行业实现商业税利291.18亿支，比去年同期增加43.7亿元，增长17.66%，其中卷烟经营利润171.9亿元，比去年同期增加11.23亿元，增长6.99%。

2002年卷烟销售战线广大干部职工思想观念的进一步解放，网建的整体推进，营销队伍的优化，服务意识的强化，管理模式的创新，市场控制力的增强，市场占有率的提高，市场体系的逐步完善，为烟草行业大力培育、扶持36个重点企业、36个重点城市、36个重点品牌的战略初步搭建了一个发展平台。

烟草物资工作

今年，烟草物资战线的同志们认真贯彻落实国家局“狠抓基础，稳中求进”的行业工作指导思想和“一要规范、二要改革、三要创新”的行业工作重点，团结一致，大力推行卷烟材料资质认证采购工作，大力推广网上交易技术，积极进行理论研讨和技术交流，努力做好物资供应工作，经济效益稳步增长。

一、大力推行资质认证采购办法

“资质认证采购办法”是国际通行的物资采购办法，借鉴这一先进的方法，改变长期形成的已远不适应市场经济条件的传统采购模式，2002年初国家局下发了“关于进一步加强非专卖品卷烟材料采购工作的指导意见”（国烟法［2002］16号）。物资战线将贯彻落实这一意见，作为当年物资工作的重点。围绕这项工作，主要做了以下四项工作：

（一）4月我们在杭州举办了全国烟草物资公司经理“现代物流理论”培训班，共有21个省市烟草物资公司经理参加了培训。大家对烟草物资采购、物流配送、资质认证采购等有关问题进行了研讨，深入开展思想发动工作。

（二）对各省贯彻落实国烟法［2002］16号《关于进一步加强非专卖品卷烟材料采购工作的指导意见》文件精神情况进行了调研。

（三）以点带面。重点抓了对湖南省非专卖品卷烟材料资质认证采购方法的落实，并狠抓了长沙、常德两烟厂实施资质认证采购办法的试点工作。

（四）10月份在长沙召开了全国烟草物资行业“资质认证

采购”现场交流会，总结推广了湖南学习上海经验的作法，使这一方法得到了广泛的宣传，引起了各方面的重视，中纪委派人到会作了指导，认为是从源头上防止腐败产生的方法，值得推广。

二、认真贯彻落实卷烟材料市场信用检查公布制度

今年7月国家局总公司发布1号通告，决定建立卷烟材料市场信用检查公布制度，同年10月国家局办公室发布［2002］105号文《关于在卷烟材料购销环节实施市场信用检查公布制度的通知》。为了贯彻落实国家局这一举措，我公司与专卖司、科教司共同成立了卷烟材料市场信用检查公布制度工作小组，旨在规范卷烟材料市场经济秩序，稳步提高卷烟材料的产品质量。随之，我们同科教司一起对云南、河南、广东三省的香精香料生产厂家进行了检查，并对检查情况进行了通报，市场信用检查公布制度初步得到了落实。

三、建立了中国烟草物资电子商务网，大力开展网上交易工作

为了适应时代发展的要求，利用现代化的手段为物资工作服务，按照国家局领导的部署，要实现卷烟材料网上交易以代替传统的订货会。为了顺利实现这一转变，我们建立了中国烟草物资电子商务网，完成了与交易中心数据库的连接并对系统进行试运行，为网上订货做好了技术准备。同时对有关交易人员进行了网上交易程序、技术的培训，共培训了18期，培训557人次，并在12月份顺利完成了2003年度专卖品卷烟材料网上订货工作。

利用中国烟草物资电子商务网不仅进行专卖品的交易，而且公布供需双方的资质情况，给企业提供信息服务。

四、积极开展理论研讨和学术交流活动

为了促进卷烟材料的技术进步，通过学会组织，积极开展理论研讨和学术交流活动。共活动7次。

（一）在物资流通（管理）一组活动中有14家省物资公司6家烟厂的56人参加，收集论文43篇。大家就烟草物资行业管理创新思路、WTO对烟草物资管理、经营、流通及卷烟材料生产企业的影响与对策、推行“资质认证采购”办法过程中省公司的地位和作用等问题进行了研讨，对“资质认证采购”工作的开展起到了积极的促进作用。

（二）组织了三次全国性的醋纤丝束应用技术研讨会，主要交流丝束规格的选择与降焦降害之间的关系，引导企业更加合理地选择规格，用好丝束。

（三）组织了有关卷烟纸生产应用方面的理论研讨会和技术交流会。

五、适应形势变化，做好物资保障工作

今年是我国入世第一年，许多运行规则发生了变化，物资战线的同志们克服了很多困难，保障了供应，确保了卷烟生产需要。

（一）醋纤丝束经营：全年共调拨醋纤丝束106305吨（其中国产63335吨、进口43974吨），完成年度计划100000吨的106%（其中国产104%、进口110%），供应得到了保障。

（二）卷烟纸经营管理：全年组织订货90706吨，其中82011国产吨，分切4074，进口4621吨，保证行业卷烟生产的需要。

六、公司经营效益稳步发展

今年公司本部共销售醋纤丝束112984吨（其中进口丝束46119吨），同比增长了9.1 5%；醋片因划归生产企业自营，公司销售量同比降低了97%；实现销售收入347030万元同比降低6.8%；销售成本332552万元，同比降低6.68%；商品销售进销差价（毛利额）同比降低9.56%；实现利润8876万元，同比下降21.60%；利润总额8076万元，同比提高7.47%。

由于今年调低了进销差率，进口丝束代理费提高1%，醋片停止经营，经营的卷烟纸进口量减少等多项政策性减利因素和经营范围调整的影响，销售收入及实现利润有所下降。由于公司狠抓基础工作，讲究科学地组织货源和资金的有效运用，严格结算纪律，加速资金周转，努力降低费用，增收节支，消化了减利因素的影响，利润总额不降还升，保持了稳定增长。（陈玉秋）

烟草机械工作

2002年，烟机工业在国家局的正确领导下，按照国家局在年初烟草工作会上的总体要求，进一步狠抓基础、狠抓规范、狠抓落实。切实贯彻落实7月份全国烟草局长（总经理）会议提出的“五个坚持”、“五个确保”的工作部署，继续坚持烟机工业“十五”计划的指导思想和发展战略，以整顿规范烟机市场经济秩序为手段，努力增强烟机企业的核心竞争力，在各烟机企业广大干部职工的共同努力下，实现了经济效益的增长，保持了烟机工业的持续平稳发展。

一、认清形势、转变观念、加深忧患、应对挑战

2002年初在济南召开烟机工作会上，要求各烟机生产企业要认清在中国入世、烟草行业正处于历史发展的转折阶段的新形势下，中国烟机工业面临的严峻挑战；要认清中国烟机企业面临的技术竞争、质量竞争、产品竞争、市场竞争、机制竞争的挑战远远大于机遇；要求把转变观念、更新思维，树立烟机发展的危机感、紧迫感和责任意识，贯穿到全年的工作中去。

一年来，各烟机生产企业广大干部职工认清形势，树立牢固的市场观念，增强企业生存与发展的忧患意识，思想观念在逐步转变；以努力拼搏、自强不息的责任感，以增强企业核心竞争力的实际行动，应对严峻挑战，工作取得积极的进展。

二、整顿规范烟草机械市场经济秩序工作有所进展

按照在7月份召开的全国烟草专卖局长（公司总经理）座谈会上，姜成康局长要求全行业坚决作到“五个确保”，其中之一是“继续坚持以整顿规范为重点，加大整治力度，确保烟草市场经济秩序明显好转”的要求，我们把整顿和规范烟机市场经济秩序作为2002年一项重要工作，把整顿和规范烟机市场经济秩序纳入全行业的整顿和规范工作。

（一）规范烟机整机生产经营市场秩序。

在2003年国产烟机订货会上，向参加会议各烟机生产企业和烟草加工企业明确指出了目前烟机生产经营中存在的各种不规范行为，必须加以规范、整顿。同时，向国家局整顿办进行了全面汇报，配合国家局整顿办具体商定了整顿措施。拉开了全面规范、整顿烟机生产经营市场经济秩序的序幕。

（二）以建立烟机零配件会员制的新举措，改革管理体制、规范交易行为。

根据烟机零配件属非专卖品及多年来是管理的难点情况，在国家局领导提出以改革的思路作好零配件市场管理的要求和各部门大力支持下，经过大量的调查研究和准备工作，采取适应市场经济的会员制管理办法。

9月份，召开了中国烟草交易中心烟草专用机械零配件交易会（简称中烟机零配件交易会）成立大会。大会选举产生了中烟机零配件交易会第一届理事会。在第一届理事会第一次会议上，确认了中烟机零配件交易会329家全国会员。

中烟机零配件交易会的成立，标志着烟机零配件交易从计划管理、行政管理开始向以经济手段管理为主的市场运作转变，标志着烟机零配件交易走上规范管理的一个新阶段。姜局长亲自到会表示支持，肯定了这一改革举措，并提出坚持依法经营、鼓励公平竞争、坚持诚信为本、突出优质服务等四项要求。

（三）继续坚持对制丝线、打叶复烤等整线设备以技术协调会方式规范运作。

自2000年以来，根据姜局长的指示，我们一直坚持对制丝线、打叶复烤等整线设备的技术协调会，这种做法得到了无论是各类烟草加工企业还是烟机生产企业的肯定和国家局主管部门的支持。2002年，先后召开了三门峡烟草公司、福建武夷山烟草公司、山东潍坊烟草公司、湖南吉首打叶复烤厂、云南宣威烟草公司等六条打叶复烤线和芜湖卷烟厂、驻马店卷烟厂、许昌卷烟厂、南昌卷烟厂等四条制丝线技术协调会。

同时，在组织协调会当中，针对发现的许多不规范行为，采取措施，加以规范、整顿。

（四）规范烟机整机合同付款、结算、纳税的操作程序。

为了维护烟机购销合同依法执行的严肃性，规范增值税纳税环节，从源头上解决烟机产品合同长期拖欠货款问题，在得到国家局整顿办和财务司的支持下，重新规范了烟机整机合同付款、结算、纳税的操作程序。

三、以满足烟草行业的发展需求为导向，烟机骨干企业核心竞争力有所提高

（一）加速引进技术的国产化进程，加快自主技术的创新步伐，使烟机产品的更新换代适应烟草加工企业的工艺技术发展需求。

1. 国家局在1999年下达的“新世纪”制丝线技术开发项目，经昆船公司和秦皇岛烟机公司近四年的努力，已经取得了较大的进展。国家局以技贸结合方式引进的HXD叶丝在线膨胀技术、STS梗丝在线膨胀技术、COMAS隧道式梗丝在线膨胀技术等三项技术已经全部完成了设计转化工作，样机样线已提供用户试用，已陆续准备鉴定。

2. 启动了新一代高速卷接包机组的技术引进国产化项目。2002年先后与意大利CD公司和德国虹尼公司签署了550包/分硬盒包装机组和10000支/分卷接机组的技术转让协议。这两种机型将成为我国烟草行业未来国产卷接包机组的主力机型。目前，中烟机械技术中心已经分别成立了项目组并开始转化设计。

3. 凝聚着各烟机工业技术人员辛勤智慧结晶的一大批自主开发研制、具有自主知识产权的烟机产品，陆续进入试制，试用阶段。中烟机械技术中心自行开发研制的600米/分新型高速纤维滤棒成型机组，作为现有的ZL22型纤维滤棒成型机组（400米/分钟）的升级换代产品，达到国际先进水平。常德烟机公司综合当前国内外最先进的发射技术，自主开发研制了YF27新型滤棒发射机（1500支/分）。昆船公司研制开发的SQ21B型直刃倾斜滚刀式切丝机和昆明烟机集团二机公司研制开发的SQ34型曲刃水平滚刀式切丝机都是综合目前国内外切丝机的先进技术，采用新的专利技术，开发研制的具有自主知识产权的国产新型切丝设备。北京长征高科技公司开发的SP31型烟丝膨胀设备于今年10月通过国家局主持的鉴定。常州智思公司研制开发的SH9系列新型叶丝在线高速膨化设备列入2000年国家局科技开发计划重点项目。宝应仁恒公司开发了新型加香加料全自动配料系统。

4. 深化CO2膨胀烟丝技术。北京达特公司承担了广州卷烟二厂将原有570KG/HCO2膨胀烟丝生产线扩大到800KG/H和控制升级的技术改造项目，这是国内外各烟厂首条通过全套电控系统和部分机械设备的更新，将生产能力由570KG/H增至800KG/H的技改工程。该项目的成功，对烟草加工企业在用的CO2膨胀生产线，在投资少并同时提高控制水平的技术改造起到重要意义。

5. 对在产机型的技术改进、技术升级下工夫。ZJl9卷接机组已由7000支/分提高到8000支/分。对ZJ17卷接机组电控系统进行了重大改进。许昌烟机公司ZJ15卷接机组的大修改造有了新的突破。天津华一公司近年以来陆续开发了适应各种花色品种卷烟包装的多规格包装设备。

（二）以国产卷接包主力机型的产品实物质量，三年内达到同类进口产品质量水平为目标，2002年在提高在用设备的可靠性、稳定性上又有进步。

根据国家局的要求，我们提出了从2002年起的三年内，国产卷接包主力机型的产品实物质量，达到同类进口产品同等质量水平的目标。2002年，组织了两次对ZJ19、ZJ17卷接机组和ZB45包装机组的可靠性考核，考核结果表明，国产烟机实物质量又得到了进一步的提高。

（三）2002年5月份在北京召开的全国烟草技术创新成果

展览会上，烟机展区成为一个亮点。一条完全由国产烟机设备ZJ17卷接机组、ZB45包装机组及YF12烟支输送储存装置组成的生产线，在展览大厅内进行了实物运行。国产烟机产品的质量水平得到业内外参观者的一致好评。

（四）以技术改造为契机，以信息化建设为手段，推动烟机企业的技术进步。

各骨干烟机生产企业近些年来，大力进行了技术改造和设备更新，运用先进加工工艺与信息化手段，提升加工和管理水平，并取得了显著的成效。

常德烟机公司整体易地技术改造项目，总投资近2亿元。自2000年5月开工奠基以来，按照“高起点规划、高标准设计、高质量施工、高水平管理”的总体思路，经过一年半的建设和近一年的试生产，于2002年10月28日，举行了隆重的竣工验收暨投产仪式。以常德烟机公司为代表的各烟机生产企业进行的技术改造，有效地提高了烟机生产企业装备水平、工艺能力、技术创新能力，促进了我国烟机行业实现跨越式发展。

为配合建立中烟机零配件会员制交易，筹划建立了“烟机零配件电子商务网”，在烟机信息代码编制，数据库建立等多项准备工作完成后，2002年8月已试运行。实现了烟机零配件网上查询、合同条款磋商等功能。烟机零配件市场将逐步过渡到网上交易。为帮助烟草加工企业及时了解国家局有关烟机设备的政策法规和烟机产品的技术、质量发展动态，同时为各烟机生产企业提供一个信息传递交流的网络平台，开发建立了“中国烟草机械工业信息网”，并已开始运行。

四、烟机工业保持了持续、平稳发展

2002年签订烟机整机销售合同290份，618台/套，合同金额19.1亿元，比2001年增加25%；烟机工业销售收入11.8亿元，与2001年基本持平。2002年产需双方签订烟机设备大修合同118份，117台/套，合同金额23亿元，比2001年增加80%。2002年烟机零配件销售额推算为9.5至10亿元，同比2001年略有增长。

2002年共签订烟机出口有效合同24份，22台/套，出口11个国家和地区，合同总金额560万美元；生效合同金额320万美元，实现收汇370万美元，同比2001年增加30%。

烟草进出口工作

2002年，中国烟草进出口（集团）公司党组按照国家局总体工作部署和要求，在各省局（公司）领导的支持和股东方的大力配合下，带领集团广大干部职工奋力拼搏、扎实工作，克服困难，不断开拓创新，较好地完成了各项工作任务，两个文明建设取得明显进步。

一、坚持“平稳发展、稳健经营”原则，扎实做好两烟进出口工作

一是加强工贸联手，积极开拓和建立真正目标市场，开展卷烟出口工作。同时，着力解决卷烟出口工作中的“真出口”与“假出口”、“数量”与“效益”两个主要矛盾。采取各种措施加强工贸合作，扩大卷烟出口。卷烟出口结构得到进一步调整。进一步完善卷烟出口合同自审制度和监督检查制度。名优卷烟出口合同审核坚持海关单证的反馈制度，有效杜绝了假出口。制订出口卷烟计划编制暂行管理办法，保证卷烟出口计划编制的科学性和严肃性。总结来牌加工工作，加强来牌加工项目的审核、管理和监督。下发对美国卷烟出口管理规定，避免了对我们新的诉讼。加强了对烟丝出口合同的审核和管理。

二是坚持“稳量保价、顺价销售、以销定购、提高效益”的原则组织烟叶出口工作。一是理顺东南亚市场，基本解决了东南亚市场从德信行向天利公司过渡的遗留问题，为今后东南亚成为真正意义的目标市场、掌握该市场的主动权、进而巩固和扩大该市场创造了必备条件。二是开拓俄罗斯市场。对俄市场出口有了新的进展。制订了2002年产烟叶出口限价。加强了以价格管理和合同履约率为重点的宏观管理及烟叶出口售后服务工作。

烟叶压缩库存和库存结构调整取得阶段性成果。在新烟的采购中，各成员企业坚持了以销定购的备货原则，努力做到今后不出现由于备货失控造成烟叶新的报废、新的损失、新的滞销库存。

三是烟草国营贸易进出口经营、管理工作规范、有序开展，保证了国内生产、经营需求。解决了国家指定（集团）公司为惟一烟草类货物国营贸易进口企业带来的进口业务经营方式和利益变化问题。按照国家入世后的规定，本着“既规范又有效”的原则，对进口业务经营管理方式进行了调整，制订了集团烟草国营贸易进出口业务、财务等管理办法。集团成员企业也制订了业务、财务操作规程和实施细则，明确了工作程序和责任，为各项进口业务的顺利开展提供了制度保证。

二、加强企业战略研究和“以MIS系统为基础、以财务管理为核心”的企业管理工作，提升企业素质

一是制订了集团“十五”发展战略，指导成员企业经营管理工作。《战略》确立了中烟进出口集团“十五”期间发展总的方向和经营战略，提出了“十五”期间经营目标和集团主业发展的总体思路，明确了集团的战略定位、发展目标和任务。

二是坚持“规范、务实、效率”的原则，全力推进MIS系统的开发、推广工作。按照国家局对行业信息化建设总体要求和集团自我发展的需要，（集团）公司确定管理工作重点是推进MIS系统的开发和应用工作，以此带动企业素质的提升。在任务重、时间紧、专业人才缺乏的情况下，按计划完成了MIS系统的开发、人员培训、操作规程的制订和推广工作。实现了当年开发、当年推广、当年试运行的目标。

三是深入开展集团财务大检查和财经秩序整顿工作，加强企业财务管理。重新修订了集团《国有资本与财务管理暂行办法》。完成了集团成员企业财务大检查的自查工作。通过财务大检查的自查工作，共清理账外资金1,886万元，撤销银行账号26个，核实未达账款24笔，往来款转损益6000万元，追回欠款1472万元。

四是加强了审计监督工作。委托指定的会计师事务所对18个成员企业的年度财务决算进行了审计，对一些违反财经制度的问题进行了纠正。有关企业进行了总经理离任经济责任审计和专题调研，审计资产总额61042万元，清查违规资金4166万元，清查不规范行为27项，提出审计意见49条。

五是加强了对成员企业经济运行的指导。制订了2002年度经济运行质量和效益评价考核及奖励办法。坚持每季度对成员企业经济运行质量和效益的考核评价通报制度，查找、分析成员企业经济运行存在的突出问题，加强了对成员企业宏观调控和经营的指导。

六是加强了安全检查工作。转发了国务院办公厅关于立即组织开展安全生产大检查的紧急通知，并对成员企业安全生产提出了要求。按照姜成康局长对安全工作“一要严、二要细、三要全面”的要求，进一步完善安全生产管理规章制度，制定了集团安全管理办法、安全生产委员会章程，切实落实第一责任人制度。

三、按照现代企业制度和完善法人治理结构要求，积极推进体制改革

一是积极推进了集团体制改革，逐步完善企业法人治理结构。制订了股东会、董事会、监事会议事规则和工作流程。对（集团）公司派到董事会、监事会任职人员进行培训，提高派到董事会、监事会任职人员参与企业管理的能力和水平。召开了所有控股公司、9家参股公司股东会、董事会和天利、日本公司董事会，落实了（集团）公司总体工作要求，体现了出资人意志。完成了山东进出口公司改制及上海进出口公司和中烟货代公司经营管理体制的调整工作。积极推进改制企业的财务划转工作。

二是积极推进了海外机构改革试点工作。按照国家局领导对海外工作的重要批示及姜成康局长“明确定位、有限授权、有效激励”要求，制订了海外机构建设的总体思路，逐步建立起责、权、利相匹配的激励机制和分配机制，最大限度地调动海外工作人员开拓国际市场的主动性和积极性。确定了驻汉堡公司和驻俄罗斯代表处作为海外机构改革试点，取得初步成效。

三是加强了对天利公司的管理。坚持大事董事会审定的制度。进一步明确了天利公司对海外机构的职能定位。进一步强化了天利公司开拓和管理海外市场职能，天利公司经营、管理取得了较好的成绩。完成了巴西公司的组建工作。

四、加强各级班子、职工队伍和党风廉政建设

举办了有集团成员企业总经理和（集团）公司领导、部门主要负责人、天利公司总经理参加的加强领导班子、职工队伍、廉政建设学习班和学习贯彻十六大精神学习班。

一是认真学习、深入领会十六大报告。全面贯彻“三个代表”重要思想，坚持解放思想、实事求是、与时俱进，按照“发展要有新思路、改革要有新突破、开放要有新局面、各项工作要有新举措”的要求，以“贯彻十六大精神，推进烟草进出口改革与发展”为主题，联系中国烟草实际、进出口实际、各单位实际，结合十六大报告，提高认识谈体会，并为进出口集团的改革与发展提出了很多好的意见和建议。

二是积极推进各级领导班子、职工队伍和廉政建设。重点学习了江泽民同志在中纪委七次全会的讲话、尉建行同志工作报告和倪益瑾局长在全国烟草纪检监察会议的讲话、姜成康局长在人事工作会上的讲话，研究、剖析了集团成员企业领导班子、队伍建设、廉政建设、作风建设中存在的突出问题，提出了“管好自己、抓好班子、带好队伍”的要求。组织学习了党政领导干部选拔任用条例，并在实践过程中认真加以贯彻落实。同时，（集团）公司党组加强了成员企业的领导班子的配备和考核，进一步加强了班子建设。

五、2002年经济运行总体情况和经营成果

通过以上工作，2002年集团经济运行质量和效益保持了平稳发展的良好态势，呈现了以下特点：进出口总值同比平稳增长，卷烟出口数量同比增幅较大，卷烟出口创汇超过烟叶出口创汇，烟叶出口创汇增幅高于出口数量增幅。销售收入保持平稳增长，实现利润持续大幅增长，亏损企业全部扭亏为盈。

集团实现进出口总值10.5亿美元，同比增长7.59%。出口总值4.1亿美元，同比增长12.27%。烟叶出口13.27万吨，同比增长5.56%；出口创汇1.84亿美元，同比增长6.98%。卷烟出口152亿支，同比增长16.92%；出口创汇2亿美元，同比增长19.05%。实现销售收入48.38亿元，同比增长20.35%。实现利润4.74亿元，同比增长100%。

中国烟草交易工作

2002年，交易中心坚持“狠抓基础、稳中求进”的行业工作指导思想和“一要规范、二要改革、三要创新”的行业工作重点，按照姜成康局长提出的“五个确保”的要求，在去年全面实现了各类烟草专卖品进场交易的基础上，进一步做好各类交易活动的组织工作，致力于规范各类交易行为，在突出服务功能的同时，不断创新交易手段，启动了卷烟网上交易系统，比较出色地完成了国家局赋予自己的工作职责。

一、认真做好本职工作，成功地举办了10次各类烟草专卖品交易会

2002年，交易中心在国家局领导的关怀与帮助下，在各专业公司的配合与支持下，共举办了卷烟、烟叶、烟用物资、烟机、进出口等各类烟草专卖品交易会10次，全年共打印各类合同21.23万份，交易卷烟54469282.7万支（1089.39万箱），烟叶2389.71万担，卷烟纸87007吨，二醋酸纤维丝束123730吨，聚丙烯纤维丝束37837吨，特殊滤棒516190万支，醋酸纤维666400万支，聚丙烯纤维651790吨。

对于每次交易会，交易中心都注意做好以下四个方面的工作：一是安全保卫，要确保万无一失；二是合同打印，要准确快捷；三是各项服务，要细致周到；四是会议会风，要规范、端正。在国家局领导的直接关心下，在会员代表和交易中心的共同努力下，加之多年积累的经验，现在，各类交易会越开越顺，效率越来越高，基本上达到了国家局提出的“交易规范、会风端正、秩序良好、成果显著”的要求。

二、突出服务功能，大力宣传重点企业和名优卷烟

重点企业和名优卷烟是中国烟草未来希望之所在。2002年，交易中心在自己的工作中不断加大对重点企业和名优卷烟的服务和扶持力度。不仅在交易方面为重点企业提供了各种便利，如对重点企业的合同提前安排，利用计算机联网自动生成打印等，在宣传、服务方面，更是在36家重点企业和36种名优卷烟上投入了较大精力。如在代表云集的大型交易会期间，免费为重点企业和名优卷烟印制了大量精美的宣传画册，并及时发放到与会代表的手中；免费为36家重点企业展位制作和挂上带有“国家局”明显字样的重点企业牌匾等。通过这些细微点滴的工作，不断突出重点企业和名优卷烟在行业发展中中心地位的形象。

三、积极创新交易手段，成功地开发了交易中心网上交易系统

2002年，为适应烟草行业迅速发展的需要，在国家局领导的直接指挥下，交易中心在交易手段的创新上取得了重大突破。经过大半年的努力，交易中心卷烟网上交易系统已成功地运行，烟叶网上交易也已开发完毕，为未来烟草专卖品网上交易的全面启动奠定了坚实的基础。

2001年底，在国家局一次办公会议上，姜成康局长明确提出了烟草行业要搞网上交易，并当场规定了四原则：所有烟草专卖品的网上交易都由交易中心统一开发；交易中心负责整个系统的开发，信息中心技术把关；网上交易系统在通讯方面要尽量利用烟草行业已有的网络；网上交易从卷烟开始，以日常交易为起点，并明确要求该项目要在2002年第三季度内投入运行。

接到这一任务后，交易中心立即行动起来，当天即成立开发小组，迅速投入运转。1、2月份进行需求调研、明确思路，3月份进行系统的框架结构和具体方案的设计，4月14日，框架结构设计及开发方案在姜局长主持的办公会上获得了通过，6月底，程序编写完毕，7月份进行了为期一个月的测试、完善，8月份，交易中心接连举办了两期共200多人的培训班，对工商会员进行网上交易具体操作的培训。一切就绪后，交易中心卷烟网上交易系统于2002年9月16日正式开始试运行，10月16日后转入正常运行。截止到12月31日，工商会员通过卷烟网上交易系统，共打印合同2490份，成交卷烟1094549.86万支（21.89万箱）。

9月下旬，交易中心又启动了烟叶网上交易系统的开发，该项目在2002年底已初步完成，2003年3月份即将投入使用。

网上交易系统的开发和应用，是烟草行业运用现代电子商务技术改造传统交易方式，用信息化提升工业化的具体实践，是烟草行业深化卷烟流通领域改革的必然结果。它不仅极大地方便了工商会员，降低了交易成本，缩短了交易时间，提高了交易效率，也极大地促进了企业素质的提高，有利于提高企业的竞争能力。网上交易所带来的变革，决不仅仅是交易模式的改变，由此而引发的必然是企业内部管理的更新和变革。它要求企业必须改革现有的经营管理模式，提高企业对市场的预测能力和控制力，增强自身应对市场变化的能力，否则，必将在新的一轮竞争中被淘汰。尤其是随着烟草行业改革的收入，网上交易在更大的范围和程度内实施时，这一变革的革命性意义必将进一步显现出来。

四、始终坚持理论学习，不断提高干部职工队伍素质

坚持理论学习，是提高干部职工贯彻执行党的路线、方针、政策、自觉性和坚定性的根本保障，交易中心多年来一直十分重视职工的理论学习，并将其作为队伍建设的一个重要组成部分。2002年，交易中心继续坚持这一优良传统，始终把坚持理论学习、提高干部职工队伍素质作为整体工作中的重要一环，牢牢抓住不放松。首先，始终如一地坚持学习日制度。每周四下午的学习已成为大家的一种自觉行为；其次，结合实际，制定计划，使学习内容落到实处；再次，采取多种学习形式，如组织观看录相教育片、由领导干部作辅导、集体座谈交流、组织参观展览和参加社会公益活动、鼓励职工在职自学和参加业务培训等，激发干部职工的学习兴趣。通过这一系列具体的措施，在交易中心内部逐渐形成了一种良好的理论和业务学习氛围，从而在人员素质方面为交易中心顺利地完成各项任务打下了良好的基础。

中烟实业工作

中国烟草实业发展中心（以下简称“实业中心”）成立于1998年11月，是国家烟草专卖局（中国烟草总公司）直属经济实体。实业中心的主要工作职能包括：负责经营管理国家局（总公司）直接投资的多元化独资企业和控股的合资或股份制企业，根据国家产业政策和企业经营状况，以资产为纽带，通过盘活存量资产，理顺产权关系，实行资产重组，实现这部分企业资本的优化配置和保值增值；代表国家局（总公司）行使非控股的有关股份有限公司和有限责任公司的股权，参与有关这些企业的监督管理，维护国家局（总公司）的投资权益；并根据国家局（总公司）的授权，对烟草系统多元化经营实施宏观指导、协调与服务，为烟草行业的多元化经营发展战略提供服务。

根据以上职责，2002年实业中心内部机构设置调整为四个部门，即：综合管理部、财务（审计）部、行业指导部和企业发展部。其中，综合管理部负责制定实业中心各项管理制度、岗位职责和工作计划等，协调各部门的工作，负责贯彻执行国家局人事劳动工作政策，指导协调所属企业的劳动工资工作，并负责实业中心文书档案、印章及营业执照的管理使用；财务（审计）部负责检查指导所属企业的财务管理、会计核算、资金使用和财产保管等项业务，分类汇总企业会计报表，分析评价有关经济指标和编制年度综合财务报告，并协助国家局财务（审计）司对所属企业进行审计；行业指导部负责根据国家有关的产业政策及经济运行动态分析研究烟草系统多元化经营的基本情况和发展态势，对现有烟草系统多元化经营企业的结构调整和协作经营进行指导，为这部分企业提供有关的协调、咨询与服务，并参与制订烟草系统多元化经营的发展规划和投资政策；企业发展部负责依据有关政策法规及国家局统筹规划指导并监控所属企业的经营与运行，负责对所属企业的改造、投资及变更等重大举措进行指导、审核与协调，负责帮助企业提高技术素质和管理水平。

目前，中国烟草实业发展中心管理范围内有北京中烟永发经贸公司、金叶国际旅行社、北京中烟金叶印刷厂、中烟科技发展公司、深圳南特鑫叶贸易公司、中烟广告公司和北京金叶物业管理中心等7家国家局（总公司）全资企业；北京中烟金山饭店有限责任公司、北京中烟华玉商厦有限公司、惠州金叶股份公司和中烟财联科贸有限责任公司等4家系统内合资企业；南方证券有限公司、国泰君安证券有限公司、华夏证券有限公司和长安担保有限公司等4家系统外合资企业。

2002年是中国烟草实业发展中心挂牌的第四年。四年来，实业中心遵循国家局持续稳定健康发展的指导思想，坚持在实践中找办法，在创新中找答案，在探索中求发展，在转变中求突破，工作取得了一定的成绩，企业政治工作得到加强，规范性整顿已初见成效，生产经营状况明显好转。

实业中心自1998年底成立党委以来，到2002年，陆续建立了5个党支部和3个团支部，健全了实业中心本部和所属企业的党团工作组织，调整充实完善了所属企业的领导班子。由于组织健全，保证了学习制度、干部监督制度和岗位责任制度的落实，保证了在京企业670余名职工思想稳定，工作扎实。

近四年来，实业中心通过规范性整顿，采取撤销、重组、股权转让，资产划拨等改革方式，先后有八家所属企业清盘关闭，退出了市场通道，有两家企业实行了股权转让，有一家企业进行了重组，有一家企业改做他用，有六家企业采取资金划拨的办法转让给省级公司。由于坚持整顿、规范和改革，收到了较好的效果。

目前，实业中心直接管理的国家局投资单位为15家，其中证券公司3家，担保公司1家，生产经营性企业11家，总投资将近416亿元。1998年，所属企业汇总，盈亏相抵，亏损1956万元；1999年亏损1277万元，减亏幅度为34.7%；2000年亏损1090万元，减亏幅度为14.6%；2001年整体上实现了扭亏为盈，盈亏相抵后盈利520万元；2002年所属全资企业盈亏相抵后，实现利润533万元，比上年同期略有增长。

2002年11月，国家局党组决定赋予实业中心宏观指导、协调与服务烟草系统多元化经营的职能。2003年实业中心的主要工作包括两个方面：一是具体负责所属企业的经营管理，二是宏观指导全国烟草系统的多元化经营。工作的基本思路是：认真学习、深刻领会、全面贯彻党的十六大精神，落实中央经济工作会议精神；围绕国家局的中心工作，配合有关部门做好国家局二级公司非主业投资单位的移交工作；对所属企业，要加大改革力度，继续整顿、规范，进一步加强经营管理，努力提高经济效益；对全国烟草系统多元化经营，要在深入调查研究、摸清底数的同时，认真学习和掌握烟草系统多元化经营主要投资领域的有关法规和经济政策，积极稳妥地做好宏观指导、协调与服务的工作，并为国家局领导的有关决策当好参谋和助手。

烟草经济研究工作

国家烟草专卖局烟草经济研究所成立于1998年，编制20人。现有正式干部11名（其中硕士研究生9人，本科1人，大专1人），另有聘用人员2名。主要负责烟草行业经济理论与重大产业政策、经济政策和发展战略研究。2002年主要做了以下工作：

一、组织召开全国烟草经济研究工作座谈会

5月25～26日，国家局经济研究所在黑龙江省哈尔滨市召开全国烟草行业经济研究工作座谈会。国家局副局长潘必兴、杨传德和黑龙江省副省长马淑洁出席了会议，经济研究所所长吕忠信主持会议。会上，潘必兴副局长作了关于“开拓创新，拓展烟草经济研究思路和领域”的讲话，吕忠信所长作了题为“应对入世挑战，寻求整合中国烟草产业的途径”的工作报告。

大会邀请国务院法制办副主任李适时、国务院法制办工交商事司司长胡可明、国家经贸委政策研究室副主任彭华岗出席会议，他们分别作了“WTO规则与我国法制建设”、“涉及烟草专卖的法律问题”、“加入WTO对我国工商领域的主要影响及应对措施”等专题报告。

全国各省级局（公司）的主管领导、办公室主任、研究室主任、烟草行业36家重点工业企业的厂长（或副厂长）及烟草经济特邀研究员共120多人参加会议，大家对会议给予了较高的评价。

二、编纂出版《世界烟草经济》

在中国已经正式加入WTO和国内烟草市场日趋国际化的大背景下，为了给中国烟草行业提供一部全面了解世界烟草经济发展状况和整体态势的基础资料，国家局经济研究所联合昆明卷烟厂、中国科学技术大学两家单位，分工协作，于4月份编纂出版了《世界烟草经济》一书。该书系统地分析介绍了全球142个国家和地区烟草产销状况、消费市场结构、基本竞争格局以及各国政府对烟草产业的管理方式等。此书出版后，受到各方面较为良好的评价。

三、撰写《经济研究报告择要》和《经济研究参考》

《择要》和《参考》是反映烟草经济研究成果、向国家局和各省级局领导提供决策参考和信息咨询的主要渠道。2002年，经济研究所共撰写了十期《择要》、六期《参考》，内容包括：《日本烟草改革与发展模式及其经验研究》、《世界卷烟税收政策浅析》、《唤起规则和法律意识——中国烟草业面对机遇和挑战的首要任务》、《试论烟草企业效益的四种关系》、《关于烟草行业价格策略问题的几点思考》、《卷烟零售网络发展探析》、《卷烟需求的价格弹性初探》、《中国烟草业应对WTO的若干思考》、《美国卷烟工业在＜和解协议＞后的发展趋势》、《国际控烟及加入WTO对我国烟草业的影响及对策研究》、《美国电子商务浅析》和《关于改进烟草经济运行质量和效益评价考核办法的建议》等。这些研究报告得到了有关领导、有关部门及一些省级局（公司）主要负责同志的积极评价。

四、完成烟草工作调研任务

根据国烟办《关于做好3、4月份调研工作的通知》要求，国家局经济研究所组成调研组对内蒙古烟草系统贯彻落实全国烟草工作会议情况进行调研检查。根据走访和检查的情况，调研组撰写了详细的调研报告，不仅如实反映了内蒙古区局贯彻落实全国烟草工作会议精神的情况，而且结合内蒙古烟草行业的实际情况，围绕访销员的管理问题、与零售户结成利益共同体问题、消费税改革给企业带来的影响问题、现行烟草财税体制问题、行业多元化经营问题等，做了比较深入的分析。

五、参加“中国财经论坛首届年会”

12月，由全国政协副主席经叔平担任组委会主席的“中国财经论坛首届年会”在云南玉溪召开。应大会组委会邀请，国家局经济研究所所长吕忠信出席了此次年会。在会议上，吕忠信所长作了“加入WTO后的中国烟草”专题演讲，引起了与会的国务院有关部门代表和一些经济学家的广泛关注，《经济参考报》、《云南日报》、《玉溪日报》、《中国宏观经济信息网》等媒体分别予以全文或摘要报道。

六、完成“中国烟草财税体制改革研究”课题

“中国烟草财税体制改革研究”课题由国家局经济研究所、国务院发展研究中心宏观部和中央党校经济研究中心共同主持。自2001年下半年正式立项以来，课题组收集整理了大量理论研究成果和实证数据资料，并进行了深入细致的调研。12月，课题组完成了10万字的研究报告，并报国家局各领导及相关部门。

七、参与国家局统一组织的四个重点专题研究

今年第四季度，国家局统一组织开展了关于“保持行业平稳发展”、“体制改革”、“整顿规范”和“劳动人事制度”等四个重点专题的研究工作，经济研究所派人参加了其中三个专题，并承担了部分专题报告的执笔工作。在专题的整个调查研究过程中，参加人员任劳任怨，为此项工作的顺利完成付出了努力。

八、完成“中外烟草企业成本费用及其他相关指标比较”和“宏观经济发展与烟草税利增长”的数据分析工作

根据国家局领导的要求，在今年第四季度，经济研究所完成了“中外烟草企业成本费用及其他相关指标比较”，以菲利浦·莫里斯公司、英美烟草公司、日本烟草公司、帝国烟草公司和中国烟草的几大骨干企业及行业整体作为比较对象，对它们的规模实力、资产结构、生产成本、经营费用、税收负担、盈利水平等诸多方面进行了较为系统、详实、完整的数据分析。另外，经济研究所还通过数量经济模型，对GDP、城镇化、城乡居民收入与烟草行业工商税利的相互关系进行了测算分析。

九、参与“中国产业发展跟踪研究”

此项研究由国务院发展研究中心主持，国家局经济研究所负责其中《烟草行业》的跟踪研究工作，按时完成了2001

年的年度报告和2002年前三个季度的跟踪研究报告，及时总结烟草行业的经济运行态势和存在的主要问题，并对行业发展趋势做出预警分析。

十、参与编写《烟草经济与烟草控制》

该书由国家计委组织，由国家经贸委、卫生部、外交部、海关总署、国家工商局和国家烟草专卖局等共同编写，其目的是针对世界卫生组织提出的《烟草控制国际框架公约》对全球烟草行业所带来的影响，向公众客观介绍全球烟草经济的发展历程及其现状，以消除人们对烟草行业的非理性认识。该书的重点章节——《世界烟草经济与贸易》和《中国烟草经济与管理》两部分由国家局经济研究所负责编写，总计约15万字。

十一、参与《中国脊梁——烟草行业卷》的审稿及编辑出版工作

《中国脊梁》是经吴邦国副总理题字确认的宣传主题，它以国有大型企业为对象，通过大型丛书、报纸特刊和电视专题等形式宣传国有重点企业改革与发展成果，进而激励创新，开拓奋进。为拓展烟草行业的宣传层面，提升烟草企业文化，经国家局领导同意，将36家重点工业企业作为《中国脊梁》大型丛书烟草行业卷编纂主体。此次活动由《中国脊梁》编辑指导委员会办公室具体负责组织，国家局经济研究所承担了“烟草行业卷”稿件的审核及部分稿件的撰写工作。

（耿学技）

经济信息工作

2002年，烟草行业信息化建设紧紧围绕行业中心工作，按照年初信息化工作会议提出的“应用”与“统一”的基本思路，以行业信息化建设两个“三项工作”为重点，坚持“狠抓基础、狠抓规范、狠抓落实”，行业信息化工作取得了新的进展。

一、行业信息化基础设施建设水平进一步提升，对行业生产经营管理的支撑作用明显增强

*一是行业卫星通信网基本建成。*卫星通信网已完成1个国家局主站、34个省级局（公司）和郑州院B类站，272个地市级局（分公司）和工业企业C类站建设。在广泛征求意见的基础上，对卫星网原技术方案进行了调整，取消了话音功能，增加了高速下载设备，扩展了电视会议广播功能，使行业电视会议可以直接开到C类站。卫星网的基本建成标志着行业信息化网络建设开始进入了调试和统一应用阶段。

*二是各省级局（公司）省域网的建设进展迅速。*北京、上海、重庆、深圳、大连、河北、山西、吉林、江苏、浙江、安徽、江西、福建、山东、湖北、湖南、广东、广西、云南和青海等20个省级局（公司）建成了省域网。

*三是网上基本应用系统普及率进一步提高。*23个省级局（公司）设立了域名服务器和邮件服务器，18个省级局（公司）设立了WEB服务器。卫星电视会议系统全年共召开了6次全国性的电视会议、8次省内电视会议，举办了2期全国性的技术和业务培训。

*四是网络和信息安全工作开始启动。*按照国家局的统一部署，云南省局（公司）实施了全网的安全系统建设试点；同时，国家局印发了《烟草行业计算机网络和信息安全技术与管理规范》，以指导行业网络和信息安全的建设管理工作。

二、行业信息化建设管理办法、规划、技术标准与规范进一步完善，为加强行业信息化工作管理和信息系统的互联互通提供了保障

为适应行业信息化建设新形势和新任务的变化，国家局信息化工作领导小组办公室组织了《全国烟草行业信息化工作管理办法》的修订工作。

在《烟草行业信息分类与代码汇编手册》的基础上，国家局信息中心建立了信息代码管理系统，已发布单位代码4000多条，卷烟条码7000多条，并实现了信息代码的网上动态发布与维护。此外，还组织修订了《烟草行业计算机网络建设技术规范》，制定了《烟草行业计算机网络和信息安全技术与管理规范》，起草了《烟草行业软件项目管理暂行规定》等。

各省级局（公司）积极贯彻落实《烟草行业信息化建设“十五”计划》，重庆、北京、河南、陕西、海南等省级局（公司）结合本省实际，编制或修订了信息化发展规划；福建、陕西、甘肃、青海、宁夏、浙江等省级局（公司）先后制定了信息化工作管理办法。

三、信息技术在行业各个方面的应用进一步深入，成效逐渐显现

*一是卷烟工业企业基础软件开发推广工作稳步推进。*2002年，国家局信息中心配合经济运行司，组织三家软件开发公司和颐中烟草集团、武汉烟草集团、成都卷烟厂联合攻关，完成了卷烟工业基础软件的开发试用工作。该基础软件涵盖了生产经营中原辅材料、质量、工艺、设备备件、财务等各个主要环节，达到了预定开发的目标。2002年5月，在徐州卷烟厂通过了鉴定验收。目前，在重点卷烟工业企业中基本达到或超过“卷烟工业基础软件”水平要求的已有21户。

*二是卷烟销售网建的信息化水平不断提高，销售数据资源的利用取得积极的进展。*2002年，烟草行业在成功实施了“十大城市网建联动”计划后，行业卷烟销售基础软件的推广工作基本完成。各省级局（公司）进一步修改、升级、完善了销售管理软件，广泛采用了POS机访销、IC卡结算等先进的技术手段，有的地区还将卫星定位系统（GPS）和地理信息系统（GIS）应用到配送业务中，大大提升了行业卷烟销售网建的信息化水平和管理水平。

国家局信息中心会同中国卷烟销售公司，于2002年3月开发完成了国家局卷烟销售管理信息系统，并在全国33个省级局（公司）销售公司推广。到2002年9月，在总计2508家分公司和县公司中，近一半的单位已经将每天具体到牌号的销售数据上报到国家局。

*三是烟叶基础软件的开发工作初步完成。*烟叶基础软件的推广应用将整体提升全行业烟叶购销的信息化水平，并使覆盖行业“农、工、商”三大领域的软件体系初步形成，使行业信息化的整体水平迈上一个新台阶。

*四是烟草行业承担的国家863现代集成制造系统（CIMS）项目的研究有序进行。*该项目包括省级和工业企业现代集成制造系统的发展战略和总体方案设计研究、卷烟营销体系研究与验证、经济运行分析研究与验证、扩展企业资源计划（ERP）系统的研究与验证、卷烟数字化产品设计研究与验证、卷烟企业生产执行系统（MES）研究与验证、烟草行业现代集成制造系统的发展和总体方案设计研究等，分别由16家省级局（公司）、卷烟厂和4家行业外研究机构承担。目前，已经基本完成了项目的需求调查分析、战略规划研究和部分总体方案的设计工作。

*五是网上交易系统的开通使用，有效降低了传统交易方式的成本，为烟草行业开展电子商务奠定了基础。*烟草专卖品网上交易系统于去年9月16日开始运行，实现了卷烟日常补货的网上交易。截止2002年底，中国烟草交易中心共发放工商会员IC卡1500多张，网上签订日常合同3300多份，交易金额近20亿元。

六是信息技术和网络技术的应用，为资金管理中心高效运作、取得很好经济效益提供了重要保障。

2002年，安徽、江苏、福建、山东、湖北、浙江、广西、重庆、云南、吉林、上海等11个省级局（公司）以资金管理软件和高效信息网络为支撑，先后建成了省内资金管理（结算）中心，实现了对省内资金运作的有效监控和统一管理，取得了良好的经济效益。如福建省局（公司）资金管理系统在12月份一个月的运行当中，已为省内烟草行业带来了600万元的经济效益。

*七是烟草专卖品准运证计算机网络管理系统已趋成熟，规范管理的作用明显。*目前，经国家局审查批准的134家卷烟开证点和93家烟叶开证点中，分别有118家和91家通过准运证计算机网络管理系统开证。2002年，卷烟准运证系统共开证近12万份，比2001年多1.5万份，作废率从2001年的5.06%下降到去年的3.67%。烟叶准运证系统共开具有效准运证6万多份，烟机和烟用物资准运证系统共开具有效准运证约1.6万份。

四、进一步积累了丰富的信息资源，对信息资源整合利用的重要性认识进一步提高

随着行业信息化建设的深入，特别是卷烟工业、卷烟销售和烟叶管理信息系统的使用，信息资源的积累得以进一步丰富，为下一步数据集成和数据的综合利用打下了较好的基础。

*一是信息统计分析工作有所加强。*2002年，各省级局（公司）和基层企业认真执行国家局和当地统计局制定的统计报表制度，以狠抓统计数据质量为核心，把狠抓统计数据时效性作为切入点，在统计报表制度、统计报表格式、统计计量单位、名优卷烟牌号（规格）和卷烟划类标准及统计软件变动较大的情况下，克服困难、齐心协力，及时、准确地完成了工业、商业、固定资产投资和多元化经营统计报表的审核、汇总及统计分析工作，不仅为行业宏观调控和企业管理提供了准确的数据信息，也为发挥统计工作的信息、咨询和监督三大功能奠定了基础，多次受到国家局领导的肯定和表扬。

*二是信息整合工作开始起步。*一些省级局（公司）开发了数据分析、数据仓库等系统，从深度、广度方面对企业的生产经营状况、卷烟生产和销售的内外部信息进行分析，初步进行了企业决策支持系统建设的尝试。

*三是行业网站的信息发布和对外宣传作用进一步发挥。*2002年，国家局内部网站和行业网站面向社会和全行业发布了大量行业经济运行和政务管理信息。面向社会的行业网站自2002年2月1日改为新版后，设有10个主栏目、27个子栏目，每日更新各类信息40余条，对国家局重要会议和重大活动都进行了及时报道，改版后至2002年底，访问者已超过52万人次，成为树立烟草行业形象、宣传烟草行业的重要信息网络平台。国家局内部网站从2001年7月改版运行以来，已基本成为国家局发布行业信息的主要平台，及时向全行业、国家局机关发布了各类经济运行信息、政务管理信息等，截止2002年底累计访问量26.5万人次，每月平均1.8万人次，日均有600多人次浏览。

五、行业软件正版化的意识有所增强

为贯彻落实国务院办公厅和国家版权局、国家经贸委等四部委的要求，进一步加强行业软件使用的规范化管理，2002年烟草行业进行了软件正版化自查自纠工作。信息中心会同局办公室共派出5个检查组，对湖南、湖北、广东、四川、河南、江苏、山东、上海、甘肃等9个省（市）软件正版化的情况进行了检查。据统计，全行业利用国家局与微软公司签署的烟草行业优惠购买微软产品的协议所购置的正版软件已达3700多套，节省采购资金720多万元。

六、行业信息化培训工作进一步开展，为信息化建设提供人才保障

2002年，信息中心面向全行业共主办、协办了卫星培训、管理信息系统使用培训、工业基础软件培训、网络技术规范培训等专业技术培训达到20余次，参加人员超过千人次。据不完全统计，全行业共有7000多人次参加了由各省级局（公司）组织的各种培训，通过培训，进一步提高了行业信息化人员整体素质，有效地保障了行业信息化整体水平的推进。

机关后勤工作

在国家局党组的正确领导下，在机关各部门的大力支持和帮助下，2002年机关服务中心（服务局）全体同志团结一心，努力工作，为保证机关工作的正常运转，为改善机关职工的生活福利做出了一点工作。

一、狠抓政治理论和业务知识的学习培训，提高干部职工的政治理论水平和业务工作能力，为搞好机关后勤工作提供强有力的组织保证

1．一年来，按照机关党委的统一部署和机关服务中心工作的实际情况，我们采取集中学习和分散学习相结合的办法，今年上半年，对江泽民“三个代表”的重要思想、“七一”讲话、“5.31”讲话，都组织了认真的学习；下半年，着重学习了党的十六大的文件，而且利用3天时间，在平谷培训中心举办了处以上干部及各实体负责人参加的“十六大”文件学习班，并要求与会的同志写出书面学习体会，结合本职工作提出新思路、新举措，使大家既掌握了文件精神，提高了思想理论水平，又对实际工作有很大帮助，收获较大。

2．为了提高机关后勤工作的业务水平，结合机关后勤逐步推向市场的改革需要，今年，我们在平谷培训中心举办两期业务培训班，组织服务中心的有关人员学习管理知识和会计知识，使做经营管理工作的同志掌握了更多的专业知识，业务能力逐步得到提高。另外，还有2人参加了建设部举办的物业管理岗位培训班，并取得了全国通用的物业经理岗位证书。

3．鼓励和支持职工利用业余时间参加学习。今年有4名职工本科毕业，有8人研究生办毕业，有2人正在参加研究生班的学习，有2人进行大学本科学习，有2人参加职称培训班学习。而且我们组织服务中心聘用的合同工利用业余时间参加专业技术学习和考试，全中心形成了较浓厚的学习气氛。

二、经过全体同志的共同努力，基本达到了用三年时间扭转机关服务局形象的目标

全体职工逐步树立全心全意为职工服务的思想，改善服务态度，转变工作作风，提高服务质量，扎扎实实为职工办实事，办好事，以实际行动，赢得了全体机关职工的认可。比如：我们广安门管理处，人手少，工作繁杂，但是他们克服困难，努力做好各方面的协调工作，尤其是在交易会期间，为参加交易的同志热情、周到的服务，受到交易中心和与会同志的好评。我们接管西便门机关办公楼的物业管理工作已经一年有余，西便门物业管理中心的同志尽职尽责，在平稳过渡的基础上，努力提高管理水平，他们统一着装，挂牌服务，他们的管理已基本达到正规物业管理的水平。职工宿舍物业管理中心，以优质的服务，赢得职工的好评。交通科转变服务态度，做到文明、热情、安全、行车，改变了出车难，脸难看的现象，全年共出公务用车15000多次。平谷培训中心改善了环境，增添了娱乐健身项目，服务水平、质量有新的提高。

总之，经过服务局全体同志的共同努力，改变了人们认为服务局的同志岁数大、文化低、说话粗、整体素质不高的印象，我们以扎实的工作，优质的服务，赢得了机关职工的重新认识和评价。2002年，我们在税务、安全、卫生、计划生育、义务献血、绿化、人防工程管理、东经路、虎坊路管理等方面的工作，都被国管局和北京市等有关单位评为先进。这些荣誉，是对服务局全体同志努力工作的充分肯定。

三、各部门之间团结协作，职工的积极性、责任心进一步提高

目前，服务局出现了一个团结一致，奋发向上的好局面和好风气。现在串岗聊天的少了，尽职尽责的多了；互相拆台的少了，为集体争光的多了；推诿扯皮的少了，团结协作的多了。比如：基建房产处，今年派出大量人力，帮助平谷培训中心做好平房改造、客房维修等改善住宿环境的工作，体现了大局观念和团结协作精神。再如，在今年机关运动会和篮球、羽毛球、乒乓球等比赛中，服务局的职工年龄较大，但我们却取得了团体第四名、篮球比赛第五名、羽毛球、乒乓球第三名的好成绩，我们第一次在运动会的领奖台上捧回了四块奖牌，充分体现了服务局的集体凝聚力和奋发向上、团结拼搏的精神面貌。

我们服务局工作的特点是摊子大，人员多，责任重，分散作业，无法集中统一管理，但是我们在所管辖的财务、交通、消防等方面，没有发现违规违纪和安全问题。比如：虎坊路物业管理中心、平谷培训中心等，都远离机关，远离领导，但这些地方的同志，齐心协力，做好工作，保住了一方的平安。

四、扎扎实实为职工办实事、办好事

今年，服务局全体同志牢固树立为机关职工服务的思想，扎扎实实为职工办实事，办好事，而且是把好事办好，为提高职工福利，改善工作、生活环境，做出了积极努力。

1．今年职工的节日补贴大幅度提高，从原来的300元、500元，提高到800元，春节提高到了2000元，而且今年还为职工争取下来了每人2000元的职工休假补贴。

2．伙食质量提高。今年我们职工食堂（西便门、广安门）早、午餐由分餐改为了自助餐，在收费减少的情况下，花样品种增加（平均每周新添1～2个品种，全年共计50多种），质量提高。从今年的暑期开始，为了方便职工生活，又增加了食品外卖的品种数量。全年共完成客饭250桌，2500多人次。

3．医改后，为保证机关职工身体健康，我们积极向领导提建议，确定了每年为职工体检一次不变，医务室服务职能不变。今年组织652名职工进行了体检。根据近年机关甲乙肝发病率上升的情况，及时向局领导建议，申请专款，为412名职工接种了甲乙肝疫苗。全年为职工看病、拿药10100多人次。今年参加中央国家机关计划生育第八协作组的答题竞赛，获得了第二名的好成绩。

4．为了体现烟草行业形象，今年为机关全体职工发放了带有烟草标识的出差箱包。

5．我们全部领回了房产证。在房改工作中，并按规定进行了发放，共发放产权证 673 本。

6．平谷培训中心全年共接待客人 2 万多人次，其中接待机关职工及家属 3600 多人次。

7．积极协助人劳司进行了医疗改革，及时将今年的医疗补贴发放给职工，并增添了补充医疗保险，解除了职工就医方面的后顾之忧。

8．今年，我们加强了对自管职工宿舍的管理，派专人打扫卫生，职工房屋维修中心的职工在 24 小时随叫随到的基础上，进一步提高服务质量、改善服务态度。比如：上门服务时统一着装，带标牌，带鞋套，把工具放在自带的布上，以防污染、损伤住户的地面，受到职工的好评。全年入户维修 1270 人次。

9．全年完成西便门办公楼内维修 1710 人次；会议服务 520 次；为职工熨烫衣物 2400 多件；为职工理发 6700 多人次。

10．为西便门办公楼的卫生间安装了卫生纸，受到职工的欢迎。

11．全年维修车辆 1100 台次，保证了机关的正常用车。

12．为职工去平谷培训中心度假发免费班车。

13．截止到 11 月底，今年发放办公用品 74000 件，劳保用品 1500 件，其他物品 110 多件；组织销毁文件及文头纸 4 次；受理咨询电话 32401 次；更换电话机 181 部，调整线路 86 对，新装电话 50 部，加国际长途功能 7 部，撤长途功能 17 部，维修电话 295 次，办理电信业务 54 部；复印文件 156342 页，传真 65131 页；维修保养复印机 65 次，传真机 126 次；协助信息中心召开电视电话会议 4 次。

14．解决了 12 名新分配大学生及 20 余名挂职干部的住宿问题。

15．办理 4825 人次的个人所得税的代扣代缴；协助工会办理了重大疾病保险；提高了职工家庭财产保险额，1～11 月份为职工办理理赔 42000 元；办理国家局（含直属单位）2001 年度技术交易奖的核算、发放工作；办理出国团组 63 个，出国人次 489 人，与去年比增加团组 18 个，增加人数 103 人。

16．完成平谷培训中心平房改造、开挖金叶湖、锅炉房改造、露天网球场施工、东经路职工住宅外墙砖修理、虎坊路办公楼卫生间装修、西便门办公楼食堂操作间、浴室改造及维修等 36 项大、中型维修工作。

17．今年在平谷绿化基地和河北逐鹿共植树 3947 棵，成活率 95%，很好地完成了今年的绿化任务。

18．东经路管委会一年来，急职工之所急，想职工之所想，为所管小区的职工办了许多好事、实事，而且为社会做出了一定的贡献。（1）为住户解决非机动车换税牌的问题，将换税牌人员请到院内工作，一天办理 82 辆自行车牌照，消除了职工排队等候的麻烦；（2）改装了电视天线设备，提高职工看电视的清晰度；（3）解决有线电视缴费难问题，与有关单位联系，为住户办理了银行代缴手续；（4）办理私人机动车登记入会手续；（5）经常进行安全检查，更换住宅楼道灭火器 8 个；（6）4 次组织人员查住户水、气表，并按时代收代缴水、气费；（7）为职工自行车打气方便，在大门口设打气筒；（8）加强宣传教育，提高人员素质，利用板报、宣传栏进行科普、卫生、安全、宣传教育，今年更换 8 期板报，6 期专栏；（9）搞好环境绿化美化工作，自己动手育花 160 多盆；（10）组织 65 岁以上老同志参加社区体检，并建立医疗保健档案；（11）机关发给退休职工的物品及时送到手中；（12）组织离退休职工过组织生活 12 次；（13）开展拥军优属活动，慰问消防中队全体官兵；（14）积极参加募捐赈灾活动，两次捐款 2157 元，捐衣物 472 件，受到社区表扬。

五、不断完善规章制度，加强规范管理

1．今年，我们制定了《国家烟草专卖局（总公司）本部及直属单位职工子女及家属医药费报销暂行规定》；坚持了财务预算管理和定期报告制度，印发了《国家烟草专卖局（总公司）机关 2002 年度差旅费定额》，印发了三期经费开支通报，严格控制乘坐飞机出差；1～11 月份行政经费与去年同期比：交通费降低 18 万元，减低幅度 10%，修缮费降低 22 万元，降低幅度 28%，印刷费降低 36 万元，降低幅度 46%，差旅费节约 76 万元，降低幅度 18%。

2．建立了临时工上保险和考评制度，为机关服务中心聘用的合同工按规定上了保险，并对合同工进行了年终考核。

3．实行了机关办公用品计算机管理和比价采购制度。

4．制定并坚持了对物业管理监督检查制度。

这些制度的建立并实施，为服务局工作的规范有序正常运转奠定了基础。

六、开拓经营，提高后勤保障能力

今年在为机关服务的同时，我们积极开展经营创收工作，取得了较好的经济效益。

1．虎坊路物业管理中心积极扩大房屋出租，在实现以楼养楼的目标的同时，通过出租房屋及出租广告场地进行创收，为国家局节约了资金。

2．汽车维修中心，在降低了机关汽车维修费用的同时，创造较好的经济效益。

3．西便门物业管理中心在保证机关工作正常运转的同时，节约了物业管理费用。

4．金兴物贸中心、金岚屿科技生态园，平谷培训中心也努力扩大经营范围及渠道，积极创收，取得较好的经济效益。

中烟培训工作

二十一世纪，为中华民族的发展带来无限发展机遇和发展空间。也给我们的培训工作带来了严峻的挑战和新的课题。随着经济全球化进程的加快，随着中国加入WTO后经济形势的迅猛发展，国内人力资源的开发及外向型、复合型人才的培养成为中国经济发展所面临的最紧迫的问题之一。2002年，在国家局党组的正确领导下，在机关各部门的大力支持下，坚持以马克思主义、毛泽东思想、邓小平理论为指导，以教学为中心，以服务为宗旨，不断总结，不断创新，较好的完成了各项培训任务。

一、立足本职，与时俱进，全面提高综合素质

党校是培训干部的基地。党校的干部职工遵照国家局党组的要求，采取了实事求是、科学实用、灵活多样的学习方法，首先重点学习江泽民“三个代表”的思想、“5.31”讲话，中国共产党第十六次代表大会上的报告及经修改的《中国共产党章程》。其次，我们在为学员聘请到知名教授、企业家、政界名人进行授课及组织学员进行研讨活动的同时，组织党校干部职工参加，有针对性的组织听课，做好笔记，写心得体会。通过这种方式，我们的干部职工深受启发和教育。高层次、高深度的讲课内容，开阔了视野，增加了知识，更新了观念，有效地提高了把握社会发展脉搏，站在更高层次上思考问题、分析问题、处理问题的能力。

结合干部职工的思想状况和各个阶段的学习要求，及时给每位干部职工购买了《政府工作报告》、《谁动了我的奶酪》等书，将理论学习与实际工作结合起来。在党支部组织的党课教育中，通过“鲶鱼激活沙丁鱼”的故事生动形象地讲述了引进竞争机制的效果，用“木桶原理”讲述短板效应的影响，增强了我们的团队意识，激发了干部职工的服务热情和工作激情。

为了对干部职工进行深刻的革命传统及科学技术教育，组织学员和部分干部一起下去调研，深入烟厂进行实地考察，真切了解烟草行业的现状及发展动态，并组织参观西柏坡革命圣地、中华世纪坛、中科院高能物理研究所等，都给大家留下难忘的印象，受到深刻的教育。

二、科学管理、严谨治学、各类培训创佳绩

为了抓好今年的教学，我们在总结以往几年教学特点的基础上，精心组织、周密安排教学计划。首先组织教学管理人员走访中央党校、中央国家机关分校以及兄弟部委党校，吃透上级党校办学精神，学习借鉴举办高级领导干部进修班的先进教学组织与教学管理经验，并制定了教学流程细则。一年来举办两期局级班57人，两期处级班109人。学习中我们除“马基本、毛基本、邓基本”研讨之外，对照“三个代表”的要求，结合学习倪局长在局级班学员座谈会上的讲话、姜成康局长在全国烟草行业管理会议上的讲话及在全国卷烟销售网络建设现场会上的讲话，进行了自我党性分析，深刻解剖自己的世界观，积极探讨新时期党的执政方式的转变及对我们工作的影响。为搞好教学，我们提出以“两个服务即搞好教学服务、搞好后勤服务”为定位，经过分析研究，从教学方法内容到管理服务，从教学定位到每个环节，都反复斟酌、反复推敲、反复模拟，反复提出意见，制定出切实又行之有效的教学方案，从而使教学方法有了提升，教学质量有了明显提高。面对入世，坚持与时俱进，对课程设置加以创新，在中央党校主体课程设置基础上，面授课比例已达到95%左右。为适应行业改革发展的需要，我们举办了WTO系列知识、法律知识、财务知识讲座和有关行业改革发展经验介绍：如我们聘请了对外经贸部长龙永图、中国海洋石油集团总公司副总傅成玉等许多知名专家、学者以及政府有关领导人授课，收到良好效果。

紧跟党组工作思路，围绕国家局党组提出的“四个专题”组织教学和研讨，抓住烟草行业当前发展的主要矛盾，思党组之所思，急党组之所急，真正为烟草行业下一步发展服务。

我们紧紧围绕党组的要求，一丝不苟、全心全意、服务教学。通过精心选择课程，合理组织研讨。为了配合教学，党校及时出刊第38期至41《党校通讯》、第6至21期《学习与交流》及第四、第五期局级班《论文集》。这些刊物汇集了教学成果，记录了学员的很多宝贵思想，为行业提供了很有价值的学习成果。

为了既不影响党校班正常教学，又能办好短期班，我们通过清理闲置客房，提高客房利用率，周密计划，巧妙安排，全年接待和举办了32期短期班参训人员1139人。

三、搞好党校的基础设施建设，营造新的教学环境

为了适应烟草行业今后更高发展的需要，在硬件设施上满足教学及培训等各种要求，一年来，一是完成大厦五、六、七、八层装修，办公用品和教学设备的配置，有效地改变了办公环境和提高了工作效率，为职工和学员提供了更好的学习、生活环境。二是集中精力投入二期工程建设，完成了对教学区的修缮改造。在工程建设中，我们始终坚持“公开、公平、廉洁”的原则，着眼于长远利益，严把工程质量关。工程中的较大事项，坚持上办公会研究，集体讨论决定，提高透明度。在廉政建设方面制定出五必须、五不准的制度要求，从设计施工到施工监理实行了公开招标，使整个工程始终处于领导、群众和制度的严格监督、管理之中。

回顾这一年，我们所取得的成绩，离不开党组的正确领导，离不开各司局等有关部门的大力支持，也离不开我们的干部职工们辛勤的工作。今后，我们要更加努力工作。用一流的工作成绩向党组汇报。

（王晶晶）

中国烟草学会工作

一、加强组织建设，更好地为科技人员服务

1．完成了学会分支机构的自查和复核登记报送工作

为了加强对分支机构的管理，民政部去年下发了《社会团体分支机构、代表机构登记办法》，中国科协下发了《关于认真作好全国性团体分支机构和代表机构复查登记工作的通知》。学会对此项工作高度重视，组织各专业委员会按照文件要求作好自查和复查登记工作。按照民政部的要求，在规定的时间内完成了分支机构自查、复查，并通过了中国科协审查，报民政部审定；对原已在银行开设财务账户的专业委员会，取消财务账户，收回财务印章，对现有的财务进行了清理；明确了分支机构的业务范围和活动地域。

2．完成了团体会员的重新登记工作

学会成立以来共发展团体会员142家，其中卷烟材料委员会代发展100家（由卷烟材料专业委员会管理）。根据民政部近期的要求，专业委员会不得自行发展团体会员。鉴于上述情况，学会对中国烟草学会现有的团体会员进行了重新登记，并把原由卷烟材料委员会代发展的100家团体会员由中国烟草学会接收，统一管理。经过重新确认，140家进行了重新登记，只有中国科大经济技术学院和长春卷烟厂没有重新确认。

3．积极发展个人会员和团体会员

根据中国科协六届二次会议和中国烟草学会四届二次理事会议精神，进一步推动建立“科技工作者之家”工作，学会今年加强了会员发展工作，今年共发展个人会员900名，到目前为止，学会个人会员总人数为8166名；发展团体会员60家，其中学会发展40家，卷烟材料专业委员会发展20家。

4．为提高科技人员水平，举办了多种培训班

为贯彻烟草行业“百千万人才工程”，提高烟草科技人员参与国际间烟草科技合作与交流的能力，使更多的科技人才以较高的英语水平参加CORESTA共同课题研究，今年3～7月，学会与科教司一起在中国科技大学举办了有19人参加的英语培训班，参加者为烟草研究院所和工业企业年轻科技工作者。经中国科大中外语言专家综合培训考核，基本达到并在某些课程上超过了博士毕业生英语水平。

为提高期刊编辑人员的业务水平，学会于5月16～18日在北京举办了期刊编辑人员培训班，由北京华通咨询公司、北京中企联管理咨询公司、中国烟草在线的同志讲授了期刊上网的操作等有关方面的知识。

工业委员会包装学组今年在北京举办了两期美术设计培训班，请清华大学美术学院的教授讲课，大大提高了工业企业美术设计人员的业务水平，受到学员的普遍欢迎。

5．建立人才库

根据中国科协的要求，我们开展了建立“学术带头人和科技业务骨干”人才库的工作，下发了文件、收集资料，并与人劳司、科教司一起于11月中旬在甘肃天水召开了专家评审会，经过严格筛选，初步确定了人才库名单。

6．印发了开展向韦建玉同志学习的决定

向国家局党组进行推荐，作为实践“三个代表”的模范在行业内开展学习活动。国家局党组已采纳这一建议，下发文件，号召全行业人员向韦建玉同志学习，并在广西柳州召开了大会，张保振局长亲自到会作了重要讲话。

二、加速中国烟草博物馆的建设

中国烟草博物馆是全国烟草行业各单位和企业共同筹资建设的。这项工作任务重、时间紧、责任大，并需要较大的投资。一年来，我们在去年工作的基础上，主要做了以下几方面的工作：一是完成了博物馆施工招标工作，并与4月29日举行了开工典礼，倪益瑾局长、潘必兴副局长、上海市委市政府的领导及全国各省（市）自治区烟草专卖局（公司）的领导和代表出席了奠基仪式。目前土建工程正在顺利进行，预计博物馆主体将于2003年3月封顶，力争10月建成并开始展；二是经过两次招标完成了博物馆布展设计方案的确定工作；三是完成了博物馆陈列大纲的编写工作并报国家局办公会通过，目前正在按照陈列大纲的要求进行布展设计；四是继续在全行业开展了全面征集与重点征集相结合的文物搜集工作，到目前为止，已有24个省（市）、自治区的文物送到上海，多数省例如云南、四川、黑龙江等省学会高度重视文物征集工作，征集到了大量有价值的文物。为了确保收购质量，我们成立了以金茂先顾问为主任的专家委员会，专门负责收购文物的鉴定和把关。并从民间收藏家手中收购了一批有价值的烟标烟具等烟草文物；五是与国家局人劳司共同努力，报请中编办审批下发了中国烟草博物馆名称和编制。博物馆的全称为“上海中国烟草博物馆”，副厅级事业单位；六是从河南、湖南、云南、上海等省（市）公司借调部分同志到烟草博物馆工作，充实和加强了博物馆筹建处的力量，健全了筹建处各项制度，使博物馆的筹建工作能够顺利进行。国家局党组对博物馆的建设十分重视，姜成康局长今年9月25日到博物馆视察，对博物馆的建设作了重要指示。潘必兴副局长对博物馆的工作更是亲自过问，今年5次到博物馆检查工作，及时帮助解决博物馆建设中遇到的困难和问题。

三、中国烟草志的编纂工作

今年是修志工作开展以来的第三个年头，根据国家局确定的目标和要求，今年主要工作是编纂资料长编和撰写志稿。长编的任务很重，要将数亿字的资料经过整理、考订、筛选，写出大约900万字的资料长编。一年来，修志办人员全力以赴投入这项工作，已经取得决定性的进展。目前，除了个别篇（如物资、卷烟流通）还需最后突击外，大部分基本完工。根据资料长编撰写志稿的工作是从今年9月开始的，与编写长编交叉进行，其规模在200万字左右，已完成过半。眼下，全体修志办人员正抓紧时间赶进度、抢工期，力争春节以后开始审稿。

根据修志工作的进展和需要，修志办公室还组织人员对资料做拾遗补缺，不仅对系统内特别是国家局所藏的档案进

行了系统的查阅和复制，还在系统外图书馆、档案馆查到一批稀缺资料。为了掌握港、澳、台有关烟草的资料，修志办派员赴香港、澳门进行了查找，并计划组团赴台湾查找有关烟草资料，以使志书更加全面完整。另外，修志办还同中国第二历史档案馆合作，出资74.9万元复制了民国时期的烟标档案52万多画幅，共197张光盘，以无偿提供各省（市）公司使用。

四、深人开展科学普及和学术交流活动

今年以来，科普工作筹备委员会努力工作，编写了《科普读物系列丛书》；继续和科教司共同编写了《中国烟草科普丛书》下发全行业；“七一”前夕，与中国收藏家协会、中国历史博物馆等单位共同举办了迎接党的十六大“永远跟党走”全国大型藏品系列巡回展；为了正确宣传“吸烟与健康”问题，我们加强了与“中国吸烟与健康协会”的联系。今年初，我们邀请“中国吸烟与健康协会”的领导到北京卷烟厂参观座谈，介绍我们在提高科技含量、减少卷烟危害方面所取得的成绩和所做的工作，增加了相互了解。

今年国内学术活动的特点是科技工作者写论文积极性高，上缴的论文多、领导干部参与多、论文质量明显提高。在行业内学术交流的同时，我们还积极参加了行业外的各种学术活动。今年，我们还参加了九月在成都召开的“中国科协2002年学术年会”。

五、积极参加国际学术交流活动

开展国际学术交流活动是学会的一项重要任务，它对促进我国烟草行业科技进步有着不可忽视的作用。今年，我们进一步加大了与国际烟草科学研究合作中心CORESTA的联系，参加了1月和6月分别在奥地利和意大利召开的CORESTA理事会议；9月22～27日在美国新奥尔良市召开的CORESTA2002年大会和10月在美国召开的“第56届烟草科学研究大会”。为了开好这两次会，我们认真组织了论文的国内征集评审和国外申报工作，经过国外有关机构评审，在我国申报的论文中共有15篇论文分别被这两个大会评审通过。为提高论文作者的英文水平，我们于8月在大连对这些人进行了英语考核，进一步提高他们的英语听说能力。今年，我们还组织了青年科技工作者申报奖学金，经过评审，我国有两名30岁以下的青年科技工作者被评为CORESTA2002年大会奖学金获得者（全世界共4名），她们是郑州院的李鹏和云南院的彭丽娟。另外，为了加强与国外烟草科技工作者的交流，经过业务考核和外语培训，我们挑选了8名业务能力强、外语水平高的青年科技骨干准备参加CORESTA4个共同课题研究，这8人中的4人也参加了今年的CORESTA大会，并与国外学者就共同研究进行了交流。我们希望通过派送青年学者到CORESTA的各个学组参加科研工作，培养出我们自己各个学科的学术带头人。

六、树立精品意识，办好《中国烟草学报》

《中国烟草学报》是烟草行业惟一的全国性学术期刊，出版《中国烟草学报》是中国烟草学会的一项重要工作。按照期刊编辑工作委员会提出的“实施精品工程，建设期刊方阵”的要求，在坚持期刊的质量，坚持学术的深度和广度的基础上努力扩大稿源和发行量；探索刊登广告的路子，完成了刊登广告审批工作；烟草学会还创办了中国烟草学会网站，组织各省烟草学会期刊和论文上网；组织各省学会期刊参加了全国烟草科技创新成果展览会；10月中旬在辽宁丹东召开了优秀期刊评审会，评出优秀期刊13份。其中一等奖2名，二等奖4名，三等奖7名。

七、其他工作

1．今年9月，我们接待了国际烟农协会主席、总干事来华访问，并经国家局领导同意，与他们达成我们以非正式会员身份参加国际烟农协会的意向。

2．积极参与了由国家烟草专卖局、宋庆龄基金会、全国少工委、中国吸烟与健康协会主办，英美烟草中国公司协办的少年公益活动——“我们的选择——太阳花杯系列公益活动”，宣传《烟草专卖法》，劝阻青少年吸烟，禁止中小学生吸烟，帮助青少年开展有益于身心健康的公益活动。

3．完成了中国科协关于撰写《2001年学科发展蓝皮书》烟草学科部分的撰写、审核、上报工作。

4．起草了《中国烟草学会改革方案》，提交常务理事会审议。重点是：增强市场、服务、民主意识，引进新的用人机制，改革运行机制，加强能力建设，推进学会工作社会化、基层化、国际化、专业化、精品化、信息化，推动中国烟草学会成为满足烟草行业及烟草科技工作者需要、适应社会主义市场经济体制、符合科技团体活动规律、充满生机和活力的现代科技团体。

5．充分发挥老领导、老专家作用。学会关政林名誉理事长、朱尊权、金茂先、袁行思顾问亲自参加博物馆的招标议标、文物鉴定及科技人才库人员评审工作；方宇澄顾问带病考察烟区，参与和领导刊物编辑委员会的工作；朱尊权、金茂先顾问陪同左天觉博士考察6省烟草发展情况，为国家局党组决策提出了积极建议，发挥了老领导、老专家的作用，也推动了学会工作的开展。

6．积极参加了国家局《烟草控制框架公约》对策研究小组的工作。

（鲁春林）

离退休干部工作

离退休干部办公室在国家局党组的关心和指导下，坚持以邓小平理论和“三个代表”重要思想为指导，深入贯彻党的十六大、全国老干部局长会议和全国烟草工作会议精神，认真总结烟草系统2002年离退休干部工作，交流经验，研究部署，分析当前烟草行业离退休干部工作所面临的形势，确定今后工作重点，与时俱进，努力开创全行业离退休干部工作新局面。

一、认真落实好老干部的政治待遇

今年国家局在云南召开了国家局党组管理的原各省局领导班子成员离退休干部代表座谈会，国家局党组成员、副局长张保振代表党组讲了话并向老干部们通报了全行业生产经营的情况。认真听取了老干部代表在座谈会上就目前烟草行业中存在的问题和行业生产、经营、党风廉正、干部等方面提出的建议和意见。对老干部提出的意见和建议，国家局党组领导指示要求涉及的有关5个司局及直属公司在12月份前做到“件件有回音，事事有落实”。一年来各省级局坚持从政治上关心离退休干部，深刻认识做好离退休干部的思想政治工作是新世纪党和国家治国安邦的需要，也是维护稳定，推动改革开放不断深化的需要。烟草系统各单位坚持用制度保证离退休干部的理论学习，坚持和规范落实老干部政治待遇的各项制度，抓好了传达文件、通报情况、形势教育、走访慰问等方面的工作。通过坚持每月学习日制度、举办各种读书班、座谈会，及时向老同志传达重要会议、重要文件的精神和中央领导同志重要讲话，组织老干部认真学习，把思想统一到党的路线、方针、政策上来。

今年国家局在1月10日和7月12日分别组织局机关部分老干部参加了局党组召开的第十一和十二次机关离退休干部座谈会，国家局党组每位成员及各司局领导都参加了会议，参加人员约30余人，并认真听取了老同志对烟草工作和离退休干部工作的意见。

国家局老干办坚持在每月的28日上午组织国家局机关二级部门企业的离退休干部收看新华社编辑出版的《音像内参》，每次两个小时，全年共播放录像24盘，收看人数达328人（次）。交换机要文件562份，发放各类学习材料611本，报纸、杂志约3800份，并为各活动中心订阅了各类报刊和杂志。就地就近组织离退休干部外出参观、考察、学习、游览。做到每月都有计划和按排。今年以来组织了机关老干部参加了北京市平谷区举办的桃花节。组织12名离退休干部参加了由人事部组织的“天城杯”钓鱼比赛。组织了70余名老同志参加国家局举办的中国烟草总公司成立20周年来技术创新成果展览会。组织全体老干部参观北京国际科技产业博览会。“九九”重阳节组织全体老干部利用2天时间游览了河北香河县的“天下第一城”。丰富了老干部的精神文化生活。

二、落实好老干部生活待遇，离休干部“两费”得到保障

烟草系统各单位在老干部生活待遇的落实上不折不扣的执行中办61号文件，全国烟草各单位在综合考虑整体经济发展水平、企业支付能力和离退休干部收入状况的基础上，都能适时提高离退休人员的离退休费。对离休干部的医药费给予充分保证，对退休干部给予必要的保证。充分体现各级党组和领导干部对老同志生活上的体贴和关心，使老有所养、老有所医更加具体落到了实处。国家局老干办在今年通过深入细致的调研，对烟草系统仅有的10位老红军给予了生活补助，充分体现了国家局党组对老干部的关心。目前全行业根据各企业的实际情况，不同程度的解决了离退休干部的后顾之忧。离退休干部的“两费”落实总体情况是比较好的。

春节前夕，组织召开了机关全体离退休干部春节茶话（团拜）会，国家局领导和各部门代表向老同志们集体拜年和致新年的问候。“九九”重阳节，组织已离退休的老局长、老经理参加了国家局党组召开的重阳节座谈会，国家局新的领导班子成员与老领导亲切交谈，并共进午餐。今年共看望慰问患病住院的老同志20余人，走访慰问老干部180人（次）。为4名年满70或80周岁的老干部送去了花篮和生日蛋糕。为老干部办理丧事3人，都受到亲属们的好评。今年我们先后邀请了原301医院老年医学研究所前所长和中华医学会血液学会副主任委员、保健专家齐伯力教授为离退休干部进行保健知识讲座。

三、进一步加强离退休干部党支部建设

烟草系统各单位按照中组部《关于加强离退休干部党支部建设的意见》要求，进一步加强了离退休干部党支部的建设。我们从有利于开展支部工作的角度出发，合理划分党支部，按照组织原则选配思想上过硬、作风上正派、群众威信高、乐于奉献的老干部担任支部书记和支部委员，并且我们还采取多种形式组织离退干部支部书记、支部委员进行参观学习和培训。提高他们的认识，发挥他们的先进性，通过支部把离退休党员组织起来，使离退休党员做到“政治坚定、思想常新、理想永存”。离退休干部中的许多思想上的问题，通过支部的工作得以化解和解决。增强了党支部的凝聚力和战斗力。国家局老干办现有五个老干部党支部已健全了组织，规范了制度，保证了离退休干部党员能够经常参加各项组织活动，为落实离退休干部政治待遇和加强思想政治工作强化了组织基础。

四、积极改善离退休干部活动中心，加强阵地建设

丰富多彩的文体活动既是离退休干部陶冶情操，延年益寿的精神需求，也是加强离退休干部思想政治工作的重要手段。为了进一步充实离退休干部的精神文化生活，烟草系统各单位不断加大投资新建、改扩建老干部活动中心，目前，全国烟草系统已建设活动中心972个。据统计各活动中心基本上都组织成立了合唱队、书画联谊会、摄影协会、舞蹈队、门球队、钓鱼协会、太极拳、舞剑队等文体团队等。使老干部在参与中保持了健康向上、乐观进取的精神状态。国家局为了方便老同志就近学习、活动、先后共建立了7个活动中心。今年国家局投入了近40万元，新建了个活动中心，改善了老干部活动场所。为了完善活动站设施和后续工程，我们先后配合服务局对方庄区活动中心进行了装修，为恒昌活动中心加固了门窗，对7个活动中心缺额的空调、台球桌、电视、音像、乒乓球台和各类健身器材和办公桌椅、棋盘等娱乐设施配置齐全。今年我们对7个活动中心的管理人员进行了作风纪律整顿，签定了资产管理和安全责任书，提高了管理人员的服务质量，受到老同志的好评。

五、加强部门自身建设，提高政策和业务水平

全国烟草系统现有离退休干部工作人员约700余人，很多单位在工作人员配备不足的情况下，他们勇于吃苦、甘于奉献、勤勤恳恳，承担了繁重艰巨的工作任务，对待离退休干部更是“有病必访，有难必访”，“走百家门、问千家事、解万家难”，赢得了领导和同事们的尊敬，赢得了离退休干部的赞誉。全国烟草系统离退休干部工作部门一直把加强自身建设作为做好离退休干部工作的重要内容来抓，有的单位通过公开选拔、竞争上岗等方式选配有较强工作经验和组织协调能力的同志负责离退休部工作。保持了离退休干部工作机构和队伍的相对稳定。国家局7月在北京召开了全烟草系统离退休干部工作会。同时还举办了老干部处政策、业务和信息网络统计的培训班，保证老干部工作服务质量。工作在一线的很多同志通过深入实际，广泛开展调查研究，努力探讨解决新形势下烟草行业面临的新情况新问题，并做好信息反馈工作，抓好落实环节，努力开创离退休干部工作的新局面。

（彭齐宁）

中国烟草杂志社工作

一、坚持按照“三个中心”工作方针做好宣传报道

一年来杂志社按照“围绕中心、宣传中心、服务中心”的工作方针，集中精力抓好“聚焦”、“专题”、“卷首语”重点栏目，紧紧围绕国家局党组提出的“五个确保”，精心策划，认真采写，进行了一些份量足、影响大的报道，在广大读者中产生了一定的反响。在办好重点栏目的同时，努力采编好其他栏目。十六大召开后，杂志社按照中央和国家局党组的要求，精心安排贯彻十六大精神的宣传报道，在第23期制作专题，并在以后的刊期增设了“学习贯彻十六大”专栏。2002年全年共出版《中国烟草》24期，约200余万字，出版《中外烟草》4期。刊物较好地发挥了喉舌、窗口和园地的作用。

二、坚持改革发展，提高办刊效益

2002年杂志社在改革方面取得实质性进展。一是在用人机制上继续采取面向社会公开招聘的方式，多批次补充各专业岗位长期存在的空缺，先后招聘采编、校对、版面制作、发行、广告等各方面的专业人员30余名，经过试用、筛选后录用20余名，壮大了办刊队伍，增强了办刊力量。二是在分配机制上首先对采编人员实行业绩考评，工效挂钩。对每月完成采编稿件的数量和质量进行考评，核发工资，有效地保证了稿件的数量和质量。三是在运行机制上进行了较大的调整与改进。以往由社外人员承担的美编、排版、终校出版环节归为社内运作，既节省费用和时间，又提高了工作质量；成立了专题要闻部，加强了专题栏目的策划，提高了稿件的质量和时效性；聘请社外专业评刊员对每期杂志进行阅评打分，既为质量考评提供依据，又促进了刊物质量的提高。

三、增强市场意识，拓展办刊思路

杂志社于2001年取得了“事业法人资格”，办理了《广告经营许可证》，这为杂志社按照新闻出版单位的方式运作打下了基础。办刊队伍扩大了，费用也相应增加，刊物在提高社会效益的同时，也提高了经济效益。杂志社进一步增强市场意识，提高服务意识和竞争意识。2002年与部分烟草企业合作协办刊物，第一次与行业外企业合作协办“中达杯”征文子栏目，并合作举办征文颁奖活动及业务培训。同时还开展了行业外的广告业务，扩大了服务范围，经济效益明显提高。

为提高刊物的观赏性和适应广告的需要，2002年的《中国烟草》由原来的双色改为全彩印刷，自第13期开始，刊物内页由48页增加到64页，重新设计了封面及内文的版式，成功地实现了改版和扩版。刊物从内文到形式质量的提高，受到广大读者的好评，发行量稳步增长，连续3年保持20%的增速。取得了社会效益和经济效益的双提高。

9月16～18日，杂志社在成都召开了《中国烟草》通联发行工作会议，总结了一年来的出版发行工作，奖励了发行先进集体和先进个人。

2002年，中国烟草杂志社始终遵循坚持正确导向、服务烟草行业、探索改革思路，贴近职工生活的办刊宗旨，较好地完成了机关刊物的宣传报道任务。

（焦素彬）

哈尔滨卷烟厂历任厂长

19

纪念哈尔滨卷烟厂建厂100周年

1 杜　虹（1950.1—1953.8）

2 宋继周（1953.8—1955.12）

3 薛耀林（1955.12—1956.6）

4 李锡九（1956.6—1960.7）

5 战福和（1960.7—1963.6）

6 吕　荔（1963.6—1966.8）

7 刘清泉（1966.8—1968.2）

8 肖玉庭（1968.2—1979.6）

9 王树辉（1979.6—1981.1）

10 吕　荔（1981.1—1981.12）

11 刘清和（1981.12—1983）

12 周　发（1983.1—1984.10）

13 董庭仁（1984.10—1985.12）

14 赵敬良（1985.12—1988.1）

15 王玉林（1988.1—1991.6）

16 王健男（1991.7—1994.8）

17 杨鹤声（1994.8—1999.7）

18 王殿贵（1999.7—至今）

19 哈尔滨卷烟厂现任党政领导班子全体成员合影。左四为厂长、党委书记王殿贵，左五、左三、右三、右二、右一为副厂长石南滨、寻坤宝、王志军、仇慧君、才晶，左二为党委副书记张玉生，左一为厂工会主席王继民。

做精做强　和搏一流

发展中的

上海烟草（集团）公司

SHANGHAI TOBACCO(GROUP)CORP.

爱我中华

①

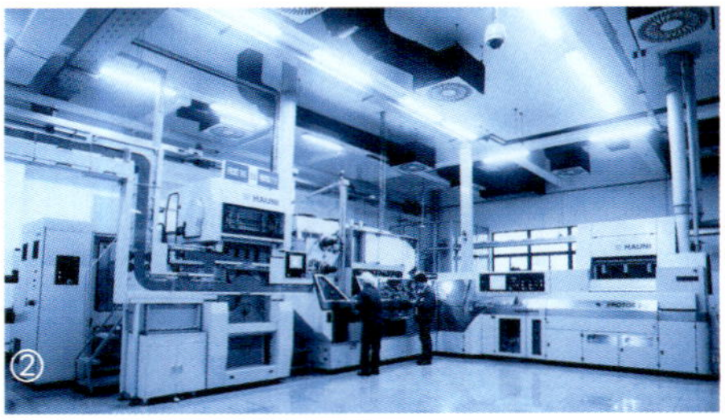
②

③

■ 1993年，上海烟草（集团）公司由原上海市烟草公司及所属企业改制组建，这是上海烟草行业步入现代企业制度运行轨道，实施大跨越、大发展的新的起点。作为上海烟草集团的核心企业，上海烟草（集团）公司凭借产品、资金、管理、技术等方面的优势，以投资控股、参股等资产运作形式为纽带，将77家成员单位联为一体，形成了**“一业为主，多种经营”**的新格局。

■ 2002年，上海烟草（集团）公司实现工商税利129.1亿元，其中利润50.6亿元；企业净资产达到199亿元。与组建集团前的1992年相比，税利增长575.92%，利润增长1924%，净资产增长2418.99%。并连续八年获全国烟草行业经济运行质量和效益一等奖。

■ 上海烟草（集团）公司以名牌为灵魂，以管理和技术为两翼，全面实施以一流为目标的腾飞战略。并获得上海市第一张ISO/DIS9001：2000质量管理体系贯标认证证书，整个质量体系覆盖到烟叶原料供应、储存运输、卷烟生产、市场销售及售后服务等各个环节，“一丝不苟、支支一流、一包一箱、不优不休”的质量方针成为职工的卓越追求和自觉行动。近年来，公司对荣获“国家质量金质奖”和“全国首届十大驰名商标”的“中华”牌等名优卷烟进行了大胆的工艺配方改进，为上海名优卷烟植入新的生命力；运用最新降焦技术，成功推出的“中华”、“红双喜”等档次高、焦油含量低的卷烟产品，成为消费市场的新时尚，多年来，以“中华”卷烟品牌为代表的沪产名优卷烟以其高知名度和高质量，赢得了全国卷烟消费市场的推崇，并始终保持价格坚挺、畅销不衰。

① 王宝和大酒店
Central Hotel Shanghai
② 每分钟生产800包卷烟的超高速卷接包机组
Super Fast Cigarette Production Unit
Capable of Making 800 Packs of Cigarettes Per Minute
③ 规范统一的名烟名酒店
Standard and unified Famous-brand
Tobacco & Wine Shop
④ 气势恢宏的主体厂房
Magnificent Main Workshop

■ 按照“立足上海，依托沿海，面向全国，
发展海外”的卷烟销售战略，
上海烟草（集团）公司在上海市内构筑起营销网络，
建立了规划科学、布局合理、管理规范
的卷烟配送体系和访销制度，
以及以“电话订货、网上配货、电子结算、现代物流”
为特征的城乡一体化的卷烟销售网络。
沪产卷烟从稳定、巩固和优化市场的基点出发，
不断调整产品结构和市场结构，
向国内外市场拓展；
12家跨省经营的联营公司的建立运行；
东南亚传统卷烟转口市场
的稳定发展；澳洲、非洲、欧洲和
南美洲等各类有税市场和远洋市场的相继崛起；
美国、加拿大、印尼、柬埔寨、
新加坡、泰国、香港、澳门等国家
和地区的免税市场的不断
开辟拓宽了上海卷烟市场的发展空间。

■ 上海烟草（集团）公司以
“产品一流、技术一流、
管理一流、人才一流、效益一流”为目标，
按照“做精做强”的战略思想，
再铸企业新的辉煌。

长嘴利群

特级烟叶的醇和品质，
特殊工艺的精妙配方，
造就成熟完美的经典口感。
吸味柔和细腻，
回味淡雅绵长。
30mm加长滤嘴的超群设计，
体现健康理念，
突显高贵姿态，
硬朗外包，全息镭射防伪，
是纯正品质的绝佳保证。

杭州卷煙
Hangzhou Cigarette Facto

天地豪情 男儿本色

老版红雄狮

严格甄选出的上等烟叶，
经过悉心烘焙与配方，
散发出雄浑与醇厚的气息，
奠定了雄狮的豪情品味。
尊严的外表与成熟内在，
一如历经磨练的威武男儿，
昂然天地之间，
笑看风云万变。

杭州卷煙廠
Hangzhou Cigarette Factory

东南形胜，三吴都会，钱塘自古繁华。

美丽的西子湖畔、万松岭南麓就坐落着一座现代化的大型烟草企业—杭州卷烟厂。

杭州卷烟厂

Hangzhou Cigarette Fact

企业拥有员工1800余人，资产总额50亿元，年产卷烟68万箱。

历经半个多世纪的发展，累计为国家创税利290多亿元。

2003年企业效益有了更大的增长，实现销售收入71.1亿元，税利51.8亿元。

企业积极开拓市场，在全面推行"五大提升"的同时，整体实力不断增强。

严格的管理、先进的技术、一流的设备，使企业产品赢得了消费者的认可和推崇，

"利群"、"雄狮"、"新安江"、"西湖"等四大系列卷烟走俏市场，

5毫克以下超低焦油产品批量出口北美等地。

利群

Liqun

企业各项主要经济技术指标都稳步保持在较高水平，

连年跻身全国500家最佳经济效益、最大经营规模企业行列，

名列浙江省最佳经济效益工业企业榜首浙江省五星企业，

综合实力居全国烟草行业前列。

50余载的风雨阳光，成就了今天的杭烟。

新世纪，企业确立了"永远利群、永远追求"的核心理念，

正昂首阔步朝着"国内一流、国际先进"的宏伟目标奋进。

XINANJIANG

新安江

优化配方和现代工艺，
将“新安江”原有口味
提炼得更精纯。
软蓝新安江细腻圆润，
口感纯净，
烟气清新。
精心设计的新型烟包
与高档品质相得益彰。

杭州卷烟厂
Hangzhou Cigarette Factory

中国卷烟工业四大重点骨干企业之一

【昆明卷烟厂】

是中国卷烟工业四大重点骨干企业之一。主要生产“云烟”、“红山茶”、“茶花”、“香格里拉”、“春城”等品牌。2002年昆明卷烟厂连续五年荣获全国和全省先进。2002年多项指标再创新高，上缴国家税收近2亿元。烟农收入同比增长1亿多元。■ 市场营销再上台阶。2002年，昆明卷烟厂订货量同比增长6.9%，达历史最好水平。■ 科研水平行业领先。昆烟拥有国家级的行业技术中心。昆烟的产品不管是在香先进行列。2002年，昆明卷烟厂新增绿化面积5万多平方米，昆烟已成为一座园林式花园工厂。2002年9月，昆明卷烟厂被中央文明委授

税利57亿元，创历史最好水平，为云南省的社会经济发展作出了重要贡献。■ 原料建设实现历史性跨越。1997—2001年，昆明地区烤烟生产
"云烟"被评为"中国名牌产品"，成为聚"名牌产品"、"中国驰名商标"、"国优金奖"等多项桂冠于一身的国家重点品牌。2003年上半
还是香气配方一直处于领先的地位。推出的"云烟"系列、"香格里拉"系列等高科技含量的新品牌供不应求。■ 精神文明建设迈入全国
"全国创建文明行业先进单位"。

① 优质原料基地
② 职工生活小区
③ 生产区外景
④ 昆明卷烟厂科技大楼
⑤ PORTOS2·FOCK700超高速卷包机组
⑥ 一百万箱卷包生产线
⑦ 姜成康局长（左三）视察昆明卷烟厂

被中央文明委授予"全国创建文明行业先进单位"

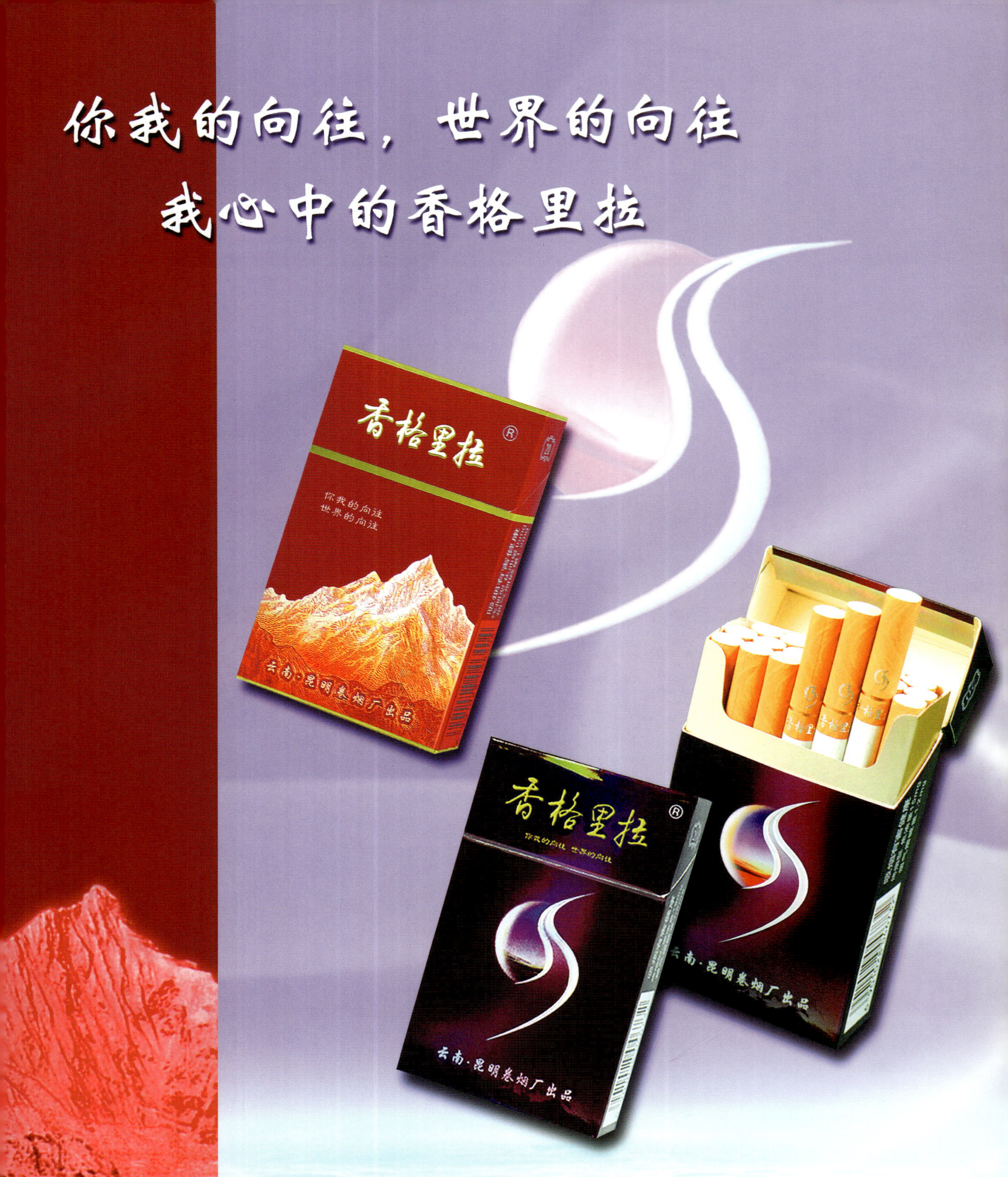

【香格里拉】

心中的日月——紫色香格里拉，神秘高贵，浪漫惬意，给人以无限的遐想。商标图案体现古朴深厚的净土，日月交辉的意境，把人带入诗一般的香格里拉，进入“日月之城”——永不消失的地平线。

圣山红韵——香格里拉（红）定位为吉祥、和平、富足。金色的神山圣峰印刷采用独特的印钞防伪技术——采用了印钞技术中手工雕刻胶印与凹印套印工艺，山峰具有明显的触摸感，并采用了凹印隐形图案和凹印微缩文字及图案变频的防伪技术，这些技术在烟标上的运用在中国是首创。

云为烟，烟为云。
云烟深处有人家

【云烟（ 珍品）（软、盖）】

珍品云烟是云烟系列产品中的珍品。秉承"极品云烟"一贯的卓越品质，商标使用全息激光防伪技术，全息膜中六支仿真烟支富于动感。放大的王羲之手笔"云烟"体现云烟大品牌之华贵、典雅。精选国内外优质烟叶及天然香料，利用现代卷烟工艺技术精制而成。烟草自然芬芳突出，香气细腻，口味醇和，口感舒适。

【云烟】（紫）

是云烟中的特制精品。紫云烟是"云烟"品牌家族中新一代满足市场消费的导向产品。包装以简洁的图案设计突出品牌形象。采用紫云作为底色主调，采用镭射材料印刷，云烟二字底纹在不同的光线下呈现奇妙的色彩。紫云烟在工艺上采用优质烟叶和纯天然香精香料，利用当今最先进的降焦降害技术，大大提高了吸食的安全性和享受感。香气飘逸优雅，又不失浓郁，吃味醇和柔顺，余味绵延、干净。

延安卷烟厂企业宗旨：铸造超值品牌　创建烟草强企
企业精神：务实创新　励精图强
企业作风：严细实快

延安卷烟厂

坐落于延安市区北郊兰家坪的延安卷烟厂，1970年始建于南泥湾。
先后经过两次易地扩建和三次技术改造，
由一个5000元起家的手工作坊发展成为具有现代化设备和管理手段，
产能20万大箱、年实现税利逾2亿元的国有中型企业。

■ 建厂三十多年来，延烟人发扬“艰苦奋斗、励精图治、团结拼搏、务实创新”的精神，成为陕西烟草工业“一体两翼”的骨干企业，成为延安经济发展的主导产业、财政收入的一大支柱，为延安的经济和社会发展做出了重要贡献。2002年，延安卷烟厂全年生产卷烟121044箱，销售121066箱，实现销售收入52533万元，实现利税26318万元，创历史最好水平。

■ 延安卷烟厂现有职工1478名，其中各类专业技术人员334名。企业现占地面积18万平方米，拥有固定资产原值2.67亿元。引进了意大利科马斯公司先进制丝生产线和德国佛克、英国帕西姆等具有国际九十年代先进水平的卷接包设备，卷接包设备的自动化水平进入全省乃至全行业同规模企业的先进行列。企业内部管理迈上新台阶，1999年底通过了ISO9002质量体系认证。2000年底通过了ISO10012—1计量标准认证。

■ 延安卷烟厂生产“延安”、“世纪龙”两大系列产品，金卡“延安”烟荣获全国行业优等品；极品“世纪龙”、精品“延安”等成为陕西省名优骨干品牌。企业先后荣获“省级先进企业”“陕西省质量效益型先进企业”、“延安市明星企业”、“省级文明单位标兵”、“省级文明社区”等多种荣誉，涌现出了全国劳模、省级劳模、行业劳模和全国先进班组等一批先进集体和个人，两个文明建设取得丰硕成果。

花园式的办公区

团结战斗的领导班子

制丝生产线

现代化的生产车间

燃烧激情
写意人生
A Pen
EXTRA SPECIAL CIGARETTES
颐中特制
壹枝筆
颐中集团
ETSONG
颐中公司青岛卷烟厂出品
吸　烟　有　害　健　康

区域篇

杭州市烟草专卖局（公司）局长 经理

方祖英

团结和带领杭烟人认真实践“维持现状就是落伍”的企业精神，在取得经济效益持续发展、保持全国领先的同时，
紧紧围绕建立“现代流通企业”这个大目标，精心打造“人无我有，人有我优，人优我特”的核心竞争力，
全力推行城乡一体的、以信息技术带动网络现代化的业务流程再造，
在电话订货、网上配货、电子结算、加盟连锁、现代物流、诚信服务、智能管理等方面取得了可喜的成绩，
为打造杭烟网络品牌做出了较大的贡献。2000年被评为杭州市劳动模范。

北京烟草

2002年是北京烟草“三大工程”（网络建设工程、专卖管理工程、品牌培育工程）全面启动、行业经济效益持续快速增长的一年。全年实现工商利税13.4亿元，同比增长26.5%；其中实现利润6.01亿元，同比增长40.9%。科技进步、结构调整、网络营销对行业经济效益增长的贡献率达到70%以上，为实现行业可持续发展奠定了坚实基础。全年共查获各类违法案件2557起，其中大要案185起；查获各类违法卷烟2.655万件，同比增长6%；抓捕违法分子38人，其中追刑15人；为加强户籍化管理全年出动9.8万人次，管理到位率达到92.8%。

坚持整顿规范，市场经济秩序进一步优化 一是通过专项打假与户籍化管理相结合、加大打击力度与加大服务管理力度相结合，卷烟市场净化率不断提高；通过狠抓规范执法资格、建立和完善重大案件集体讨论制度和规范罚没品、样品烟管理等措施，依法行政水平不断提高，办案准确率达到100%，专卖管理“第二个三年规范目标”基本实现。二是通过强化内治顽症和监督检查，实行全市卷烟最低三批限价，完善限量销售办法，推行市内准运证管理，加大货源结构调整力度，促进了内部规范经营，卷烟流通秩序继续好转。三是通过开展财经秩序专项整顿，建立预算管理制度，财务管理的核心作用开始得到发挥。通过全面贯彻《安全生产法》，开展多种形式的安全教育和培训，认真探索安全管理规律，加大安全隐患的检查和整改力度，有力地防止了各类重大事故的发生，实现了“502”安全目标。四是通过大力推行比质比价采购和招投标制度，物资采购和投资项目管理得到加强，行业管理基础进一步夯实。

坚持网络建设，卷烟营销模式和环境进一步优化 一是按照国家局十城市网建联动工作的部署，紧密结合北京烟草实际，确立了“全面访销、集中配送、统一规划、两级核算”的网建模式，访销、配送、稽查、结算四大业务流程再造工作取得有力进展。全面规划了物流配送体系，朝阳、丰台、海淀三大配送中心已试运行或正在筹建，为跨区配送做好了准备；10个远郊区县配送中心已全部建立。零售连锁继续发展，全市已有卷烟零售专卖店111个，基本辐射了重点区域市场。二是信息化建设取得突破，市级广域网平台已启动运行，电话订货已稳步发展到7566户，其中顺义区公司对辖区零售户全部实行电话订货，降低了经营成本。三是进一步建立健全了网络管理制度，完善了激励和约束机制，积极推进网建“十统一”工作，网络管理不断加强，行业形象不断提升。

坚持科技进步，品牌培育和新品开发不断强化 一是以“科技创新生活”理念为核心，做大做强“中南海”品牌。营销创新推进了市场拓展。全年销售“中南海”卷烟12.42万箱，同比增长24%。在北京市场，“中南海”占市场总销量的12.8%，已成为首都市场卷烟第一品牌。在外埠市场，特别是广东、上海、东北等重点市场，“中南海”销量增幅较大。在海外市场，日本市场继续增量销售，保持了海外第一市场的优势；并成功登陆韩国和加拿大市场。产品创新提高了品牌竞争力。适应不同消费者的需求，完成了12mg“中南海”卷烟的开发和投放；软包“红中南海”投放市场后，发展势头看好；1mg和内销3mg“中南海”已开始研发，“中南海”家族不断扩大。二是技术创新促进了产品质量提高。“九五”技改项目已基本完成，二氧化碳膨胀烟丝生产线已进入试运行。煤改气项目全部完成，并通过了验收。“十五”技改总体规划已批复，正在加紧启动。利用纳米技术降低烟气中有害物质的科研项目取得了突破性进展。技术创新不仅提高了产品科技含量，也改善了产品内在质量。全年产品月综合得分达到名优烟水平，“中南海”质量稳定，卷烟成品合格率达到99.73%，质量抽检合格率达到100%。

坚持改革创新，行业体制和机制建设进一步加强 一是商业体制改革取得重大突破。终止了与怀柔等8家区级糖业烟酒公司的卷烟批发联营业务，解决了卷烟批发体制存在的历史遗留问题，强化了烟草专卖管理体制。人事、劳动、分配制度改革取得明显进展。二是通过贯彻《党政领导干部选拔任用工作条例》，加大公开选拔和竞争上岗力度，改善了基层领导班子结构，增强了干部队伍活力。通过人才引进和培养、坚持专业技术评聘和特有工种鉴定，改善了行业人力资源结构。通过完善劳动用工制度，加强以聘用人员为重点的劳动合同动态管理，依法用工意识进一步增强。通过建立行业职工补充养老保险制度，调整和理顺效益工资，分配和劳动保障体系进一步完善。通过改革机关行政后勤体制，服务质量有了明显提高。

坚持以人为本，领导班子和干部队伍建设、精神文明建设进一步增强 一是利用党组中心组扩大会和基层单位、机关部门“一把手”集中培训等形式，认真学习领会党的十六大精神，坚持实践“三个代表”的重要思想，树立与时俱进的理论品质和政治品质。以“在解放思想中统一思想，在统一思想中统一行动”为主题，在全系统开展了第七次解放思想、更新观念大讨论，进一步统一了对实施“三大工程”的认识。二是以作风建设为重点，进一步加强了各级领导班子建设，重视从源头上预防和治理腐败，尤其通过加大规范内部经营监督检查力度，有效地推动了经济工作健康发展。三是以贯彻落实《公民道德建设实施纲要》为契机，大力加强了以职业道德建设为重点的精神文明建设。教育培训工作取得了积极进展。开展了“十佳访销员、稽查员、配送员”评选活动，充分激发了北京烟草职工的积极性、主动性和创造性。

（朱永才）

2002 年主要经济指标统计表

实现税利（亿元）	工商利润（亿元）			生产卷烟（万箱）	销售卷烟（万箱）	烟叶种植（万亩）	烟叶收购（万担）	出口创汇（万美元）
	合计	工业利润	商业利润					
13.4	6.01	1.26	4.75	22.5	66.8			684

天津烟草

2002 年，是我们党和国家历史上具有重要意义的一年，对于天津烟草来说，也是极不平凡、亮点频闪的一年。在这一年里，天津市烟草专卖局（公司）在国家烟草专卖局和天津市委、市政府的正确领导和大力支持下，以“三个代表”重要思想为指导，认真贯彻落实全国烟草工作会议精神，并按照国家局提出的“狠抓基础，稳中求进”的行业指导思想和“一要规范，二要改革，三要创新”的工作重点，开拓进取，真抓实干。牢牢把握以效益为中心，以发展为主题，以结构调整为主线，以深化改革和科技进步为动力，以产销好地产烟为重点，先后制定出台了一系列重大改革措施，深入实施“市场净化、网建上水平、地产名优烟培育”三大工程，在狠抓基础、狠抓规范、狠抓落实上下功夫，各项工作取得较大进展。

加强了市场调控，卷烟产销量上升，结构上调，经济运行质量明显提高，经济效益大幅度增长，保持了行业平稳、健康的发展态势，取得了良好的成效 2002 年生产卷烟 22 万箱，同比增长 37.5%，销售卷烟 30.61 万箱，同比增长 5.53%。行业实现利税 5.5 亿元（含调剂烟因素），同比增长 105.12%，其中利润 1.32 亿元，同比增长 2.46 倍。工业实现利税 3.6 亿元，同比增长 115.8%；商业实现利税 1.65 亿元，同比增长 62.72%，其中利润 1.2 亿元，同比增长 71.67%。年末工商库存 2.1 万箱，同比下降 2.57%。

整顿和规范卷烟市场经济秩序工作持续深人开展，进一步加大了市场清理力度，市场净化水平有所提高，市场控制力进一步增强 2002 年，全市各级烟草专卖管理部门认真贯彻落实全国烟草专卖管理电视电话会议和全国烟草打假电视电话会议精神，紧紧围绕国家局“三年阶段性目标”，全面落实市局党委确立的实施市场净化工程的工作任务，深入开展卷烟“打假年”活动，卷烟打假工作实现历史性突破；强力推进市场净化工程，进一步提升了市场控制力；强化内部专卖管理，进一步规范了专卖执法和生产经营行为；加强培训，整顿作风纪律，提高了专卖执法人员的综合素质。一年来，专卖管理工作在规范市场经济秩序、保证行业经济运行健康稳定快速发展等方面取得了明显成效。全年共出动执法人员近 17 万人次，查处各类违法案件 8100 多起，查获各种违法卷烟 61 万多条，总案值 1600 余万元。尤为一提的是在卷烟打假工作中，成效显著。2002 年，天津市局开展了“百万悬赏，打击假冒”活动，并以“金叶行动”的实施拉开了打假序幕。行动中，各区、县局对各自辖区零售户逐个排查，对倒烟大户进行严密监控，市局稽查总队也加大了对 45 个交通卡口过往车辆的检查力度，连破重大案件，仅“金叶行动”就查扣假烟 12743 条，总案值达 33 万元。2002 年 3 月，稽查总队二大队经过近 10 个月的艰苦监控，一举破获了天津烟草行业有史以来第一起利用烟机制造假冒卷烟案。之后，稽查总队又于 5 月、8 月、10 月和 11 月相继破获 4 起制售假烟大案，查获制假烟机 3 台，假烟 10000 余条和大量制造假烟的原辅材料，总案值达 360 万元。同时，还加大了对制售假烟违法犯罪行为的追刑力度，全年共抓捕制售假烟犯罪嫌疑人 25 名，其中判刑 6 名，劳动教养 6 名，另有 13 名正在调查取证，此外，治安拘留 26 名，使制假分子受到了严惩，有效规范了市场经营秩序。

新的网建模式当年运行，当年见效，在培育地产名优烟、上调结构，提高市场占有率和行业经济效益方面，发挥了重要作用 2002 年，天津烟草卷烟销售战线上的广大干部职工抢抓机遇，牢牢把握卷烟销售工作的重点，着力实施“网建上水平”工程，坚持“高起点、高标准、高质量、高科技”的卷烟销售网络建设原则，建立健全了访销配送体系，卷烟销售网络顺利实现了向“访送分离、城乡一体、专销结合、信息管理”新模式的转换，当年运行，当年见效，并有力促进了总销量、销售结构、利润、地产名优烟销量的大幅度提升，为行业经济运行质量的提高、销售结构的上调、利税的大幅度上升作出了突出贡献。全行业主要任务指标实现了“五个再提高，一个再降低”，即市内卷烟销售总量、地产烟重点牌号销量比例、市内市场占有率、平均毛利率、商业利税等五个方面实现了再提高，期末工商库存实现了再降低。

卷烟工业企业围绕产品结构调整搞好卷烟生产，并认真做好降焦减害、提质降耗工作，产销形势好转，企业竞争力有所增强 2002 年天津卷烟厂围绕产品结构调整这一主线，在内抓管理，外拓市场，科技创新等方面做了大量工作，取得了较好成效。首先面向市场，根据市场需求，开发改造卷烟产品，2002 年投放市场的“精品江山”、“喜恒大”卷烟收到了良好的市场效果，得到了消费者的认可，销量稳步上升；其次坚持科技创新，依靠科技进步提高产品质量，降焦减害，全年生产卷烟的焦油量加权平均达到了 15mg 以下；再次积极开展与曲靖卷烟厂的联营合作，联营生产的“盖石林”和“五朵金花”为扩大市场占有率、提高工商企业经济效益起到促进作用。

认真贯彻“三个代表”重要思想和党的十六大精神，党风廉政建设和思想政治工作逐步深入 2002年，全行业坚持抓住源头、重点突破、规范自我、整体推进的指导方针，紧密结合天津烟草系统经济发展的实际，开拓创新，与时俱进，认真开展了党员干部权利观教育、领导干部廉洁自律工作、效能监察工作，严格落实党风廉政建设责任制，加强纪检监察队伍自身建设，严肃查处违纪违规问题，党风廉政建设工作取得了较好成效。在思想政治工作方面，紧紧围绕“三大工程”，全面推进“观念转变、党建创新、典型选树、文明创建、企业文化和作风转变”六大行动，并以加强领导班子建设和职业道德建设为重点，不断加强和改进行业党建和思想政治工作。进一步加强了干部队伍建设和对全体职工的教育、培训和管理，进一步深化群众性精神文明创建活动，全行业广大干部职工的工作作风、精神面貌有了较大改观，两个文明建设取得较好成效，为行业持续稳定健康发展提供了精神动力和思想保证。

2002年，天津烟草行业按照国家局的统一要求，认真开展了财经秩序专项治理整顿活动，进一步规范了财经秩序，严肃了财经纪律，制度进一步健全，各项基础管理不断加强，工作的规范性和综合管理水平不断提高。

2002年主要经济指标统计表

实现税利（亿元）	工商利润（亿元）			生产卷烟（万箱）	销售卷烟（万箱）	烟叶种植（万亩）	烟叶收购（万担）	出口创汇（万美元）
	合计	工业利润	商业利润					
5	1.31	0.09	1.22	22	30.61			

河北烟草

2002年，河北省烟草专卖局在国家局和省委、省政府的正确领导下，以“三个代表”重要思想为指针，坚定不移地遵循国家局行业发展战略和工作重点，着眼“大市场、大企业、大品牌”，立足“抓基础、抓规范、抓落实”，坚持以经济效益为中心，全面推进产品结构和市场销售结构调整，通过强化专卖、强化网建、强化规范、强化班子建设和党风廉政建设，在两个结构调整、城市网络建设、解决潜亏挂账问题等方面取得重大进展，全省行业经济效益大幅度提高，核心竞争力、市场控制力明显增强，各项工作全面进步，全省行业继续保持良好发展态势。

经济运行呈现快速发展态势，行业实力显著增强 突出表现以下几个特点：一是卷烟产销两旺。全省累计生产卷烟585亿支（117万箱），全面完成生产计划；销售卷烟870亿支（174万箱），与2001年基本持平。二是结构明显提升。省产一、二、三类烟的生产结构达到19.54%，同比提高10.5个百分点，销售结构达到17.53%；省内外一、二、三类烟的总销量比重达到30.1%，较2001年的29%提高1.1个百分点。三是经济效益大幅度提高。累计实现工商利税30.5亿元，同比提高40.2%，其中，工业企业实现利税21.2亿元，同比提高30.1%，商业企业实现利税9.3亿元，同比提高70.5%；实现利润7.7亿元，同比提高72.7%。全省行业在2001年实现利税净增8.4亿元的基础上，2002年又增长了9.1亿元，连续两年保持了快速增长，创历史最好水平，提前3年实现了“十五”规划的经济目标。

专卖管理重拳出击，整顿和规范市场经济秩序工作取得显著成果 2002年，全省行业紧紧依靠地方党委、政府，主动取得公安、工商、法院、检察院等有关执法部门的大力支持，成功有效地开展了烟草市场整治活动；建立和完善与公安、检察等有关执法部门协调联动的长效机制，充分运用法律武器，加大对各种卷烟经济犯罪的刑事处罚力度，捍卫了烟草专卖法的尊严，维护了正常的卷烟市场秩序。同时，按照国家局开展财经秩序专项整顿的总体要求，为进一步规范全省行业的财务管理行为，建立规范、守法、诚信的财经秩序，全省行业相继召开会议，研究制定了财经秩序专项整顿实施方案，明确了财经秩序专项整顿的意义、目标、重点、方法、步骤和具体要求，整顿工作取得阶段性成效。2002年，全省共出动打假人员361704人次，查处各种违法违规经营卷烟案件46275起，其中假烟案1652起，捣毁制假窝点88个，收缴各类制假烟草机械255台，查获假烟12641件、烟丝626吨、烟叶463吨、滤嘴棒891万支，抓获的制假售假分子中，被刑事拘留的123人，被判处有期徒刑的101人，被判处罚金的104人，有力打击了制售假冒卷烟犯罪分子的嚣张气焰，遏制了假冒伪劣卷烟对市场的冲击，维护了正常的经营秩序，保障了国家和消费者的利益。

抓住城镇，全力攻坚，全面提升网络运营水平 卷烟销售网络是结构调整、提高效益的载体和平台，是事关行业长远发展的一项最有价值的战略性基础工作。在网建工作中，一是突出抓了城市网建，在全省各地市全面推行“全面访销，集中配送，访送分离，专销结合”的网络运营模式。通过进一步提高认识、强化三支队伍建设、提高服务质量等措施，坚持高标准管理，规范运作，网络运营质量显著提高。二是继续巩固农村网建成果，加强管理，规范经营，发挥功能，提高质量，突出抓了市场销售结构调整，消费档次不断提升，卷烟销量和市场占有率进一步提高。2002 年，全省网销率城网平均达到 97%，农网达到 100%；配送率城网达到 97%，农网达到 98%；经营毛利率城网平均达到 18%，农网平均达到 13%；万人月均销量城网达到 131 件，农网达到 101 件。

狠抓行业管理，整体管理水平进一步提高 始终不渝地坚持“一要规范、二要改革、三要创新”的行业工作指导思想，在规范中发展，在发展中进一步规范，是我省行业长期坚持的方针。一是进一步强化宏观调控。通过创新管理理念，改进管理方法，加大调控力度，强化调度指挥，在行业管理上逐步实现了由行政管理手段为主向以制度手段为主的转变，由计划为主向以市场为导向的管理转变，全省行业管理基本实现了制度化和规范化。二是坚定不移地抓了卷烟的限价销售管理。我们在 2001 年“5.30”限价的基础上，继续对卷烟价格实行动态管理，进一步理顺了价格体系，成功实现了稳价、扩量、增效的目标。三是严格规范财务管理。建立和健全了以预算制管理和成本费用管理为核心的内部管理制度，实行了以分公司为单位的内部资金结算中心和费用支出预算制管理，财务费用同比大幅度降低，管理水平进一步提高。四是法制建设取得重大进展。我们把加强法制建设、依法治烟、依法治企摆到重要位置，通过多种途径，加强了领导干部、专卖人员、管理人员和经营人员的法律培训和教育，切实提高了依法治烟、依法治企、依法行政水平。一年来，全省有 323 名各级专卖局长、2300 名专卖执法人员分别参加了国家局和省局组织的法律统一考试，均取得良好成绩，促进了全省行业执法水平的提高。五是进一步强化安全管理。通过自学、办培训班、组织安全知识讲座等多种途径，组织职工进行安全法规和业务知识学习，提高了全员安全素质。同时，各单位针对重点部门和重点部位，多次开展安全联查和不定期检查，杜绝了事故隐患，确保了“5022”责任目标的顺利实现。

深入开展行风建设，树立良好外部形象 3 月份，河北省委、省政府决定在全省 50 个执法机关、经济管理部门和社会服务单位，集中开展民主评议行风活动。全省行业以此为契机，把认真搞好全省系统行风建设作为实践“三个代表”要求，加强和改进工作作风、经营作风，增强我省烟草行业核心竞争力，实现跨越式发展战略的重大举措来抓，从深入发动、广泛动员入手，通过健全规章，强化人员培训，紧紧围绕解决脱离群众、脱离实际、影响经济环境、影响行业形象的突出问题，坚持以人为本，标本兼治，采取强有力措施，狠抓了行风建设的落实，取得了阶段性成效。4 月份以来，全省行业共举办大型宣传、咨询活动 406 场次，出动人员 5837 人次，散发《承诺》、宣传资料、征求意见建议卡等 28.7 万多份，召开各类座谈会 374 次，走访有关部门、卷烟零售户、卷烟消费者 71430 个，接受群众举报、投诉、咨询、征求意见建议 10534 条（次），社会满意度和行业形象明显提升。

思想政治工作进一步加强，精神文明建设成果丰硕 全省行业始终坚持“两手抓，两手都要硬”的方针，把思想政治工作、精神文明建设与行业的改革发展实际紧密结合，取得了丰硕成果。一是按照“三个代表”要求，全面加强领导班子和干部队伍建设。重点组织了有关“三个代表”重要思想、十六大精神的学习，真正把干部职工的思想统一到中央精神上来，统一到国家局和省委、省政府的要求上来。二是突出抓了领导干部的廉洁自律，加大了廉洁自律教育力度和对领导干部的监督管理力度，尤其是认真抓好与省检察系统联合建立的预防、惩治烟草系统职务犯罪新机制，筑起了反腐倡廉新防线。2002 年，全省行业共开展警示教育活动 120 场（次），开展党风廉政教育 180 场（次），法律法规教育 61 场（次），累计受教育者达 2.4 万人。三是进一步深化干部人事制度改革。相继出台了新的加强领导班子和干部队伍建设的管理办法，对领导班子职数配备、干部任职年龄、文化程度、监督考核等都做了更加具体的规定，对促进领导班子和干部队伍建设发挥了重要作用。 （李松卯）

山西烟草

2002 年，全省烟草行业从整顿和规范入手，突出抓市场、抓结构、抓机制、抓网建、抓科技、抓班子，各项工作取得了明显成效，各项经济指标创历史最好水平。2002 年，全省烟草系统实现工商税利 9.5 亿元，比上年增长 66.6%；工商利润合计实现 4.47 亿元，比上年增长 102.3%；工业税利实现 4.06 亿元，比上年增长 35.44%；工业实现利润 3718 万元，比上年增长 85.53%；商业税利合计实现 5.48 亿元，比上年增长 86.4%；商业利润实现 4.1 亿元（其中消化亏挂 4980 万元），比上年增长 103.9%。全年种植烤烟 8.3 万亩，收购烟叶 7.8 万担。

市场经济秩序进一步规范，行业管理水平显著提升 全省行业深入贯彻国家烟草专卖局和省烟草专卖局（公司）部署，按照整顿和规范市场经济秩序的要求，统一思想，提高认识，寻找差距，明确重点，提出具体工作任务和目标。烟草专卖管理清市场、打源头、出重拳、健机制，卓有成效地开展了以卷烟打假为重点的卷烟市场集中整治行动，整顿和规范卷烟市场秩序工作取得了明显成效。2002 年全省烟草行业共查处各种烟草违法案件 50291 起，查处各种违法违章卷烟70543件，其中查没各种假冒商标卷烟14597件，走私烟160件，收缴罚没款1185万元，摧毁制假窝点12个，收缴制假烟机设备30台，端掉贩售假冒商标卷烟窝点103个，销毁假冒商标卷烟8487件，移送公安司法机关涉嫌犯罪案件57起，刑事拘留110人。烟草行业内部重点解决生产经营环节中的不规范行为，无论是工业企业，还是商业企业，都加强了规章制度的建立和完善，用制度来规范自身行为。特别是财经秩序整顿工作作为全省行业整顿规范工作的重点，按照省烟草专卖局（公司）的统一部署，对乱要促销费、私设账外账和小金库等违法违纪违规行为进行了认真清查。

宏观调控力度进一步加大，经济运行平稳发展 全省烟草行业坚持“控量、促销、稳价、增效”的经济运行调控方针，按照“一个主题、两条主线、三项重点、四个平衡、五个必须”的经济运行总体要求，不断加强经济运行监控分析，保持了全省行业经济运行的平稳发展势头。卷烟生产严格执行国家局下达的季度生产计划，坚持市场需求和适度从紧原则，实行了月份生产经营调度，加大了对卷烟生产计划执行情况的检查力度，保证了卷烟生产相对均衡和产销相对平衡。卷烟购进以各地市公司所订合同为基础，以市场为导向，掌握购进时机，严格把关。卷烟销售充分发挥地市公司的调控作用，注重市场研究，强化市场预测，正确处理量价关系，掌握投放时机和节奏，加大了自产卷烟、行业名优卷烟市场培育力度。卷烟价格管理在全省批发统限价的基础上不断扩大统价范围，做到全省批发统价，并适时适度调整统价。同时积极探索卷烟市场零售一价制的管理办法，建立一套新的价格管理机制，并在晋中市开展试点，保证了行业对市场价格调控的主动权，维护了零售客户的利益，密切了批零关系。烟叶生产经营工作按照省烟草专卖局（公司）提出的“稳定规模，提高质量，调整布局，优化结构”的指导思想，细化工作，无论是烟叶销售，还是货款回收和资金运转都取得了很好的效果。特别是与山西农大等单位合作，使我省药物烟研究开发取得了突破性进展，并且通过了国家局组织的课题验收和鉴定。另外，我省种植烟叶的自然条件优越，丘陵山区、红色土壤等条件是生产优质填充料的适宜区，烟叶质量特色明显，得到了全国一些重点厂家的好评，在2002年全国烟叶交易会上全省共签订了12.1万担的外销合同，是历史上最高的一年。

卷烟质量进一步提高，自产卷烟市场不断扩大 2002年全省烟草把培育自产卷烟品牌作为工作的重点，工业企业卷烟品牌开发意识增强，产品质量稳定提高，实现了自产卷烟销售的总体盈利。为了提高产品质量，工业企业一方面采取适当添加助燃剂，合理掺兑膨胀丝、薄片丝，科学调整烟支重量、嘴棒长度和吸阻等手段，使产品焦油含量平均值降为14.7mg，比2002年同期降低了1.08mg；另一方面，加快技改步伐，2002年累计投入技改资金5803万元，重点对制丝线进行改造。商业企业把培育自产卷烟、销好自产卷烟作为自己新的经济增长点，纷纷出台各自销售自产卷烟的方案和考核办法，向自产卷烟要效益。自产卷烟总体盈利，对商业企业利润水平的大幅攀升起到了至关重要的作用。

思想观念进一步更新，卷烟销售网络规范运行 全省烟草行业网络建设工作紧紧围绕国家局提出的“三满意”工作目标，观念进一步更新，创新意识和求实意识进一步增强，全省卷烟销售网络功能得到进一步发挥，优质服务和规范管理不断加强，经济效益和社会效益得到较大体现。各地市烟草公司采取“走出去、请进来”的办法，统一思想，提高认识，不断创新；各地市烟草公司通过对照先进，着眼本地，以一种新的工作思路，讲实效、讲创新，形成具有各自地方特色和实际效果的网建新局面。全省上下还狠抓了网建的考核和激励工作，许多市地公司制定了网建人员考核与市场管理挂钩、专卖管理人员与销量挂钩的双向挂钩百分制考核细则，实行了县级局（公司）网建专卖部门逐月逐点逐人考核，彻底打破了大锅饭，充分调动了职工积极性，促进了网络运行质量的提升。同时，省局（公司）也从基层出发，通过在全省开展“双十佳”评选活动，鼓舞了基层网建人员的工作积极性，全省网建服务水平和服务意识有了进一步提高，网建整体推进的步伐大大向前迈进。通过努力，网建“四率”水平明显提升，持证零售客户入网率平均接近百分之百，卷烟销售入网率平均为96%，送货率平均为96.5%，市场占有率为93.2%，都比上年同期有所提高。

卷烟市场控制力进一步增强，专卖“户籍化”管理工作整体推进 全省烟草行业专卖管理工作突出抓基础，树典型，落实“三上”、“五到位”，强化培训考核，专卖管理队伍建设明显加强，控管市场能力明显提高。为不断提升“户籍化”管理工作水平，省局（公司）通过推广汾阳实施卷烟市场户籍化管理的工作经验，初步确定了“六个一”为主板块的卷烟市场户籍化管理的运行模式。汾阳专卖“户籍化”管理现场会后，各地都按照本地实际，抢时间，抓进度，很快在全省各地出现了“学汾阳，赶汾阳，全面提升户籍化管理”的工作热潮。2002年10月省局（公司）又在大同召开了“户籍化”管理现场会，全面推行大同市局“户籍化管理、标准化管理”的经验，“用标准建所、建标准所”的新模式很快在全省铺开，我省的“户籍化”管理工作由此迈上“全省开花、整体推进”的新阶段。另外，我们还对全省专卖行政执法人员进行了法律法规培训，实行了上岗资格认证，并组织了法律法规统一考试，通过严格的培训考核考试，全省各级烟草专卖行政执法人员中有1027人领取了行政执法证，有184人领取了行政执法监督证，1126人领取了“全国烟草行业专卖执法人员统一考核合格证书”。

精神文明建设和党风廉政建设进一步加强，行业面貌有了很大改观 在精神文明建设方面，省烟草专卖局（公司）党组采取中心组“封闭式”学习，机关处室及行业部分基层单位坚持班前半小时学习制度，把理论学习放在一切工作的首位。党的十五届六中全会和十六大召开后，利用收看电视、通读文件、集中培训、专家辅导、座谈讨论、图片展览、撰写体会文章等方法，有效地提高了干部职工的思想认识，与党中央保持了高度一致。通过学习，使全省行业干部职工的理论素质、道德意识明显增强，工作作风明显转变。在精神文明创建方面，太原卷烟厂被评为省级文明单位，10个地市烟草专卖局（公司）实现了“满堂红”，其中有66个县级公司被评为市地级文明单位，有59个县级公司被评为当地文明标兵单位。省烟草专卖局（公司）机关在争创文明单位活动中，党组重视、党委主办、处室配合、协调作战、因地制宜、勤俭办事，创建活动取得了阶段性成果，为机关工作创造了比较舒适明快的环境，也为我们创建文明行业打下了坚实的基础。在领导班子建设方面，2002年对11个地市局（公司）领导班子进行了届中考察并进行了后备干部的推荐工作，与此同时还对太原卷烟厂的领导班子进行了调整和充实。深入开展党风廉政建设和反腐败斗争，各级一把手强化责任意识，深化"不想腐败、不能腐败、不敢腐败"为主要内容的"三不机制"，不断加大从源头上预防和治理腐败力度。2002年，全省系统共受理群众来信来访、电话举报65件次，实行质询谈话35人；经过排查，初查案件线索18件，立案12起，受处分人数22人，其中政纪处分21人，党纪处分即党内严重警告2人；涉及县处级干部1人，乡科级干部10人，一般干部1人，其他人员10人。 （隋连科　张瑞丽）

2002年主要经济指标完成情况

实现利税（亿元）	工商利润（亿元）			生产卷烟（亿支）	销售卷烟（亿支）	烟叶种植（万亩）	烟叶收购（万担）
	合计	工业利润	商业利润				
9.5	4.47	0.37	4.1	127.5	478.7	8.3	7.8

内蒙古烟草

内蒙古自治区烟草专卖局、中国烟草总公司内蒙古自治区公司于1984年组建上划。区局（公司）机关有11个处室。下设5个直属二级单位、2个卷烟厂、14个盟市局（分公司）、76个旗县局（公司）和6个专卖专营派出机构。全系统现有在岗职工6770多人，聘用职工2300多人。年计划生产卷烟30万箱，计划种植烟叶8万担。2002年，生产卷烟30万箱，同比增长7.14%；销售卷烟75.82万箱，同比增长7.17%；工商库存5.6万箱，在库限指标以下；实现工商税利8.89亿元，较上年增长51.95%，其中实现工业税利4.78亿元，同比增长46.86%，商业税利4.11亿元，同比增长43.7%；实现工商利润3.08亿元，同比增长78.96%，其中实现工业利润600万元，商业利润3.02亿元。创内蒙古烟草行业组建以来最好水平。

卷烟生产管理　卷烟工业企业狠抓标准化管理、制度建设、计量管理、定额管理、班组建设、信息管理、职工培训、现场管理等工作，年内通过ISO9000质量管理标准2000版认证。呼和浩特卷烟厂新购置1台PROTOS—70卷接机组，乌兰浩特卷烟厂调剂1台（套）MK9—5卷接机组，新购置ZB43和ZB42卷接机组各1台（套）、ZL21滤嘴棒成型机组2台（套）、FT64片烟分切机组1台（套）。共取得17项全面质量管理成果，体现经济效益490多万元，其中有1项获得国家局优秀QC管理成果三等奖。生产的三类以上卷烟占区产卷烟总量的8.28%，同比增长3.67个百分点。卷烟单箱平均税利1622.4元，同比增长38.5%。

卷烟销售及网络建设　商业企业全面启用"三线互控、三层督查"的城网运行模式，按照"全面访销、集中配送、专销结合、访送分离"和"三员联动"的运作机制，加强对各盟市、旗县所在地中心市场城网的管理，并辐射和带动农网的发展，农网也实行访送一体。2002年，全区改造网络共投入2713万元，已建成250个网点；城乡网点覆盖供应零售户81621户，比去年同期增加18384户；自建网点192个，占网点总数的76.8%，较去年提高16.4个百分点。利用信息化网络分析数据，指导运营。注重扶优扶强，名优卷烟销量达到卷烟总销量的21.5%，占区外卷烟总销量的36.81%。全区商业企业平均毛利率为9.43%，同比增长2.01个百分点。

烟叶、进出口、多元化经营　烟叶生产经营以实现"2880"工程目标为工作重点，落实合同种植收购制度。全年累计收购烟叶9.99万担，上中等烟叶比例为91.99%，同比增长9.92个百分点；烟叶等级合格率为81.3%；已销售烟叶9.09万担，实现利润451万元，同比增长192.86%。向蒙古、俄罗斯等国出口卷烟1238箱，并与蒙古国签订了6000箱来牌加工卷烟业务合同，委托乌兰浩特卷烟厂加工，已交付4000箱。多元化经营全年实现税利1267万元，同比增长11.24%；实现利润887万元，同比增长34.6%。

专卖管理　围绕专卖管理三年目标，建立卷烟零售户基本档案，完善卷烟零售户数据文件库，实行ABC管理，形成统一户籍化管理模式，全区卷烟零售户入网率为99%，市场占有率为94.12%，初步发挥出"三线互控、三层督查"的网络功能。开展市场净化率达标活动。狠抓"内管"，整顿和规范"两烟"流通秩序，遏制卷烟体外循环。开展专卖执法考试及检查工作。加大对"假私非超"卷烟的监督检查力度，加强零售许可证管理，合理布局零售户。烟叶管理坚持做到与政府、工商、公安等单位和部门协同作战，维护烟叶市场收购秩序。

财经秩序整顿　明确组织机构及人员职责，组织人员就财务软件的应用进行培训，制定以清理整治账外账和"小金库"为重点的整顿实施方案，并进行自查。开展多元化经营清产核资工作，对区产四、五类卷烟的亏损情况和专卖罚没款收支工作进行专项审计调查。配合政府审计部门对全区烟草行业进行审计，建立经济责任审计工作联席会议制度，开展任期经济责任审计工作。全年全区烟草系统共开展审计项目74项，审计面达90%，审计金额近8亿元，查出违纪违规金额954.35万元，查出损失浪费金额188.11万元，促进节支增收143.9万元。区局（公司）及两个卷烟厂制定和执行烟用非专卖品物资公开招标、比质比价采购管理办法，与2001年相比，两卷烟厂2002年共节约采购成本200多万元。

卷烟打假 开展“卷烟打假年”活动，与当地公安部门制定联合打击制售假烟违法犯罪活动工作制度，定期召开联席会议。制定打假举报奖励制度。2002年，全区共查处案件18995起，其中无证运输案件和非主渠道进货案件分别占35.95%和43.82%，假冒、走私卷烟案件占7.55%，查获烟叶887.2担，捣毁制假窝点2个，专卖罚没款259.75万元。

安全管理 为安全部门配备计算机，开展培训，贯彻落实《中华人民共和国安全生产法》，开展经常性的安全工作自查和对安全事故的防范、安全隐患的整治等巡回检查。

技术创新 工商联手，改造和开发新老产品，分别有“苁蓉王”、软“苁蓉”、嘴新品“金青城”、嘴“雁”牌、新硬“千里山”、新品“大青山”、硬“庆”牌和红、金“庆典”、“康希”以及特制“锡林河”等品牌卷烟。新研制开发的“母亲河”牌卷烟，完成小样生产，针对蒙古国市场研制开发“匈奴王”牌卷烟，正在试销。完成全区13个卫星C类站的升级工作，安装高速信息下载系统，实现全区卫星电视电话会议系统的开通，实施行业内联网安全防护体系建设，建设区局（公司）内部网站。开展信息化教育培训，进行考核验收。

人事管理 举办第五期中青年干部培训班；继续抓好MBA课程班和学位班的教学；组织举办以旗县局（公司）局长（经理）为主要对象的第三期“管理创新与企业发展战略研修班”；对机关副处级以上干部就WTO的有关知识进行培训。编辑出版《内蒙古烟草》杂志、修撰《内蒙古烟草志》。接收50名大中专毕业生，并全部充实到基层。学习贯彻《党政领导干部选拔任用工作条例》。重新修订《内蒙古自治区烟草专卖局（公司）机关工作人员年度工作考核办法》，进一步完善“实绩考核末尾淘汰”的考评机制。开展学历、学位检查清理活动，评定21名工程师和1名助理工程师任职资格，开展对325人初、中、高级工的职业技能鉴定工作。

精神文明建设和党风廉政建设 围绕“转变作风年”和“调查研究年”的主题开展调研活动。继续坚持理论学习制度，开展各种类型的政治理论和业务学习。学习领会十六大精神，实践“三个代表”重要思想。落实自治区党委、政府提出的“围封转移”工作任务，扶贫济困慰问群众。开展全区烟草行业羽毛球和乒乓球比赛活动。2002年，全系统有自治区级文明标兵单位1个、文明单位8个，盟市级文明行业1个、文明单位29个，乌兰浩特卷烟厂被评为全国精神文明建设先进单位。规范纪检监察纠风统计工作，开展业务技能岗位培训和专项调研，主动进行信访工作下访的尝试。建立纪检监察工作督查制度，修订党风廉政建设责任制及责任追究实施办法。

辽宁烟草

2002年，是辽宁烟草跨越式发展的一年。一年来，全省行业高举邓小平理论伟大旗帜，全面贯彻“三个代表”重要思想，团结奋斗，开拓进取，提前实现了“十五”计划翻两番的目标。各项经济运行指标再创新高。

全年工商企业实现销售收入92.9亿元，（其中工业企业18.5亿元，商业企业74.4亿元）同比增长7.9%。工商企业实现税利16.2亿元（其中：工业企业实现税利9.6亿元，商业企业实现税利6.6亿元），同比增长103.9%。工商企业实现利润5.3亿元（其中：工业企业实现利润4700万元，商业企业实现利润4.82亿元），同比增长143.1%。生产卷烟38万箱，同比增加7万箱，增长22%；购进卷烟95万箱，同比增加7.3万箱，增长8.3%；销售卷烟95.6万箱，同比增加5.7万箱，增长6.3%；年末工商库存8.4万箱，比国家局下达的限库指标减少1.9万箱，下降18.4%；全年落实烟叶种植面积15.3万亩，比去年增加2.18万亩。其中水浇地10.4万亩。收购烟叶29.35万担，上等烟叶13.3万担，占45.31%；工商税利同比增加8.2亿元，工商利润同比增加3.1亿元，税金同比增加5.1亿元，卷烟批发单箱毛利同比增加443元，工商企业资产负债率同比下降6.5个百分点。

2002年重点抓了以下几个方面的工作：

讲求效益，狠抓了产品结构调整 继前两年提出“农工商贸打总体战，齐心协力把工业搞上去”、“上档次、创名牌、抢市场、增效益”的发展思路之后，经反复认识、实践，2002年又出台了“区分价段、有进有退”及“两进一退一联合”经营战略。工商企业按价段区分市场资源，按价段测算市场容量，按容量研究占领策略。把100元以上、30～60元价段，作为两进的两个攻坚战，集中优势兵力一块一块占领。30元以下价段逐步调整退出。60元以上到100元以下价段则走联合生产加工的路子。产品资源的归核化重组，迅速转化为市场优势，市场优势又转化为效益优势。据年末统计，全年生产一类烟20504箱，同比增加15291箱，增长293.3%。二类烟26247箱，同比增加20410箱，增长349.7%。在产品结构调整中，“人民大会堂”、“蓝翎”两大系列，迅速成长为龙头品牌，“人民大会堂”品牌被评为2002年度全国卷烟优等品。全年销售大会堂系列卷烟32111箱，蓝翎系列卷烟19535箱，占50元以上价段销售总量的64.8%。卷烟工业单箱平均税利2450元，商业平均销售单箱毛利1144元，均比2001年增长1020元和443元。

适应形势，狠抓了企业内部改革 为适应卷烟销售网络建设的要求，各商业企业大胆探索，积极创造条件，推进卷烟流通领域的管理体制改革。对所属县局、公司实行政企相对分开，取消县级公司独立经营权和法人资格，减少了经营中的利益主体，形成了企业的竞争优势。截至2002年底已有7家分公司完成了经营管理体制改革。以用人、用工和分配三项制度为重点的企业改革进一步深化，机构多、人员多、效率低的问题得到解决，企业活力和发展后劲开始显现。企业内部干部能上能下、人员能进能出、收入能高能低的竞争机制开始形成。

应对“入世”，狠抓了网络建设升级 我们把卷烟销售网络建设作为我国加入“世贸组织”后，行业发展的一项生命工程来抓。一是“走出去”、“引进来”，让他人的经验为我所用。一年多来，省局和各商业企业走出“家门”，积极参与省际行业间的网建交流。先后到武汉、成都、重庆、合肥、马鞍山、南通、漳州等地学习，博采众长，为我所用。二是推广典型，具体指导，加大网建升级的步伐。省局分别于2001年11月、2002年3月、7月、10月，召开全省网建工作会议，总结研究网建工作。在不同时段上，先后总结宣扬了沈阳、辽阳、铁岭、抚顺等分公司网建工作典型，并坚持分阶段推进，从横向上抓好面上落实；分层次递进，从纵向上抓好质量提升。现在持证零售户入网率达94%、入网销售率达96%、送货率达95%、市场占有率达87%。三是既抓管理，又抓服务，认真做好“固网”、“用网”的工作。2002年4月，省局组织在铁岭市公司召开了全省户籍化管理现场会，推广了铁岭市公司户籍化管理经验，统一对全省卷烟零售户实行“三个一”零售户档案管理制度、“六表”统计制度和7项户籍化制度管理，全省行业零售户的户籍化管理达到了规范化、程序化。省局（公司）为适应加入WTO的需要，将诚信服务作为巩固网络体系的基础性工作。提出了“优质服务，利益共享，买卖共赢”的要求。一些分公司，出台各种举措，密切与零售户的关系。如：评比卷烟经营模范户、签订文明经营公约、定期座谈、节日联欢、生日祝贺等情感交流活动。还重点加强了“五大场所”的服务、管理问题，使销售网络不断巩固，市场占有率不断提高。

着力整治，狠抓了烟草流通秩序规范 按照国家局整顿和规范烟草市场经济秩序的6项工作要求，加大了卷烟市场整治力度。建议由辽宁省整顿和规范市场经济秩序领导小组牵头，6家职能部门联合行文颁发了《关于开展全省烟草市场经济秩序专项整治工作的通知》。与省公安厅联合行文颁发了《关于联合打击制售假烟、烟丝违法犯罪活动工作制度》。在全省开展了以打击“假、私、非、超”卷烟为重点，声势浩大、历时半年的烟草市场经济秩序专项整治工作。整治中，全省如辽阳市的木鱼石、翰林府、襄平贸易城等165个集贸市场中的16582个违规卷烟摊床被取缔，打掉非法批发大户258个、打掉地下烟厂7个、制假窝点49个、贩假窝点625个、查获各类制假烟机45台、查获各种违规卷烟22117件、假烟9638件、走私烟1206件。查处适用一般程序案件23234起，简易程序处理案件13206起，涉及烟草案判刑9人、刑事拘留39人、行政拘留14人。专卖管理工作实现了“五个突破”。继续严格执行规范卷烟经营行为的“五不准”，不断巩固“两烟”流通秩序整顿成果。较好组织开展了财经秩序专项整顿。认真组织了全省工商企业烟叶货款和卷烟货款对账工作，先后十多次与全国六十多个省、市进行“两烟”货款对账，最终确认烟叶应收款13600万元、应付款11500万元；卷烟应收款3264万元，应付款7197万元。

树立正气，加强了精神文明建设 扎扎实实抓了十六大精神的学习贯彻，省局党组先学一步，梳理出五个专题在全省行业进行重点教育；制定下发了《中共辽宁省烟草专卖局党组贯彻〈中共中央关于加强和改进党的作风建设的决定〉的意见》，以提高各级党组织的领导水平和拒腐防变、抵御风险能力为课题，全面加强各级党组织和班子建设。以沈阳慕、马大案和原沈阳市烟草专卖局长周伟贪污受贿、跑官买官的案例为反面教材，在党员干部中进行廉政教育，出台了《廉政建设责任制实施意见》。认真贯彻国家局第17次政治工作会议精神，认真开展了爱国爱企爱岗教育、公民道德教育和各种扶贫帮困、捐资助学活动。营口卷烟厂被评为辽宁省精神文明建设先进单位，本溪市公司被评为本溪市精神文明建设先进单位，鞍山市公司被评为鞍山市扶贫帮困先进单位。营口卷烟厂、沈阳卷烟厂、沈阳市公司等被评为“辽宁省纳税百强企业”。

吉林烟草

经济效益再创历史最好水平 在总结“1234”跨世纪改革与发展思路的基础上，2002年年初，省局（公司）提出了2002～2005年吉林烟草“1146”发展战略。即：“围绕一个中心（以提高经济效益为中心），突出一条主线（以结构调整为主线），实施‘品牌培育’、‘科技进步’、‘网络建设’、‘专卖管理’四大工程，落实‘加强宏观调控、继续狠抓规范、加快信息化建设、加强企业管理，提高整体素质，深化体制改革’六项措施”。经过一年的运作，“1146”发展战略开局良好，使全行业经济效益保持持续健康快速增长。在2001年实现工商利税9.8亿元，同比增长27.3%的基础上，2002年全行业实现工商利税13.7亿元，比2001年增长43%，其中实现利润30055万元，同比增长80%，再创历史最好水平。

卷烟打假和查办大要案有所突破 2002年，全行业紧紧抓住国务院、省政府清理整顿集贸市场的有利契机，与公安等有关部门密切合作，加大打击力度，不断巩固已取得的专卖管理成果。一是加大了对室内集贸市场经营卷烟商户的全面清理整顿的力度，促进了卷烟市场秩序的进一步好转。二是加大了打击假冒商标卷烟的力度。省局会同省公安厅制定了“打假联合行动方案”和“打假联合工作制度”，先后组织了两次大规模的打假联合行动。省局稽查总队、公安三分局与公安部门配合，打掉了一个制假黑工厂，查扣卷烟机一台（套）及大量的原辅材料。长春市局打掉了一个假冒商标卷烟分装厂，白山市局打掉了6个制丝点，吉林、延边、九台、扶余市（州）局各打掉1个制丝黑窝点，查扣制丝设备14台。特别是6月21日，省局和省公安厅成功地破获了一起非法贩运假冒商标卷烟案，查扣假冒商标卷烟1150件，案值达60余万元，共抓捕犯罪分子10人，公安机关已经侦查终结，近期将移交检察机关提起公诉。这起案件的侦破，有力地打击了不法分子的嚣张气焰，其震慑作用不可低估。三是加大了对犯罪分子的追刑力度。全省共查处5万元以上案件33起，共刑拘17人，批捕11人，判刑6人。四是积极推行户籍化管理，有效提高市场的监督能力。普遍建立了零售商户管理档案，落实了专卖稽查干部分片包保商户责任制和与销售任务挂钩的考核奖惩机制。建立了户籍化管理的工作制度和工作流程，使全省专卖户籍化管理稳步推进，专卖干部的服务理念明显改善，依法行政和规范化办案水平进一步提高。

网络建设有所突破　2002年是我省卷烟销售网络建设工作取得重大突破的一年。按照国家局成都会议的要求，从转变思想观念入手，以“全面访销、集中配送、访送分离、专销结合”为城市网建基本运行模式，通过以点带面，城乡结合的方式，加快了网建工作的步伐，促进了全省网建工作的整体推进和管理水平的提高。一是解放思想，转变观念，使各级领导对网建工作的认识得到统一。通过学习甘、川、皖三省经验，开展“解放思想，加快发展”大讨论，使全行业干部职工对网建的思想认识发生了根本性的转变，增强了搞好网建工作的自觉性和紧迫感。二是因地制宜，实事求是地确定网建模式、规划工作方案。省局（公司）制定并下发了《吉林省2002年卷烟销售网络建设工作方案》，方案中明确了网建的基本模式、目标及具体要求，使全省网建工作有了依据和规范。三是统一思想，真抓实干，通化网建试点工作获得了成功，省会城市长春市网建工作取得了新的进展。为了探索适合我省中、小城市和农村特点的网络模式，省局（公司）决定在通化进行试点。通化市局（分公司）做到一把手挂帅出征亲自抓，班子成员分工协作一起抓，干部职工整体联动全员抓，保证了试点工作进度和质量。长春分公司于今年初分别成立了访销中心、配送中心和商户管理中心，改变了过去以区为单位访送合署办公的旧模式，变为现在的垂直领导，访送分离，独立运作，三线互控，科学管理的现代化经营模式。网络建设的整体推进和管理水平的不断提高，促进了卷烟销量的稳定增长。今年共销售卷烟78.8万箱，同比增长0.3%，再创历史新高。

两个重点企业的发展有所突破　2002年，延吉卷烟厂、长春市局（分公司）两个重点企业的作用越来越明显，特别是在拉动全行业经济效益持续增长方面发挥了巨大的作用。延吉卷烟厂实现了产销同步增长，特别是销量的增幅高于产量的增幅，这是一个良好的势头。产品结构明显提升，一、二类卷烟产量达到19186箱，同比增长12.1%。经济运行质量明显提高，经济效益指标大幅度增长。销售收入比上年同期增加19809万元，增长22.3%，实现利税53355万元，同比增长52.5%，占全行业利税总额的39%，占工业企业利税总额的55.3%。长春市局（分公司）坚持从深化企业内部改革入手，网络建设进一步完善，专卖管理成果进一步巩固，卷烟销量和经济效益大幅度增长。2002年，全地区共销售卷烟20.1万箱，同比增长3.8%，其中省产烟销售14.1万箱，同比增长8.6%，总销量和省产烟销量分别占全省的25.5%、25%；销售结构提高幅度较大，单箱销售收入达到5790元，同比提高11%；全地区实现利税10549万元，同比增长72.5%，其中实现利润7285万元，同比增长77.3%，占全省卷烟商业企业实现利润总额的32.2%。两个重点企业的突破性发展，带动了全行业卷烟产品结构和销售结构进一步提升。2002年，工业企业一、二类卷烟比重占总产量的4.6%，同比增长1.4个百分点；工业单箱销售收入3494元，同比增长16%；商业企业省产烟单箱销售收入3833元，同比增长17.2%。

信息化建设和科技创新有所突破　按照《吉林省烟草公司信息化建设总体规划》的安排，已先后进行了访销配送、电子商务系统、办公自动化系统、分销资源管理系统和专卖管理系统的软件开发和试点工作。全省县级公司128KDDN专线，分公司、卷烟厂2MSDH光纤已全部开通，信息网络硬件安装、调试、验收工作已经完成，“金叶访销配送软件”已在全省县以上公司推广使用，完成了7家卫星C类站的建设，初步建成了吉林烟草“以地为主，天地合一”的高速信息网络。科技进步工作按照年初提出的抓好“四个重点”，积极进行了新产品开发和老产品改造，先后开发了软“长白山”、“旭日红吉”等8个新产品，改造了软“长白参”、软红“吉”等5个老产品，积极探索了降低焦油和烟气中有害成份的研究，加强了产品质量监测和督导，对提高产品结构、产品质量和科技含量起到了积极的推动作用。

思想道德教育成果卓著　2002年，全省烟草行业普遍开展思想道德教育，坚持从原点文化学起，进行传统美德和现代道德教育，从查摆问题做起，发动群众自己教育自己；从整体上抓起，在树立正气上先求实效；从企业文化建设上提高，推动企业管理上台阶收到明显成效。2002年10月，全国烟草职工政研会在吉林市召开了秘书长座谈会，推广了吉林省烟草行业的经验，全省烟草系统思想道德教育情况也在会上做了介绍，给与会代表留下了深刻的印象。

烟叶种植　2002年，全省烟叶种植继续贯彻“市场引导、计划种植、主攻质量、调整布局”的工作指导方针，以“控制总量、提高质量、优化布局、优化结构”为工作重点，全省共种植烟叶18.9万亩，其中晒烟面积4.1万亩，比计划少种了5000亩。全省共收购烤烟28.6万担，其中，上等烟4.74万担，占收购量的18.7%；下等烟4.30万担，占收购量的16.9%；收购均价为7.35元/公斤。一是全面落实烟叶生产收购合同制。按照国家局要求，在大田移栽前，我省共与11116户烟农签订了省公司统一印发的烤烟产购合同，有效地控制了生产总量。二是烟叶生产科技含量明显提高。全省优良新品种种植率达到98.99%，大棚集约化育苗面积占育苗面积的74%；绝大部分产区使用了省公司统一供应的含硝态氮40%的烟草专用复合肥，硝酸钾肥在主产区得到推广使用；二次施钾措施进一步大范围推广，病虫害防治工作扎实主动，药物抑芽和二次打顶技术广泛应用；在整个西部烟区全面完成烟田水利化建设基础上，烟水配套工程正在向中部和东部烟区拓展；全省新建、改建强制通风烤房1700余座，堆积式烤房数量达到2100余座，韩式自动化烤房100余座，为提高烟叶烘烤质量创造了条件。三是收购工作进一步规范有序。收购前组织审定烤烟仿制标样62套，晒烟仿制标样35套，保证了每个收购站有一套合格样品的要求；出台了《吉林省烟叶收购预检制实施办法》，各级收购责任制和各项收购制度得到较好落实，烟叶等级纯度进一步改善，全省烤烟收购平均等级合格率经省内组织检查为80.8%。四是改革流通体制，规范经营行为工作进一步深化。今年省内调拨开展实行合同制统一管理，省际间经营在省外重点厂家先取样化验再度调拨的情况下，通过过细的协调衔接，确保发运工作有序进行。

黑龙江烟草

2002年，黑龙江省烟草行业认真贯彻落实国家烟草专卖局、中国烟草总公司和省委、省政府各项工作部署，以“一要规范，二要改革，三要创新”为工作重点，紧密围绕构建“八个体系”，狠抓基础，狠抓规范，狠抓落实，带动各项工作取得明显成效。卷烟销量创新高。全省行业批发销售卷烟468.93亿支（93.79万箱），同比增长4.72%，创历史最好水平。经济效益创新高。全省行业工商企业累计实现利税14.33亿元（含处理亏挂3963万元），同比增长60%，其中实现工商利润4.14亿元（含处理亏挂3963万元），同比增长79%。烟叶种植实现控量提质。2002年全省种植烟叶40万亩，收购烤烟5万吨，上等烟比重13.7%，同比上升1个百分点；中等烟比重76%，同比上升0.43个百分点。公斤烟均价7.43元，同比增加0.66元。2002年出口烟叶1.02万吨，同比增长36%；出口创汇1169万美元，同比增长23%，创历史最好水平。2002年突出抓了以下主要工作：

建设联动协调、保障有力的专卖管理体系 2002年，全省行业认真落实“四化目标”和健全“五个机制”，促进全省专卖稽查网络模式及框架的基本形成，有效地打击了“四种烟”。2002年，全省共查获各类违法违规案件4.8万多起，共收缴各类卷烟2.1万件，其中假冒商标卷烟5853件，查获烟叶和成品烟丝41吨，滤嘴棒21万支；查获地下黑烟厂7个，黑烟丝厂12个，查获烟草机械21台，罚没款达1959多万元。全省评选出打假打私十大案件，其中查获案值100万元以上案件3起，案值50～100万元案件5起。加大涉烟犯罪人员的追刑处罚力度，2002年全省对制售、运输假冒商标卷烟的当事人判刑6人，劳教2人，刑事拘留46人，行政拘留82人。

建设适应于市场需求、质量结构效益明显的卷烟生产体系 省局提出举全省之力重点支持哈尔滨烟厂做大做强。通过国家局科教司聘请郑州研究院的专家帮助工艺测试，改进工艺流程，使哈尔滨烟厂产品质量明显提高，达到历史最好水平。

省局于年初在哈尔滨烟厂组建了黑龙江烟草卷烟技术中心，更新开发思路，以市场为导向，开发出“百年老巴夺”、“老仁义”、“红太阳岛”等受到市场欢迎的香烟。

建立覆盖于市场、“三线”清晰、“四网四流”联控的卷烟营销网络体系 全省卷烟商业战线认真贯彻落实国家局及省局部署，将思路调整到大访销、大配送上来，各市地分公司于2002年5月初逐步撤销了坐店经营，建立访销、配送、稽查和信息中心，实行访送分离、全访全送，朝着城乡一体、统一运行，专销结合、信息管理，提高素质、注重激励的目标迈出了坚实的一步。

一年来，通过扎实工作，实现了创新思想观念，网建推进方式，网建格局与模式，城乡一体平衡发展，县级公司经营体制改革，激励与制约相结合的管理机制，专销结合，提高“三员”队伍素质，以零售户为主导的服务，信息化建设，规范经营，宏观调控，扶大扶强的工业组织结构，行业主要经济指标和两个行头效益，职工精神面貌等“十五项突破”。

建设适应于市场需求、基地化生产、产业化经营的烟叶生产管理体系 2002年，省局坚持“市场引导、计划种植、主攻质量、调整布局”的烟叶生产指导方针，严格签订产销和种植两个合同，把总量控制在5万吨以下，初步形成哈尔滨、牡丹江两大主产区，使两大产区种植面积及商品量占全省比重近70%。进一步完善烟叶经营管理体制，调整企业间利益关系。至2002年，拆除了全省17条挂杆复烤生产线，采取措施落实减员增效。落实科教兴烟，主攻烟叶质量，落实规范化种植，改善烟叶结构，靠质量和信誉赢得了省外和国际市场。

建立引入竞争激励机制、充满活力的企业内部管理体系 省局逐年完善目标管理，调动企业和员工积极性。卷烟商业企业不断创新完善激励机制，激发全员参与网建的积极性。一方面调整分配制度，另一方面完善监督约束机制。卷烟工业企业通过制定并落实严格的质量责任制和推行质量工资制。全省行业引入竞争机制，破格使用人才。

以财务管理为核心，加强会计基础工作规范化建设。全省行业81户企业全部实现会计基础工作达标晋档；会计电算化应用率达100%，省局（公司）率先在全国行业甩账验收。

建设办事高效、运转协调的经济运行调控管理体系 省局制定实施《黑龙江省烟草行业2002年经济运行纪律》，把整顿和规范贯穿经济运行工作全过程，加强监督检查。

2002年，省局以结构调整为主线，通过加强行业宏观调控，以市场为导向调整好产品结构；落实工商联手，积极引导消费，全省行业比上年精简压缩省内外牌号六十多个。

建设强化措施，培养造就高素质领导干部队伍工作体系

加强各级领导班子建设，严格按照《党政领导干部选拔任用工作条例》选拔任用干部，坚持用好的制度选作风好的人。

通过开展“五好领导班子”创建活动，推进了全省行业领导班子建设。2002年，省局党组命名哈尔滨烟草分公司、哈尔滨卷烟厂等33个单位领导班子为全省行业“五好领导班子”。

建设适应于行业发展的党风廉政建设和精神文明建设体系 完善学习制度，把学习邓小平理论、“三个代表”的重要思想和党的十六大精神作为全省行业精神文明建设的首要任务。

精神文明创建活动卓有成效。省局机关已保持了4年的省级文明单位标兵荣誉称号，全省行业县级以上文明单位占97%，连续三届被省委、省政府命名为省文明单位建设先进系统。

先进模范典型不断涌现，省局隆重表彰了第二届全省行业劳动模范及标兵，表彰了第二届全省“十大金叶卫士”。

进一步加强党风廉政建设。《黑龙江省烟草行业责任追究暂行规定》和《黑龙江省烟草行业纪检监察案件查处工作暂行办法和党员廉政建设责任制考核细则》的出台，规范了全省行业案件查处工作。把监督的关口前移，促进党风廉政建设责任制和领导干部廉洁自律规定的落实。

大力加强企业民主管理，落实职代会各项职权，不断推进厂务公开和政务公开。

（陈立鹏）

2002年主要经济指标统计表

实现利税（亿元）	工商利润（亿元）			生产卷烟（亿支）	销售卷烟（亿支）	烟叶种植（万亩）	烟叶收购（万吨）	出口创汇（万美元）
	合计	工业利润	商业利润					
14.33	4.14	0.50	3.64	325	428.93	40	5	1169

上海烟草

上海烟草（集团）公司拥有一流水准的卷烟工业及其烟草储运、印刷、机械、材料等配套工业，并涉足于商业、食品、房地产、金融保险、宾馆酒店等领域，成为以卷烟工业为主的、多元化、集约化、现代化的大型企业。

（集团）公司全面实施以“国内一流、国际先进”为目标的“做精做强”战略思想，企业步入了持续、稳定、健康发展的轨道，经济效益呈现快速增长的态势。2002年，（集团）公司实现工商税利128亿元，其中利润50亿元，净资产达到204亿元。（集团）公司先后获得“中国的脊梁”优秀国有企业，全国“五一”劳动奖状，上海市最佳工业企业形象单位等多项殊荣，并连续八年获全国烟草行业经济运行质量和效益一等奖。

（集团）公司注重卷烟销售网络建设，不断增强自身竞争力，加快与国际先进水平接轨，开展了大量富有成效的工作，形成了以电话订货、网上配货、电子结算、现代物流为手段，以标准化、程序化、信息化管理为内容，以客户满意为追求目标的先进的网络运行模式，在全市建立了近27000家布局合理、运作有序、控制有力、网络功能充分发挥的规范、科学、高效的卷烟销售网络体系。

上海卷烟工业的装备技术达到了国际先进水平。“中华”、“红双喜”、“牡丹”等一批名优卷烟畅销全国，远销海外，深受消费者的青睐。近年来，相继推出的低焦油产品和低危害产品，赋予上海卷烟以新的生命力和竞争力。（集团）公司已在全国12个省区建立了10个烟叶基地和7个定向供应点，形成稳定可靠的原料供应体系，为上海卷烟工业发展提供优质原料供应保证。

2002年经济工作情况 2002年，是上海烟草（集团）公司进一步坚定“做精做强”战略思想，不断向前跨越的一年，也是全面实施企业“十五”计划，不断向前奋进的一年。（集团）公司全体员工抓住机遇，与时俱进，奋发有为，务实创新，和搏一流，做精做强，从容应对了所面临的竞争和挑战，在企业发展中经受住了各种考验，出色地完成了企业“121410”总体目标，取得了两个文明建设的丰硕成果。

1．以持续、稳定、健康发展为特征的经济运行呈现良好态势。2002年，（集团）公司继续保持持续、稳定、健康发展态势。突出表现为卷烟生产持续均衡增长，经济运行质量稳定提高，经济效益再创历史新高。全年生产卷烟138万大箱，同比增长5.58%；实现工商税利128亿元，同比增长13.78%；其中利润50亿元，同比增长4.17%；净资产达到204亿元，同比增长23.63%。

2．以标准化、程序化、信息化为发展方向的市场建设达到新水平。一是市内卷烟销售网络建设成效显著。围绕“国内一流、国际先进”目标，不断完善“电话订货、网上配货、电子结算、现代物流”的网络运行流程，加快与国际先进的配送方式接轨，提升了销售网络的科技含量。至2002年底，市内卷烟网络户达26571家，实行电话订货和网上配货的客户占卷烟零售经营网络客户总数的93.49%和6.27%；实行卷烟货款电子结算的客户占网络户总数的94.31%。二是市外市场建设确保了稳价稳销。一方面，注重全局把握，加强营销策划，合理市场布局，使沪产烟的投放更符合和适应市场需求。另一方面，加大对顾客需求识别的力度，有目的地寻找和拓展新品市场，不断扩大沪产烟市场的影响力。三是海外市场建设做到了三个优化：优化了出口产品的结构、优化了海外市场结构、优化了同客户的合作形式。2002年，沪产卷烟出口达到7.74万箱，同比增长7.5%；自营烟叶出口达到4240吨；创汇8754万美元，实现利润4200万元。四是卷烟市场监管能力不断增强。坚持“内管外打”、“守土有责”的工作方针，深化专销结合、打防结合，大力推进社区化管理工作，探索出了一条把烟草专卖管理引入社区，与街道社区共建文明的新路子。2002年，全市共查处违法案件14578宗，取缔无证经营8314户；捣毁制假窝点38个，查获假冒注册商标卷烟67.48万条，标值8923万元。

3. 以市场为导向的品牌建设取得新成果。一是产品技术创新和开发能力显著增强。2002年成功开发了第一代低危害卷烟“红双喜”卷烟；研制开发了适应特定目标市场需求的新“牡丹”牌卷烟；基本完成了8mg中华牌卷烟、8mg上海牌卷烟和5mg红双喜牌卷烟的研制开发。二是产品品质控制能力进一步强化。据统计，2002年公司卷烟产品焦油加权平均值为14.45mg，比上年15.3mg降低了0.85mg；焦油极差平均值为1.7mg。三是围绕提质、降耗、增效，积极开展群众性的质量攻关和QC小组活动。2002年，(集团)公司共有136个QC小组注册并列出了课题，参加QC小组活动的职工达1017人，职工广泛参与的QC小组活动取得了丰硕成果。

4. 以推进企业持续进步为追求的基础管理有了新进步。一是人力资源开发管理力度不断加大。实施人才借贷，引进高层次技术人员；申请建立博士后流动站，商洽引进适应企业技术开发需求的高学历科研人才；探索实施干部“课题研究型”培训的模式，不断完善职工“复合型”培训办法，着力提高职工的创新意识、业务能力和技能水平。二是全面预算管理框架初步形成。2002年，公司在全面预算管理基本制度《预算管理规定》实施以后，又正式发布了全面预算主体框架制度的两个预算管理程序——《预算编制程序》和《预算控制程序》。三是烟叶原料管理体系建设扎实推进。以数量、质量、结构适应卷烟工业需求为原则，不断加强烟叶基地的建设和烟叶原料“养护提质”管理。四是企业信息化管理和建设继续加强。2002年，围绕“实施数据共享、系统集成、资源优化”的目标，建设并实施了产销集成系统、质量集成系统和人事信息集成系统，并启动了财务集成系统。

5. 以商业集约化为目标的多元投资经营迈出新步伐。现代化商业第三方物流中心的建设进入了全面实施阶段，上海海烟物流发展有限公司正式组建挂牌。根据物流配送和集约化经营系统的需求，提出了物流配送系统和集约化经营信息系统的实施方案。多元经营稳步推进，三产管理以转换经营理念为切入点，通过经营思路向市场转变、营销方式向品牌转变、营销手段向多渠道扩展，提高了经济运行的质量。对外投资在规范中不断拓展，结合清产核资工作，对部分对外投资项目的股权结构进行了调整，清理了不良股权，保证了投资安全，进一步优化了对外投资结构。

6. 以企业文化为切入点的精神文明建设带来新面貌。2002年，(集团)公司在全体职工中组织开展了“做精做强、敬业爱岗”为主题的教育；结合《公民道德建设实施纲要》教育，举办了职工道德建设推进会；通过开展文明单位、文明窗口、文明处室等创建活动，推进精神文明特色建设工作；通过开办“周末学校”、开展“振兴中华”读书活动等，不断提高职工队伍素质和企业的文明程度。在党风廉政建设方面，严格按照上级党组织和纪委的要求，强化和完善党风廉政教育活动，把加强企业基础管理同强化企业监督制约机制有机结合起来，强化了“两条高压线”和“双保护工程”。与此同时，积极推进实事工程，不断增强企业职工的凝聚力，充实完善了“住院互助、大病救助、困难补助”多层次职工生活保障体系。在企业取得显著经济效益的同时，公司再次向市慈善基金会“中华慈善教育基金”捐款1000万元，目前，已累计向“中华慈善教育基金”捐赠5300万元，受助学生总数达5764人次。

2003年发展趋向 2003年，(集团)公司总的指导思想是：以党的十六大精神为指导，全面落实国家局关于“五个确保”的要求和上海烟草“十五”发展计划，继续弘扬“和搏一流”的企业精神，进一步坚定做精做强的战略思想，不断增强企业核心竞争能力，努力把上海烟草建成“国内一流、国际先进”的企业集团。2003年的企业目标简称为“113110”，即深化一项建设——精神文明建设；抓住一个重点——品牌建设；实现三个突破——信息化建设、三项制度改革、多元化经营；提高一个能力——生产控制保障能力；经济效益增长10%。

1. 全力塑造具有特色的企业文化。以“三个代表”的重要思想和党的十六大精神为指导，开展争创“国内一流、国际先进”主题系列教育活动，不断赋予企业精神以新的内涵。通过开展党员责任区活动、党员“四先一流”竞赛、建立党员议事制度、深化“五好领导班子”建设等，发挥党员干部的引领、带头、榜样、示范作用。通过建立和完善技术工人的考核、竞争和激励机制，提高技术工人队伍素质。继续深化“以人为本”的班组自主管理，推进“职工素质工程建设”，提高职工的民主管理水平和职工参政议政水平。

2. 着力培育具有极强生命力的卷烟品牌。一要组织好卷烟品牌中长期发展战略的研究和策划，拟定近中期的品牌实施方案，设立品牌工程师，并发挥其改进、维护品牌的积极作用。二要在保持卷烟产品内在品质和及时满足消费者需求的基础上，继续坚持降焦减害的方向，以稳定和提高烟气质量为中心，从卷烟产品技术和形象上维护一批名牌卷烟，开发储备一批卷烟新产品。2003年卷烟焦油量加权平均值力争达到13.8mg。

3. 精心打造具有竞争能力的产品核心技术。要按照“国内先进，国际一流”的目标，以市场和社会需求为导向，继续坚持降焦减害的产品技术发展方向，以稳定和提高烟气质量为中心，紧紧围绕产品的低焦低害、吸味风格、外观包装、单箱成本四个要素进行谋划，全面推进新一轮的技术创新，加快形成产品的核心技术，支撑企业核心竞争力的增强。新一轮的技术创新工作应瞄准技术前沿，突破关键技术，注重系统集成，形成知识产权，加速转化应用。

4. 扎实推进具有现代物流特点的网络建设。按照现代市场体系统一、开放、竞争、有序的特征，努力提升网建运行质量和运行水平，全面构建“电话订货、网上配送、电子结算、现代物流”的网络体系。做好海烟物流涉及卷烟配送的各项准备工作，保证海烟物流公司的正常运行，加快商业经营集约化的进程。以海烟物流公司为龙头，全面推进商业集约化建设，通过资产和业务的整合、配置，积极探索新的业态经营形式，试行对商业有限公司的目标责任制考核，在多种经营和资产管理上寻求新的突破。

江苏烟草

2002年，江苏省烟草系统以“三个代表”重要思想为指导，在国家烟草专卖局和省委、省政府的正确领导下，抓住机遇，真抓实干，各项工作取得了新的进展。

加强经济运行宏观调控，促进产销协调发展，经济运行的质量和效益进一步提高 2002年，全省烟草系统经济运行工作以确保全行业的持续平稳发展为目标，按照“控量、促销、稳价、增效”的方针，加大了宏观调控力度，着力处理好经济工作中的总量、结构的矛盾，较好地克服了卷烟税率变化、生产计划偏紧、低档有效货源不足、销量一度增长乏力等困难，全年卷烟销量稳中有升、价格保持平稳，经济运行质量和效益有了新的提高。

2002年，全省烟草系统累计生产卷烟120.2万箱，同比增长2.3%，其中，“四大名烟”累计生产88.6万箱，同比增长18.5%，“四大名烟”产量已占总产量的73.7%，集中度高于去年的63.7%。全系统累计对系统外销售量214.42万箱，同比增长2.8%。卷烟销售收入398.6亿元，同比增长7.4%，其中对系统外销售收入229.02亿元，同比增长11.3%。单箱销售收入10681元，同比增长8.2%。对系统外销售地产烟112.6万箱，同比上升2.8%，对省外销售量13.79万箱，销售覆盖范围达32个省（市、区)。累计销售省外烟86.78万箱，同比增长33.5%。全系统实现税利108.72亿元，同比增长19.1%，其中，商业企业实现税利41.96亿元，同比增长14.7%；工业企业实现税利66.76亿元，同比增长22.1%。全系统实现利润49.26亿元，同比增长13.1%。其中，商业企业实现利润32.59亿元，同比增长14.3%；工业企业实现利润16.67亿元，同比增长10.1%。

2002年全省烟草系统完成主要经济指标在全国烟草行业中的排名：对系统外销售量列全国第三；卷烟销售收入列全国第二；工商税利列全国第四；工商利润列全国第三；工业税利列全国第五；商业税利列全国第一；工业利润列全国第五；商业利润列全国第一。江苏烟草在全国烟草行业的地位进一步提升。

以“四无达标”工作为重点，深入开展“卷烟打假年”活动，进一步整顿和规范卷烟市场经济秩序，增强对市场的管理和控制力 2002年，全省烟草专卖管理工作继续认真执行《烟草专卖法》，努力提高监管水平。围绕我省专卖管理工作三年阶段性目标，坚持“内管外打”，深入开展“卷烟打假年”活动，认真开展“四无达标”工作，加强队伍建设，不断提高执法队伍素质和内部管理水平。

以“春雷”、“闪电”、“扫荡”、“四无达标”等四个战役为重点的“卷烟打假年”活动，有力地打击了卷烟经营的违法犯罪活动，进一步提高了市场净化率和对市场的控制能力。全省共出动打假打私181769人次，查处各类案件38756起，查获非法运输卷烟案14150起，查获假冒烟案15978起，查获假冒烟5485.54件，捣毁制假冒烟窝点55个，贩藏假烟窝点830个，罚没款2478万元，共拘留违法烟贩148人，拘役13人、管制17人、劳教30人，判刑48人。

全系统认真执行专卖管理责任追究制度，进一步规范行业内部生产经营行为，严格执行卷烟生产计划及关于原辅材料、烟草专用机械和烟机配件管理的规定，整顿生产经营秩序。狠抓《烟草专卖行政处罚案件标准》的落实，加大培训，使专卖执法人员能熟练运用《标准》，规范执法行为，提高执法水平。以参加专卖执法人员统一考试为契机，进一步提高专卖队伍素质。通过认真组织，加强培训，全省以较高的参考率、较好的成绩完成了国家局对我省专卖执法人员的考试考核工作。

按照国家局的统一部署，认真抓好财经秩序专项整顿工作，重点对“账外账”、“小金库”等违规违法行为进行清查，研究制定防治措施，进一步完善会计核算制度，堵塞资金漏洞，规范企业内部的生产经营管理行为。加强了对三产企业的管理，以清收债权为重点，以清产核资为契机，进一步明晰了产权关系，较好解决了历史遗留问题，消除了不利影响。

大胆扬弃、勇于创新，大力推进“访送分离、集中配送”，网建工作有了新进展 全省烟草系统充分利用和借鉴现代物流技术和信息手段，努力提升网络建设水平，发挥网络功能，努力实现由传统销售方式向国际先进营销模式的转换，实现网络由粗放型向集约型的转变。一是全省普遍实行了访销分离，集中配送，改变了传统的访送一体模式。二是在实施网络运行模式转变的同时，积极探索和运用了电话订货、电子结算等现代营销手段，并在一定范围内得以推广使用。

全省烟草系统各单位在网建模式转换过程中，按照“四减一升”的要求认真实施降本增效。对卷烟零售市场进行了合理“间苗”，整合了网络资源。目前，全省共有批发部247个，比去年年初减少631个，访销部237个，比去年年初增加了212个；网点用工7439人，比去年年初减少1370人；零售户42.5万户，比去年年初减少6.4万户。各地区还对经营的厂家、牌号、规格按照市场需求认真进行筛选，对人员进行精简，加强资金和费用管理，控制不合理支出。网络在稳价促销、培育品牌，促进经济运行质量和效益不断提高等方面有效地发挥了基础性作用，网建工作正朝着消费者、零售户、卷烟工业企业三满意的方向不断推进。

进一步加快行业改革与创新的步伐，努力提升江苏烟草的核心竞争力 江苏省烟草系统从全省烟草行业的战略高度出发，进一步加强了烟叶基地建设，加大了对基地的扶持力度，积极参与基地烟叶生产技术方案的制定，做好技术措施的落实，有效改善了烟叶基地的基础设施和条件，促进了烟叶种植收购水平的提高。全省继续抓好适用烟叶的调拨，进一步优化库存结构，为我省卷烟生产提供坚实的原料保障。

三家烟厂认真消化吸收“九五”技改中新制丝线和公用工程设备的装备技术及控制技术，工艺和控制技术都有了较大的改进，保证了产品质量的稳定，烟叶和辅料消耗进一步降低。各厂努力形成科技创新体系，淮阴、徐州卷烟厂获准成立了行业级企业技术中心，进一步推动了烟草技术的创新与发展，企业科研开发能力逐步提高。各烟厂利用“九五”技改工程和1140CO_2膨胀烟丝项目投产的优势，开展对烟叶、辅材的基础性研究工作，提高产品配方的技术含量，提升了产品质量的稳定性。积极采用降焦技术、嘴棒过滤技术，加强对膨胀烟丝的使用研究，拓宽原料的使用范围，产品焦油含量继续降低。

全省信息化工作步伐不断加快，全面实现了省市县三级广域网宽带连接，开通了省局（公司）与各市局（分公司）、厂视频会议系统，为网上会议、远程教育和培训的举办提供了条件。以信息化带动管理现代化的工作正在分步实施，信息化在行业信息资源共享、业务重组、流程再造中发挥重要作用，对提高行业管理水平，推动行业管理思路、管理模式的变革和创新起到了积极作用。

省局（公司）借助省政府对全省部分县（市）行政区域调整的时机，取消同城的县级烟草公司的法人资格，实行内部体制的重新组合，减少了独立核算单位，强化了专卖工作，增强了分公司的竞争实力。全省各市级局（分公司）认真组织开展以“职能配置、机构设置和人员编制”为内容的“三定”工作，有效地精简了机构，明确了职能，优化了队伍，提高了行业队伍的整体素质和参与市场竞争的能力。

省局（公司）按照干部选拔条例的规定，对省局（公司）机关部分副处级岗位面向全省烟草系统公开招聘，激发了广大干部职工的竞争意识、参与意识，提高了选拔干部的透明度，使符合“四化”条件的年轻同志脱颖而出，增强了企业的活力。各单位也坚持“公开、平等、竞争、择优”的原则，推进了干部人事制度的改革，优化了网络用工人员，努力建立“能上能下、能进能出、有效激励、严格监督、竞争择优、充满活力”的用人机制。

全省教育培训工作以提高干部职工全面素质为目的，以市场需求、行业需求、企业需求为出发点，开展了集中培训和个性化培训，加大了以新知识、新技术、新工艺、新方法为主要内容的岗位培训。注重培养干部职工的岗位工作能力、生产经营技能和技术创新能力，努力推进“学习型企业”的建立，为提升江苏烟草的核心竞争力提供了人力资源保证。

深人学习党的十六大精神，努力实践“三个代表”重要思想，行业精神文明建设取得了新成绩 全省烟草系统广大干部职工通过多种形式，认真学习江泽民同志“七一”讲话、“5.31”讲话和党的十六大报告，不断增强实践“三个代表”重要思想的自觉性和坚定性。组织了“学习三个代表、迎接十六大”党的知识竞赛和演讲比赛，开展了“迎接十六大，做廉政好干部”系列教育活动等，以实际行动迎接十六大。十六大召开后，省局（公司）及时下发了《关于学习贯彻党的十六大精神的通知》，各单位认真组织收看大会实况转播，听宣讲团作报告，举办学习班，迅速兴起了学习贯彻十六大精神的热潮。

全系统各级党组织认真贯彻国家局第十七次政工会议精神，广泛开展了“一抓、二争、三创”活动。根据省局党组下发的《在全省烟草系统开展创建文明行业活动的实施意见》，建立了精神文明示范点制度，由点到面开展精神文明创建活动。部分单位已跨入全国和全省精神文明单位行列。全系统进一步加强反腐败三项工作，加大从源头上预防和治理腐败的力度。认真抓好党风廉政建设责任制的落实工作，进一步建立健全反腐倡廉的责任网络。深入开展以“牢固树立正确的权力观”为主题的宣传教育活动，开展了多种形式的警示教育活动，进一步完善处级干部廉政档案和县级局（公司）一把手廉政档案工作。规范全系统纪检监察部门处理信访工作程序，抓好信访核查，加大案件查处力度，有力地促进了全系统党风廉政和作风建设。 （李一匡 张 华）

2002年主要经济指标统计表

实现利税（亿元）	工商利润（亿元）			生产卷烟（万箱）	销售卷烟（万箱）	烟叶种植（万亩）	烟叶收购（万担）	出口创汇（万美元）
	合计	工业利润	商业利润					
108.72	49.26	16.67	32.59	120.2	214.42			

浙江烟草

浙江省烟草行业包括杭州、宁波2家卷烟厂、11家市级烟草分公司、65家县级公司，职工近万人。

2002年浙江省烟草行业广大干部职工在国家局和省委、省政府的正确领导下，在浙烟精神的激励下，全力实施“123”提升工程，全面推进可持续发展战略、主精副强战略，产销协调、市场稳定、网络巩固、管理创新，经济效益实现高位增长，为全面实现现代化烟草强省目标迈出了坚实的、关键性的步伐。

全面、超额完成了年初确定的各项经济目标 全年完成卷烟总产量109.2万箱，同比增长3.8%，完成工业总产值106.9亿元，同比增长10.8%；完成工业增加值81.7亿元，同比增长16.5%。销售卷烟总量160.4万箱，同比增长3.5%，卷烟批发销售总额217.5亿元，同比增长14.2%。实现工商税利122.9亿元，同比增长19.6%。其中，实现税金69.5亿元，实现利润53.4亿元；实现工业税利76.1亿元，同比增长13%；实现商业税利46.8亿元，同比增长32.3%。全省3个分公司、2个县公司实现利润超亿元，14个分县公司超五千万元，60个县公司超千万元。

做精做强大品牌成效显著 工商合力在培育浙江烟草大品牌上打好攻坚战，卷烟产销结构进一步优化。“大红鹰”、“利群”、“五一”三大全国名优烟系列产量达34万箱以上，同比增长11.7%。“利群”、“雄狮”、“新安江”、“西湖”、“大红鹰”、“五一”、“上游”、“宫灯”八大主骨干牌号产量为79.7万箱，占总量的73%，同比增长22.4%。尤为可喜的是，“大红鹰”同“中华”等7个卷烟牌号一道被评为“中国名牌”。工业企业压缩卷烟常规生产牌号4个，年产量不到5000箱的全部停产；流通领域有计划、有步骤地落实减牌举措，经营厂家和品牌均比上年压缩10%以上。省外市场品牌集中度进一步提升。两厂调省外17.7万箱，总量同比持平，但结构大幅提升，高效品牌占总量63.1%。其中“利群”3.9万箱，同比增65.4%；“大红鹰”2.6万箱，同比增13.7%；“五一”1.2万箱，同比增14.7%。出口强势不减。卷烟出口26.8万件，同比增长27.6%，三年增长4倍；创汇1709万美元，同比增长33.3%。

三网优化迈出新步伐 本着“整合、优化、提升”的原则，重新整合销售网点布局，全省销售网络直接运行成本降低1500万元，入网销售率提高到98%。打造服务品牌，“客户至上，诚信为本”的经营理念深入人心，烟草公司与经烟户之间逐步建立起新颖的依存关系，提高了信任度和亲和力。专卖管理网络通过优化所（队）布局，设立中心专卖管理所，提高了管理的针对性、有效性和市场的监管能力，精所强队格局基本形成。信息网建设进一步深入。行业广域网畅通率达到了设计要求；OA系统顺利完成全省推广；业务、专卖应用系统满足了行业经营管理模式不断变化和发展的需要。

重拳打击“四烟一网” 市场净化度明显提高。专卖管理工作围绕“卷烟打假年”，以“四烟一网”为重点，精心部署、全面开展了打击温岭籍人地下卷烟运销网络、打击非法拼装倒卖烟机、“清市场、打大户、保工程”三次声势浩大的专项行动。按照法治化、科学化要求不断规范、完善专卖管理手段。出台了举报奖励规定、检查证管理规定，建立了挂牌督办案件制度，基本实现了网上办理“三证”、网上办案、网上信息传输，零售许可证合理布局工作稳步推进。通过以案说法等形式，加强了烟草专卖管理法律法规宣传。专卖管理第二轮三年目标实施以来，全省市场状况有了根本性的好转，2002年全省查获假烟、走私烟数量分别比2000年下降89%和50%。

批发“统价制”顺利实施 去年2月初起，全省统一了所有经营卷烟品牌的最低批发限价。通过产、销、管各方协调配合，使全省卷烟价格相对稳定、市场进一步规范。在统一最低批发限价的同时，还积极探索零售价的统一工作。台州地区、舟山地区、象山，新昌、江山等地零售价统一工作取得了良好效果。全省流通企业根据大品牌、大市场的要求，发挥网络功能，强化基础管理，在稳定销量的基础上进一步优化经营结构，普遍呈现销售额增幅大于销量增幅，毛利增幅大于销售额增幅的良好局面。

副业投资集中度得到加强 各地进一步明确本地区的投资方向和发展重点。金华、绍兴、杭州、宁波等地，由分公司牵头，集约化、规模化投资，投资结构进一步优化。金华地区组建的房地产企业“香溢置业”已进军杭州。“香溢旅业”成员企业的管理水平、服务质量、经济效益得到明显提升。去年，面对股市长期低迷，资本经营风险和困难不断增大的不利环境，全系统多元经营剔除卷烟零售利润，实现利润3.18亿元，与上年同口径相比，净增9.16%。

认真开展以财经秩序为重点的整顿规范工作 各地把财经秩序整顿作为规范管理、防止腐败的源头工作，思想重视、组织有力、机构健全，重点开展了小金库、账外账的清理。结合统价制的执行，各地加大对八类烟的清理力度，绝大多数单位已建立了八类烟的管理办法。规范购销渠道，开展联营烟草企业清理、整顿，取消了7家联营烟草企业卷烟批发资格。制定下发《浙江省烟草系统投资管理暂行规定》，开展了对外投资的调查清理，撤并企业6家，对长期亏损或无收益项目撤回投资。

全面完成市级局机构改革 全省11个市局（分公司）全部顺利完成机构改革。在机构改革中全面实行干部公开竞争、择优上岗，一大批优秀中青年干部充实进市局（分公司）中层担当重任。以《干部任用条例》颁布为契机，对2家卷烟厂、8家市局（分公司）的党政领导班子进行了调整和充实，共任免处级领导干部29名，班子建设有了新起色。以“一把手”为重点，落实领导干部的监督约束机制，强化了对“一把手”和领导班子的监督管理。

作风、形象建设有新的进步 贯彻落实党的十五届六中全会决定，在全行业开展“作风建设年”活动。深化浙烟精神，认真开展“转变作风，迎对挑战”的主题教育和“浙江烟草形象大讨论”主题活动。全行业近1.88万人次在网上发表见解，提出了形象设计、形象培育的创意，在此基础上形成了浙江烟草六大理念，八大形象标准，语言、服务、行为三大规范。

认真组织学习江总书记“5·31”重要讲话和十六大精神，开展了解放思想大讨论。加强党风廉政建设，科学合理分解党风廉政建设责任目标，细化责任对象、考核内容及责任追究；加大防范性教育，进一步筑牢反腐防腐的思想防线。（罗　霞）

安徽烟草

2002年安徽烟草行业以推进“六个转变”为重点，团结拼搏，加快发展，顺利实现“全面发展上水平”的目标。全年实际实现税利60多亿元，税金40多亿元，利润20多亿元，同比均有大幅度增长。

战略转型全面启动　行业上下增强服务创值意识，提升服务水平，服务—价值链开始形成。农业由按计划生产向注重拿订单生产转变，确立了服务工业的思想，开始从种植商向供应商转变。工业由生产制造商向制造和服务商并重转变，主动研究消费、引导市场；开发适销对路的产品。商业前端服务工业，开拓市场，培育品牌，后端服务零售户、消费者，推行服务营销和客户关系管理，着重提高客户“四度”。企业内部通过组织结构调整和业务流程再造，初步形成以服务为核心、以市场为导向的新的运作模式。在为市场和客户服务的同时，积极拓展新领域，加快现代物流建设，全省统一的“安泰”服务品牌初步形成。

经济运行质量明显提高　烟叶生产优化布局，严格按计划种植、合同收购，收购烟叶28万担，上等烟比例同比增长6个百分点，实现扭亏为盈。工业加快技术改造，实行错位经营，形成相对优势，各厂产品质量、竞争能力、盈利水平都有较大提高。全年生产卷烟174.9万箱，同比增长2.1%。品牌集中度进一步提高，产销量10万箱以上品牌有8个，其中15万箱以上品牌有4个。工业省外销售28万箱，实现销售收入19.2亿元，同比分别增长33%和26%。商业狠抓市场促销量，调整结构增效益，批发销售卷烟153.3万箱，同比增长7.4%；销售三大名烟16.7万箱，同比增长23.8%，五个优级烟43.6万箱，同比增长42.1%；“三名五优”销量占总销量的39.4%，同比增长36.5%，销售收入占总收入的60.8%，同比增长35.5%；全省条均价28.5元，同比增长10%。卷烟库存合理，全年平均工商库存8.15万箱。烟叶库存数量下降而结构明显上升，尤其是省产烟叶历史库存基本消化完毕。

市场秩序进一步好转　保持专卖管理的高压态势。各单位确立专卖管理是主要经济增长点的观念，继续开展整顿和规范市场经济秩序，与公安部门建立联席会议制度，加大打击和追刑力度。全年共捣毁各类制假匿假窝点261个，查获各类违法卷烟31763件，制假烟丝烟叶200多吨，制假烟机12台套，拘留、劳教、判刑304人，罚没款1300余万元。

户籍化管理开始破题。一些地区依靠政府和社会的力量，把专卖管理工作从行业行为上升到政府行为和社会行为；通过岗位竞聘、任务竞标、岗位评估、分配调节等改革，转换内部机制，调动员工的积极性；探索户籍化管理与客户关系管理相结合，成立了卷烟经销商会，对零售户实行差异化管理和服务；开始以实行折扣折让销售和整合零售户布局为契机，以一户一码为技术手段，以转换内部机制和提高员工素质为关键，以流程优化为主要措施，对户籍化管理进行整体性研究。

信息平台初步建成，业务模式不断优化　信息化进程明显加快，建成基于互联网的行业广域网，搭建了一个功能比较完善的信息平台，工商卷烟调拨、工业物资采购、商业服务营销、资金集中管理等新的业务系统先后上线运行，客户数据库、物流信息系统、电话订货系统等正在抓紧建设。在信息平台的支撑下，业务模式不断优化和完善。开始试行呼叫中心、电话订货、网上订货方式；加快全省一体化的大物流、大配送体系建设，专业化配送、半自动分拣、一户一码开始推广；专卖向专职化方向发展，市管和稽查人员职能分开，不断完善户籍化管理模式；城乡网络进一步整合，访送分离面继续扩大，访销员职能开始从上门拿订单向客户经理转变。一个以供应链管理、服务营销和客户关系管理为核心的高效率、低成本的经营管理体系正逐步形成。

改革创新深入推进　全行业推行目标管理和绩效评估，并与分配挂钩，初步形成动力与压力相平衡的机制；开展全省行业性的竞聘上岗，很多单位还实行了任务竞标；新聘人员实行社会化管理；实行新的工效挂钩办法，体现分配与贡献挂钩；积极稳妥地推进企业内部结构调整和减员增效，推行“一厂三公司”、“一司三中心”模式，加大人员分流、主辅分离、企业办社会剥离工作的力度；亳州、砀山烟厂关闭取得实质性突破。

创新工作取得新的进展。农业推广新技术、新工艺，密集型烤房通过国家局组织的专家验收，并列入今年全国烟叶种植推广技术指南体系。工业围绕“四降四提”，开展技术创新，先后推出“黄山”世纪经典、国宾“迎客松”、贵宾“迎客松”、“光明”新皖、8+12“红三环”、“香梅”等一批富有创意和一定技术含量的产品，省产卷烟平均焦油量由上年的15.4mg/支下降到14.6mg/支。一些单位创造性工作富有成效，商业不断探索电话订货、会员制、加盟连锁、一价制等新的业务方式；创造出岗位竞聘、线路竞标、动态考核、星级市管员评定和专卖列入政府考核系列等新鲜经验，并逐步向全省推广。

继续加强宏观调控，企业规范的自觉性增强　按照错位经营的总体思路，工业企业自觉地对企业自身和品牌进行合理定位，优化了行业生产力布局。坚持控库限产、以销定产、适度从紧，在保证市场稳定的同时，提升产品结构，一、二类卷烟产量同比分别增长12%和138%，五类烟产量同比下降20%。积极整合品牌，卷烟生产由去年初的52个品牌133个规格，压缩到现在的19个品牌84个规格，其中省内销售53个规格，基本形成以“黄山”、“迎客松”、“光明”、“渡江”、“盛唐”、“都宝”、“合肥”、“红三环”、“香梅”为主的品牌体系。进一步理顺卷烟价格体系，规范省内宣传促销行为，规定产地公司销地产烟的比例上限，集中调控五类烟的生产与销售，合理调控发展节奏，消化各类不良资产6.2亿元。通过科学调控，行业整体合力进一步增强，初步形成工商之间、企业之间和品牌之间协调发展的格局。

技术改造和管理再上新水平 工业技术改造工程全面实施。合肥卷烟厂率先完成整体改造，蚌埠卷烟厂技改5万平方米联合工房已在去年底开工，芜湖卷烟厂正在进行关键设备选型，滁州卷烟厂技改主体工程进入施工阶段，阜阳卷烟厂的技改也列入议程；同时根据各厂定位，合理调整和利用设备资源。各厂技术装备水平有了较大的提高，并注意技改、工艺、管理等结合，全面推进技术进步。

继续夯实管理基础。推行目标管理、绩效评估，探索员工关系管理、供应链管理，促进了管理工作从传统向现代转变。物资采购、办公自动化、服务营销等应用系统运行，促进了管理和规范向高水平、深层次发展。加强县级法人取消后的各项管理工作，逐步完善重大决策、投资、大额资金使用、基建项目报批、招投标等制度和程序，加强预算管理，推行成本核算新规程，强化审计监督，促进了管理和规范向制度化、程序化迈进。认真开展财经秩序专项整顿工作。安全生产的管理力度加大。

队伍和文化建设继续加强 组织全行业深入学习贯彻十六大精神，开展警示教育，突出对选人用人、重大投资、招投标等监督检查，实行廉政谈话、诫勉、署名举报承诺办理、责任追究等制度，党风和干部工作作风建设进一步加强；坚持民主集中制，规范决策程序，各级领导班子驾驭全局和经营管理能力有所增强；思想政治工作、工会、学会、老干部等工作进一步加强，机关服务意识和工作效率有了较为明显的提高；提倡工作学习化和学习工作化，全年共有14000多人次参加各类培训，特别是举办了两期处级干部培训班，行业上下兴起了学习的热潮；从提高行业持久竞争力的战略高度，积极培育行业文化，“诚信厚德、勤奋崇智、共创共享”的核心价值观深入人心，服务增值、创值成为共识，勤奋、智慧求效益成为自觉行动。 （李甲林）

福建烟草

2002年全省烟草行业经济效益快速增长，全年税利突破60亿元，达到60.6亿元，比上年增长18%；实现利润21.2亿元，增长28%。三明、龙岩、南平三大烟区在农业灾害考验下实现了烟叶质量和效益的稳步提升。全省收购烟叶170万担，严格控制在国家计划内，销售烟叶159万担，比上年增加20万担。全年生产卷烟98.53万箱，比上年增长2.3%。销售卷烟106.1万箱，增长9%，全省卷烟销量历史性突破百万箱大关，其中地产烟销售88.4万箱，增长10%；一、二类烟合计销售19.9万箱，占总销量的18.8%，同比提高1.3个百分点；三类烟销售59.6万箱，占56.2%，提高2.9个百分点。“七匹狼”、“石狮”等六大骨干品牌产量合计83.1万箱，占总产量的84.3%，提高6.4个百分点；销量合计75万箱，占总销量的70.7%，提高4.8个百分点，骨干品牌集中度稳步提升。一年来行业各项工作取得明显成效，通过抓厦门卷烟网建示范作用，典型引路，以点带面，整体推进了全省卷烟销售大配送工作；通过各级局（公司）一把手亲自抓重点县卷烟市场占有率的提高，亲自挂钩66个专卖管理所的建设，对提高市场控制力和专卖管理基础建设起到了较好的推动作用；通过7～9月份的“统一价保卫战”和“网建攻坚战”，进一步加强了全省卷烟经济运行的全局调控。

整顿和规范烟草市场经济秩序 2002年，全省打击制售假烟专项行动取得重大成果。各级烟草专卖部门与公安等执法部门紧密配合，以“端窝打点、惩处犯罪、摧毁网络、深挖后台”为目标，采取超常规措施，全年共查处案件1.9万起，抓获涉假人员1301人，刑事拘留452人，逮捕321人，劳教77人，判刑183人，沉重打击了制售假烟犯罪体系。专项行动结束后，烟草、公安两部门建立起长效协作机制，打假斗争正从“遏制”向“根治”转变。烟草行业财经秩序专项整顿工作按照国家局要求全面有序铺开，审计部门充分履行内审监督服务职能，完成审计项目1196个，增收节支3000余万元。企业逐步树立全面预算管理观念，年度预算和月度现金流量预算编制工作顺利展开。行业资金管理中心正式运行，截至去年年底成员单位内部借款发生额累计16.9亿元，节约财务费用600万元，在盘活存量资金、调剂资金余缺，降低融资成本等方面初见成效。行业多元化经营企业的整合以及清产核资工作进展顺利。按照高标准、高起点、高质量的要求，全面启动208个专卖管理所规范建设，专卖管理盲区大大缩小。打击无证经营、集贸市场乱渠道进货行为和合理布局零售点取得一定进展，扎实推进了全省卷烟市场清理整顿工作。严格落实物资采购和工程招投标制度，全面实行非专卖品烟用物资的公开招标、比价采购及基建工程项目的招投标制度，进一步规范了物资采购和工程项目的管理。

科教兴烟 省局（公司）加强对行业科技工作的指导，形成了“工业研究以技术中心为主体，农业研究以烟科所为主体，产学研联合攻关”的科研模式。《福建烟区土壤养分丰缺评价》等3个项目获得国家局科技进步奖，评选出省局科技进步奖19项。全省16万亩“福建风格优质烟叶基地”陆续建立，成为新技术推广运用的基地和沟通烟区与工厂的“桥梁”。烟叶产区以“提质控碱”为突破口，加快普及成熟采收等常规技术，大力推广漂浮育苗等实用新技术，扭转了上部叶长期滞销的局面。烟叶产区推行烟农户籍化管理，提高了合同履约率，全省户均种烟面积同比增加0.53亩，户均种烟收入同比增加510元，涌现出一批种烟专业大户，烟叶规模种植初见成效。按照“数字烟草”的总体要求，完成全省行业光纤广域网建设，烟叶、专卖、销售、电子商务、资金结算和统计系统已经全部上网运行，人事劳资、财务等系统得到积极运用，为实现管理和营销手段的现代化奠定了扎实基础。卷烟流通数码监控工程全面实施，为专卖管理和市场信息集成提供了技术支撑。龙岩卷烟厂管理信息系统全面升级，厦门卷烟厂管理信息系统导入企业资源计划（ERP）管理思想，实现物流、资金流、信息流的全程控制。在质量管理日常体系运行和维护工作的基础上，龙岩、厦门卷烟厂引入ISO9004体系，建立工作过程的自我评价、自我纠正、自我完善运行机制。群众性QC活动持续开展，厦门、龙岩厂QC小组分别获得全国行业QC成果二、三等奖。

公共关系建设 全行业有计划、有目的地加强与社会各界的信息传播与沟通，统一设计行业视觉识别系统(VI)，着重沟通与客户、政府、新闻媒介和省外兄弟单位等四个方面的关系。通过全面访销送货、召开零售户座谈会、建立局长(经理)接待日制度等措施，大力传播“至诚至信、全心全意——客户满意是我们永恒的追求”的行业服务理念，提高社会认知水平和客户满意度。省局积极与省委、省政府和有关部门接触、沟通，促成省政府出台《福建省烟草专卖管理办法》，在全国烟草行业开创性地取得了对无证经营进行惩处的工商委托执法权，创造了前所未有的良好执法环境。通过召开新闻工作者恳谈会、新闻发布会、拍摄新闻专题等一系列形式，成功地利用电视、广播、报纸、杂志等大众媒介进行行业政策、形象的宣传。5月，全省行业和漳平市烟草公司参加全国烟草行业技术创新成果展，取得了较好的反响。省局(公司)不断加强与各省级局(公司)高层领导之间的互动沟通，积极为工商企业拓展市场、输出品牌、交流先进经验牵线搭桥。

队伍建设 省局在认真抓好党组中心组学习的同时，加强对设区市局党组中心组学习的指导。认真贯彻《党政领导干部选拔任用工作条例》，坚持落实民主推荐制度、任前公示制度、诫勉谈话制度。先后对南平、宁德、漳州、厦门、泉州、莆田、福州市局（分公司）和厦门厂的领导班子进行调整充实，改善了领导班子的年龄、专业和知识结构。高度重视专卖管理员、访销员、送货员、烟技员队伍素质的提高，全省1985人的专卖管理队伍中有1362人取得了执法资格制订《访销员工作手册》，指导访销员科学开展营销工作；加强岗位培训和职工技能鉴定工作，完成烟叶生产、卷烟销售人员持证上岗工作。继续实施“百千万人才”工程，加大人才引进力度，2002年全省行业共招收大学本科以上毕业生72名，为行业发展奠定了人才基础。制订《2002～2005年福建省烟草系统干部培训实施意见》，举办形式多样、内容丰富的培训活动，力争使行业成为学习型企业、知识型团队。通过组织喜迎“十六大”歌咏晚会、举办全省行业“沉香杯”第二届篮球赛、《公民道德建设实施纲要》宣传教育等一系列活动，群众性精神文明创建活动取得新成果。认真落实《领导干部廉洁自律从政准则》，重点贯彻中纪委五次全会提出的领导干部“六不准”工作要求。纪检监察部门注重从源头上预防和治理腐败，积极介入财经整规、全面预算管理、招投标等工作中，很好地发挥了监督作用。 （江　晁）

江西烟草

2002年，江西烟草在连续三年快速增长的基础上继续保持了强劲的发展。

卷烟生产经营认真落实国家局“控量、促销、稳价、增效”方针，严格按季度下达生产计划，逐月分解调控，加强库存控制，并积极开展省外联营生产。调整优化产品结构，实施产品创新，努力降低卷烟焦油量。重点扩大“金圣”品牌规模，突出做大30元/条以上的中档烟。新开发了尊品“金圣”和新品“红日”。狠抓南昌烟厂做大做强和赣南烟厂扭亏脱困。加紧实施南昌烟厂“十五”易地技术改造项目，9月份土建工程顺利开工。赣南烟厂基本实现当年不亏。

卷烟销售坚持规范、效益、集中、互利的原则，积极培育全国烟草行业名优烟，卷烟销售品牌向36种行业名优烟集中，销售结构逐步适应市场消费需求。立足本地市场，规范经营，基本理顺了省公司本级经营。继续加强网络建设，大力推行“全面访销、集中配送”的网建模式，全省系统以信息化为依托，访销、送货、稽查三线分离互控、三线协调互动的网络格局初步形成。积极开展零售户客户关系管理。实行全省卷烟统一批发价，并在全省积极推广卷烟批发、零售一价制。

烟叶生产经营克服洪灾影响取得了显著成绩。全年种植烟叶15.63万亩，收购烟叶34万担；上等烟占31.4%，比上年提高近10个百分点，下低次烟控制在10%以内。烟叶生产合同管理更加严格到位。烟叶生产收购信息化建设积极推进，一次性投入资金300多万元，所有收购站点均配备了微机或POS机。大力推广“四项”实用技术，积极推广新品种。与中国农科院土壤研究所合作，采用卫星定位系统对全省主要产烟区进行土壤普查，初步建立了土壤数据库，实施控氮降碱工程。狠抓重点烟叶基地，开发千亩国际型优质烟基地取得了成功。

突出户籍化管理和卷烟打假打私两个重点，加强专卖队伍建设，增强法纪观念，服务观念，创新观念，切实强化专卖管理。9月下旬，举行了全省烟草系统专卖稽查技能大比武活动，国家局杨传德副局长、江西省政府朱英培副省长和省局揭国雄局长检阅了专卖稽查队伍。根据国家局关于开展专卖执法人员统一考试的要求，先后组织184名县局副局长以上专卖管理干部、599名中队长以上专卖稽查人员进行统一考试。突出"经营"案件理念，继续大力整治市场，与省公安厅联合开展了长达半年之久的打假专项行动。2002年，全省系统共查处制假贩假售假案件2581起，贩私卷烟案件234起，查获假冒商标卷烟8460件，走私卷烟1320件，捣毁制假窝点3处，地下烟丝生产点和嘴棒生产点各1个，摧毁贩假售假网络37个，非法拼装倒卖烟机团伙9个，抓捕涉嫌违法犯罪人员153人，采取刑事强制措施114人，判刑12人，劳教6人。加强零售户档案管理，积极开发应用专卖管理信息系统，对零售户实行统一编码，自动分类。加强内部管理，规范办案程序，严格处罚标准，规范专卖罚没款收入，实行全省各级烟草专卖局罚没收入通过当地工行代收代缴，并全部作为省级收入上缴财政。

以财务管理为龙头，全面加强企业管理。全面推行会计委派制，规范会计核算，加强资金安全管理，全面清理业务和资金往来账目。实行目标成本管理和预算管理。大力推行法人代表任期经济责任审计和内控制度评价审计。强化工艺质量管理，改进工艺规范，降低消耗。实行劳动合同制度和岗位工效考核，建立健全奖励激励机制，加大精简机构和人员结构优化力度，推进减员增效工作，加强各类专业培训和技能鉴定。开展财经秩序专项整顿，推进"清欠"和清理查处小金库、账外账工作。全面推行烟用物资采购资质认证、比质比价采购和工程项目招标。坚持强化安全管理，连续8年实现安全工作"七个为零"的目标。

2002年，江西烟草系统生产卷烟50.06万箱，与上年同比增长2.01%，调增计划5.5万箱；一类烟生产6.42万箱，占总产量比重12.83%，二类烟生产8.52万箱，占产量比重17.02%，销售卷烟95.36万箱，与上年同比增长3.81%；30元/条以上省产卷烟销售15.06万箱，同比增长44.81%；省产烟单箱销售收入6393元，同比增长12.06%。全省系统实现工商税利26.79亿元，同比增长25%；商业企业超常规发展，实现利润5.84亿元，同比增长73.38%。南昌分公司率先实现效益超亿元，全省系统涌现了一批效益超千万元的县级公司。

作风建设和队伍建设成效显著。认真组织各级班子和干部职工学习党的十五届六中全会精神、江泽民同志"5.31"重要讲话和省十一次党代会精神，开展学习浙江经验活动。十六大胜利闭幕后，在全行业掀起了学习贯彻十六大精神的热潮。全面落实党风廉政建设责任制，深入开展效能监察，加强党风廉政信息员队伍建设。贯彻落实《公民道德建设实施纲要》。组织开展职工歌手大赛、"双文明"评选和先进网点、优秀专管员、访销员、送货员评选等活动，积极开展扶贫济困、支援灾区的捐赠活动。综合治理工作取得新成效。省局（公司）先后获得全国普法先进单位、江西省文明单位、全省综治先进单位、全省包村扶贫先进单位等荣誉称号。魏平同志被国家局授予"中国烟草十大金叶卫士"荣誉称号。

（李定芳　左荣华）

山东烟草

2002年，山东烟草坚持"狠抓基础，稳中求进"的行业工作指导思想和"一要规范、二要改革、三要创新"的工作重点，采取一系列工作措施，实现恢复性发展。全年生产卷烟1129.15亿支，比上年下降3.15%。销售卷烟1269亿支，比上年增长3.19%。种植烟叶55.5万亩，收购5.05万吨。实现工商利税60.29亿元，比上年增长16.23%；其中利润14.2亿元，比上年增长4.94%。

两烟产销协调发展　坚持"控量、促销、稳价、增效"方针，根据市场和库存情况，主动调减生产计划，均衡安排卷烟生产。按照扶优扶强原则，在加大科技开发力度、提高产品质量和科技含量的同时，加大优势品牌营销力度，壮大骨干企业和优势品牌，省产名优重点牌号销量比上年增长34.6%。加强品牌培育和整合，生产牌号由42个压缩到37个。在销量不断增长的前提下实现产销稍紧平衡，推动结构上移和效益提升，工业企业税改压力在较大程度上得到缓解。烟叶生产坚持控制总量，提高质量，优化布局，优化结构的工作重点，加大生产投入，推广先进技术，加强收购管理，在遭受严重干旱的情况下，质量和等级纯度明显提高，上等烟比例达到34.98%，同比增加13.12个百分点，亩均产值同比增加208元。

网络建设进一步深化　制定网络建设三年规划。济南、青岛两市公司参加全国网建联动，卷烟销量分别同比增长18.77%和8.01%。开展全省网建联动工作，有14个市局（公司）的122个县级局（公司）全部实施城乡一体，访送分离，全面访销，全面配送。青岛市区电子结算率达到97%以上。临沂市公司网上配货取得一定经验。

管理全面加强，改革稳步推进　出台卷烟产品、价格、产销计划管理办法和产品结构调整意见以及工商企业考核办法，初步建立健全了科学高效的经济运行机制。加强财务管理，狠抓《会计法》执法检查整改落实，完善预算管理和考核，规范资金管理，资金使用效益明显提高，每年为行业产生直接经济效益1.2亿元。不断加强审计工作。进行经济责任审计37人，经济效益审计3900多项，增收节支9400多万元，在加强监督规范、改善企业管理等方面发挥了积极作用。出台《山东省烟草行业采购管理办法》，加强物资采购管理。继续对非专卖品卷烟材料实行资质认证、比价采购，节约采购成本1800多万元。加强企业基础管理，将军集团、青岛市公司获“山东省管理创新优秀企业”称号。安全生产以“三项专项治理”为主线开展各项工作，全面实现年度安全管理目标，重大以上火灾事故、重大以上因公伤亡事故、甲方责任事故、重大设备事故、重大被盗案件为零。积极推进企业组织结构调整。制订小卷烟厂关闭方案。提前关闭5家挂杆烟叶复烤厂。对原兖州卷烟厂职工进一步进行了安置。完成山东烟草进出口公司、原廿里堡复烤厂和临沂复烤厂的改制。完成“山东瑞博斯烟草有限公司”组建工作。

科技工作继续强化 在济南、青岛两大技术中心试行技术职务聘任制。安排专项经费440万元，完成省公司19个重点项目立项。安排专项资金1000万元，对主产牌号卷烟降焦和烟草病毒病防治两个重点项目进行攻关。济南、青岛卷烟厂技改顺利进行。资金管理系统被评为省科技进步二等奖。

专卖管理成效明显 落实国家局、公安部重点地区卷烟打假专项行动会议部署，与公安机关建立长效合作机制，联合打假，重点地区制售假烟活动开始向根治目标转变。加强卷烟市场管理，开展零售户普查和卷烟市场专项整治“百日行动”，开展市场净化率达标活动。全年共查处各类案件30.51万起，总案值1.97亿元，其中涉假案件11.86万起，涉假标值8977万元；捣毁制假窝点125处，查缴制假烟机设备465台，查处贩藏假烟窝点3325个；查扣假冒卷烟7.39亿支，标值6276万元；公安、司法机关拘留不法烟贩990人，逮捕77人，判刑68人。市场净化率由2001年的87.4%提高到95.2%。同时，强化内部管理。完善烟草专用设备报废程序，出台内部举报奖励暂行办法，加大内部案件查处力度，有效规范了内部生产经营秩序。

干部职工队伍建设得到进一步加强 组织广大党员和干部职工认真学习“三个代表”重要思想和十六大精神。认真贯彻落实“干部选拔任用条例”，加强对省局(公司)机关干部职工和市局(公司)领导班子的考核，组织省局(公司)领导班子后备干部的推荐和部分市局(公司)领导班子成员竞争上岗。开展专卖管理队伍素质年活动，全省举办1485期培训班，省局举行典型案例分析会，280余人参加国家局统一组织的专卖局长、副局长考试，成绩名列全国第四。规范劳动用工管理，完善计件工资制度。加强专业技术人员管理和培训，有2人获得全行业技术能手称号。认真落实离退休人员有关政策待遇，离退休干部工作得到进一步加强。 （曹红祥）

2002年主要经济指标统计表

实现利税（亿元）	工商利润（亿元）			生产卷烟（亿支）	销售卷烟（亿支）	烟叶种植（万亩）	烟叶收购（万吨）
	合计	工业利润	商业利润				
60.29	14.2	2.59	11.61	1129.15	1269	55.5	5.05

河南烟草

2002年，河南烟草行业坚持发展不动摇，坚持稳定压倒一切，狠抓各项措施的落实，较好地实现了预期目标。

宏观调控力度加大，“两烟”产销基本平衡 全年累计生产卷烟281.6万箱（不含出口烟），省内累计批发销售卷烟244.81万箱，工业省外销售卷烟62.02万箱，年末卷烟工商库存14.65万箱，收购烤烟12.1万吨，销售烤烟12.43万吨，年末商业库存烤烟10.05万吨，出口烟叶4199吨，卷烟65015件，创汇1076万美元。

扭亏增盈初见成效，经济效益明显增长 应对卷烟税制调整，采取多项减亏措施，严格控制成本费用，节约非生产性开支，工业成本费用率由上年的68.51%降到60.04%，下降8.47个百分点。加强预算管理，8个分公司建立了资金管理中心，资金使用效率有所提高，在网建投入大幅度增加的情况下，商业销售费用率比上年略有下降。全年实现工商税利61.5亿元，同比增长30.97%，创历史最好水平；其中，实现利润10.06亿元，同比增长2倍多。8个10万箱以上卷烟厂实现利润3.02亿元，较同期亏损1.19亿元相比增加4.21亿元；商业实现利润6.65亿元，同比增加1.36亿元。考虑消化包袱因素，烟叶经营基本扭亏。

结构调整取得进展，运行质量有所提高 企业组织结构调整得到省政府的高度重视，先后召开常务会议和工作会议安排部署，成立领导机构，出台了有关政策。淮滨、邓州、周口3家烟厂实施了停产，其中淮滨烟厂已经启动破产程序。同时，还关闭了24家挂杆复烤厂。调整产品结构，三类以上卷烟产量达到59.4万箱，占总产量的21.1%。工业单箱销售收入3326元，比上年增加156元；商业省产烟单箱销售收入4112元，比上年增加345元。卷烟牌号比上年减少15个、规格减少9个，单牌规模平均达到6.1万箱。推出红旗渠、金芒果、帝豪、黄金叶、沙河等5个优势品牌，产量达到33.26万箱，占总产量的11.76%。调整烟叶生产布局，新品种比例达到71.8%，上等烟比例达到32.8%。

网络建设进程加快，市场控制能力增强 县城以上城市普遍推行了“全面访销、全面配送、专销结合、访送分离”的网建运行模式，一些单位实行了城乡联动。农村网建推行“三网并举、访送一体、规范经营、优质服务”的运行模式，整合了农村网点布局。进一步健全激励和约束机制，以客户为中心的服务意识明显增强。全面推进专卖管理所建设，深化零售商户“户籍化”管理，积极开展卷烟市场整顿和净化率检查。全省零售商户持证率达到97.3%，市场净化率达到97.8%。

整顿规范不断深入，企业管理得到加强 开展烟草公安联合打假专项行动，捣毁制假窝点442个、售假网络55个，打掉非法拼装烟机团伙5个，取缔烟丝作坊58家，查获假烟42191件，各类烟机设备234台，全省抓捕制售假烟犯罪嫌疑人1790名，其中判刑47人，劳动教养40人。整顿生产经营秩序，企业过度竞争行为得到遏制，“两烟”体外循环明显减少。开展多元化企业清产核资，申报各种资产损失挂账2500多万元。加强审计监督，全省完成经济责任、财务收支、基建技改项目审计735个，促进增收节支4111万元，核减工程投资3495万元。财经秩序专项整顿取得进展，省内卷烟销售实行先款后货，工商企业应收账款减少11.98亿元。推行非专卖品烟用物资“资质认证采购”和烟机零配件交易会员制改革，进一步规范了采购行为。加强卷烟产品质量管理与监督，发挥技术中心作用，2002年底卷烟焦油量平均值为14.82mg，同比降低0.7mg。重视烟草科研工作，省局统一安排项目14个。完成22个卫星网C类站建设，开通全省行业卫星网和邮件系统，加快工业和商业基础软件的推广应用，实现了卷烟购销计划网上衔接。组织开展安全大检查，整改事故隐患149项，基本实现了安全工作目标。

重视精神文明建设，行业大局保持稳定 学习贯彻《公民道德建设实施纲要》，开展“豫烟人形象比学做活动”，评选表彰了爱岗敬业“十佳标兵”。认真贯彻落实《党政领导干部选拔任用工作条例》，对部分工商企业领导班子进行了考核调整。加强劳动用工管理，依法规范了劳动关系。加强工资总额宏观调控，推进分配制度改革，职工收入有所提高。积极参加省委组织的干部驻村工作，为帮扶点办了实事。加强离退休干部服务管理工作，“两项待遇”落实较好。开展“读文章、思廉政、树形象”活动，加强党风党纪教育，落实党风廉政建设责任制，推行“三规范一公开”，纠正行业不正之风，探索从源头上预防和治理腐败的措施。加大违法违纪案件查处力度，全年查结案件60件，处分134人，挽回直接经济损失100多万元。加强思想政治工作，落实稳定和信访工作责任制，及时化解矛盾，保持了行业大局稳定。开展精神文明创建活动，又有12个单位进入省级文明单位行列。

（李长银）

2002年主要经济指标统计表

烟叶收购量（吨）	卷烟产量（万箱）	卷烟销量（万箱）	税利（亿元）	工商利润（亿元）			出口创汇（万美元）
				合计	工业利润	商业利润	
121000	281.60	306.81	61.50	10.06	3.02	6.65	1076

湖北烟草

2002年湖北烟草系统认真贯彻落实国家局“狠抓基础，稳中求进”的工作指导思想和“一要规范、二要改革、三要创新”的工作重点，继续坚持工业“三限”、商业“三保”的工作思路，在行业市场竞争激烈的情况下，“两烟”产销基本平衡，产品结构进一步优化，经济效益进一步提高，企业改革和组织结构调整进一步推进，精神文明和党风廉政建设进一步加强。

2002年湖北烟草系统实现工商税利49.89亿元，比上年的38.38亿元，增加11.59亿元，增长30%；其中税金42.62亿元，利润7.27亿元。工业企业实现税利40.6亿元，比上年增加9.63亿元，增长31.07%，实现利润1.47亿元，比上年亏损1.8亿元增利3.27亿元。商业企业实现税利9.2亿元，比上年增加1.87亿元，增长25.4%。其中：利润5.8亿元，比上年增加1.8亿元，增长45.2%。2002年生产卷烟180.04万箱，比上年减少8.67万箱，下降4.6%。其中一类卷烟48.7亿支(9.74万箱)，二类卷烟33.5亿支(6.7万箱)，三类卷烟238.4亿支(47.68万箱)。省内商业销售151.3万箱，比上年的141.96万箱，增加9.34万箱，上升6.57%，全省商业企业卷烟平均毛利率13.63%，比上年增加0.57个百分点。全省累计收购烤烟96.34万担，占计划的87.58%，同比增加6.66万担，收购晾晒烟34.92万担，同比减少24.8万担。

继续狠抓整顿和规范工作，遏制了违规违纪经营行为 2002年，湖北省局继续把整顿和规范生产经营秩序作为重中之重来抓，尤其是狠抓了财经秩序专项整顿，认真开展“两烟”流通秩序自查工作，保证了经济运行质量的不断提高和经济效益稳定增长。为抓好限产压库工作，省局加大了从工业源头治理的力度，按照市场和效益的原则，对卷烟生产计划加强了宏观调控，全年共调出36万箱产量计划到省外。继续加强了对卷烟生产计划的管理，向部分工业企业派驻限产压库工作组，实行生产现场监控。多次派出工作组进行检查，并从生产进度、原辅材料供应等方面加以限制，遏制了超产瞒产行为。在烟叶生产收购工作中，严格控制种植计划面积，坚持按计划、按合同收购，保证产销平衡。针对违规经营问题抬头的倾向，湖北省局辣手治乱，对违规经营的单位和个人进行了严厉查处。

坚持加强专卖管理和网络建设有机结合，卷烟市场占有率和控制力有所提高 2002年湖北省局争取省委、省政府支持和相关部门配合，大力开展烟草市场整顿工作。省局与省公安厅两次召开了全省卷烟打私、打假联合行动会议，深入开展了打大户、端窝点、挖团伙的专项行动，特别是加强了对江汉平原、咸宁、武汉等地卷烟市场整治，严厉查处大案要案，加大对不法烟贩追刑力度。2002年全省共查获各类案件34655起，其中5万元以上的大要案59起，查获各类卷烟66717件，查处不法烟贩645人，其中判刑48人，刑事拘留466人，劳动教养128人，震慑了不法烟贩。按国家局要求，湖北省局继续开展烟机打假工作，重点加强对襄樊董建中违法经营烟机案的侦破，成立专案组，搜集证据材料，扩大线索，在5月份将其抓获归案。同时，加强了对全省主要烟机制造企业的监控，襄樊、武汉、咸宁、孝感等市局向辖区烟机厂派出工作组检查其生产计划、账目报表和销售情况，对生产厂家经营情况实施有效监控，防止烟机设备流入地下非法烟厂。一年来全省共查获非法拼装倒卖烟机团伙13个，收缴烟机45台，零部件1260件，图纸5000分。湖北省局明确提出2002年网建工作重点是以户籍化管理为重点，以信息化为依托，全面提升卷烟网络建设水平。制定了《关于卷烟市场户籍化管理的实施办法》，统一了户籍化管理模式，充实了管理队伍，完善了对经营户管理办法，健全了户管员、访销员、送货员的责任和监督制约机制，围绕优质化服务、规范化经营、专业化服务、信息化管理，进一步健全和完善访销配送体系。全省在前几年学习武烟集团“全面访销、全面配送、访送分离、专销结合”的基础上，全面推行POS机访销，全省配备POS机2804台，孝感、咸宁、黄冈、襄樊、十堰等单位实行了零售一价制，提高了市场控制力。

坚持“科教兴烟”战略，不断提高“两烟”生产科技水平 一年来，全省系统围绕提高“两烟”生产水平，增加“两烟”科技含量，大力实施“科教兴烟”战略，精心组织，重点攻关，取得了较大的成绩。2002年全省卷烟平均焦油量为14.6mg/支，较上年降低了1.1mg/支，全国排名由2001年的第19位上升到第11位，中低焦油卷烟品牌明显增多。尤其是加大名优烟工程的科技投入力度，促使“红金龙”、“金鳄”、“黄鹤楼”等卷烟品牌的科技含量和产品质量不断提高。科技项目管理更加严格、规范，一些项目进展较大，其中白肋烟试验站承担的“高香气、适宜烟碱白肋烟综合配套技术研究”项目获国家局科技进步一等奖。武烟集团技术中心顺利通过了国家经贸委等有关部委验收，正式被命名为国家级技术中心。信息化工作进一步推进，全省系统建立了各分公司、武烟集团、三峡烟草有限公司等11个卫星C类站，实现了省局到国家局、省局到分公司“天地合一、互为补充”的通讯信息网络。

大力推进改革，企业结构调整和企业内部改革取得新的进展 2002年，湖北省局以调整为主线，进一步统一思想，克难奋进，大力推进企业结构调整和企业内部改革。襄樊、枣阳两厂合并后，采取“一厂两点”的运行模式，富余人员多，机构重叠臃肿，运行成本高。为了做好减员增效工作，省局多次研究集并分流方案。经过艰苦细致的工作，全厂有988名职工选择了一次性安置，主业人员减少了1150人，当年减亏1.7亿元。2001年建始烟厂因经营不善被迫停产关闭后，留下沉重的债务和人员包袱。为妥善处理好建始烟厂债权债务和职工安置问题，省局成立工作专班，积极筹措资金，妥善安置了900多名正式职工和退休人员，通过债权转移，变卖烟叶、设备，以物抵债等办法偿还敏感债务。同时，湖北省局与地方政府密切配合，耐心细致地说服疏导上访人员，妥善地处理了群体性上访事件，维护了企业和社会稳定。

突出财务管理为核心，企业管理水平和经济运行质量不断提高 2002年，湖北烟草系统认真贯彻落实国家局“以整顿和规范财务管理为核心，促进企业管理水平全面提升”的要求，围绕提高经济运行质量和效益，着重解决生产经营管理粗放、成本费用控制不严，资金管理不善等问题，进一步加强了企业财务管理。对工商企业贯彻落实《会计法》情况全面进行了检查，开展了会计基础工作规范达标认证工作，通过检查认证，促进了企业财务管理，各单位法人代表依法经营、依法核算的观念增强，财务管理水平有所提高。全省系统普遍实行成本费用目标管理，将成本费用目标分解到产品开发和生产经营各个环节，责任到人，严格考核，赏罚分明。大多数工业企业对非专卖品的卷烟材料采购实行资质认证，公开招标，比价采购的“阳光工程”，合理地安排库存物资，减少资金占压，降低生产成本。组织了部分企业新产品开发和老产品改造的公开招标，开展生产工艺的攻关，挖潜降耗。同时严格规定多元化经营项目必须报省局批准后才能上马，杜绝乱上项目乱投资的行为，防止国有资产流失。对基建技改项目实行公开招标，加强了审计监督。

继续坚持“两手抓”，加强了精神文明建设和党风廉政建设 2002年湖北烟草系统努力实践“三个代表”重要思想，紧密联系实际，学理论，强素质，广大干部职工以大局为重，支持改革，甘于奉献，表现出良好的政治素质和道德风范，涌现了一大批精神文明建设的先进单位和先进个人。全省系统共有4个单位被评为省级文明单位，监利县烟草局局长黄海堂同志被国家局授予“十大金叶卫士”称号。各级党组织积极做好思想政治工作，有力地保证了企业改革的深入开展，维护了企业的稳定。在党风廉政建设中，坚持教育为先的原则，加强源头治腐，达到了标本兼治的目的。一年来共接受来信来访144件次，立案27件，结案25件，其中受到双重处分共7人，通过办案挽回经济损失400多万元。加强了领导干部的届中考核和管理，广泛进行了企业法人的届中审计和离任审计，加强了各分（市）公司、烟厂领导班子的建设，认真贯彻执行中央《党政领导干部选拔任用工作条例》的精神，全面实行干部选拔任用公示制度。积极开展企业文化活动，组织武烟、三峡、红安烟厂参加省产业界歌手大赛活动，武烟、襄樊、利川烟厂等单位还开展形式多样的群众性文化活动，宣传了企业品牌，丰富了职工文化生活。

（林文生　严育新）

湖南烟草

2002年，湖南省烟草行业在国家烟草专卖局的正确领导下，认真贯彻“狠抓基础、稳中求进”的行业工作指导思想，紧紧抓住“一要规范、二要改革、三要创新”的工作重点，通过广大干部职工的共同努力，各方面工作都取得了新的进展，继续保持了平稳发展的良好势头。

经济运行的质量和效益有新的提高 全省生产卷烟247.44万箱，同比增长1.32%；辖区销量184.3万箱，同比增长6.4%；卷烟工商库存6.77万箱，同比下降45.53%。实现工商税利117亿元，同比增加14亿元，增长13.69%，其中利润26亿元，同比增加10亿元，增长65%。全省卷烟价格水平总体保持平稳，骨干牌号价格稳中有升，部分卷烟零售价格稳步上升，商业毛利率达到11.39%，比去年提高2.32个百分点。卷烟产品结构有所改善，品牌集中度进一步提高。“芙蓉王”、“白沙”等名优卷烟规模扩大，价格平稳。税利比为3.42∶1，与去年的5.43∶1相比有明显改善。四大烟厂全部实现赢利，长沙、常德烟厂保持了稳步发展，14家市州分公司家家赢利。全年共出口卷烟47318件，出口烟叶2909吨，出口创汇780万美元。

卷烟销售网络建设取得阶段性成效 全省卷烟销售网络建设初具规模，网络运行质量和水平有了较大提高，实现了《湖南省卷烟营销网络建设三年规划》中提出的目标。长沙市局（公司）按照国家局11个省会城市网建联动工作的要求，大力推行全面访销、集中配送、访送分离、专销结合，扭转了网建工作被动的局面。省局（公司）组织开展13个市（州）网建联动工作，促进了网建工作的平衡发展，城市网建整体水平得到较大提高，市场净化率达到89%，卷烟销售毛利率达到13.6%。坚持因地制宜和实事求是原则，农村网建得到稳步推进。

烟草市场秩序进一步好转 去年，卷烟打假专项行动取得了明显成果。各级专卖管理部门共收缴假冒卷烟34478件，收缴制假烟机设备129台（套）、小型切丝机90台以及制假原辅材料292吨，抓捕制假售假犯罪嫌疑人249人，判刑23人，劳动教养23人。永州市局、宁远县局对禾亭制假窝点始终保持严打高压态势，协助公安部门将立案在逃的犯罪嫌疑人全部抓捕归案，防止了禾亭制假窝点的死灰复燃。烟草专卖户籍化管理进一步落实，市场净化率有所提高。对生产经营活动的检查监督力度加大，从严查处了一批内部违法违规案件。烟叶、卷烟货款清欠工作有较大进展，完成了烟叶货款对账工作，针对存在的问题，修改完善了烟叶生产、经营管理制度。按照省局的统一部署，各单位初步完成了财经秩序专项整顿的自查工作，制定了整改实施方案。全省行业的“四五”普法教育不断深入，组织全省专卖管理人员参加执法资格考试，对部分单位的专卖执法案卷进行了评查。

烟叶生产的总体水平明显提高 全省种植烟叶79.22万亩，收购烟叶164.99万担，上等烟比例达到35.4%，比去年提高14.6个百分点；上中等烟比例达到93.7%，比上年提高9.7个百分点；国家局抽检烟叶收购等级合格率为86%，比上年提高了10个百分点；收购均价9.45元/公斤，比去年增加1.46元，实现了农民增收、政府增税、烟草部门增效的目标。由于质量提高，结构改善，烟叶销售形势较好，大部分产区春节前烟叶销售完毕，特别是省外销售比上年增加20万担以上。

企业组织结构调整工作稳步推进 新邵卷烟厂申报政策性破产已经国务院同意，并下达了破产启动令，即将进入破产清算阶段。凤凰烟厂已于去年3月份停止生产，职工安置工作正在进行。经国家局批复同意，益阳卷烟材料厂已顺利通过破产财产的处理和分配方案，即将破产终结。郴州、零陵烟叶复烤厂的四条挂杆复烤线已全部销毁。撤销了湘南烟草集团和湘南烟草（集团）有限责任公司，恢复郴州卷烟厂和郴州市烟草公司的独立法人资格。烟草流通企业的改革迈出了新的步伐。通道县烟草公司破产终结后，怀化市公司在通道设立了卷烟配送中心，建立了新的运行机制。同时，注重做好维护企业和社会稳定工作，及时化解矛盾，把问题解决在萌芽状态、解决在基层单位，多起集体上访事件得到了妥善处理，保证了组织结构调整工作的顺利进行和行业的稳定。

企业内部管理有所加强 组织开展对多种经营企业的清产核资工作，基本摸清了家底。内审监督和经济责任审计发挥了较好作用，查出违规金额1.66亿元，为行业增收节支4367万元。物资采购和工程项目普遍实行比质比价、公开招标，成本费用得到有效控制。按照国家局的要求，认真组织开展烟用非专卖物资资质认证采购试点工作，国家局肯定和推广了我们的做法。常德烟厂在联合工房等重点工程项目中全面实行招投标管理，实际技改投资比设计预算投资节约1个多亿。广泛开展“安全管理规范年”活动，全年未发生重大安全责任事故。信息化建设有了较大进展，全省卷烟营销和烟叶管理信息系统得到全面推广应用，完成了财务管理、专卖管理信息系统的需求调研和开发试点工作。劳动、人事、分配制度改革继续深化，减员增效效果比较明显。常德烟厂减员分流500多人。龙山烟厂有170人与企业解除了劳动合同关系。顺利实现了省烟草技校、省局职业技能鉴定站与湘潭烟校的合并。

科技兴烟取得新的成果 我省卷烟产品的平均焦油量为14.44毫克/支。长沙烟厂成功开发出行业内第一个低焦油、低CO产品——“白沙和牌”。常德卷烟厂投资近10亿元的联合工房主体工程竣工投产，装备水平和生产能力得到大幅提高。郴州、零陵烟厂分别开发了具有独特功效的天然植物提取物卷烟“一品郴州”和戒毒产品“兰花”牌卷烟。深入进行适应卷烟配方需要的名、优、特烟叶生产技术的研究，组织开展了全省烤烟质量普查及区域性质量特性研究，大力推广《烟草专用基肥研究项目》、《烟叶收购中两次封闭验级的研究与运用》等科研成果，促进了烟叶生产收购水平的提高。永州市公司创办烟叶生产科技园区，开展标准化区域示范，烟叶质量上升，成为国内一些大烟厂骨干产品的主料烟叶。利用国家局举办全国烟草行业技术创新成果展览会的机会，展示长沙、常德、郴州烟厂在降焦、工艺、配方和提高卷烟吸食安全性方面的新技术、新成果，提高了湖南烟草的形象。

精神文明建设得到加强 全省行业认真学习贯彻“三个代表”重要思想、江泽民同志“5.31”重要讲话和党的十五届六中全会精神，在处级以上领导干部中开展了“改进作风、拒腐防变”的主题教育和“下基层办实事”活动。党的十六大召开后，全省行业采取多种形式，迅速掀起了一个学习贯彻十六大精神的热潮，以十六大精神为指导，理清本地区、本单位的发展思路，制定加强党组织建设的措施。根据中央印发的《公民道德建设实施纲要》，在全省行业深入开展以“领导干部的思想品德、干部职工的职业道德和全省行业的社会公德”为内容的“三德”教育活动，开展了“领导班子创先进、领导干部当表率、共产党员当模范、优质服务创效益”的创先争优活动。在全省行业组织“在岗位上闪光”先进事迹巡回报告会，产生了较大的影响。党风廉政责任制得到进一步完善，加强了对领导干部的警示教育，查处了一批违法违纪案件。去年全省行业共受理信访举报 103 件，立案 56 件，结案 53 件，给予党纪政纪处分 99 人，挽回经济损失 350 多万元。领导班子建设得到进一步加强，对 8 个单位的班子进行了调整充实。加强了政治理论和业务培训工作，广大干部职工整体素质明显提高。

广东烟草

2002 年，广东烟草行业经济运行保持了良好的发展态势，在卷烟产量、销量略有增长的情况下，工商税利实现较大幅度的增长。特别是工业利润大幅度上升。据统计，年卷烟总产量为 165.5 万箱，比上一年的 162.1 万箱增加了 3.4 万箱，增长 2.1%；省内卷烟销售 202.62 万箱，比上一年的 193.7 万箱增加了 8.92 万箱，增长 4.61%；实现工商（中央企业）税利 56.63 亿元，比 2001 年增加 5.63 亿元，同比增长 11.04%；其中卷烟工业税利 49.24 亿元，比上一年的 42.96 亿元增加 6.28 亿元，增长 14.62%。

烟叶生产 2002 年广东烟草行业认真贯彻国家烟草专卖局“市场引导、计划种植、主攻质量、调整布局”的烟叶生产方针，突出推广科学种烟和规模化种植，以规模化种植带动科技进步，以科技进步提高规模化种植水平，取得了较好的成绩。全年共种植烤烟 0.2666 万顷，收购烤烟 3.02 万吨，其中上等烟占 52.7%，中等烟占 45.0%。为进一步加大科学种烟、规模化种植的力度，全省烟叶产区抓好了以下几项工作：一是抓好产区内部生产布局调整，把种植计划向最适宜的乡镇和乡村转移集中。二是制定优惠政策，调动种烟大户的积极性，推动烟叶生产向规模化种植发展。三是取消了零星分散的种植，使烟叶生产向科学种烟水平相对较高、连片化、规模化、集约化区域转移。据统计，全年全省种烟农户为 58443 户，比上年减少了 2 万多户，户平均种烟面积为 0.0457 顷，比上年增加了 0.0101 顷。

卷烟生产 2002 年，广东各卷烟工业企业把卷烟降焦减害作为工作重点之一，以科技进步为动力，积极采用新工艺、新技术、新材料，坚持进行技术性开发研究，努力提高卷烟产品的技术含量，积极、稳妥、渐进地降低焦油量，取得可喜的成绩。据统计，2002 年我省卷烟焦油加权平均值为每支 14.4 毫克，与上一年的 14.9 毫克相比降低了 0.5 毫克；其中烤烟型卷烟焦油加权平均值为每支 14.6 毫克，混合型卷烟焦油加权平均值为每支 13.5 毫克，全省卷烟整体处于中低焦油水平。去年，还先后推出了 6 个低焦油产品：硬盒混合型“红玫”（8 毫克）、硬盒特醇精品“椰树”（10 毫克）、全包特醇精品“椰树”（10 毫克）、硬盒珍品“广州”（11 毫克）、硬盒经典“广州”（11 毫克）、硬盒世纪经典“广州”（11 毫克）。目前，我省已经拥有 10 个低焦油卷烟产品。特别值得一提的是，梅州卷烟厂生产的“五叶神”卷烟，经中国医学科学院、中国疾病预防控制中心、中国军事医学科学院、郑州烟草研究院等十多家国家权威专业科研机构历时三年反复多次进行各项检测，结果都表明其具有明显的低危害效果，经中国毒理学会全面系统地评价后，于 2002 年 11 月取得了该机构的低危害卷烟认证，标志着我省卷烟工业企业科技水平有了新的提高。

规范卷烟市场经济秩序 根据 2002 年 3 月份国家烟草专卖局召开的烟草行业整顿和规范市场经济秩序暨经济运行工作电视电话会议精神，我省烟草行业从实际出发，积极开展了整顿和规范我省烟草市场经济秩序工作。一是加强了烟叶专卖管理，确保了全省烟叶生产经营秩序规范有序，同时也进一步规范了省际间的烟叶收购工作秩序。二是加强了对烟丝生产经营的专卖管理，加大了对烟丝生产企业及作坊的清理整顿力度，坚决取缔了无证生产烟丝以及向制假窝点提供烟丝和烟叶的企业、作坊。三是不断加大对制售假冒卷烟及非法拼装倒卖烟机违法活动的打击力度，使粤东地区的卷烟市场秩序有了根本性的好转，也沉重地打击了转移到珠江三角洲地区的制售假冒卷烟违法活动。据统计，全年全省共捣毁卷烟制假窝点 838 个；查处各类制售假烟案件 5433 起；抓获涉嫌人员 1245 人，已判处刑罚 160 人，劳动教养 33 人。四是通过全面、严格的检查考核，在更高的层面上规范了全省卷烟销售网络建设。去年，省局（公司）从有关部门抽调人员，组成了以卷烟销售公司为主体的网建工作检查组，对全省各地的网建工作进行“地毯式”检查，边检查，边评分，边整改，纠正了一些网建工作中的不规范行为，推动全省行业网建工作上了新台阶。五是各工商企业深入贯彻落实《会计法》，加强了会计基础工作的规范，明确了企业负责人对会计工作和会计资料真实性、完整性的法律责任，完善了会计核算规则，加强了会计监督制度，强化了会计人员从业资格管理，同时按照国家局的部署，全面铺开了财经秩序专项整顿工作。六是认真抓好审计监督工作，促进了企业增收节支，提高了企业的经济效益。一年来，我省烟草系统内审部门共审计单位（项目）261个，其中任期和离任经济责任审计13个、财务收支审计31个、经济合同审计213个、审计调查7个，审计涉及金额达28.24亿元。七是为规范烟草物资管理，降低成本，认真抓好了非专卖品卷烟材料供应商的资质认证工作，并印发了《广东省卷烟工业企业非专卖品卷烟材料采购工作实施意见（试行）》及《广东省卷烟工业企业非专卖品卷烟材料采购工作实施安排》两个文件，明确了资质认证的工作内容和工作进度。八是认真分析全省行业安全生产工作面临的新形势、新特点，不断完善和创新，提高安全管理工作水平。面对全国、全国行业安全生产形势较严峻的情况，实现我省烟草行业安全生产目标，保障全省行业生产经营的顺利进行。

（周修文　李小文）

2002年主要经济指标统计表

实现利税（亿元）	工商利润（亿元）			生产卷烟（万箱）	销售卷烟（万箱）	烟叶种植（万亩）	烟叶收购（万担）	出口创汇（万美元）
	合计	工业利润	商业利润					
56.63	16.02	10.2	5.82	165.5	202.62	26.66	60.4	3060

广西烟草

2002年，广西烟草行业坚持“狠抓基础，稳中求进”的行业工作指导思想，以发展为主题，以结构调整为主线，全区烟草行业上下同心，解放思想，与时俱进，狠抓基础，狠抓规范，深化改革，强化管理，经济运行质量和效益明显提高，实现了二次创业新跨越。

经济效益大幅提高　2002年，全区生产卷烟88.9万箱，同比增长8.6%；销售卷烟108.82万箱，同比增长16.5%；其中，地产烟销售94.49万箱，同比增长10.8%；区外烟销售14.32万箱，同比增长79.5%。年末工商库存6.35万箱，同比下降49.8%；实现工商税利20.04亿元，比上年增加4.59亿元，增长29.71%，创下历史最高税利额。全区种植烤烟11.32万亩，收购烤烟0.79万吨，等级合格率达80.8%。

基础工作明显进步　一是各级烟草专卖管理部门坚持以清理整顿卷烟市场为重点，深入开展“打大户、端窝点、打黑配送”活动；深入开展打假、打私专项斗争；清理无证经营，整合零售摊点，深化户籍化管理工作，规范市场经营秩序，市场净化率进一步提高，基本完成了“三年阶段性工作目标”的各项任务。全年共查处烟草违法违规案件12744起，查获各种非法卷烟33802件，收缴烟叶烟丝4676吨，端掉违法违规窝点2265个，收缴制假烟机492台（套），移送公安机关处理违法人员583人。二是开展网络建设“创优创新”活动，全面推进网建工作。通过推进计算机网络信息系统建设和加快推广使用POS机系统，进一步提升了网络管理水平；通过建立客户满意度、贡献度、忠诚度衡量与考核体系，进一步优化服务质量，融洽批零关系，加快了批零一体化的进程。三是以烟叶基地建设为重点，加强厂办基地建设，加大科技兴烟力度，实行烤烟生产户籍化管理，进一步推进了优质烤烟生产先进实用技术的全面落实。此外，通过逐步完善烟叶仓储条件，保障了原料的质量稳定。四是工业技改进展顺利，工业基础进一步夯实。柳州卷烟厂的异地搬迁改造项目从立项、施工到2002年底实现卷接包联动，仅用了一年多时间，创造了技改工程上的“柳烟奇迹”；南宁卷烟厂的原地技改工程也已进入了攻坚阶段。

结构调整初现成效　一是产品结构调整有新成果。全区卷烟生产牌号规格清理压缩到30个以内，重点品牌卷烟的规模效益初步形成。新产品开发改造有新进展，新开发的“大地飞歌”、“九九红运”、“大伯爵”牌号卷烟上市后，市场反应良好，走势稳健；广西形象产品“真龙”牌卷烟，在2002年下半年全国卷烟产品质量市场抽查中，硬盒“真龙”卷烟获得总分94.1分，在所抽查的51家卷烟生产企业生产的109个牌号（规格）中，其感官质量及总分均名列第一。升级产品“御品真龙”于去年底推向市场，进一步提升了“真龙”的品牌形象。同时，在开展卷烟联产联销、来牌加工合作方面亦取得了较好的成效。二是企业结构调整有新突破，资源配置进一步优化。对全区七家小卷烟厂全部实施了关停或破产；妥善解决了关停小卷烟厂所涉及的地方既得利益、人员分流、社会稳定等一系列矛盾，形成了多赢的局面。钟山、富川两个卷烟厂关停后转产烟用辅料项目的筹建工作也在地方政府的大力支持下顺利进行。此外，还全部关停了区内所有的烟叶挂杆复烤厂；并开展了取消县级商业企业法人的结构调整试点工作，完成了对防城港、梧州分公司的改制工作。三是产业结构调整有新思路，按照“有所为，有所不为”的原则，坚持立足主业，围绕主业，为主业服务的多元化经营发展思路，对全区44个多元化经营项目基本清理完毕。

规范整顿工作不断深入　全区坚决查处和纠正了违反卷

烟生产、牌号管理、卷烟购销、卷烟价格等规定的行为；加强对烟叶种植收购合同管理，建立采购、验收、使用、调拨一整套规章制度，规范烟叶收购购销行为，保证了烟叶等级合格率的提高；烟用物资采购、技改等工程项目坚持全面推行资质认证、公开招标、比质比价制度，防止了非正常渠道采购行为的发生，降低了成本，保证了质量；认真开展“两烟”货款的清欠工作，清理兑付了区内各商业企业欠工业的货款，缓解了工业企业生产经营资金紧缺的状况。建立了财经秩序专项整顿工作责任制和责任追究制，开展了财经秩序专项整顿，重点对违反专卖“收支两条线”规定、私设小金库、账外账等行为进行了清理整顿，取得了阶段性成果，财经秩序明显好转。同时，还在年底前建成了全区烟草系统资金结算平台，为规范资金管理创造了条件。

精神文明建设得到加强 全行业深入贯彻落实江总书记“七一”讲话和十五届六中全会的《决定》，认真学习领会和贯彻落实党的十六大精神，坚持“把握大局，突出重点，标本兼治，促进发展”的工作方针，进一步加大从源头上预防和治理腐败的工作力度；按照《党政领导干部选拔任用工作条例》，健全和推行民主推荐、公开选拔、竞争上岗、任前公示制度等办法，科学选材，合理用材，形成了领导干部能上能下、充满生机和活力的人才选拔机制，完成了区局机关机构改革和各地（市）局（公司）班子的调整工作。同时，广泛深入地开展向韦建玉同志、卿永奇烈士学习的活动，弘扬主旋律，弘扬正气，使行业风气明显好转。 （全维新）

2002 年主要经济指标统计表

实现利税（亿元）	工商利润（亿元）			生产卷烟（万箱）	销售卷烟（万箱）	烟叶种植（万亩）	烟叶收购（万担）	出口创汇（万美元）
	合计	工业利润	商业利润					
20.04	3.95	1.28	2.67	88.9	108.8	11.32		

海南烟草

2002 年，海南省烟草专卖局（公司）继续贯彻落实国家局提出的“狠抓基础，稳中求进”的行业指导思想和“一要规范、二要改革、三要创新”的行业工作重点，紧紧围绕“抓住一个关键、巩固两个基础、搞好三个保障”的全省行业工作思路，深化行业改革，强化专卖管理，狠抓网络建设，优化产品结构，大力加强两个文明建设，各项工作都取得了新的进展，继续保持了稳步发展的良好势头。

狠抓规范经营，经济效益稳步增长 2002 年，全省行业累计生产卷烟 11.8 万箱，同比增长 5.4%；销售卷烟 21.14 万箱，同比增长 1.4%，其中，省内销售 21.1 万箱，同比增长 1.52%，销售地产烟 11.82 万箱，同比增长 3.1%，销售省外烟 9.32 万箱，同比下降 0.6%。全省行业实现工商税利 4.37 亿元，同比增长 12.6%，其中，工业利润 6636 万元，同比增长 66.52%，商业利润 1.52 亿元，同比增长 16.96%。

推进强势合作，工业改革初见成效 为加快原海南卷烟厂的发展，海南省局（公司）本着“互惠互利，实现双赢”的原则，2002 年 4 月 3 日，由海南省烟草公司与云南玉溪红塔烟草（集团）有限责任公司共同出资，在海南卷烟厂改制更名的基础上成立的海南红塔卷烟有限责任公司正式挂牌成立。该公司挂牌成立以来，以市场为导向，强化企业管理，着重抓好产品质量的提高和设备技术改造，抓了产品结构调整，研制推出了高档产品“椰王”牌卷烟，加快了对老产品的改造，海南地产卷烟的质量有了明显提高，市场需求日趋旺盛。云南玉溪红塔集团生产的卷烟在海南的销售也呈上升趋势。合作后玉溪集团向海南红塔公司注入资金，大大降低了企业的负债率，由原来的 74.59% 降为 57.89%。双方合作的成效初显，达到了双赢的目的，为双方继续合作发展创造了良好的开局。

加强网络建设，网建工作有质的提高 全省行业不断加大宏观调控力度，合理布局设点，健全访销配送体系，狠抓卷烟稳价促销，强化内部管理，提高服务质量，努力推进卷烟销售网络和信息管理现代化建设，使网建工作有了质的进步。目前全省共有卷烟批发网点 76 个，入网销售率达 100%，持证零售户入网率达 95% 以上，城市网点的送货率平均达到 95% 以上，乡镇网点的送货率平均达到 90% 以上，进一步巩固了全省“以我为主，归我管理，由我调控”的卷烟销售网络。同时，以网络建设推动行业商业体制改革，打破目前经济区划、重新规划和整合全省的网络布局，以海口、三亚、琼海、儋州为中心成立 4 个区域物流中心，理顺管理体制、减少管理层次、降低营运成本、优化卷烟市场资源配置、提高市场竞争力和控制力。

强化专卖管理，市场秩序更加规范 各级烟草专卖部门积极争取政府和有关执法部门的支持与配合，省局分别与海口海关、省公安厅签署了打假备忘录，建立了打假联席会议制度；强化了户籍化管理工作，严格规范零售许可证的管理；加大市场清理整顿力度，开展了“春、夏、秋、冬”四大战役，严厉打击了贩卖假冒、走私、非渠道卷烟违法经营活动。全年共查处违法案件 3229 起，其中，制售假冒卷烟案件 1367

起，查获各类违法卷烟 5391 件，其中，假冒卷烟 1643 件，捣毁贩假窝点 72 个、制假窝点 4 个，罚没款合计 276.34 万元，市场秩序得到进一步规范。

加强资产管理，财经整顿收效显著 全省行业深入贯彻国家局和省局部署，结合实际，突出重点，加强资产管理，积极开展财经秩序专项整顿工作。省局对所属 19 家停业企业进行了清算，针对 2001 年清产核资查出的资产损失，积极与财政、税收部门协商，争取税前列支的政策，减轻企业的包袱，市县公司共消化资产损失 5300 万元，省公司经海口市国家税务局初步审定，可在以后 5 年内消化潜亏挂账损失 1 亿元左右，到 2002 年底，全省行业负债总额比 2000 年初减少 2.9 亿元，银行借款减少 2.6 亿元，资产负债率为 52.2%，下降 24 个百分点。2003 年 1 月 1 日，全省行业资金管理中心正式成立并进入试运行阶段，据初步测算，该中心的成立，年节约利息支出 600 万元左右。

深化人事改革，队伍素质有所提升 加大对各级领导干部调整、充实、培训和考核力度，领导干部的知识结构有了较大改善；深入开展机关“三定”工作，加大改革力度，创新用人机制，对 7 个副处级岗位实行公开选拔、竞争上岗，5 位同志走上副处级岗位。“三定”后，省局机关现任处级干部平均年龄由原来的 45.4 岁下降到现在的 39.6 岁，职工比原来减少了 49 人，基本达到了机构精简、人员精干的目的。

实施“走出去”战略，外向型经济发展迈出战略性步伐 为了提升全省行业核心竞争力，进一步开拓国际市场，实现海南烟草的快速发展，省局确定了发展外向型经济工作思路，成立了外事外经办公室，专门负责外向型经济发展的管理和服务，出台了开拓国际市场的基本意见，并在全省行业范围内公开招聘有相关背景又符合外派要求的人员，到选定的目标市场担任项目经理，开辟东南亚卷烟市场。

落实“三个代表”要求，党风廉政建设和精神文明建设进一步推进 省局党组先后召开了 3 次中心组学习讨论会，努力实践“三个代表”重要思想，狠抓党风廉政建设，各级领导干部廉洁自律的自觉性有了明显提高；深入开展学习王裕豪同志先进事迹活动，表彰全省行业先进单位、先进工作者以及组织职工外出学习考察和开展全省行业秋季运动会，激发了职工的热情，开拓了职工的视野，丰富了职工的业余文化生活，行业精神面貌有了很大变化，职工思想稳定，人气旺，干劲足，对改革的承受能力大大增强。 （李方友）

2002 年主要经济指标统计表

实现利税（亿元）	工商利润（亿元）			生产卷烟（万箱）	销售卷烟（万箱）	烟叶种植（万亩）	烟叶收购（万担）	出口创汇（万美元）
	合计	工业利润	商业利润					
4.37	2.1836	0.6636	1.52	11.8	21.14			

重庆烟草

2002 年是重庆烟草改革力度加大、发展速度加快、经济运行质量显著提高的一年。全市系统实现税利 23.3 亿元，比上年增加 4 亿元，增长 20%；实现利润 5 亿元，增长 21%，其中工业利润 1.8 亿元，商业利润 3.2 亿元；成本费用利润率、资产负债率、单箱消耗等主要经济技术指标也有同步改善；多元产业全年销售收入突破 8 个亿，增长 21%，实现税利 6400 万元，其中利润 3800 万元，增长 13%。

宏观调控力度增强，运行难题有效破解 针对行业经济运行中的突出问题，加大了“两烟”生产经营的调控力度。卷烟方面，通过加强工商衔接、产销调度和市场拓展，加大“压库、促销、稳价、增效”的工作力度，使产品结构更加优化，工业单箱税利突破 2500 元，商业单箱批发收入突破 6500 元，分别增加 310 元、650 元；产销率达到 100%，市外市场取得突破，销量达到 5.7 万箱，增长了 80%，来牌加工和自有品牌出口也有了好的开端；品牌继续壮大，七大骨干牌号实现销售 11.7 万箱，比上年增加 5 万箱，增长 82%；全市工商库存由去年初的 16.2 万箱降到了 10.7 万箱，解决了直辖以来经济运行中的高库存瓶颈问题。烟叶方面，坚持“控制总量、提高质量、优化布局、优化结构”的指导思想和“上质量、保总量、调结构、增效益”的工作方针，加大科技投入力度，加强种植、收购、复烤、加工和销售等环节的过程控制。全年收购烟叶 126 万担，比上年增加 23 万担，增长 22%；新烟销售 89 万担，增加 19 万担，增长 27%；烤烟上等烟比例 23%，提高 10 个百分点；烟农和地方财税收入增长 50%以上，下低等烟降低 6 个百分点。由此制约重庆烟草健康发展的烟叶亏损难题开始破解。

改革调整不断深化，行业资源得到有效整合 立足建立扁平、精干、高效的组织机构，为更好整合行业资源，重庆烟草结合直辖市行政体制，按照“集团化管理、专业化分工、市场化运作、集约化经营”改革发展的总体思路，加快体制调整步伐。先后撤消了万州、涪陵、黔江三个分局，关闭了 7 个挂杆复烤厂，调整了烟叶公司的体制和职能，推动了行业的资源整合和优势互补。同时，积极争取组织结构调整政策支持，尽可能消化部分历史包袱。目前，市局（公司）“三个中心”（决策指挥、服务管理、保障监督）的职能作用得到较好发挥，各专业公司和区县公司的运行机制有较大改善。

整顿规范力度加大，运行秩序不断好转 在规范领导行为方面，加强制度建设，建立责任追究制，推进各级班子在用人、重大项目和重大开支方面的民主科学决策；加大审计监察力度，共审减合同金额3500万元，查处违规违纪18人。在规范经营行为方面，严格执行属地销售和一价批发，巩固两烟流通体制整顿成果；推进烟用物资的公开招标和比质比价采购，降低了成本，提高了质量。在财经秩序整顿方面，严格执行《会计法》和《统计法》，保证数据真实；推行资金结算全面入网和预算管理，实现了收支两条线，成本费用得到控制，清欠工作和货款回笼情况好于往年；加强投资监管、清产核资和清理整顿工作，“乱投资、乱担保、乱开支”得到积极控制。在安全生产方面，通过开展“安全生产年”活动，加大制度建设和检查整改力度，安全事故发生率和经济损失大大降低。

城网联动示范牵引，网建专卖水平攀升 网建方面，立足“重庆特色、全国一流”的目标，以“城网联动”为契机，变经营产品为经营网络和客户，强化客户理念，提高服务质量，不断丰富完善“批零同盟、全面访送、三线互控、四流贯通”的网建模式内涵，进一步密切了批零关系，网络控制力和占有率明显提高。全市14家联动单位和10家后进单位销量分别增长12%、20%，销售收入分别增长21%、26%，利润都翻了一番以上，促进了各区域平衡发展。专卖方面，通过推进“户籍化”管理达标工作、零售许可证管理和成立卷烟零售协会，促进了零售客户的优化布局和规范经营。继续巩固完善政府打假目标责任制，开展百日打假和整治楼堂馆所等专项活动。以市委政法委《九号纪要》出台为契机，加大了打击“假私非”烟和涉烟犯罪的力度。全年捣毁地下黑烟厂和制假窝点各6个，查获制假烟机27台、假冒卷烟8600件、走私烟1253件，还打掉了一个案值1200多万元的非法经营雪茄烟的网络。全年移交公安、司法机关170人，其中刑拘73人、判刑32人，极大地震慑了违法犯罪分子。

科技信息同步推进，技术创新能力增强 为提高产品质量保证能力，共投入4个多亿进行技术改造，先后完成了黔江和涪陵两地的技改，工业公司技术中心和万兴复烤厂也如期建成并投入使用。为提高产品科技含量，工业企业加强了研发力量，积极开展技术创新，广泛运用新技术、新工艺和新材料，在降焦减害方面取得进展，平均焦油含量降到14.5毫克；通过改进烟用肥的配方，推广各种实用技术，烟叶的“控氮降碱”取得初步成效，适用性和安全性得到提高。为改造提升烟草产业，挖掘后发优势，2002年共投入5000多万元，加快行业信息化建设步伐，制订并开始实施信息化三年规划，有效提升了农工商各线的运行水平。

队伍建设力度加强，行业形象明显改善 围绕“树正气、聚人气、求财气”，进一步加强思想政治工作和形势教育，组织好中心组学习和民主生活会，深入贯彻落实“5.31”讲话和党的十六大精神，认真实践“三个代表”重要思想。遵照《党政干部选拔任用条例》，加强民主集中制和领导责任制，严格干部选拔任用程序，各级班子的知识结构、年龄结构得到积极改善，凝聚力和战斗力明显增强。加强党风廉政建设，完善党风廉政信息员责任制，和市检察院开展共同预防职务犯罪活动，加大了对干部的教育管理、监督检查力度。深入开展职业道德建设和精神文明创建活动，去年又有12家单位争创市级文明单位，工业公司获得“全国五一劳动奖状”和全国精神文明建设先进单位，再次入选全国烟草行业36家重点企业，成为重庆工业50强第一名。两个文明的同步发展，有力地提升了重庆烟草的形象和地位。（皮屹峰）

四川烟草

2002年，四川烟草行业认真贯彻党的十六大精神和“三个代表”重要思想，以跨越式发展为主题，以结构调整为主线，以品牌发展和网络建设为重点，扶持大企业，培育大品牌，建设大市场，强化大专卖，产销协调发展，质量和效益进一步提高，经济运行呈现六大增长的态势。一是卷烟生产增长。全省累计生产卷烟134.13万箱，比2001年（下同）增长0.9%；二是卷烟销售突破190万箱，增长6.09%；三是收购烟叶129.8万担，增长23.45%；四是实现工商税利50.6亿元，增长32%，提前三年完成“十五”计划税利目标任务；五是出口创汇1057万美元，增长18.3%；六是实现工商利润19.12亿元，增长87.61亿元。

加快实施品牌发展战略 省局（公司）把品牌发展作为各项工作之首，加强领导、制定措施、狠抓落实，全行业的品牌发展意识进一步增强，形成工商一体、上下同心发展川烟品牌的良好氛围。经过努力，全省形成了“娇子、国宝、五牛、天下秀、九寨沟、神驹”6个卷烟重点品牌。2002年，娇子系列生产8.5万箱，国宝系列生产3.9万箱，五牛系列生产47万箱（包括省外联产），天下秀系列生产34.4万箱。四大系列品牌占总产量的67.4%，创税利28.08亿元，占工业总税利76.94%。通过品牌发展战略的实施，成都卷烟厂实现税利20亿元，同比增长18.1%；什邡卷烟厂实现税利10.85亿元，同比增长22.3%。省局（公司）积极组织实施“金攀西”烟叶发展战略，烟叶内在质量和等级合格率明显提高，上中等烟比例达90%以上，创历史最好水平。四川烟叶的信誉度和知名度在全国进一步扩大，并成为我省烟草发展的重要经济增长点。

全面提升卷烟销售网建水平 各单位在网建中紧紧围绕

“营销网络化，经营配送化，管理户籍化，运行规范化，考核标准化，处理信息化”的要求，狠抓网建的巩固、完善、突破、提升，全省网建工作再上新台阶。成都分公司按照“全面访销，集中配送”的模式，率先在全市六城区建立了物流大配送体系，实现了商流和物流的分离，大幅度提高了卷烟的配送效率和经济效益，当年实现税利突破5亿元，同比增长121.06%，起到了重要的示范带头作用。全省涌现出成都、凉山、绵阳3个税利超亿元的分公司，双流、都江堰等34个税利超千万元的县、市（区）局（中心）。在抓好城网的同时，省局（公司）突出重点，整体推进，重点抓了16个百万人口大县的网建工作，通过以点带面、夯实基础、加强管理、深化改革、访送分离，使农村网络建设工作有了新的进步和提高。各单位坚持把优质服务和“三满意”贯彻网建全过程，坚持专销结合和户籍化管理，市场控制力明显增强，占有率明显提高，已达91%以上，卷烟销售经济效益大幅度提高，网络的作用进一步发挥。

进一步深化行业改革创新 2002年，省局（公司）继续加大工业企业组织结构调整力度，成都卷烟厂取消资阳生产点，596名职工得到了妥善安置和分流。蓬安烟厂577名职工分流安置得到较好解决。经省委、省政府同意，省局（公司）进一步深化商业流通体制改革，除少数单位外，134个县（区）公司取消了法人资格，成立了卷烟营销管理中心。阿坝州烟草体制年底正式上划，将于2003年1月1日正式挂牌。各单位继续深化企业内部“三项”制度改革，企业活力进一步增强。成都、什邡卷烟厂两个重点优势企业“十五”技改项目正抓紧进行。成都卷烟厂易地搬迁工程12月18日正式破土动工。打叶复烤、膨胀烟丝、降焦减害保香新技术和新工艺取得新的进展。烟叶产区大力推进科技兴烟，在品种优化、漂浮育苗、平衡施肥、科学烘烤、烤房改建等方面取得了新的进步，目前，全省基本实现了卷烟销售管理系统软件联网运行，行业信息化管理水平进一步提高。

加强专卖打假，市场进一步净化 2002年，全省行业继续加大整顿规范力度，并取得新的成效。各单位强化专卖管理，市场控制力明显增强。按照“百日打假活动”方案，各地及时与当地政府和有关部门取得联系，制定了具体行动计划，成都、德阳、自贡、内江、广安等市局开展了“端窝打点、摧毁网络、惩处罪犯、深挖后台”的卷烟打假专项行动。8月，省局与省公安厅联合下发了《联合打击制售假冒烟违法犯罪活动工作协作制度的通知》，各地相应建立了联席会议，建立了联席制度，使烟草、公安联合打假日常化、制度化，收到了良好效果。全年，全省共出动打假人员8.08万人次，共查处各类案件5.22万起，其中查获假冒卷烟案件6812起，收缴假冒卷烟1.73万件，查获烟叶583.73吨，卷烟辅料0.35吨；捣毁地下烟厂42个，查获制假烟机63台。被司法机关拘留261人，劳教5人，判刑21人，罚没收入3280万元。目前，全省制假售假猖獗的势头得到有效遏制，违规经营的现象明显减少。全省认真贯彻执行《四川省烟草专卖管理条例》，执法的环境大为改善。各单位规范“两烟”生产经营行为，经济秩序得到进一步好转。去年以来补贴销售、奖励销售、搭配样品烟销售等不规范行为基本杜绝。烟叶生产按计划种植，按合同收购，基本保证了“双控”政策的落实。坚持卷烟销售批发“一价制”，价格保持基本稳定。各单位积极开展财经秩序专项整顿，加强领导，具体部署，突出重点，狠抓落实，没有发现重大违纪违规行为。进一步规范物资采购行为，“阳光工程”得到较好实施。各单位高度重视安全工作，通过采取各种有效措施，全行业没有发生重特大安全事故，保证了全行业的安全稳定。

继续推进党风廉政建设和精神文明建设 各级领导班子通过学习党的十六大精神和“三个代表”重要思想，坚持民主集中制，发扬党内民主，团队更加坚强有力，凝聚力和战斗力明显增强；通过加强学习教育培训和思想组织建设，行业干部队伍的素质明显提高，基层党组织建设得到进一步加强，党员先锋模范作用得到较好发挥，思想政治工作更加扎实有效；广泛开展精神文明建设和争先创优活动，干部职工的精神更加振奋；进一步加大反腐败斗争的力度，从源头上治理，制度上约束，思想上预防，行业的党风、政风、行风进一步好转；各级领导干部和机关转变工作作风，深入基层，调查研究，加强指导，真抓实干，四川烟草“两个”文明建设取得了新的成绩。

（麻世强 陈 敏）

2002年主要经济指标统计表

实现利税（亿元）	工商利润（亿元）			生产卷烟（万箱）	销售卷烟（万箱）	烟叶种植（万亩）	烟叶收购（万担）	出口创汇（万美元）
	合计	工业利润	商业利润					
50.6	19.12	5.54	13.58	134.13	191.3		129.8	1057

贵州烟草

2002年，贵州烟草以利润为中心，突出打好企业组织结构调整、卷烟销售网络建设、烤烟实用技术推广“三大攻坚战”，狠抓管理效益工程、名优品牌工程、安全保障工程，建立激励约束机制、加强领导班子建设“五项基础工作”，各项工作取得明显成效，全面实现了恢复性发展。全行业实现税利50.18亿元，同比增长25.3%。工商企业双双总体扭亏为盈，实现利润8.25亿元，同比增长655.75%。

经济运行质量不断提高 各工商企业成立了预算管理委员会，按照年初确定的目标和措施，加强过程控制，及时发现和解决问题，确保各项工作落实到位。加强成本管理，对大宗物资实行“资质认证、公开招标、比质比价”采购，对烤烟专用复合肥等进行招投标生产。商业销售费用率下降了1.42个百分点，工业成本费用率下降了1.5个百分点。加快新产品的开发和老产品的改造，提高产品结构和市场竞争力。先后完成了佳品“黄果树”、全包装高档“遵义”、珍品“贵烟”、佳品“遵义”、盖“长征”等9种产品的研制开发，强制停产了17个卷烟牌号，注销了10个卷烟牌号，置换了30个卷烟牌号。佳品“黄果树”和“长征”牌第一年投放市场，销量就分别达到了2.89万箱和3.15万箱。经济运行协调、有序、高效运转。卷烟工业生产卷烟177.83万箱，销售卷烟180.54万箱，其中省内销售84.81万箱，同比增加4.71万箱，产销率达到了101.52%，平均单箱销售收入增加240元，实现利润1.7亿元，同比减亏增利2.71亿元，增长268.38%；烟草商业销售卷烟86.12万箱，平均单箱销售收入增加847.5元，毛利率12.9%，同比增加5.3个百分点，实现利润6.19亿元，同比增加4.1亿元，增长195.74%，均超过了年初预期目标。年末全省烟草行业资产负债率同比下降了6.51个百分点。

烤烟实用技术推广攻坚战初战告捷 全省把烤烟工作的着力点放到提高质量、增强市场竞争力上，加大种植布局调整和“三个优化”的力度；促进烤烟生产由数量扩张型向质量效益型转变。制定了烤烟生产收购主要技术措施及推广要求、烤烟生产收购实用技术普及推广考核奖惩办法，提出了9个100%的要求。通过抓最好、最差两个县、两个乡的烤烟生产，带动全省烤烟生产整体水平的提高。全省空土烟、稻田烟分别占移栽面积的42.26%和16.4%，大于25度的陡坡地、瘦瘦地和石旮地种烟的现象明显减少，基本实现了烤烟种植向种烟能手、种烟大户和相对集中连片转移。各级烟草部门转变作风，加强服务指导和督促检查，促进了烤烟实用技术推广落实到位。全省共堆制发酵有机肥131.97万堆，实行漂浮、托盘育苗移栽的种植面积9.36万亩，改建标准化烤房12.6万间，新建标准化烤房5.8万间。增加省外10个卷烟厂来黔创办优质烤烟基地，与英美烟草公司合作创办基地3.03万亩，基地烟叶质量基本达到国际先进水平，英美烟草公司当年购进烟叶10万担，同比增加近5万担。培育烤烟支柱产业的意识增强，生产投入增加。地方政府按上年烤烟农特税收入10%的比例安排烤烟生产资金。全省烟草行业投入资金2.37亿元扶持烤烟生产，同比增加5700万元。农行投入小额扶贫贷款2亿元帮助贫困县发展烤烟生产。各地投入烟水配套建设资金1217万元修建小水窖、小山塘等抗旱设施，烟地受益面积21.3万亩。完成了全省植烟土壤普查工作，确定了不同产区烤烟专用基、追肥配方，并组织供应定点厂生产的烤烟专用基、追肥17.7万吨，饼肥2.33万吨。制定了《违反〈贵州省烟叶收调工作管理办法〉的处罚规定》，查处了25名违纪职工，杜绝了抢购烟叶的现象。加大烟叶销售力度，至2002年底，全省共销售烟叶655.6万担。加大烟叶货款清收力度，全省烟草商业当年回笼烟叶货款23.63亿元，全省当年烟叶收购做到了不打“白条”，并兑现了过去遗留下来的2000多万元烟叶收购“白条”。烟叶质量提高，等级结构改善。级内烟叶上等烟比例33.15%，上中等烟叶比例91.83%，同比分别增加9.59和4.89个百分点；担均价437.54元，同比增加29.66元；烟农收入20.7亿元，同比增加6.04亿元。

卷烟销售网络建设攻坚战取得阶段性成果 紧紧围绕“城乡一体、统一运行，全面访销、集中配送，专销结合、信息管理、注重激励”的卷烟销售网络体系建设目标，落实网建工作“一把手”工程和目标责任制，建立机构，健全制度，充实人员，增加投入，完善访销配送体系，加强“三员”队伍建设，把优质服务贯穿于网建工作的全过程，基本实现了对零售户的“户籍化”动态管理。为推动全省网建工作全面、平衡发展，省局（公司）党组成员和机关处、室分别对6个分公司和20个县公司重点帮助，推动了网建工作责任制的层层落实。认识不断提高，工作力度不断加大，经营行为不断规范，促进了经营方式的转变，行业内不规范的经营行为得到了彻底扭转，涌现了一批基础扎实、成效明显的网建工作先进单位，初步建立了城乡卷烟访销配送体系。加强专销结合，提高市场净化率。省局与省公安厅成立了联合打击制售假烟违法犯罪活动的组织领导机构，建立了联席会议、重大案件督办、政策研究等工作制度，明确职责，对制售假烟违法犯罪分子的追刑工作实现了零的突破。全年共端掉制假窝点81个，查获大型烟机3台、小型烟机9台、切丝机15台、低次烟叶194.3吨、烟丝41吨、制假标识7.94万张、滤嘴棒76.53万支、假冒商标卷烟1.39万件，2名违法人员被劳动教养、13名违法犯罪分子被判处有期徒刑、19人被行政拘留并处罚金，全省持证经营零售户入网率96.5%，市场净化率达91.59%。实行全省卷烟销售三级批发“一价制”，两次对部分省产卷烟价格统一进行适度调整，对增加销量、提升效益发挥了经济杠杆、价格引导的积极作用。

加大了企业组织结构调整工作力度 编制了青松卷烟厂、贵定卷烟分厂关闭破产预案和职工安置方案，对六盘水卷烟厂关闭破产进行了专题调研。国家经贸委于2002年9月下达青松卷烟厂列入2002年全国政策性破产企业新增建议项目名单。完成了红花岗、赤水、习水、凯里、都匀、铜仁等6个县级烟草公司的撤并工作。关闭了桐梓县、遵义县、威宁县、织金县、金沙县5家挂杆复烤企业。到2002年底，全省关闭的16户挂杆复烤企业，在完成停产、职工分流安置、设备销毁、收回烟草专卖生产许可证、库存烟叶规范化处理等项工作后，全部通过了国家烟草专卖局验收。

精神文明建设和党风廉政建设成效显著 广泛深入开展学习江泽民同志“5.31”重要讲话、“三个代表”重要思想和党的十六大精神活动，并以党的十六大精神和“三个代表”重要思想为指导，认真研究和安排各项工作，切实增强实践“三个代表”重要思想的自觉性。以贯彻落实《公民道德建设实施纲要》为主要内容，深入开展职业道德建设和精神文明创建活动，多次捐款、捐物支援贫困地区。省公司拨出专款60万元，遵义、毕节等分公司匹配部分资金，对受灾烟农进行生产救助。省公司拨款11万元，机关干部职工捐款11万元，资助威宁县修建希望小学。召开全省烟草系统先进集体、先进工作（生产）者表彰大会，表彰了40个先进集体和60名先进个人，树立了典型，使广大干部职工学有榜样、赶有目标。举办全省烟草系统职工文艺调演，17个单位参加演出，录制了DVD，展现了贵州烟草职工在困难面前昂扬向上的精神风貌。对4个地区局（分公司）和部分卷烟厂、直属企事业单位领导班子进行了考察、充实和调整。较好落实了老同志政治经济生活待遇。省局（公司）机关为离退休老同志新建了300余平方米的健身娱乐场所，丰富了文化生活。进一步健全了党风廉政建设监督约束机制。共有24人次上交礼品礼金，折合人民币14.82万元。加大了办案工作力度。全年立案108件、结案91件，处分121人，挽回经济损失140.57万元。

（陈祥富、肖经辉、黄国跃、王庆德）

2002年主要经济指标统计表

实现利税（亿元）	工商利润（亿元）			生产卷烟（万箱）	销售卷烟（万箱）	烟叶种植（万亩）	烟叶收购（万担）	出口创汇（万美元）
	合计	工业利润	商业利润					
50.18	8.25	1.7	6.19	177.83	180.54	278	515.72	2444

云南烟草

2002年，国家烟草专卖局和云南省委、省政府对云南烟草的发展倾注了大量的心血，给予了大力的支持和强有力的领导。国家局和省委、省政府的主要领导多次深入云南烟草调研，帮助指导工作。全省烟草系统始终坚持把促进全省烟草持续、稳定和健康发展作为第一要务，通过狠抓观念转变，大力开拓市场，积极调整产品结构，不断深化改革，云南“两烟”产品的市场、价格和营销竞争力有所提高，经济效益稳步增长，市场秩序明显好转，企业管理得到加强，科技创新取得新的进步，精神文明建设不断推进，较好地完成了年初确定的各项任务目标。

卷烟生产 加大了宏观调控力度，坚持按市场原则安排计划，定期对全省经济运行进行分析，提出指导性意见和具体措施，保持了卷烟产销的协调发展。各烟草企业采取了积极的营销策略和应对措施，市场开拓进一步加强。红塔集团、昆明、曲靖等烟草企业与省外卷烟企业进行了技术合作、品牌加工，以品牌和技术巩固和扩大卷烟市场。产品改造和新产品开发的步伐不断加快。各烟草企业相继开发了软“玉溪”、红塔“铂金”系列，珍品“云烟”系列，“红河”88、99，精品“石林”系列，“国宾”系列，“小熊猫”等一批新产品，受到了市场的欢迎，提升了云南卷烟的产品结构，促进了全省烟草效益的提高。2002年，全省累计生产卷烟610.31万箱（其中内销卷烟产量603.5万箱），同比增长1.8%；2002年，实现工商税利353亿元，同比增长7.48%。全年共出口烟叶5.88万吨，同比增长17.6%；出口卷烟7.07万箱（含昭通先锋牌卷烟出口），同比增长6.8%；实现出口创汇1.35亿美元，同比增长20.54%。

卷烟销售 按照省局（公司）的总体部署，通过加强网络建设、推进专销结合、密切产销衔接，经过全省烟草广大干部职工的共同努力，卷烟销售工作取得了较为显著的成绩。2002年，全年国内销售卷烟608.54万箱，同比增长1.38%；云南省内市场卷烟销售计划115万箱，实际销售124.9万箱，完成年计划的108.61%，比上年的118.21万箱同比增长5.66%；其中销售一、二类烟21.69万箱，占总销量的17.37%；卷烟销售平均毛利率为10.58%，比上年提高0.04个百分点。全年共销名优卷烟41.69万箱，占全省纯销量的33.38%，比上年的35.27万箱增长28.83%，提高3.54个百分点。全省16个地州市公司，除德宏州公司外，其余15家均超额完成了全年的销售计划，部分地区超计划10%以上。

专卖管理 认真贯彻落实国家局2002年整顿和规范市场经济工作重点目标，坚决打击“假、私、非、超”卷烟，全面净化我省卷烟市场。一是标本兼治，进一步加大打击力度。今年以来在打假中实行了责任追究制，设立了“卷烟打假”专项经费，加强了对运输环节的专卖管理，突出了源头打假，加大了对非法拼装、倒卖烟机和制假大要案的查处力度；二是围绕全面提升市场监控能力，整体推进专销结合、户籍化管理工作；三是进一步加强专卖稽查队伍建设。继续围绕国家局提出的“正规化管理，规范化办案”的队伍建设目标，以2001年的“素质年”活动为起点，继续加强法律法规培训工作，认真组织专卖执法人员参加国家局法律法规统一考试。

整顿和规范市场经济秩序 集中开展了“清费、治乱、减负”工作，对烟草专卖管理行政性收费进行了认真清理，对行政处罚罚没款收支情况进行了重点检查。认真开展了以清理整顿帐外帐、小金库为重点的财经秩序专项整顿工作，取得了阶段性成果。整顿和规范市场经济工作进展顺利，在国家局召开的全国工商企业货款对帐（第三批）专题会议上，参加对帐的省外工业企业共拖欠云南货款8.7亿元，经过认真细致的核对，在国家局整顿办的督促下，签订了还款确认书和处理协议书。积极开展专卖“打假年”活动，注重从源头上深挖细查非法组装、拼装烟机团伙案件，2002年共出动打假人数9.98万人次，查处案件11274起，收缴假冒卷烟2.31万件，捣毁制假窝点110个，查获卷烟制假设备123台，追究刑事责任11人，劳教23人。以城镇为重点的卷烟销售网络进一步延伸，通过实施专销结合和访销配送，省内市场控制力明显提高。切实加强审计工作，全系统共完成建设工程造价审计893个，节约费用近7000万元；完成了41名企业法人代表的任期和离任审计；开展了财务收支及专项审计63项，促进增收节支2.4亿元。继续加强安全生产，全系统共组织了6次全省性的安全大检查，发现、整改安全隐患100多处，对查出的各类安全隐患认真进行了督促整改，杜绝了火灾事故，遏制了重特大事故的发生。烟用物资资质认证、比质比价采购和公开招投标工作全面推开并逐步规范，新建工程项目的规范管理进一步加强。

企业管理 加大改革力度，促进了管理水严的提高和改革的深入，全系统以财务管理为中心，继续推行全面预算管理，出台了预算管理考核办法。积极配合上级有关部门进行了税制改革和组织结构调整的调研，组织了会计法的执法检查，加强了对全省经济运行的财务分析和预测。不断强化企业管理，尤其是红河卷烟厂在管理方面敢于突破常规、不断创新，创造出的有效激励、注重效率、信息管理、团队精神的管理经验，以及高效的实物劳动生产率，得到了国家局领导的高度评价，并在全国烟草行业推广。深入开展增收节支工作，确保了年初确定的增收节支10亿元，其中节支5亿元目标的实现。对红塔集团进行了重点帮扶，并取得了初步成效。多元化投资的管理力度加强，资产重组工作初见成效，投资结构得到调整，酒店宾馆的亏损局面得到缓解，投资回报率稳步提高。组织开展了对116户烟草系统多元化经营企业的清产核资工作，上报核销各类资产损失5.2亿元，基本摸清了家底。继续坚定不移地推进企业组织结构调整。在认真调研，制定方案，反复征求意见，统一思想的基础上，完成了红河烟草企业“三合一”的分开试点。关闭9家、停烤5家挂杆复烤厂。顺利完成了迪庆州烟草的上划工作。积极探索县级公司的管理方式，按照新的模式组建专卖和销售机构。以资产和品牌为纽带，探索了与省外海南、太原、哈尔滨等卷烟厂合作的路子。在深化企业改革、实施减员增效工作中，全系统截至2002年底，离岗退养人员8826人，比上年末增加1938人，增幅达28.1%。

烟叶种植 按照“市场引导、计划种植、主攻质量、调整布局”的烟叶生产指导方针，突出“控制面积、提高质量、优化布局、优化结构”的工作重点，认清形势，统一思想，转变观念，强化管理，切实把控制总量、提高质量作为烟叶工作的首要任务来抓；全面推行合同制，严格按国家计划组织生产和收购；狠抓各项科技兴烟措施到位率；烟叶收购进度快、秩序好；烟叶品质进一步改善，等级结构进一步优化，基础工作进一步加强，等级合格率进一步提高，流通秩序进一步规范，经营状况进一步好转。全年收购烤烟1149.24万担，占计划的99.96%；收购均价10.28元/公斤，同比增加0.63元/公斤；收购金额达59.07亿元，同比增加5.95亿元，已交农特税及附加13.0亿元，同比增加1.3亿元。其中上等烟占40.16%，同比增加4.39个百分点；上中等烟占96.35%，同比增加3.93个百分点；下低等烟占3.65%，同比下降3.93个百分点；完成出口烟备货112.6万担，同比增加60.6万担。另外，2002年全省还收购香料烟6.66万担，收购均价9.86元/公斤；收购白肋烟4.7万担，均价9.14元/公斤，整个烟叶工作处于良性平稳发展态势。

总的来看，2002年的各项工作取得了全面进展，在生产经营上突出表现在两个方面：一是产品结构的调整拉动了效益增长；二是通过品牌联营和扩张，保证了省外市场的稳定和销量的稳定。2002年的成绩来之不易，它是近几年来坚定不移地解放思想、转变观念，两眼向内，苦练内功，努力增强买方市场环境下生存和发展的本领，在困难中调整，在调整中前进的结果；是长期以来坚定不移地狠抓烟叶“双控”、“两提高”，始终强化烟叶的基础地位不动摇取得的成就；是坚定不移地大力开拓市场，不断提高云南烟草核心竞争力取得的初步成效；是坚定不移地改革创新，坚持用发展的观点解决前进中的困难，与时俱进迈出的新步伐。 *（局办公室）*

西藏烟草

卷烟销售 为推进西藏卷烟销量快速增长，局（公司）党委提出了“在规范中求生存、在改革中求效益、在稳定中求发展、在创新中求跨越”的发展思路，结合西藏区情，制定了“在高中档卷烟上求效益，在中低档卷烟上求市场占有率”的销售策略。一是组织人员对全区卷烟市场进行深入调研，优化了卷烟品种结构，将全区市场上的卷烟品牌从143个优化到98个，市场调控能力得到进一步加强，卷烟价格平稳、有序，货源充足；二是建立、健全了卷烟销售管理各项规章制度，加大了卷烟调进、调出的管理力度，卷烟销售工作逐步走向规范；三是积极拓展农牧区市场，与堆龙德庆县、达孜县合作开办了卷烟批零商场，经济效益和社会效益较好；四是进一步提高服务质量，改进服务态度，拓宽服务领域，树立了西藏烟草行业的形象；五是优化库存结构，确保了在卷烟销量与上年持平的情况下，经济效益得到了大幅提高。各地区销售势头很好，其中日喀则、昌都、山南、那曲、林芝、阿里六个地区分别完成年销售计划的92.4%、147.8%、100.8%、55.7%、128.3%、82.3%，利润分别完成年计划的91.7%、114.4%、103.1%、24.7%、267.4%，32.5%。

专卖管理 一是加强专卖执法队伍建设。组建了自治区烟草稽查总队。日喀则、山南、林芝、那曲四个地区相继成立了烟草稽查大队。对执法人员集中进行业务培训，提高了队伍的整体素质。二是完善户籍化管理模式。对拉萨市区的卷烟零售户的经营地址、经营规模等造册登记建档，对零售户经营进行有效监管。三是认真实施《西藏自治区卷烟防伪喷码管理办法》。为有效打击我区市场上的“假私非”卷烟，维护国家和人民的利益，区人民政府颁布了《西藏自治区卷烟防伪喷码管理办法》，并于12月1日正式实施。我局投入20余万元对《办法》进行了广泛深入学习宣传。在区人民政府的正确领导下，我局与拉萨市政府、拉萨市公安局、城关区委及其居委会，区信访办、法制局、工商局等单位一道，妥善处理了冲赛康部分卷烟经营户因实施《办法》而上访的事件，有效遏制西藏卷烟市场“假私非”卷烟泛滥的势头。四是狠抓打击“假私非”卷烟工作。加强与公安、技术监督、工商等执法部门协调。全年共出动7000多人次开展市场检查，查办各类案件129起，查扣“假私非”卷烟385.76件，案值达169.37万元，在全区引起强烈反响。据测算，拉萨市卷烟市场净化率达到66.9%，各地区市场净化率也有不同程度的提高。

主要经济指标完成情况 2002年，我区烟草行业干部职工在国家局的正确领导下，在自治区党委、政府的大力支持下，高举邓小平理论伟大旗帜，认真实践“三个代表”重要思想，继续坚持“狠抓基础、稳中求进”的行业工作指导思想和“一要规范、二要改革、三要创新”的行业工作重点，狠抓2002年初确定的各项工作任务的落实，解放思想、扎实工作，与时俱进、开拓创新，“在规范中求生存、在改革中求效益，在稳定中求发展、在创新中求跨越”，取得了不错的成绩。全年共调入卷烟34000箱，销售卷烟30100箱，销售收入达30544万元；实现毛利5368万元，比上年增长46%；实现利润3020万元；上缴各类税收1252万元。

精神文明和党的建设 针对机构改革中涉及到职工切身利益的各种矛盾和问题，开展了深入细致的思想政治工作，把问题化解在基层，解决在萌芽状态，确保了行业和社会稳定。机关党委组织党员干部和职工以多种形式深入学习贯彻江总书记“5.31”重要讲话和“三个代表”重要思想。按照国家局党组和区党委的要求，认真组织干部职工紧密联系实际学习领会和贯彻落实十六大精神。加强领导班子和干部队伍建设，加强对党员干部的教育、管理，进一步健全了监督约束机制。

机构改革工作 按照国烟人［2002］102号文件的批复意见，积极稳妥开展了机构改革、中层干部选拔、人员分流、制度建设等工作，促进了机关工作的规范化、制度化。一是设立了办公室、发展计划处、专卖管理处、销售管理处、财务管理与监督处、人劳处、纪检监察处7个处室，并根据工作需要成立了信息中心、配送中心、储运中心，健全了工作机构。二是成功开展了中层干部的选拔任用工作。局（公司）党委制定了《关于中层干部选拔任用工作意见》，严格按规定办事。三是本着大稳定、小调整的原则对156名员工进行了分流。在人员分流过程中，坚持做到思想政治工作先行，紧紧依靠广大职工，确保了人心不散、工作不乱。四是建立健全了各项制度。明确了各处室工作职责，并细化到各科室和具体人员。

（扎西　程伟）

陕西烟草

2002年是陕西烟草实现新的跨越式发展的一年。陕西烟草坚持"狠抓基础、稳中求进"的指导思想和"一要规范、二要改革、三要创新"的工作重点，继续实施北烟南移、"一体两翼"、"四轮驱动"和"四大"发展战略，大力整合卷烟品牌，狠抓整顿和规范，深入开展卷烟销售"一价制"，稳步推进全省网建联动，推动行业驶入了持续稳定健康发展的轨道。

行业经济效益实现历史性突破 在连续两年稳步提高的基础上，2002年再创历史新高，全省行业实现工商税利25.25亿元，比上年同期增加59360万元，增长30.73%，高出预期增长目标，高出2001年增长幅度，高出全行业增长水平，出现了喜人的"三高"局面。实现利润3.22亿元，同比增加20742万元，增长180.66%，其中商业利润2.47亿元，同比增长146%。全省有6个分公司利润超过2000万元。全年生产卷烟104.48万箱，省内销售91.33万箱，年底工商库存8.92万箱。出口创汇839万美元。

品牌整合取得重大进展，企业和产品结构进一步优化 围绕"四大"发展目标，出台了《省产卷烟品牌整合实施方案》，确定了"好猫系列、猴王系列、金卡延安、新世纪公主"四大重点品牌和11个过渡牌号、22个淘汰牌号。2002年，生产一、二类卷烟9.02万箱，占总产量的8.64%，同比提高了3.35个百分点。产品结构提升拉动工业单箱税利同比增长22.28%，其中利润增幅高达417.45%。"兰好猫"、金卡"猴王"被评为全国卷烟优等品，形成了"金丝猴、猴王、公主、祝尔慷"四个年产销量超过10万箱的品牌。以宝鸡卷烟厂为主体，汉中卷烟二厂和延安卷烟厂为两翼的"一体两翼"企业稳步发展，推进技术创新、管理创新和营销创新，全年三家企业共生产卷烟75.3万箱，占总产量的72.07%；实现税利17.67亿元，占全省工业税利的82.85%，同比增长18.8%。

烟叶生产新格局初步形成 2002年全省烟叶种植48万亩，收购82万担，上中等比例达91.3%，较上年提高7个百分点，原烟交接、委托加工占80%以上。其中陕南烟叶面积27万亩，占总面积的56%，收购烟叶47.6万担，占总收购量的58%，基本实现了"陕南烟叶占全省三分之二"的目标。烟叶生产集约化程度进一步提高，种植县压缩到了34个，种烟乡89个，百亩以上连片面积占总种植面积的21%。通过狠抓四项技术、一项开发，烟叶生产水平进一步提高，包衣种子推广率达到100%，平衡施肥技术推广达70%以上，标准化烤炉改造达到65%以上，陕南国际型优质烟叶示范田3000亩。在巩固上海、江苏与陕南安康、商洛共建原料基地的基础上，旬阳又被上海烟草集团确定为正式基地。在全国烟叶交易会上，签订省外调拨合同26.5万担，较上年增加4.7万担。

网建联动整体推进 西安市建成了"分部访销、统一配送，专销结合、捆绑考核，改革体制、注重激励，微机联网、高效运行"的大配送格局，提高了网络运行质量，促进了经济效益大幅增长。2002年，西安市分公司实现利润9063万元，同比增长169.09%。在全省10个区域性中心城市实施了网建联动，统一组织、统一培训、统一检查、统一考核，初步建立起了"城乡一体、统一运行，全面访销、集中配送，三线运作、四流贯通，捆绑考核、注重激励，信息管理、提高素质，培育忠诚、实现双赢"的城市卷烟销售网络体系，网络在稳价促销、调控市场、培育名优品牌中的基础性作用进一步显现。全年网络销售卷烟4427155万支，占全省总销量的96.9%。在网建联动的推动下，全省深入推进卷烟销售"一价制"，狠抓稳价促销，卷烟销量稳步回升。

整顿规范成效显著 围绕整顿重点，全行业开展了一系列专项治理整顿活动。特别是2002年下半年，省政府先后组织召开了两次全省卷烟市场整顿规范工作电视电话会议，公、检、法、烟四部门联合下发了《关于严厉打击扰乱烟草专卖管理秩序犯罪活动有关问题的通知》，在全省掀起了声势浩大的卷烟市场整治专项斗争，取得了重大战果，全年共查处各类违法案件28497起，没收、收购非法卷烟33134件，查获假冒商标卷烟20705件，烟叶1289吨，捣毁制假贩假窝点114个，取缔违法大户162户，判刑11人，劳教13人，逮捕18人，拘留76人，卷烟市场秩序实现了初步好转。深入开展财经秩序专项整顿，积极清理"三角债"、"小金库"和账外账，完成了多元化企业清产核资工作。全年对7大类24种非专卖品物资进行了比质比价采购，节约采购成本1150万元。全行业77项基建技改等工程按要求实行了公开招标，节约资金1336万元。

体制改革和技术创新步伐加快 取消了县级公司和复烤厂的烟叶经营权，实行分公司统一经营。推行卷烟"直线调拨、直线结算"，完善了调拨调控机制。企业组织结构调整和卷烟联销公司改制取得新进展。省政府召开专题办公会议，形成了关闭永寿卷烟厂和榆林卷烟材料厂的会议纪要。制定了联销公司体改方案，已由省经贸委转发有关市政府征求意见，同时着力促成澄城烟厂、旬阳烟厂和汉中一厂面向省内外兼并联合、重组。信息化建设全面推进，建立起了全省行业计算机广域网络系统和卫星通信系统。卷烟降焦取得重大进步，新开发的9个卷烟产品焦油含量平均降到11.4mg/支；烟草薄片、膨胀烟丝得到广泛运用；秦烟1号通过了全国烟草品种审定委员会审定，成为我省烤烟种植史上第一个自己培育的新品种。

精神文明建设全面加强 完成了11个商业企业和7个工业企业领导班子届中考核，调整了6个商业企业领导班子，异地交流10名领导干部，班子整体功能得到提高。各企业全面推行了中层干部竞聘上岗、科以下管理人员竞争上岗和技术人员、一线职工持证上岗。深入开展公民道德建设实践活动，职工队伍素质明显提高，全系统79个单位跨入文明单位行列。深入开展反腐败抓源头工作，全面推行政务公开，建立了企业法人代表任期审计制度，进一步完善了监督制约机制。加大了案件的查处力度，初核各类违规违纪案件69件，立案14起，结案12起，结案率达到85%，受党纪政纪处分31人。

（王　玉）

甘肃烟草

2002年，甘肃省烟草行业以发展为中心，从基层工作抓起，团结一心，知难而进，奋力拼搏，开拓进取，在近几年取得快速发展的基础上，继续保持了良好的态势，经济效益持续增长，在新的水平上实现了一个大发展。

品牌集中度进一步提高，产品结构得到优化 全年生产卷烟39.99万箱，同比增长了11.1%。其中三类以上卷烟生产17.57万箱，占总产量的43.92%，比上年提高了5.85个百分点。单品牌卷烟平均年产量达8万箱，“兰州”和“海洋”两大牌号的产量达37.42万箱，占总产量的93.5%。

不断推进科技创新，产品开发和产品改造取得了新成果 引进先进的高速卷接包机组，改造辅助设施，进一步提高了技术装备水平。投入3000万元进行技术中心建设，加快了技术进步步伐，产品开发、技术改造、基础研究都取得了较好成效。兰州卷烟厂焦油量加权平均值为12.95毫克，在全国卷烟质量统检中，列92个被检企业的第二位。“珍品兰州”进入了全国卷烟优等品行列，卷烟产品综合质量列全行业第5位。运用多项高新技术，历时一年多，经过260多次试验，开发出了“吉祥兰州”和“特醇兰州”卷烟。

卷烟工业组织结构调整取得重大进展，一厂两点的既定目标基本实现 完成了原庆阳烟厂破产资产的善后处置，结束了破产工作；合水烟厂依法进入了破产程序，破产资产的审计评估已经完成；在兰州烟厂对天水烟厂成功实施托管的基础上，对两厂进行了合并，天水分厂已于12月25日正式挂牌运营。兰州卷烟厂进入了全国36户重点卷烟工业企业的行列。合水烟厂破产，兰州、天水两厂合并，是贯彻国家烟草产业政策，进行卷烟工业结构调整的又一重大成果，对于提高生产集中度和品牌集中度，增强整体实力，把行业做精做强，具有极为重要的意义。

网络基础进一步夯实，运作水平和整体管理水平得到了有效提升 “全面访销、全面配送、专销结合”的访销配送体系日趋完善，网点的市场分析、需求预测、零售户管理与服务等功能开始发挥，访销服务进一步延伸。网点自建率达到68%。商业系统外销售卷烟56.51万箱，同比增长8%。深入开展了向零售户提供优质服务活动，制定了形象标准、文明用语及服务规范，严格考核服务质量。评选表彰了优秀守法户和优秀经营户，开展资助特困零售户、为守法零售户举办文艺演出等活动，进一步密切了与零售户的关系，增进了与零售户的情感交流。

打假和打击其他非法经营活动取得了明显成效，市场经营秩序进一步规范 专卖执法力度的不断加大，使违法经营行为得到遏制。以打团伙、挖窝点、清市场为重点的“卷烟打假年”活动收效明显。全年共查处各类违法案件38709起，查扣卷烟17450件，其中假烟案5756起，查获假烟5884件。共有61名制贩假烟及其他违法犯罪人员被刑事拘留，批捕1人，判刑8人，震慑了违法犯罪分子。声势浩大的卷烟打假宣传、识别假冒卷烟宣传活动，取得了良好的社会效果。全省共投入6000多万元用于专卖管理及打假工作，共建成专卖管理所360个，专卖稽查队150支，配备专卖管理人员2045人，专卖车辆401辆，公安部门设立驻烟草特派室76个。

工商利税继续保持了较高速度的增长，三年翻了两番多，企业实力进一步增强 全行业共实现工商税利21.59亿元，同比增加了5.29亿元，增长32.49%，连续两年居全省各行业之首。比1999年的4.1亿元增加17.49亿元，三年翻了两番多，创历史最好水平；工业单箱利税达到了3580元，同比增加了612元。工商实现税金13.13亿元，占全省财政收入的9%左右；工商实现利润8.46亿元，同比增加了2.31亿元，增长37.53%。全行业的资产总额达35亿元，同比上升18%，净资产达20.2亿元，同比上升49%。1985年以来已累计实现工商税利近100亿元。

深化三项制度改革，增强了企业活力 引入竞争机制，大力选拔优秀年轻干部，开展了轮岗、异地交流、挂职锻炼，推进了干部人事制度改革的深化，促进了企业经营管理者队伍的培养和锻炼。实行全员劳动合同制度，理顺了劳动关系。实行了“计件工资加百分制考核”的办法，有效调动了从业人员的积极性。

强化企业管理，努力提高管理水平 把规范行业内部的经营行为作为重中之重，健全管理制度，标本兼治，综合治理，进一步规范了内部经营行为。开展了财经秩序专项整顿工作，筹建了全省烟草行业资金管理中心，加强资金的集中统一管理。进一步完善了信息基础设施建设，加快了信息化进程。卫星网络C类站已安装调试完毕，并连接到行业网中。规划设计了省域网安全体系，完成了省局（公司）局域网的安装调试。加强了职工的学习培训工作，不断提高队伍整体素质。强化安全管理，确保了行业生产经营的顺利进行。

开展精神文明创建活动，为行业改革发展提供了思想和组织保证 以江总书记“三个代表”重要思想和“5.31”讲话精神为指导思想，大力加强领导班子建设，积极开展精神文明创建活动，提高了党员干部的政治理论素质。不间断地开展了党风廉政警示教育，增强了廉洁自律的自觉性。紧紧围绕行业改革和发展的中心任务，深入开展思想政治工作。推动了基层党组织建设，以社会公德教育和职工道德建设为突破口，大力开展了群众性精神文明创建和企业文化建设活动。

青海烟草

2002年，全省烟草行业以邓小平理论和“三个代表”重要思想为指导，认真贯彻全国烟草工作会议和全省经济工作会议精神，继续坚持“狠抓基础，稳中求进”的行业工作指导思想和“一要规范、二要改革、三要创新”的行业工作重点，从青海烟草实际出发，突出重点，狠抓落实，各方面工作都有了新的进展。全年共销售卷烟887,676万支（17.7万箱），同比增长8.2%，实现销售额16.7亿元，同比增长43.6%，实现税利1.6亿元，同比增长31.5%，各项经济指标均创历史最好水平。

加强卷烟购销管理，行业经济运行平稳发展 围绕“促销、稳价、增效”的方针，把发展作为第一要务，狠抓基础、狠抓规范、狠抓落实，着力加大经济运行的调控力度，保持了良好的发展态势。提高合同履约率，严把进货关。下达了2002年度全省烟草系统卷烟销售计划指标，逐月检查计划执行进度，适时进行宏观调控，切实加大经济运行责任目标的考核力度，保证了各项销售指标的顺利完成。加大市场结构调整力度，提高了品牌集中度。紧紧抓住西部大开发，青海流动人口增加的机遇，着力做好名优烟和骨干牌号卷烟的市场培育、促销工作，新引进14个牌号规格名优烟，卷烟购进品牌规格控制在90个以内。全年名优烟销售同比增长61.9%，有效保障了全省卷烟市场的供求。做好价格管理，确保卷烟价格的稳定。制定了卷烟价格管理办法规定，基本实现了全省卷烟价格的分类管理，基本保持了全省卷烟市场价格的稳定。

以整顿规范为重点，加大整治力度，专卖管理进一步加强 深入开展打假打非，卷烟市场不断净化。为实现社会上假烟和非渠道卷烟明显减少的目标，全省各级烟草专卖管理部门认真贯彻全国烟草专卖管理电视电话会议精神，把“打假打非”作为整顿和规范市场经济秩序的突破口，通过端窝点、堵源头、清市场，查处了一批贩假制假大案，严厉打击并有效遏制了卷烟制假售假活动，提高了市场净化率。为使卷烟打假工作制度化，省局与省公安厅共同制定了《联合打击制售假烟违法犯罪活动工作制度及工作职责》，初步建立了联合打假的长效机制。2002年全省共出动打假人员5320人次，查处各类违法案件2161起，查处假烟案件290起，查获假冒商标卷烟264件，收缴罚没款63.7万元，销毁假冒商标卷烟730件。并与新闻媒体通力合作，在执法活动中邀请记者随行采访，对违法者予以曝光，对暴力抗法者进行舆论监督，扩大了卷烟打假的社会效应。深入开展卷烟市场净化率达标活动，卷烟市场的管控能力进一步提高。全省市场占有率达89.55%，持证经营率为92.41%，合法渠道进货率为87.43%，市场净化率为89.2%，为维护正常稳定的卷烟市场秩序发挥了较好作用。加强执法队伍建设。举办了全省烟草专卖管理领导干部培训班，对县以上烟草专卖局分管专卖管理的62名领导干部进行了培训。各州、地、市局也先后举办了执法人员法律法规培训班，对全省201名专卖执法人员进行了系统的业务培训，使专卖执法人员的综合素质和依法行政水平明显提高，初步实现了“正规化管理、规范化办案”。

积极推进卷烟销售网络建设和户籍化管理，市场控制力和占有率进一步提高 坚持把卷烟销售网络建设当作事关烟草行业健康和长远发展的一项全局性工作和最有价值的战略性基础工程来抓，把加强网络建设与实施户籍化管理作为全省烟草工作的重中之重，学习、借鉴成都、上海、武汉等地的先进经验，转变观念，狠抓落实，网络建设初具规模，并在调控市场、服务客户、培育品牌、稳价增量等方面发挥了积极作用。坚持突出重点，分类指导的原则，加大网络建设工作力度，确立了以西宁市、格尔木市为主的“全面访销、全面配送、访送分离、专销结合”的城市卷烟销售网络运行模式和以西宁市、海东地区所属8县为主的“访送一体，注重实效”的农村卷烟销售网络运行模式。为改善网络基础设施，全年共投入网建资金1120万元，同时加快信息化建设步伐，边运行、边完善、边提高，基本实现了省局（公司）与直属单位、各分公司的联网。召开了全省网络建设经验交流现场会，促进了全省网建工作向纵深发展。增强服务意识，强化服务功能。对零售户的管理和服务逐步向细腻化、广域化、规范化转变，服务手段从单一性向多样化发展，并逐步实行了“户籍化”管理。各州、地、市局制定了《户籍化管理细则》，对“户籍化”管理进行了详细规划和调查摸底、建档定员工作，对辖区内经营户普遍实行分类管理，制定了户籍员、访销员、送货员三员互控、三线运作、三层考核制度。市场占有率、持证经营率、合法渠道进货率及毛利率均有大幅度提高。在西宁市召开了全省户籍化管理现场交流会，进一步推动了全省户籍化管理水平的提高。

以整顿和规范财务管理为核心，促进了企业管理水平的提升 以整顿和规范财经秩序为核心，提高财务管理水平。一是认真实施新《会计法》，依法规范会计行为。进行会计基础规范达标考核工作，进一步规范了企业会计核算，加强内部监督管理，规范经营行为，促进了企业管理水平的提升。二是开展了多元化经营企业清产核资工作，摸清了家底，明晰了产权关系，加强了国有资产管理。三是结合财经秩序专项整顿，加强了对专卖罚没收入、规费收入、打假专项资金的管理，对往来账款、账外设账（小金库）、银行账户进行了清理，提高了资金使用效率，减少了资金风险。四是按照《烟草行业企业事业单位预算管理试行办法》的要求，全面推行预算管理。五是加强制度建设，清理完善内部控制制度。六是加强审计监督工作，开展了专项资金的审计及调查，加强了固定资产投资的审计，较好地发挥了审计监督工作的指导、检查、协调和服务作用。坚持“安全第一、预防为主”的方针，狠抓安全工作责任制的落实，全系统层层签订了安全责任书，开展安全宣传教育，进行了多次安全大检查，及时整改隐患，全年未发生重大安全责任事故。

坚持“两手抓、两手都要硬”，思想政治工作和党风廉政建设有了新进展 认真落实省局党组中心组理论学习制度，党组中心组学习逐步规范化、制度化，促进了作风的转变。省局及各州、地（市）局大兴调查研究之风，深入基层，深入一线，查实情、办实事，密切了干群关系，树立了机关形象。认真学习贯彻党的十五届六中全会及十六大精神，以作风建设为切入点，着力加强思想政治工作，促进了两个文明建设健康协调发展。认真学习贯彻《党政领导干部选拔任用工作条例》，加快了人事制度改革的步伐。坚持民主集中制原则，不断加强领导班子建设。始终把认真贯彻落实民主集中制原则作为加强领导干部思想政治建设的重要内容来抓，自觉遵守和维护党的纪律和民主集中制原则，正确处理个人与组织、民主与集中、自由与纪律的关系，认真执行集体领导和个人分工负责相结合的制度，较好地发挥了领导核心作用。认真贯彻落实国家局《关于依法规范劳动关系的指导意见》，年内省局（公司）机关、直属单位及所属西宁、海东、海西、格尔木四个分公司都与职工签订了劳动合同，并顺利通过了省劳动和社会保障厅劳动用工年检。广泛开展学习贯彻《公民道德建设实施纲要》活动，在全省烟草系统深入开展了以“优质服务创效益”为主题的职业道德竞赛活动，坚持诚信经营，实行规范化服务，树立了良好的行业形象。坚持“抓住源头、重点突破、规范自我，整体推进”的工作方针，党风廉政建设有了新进展。

（戴岳鹏）

2002 年主要经济指标统计表

实现利税（亿元）	工商利润（亿元）			生产卷烟（万箱）	销售卷烟（万箱）	烟叶种植（万亩）	烟叶收购（万担）	出口创汇（万美元）
	合计	工业利润	商业利润					
	16.7		16.7		17.7			

宁夏烟草

2002 年，宁夏烟草行业在国家烟草专卖局和自治区党委、政府的正确领导下，继续坚持“狠抓基础，稳中求进”的行业工作指导思想和“一要规范，二要改革，三要创新”的工作重点，狠抓基础、狠抓规范、狠抓落实，经济运行、专卖管理、精神文明和队伍建设等方面都取得了崭新的成绩。

全区烟草系统共实现工商税利 21484 万元，比上年增长 70%。实现工商利润 13655 万元，比上年增长 87%。吴忠卷烟厂生产卷烟 2.3 万箱，总产值 9473 万元，比上年增长 9.6%；实现税金 4536 万元，比上年增长 27.8%，亏损额控制在 200 万元以内。全区销售卷烟 16.9 万箱，比上年增长 7.3%；商业实现销售收入 131753 万元，比上年增长 18%；商业实现利润 13829 万元，比上年增长 87%；商业实现税收 3293 万元，比上年增长 84%；卷烟销售的毛利率达 15.1%，比上年增长 4.7 个百分点。卷烟市场流通秩序进一步规范，除新上划的几个公司外，市场占有率、市场净化率达到 85% 左右，入网销售率平均达到 80% 左右。

精神文明建设和党风廉政建设取得较好成果。15 个分、县公司参加精神文明建设考评，全部合格，优秀和良好率达到 67%；16 个单位领导班子参加党风廉政建设和反腐败工作考核，全部合格，优秀和良好率达到 69%。制度建设和信息化建设等基础性工作也取得了长足的进步。“党组议事规则”、“录用应届大学毕业生的规定”、“财务管理制度”、“经济运行质量和效益考核办法”、“联合打假工作制度”、“卷烟价格管理办法”等组成了独具行业特色的制度管理体系。信息化建设全年投资 78 万元，使总投资达到 921 万元。这些基础性工作，为规范行业管理、提高经济运行质量起到了积极的促进作用。基本完成了有限责任公司的组建上划工作。职工队伍思想稳定，未发生重大刑事案件和重大安全责任事故。

综上所述，可以这样概括：2002 年度，宁夏烟草行业各项基础性工作有了实质性进展，经济运行质量有了显著提高，经济效益创历史最好水平，全区烟草行业呈现出蓬勃向上的良好发展势头。

2002 年的工作，有一些值得我们认真总结并在新的一年里需要继续发扬或者借鉴的经验和做法。

进一步确立了发展是第一要务的思想观念 一年来，宁夏烟草行业在狠抓基础、狠抓规范、狠抓落实的基础上抓住机遇求发展，这是思想观念上的飞跃；把发展的目标确定下来，分步实施并取得预想的成效，是行业职工艰苦奋斗的结果。各级领导班子，全体职工心中有企业，始终绷紧发展这根弦，使经济运行有了坚实的思想基础。所属各单位都实事求是地制定发展战略，客观地分析市场环境，着力解决阻碍发展的困难和薄弱环节，虚心学习借鉴兄弟单位的成功经验，各项工作尤其是生产经营得到跨跃式的发展。年内各分、县公司的利润平均增长 1.36 倍，最突出的是银川市公司，利润增长率为 226%，增幅超过 100% 的还有固原、吴忠、平罗、中宁。银川市分公司在发展的主旋律下制定的三年发展规划，既有创新意识，又有回旋余地。其他所属单位也都认真思索和全面部署这项工作，对前景充满了信心，宁夏烟草行业呈现出生机勃勃的发展局面。

强化市场监管力度，市场占有率逐步提高 宁夏烟草的发展，离不开专卖专营体制。2002 年，全区烟草行业在巩固和扩大整顿卷烟市场秩序的基础上，以推进户籍化管理为重点，进一步加强了市场监管和路口盘查，深入开展以“卷烟打假年”活动为中心的打假打私活动，取得了一定成绩。全年出动打假打私7万多人次，查处卷烟违法案件4770起，收缴假冒商标卷烟、走私烟54000余条，罚没款240余万元；彭阳县局查获一个非法烟丝加工窝点；全区向政法机关移交涉嫌卷烟犯罪案件6起，批捕2人；户籍化管理初见成效，银川市局采用了以IC卡、POS机为载体的先进管理手段，贺兰、永宁县局对原来的管理系统进行改造升级，对零售户实现分类动态管理。银川市局高度重视市场管理工作，建立健全了专卖管理组织体系，制定了专卖稽查人员考核奖励制度，确定了“三线延伸、三员联动、信息共享、互相监督、统一考核”的专销结合管理机制，提高了市场控制力，夺回近30%的市场份额。2002年全区烟草专卖稽查人员以艰苦的努力，换取了市场净化率、市场占有率的大幅度提高。银川、石嘴山、固原、中卫等地市场净化率达到90%。全区烟草行业的烟草专卖管理工作又上了一个新的台阶。

规范经营，充分发挥销售网络功能 规范出效益，2002年宁夏烟草行业抓规范，主要体现在规范购进、规范销售、规范价格三个方面。规范购进，就是不允许在交易会合同以外私自到交易市场订合同，更不允许体外循环；在区内，实行区公司向有限责任公司送货，烟厂向各单位送货，也是规范购进的一个内容。总体看下半年购进秩序略好于上半年。规范销售，就是在多年来抓网络销售的基础上，对网络按新要求进行整顿，重在发挥网络占领市场、引导消费的内在功能。全区行业内各分、县公司把眼睛盯在市场上，把功夫下在网络上，不搞花架子，不为应付上级检查而弄虚作假，真正认识到做市场就是抓网络，搞销售就是抓网络，彻底转变大进大出依靠大户生存的销售模式。所以网络功能的发挥呈现出今年比往年好、下半年比上半年实的发展态势，入网销售率稳步攀升，总销量稳中有升。从入网销售率看，银川、石嘴山、中卫等分、县公司较好，有限责任公司中，彭阳县公司下半年进步快。规范价格，就是包括建立定价机制和实行主销品牌最低批发限价两项工作。事实证明，这是提升毛利率争取效益最大化的有效措施，尽管从理论上讲，价格应当随市场供求关系的变化而浮动，但在烟草专卖专营体制下，供求关系事实上行政控制大于市场调节，所以实行卷烟最低批发限价是可行的，也是有效的。

地产烟信誉上升，成为新的经济增长点 2002年经济效益增加，地产烟在商业环节扭亏为盈是一大亮点。多年来，依靠行政手段分配地产烟销售任务，行业内各企业把销售地产烟当作政治任务去完成，能出手就卖，甚至赔钱也卖，从工业到商业地产烟成了包袱，既没有品牌意识，也没有销售策略。这种状况2002年得到了改变。首先，吴忠卷烟厂的干部职工在动荡的环境下坚守岗位，兢兢业业工作，保证了产品的质量，并能够根据市场需求及时调整品牌结构，保证市场供应。其次，各商业企业讲究了一些营销策略，坚持顺价销售，不做赔钱的买卖。再次，区公司的调控措施到位，适当、适时地调整生产计划，使供需保持稍紧平衡。所以地产烟出现供不应求的局面，价位随之上升。据初步测算，全年地产烟实现商业毛利887万元，结束了每年为卖地产烟赔几百万的历史，一正一反，实际增加效益约为1300万元，占全区新增效益的五分之一。

加强制度建设，认真遵守各项经营纪律 经济效益来自规范经营，规范经营需要纪律作保证，执行纪律则需要制度为基础。2002年，区局（公司）机关在制度体系的建设上做了大量工作，对全区烟草行业经济效益的增长起到了积极的促进作用。例如，建立公开透明的定价制度，明确经营中的各项纪律，对权力予以监督的议事规则，党风廉政建设责任制以及安全责任制等，制度、纪律综合起来，形成了保证企业安全运行、保证效益不流失的企业运行机制。区局（公司）及所属各单位认真执行各项制度、严格遵守各项纪律，对违规行为坚决进行查处。中卫县公司对班子成员违纪问题不护短、不遮丑，认真检查、严肃处理；青铜峡市公司在行业内率先推行政务公开制度，基层单位的这些做法，受到行业职工的一致称赞。

建立激励机制，促进效益增长 年内，区公司根据宁夏烟草行业的实际和“效率优先，兼顾公平”的原则，制定了新的经济运行质量和效益考核奖励办法。对以前的“办法”来说是个大的突破，对全区烟草行业经济效益的增长起到了明显的激励作用。银川、中卫等市县公司逐步完善了联销计酬的考核体系，将不同岗位的责任、利益同入网销售率、送货率、市场占有率等相挂钩，严格管理、量化考评、奖罚分明、按劳取酬，工资奖金向一线倾斜，使“三员”整体工资水平有了较大幅度提高，激发了主动去开拓市场、引导消费、完成任务的积极性，提高了对零售户的服务意识和质量，使网络功能得到充分发挥，促进了总体经济效益的提升。还有一些单位，如青铜峡、固原、银川、永宁等，把激励机制应用到守法零售户之中，也收到了积极的效果。奖励零售户这项工作，只要做到工作细心，考评准确，账务、税务处理合法，也是一种有益的尝试。

新疆烟草

2002年，区局（公司）党组按照国家局总体工作部署和总体要求，继续坚持以经济建设为中心，继续坚持“一要规范、二要改革、三要创新”的工作重点，集中精力开展了整顿和规范市场经济秩序工作，确保了行业经济运行平稳发展，完成了年初确定的各项工作任务经济指标。全年种植烟叶20357亩，其中烤烟1427亩，香料烟18930亩，收购烟叶38113担，其中出口3024担，全年实现利润400万元，比上年减少2.4%；出口创汇406万美元；生产卷烟120048箱，较上年增长8.74%；销售卷烟357118箱，同比上升1.6%，其中销售地产烟118077箱，同比下降3.2%；实现商业利润2.2亿元，比上年增长22.2%；全区共查处各类涉烟案件10229起，查获各类非法卷烟4946件，其中假冒烟2343件，上缴罚没款310.36万元。

烟叶生产 按照2002年全面贯彻国家局有关“控制总量、提高质量、合理布局、优化结构”的工作方针，认真执行区局（公司）“控制面积、主攻质量、开拓市场、减少库存、强化管理、增加效益”的总体要求，以市场为导向，一方面合理地压缩种植面积，以规范为中心，全面推行了三级合同制管理，使烟叶种植的规范化程度进一步提高。另一方面针对烟叶库存过大这一实际，积极寻求销路，努力扩大出口，完成了去年的烟叶销售任务。三是适时地对烟叶种植品种进行结构调整，与BAT公司合作在察布查尔县试种的“伊兹米尔”香料烟新品种获得成功。四是烟叶加工成本逐年降低，烟叶加工质量进一步提高。五是进一步完善制度建设，使各项工作有章可循。

卷烟工业 新疆卷烟厂在将军集团的直接领导下，在区局（公司）的积极支持下，坚持以自我发展为主题，以结构调整为主线，以质量目标为根本，以科教兴烟为动力，以客户满意度为标准，努力提高企业核心竞争力，主要表现在五个方面：一是加强了成本管理，积极推进预算管理，对各类物料采购实施了严格的招投标制度，使烟厂的管理成本、生产成本、经营成本都有不同程度的下降。二是有效地开展了群众性的质量管理活动，积极推进ISO9002标准，并对各生产工艺流程都做到了标准化和规范化管理，从而整体提高了卷烟的生产质量。三是把产品结构调整作为事关烟厂生死存亡的大事来抓，其中蓝嘴“雪莲王”卷烟投放市场后走势较好，是近几年烟厂开发较成功的一个品牌，反映了烟厂在新产品开发方面已经迈出了可喜的一步。四是积极转变观念，加强了与商业公司的联系，增强了与零售户的情感联结，提高了零售户销售地产烟的热情。五是通过加强管理，实现了烟厂的三大转变；由过去侧重抓内部管理向内外管理相结合的转变；由过去自我评价向自我加压的转变；由过去强制性管理向自觉性管理的转变，使科学的、以人为本的管理方式正在烟厂逐步形成。由于烟厂去年各项措施到位，思路明确，重点突出，不仅基本实现了年初确定的卷烟结构调整的任务，使三类以上的卷烟占总产量的17%，同时使全年预计亏损额大大减少，入库税金同比增长了29.6%。

对外贸易 进出口公司去年面对周边国际市场疲软的不利局面，主动克服困难，积极寻找商机，走访班德兰等国外公司，并以优质服务赢得客户的信赖。由于去年进出口公司增加了等级较高、价值较大的香料烟出口，超额38.7%实现了去年的烟叶出口任务，实现利润380万元，超额9%完成了任务；完成代理进口卷烟780件，同时还签订了今年的烟叶出口计划。

卷烟销售 卷烟销售稳中有升，结构调整初见成效。2002年卷烟销售工作在全面贯彻“控量、促销、稳价、增效”八字方针的基础上，较好地完成了购销任务，并着重抓了六个方面的工作：一是进一步加大了区局（公司）的宏观调控力度，规范卷烟经营行为。按照区局的有关规定，制定了一系列有效措施，对规范全区卷烟经营行为和经济运行质量发挥了积极的指导作用。二是充分发挥价格杠杆作用，在对全区各地的卷烟价格及库存情况进行摸底之后，制定了全区卷烟统一批发价，并对各地执行情况进行跟踪检查，从而确保了统一批发价在全区的贯彻落实。三是通过扶优扶强、提高品牌集中度的原则，严把卷烟进货关，加大名优卷烟市场培育的力度，提高名优卷烟的投放比重，为全年利润的完成提供了保障。四是积极配合新疆卷烟厂做好地产烟的结构调整工作，一方面对新品“雪莲王”由区公司总经销，始终做到“饥饿”式投放，使该品牌卷烟自投放市场以来一直处于热销之中。另一方面利用新疆部分市场资源为互换条件，分别与云南红河、大理等优势企业合作，帮助新疆卷烟厂开发了两个适合新疆消费者吸食口味的三类卷烟。五是区局（公司）把北疆五个地区作为地产烟主销区的试点工作初见成效，目前这五个地区的地产烟销售平均达到了78.3%以上。全区销售三类以上地产烟比例达到了18.1%，完成了区局（公司）年初的目标。六是继续推进“541”工效挂钩考核办法，特别是加大了对销售地产烟指标的考核力度，并积极推进计算机联网，加快信息传递，使去年卷烟销售的整体工作在上年的基础上，又大大向前迈进了一步。

网建工作 网络建设迈出了实质性步伐，网络资源进行了有效的整合。按照2002～2003年全区网络建设总体方案要求，去年的网络建设始终贯穿了一条以管理为主线、以创新为动力，注重提高网络的整体运行水平，总体上实现了网络触角进一步延伸，网络布局进一步合理，网络质量进一步提高，网络管理进一步规范，基本完成了全年的网络建设目标，并呈现出了六个方面的显著特点：一是随着观念的进一步转变，网络信息化建设步伐明显加快，现代管理意识有了明显的增强。目前已有10个地区完成了销售、专卖管理软件的推广工作，还有几个地区正在推广之中。二是理顺了县级网络体系，一个非法人的县级卷烟配送中心机构已在全区顺利组建，到去年底，全区98.8%县级组建了网络机构，基本实现了网络建设“三步走”战略目标。三是网络营销方式得到了根本性的转变，“全面访销、全面送货、专销结合、访销分离”的网络营销新模式已在全区推开，实现了由过去坐商向行商的重要转变。四是完善了激励机制，打破了网络用工的身份界限，推行了公开招聘，竞争上岗，使网络员工队伍素质明显提高。五是根据网络建设工作的进一步深入，适时地对全区的网络资源进行了有效的整合，使网络布局更趋合理，网点送货率已达到了90%。六是加大了网建资金的投入。截至去年12月底，网点从业人员已达到2072人，同比增长了474人，目前全区已拥有网点送货车362辆，专卖稽查车101辆。七是对全区各地州实行了属地化管理，从而最大限度地调动了各地州“双网”建设的积极性，为今后整体提升全区的“双网”建设水平奠定了坚实的基础。

专卖管理 专卖管理力度加大，市场秩序继续好转。去年全区专卖管理成效显著，为确保全年卷烟销售任务的完成做了大量行之有效的工作。具体表现在：一是把提高市场净化率作为推进户籍化管理的根本目标。在对零售户进行分类管理的基础上，制定了零售产量化考核办法，实施系统监控，使零售户的整个经营活动都始终处于系统的控制之中，并通过平时和年终考核，使各地州城市卷烟入网销售率达到了99%以上，持证零售户入网率达到了100%，市场净化率达到了97.63%。二是实现了管理向服务的转变，寓管理于服务之中，“三员联动、三线互控”的机制已在全区专卖管理工作中得到了实际的应用。三是采取深挖重罚，狠抓了对大要案和典型案例的查处，并积极寻求公安、检察等司法机关的配合，对一些涉案主犯继续实施追刑。其中有4人被判处6年有期徒刑，有3人被分别判处2年、3年和4年有期徒刑，还有1人被判处拘役6个月。四是加强了专卖队伍建设，通过社会招聘等形式，分批次录用了一些文化程度高、政治条件好的人员充实到专卖管理岗位，使全区专卖管理人员文化结构明显改观，专卖管理规范化程度进一步提高。此外，根据国家局的总体部署，去年还对全区烟草系统的专卖执法人员进行了6期法律法规培训和考试，并颁发了行政执法合格证书。通过一系列具体工作，进一步增强了全区广大干部职工的法律意识，使行业依法经营的思想意识明显提高。

财经工作 财经秩序专项整顿工作成效显著，财务管理规范程度进一步提高。去年我们重点围绕“加强会计核算，规范财务行为，强化审计监督”三个方面，初步完成了第一阶段全行业的财经秩序专项整顿工作。全年着重抓了区局（公司）的机关财务费用预算归口管理，针对行业财务管理上存在的突出问题，出台了有关财务管理办法，并结合财经秩序专项整顿要求，认真开展了自查自纠，重点清查了欠税漏税、私设小金库和账外账、截留罚没收入和乱列开支的行为，特别是对样品烟的使用和流向与各地烟厂进行了对账。对过去特定历史时期遗留的问题也借这次财经秩序专项整顿工作做了妥善处理，“两烟”贷款清欠工作基本完成，全区财务管理工作得到了进一步加强。与此同时，我们突出了审计部门的审计监督职能，全年共完成了各类审计29项，对系统内的基本建设投资项目作了22项审计，专项审计1项，节约基建费用137万元。

双文明建设 “两手抓”又有新发展，“双文明”再创新局面。2002年，我们不仅在物质文明建设方面取得了较好的成绩，同时也取得了“两个文明”建设和党风廉政建设协调发展。首先，按照“三个代表”的要求和“5.31”重要讲话精神，并紧密结合行业实际，从狠抓党风廉政教育入手，坚持预防为主，完善制度建设，加强监督检查，确保了去年全行业经济建设健康发展。其次，去年精神文明创建活动又呈现出了新的趋势，一个以“创建优美环境、展示烟草风貌”为典型特征的深层次和多样性的精神文明创建活动正在全行业逐步形成。三是政治学习和职工教育活动被提上重要议事日程，特别是在党的十六大召开之后，一个以“学报告、谈小康、议改革、求发展”的学习贯彻十六大精神活动在全行业展开。四是适时地推进了三项制度改革，加大了干部交流、轮岗以及机关干部下基层挂职锻炼的力度，积极倡导调查研究，充实和完善了区局（公司）机关及行业的考核办法，强化了区局（公司）宏观调控职能。

此外，去年全区行业信息化建设也取得了实质性进展，目前卷烟销售和专卖管理软件的推广应用工作正在全面展开；行业安全工作得到了进一步重视，各项安全措施得到了较好的贯彻落实。（张淑文）

大连烟草

2002年，大连烟草以党的十五届六中全会为精神指导，认真贯彻落实全国烟草工作会议精神，以提高经济运行的质量和效益为中心，以整顿和规范市场经济秩序为重点，以实施优化后的业务流程和升级后的管理系统为主线，以深化改革和推动创新为动力，以增强大连烟草的市场控制能力、抗御风险能力和核心竞争力为目的，按照“明确一个主题、构建两条通道、实施三大系统、落实四个做到”的要求，全面推进各项工作，促进经济效益稳步提高。全地区烟草系统销售卷烟1,179,477万支（235,895箱），比上年下降2.1%；实现利税2.86亿元，比上年增长36.19%；其中，利润2.15亿元，比上年增长27.97%，再创历史新高。

以品牌结构调整为重点，进一步提高经济运行质量和效益 全系统紧紧抓住结构调整这个拉动经济效益增长的牛鼻子，在贴近市场合理组织营销活动、引导消费、培育市场、培育品牌和提高结构档次上做了大量的工作。围绕“走进春天”这一主题，有重点、分阶段开展主题营销活动，抓住一些大型节庆活动宣传推广重点厂家、重点品牌，提高烟草企业的社会形象。围绕建立调、批、零一体化的营销体系和购、销、存、管一体化的内部运行机制，按照电子商务的要求实施牌号管理和市场调控，强化对各个牌号的市场动态跟踪调研分析，努力提高牌号管理的针对性，使品牌运作进一步贴近市场；强化市场预测和经济活动分析，努力提高计划工作和价格调控的准确性，使经济运行的监控进一步贴近市场；同时，根据市场运行实际和建立安全库存机制的需要，以满足零售户需求为目的，在规范合同执行的前提下，加强购销衔接和催拨调运，努力调整适销货源，合理控制库存，货源组织和供应进一步贴近市场。围绕培育大品牌，进一步加大行业36种名优烟的销售力度，在提高结构档次和提高品牌集中度方面做了大量工作，使结构调整工作切实取得了成果；下半年，对云南卷烟实行了各单位申报计划、市公司统一订货、统一组织配送，为实现货源集中管理和建立全地区统一大市场摸索经验。从全年的经济运行情况来看，结构调整取得了显著成效，全地区卷烟销售单箱值达到8772元，比上年提高16.2%；结构调整，拉动了经济运行质量和效益的提高，全地区在销售量略有下降的情况下，实现销售收入20.68亿元，比上年增长14.83%。

以建设现代物流体系为重点，进一步推进城乡卷烟销售网络规范运行 根据实现大连烟草网络建设第二次跨越的目标要求，全地区烟草系统努力完善、整合并提升现有卷烟销售网络功能，努力推进大连烟草的营销网络朝着现代物流体系迈进。配送中心的功能进一步拓展，半自动化分装线投入使用，智能化配货系统支持下的网络大配送在市内四区成功运行，集中订货的云南卷烟下半年开始由市公司统一向分公司配送。各区（市）分公司在中心城区实行了访送分离，并进一步强化了访销和送货功能，农村访送一体模式更趋完善。信息化进程进一步推进，电子商务开发应用取得新的进展，有力支持了客户服务中心和物流体系的运行，电话订货、网上结算在市内四区率先启动并稳步向全地区推广，现代物流体系建设取得重大突破，切实提高了网络运行的现代化水平和网络运行质量。着眼建设客户关系管理系统，市公司专门设立了大客户部并组建了大连市烟草公司客户协会，会员俱乐部、品牌旗舰店和加盟店建设的相关基础工作也在着手进行，为进一步针对不同客户开展个性化服务、进一步强化客户关系管理探索了一些有益的思路。围绕实现零售户、消费者和卷烟工业企业“三个满意”，各经营单位按照年初部署有组织地开展营销活动，进一步启动了市场，对零售户的服务进一步加强，基层批发网点的营销工作质量进一步提高，网络运行进一步规范。新物流配送中心规划和后革库改扩建方案已经经过专家论证。

以整顿和规范市场经济秩序为重点，进一步提高执法打击和市场管理力度 两级烟草专卖管理部门和各级稽查队伍继续以整顿和规范市场经济秩序为重点，突出查大案、打窝点、断渠道，深入开展打击制售假烟、走私烟和非法渠道流通卷烟活动，共查处各类违法经营户5000余户次，查破万元以上案件100余起，其中5万元以上案件20余起，端掉贩（藏）假烟窝点100余个，查获各类违法卷烟5500余件，8名违法分子被移送司法机关追究刑事责任，1名违法分子被行政拘留；并对重点案件在新闻媒体进行宣传，营造专卖执法打击声势，大连地区卷烟市场秩序进一步得到规范。日常市场管理、户籍化管理和专销结合的基础工作进一步推进，并探索解决了在强化专销结合和户籍化管理工作中存在的一些深层次矛盾和问题。结合烟草专卖零售许可证年检，在全地区范围内与广大零售户签订了管理协议，并有针对性地与部分重点户签订了规范经营保证书，证件管理工作得到加强，为下一步加大法律监管力度、合理规范零售网点布局和整顿规范卷烟市场创造了有利条件。在强化打击、强化管理的同时，智能化案件审理系统进入试运行；结合“四五”普法和执法资格考试，法制宣传教育工作广泛开展，执法队伍建设力度进一步加大；通过建立专卖市场管理中心、推行“法律服务表”、对零售户实行跟踪走访和按线路进行检查考核等形式，正规化管理、规范化办案的要求和一站式服务的措施在执法队伍建设和执法管理工作中得到落实，对广大零售户的服务水平进一步提高。

以实施优化后的业务流程为重点，进一步推进企业管理升级 全地区烟草系统认真贯彻“明确一个主题，构建两条通道，实施三大系统，落实四个做到”的工作要求，以实施优化后的业务流程为重点，把“目标系统”、“控制与监督系统”、“激励系统”运用到企业经营管理实际中，通过强化业绩考核、强化流程控制，努力对各项工作和工作的各个环节实行全过程管理、全过程控制、全过程监督、全过程考核，进而促进企业规范、协调运行，企业内部和外部两个供应链进一步顺畅。各单位严格执行新《会计法》，按照国家局的统一部署整顿规范财经秩序，严肃财经纪律和财务制度，强化财务核算和审计监督，财务管理和审计工作的规范化水平进一步提高。多元化经营企业的清产核资工作顺利完成；固定资产投资和项目开发工作继续按照公开招标、比质比价采购原则规范进行；行政事务工作的规范化、透明度进一步提高；以市局档案管理晋升省特级和行业优秀级为契机，全系统档案管理工作水平进一步提高。用工管理、劳动合同管理和工资管理进一步规范，社会保障制度改革的有关要求结合企业实际得以落实，分配上的平均主义在一定范围和一定程度上被打破。全系统安全防范意识进一步提高，安全责任意识进一步增强，安全工作基础进一步强化。东方大厦努力适应市场提高了经营管理水平，春天物业也进行了走向市场的有益尝试。

以转变作风为重点，进一步加强干部员工队伍建设 全地区烟草系统认真贯彻党的十五届六中全会精神，认真学习“5.31”讲话，结合实际实践“三个代表”要求，以作风建设为重点，进一步加强思想建设、组织建设和干部员工队伍建设，结合企业实际大力实施《公民道德建设实施纲要》，并切实落实党风廉政建设责任制，努力创造良好的工作业绩，向党的十六大献礼。各单位切实开展以“走进春天”为主题的企业文化建设活动，努力加强企业文化建设，形成良好的企业文化氛围；建设学习型企业活动深入开展，干部员工理论学习、业务学习的积极性明显提高，业务培训开展良好；开门评议整顿作风活动在全系统范围内广泛开展，不仅促进了干部员工队伍建设，促进了机关工作作风的改进，而且进一步调动了广大干部员工的工作积极性，使党员先锋模范作用和干部员工热爱烟草、奉献企业的模范作用得到了很好发挥。工会、共青团等组织的作用得到发挥，员工业余文化生活进一步活跃。对干部员工队伍、特别是领导干部的管理不断加强，结合实施优化后的业务流程，各单位逐级落实党风廉政建设责任，开展经常性的警示教育活动，对个别干部员工出现的违纪违规问题进行了严肃处理。各级领导班子建设进一步加强，基层领导工作水平显著提高，各单位在切合本单位实际落实党组工作要求的实践中创造了很多鲜活的经验和成功的做法，有力推动了各项工作。全系统还及时组织学习党的十六大精神，并在处级以上干部中深入开展了学习活动，鼓舞了斗志，振奋了精神，为今后工作的顺利开展创造了良好条件。

2002年主要经济指标统计表

实现利税（亿元）	工商利润（亿元）			生产卷烟（万箱）	销售卷烟（箱）	烟叶种植（万亩）	烟叶收购（万担）	出口创汇（万美元）
	合计	工业利润	商业利润					
2.86			2.15		235895			

深圳烟草

2002年，深圳市烟草行业努力实践“三个代表”重要思想，切实贯彻国家局“一要规范、二要改革、三要创新”的要求，以改革创新为动力，以发展求进步，继续优化产品结构，推动技术创新，调整销售结构，推进网建步伐，积极培育和开拓卷烟市场，加大专卖管理力度，加强进出口工作，大力推进社会主义精神文明建设和党风廉政建设。全年行业生产经营形势良好，卷烟产销量、税利总额、利润总额均再创历史新高。

行业经济运行的质量和水平明显提升 工业生产卷烟117.6亿支（23.52万箱）[其中出口2.6亿支（0.52万箱）]，同比增长2.58%。工业总产值14亿元，同比增长12.34%；单箱税利3300元，同比增长6.73%，人均实物劳动生产率540箱。商业卷烟总购进量146.39亿支（292,771箱），同比增长21.8%。本市卷烟纯销售139.54亿支（279,082箱），同比增长33.4%，年末工商库存合计6.03亿支（12,069箱），其中工业库存0.01亿支（25箱），商业库存6.02亿支（12,044箱），库存结构基本合理。全年采购烟叶18万担，其中进口烟叶4万担，打叶加工14万担。采购醋酸丝束1,258吨，采购卷烟盘纸460吨。全年实现工商税利总额118,828万元，比上年增长15.3%，其中利润总额50,208万元，同比增长24.3%；工业企业税利总额77,698万元，同比增长11%；利润总额18,024万元，同比增长27%；商业企业税利总额41,130万元，同比增长24%；商业企业利润总额32,184万元，同比增长22.9%。全年进出口营业总额1,337万元，出口卷烟3.3亿支（6604箱），出口烟叶1.532吨，出口创汇602万美元，实现利润2,484万元。

大力整顿和规范市场经济秩序，行业各项改革向前发展 按照国家局的部署和要求，结合实际，从2002年8月份开始，在全行业重点开展财经秩序专项整顿，进一步强化了企业内部财务管理，逐步建立起规范、守法、诚信的财经秩序，促进了行业发展。同时，围绕行业经济建设，实施费用控制，抓好资金管理，完善财务负责人委派制度，扎实做好会计基础工作，加强内部审计监督，圆满完成多元化企业清产核资工作，充分发挥财务监督管理在企业基础管理中的核心作用。进一步加强全市烟草行业生产和经营的宏观调控与微观管理，确保经济运行良好。以提升网建整体管理水平为目标，积极推进行业信息化建设，着重抓了西丽物流中心信息系统建设和“卷烟供应链信息管理系统”建设。认真开展“安全生产月”活动，做好安全生产、消防保卫工作，增强员工安全生产意识，确保行业安全生产经营。积极推进“十五”技改工程，加大技术改造力度，设备管理规范有序，消除了制约生产的“瓶颈”，解决了生产配套问题。优化新老产品结构，重点加强了对“好日子”、“特美思”系列的开发改造，并研制了国内第一家生物滤嘴高档“好日子”。进一步加强质量控制，完善质量管理体系。

卷烟销售工作取得新的进展 狠抓网络建设，努力做好卷烟尤其是全国名优烟市场培育开拓工作，致力于做精做强品牌，使品牌靠网络发展壮大，网络靠品牌提升质量。积极采取跟班劳动形式，开展网建调研，及时掌握第一手材料，认真吸取自身网建的经验教训；虚心学习上海、安徽网建先进经验，加快西丽物流中心建设，积极推进物流现代化。加强零售户管理，增强对零售户的服务意识，大力发展零售户入网。到2002年12月底为止，全市入网零售户达21，513户，比2001年底增加了8，206户，增幅达61.7%，基本完成全年的发展目标。网建工作取得阶段性成果，卷烟市场控制力和占有率明显提高。有效推进品牌战略，营销规划纲举目张。精心培育名优品牌，强化终端服务意识，真正服务销区。有效整合市场资源，加大品牌培育力度，争创行业经济新增长点。进一步增强工商联手宏观调控市场的能力。适应行业卷烟销售体制的变化，继续实现全市卷烟统一采购、市场统一安排、全市统一批发、配送价格的商业管理模式。

专卖管理向纵深发展 以卷烟打假为重点，继续保持打假高压态势；打击制假源头，加大追刑力度；积极开展市场净化率达标活动，搞好专销结合；强化内部管理，推进专卖队伍建设；大力宣传专卖法规，争取政府和社会力量支持，形成打假合力。全年共出动专卖执法68,700人次，办理违法案件2,931宗，查获假冒烟5,611件、走私烟2,224件，捣毁制假窝点18个，查获制假烟机20台（套），召开销毁假烟现场会4次，先后抓获违法分子多名，其中1人已被判刑，有力打击了卷烟违法分子的嚣张气焰，专卖管理取得新成效。

大力推进行业精神文明建设 一是探索建立与市场经济体制相适应的现代企业劳动人事制度，真正做到“以人为本”，充分调动起全行业员工的积极性。二是大力开展思想政治工作。认真学习贯彻党的十六大会议精神，努力实践“三个代表”重要思想，坚持党的民主生活会、中心学习组和民主评议党员制度，坚持公民道德教育。积极开展向行业先进典型学习活动和多种形式的文体活动，增强了企业的凝聚力和向心力。切实维护员工合法权益，促进企业民主管理。扶贫帮困，热心社会公益活动，2002年，深圳市政府授予市局（公司）“文明单位”称号。三是全面加强党风廉政建设工作，认真落实党风廉政建设责任制，推进行业党风廉政建设和反腐败工作持续深入开展。全年全行业共175人次登记上缴礼品折合人民币161,325元。 （常天山）

2002年主要经济指标统计表

实现利税（万元）	工商利润（万元）			生产卷烟（亿支）	销售卷烟（亿支）	烟叶种植（万亩）	烟叶收购（万担）	出口创汇（万美元）
	合计	工业利润	商业利润					
118,828	50,208	18,024	32,184	117.6	139.54		18	602

■ 中国卷烟销售

网建成就篇

建立完善访销配送体系，全面推进网络建设，实现从传统商业向现代流通业的转变，把客户满意度作为网建工作的中心，把优质服务贯穿于网建工作的全过程，努力提高人员素质，培养一支高素质、职业化的市场经理队伍。

姜成康

网建 NETWORK CONSTRUCT

南京市烟草专卖局（分公司）

南京市烟草专卖局（分公司）系统有6个独立核算单位，在编员工323人，两网聘用人员790人。市局（分公司）本部下设办公室、专卖监督管理处、卷烟营销处、人劳处、财务审计处和纪检监察处等6个处室和8个区分局，现有在编职工171人。

②

③

1999年2月，市局（分公司）与南京卷烟厂分设，取得了四年四大步跨越式发展的好成绩。2002年对系统外销售卷烟22.88万箱，比上年增长7.48%；实现税利6.32亿元，利润4.95亿元，同口径比上年分别增长33.42%和33.09%。卷烟销量比分设前增加了十万多箱，利税翻了两番半以上。

①

① 南京市烟草专卖局（分公司）局长、总经理、党组书记金雪亭

② 现代化的视频会议厅

③ 多功能会议厅

NETWORK CONSTRUCT

南京市烟草专卖局
江苏省烟草公司南京分公司
电话：025—6893666
传真：025—6893603
邮编：210005
地址：中国．南京市中山南路49号商茂世纪广场

网建 NETWORK CONSTRUCT

南京市烟草专卖局（分公司）

①

②

网络建设与时俱进

- 下伸批发网点78个，实现访送合一。
- 全市设六个配送中心，实现访送分离、集中配送。
- 全市现设客户服务中心6个，实现电话订货、网上配货、电子结算、现代物流。

网建学上海

- 确立以客户关系管理为中心的经营理念；坚持与时俱进、锐意进取、敢为人先、勇创一流的精神状态；铸就精细、严谨、扎实、创新的工作作风；努力建成国内一流、国际先进的现代化流通网络。

③

④

电话订货

■ 改变了以往由访销员挨家挨户上门访销的做法，使获取订单方式更为快捷、方便、节省。目前，南京分公司电话订货率达到了93.41%。

■ 分公司还与电信部门合作，在城区开展了家家e电话订货。通过家家e电话，突破了零售户与烟草公司必须同时在线的局限；烟草公司还可将一定时期的货源情况通过家家e发布给零售户，使货源分配特别是紧俏货源的分配更加公开、公平、公正。

电子结算

■ 是电子商务的重要环节。目前主要采取在线代扣的方式，即在电话订货时，银行就自动将零售户预存的货款划转到烟草公司帐上。为了方便零售户预存货款，采取1+多的形式，由中国工商银行一家与公司对口结算、工行、建行、农行、浦发银行、华夏银行、商业银行和邮政储蓄的525个分支网点同时对零售户服务。除在线划拨外，还有IC卡结算，目前全系统电子结算率为67.98%，分公司本部达79.95%。

① 网建学上海动员大会
② “网建学上海”验收工作会
③ “网建学上海”交流会
④ 南京烟草销售网络“1+多”电子结算项目银企合作签约仪式

NSTRUCT

CONSTRUC

客户服务中心

■ 通过对零售户销量、诚信度、店面状况等综合考核评价，将零售户分为十个等级，对每个等级的零售户实行个性化的服务。对客户群的分类和实行个性化的服务是精细营销的重要环节，它的核心在于公平和效率的统一，体现现代营销和现代管理水平，在实行个性服务的同时烟草公司的整体形象得到进一步提升。

物流配送中心

■ 由客户服务中心将商流信息发给配送中心，配送中心将客户订购的卷烟准确、及时地送至每个零售户。分公司本部的配送中心，年配送卷烟达10万多箱。由于现代物流对信息和卷烟配送的专业化要求越来越高，分公司不断加强各流程的管理，同时积极筹备建造覆盖全市区县年送货量为25万箱的高科技物流配送中心。

客户经理

■ 是实现客户关系管理的主体和核心，是创造客户价值过程中宝贵的人力资源。南京市烟草专卖局（分公司）正在努力创造一个环境，让访销员通过知识、智慧、技能和勤劳成为一个好的客户经理，真正担当起分析客户动态、了解客户需求，帮助客户理财、当好客户参谋，联络客户情感、提供超值服务，宣传名优品牌、引导社会消费，传播行业政策、搜集市场信息等十项职能。

零售连锁

■ 建立零售连锁是积极把握卷烟销售终端，增强企业竞争力的有益探索。目前，南京市公司与南京卷烟厂、江苏金捷经贸发展有限公司按现代企业制度要求和“六个统一”标准进行了零售连锁店的重新整合，

■ **“六个统一”**是：统一采购配送，统一经营管理，统一商品定价，统一标识形象，统一服务标准，统一营销策划。这样做充分发挥了树立行业形象、品牌宣传促销、稳定市场运作、收集市场信息、规范经营示范等作用。

网建

NETWORK CONSTRUCT

南京市烟草专卖局（分公司）

网络信息化

■ 经过数年努力，市局（分公司）在信息化建设上取得了很大进展，与国内知名软件厂商合作开发了包括卷烟营销、专卖管理、客户关系管理、财务管理等一系列的软件系统，充分发挥信息网络功能，为南京烟草的信息化、现代化建设提供了强有力的支持和保障。

网络标准化

■ 标准化网络管理是在网络管理中推行统一的标准，增强网络工作的协调能力。在统一推行《南京市烟草分公司网络标准》之后，又相继制定实行了工作日记制度、日记批阅制度、晨会（班后会）制度、网络沟通联动制度、货源预警制度、客户经理管理制度、客户满意度调查制度等，不断拓展网络标准化管理内涵。

网络队伍优化

■ “市场竞争的根本是人才的竞争”。网络建设从起步向信息化、标准化、现代化迈进过程中，网络人员的队伍不断得到优化。各单位在加强培训的同时，逐渐淘汰了一批年龄偏大、学历层次较低的人员，同时引进年富力强、大专以上学历、有一定知识结构的网络从业人员，目前，大专以上学历人员已达27%，电话订货员都是大专以上学历。

① 培训中心
② 市场经理
③ 接受和处理订货信息

NETWORK

网建

NETWORK CONSTRUCT

南通市烟草专卖局（分公司）

南通市烟草专场局（分公司）下辖海安、如皋、如东、通州、海门、启东六个县（市）局（公司），设有办公室、专卖监督管理处、卷烟营销处、人事劳资处、财务审计处、监察处和经济信息管理处七个处室，现有正式员工68人、聘用员工1055人。2002年，南通市局（分公司）认真学习贯彻十六大精神，努力实践“三个代表”重要思想，紧紧围绕“夯实六个基础”的年度工作目标，大力推进“电话订货、电子结算、集中配送”的卷烟营销新模式，深入开展专卖管理“四无”达标活动，全面贯彻实施标准化体系，两个文明建设同步协调发展，主要经济指标连续四年创历史新高。全年调入卷烟19.47箱，同比上升1.28%；卷烟批发销售19.42万箱，同比上升1.64%；销售总额19.31亿元，同比上升1.31%；实现税利3.33亿元，同比增长20.65%；实现利润2.62亿元，同比增长26.39%。

①

NETWORK

CO

① 开拓创新，锐意进取的南通烟草领导班子（图中为局长、经理、党组书记秦立华；左为副局长、副经理徐敏；右为副局长袁纯）

② 2002年7月19日，国家烟草专卖局局长姜成康视察海安烟草，亲自戴上耳机，向零售户了解对网络运行新模式的意见。

③ 江苏烟草专卖工作座谈会暨诚信等级管理现场研讨会于2003年8月14日在如皋举行，会议充分肯定了南通和如皋烟草在推进诚信等级管理工作方面所作出的探索和取得的宝贵经验。

NANTONGSHI
YANCAOZHUANMAIJUGONGSI

NSTRUCT

网建
NETWORK CONSTRUCT

南通市烟草专卖局（分公司）

④ 南通烟草客户关系管理现场会于2003年5月在海门举行，推进实施客户关系管理，提升网建服务质量和水平。

⑤ 南通烟草标准化体系于2002年11月12日通过中国烟草标准化研究中心，省烟草专卖局、省、市质量技术监督局专家的省级验收。

⑥ 南通烟草以其优质高效的服务而荣获2003年江苏省服务质量奖。

NSTRUCT

MAIJUGONGSI

企业精神：竞争谋生存，创新求发展

企业宗旨：情系消费者，服务千万家

企业作风：快捷、严谨、务实、创新

企业文化：当竞争的强者，做社会的亮点

南通市烟草专卖局（分公司）

地址：江苏省南通市孩儿巷南路7号

邮编：226001电话：0513-5152618

NETWORK

网建

NETWORK CONSTRUCT

杭州市烟草专卖局（分公司）

网建概况

①

■ 杭州城市卷烟销售网络建设虽起步较早，但真正实施“全面访销、集中配送”是在2000年10月。武汉会议以后，杭烟借鉴武汉、合肥等地的经验，结合杭州实际，制定并实施“专销结合、访送分离、定时到户、信息管理”的城网运转模式，创出了一条以信息化带动网络现代化和“以信息技术打造集约经营”创新之路。

■ 按照“整合、优化和提升”网络工作的要求，和与时俱进、大胆实践，在创新中不断完善和提高的战略思想，杭州市城网布局已从原有分散作业的十个批发部，改制组建为四个访销部和一个物流配送中心，全面实施访送分离，新组建的访销部，不仅将配送剥离到物流中心实行全市集中配送，同时在访销职能和访销流程上进行了一系列改革与创新。

■ 杭烟物流配送中心率先应用了具有国内领先水平的智能分拣配送作业半自动流水线，通过功能强大的信息集成平台，实现了卷烟订单、分拣配货、仓储管理、送货管理、结算交接等多项功能的一体化计算机信息集成，以低成本的设备投入，高效率的流程化管理，实现了从传统仓库向现代物流配送中心的革命性转变，并为杭州烟

ETWORK CO

草稳步迈向现代流通企业奠定了坚实的基础。

■ 杭烟“博遨”电子商务网站和一个多层次、立体化，可控制的加盟连锁店零售网络的建立，使网络高度组织化，从而提高整体竞争实力。

■ 建立现代销售网络是增强企业核心竞争力的关键所在，杭州烟草在深化网络建设中切切实实把网建工作作为一项基础工作，认真积累、大胆实践、不断总结、稳步推进，在创新中不断完善和提高。

① 杭州市烟草专卖局（分公司）局长、经理方组英（中）；党组书记钟祥（右二）；副局长丁显成（左二）；副经理裘木根（左一）；副经理沈世英（右一）。
② 国家烟草专卖局姜成康局长在杭州卷烟配送中心详细了解卷烟访销和配送情况。
③ 国家烟草专卖局姜成康局长（左二）、中国卷烟销售公司田忠振总经理（左一）在省局（公司）钱锦庚副总经理（左三）陪同下，检查杭州城市网络建设工作台帐。
④ 国家烟草专卖局前任局长倪益谨（左一）、陈元勤副总经理（右二）在省局（公司）赵万兴局长（总经理）陪同下参观杭州烟草企业职工思想教育基地。
⑤ 上海烟草集团总公司董浩林局长、总经理（中）在杭州考察卷烟销售网点。

NSTRUCT

ONSTRUC

网建模式

访送分离：杭州烟草下设四个访销部，实现客户需求的分区服务。全杭州城90%以上的客户订单在集中的呼叫中心进行汇集，然后分解到相应的访销部进行审定，经审核的订单在各访销部完成银行结算后通过计算机网络传送到杭烟物流中心。

集中配送：各访销部的订货信息通过集中式计算机系统网络汇总于物流配送中心主机后，采用了半自动化的分拣、输送设备、电子标签的使用，流水化的操作，达到分拣选配快速准确。整个操作流程基本实现了"八化"：订单处理自动化、配货作业流程化、配货核对智能化、作业管理图形化、盘店操作电子化、物流管理条码化、仓储管理区域化、仓储配送一体化。

网建 NETWORK CONSTRUCT

杭州市烟草专卖局（分公司）

智能管理：通过呼叫中心进行电话订货、网上订货；引用卫星定位系统实施车辆信息化管理；杭烟电子商务网通过信息技术提高公司的客户服务水平，达到厂家、零售户的信息共享和及时沟通；货币结算实行银行在线代扣；专访结合的户籍化信息平台加快了卷烟市场秩序步伐。

诚信服务：客户关系管理到人性化服务；杭州烟草整合社会资源，充分利用与发挥上、下游客户的优势，构架并建立以杭州烟草为中心的经济联盟体；多层次、立体化、可控制的连锁经营体系；客户服务中心；面向下游核心客户的团体组织的客户俱乐部。

网建

NETWORK CONSTRUCT

杭州市烟草专卖局（分公司）

在超越客户的需求中完善自我

建设中的杭烟物流中心

杭烟人努力实践着“访送分离、专销结合、信息管理、定时到户”的网建方针，

并以敏锐的眼光，

及时捕捉物流与商流之间在信息流的支持下逐步分离的发展趋势。

为尽早实现从传统仓库向现代物流配送中心的转变，

使杭州烟草稳步迈向现代化流通企业，

杭州烟草正在不断完善城网建设和提高运行质量的前提下，

审时度势、大胆决策，

一座风格独具、集现代配送功能为一体的物流配送中心将拔地而起。

ETWORK

CO

昆明市烟草专卖局（公司）

①

②

■ 2003年，昆明市烟草公司按照国家局网建工作“电话订货、网上配货、电子结算、现代物流”的总体要求，围绕“集约经营、量化管理、规范专销、共同发展”的经营管理理念，坚持“网络是资源，零售是基础，专卖是保障，服务是中心，效益是目标”的网建指导原则，以工商分开为机遇，以整顿卷烟市场经济秩序为契机，以参加全国重点城市网建联动为动力，大力提升网建信息系统管理水平，全面启动昆明市卷烟销售网络巩固提升工程。特别是国家局何泽华副局长莅临昆明市指导工作后，更加有力地促进了网建水平的全面提速。2003年，全市共完成卷烟销量17.2万箱，实现销售收入10.3亿元；市场占有率98%；入网销售率100%；卷烟销售毛利率13.46%；单箱销售收入9449元，较去年同期均有较大增长。

■ **“生于忧患，死于安乐”。**公司成立后，网建真正被提高到“吃饭工程”的重要位置。领导班子充分认清当前形势，居安思危，自加压力，提出要抓住当前难得发展机遇，加速大力推进网建工作；郑天一经理数次为网建培训亲自备课授课，赵树昆副经理及赵斌副局长率队到上海、江苏、浙江等先进地区学习经验，统一了思想，提高了认识，确保网建工作的顺利进行。

■ **加强领导，规范模式。**由市局（公司）一把手亲自挂帅，成立了卷烟销售网络系统，巩固提升工程实施领导小组，下设客户服务中心、物流中心、电子结算中心、专卖稽查服务中心四个项目办公室，制定实施方案，确定工作进程，真正做到领导重视、组织有力、方向明确、层层落实。目前，对所属12716户卷烟经营户已达到100%统一电话订货的目标，全面统一了全市的卷烟销售规范，开始实施卷烟经营户结算专用户的开户、划帐、查询和对账，部分卷烟零售客户获得先货后款的“货记信用卡”结算服务。

■ **系统管理，信息共享。**实现全市烟草信息平台整合，形成昆明市卷烟销售数据中心，做到业务数据的日清日结、访销存数据的实时传输、卷烟购销调存的远程管理，为国家局一号工程在昆明的试点打下了良好的基础。通过对守法经营、销量的品牌构成、客户构成、市场价格走势、销售形式、网建指标、品牌的库存周转等指标进行分析，为管理和决策者制定销售计划、调货计划、销售政策、销售价格提供了依据，为客户关系管理打下坚实基础。

■ **专销结合，优化布局。**利用管理信息系统，切实抓住卷烟销售流程的主要环节，规范卷烟销售渠道。对客户进行分级、分类管理，组建全市的客户服务中心和电话订货中心，将原来

的81个批发网点全面缩编，杜绝卖关系烟、人情烟、无证批发、卖大户或变相卖大户等现象的发生，保护了广大卷烟零售客户的利益。

■ **清理整顿，净化市场。**按照国家局、省局关于治理卷烟体外循环的要求，与政府、公安、工商、街道办事处、乡镇政府等联合对“假、私、非、超”进行大规模的市场清理整顿，同时各县政府成立了两烟市场整顿领导小组，签定卷烟市场目标责任书，形成联合共管的局面。

■ **文明执法，做好服务。**在严格执法与热情服务相结合的同时，强化三种意识，即：依法行政、执法为民和强化服务意识；展示三大形象，即：文明执法、规范高效形象、公正谦明形象；实现三个提升，即：由户籍化管理向客户关系管理的提升，包括零售户的分类、分级管理即诚信等级管理；由单纯的证件管理向零售户的合理化布局的提升；由单纯的依法行政、依法管理市场向服务型管理的提升。

■ 抓好网建是国家局、省局的统一要求，也是生存和发展的需要，昆明市烟草专卖局（公司）将遵循国家局南京会议精神，以客户服务为中心，尽快建成“统一电话订货、统一物流配送、统一网上配货、统一电子结算”的现代物流模式，力争2004年达到全国先进水平，实现三个“百分百”，即：电话订货100%、电子结算100%、物流配送100%，缔造出一个卷烟生产企业满意、卷烟零售户满意、卷烟消费者满意的销售体系。

① 展示三大形象：文明执法、规范高效、公正廉明。

② 由单纯依法行政转变为服务型管理

③ 工商分离后，团结奋进的领导班子

④ 国家局何泽华副局长（右三）指导网建工作

⑤ 电话订货与零售户保持良好的客情关系

⑥ 公司领导亲自备课授课

KUNMINGSHI

YANCAOZHUANMAIJUGONGSI

NSTRUCT

哈尔滨市烟草专卖局（分公司）

②

③

④

⑤

■ 哈尔滨市烟草专卖局（分公司）全年完成卷烟销售量265197箱，超计划6.1个百分点，同比上升9.8%，烟叶种植27118亩，收购2717.8吨。实现利润1.0398亿元，超同期近一倍，公司组建近20年，首次突破亿元大关。

①

■ 一年来，坚持把网络建设作为事关企业健康和可持续发展的一项全局性工作、一项最有价值的战略性基础工程来抓。先后5次派有关人员100人次前往武汉、合肥、成都、漳平、大连、上海等地学习考察，改造思想，提高认识。彻底打破传统的区域经营和管理模式，对原有7个区局（公司）的14个批发部进行整合，相继成立了三个访销配送部、四个专卖分局，并率先将12县（市）公司全部上划，实行报帐制。在局（公司）设访销中心、配送中心、专卖稽查中心，形成了"访送专"三线清晰的组织架构，实现了全面访销、集中配送、访送分离。打造了一个全新的卷烟经营、市场管理网络，网络建设取得了历史性大跨越，跻身于全国11省会联动城市的中上水平。荣获2002年度"全省烟草系统先进单位"和"五好领导班子"称号。

① 哈尔滨市烟草专卖局（分公司）党组书记、局长、经理杨鹤生

② 专卖稽查

③ 现代化的配送车队

④ 电话订货

⑤ 列队

■ 全年查办各类违法经营卷烟案件5888起，收缴违法卷烟38.9万条，案值1126万元，其中，假烟案800起 8万条，案值456万元，捣毁黑窝点15个，其中，捣毁全省有始以来最大的制假窝点，打掉全市最大烟贩子，对74名烟贩子移交公安机关依法惩处。

NETWO

网建

NETWORK CONSTRUCT

合肥市烟草专卖局（分公司）

努力打造全国一流的卷烟流通企业

■ 今年以来，合肥市烟草专卖局（分公司）继续落实国家烟草专卖局“规范、改革、创新”的行业工作重点和省烟草专卖局（公司）烟草工作会议的各项工作部署，突出夯实基础、加快发展的工作思路，弘扬“诚信厚德、勤奋崇智，共创共享”的共同价值观，强化“服务至上、顾客至尊”的经营理念，积极实施网络建设，进一步优化业务流程，大力推行“电话订货、网上配货、电子结算、现代物流”的现代化网络运作模式。引入电话访销方式，再造访销商流流程。建立区域物流配送，实现物流规模优势。引入电子商务运作，促进资金流通顺畅。建立信息共享平台，促进信息流通高效，进一步提高了网络运行效率。公司根据业务流程的运作特征，按照组织结构扁平化的要求，改访销中心为营销部，建立了现代化的呼叫中心。设立稽查中心，开设办证大厅、案件审理室，增加了证件管理的透明度和案件办理的规范化，进一步提高了管理水平。稽查线以户籍化管理为重点，不断完善市场管理体系，大力推行片区管理和诚信等级评价体系相结合的卷烟诚信管理。配送线以开发网络资源为重点，积极建立物流多元发展体系，筹建了8家安泰便利连锁店，并在直营的基础上，认真选择守法规范、有一定经营能力的社会零售店作为特许加盟店，并选择牛奶、奶粉、名酒等日用商品和食品进行多元化配送。在“水境界”纯净水的销售方面也取得了成功的运作。为进一步提高客户关系管理及服务营销水平，营销线以维护客户终端为重点，积极建立诚信、平等、互利、共赢的新型伙伴关系。为使网络运行质量和水平有根本性提高，督察线以规范管理为重点，不断地完善网络运行的督察机制，建立了全方位、立体化的网络督察体系，确保网络运行协同发展。通过三岗协作和四线运作的运营机制，不断推进卷烟网络建设稳健发展，提高了企业整体经营管理水平，促进了企业经济运行质量继续稳步提升。今年1－10月份，合肥市烟草分公司销售卷烟较去年同期上升9.16%，销售收入（不含税）较去年同期上升17.04%，实现利税较去年同期上升25.21%，为地方经济和行业发展做出了积极的贡献，向打造数字化烟草企业的目标迈出了坚实的一步。

■ 为进一步加快公司的发展，公司坚持“两个文明”一齐抓，不断加强精神文明建设，继续加强党风廉政建设，不断加强队伍建设，重视员工培训，努力打造学习型组织，实现了部门之间、上下级之间的无缝对接，培育了积极向上的企业文化，促进了企业的可持续发展。

■ 展望新的一年，合肥烟草将积极响应党中央全面建设小康社会的号召，与时俱进，开拓创新，努力实践“发展要有新思路，改革要有新突破，开创要有新局面，各项工作要有新举措”，积极建立现代化的卷烟流通企业！

① 国家烟草专卖局局长姜成康视察合肥烟草。

② 省委书记王太华视察合肥烟草。

③ 现代化的呼叫中心。

STRUCT

网建 NETWORK CONSTRUCT

重庆市烟草专卖局（公司）

2002年，重庆市烟草专卖局（公司）以“2002年十省会城市和直辖市网建联动工作”为契机，根据“优质化服务，规范化经营，专业化分工，信息化管理”的网建总体要求，组织开展了扎实细致的网建工作。

一、认真研究，周密部署，精心实施“六个一”工程

“六个一”工程的具体内容是：转变一个观念：把卷烟零售户由管理的商贩转变为服务的客户；狠抓一个规范：狠抓《重庆市卷烟营销大配送网络建设基本规范（试行）》的贯彻落实；完善一个模式：进一步完善全市“批零同盟、全面访送、三线互控、四流贯通”的大配送网建模式；突出一个特色：突出重庆“理顺体制、调整流程、集成信息、整合资源”的网建特色；落实一个责任：将全年的网建责任进行逐层分解落实；实现一个目标：全面完成国家局下达的网建联动目标。具体来说，包括以下几个方面：

（一）夯实基础工作，狠抓规范运行

重庆市局（公司）起草下发了《重庆市卷烟营销大配送网络建设基本规范（试行）》，对网建指导思想、机构设立、两网管理、“三员”管理、督查考核、信息化管理、客户管理等方面进行了明确。文件下发后，市局（公司）组织了声势浩大的“学习、贯彻、执行《基本规范》活动”，并把贯彻执行《基本规范》作为全年网建考核的一项定性指标。

（二）完善网建模式，突出网建特色

全市总结提炼出了“批零同盟、全面访送、三线互控、四流贯通”的大配送网建模式，并进一步对该模式进行了完善，特别是在客户分类服务、巩固批零关系、提高访送指标、强化信息支撑等方面进行了充实和发展，使该模式更加丰富、科学。同时，针对重庆市直辖管理体制的实际，全市突出了“理顺体制、调整流程、集成信息、整合资源”等网建特色。

（三）开展联动工作，提升网建质量

按照国家局“部分城市网建联动工作会议”精神要求，市局（公司）组织开展了10城区公司网建联动工作。即明确了渝中、九龙坡区等10个城区公司为网建联动单位，在市局（公司）和各区县公司都成立了网建联动工作领导小组，加强对网建联动工作的领导，领导小组下设综合组、信息组、财务组等5个专业小组，负责各项专业工作。同时，在认真领会《国家局网建联动方案》的基础上，印发了《网建联动实施方案》、《网建联动工作日程表》、《网建联动考核管理办法》等指导性文件。为了保证网建联动目标的实现，市局（公司）还在全市经济运行工作会上与各联动单位签订了《网建联动目标责任书》，明确了工作目标和奖惩事项。

（四）逐层落实责任，确保完成目标

通过组织实施“六个一”工程，全市网建水平得到了快速提升，特别是在理顺体制、规范流程、访销配送、客户管理、信息建设、督查考核等方面取得了长足的进步，大大促进了卷烟销售。12月末，全市商户率241.4人/户；城网访销面99.55%，比目标值高1.55个百分点；农网访销面95.14%，比目标值高15.14个百分点；城网访销成功率92.24%，超出目标值2.24个百分点；农网访销成功率81.23%，比目标值高11.23个百分点；城网送货率97.60%，比目标值高1.6个百分点；农网送货率89.89%，比目标值高9.89个百分点；持证经营率98%，达到了进度值。2002年度，全市销售卷烟76.3万箱（5万支/箱，下同），同比增长0.7万箱，增长0.9%，其中销售骨干品牌11.7万箱，同比增长5.26万箱，同比翻了一番，实现利润3.1亿元，同比增长25%。

二、脚踏实地，真抓实干，认真抓好每一项工作

（一）转变传统思想观念，以批零同盟为基础强化市场控制

实现“三个统一”：即实现理念、形式和行为上的统一，改善了批零关系，增进了批零友情；实行“三类服务”：即根据客户的自身情况和销售特点，将零售客户分为重点客户、普通客户、边远客户三类，对不同的客户采取不同的服务方式，获得了客户的一致好评；建立“三个制度”：即“协会自律”制度、“一季一会”制度、“客户评优”制度。

（二）转变传统经营方式，以全面访送为手段实现集约经营

一是优化访送流程，减少了卷烟周转层次及物流结点，实现了物流结构扁平化，达到了降低物流成本费用、提高经济效益的目的；二是优化访送线路，降低了访送费用，挖掘了访销员、送货员的潜能，提高了访送效率；三是优化访送队伍，为提高访送质量提供了坚强的队伍保障；四是优化访送周期。经营方式的转变，不但提高了服务质量，增强了市场控制力，而且也使经济增长方式从粗放型增长转变为集约型增长。

（三）转变传统管理方式，以互控督查为手段强化内部管理

一是施行“三线互控”。各网点都以零售客户为核心，设置了“三线”（访销线、送货线、专管线）、“三员”（访销员、送货员、专管员），确保每一个客户都有相应的“三员”相对应。“三线”、“三员”之间相互协作、相互制衡、相互促进。使三个专项职能得到了充分的发挥，又达到了相互制衡、协作配合的目的。二是施行“三级督查”，即一级督查：各访销部（访送部）、配送部、专管所对相应的“三员”进行督查考核；二级督查：营销网建科（访送中心）对访销部（访送部）、配送部；专卖科对专管所进行督查考核；三级督查：公司对访送中心、专卖科进行督查考核。三是施行“三个专项检查”。即加大对统一购销、一价批发、入网销售等三个方面的专项检查力度，做到“三个一”，即一个龙头放水（市内外卷烟均由销售公司统一购进并配送到各区县公司）、一个价格销售（严格执行全市统一批发价）、一个渠道销售（必须纳入卷烟营销大配送网络销售，入网销售率100%）。

（四）转变传统作业方式，以信息技术为支撑提高作业水平

推行联网运行，推行大配送软件，推广运用手持机，推行网上订货，推行电子结算，强化信息集成。

（五）转变专卖管理职能，以促进营销网建为目的保驾护航

强化户籍化管理，优化客户布局，优化考核体系，改善执法环境。

（六）转变企业运营机制，以改革调整为手段增强企业活力

一是精减机构，强化职能。市局（公司）对原来的科室进行调整归并，设立三科一室一中心（营销网建科、专卖科、财务科、办公室、信息中心），解决了职能交叉重复等影响公司高效运转的问题。二是加大“三项”制度改革力度。全市大多数公司组织开展了人事制度改革、用工制度改革、分配制度改革。

目前，重庆市局（公司）正在按照国家烟草专卖局的统一部署，力争通过三年时间，真正建立起“重庆特色、国内先进”的卷烟营销网络。

网建 NETWORK CONSTRUCT

成都市烟草专卖局（分公司）

■ 2003年，成都市烟草系统坚持以“做精做强主业，实现可持续发展”为方针，以“整顿规范，深化改革，提升网建，强化管理，稳量稳效”为主要任务，以实施零售户合理化布局和完善物流配送体系为重点，通过深化体制改革、加大整顿规范力度、全面加强企业管理，进一步推进了行业的改革与发展。在取消卷烟拆条贴标喷码和全国发生“非典”疫情的双重考验下，各项工作都取得了显著成绩，实现了连续三年的跨越式发展。全市系统共销售卷烟35.91万箱，同比增长6%；销售一、二类烟10.25万箱，实现利税6.61亿元,同比增长21.01%。其中,实现利润5.29亿元，同比增长20.01%。从全国范围看，卷烟销量在全国省会城市排名第一，利税在全国省会城市名列第三；从占全省比重来看，卷烟销量占全省总销量的18.4%,利税占全省烟草商业企业的31.47%,利润占全省烟草商业企业的33.3%,进一步奠定了成都烟草发展的坚实基础。

■【商业企业组织结构调整取得新突破】2003年，市烟草专卖局(分公司)按照国家烟草专卖局关于加快企业组织结构调整步伐的要求,将原来的五个城区和高新区烟草专卖分局（中心）整合成三个烟草专卖分局（中心）。新组建的三个分局（中心）全年共销售卷烟13.57万箱，占全市总销量的38.88%,同比增长10.40%,实现利润2.85亿元，占全市实现利润的53.88%，同比增长21.15%,规模效益已经显现出来。

■【实现传统商业向现代流通的过渡】2003年，市烟草专卖局(分公司)加快传统商业向现代流通转变的步伐,现代物流、电话订货、电子结算工作取得新突破。完成了13个郊区、县(市)的物流延伸工作，实现了全市系统物流集中大配送，形成了“货源统一调拨分配、配送统一组织实施、业务统一管理指导”的现代物流管理新格局。截止年底，全市系统电话订货户数达22196户，占卷烟零售户总数的70.2%，城区电话订货率达到99%，郊区、县（市）电话订货率达到53%。全市电子结算已发展到1.3万户，持卡结算率达到90%，日结算额最高突破1000万元。

■【实施社区烟草专卖管理】2003年,成都烟草把专卖的触角延伸到社区，通过积极协调，地方政府把社区专卖管理和零售户合理布局工作列为政府目标管理,有力地推进了社区烟草专卖管理和零售户的合理布局。截止年底，已与60个街道办事处（乡镇）,188个社区建立了社区化烟草专卖管理，共招聘信息员183名，通过信息员反应并查实的违规案件30起，涉案金额10多万元。全市共取缔无证和违规卷烟经营户10286户，全市卷烟零售户已由2002年的43800户压缩到33750户，使卷烟经营户的赢利水平进一步提高，布局更趋于合理。

■【卷烟打假工作成效显著】通过假烟店、货运部进行专项整顿和对餐饮娱乐场所及夜间假烟摊点及城乡结合部的反复清理整顿，较好地规范了卷烟市场。全市共出动专卖执法人员10.61万人（次），执法车辆2万余台(次)，组织全市性集中大检查20多次，共捣毁制假窝点3个，缴获各种制假机器6 台(套)，查处各类违法卷烟案件5944起，查获假冒卷烟4760件，销毁假冒卷烟4150件，收购、没收烟草制品750件，上缴罚没款1747万元。被司法机关刑事拘留51人，判刑30人，被实行市场禁入20人。各种非法经营行为得到有效遏制，烟草市场外部环境进一步好转。

■【税收实行全市系统集中统一解缴】为了彻底解决税收体制对企业改革和发展的制约，市烟草专卖局(分公司)积极与地方政府和相关部门进行多次沟通和协调，得到了地方政府和相关部门的理解和支持，同意市烟草分公司从2004年1月1日起，实行全市烟草系统税收集中统一解缴，所有税收的申报、解缴、清算由分公司总部统一办理，每季度由分公司统一向市财政和税务部门提供13个县(市、区)营销管理中心的报表数据，成都市财政局根据实际情况统一调整各县(市、区)财政利益。一直困扰成都烟草改革与发展的税制问题得到全面解决。

NETWORK

网建 NETWORK CONSTRUCT

郑州市烟草专卖局（分公司）

■ 2003年，郑州市烟草专卖局（分公司）认真落实国家局、省局（公司）关于网建联动工作的部署和要求，进一步明确发展定位，加快发展步伐，以信息化建设为契机，突出精细化管理，以网络建设带动卷烟经营，有力促进了企业盈利水平的提高。全年销售卷烟22.31万箱，同比增长3.99%。其中销售行优卷烟28748箱，同比增长25.37%；销售省优卷烟61020箱，超计划5.21%。社会人均消费卷烟8.36条，同比增加0.3条；其中市区达到9.68条。单箱销售额达到5805元（不含税），同比增长9.72%。毛利率达到15.61%，同比增加1.8个百分点。实现利润9661万元，同比增长36.53%。2003年8月，在国家局组织的对全国2002年11个网建联动城市考核验收中，郑州市局名列第一。

一、自我加压，拉高坐标

■ 围绕“学上海、找差距、提质量、上水平”的网建主题，去年初开展了“跳出郑州看郑州、跳出河南看郑州”的大讨论活动，组织学习上海网建先进的理念、严细的作风，引导干部职工自我加压促发展，增强提高网络运行质量的紧迫感,增强向现代流通转变的紧迫感。提出要进一步解放思想，调整目标，拉高坐标，加快发展，以追赶上海网建水平为目标，尽快推广“电话订货、网上配货、电子结算、现代物流”，用1—2年时间达到或接近上海网建水平，实现由传统商业向现代流通转变。

二、加强信息化建设，促进网建加速

■ 以市区为重点，大力推广电话订货和电子结算。经过广泛宣传、精心准备，在市区成立了“呼出式”呼叫中心，改变订单获取方式，成功试行了电话订货。适时召开现场会，推广市区做法，在县公司进行“呼入式”电话订货试点。截止去年底，市区电话订货商户达到11647户，占商户总数的96%；登封公司电话订货达到了100%。积极协调银联公司，采用实时在线移动POS方式，强力推广电子结算。到去年底，全系统电子结算户达到23290户，覆盖率达到75%，成功率达到46%。其中，市区电子结算户数达到11834户，占商户总数的97%，成功率达到70%。

三、加强精细化管理，确保网络有序运行

■ 持续开展整顿和治理活动。在内部，开展整治"卷烟体外循环"专项活动，自我查摆、纠正不规范行为。在外部，持续开展打假专项活动，全年共查处制假烟机9台，捣毁制假窝点8个，查获违规卷烟8704件，对烟草违法分子追刑45人，有力打击了违法经营，提高了市场净化率。积极协调市政府出台了《关于加强烟草专卖零售活动管理的通知》，对商户布局作了统一的规定。商户密度达到4.5‰，初步达到了国家局提出的200-300人/户的要求。

四、健全培训机制，打造品牌员工

■ 在全体人员中开展了"网建大家谈"活动，引导网络从业人员向营销员、客户经理转变。适时举办了座席接线员培训班、客户经理培训班，组织全员轮训，邀请郑州大学、华英烟草公司、浙江创联公司的教授、专家，进行客户关系管理知识专题讲座。通过培训，提高了网络从业人员会做品牌销售预测、会使用POS机采集数据、会使用微机查阅数据、会对客户管理和服务、会分析市场等"五种本领"，以及公关能力、交际能力、表达能力和服务能力等"四种能力"。

五、开展优质服务，提高客户满意度

■ 以零售商户的满意度为出发点和落脚点，采取免费发放《郑州烟草》报、送法上门、信息指导、公开承诺服务等措施，全方位为商户服务。开展诚信管理，提供个性化、人性化服务，进一步密切了批零关系。完善客户投诉机制和流程，成立客户投诉服务和处理中心，强化了对服务质量和效果的监督。

郑州市烟草专卖局（分公司）
局长、经理、党组书记王志富

NSTRUCT

西安市烟草专卖局（分公司）

②

③

2003年，西安市烟草专卖局（分公司）网络建设以学上海两年达标为目标，以“电话订货、网上配货、电子结算、现代物流”为方向，以卷烟工业、零售客户、消费者“三满意为宗旨，在完善运行模式、发挥网络功能提升运行质量上狠下功夫。全年自建连锁店1家，发展连锁加盟店30家，实行电话订货、电子结算户数分别达到4175户和4318户，占市区持证零售户总数10060户的41.5%和42.9%。以零售户零投诉为目标，全面推行客户关系管理，经调查，客户对访销服务、送货服务、售后服务满意度分别为83.4%、91.4%和83.7%，总体满意度有明显上升。发挥网络扶持优势企业、培育名优品牌的功能，大力实施品牌营销战略。以市场为导向，不断优化品牌结构，淘汰省内外品牌规格16个，引进新牌号17个。全年通过网络销售卷烟1045861件，入网销售率99.68%；名优卷烟上柜牌号35个，销售量249696件，同比增长142.20%；销售重点企业产品444323.8件，同比增长11.26%；实现利润11388万元，完成计划的103.53%，比上年的9060万元增长25.70%。网络在扶持重点企业、培育大品牌、服务零售客户、构建大市场等方面的功能得到有效发挥。

①

NETWORK

CO

④

⑤

⑥

⑦

⑧

⑨

⑩

① 西安市烟草专卖局（分公司）党委书记、局长、经理 高玉杰

② 西安市烟草专卖局（分公司）领导班子（从左至右）：党委副书记、纪委书记 郑翔斌，党委书记、局长、经理 高玉杰，党委委员、副局长 董立荣，党委委员、副经理 王万勋

③ 2003年7月，国家局姜成康局长在陕西省局李嵩震局长（右一）、西安市局高玉杰局长（右二）陪同下，视察西安市网络建设工作。

④ 陕西省局李嵩震局长视察西安烟草首家直营连锁店——西安名烟城。

⑤ 西安烟草广大干部职工认真贯彻学习十六大精神。

⑥ 西安烟草首家直营连锁店——西安名烟城开业。

⑦ 西安烟草实现全面访销配送。

⑧ 专卖稽查人员向消费者介绍假烟鉴别常识。

⑨ 现代化的西安烟草电话访销中心。

⑩ 西安烟草系统向西安慈善会捐款10万元

XIANSHI

YANCAOZHUANMAIJUGONGSI

NSTRUCT

网建 NETWORK CONSTRUCT

太原市烟草专卖局（分公司）

■ 根据国家局2003年全国烟草工作会议和网建工作会议精神，按照国家局《全国36个重点城市卷烟销售网络建设联动工作方案》和《山西省卷烟销售网络建设工作发展规划》要求，通过学习上海、合肥等城市网络建设的模式和先进经验，结合太原烟草的实际，在2003年的工作中，重点对太原市卷烟销售网络建设进行了前期准备，研究论证，方案确定，组织实施，整合转换，稳定运行，到目前已取得初步成效。

一、 确定了太原烟草网建工作的总体目标

■ 按照国家局《全国36个重点城市卷烟销售网络建设联动工作方案》的要求，太原市是第一批在年内达到和接近上海网建水平的城市之一。省局（公司）在今年年初的全省烟草工作会议上，把太原市公司网建联动工作列为重点工作之一，并由王志毅副总经理亲自任联动工作领导组组长。市局（分公司）党组多次召开会议研究此项工作，并制定了《太原市卷烟销售网络建设联动工作方案》，以逐步接近和达到上海网建水平为市局（分公司）网建工作的总体目标，以服务客户为中心，科技为先导。通过一年的努力，基本实现以"电话订货，网上配货，电子结算，现代物流为手段，以管理标准化、程序化、规范化、信息化为主要内容，以追求客户满意为最终目标的网络建设模式，达到国家局对36个重点城市中一类城市的考核标准，实现网络建设省内一流，全国先进的目标。具体要实现：实行电话订货的零售客户占其总数的60%以上；　实现电子结算的零售客户占其总数的60%以上；市场占有率达到98%以上；入网销售率达到99%以上；名优卷烟上柜牌号30个以上；名优卷烟销售量达到总销量的30%以上；重点企业产品销量达到总销售量的68%以上；持证零售客户数量保持在3.5‰左右；零售客户满意度达到70%以上。"

二、 搭建了运行机制与组织机构

■ 市局（分公司）党组在方案的设计、机构的搭建、机制的运行中充分体现了把"规范"贯穿于始终的指导思想。要求克服旧体制的弊端，建立起三线运作、四流贯通、三权分立、打造品牌的网络运行机制。

■ "三线运作"，就是专卖管理线、营销线、物流线既相对独立，又相互控制，从而实现专业化分工，集中式管理。

■ "四流贯通"，就是通过系统软件的开发应用，实现商流、物流、资金流和信息流的融汇贯通，从而实现所有信息资源的共建共享。

■ "三权分立"，就是企业的经营权、管理权、监督权界定清晰，职责分立，从而形成有效的规范运行机制和有效的监督制约机制。

■ "打造品牌"，就是通过这次网建联动工作，通过企业文化建设、让全体员工真正感受到"上班是幸福，工作是愉快，相聚是缘分，奉献是责任"的企业文化内涵，从而打造太原烟草的品牌形象。

根据上述运行机制进行了组织机构的搭建。

■ 市局（分公司）机关重点行使管理和监督职能，不进行卷烟经营。从事管理职能的部门主要有财务科、人事教育科、经济运行科、技术信息科、政工科、办公室及安全保卫科。从事监督职能的部门有纪检监察室、专卖法规科、监督管理科及审计科。以上部门由市局（分公司）领导按照分工分别管理。实现管理职能和监督职能的分离。所有经营活动由下设的营销中心、物流中心、资金结算中心和四个县（市）局（公司）完成，市场管理由稽查中心来完成。

三、 导入了现代科学技术与先进的管理理念

（一）统一思想，牢固树立全局观念。市局（分公司）党组一班人全面、认真、反复学习领会国家局姜成康局长在全国烟草工作会议上的讲话精神，统一领导班子的思想。认识到，36个重点城市网建联动是烟草行业生存与发展的需要，是把中国烟草做大、做强的重要举措，是太原烟草加快发展的有利时机。卷烟销售网络工程，是铸造中国烟草航空母舰的基础工程。只有每个省市重点城市把自己的网络平台高起点、高标准、高质量建好了，中国烟草这条航空母舰才有强势，才能抗拒任何风险。

（二）狠抓基础，不断加强规范意识。国家局从去年到今年重点抓了两个方面的整顿规范工作。一是财经秩序的专项整顿；另一个是专项治理卷烟体外循环。市局（分公司）在重点搞好上述两项整顿规范工作的同时，在整个网络联动过程中，始终把规范作为企业管理的主线。通过联动改革，全方位搭建起一个新型的规范运行机制。从体制上将经营、管理和监督职能有序地分解使之相对独立，并从机构设置上有效地保证了各自职能的发挥。从制度上根据新的体制和运行机制，在规范各部门、各岗位职责、流程的基础上，制定了符合规范要求的管理制度、岗位职责、工作流程、管理目标等管理制度。在软件开发过程中，不仅充分体现规范的指导思想，而且进行了严格的权限设置，从根本上杜绝了不规范行为的产生。实现了从思想规范到行为规范的一次跨跃。真正实现了由粗放型管理经营向专业化分工、规范化经营、信息化管理的转变。

（三）融知引智，提升企业科技管理水平。在网建联动过程中，太原市局始终把融知引智作为提升企业科学管理水平，提高企业核心竞争力的一项重要手段。在信息化建设方面，与华迪专业软件开发公司合作开发了覆盖营销、专卖、办公和资金等企业所有业务和办公领域的软件系统。该系统通过设置分层体系、建立企业标准，全面构架多层次网络体系，体现了数据集中式的管理思想，实现系统间、企业间、报表间的流畅数字对话和跨软硬件平台的信息共享。在物流配送方面，引进的卫星定位系统实现了对送货车辆、专卖稽查车辆和营销人员的准确定位，提高了网络运行的安全性和时效性。在资金结算管理方面，与当地工商银行合作开发了烟草专用灵通卡，集专卖管理、卷烟购进、储蓄、消费与一体，再加上网上银行、支票直通车、电子银行等手段的使用，既实现了快捷的资金划拨，又实现了对客户经营状况的实时管理。在人才开发上，通过公开招聘，引进了六名研究生和大学本科生等技术管理人才。通过全方位的引智融知，把当前先进的信息技术有机地应用到网络建设中，使企业运作实现了一次质的飞跃。

（四）提升管理，把工业化管理思想融入商业企业的管理之中。在网建联动工作中，大力提倡把工业化管理思想应用到商业企业的管理中，并把"上道工序为下道工序服务"作为贯彻国家局提出的"三个满意"网建目标的具体实践。在具体工作中，提出了专卖稽查中心要为营销中心服务，营销中心为物流中心服务，机关要为基层服务，全局（分公司）要为客户服务的具体要求。并且把下道工序的满意程度作为考核上道工序的重要标志。在规范理顺各岗位工作流程的同时，把这一思想贯穿于始终，为实现"三满意"的网建目标；太原市局还应用上延和下延的观念，把烟厂作为上延，把客户视为下延，不仅要为下延提供良好的服务，而且要为上延负责，特别是在培育名优卷烟过程中，积极宣传，保证上柜，提供了极大的方便。通过这一思想的导入，把卷烟销售信息无偿地反馈给厂家，使他们能及时准确地了解其产品在太原市场的销售情况，从而及时供货。大大提高了网络的运行质量和管理水平。

（五）打造品牌，企业文化演绎发展的旋律。企业文化是在企业长期的发展中形成的。由于多年来干部职工良好的素养和企业有意识的培育，太原市局（分公司）已经形成了"上班是幸福，工作是愉快，相聚是缘分，奉献是责任"的氛围。他们还十分注重把思想政治工作融入企业文化建设，并用此来塑造烟草联动优秀城市。

NETWORK

CO

网建 NETWORK CONSTRUCT

咸阳市烟草专卖局（分公司）

■ 陕西省咸阳市烟草专卖局（分公司）是陕西省人民政府确认的陕西省大中型流通企业，下辖2区1市10县烟草专卖局（公司）和咸阳烤烟复烤厂，机关设9个职能科室，烟叶、卷烟两个专业公司，秦都、渭城两个专卖分局（访销部），城区卷烟配送中心，主要承担全市烟叶生产购销、烟叶复烤加工、卷烟购销和烟草专卖管理工作，全市系统有职工2000多名。咸阳市烟草专卖局（分公司）多次获得“全国烟叶生产收购先进单位”、“全国烟草系统先进集体”、“全国烟草系统纪检、监察先进集体”、“省级文明单位”、省级“守合同重信用企业”、省系统卷烟销售先进单位、烟草专卖管理先进单位等荣誉。

■ 2003年，在陕西省局和咸阳市委、市政府的领导下，市局（分公司）领导班子以“三个代表”重要思想统揽全局，以十六大精神为指针，认真贯彻国家、省两级烟草工作会议精神，咬定“13415”经济目标任务，带领广大员工，解放思想，开拓进取，强力推进八大工程，全面实施三大战略，全年生产经营取得可喜的成绩，主要经济指标创历史最高水平。烟叶生产收购11.93万担，比上年增加了1.17万担，烟农收入4760万元；销售卷烟13.3万箱，比上年增加3.2万箱，销售金额8.77亿元；烟草专卖稽查案件3591起，案值达1060万元。全年实现利税6634万元，其中利润3668万元，各项工作在全省系统名列前茅。市局（分公司）被省人民政府授予守合同重信用企业，被咸阳市委、市政府授予目标管理良好单位等荣誉。

① 陕西省烟草专卖局局长李嵩震（左一）在咸阳市烟草专卖局局长李振海（右二）陪同下检查咸阳市城网联动工作

② 咸阳市烟草专卖局（分公司）党委书记、局长、经理李振海

③ 咸阳市烟草系统职工捐助30万元建立"金叶职工扶贫资金"

④ 咸阳市烟草专卖局焚烧1800余件假、冒、伪、劣卷烟

⑤ 咸阳市烟草专卖局（分公司）党委书记、局长、经理李振海向咸阳市纪委领导和市直机关代表介绍抓廉政建设、促经济发展工作情况

⑥ 咸阳烟草分公司举办2004年元旦团拜会

⑦ 咸阳烟草分公司领导深入烟田，就烟叶生产收购等问题，征求乡镇干部和烟农意见

⑧ 咸阳市烟草专卖局（分公司）

网建 NETWORK CONSTRUCT

长春市烟草专卖局（分公司）

网建工作再上新台阶

■ 2003年长春市烟草专卖局（分公司）在国家局及销售公司的亲切关怀下，在省局（公司）的正确领导下，狠抓网建工作水平的巩固和提高，进一步完善网络运行模式和机制，强化标准化、程序化和信息化管理，加强访销配送队伍建设，积极稳妥地推行电话访销、电子结算、现代物流等新的营销手段，网建工作整体水平有了进一步的提高。

■ 城网建设方面：按照国家局、省局网建联动实施方案的要求，在省销售公司的指导下，统一规划，明确分工，精心组织，全力实施，“电话订货，网上配货，电子结算，现代物流”的网建运行新模式得到基本确立，整体运行效果也比较理想。

■ 一是电话访销全面展开。目前，市内电话访销率已经达到95.13%，电话订货量占总销量的比例已达到97%。

■ 二是电子结算成效明显。通过短短2个月时间的艰苦努力，市内商户持卡户数达到7,599户，持卡率为86.63%，月均在线扣款户数5,886户，月均在线扣款率达到67.1%。

■ 三是信息化建设有新发展。完成了GPS卫星车载跟踪定位系统和GIS地理信息系统的安装调试，实现了对专卖、配送车辆的定时定位、动态跟踪和远程调度等功能；新的分销系统和电子设备系统全面应用；专卖管理系统软件也已经进入试运行阶段；连接全区计算机网络的DDN专线全部由128K升级到2兆，运行速度大大提高。

■ 四是集中配送中心建设稳步推进。通过工程项目招投标，公开、公正透明操作程序，仅前期主体项目就节省投资1,256万元。目前，集中配送中心分拣库房土建部分已施工完毕，正在进行设备安装和调试工作。预计，今年下半年集中配送中心可全面启用。

■ 农网建设方面：按照国家局、省局“城乡一体，访送分离”的网建工作思路，从去年下半年开始，全区农网改造工作全面展开。通过整合撤并，农村网点已经由过去的64个减为现在的28个配送部，基本做到了访送分离，农村电话访销也全面推开，有的营销部电话访销率已突破了90%。

■ 网建工作整体水平的提高，促进了经济运行质量的提升。一是销售结构明显提高。全公司一、二类卷烟销售比例达到14.02%，同比提高1.07个百分点；单箱销售收入5,924元，同比提高2.21%，单箱毛利785元，同比提高10.1%。利润增长高于销量增长34个百分点。二是全国名优烟销量上升。全公司共销售全国36种名优烟41,489箱，同比增长22.08%，销售全国36家重点工业企业卷烟139,398箱，同比增长10.4%，两个36均超出国家局要求5%的增长率。三是企业实力进一步增强。截止到12月底，全公司拥有固定资产36,294万元，同比增加10,576万元，增幅41.13%；所有者权益15,096万元，同比增加4,218万元，增幅38.78%，净资产为1.64亿元。

① 长春市烟草专卖局局长、经理、党组书记杨贵生

② 电话访销现场

③ 高架仓库安装现场

④ 整装待发的送货车辆

⑤ 客户经理认真走访市场

NETWORK

网建 NETWORK CONSTRUCT

银川市烟草专卖局（分公司）

■ 银川市烟草专卖局（分公司）成立于1998年元月。现辖兴庆区、金凤区、西夏区，共有卷烟零售户3163户，年卷烟销量约36000箱左右,居全区烟草行业之首。随着网建工作的不断深化和发展，银川网建在短短两年时间内由弱变强，经济效益大幅攀升，已显示出强大的生命力。2001年销售卷烟23403箱，利润790万元；2002年销售卷烟30422箱，利润2576万元。2003年卷烟销售总量为36038箱，利润4062万元。

■ 银烟人在"永不满足现状，天天追求卓越"的企业精神引领下，真抓实干、开拓创新，深化卷烟销售网络建设，全面提高网络服务质量，努力做到内练硬功强素质，外树形象强品牌。做精、做大、做强"银烟"品牌。2003年被列入全国卷烟销售网建联动36个重点城市，初步形成"全面访销、集中配送，城乡一体、访送分离，专销结合、合理布局，电话订货、电子结算，差异服务、批零双赢"的网络运行模式和管理体系。2003年9月进入全国36个卷烟网络建设联动重点城市的第一梯队。同时，坚持以人为本，大力推进"创建学习型企业、培养智慧型人才"的发展战略，全面提升职工的整体素质。进一步整顿卷烟市场经济秩序,2003年共查处各类卷烟违法案件474起，收缴罚没款48万元，极大保护了守法卷烟经营户的经济利益。

■ 经过几年的网建工作，银川烟草走出了一条品牌管理制与客户关系管理相结合的新路子。实施品牌管理制，建立了以名优卷烟、重点企业产品为主体的销售管理体系，切实满足市场需求。通过规范卷烟零售价格，构建竞争有序的卷烟零售价格体系，提高零售户的盈利水平。深化服务营销，确立"一切以客户为中心"的指导思想，将客户服务工作进一步细化、深化，努力提高客户忠诚度。启动特许卷烟加盟店试点工程，与零售户建立互惠互利、批零双赢的经济利益，将以往的管理与被管理的关系提升到合作伙伴关系的层面上来。

■ 银川市烟草专卖局（分公司）先后荣获"全国烟草系统财务先集体"、"自治区诚信纳税户"和"银川市模范纳税户"等多项荣誉称号。

① 银川市烟草专卖局（分公司）党组书记、局长、经理杨保仓

② 银川市烟草专卖局（分公司）领导班子（从左到右）
副经理刘虹
副局长段崇智
党组书记、局长、经理杨保仓
副局长、纪检组长王国慧

③ 2004年3月经营户座谈会

④ 办公环境

网建 NETWORK CONSTRUCT

商洛市烟草专卖局（分公司）

■ 2002年，商洛市烟草专卖局（分公司）在省局（公司）的正确领导下，认真实践“三个代表”重要思想，深入贯彻落实全国、全省烟草工作会议精神，紧紧围绕年初确定的各项工作目标，以卷烟统价销售、品牌整合、网建联动、市场整顿规范、烟叶生产经营和企业精神文明建设等工作为重点，通过新、老两任班子的一致努力和全系统干部职工的顽强拼搏，胜利完成了上级下达和企业自定的各项工作任务。

■ 卷烟销售实现“双稳双升”。卷烟销售工作克服各种困难，实现了价、量双稳，额、利双升。全市系统共实现卷烟销售65179箱，完城计划的102.76%;市、县两级省产卷烟经营毛利率达到13.86%,比上年月均水平提高了5.34个百分点。

■ 在卷烟销售工作中，主要强化了“三个狠抓”，实现了“三个提高”：一是狠抓了销量任务的完成，使全员销售工作意识有了进一步提高；二是狠抓了检查评比，使各级人员完成销售任务的主动性进一步提高；三是狠抓了品牌整合工作，使“好猫”、“猴王”等重点品牌卷烟市场销售份额逐步提高。

■ 品牌整合工作初见成效。市、县（区）两级认真贯彻落实省局品牌整合会议精神，迅速采取有力措施，积极引导市场销售向“一体两翼”、“四大系列”品牌集中，当年12月全市共销售“四大系列”卷烟1704箱，比1至11月份月均多销210箱以上。

■ 网建联动工作稳步推进。坚持高标准、严要求、规范化的原则，积极抓好中心城市商州区城网联动工作。10月份开始，商州区城网大配送工作已全面推开，通过实施大配送，使原有网点资源得到合理配置，提高了市场控制能力，提升了网络运营水平。推行大配送后，商州卷烟销量月均增加50余箱，一、二类烟销售下滑局面得到有效扼制。配合商州城网联动，在全市其他六县开展了城网联动，通过抓商州、带全市，抓城网、带农网，实施全市联动，进一步推动了商洛市整体网建水平的进一步提高。

市场整顿规范成效显著。在保持全市卷烟市场高压严打态势不动摇前提下，认真贯彻落实省政府“8.15"、"11.19”会议精神，构建了“政府支持、部门配合、烟草为主、齐抓共管”的长效专卖工作机制，在全市形成了卷烟市场整治工作的强势风暴，“8.15”后，全市共取缔无证经营253户，吊销许可证63个，端掉违法大中户和“黑批窝点”24个。特别是追刑方面取得了新的突破，“8.15”后，全市共捕判涉烟犯罪分子4人，行政拘留2人，刑事拘留1人，极大地震慑了不法卷烟经营，有力促进了全市卷烟市场秩序的进一步规范。1至12月份，全市共查获各类非法卷烟经营案件831起，查扣卷烟5856件，烟叶275吨，案值共计608.36万元，上缴财政罚没款300.14万元，使一大批违法卷烟经营分子依法得到了严惩。

■ 烟叶生产经营再创佳绩.通过大抓科技兴烟,烟田布局调整工作取得新突破,集约化生产管理水平有了新的提高,出现了8000亩以上的全市“第一大镇”一个，3000亩以上的大乡7个，千亩以上连片19处；全市共产收烟叶10.6万担，上中等烟叶比例达到91.55%，桔黄烟比例到52.75%，同比提高了13个百分点；公斤均价达到7.94元，较上年提高了0.63元，烟农收入达到4154万元，较上年增加663万元，增长了19%，实现农林特产税914万元，较上年增加146万元，增长19%；截止12月底，全市已调出烟叶4.5万担。

■ 企业经济效益实现大幅增长.全市系统共完成"两烟”销售纯收入35426万元，同比增长15.28%，其中卷烟销售纯收入29422万元，同比增长13.49%，实现利润2074万元，完成省局下达计划2000万元的103.7%，同比增加1040万元，增长了102.16%；共实现各种税收2506万元，同比增加641万元，增长了34.36%。

■ 精神文明建设再上新台阶。通过深入推进精神文明建设“四大工程”，企业各项文明创建活动得到蓬勃开展，企业向心力和凝聚力明显增强。截止2002年底，商洛烟草已创建为市级文明系统，其中省级文明单位达到4个，市级文明单位标兵及市级文明单位3个，有10个基层专卖所和网点被授予市级青年文明号，1人被省委、省政府授予“劳动模范”光荣称号。

① 商洛市烟草专卖局（分公司）局长、经理、党组书记孙彦卿在全市系统网建工作会议上。
② 商洛市烟草专卖局（分公司）领导班子成员在全市烟草工作会议上（右二：局长、经理、党组书记孙彦卿；左二：副经理、党组成员罗厚周；左一：纪检组长、党组成员李浩勋；右一：副经理、党组成员张振平）。
③ 陕西省烟草公司副总经理高峰（左二）、商洛市烟草专卖局（分公司）局长、经理孙彦卿（右二）、分公司副经理张振平（左一）、市烟叶公司经理刘延举（右一）在大田共商本市洛南县优质烟叶发展大计。
④ 稽查人员在文明执行公务中。
⑤ 商洛烟草分公司商州配送中心。
⑥ 商州城区网点。
⑦ 工作中的网点人员。

网建 NETWORK CONSTRUCT

吕梁地区烟草专卖局（分公司）

■ 素有革命老区之称的吕梁，地处晋西边陲，所辖3市10县，人口343万，全区城乡共有11036户卷烟零售户，年销售卷烟11.7万箱，人均卷烟消费8.5条。区内交通便利，资源丰富。改革开放以来，吕梁坚持走科技产业化发展之路，形成了以红枣、酒业、沙棘、煤焦、铝矿为主的现代工农业并举的产业体系。吕梁物华天宝、人文荟萃，在2.1万平方公里的土地上，集中着北武当山、悬中寺、武则天庙、刘胡兰纪念馆、庞泉沟等数十处历史景观。经国务院批准，吕梁今年即将撤地设市，开放的吕梁以更加傲人的风姿喜迎八方宾朋。

■ 吕梁烟草的网建工作在国家局和省局党组的正确领导下，始终坚持以“三满意”为目标，以品牌培育为重点，以改革为手段，与时俱进，不断创新工作思路和管理机制，实现了较快的经济发展速度。近年来，吕梁烟草科学运用品牌整合、与厂家联营加工培育的方法，成功地在本地市场塑造起了一批如“黄山”、“云烟”、“红旗渠”等畅销名优品牌。在网建模式的运做上，吕梁烟草以市场为导向，创造性地进行了流程改造，完成了从最初的下设批发网点，到后来的访送分离、卷烟大配送、专卖户籍化管理，直到现在的“电话订货、电子结算、网上配货、现代物流”的螺旋式上升。通过几年的探索和努力，吕梁烟草已经基本建立起了一张覆盖全区城乡的卷烟零售户销售网络，全区系统450名网络从业人员和72部配送车辆在其间穿梭着、忙碌着、奉献着、创造着。吕梁烟草的工作目标是努力打造一个布局合理、设施配套、专管有力、营销有序、连锁经营、诚信服务、有较强核心竞争力的现代化商流、物流、信息流三网并举的卷烟销售网络体系。

宝鸡市烟草专卖局（分公司）陇县优质烤烟生产基地

■ 在中国的历史上，“明修栈道，暗渡陈仓”可谓尽人皆知。古之陈仓即今之宝鸡。她曾是“南烟湖茶”的集散地，而今发展成为西部地区百万人口现代化大城市。这里有长江流域的清毓灵秀，也有黄河流域的深厚纯朴；这里有云贵高原的宜人气候，也有中原大地的皇天厚土。她三面环山，巍峨峻峭的秦岭群峰与平畴沃野的渭河平原交相辉映，形成了暖温带半湿润季风气候区，光、热、水资源丰富，从而为烤烟生产提供了得天独厚的条件。

■ 天时地利人和，使烤烟成为宝鸡的特色产业之一，而宝鸡烤烟尤以陇县为最优。全县总面积2285.2平方公里，境内森林茂密，草地广袤，土地肥沃，四季分明，是一个资源丰富的生态农业县。该县地势西高东低，海拔800.2–2466米，形成了明显的地域性立体气候环境。该县为黄土侵蚀地貌，黄土性土、棕壤土占全县总土地面积75%，土层深厚，年平均日照2033.8小时，年平均气温10.7℃，烤烟成熟期平均气温23℃，年平均无霜期198天，年均降水600.1mm。尤其是5–8月份，基本是雨热同季，光照充足，十分有利于烤烟生长成熟。

■ 陇县1982年始种烤烟，1983年被陕西省人民政府列入烤烟生产基地县。1990年以来，连续12年被省政府、省烟草专卖局评为烤烟生产收购工作先进单位，已形成基础设施健全、技术力量雄厚、生产布局合理、规模集约种植、产销服务配套的产业化格局，年种植烤烟6万亩，收购烟叶12万担，是黄淮烟区最具实力和优势的烤烟生产基地县。其烟叶内在成分协调、香气浓郁，色泽饱满，油分充足，燃烧性好，以三价区的质量，四价区的价格和较高的等级合格率行销省内外各大烟厂，出口俄罗斯、越南等国家，受到了同行和专家的一致好评。因其一流的烟叶质量、一流的客户服务，实现了零库存。

■ 烟叶是卷烟生产成本构成的关键要素，富有远见的卷烟制造商都在提高质量、降低成本上下功夫。宝鸡陇县烟叶以“三类烟区的质量、四类烟区的价格”愿为您的企业如虎添翼，插上腾飞的翅膀！

① “你是咱陇县名副其实的种烟状元！”宝鸡市烟草专卖局（分公司）吉应城局长（经理）竖起大拇指夸奖种烟大户高树仁。

② 省烟叶分公司常丽经理（左一），宝鸡市烟草专卖局（分公司）局长（经理）吉应城（中），副局长杨志效（右）共同抽检烟叶质量。

③ 小试身手——看到连片的烟田长势喜人，宝鸡市烟草专卖局杨志效副局长也禁不住亲自上阵，打顶抹杈。

④ 丰收的喜悦——市、县烟草公司领导察看烟叶示范田。

⑤ 宝鸡烟草分公司技术员在指导烟田管理。

⑥ 宝鸡市烟草专卖局杨志效副局长（左三）带领种烟县公司负责人检查烟叶成熟情况。

企业篇

企业篇

红河烟草企业党委书记 红河卷烟厂厂长

邱建康

他所领导的红河卷烟厂是全国唯一只生产单一牌号，连续十年高速增长的卷烟企业。

红烟在加快企业技术进步的同时，注重全面发展企业软内涵，提出“发展人、发展品牌、发展企业”，建立现代科学管理体系。红烟的管理经验，简要概括就是：有效激励、注重效率、信息管理、团队精神。

天津市

天津卷烟厂 2002年天津卷烟厂认真贯彻落实行业“狠抓基础，稳中求进”的行业指导思想和“一要规范，二要改革，三要创新”的工作重点，按照市局党委提出的2002年工作重点，结合企业的实际情况和长远发展目标，紧紧围绕发展这个主题，以结构调整为主线，团结一致，开拓创新，真抓实干，克服了税制变化带来的不利影响，产销形势好转，企业竞争力有所增强，使企业逐步摆脱了多年徘徊的局面，走上了快速发展的轨道。

坚持走科技兴烟道路，依靠工商联手使产销结构得到优化，经济运行质量明显提高。2002年企业围绕产品结构调整这一主线，加大科技投入，加强内部管理，生产经营指标和经济运行质量上了一个大台阶。全年产销总量22万箱，同比提高37.5%；省外销售突破5万箱，同比增长8.5%；产值增长76.99%，实现8亿元；税利合计增幅125.54%。卷烟产销结构明显改善，一、二、三类烟较去年同期分别提高了18.97%、604.48%和93.35%。以“江山”烟为代表的高科技含量产品的市场成功运作，极大的提升了企业形象和产品形象。

坚持面向市场，适应市场需求与变化，不断加大产品的开发创新力度，采用先进的高科技工艺，开发改造卷烟新产品。2002年投放市场的“精品江山”、“喜恒大”卷烟，以其优良的品质，满足不同层次消费者的需求，收到了良好的市场效果，得到了消费者的认可，销量稳步上升。

坚持全员培训，企业整体综合素质全面提升。天津卷烟厂已初步建立起了较为完整的培训、考核、激励机制，企业内部形成了浓厚的学习氛围，从素质教育、学历教育、技能培训到新知识讲座，形成一套完整的企业培训教育体系。全年累计有3912余人次参加企业组织的教育培训，有276人通过中级工等级认定，115人通过高级工等级认定，8人通过工人技师考核，200人通过计算机考核获得企业A或B级操作技能认定。通过教育培训，提高了全体干部职工的整体综合素质，从而也提高了企业的整体竞争实力。

坚持深化改革，为企业发展提供强大的推动力。2002年天津卷烟厂分三个阶段进行了组织结构调整和人力资源优化配置工作。制定了企业内部技术职称评聘制度；实施了全员绩效考核和等级工考核工程；推行比价采购制度，全年降低采购成本1353万元；通过强化内部成本控制，2002年用过去生产16万箱的能源成本，生产了22万箱卷烟。通过深化企业改革极大地激发了全体管理人员的工作和学习热情，使大家更加珍惜自己的工作岗位，更加努力地为企业争做贡献。二车间技师杜春明被国家局授予“全国烟草行业技术能手”荣誉称号，一车间乙班切丝组被授予“全国烟草行业先进集体”称号。

坚持加强精神文明建设，“五爱”精神促进了企业的发展。企业把发扬“爱国、爱家、爱厂、爱人、爱己”的“五爱”精神和做“五爱”职工，作为企业精神文明建设的中心内容，制定了《五爱职工章程》和《五爱职工评选管理表彰条例》，建立了精神文明建设检查与经济责任制考核挂钩的制度，形成了完整的、便于操作的精神文明建设机制。同时积极探索精神文明建设与丰富多彩、寓教于乐的文化活动相结合的新方法、新思路，进一步增强了企业的凝聚力。

河北省

石家庄市烟草专卖局（分公司） 内设13个职能科室和一个三产公司，下辖17个县（市）烟草专卖局（公司），全区现有干部职工960人，大专以上文化程度275人，其中市局（分公司）干部职工131人，大专以上文化程度84人。2002年，全区行业狠抓结构调整，强化宏观调控，经济效益稳步提高。全年累计销售卷烟（纯销售）110.5亿支，实现利润6853万元；狠抓卷烟销售网络建设，初步形成了以城市为中心、高标准管理、规范化运作的现代化卷烟营销网络体系，并不断加强服务和管理，网络运行质量进一步提高；狠抓卷烟限价销售，加强监督检查，内部生产经营行为进一步规范；狠抓“两打”，加强专卖管理，卷烟市场进一步净化；狠抓财务管理，加强信息化建设，整体管理水平进一步提高；狠抓党风廉政建设，加强思想政治工作，促进了精神文明建设的深入开展。

（局办公室）

唐山市烟草专卖局（分公司） 下辖10个县（市）烟草专卖局（公司），现有干部职工697人，其中市局（分公司）干部职工161人，担负着辖区卷烟市场管理和卷烟经营任务。全区共销售卷烟89.8亿支，同比增长25.5%；实现利润8817万元，同比增长49.21%，各项工作全面进步。一是大力实施品牌工程，强化市场宏观调控，狠抓市场培育，积极开展卷烟宣传促销活动，消费水平进一步提升，品牌结构调整实现新的突破。二是深入开展卷烟市场秩序整顿，坚持“内管外打”方针，深入开展卷烟市场户籍化管理，联合公安、检察院、工商等执法部门，综合执法，协同办案，建立联合打假长效机制，严厉打击卷烟违法经营犯罪活动。全年共查办各类涉烟案件5618起，收缴非法卷烟3417.4件，罚没款131.46万元；打击卷烟经济犯罪，移送公安机关62人，拘留11人，劳教10人，逮捕3人，判刑3人，不法烟贩的非法经营活动受到了严厉打击，卷烟市场秩序日益规范，市场净化率明显提高。三是大力实施网络工程，坚持以城市带动城镇，以城镇促进农村的指导思想，在完善城市网络的同时，积极推进农村网络经营模式升级改造，建立了全面访销、集中配送、访送分离、专销结合的城乡网络经营管理体系，建立完善了一系列管理规定和细则，网络运行质量明显提高。四是加强财务管理，建立费用预算审批制度，强化审计监督，严格审批手续，严格把关审核，实行公开招标，比价采购，财务管理水平得到明显提升。五是加强领导班子和干部队伍建设，企业的向心力和凝聚力明显增强。

（局办公室）

秦皇岛市烟草专卖局（分公司） 2002年，全市行业认真贯彻执行国家局“一要规范、二要改革、三要创新”的工作重点，深入落实省局提出的“十五”期间的总体发展战略，紧紧抓住经济效益这一中心，向规范要效益，向网络要效益，向市场要效益，经济运行工作呈现出良好的发展势头。全区共实现卷烟销售39亿支，完成年计划的112%，其中省产烟销售25.3亿支，同比增长10%，卷烟销售累计毛利率为15.27，比去年同期的11.07上升了4.2个百分点；实现利润3336万元，同比增长58%，其中市公司实现利润2440万元。全年共出动打假打非人员2.4万多人次，查处各种违法案件2760起，其中较大案件72起，依法查没、收购各种非法卷烟1388件，端掉售假窝点5个，上交财政罚没款101.82万元，非法经营活动得到有效遏制。在专卖“户籍化管理”中，提出了“界定类别——定期检查——分析汇总——确定升降——下发通知——整理归档——落实奖惩”的专卖户籍化管理运行程序。重点抓了三项基础工作，一是抓好机构建设——建所，共建立了10个机动大（中）队，32个管理所，专卖稽查人员从过去的68人，增加到162人，占全区在岗职工总数的49.3%；二是摸清零售户底数——建档，全市共有卷烟零售户10545户，比摸底前增加了1750户，其中市区3430户，比摸底前增加了1048户；三是健全规范性规章——建制，相继制定了岗位责任制、工作制度、例会制度、监督考核制度、廉洁自律制度。在省局组织的烟草行业专卖执法人员统一考试中以平均分116.22分获得全省第一名，其中有5名同志并列全省第一，受到了省局的通报表扬。在全省年终专卖工作考核评比中取得了总评第一名。在网建工作中，以提高市场控制力和市场占有率为重点，突出城市网络建设，积极推进农村网络模式的升级改造，初步实现了传统商业向现代物流的转变。全区零售户持证入网率达到100%，市场占有率达到98%，访销、配送率达到100%，万人月均销量达到122件，网络运行质量进一步提高。

（局办公室）

邯郸市烟草专卖局（分公司）

下辖15个县级局（公司），职工总人数1500余人。2002年，共销售卷烟101亿支，同比增长5%；实现利税9000多万元，比2001年翻了一番多，其中实现利润突破7000万元，比2001年增长2.37倍。荣获河北省烟草行业商业企业经营管理一等奖。在城市网建工作中，积极深化流通体制改革，在全省率先推行了“全面访销、集中配送、访送分离、专销结合”的运行模式，网络功能进一步发挥，服务质量进一步提升，市场控制力进一步提高，零售户入网率、网销率、送货率均达到95%以上。在市场管理中，继续加强“内管”与“外打”并举，建章立制，实行了执法人员末位淘汰制。加强专卖执法队伍建设，举办专卖稽查人员培训，所有参加全省统一考试的执法人员均取得了执法资格，有6名同志因在全国统一考试中获优异成绩受省局表彰。全年共查处各类假冒卷烟和非法经营卷烟案件17810起，查收各类违法卷烟8966件，其中假冒卷烟1246件，罚没款474.36万元，配合司法机关追究不法分子刑事责任36人，其中转捕15人，判刑8人。在加强思想政治工作的同时，党、政、工、团互相配合，组织开展了全市系统职工乒乓球比赛、元旦大型文艺联欢会等丰富多彩的活动，牵头主办了邯郸市财贸系统职工首届“西柏坡烟草杯”乒乓球比赛和梨园春戏曲晚会，宣传了企业，树立了形象。

（王庆节　孙红玉）

邢台市烟草专卖局（分公司）

内设11个科室，下辖17个县（市）烟草专卖局（公司、经理部），现有干部职工1270人。全年全区共销售卷烟98.4亿支，其中省产烟销售66.5亿支；实现利税5921万元，其中利润4321万元，经济效益创历史新高。全年共查处各类违法违规案件4220起，查扣各种非法卷烟2719件，烟丝29吨，复烤烟叶49吨，查获假冒卷烟836件，上缴罚没款157.49万元，在抓获的32名大烟贩子中，判刑3人，拘役7人，拘留12人，劳动教养1人，规范了辖区市场。按照“全面访销、集中配送、访销分离、专销结合”的原则，在市区和十七个县（市）分别建立访销、配送、稽查“三个中心”，实行“大配送”运行模式。财务管理实行了资金预拨、预算审批、存贷分开、月末销售总额和资金回收对比等制度，并开通了与石家庄卷烟厂网上异地结算业务。加强领导班子和干部队伍建设，推进干部年轻化进程，全年完成对12个县局（公司）班子的任期和部分成员试用期的考核考察，对9个县级局（公司）的正职予以调整，为5个县级局（公司）配齐了副职。结合民主评议行风活动，组织学习江泽民同志“三个代表”重要思想和党的“十六大”精神，向社会发放《公开承诺书》，组织开展各种文体活动，行业精神风貌明显提高。

（牛瑛杰）

保定市烟草专卖局（分公司）

内设15个科（室），下辖17个县（市）局（公司）、4个卷烟经理部、1个卷烟销售公司，全市在册职工1400人，企业资产总额3.76亿元。

2002年，全市行业坚持以经济效益为中心，紧紧围绕“上销量、调结构、增效益”这一工作重点，实施网络建设工程、重点牌号培育和结构调整工程，在全市范围内全面推行“大访销、大配送”的经营模式，部分县（市）试行零售卷烟指导价制度，取得了良好效果。经过全体干部职工的共同努力，行业经济运行总体上保持良好发展态势，各项工作均取得长足的进步。全年共销售卷烟125亿支，实现利润4502万元，上缴税金4993万元，处理潜亏1030万元，查处各类案件2854起，查扣违规经营卷烟4619件，捣毁制假窝点13个，取缔违规经营户500余户，查获YJ14型卷接机组3套，211型高速咀棒成型机1台，收缴其他制假机械61台，抓捕涉案人员60名，罚没款109万元。在企业管理工作中，把突出考核、强化管理作为中心环节，下大力转变工作作风，规范内部职能，加强专卖管理、限价管理和基础管理，加强三项制度改革，在此基础上，继续深化POS机资金管理制度、会计委派制度、费用预算制度和财务管理责任追究制度，加大财务检查和审计监督，逐步实现规范化管理进程。在精神文明建设工作中，以行风建设为核心，深入开展了以“讲懂树”（讲程序、懂规矩、树形象）活动为主要内容的教育活动，紧紧围绕转变作风，提高效率，内强素质，外抓服务，加强机关队伍建设的工作任务，开展积极向上的文体活动，同时，完善了政务公开制度，对内较好的提高了凝聚力，对外提高了企业信誉，树立了良好形象，有力推动了全市行业精神文明建设向前发展。

（季体新）

张家口市烟草专卖局（分公司）

组建于1984年，2000年进行了厂、局（司）分离。内设7个科室、一个专卖稽查支队，市局（分公司）在册职工38人，下辖11个县级局（公司），企业资产总值1.7亿元。全年卷烟纯销售70.5亿支，同比增长12.3%，完成全年计划的122.63%；实现利润4240万元，同比增长99.25%，创下了历史最好水平。从2000年到2002年，全市行业实现利润三年翻了三番，连续三年经济效益同比增长幅度位居全省同行业前列，企业整体经济实力与竞争力得到迅猛增强，全市行业逐渐走上了高速、稳定、健康发展的快车道。2002年，获得了河北省烟草商业企业经营管理先进单位二等奖。市局（分公司）本着建设一个好班子，带好一个好队伍，坚持两手抓、两手都要硬的工作方针，紧紧围绕新时期精神文明建设的要求，大力开展精神文明建设，取得了丰硕成果。全市专卖管理人员在参加全省烟草执法考试中获得了总评第3名。市局（分公司）在全市行风评议中，取得了所在评议范围第2名的好成绩。

（孟庆刚）

承德市烟草专卖局（分公司）

内设12个科室，3个配送中心。下辖8个县局（公司），有从业人员689人，城乡卷烟批发网点24个，2002年，各项工作有了发展进步。一是加强专卖管理。不断加强专卖队伍建设和户籍化管理，加大宣传专卖政策法规力度，依法整顿和规范烟草市场秩序，严厉打击卷烟非法经营犯罪活动，依法取缔市区武云桥非法交易市场；协调与地方政府的关系，收回了双滦、营子两区专卖管理和卷烟经营权；在全市范围内开展了代号“暴风雪”的集中统一行动，承德市首例非法经营罪案件二审审结。全年共开展专卖检查18357人次，查扣各类卷烟655件，烟叶61吨，查处案件3256起，罚没款126.85万元，“抓、捕、判”11人，终审判决有期徒刑1人，劳教3人，批捕1人。二是经济效益大幅度提高。加强宏观调控，落实指标计划考核；优化品种调入，加大市场结构调整力度；立足本地市场，强化访销送货服务；加强限价管理和城乡网点建设，发挥网络功能。全年共销售卷烟38.96亿支，同比增长2%；销售省产烟32.2亿支，增长11.8%；实现利税3120万元，同比增长40.2%，其中实现利润2274万元，同比增长91.3%。三是加强行业管理。进一步规范企业经营管理行为，狠抓基础，狠抓规范，强化督查督办工作；深化人事制度改革，狠抓财经秩序专项整顿，完善细化各项规章制度，完成省审计厅对行业2001年度资产负债损益情况进行的专项审计工作，落实安全工作“5022”目标，确保了安全稳定。四是两个文明协调发展。努力加强行风建设和思想政治工作，积极开展公益和奉献爱心、捐资救助活动，推进党风廉政建设和反腐败斗争，精神文明创建活动取得了新成效。

（王保军）

沧州市烟草专卖局（分公司）

下辖14个县级局（公司），共有职工1411人。2002年，实现利润7259万元，同比增长了25.5%；完成税金2756万元，同比增长了18%。行业经济首次迈上税利亿元级台阶。被当地党委政府命名为文明单位。

市局（分公司）坚持以经济效益为中心，强力推进卷烟销售结构调整，狠抓专卖、销售、信息三个网络建设，以人为本，规范管理，行业整体经营管理水平稳步提高。一是深化观念转变，大力进行结构调整。坚持把卷烟销售结构调整作为经济运行工作的重点来抓，深化观念转变，狠抓规范经营；加大宣传促销力度，积极培育名优卷烟；加强调度，严格考核，销售结构明显改善，核心竞争力进一步增强。2002年，销售一、二、三类烟230771万支，占总销量的26.3%，同比提高了3.22个百分点。二是建立健全专卖管理网络体系，市场控制力明显增强。全市建立了52个专卖管理所，成立了16个专卖稽查队，加强了证件发放管理，促进了零售户合理布局。与此同时，深入开展打击烟贩子专项斗争活动，刑事立案14起，公捕8人，判刑3人，市场净化率达到99%。三是积极实行大配送，网络功能进一步发挥。积极推行“烟草公司＋零售户”的新模式，带动了经营理念、管理理念、服务理念和经营方式的变革，密切了批零关系。按照高起点、高标准、高质量的要求，全市所有县级公司都实行了大配送，分公司与零售户实行连锁经营，实现了双赢目标。（高德楼）

廊坊市烟草专卖局（分公司）

成立于1986年，下辖10个县级局（公司），全系统共有干部职工1209人。2002年，市局（分公司）认真贯彻“三个代表”重要思想，坚持发展是硬道理，实现了廊坊烟草持续、健康和跨越式发展。一是经济运行优质高效、经营业绩再创历史新高。2002年，经营工作以“要销量、要结构、要效益”为重心，全面提升卷烟销售网络运行质量和效率，认真规范经营行为，大力实施品牌战略，营造廊坊烟草发展优势，取得了显著的经济效益。全系统全年共完成卷烟销售61.9亿支，完成计划任务的104%；实现利润13183万元，比去年同期增长78.9%；向国家缴纳税金8940万元，比去年增加100.5%；企业总资产达3.98亿元，比去年底增长37.4%，实现了国有资产大幅增值。二是强化专卖管理，整顿和规范市场经济秩序成效显著。采取强力措施，严厉打击制售假冒卷烟违法犯罪活动，实现了卷烟市场经济秩序的根本好转。一年来，全市共端掉制假窝点9个，查获制假烟机16台，假烟265件，烟丝5400余公斤，违法案值162万元。29名涉烟案犯，8人被实行刑事拘留，2人被劳教，7人取保候审，1人被判处有期徒刑6个月，罚款6万元，给制假犯罪活动以毁灭性打击。三是严格管理，创新机制，向管理要效率。充分发挥市场和计划调控的双重作用，对经济运行实施动态管理；加大信息采集、分析、报告力度，考核和监控经济运行；专卖和网建工作建立了层层督查监管责任制和责任追究制；安全管理常抓不懈，实现了省局安保工作“5022”目标。四是加强精神文明建设，凝聚发展动力。全系统认真学习贯彻十六大精神，努力实践“三个代表”，坚持与时俱进；严格贯彻《党政领导干部选拔任用条例》，进一步提高领导班子的凝聚力和战斗力；以开展行风评议工作为契机，加强精神文明建设和党风廉政建设；推进企业文化建设，提高全体员工素质。

（局办公室）

衡水市烟草专卖局（分公司）

2002年，全市累计销售卷烟（纯销售量）53.2亿支，比去年同期减少17.1%，完成全年计划的90.9%；卷烟库存3.6亿支，占计划的102.8%；实现利税4111万元，比去年同期的2543

万元增长61.7%，其中实现利润2808万元，比去年同期的1395万元增长101.3%，实现税金1303万元，比去年同期增长13.5%；有10个县公司实现利润超过100万元，最高的达到360万元；经营毛利率累计为12.19%，同比提高4.18个百分点。一是充分发挥消费资源优势，积极引导消费，挖掘消费潜力，提升消费档次，卷烟市场销售结构水平实现了新突破。二是以推行访销分离为重点，全面加强和改进了城乡网络建设。城市网点及各县城镇网点在搞好试点的前提下全面推行了“全面访销、集中配送、专销结合、访送分离”的运行模式。三是加大专卖管理力度。开展“拉网式”卷烟市场大检查，共出动执法人员47652人次，查获各类违法案件1037起，查处各类违法卷烟1427件，查获非法制丝窝点3个、切丝机17台、烟丝11吨，打掉烟贩子5个，拘传14人，劳教2人。建立和完善专卖管理网络体系，全面推进户籍化管理工作。全区11000多个零售户全部入网，入网率达到100%。建立专卖管理所，从地方公开招录了110名专卖管理人员，充实到了专卖第一线，投资198万元用于专卖管理所的基本建设。加强执法队伍建设，分两期对全市116名专卖执法人员进行了全面的法规培训，组织32名市、县局领导参加了省局组织的培训，在国家局和省局组织的专卖执法人员资格考试中取得了较好的成绩。四是加强企业内部管理。狠抓建章立制，规范内部管理行为；实行市局各科室包县包网点制度，增强监督调控职能；强化财务管理，严格财务审批手续，实行了大宗物品公开招标、比价采购制度，较好地控制了各项费用支出；加快信息化管理进程，积极推行使用金叶2000商业管理软件。五是以提高干部职工队伍素质为切入点，加强行风建设。每月组织开展集中接待日活动，接受群众咨询，热情解答问题，听取群众的意见和建议，认真受理社会投诉，收到了显著效果。

（局办公室）

石家庄卷烟厂 现有职工1711人。全年生产卷烟169.5亿支（33.9万箱），销售卷烟177.3亿支（35.46万箱）；完成工业总产值13.1亿元，销售收入13.42亿元，同比增长12.4%；实现利税8.395亿元，同比增长20.8%，税利指标自1999年以来，连续4年保持高速增长，年平均递增20%，实现四年四大步的跨越式发展。在2002年全国卷烟工业企业经济效益排名中列33位。“新石家庄”、“西柏坡”两大品牌卷烟销量分别比去年同期提高40%和151%。“灵芝”（红）卷烟被评为河北省名牌产品，“西柏坡”（红）被评为河北省优质产品，金“西柏坡”成为全国九届五次政协会特供卷烟，并代表河北省入选人民大会堂精品展示产品。主要消耗指标继续在省内同行业保持领先水平，销售成本率达到36.9%，接近全国先进水平。各项综合效益指标中，特别是单箱税利、单箱成本、单箱耗烟叶、设备有效作业率、全员劳动生产率等经济指标中，均保持省领先水平。获“河北省百强企业”、“河北省卷烟工业企业生产经营管理先进单位”称号。

加强企业管理，继2001年顺利通过ISO9001：2000质量管理体系资格认证之后，本着持续改进、精益求精的原则，对管理提出更高的要求，并已着手进行贯彻更为先进的ISO14000环境管理体系的准备工作。坚持现场管理，产品市场质量抽检合格率保持100%，各档次的产品供不应求，品牌美誉度得到全面提升。加大研发力度，运用国内外先进技术，对“灵芝”系列、“西柏坡”系列产品进行改造，提高了技术含量，优化了配方，降低了成本。注重信息技术，以全面开展信息系统的升级为核心的ERPI工程建设已全面实施。加快技改步伐，完成MK95卷接机组及硬盒机组大修、卷接机组跟踪及重量控制系统改造等设备大中项修、更改项目33台（套）；同时对DT500包装机组后续机原电控系统、PASSIM卷烟机组自动跟踪及重量控制系统进行了改造，企业装备水平取得新的突破。 **（刘彦玲）**

保定卷烟厂 现有职工1814人，拥有固定资产原值3.55亿元，年生产能力近40万箱。全年共生产卷烟110.5亿支，实现工业总产值8.24亿元；实现利税4.23亿元。企业拥有先进的制丝线和多台套现代化卷接包生产设备和辅联设备，同时配有先进的科研仪器和质量检测设备，生产制造工艺达到国际标准，整体装备水平跨入国内先进水平。

保定卷烟厂注重企业文化建设，坚持“用户第一、质量第一、一丝不苟、始终如一”的质量方针，2001年通过ISO9002质量体系认证，企业管理严格、科学、规范。几年来，保烟先后开发改造了“玉兰”、“佳宾”、“丛台”等系列卷烟产品，走出了一条少品牌、多类别、高档次、系列化的产品开发新路子。企业现有三个辅业公司，经营包装、印刷、纯净水、纸杯、超市、公路运输等项业务。

保定卷烟厂坚持两个文明一起抓的方针，企业向心力、凝聚力、战斗力明显增强，树立了良好的社会形象。2002年，先后荣获全国质量服务诚信示范企业、中国企业文化建设先进集体、河北省工业企业综合实力优强企业，河北省食品工业突出贡献企业、市思想政治工作先进单位和先进基层党委等荣誉称号。 **（厂办公室）**

张家口卷烟厂 始建于1939年，是一个有着60余年历史的老厂，占地面积29万平方米，拥有职工4400余名，年卷烟生产能力100万箱，国家指令性计划产量为75万箱，连续7年被列入全国500家最大工业企业，1992年进入全国烟草行业大型一档工业企业行列，是中国北方最大的卷烟工业企业和全国烟草行业36家重点企业之一。2002年共计生产卷烟305亿支（61万箱），销售卷烟305亿支（61万箱）；实现销售收入17.6亿元，税利10.1亿元，比上年分别增长31.3%和53%，企业驶入了发展“快车道”。

该厂坚持“科学技术是第一生产力”的思想，注重技术进步，不断加大技术改造力度，先后从英、美、德、法、意大利等国引进了制丝、卷接、包装等先进设备。现拥有2条5000公斤/小时制丝生产线、PROTOS、LOGA、MK9等卷接设备、GD、BE、SASIB等包装设备以及具有国际先进水平的白肋烟处理线和膨胀烟丝生产线。同时，加强设备的改造、更新，维护、保养，努力提高现有设备的完好率和有效作业率。在2001年投入2000多万元对南线进行恢复性改造的基础上，2002年又投入技改资金4000余万元，购进了ZJ17、ZB43、ZB45等卷接包设备，以进一步壮大技术装备实力，一方面从根本上解决了现有装备与产品结构调整不相适应的矛盾，另一方面增加了产品的科技含量，为进一步做好“两个结构调整”奠定了装备基础。

在国家局和省局的支持、帮助下，先后从津巴布韦、巴西、云南、福建和国家局储备烟叶等地调入大量的优质烟叶，从根本上解决了烟叶品种结构不合理的问题，从而具备了一定的原料优势。

该厂素以严格管理而著称，曾被树为全国烟草行业学习的样板。通过狠抓基础，狠抓规范，在企业内部积极开展贯彻ISO9001：2000版国际质量标准工作，并于2002年末一次性通过质量认证。加强信息化建设，强化以成本管理为核心的各项管理工作，下大力提高经济运行的质量和效益，从而使企业管理步入规范化、制度化和科学化的轨道。

该厂加快调整产品结构的步伐，确定了产品开发改造的新思路，本着“物有所值、物超所值”的原则，积极研制开发新产品，加大对老产品的改造力度。现主要产品有“钻石”品牌以及“迎宾”、“山海关”、“官厅”、“18”等卷烟系列产品。其中“钻石”牌卷烟被评为国家卷烟优等品和河北省名牌产品，“钻石”牌卷烟商标被评为优秀烟标。

该厂坚持“两手抓、两手都要硬”的方针，不断加强企业思想政治工作和精神文明建设，培养造就了一批政治思想素质较高、业务技术水平过硬、思想工作作风扎实的干部职工队伍。并先后被国家经委、省、市政府、中国烟草总公司等上级部门评为“设备管理先进单位”、“工业生产先进单位”、“双文明先进单位”、“先进基层党委”等多种荣誉称号。

（李继明）

山西省

太原市烟草专卖局（公司）

2002年，太原市烟草专卖局（公司）在国家烟草专卖局、省局党组和市委、市政府的正确领导下，在有关部门的大力支持下，忠诚实践“三个代表”，紧紧围绕年初确定的“整体转观念，严密控市场，全员建网络，中心调结构”的总体工作思路，局领导班子团结带领广大干部职工大力拼搏，锐意进取，成功实现了率先发展的奋斗目标。全年卷烟销量90108箱，比2001年增加12104箱，全年实现利润6453万元，创历史最好水平；单箱利润率726元，毛利率17.6%，达全国先进水平。企业实现无贷款经营，网络建设达全国先进水平，企业被评为太原市文明单位标兵。

抓规范，调结构 积极开展了规范经营规范管理，调整卷烟结构工作，采取了严厉打击假私非超的整顿措施，提高了市场占有率，不仅大大提高了卷烟销售量，而且真正形成了以我为主、由我控制的新局面。在卷烟销售结构调整方面，精心培育了利润率较高的重点品种，淘汰了一些销量大但利润低的品牌，改变了过去做无偿搬运工的做法，从而为利润目标的顺利实现提供了坚强有力的保证。

建基础，固网络 适应我国加入世界贸易组织和经济全球化的需要，为应对跨国烟草集团的挑战，继续抓了卷烟销售网络运行质量的全面提升工作，着重在实现卷烟市场户籍化管理上下功夫，通过制定推行《卷烟市场户籍化管理的实施方案》，不断加强基础建设，优化市场结构，规范网络运行，使网络运行质量不断提升，促进和保证了卷烟销量的大幅度增长和经济运行质量的提高。

用科技，强队伍 加大了科技的引进和导入，加大了科技的开发和应用。在市场信息化建设方面舍得投入，使信息化建设与强化基础管理相互结合，促进发展；与经济结构的优化重组相结合，促进调整；与先进的技术手段相结合，促进创新。在队伍建设方面，着重加强了广大领导干部的素质培养，强化了他们爱岗敬业，乐于奉献的主人翁意识，把创建良好的企业文化作为率先发展的动力，使企业形象得到了进一步提升。

大同市烟草专卖局（公司）

2002年，大同烟草各项工作取得了较好成绩。

经济指标实现历史性突破 含消化历史亏挂，全市实际实现利润3323.3万元，完成年计划的310.6%，同比增加91%；全市全年的平均毛利率为10.6%，同比净增3.6个百分点；实现销售收入8.6亿元，同比净增1.8亿元；实现卷烟销售83276箱，完成地产烟销售23416箱，其中地产中高档卷烟实现销售3708箱，年度卷烟购销率达103.7%，期末卷烟库存5681箱，三项费用控制在指标之内。此外，企业实力有了大幅度提高，增加固定资产投资280万元，压缩银行贷款505万元，资产负债率同比下降11.8%，增加自有资金积累1000万元，总资产报酬率从原来的16%，提高到29%。

推行了标准化管理的企管新举措 在企业管理的各项基础工作中大力推行了以标准化管理为主要内容的企业管理新办法，出台《企业文明标准》、《员工敬业爱岗标准》、《管理标准》和《工作标准》，使得“事事管理有标准，人人工作按标准”。

人本管理再创同烟新特色 继竞争上岗、机关三考、民主评议后，又进行了较大规模的后备干部竞争评选，进一步创新两支队伍管理办法，对全市行业247名在册职工的政治素质、工作作风、工作能力、工作实绩进行了干部评议职工、职工评议干部、市局评议县局，县局评议市局的“双向评议”。

专卖管理主要打好三大战役成效比较显著 一是市场净化的阵地战，主要围绕户籍化管理而展开，在原有户籍化的概念中引入了标准化的手段，使其达到了一个新的高度标准。二是端窝打点攻坚战。向社会公开承诺举报重奖制；发布了端打工作1号令；列出74户区域性“大户”，对其实施了重点打击。三是管销一体的持久战。新设立了与批发网点、配送中心相对应的基层专卖管理所43个，成立稽查中队15个，新招管销员213名，形成了访销配送服务到那里，专卖管理就延伸到那里的管销工作新格局。去年全市共查处各类案件590起，查扣卷烟4953.7件，实现罚没款129.1万元，捣毁黑窝点24个，查获5万元以上大案8起，司法移送2起，批捕2人。

网络运行呈稳中有进之势 进一步确立了以“全面访销，全面配送，访送分离，专销结合”的城网运行模式和“访送结合”的农网运行模式。年度入网销售率达95.8%，市场占有率达到94%，访销送货率达92.4%。

购销工作有所进展 购进工作基本做到了适时、适量、适销。销售工作中，注重了品牌规模效益的求取。统计显示，全市规模以上牌号卷烟实现销售占总销量的70%以上，实现利润占总利润的80%以上。地产卷烟的红盖大光，实现销售首次突破4000箱。

阳泉市烟草专卖局（公司）

2002年，卷烟销售收入达到27252万元，较去年同期增加15.7%；卷烟销售总量34891箱，较去年同期增加3.38%。全年全区共实现毛利2842万元，较去年同期增长943万元；毛利率为10.43%，较去年同期增长2.37个百分点；实现利润1492万元，较去年同期增长84%；销售利润率5.47%，较去年同期增长2.03个百分点；费用利润率为109.2%。主攻地产结构烟是销售工作的重点。继续加大地产结构烟的对外宣传力度，压缩减少省外品牌，确保地产烟上摊率。按照现代访销物流模式，组建专卖稽查、卷烟访销、卷烟配送三个中心，以三个中心职能分别构建专卖稽查网、访销服务网、物流配送网（含资金网）。

全面开展以“户籍化”管理为中心的专卖机制创新工作。市局专卖稽查中心负责专卖稽查网络的运行管理，全区以行政区域在城、矿、郊三区和两县局设置了5个市场稽查中队，市局另设一支机动稽查中队。全区共设置17个专卖管理所。为每个零售户建立管理卡和户籍档案，对卷烟经营户实行A、B、C月度动态升降管理。机动稽查中队侧重于堵源截流，捣“窝点”，拔“钉子”，打击重点户，为“户籍化”管理创造良好的环境。全心全意为广大零售户服务。设立卷烟访销中心，以经济区域建立访销服务网络。访销人员以“定路线、定客户、定人员、定时间、定销量、定考核”为工作目标和要求。设立卷烟配送中心，进行集中配送物流管理。配送中心以为卷烟零售户及时准确送货为标准，每日根据访销中心的访销信息，按照物流程序组织送货员按时、按量送达零售户。采用科学联动的手段全面提升网络运行质量，将“三网”的运行紧密地联系在一起，把“三网”考核融为一体。与市工商银行、农业银行共同联手，推出了“网上银行”和“烟草联名卡”电子结算业务，经营户、银行、市公司财务联网，实现资金的实时划转，加快了资金回笼，保证了资金安全。

量化考核是该局多年坚持而且不断深化和完善的激励、鞭策、制约机制。把总销量完成率、专卖管理目标完成率、岗位职责考核达标率作为全员的总体挂钩指标，在“三网”人员的考核上，则以各自不同的职责岗位制定了十类人员的考核办法分不同的比例挂钩考核，做到责任目标考核项项打分，每月考核后奖惩，保证了量化考核在互联互控中项项落实。 **（葛定君）**

长治市烟草专卖局（公司）

长治市烟草专卖局（公司）成立于1985年7月，现内设9个科室，下辖13个县（市、区）烟草专卖局（公司），共有干部职工720名，其中正式职工402名，市机关干部职工67名，正式职工62名。

2002年，全市完成卷烟销售总额8亿元，比上年增长25%。税利实现6498万元，其中实现利润4877万元，占年计划1500万元的325%，比上年增长119%。查处各类违法案件3032起，查获各类违法卷烟3884件，价值达1600万元。

经营业绩也很突出 首先网络建设突出“狠抓规范经营，提升运行质量”主线，外学安徽、成都，内看阳泉、吕梁，取人之长、补己之短，加大资金投入，开设了企业内部网站，开通了电子邮件系统，建立了定期通报制度，在城区局启动了POS机工程试点运用，重点出台了2002年度网络运行管理暂行办法，制定了12条奖励规定和80条违规处罚决定。其次，业务经营中主要强化了“三个环节”：一是以“规范”为重点，制定了《卷烟分配方案》等一套完善的“规范”措施；二是加大宏观调控，积极与各厂家协调，采购适销对路卷烟，加大产品品牌及结构调整力度；三是对市服务公司多元化经营进行了清产核资，成立了财经秩序专项整顿工作领导组，对2000年1月1日至2002年8月31日期间发生的财务活动进行认真自查自纠。

精神文明建设方面 以“三个代表”重要思想和党的“十六大”精神为指针，狠抓“三个队伍”建设，开展典型示范教育。将灌输、讨论、谈体会、看录像、写观后感等融为一体，组织广大干部职工参加《公民道德建设实施纲要》等知识竞赛。同时，在行业上下开展优质服务活动和创优环境竞赛，2002年全市13个县级单位全部跨入县级文明单位，市机关跨入市级五星级文明单位和省、市级“重合同、守信用”单位，48户职工家庭当选为五星级文明家庭，平顺公司跨入市级文明单位。

（局办公室）

晋城市烟草专卖局（公司）

2002年，全市烟草行业全面超额完成了全年各项工作任务，实现了良好的经济效益和社会效益，为实现行业三年阶段性目标打下了坚实的基础，开创了我市行业两个文明建设新局面。

主要经济指标完成良好 全局（公司）累计实现利润2849.23万元（含消化历史遗留坏账损失260万元），占年计划1100万元的259.02%，同比增长69.13%。实现卷烟销售额47643.59万元，占计划128.42%，同比增长20.16%。完成卷烟纯销售63907箱，同比增长1.4%，单箱均价由2001年5087元，提高到了6028元，销售结构明显提升。地产烟销售累计完成16643箱，占年计划的108.7%，同比下降28.55%。地产中、高档卷烟累计完成2550箱，占年计划的104.08%，同比增长176.17%，地产一类烟销售完成192.6箱，占计划的100.31%，同比增长156.9倍。地产烟货款回收累计完成6531.64万元，占年计划6527万元的100.07%，同比增长16.45%。三项费用累计2632.63万元（含预算外工资增长因素360万元，打假经费支出66万元），占年计划2300万元的114.46%，同比增长13.32%。期末库存2648箱，占年计划63.05%，同比下降2.97%。地产烟库存262箱，占库存总量的9.89%，低于控制指标29.77个百分点。本年累计毛利率10.75%，超计划2.15个百分点，同比上升2.85个百分点。

专卖管理效果显著 共查处各类卷烟违法案件2428起，查获各类违法卷烟3157.87件，总案值260余万元。查获50万元以上重大案件1起，端掉违法卷烟黑窝点145个。没收假、私烟1021.03件，标值23.91万元。收缴罚款22.71万元。全年行政处罚涉案人员3100余人，刑事拘留5人，逮捕3人。

网络建设迈出新步伐 卷烟销售网络共实现销售额37661.28万元，其中地产烟销售额9219.45万元。完成卷烟销售量62909箱，占全市行业年计划销量的104.99%。其中地产烟销售13816箱，占全市行业计划地产烟销量的90.24%，地产烟购进条价17.78元，销售条价达到24.63元。卷烟销售入网率 100%，市场占有率 99%，城农网平均送货率 99.11%，送货覆盖面 80% 以上，持证零售户入网率 100%。

精神文明建设迈上新台阶 六县级局（公司）全部进入当地文明单位行列，市局（公司）和陵川局（公司）进入市级文明单位行列。市局（公司）机关党支部再次荣获市直工委“先进基层党组织”光荣称号。进一步深化了“不想腐败、不能腐败、不敢腐败”的“三不机制”，各级领导干部廉洁自律意识进一步增强。坚持开展了职业道德教育，干部职工进一步树立了“企兴我荣、企衰我耻”的荣辱意识和“不负我薪”的守岗尽职、爱岗敬业的主人翁责任感。

晋中市烟草专卖局（公司）

2002 年，晋中市烟草专卖局（公司）各项工作取得了跨越式发展，经济指标创造历史新高。

主要经济指标 年利润计划 1280 万元，实际完成 3002 万元，占计划的 234.5%。三项费用总额计划 2500 万元，实际支出 3395 万元，占计划的 135.8%，费用利润率计划 68%，实际 90%，比计划提高 22 个百分点。卷烟销售 84330 箱，较去年增长 1.04%。上交地产烟货款计划 9078 万元，实际完成地产烟货款 9086 万元，占计划 100.1%。地产烟购进计划 21360 箱，实际购进 23176 箱，占计划 108.5%；地产烟销售计划 21360 箱，实际销售 24711 箱，占计划 115.69%。地产中、高档烟购进计划 3418 箱，实际购进 4188 箱，占计划的 122.53%；地产中、高档烟销售计划 3418 箱，实际销售 4190 箱，占计划 122.6%；其中：高档烟销售计划 267 箱，实际销售 275 箱，占计划的 103%。省外烟购进计划 51344 箱，实际销售 57127 箱，占计划的 111.3%。毛利率计划 8.56%，实际完成 11%，比计划增加 2.44 个百分点。年末库存卷烟计划 6000 箱，实际库存 5429 箱，占计划的 90.48%；其中地产烟库存计划 1800 箱，实际库存卷烟 1507,，占计划 83.7%。

烟草专卖管理 全市烟草专卖管理部门共依法查处各类违法案件 5496 起，违法卷烟 5103 件，价值达 639 元，其中查获 5 万元以上的大要案 13 起，查没假冒商标卷烟 514 件，标值 138 万元，走私卷烟 32 件，价值 10 万元。取缔黑窝点 108 个，捣毁地下烟厂 1 个，查获制假烟草机械 3 台，卷烟纸 0.5 吨，烟丝 5 吨，烟叶 21 吨，罚没款 50 万元，收购卷烟体现利税 82 万元，两者合计 132 万元，出动卷烟打假打私人员 4026 人次，对全市卷烟市场进行了全方位、深层次的治理，规范卷烟流通秩序，实现了专卖管理工作重心的转移，市场监管力度显著增强，净化率明显提高。

卷烟经营 全市烟草行业在主攻地产烟上下工夫，全方位努力，把握市场主动权，着力保品牌、保市场、保效益。晋中市局党组确定了主攻地产烟这一目标，树立了向地产烟要效益的观念，以发展地产烟品牌为重点，提高了地产烟的市场占有率。将管理作为企业增效的关键，以狠抓“户籍化”管理提升为切入点，全方位加强专卖管理的广度、频度、力度、深度，市场控制力明显增强。以资金管理为重点，强化对资金运用的监督控制，推行预算管理，健全财务制度。以实施“三网”运行为契机，三员联动，三网互控，提高全市网建水平；以全面推行“一价制”为手段，积极探索建立符合市场经济要求的营销机制。狠抓规范，强化监督，从严治烟，从严治企，使晋中烟草真正驶入了规范、有序、健康、快速发展的轨道。

临汾市烟草专卖局（公司）

2002 年，临汾市烟草行业坚持以规范为前提，以服务为根本，以市场为导向，以效益为中心，充分发挥“思想政治工作，严格管理，真抓实干，团结拼搏”的四大优势，取得了政治文明、物质文明和精神文明全面丰收的好成绩。全市全年共销售卷烟 113792 箱，同比增长 0.4%。累计实现利润 4301 万元，同比增长 153%；费用利润率平均达到了 99.20%，同比上升了 51.20%。由各项指标对比可见，2002 年是临汾市烟草经济实力增长最快的一年，是企业发展变化最大的一年，是职工收入最高的一年，也是实现快速发展最关键的一年。总结临汾烟草 2002 年，主要特点表现为：围绕“六力”，促进“六高”，实现“六大突破”。

一是围绕“专卖法规”的威慑力，促进户籍化管理升级提高，基本实现了市场管理由行政化管理向市场化运作的新突破。二是围绕“一个笼头放水”的调控力，促进业务经营协调提高，基本实现了卷烟经营由粗放型管理向密集型管理转变的新突破。三是围绕“三个满意”的驱动力，促进网络建设优化提高，基本实现了网络经营由经验粗放型管理逐步向科学化、规范化、程序化、标准化管理转变的新突破。四是围绕“向管理要效益”的核心力，促进财务管理和审计监督强化提高，逐步实现了财务管理和审计监督由核算型、审核型向管理型、效益型转变的新突破。五是围绕“三大作风”的凝聚力，促进班子建设、队伍建设和精神文明建设巩固提高，基本实现了班子建设、队伍建设和精神文明建设由单一表层化向深层次多样化转变的新突破。六是围绕“关口前移”的监控力，促进党风廉政建设和安全保卫工作深化提高，逐步实现了党风廉政建设和安全保卫工作由事后处理型向事前、事中预防监督型转变的新突破。

运城市烟草专卖局（公司）

2002 年，我市烟草行业在省局（公司）和市委、市政府的正确领导下，高举邓小平理论伟大旗帜，认真实践“三个代表”重要思想，全面落实年初全省行业工作会议精神，坚持以发展为主题，以提高经济效益为中心，以提升地产中高档烟的核心竞争力为重点，以突出抓好规范整顿、市场监管、网络运行、队伍建设、作风转变、改革创新为突破口，全面深化“三网一制”工程，在十六大精神的鼓舞下，千余名干部职工扎实工作，拼搏努力，较好地实现了年初确定的跨越式发展阶段目标和任务。全市行业全年完成卷烟购进 13.5 万箱，销售 13.4 万箱，均比上年增长 10% 以上；实现利润 4200 余万元，是年计划 1880 万元的两倍多，较上年翻了一番多；完成税收 3200 万元，较上年增长 52.3%；利税合计 6300 万元，较上年增长 70.3%。主要抓了六方面工作：1. 面对加入 WTO 的挑战，大力开展危机意识教育。2. 全面围绕深化“三网一制”工程要求，采取有力措施，地产中高档烟销售迈上了一个新的台阶。3. 全面围绕深化“三网一制”工程要求，强化专卖管理力度，竭力提高卷烟市场控制力。4. 全面围绕深化”三网一制”工程要求，进一步推进销售网络、信息网络建设，确保行业卷烟市场占有率稳步上升。5. 狠抓财经秩序专项整顿，全面促进各项工作规范。6. 进一步加强精神文明建设和党风廉政建设，为行业的持续快速发展提供坚强的保证。

吕梁地区烟草专卖局（公司）

2002年，是吕梁烟草系统在经营体制、管理机制和营销理念创新上取得重大突破和获取新成果的一年。

主要经济指标的完成情况 1. 卷烟销售收入。全年累计完成销售收入7.86亿元，同比增长4.11%；2. 利润及税金。全年累计实现利润3652万元，同比增长了198%，其中消化潜亏1250万元；利税合计实现4697万元，同比增长了205%；2700万元的历史潜亏彻底消化完毕；3. 毛利率。全区平均毛利率为10.92%，比上年的6.27%提高了4.65个百分点，比省局年初计划提高了2.09个百分点；4. 费用。全年累计支出各项费用5926万元，比年初计划控制数4180万元超出1746万元；5. 地产烟货款上缴。全区累计上缴地产烟货款10841万元，成了计划的100.5%；6. 卷烟购、销、存。全年累计购进卷烟545091支（109018箱），完成了计划的122.3%，同比增长了13.19%；累计销售卷烟555330万支（111066箱），完成了计划的124.6%，同比增长了12%，其中地产烟销售128923万支（25785箱），完成了计划的103%；12月底全区卷烟库存22539万支（4508箱），比全年指标控制数减少1492箱。

主要工作实施及特点 前半年，组织专卖、销售、内管三路50余人南下成都、台州、阜阳等地参观学习先进经验。制定了全区《关于深化卷烟市场专卖户籍化管理和调整卷烟销售网络运行模式的实施方案》。全区先后成立了13个专卖稽查中队，59个基层专卖管理所。撤消原有网点，共组成卷烟主配送线路78条，支配送线路103条，31个卷烟送货交接点，累计招聘“三员”446名，购置、租赁稽查车和送货车136辆，拉开了“两大工程”的序幕。9月份组织全员开展了“大干九月份、向十六大献厚礼”活动。全区当月利润实现508万元，圆满完成了“实现利润500万、向十六大献厚礼”的既定目标。10月初，为使“两大工程”的实施成果得到进一步的巩固和完善，全区组织了“两大工程”回头看活动，地局派出的三个工作小组，对“两大工程”的运行情况进行了再次督促、检查和验收。11月份，全区有五个单位同时通过了地级文明单位验收，为加快吕梁烟草的发展步伐创新了工作、生活和学习环境。12月份，为收好2002年的尾，开好2003年的头，做了大量卓有成效的调研工作，确保了全2003年工作会议在1月份顺利召开。

太原卷烟厂

全年共生产卷烟25.5万箱，较去年增长了1万箱。实现现价工业产值91007万元，同比增长了33.9%；实现销售收入81783万元，同比增长了27.7%；实现税利40508万元，较上年增加了10826万元，同比增长了36.5%，其中税金36790万元，同比增长了32.9%，利润3718万元，同比增长了85.5%，单箱税利由上年的1260元提高到1790元。

主要物耗指标中，单箱耗烟叶38公斤，同比下降了1.3公斤；单箱耗卷纸3331米，同比下降了26米；单箱耗嘴棒8420支，同比下降了48支。

以市场为准绳，改进科研和营销工作，优化了产品结构 科研工作，坚持以“调结构，增效益”为目标，加强了主导品牌特别是结构烟的深层次开发和改造，为了突破传统的配方框架，在深刻总结以往工作得失的基础上，深入进行市场调研和产品内在分析，借鉴兄弟烟厂的经验，改进思路和手段，使吸味逐步向淡香型转变。相继开发和改造了“贵宾金熊猫”等一批新老产品，通过多次试销、改进，再加上合理定价、均衡投放等营销手段的综合运用，市场反映良好。此外，还树立了“好吸味，大市场、高效益”的产品设计观念，加强了对原辅材料的化学、物理及成本分析，在不影响质量的前提下大胆进行叶组的科学配伍和包装材料的替代试验，大幅度地降低了配方和包装成本，消化了历史库存，取得了可观的经济效益。

营销工作，坚持“保价、增量、扩面、树牌”的方针。一方面，加强队伍建设，建立、完善了业务员和片经理的内部考核机制，奖罚分明，当月兑现，整顿了工作作风，服务态度有了明显转变。另一方面，初步建立了信息反馈系统，对产品设计、品牌策划、市场调控发挥了积极作用，初步建立起销售、服务、反馈一条龙的营销体系。

经过一年的努力，卷烟生产呈现出供不应求的良好局面；省外烟销售任务圆满完成，并创历史最好水平。产品结构也趋于合理，其中，大光、金盼盼等全年共销售103499箱，占地产烟的66.5%，品牌集中度得到进一步提高。

以规范为主题，加强基础管理、挖潜增效成效显著 以仓储管里为突破口，重新修订了出入库制度，重点对产成品、原辅料、废旧物资推行计算机量化管理，加强了物流控制，堵塞了部分漏洞。预算管理方面，继续发挥资金分配小组的作用，使资金使用更加科学化，透明度得到进一步增强。经营环节在保证合理库存的同时，继续深入开展“阳光工程”和招标采购，原料可比采购价格下降了994万元，材料价格下降了840万元，再加上降耗因素，全年可比产品成本共下降了2862万元。

（陈晓勇）

内蒙古自治区

呼和浩特市烟草专卖局（分公司）

呼和浩特市烟草专卖局（分公司）下设5个旗县专卖局（公司）、4个城区专卖局、4个市场部、1个多经公司，内设10个科室和“营销、配送、专卖稽查”三大中心，现有在岗正式职工200人，总资产18,471万元。

全年实现利润2,507万元，较上年增长138%，创历史最高水平，夺得全区烟草系统商业企业“双文明建设”第一名。学习借鉴上海的先进经验，完善“专卖到位、电话访销，网上配货、现代物流，电子结算、信息管理，三员互控、诚信服务”的网络运行模式；借助邮政物流的优势，委托其配送卷烟。重点开展打击制造、运输、销售假冒卷烟犯罪活动专项斗争，全面推行“户籍化”管理。全年共查处各类案件4,558起，查扣违法卷烟3,462件，案件总值511万元。

组织发动群众采集、汇总、编印《企业文化建设读本》，美化工作环境，开展读书活动和各类文体活动。2002年，市局（分公司）继续保持“自治区级文明单位”荣誉。先后被自治区质量协会授予“用户满意服务企业”、“自治区优秀质量管理小组”称号，档案工作晋升为“企业档案工作目标管理国家二级”，社会扶贫和社会治安综合治理工作分别被市人民政府和自治区综治委评为“先进单位”。

包头市烟草专卖局（分公司）

市局（分公司）共有职工480人，其中聘用工225人（其中：旗县局正式职工81人，聘用工77人），下设5个县级局（公司）、3个城区访销部、2个配送中心、3个稽查大队、3个稽查所，拥有固定资产净值3258万元，自有资金4633万元。

2002年，市局（分公司）销售工作全面实行“访销配送”，专卖工作全面推行“零售户诚信等级管理”，坚持专销结合。全年销售卷烟74090箱，其中区产卷烟32996箱。卷烟库存5231箱，其中区产卷烟386箱，控制在区公司下达的库限指标内。完成销售额5.5亿元。实现利润2150万元，同比增长38.6%。毛利率为9.93%，同比增长1.93个百分点；费用率为5.83%，比上年提高0.86个百分点；回款率为100%，入网销售率为92.8%。

乌海市烟草专卖局（分公司）

乌海市烟草专卖局（分公司）组建于1984年，现有员工127人（含聘用人员）。拥有资产总额3603万元。下设11个职能部门和乌达区、海南区2个基层访送中心（专卖稽查所）。辖区人口44.5万，有卷烟零售商户1402户。

2002年，购进卷烟65799万支，较上年下降9.11%；销售卷烟66742万支，较上年下降16.26%；网络年人均销售卷烟7.26条；销售名优卷烟16260万支，占区外总销量的35.1%；综合毛利率为9.46%，较上年增长3.33个百分点；实现利润367万元，较上年增长211%。共查处各类违法案件326起，查扣非法卷烟389件，罚没款21.88万元。市局（分公司）按照全区烟草行业“十五”规划要求，围绕“两个三年目标”，完善卷烟销售网络，推行专卖户籍化管理，整顿卷烟流通秩序，规范财务管理，推行三项制度改革，强化思想政治工作，开展党风廉政建设和反腐败工作。市局（分公司）被海渤湾区命名为文明单位。

赤峰市烟草专卖局（分公司）

赤峰市局（分公司）组建于1984年4月1日，机关内设13个职能科室，下属1个金叶商场，下辖12个旗县区局（公司）。全市烟草系统现有职工466人，其中在岗职工335人，离退休职工131人。现有固定资产5512万元，所有者权益7957万元。

2002年，市局（分公司）实现经济效益在2001年翻一番的基础上，突破3600万元大关。购进卷烟109185.6箱，同比增长6.49%；其中购进区产卷烟39182箱，同比增长9.74%。卷烟总销量108212箱，同比增长1.06%；其中销售区产卷烟39144箱，同比增长1.13%。卷烟销售收入95014万元，同比增长20.86%，实现利润3608万元，为年度计划1600万元的225.5%，利税合计5053万元。

市局（分公司）建立健全党风廉政建设责任制、安保工作责任制、专卖管理和网络建设目标考核责任制、企业事务公开制度、比价采购制度、业务经营制度、财务管理和内部审计责任制度以及“双文明建设”实绩考核办法，深化企业人事劳动分配制度改革。全市12个旗县区局（公司）均成立金叶名烟名酒商场，市局（分公司）还成立金叶茶社。三产实现利润52万元，安置就业68人，其中职工家属36人。当年，市局（分公司）先后被赤峰市委、市政府授予“文明单位”和“扶贫工作先进单位”称号，被赤峰市总工会授予“优胜工会”称号，被区局（公司）授予“双文明建设先进单位”和“安全工作先进单位”称号。

通辽市烟草专卖局（分公司）

通辽烟草局（分公司）成立于1984年9月1日，机关内设15个职能科室，下辖8个旗、县、市、区公司，下设城乡网点44个。全市烟草系统在编正式职工267人，拥有固定资产3260万元。

2002年，开展“管理效益年”活动，超额完成全年的各项计划指标，经济效益创历史新高。全年实现利润3337万元，同比增加818万元，其中有4个旗县公司实现利润超200万元，3个旗县公司超百万元。市局（分公司）开展法制演讲、歌咏比赛和捐献救助、思想教育等精神文明创建活动。被评为“市级文明行业”，并荣获自治区级“长安杯”荣誉称号。

呼伦贝尔市烟草专卖局（分公司）

呼伦贝尔市烟草专卖局（分公司）组建于1984年，截止2002年末，全市烟草系统资产总额2.2亿元，累计上缴税金9688万元，创利24949万元。局（分公司）机关下设14个职能科室（中心），下辖11个旗（市、区）烟草专卖局（公司）、2个烟草宾馆、40个卷烟销售网点、10个访销配送中心、11个稽查大队、25个专卖管理所。全市烟草现有在册职工237人，聘用职工463人。2002年新一届领导班子组建成立。

市局（分公司）确定“1268”工作总体思路，实现经济运行四高、二低、一快，即“421”经济运行调控目标。全年共销售卷烟80862箱，同比增加2860箱，其中销售区产卷烟37368箱，同比增加300箱。实现利润3510万元，完成年计划的234%，同比增加1373万元，增长64.25%。上缴税金1937万元，较上年增加338万元。被内蒙古区局（公司）评为“双文明建设”先进单位，被扎兰屯市政府评为先进集体。

兴安盟烟草专卖局（分公司）

2002年全盟共购进卷烟56107箱，销售卷烟55310箱，实现利润3078万元，其中分公司所属旗县公司全部实现利润超百万元。

专卖管理坚持户籍化管理。一年来，共出动专卖执法检查11148人次；查处违法案件244起，其中无证运输87起，无证经营73起；查获违法经营卷烟72件，其中假冒商标卷烟26.91件，走私卷烟0.34件，烟丝5.13吨，烟叶3.95吨；罚没款总额12.12万元。组织干部职工参加“一助一”捐助儿童失学活动和扶贫工作，为城乡共建活动投入资金和物品，参加兴安盟为洮儿河建设活动等，继续保持自治区文明单位标兵称号。

锡林郭勒盟烟草专卖局（分公司）

锡林郭勒盟烟草专卖局辖7个行业上划的旗县局（公司），监管4个地方烟草专卖局（公司）和1个开发区烟草专卖局（公司）。辖区面积20.3万平方公里，人口94.5万。全盟烟草系统有正式职工203人。上划企业固定资产1938万元。

2002年共购进卷烟30108箱，同比增长8.05%，其中购进区产卷烟14364箱，同比增长29.98%。购进“锡林河”牌系列卷烟6997箱，完成区产卷烟年度合同比例创全区第一。全盟卷烟单箱售价同比提升316.57元。综合毛利率为9.89%，区外卷烟毛利率8.6%，区产卷烟毛利率16.31%。上缴税金618万元，同比增长143万元。实现利润557万元，同比增长62.39%，完成年利润计划的214.23%。

乌兰察布盟烟草专卖局（分公司） 乌兰察布盟烟草专卖局（分公司），下辖10个旗、县、市局（公司），现有干部职工380人。截止2002年底，全盟烟草系统拥有总资产13,922万元，其中所有者权益6,389万元。销售卷烟512,935万支，较上年同期501,740万支增长2.23%。实现利润2108万元。

2002年，全盟实施网络建设“三大工程”的发展战略（即提高市场控制力，区产卷烟结构上档次，网络建设上水平），区产卷烟市场占有率达到历史最高水平。推行“访送分离、集中配送”的运行模式，开展卷烟大配送服务。按照“六定、一统、五个一”的原则，全面推行零售户户籍化管理工作。开展财经秩序专项整顿工作。成立金叶广告公司，全年实现广告收入29万元。被乌盟盟委授予“盟级文明单位标兵”称号。

鄂尔多斯市烟草专卖局（分公司） 鄂尔多斯市烟草专卖局（分公司）设11个科、室、站及访销中心、配送中心、稽查中心、经销部。现有正式职工221人，其中大专以上学历的占50%。下辖9个旗（区）局（公司），全系统共建城镇网点10个、农牧区网点14个。

2002年，市局(分公司)深化企业人事分配制度的改革，以规范行业经营秩序和净化市场环境为龙头，实施“三网并举、三层督查、专销结合”的户籍化管理体系。销售各类卷烟260072万支，实现利润1295万元，税利合计1925万元。共查处各类案件1245起，罚没收入44万元。当年，市局(分公司)被鄂尔多斯市委、市政府命名为“市级文明标兵单位”，被鄂尔多斯总工会评为“先进职工之家”、“女职工双文明建工立业先进集体”，被鄂尔多斯市政府评为“扶贫助残先进集体”，被鄂尔多斯市东胜区委评为“综合治理先进集体”。

巴彦淖尔盟烟草专卖局（分公司） 巴彦淖尔盟烟草专卖局（分公司）成立于1984年，下辖10个职能科室，28个城乡卷烟销售网点，5个旗县局（公司）。

2002年，盟局（分公司）对原有城市卷烟销售网络体系进行优化组合，调整组织结构，明确工作职责，重新组建专卖稽查中心、访销中心和配送中心即“三线”，成立计算机信息中心和督查室。由4个中心构成系统的卷烟销售网络运行主体，对所有零售户实行全面访销和集中配送，实现专卖稽查、访销、配送“三线互控”、“三网并举”，开展“电话访销、电子结算、现代物流”的卷烟销售网络体系建设，实现对卷烟零售户的户籍化管理和卷烟市场的规范管理。为网络建设配备计算机、送货车和电动自行车等设备。经济运行质量和效益创历史最好水平。2002年全盟烟草系统实现利润1300万元，完成计划的216.7%；购进卷烟47373箱，其中购进区产卷烟23773箱。

满洲里市烟草专卖局（分公司）

2002年，销售卷烟9579箱，完成计划的133%。综合毛利率12.47%，平均毛利率7.23%。销售区外卷烟7040箱，销售区产卷烟2539箱。平均毛利率13.4%。实现销售收入7238万元。实现利润889万元。年底卷烟库存466箱。

启动“三线互控、三层督查”的城网运作模式，按照“全面访销、集中配送、专销结合、访送分离”和“三员联动”的机制运作，并辐射和带动农网发展。2002年入网销售率为86.05%，卷烟送货率为82.75%，网内销售总量8243箱，同比下降0.84%，卷烟月平均配货率335箱，日平均配送卷烟76件。推行户籍化管理，建立卷烟零售户基本档案，实行ABC动态管理，全市卷烟零售户入网率96%。2002年共查处各案件40起，累计出动专卖检查1845人次，出动车辆530台次，查获假冒商标卷烟50余条，走私卷烟100余条，非主渠道进货卷烟1985条，罚款8200元。完成卫星C类站升级工作，安装高速信息下载系统，实现卫星电视电话会议系统的开通，实施行业内联网安全防护体系建设，贯彻落实“转变作风年”和“调查研究年”精神。

阿拉善盟烟草专卖局（分公司） 阿拉善盟烟草专卖局（分公司）组建于1984年。下辖3个烟草专卖局（公司）。辐射面积27万平方公里，人口19.9万。现有在册职工55人，其中大专以上学历23人。拥有固定资产709万元。

2002年，购进卷烟7761箱，实现利润545万元，完成区局（公司）下达任务的606%。坚持专销结合，巩固以“嘴青城”卷烟为代表的区产卷烟市场。推进干部、人事、分配制度改革，引入竞争、激励、淘汰机制。在全盟烟草系统内开展清产核资和审计工作。落实安全规章制度，强化安全防范措施。加强精神文明建设和思想政治工作，开展党风党纪、廉洁勤政教育，倡导“务实、求实、扎实”的工作作风。举办职工运动会、知识竞赛活动。

二连浩特市烟草专卖局（分公司） 二连浩特市烟草专卖局（分公司）组建于1996年。现有职工37人，其中1名病退、2名离岗，聘用人员13人。截止2002年底资产总额1669万元，自有资金742万元。

2002年，销售卷烟6269.38箱，其中边贸销售卷烟943.18箱。实现商品销售收入4805万元，利润213万元，税金93万元。市局（分公司）推进用工分配制度改革，执行年度考核、末尾淘汰制度。狠抓卷烟销售网络建设。组织干部职工学习社会主义市场经济理论和WTO规则知识，开展普法教育学习活动。建立党风廉政责任制，与军民共建“互帮对子”。大力发展边境贸易、旅游和出口产品加工业，当年进出口贸易总额达7.3亿美元。

内蒙古烟叶物资分公司 2002年收购烟叶99900担，完成计划的99.9%。其中上中等烟叶比例91.99%，同比增长9.92个百分点。收购上部烟叶12696.2担，占收购总量的12.71%，同比下降10.24个百分点；中部烟叶60141.2担，占收购总量的60.20%，同比增长15.18个百分点；下部烟叶23726.8担，占收购总量的23.75%，同比下降2.48个百分点。收购桔黄烟叶16678.4担，占收购总量的16.70%，同比增加0.76个百分点；柠檬黄烟叶73565.4担，占收购总量的73.64%。黄烟比例达90.34%。销售烟叶90900担，销售率91%。销售收入12600万元，同比增加4220万元，增长50%；应交税金240万元，同比增加102万元，增长74%；实现利润350万元，同比增加200万元，增长133%。实现超百万元利润两个公司（含区烟叶物资分公司）。专卖品卷烟材料购销全部进入交易市场。非专卖品主要卷烟材料全部实行公开招标、比质比价采购。修订《非专卖卷烟材料采购管理办法》。全年共签订醋纤合同350吨，丙纤合同1250吨，卷烟纸合同780吨。实际购入醋纤丝束369.699吨，丙纤丝束1201.325吨，卷烟纸529.69吨。实现购销差额117.51万元。

呼和浩特卷烟厂 呼和浩特卷烟厂于1966年建成投产，年卷烟生产计划24万箱，工厂占地面积18.53万平方米，各类设备1220台（套），固定资产原值3.1584亿元。现有卷接包、制丝、薄片、动力、材料、原料6个生产车间，下设劳动服务中心、苁蓉物业管理有限责任公司、宏金叶卷烟销售有限公司。企业在册职工1957人，其中从事主业生产的1450人，482人具有大中专学历，各类专业技术人员227人，离退休职工501人。

2002年共生产卷烟24万箱，产品销售率99.6%。实现税利38445万元，实现利润550万元。产品质量抽检合格率100%。

2002年通过ISO9002标准2000版标准转换认证。购进ZJ17(PROTOS70)卷接机组1组和切梗丝机（SQ316）1台。改造空压站水循环重复利用、制丝车间软水重复利用和薄片车间三辊压机冷却水工程，全年节约用水116308吨，节约水费104650元；根据类别分解废旧物资，约有5吨废金属被重新利用。

开展创建“管理规范车间”活动，动力车间和薄片车间荣获区级烟草行业“管理规范车间”称号。全年累计盘活、节约、挽回经济损失达323万元。开展“三新”技术和QC活动，全年共有19项“三新”技术和QC成果及28项小改小革成果被运用于生产技术、工艺改造等方面，其中动力车间设备攻关QC小组和薄片车间电气QC小组荣获2002年度自治区“优秀质量管理体制小组”称号。

成功开发改造嘴新品“金青城”、硬“庆”牌香烟、红硬盒“庆典”、新品“大青山”等品牌，对雪茄型“雁牌”进行加过滤嘴改造，结束生产无嘴烟历史。建设“苁蓉”品牌工程，开发全包装“苁蓉”、硬盒“苁蓉王”等高档卷烟产品，“苁蓉系列”产品销售量达6338.94箱，其中硬“苁蓉”销量达6159.5箱。

贯彻“以德治企”和“依法治企”方针，借开展“2002年公民道德建设年”活动和“四五”普法学习教育之机，组织全厂职工学习《公民道德建设实施纲要》、《世贸组织基本法律制度讲话》、《刑法》、《工会法》、《安全生产法》。实行厂务公开制度，健全监督机制，成功举办首届职工棋类比赛，第二届书法、美术、小制作比赛和第五届职工运动会，参加全区烟草系统举办的球类比赛和市工会举办的“商行杯”全市“五一”歌咏比赛。

乌兰浩特卷烟厂 乌兰浩特卷烟厂于1982年投产。现有职工692人，资产总额2.86亿元，厂区占地面积13.2万平方米。二十多年来累计上缴税费8.56亿元。

2002年，实现工业增加值12368万元，同比增加66%；销售收入突破2亿元，同比增加18%；利税实现10075万元，同比增长38%。职工人均收入同比增长17%。各项消耗指标均创历史最好水平：嘴烟单箱耗烟叶37.69Kg；嘴烟单箱耗盘纸3280米；单箱耗嘴棒8495支。企业荣获全国“安康杯”竞赛优胜企业、全国烟草系统审计工作先进集体、全区质量效益型先进企业等各种荣誉10余项。安全工作实现重大责任事故五个为零。

实施总投资4998万元、被自治区经贸委批准确定为重点项目的10万箱生产能力填平补齐技术改造工程。工程由6大系统、33个分项目组成。调购ZB43、ZB42A、ZL21、MK95、FT64等6台烟机设备，增加配套辅助设施。

出台系列设备管理制度，实现厂内抽检合格率和一、二级站现场、市场抽检合格率均为100%的目标。制丝车间和动力车间均被评为“区级管理规范车间”。质量管理体系建设获2000版认证证书。制定实施“百项制度考核计划”，对岗位工作标准进行全面的梳理和完善。全厂降低成本费用146万元，比价节约99万元，卷烟单箱成本下降5.56元。推行竞争上岗，在销售部进行试点，13人通过竞聘走上中层领导岗位。一些重要岗位如电工、嘴棒挡车工、电瓶车司机等岗位实行竞争上岗。对营销组织机构、薪酬设计、品牌推广、客户关系管理、竞争发展战略等营销工作进行全面诊断和策划。制定《卷烟营销激励机制》，深化分配机制改革。

、开发“康希”（19＋1）牌高档卷烟，并获国家发明专利。与云南昆明卷烟厂进行技术合作，开发的烤烟型精品“苍狼”牌卷烟，被评为自治区卷烟产品质量一等品；与锡林郭勒烟草分公司合作开发的“锡林河”牌系列卷烟市场反应良好，前景广阔。精制兴安、特醇兴安和合作“苍狼”降焦幅度分别为1.25mg、0.91mg和0.6mg，均达到目标值。二类以上卷烟采用新材料（活性炭）进行降焦，平均降低2mg。

坚持开展“做、创、建”活动，2002年全厂文明职工达标率99.6%，文明集体达标率92.9%。

辽宁省

沈阳市烟草专卖局（分公司） 沈阳市烟草专卖局（分公司）下辖9个市内烟草分局（沈河区、和平区、皇姑区、铁西区、大东区、东陵区、新城子区、苏家屯区、于洪区），4个县级烟草分局（康平县、法库县、辽中县、新民市），共有职工1773人，负责沈阳地区的专卖专营工作。

2002年各项经济指标均创历史最高纪录。实现卷烟销售238674箱（其中

"蓝翎"系列实现销售11972箱，占全省总销售量的61.28%），同比增长39.68%；实现税利2.48亿元，同比增长164%；实现毛利3.18亿元，同比增长142%；实现利润2.03亿元，同比增长186%；实现销售收入18.49亿元，同比增长71%。

大力整顿规范卷烟市场秩序，全年共查处案件6386起（其中万元以上的大案、要案三十余起人），罚没违法卷烟12414件、制假烟丝7.7吨，查扣假冒商标标识43万张，全年先后四次销毁假烟万余件，收缴罚没款781万元，捣毁黑窝点59个、地下制假烟厂2个，对违法犯罪分子判刑2人，刑事拘留20人。狠刹了不法分子的嚣张气焰。

不断提高网建水平确立了"城乡一体、统一运行，全面访销、集中配送，专销结合、信息管理，提高素质、注重激励"的网建模式，坚持"高起点、高标准、高质量、高效益、创一流"的原则，知难而进，扎实苦干，网建联动十大指标实现了质的飞跃，列居全国第四。全市人均卷烟销售量由年初的6.85条上升到现在的8.2条，创历史最好水平。

朝阳市烟草专卖局（分公司）

朝阳市烟草专卖局（分公司）下辖北票、凌源、建平、喀左四个县（市）局（公司），现有职工173人。

根据国家局和省局的要求，全面推行了访送管三线分离的新型卷烟经营体制。全市11000多个卷烟零售商户全部纳入卷烟销售和专卖管理网络。2002年实现利润1716万元，较上年增长897元，增幅达109.5%；实现利税2436元，较同期1733万元增加703万元，增长40.6%。按照"精机关，强一线"，"小机关，大一线"的要求，市局由10个科室减为6个，机关工作人员由35人减少到21人。县局股（室）由6个缩减为3个，机关人员由19人减到10人。在工资分配上全部实行"联销、联管计酬"和工作质量考核体系，建立了相应的激励机制，充分体现了一岗一薪，按劳分配原则。

强化专卖管理，提高市场控制力。市场净化率明显提高，经省局考核认定，净化率达96%。共查办各类案件5638起，查扣各种牌号违规卷烟184.9件，假冒商标卷烟600件，非法生产烟丝35000公斤，非法贩运烤烟55000公斤，捣毁制售假冒商标卷烟窝点2处，非法烟丝加工窝点1处，收缴卷烟机械2台，自制烟丝加工机械3台。查处各类违法案件涉案金额180万元，上缴罚没款120.44万元。

精神文明建设。认真抓了十六大精神和"三个代表"的重要思想学习贯彻。市局（分公司）和本级和建平县局（公司）先后被评为市级精神文明建设先进单位。

阜新市烟草专卖局（分公司）

阜新市烟草专卖局（分公司）辖阜新蒙古族自治县、彰武县两个分局，有固定职工251人。2002年是阜新市烟草局稳步、健康发展的一年。全年共销售卷烟42592箱，实现销售额24852万元，实现税金693万元，地区共获利润1075万元。

加大了市场整顿力度，共出动26985人次，检查市场办案1793起，查扣卷烟2305件。分区域成立了专管队伍，建立零售户档案，实行动态管理，使零售业户持证入网率达到100%，认真抓了企业内部改革，对中层干部岗位实行竞聘上岗。取消了彰武县烟草公司的独立法人资格，成立彰武县烟草专卖直属分局，实行报帐制。认真贯彻十六大精神，大力开展精神文明建设，积极组织了有奖征集企业精神活动。把"团结、务实、高效、创新"作为阜新烟草的企业精神。举办了阜新地区烟草系统首届职工运动会。

铁岭市烟草专卖局（分公司）

2002年是铁岭烟草抢抓机遇，乘势而上，实现快速发展的一年。一年来，共销售卷烟81949箱，完成全年计划67690箱的121.07%。期末库存卷烟4863箱，同比减少990箱，下降16.91%，卷烟销售收入实现52432万元，同比增加1156万元，增长2.25%。毛利额实现8478万元，同比增加2865万元，增长51.04%。综合毛利率实现16.17%，同比上升5.22个百分点。单箱毛利（含税）实现1210.42元，同比增加418.25元，增长52.80%。税利总额实现5153万元，同比增加2781万元，增长117.24%。资产负债率由年初的76.94%下降到60.32%。

专卖管理。坚持销售网、专卖网、信息网三网并举方针，实行三网同建同管。为全市所有的零售户都建立了档案，实行了ABC分类管理。全市专卖稽查人员132人，稽查车23台。全年共查处案件830起。

卷烟市场占有率为95%、市场净化率为95%、零售户持证率100%、零售户入网率为97%、入网销售率为97%。

网络信息化建设上共投入资金109万元。我们成功地建立了卫星C类站，实现了无拨号上网浏览、网上交易。

精神文明建设和反腐倡廉工作得到加强。职工业余文化生活进一步活跃，违规违纪现象大量减少。

抚顺市烟草专卖局（分公司）

2002年抚顺市烟草专卖局（分公司）全年实现销售额39315万元，销售卷烟60754箱，实现税利3860万元，上缴税金1310万元，利润2150万元，主要工作：

深化企业体制改革。2002年市局（分公司）对所属县级局（公司）管理体制进行了调整，将抚顺县烟草专卖局（公司）与市局（分公司）合并，取消新宾县、清原县独立法人资格，改为报帐制；取消三产企业卷烟批发业务，市局将三产所属各卷烟商店全部收回，由市局统一管理。实现了进货、销售、价格的"三统一"。对公司所属访销配送人员实行联销计酬，专卖稽查人员实行联销联责计酬，充分体现责、公、利的统一。

狠抓网络建设，积极推进网建升级。网络建设从年初开始进行了初级、优化、整合、提升四个阶段调整，10月末全地区的网建框架建立起来，实行地区统筹、城乡一体、经济划分、三线互控、任务到人的网络模式和全面访销、集中配送、访送分离，商流、物流、信息流、资金流的四流合一。增强了对市场整体调制能力。

加大专卖管理力度，提高市场净化率。一是制定并印发了《户籍化动态管理暂行规定》和《致卷烟零售户的一信》，规范零售户的经营行为。二是严格内部管理，加强专卖稽查队伍建设。实行大队长、中队长竞聘上岗、专卖稽查队员末位淘汰制。不断加强《烟草专卖法》、《烟草专卖法实施条例》等法律知识的学习，以提高专卖稽查人员的文明执法水平。三是取得市政府的支持出台了《抚顺市烟草市场秩序专卖整治工作实施方案》。打造了政府净化卷烟市场的声势，取得了较好的整治效果。

本溪市烟草专卖局（分公司）

本溪烟草全地区在册职工178人（其中：集体职工64人）、临时工223人，现有固定资产净值1084万元，大小车辆48台，办公楼、仓库共计9处，计建筑面积5700平方米。

2002年卷烟购进总量49865箱，其中地产烟20914箱；卷烟销量51319箱，其中地产烟21161箱；销售额实现32756万元，比去年同期增加2341万元；单箱毛利额1289元，年利税实现2733万元，同比增加923万元，利润2014万元，上缴税金719万元，回款率达到100%，人民大会堂系列销售1368箱，蓝翎系列销售364箱，全面完成省公司下达的各项经济指标。

为加大市场管理力度，严厉打击假、私、非、超卷烟，主动协调有关部门实行综合治理，制定了《打私打假整顿市场秩序专项斗争实施方案》。实行户籍化管理，有效地遏制了零售户经销过程中的违法行为，市场净化率达98%，办证率达95%以上。

今年共查处各类卷烟非法经营案件221起，查扣非法卷烟52200条，其中假烟32400条，渠道外卷烟17500条，总价值180万元；罚没款36.3万元，组织大型烧毁假烟活动3次，出动打私打假13538人次。全年没有一起复议案件。

精神文明建设。制定了《本溪烟草思想政治工作目标管理责任制》，组织下发了做“五好职工”创四个一流的竞赛方案，并与各部门签订了《目标工作责任状》，积极组织开展扶贫帮困，广大职工踊跃捐款捐物，全年扶贫一个村六个户，捐款2万余元。市局（公司）2002年先后获得了省、市政府授予文明单位光荣称号，本溪县、桓仁县公司被授予市级文明单位。

辽阳市烟草专卖局（分公司）

辽阳市烟草专卖局（分公司）现有员工459人，共设六个科室及市区、弓长岭、灯塔、辽阳县四个“三中心”。

卷烟销售 2002年卷烟购进43115箱，同比增长20.48%；卷烟销售44856箱，同比增长18.83%，实现利润1599万元，同比增长103.44%；实现税金1363万元，同比增长115.66%。

专卖管理 共查处案件1250起，刑事拘留6人，端掉非法售烟窝点36个，打掉制假烟丝窝点8个，查扣违规卷烟1199件，查扣烟丝、烟末103.9吨，查扣烟丝切割机、烘干机等生产机械13台，销毁烟丝305件。取缔了“木鱼石、翰林府、襄平贸易城”三大市场内的143个集中卷烟摊床及53户无证经营业户。实行“查处分离”制度，规范了行政处罚行为。对地区9664个卷烟零售户实行“三定”、“三个一”的规范管理。

网络建设 打破行政区域界限，设立4个“三中心”、9个配送站、7个零售商店、划分55个访销片区、109条送货路线，形成了城乡一体、全面访销、全面配送的地区统一大市场。

体制改革 2002年6月将灯塔市烟草专卖局（公司），与辽阳市局（分公司）合并；2002年9月，理顺了辽阳县的专卖管理和卷烟经营权，人员按烟草行业用人用工制度机制运行。在三项制度运作上，精简了机构，打破了国营、集体、临时工的界限。中层干部实行聘任制，员工实行双向选择、末位淘汰制，全员实行联销计酬奖励工资制。

精神文明建设 认真贯彻落实“三个代表”思想，坚持党组中心组理论学习制度。加强党风廉政建设形成从源头上预防和治理腐败的工作机制。坚持领导干部扶贫联贫制度，全体员工积极向社会奉献爱心。全年共捐款物13.4万元。企业的凝聚力进一步加强，形成了爱岗敬业、勇于进取、乐于奉献的良好风尚。

鞍山市烟草专卖局（分公司）

卷烟销售 完成卷烟购进63173.2箱，同比增加8669.2箱，增长16%，其中，地产烟购进17778.2箱，同比增加5526箱，增长45%，省外烟购进45395箱，同比增加3143箱，增长8%。完成卷烟销售44600.4箱，同比增加5998箱，增长15.5%。其中，销售地产卷烟17403.2箱，同比增加3719箱，增长27%，销售省外烟27197.2箱，同比增加2279箱，增长9.2%。实现利润2307万元，同比增加1966万元，创历史最高水平。

体制改革 按照国家局、省局提出的“全面访销，集中配送，城乡一体，统一运行，访送分离，专销结合”的卷烟经营模式，实行机构、人事用工、分配三项制度改革，将原来17个经营网点调整为4个访销部，取消原坐销方式，实现全面访销、全面配送，顺利完成商业经营体制改革。为确保新的经营模式长足发展，购置送货车21台，电脑6台，招聘有营销经验的访销员76人，送货员64人。

专卖管理 重点抓了市场秩序整顿，严厉打击制售假烟及走私卷烟行为，清理非法流入市场的烟丝，维护两烟流通秩序。集中整治清理了辽南、新兴、乐雪三大综合农贸市场，取缔了50个卷烟摊床。全年共查处违规经营卷烟案件5312起，其中，立案查处39起（打假案件12起），查没卷烟2000余件，上缴罚没款18万元。全面实行户籍化管理，零售户持证率达100%；上网率达98%；市场净化率达95%，烟草流通秩序得到规范。

丹东市烟草专卖局（分公司）

丹东市烟草专卖局（公司）对所辖的东港市、凤城市、宽甸满族自治县烟草专卖局（公司）在2002年年底前全部实行报账制。全地区共有职工269人。其中：离退休56人，共有13个科室，5个卷烟访销部，4个卷烟配送中心。经济效益创历史最好水平。

全年共购进卷烟58463箱。销售卷烟60359箱。其中：省内烟26508箱；实现销售收入38930元；实现毛利额6506万元；商品销售毛利率16.71%；实现利税4171万元，其中：利润3153元，全面完成省局下达的各项经济指标。

加强烟草专卖管理，全年共查处违法案件1505起；收缴各类卷烟5393件，罚没款366万元，打掉制假窝点10个，收缴制假烟机5部。制假烟丝13500余公斤。在鸭绿江水域开展打击走私专项斗争，坚持岸上堵与市场查相结合，加强了对沿江、沿海、附近交通要道的监控，使卷烟走私活动得到了遏制。

网建工作着重抓了五个方面：一是提高认识，抓网建工作的升级；一是做好户籍化管理。把市场管细，把零售户管好，把基础打牢；三是树立三大观念，做好“人民大会堂”和“蓝翎”两大品牌卷烟的促销工作；四是调整销售结构，优化省外烟牌号，做好“二进一退一联合”工作；五是落实省公司部署做好“四率”和卷烟单箱毛利的工作，卷烟单箱综合毛利1086元。

企业管理以提高经济效益，降低费用，完善和规范各项规章制度为重点，对各单位的资产进行了清查。在人事、劳动用工方面引进竞争和激励机制，逐月考核。财务、审计加强日常工作，清理核对了有效资金130万元。安保今年投资8.1万元。安装防盗门9个；防盗报警器11个；配置灭火器4组；送货车防盗箱10个等。保证了良好的经营环境，安保工作全年无责任事故。

营口市烟草专卖局（分公司）

营口市烟草专卖局（分公司）注意抓企业内部改革、抓产品结构调整，不断整合资源，使企业经济持续、稳定、快速发展。现已拥有5000多平方米较为现代化办公大楼和访销配送大楼，大小车辆33台；并构筑了网络信息平台，目前已有固定资产5292万元；所有者权益8042万元。

2002年，全地区销售卷烟61236箱，其中销售地产烟26494箱。总销售额46592万元，实现税利4235万元，实现利润3067万元。实现了自烟草组建18年来历史最好水平。在卷烟销售中，始终坚持向地产烟要效益；向市场要效益；向名牌产品要效益。花大力气，下苦工夫，完善全面推动网建升级。创新服务理念。不断扩大消费群体；提高市场占有率；注意培育名牌产品；经努力已使“人民大会堂”牌系列香烟成为家乡时尚品牌。

专卖管理工作进一步强化，加大力度打击卷烟制假、贩假、无证经营、无证运输、无证批发等违法活动，对卷烟零售户实行户籍化管理，全年共查处各种案件1794起；罚没款138万元，查没假烟13082条。通过公安机关行政拘留11人，有力地遏制了不法经营行为。

在销售工作中，制定了新的网络运行管理模式，设置了访销、配送、稽查、信息四个中心，投资400余万元，新建访销配送中心办公大楼，购置硬件设施，送货全部用汽车，访销员、稽查员均配备POS机，已达到“全面访销、集中配送、城乡一体、专销结合”的网络运行模式。

企业管理，机构人事分配制度，精神文明建设等方面工作都有新的突破和举措，公司总体工作走上良性运行轨道。

盘锦市烟草专卖局（分公司）

2002年市局（分公司）整顿与规范市场经济秩序为基础，以持续、稳定、健康发展为“第一要务”，坚持访销分离、专销结合，狠抓销售卷烟网络建设，各项工作成效明显。

卷烟销售效益提高。全地区共完成卷烟销售28647箱，比上年减少10%，省外烟比上年下降24.5%、省内烟比上年增长9%；商品销售额实现5015万元，比上年减少0.47%；商品进销差价额实现4291万元，比上年增长40.64%；经营毛利率实现17.15%，比上年增加7.02个百分点；实现利润1902万元，比上年增长34.80%；实现利税2789万元，比上年增长46.03%。

卷烟市场整顿、规范力度加大。充实了专卖稽查队伍，由原不足30人增到60人。专卖管理机构重组，一个支队下设四个大队，六个中队、二个机动队、三个特业队。稽查车辆由原7台增到11台。与经贸委、公安、司法、工商、技术监督局等单位沟通协调，汇签下发了《关于开展全市烟草市场专项整治工作通知》，密切配合加强了卷烟市场检查，经公安局批准行政拘留了5名暴力抗法分子，全年收缴“假、私、非、超”烟430件，查处违法案件88起，收缴罚没款87万元。

企业内部管理加强。认真执行《会计法》，加强会计基础工作，压缩各种费用。为保证业务进货用款，全年筹集资金800万元，并及时回笼货款，减少银行贷款，与上年同比减少银行贷款1400万元，节省银行利息70多万元。

精神文明建设水平提高。认真组织党员、干部、职工学习“十六大”精神、江泽民“三个代表”重要思想和“5·31”讲话，不断提高职工的思想政治水平。企业风气正，要求进步的人多了，全年发展新党员三名。单位、职工积极参加“百城联运儿童慈善一日捐”和扶贫活动，共捐款达11.92万元（单位捐10万元，职工捐1.92万元）。

锦州市烟草专卖局（分公司）

卷烟销售 全年共销售卷烟66308箱，销售收入39601万元，毛利6698万元，综合毛利率16.9%，单箱毛利1016元，卷烟库存5249箱，费用3729万元，费用率9.4%，利润3122万元，是去年同期的125%，上缴税金1210万元，是去年同期的189%。

网络建设 市局全面推进以城市为重点的卷烟销售网络建设工作，先后成立卷烟零售总店和翠岩山卷烟配送中心。卷烟销售网络得到进一步升级，在全地区实现了“全访全送、访送分离”。

专卖管理 继续坚持“管内打外，守土有则”的方针，积极推进户籍化管理工作，组织开展专卖大检查活动，加强队伍的年青化、知识化、军事化建设，全体专卖人员在国家局、省局举办的考试中取得了全省综合分第一名的成绩。通过整顿和规范烟草市场经济秩序，全地区查处非法倒卖、贩运卷烟案件1138起，打假打私出动4890人次，查扣卷烟1272件，其中假烟20件，走私烟23.68件，处理违法人员890人次，拘留3人，罚没款183.24万元。

精神文明建设 党组加强了中心组和班子成员的政治理论学习，定期召开民主生活会。局领导严于律己，带头“讲实话，办实事，讲实效”，推行政务公开，切实转变工作作风。机关在精神文明建设中，积极开展自检、自查、自省活动，进行批评和自我批评，形成了民主、和谐、统一的良好局面。组织全体职工收看了十六大实况转播，并根据十六大报告确定了学习研究专题，促进了十六大精神的贯彻落实。

葫芦岛市烟草专卖局（分公司）

2002年，葫芦岛市烟草专卖局（分公司）全体干部职工认清形势，转变观念，坚定信心，苦干实干，拼搏向上，开创了葫芦岛烟草的新局面，全年购进卷烟62165箱，较上一年增长5.37%；销售卷烟62757箱，较上一年增长2.33%；卷烟销售总额41880万元，较上一年增长27.35%；实现利税4000万元，利润2407万元。全年共查办违法案件1274起，查扣各类违法卷烟4736件，上缴财政罚没款240万元。被评为“辽宁省烟草行业安全工作先进单位”和“葫芦岛市行政执法先进单位”，继续保持辽宁省委、省政府授予的“文明单位”荣誉。

“大访销、大配送”的网建新模式在市公司本级正式运行。撤销了城区原有的6个配送中心，设立4个访销经理部，筹建一个功能齐全的大型卷烟配送中心。新购置送货车5台，配备固定线路送货车13台、机动送货车2台。上半年整顿和规范卷烟市场秩序工作取得成效，取缔了农村集贸市场卷烟摊点30个，有98户卷烟经营户重新择业或者停业。全年分两批开展了“卷烟经营模范户”评选活动，共有150户零售户被评为“卷烟经营模范户”。

2002年，动员和组织全体职工积极参加赈灾、扶贫、帮困、希望工程等社会公益活动，职工个人为公益事业全年累计捐款72300元，捐衣物540件。通过参加这些活动，烟草职工送温暖、献爱心、助人为乐、无私奉献的精神赢得社会的广泛赞誉。

辽东烟草发展有限责任公司

辽东烟草发展有限责任公司（以下简称辽东公司）的前身是凤城烟叶复烤厂，始建于1935年。下辖13个烟叶收购站，及岫岩烟叶收购总站。

公司注册资金为800万元人民币，其中：辽宁省烟草公司注入资金560万元，占70%比例；中国烟草进出口总公司注入资金240万元，占30%比例。固定资产原值3964万元。现有员工226人，其中管理人员62人，技术人员86人。原有日伪时期建造的挂杆复烤线一条，现拥有年生产能力为20万担的打叶复烤线一条。

2002年是各项工作飞跃性的发展的一年。全年落实烟叶种植面积从2001年的6699亩增至19214亩，全部签订了烤烟种植合同。收购总量51,945担，收购总值2,265.8元；销售烟叶89000担，实现销售收入4000万元，建立了稳定的客户群，并且与曾经中断了4年业务关系的上海、长沙两个卷烟厂恢复了业务关系；复烤加工原烟150,407担，打叶复烤加工片烟100,797担，实现复烤加工费821万元；实现烟草特产税453.2万元，实现利润832万元，一举扭亏为盈。

不断地进行企业内部的机制改革。公司出资购买了凤城烟叶复烤厂、岫岩县烟叶公司评估后的净资产，取消其法人资格，改组为公司的生产经营部门，公司对其人财物、产供销实行集中管理。为了减轻企业负担，辽东公司对原凤城烟叶复烤厂的517名职工、原岫岩县烟叶公司的217名职工进行了一次性安置。在人事管理上实行动态管理，将烟叶种植面积不足800亩、总产量不足2000担的烟站按区域进行了合并。原有18个烟站，合并后保留13个。对中层干部实行聘任制，并进行民主测评。有效地促进了全体员工的积极性。加快企业从规模型效益向质量型效益转变。全面实现了塑料大棚免疫育苗，每个大棚可以保证400亩左右的面积用苗，育苗的时间可比往年提前7～10天。此外，还积极争取凤城市政府的支持，与凤城市政府共同投资80万元用于改建、新建烤房的补贴。截止到2002年底，已新建烤房528座，改建烤房486座。加快了技术改造的步伐。“九·五”期间，辽东公司与美国环球烟草公司合作，对打叶复烤线进行了部分改造，并投资60万美元通过补偿贸易的形式引进了部分国外二手设备，于1997年投产使用。改造后的打叶线复烤工艺为“五打十二分一回梗”，年处理原烟能力为20万担，打叶复烤加工各项指标均达到国家标准。目前，辽东公司正在积极筹备，准备作进一步的技术改造。

沈阳卷烟厂　沈阳卷烟厂始建于1907年，是全国烟草行业最早的骨干企业之一。经过“八五”、“九五”大规模的技术改造，企业现在拥有从英国、德国、意大利引进的具有国际先进水平的制丝线和卷接包设备，生产工艺精湛，技术力量雄厚，已达到年产30万箱的生产能力，并于2000年5月，通过了ISO9000国际质量体系认证，为实现“十五”跨越式发展目标提供了良好的设备、工艺条件。

2002年，沈阳卷烟厂秉承“满足消费，贡献国家，造福员工，回报社会”的企业宗旨，加大了新产品开发力度，不断提高产品科技含量，加快产品结构调整，积极实施大品牌。初步形成了以“蓝翎”品牌为主导，包括“沈阳”、“大生产”、“古瓷”在内的基本产品群。其中“蓝翎”产品已具有高中低不同档次的品牌格局。“世纪蓝翎”、“珍品蓝翎”、“特制红蓝翎”、“多卡蓝翎”、“佳品蓝翎”五个品种的先后问世，形成了以高档产品为品牌拉动，以中、高档产品主攻中心城市市场，以中、低档产品扩大销售覆盖的品牌梯次定位，为企业实施“大品牌”战略创造了先决条件。

为打造蓝翎品牌，工厂采取“大品牌、大营销、大市场”的经营战略，广泛运用多种形式，扩大品牌知名度，先后以蓝翎冠名举办了辽宁省首届“足球天使”电视大赛、“赵本山杯”小品大赛世纪蓝翎专场演出、沈阳市“五一”合唱音乐会、沈大记者足球争霸赛等大型社会活动，使品牌形象和品牌亲和力不断提升，企业走上快速、持续稳定发展的轨道。

沈阳卷烟厂的发展得到了省市领导的高度重视。陈政高市长多次到企业召开现场办公会议，经贸委、商委、工商、财税等部门对企业给予了大力支持，宏观政策环境得到空前改善。在上级领导的关怀和烟草同仁的大力支持下，2002年沈阳卷烟厂完成卷烟16万箱，同比增长6.7%，实现税利3.2亿元，同比增长64%。实现工业总产值7.1亿元，同比增长40%，实现单箱税利2000元，同比增长60%，各项经济指标均创建厂以来最好水平。

沈阳卷烟厂坚持以改革为动力，不断推动企业两个文明建设全面发展，继续保持了省市思想政治工作先进单位，精神文明建设先进单位、标兵单位称号。

营口卷烟厂　营口卷烟厂不仅是营口市的纳税大户，而且成为辽宁省的纳税大户，2002年被辽宁省评为“纳税百强企业”排名第十三位。为国家和地方经济的发展做出了重大贡献。“人民大会堂”则获得了“辽宁省著名商标”、“全国卷烟优等品”等荣誉称号。

生产经营业绩　全年生产卷烟22万箱，比上年增长37.5%；销售卷烟22.455箱，比上年增长25.8%；实现销售收入11.3亿元，比上年增加5亿元，增长80%；实现税利6.3亿元，比上年增加3.7亿元，增长近1.5倍；其中实现利润3,300万元。卷烟单箱税利2,860元，比上年增加1,200元。“人民大会堂”产销量均突破了3万箱，单品牌创税利3.7亿元，除产、销量外，各项指标均创历史最好水平。

技术改造　“十五”技改重点项目之一，东北首条CO_2膨胀烟丝生产线已安装完毕，于8月25日进入生产调试阶段。它的建成将提高企业的设备装备水平，为提高卷烟产品的科技含量和内在质量提供了技术保障。

企业管理　从贯标入手抓企业管理，并把2002年确定为企业管理年。强化质量管理和成本管理，优化分配机制，建立与完善标准化管理工作。进行了9000标准的2000版转换工作。被营口市授予2002年度企业管理红旗单位。荣获全国守合同、重信用企业称号。

体制改革　积极推进三项制度改革，建立了厂级领导及中层管理人员向职代会述职制度和职工代表对中层管理人员民主评议制度，对中层管理人员实行了末位淘汰和公开选拔。改变了分配制度，使分配逐步与销售业绩挂钩。改变了用人办法，对出现的空缺岗位普遍实行了竞争上岗，初步形成了干部能上能下，人员能进能出，收入能高能低的机制。

精神文明 坚持以邓小平理论和“三个代表”重要思想为指针，围绕生产经营中心工作，采取多种形式对职工进行理论教育，开展了“讲奉献、比贡献、为党旗争光彩”和“为管理年献计献策”活动。被授予“省文明单位”、辽宁省“十五立新功创伟业活动先进集体“等光荣称号，荣获省总工会颁发的“辽宁五一奖状”。出资22万元在全省启动“人民大会堂”帮困扶贫活动。

多种经营 多种经营企业以生产经营为中心，完善服务。物业管理处从5月到10月几乎没有节假日，接待了全省近6000名商业客人和优秀业户，为企业赢得了声誉。卷烟材料实业公司由原来的单品种发展到多品种经营，运输部门的运输质量和服务质量不断提升，多种经营部门为主业的发展做了许多工作。

吉林省

长春市烟草专卖局（分公司）

2002年，在省局（公司）和市委、市政府的正确领导下，在有关部门的大力支持和指导下，在烟厂全力配合协助下，全市烟草商业广大员工高举邓小平理论伟大旗帜，认真实践“三个代表”重要思想，紧紧围绕省局1146发展战略，以提高盈利水平为中心，以品牌效益为主线，以突出培育省产烟为重点，大力实施育人工程，专卖户籍化管理工程，品牌培育工程，网建工程，信息工程和企业管理工程，经济运行质量有了明显提高，企业的整体实力进一步增强。

全年全市销售卷烟198,320.4箱，同比增长2.69%，完成年计划的100.17%，市场占有率为95.16%，同比提高2.48个百分点。单箱销售收入5，790元，同比增长11%，其中省产烟单箱销售收入为4,166元，同比增长16.83%；单箱利润332元，同比增长80.06%，比全省平均水平高14.88%；单箱费用363元，同比下降1.6%，比全省平均水平低3元；费用率6.26%，同比下降0.82个百分点，比全省平均水平低0.5个百分点。实现利润7,285万元，同比增长77.3%，占全省商业28.8%，全面超额完成省局计划，创历史最高水平。一年来，全地区共出动12,510车次，43,457人次，对全区市场共进行了9,363次检查，全区共端掉制假窝点3个，查扣各类卷烟4974.6件，刑事处罚5人。 **（曹文 张波）**

吉林市烟草专卖局（分公司）

2002年，吉林市烟草专卖局（分公司）以“管理即服务，服务即效益”为企业经营理念，经济效益大幅度增长。卷烟市场整治坚持“两打一清”；卷烟经营制定了发展模式结构效益型、经营模式品牌效益型和管理模式服务效益型的“三型”战略措施；思想政治工作由“两德”教育为人之德转向了为政之德及职业道德，开展了服务大讨论；卷烟访销配送模式于年底顺利实施。

专卖工作始终摆在先锋地位。全年查处各类卷烟违法案件35起，捣毁卷烟违法批发库点23个，清理卷烟零售市场14万户次，收缴违法卷烟25392条。全地区卷烟市场净化率达98.6%，市场占有率达100.8%。全地区完成卷烟销量130802箱，分公司本级完成卷烟销量50526箱；全地区实现卷烟销售收入77169.5万元，比上年增收4466.2万元，分公司本级实现销售收入43554.4万元，比上年增收1648.4万元；全地区实现利润4950万元，比上年增加1043.9万元，分公司本级实现利润2794.5万元，比上年增加395.8万元。思想政治工作集中开展了“服务大讨论”，市县两级局（公司）组织105名机关人员走访卷烟零售商户5414户，收集意见和建议19类4109条。通过层层讨论和整改，激发了干部职工变革服务的危机感和紧迫感，在服务的理论和实践问题上形成了共识，形成了团结积极向上的环境氛围。年终总结有24名优秀干部、14个先进集体、34名五好职工受表彰。市局（分公司）班子被省局（公司）评为“五好班子”，市局（分公司）局长经理徐智被省局（公司）评为先进领导干部。 **（尹广平）**

四平市烟草专卖局（分公司）

2002年，四平市烟草专卖局（分公司）共有在编职工71人，内设办公室（安保科）、专卖科、业务科、财务科、人事政工科、监察审计科等7个职能科室，下设访销中心、配送中心、稽查中心，1个机动稽查队，3个访送一体部，4个卷烟超市，辖公主岭、梨树、伊通、双辽4个县（市）局（公司）。局长（经理）白玉琦。

四平市局认真贯彻省局“1146”行业发展战略，以清理整顿卷烟市场和打私打假为支撑点，在专卖管理工作中实行月考核、季联检制度，对全区卷烟市场进行集中清理整顿，全区共办案2,933起，没收各种非法卷烟669.4件，实现罚没收入82.42万元，捣毁黑窝点34处，没收非法烟丝3.25吨，违抗执法拘留2人，净化了市场环境。加强城市网点建设，学习外省先进经验，各县级公司所在地的中心城镇于6月末前、分公司本级于8月25日正式开展了全面访销、集中配送工作，以“顾客至尊、服务至上”为经营理念，开展了优质服务活动。2002年，四平地区各项经济指标均创下了历史最好水平，全区销售卷烟90,004箱，比上年增长16.45%；实现利润2,051万元，比上年增长140.16%。开展了思想道德教育和法制教育，职业爱岗敬业精神和法律意识进一步增强。实行了全员劳动合同制，按照党管干部原则和公开、公平、公正原则，对所属四个县级局（公司）的领导班子进行了调整，顺利实现了新老班子交替，保证了全区工作的正常开展。当年，四平市烟草专卖局被市“红十字”协会树为“人道博爱奉献单位”，被市政府命名为全市内部审计工作先进单位；专卖科被国家局评为全国烟草专卖管理先进集体。 **（白湘粤 何树林）**

辽源市烟草专卖局（分公司）

卷烟销售 2002年辽源烟草分公司各项工作都取得了丰硕成果，经济运行质量和效益水平均创历史新高。全年共销售卷烟38127箱，比上年增长1.13%，其中分公司本级销售卷烟17895箱；全区卷烟市场占有率96%以上；其中销售省产卷烟21900箱，比上年增长1.78%，分公司本级销售8142箱。全年实现利税2179万元，同比增长41.77%，其中利润1367.5万元，比上年增长13%，其中分公司本级实现利润1152.2万元，比上年增长12%。

专卖管理 坚持以“两打一清”为重点，专卖管理和市场净化工作不断向纵深发展，有效巩固和扩大了专项斗争成果，市场秩序明显改善。全年共查处各类案件1521起，其中立案50起。查扣非法渠道卷烟1309件，销毁假冒商标卷烟579.6件，烟丝3吨，实现罚没款57.1万元，移送公安机关拘留5人，被法院依法判刑1人。持证商户入网率100%，市场综合净化率达到96%以上，市场占有率同比提高了23.8个百分点。

网络建设 城乡销售网络建设取得突破性进展。在借鉴省内外同行业城网建设试点经验的基础上，结合本地区的实际，坚持高标准、高起点，制定切实可行的城乡网络建设规划。分、县公司不断加大城网建设投资力度，组建了访销、配送中心、购置了配送车辆，全面实施访销配送。业务经营已全部实现微机管理。目前“以我为主、归我管理、由我调控”的卷烟销售网络体系和计算机控制系统已初步形成，市场控制力明显提高，进一步推进了促销、稳价和增效。

精神文明建设 以“两德”教育为主要内容的思想道德教育取得了良好效果。在此基础上，坚持以财务管理为中心，从严治内，狠抓规范，不断完善各项规章制度，进一步强化了监督约束机制；定期不定期检查通报工作纪律情况；坚持每月对各重点部位进行1～2次夜间抽查，强化安全保卫工作；继续坚持每年对中层干部进行一次述职和基层领导班子考评，振奋了员工精神，激发了工作热情，规范了经营秩序，对各项工作起到了积极的促进作用。

（马永才）

通化市烟草专卖局（分公司）

2002年，通化烟草坚持省局“1146”发展战略，以经济效益为中心，以结构调整为主线，围绕品牌培育这个第一要务，突出专卖工作，强化网络建设，加强企业管理，经济运行质量和经济效益得到了进一步的提高，两个文明建设取得了较好的成绩，圆满地完成了各项工作任务。全市完成卷烟销售53,036箱，同比增长8.7%，实现销售收入32,952万元，同比增长14.1%，实现利税1,839元，同比增长46.77%，其中利润总额1,189万元，同比增长74.85%，连续三年被评为全市纳税大户。

烟草专卖管理 坚持“两打一清”不放松，积极推进“户籍化”管理工作，认真宣传《烟草专卖法》，不断强化自身队伍建设，努力提高依法行政和规范化办案水平，为卷烟销售网络建设及功能的发挥，提供了有力的保障。全年共查办卷烟违法案件81起，查获假冒及非法卷烟14110条，案值18万余元；并于3月15日集中销毁了标值20多万元的假烟，有力地震慑了违法分子，维护了国家和广大消费者的合法权益，卷烟市场经济秩序进一步好转。

销售网络建设 2002年，通化烟草作为全省网建的试点单位，坚持“诚信为本，服务是根”的经营理念。实行了“城乡一体、统一运行、全面访销、集中配送、专销结合、访送分离”的网络运行模式，建立健全了访销配送体系，强化考核奖惩机制，网络功能作用有效发挥，取得了初步成效。积极探索客户关系管理，为向现代流通转变奠定了基础。

精神文明建设 精神文明建设深入开展，已申报市级文明单位；认真开展“联系群众、服务创新”活动；深入开展思想道德教育；深化全员劳动合同制；加强党风廉政建设；积极参加“美化山城”等活动，为推动通化的发展做出了一定的贡献。 （刘 凌 徐继坤）

白山市烟草专卖局（分公司）

白山市烟草专卖局（分公司）成立于1984年6月，现有职工71人，下辖临江、抚松、靖宇、长白、江源五个县（市）局（公司）。

2002年，在省局（公司）的正确领导下，全区完成卷烟省内销售41,783箱，占年计划38,500的108.5%。全区实现利润1,018万元，同比增长22%。2002年，全区的专卖工作始终坚持以“两打一清”为重点，本着“守土有责”的方针，扎实有效地清理整顿卷烟市场秩序，不断提高市场净化率，加快推进专卖“户籍化”管理工作，全面提高专卖人员的整体素质，实行正规化管理，规范化办案。2002年全区市场净化率达到99.08%，市场投放品牌100种，投放品牌市场占有率106%，市场净化率99.2%。处理各种卷烟违法案件570起，查扣各种卷烟9,700条，其中假冒商标卷烟8,400条，非法渠道卷烟1,300条。查获烟丝4,000公斤，烟叶1,000公斤，罚没款22,800元。当年，全区企业狠抓规范，完善了各项规章制度，提高了机关工作效率，加大了监督力度，规范了经营行为，合理调控了有关费用支出，认真抓好四防安全工作，使企业管理工作逐步完善。

2002年，市局本级被市总工会评为“白山市模范先进集体”，被市政府评为“白山市社会治安综合治理优秀单位”，被省有关单位命名为“吉林明星企业”。

（刘庆华）

白城市烟草专卖局（分公司）

白城市烟草专卖局（分公司）地处吉林省西部，中型商业企业，内设6个科（室），下辖4个县（市）烟草公司，人员编制219人。2002年重点实施“五大工程建设”，企业的各项工作取得了突破性进展。

企业经营购销两旺，实现效益结构的新突破 全市烟草行业销售卷烟60300箱，其中省产烟43000箱，为计划的104.8%；省外烟17300箱，为计划的106.8%；利润实现2200万元，为计划的162.96%；费用率5.30%，比同期下降0.52个百分点；卷烟市场占有率100%。全年实现了双突破，即卷烟销售收入首次突破三亿元大关，卷烟经营利润突破二千万元大关。全年以一、二类卷烟为重点加大了结构的调整力度，一、二类卷烟经营比重由上年16.44%上升到21.43%，三类卷烟由上年的43.02%上升到48.51%，四类卷烟由上年的40.54%下降到30.05%，在贫困地区实现了效益结构的跨越式发展。

专卖管理工作全面加强 一年来突出“两打一清”工作，始终保持高压态势，重大活动接连不断，重点在突出“三性”，即：“针对性、机动性、常规性”上下功夫，取得了显著成果。全年共查处违法经营卷烟案件517起，查没卷烟167件，烟叶14.5吨，罚没金额7.6万元。全年户籍化管理工作稳步推进。在省局提出的“四化、五统一”上实现了重大突破，商户持证入网率，市场净化率均达到了100%。实现了专卖由治标向治本的根本转变。

精神文明建设全面推进 职工的精神面貌都发生了深刻的变化。企业的无形资产又创造了新佳绩，白城市局（分公司）被吉林省社会综合经济评价委员会命名为吉林省明星企业，被吉林省工商局命名为省级重合同守信用先进单位，被吉林省烟草专卖局连续两年评为“五好班子”。 **（吴文良 张凤武）**

松原市烟草专卖局（分公司）

2002年，松原市烟草系统认真实施省局“1146”发展战略，坚持向市场要效益，向结构要效益，向品牌要效益，向管理要效益，向服务要效益，整体工作全年始终保持良好发展势头，主要经济指标在前两年大幅度增长的基础上，又取得了新的突破，再创历史新高。全年卷烟销售83754箱，实现利润2590万元，上缴税金1026.9万元，各项指标均超额完成全年计划。

专卖稽查工作把绝大部分时间和力量投放在零售商户上，努力向服务管理型转变，开展清理非法制售烟丝战役，加大打击非法经营活动力度，全市均已建立商户档案和分片包保责任制，为深入推行户籍化管理奠定了基础。组织三次全市性专卖联合检查，检查1000余个商户，查出违法经营商户10个。优先购进高效、挣钱和适销对路的卷烟品牌，尽可能多创效益。加快卷烟销售网络建设步伐，分公司本级和前郭县公司从6月份起，乾安县公司从5月份起，长岭县公司从8月份起正式启动城区的访销配送工作。全市农村坚持批发部和送货车并行销售的作法，并不断拓展送货范围。加强企业管理，发挥内管小组的作用，规范内部经营管理行为，全市财务电算化于9月份投入运行。加大人事用工改革力度，中层干部和访销配送人员实行公开考核、竞争上岗，注重加强领导班子建设和职工队伍建设，开展多种形式的思想政治工作，特别是组织干部职工收看《经济日报》原总编艾丰到松原作的“做人、做事、做官”报告录像，使全员的思想境界得到升华和提高。 **（张 磊）**

延边朝鲜族自治州烟草专卖局（分公司）

延边州烟草专卖局（分公司）下辖7个县级局（公司），拥有资产10332万元，其中州本级总资产3964万元。2002年全州纯销卷烟70317箱，省产烟销售60967箱，其中州本级纯销卷烟16863箱，省产烟销售14063箱。全州实现销售收入46905万元，同比增长13.1%。州本级实现18519万元，同比增长18.8%。卷烟单箱销售额同比增加725元。全州利润完成2532万元，同比增加73%。其中本级完成523万元。

2002年，是延边州烟草系统物质文明和精神文明建设双丰收的一年，以“四双”教育为重点的精神文明建设和管理上台阶建设的推进，增强了驾驭市场和获取利润的能力，企业经济效益大幅度增长，创下历史最好水平。在专卖管理工作中，以“两打一清”为重点，“户籍化”管理为手段，划区管理，落实包保责任制，深挖根源，全年取缔非法业户397户，查处各类卷烟违法违规案件696起，收缴非法卷烟331.3件，烟叶9.5吨。在经营工作上加大结构调整力度，走品牌效益之路，开发市场资源，扩大优势品牌规模，初步实现了省产卷烟由数量效益型向结构效益型的转变。在企业精神文明建设中，结合“一抓二争三创”工作要求，以“四双”学教活动为重点，狠抓队伍建设和作风转变，推进了企业思想政治工作的进一步深入。制定了州县两级领导班子“八提倡、八反对、八不准、八坚持”原则规定，努力营造人和气顺的企业氛围，同时还就“如何做符合‘三个代表’思想要求的好干部”为主题进行深入研讨，有力地促进了领导干部思想认识和综合素质的提高。 **（邵 辉 范忠顺）**

吉林省烟叶公司

2002年，在省局（公司）的正确领导下，我公司认真贯彻落实国家局烟叶工作指导方针和工作重点，以加快烟叶结构调整为主线，扎实工作，锐意进取，通过上下共同努力，烟叶生产收购和经营工作取得了一定进步。一是实现了按计划组织烟叶生产的目标。2002年，全省共种植烤烟14.8万亩，与国家指导性计划持平。晒烟4.1万亩，比计划少种了5,000亩。二是收购工作顺利开展。全省共收购烤烟29.9万担，完成国家计划的85.4%。经省内组织检查，全省烤烟平均收购等级合格率为80.8%，达到了国家局的要求。三是烟叶质量进一步提高。烤烟收购上等烟率为18.1%，比上年提高4.57个百分点；中等烟率为63.7%，比上年提高1.9个百分点；下等烟率为18.2%，比上年降低6.47个百分点；收购均价为7.26元/公斤，比上年提高0.51元/公斤。四是经营工作规范有序。截止12月20日，省产烤烟调出28.3万担，完成计划的80.2%。其中，调往省外9.2万担，完成省际间调出计划的70.2%；调入省内烟厂19.1担，完成省内调拨计划的86%。五是认真开展经常性的思想政治工作，加强法制宣传教育，抓好政治和业务学习，使职工廉洁自律、爱岗敬业、扎实工作，积极主动地做好自己分管的业务。

延吉卷烟厂

2002年是延吉卷烟厂实现历史跨越的重要一年，全厂各项工作在市场竞争和企业变革中前进，企业整体实力和核心竞争力得到了全面增强。

卷烟产销量根本平衡，主要经济指标实现了历史跨越 全年共生产卷烟33万箱（其中国内30万箱，国外3万箱），同比增长13.8%；销售卷烟30.3万箱；实现销售收入108844万元，同比增长21.4%；实现税金5.1亿元，同比增长47.9%；实现利润2064万元，是去年的4倍。产品质量抽检合格率达到100%；重大伤亡事故率为0。延边烟叶公司种植烟叶面积5150公顷，收购烟叶14.4万担；购入省外烟叶13.5万担；实现销售收入23000万元，全年实现税利244万元。宏达工贸总公司实现销售收入10300万元，全年实现利润560万元。境外投资收益600万元。

重点工作进展顺利，经济运行步入良性循环 1. 产品销售数量、销售回款大幅增加，销售结构明显提高，品牌效益初见成效。今年卷烟调拨预计31万箱，比去年同期的29.6万箱增加了1.4万箱；老类别一二类卷烟占总销量的24%，比去年同期的12.3%增长了11.7个百分点，翻了一番；今年预计实现销售回款13亿元，同比增长18.1%。今年工业库存1.3万箱，工商库存合计不会超过2.5万箱，为明年的销售工作打下了良好的基础。2. 产品开发改造措施得力，技术创新成绩突出。一是完成了软红“长白山”、珍品“长白参”、绿“天平”、绿“雅士”、绿“春归”、软、硬“向海”、新“长白参”、国优“长白参”、“阿里郎”等新产品开发任务；二是通过叶组调配、膨化技术、物理降焦、三纸一棒等降焦技术的综合运用和针对性调整配方，对老产品进行了卓有成效的降焦和降成本改造；三是进一步规范了商标和辅料管理，编制了《延吉卷烟厂卷烟卷接包工艺制造技术标准》；四是根据改造后在线膨胀制丝线的特点进行配方调整，卷烟的刺激性和杂气明显减小，余味干净，内在质量稳步提高；五是低焦油混合型“阿里郎”卷烟的开发填补了我省高档低焦油混合型卷烟的空白，向国际流行口味卷烟迈出了重要一步。六是理论研究和基础研究进一步加强，年内共收集国内外烟叶标样211种，建立了烟叶原料数据库。3. 技术改造周密稳妥，按计划较好完成。一是利用元旦期间完成了储丝房改造工程；二是利用春节期间进行了梗线改造，在提高膨化能力、整丝率和梗丝填充值的同时，使焦油含量和烟丝单耗都有不同程度的下降；三是成功地完成了5000kg/h叶丝线安装工程，这项工程是我厂“九五”技改以来规模最大的一个项目；四是完成了卷烟成品库改暖库、技术中心改造等工程。五是又引进了一台套卷接包设备，从根本上解决了硬盒卷烟生产能力不足的问题。4. 以财务为龙头的各项管理更加规范，树立起为一线服务的思想。年初以来，财务部会同有关部门，在降成本、降耗等方面继续深挖潜力，合理地调度资金、节约各项非生产性开支；圆满完成了多元化企业清产核资工作；完成了发放集资款和集资3000万元的任务，解决了我厂多年欠烟农烟叶款问题；积极开展内部审计工作，全年审计项目金额达38439万元；对房屋建筑物、机器设备、汽车等，依据账面记录分别作了盘点。对职工工资和人才使用进行了调整和规划，活工资部分向销售、技术、生产第一线部门倾斜；供应部门积极推行资质认证采购，建立了相对稳定的合作关系；公开招标、比价采购都取得良好的效果。今年延吉卷烟厂被列入全国烟草行业36家重点企业，被国家评为“全国百家质量先进管理企业”，特“长白参”被评为全国烟草行业优等品卷烟。5. 对外合作稳定发展，境外企业收益较好。目前，我们与日烟国际的合作已经进入到新时期；与昆明卷烟厂进行的公司化改建工作即将进入具体操作阶段；与韩国人参烟草公社合作开发的“阿里郎”牌卷烟项目正式启动，卷烟已上市销售；初步形成了与国内优势企业联合、与国外跨国公司合作、境外办厂开拓国际市场的国际化发展新格局。6. 职工思想稳定，干部队伍建设加强。

（钟世久　梁宝君）

四平卷烟厂　四平卷烟厂是吉林省重点工业企业之一。始建于1948年，复建于1976年，全厂占地面积6. 5万平方米，现有职工1134人，年生产卷烟能力20万箱。企业生产的卷烟品种以烤烟型为主，包括吉牌、三连冠、五连冠、五虎将、达西等系列品牌卷烟。2002年实现卷烟产销量90000箱，实现销售收入31334万元（含税），实现税金13253万元，同比增长16.6%。

四平卷烟厂注重做大品牌，提高品牌效益，企业从中低档卷烟入手，加大培育力度，对适合吉林省农村市场及城市工薪阶层消费的主导产品“新品吉”加大销售，在全省形成畅销势头。同时，加快了中高档产品的开发培育步伐。根据市场需求，开发出“软红吉”，以高质量、合理价位，在省内外市场销售走势看好；结合消费者心理，以科学配方，开发出“旭日红吉”，被吉林省烟草公司确定为主推品牌。同时，企业依靠科技进步开发出低焦油含量、健康型“蓝吉”，受到消费者的好评。

坚持以市场为导向，以顾客满意为目标做好一切工作。一方面积极拓展业务范围，采用多种促销手段，强化产品宣传，使吉牌卷烟的知名度和影响力逐步提高。另一方面，始终把客户的利益摆在第一位，把销区的利益真正放在心上，以“双赢”的营销原则促进商业的积极性，从而逐步打通市场销售渠道，赢得了客户的一致好评，使产品在占领省内市场的基础上，又相继开辟了内蒙古、福建、广东、浙江、新疆等外埠市场。在管理上提高规范化水平，注重解决实际问题，实施CI战略，导入新的企业理念，对内激励员工的劳动热情，对外树立良好的企业形象。为加强环境整治，企业投入资金1000万元用于车间环境改善和家属生活小区建设；同时，通过文化管理与生产经营相结合，进一步规范完善各项规章制度，使企业逐步走上了制度管理人、制度约束人的良性循环轨道；通过加强对员工的培训力度，提高了生产一线人员的操作水平和质量意识；通过加快信息化、科学化进程，运用信息化手段解决生产经营实际问题，提高了企业现代化办公水平。在抓好生产经营的同时，把提高员工整体素质、塑造企业形象、铸就企业精神作为精神文明建设的重要内容，深入开展各项精神文明创建活动，充分调动广大员工的生产积极性，激发员工的主人翁责任感，使企业生产经营管理处于良性循环状态。当年，四平卷烟厂被评为“吉林省优秀企业”、“吉林省精神文明建设先进单位”、“四平市工业经济突出贡献企业”；厂党委被评为“四平市先进基层党组织标兵”。

（张洪伟　李士林）

黑龙江省

哈尔滨市烟草专卖局（分公司）　哈尔滨市烟草专卖局（分公司）现辖4个烟草专卖分局，3个访销配送部，12个县（市）烟草专卖局（卷烟配送中心），全年销售卷烟265，197箱，同比上升9.8%。实现利润10,398万元，超同期近一倍，是前四年利润的总和。市局（分公司）被省局（公司）评为全省烟草系统2002年度先进单位和2001～2002年度五好领导班子。

网络建设实现跨跃式发展。对市区14个基层批发部进行整合，成立3个访销配送部、4个专卖分局，对12个县（市）公司全部上划，在局（公司）设立访销中心、配送中心、专卖稽查中心，形成了“访送专”三线清晰的组织架构，实现了基层单位的专业化分工。以访销配送为核心的卷烟销售网络运行机制全面启动，访销率达到100%，配送率达到99%以上，访销成功率达到95%以上。

市场控制力明显增强，全年查办各类违法经营卷烟案件5888件，收缴违法卷烟38.9万条，案值1126万元。在有关部门配合下，打掉了全市最大烟贩子，并将74名烟贩子移交公安机关依法惩处，使违法经营卷烟活动受到沉重打击。

服务质量实现大跨跃。大力推行市场经理制，开展“红旗送货车”、“优秀专管员”、“三十佳标兵”等工作，全方位开展对客户的优势服务。同时开展了“送温暖、献爱心、树形象、重帮扶”活动，成立49个帮扶小组，全体员工自发为帮扶客户捐款达6万多元，获得社会上普遍赞扬。

两个文明建设成效显著。顺利通过省级文明单位建设复查，创办了面向广大零售客户的内部刊物《冰城烟草之声》，发挥了很好的舆论信息导向作用。

（陈松涛）

齐齐哈尔市烟草专卖局（分公司）

齐齐哈尔市烟草专卖局（分公司）组建于1983年，辖9县（市）7区烟草专卖局，现有在岗正式职工396人，其中市局（分公司）自身有165人，固定资产总额1.3亿元，其中市局（分公司）8,000万元。

2002年在以党组书记、局长（经理）孙建华为核心的领导班子领导下，深入推进行业内部的专卖管理及卷烟流通体制改革，完成了机构重组、业务经营和专卖管理流程再造、卷烟经营模式重铸、干部人事制度和分配机制改革，设立网建考评办，运行激励制约机制。实现对三个县级公司报帐制上划工作，提升了全区整体创利水平。

专卖管理的工作重点从以破大要案为主转移到以户籍化管理、强调零售户守法经营为主上来，内增素质，外树形象，规范执法，联打联防。全区共查处涉烟案件8887起，罚没卷烟3286件，涉案金额278万元。市场净化率到年末实现95%以上。卷烟销售方面建立起“全面访销、全面配送、访送分离、专销结合”的销售网络，经济效益出现了飞跃式的发展：卷烟销量实现108,036箱，占计划的103.9%，同比增加12,357箱，同比上升12.92%。实现利润2,870万元，占计划的197.93%，同比增加1,523万元，同比上升114.66%。

市局以党建、精神文明建设、领导班子建设、争先创优为主要内容的思想政治工作成效明显。市局党组在省局党组的廉政考核中受到了好评；市局和讷河、克山县局领导班子被省局党组授予“五好班子”称号。9月，企业乔迁新居，同时随着企业经济效益的增长，职工福利待遇得到进一步提高，精神面貌焕然一新。

（韩晓菲）

黑河市烟草专卖局（分公司）

黑河市烟草公司1983年成立，1990年晋升为正处级单位，下辖五个有独立法人资格的县（市）公司。二十年间，在全体干部职工的共同努力下，创造了骄人的业绩。现拥有固定资产1400万元，企业自有积累达1000多万元，为地方财政不可缺少的经济支柱之一。

全年共销售卷烟42011标箱，为年计划的102%，其中地产烟销量33895标箱，为年计划的107%；全区毛利额为2891万元，毛利率达16.86%；共实现利润489万元，为全年计划的111.4%；全年共查处各类违法案件2163起，罚没款为24.8万元。

黑河烟草分公司立足于练内功、强素质，在提高企业管理水准上做文章：一是用切实可行的制度来规范员工思想和企业经营行为，在企业内形成了规范有序的管理系统；二是严控加强费用管理，对弹性较大的费用实行单独核算，并定期进行企务公开，切实发挥了财务管理的龙头作用；三是积极推进网建升级。2002年全区加大了对网建的投入力度，全面改造升级了网建的软硬件建设，基本形成以信息技术为依托、电话访销与人工访销相结合、访送分离、城乡一体的网建格局，初步实现了由政策性垄断向市场管理性垄断的转变；四是加大信息技术在企业管理中的比重，全区市县公司都成立了计算机中心等专门机构。市局机关全部实行了微机化管理，提高了企业现代化办公的水准；五是加大精神文明建设的工作力度，在打造网建基础的同时，市局党组加大了干部职工的政治思想教育，积极开展各种精神文明创建活动，全区文明建设档次有了巩固和提高。

大庆市烟草专卖局（分公司）

大庆烟草分公司辖林甸、杜蒙、肇州、肇源四个县烟草公司。全区有职工321人。市区有6个卷烟访销工作部，一个卷烟配送部，7个专卖分局（所）。市局设立了访销中心、配送中心、专卖管理稽查中心，实现了“三线清晰、四网互控、三级督查”的网络运行机制，达到“大访销、大配送”、“城乡一体、统一运行”。访销员配备POS机，建立了先进的信息化系统。

2002年卷烟销售计划为59,000箱，实销70,931箱，完成年计划120.22%，同比增销19,125箱，增率36.92%。其中分公司自身计划为35,800箱，实销46,636箱，完成年计划130.27%，同比增销18,428箱，增率65.33%。全市年人均销烟6.8条，超过人均6.6条指标。

专销结合，加大整顿规范市场经济秩序力度，卷烟市场净化率明显提高。年初，从大庆市警校选拔8名优秀毕业生充实到稽查大队。专卖人员由64人增到150人。投资221.5万元，购置专卖通讯、交通工具，配备19台专卖用车。到年末，取缔“连销店”41家；黑批发19处。全区办案10,067起，罚没卷烟433箱，总案值达299万元。卷烟销售市场得到综合治理，市场净化率达到95%以上。

经济效益实现历史突破。全区卷烟销售综合毛利率实现18.21%，同比增长1.77%；全区利润计划1,150万元，实现利润3866万元；完成年计划336.17%，同比增长3,055万元，增率376.70%；上缴税金2,579万元，同比增长2,012万元，增率367.15%。

精神文明结出了丰硕成果。市局（分公司）获全省烟草系统2000年度先进单位；全省网建2002年度先进单位；大庆市工会授予大庆分公司“先进职工之家”称号；获省“创新杯”优胜单位称号。

（刘海震）

伊春市烟草专卖局（分公司）

伊春市烟草专卖局（分公司）组建于1983年，1987年上划省烟草系统，辖两个县（市）15个区。组建初期，有职工28人，领导班子成员3人，内设6个职能科室，下设三级批发站1个，年销售卷烟1.3万箱，实现税利33万元，到2002年末，全市行业有职工135人，领导班子成员5人，内设11个职能科室，下设5个基层专卖局、20个卷烟销售配送站，固定资产由原来的58万元，增加到1千多万元。

组建上划以来，在省局（公司）的正确领导下，在历届领导班子带领和全体职工的不懈努力下，“两个文明”建设取得了长足的发展和进步，特别是1997年以李奎为首的一届领导班子组建后，坚持“狠抓基础，稳中求进”的工作指导思想和“规范、改革、创新”的工作重点，以强化烟草专卖为基础，以拓展卷烟市场为核心，以提高经济效益为目的，深化企业改革，拓宽工作思路，调整工作布局，加大工作力度，总结提炼了“团结、务实、创新、奋时”的企业精神和确立了“锐意改革、突出效益，强化管理，从严治企”的工作方针，取得显著成就，实现了快速发展。2002年全市卷烟销售34400箱，实现锐利2200多万元，各项经济指标均创历史新高，经济效益综合指数列全省行业榜首，是我省烟草行业惟一跨入全国烟草地市级百强企业的公司，自1997年连续6年被黑龙江省烟草专卖局（公司）授予先进企业称号，1999年至2002年被授予全省烟草系统“五好领导班子”，1999年、2000年被伊春市政府授予劳动模范先进集体，2000年晋升省级文明单位，为行业改革发展和地方经济建设做出了突出的贡献。 **（孟宪国）**

鹤岗市烟草专卖局（分公司）

黑龙江省烟草公司鹤岗分公司现有职工186人，设访销、配送、专卖稽查三个中心，12个科室。2002年分公司自身实现利润531万元，比上年增加93%；销售卷烟20,915箱，比上年增加12.8%；综合毛利率达到18.7%，比上年增加1.8个百分点。该分公司在全力打造卷烟销售网络的同时，专卖管理有了长足的进步，有效提升专卖先行的前瞻性，实现从专卖管理“保驾护航”的思维方式转向网建中充当“开路先锋”的理性抉择，获得2002年省局授予的专卖管理先进单位。

该分公司以内强素质外塑形象搞好优质服务，以强化内管扩大外延拓宽销售渠道，企业管理步入一个新的台阶。抓住全力打造网络建设的契机，企业保持了持续稳定健康发展的良好势头，在招聘访销配送人员，强化专卖稽查机动大队的建设，实行租赁车辆搞配送等方面积累了成功的经验，2002年获省局颁发的“五好领导班子”和“二次创业目标管理先进企业”。

该分公司在抓物质文明建设的同时加强了精神文明的建设。遵循“量力而行、尽力而为、与时俱进、注重实效”的原则，坚持“指导思想上的科学性，具体内容上的合理性，操作方法上的规范性，总体目标上的时效性”的创建文明单位标准，继1998年迈入省级文明单位后，2002年通过省委宣传部文明办的“省级文明单位标兵”的检查验收。

（许亚昕）

佳木斯市烟草专卖局（分公司）

佳木斯烟草分公司下属六个县（市）公司，内设访销、配送、稽查三个中心和十五个科室。现有职工1070人，离退休人员111人。资产总计21508万元，其中，流动资产15936万元，固定资产5678万元，负债总计17009万元，所有者权益4499万元。

2002年，省公司下达卷烟销售计划57500箱，实际销售卷烟64772箱，完成计划112.65%；烟叶种植面积37000亩，收购总量17500担。两烟销售收入32603万元，费用总额4808万元，利润总额1617万元。

专卖管理以净化市场为切入点，加大了走访宣传力度和对违法烟贩、黑批发的打击追刑力度，使违法经营和非法贩烟得到了有效遏制，进一步规范了市场经营秩序，市场净化率明显提高，市场占有率由原来的不足40%上升到90%以上。

企业管理按照省局要求，在新一届党组的正确领导下，更新观念、转变作风，树立全员抓网建的意识，坚持以“客户为本，服务至上”的经营理念，生产、经营、职工教育、精神文明建设等各项工作均创历史最好水平。分公司被评为全省烟草系统先进单位、全省烟草专卖管理工作先进单位、全国烟草专卖信息管理工作先进单位、佳木斯市职工职业道德建设十佳集体。

双鸭山市烟草专卖局（分公司）

2002年双鸭山市烟草行业取得了辉煌成就，主要表现在以下几个方面：一、经济效益明显提高。全市烟草行业实现利润893万元，超计划730万元的20%，同比增加28.6%，其中分公司自身实现利润470万元，同比增加23%；全市烟草行业上缴税金946万元，其中烟叶特产税521万元，为各级财政收入做出了一定贡献。二、卷烟销售成绩显著。全市烟草企业全年共销售卷烟41,698箱，超计划12.7%，超同期10.2%，其中分公司自身销售卷烟15886箱，超计划15.1%，人均销量达7.9条；销售收入达1.8亿元。三、转变经营方式，实行访销配送制。双鸭山市确立了向全国网建先进水平接轨的目标，改变了传统的坐店经营方式，取消了15个卷烟批发部，成立了卷烟访销配送中心，下设5个配送站，在全市范围市实行了“全面访销，全面配送，专销结合，访送分离”的新模式，深受广大卷烟零售商欢迎，被评为全省网络建设先进单位。四、烟叶生产稳中有进。在全省烟叶结构调整，产大于销的不利条件下，宝清、集贤两县仍保持烟叶主产区地位，共种植烤烟47400亩，收购烟叶4536吨，上等烟比重12%，千克烟均价7.82元，两县双双被省局评为全省6个烟叶生产先进县之一。五、专卖管理成果显著，市场净化率高。加强了专卖队伍建设，成立了3个专卖分局，制定激励机制，充分调动专卖人员积极性，全年共查处违法案件648起，收缴违法卷烟15,324条，案值70余万元，市场净化率98%以上，被省局评为专卖管理先进单位。

七台河市烟草专卖局（分公司）

黑龙江省七台河烟草分公司现有职工285人，下辖勃利县卷烟配送中心。2002年全区共销售卷烟24472标箱，占年计划的104.1%，同比提高2.5%，其中分公司自身销售卷烟16880箱，占年计划107.5%，同比提高5.1%，实现利润440万元，上缴税金471万元，分别为前5年和前3年的总和。专卖管理以打假为重点，开展集贸市场的专项整治，全年共办案1132起，查获各类违法卷烟17550条，共破获万元以上大案5起，打掉专门从事倒卖卷烟的烟贩5个，打掉制假地下黑工厂1个，市场净化率达到95%以上。建立了完善的卷烟专卖稽查网络体系，7月下旬全省卷烟专卖稽查网络建设座谈会在七台河市局召开。

提出了实现与行业先进水平接轨的奋斗目标，网络建设学习成都、合肥经验，开展两次网建大会战，使入网零售户由年初的1209户增长到4393户，农网入网率达到100%，城网入网率达到98.5%，实现了全面访销、集中配送、城乡一体、整体推进的奋斗目标。实行了三项制度改革，引入竞争机制和激励机制，分配重点向一线大幅倾斜，有效调动了员工的积极性。全面推行优质服务监督制度，把“三员”的像片、监督电话、订货电话、打假电话等印制在监督卡上，发放到零售户手中，广泛实行社会监督，提高了零售户的满意度和忠诚度；建立全新经营理念，总结推广了“三三四”管理方略，即网建的“狠、细、深”三字方针，经营理念的三个“零距离”，深层次的四个结构调整。

（李继华）

鸡西市烟草专卖局（分公司）

鸡西烟草分公司组建于1983年，行使“两烟”生产经营与烟草专卖市场管理的双重职能，辖鸡东、密山、虎林三县（市）烟草公司。组建二十年来，企业不断发展壮大，现有职工409人，资产总额13600万元，年“两烟”生产经营额31672万元。

生产经营情况 当年种植烤烟18000亩，收购烟叶37000担，销售卷烟54079标箱，实现利润894万元，上缴税金968万元，均创历史最好水平。无论是生产经营规模还是创利税能力，均比组建之初提高了五倍多。

深化改革，实现经营管理创新 经过四年的探索、完善，卷烟销售由农网、城网建设到2002年初的“全面访销，集中配送，城乡一体，统一运行”的卷烟销售网络体系的建立，实现了变“坐商”为“行商”，由经营管理型到经营服务型的转变，市场潜力得到了充分的挖掘，相应的机构设置与管理更趋合理，劳动力等资源得到了合理的配置，专与销、管理与服务实现了真正意义上的统一，大大提升企业的核心竞争能力。目前正向着“电话预约，网上配送，电子结算”的更高卷烟网络建设目标迈进。

精神文明建设 在物质文明建设迅猛发展的同时，精神文明建设也得到了同步发展，两家公司被授予省级文明单位，两家被授予市级文明标兵单位。2002年，分公司获省局（公司）先进单位、网络建设先进单位、“五好领导班子”等殊荣。

牡丹江市烟草专卖局（分公司）

牡丹江市烟草专卖局（分公司）现有持证卷烟零售户3576户，年销售卷烟6万箱，分公司现有在册职工697人，其中党员159人，专卖稽查人员133人，担负着全地区两烟生产经营和烟草专卖管理双重职能。

2002年，牡丹江市烟草专卖局（分公司）实现税利4200万元，同比增长47.8%。其中实现税金2191万元，同比增长49%，实现利润2009万元，同比增长46.5%。卷烟销售以城市网建为中心，全面实现访销配送，重点在人均条数、市场占有率、市场控制率上下功夫，共销售卷烟66814箱，为年计划的101.46%，超计划完成964箱，同比增长1.6%。专卖管理通过“专销结合、三权分立、三线封闭运行”的模式，加大了打击“假、私、非、超”四种烟的工作力度，实行竞标上岗，联责联酬，末尾淘汰，使责任区域内持证经营率达100%，市场净化率达95%以上。全年共查办案件2990起，收缴罚没卷烟17625件，罚没烟丝21吨，上缴财政罚没款71.8万元。烟叶生产通过加强服务，改进科技措施，提高烟叶品质来不断提高市场竞争力。全区烤烟实栽面积49948亩，实收45124亩，商品量3936吨，公斤烟均价6.55元，烟农总收入2576万元，在企业管理中突出财务管理的中心地位，通过精打细算压缩费用和一支笔审批，保证了企业效益指标的完成。通过真实有效的思想政治工作，党的建设和企业文化建设，激发了职工敬业爱岗的热情，保证了两个文明建设的同步发展。牡丹江市烟草专卖局（分公司）被评为全省网建工作先进单位、专卖工作先进集体、五好领导班子。

（张　军）

绥化市烟草专卖局（分公司）

2002年，绥化市烟草专卖局（分公司）在局长（经理）、党组书记张绍忱同志的带领下，发扬“思危、敬业、诚信、和谐、兴企、争先”的企业精神，坚持走规范、改革、创新之路，把理念前瞻、机制创新、管理升级、素质提升作为企业发展的力量之源和立足之本；把卷烟销售网络建设和烟草专卖稽查网络建设作为烟草事业发展的生命工程，积极探索，大胆创新，创造性地推行了一个具有绥化特色的网建运行模式。卷烟销售各项经济指标都有了历史性突破，实现了跨越式增长；烟草专卖稽查网络作用得以充分发挥，卷烟市场净化率稳步提高；烟叶生产以少种、精管、高效为战略思想，实现了从数量经营型到质量效益型的根本转变，两个文明建设同举共兴，连年保持了“市级文明系统”和“省级文明单位”荣誉称号，出现了一个崭新的工作局面。

全市销售卷烟112,006箱，完成年计划的100%，实现利润1,593万元，为年计划的138.5%，较同期增加667万元。种植烟叶24,500亩，收购商品烟叶5.77万担。专卖管理坚持经常性清理整顿和重点打击相结合，全市查处各类违法涉烟案件10,730起，收缴违法经营卷烟3,312件，案值195万元。

（张海波）

大兴安岭烟草专卖局（分公司）

2002年，大兴安岭烟草专卖局（分公司）进一步解放思想，实事求是，抓住机遇，深化改革，使两个文明建设同结硕果。

专卖管理工作方面，逐项落实《专卖局长责任制》，深入开展卷烟“打假年”活动。在地委的领导下改组了烟草专卖领导小组，变烟草市场管理行业行为为政府行为。属地化管理了铁路烟草专卖局，强化了对列车贩运卷烟案件的管理，建立了专卖稽查网络。实施公路铁路严堵严查，采取异地交叉互打、联检、抽查等方式，营造高压态势，并加强了服务。全年共查获各类涉烟案件815起，收缴“假、私、非”卷烟9,560.7条，案值90,700元，移交司法机关处理一起。

富有成效地开展了卷烟销售网络建设，把专销结合手段作为完善和提高网络建设的重要途径，改官商坐商为行商，建真网，向管理要效益；建实网，以服务求发展。着力构建了访销、配送、稽查、财务核算四位一体的营销网络，分别形成了访销商流网、配送物流网、专卖稽查网、资金结算网，确立了“三线延伸，三员联动，三网互控，信息共享，互相监督，统一考核”的专销结合思路，引进了竞争激励机制，实行联销联营计酬和末位淘汰。使经济工作取得了长足的进步。全年共计完成卷烟销售16,199箱，营销额7,687万元，完成上缴利润65万元。

大力加强思想政治工作和精神文明建设，坚持实事求是的思想路线，始终保持积极进取的精神状态，围绕经济工作抓党建，抓好党建促发展。采取了多种形式，学习十六大精神，深化“三个代表”教育，完善和健全党建各项制度，发挥党建阵地的培训功能和文化的渗透作用，积极开展“净化环境，美化家园，倡导文明新风”活动，改善了工作环境，有力地推动了精神文明建设的开展，使职工的精神面貌焕然一新。

（冯维凯）

哈尔滨烟叶公司

是2002年初由黑龙江省烟叶公司改制后新组建的实体公司。公司负责所辖区域的烟叶生产、经营及管理，共辖有宾县烟草公司、绥化、望奎、海伦、兰西烟叶经销公司等五家所属企业，全区共有干部职工826

人，其中哈尔滨烟叶公司在编上岗人员65人。公司重组后，法人代表、总经理董长华同班子成员带领全体干部职工在上级党组的关怀领导下，克服了烟叶市场供大于求，烟叶生产遭遇灾害等诸多不利因素和困难，在一无资金、二无市场、三无货源的情况下，积极跑资金、访业户、组织货源、开拓市场，全面完成了省局（公司）党组部署的工作任务，2002年全区共收购原烟24万担，销售26万担，实现销售收入27640万元，实现利润1200万元。

2002年公司组建初期，省局（公司）为了加强哈尔滨烟叶公司参与市场的竞争能力和提高企业生存能力，将宾县烟草公司划归哈尔滨烟叶公司管理，公司紧紧抓住这一契机，本着“重点扶持、优先发展、强者恒强”的指导思想，重点扶持和发展宾县烟叶生产基地，把工作的着眼点和切入点放在了烟叶生产管理上，紧紧围绕提高烟叶质量这个中心，从播种到移栽，从田管到烘烤，大力推进科技兴烟战略，努力提高生产水平，2002年虽然遇上了罕见的自然灾害，宾县基地的烟叶生产仍取得了较好收成，真正成为公司坚实的原料生产基地。

公司改制后，其职能已由单纯的管理向市场经营转移，改变原有的管理体制，已成为必然趋势。为此，公司对原有的管理体制进行了彻底的改革，职能部门由过去的十一个压缩到八个，人员由78人精简到65人。在用人上实行竞争机制。对所有的岗位实行全员竞聘制，真正做到了“能者上、庸者让、劣者下”；在费用支出上实行预算机制。将公司的所有财务支出摆明在职工面前，进行全员监督，使公司的费用支出进一步规范化、制度化和标准化；在分配上实行激励机制。彻底打破了分配上的“吃大锅饭、平均主义”，做到奖罚分明。

公司始终坚持“质量是企业的生命”，“人无信不立，企无信不兴”的质量方针。在企业内部建立了一整套行之有效的质量保证体系。2002年上半年用三个月的时间完成了ISO9001：2000质量管理体系认证工作。公司和全区的生产加工企业在烟叶收购、加工、销售工作中，以质量管理体系为工作第一准则，严格按照要求工作，做到层层把关，环环制约，不合格的产品坚决不出厂，公司的以诚信治企，靠信誉发展的实际行为，赢得了众多厂商的赞同与认可。在抓好经济建设的同时，注重物质文明和精神文明的协调发展，注重企业文化、企业形象和丰富职工生活，多次举办联欢会、运动会、座谈会，开展了多项文娱、体育活动。这些活动的开展，树立了企业形象，增强了公司的凝聚力和向心力，为企业带来了生机和活力。 **（白　禹）**

牡丹江烟叶公司　牡丹江烟叶公司是黑龙江省两大烟叶产销集团之一。下辖六个烟叶经销公司，一个打叶复烤厂，是集贸、工、农于一体化的龙头企业。拥有年加工能力50万担打叶复烤生产线两条；固定资产3亿元；年生产烟叶40万担；在岗职工1981人，其中专业技术人员391人。

2002年，是牡丹江烟叶公司组建的第一年。全区种植烤烟8421公顷，仅宁安、林口两县种植烟叶超过8000公顷，在遭受严重自然灾害的情况下，收购烟叶11947.7吨，烟农收入7766.1万元，销售烟叶12750吨，实现销售收入37190万元；利税4649万元；加工企业用全新理念面对机遇和挑战，全方位搞好服务，全年加工烟叶10000吨。

牡丹江烟叶公司积极构建基地化生产、产业化经营的烟叶生产管理体系，紧紧抓住全省烟叶体制改革的有利契机，建议组成了跨我省东部三区八县的牡丹江烟叶经济协作区；制定和实施了名牌战略和精品战略计划；率先进行了烟叶商标的注册；紧紧抓住“宁古塔”牌烟叶打入“中华”配方的有利时机，大力发展厂县挂钩的烟叶生产基地，与上海、武汉两大烟草（集团）公司确立了烟叶基地关系；坚决贯彻执行国家局和省局（公司）减员增效的决策，果断关停挂杆复烤生产线6条，下岗分流1053人；不断加大烟叶生产的科技投入，注重培养造就一支爱岗敬业的生产技术指导队伍；努力提高烟叶生产的群体水平；科技兴烟应用技术成效显著。烟田覆膜、剪叶假植、土壤化验、平衡施肥、药物抑芽、合理留叶等实用技术得到进一步普及，烟叶质量不断提高。剔除自然灾害造成的绝产面积，平均亩产121.5公斤；中上等烟比例76.3%；公斤烟均价6.49元；优质品种率100%；公司不断加大基础设施建设的投入，全区烟田灌溉面积达86%；全面实行合同化管理和以销定产，与烟农签定种植合同7433份；销售合同1100份（20000吨），企业地位和信誉不断上升，产品畅销全国42个厂家。公司被牡丹江市授予十强农业产业化龙头企业和全省烟叶生产收购工作先进单位称号。

公司党组认真学习党的十六大精神，用灵活的思想政治工作和丰富的文体活动活跃职工的业余文化生活。注重人才的培养，有计划地选派年轻干部学习深造，组织各类专业技能培训，提高了职工的政治和业务素质，夺得了精神文明和物质文明的双丰收。 **（万德坤）**

勃利烟叶经销公司　勃利烟叶经销公司隶属于黑龙江省烟草公司牡丹江烟叶公司，中直属处级企业。始建于1982年，占地面积15万平方米。现有职工234人，具有中级技术职称16人、初级技术职称46人，中层干部32人。公司拥有一条年加工烟叶能力为40万担的打叶复烤生产线，是一个集收购、加工、销售为一体的烟叶经销企业。固定资产8,000万元，建厂20年来，为国家上缴税金1.12亿元。产品内销长沙、厦门、合肥、宁波、广州等20多家卷烟厂。

2002年调入原烟94,000担，销售片烟7,216吨（含以前年度烟叶），销售把烟2,620担，实现销售收入15,041万元，上缴税金1,200万元，本年实现利润215万元。投资1000多万元，对打叶复烤机、一次润叶机以及烟叶物理、化学检测设备进行了系统化更新改造。为了提高烟叶检测手段，引进美国、德国、瑞士的全自动化学分析仪、全自动快速水分仪、在线红外水分仪、可编程垫鼓网干燥箱和天秤等设备。

烟叶种植面积20,000亩，商品总量48,000担，其中上等烟比率9%，中等烟比率83%，下等烟比率8%，均价7.20元。采用10座43型节能温室，进行工厂化育苗。烟田全部进行了机械化秋翻、秋耙、秋起垄。并投入30多万元进行人工防雹减灾。

在企业管理方面，一是确保ISO质量管理体系得到正常运行；二是更加细化地加强企业目标管理；三是完善财务监督管理制度；四是厂务公开化，增加透明度；五是加大清欠力度，积极做好应收款的回收工作。六是减员增效，公司将原有的科室精简了5个，中层干部由原来的58人减到32人，与企业解除劳动关系的有115人。

公司所属勃利金叶实业公司是ISO9001质量认证体系认证企业，现有一条年加工能力为240万平方米的七层瓦楞纸板生产线。2002年度，生产销售成品包装箱13万套，产值965万元，上缴税金60万元。

2002年，公司被省委、省政府重新命名为“省级文明先进单位”；被省烟草专卖局授予“五好领导班子”荣誉称号。 (王宏利 王 鹏)

林口烟叶经销公司 林口烟叶经销公司位于黑龙江省东南部，直属牡丹江烟叶公司，是全省烟叶生产重点企业之一，是集烟叶生产、加工、销售为一体的工商综合性中直企业。全公司现有职工315人，拥有国内先进的打叶复烤生产线，下设12个烟叶收购站，固定资产总值2850资产万元，年均种植烤烟面积6万亩，平均每年产销烟叶15万担。

生产经营业绩 2002年，全县种植烤烟50699亩，实收40111亩，收购烟叶5250吨，中上等烟比重为89.8%，比2001年提高了近20个百分点。全县平均亩产131公斤，公斤烟均价5.98元，实现特产税600万元。其中亩单产和公斤烟均价取得了新的突破，分别比上年提高了9%和3%。销售烟叶7.8万担，基本实现产销平衡。当年被省公司评为全省烤烟生产先进单位、安全工作先进集体，被牡丹江市公安局评为全市经保战线先进集体，被县委、县政府评为工业立县支柱企业、安全工作标兵单位、宣传思想暨精神文明建设工作先进单位，被县总工会评为工会工作标兵单位。

烟叶生产 一是抓好灌溉工程的落实。在烟叶主产乡镇修建永久性提水泵站两座，提牡丹江水灌溉烟田，供水量每小时可达200吨，可控制面积3000亩。全县灌溉工程已基本形成规模，拥有喷灌设备200余套，大口井119眼，蓄水池15个，使水浇地面积达到3万亩，占总面积60%以上；二是抓好烤烟科技园区的落实。为提高烟叶质量，改善等级结构，筹建了一个烤烟科技园区，研究开发优质填充型烤烟。在近30年不遇的自然灾害条件下，取得了较好的成果，平均亩产147公斤，公斤烟均价6.06元，上等烟比例17.6%，平均亩产值893.4元，比全县平均亩产高16公斤，产值高110.4元；三是进行烤房改造。全年改建烤房2678座，型煤炉50座，使改建烤房占全县烤房总数的70%。通过对烤房实施改造，使烘烤质量普遍提高。为了做大做强林口县的烤烟产业，林口烟叶经销公司还申请注册了“雕翎”牌烤烟商标。由于烤烟基础工作扎实有效，7月份省公司在林口召开了全省烤烟收购工作会议，与会领导参观了林口烟叶生产情况。

企业管理 一、财务管理：坚持“一支笔”审批原则，落实各项费用管理办法，加大货款回收力度，努力活化资金，使财务费用比上年同期下降了8%。二、人事管理：在拆除挂杆复烤线后，按照核定的定员指标重新进行了定编定岗实行公开竞聘，择优上岗。打破原有干部、工人界限，重新聘用中层干部。新组成的中层干部队伍更趋于年轻化、知识化和专业化。此外，有130人办理了有偿解除劳动关系。三、物资管理：对各库房进行规范化管理，按照整齐划一的标准，对烟站物资进行了清理整顿，使各物资库房达到了安全、整洁、防霉的要求。

精神文明建设 林口烟叶经销公司始终抓好企业的精神文明建设，使精神文明建设和生产经营得到了同步发展。公司被牡丹江市政府命名为“市级文明单位标兵”，住宅小区被命名为“市级文明小区”。 (荣 耀)

哈尔滨卷烟厂 始建于1902年，如今已有一百年的沧桑历史，工厂占地面积17.3万平方米，现有资产总额18亿元，职工2529人，经过多年持续稳定的发展，现已形成初具规模的现代化企业，年综合生产能力40万标箱，骨干产品有“太阳岛”，“林海灵芝”，“哈尔滨”，“老巴夺”，“葡萄”等五大系列。全年共生产卷烟32万箱，销售卷烟33.6万箱，税利实现4.2个亿，比去年同期翻了接近一番，开创了哈尔滨卷烟厂历史性的“二次创业”新局面，取得了企业发展史上的最好成绩，归结起来，主要体现在以下五个新突破：

各项经济运行指标实现了新突破 2002年共生产卷烟32万箱，比去年增加8.8万箱，增幅为38.47%：销售卷烟32.3万箱，比去年增加10.1万箱，增幅45.58%：实现销售收入7.88亿元，比去年增加了2.41亿元，增幅44.13%；税利总额4.23亿元，比去年增加了2.04亿元，增幅92.96%：利润总额2628万元，比去年增加了5352万元，增幅196.48%，企业的各项综合指标也较去年有了较大的增长。

突出重点、分步推进，技术改造实现了新突破 新建了一条6000KG片烟线，形成全片烟投料、白肋线、香料烟自动控制、自行配比的全自动监控一体化先进制丝工艺线。“十五”技改的顺利实施，将使哈尔滨卷烟厂产品质量、企业形象得到极大的提升。

以信息化、规范化、科学化为着力点，企业管理实现了新突破 哈尔滨卷烟厂不断加大企业信息化、规范化、科学化管理建设，在设备管理上，加大投入，累计投入达1000多万元，从根本上解决了制约产品质量提高的硬件设施；在原辅料管理上，严把质量关，实行了阳光工程；在企业信息化上，完善了“价值量考核”计算机应用系统，建立了哈尔滨卷烟厂自己维护的信息门户网站，完成了与中科院成都计算所合作的HY－CIMS总体设计，大大推进了企业信息化、规范化、科学化建设的进程。

理清思路、准确定位，产品研发工作取得新突破 成立了哈尔滨卷烟技术开发中心，配备了先进的仪器和专业的开发人员，转变和理清了以往产品开发思路，科学的确定了一条以龙江消费者为轴心，以东北地区消费者为对象，逐步适应全国消费者的产品开发理念，先后研制开发了“老仁义”、“老巴夺”、红盒太阳岛、世纪老巴夺等卷烟，投入市场后，以良好的内外在质量和很强的适应性，深受消费者的喜爱，得到了国家局和省局领导的高度评价。

凝聚人心、鼓舞士气，精神文明创建工作取得新突破 通过在全厂干部职工中间广泛普及文明创建意识教育，激发干部职工的文明创建热情，开展方方面面的文明创建活动，注重企业经济效益与社会效益的同步增长，使职工呈现出了良好的精神风貌。2002年荣获了国家精神文明建设先进单位称号，在精神文明创建上实现了新的突破。 (刘 楠)

牡丹江卷烟材料厂 牡丹江卷烟材料厂于1984年由生产卷烟转为生产烟用滤嘴棒，是国内六家滤嘴棒专业生产厂之一、国内惟一从事特种滤嘴棒生产的企业。现有固定资产4360万元，占地面积13858平方米，职工602人，年生产能力100亿支，拥有国际先进水平的滤嘴棒成型机和检测仪器。2002年，企业实现了历史性跨越式发展。实现工业总产值9574万元，利税1521万元。创造牡丹江卷烟材料厂历史上六项第一，即利润第一、税金第一、固定资产投入第一、人均收入第一、职工福利第一、人均年劳动生产率第一。

企业拥有英国、德国、日本制造的滤棒成型机五十六台（套），其中二元、三元复合机生产线十二条，CPF沟槽滤棒成型机五台（套）。2002年引进法国索定公司五功能检测仪一台和英国菲尔创纳公司产的QTM6六台、QTM3三台；购进一条五层瓦楞包装纸板生产线。为满足生产需要、优化产品结构、提高产品质量、奠定了坚实基础。

按照“一要规范、二要改革、三要创新”的行业要求，牡丹江卷烟材料厂在2001年5月ISO9002：1994质量体系审核的基础上，2002年又通过ISO9001：2000质量体系审核，继续实行目标管理；对供应方资质进行认证，实行“阳光”采购政策；推广信息化管理手段；以财务管理为龙头，围绕成本管理和现场管理两个重点，初步建立符合企业特点的、新的科学管理制度。产品的各项指标均控制在合理的范围。

抓住“降焦减害”不放松，全力打造“精、新、特”的品牌。通过与用户、科研单位和大专院校共同研制，成功地开发了生物、纳米、药物、加香、分子筛、纤维丝粒子、瓦楞、三元等八个品种的滤棒，其中瓦楞、三元、纤维丝粒子填补了国内空白。新产品可使香烟焦油含量降低到10mg、8mg、6mg、5mg、3mg、1mg。产品市场占有率达历史最好水平。

牡丹江卷烟材料厂始终坚持“两个文明”一起抓。2002年，以职业道德为重点，在全厂开展了“敬业爱岗创优质、诚实守信塑形象、提质降耗拓市场”活动，全力打造一流的职工队伍；第三次通过牡丹江市文明单位标兵的评比、验收；被黑龙江省烟草系统评为二次创业先进集体和“五好领导班子”；被黑龙江省评为安全生产先进单位；被牡丹江市委、市政府评为“工业立市”先进单位。 **（邹彩凤）**

穆棱卷烟厂 穆棱卷烟厂始建于1977年5月，1978年5月正式投产。目前厂区占地面积13.7万平方米，建筑面积7.66万平方米，职工人数929人，拥有专用设备250台（套），固定资产1.57亿元，主要生产牌号有“宇宙牌”、“琥珀香”、“摇钱树”和“万达”。至2002年末累计生产卷烟210万箱，实现税利18亿元。目前是国家直属中型二类卷烟加工企业、“全国质量效益型先进企业”、“省级先进企业”和“省级文明单位标兵”。主干产品“宇宙牌”卷烟自1995年起一直是“黑龙江省名牌产品”。

2002年，企业面对市场竞争日趋激烈、卷烟价格及税赋上调等多种不利因素，坚持“依法治厂”与“以德治厂”并举、“物质文明”与“精神文明”并重的方针，牢牢把握“市场第一、质量第一、效益第一”的原则，在“质量结构效益型小而优”的兴企之路上继续迈出坚定步伐。全年完成产销量11万箱，实现销售收入30,818万元，工业总产值30,909万元，税金15,837万元，利润1,774万元，在十分困难的外部条件下基本上保持了平稳发展。遵循“总体规划、分步实施、循序渐进、量力而行”的16字方针，全年投资1,600万元用于制丝车间设备改造和锅炉改造等项目，生产装备水平再次得到提高，年生产能力稳定在30万箱。同时通过以目标管理为主线，不断夯实管理基础，使严实细的工作作风和管理规范化观念进一步深入人心。尤其是通过采用费用手册管理办法和严格执行资金调度制度，不仅取得了节约挖潜5,085万元的好成绩，而且使企业各项资金的使用更趋科学合理。通过加强市场针对性，强化研制速度和质量，当年新开发的新版白“宇宙”、细长支“琥珀香”、软包“摇钱树”、“北大荒”等新产品投放市场后效果明显，市场占有率、覆盖率进一步提高。2003年企业精神文明建设再上新台阶。党委针对形势变化，提出了“沉着应对、静观其变、蓄势待发、再战东山”的16字方针，充分利用《穆烟简报》等宣传工具，有效开展形势任务教育，在统一全厂思想、强化班子和支部建设的同时，对全厂职工提出了“永不言败、永不服输”的要求，为即将开始的行业组织结构调整做好了充分的思想准备。厂工会还与有关单位和部门积极配合，举办了“创星竞赛”、“安康杯”、“安全月”、“质量月”等各种丰富多彩的竞赛活动及文体活动，既提高了职工的技术素质、陶冶了情操，又大大增强了企业的凝聚力和向心力。当年厂领导班子被省烟草专卖局党组再次命名为“五好领导班子”，企业被省人民政府命名为“省级文明单位标兵”，被省烟草专卖局评为全省烟草系统年度先进单位，被省总工会评为“模范职工之家”及“省首届创新杯竞赛活动优胜单位”，厂长李连生同志被授予“黑龙江省劳动模范”荣誉称号。 **（程显峰）**

绥化卷烟厂 绥化卷烟厂始建于1970年，1984年上划为中直企业，隶属于中国烟草总公司黑龙江省公司。现有职工796人，其中工程技术人员和专业技术人员112人，具有大专以上学历83人，中级职称31人，高级职称2人。厂区面积10.5万平方米，设有三个主要生产车间，拥有一条3000kg/h仿虹尼制丝生产线，卷接包设备38台套。厂内设有工艺和管理两个微机网络，实现了现代化科学管理。于1998年12月在黑龙江省烟草系统中率先通过ISO9002国际质量体系认证，生产经营和管理水平逐渐与国际标准接轨。

目前，主要生产牌号有：“大庆油田”系列、“绥化”系列、“发发”系列、“21世纪”系列、“心宝”系列等牌号卷烟。销往全国二十多个省、市自治区。其中，“大庆油田”系列牌香烟曾获“首届中国食品博览会银杯奖”，并连续多年荣获“黑龙江省优质产品”和“黑龙江省著名商标”、“黑龙江省王牌产品”。“心宝”牌香烟荣获“全国首创疗效型香烟”荣誉称号，并获省烟草公司首届科技进步一等奖。“绥化”牌香烟被评为绥化地区优质产品、黑龙江省名优产品称号。

企业近年来投资近亿元进行了生产工艺环境和设备改造，引进英国莫林斯公司的超九卷接机组和德国斯慕门公司的B1包装机组，在全省烟草系统率先使用CIMS微机发酵系统控制烟叶发酵。先后两次改造了制丝生产线，上马了滤嘴风送系统及风力送丝系统。根据“以市场为导向，以需求为准绳”的产品开发策略，研制开发了软包“发发”牌卷烟，软硬“恭喜”牌卷烟及红硬“大庆”烟。是绥化市的财政支柱企业，跨入全国最大工业企业500强、行业百强和黑龙江省50家最佳经济效益企业行列。

企业先后获得：全国“五一”劳动奖状、全国创建文明行业工作先进单位、全国烟草系统先进集体、省级先进单位、省六好企业、省级精神文明单位标兵、黑龙江省质量管理先进企业、黑龙江省科技兴省成果单位、中国质量万里行消费者满意单位等省级以上荣誉称号150余项。 (仇艳辉)

海林卷烟厂 企业年生产能力25万箱，计划生产指标16.5万箱。现有在岗职工885人。主要生产“龙烟”、“羚羊”、“京都”、“国安”，“樱花泉”、“力马”等六大系列产品。2000年8月，厂新一届领导班子成立后，坚持用发展的办法来解决前进中的遇到的各种困难和问题，狠抓基础，步入正轨，止跌回稳，稳中求进。

2002年累计生产卷烟14.5万箱，全年销售卷烟14.8万箱，同比增长1.8个百分点。其中，省外销售创历史新高，实现卷烟销售交易量25.936箱，占总销售量的17.5%；全年实现产值为2.9亿元，创税利1.3亿元，同比分别增长12.4%和17%。

海林卷烟厂首先以仓储管理为切入点，重整优化业务流程，理顺从采购计划到车间物料配送的流程，实现企业内部物流的统一独立化运作。在此基础上进一步深化“五分一流”的物资采购办法，通过比质比价招标采购，降低了采购成本，节约541.9万元。二是立足盘活存量资产，严控增量资产，实施稳健的财务政策，使企业资产状况有了明显好转。三是从整个产品的价值链构成的角度出发，推行全过程的成本控制。运用价值工程原理，简化包装，降低包装成本；通过优化配方设计，利用科技降低成本；通过改进生产工艺，加强经济责任制考核，降低物料消耗；通过加强质量管理，减少不合格产品损失；通过加强计划管理，严格控制库存资金占用。四是三产与主业完全实现剥离。国安公司组建后，通过一年的独立运营，不仅解决了我厂三产组织结构小、散、低等问题，而且在回报主业，为主业减负增效，降低成本费用，节约开支等方面做出了积极的贡献。年为主业节约降费额达376.5万元。企业产品结构调整取得了实质性突破，骨干品牌“龙烟”东山在起，市场份额覆盖全省十二个分公司，彻底结束了仅在牡丹江地区销售的格局。“国安”品牌的开发投入，在短时间内得到业内人士和消费者的认识，填补了我厂历史上无高档烟的空白，并成为全省一类高档品牌之一。“京都”香烟，以老品牌，新品牌，独领省外市场，交易量居全国前50强，排名27位。二是坚持“固内强外”方针，省外市场开发取得历史性突破，先后开发八省二十三个市县，销售量达25,936标箱，占总销量的17.5%。三是积极稳妥进行品牌的整合培育。

(孙立岩　王庆杰)

上海市

上海烟草工业印刷厂 上海烟草工业印刷厂始建于1929年，是国内最早专业生产卷烟商标纸的印刷厂。现为上海烟草（集团）公司全额投资的子公司。

为了适应包装印刷行业的快速发展及市场需要，上海烟草工业印刷厂在上海浦东新区投资兴建了上海罗德烟草印务有限公司和上海金鼎印刷厂，装备了世界一流的瑞士BOBST“820”六色凹印生产线、BOBST“650”六色凹印生产线和法国尚邦GR“520”七色凹印生产线，专业生产各类卷烟翻盖、条盒和软包等精美产品。这些先进设备的引进和投入使用，使得以烟草印刷厂为主体的上海烟草印刷业，在纸质产品的加工能力上更趋全面，企业的整体实力得到了显著的提高。上海烟草工业印刷厂还被上海市评为优秀包装印刷企业；被中国包装技术协会评为“中国包装印刷龙头企业”；被上海市高新技术企业（产品）认定办公室认定为“上海市高新技术企业”；并被上海市人民政府评为“上海市推行全面质量管理先进单位”。

为进一步提升产品的技术含量和市场竞争力，烟印厂通过技术攻关提高企业技术创新能力，在2002年“中国烟草20年来成果展”和“上海印刷展”上，该厂制作的特殊展品在展览会上受到注目，为企业赢得了良好的声誉。该厂生产的“奥特曼卡通卡”、“罗技鼠标盒”荣获上海市第二届优秀产品奖，同时还被评为华东地区（扩大）第21届包装印刷质量评比优秀奖。

上海白玉兰烟草材料有限公司 上海白玉兰烟草材料有限公司是专业制造卷烟滤嘴（包括聚丙烯丝束滤棒、醋酸纤维滤棒等），生产各类包装纸箱以及多用途胶粘剂的生产企业。

公司座落于张江工业园区内，占地2.6万多平方米，员工人数400多人。企业发展至今先后引进了KDF－2滤棒成型机、法国基尔三色印刷模切机等各类专用生产设备，长期为上海卷烟厂提供“中华”牌等卷烟的烟用材料和包装材料。2002年生产销售各类滤棒44亿支，瓦楞纸箱1080万平方米，销售收入达1.3亿元，利润1900万元。

在上海烟草（集团）公司的领导下，企业秉承原上海烟草材料厂浦东联营公司的经营理念，始终规范经营，诚信合作，与国内外众多客户保持着良好的经营合作关系，无论是在交货准确率、产品质量、服务满意度等合同履约情况都得到客户的一致肯定，确保了企业能够始终健康、稳定的发展、壮大。在规范经营上始终坚持一丝不苟的工作作风，严格按照有关规定进行操作，尤其是在《烟草专卖法》的要求下，从合同签订、合同履行、专卖品运输等各个环节都严格按照《烟草专卖法》的要求认真执行。2000年被浦东新区工商局评为“重合同、守信用”优秀单位、2001年被浦东新区税务局评为纳税信用A类等级企业。

在企业内部管理上，积极推行全面质量管理，实施GB/T19001 idt ISO9001：2000版标准要求，用现代化管理手段和方法不断完善企业基础管理工作。公司始终坚持“顾客就是上帝”的服务准则，在生产实践中形成了具有企业特色的“滤棒纸箱　质量至上　一支一箱　心系市场”的质量方针。1998年12月企业的纸箱生产经上海商检局验收合格，获得了《出口包装材料资格证书》；近几年先后被中国包装协会、上海市包装协会评为“中国包装200强企业”、“上海包装50强企业”，2002年“软中华内销纸箱”被上海市包装协会评为优秀产品质量奖。在设备管理上，2002年被上海烟草（集团）公司评为行业二级企业；同时作为上海烟草（集团）公司指定供应商，获得了2002年度卷烟材料优秀供应方。

上海卷烟厂

2002年，工厂围绕“以生产过程控制为中心，增强质量预控能力”中心工作，优化人力资源开发，提升精神文明建设，增强适应市场能力，实施设备效能管理，加强成本预算控制，加快信息化建设步伐，提高安全环境保障水平，坚持管理、技术同步发展，积极寻求和赶超先进标杆，进一步深化“三项制度”改革，在追求“国内一流、国际先进”目标的工作中迈出了坚实的一步。

2002年工厂在岗人数为2550人，人均实物生产率为489.92箱/人(2449.6万支/人)。各类卷烟产量为124.93万箱（624.65亿支)。工厂产品质量抽检合格率100%，平均质量得分达到99.46分，比2001年提高0.33分；顾客理赔率为0.0058ppm。各项经济技术指标均稳中有升，保持良好受控状态。

在提升管理水平的过程中，工厂积极创新方法，大胆寻求突破，作出了有益的探索和实践。在质量管理方面，工厂对统计技术的运用和标准化生产的实施作出了初步的尝试，并以制丝生产过程为切入点，选择了22个主要工序控制点，采用工序能力指数（即c_{pk}值）对加工能力进行判断，取得初步成效。工厂还主动寻找差距，瞄准国际先进标杆，将“中华”品牌的卷烟物理检测数据与“万宝路”进行对比分析和研究，经过一年来不懈地探索和改进，“中华”牌卷烟物理指标83.3%达到“万宝路”标准；在设备管理方面，工厂依托信息化技术，研究并运用设备效能分析方法，为设备管理提供了较准确的数据依据。工厂设备有效作业率稳中有升，全年达到89.58%；在成本控制方面，工厂注重成本预算编制的深、实、细和预算操作流程的合规性，并以精品“红双喜”为突破口，探索工厂制造成本管理提升的有效途径；以烟叶单耗为预算项目重点控制点进行控制，加强了成本的全过程控制，各项成本费用指标有效受控；在信息化建设工作中，工厂以六个自行开发的计算机项目为载体，有效推进了工厂信息化建设。工厂还自行开发了SAS统计分析系统，实时数据被广泛运用于管理之中。

在精神文明建设中，工厂持续增强精神文明建设对工厂发展的推动作用，始终坚持把工厂重点工作作为出发点，开展“做精做强、敬业爱岗”主题教育，深化“党员质量责任区”活动，广泛开展群众性技术攻关和质量改进活动，为全面完成工厂方针目标起到了促进和保证作用。 **(余胜宏)**

上海烟草机械有限责任公司

上海烟草机械有限责任公司由上海烟草工业机械厂转制而来，建于1952年4月，投资方为中国烟草机械集团有限责任公司和上海市烟草（集团）公司，其前身是英美颐中烟草公司浦东烟厂，至今已有一百年的历史。该公司是我国第一家烟草机械专业生产单位，也是我国轻工机械行业的重点骨干企业，1994年起至今被列为上海市高新技术企业。

上海烟草机械有限公司现有员工1231名，其中专业技术人员276名，技术力量雄厚。经搬迁重建和技改项目投入使用，企业已具有了从产品设计、制造（冷加工、热加工）到总装全过程的机械制造能力。应用计算机集成制造系统（CIMS)，采用先进的树脂砂工艺铸造铸件；机械切削以国际、国内一流的加工中心数控机床为主体手段，运用国际先进水平的三坐标测量仪和电子测高为主要的检测手段，形成了制造、调试、服务完整的企业生产经营的管理体系。已成为一座具有生产九十年代国际先进水平卷烟包装机械能力的现代化企业。

上海烟草机械有限公司2002年生产的主要产品有ZB45型（X2）硬盒硬条包装机组、ZB25型（X1）软盒硬条包装机组和ZL22A型（KDF2）纤维滤棒成型机组。2002年完成产值5，1947万元，实现销售收入3，8866万元，完成利润3506万元。

上海高扬国际烟草有限公司

上海高扬国际烟草有限公司创建于1992年2月，系沪港合资企业，投资总额为5000万美元。公司位于中国最大的保税区——上海外高桥保税区内，占地面积4.8万平方米，建筑面积5.3万平方米，是一家集卷烟生产、销售、进出口贸易、保税仓储为一体的外向型、现代化综合企业。

公司实行董事会领导下的总经理负责制，引进具有90年代世界先进水平的卷烟工业设备和国外先进的管理理念，制定符合公司特点的高效管理模式。依照董事会的要求，在（集团）公司“做精做强”战略思想的指导下，高扬公司2002年卷烟产量、主要经济技术指标、利润有了新的提高和进步，共实现税利4.2亿元，并荣获上海外高桥保税区管委会授予的税收绩优企业、加工企业工业产值绩优企业、纳税绩优企业等称号。

为适应品种结构大调整的需要，确保低焦油生产的质量，公司加大技术改造的投入力度，对制丝工序的烟叶预处理段、切片机、喂料机设备、计量设备等进行了不同程度的改造，使设备的硬件水平得到进一步提高。

经过几年的准备和试运转，2002年8月正式进入产品的商业生产。12月起，高扬公司生产加工的“七星”卷烟开始在全国各地陆续上市供应，“七星”卷烟的生产逐步纳入公司的正常生产中。

公司在积极发展主业以外，还利用地处保税区的优势和政策，积极拓展仓储业务，2002年仓储收入达到367万元。

公司在保持经济快速发展的同时，围绕企业重点工作和全局战略，从强化思想政治工作和强化三支队伍建设入手，以标准化的管理、规范化的操作，夯实管理基础，不断提高员工队伍素质和现代化管理水平。 **(顾毓彦)**

上海烟草储运公司

2002年，上海烟草储运公司完成卷烟吞吐293.5万箱，烟叶吞吐20.7万吨，运输任务350万吨公里。同时确保了企业财产和人身安全，提高了在库烟叶和卷烟的养护水平，有效地控制了企业运行成本，进一步拓展和优化了服务工作，为上海烟草做精做强、持续健康发展提供了积极支持。

2002年，该公司着力于通过管理技术创新，拓展工作空间。坚持养护提质方向，对以“检测、控制、评价”为主要内容的养护提质体系进行了完善和优化，丰富了检测手段，加强了控制力度，推广应用了17项质量改进成果，扩大了空调仓间面积，增加了微波水分检测、熏蒸工作的中途检测和残毒检测，还增加了部分烟叶仓间计算机温湿度自动检测；初步建立了养护实验室，开始对“中华、低焦双喜”原料进行理化指标检测，开展了烟叶养护的科技项目研究。烟叶养护质量持续有效地得到保障，年平均库耗率为0.06%。

公司积极推行安全“承诺制”活动，排摸和控制了各类危险源，巩固和健全了安全责任制，有效建立了安全生产长效管理机制，确保了安全事故频率为“0”的良好纪录。

公司顺应发展趋势，大力拓展服务领域、提升服务层次、提高服务水平。对外，扩大卷烟配送范围，建立顾客评价体系，设立卷烟配送及时率、差错率、满意率指标，把服务质量纳入了质量贯标体系；对内，强化上下道工序的相互合作服务，树立“我服务，我快乐”的思想理念。在技术支持上，完成了计算机主机平台的升级改造和应用软件的修改，大幅度提高了卷烟仓运管理系统的运行速度和稳定性；开发完成了车队成本核算系统，使生产调度、车辆维修保养、油料管理、零配件采购等业务工作全部实行了计算机全程监控、管理。 （谢一凡）

江苏省

南京市烟草专卖局（分公司）

南京市局（分公司）现设办公室、专卖监督管理处、卷烟营销处、人劳处、财务审计处、纪检监察处等五处一室和八个区分局，现有在编职工171人。

2002年全系统经济运行质量和效益再创历史最好水平，对系统外销售卷烟22.88万箱，比去年增长7.18%；实现税利6.32亿元，利润4.95亿元，同比上年分别增长33.42%和33.09%。分公司本级对系统外销售卷烟11.54万箱，比上年增长6.62%；实现税利2.98亿元，利润2.35亿元，分别比上年增长36.19亿元和34.99%。

以“打假年”系列活动为主线，以“四无达标”工作为重点、开展了“盯大户、挖窝点”的卷烟打假竞赛活动，联合工商等行政执法部门取缔“名烟回收店”，重点整治了铁路沿线卷烟违法案件，实行边界联合打假严防边境渗透。不断巩固“素质年”活动成果，加快“正规化管理、规范化办案”进程，烟草专卖法进入社区，积极创建优秀窗口地带，营造依法治烟的社会氛围，全年共出动执法人员49743人次，端掉制假售假窝点117个，查获各类违法卷烟5658.6件，罚没款566.79万元。

市局（分公司）于四月份实现了六个城区卷烟集中配送，辐射207.92平方分里面积，204.51万人口，10118户零售户，年配送量8万多箱。网络“标准化、信息化、网络文化、队伍优化”要求得到深入贯彻，全系统基本实现了访、送分离和一个区县一个配送中心的目标。

2002年，市局（分公司）政研会被评为省级先进政研会；被市政府评为“文明系统”和“建设新南京有功单位”。

苏州市烟草专卖局（分公司）

2002年度，苏州烟草系统继续保持了各项经营管理指标稳步上升的良好势头，经济运行质量进一步提高。全系统卷烟对系统外销售191000箱，同比增长3%；实现销售收入23亿元，实现税利4.7亿元，同比增长21%，其中利润3.8亿元，同比增长23%

卷烟销售网络建设 卷烟销售网络建设取得新成效。1.狠抓落实、大胆扬弃，积极稳妥地推进网建第二阶段工作。全系统建立了30个访销部（组），配置送货汽车155辆，聘用人员739名，实行严格的监督考核制度，提供统一标准的服务，提高了服务水平。目前全系统网络的连接面达到了99%、送货率达到100%，市场占有率和控制率得到较大提高。2.围绕市场和效益，进一步规范经营行为，努力调整卷烟销售结构。业务部门在调拨、销售、管理等环节较好地贯彻了“适销、效益、调控”原则。一是牢固树立了网络销售意识，通过销售网络将卷烟送到千家万户，真正实现了用有效货源占领市场、满足消费、获取效益的目标。二是通过市场选择，调整品牌结构，使销售品牌更利于网络运作，更适应市场需要。三是继续发挥分公司调控职能，在大市范围内进行货源余缺调剂，以利于整体市场的协调有序。3.继续突出重点，正确处理好“四大名烟”与骨干牌号的关系，巩固和拓展以江苏“四大名烟”为代表的地产烟市场。全系统地产烟销售同比继续适度增长，销量突破11万箱，同比上升5%。四大名烟销售总量达到了61000箱，同比稳中有增。

烟草专卖管理 烟草系统专卖管理工作进一步深化，积极开展“卷烟打假年”和“四无”达标活动，查处大案要案，加大追刑力度，全面整治卷烟零售市场秩序，对市场的控制力增强。市局稽查支队对浒关农村重点地区售假行为进行多次行动和连续打击，售假贩假势头得到有效遏制。在省局开展的“9.19”“9.28”全省统一行动中，查获违法案件101起，没收假烟1581条。全市烟草专卖部门各类检查共出动39550人次，检查经营户43081户次，查处各类违法违规案件1892起，其中假烟案236起，走私烟案7起，无证运输151起，没收各类假烟474.17件，没收走私烟120.65件，罚没款365.59万元。

（局办公室）

无锡市烟草专卖局（分公司）

2002年，无锡市局（分公司）认真贯彻落实国家局、省局卷烟经营和专卖管理工作等一系列指示，各项工作取得了有史以来的最好成绩。全系统销售卷烟16.37万箱，比上年同期增长2.33%，完成销售收入23.83亿元，增长6.86%。实现税利5.03亿元，增长22.15%，其中利润4.14亿元增长23.76%，各项经济指标位于全省同行前列。同时，通过开展一系列整顿治理活动，并加大了查处大要案的力度，烟草专卖管理工作取得丰硕成果。共处理各类卷烟违法经营案件4840起，其中，捣毁售假窝点8个，查获各类假冒卷烟423件，组织销毁假冒卷烟1307件，罚没款561万余元，有5人因非法经营卷烟被追究刑事责任，4人治安拘留，2个收容审查。2002年，无锡市局（分公司）大胆探索和实行“全面访销、集中配送、系统管理、城乡一体”的网络运行模式，网建工作取得新的进展，上半年，先后对无锡原市区和原锡山市公司18个卷烟营销网点进行了重新布局，撤销5个访销部，调整了1800多个零售户的隶属关系。同时调整了无锡市区基层专卖管理网络，统一规范了网络管理模式，实现了城乡网络同步协调运行，促进了经营工作的顺利进行。2002年，无锡市局（分公司）在实现经济工作不断发展的同时，深入扎实地开展了精神文明创建工作，年底，首次被无锡市委、市政府命名为无锡市文明单位。

常州市烟草专卖局（分公司）

常州市烟草专卖局、常州烟草分公司下设办公室、专卖监督管理处、卷烟营销处、财务审计处、人事劳资处、监察处六个部门，辖武进、金坛、溧阳三市局（分公司），全系统正式职工148人。

企业发展有新跨越 2002年，全市烟草系统累计实现系统外销售卷烟119086箱，同比增长0.2%；实现税利29719万元，同比增长22.85%；实现利润23033万元，同比增长22.92%，再创历史最好水平。全系统经济运行质量连续4年保持全省先进水平。全年查处各类违法案件2495起，其中假冒烟案1614起，同比上升14%；查获违法违规经营的卷烟82950.5条，其中假冒卷烟32896条，与去年同期相比增加了40%，整顿和规范烟草市场秩序工作取得丰硕成果，市场面貌进一步好转。

网络建设有新突破 常州分公司率先实行“电话订货、电子结算”为标志的现代流通新模式。市区已有3300多零售户加入电话访销网，其中有2069户实现了电子结算。全系统加快从传统商业向现代流通的转变。营销网络在稳价促销、培育品牌、优质服务等方面有效地发挥了基础性作用。

企业管理上新平台 2001年通过ISO9001质量管理体系认证以来，继续深入开展ISO9001质量管理体系的持续改进工作，把财务管理正式纳入质量管理体系，去年7月顺利通过严格的复审。金坛市局通过了省局内控制度评审，内控制度在全系统逐步推广。组织修订了企业内部管理制度汇编，对各项管理制度进行了修改完善。

队伍建设有新局面 全系统以开展“学习型行业”建设为重点，认真筹划和组织实施学习日活动，抓好学习载体建设，并坚持监督检查学习落实情况。去年全系统共有34名职工参加了在职学历教育，组织培训101期，达4999人次，职工撰写心得笔记291篇。

镇江市烟草专卖局（分公司）

至2002年底，镇江市烟草专卖局（分公司）设局长一名、副局长一名、副经理两名，下设立“六处一室”：办公室、专卖监督管理处（烟草专卖稽查支队）、卷烟营销处、财务审计处（国有资产管理处）、人事劳资处（机关党总支、机关工会）、监察处（与党组纪检组合署）、经济信息管理处，共有职工65人。

2002年，市局（分公司）本级实现税利6788万元，同比增长12.03%。其中实现利润4931万元，同比增长4.96%；对系统外销售卷烟36402箱，同比下降24.87%。

全年查处违烟违法案件1219起，收缴各类假冒烟32190条、走私烟346条，查获乱渠道进货卷烟15000条、无证运输烟35700条，罚没款160万元。卷烟市场顺利通过省局“四无”达标检查验收。

严格按照省局网建工作要求，积极探索体现集约化经营的先进网建模式，于2月份顺利实施了“城乡一体、全面访销、集中配送、访送分离、专销结合”的访、送、管网络体系。在全系统率先成立卷烟零售经营者协会，充分依靠现有网络优势，围绕“三个满意”，切实开展有关工作。

企业内部管理、党风廉政和精神文明建设工作全面进步，市局（分公司）机关档案工作目标管理达全国烟草系统“优秀”等级标准。

南通市烟草专卖局（分公司）

南通市烟草专卖局（分公司）下辖海安、如皋、如东、通州、海门、启东六个县（市）局（公司），机关设有办公室、专卖监督管理处，卷烟营销处、人事劳资处、财务审计处、监察处和经济信息管理处七个处室，现有正式员工68人、聘用员工1055人。2002年南通市局（分公司）认真学习贯彻十六大精神，努力实践“三个代表”重要思想，紧紧围绕“夯实六个基础”的年度工作目标，大力推进“电话订货、电子结算、集中配送”的卷烟营销新模式，深入开展专卖管理“四无”达标活动，全面贯彻实施标准化体系，两个文明建设同步协调发展，主要经济指标连续第四年再创历史新高，国家烟草专卖局新老局长倪益瑾、姜成康先后来南通烟草视察。全年调入卷烟19.47万箱，同比上升1.28%；卷烟批发销售19.42万箱，同比上升1.64%；销售总额19.31亿元，同比上升1.31%；实现锐利3.33亿元，同比增长20.65%；实现利润2.62亿元，同比增长26.39%。

网络建设 在海安县公司试点并召开现场会，将“电话订货、电子结算、集中配送”的卷烟营销模式向县城和农网推进，在全国烟草技术创新成果展览会上展示；各县（市）公司成立客户服务中心，配备市场经理，免费培训客户，评选“明星客户”，建立零售连锁店94家，网络运行质量和服务水平显著提高。

专卖管理 落实“卷烟打假年”的工作要求，召开全市整顿和规范卷烟市场秩序工作会议，组织全区专卖稽查人员参加国家局法律法规考试，参考率和通过率均达100%，深入开展系列打假活动，对“名优烟回收店”和楼堂馆所重点清理整顿，全年共查处各类卷烟违法违规案件1517起，查获非法卷烟403.67件，“四无”达标基本实现。

企业管理 修订完成南通烟草四大标准体系，196个单项标准并全面贯彻实施，通过省级验收；开发出适应卷烟营销新模式及营销结合的软件，启动南通烟草信息化管理标准流程的研制；开展财经秩序专项整顿活动；组织开展多项安全比武竞赛活动，创造良好的安全环境；完成了市局（分公司）机关“三定”工作。

品牌培育 依照“大厂家、大品牌、大效益”原则，重点培育好20个牌号的行业名优卷烟，根据市场需求积极调整销售结构，基本形成以江苏“四大名烟”和国优名烟为主体的高中低档结构比较合理的卷烟品牌体系。

（莫　彤）

扬州市烟草专卖局（分公司）

2002年，全系统外销售卷烟144201箱，同比增2.03%；销售总额185412万元，同比增长5%；实现税利29853万元，同比增长23.88%；利润22877万元，同比增长25.76%。其中分公司本级销售卷烟24700箱，同比增长3.27%，销售总额39096万元，同比增长8.82%，税利6980万元，同比增长17.2%，利润5286万元，同比增长19.99%。

坚持与时俱进，网建运行质量进一步提升 制订了《网络从业人员计件工资办法》，统一了专卖、业务对零售户分类管理的标准，实行捆绑考核制。开发了适应访送分离ERP管理信息系统，引入“电话订货”营销管理系统和网上配货商务系统。通过优胜劣汰、再教育等形式，改善了年龄结构和知识结构，现有593名从业人员中，144名大专以上学历。开展“三满意”活动，尝试建设“卷烟销售客户服务单位”，增强市场控制能力。

抓好市场整治，市场控制能力进一步提高 按照省局要求，开展“四无”达标活动，共查处各类违法烟案1856起，涉案卷烟1391件，其中假冒烟案323起，假冒烟948件，捣毁制售假烟窝点148个，上缴国家罚款146.7万元。年底前，采取上门服务的方式，对全市35211个卷烟经营户的卷烟零售户许可证进行审核，通过年检的许可证27219份。

坚持规范管理，企业内部管理水平进一步加强 按照省局（公司）“三定”工作部署，机关在编职工由73人压缩到60人以内，部门负责人平均年龄由原来的40.89岁下降到现在的38.67岁，文化程度均达到大专以上，12个中层干部岗位，全部经过民主测评，党组研究，并报省局批准后产生。

坚持从严要求，党风廉政责任制的落实进一步到位 全系统党员干部认真学习和履行“三个代表”，深入开展廉政教育，全年上缴礼品礼金35人次，折合人民币29万元。年底，省局对市局党组贯彻落实党风廉政建设责任制考核，取得了97分的好成绩。在年底组织的民主测评中，市、县两级局（公司）领导干部综合得分均为优秀。

泰州市烟草专卖局（分公司）

泰州市烟草专卖局（分公司）下辖靖江、泰兴、姜堰、兴化四个县级局（公司），全系统现有在编职工226人，两网聘用人员1160人。市局（分公司）机关内设办公室、卷烟营销、专卖监督管理、人事劳资、监察、财务审计和经济信息等七个职能处室。

2002年，全系统按照“控量、促销、稳价、增效”的总体要求，切实加强宏观调控，经济运行质量和效益有了明显提高，全年累计批发销售卷烟14.32万箱，同比增长0.1%；累计实现税利2.72亿元，同比增长26.9%；其中利润2.1亿元，同比增长30.4%。全系统不断加大整顿和规范卷烟市场经济秩序工作的力度，市场净化水平和控制能力取得明显进步，全年查处各类案件3500余起，查获各类违法卷烟2600余件，移交公安部门处理42人。卷烟销售网络建设方面，全面实行了“访送分离”网络运行模式，积极推行电话订货和电子结算等现代交易方式，大力推进现代信息技术在卷烟销售网络的运用，一个“电话订货、网上配货、电子结算、现代物流”的现代商业流通模式初步形成。

与此同时，全系统企业内部管理和精神文明建设取得同步发展，包括市局（分公司）机关在内的五个单位全部获得了2002年度泰州市文明单位称号，职工士气空前高昂，企业凝聚力不断增强，为全系统的持续、稳定、健康发展奠定了坚实的基础。

盐城市烟草专卖局（分公司）

盐城市局（分公司）下属8个县（市）公司，现有职工318人。2002年，全市销售卷烟22.02万箱，其中省内烟12万箱；销售总额18.41亿元，同比上升5.86%；实现利税2.94亿元，同比增长2.54亿元，上升15.85%；其中实现利润2.22亿元，同比增长1.94亿元，增长15%。

销售网络建设不断深入，本着优化资源配置，实施集约化经营的原则，因地制宜，在市区和各县县城积极推行“全面访销，全面配送，专销结合，访送分离”的大配送模式。全系统结合实际，重新合理布局网点，以访销部（访销中心）为单位，辐射卷烟市场。在实施过程中，共成立了75个访销部（访销中心）。

认真贯彻“卷烟打假年”工作要求，进一点加大整顿和规范卷烟市场的力度。全年出动各类检查人员5.5万人次，查处违法经营卷烟案件2734起，收缴违规卷烟563件，其中制售假烟案件908起，收缴假烟113.8件。上缴财政罚没31万元。

在市局（分公司）机关实施了旨在优化人力资源配置，定员、定编、定岗的“三定”工作。从工作需要出发，重新设置岗位，明确岗位职能，本着双向选择的原则，重新聘用上岗。“三定”后，市局（分公司）设置7个处室（办公室、专卖监督管理处、人事劳资处、纪检监察处、财务审计处、卷烟营销处、经济信息处），职工在编60人。

积极开展“一抓、二争、三创”为主要内容的群众性精神文明创建活动。继去年被省委、省政府表彰为“江苏省文明行业”后，又被盐城市委、市政府授予“盐城市文明标兵行业内单位”称号。市局（分公司）和8个县（市）局（公司）全部被评为市级文明单位，实现了两个文明建设齐头并进，协调发展。

（王庆华）

淮安市烟草专卖局（分公司）

淮安市烟草专卖局（分公司）下设专卖监督管理处、卷烟营销处、办公室、人事劳资处（工会）、财务审计处、监察处、经济信息管理处；有职工107人。2002年实现税利1.87亿元，其中利润1.46亿元，系统外销售卷烟13.73万箱，同比分别增长10.1%、7.9%和0.3%；一年中查处案件133起，查获假烟175件。

2002年，淮安市局的专卖管理围绕整顿和规范市场经济秩序工作中心，开展卷烟打假专项斗争和“四无”达标活动，加强证件管理，实施零售户“间苗”等一系列卓有成效的工作，制售假烟违法犯罪活动得到有效遏制，卷烟市场秩序进一步好转，市场净化率达到了98%以上。

淮安烟草突出抓效益、谋发展，经营网建工作始终遵循“控量、稳价、促销、增效”的基本原则。一是均衡销售，有效掌握销售节奏，适度控制销售计划，取得结构调整和中高档卷烟持续增量的新突破。二是培育品牌，全年共销售“一品梅”等国优名烟63019.23箱，占总销量的41%；实现销售额6.6亿元，占总销售额的63.16%，三是突出客户为本，服务至上的经营理念，开展了零售统一指导价工程，65%以上的卷烟零售价达到了价格要求，市场控制力有了明显的提高。四是夯实基础，形成了运转高效，分工明确的城网运行体系；农网则着力于集约运行、整合送货线路。全市共撤销批发部38个，减少网点人员107个，减少送货线路172条，实现了上级“三减一增”的要求。

内部管理工作的重点是财务管理，主要是清查了账外账、小金库，专卖罚没收入收支、样品烟宣传品流向等财务问题，坚持内控制度。推行预算管理，实行费用计划控制。与此同时，把信息化管理摆上突出的位置，成立了专职机构，配备了专业人员，市、县（区）局（公司）建立了广域网联接，租用2兆数字电路，建立了网站，完成信息网站的改版工作，为实现科学管理创造了必要的条件。

宿迁市烟草专卖局（分公司）

2002年宿迁市烟草专卖局（分公司）机

关内设机构为办公室、专卖监督管理科、卷烟营销科、财务审计科、人事劳资科、监察科、经济信息管理科七个部门，共32名干部职工。

2002年全市销售卷烟115802大箱，实现税利1.32亿元，同比增长12%，其中利润1.048亿元，同比增长21.5%。全市共查处各类案件774起，其中：查获假冒烟案74起；查获各类卷烟2050件，其中：查获假冒烟1474件，罚没款35.8万元；拘留违法烟贩15人，逮捕4人，拘役2人。

抓好“四大名烟”宣传促销与拓展培育。实现规模效应。全年四大名烟累计销售38054箱，同比增长38%。挖掘市场资源的整体优势，规避品牌经营风险，积极引进省外低档品牌，努力满足农村市场需求，集中调配适销货源，合理安排调拨进度，保证低档卷烟销售的平衡发展。按照“全面访销、集中配送、专销结合、城乡一体、统一运行”的要求，2002年3月8日开始，全系统用了78天时间，5月底实现网建三大攻坚。一是营销模式攻坚。撤销67个批发部，成立“职能平行、机构分设、职责明确、衔接顺畅、监督有力”的5个访销、配送和信息中心，并及时制定职责制度和考核办法，规范业务流程；二是信息化攻坚，将掌上电脑运用于访销环节，对电脑硬件升级，软件开发注重后台控制和过程管理，增强信息化对决策分析的支撑作用；三是专销结合攻坚。探索和推行访、销、管三位一体，三员互控考核新模式，达到了“管理有力、信息灵敏、服务到位、送货及时、相互促进”的效果。

徐州市烟草专卖局（分公司）

徐州市烟草专卖局（分公司）座落在徐州市青年路171号，辖丰县、沛县、铜山县、睢宁县、新沂市、邳州市及贾汪区7个县级烟草专卖局（公司）。市局（分公司）本级内设卷烟营销处、专卖监督管理处、财务审计处、人事劳资处、纪检监察处、经济信息管理处、办公室六处一室和金秋、万欣2个实业发展有限公司。全系统建有8个客户服务中心，8个物流中心，37个稽查大（中）队，拥有186台卷烟配送车，75台专卖稽查车，从业人员1698人，其中在册职工407人，招聘工1291人，全市卷烟零售户39331户。

2002年，市局（分公司）认真贯彻执行《烟草专卖法》及《实施条例》，深入开展“卷烟打假年”和“四无”达标活动，积极推进“户籍化”管理，大力整顿和规范卷烟市场经济秩序，全年查处各类违法案件14517起，破获制售假烟窝点589个，查获涉案卷烟5560件，缴获手工制假烟机31台套，烟丝26吨，复烤烟叶36吨，罚没变价款361.65万元。移送公安、司法机关57人，刑拘28人，行政拘留17人，逮捕20人，劳教2人，判刑14人，全市卷烟市场净化率达到97.2%，专卖管理工作“三年阶段性目标”基本实现。为了应对烟草入世，提高竞争能力，市局（分公司）建立了涵盖财务、专卖销售、办公自动化、决策支持等内容的公司综合ERP管理系统，并以此为支撑，进一步完善了城网建设，全面推开了农村网建访送分离工作，初步建立起“城乡一体、访送分离、专销结合、信息管理、科学运作”的卷烟销售网络，进一步提高了为工业企业、零售户和消费者服务的质量与水平，卷烟经营秩序日趋规范，网络的管理力、创新力、凝聚力、控制力进一步增强，有力促进了卷烟销售。全系统累计销售卷烟240067箱，同比上升3.8%，实现税利26612万元，利润20382万元，同比分别增长15.1%和16.5%，与2000年机构分设前相比，翻了将近两番。

连云港市烟草专卖局（分公司）

2002年，连云港市烟草专卖局（分公司）下设一市四县局（公司）五个法人单位，共有在编员工198人，聘用员工785人。全年累计销售卷烟11.78万箱，同比增长2.43%，实现利税14866万元，同比增长15.08%，实现利润11470万元，同比增长14.44%。市局被评为全国烟草专卖工作先进集体，被市委市政府授予“建设连云港先进单位”、“纳税十强企业”光荣称号，所属四个县局（公司）也分别被地方政府授予“先进单位”和“有功单位”。

专卖管理 开展卷烟“打假年”和“四无”达标竞赛活动，深化稽查网络创“星”工程，组建情报信息网络，加大追刑力度，进一步整顿卷烟市场秩序。共查处案件393起，查扣卷烟3.9万条，其中，假冒烟1.5万条，移送司法机关拘留9个，刑事拘留26人，其中判刑12人。

卷烟销售网络建设 以城网建设为重点，大力推行“全面访销、全面配送、访送分离、专销结合”新模式，建成了物流配送中心。整合农网布局，精简优化人员，提高网络运行质量。农村批发网点由年初52个整合为27个，网点人员由532人减少到445人。

经营工作 调优结构，挖潜增量，推出“减‘九’增‘十’、保量增效”的新举措，出台了《调优结构达标竞赛实施方案》。挖掘政府接待消费、旅游消费、宾馆饭店、红白喜事等特殊消费四个效益增长点。省内外卷烟合同履约率均超过了95%。

队伍建设 认真学习“七一”讲话和党的十六大报告，贯彻落实党风廉政建设责任制。积极推行“政务公开”，出台了《政务公开实施方案》和《增收节支，阳光操作暂行规定》。进一步提高专卖执法队伍素质和内部管理水平，组织专卖执法人员参加国家局法律法规统考，参考率和合格率均达到100%。

内部管理 突出财务管理核心地位，通过公开招标，组织实施了财产集中保险和选择银行集中存款，出台了《连云港烟草系统预算管理实施细则》，开展了整顿财经秩序活动。规范档案管理，市局和灌云、东海、赣榆县局通过了国家局优秀等级认定。顺利完成了对四个县局（公司）领导班子调整充实，初步理顺了企业奖金分配系数。市局（公司）本级全面实行中层干部竞争上岗，一般职工双向选择，顺利完成机关“三定”工作，内部机构调整为办公室、卷烟营销处、专卖监督管理处、财务审计处、人事劳资处、监察处。以科技应用为手段，加大投入，构建信息平台。全年累计投入240万元，完成了卷烟营销、财务管理、专卖户籍化管理软件的推广应用和内部网站建设，顺利开通了市县局（公司）广域网和市局视频网络会议系统。

江苏烟草东渡有限公司

2002年，江苏烟草东渡有限公司共销售东渡卷烟66269箱，同比增长5.12%。实现税利8681.6万元，同比增长20.69%，其中利润6368.8万元，同比增长16.64%。公司下设办公室、经营部、市场部、省外销售部、财务部，现共有员工77人，其中在编人员17人，聘用及临时人员60人。

一年来，公司在省内市场上注意抓

好销售重点，突出抓了根据地市场的巩固。同时，着力拓展省外市场，加大了对省外销区的投入力度，使东渡在省外的销量同比增长142%。下半年，结合市场需求研制开发了7元价位的金黄东渡，并在全省展开了宣传促销，至年底，新品投放已初见成效。

在内部管理上，狠抓了以费用管理为主的财务管理，严格了财务报销程序；狠抓了以车辆管理为主的安全管理，加强了驾驶员安全教育，完善了安全制度和预案；狠抓了以达标验收为目标的档案管理，顺利通过档案验收，达到国家局档案管理优秀等级；狠抓了员工教育工作，开展了计算机、营销知识等一系列业务培训，组织干部员工多次观看反腐题材的录象、电影、听取警示教育报告、参观专场展览等，大力提倡勤政廉政、爱岗敬业的美德。

公司积极扶持地方经济，向挂钩扶贫单位提供资金和援助，向贫困地区捐款捐物，为残疾儿童捐资助学，给地方经济建设和社会慈善事业都作了一定贡献。

2002年，公司被评为市“双文明单位”，取得了两个文明建设双丰收。

南京卷烟厂 有在职职工1756名，设有职能部门24个，1个生产车间。全年共生产卷烟42.7万箱，实现税利27.7亿元，同比增长17%；其中利润8.4亿元，同比增长12%；企业荣获了“全国文明单位”、“江苏省思想政治工作优秀企业”称号。

2002年是南京卷烟厂实现易地搬迁的第一年。针对易地搬迁带来的资金和市场双重风险，企业以协调产销关系为重点，以加强调控为手段，以强化管理为基础，努力克服生产与市场需求之间的矛盾，按照“调大、调优、调好”的原则优化产品结构，在计划有限的条件下，确保盈利能力较强的中高档卷烟计划的落实执行，保障了企业创利目标的顺利实现，有效地提高了企业盈利能力。

树立现代营销理念，积极整合营销手段，加大企业开拓市场的能力，采用“走出去，请进来”的营销方式，沟通企业与销售公司、零售户以及消费者的联系，把品牌宣传与服务社会有机结合，提升品牌知名度，同时探索新的销售形式，建立企业卷烟连锁店，推进企业销售网络的建设。

提高技术创新能力，围绕提高工艺水平开展多方面的技术攻关，取得了显著成效。通过对工艺数据对比调整，形成了一套适应新制丝生产加工线的工艺指标，使膨胀烟丝和膨胀梗丝的内外在质量显著提高。依据新工艺的要求，加大产品内在质量上的对比试验，调整产品配方，为保证产品质量风格一致奠定基础。响应国家局和省局（分公司）要求，采用物理、化学等降焦实验，通过配方梳理、香精香料的调整以及激光打孔等办法，使产品的焦油加权平均达到15.95毫克/支。

大力推进信息技术，实现了办公设备的连接和信息共享，全面整合了信息流，实现了底层数据和管理系统的无缝连接，建立起了运行顺畅的现代化物流系统。

以“加强现代管理、深化素质教育”为主题，推进企业机制改革，积极推行岗位目标管理，促使人才合理流动，为构建具有统一性、系统性、科学性的目标管理体系奠定基础。进一点深化用人、分配制度改革，引入竞争激励机制，重奖有功人员；强化思想政治工作，开展多种形式的职工职业道德教育，技术技能培训，促使企业不断向学习型企业转化。

徐州卷烟厂 全厂共设置各类处室26个，有正式党员574名（含离退休），厂党委下辖基本层党支部17个。在岗职工2205人、离退休、退职682。

各项经济指标 税利：17.85亿元，同比增长38.9%；利润：3.59亿元，同比增长38.8%；销售总量：37.8万箱，同比增3.6%；生产总量：37.8万箱，同比增长3.6%。（1999－2002年，企业实现税利平均年增幅35.2%，利润平均年增幅59.4%，利润占税利的比重由14.9%提高到20.1%。）查处案件3起；查获违法商标侵权卷烟36件（计1800条）。

卷烟生产情况 全年生产卷烟37.8万箱，外加工卷烟3.5万箱。生产销售红杉树25.2万箱，东渡6.3万箱，红杉树、东渡的产量占总产量的83.4%。红杉树产量同比增长40%，单箱销售收入7388元，贡品、精品、新醇红杉树等中高档产品增幅显著。（1999－2002年，红杉树年产量从10万箱增加到25.2万箱，平均年增幅50.7%，红杉树的年产量占计划总量的比重由29%提高到67%。）苏烟2002年实际销量超过3000箱。全年共生产8个牌别、37个规格，同比上年减少5个牌别、36个规格。

卷烟销售、网络建设情况 一、巩固夯实了省内基础市场。表现在：发展巩固了主销区市场，壮大了无锡、苏州、泰州、常州等重点市场，填补了中高档产品在苏中、苏北的空白“零市场”，省内市场销售网络进一步健全，产品呈现良好发展态势。二、“走出去”战略取得新进展。以“互惠互利、共同发展”为原则，加强烟叶调拨与卷烟销售的深层次合作，开辟抚顺、哈尔滨等省外市场，尤其是徐产烟首次进入了云南市场销售。徐产烟在中免商店、首都机场、全国大中城市、大型超市的销售工作开始实施。省外市场现基本形成西北、山东、安徽、北京市场为主体，东北、华南、东南市场为补充的格局。全年省外市场销售红杉树12733箱（单箱结构10451元）、东渡5014箱（单箱结构9018元）。

科技进步情况 1.通过实施“科教兴企”战略，加快企业创新步伐，加强产品深层次研究开发工作，运用高科技手段，加快低焦油、混合型卷烟的研究步伐，科研能力有了提高。全年卷烟焦油含量加权平均值为13.5mg/支，同比下降1.5mg/支，年底前实现产品焦油量与盒标一致。2.狠抓“双降工程”，烟支单重明显降低（平均18g/20支）。单箱烟叶消耗34.9kg，嘴棒消耗8586支，盘纸消耗3178m。平均设备有效作业率87.7%。3.苏烟礼品包装、彩膜定位设计等自主知识产权获国家专利认证。4.“九五”技改配套工作全面竣工，自动装封箱系统、嘴棒发射系统、卷烟辅料及片烟高架库安装到位，提高了在线自动化水平，建设两个10kv变电所，完善了生产配套设施。5.在成功实施“卷烟工业基础软件”系统的基础上，加快局域网建设，整合企业业务流程，建成网上视频会议系统，财务、销售、生产管理等信息系统在资源共享、业务重组、流程再造中发挥越来越大的作用，提高了工作效率和质量，推动了企业管理模式的变革与创新。

淮阴卷烟厂 下设8个部、5个车间、36个处室（含经营中心），全厂在编职工2659人。2002年，全年共生产卷烟39.7万箱，同比增长1.65%；销售卷烟39.99万箱，同比增长2.93%；

实现销售收入30.62亿元（不含税），同比增长10.86%；平均单箱销售收入为8960.3元，同比净增640元；实现得税20.04亿元，同比增长14.80%；“一品梅”卷烟销量达到32.4万箱，同比增长15%。

企业管理 一是以“九五”技改制丝线工艺管理为突破口，加大工艺管理、现场管理、班组管理力度，积极探索新的运行、管理规律，取得了较好成效，保证了“九五”新生产线的高效运行；二是积极完善CIMS一期工程，初步实现生产管控系统、物流管理系统、生产作业指挥调度系统、生产管理系统的信息集成，使企业现代化、自动化管理水平进一步提高；三是为实现“制度化管理，标准化运行”的目标，有效地开启了“制度完善创新工程”；四是确立了“安全为天”的指导思想，明确了“谁主管、谁负责；谁分管、谁负责；谁出事、谁负责”的责任追究制，圆满地实现了“60199”的安全目标。

市场经营 确立了以市场为中心，一切围绕市场，一切服务市场的观念。全厂上下形成产、供、销、人、财、物都以市场为中心的工作秩序。市场经营意识、市场策划意识、市场目标意识得到了增强。苏北市场得到了巩固，苏中市场求得了突破，苏南市场在做稳的基础上得到了发展，省外市场在发展中又有了新突破。全年，省外调拨淮产烟4万箱，同比增长24.9%，成功地开发了东三省和西北两个新市场，淮产烟的销售已覆盖全国20多个省区，销售结构自去年8月以来基本呈逐月上升之势。12月份单箱调价过万元。

改革创新 为适应市场需要和企业的发展，按区域成立了省外南、北方经营处及18个办事处，成立了省内11个经营中心；进一步改革了用工、用人机制，合理分流富余人员74人；成立了生产管理控制中心，集生产组织、调度管理与监控管理于一体，整合了职能，减少了过程，优化了效能，适应了“九五”技改工艺管理模式需要和信息化需要；企业两次组织内部市场经营人才招聘，以人事代理制方式两次面向社会公开招聘营销人才，营销人员由原先的86人增加到现在的210人，为企业的市场经营奠定了人才基础；成功地开发了新装“特醇红一品梅”、佳品醇“一品梅”这两个产品，为“一品梅”确立中高档品牌的定位，提供了有力地支撑；有效地完成了6台套封箱机设备、6台排包机及成品物流系统的安装、改造工作，有力地美化了生产环境，降低了劳动强度，完成了2万平方米烟叶库设备安装调试工作，新签订了2台套进卷接包机组、2台套国产卷接包机组和2台套进口激光打孔机合同，为2003年装备水平进一步提高打下了基础。

精神文明建设 在全厂组织开展了为期4个半月的“以德育人、以德兴企”主题教育活动，通过教育，职工的做人品味和文明程度进一步提高。企业的凝聚力、战斗力明显增强。企业先后荣获“江苏省思想政治工作优秀企业”、“江苏省厂务公开先进单位”等荣誉称号。

江苏格瑞实业有限责任公司

江苏格瑞实业有限责任公司于2002年3月16日正式注册成立，其前身为江苏烟草原料加工有限责任公司筹建处，由江苏省烟草专卖局（公司）和南京、淮阴、徐州三家卷烟厂共同出资兴建。是全国第一家专业化从事二氧化碳膨胀烟丝加工生产经营的企业，现有正式职工153人，固定资产1.9亿元。公司下设制造工程部、市场企划部、财务管理部、人力资源部、管理统筹部、办公室共六个科室。

设备及工艺 公司的1140KG/H CO_2膨胀烟丝生产线是国家经贸委、国家烟草专卖局“双加”项目。主体设备系从美国AIRCO公司进口，生产能力为1140kg/h，全部采用微机自动化控制，具备国际一流水平。此工艺能充分利用低档次烟叶资源，提高烟叶的综合使用率，降低卷烟成本，提高经济效益，有效降低卷烟中的焦油等有害成分的含量，提高卷烟吸食的安全性。

企业经营 根据国家局“狠抓基础、稳中求进”的指导思想，公司领导班子在成立伊始就确定了团结拼搏、奋力开拓的工作方针和“效益、效率、效能”、“实际、实用、实干、实效”三效四实的总体工作思路，坚持以发展为主题，在不断加大市场开拓力度，强化内部管理的同时，积极推行管理创新、企业文化创新等一系列举措，促进了市场发展、管理水平、经营效益的全面提高，形成了突飞猛进的发展态势。目前，公司的产品不仅供应南京、淮阴、徐州三家卷烟厂，还销售到了洛阳、合肥等省外卷烟厂。2002年全年共为7家卷烟厂生产18个等级的膨胀烟丝共2766吨，质量合格率均达到优良水平，实现综合利税7003万元，其中利润2107万元，为江苏烟草科技含量和整体效益水平的提高起到了积极的推动作用。

南通烟滤嘴实验工厂

2002年，南通烟滤嘴实验工厂认真贯彻“狠抓基础，稳中求进”的行业指导方针，坚持“一要规范，二要改革，三要创新”的行业工作重点，围绕“狠抓两头，夯实中间”的工作思路，把握机遇，锐意进取，全年共完成滤嘴产量92.4亿支，完成税利1448万元，各项经济指标综合指数与去年同期相比有显著提高，并且取得了良好的发展态势。

截至2002年底，工厂在职职工人数为385人，其中内养内退职工为70人。为了更好地适应企业生产经营要求，对机构设置进行了调整，目前全厂组织机构由五部一室一中心组成：即制造部、管理部、销售部、财务审计部、党群工作部、厂长办公室、技术中心。

经过不断努力，工厂产品质量已达到国内先进水平。2002年南通烟滤嘴实验工厂继续贯彻“支支根根，滤去健康的担心；盒盒箱箱，倾注南嘴的真情；用户的需要——我们永远的追求”的企业质量方针，进一步规范了企业质量管理工作，顺利地通过了认证中心的监督性审核工作。全年产品质量一次交验合格率为99.84%，顾客验收合格率达99.99%；合同履行率100%；质量处理顾客满意率达100%，并逐步形成以市场为导向的管理体系机制。

2002年工厂开发的新品——沟槽滤棒项目通过了国家局、省局有关部门的逐级严格审核，完成了立项工作。在项目实施上，截点式沟槽滤棒形成批量生产，得到有关烟厂技术部门的好评。间断式沟槽滤棒，经过精心设计，分析难点，改进工艺，取得了突破性进展，目前，正在进行系列间断式沟槽滤棒的设计、试验工作，同时加大了产品的市场宣传和应用推广力度，先后前往全国各地烟厂进行走访，推广介绍沟槽滤棒，取得了一定效果，滤嘴新品的开发，新材料、新技术的动用，使得多品种、多规格的产销体系逐步形成，为企业的持续稳定发展增添了活力。 **（厂办公室）**

浙江省

杭州市烟草专卖局（分公司）

2002年，全地区实现销售收入33.6亿元，比上年增长18.78%，销售总量26.6万箱，比上年增长6.29%，毛利总额7.72亿元，比上年增长30%，利润总额5.62亿元，比上年增长37.24%，其中分公司本级四大经济指标分别比上年增长37.24%、24.69%、36.24%和36.18%，实现利润1.876亿元，继续保持全省行业首位。

网络建设全面推进。本着经济、合理、确保服务的原则，将原有54个批发网点撤并成38个，并全部进入三星级以上网点。城镇网点和四星级网点全部实行了访送分离，取消了二级配送点。城市网建集中精力打造杭烟网络品牌，以信息技术打造集约经营，企业自主创新能力明显增强，已经拥有较先进的网络资源和呼叫中心，有自行开发的客户关系管理系统、呼叫排队分类系统、订单处理系统、电子地图查询系统、科技分拣装备系统。电话订货率和电子货币结算率已达全市零售户总数的90%以上，网上配货已扩展到100家核心客户，并实现全市集中大配送，基本改变了传统的营销方式。

品牌结构进一步优化。全地区销售利群、大红鹰等七只主骨干品牌共86926箱，比上年增长43.78%，占总销量的35.26%，比上年增加8.52个百分点，其中分公司本级销量同比增长57.75%，占总销量的36.9%，同比增加7.5个百分点。全年销售全国名优烟103169箱，比上年增长12.7%，其中分公司本级增幅达26.18%。

以财务管理为核心的企业内部基础管理得到加强。把会计核算融于管理和经营中，充分发挥管理和监督作用。把财务管理变成对企业资金财产安全使用，资产保值增值全过程的管理。对各项费用支出实施总额控制，分公司本级实现了商业企业三项费用整体降幅5%目标。

卷烟市场秩序日臻规范，市场调控能力明显增强。专卖充分利用现代信息技术，提升专销结合效能，并基本实现了网上监控、网上办证、网上办案、网上检查考核、网上许可证年检。

（张慧勤）

湖州市烟草专卖局（分公司）

2002年又是湖州烟草取得辉煌成绩的一年。全市卷烟累计批发销售9.85万箱，同比上升4.54%；卷烟销售收入12.3亿元，同比上升20.12%。实现利润2.37亿元，同比上升36.99%。分公司实现利润首次突破1亿大关，同比上升41.92%。经济效益在高平台上又取得了大幅度增长，主要单项经济指标继续处于全省领先地位。精神文明建设考核、专卖管理考核、多元化考核均被评为全省烟草行业先进单位。

专卖专营网络基础不断务实 一是专卖管理充分发挥了管理、服务和市场控制的作用，成效明显。强化专卖队伍管理，建立了科学的评估体系，提高了专卖执法人员素质和依法行政水平；深化了户籍化管理；“三打”继续保持了高压态势。全年全市累计查处各类案件4953起，查获各类卷烟7.17万条，又有一名贩假分子被移交追究刑事责任。二是城乡销售网络进一步得到整合优化和提升。城乡销售网络建设以改革和建立网络公司为契机，以服务零售户为核心，加快访销、配送市场体系的建立，把“三满意”和“四率”（市场占有率、价格稳定率、经营毛利率、三项费用率）作为网络工作质量标准，在整合、优化上狠下功夫。

多元化经营发展势头良好 全市烟草多元化经营实现利润2832万元，同比上升34.92%，其中，分公司实现利润1000万元，同比增长31.58%。

精神文明建设和企业内部管理得到加强 一是组织开展“转变作风、迎接挑战”主题教育和“浙江烟草形象大讨论”，领导班子和员工队伍素质得到提高。二是2002年市、县局（公司）注重人本管理、财务管理和日常的制度管理，坚持严格的考核制度，加强对统价工作的宣传和督查，加快了信息化建设的步伐，全面实现了网上公交流转，企业内部管理得到强化。

嘉兴市烟草专卖局（分公司）

2002年，加兴烟草继续保持了省级文明单位、四星级单位等荣誉称号，并被嘉兴市委组织部、宣传部评为思想政治工作先进单位。

经济效益增幅明显 2002年嘉兴烟草依托全省统价制的实施，不断强化网络建设，优化品牌结构，加大市场拓展、调控力度，保持了良好的经济发展势头。全市批发销售卷烟116276箱，同比增长2.6%；卷烟销售额达到186433万元，同比增长18.6%；实现税利33478.97万元，同比增长30.2%；实现利润25068.24万元，同比增长24.63%。其中分公司本级实现税利9444.54万，同比增长30.15%；实现利润7233.63万元，同比增长26.66%，创造了历史最高水平。

整顿市经济秩序出成效 市局重点加强大市场的监管，与各级公安、城管、联防以及居委会等方面结成互动网络，实行投诉与监管立体交叉，增强了专卖巡查的及时性和有效性，促进了户籍化管理工作的开展与深入；全年共出动专卖执法检查13338次，查处各类案件6712起，查获卷烟122061条，查获卷烟总值774.6万元，罚没合计262.9万元；全市因卷烟非法经营罪被判刑6人，有力打击了违法经烟活动，净化了卷烟市场。嘉兴市局连续第五年被市政府评为“行政执法先进”单位。

“三网”建设基本到位 全面实施了访送分离的网络运作模式，实现了机构设置、考核体系、网络形象、管理办法的统一；进一步普及POS机和电子货币的应用，全面推广使用办公自动化OA系统，有效地提高了网络的科技含量和管理水平。全市建有销售网点29个，专卖管理所（队）37个，拥有网点工作人员1077人；访销率达到100%，送货率达97.5%以上，初步建立起一个控制有力、运作规范、城乡一体、运行高效的网络体系，提高了市场控制力和占有率。

产业结构逐步优化 嘉兴烟草按照一业为主，多元发展的战略思想，加大多种经营的拓展力度，多元化经营已涉及宾馆饭店、旅游服务、金融投资、房地产开发、苗木种植、煤炭、副食品经营等多项领域。全年实现利润1892万元，其中市本级实现利润582万元，完成年度目标任务的113.8%。（王　卫）

舟山市烟草专卖局（分公司）

2002年，舟山烟草克服市场饱和及渔业结构调整给卷烟销售带来的困难，坚持以可持续发展为主题，三个文明建设得到协调发展。大力优化经营品种结构，主骨干品牌卷烟集中度提高；优化多种经营产业结构，现代商贸业和信息产业得到发展；全面实施电话订单、网络调度、分区访销、一库配送的经营模式，推行电子货币结算系统和网络多元配送业务，探索现代企业物流；专卖管理重点从管市场转移到管经烟户，开展各种专项治理活动，成立工商驻烟草联络室，安装专卖管理信息系统，提高执法效果；落实干部选拔任用条例和党风廉政建设规定，聘请社会行风监督员，开展主题教育活动，抓好干部队伍建设和员工素质教育；改革调整市局（分公司）内部机构，严格八类烟管理，进行财经秩序专项整顿，档案管理达国家二级标准，贯彻落实《安全生产法》，企业呈现新的面貌。2002 年，全市批发销售卷烟 230370 万支，销售额 7.68 亿元，上缴各种税费 6700 万元，主业实现利润 10035.24 万元，多元经营收益 1168 万元。市局（分公司）、普陀区局（公司）通过省局四星级单位复评，嵊泗县局（公司）通过三星级单位复评。市局（分公司）为省级文明单位、全省烟草系统精神文明建设先进单位，全市系统 4 家单位均获市级文明单位称号。

宁波市烟草专卖局（分公局）

2002 年，宁波市烟草行业在省局（公司）的领导下，在地方各级党委、政府和各有关部门的关心支持下，高举邓小平理论的伟大旗帜，认真贯彻落实党的十六大精神和全省烟草工作会议精神，围绕年初确定的中心工作，狠抓各项任务目标的全面落实，坚持“改革、发展、创新”的要求，紧紧围绕“123”提升工程这一中心任务，结合宁波实际，积极做好优化结构、控量促销、效益服务、深化行业改革、强化专卖管理、狠抓整顿规范、搞好“三网”建设、加强精神文明和党风廉政建设，都取得了新的进展，广大干部职工团结拼搏、与时俱进、奋发向上，在各自的工作岗位上做出了积极的贡献，使宁波烟草继续保持良好的发展态势。2002 年全市购进卷烟总值 280064 万元，同比增长 6.9%，购进卷烟总量 246477 箱，同比增长 0.8%；卷烟批发销量 225452 箱，同比减少 0.9%；卷烟库存 7989 箱，同比减少 9.8%。全市九家分、县公司 2002 年实现利润比上年净增 13226.76 万元，增幅 34.15%，其中分公司本级 8583.99 万元，增幅 19.85%；全市烟草行业实现利润 51956.88 万元，实现了宁波市烟草行业历史上第一次全年利润超 5 亿大关，在广大干部职工的共同努力之下，圆满地完成了年初省局（公司）下达的各项任务，使全市整个经济运行质量继续保持稳健发展的良好态势。同时荣获省局（公司）烟草行业三星级单位和全省人均创利第二名。

（李霞兵）

绍兴市烟草专卖局（分公司）

浙江省绍兴市烟草专卖局（浙江省烟草公司绍兴分公司）成立于 1986 年，下辖诸暨、上虞、嵊州、新昌 4 个县（市）局（公司），担负全市烟草专卖行政管理和卷烟批发销售职能。2002 年市局（分公司）内设局长经理室、办公室、人事劳资处、监察审计处、思想政治工作处、财务管理处、销售管理处、专卖监督管理处、投资管理处、保卫处二室八处，下属卷烟销售有限公司、双喜贸易有限公司、香溢经贸有限公司 3 个二级公司和一个专业部门（信息中心）。2002 年，市局（分公司）围绕中心，全面实施凝聚力工程，经济效益和企业建设都取得了较好的成绩，全地区全年共实现销量 132575.6 箱，同比递减 0.79%，实现利润 25879.14 万元，同比增长 18.58%。

业务经营 一是优化品牌结构，毛利率不断增长。削减了一批销量低、效益低的“二低”品牌，培育新品牌，为扩大中高档卷烟的销售腾出了市场空间，扩大了适销品牌集中度。二是整合优化销售网络，市场控制力不断增强。全市共取消网点 13 个，保留 31 个，网点的布局更趋合理，网络运行效率不断提高，网络运行成本明显降低。

专卖管理 2002 年全市共组织检查 8333 次，计 40341 人次，查获案件 3809 起，查扣各类卷烟 164522 条，其中走私烟 6332 条，假冒烟 5994 条，国产烟 152196 条，总案值 1065.82 万元，上缴财政罚没款 557.45 万元，有力地支持了经济工作的开展。市局本级在公安、工商等部门的全力配合下，经过近两月的努力，分别于 4 月初、8 月底彻底清除了柯桥八区和钱清华清副食品批发市场。

多种经营 2002 年全市新增对外投资 6046 万元，同比增长 336.53%；累计对外投资达到 13105 万元；全年实现多元化经营利润 1309 万元，同比增加 100%。对烟外领域的投资取得突破性进展，分公司、上虞市公司与合作单位筹建了位于南昌的中溢公司。

衢州市烟草专卖局（分公司）

2002 年衢州市局（分公司）两个文明建设受到行业、地方的多项表彰，先后荣获“服务企业财政贡献奖第一名”、“衢州市文明行业”、“法制工作先进集体”、“社会治安综合治理工作先进集体”等光荣称号。

全局行业服务不断创新，效益超历史的一年。先进的装备和现代物流的运行模式，为全衢州市 13000 余经烟户提供“六定”优质服务，“三网”功能得到进一步发挥。全行业实现批发销售 7.76 万箱，其中市本级 2.7 万箱；实现利润 10237 万元，其中市本级 3887 万元。行业利润首次突破亿元大关，经济效益名列当地流通领域前茅。同时坚持不懈地开展卷烟打假、打私、打非活动，工作成绩在全省行业领先。全市行业共查处各类违法案件 2577 起，其中市本级 874 起；查处各类违法卷烟 90.47 万条，其中市本级 17.2 万条。

全局干部职工认真实践“三个代表”，积极投身两个文明建设之中。市本级在市行政服务中心设立“烟草专卖办证服务窗口”，为经济主体提供优质服务，每月均被评为四星级以上单位，树立了烟草专卖行政执法的新形象；努力回报社会，积极参与救灾扶贫、特困职工慰问、希望工程结对子等活动，有力地提升了行业形象。（刘 阳）

金华市烟草专卖局（分公司）

浙江省金华市烟草专卖局（分公司）组建于 1986 年 4 月，下辖兰溪、东阳、义乌、永康、浦江、武义、磐安等 7 个县（市）局（公司），建有 37 个卷烟批发网点，24570 个卷烟零售点，8 个稽查队，32 个专卖管理所，共有职工 1000 多名。其中市本级内设处室 10 个，城市配送中心 1 个、农村批发网点 4 个，专卖管理所 5 个。

2002 年，全市批发销售卷烟 15.2 万箱，同比增长 2%（市本级 2.94 万箱）；实现利税 3.4 亿元，同比增长 20.8%（市本级 8855 万元）；入库税金 1.5 亿元（市本级 3659 万元）；综合经济指数 340.35，同比提高 50 个百分点。

夯实销售基础，深化网络建设，做精做强大品牌成效显著。全市行业系统紧紧围绕“整合、优化、提升”的网建方针，强化“三网”建设，网点由45个整合到37个，专卖所（队）由47个整合到40个，所有网点全部达到星级标准，业务、专卖和办公自动化0A系统实现联网运作，平均进货率、送货面、送货率、市场占有率都达95%以上，平均单箱毛利同比提升11.26%。

强化专卖管理，优化市场环境。2002年全市查处各类烟草违法案件7830起，查扣卷烟29.5万条，其中假冒卷烟1.69万条，走私卷烟9347条，罚没款436.99万元。因违法经营卷烟被刑事拘留7人，被判刑13人。

坚持“主精副强”发展战略，坚持“稳、准、利”原则，集中人力、财力、物力主攻房产，多元化经营取得新突破。全局多元化经营实现利润2606.91万元，同比增长10.9%，其中市本级实现非烟利润908.7万元，同比增长52.9%。被省局评为多元经营先进单位。烟叶种植面积2623亩，产量6111担。

始终坚持“两手抓、两手硬”，突出廉政、投资、安全三大重点，精神文明建设取得明显成效。继续实现“平安年”目标。继续被省局评为“三星级单位”，连续7年荣获市府“纳税大户”和市级“文明单位”。 **（局办公室）**

台州市烟草专卖局（分公司）

2002年，台州烟草全力实施省局提出的“123”提升工程，依托三网，完善机制，服务市场，适应市场，以积极的姿态，抢抓机遇，规范创新，各项工作取得了丰硕成果。

全局卷烟批发销售额22.50亿元，同比增长15.62%。批发销量18.22万箱，同比增长5.18%。全市实现税利4.89亿元，同比增长47.54%（分公司本级11154.33万元，增长57.43%）。全市实现利润3.78亿元，同比增长49.49%（分公司8839.2万元，同比增长64.55%）。2002年，市局（分公司）荣获全省烟草系统综合考核一等奖和创新一等奖。目前，全局所有单位均已进入浙江省烟草系统星级单位行列，其中五星级单位1个，四星级单位4个，三星级单位3个。

全局专卖管理工作以户籍化管理为基础，以打大户、端窝点、拔钉子、查大案为重点，以提高市场净化率为目标，专卖管理水平更上一个新台阶。据统计，全局各级共出动检查6.1万人次，查处各类烟草违法案件2696起，同比减少52.17%，查获各类违法卷烟13.78万条，同比减少44.52%，其中假冒烟0.7万条，同比减少93.43%，走私烟1.1万条，同比增长35.95%，罚没款达617.4万元，同比增长9.86%。另外，全局各级在司法机关的配合下，对不法烟贩实施留置39人，治安拘留14人，刑事拘留8人，判刑1人，有力地打击了不法烟贩的嚣张气焰。

全年共实现多元化经营非烟利润1920.5万元，比去年同期1222.5万元增长57.1%，被评为全省烟草系统多元化经营先进单位。 **（朱志宏）**

温州市烟草专卖局（分公司）

2002年是温州烟草发展速度、品牌结构和规模效益全面提升、结合最好的一年，效益、销量以全省最高增幅再创历史新高。其中，分公司本级批发销售6.97万箱，增长34.82%，销售收入8.83亿元，创利税2.12亿元，人均创利税69.08万元，其中利润1.61亿元，增长78.66%，列全省分公司级第二，人均效益居全省第一。

温州烟草分公司围绕中心工作，咬定品牌结构调整不放松，继兰色“利群”、“新安江”的兰色旋风后，结合本地市场特色与宁波烟厂成功开发了兰色“国际五一”，一度使“浙烟香飘温州市场”现象见诸报端。分公司以精简、优化原则继续进行管销网络整合，随着龙湾、藤桥配送中心的投入使用与占地31亩配送中心暨新商业仓征地工作的完成，市区配送系统“一主两翼”的主格局已基本形成。在专卖管理方面，市局坚持以打击假烟和地下“供销”网络为重点，建立工商驻烟草联络室，加大与公安、工商部门的联合执法力度，以空前打击力度的全年共送公安部门刑拘10人，判刑7人。积极开拓多元化工作思路，在丰富项目库建设上进行了有益探索。同时结合精神文明建设和基层党建工作的延伸筹划，成功实现了两个文明的双丰收。 **（张长瑞）**

丽水市烟草专卖局（分公司）

浙江省烟草公司丽水分公司成立于1986年7月，丽水市烟草专卖局于次年3月对外挂牌，现内设10个处（室）、3个专业部门，下辖8个县级局（公司），全市共有20个专卖管理所和20个卷烟批发网点。至2002年底，市县两级共拥有资产5.74亿元，其中市局（分公司）本级总资产1.56亿元。

近年来，局（公司）以提高效益为着眼点，狠抓结构调整，深化专卖专营，强化市场监管，拓展市场空间，严格内部管理，拓宽经营视野，经济效益连年快速增长，2002年全市主业实现利润首次突破亿元大关，达到1.3亿元，其中分公司本级实现利润3003万元；全市卷烟批发销售85811万箱，其中分公司本级批发销售15313万箱；全市烟草主业实现税利1.76亿元，其中分公司本级实现税利4165万元。

按照“主精副强”发展战略要求，积极开展多元化经营，现全市系统拥有13家多种经营企业，涉及宾馆、餐饮、商贸、娱乐、农业综合开发、房地产、电子仪表、租赁等多种经营领域。实施“两条腿走路”的方针，大力发展烟叶生产，现已成为我省烟叶的主产区，2002年共试种烤烟16282亩，种植晒红烟2010亩，松阳晒红烟被评为丽水市著名商标。同时，坚持两个文明同步协调发展，全市9家主业单位已全部获得县级以上文明单位称号，其中7家获市级文明单位称号，1家获省级文明单位称号。 **（毛　慧）**

杭州卷烟厂　杭州卷烟厂是全国烟草行业36家重点工业企业之一，拥有员工约1800人，资产总额46亿元。企业的装备达到“国内一流、国际先进”水平，生产实现高度现代化，主要产品有“利群”、“新安江”、“雄狮”和“西湖”、“杭州”五大系列，销售区域遍及全国各地，并进入国际市场。

2002年，杭烟突出提升品牌竞争能力这个重点，创新推进各项工作，创造了杭烟发展史上最好的水平。全年共生产卷烟66.5万箱，其中出口烟4.03万箱。全年共销售卷烟68.2万箱，其中行业名优烟利群系列的销量达到13万箱，全年实现销售收入56.6亿元，同比上升24%，税利41.2亿元，同比上升32.7%。

一年来，杭烟厂始终抓住了一个主要矛盾，全面提升了三个市场理念，积极推进了五方面工作能力的提高，确保了企业持续、健康、稳定发展。一个主要矛盾，就是品牌竞争能力提升这个主要矛盾。三个市场理念，就是“以客户为中心”、“全员营销”和“持续改进”的理念。五方面工作能力，包括市场营销能力、产品研发能力、产品制造能力、队伍提升能力和安全保障能力。

一、认识市场，调控市场，拓展市场，市场营销能力得到提高。积极优化市场营销策略，合理调控市场，努力驾驭市场。开展市场第一手信息与数据的收集、整理、分析，对市场的发展态势和趋向进行分析判断，提高市场认识能力。采用存销比动态控制模式，提高市场投放的科学性和合理性。

客户服务、客户沟通的意识明显得到增强，客户分层服务逐步推进，建立了消费者投诉档案、省内烟草公司客户服务档案、假冒烟档案，使客户服务工作保持持续性，更有针对性。

二、分析消费，预测需求，准确定位，产品研发能力得到提高。厂部成立了品牌发展委员会，对品牌发展战略和设计目标任务进行研讨，提出了分层发展的品牌发展战略。产品研发设计人员深入销区，充分研究目标市场，有针对性地推出新产品，提高了开发的成功率。软包新安江、喜庆利群、明珠西湖等产品都得到了市场和消费者的认可，成长迅速。

三、加强控制，提升质量，强化保障，产品制造能力得到提高。进一步梳理工艺过程，加强过程控制，方法更系统，工作更精细。不间断地推进质量改进工作，课题立项紧扣企业目标，体现持续改进，选题范围从质量、工艺、技术问题向管理、研究问题延伸，采用科学的质量管理方法思路来认识问题和分析解决改进问题。企业获得了全国质量管理先进企业的称号。

四、优化结构，注重培训，加强考核，队伍提升能力得到提高。积极开展正面的宣传教育，积极贯彻落实“三个代表”重要思想和“十六大”精神，在全厂范围内开展了“树立三个理念，提升利群品牌”主题教育活动，进一步统一了思想，激励了斗志。

开展了员工业绩考评工作，逐步完善企业内部激励机制。企业的学习氛围相当浓厚，全年举办的培训有145批次，参加的人员有2401人次。

五、安全保障能力得到提高。安全生产工作为企业的发展提供了良好的生产秩序和工作环境，职业安全卫生体系建设初步完成。

宁波卷烟厂 宁波卷烟厂现拥有固定资产15亿元，所有者权益25.6亿元，职工1800名，厂区占地面积15万平方米，是我国卷烟行业大型骨干企业之一。

2002年，宁波卷烟厂销售卷烟53.39万箱，销售收入达到50.06亿元，完成税利35.22亿元。产品结构不断优化，除“大红鹰”之外，“五一”销量达到8.36万箱，“上游”销售14.95万箱，被誉为“海、陆、空”的“三大品牌”占总销量66.53%。“五一”还首次跻身“全国名优烟”，并且排名第八位，至此，宁波卷烟厂成为拥有两个“全国名优烟”的仅有的五家企业之一。

1994年，宁波卷烟厂与世界最大的烟草企业菲·莫公司合作，来料生产国际牌号香烟，在与巨人握手的过程中提升了管理水平。1996年宁波卷烟厂一次性通过ISO9002国际质量认证，是烟草行业第6家通过该认证的企业。在长期的发展过程中，宁波卷烟厂逐渐形成“严、细、实、快”的管理特色。近几年来，宁波卷烟厂的产品在总公司、省公司的历次抽检中，产品质量监督抽检合格率均为100%。

宁波卷烟厂“九五”技改是国家烟草行业10%重点技术改造项目，总投资15亿元，1998年开工，目前，生产车间已正式投产，2003年底将全面竣工。届时，宁波卷烟厂将成为“产品一流、技术一流、管理一流、效益一流、环境一流”的现代化企业。

宁波卷烟厂充分利用沿海开放城市的优势和雄厚的卷烟技术力量，竭诚为国内外客商和消费者提供优质的产品和优良服务。

安徽省

合肥市烟草专卖局（分公司） 2002年全区销售卷烟12.85万箱，较行业内全省平均发展速度增长22.98%，其中本级销售卷烟6.11万箱，较行业内全省平均发展速度增长30.16%；全区实现销售收入（含税）14.47亿元，较行业内全省平均发展速度增长35.17%；全区实现利润1.95亿元，较行业内全省平均发展速度增长15.5%；全区实现利税2.53亿元，较行业内全省平均发展速度增长15.6%；企业经济运行质量继续显著提升，荣获2002年度全省经济运行质量一等奖，为地方经济和行业发展做出了重要贡献。评为全国专卖管理先进单位，为安徽烟草在全行业形象的树立做出了突出的贡献。

企业管理水平不断提高 将过去的传统考核制度向强调科学性、合理性、透明化的现代考核制度转变，初步形成动力与压力相平衡的机制；建立《岗位说明书》，明确了岗位职责，实行中层管理岗位竞聘、轮岗、退养，打破了管理人员终身制，不断优化了人力资源配置；通过签订劳务代理协议，建立聘用人员的社会保险和用人关系，进一步推动以章管企，由“人管人”向“制度管人”转变，进一步加强信息化建设，不断加强财务管理，实行安全责任制，实现车辆管理制度化。

网络运行质量不断提高 访销线坚持以客户关系管理为核心，继续优化业务流程，不断实现服务升级。对不同类别的零售户分别纳入重点客户部、普通客户部和边远客户部，向不同类别的客户提供特殊化、标准化、个性化的服务，统一按照三天一个访销周期，不断探索服务营销的创新和业务流程的优化：在全国率先运用了PDA对客户进行访销订货，在重点客户中推行了划卡结算，在合肥本级积极试行“卷烟零售一价制”，同“28家大型商场、超市”签订了《统一零售指导价》协议。稽查线坚持以“户籍化管理”为核心，强调打管结合，市场秩序得到进一步好转，市场管理水平得到进一步提高。设置“案件处罚办公室”，落实“三权”分离，明确了办案程序，理顺了查、处、复议案件的工作关系。不断完善网络运行考核机制，对守法经营率实行全员捆绑考核。

队伍素质和文化建设得到进一步提高和加强 继续深入学习贯彻十六大精神，开展警示教育，实行廉政谈话、诫勉、署名举报承诺办理、责任追究等制度，党风和干部作风建设进一步加强。

继续执行三级学习制度及学习计划，员工学习意识进一步加强。（办公室）

宿州市烟草专卖局（公司）

经营业绩 2002年，实现利税10489.2万元，突破亿元大关，比上年同期增长72.77%；实现利润8213.2万元，比上年同期增长94.04%；卷烟市场品牌集中度进一步提高，将原有56个品牌147个规格削减为19个品牌42个规格；全市销售卷烟147211箱，完成全年14.2万箱计划的103.7%；实现销售收入65673万元，同比增长10.2%；实现毛利13096万元，同比增长24.6%；卷烟单箱毛利904元，同比增长16.3%；单条均价由2001年的17元上升到18.7元，本级由19.4元上升到22.2元，每条增加2.8元；名优烟销量比例由2001年的14.45%上升到18.6%，销售收入比例由32.4%上升到39%，实现了销售结构的稳步提升。

烟叶生产 以宿北烟区被省局认定为优质主料烟生产基地为契机，发展30亩以上的种烟大户76户，面积5711亩。开展烟叶生产户籍化管理，以烟农档案、土地资源、烟站基本信息为基础，开发出“烟叶综合管理系统”，全局共落实种烟面积2.6万亩，收购烟叶62443担，其中上中等烟占89%，同比增长了六个百分点，收购等级合格率达到了80%以上。烟叶等级质量与内在质量同比有显著提高。

企业管理 主要抓了五个方面的调整：一是调整工作思路，把思想观念的转变放在首位；二是调整市场资源，提高经营户服务与管理水平；三是调整销售结构，提高高档烟市场占有率；四是调整基层网络布局，实现整体合理与简约高效；五是调整人力资源结构，为企业永续发展提供支撑。

多元化经营 积极拓展经营新领域，建设现代物流体系，组建物流公司和多元化经营公司，提供专业化的配送服务，大力开拓多种商品配送范围，精选经营种类，扩大市场占有率，实现规模效益，进而提高零售户对烟草企业的依存度和忠诚度。目前已形成56牌号、50规格的多元商品配送规模，范围涉及日化、饮料、食品、酒等几大类。全年实现多元商品配送销售额56.8万元。

（张　华）

淮北市烟草专卖局（公司）

2002年，全局（公司）共销售卷烟57480箱，实现销售收入31500万元，实现利润3700万元，分别比上年增长了4.03%、12.87%、6.17%。加大了卷烟市场打假打非的力度，全年共查处各类违法案件938起，“假、私、非”烟30040.5条；无证运输烟叶4.1吨；刑事拘留3人，逮捕1人，罚没款累计12.515万元。

以名烟扩销工程为重点，积极调整卷烟销售结构，提高经济效益。成立专门的名烟扩销工程领导小组，加强名烟扩销工程宣传促销力度。同时制定了严格的有奖销售兑奖程序和名优烟上柜率考核办法。积极压缩五类烟的投放量，对城区采取阶段性提高回报率的办法，调动访销员销售名优烟的积极性。

积极开展多元化经营工作。成立了民营的淮北市泰富友经贸有限责任公司，负责多元化经营。与安徽口子集团联合成功开发了全省安泰物流的第一个品牌——安泰系列口子酒，实现销售收入141万多元。多元化经营累计实现销售收入207.7万元。

注重企业内部管理，不断提高企业管理水平，积极推进目标管理工作，完善三层督查考核机制，重新制定了考核实施办法，使机关和基层之间实现了利益共享，风险共担。建立“三线”互控机制。提出了“两线保一线、一监督三线”的新思路。加大督查力度。成立监审科，由监审科代表市局（公司）领导对各层考核的真实性和及时性进行督查。加强企业费用管理，重新制定了资金监督管理办法和企业费用管理规定，核定了各种费用标准，规定了报销时间、报销权限、报销原则、报销程序。对办公用品的采购、发放加强了管理，实施比价采购、定额发放。（肖尚友）

阜阳市烟草专卖局（公司）

阜阳市烟草专卖局（公司）现辖临泉、太和、阜南、颍上、界首4县1市烟草专卖局（公司），拥有资产20539万元，负债13003万元，所有者权益7535.8万元，现有职工1786人，其中正式工718人。2000年工商分设以来，市局（公司）在省局（公司）的正确领导下，认真贯彻“狠抓基础、稳中求进”的行业工作指导思想和“一要规范、二要改革、三要创新”的工作重点，努力保持与时俱进、奋发有为的精神状态，深入开展专卖管理、网络建设、名烟扩销三大工程，不断改革管理体制，稳步夯实基础工作，以信息技术为依托，加快实施信息化改造业务流程步伐。职工精神状态良好，各项工作取得了新的进步，企业发展呈良好态势。2002年完成卷烟销量18.38万箱，同比增长6.49%；实现销售收入7.77亿元，同比增长17.73%；实现税利0.95亿元，同比增长63.79%。

2003年是阜阳市局（公司）实现跨越式发展的关键之年，也是实现三年阶段性目标的开局之年，阜阳市局按照省局未来三年的战略目标，确定了以业务重构为重点，以夯实基础为核心，以队伍建设为保障，努力打造现代营销网络的总体思想，要求全市上下发展求精、方法求细、工作求实，不断提升企业核心竞争力，确保全年各项经济指标的顺利完成。（办公室）

亳州市烟草专卖局（公司）

2002年，亳州市烟草专卖局（公司）坚持“狠抓基础、稳中求进”的行业指导思想和“一要规范、二要改革、三要创新”的工作重点，紧紧围绕“专卖管理、网络建设、名烟扩销”三大工程，顽强拼搏，锐意进取，各项工作取得了较好的成绩。

全年共实现利润1303万元（其中涡阳280万元，利辛698万元，蒙城633万元，本级308万元），同比增加441万元，增幅58.88%。实现各种税金1960万元（含农林特产税），税利合计3263万元，同比增加1570万元，增幅94.24%。

专卖管理进一步加强，市场秩序趋于好转。全年共依法查处各类违规案件5930起，烟用包装材料336件，查扣各类违规卷烟2353件，因涉嫌非法运输、销售假冒伪劣卷烟拘留58人，其中逮捕1人，有力地打击了各种违法违规行为；网络建设进一步推进，经济运行质量趋于改善。全年共销售卷烟107938箱，单箱毛利758元（不含税）；烟叶生产经营工作合理布局，主攻质量，取得较好成绩。收购烤烟73310担，销售烤烟69050担，担烟毛利251元，为地方提供农林特产税430余万元。

技术改造与创新方面，研制成功了移动式可拆卸烤房，实现了烘烤设施与大户规模种植的相配套。该烤房的设计独具匠心，性能可靠，具有操作方便，省工省时、节约能源、降低成本、提高质量等诸多优点，被国家烟叶购销公司赵兴经理誉为“中国的小烤霸”，但建造成本仅为烤霸的十分之一，非常适用于我国烟区使用。2002年11月26日，顺利通过国家局组织的专家论证，建议在全国示范推广。 （办公室）

蚌埠市烟草专卖局（公司）

2002年，蚌埠市局（公司）实现卷烟销量8.38万箱，同比增长5.14%。销售收入实现4.68亿元，同比增长15.5%。实现税利总额7258万元，其中利润5800万元，同比增长52.8%。烟叶调拨7.2万担，销售收入4079万元。

专卖管理 专卖机制进行了改革，完善了管理职能，适应了市场变化和需要。专卖队伍素质建设得到加强，销售服务观念明显增强，“两率一量”（市场占有率、市场净化率、销量）明显提升。市场管理成果显著，全年全区共上缴财政罚没变价款222万元，查处违法案件5898起。查处假冒及各类违规卷烟3403件，烟叶烟丝146吨，卷烟盘纸3.9吨，嘴棒967万支。捣毁制假窝点105个。移送公安机关判刑2人，刑拘和治安拘留15人，有力维护了卷烟市场秩序。

营销管理 大兴深入调研之风，积极开创“双赢”客户关系管理新局面。采取多种形式个性化服务，提高客户忠诚度和满意度。名优烟扩销工程的均衡推进，城乡网络资源配置优化整合，访送分离的全面实现，保证了企业经营效益稳步持续的攀升。烟叶生产基本实现户籍化管理，烟叶收购实行相对集中大收购的新模式。多元化经营初步形成规模。

基础管理 目标管理、绩效评估机制初步形成。岗位竞聘、末位淘汰、工资分配等竞争激励机制更趋完善，实现了由保障型向激励型工资分配模式的转变。人事制度改革不断深化。岗位竞聘、末位淘汰，彻底打破了干部、岗位终身制。全方位培训，使职工整体素质明显加强。

随着企业深入发展，信息建设更加完善。数据管理和开发利用的加大及信息化集成，强化了网络功能，使专卖与营销工作越上了新的发展平台。资金营运管理更加规范，预算管理和可控费用实行制度化。安保管理模式实行属地管理、局长负总责的原则，以制度化将安全工作置于各项工作首位，形成了有力的保障体系。

2002年度企业再次获得全省烟草工作综合指标考核一等奖，获国家局颁发的全国烟叶工作先进单位的称号。还获得了蚌埠市“为人民服务 树行业新风先进单位”。市局团总支获得了由中共市直机关工委颁发的蚌埠市青年文明号和市直机关目标管理考评一等奖的称号。 （办公室）

淮南市烟草专卖局（公司）

2002年，淮南市局（公司）继续保持了稳定发展的良好势头，主要经济指标实现了平稳增长，超额完成了年初市局（公司）制定的各项任务。

经济效益再创历史新高 全年共销售卷烟63045箱，比去年同期增长5%；实现销售收入4.12亿元，比去年同期增长12.8%；毛利实现8746万元，比去年同期增长31.7%，三项费用4540万元，实现税利5110万元，其中利润3643万元，再创历史新高。专卖共查获各类违法案件1058起，各类违章卷烟28600余条，其中假冒卷烟23832条，占83%，捣毁制售假烟窝点7个，没收制假原辅材料35.6吨，制假手工设备4台，处理无证运输车辆33台，行政拘留4人，上交市财政罚没款33万元。

创新专卖管理模式，探索专卖管理社会化的新途径 加大专卖软、硬件投入，实现专卖、经营信息共享，及时传递、分析、处理市场信息，真正实现对市场的全面监控和有效管理，推进专卖管理信息化进程。树立服务增值，服务创值理念，寓管理于服务之中，通过情感服务赢得客户的信任度、忠诚度，增加其对行业的依存度、贡献度，实现专卖管理由打击型向服务型转变。

实现优良向优异的跨越 牢固树立“服务创值”的思想观念，建立客户形象档案，实行市管线路公开竞聘上岗，严格落实三岗互控，三层督查，实现由“吃苦求效益”向“智慧求效益”再到“服务求效益”的转变。通过重构组织模式，构建现代化发展的基本框架，建立现代化的业务模式，包括办公自动化OA系统，专卖软件升级和PDA的使用，财务系统、物流系统、经营、专卖数据共享，电子结算、电话订货、GPS定位系统使用，形成高水平的服务——价值链，从而增强企业核心竞争力，达到淮南烟草由“优良”到“优异”的跨越。 （齐 娟）

滁州市烟草专卖局（公司）

2002年，滁州市局（公司）的各项工作均取得了一定成绩，职工人心稳定，秩序井然，经济运行质量呈持续、健康发展态势。

一、全年主要经济指标完成情况 1．全年省内销售卷烟11万箱，占省公司年计划的104.8%，同比增长8%。其中名优烟销售4.48万箱，占卷烟销售比重40.7%，同比增长40.4%。2．全年实现销售收入7.35亿元（含税），同比增长17.4%；单条销售均价24.68元（含税），同比提高1.67元。其中名优烟实现销售收入4亿元（含税），占比重57%，同比上升30%。3．全年实现毛利总额1.5亿元（税前），同比增长21%；单箱毛利1364元（税前），同比提高169元。其中名优烟实现毛利0.89亿元（税前），占比重59%，同比上升39%。4．全年实现税利1亿元，其中利润7500万元。同比增长50%。5．全市共查获各类违规卷烟86127条，其中：假冒卷烟29929条，走私卷烟540条，非法乱渠道流入卷烟55658条；罚没款34万余元。另查获制假烟机仿新中国型卷烟机1台，查获手工木制假烟机37台（套），查获烟丝、烟末等制假原料5809公斤、制假盘纸27.5盘、制假烟棒24.45万支。因制假售假或暴力抗法移交公安机关行政拘留3人、刑事拘留3人、取保侯审1人、批捕3人，其中已判刑2人。

二、全年主要工作回顾 1．完善网络功能，优化资源配置，不断推进网络建设向深层发展。2．以名优烟扩销工程为契机，积极引导消费，着力提升销售结构。3．以打假、打私、打击违法大户为重点，以户籍化管理为手段，全面提高市场控制力。4．积极开展多元化商品配送，强力打造安泰服务品牌。5．以人为本，推行三项制度改革，全面提高干部职工队伍整体素质。6．处理好改革、发展和稳定的关系，确保各项工作顺利推进。7．进一步盘活存量资产，压缩费用开支，瘦身健体，轻装上阵。8．切实搞好安全工作，保证经济运行稳定。 （办公室）

马鞍山市烟草专卖局（公司）

马鞍山市局（公司）始建于1981年10月，下辖当涂县局（公司）；2000年10月，马鞍山市局（公司）成功取消了县公司法人资格，实现了“市县一体化”格局。现有在职职工100人（含烟厂分流人员14人）；下辖当涂县烟草专卖局，内设人秘（审计）、财务、专卖、销售、信息中心、纪检监察（安保、法规、督查）6个科室（部门）和金叶、安泰物流2个多元化经营股份公司。

2002年，市局（公司）积极探索企业现代化管理思路和模式，继续深化烟草企业内部改革，整体推进专卖管理、网络建设、名烟扩销“三大工程”，施行“分区划片、责任到人、管服结合、信息集成”的专卖管理模式和“电话订货、网上配货、电子结算、现代物流”的现代营销网络模式，全面加强信息化建设，着力构建“诚信厚德、勤奋崇智、共创共享”的企业文化，打造“学习型”组织。开创了“两个文明”建设的新局面，经济指标取得了历史性突破。市场占有率和净化率明显提高，市场控制力不断增强。2002年，全区销售卷烟37423箱，同比增长11%；销售收入3.14亿元，同比增长27.8%；毛利6892万元，同比增长48.3%；利税4488万元，同比增长27.8%；利润3583万元，同比增长46%；上缴各类税费2604万元，同比增长38.7%。

在做精做强主业的同时，积极拓展多种经营模式，寻求新的经济增长点；以建立现代企业制度为目标，不断推进主、辅业的分离，加快金叶公司与安泰物流的整合。2002年实现销售额2237万元，同比增长1.4%；毛利564.3万元，同比增长61%；利润232.9万元，同比增长105.6%。 **（办公室）**

芜湖市烟草专卖局（公司）

主要成绩 2002年，全区网点共销售卷烟67728箱，完成年度计划的106%；销售收入62588万元，较去年上升了41个百分点；利税12753万元，比去年同期增长了40%，其中利润10131万元，同比增长了42%；单箱毛利达到2087元，同比增加了300元。

全年共查处卷烟违法案件2390起（假烟案1166起），查扣非法卷烟42066.6条（假烟10028.8条，走私烟2010.3条），罚没款800724.69元，出动检查49508人次。市场规范经营率达到85%，同比上升了12个百分点。零售户持证入网率达到100%。

全市种烟面积1.2万亩，收购烟叶2.6万担，较上年增长74%；上等烟达到36%，增长11个百分点；烟叶收购均价每担421元，提高62元；实现利润690万元，增长105%；在规模种植、等级结构、技术引进、技术创新等工作均走在全省的前列。在2002年度全省烟草系统综合指标考核中，芜湖市烟草局（公司）被评为一等奖。

主要工作 1. 组织机构调整。取消了三县公司法人资格，政企分开，销售上划，财务下派，原县公司下设的卷烟批发部全部撤并为卷烟配送中心，并将市级3个卷烟访销部集中，成立卷烟访销中心，形成稽查、访销、物流三线运作、三网并举、三岗互控的运行机制。2. 人事制度改革。建立起“能上能下、能进能出、有效激励、严格监督、竞争择优、充满活力”的用人机制，全区由改革前的571人缩减到改革后的495人。3. 改进工作作风。将原来的市管员细化为“专卖服务员”和“市场巡查员”，形成专卖服务与管理的对立统一。4. 加强专卖管理。以打假、打私为重点，积极参与省公安厅和省烟草稽查总队组织的两次全省统一打假专项斗争。5. 实施“名烟扩销工程”。重点扶持名优卷烟，将市场销售的省内卷烟压缩成11个品牌、35个规格，使全区的品牌结构得到了优化。6. 搞好烟叶生产。积极推进烟叶生产新技术，100%实行了大棚和托盘剪叶育苗，全面实行平衡施肥，改进烟叶烘烤设施；建立了120亩国际型优质烟叶示范基地，生产全过程采用国际先进的生产和烘烤技术。7. 加强物流建设。8. 完善目标管理。9. 强化督查职能。成立专职督查机构，将督查范围由过去的区域抽查扩展为对每条线路的巡回检查。10. 实行安全管理。全年事故隐患整改率保持在100%。11. 搭建信息平台。充分利用局域网的功能，积极推行电子结算和IC结算，并将专卖、访销、物流、督查四条线的信息通过局域网进行系统集成。12. 强化教育培训。全局举办各类培训班26期，参训人员达1880多人次。 **（吴永成　熊瑞荣　张　杰）**

铜陵市烟草专卖局（公司）

2002年，铜陵市局（公司）各项指标均创造了历史最好水平，在全省行业经济运行质量考评中荣获一等奖。

主要经济指标水平上升幅度较大 全年销售各类卷烟25389箱，同比增长21%；网内销售21136箱，完成省公司下达指标的108%；其中完成省产烟销售20529箱，占网内销售的97%；实现销售收入23342万元，同比增长28%；实现毛利4686万元，同比增长42%。全年实现税利3800万元，比去年的2089万元增加1711万元，增长81.9%，其中利润3004万元，比去年的1584万元增加1420万元，增长89.6%。全年实际上缴各种税费2133万元，其中上缴增值税823万元，企业所得税1220万元。从网内销售来看，单箱销售收入为9855元，单箱毛利为2232元，较同期的单箱1619元增加613元，上升幅度为38%，毛利率达到22.8%。

把专卖管理放在首要的位置，始终保持对卷烟市场整顿的高压态势 成立了市、县公安局驻烟草治安办公室，建立了公安、烟草联席会议制度，对加大案件的查处和追刑力度起到了非常重要的作用。专卖基础工作得到进一步加强。零售户整合工作取得较大进展，经营户从年初的5500户减少到5000户左右，布局也更加合理。集中稽查力量对重点市场、重点户进行集中清理和打击，共出动执法人员21600人次，出动稽查车辆3348台次，查获大小案件1920起，查扣各类违法卷烟19512条，没收各种违法卷烟14569条（其中假冒卷烟6578条），价值80余万元。累计实现罚没收入14万元。

夯实网络基础，重组营销模式，提高营销工作水平 落实三个加强。加强对卷烟商情的上报和市场分析的考核；加大信息化建设，全面开通了二期工程和网络向下延伸工程，积极做好PDA和浪潮软件的推广工作；加强对卷烟进销库存的管理。及时掌握市场销售动态，根据本地的实际销售情况，做到卷烟调拨计划有序，网上履约率平均达到96%以上。围绕五项调整，进一步夯实网络基础，提升网络运行水平。调整网络机构，统一业务模式。

开展名烟扩销工作，进一步提升卷烟销售结构 不断提高销售结构，在培育“三名五优”等重点牌号上下工夫。市县条均价达到46.1元，比全省平均水平28.5元高出17.6元，居全省首位。

职工的精神状态和班子的工作力度

发生较大的变化 进行了内部结构调整和干部人事制度改革，加大员工培训。注重对员工进行思想教育和素质培训，形成了员工思想统一、步伐一致、精力集中、积极性和主动性空前高涨的良好态势。合理调整科室布局和职能，部分中层干部实行竞聘上岗，干部队伍的知识层次提高、年龄结构降低、工作节奏加快。 **（吴广岭）**

安庆市烟草专卖局（公司）

安庆市局（公司）始建于1981年7月，有员工1300余人，资产总额近3亿元。

2002年，调整后的市局（公司）班子成员，结合安庆烟草实际，确立了全新的工作思路。一是通过"解放思想，转变观念"大讨论，明显提升了企业的"精、气、神"，形成了与时俱进、创新求变的氛围。二是慎重出台《人事用工管理暂行规定》，通过竞争（聘、标）公选等手段整合人力资源，加快了改革步伐。三是加大专卖管理力度，始终保持高压态势，多次掀起管控高潮，一年来查获违法烟8200件、查处违法案件4968起、上缴罚没款550万元，促使市场占有率提高9.5个百分点。四是在宏观管理上进行了一系列创新，牵动全局，震撼自我，使全市行业营销面貌大为改观，取得了事半功倍的效果。五是加强网络建设，大力开展名烟扩销工程，调整卷烟品牌结构，不断增强卷烟市场的自我控制能力，全年销售卷烟达13.54万箱，比上年增长7.11%，其中省产三名五优比率由上年的37%提升为44.5%，条均价净增6元。六是多元化经营顺利起步，成立安泰物流公司和安庆市诺城商贸有限公司，日化用品、食品、酒类等配送业务开展得红红火火。七是努力打造优秀的企业文化，实施"1311"工程（一个中心：抓效益，求发展；三个打造：打造服务的安庆烟草、打造诚信的安庆烟草、打造团队的安庆烟草；一个建立：建立学习型企业；一个远景目标：夯实基础，追求一流），两个效益一起抓，三个文明一道上，经济效益创历史新高，一举实现利税1.5个亿，较上年增长50%以上。

2002年连获市"送温暖先进单位"、"全市工会工作目标责任制考评二等奖"、"安庆市安康杯竞赛优胜单位"、"安庆市青年文明号"、"安徽省'十五'发展创新工程先进集体"称号。

（办公室）

黄山市烟草专卖局（公司）

全年销售卷烟47912箱，比上年增长7.42%，实现销售收入3.7961亿元，同比增长17.77%；省产烟单箱收入8264元，同比增长13.03%；考核利润4886万元，同比增长59.31%；实现考核税利6363万元，比上年4361万元增长45.91%，全面完成年初制定的工作目标，实现了连续三年的跨越式发展。

强化专卖，推进网建，夯实基础，着力提高卷烟零售户的忠诚度、满意度和贡献度 专卖管理围绕打假、打私，整顿和规范市场经济秩序。全年共出动执法人次28075人次，与公安部门配合519次，查获各类非法案件998起，查获假冒伪劣卷烟近34件，非法流入烟123余件，走私卷烟4.4件，罚没款27.078万元，刑事拘留2名违法分子，行政拘留8名。专卖作为主要经济增长点的核心职能得到有效发挥。

网络建设围绕规模经营，整合资源，优化配置，促进网络的不断完善。一是减少物流配送节点，优化线路，科学设置卷烟零售点；二是成立了黄山市烟草营销网络协会，并积极开展"城镇万店无假烟"评选活动，对获得"城镇万店无假烟"的卷烟零售户实行公开授牌，并率先纳入营销网络协会，给予优质的服务，在一些偏远地区开展送货，消灭送货死角，受到了卷烟零售户的高度称赞。三是推行客户经理制度，尝试实行个性化服务，对辖区内的客户按居住地域、销售状况、送货方式、送货周期等标准进行细致分类，为每类客户提供不同的送货服务、方式、周期，满足不同客户的需求。

立足规范，深化改革，坚持创新，提高企业的核心竞争力 1. 对原中国烟草职工黄山烟草疗养院实行了全面的管理体制改革。实行总经理负责制，对原有职工作了妥善安置。改革后用工减少一半，管理费用大幅降低，经营业绩显著增长，长期亏损经营的困难局面得到改善。2. 发展第三方物流。经过反复市场调研和长期筹备，成立了由公司控股、职工参股的黄山安泰物流有限责任公司，实行主辅分离，独立核算，并于9月15日完成了对全市配送中心的接管，全面开始运行。3. 进行组织机构调整，引进现代管理方式。实现了访销、配送、稽查三条线的独立运作、垂直管理，进行了科学的岗位设置。队伍建设方面，实行所有干部竞聘上岗，职工双向选择、择优上岗，整个干部职工队伍充满了前所未有的活力与朝气。

（办公室）

六安市烟草专卖局（公司）

2002年，全市实际销售卷烟135547箱，同比增长9.77%；实现毛利（含税）18014万元，同比增长52%，其中利润9821万元，同比增长106.6%；单箱利润501.53元，同比增长65.63%；全区人均销售卷烟5.66条，比上年5.14条增长10%。卷烟销售绝对数居全省第三位，增长幅度居全省第五位，利润总额居全省第四位，利润增长幅度居全省第三位。全市种植烤烟1200亩，收购烟叶0.3万担，其中上等烟叶15%，中等烟叶85%，产值87万元，为地方提供农业特产税18万元。

继续保持专卖管理的高压态势，整顿和规范市场经济秩序。共捣毁各类制假匿假窝点12个，查获各类违法卷烟4584件，"新中国"卷烟机一台，查办案件8841起，拘留、劳教、判刑56人；罚没款178余万元。市场占有率由83.4%提高到91.5%。户籍化管理工作稳步推进。一、落实线路，按照行政区划，确定了427条市管线路，分片包干；二、落实指标，将销量、市场净化率和市场占有率落实到每个大中队和市管员；三、落实三岗互控，明确市管员、访销员、送货员相互监督的内容和形式；四、落实三层督查，完善了基层、中层、领导层督查的组织、执行、考核体系。

营销网络建设以优化流程、提高效益为中心。全市网点数量由年初的17个整合到14个，送货车辆节约了13辆，访送分离面由年初的26.9%提高到90.5%。品牌管理进一步加强，上半年对全市经营品牌进行了梳理整合，淘汰了一批规模小、毛利水平低的品牌，把品牌培育的重点集中在省产三名五优卷烟上。

严格落实岗位职责，加大考核监督，推行目标管理和绩效评估，促进了传统管理向现代管理的转变；加强预算管理，控制费用开支，建立物资采购和工程项目的招投标制度，完善内部监审和经济责任审计，开展财经秩序专项整顿，促进了管理向规范化、制度化方向发展。卷烟经营、烟叶生产稳步发展，安全意识得到加强，办公、生活环境有所改善，企业的整体形象进一步提升。

（办公室）

巢湖市烟草专卖局（公司）

全年销售卷烟10.3万箱，比上年同期增长10.4%；实现销售收入76514万元（不含税），比上年同期增长29.9%；实现毛利15196万元，比上年同期增长56.4%；比上年同期增长41.6%；完成税利1.1亿元，比上年同期增长114.7%；多元化配送额达到1000万元。2002年，我们主要做了以下几方面工作：

在专卖管理方面，一是加大市场整治力度。全市市场净化率已达到90%以上。二是加强卷烟市场体系建设。通过“以乡建所、队所联动、明确职责、捆绑考核”的户籍化管理模式，提高了市场控制力，使烟草市场经济秩序明显得到了好转。

在品牌培育方面，坚持以市场为导向，大力开展名优烟扩销工程，本年全市共销售名优烟14219箱，销售收入14705万元，毛利总额2949万元，单条均价（不含税）37元/条。

在营销网络建设方面，再造业务流程，梳理、整合零售户，重新设置专卖、访销线路，完善计算机监控、日常检查、随机抽查、零售户投诉处理等督查制度，增强了对零售终端市场的竞争能力；树立全员服务意识，建立全方位、全过程的服务链，实践服务营销理念，深化客户关系管理，提高了零售户对公司的依存度；构建电子商务平台，开展多元化经营，建立了快捷、流畅的通道，提高了物流配送效率，促进了配送型网络向营销型网络转变。

在企业内部管理方面，一是对企业内部管理体制、机构设置、运行机制、管理手段实行改造，合理配置人员，减少管理层次，加强各环节的衔接。并把工作收入与效益业绩挂钩，基本做到了人员有分工，岗位有职责，运作有程序，检查有措施，考核有标准，收入靠贡献，提高了工作效率和质量，激发了员工的工作热情和干劲。二是加强信息化建设。完成了C类卫星地面站的建设，实现了网络提速扩容；整合专卖、销售管理系统，保证各系统功能能够满足工作的实际需要；电子商务和会计电算化平稳运行，办公自动化管理信息采集齐全，初步做到了数据采集准确、信息传输及时、流程规范合理、互连互通和信息共享。三是加强财务管理。加强企业成本费用、投资、机关管理费用等方面的管理工作；盘活闲置资产200万元，优化了资源配置；实行收支两条线，限制了无预算资金的支出；及时上缴专营利润，落实内控制度，严格执行财经纪律，规范了财经秩序，促进了企业在良性的轨道上健康发展。（办公室）

池州市烟草专卖局（公司）

池州市烟草专卖局（公司）现下辖青阳、东至、石台三个县局，并担负着国家级风景区九华山卷烟市场的购销业务。公司现有职工120多名，车辆70多台，固定资产3460万元。2002年全区内销售卷烟44753箱，增长5.18%；销售收入达3.53亿元，增长17.45%；实现利润（含宏观调控）4418万元，增长50%；实现利税5589万元，增长47.3%。

强化专卖管理，全面控制市场，“户籍化”管理上水平 全年开展了多次大的联合打假、打私专项行动，共查处案件363起、价值30万多元、查获五种烟数量共计712.032件，捣毁了1个卷烟窝点，有效地控制了市场假、私、非烟的衍生和蔓延。同时，对零售户实行精细管理，分类指导，实现纵向管理到底，横向管理到边的要求，大大提高了市场净化率、市场占有率、零售户守法经营率，“户籍化”管理工作上了一个新的台阶。

全面深化三项制度改革，建立现代化人力资源管理模式 全面深化了人事制度、工资制度和竞聘上岗双向选择制度的三项制度改革，设计了《池州烟草岗位定编图》，制定了详细的岗位说明书，真正实现了“一人一岗、一岗一薪、易岗易薪”，初步建立了现代企业人力资源管理新模式。

运用市场经济机制，探索客户关系管理模式和办法 1．在“城乡万店无假烟”活动的基础上，进一步开展评选“卷烟零售示范店”工作。2．积极、稳妥实施“一价制”工作，为改善客户关系，提高客户满意度和忠诚度奠定了基础。

反腐倡廉工作在经济活动中又有新举措 进一步健全、建立了反腐倡廉的组织结构和工作流程，调整充实了卷烟销售价格领导小组；新建工程招标和大额采购定价领导小组，使这些经济活动始终处于公开、透明和监控的状态下，不仅为企业节约了大量费用，而且还为党风、行风建设起了很好的促进作用。

（办公室）

宣城市烟草专卖局（公司）

2002年在宣城市局（公司），2002年实现卷烟销售84794箱，比上年增长5.5%；单箱收入7611元/箱，税利8479万元，利润6552万元，比上年增长180%。

宣城烟草不断改革和创新，积极进行组织结构调整，取消了所属县级烟草公司法人资格，从2002年元月1日起全市实行统一核算和管理。整合配送线路，打破属地送货，重新优化送货线路，就近送货，减员减车，提高送货工作效率，降低经营成本，一年节约百万元。调整专卖管理运行方式，剥离稽查职能，设立市场管理员，承担宣传、服务、监督、信息和侦察等职能，专司户籍化管理职责并由专卖科（股）直接管理。整合零售户资源，成立卷烟经营协会，创建“会员制”载体，为规范卷烟销售秩序，实现全市统一卷烟零售价格奠定了基础。整合率为17.6%。构建信息大平台，使专、销网络系统一体化，信息互通，集成处理，提高管理效率，成为指挥、调度、监控和管理企业日常工作必不可少的“工具”。

科技兴烟，着力打造宣城优质烟叶品牌。今年，烟叶种植面积较去年增长一倍以上，收购烟叶3.95万担，销售收入3100万元，均价8.6/公斤，2003年2月在厦门召开的全国烟叶生产技术研讨会上，皖南烟叶经国家评吸委员会评吸鉴定，质量位居全国第一。

在深化人事制度改革的同时，积极推进目标管理，实施绩效考评。先后4次出台了进一步深化人事制度的有关措施，引入竞争机制，易岗易薪，有效的激活了干部职工的工作积极性，推动了各项工作的全面发展和进步。（办公室）

蚌埠卷烟厂

蚌埠卷烟厂是全国烟草行业36家重点技术改造企业之一。全厂现有固定资产原值12.9亿元，其中设备固定资产原值8.9亿元，净值5.5亿元，生产区占地面积7.22公顷。

2002年，蚌埠卷烟厂完成工业产值现价25.32亿元，销售收入首次突破30亿元大关，达到30.95亿元，比上年增长8.15%，实现税利总额18.43亿元，同比增长18.14%、其中利润3.63亿元，增长23.26%。全年卷烟产量46.42万箱。

一年来，全厂继续加强质量管理，再度荣获安徽省烟草专卖局质量综合考评全省第一。其产品“一品黄山”、“黄山·万里红”在2002年上半年全国市场产品质量抽检中荣获全国综合得分前十名。在国家、省烟草专卖局组织的市场抽检和监督抽查中，该厂产品质量达到全年检测合格率为100%。率先淘汰焦油量15mg以上产品；开发的高科技产品“黄山·世纪经典”，是省内目前焦油含量最低的高档烤烟型产品。蚌埠卷烟厂大力加强精神文明创建工作，2002年被中央文明委授予“全国精神文明建设工作先进单位”称号。

推进现代企业制度建设 首先，对管理机构按照职能重新组合优化，减少管理层次和中间环节，扩大管理层面和管理幅度；其次，在主业分别形成企业管理系统、生产指挥系统、技术研发系统、市场营销系统和监督保障系统构成的主体职能区域和物流公司和服务中心构成的辅助保障职能区域。第三，企业内部上至中层干部下至班组职工全部实行竞聘上岗，并建立收入能增能减，有效激励的分配机制。对营销人员实行地区经理制，分配实行与销售实绩、回笼货款和营销管理相挂钩的机制。对科研人员在分配机制上把技术职务系列与管理系列分开，实行课题招标和课题承包负责制，把科研人员的利益分配与其最终工作成果、工作绩效联系起来。在生产车间，进一步完善质量、人均成本为主要绩效评估内容的计件工资激励机制。促使其收入直接与产品质量、物耗和产量挂钩；对企业管理人员，建立以高效、创新、管理、服务为主要内容的任期目标绩效评估激励机制。

“十五”技术改造规划概况 为提高自身实力，积极适应中国加入WTO后烟草行业面临的新形势、新变化，规划在现有厂区进行脱壳改造，按照烟草行业重点改造企业的总体要求重新规划设计，建成国内一流的现代化企业。此技改工程正在紧张施工，计划2004年上半年投资概算为4.77亿元的一期工程投入使用，建设53000平方米的生产厂房，2005年完成投资概算为2.7亿元的二期工程，以全部实现技改目标。

（厂　办）

芜湖卷烟厂

芜湖卷烟厂是全国520家重点工业企业和烟草行业36家重点企业之一。企业位于芜湖市东南部，占地25.93万平方米，拥有具有国际90年代末期先进水平的卷接包设备30余台（套）。企业现有在岗职工1757人，其中各类专业技术人员284名。

2002年，芜湖卷烟厂以“做强‘迎客松’、‘盛唐’、‘都宝’三大品牌”为工作主线，通过加大产品研发力度、加快技术改造步伐、重建营销运行机制、强化质量保证体系、加强信息化建设、建立绩效考核体系等举措不断提升企业核心竞争力。全年共实现销售收入25.4亿元，同比增长12.7%；实现税利13.7亿元，同比增长18.6%（其中利润2.8亿元，同比增长61%）。“迎客松”、“盛唐”、“都宝”三大品牌合计销售32.3万箱，占总销量的71%。

通过引入新的营销运行机制，重新制定分配制度，充分调动了一线业务人员的工作积极性，品牌建设工程取得了切实成效，三大品牌的知名度与美誉度不断提升，产品结构的优化直接拉动了经济效益的上升。

企业技术中心进一步加强了与科研院所及专业机构的技术交流与合作，以加强卷烟降焦、降害、降耗研究为重点，提高香精香料、膨胀烟丝、薄片丝及膨胀梗丝的使用水平，全年产品平均焦油量控制在14.5毫克以下。

技术改造工程稳步推进，18000平方米烟叶仓库和动力站房已投入使用并产生效益，42000平方米联合工房已结构封顶，正在进行内部装修和配套工程的施工，预计2003年底投入使用。

企业三项制度改革取得新的进展，竞争激励机制逐步健全。企业为优化内部人力资源结构，将“减”与“养”有机结合，对143个岗位进行了公开竞聘，参加竞聘人员382人，其中304人被录用到新的工作岗位，较好地营造了“上岗靠竞争”的公平竞争氛围。

当年，企业先后荣获了“国家重点企业、试点企业集团信息报送先进单位”、“安徽省第三届文明单位标兵”、“安徽省思想政治工作优秀集体”、“安徽省先进集体”、“安徽省诚信纳税先进单位”等称号。“迎客松”、“盛唐”、“都宝”三大品牌同获“全国卷烟优等品”光荣称号，标志着企业质量管理工作又向前迈进了一大步。

（厂　办）

合肥卷烟厂

2002年，合肥卷烟厂总产卷烟30.02万箱，销售卷烟31.74万箱，同比增长8.95%，实现销售收入17.988亿元，同比增长52.23%，实现税利10.63亿元，同比增长76.26%；利润7728万元。是年连续第三年被评为全国“优质服务月先进单位”，并被安徽省人民政府授予省级“精神文明”单位、“安徽省先进集体”光荣称号。

当年，合肥卷烟厂主要抓了“品牌、组织结构、技术装备”三大整合工作。在实施品牌战略方面，力图把光明品牌卷烟做成中国强势卷烟品牌。在组织结构方面，按照现代企业制度的要求，进一步深化企业内部改革，合理调整组织结构，围绕提高企业整体素质，增强企业的核心竞争力，使组织结构扁平化，信息沟通便捷化。率先在全省设立“合肥烟草企业管委会”。合肥烟草企业由卷烟制造厂、烟草物流公司、烟草物业公司、烟草工贸公司组成（简称“一厂三公司”）。“一厂三公司”根据工作职能及目标管理要求，优化机构设置，逐步实行独立核算，自负盈亏；实现主辅分离、结构扁平，把企业办社会的部分剥离出去；建立全面考核体系，推进干部年轻化；通过考核评价体系产生激励作用和约束作用，激活每个人的潜力，培养团队精神。推行“一厂三公司”的管理模式，是对卷烟工业建立现代企业制度的一次成功的探索与实践。在技术装备方面，在实施中国烟草科研教学实验基地建设中，建成一条全部使用国产设备的卷烟生产线。“管道式烟丝超热膨胀工艺研究及装置”的改进项目通过国家烟草专卖局的项目验收。该项目的完成，填补了国内一项空白。

在信息化建设方面，于7月起开始实施0A（办公自动化）系统，该系统软件已进入全厂联机测试阶段，12月份开始在全市工业管理率先试运行。在质量管理方面，强化卷烟生产过程中的控制和监督管理，于当年12月18日通过ISO9000标准2000版质量认证。在全国卷烟市场质量抽查中，合肥卷烟厂生产的醇和皖烟综合得分居前10名；醇和皖烟、新制皖烟等品牌卷烟进入全国卷烟感官质量评比前10名；九华山、合肥、光明等品牌卷烟被评为安徽省名牌产品。在财务管理方面，加强企业资金管理和监控，严格成本控制，加速资金周转，并使财务工作向事前预算、事中控制、事后分析的高层次发展。在目标管理和绩效评估方面，实践人力资源管理理论，开展绩效评估工作，推进企业薪酬制度改革，使薪酬激励机制落实到部门、班组、个人。在现场管理方面，围绕"绿色、环保、文化"，塑造企业文化，在生产区和办公区全面推行5S管理，车间现场管理工作做到整洁、有序、人定岗、物定置。在营销工作方面，当年卷烟调量保持较高的增长速度；销售结构明显好转，卷烟品牌集中度提高，产品销量稳步增长。（轩嘉炳）

阜阳卷烟厂 阜阳卷烟厂现有生产能力30万箱，主业在岗员工800余人，主导产品为"香梅"和"王中王"。企业现占地近400亩，拥有一整套完备而又成熟的卷烟生产线及产品研发机制，年创利税4亿多元，为安徽省五家大型国有烟草工业企业之一，先后荣获"中国明星企业"、"中国500家最大工业企业"等称号。2002年，经济效益创历史最好水平，全年实现税利4.3亿元，税金3.8亿元，利润4875万元，同比均有较大幅度增长。

优化产品价值链构成，技术创新成效明显 一是运用价值工程原理，简化包装降成本。通过取消条合包装、包装材料置换、卡纸改短、盘纸改窄等措施，全年节约成本500万元。二是优化配方设计，利用科技降成本。改进四、五类烟的叶组配方，增大下等烟叶和掺兑物的使用量，提高梗丝和薄片掺兑比例，消化陈烟，控制香精香料成本。三是加强采购管理，比质比价降成本。通过对供应商资质重新评估和认定，梳理整合供应商，由年初的66家削减到34家，加强价格动态管理，共节约采购成本330万元。四是加强计划管理，控制库存降成本。严格控制库存资金占用，加快资金周转，提高资金利用率，产成品库存周转天数由2001年的20天下降到6天。

产品整合步伐加快，市场竞争力有所提高 针对市场需求，遵循市场导向，为提高产品集中度，扩张品牌影响力，有计划有步骤地进行产品改造开发工作，将12个牌号30个规格梳理整合为2002年底的3个牌号12个规格，形成了以"王中王"为高档、"钟鼎"为中档、"香梅"为低档的牌号格局。全年经营情况看，"王中王"、"钟鼎"、"香梅"三大系列品牌共销售22.11万箱，占总销量的83.85%，销售收入共计6.67亿元，占总收入的77.92%。

营销工作力度加大，市场拓展明显突破 全年完成销量26.69万箱，同比增长6.38万箱，上升23.9%，其中自产烟24.3万箱，同比增长7.24万箱；全年实现销售收入（含税）9.14亿元，同比增加1.63亿元，上升17.8%；全年税利总额同比增加1.22亿元，上升39.61%，其中利润4875万元，同比增加4646万元，上升20.29%。省外市场势头强劲，全年，省外销售4.34万箱，比去年同期的2400箱增长16.67%。

（厂　办）

滁州卷烟厂 滁州卷烟厂座落在风景秀丽的琅琊山下，现有职工1300余人，固定资产4亿多元，年生产能力达30万箱以上，具有全国领先水平的制丝和卷接包设备、全空调生产车间。

80年代中期以来，"红三环"系列卷烟行销省内外市场；一直是市场"受欢迎"，消费者"信得过"的名优产品，至2000年累计产销量逾35万箱；特别是2002年我们面对品牌竞争时期的新形势，紧紧围绕红三环品牌建设，立足"四小"定位，瞄准"两个率先一个第二"战略目标，围绕"做三四类烟专家"，制定和实施了红三环品牌战略，加快推进了醉翁亭、天柱山和金太湖产品向红三环品牌的系统整合；企业上下形成了"人人讲品牌"、"人人为品牌"的浓厚氛围。2002年，红三环品牌产销量突破20万箱，被评为"全省销量领先品牌"、"全省最受消费者欢迎的品牌"、"全国卷烟优等品"。

品牌建设带动规模效益，主要指标再创历史新高。2002年生产卷烟26.01万箱，调拨销售卷烟26.75万箱；完成含税销售收入10.85亿元，实现利税4.43亿元，其中利润7779万元。

回顾过去，展望未来，滁州卷烟厂将以"十五"技改后的装备、技术、管理、队伍作为新的发展契机，宏扬"敬业同心创一流"的企业精神，实现新的提升，向着更高的目标奋进！（厂　办）

华环国际烟草有限公司 华环国际烟草有限公司座落在安徽省凤阳县门台子镇外资工业园区。公司占地面积11万平方米，绿化面积5万余平方米。现有员工300人，其中大专以上学历的员工近百人。拥有一条美国制造的9000Kg/h打叶复烤生产线以及厂房、仓储等基础设施，是一座现代化的园林式企业。

2002年，公司以"质量、服务、速度"的华环精神，培育打叶复烤品牌，不断拓展省外加工市场，全年打叶复烤62625吨，比上年增长14.2%；吨烟生产成本下降了22.03元，下降幅度为3.53%；实现税利5422万元，比上年增长69%，各项经济指标均创历史最好水平。

为稳定、提高产品质量，公司更新了两台润叶设备，进行了核子秤、锅炉分层燃烧等17个项目的技术改造。

2002年，公司一是由经营服务型向加工服务型转变，在生产经营中，全员、全方位、全过程为客户服务，并制定了《服务实施细则》，从制度上明确了各部门、各岗位为客户服务的职责。二是转换了2000版ISO9001质量管理体系并有效运行。三是加强了队伍建设，对干部、员工扎实地开展培训工作，其中培训分级工100余名，打叶复烤工12名，提高了干部的素质和员工的技术水平。四是全面推行了目标管理和绩效评估，并与奖金分配挂钩，激发了全员的工作积极性。五是与省局（公司）联网，建立办公自动化系统，实现了远程教育和信息共享。六是加强了党风廉政建设和企业文化建设，增强了企业的凝聚力。（厂　办）

福建省

福州市烟草专卖局（分公司） 福州市烟草专卖局（分公司）下辖8个县（市）局（公司），共有访销部26家，配送中心9个，专卖管理所27个，1家三星级涉外酒店，总资产达5.3亿元。全市行业现有职工1442人；市局（分公司）本部有科室13个，访销部5个，配送中心1个，专卖管理所7个，资产2.6亿元，职工528人，其中正式工171人，离退休22人。共有卷烟零售户21349户。

2002年，福州市局（分公司）积极推动销售网络建设由传统商业向现代流通转变，建立了“专销一体、分散访销、集约配送、三线互控”的大配送模式，不断提升客户服务水平，网络功能日益彰显。卷烟销量达17.98万箱，比增12%；实现销售收入16.22亿元，比增17.6%；税利2.15亿元，比增45.7%；利润1.56亿，比增45.2%。其中分公司本部销售6.7万箱，比增25.3%；实现税利8572万元，比增86.6%；利润5919万元，比增95.3%；市场占有率平均84.4%，同比提升9个百分点，其中福州城区达94.9%。全市一、二类烟大幅增长，五类烟销量明显下降，销售结构显著上移。

在烟草专卖管理中，推行零售户户籍化管理，逐步由监督处罚型为主，向服务管理转变，对零售户实行积分制管理。2002年，市局精心组织了“打击制售假烟”、“打击违法经营卷烟大户”、“取缔无证经营卷烟”三场专项整治行动，破获了数起大案要案，对违法犯罪分子形成强大的威慑力，共查处卷烟经营违法案件8240起，查获假烟3612件，走私烟836件，乱渠道卷烟571件，上缴罚没款195.6万元，移送案件16起，批捕34人，判刑7人，销毁假烟3436件。 **（局办公室）**

龙岩市烟草专卖局（分公司）

龙岩市烟草专卖局（分公司）下辖7个县级局（公司）、烟科所、3个直属库（站）及多家第三产业企业，全市共有从业人员2051人，固定资产2.82亿元。2002年，龙岩市局（分公司）把“一要规范、二要改革、三要创新”作为企业工作重点，以深化改革和科技兴烟为动力，稳定烤烟发展规模，优化烟叶等级结构，加强卷烟网络建设，加大打私打假和清理整顿市场力度，多元化经营有了长足发展，企业两个文明建设上了新台阶。

一年来，全市烤烟生产全面实施“增香降碱”规范技术措施，战胜了特大干旱灾害，实现了稳定生产规模、提高烟叶质量的目标。种植烤烟26.5万亩，收购烤烟52.5万担，比增11.3%，其中上等烟比例达36.4%。系统外销售卷烟8.39万箱，实现两烟销售收入17.5亿元，其中烤烟销售收入9.86亿元，卷烟销售收入7.61亿元；两烟实现税利2.30亿元，利润1.67亿元，农业特产税4356万元。龙岩市局（分公司）坚持“两手抓，两手都要硬”，市、县两级局（公司）均获市级文明单位称号，其中漳平、武平、长汀、上杭等县级局（公司）获省级文明单位称号。 **（江益忠）**

南平市草专卖局（分公司）

南平市烟草专卖局（分公司）下辖邵武、顺昌、建阳、建瓯、浦城、武夷山、光泽、松溪、政和九个县（市）公司，全市烟草行业现有职工1500多人。负责组织全市烤烟生产、收购和卷烟二、三级调拨，批发业务和烟草专卖管理。同时，与中国烟叶生产购销公司、中国烟草进出口集团公司、福建省烟草公司、中国烟草福建进出口公司共同投资组建了“福建南平市武夷烟叶发展有限公司”，负责烟叶的打叶复烤和调拨。是福建省精神文明建设先进单位。

2002年，南平烟草贯彻“至诚至信，全心全意——客户满意是我们的永恒追求”的行业服务理念，着力抓好卷烟市场秩序的整顿，提高经济运行质量，促进了烟叶生产、卷烟销售的持续稳步发展。全年实现税利1.87亿元，增长35%，全市种植烤烟14.5万亩，收购烟叶33万担，在总量上实现了历史性的突破。烟农收入1.69亿元，地方特产税3540万元。销售卷烟89064箱。全市查处各类违法案件935起，捣毁贩假窝点24个，烧毁假冒商标卷烟4581件，捉获违法分子18人，沉重打击了制售假烟犯罪活动。同时，完成了光纤广域网建设，烟叶、专卖、销售、电子商务等系统已经全部上网运行，行业管理和营销手段现代化程度进一步提高。至2002年底，全市烟草行业拥有资产近6亿元。 **（李 伟）**

宁德市烟草专卖局（分公司）

宁德市烟草专卖局（分公司）现辖九个县（市）烟草专卖局（公司）、贸易中心。至2002年底，全市行业共有员工721人，企业拥有固定资产9100万元。

2002年，宁德烟草认真贯彻国家局“一要规范、二要改革、三要创新”的行业工作重点，坚持省局（公司）“至诚至信、全心全意”的服务理念，与时俱进，开拓创新，取得显著的经济效益和社会效益。全市行业认真贯彻卷烟网络建设要求，精心打造大配送系统工程，促进规范经营再上新台阶。现已基本上形成了一个三线分离、三线互控，分工明确、密切协作的大配送工作格局。全年共销售卷烟87889箱，同比下降0.6%；卷烟销售收入90014万元，比增11.49%；实现税利11004万元，比增46.43%；创利润8145万元，比增46.4%。

全区专卖管理工作通过进一步深化专卖户籍化管理，深入开展打假专项行动，贯彻《福建省烟草专卖管理办法》，与工商开展委托执法取谛无证经营等做法，进一步提高了市场净化度。全年共查处各类违法违章案件2254起，捣毁制售假冒卷烟窝点48个，刑事拘留10人，逮捕6人，判刑3人，查获假冒卷烟3921件和乱渠道进货卷烟377件，罚没款39.8万元。

企业精神文明建设取得新成效，市局荣获市委、市政府颁发的“全市农村‘三个代表’重要思想学习教育先进单位”荣誉称号，机关党支部被市委评为先进基层党组织。 **（彭康强）**

莆田市烟草专卖局（分公司）

莆田市烟草专卖局（分公司）现有职工480人，下设1个县局（公司）、2个物流配送中心、12个专卖管理所和访销部，全市卷烟入网零售户达12416户。2002年，莆田市局（分公司）发扬“主人翁，守纪律，横向比，争先进”的企业精神，围绕全省卷烟“一库式大配送”的中心任务，转变经营理念，采取积极的营销策略，健全市场网络，提高卷烟市场占有率；开展卷烟打假专项行动和市场清理整顿工作，全面实行卷烟经营户户籍化管理；加强企业领导班子建设，党风廉政建设和精神文明建设，严格企业内部管理，加大人事、分配制度改革力度，不断提高管理和服务质量。全年卷烟总销量80280箱，销售收入61329万元，比增9.9%；实现税利9020万元，比增32.6%；利润7500万元，纳税4400万元。连续八年被福建省委、省政府评为“省级文明单位”，两次获得莆田市委授予的“党建工作先进单位”。 **（局办公室）**

泉州市烟草专卖局（分公司）

泉州市烟草专卖局（分公司）地处福建东南沿海，下辖晋江市、南安市、石狮市、惠安县、安溪县、永春县、德化县和泉港区等八个县级专卖局（公司）。2002年，泉州烟草树立“至诚至信、全心全意”的服务理念，积极实施全市“一库式”大配送，提高网络整体功能。全年销售卷烟23.57万箱，实现税利24579万元，其中利润17797万元。以整顿和规范市场经济秩序为契机，开展大规模、不间断的打假和市场清理整顿活动，全年共查处制售假烟案件1053起，查获假烟10958件、走私烟2615件、乱渠道卷烟2260件、制假烟叶烟丝152吨，捣毁制假窝点143处，缴获制假烟机24台，抓获并移送司法机关的制假分子340人，有力地打击了制假售假违法分子的嚣张气焰。大力宣传“创拼搏进、止于至善”的企业精神和“积厚流广、服务大众”的企业宗旨，增强了企业的感召力、向心力和凝聚力。被评为市文明单位和“党建创先工作成效显著单位”。 **（黄慰州）**

三明市烟草专卖局（分公司）

三明市烟草专卖局（分公司）下辖10个县（市）局（公司）、两个对外投资企业，现有职工近3000人。2002年，三明市局（分公司）以开展“至诚至信、全心全意——客户满意是我们永恒的追求”的“全省烟草行业服务理念大家谈”为契机，进一步树立专卖管理公正、公平、公开、文明的执法形象，提高了市场监管的效能；积极推进卷烟销售由传统商业向现代流通的转变，建立“一库式”大配送体系，提升了卷烟营销网络的竞争力；改进完善烟叶生产方法，推行“控氮、提质、增香”的新技术，增强了烟叶的可用性，进一步满足了各大名优烟厂的需要。全年企业收购烟叶83万担，销售卷烟7.75万箱，实现两烟销售收入23.9亿元，税利3.7亿元，利润2.51亿元。目前公司固定资产净值达4亿元，所有者权益达8亿元。2002年被国家烟草局评为“烟叶生产收购先进单位”，被省政府授予“第八届文明单位”，被市工商局评为“工商企业免检单位”。

厦门市烟草专卖局（分公司）

厦门市烟草专卖局（分公司）下辖同安区烟草专卖局（公司），全区设有6个访销部和6个专卖所、2个配送中心，控股五福贸易有限公司、上海捷强烟草糖酒（集团）厦门有限公司、格峻烟草发展有限公司三家“三产”单位。现有职工440人，服务于全区7200多户卷烟经营户。

2002年，厦门市局（分公司）认真贯彻“三个代表”重要思想，以网络建设为中心，以“大配送”为工作主线，建设“全面访销，集约配送；专销一体、三线互控”的“多点式访销、一库式配送”的卷烟销售网络。全年共销售卷烟7.85万箱，实现销售收入6.8亿元，单箱收入8475元，实现利润7700万元。

厦门市局（分公司）着眼于增强市场控制力、提高市场净化率，以加大市场净化度、专销结合力度、基础管理力度为三大任务，推进专卖管理工作向纵深发展，确保卷烟市场的规范有序。全年实现办证率3.53‰，查处案件499起，查获假冒卷烟8979件，捣毁制贩假窝点2个，罚没款合计80万元。

厦门市局（分公司）注重“两手都要硬”，不断加强精神文明建设。在广大职工中弘扬“至诚至信、全心全意”的行业服务理念和“做实事、讲诚信、求实效”的企业精神，建设一个中心明确。核心突出的领导班子，一支团结奋斗、能征善战的干部职工队伍，一支敢于创新、甘于奉献的党员队伍，实现精神文明和物质文明的双丰收、同发展。 **（金向阳）**

漳州市烟草专卖局（分公司）

漳州市烟草专卖局（分公司）下辖九个县（市）烟草专卖局（公司），现有员工1265人，固定资产净值1.07亿元。2002年，全市行业不断深化改革，全面实施“大配送”和专卖户籍化管理，加强精神文明和党风廉政建设，保持了持续、稳定和健康发展的良好势头。企业全面开展卷烟大配送建设，再造经营流程，把原来的批发部（管理所）模式转变为访销、配送、市管三条清晰的业务线，实现了对卷烟零售户的全面访销、一库式配送和户籍化管理。全市卷烟销售网络从9个配送中心、54个批发网点整合为35个访销组、166条访销路线以及以之相应的123条送货路线和159条市管路线。全年共销售卷烟14.18万箱，实现销售收入11.68亿元，税利1.52亿元，六项主要经营指标增长幅度名列全省第一，呈现良好的经济运行状况。认真抓好烤烟科学栽培烘烤技术的推广、指导工作，烟叶种植面积4000亩，收购烟叶10807担，上等烟比例占35%。专卖管理以整顿和规范卷烟市场经济秩序为工作重点，强化市场监管，坚持“斩草除根，彻底根治”的打假目标，联合公安、工商等部门深入开展打击制售假冒卷烟专项行动，有效地遏制制假回潮和反弹。一年来，全市专卖管理部门共查各类违反烟草法律、法规案件571起，上缴罚没款113.2万元；缴获假冒卷烟15314件、走私烟115.2件，捣毁制假、贩假、藏假窝点450个，查获大型卷接烟机120台，烟叶烟丝579吨及其他原辅材料5000多件。重视企业文明建设，举办漳州烟草系统首届运动会暨岗位技能比赛，全市行业各单位全部被地方政府评为“文明单位”。

（局办公室）

龙岩卷烟厂

龙岩卷烟厂是国有大型二类工业企业，也是全国烟草行业36家重点工业企业之一。2002年卷烟产量51.7万箱，同比增加1.4万箱；销售卷烟51.8万箱，同比增加1.7万箱；实现销售收入34.8亿元，同比增加1.8亿元；税利总额22.3亿元，同比增加1.9亿元；利润4.3亿元，同比增加2000万元。主要经济指标均创历史最好水平。企业综合经济指数在全国烟草系统36家重点企业中排第12位，比2001年排名前移了5位。主要品牌有“七匹狼”、“乘风”、“富健”等，其中，全国行业名优卷烟“七匹狼”，2002年产销量达到10.8万箱。

一年来，龙岩卷烟厂以“降焦、减害”为方向，进一步稳定、提升产品质量，产品在保持原有风格的基础上，焦油含量稳中有降，全厂焦油加权平均14.74mg/支，同比下降0.69mg/支。为保证易地技改后的配方顺利切换，保持产品风格，提高产品质量，企业开展一系列工艺研究和创新。产品在保持原有风格的基础上汲取HXD、STS的优点，内在质量得到提高，进一步满足了消费者的需求。企业加大品牌整合和培育力度，一方面根据市场需求开发了七匹狼（豪情）、乘风（新红），开发专供辽宁生产、销售的七匹狼（68吉祥）及由省卷烟销售公司专销的福建省最高档卷烟“新一代”七匹狼（SP200、SP300），另一方面相继停止了“绮丽”、“采茶灯”、“乘风（软红）”等亏损牌号的生产。同时，突出“七匹狼”品牌宣传，开展广泛的形象设计。继续深化贯标管理，完善质量管理体系，顺利通过质量管理体系监查及对外加工片烟扩证审核。大力开展遵纪守法和安全知识教育，企业的安全工作得到加强，连续十三年实现安全生产“六个零”。此外，企业还大力加强思想政治工作，促进企业文化建设，极大地增强了职工的主人翁责任感。

厦门卷烟厂 2002年是厦门卷烟厂持续发展的一年，也是全面实施技改工程、品牌工程和管理创新工程的关键一年。一年来，企业上下紧扣三大工程，上下一心，克服困难，技改工程进展顺利，品牌工程初见成效，管理工程稳步推进，经济运行的质量和效益进一步提高，生产经营继续保持平稳的发展势头，完成和超额完成年度方针目标。2002年，企业生产卷烟46.83万箱，同比增长1.7%，其中一、二类烟占15.8%；销售卷烟47.4万箱，同比增长4.9%；实现销售收入27.8亿元，同比增长12.5%；实观税利16.8亿元，同比增长15.5%，其中利润2.5亿元，同比增长16.1%。卷烟平均单箱税利达到3630元，同比增长12.6%。

一年来，厦门卷烟厂技改工程进展顺利，全年共完成45项招标，签订合同157份，合同总金额达7.01亿元，累计完成投资额4.85亿元。投资金额控制在项目概算范围之内。品牌工程初显成效，全年缩减并取消了五类烟的生产，压缩四类烟生产，成功梳理了8个牌号十余个规格，以“石狮”、“沉香”和“特牌”为主的高、中、低品牌格局初步形成。技术中心通过国家局的年度复核，又顺利通过厦门市技术中心认证。企业积极开展管理创新活动，加快信息化建设，完善了MIS系统一期工程并顺利通过国家局的验收，MIS系统正在各项业务流程管理中发挥积极的推动作用。加强设备管理，设备主要技术指标保持行业先进水平，设备有效作业率达到90%。企业还紧紧围绕生产经营开展了形式多样的活动，努力营造企业文化，激发员工奋发向上的精神。企业荣获厦门市“十佳企业文化优胜奖”，厦门市2002年度“十佳工业企业”。张曰冬书记荣获省“五一”劳动奖章，兰志勇同志荣获为“行业技术能手”称号。

三明金叶复烤有限公司 三明金叶复烤有限公司于1998年10月18日正式成立，是由省烟草公司、三明烟草分公司、厦门卷烟厂、龙岩卷烟厂联合投资组建的股份制企业。主要经营烟叶收购、复烤加工、调拨、销售等业务。

公司厂区占地面积112亩，总投资2.5亿元人民币，共有员工211人。现有二条消化吸收美国、意大利技术的每小时6000公斤生产线（其中一条具有出口加工工艺），可实行全自动化中央集控，是目前国内外先进的生产线。生产线设备有效作业率达96%，大中片率≥87%，叶中含梗率为1.5%，水分合格率为100%，各项技术指标均达到或优于国标，产品质量满足客户需求。

2002年，公司通过狠抓生产管理和产品质量，实施低成本战略，强化管理考核与成本核算，确保企业实现增产提质高效。全年共有上海、厦门、宁波、武汉、徐州、南京等23个烟厂委托加工，打叶复烤烟叶（原烟、机烤烟）75.17万担，生产成品片烟2.52万吨；挂竿复烤38万担；实现打叶加工费收入4678万元；实现税利总额13091.32万元，其中实现利润9337.50万元，取得了较好的经济效益。

公司围绕长远发展需要，牢牢把握“诚信待顾客、质量求发展”的企业宗旨，着重加大了客户关系管理与客户服务管理，同时，在企业内部确立了“以能为本”的人力资源发展思路，强化员工“两素”教育，创建学习型企业和省级文明单位，实现了物质文明与精神文明双丰收。

（公司行政部）

江西省

南昌市烟草专卖局（分公司）

南昌市局（分公司）2002年销售卷烟11万箱，同比增长11%；实现卷烟销售额12亿元，同比增长25%；实现利润1.03亿元，同比增长20%。

狠抓了两个网络建设。认真落实省局明确要求“网建水平在2002年底要达到武汉水平”的指示，确定了向网络要效益的工作方向，彻底扭转了过去那种坐店经营，服务跟不上、经营不规范的被动局面，初步达到了建真网、建实网的目的。以市场为导向，培育引导消费，优化卷烟购销结构，实现由数量效益型向质量效益型的转变。

加大了对违法卷烟检查与打击力度，成立联合打假专项行动领导小组，向社会公布烟草打假举报监督热线，畅通渠道，承诺举报奖励。2002年，市局（分公司）共审理案件6011起，查获卷烟3930.37件，其中假冒伪劣卷烟787.22件，走私卷烟140.97件。

加强精神文明建设，分别举办了新春联欢会和全市烟草系统庆祝建党81周年歌唱比赛，展现烟草企业干部职工的良好精神风貌。市局（分公司）工会被市总工会授予“先进职工之家”光荣称号，市局（分公司）本级被评为市级文明单位。

（刘　辉）

九江市烟草专卖局（分公司）

九江市烟草专卖局（分公司）2002年顺利完成“一年打基础，二年卸包袱，三年上水平”的奋斗目标。全年销售卷烟551072万支，同比增长5.73%；实现销售收入110047万元，同比增长8.1%；实现利润5849万元，同比增长98.2%。

推进了网络建设。通过“走出去、请进来”，强化全员网建意识；投入300余万元，提升网络信息化水平；提出“把服务作为一项永不竣工的工程来抓”，实行机关科室网建挂点制度，定期指导基层网建；基本形成“全面访销、集中配送”的网络运行模式，网络功能大大增强，全年市场占有率达94.12%。

狠抓了专卖管理。以“户籍化”管理为突破口，实行查管、查处分离，时刻保持打假高压态势。全年共查处各类案件2046起，查获违法卷烟885万支、烟丝7000公斤，捣毁窝点60个，3人被劳教，14人被刑拘，2人被判刑，市场净化率达96.2%。

优化了品牌结构。明确一、二类卷烟为结构调整主攻方向。全年销售一、二类卷烟26452箱，三类卷烟30750箱；二类以上卷烟同比明显上升，三类以下卷烟同比明显下降。

开展了精神文明创建活动。开办市场营销大专班，举办歌咏比赛，开展“三员”明星评比和企业精神有奖征集活动，组织干部与困难零售户开展对口帮扶活动，员工素质明显增强。企业连续三年被评为全省系统经营管理先进单位，并被市委授予“先进基层党组”等荣誉称号。 （涂安楠）

上饶市烟草专卖局（分公司）

2002年上饶市局（分公司）销售卷烟125500箱，同比增长5.42%，实现利润6757万元，同比增长28.29%，实现税金4732万元，同比增长117.36%，查处违法卷烟2325件，其中假烟689件，非法烟叶10万余斤，烟丝10万余斤。

以“规范、改革、创新”为工作重点，推行“全面访销、集中配送”的网建模式，坚持访送分离精细化、折让销售规范化、督促考核制度化，拉动网络建设步入良性发展的轨道。加大打私打假力度，严厉打击违法犯罪活动，全面提高户籍化管理水平，净化了市场，提升了市场控制力。企业内部管理日益规范，队伍素质不断提高。

坚持以人为本，狠抓班子建设，大力构造学习型企业，大力推进党风廉政建设和精神文明建设，推行全员劳动合同、考核末位淘汰、绩效挂钩分配等制度，充分调动员工的积极性，使企业逐步步入健康、稳定的发展轨道。

（叶金玉）

抚州市烟草专卖局（分公司）

抚州市烟草专卖局（分公司）2002年全市系统卷烟经营继续保持良好发展态势，全年销售卷烟91009箱，同比增长6%，实现税利8664万元，同比增长93.5%；烟叶生产稳步发展，全年种植烤烟2.33万亩，同比增长10.9%，收购烤烟5.58万担，同比增长55%，全市涌现出产值超万元的烟农390余户。网络建设水平不断提高，从9月份开始，逐步推行了“全面访销、集中配送”的网建新模式；专卖管理进一步加强，全市系统全年共查获各种违法违规烟994箱，烟叶4.75吨，捣毁各种藏烟窝点69个，拘留不法烟贩19人，取消违法违规零售户卷烟经营资格7户，辖区内卷烟市场明显净化，卷烟的市场占有率明显提高；整顿规范工作进一步深化，狠抓了财经秩序的专项整顿工作，建立和完善了一系列的规章制度、岗位职责和员工行为规范，系统内部管理得到大力加强；金叶公司种植、养殖成效明显，受到有关部门和专家的一致好评；精神文明建设不断深入，党风廉政建设不断加强，综治安全、普法、宣传报道及政务信息工作继续保持全省系统先进水平。全市系统11个单位均被评为县级文明单位，其中7个单位被评为或申报了市级文明单位，7个单位为当地的纳税大户，11个单位的一把手中有6人被选为当地党代会代表，3人被选为人大代表，3人被选为政协委员，系统的企业形象明显改善，社会地位明显提高。 （谭布谷）

宜春市烟草专卖局（分公司）

宜春市烟草专卖局（分公司）2002年销售卷烟116632箱，调拨直属烟厂卷烟74046箱。实现卷烟经营毛利13745万元，利润5266万元，税金4082万元。

2002年，全市系统逐步推行了“全面访销、集中配送”，建立10个卷烟访销配送中心，40个访销部，14个送货部，共有访销员179人，送货员237人，配备了57部送货车，141辆送货摩托车，114台电脑。调整省产烟结构，选准增量品牌，以“金圣”、“海鸟”、“庐山”、“赣”烟为重点，落实批零一价制。加强专卖市场管理。建立和健全了零售户户籍卡和记分卡管理办法，逐步实行记分管理与零售户合理“间苗”。全年共查处违法违规案件1781起，查缴各类违法卷烟2122.68件，端掉窝点69个，涉案人员移送司法机关83人。市场占有率97%，市场净化率达97%，卷烟经营户持证入网率达100%。

积极开展效能监察，推行“阳光采购工程”，开展财经秩序专项整顿。加强企业文化建设。参加扶贫济困、支援灾区的捐赠活动。全市系统精神文明单位创建实现“满堂红”，市局、万载、铜鼓、靖安4个单位被评为省级文明单位，其他均为市级文明单位。 （黄　嘉）

吉安市烟草专卖局（分公司）

吉安市烟草专卖局（分公司）2002年销售卷烟10.5万箱，实现利润4700万元；种植烟叶1.35万亩，收购3万担，上中等烟比例达88%。

积极推进网络建设，优化网点布局，成立卷烟配送中心，强化访销送货服务，市场调控能力不断增强，经济运行质量提高，企业效益持续稳步增长。深入开展户籍化管理工作，强化专卖管理，打击“假私非超”卷烟，整顿市场秩序取得较好效果。共查处违法违规案件792起，罚没款89万元，均呈下降趋势，市场净化率达95%。进一步加大执法宣传力度，增强全社会烟草专卖意识。

整体推进党风廉政建设，加强学习和思想政治工作，紧抓精神文明建设，开展丰富多彩的文体娱乐活动，努力营造文明向上的企业文化氛围，全市系统实现县（市）级文明单位满堂红。

先后被评为全省系统安全工作、党风廉政建设先进单位，市级综治目标管理、纪检监察工作和机关党建工作先进单位；并取得全省系统公文质量评比第三名，专卖管理稽查岗位技能大比武体能竞赛第二名、真假烟鉴别第二名、队列竞赛第三名以及团体总分第三名的成绩。 （刘　斌）

赣州市烟草专卖局（分公司）

赣州市烟草专卖局（分公司）2002年销售卷烟16.83万箱，同比增长24.7%；实现利润7630万元，同比增长68.4%。

网建水平进一步提高。“一价制”平稳运行，进一步深化了专卖户籍化管理工作，加强了网点资金安全管理，加大了网点人员的培训，推行了“全面访销、集中送货”的新模式。全市共设有配送中心29个、访销部46个、配送部29个、二级配送站36个，入网零售户38494户。销售结构进一步优化。全市烟草系统销售直属烟厂30元/条以上的卷烟1.96万箱，同比增长72.4%

打私打假取得新成绩。组织了6次较大规模的统一打假行动，查处违法案件4577起；查获非法卷烟4936件、烟丝19.995吨、烟叶246.263吨；收缴切烟丝机106台；捣毁制假窝点2个，销（藏）假窝点3处，摧毁销假网络4个。抓捕涉嫌犯罪人员24人，其中判刑2人。财经秩序专项整顿取得阶段性成果。全市系统共清理三年以上挂账账户27户，撤销银行账户18个，清理账外资金26.3万元，清理专卖账外资金7.5万元，专卖许可证款0.4万元。

烟叶生产取得新突破。全年种植烟叶11万亩，同比增加1.5万亩；收购烟叶22.93万担，同比增加5.1万担，其中上等烟叶占32%，同比增加3个百分点；全市烟叶利润达到1169万元。

精神文明建设取得新进展。进一步落实了党风廉政建设责任制，扎实有效地开展了效能监察工作。全面贯彻落实了党的十六大精神。深入开展了塑造赣州烟草新形象学习、宣传、讨论活动。

（刘家彬）

景德镇市烟草专卖局（分公司） 2002年，景德镇市烟草专卖局（分公司）以深化改革为动力，以全面访销、集中配送为重点，狠抓两个网络建设和市场整治，各项工作均取得较好成绩。全年销售卷烟35329箱，实现销售收入2.6亿元，实现利润2096万元，上缴税收686万元。

狠抓网络建设，强化规范经营，实行了卷烟销售同城同价。城市实行访送分离，狠抓送货到位，农村实行访送一体，取消坐店经营，努力扩大销量。坚持以市场为导向，大力调整销售结构，重点突出直属烟厂产品结构优化，加大调控力度。狠抓户籍化管理，对零售户实行计算机动态管理，实现了零售户全面持证经营。大力整顿和规范卷烟市场秩序，开展市场整治和打假专项行动，市场环境明显好转。全年查处违法案件720起，查获违法违规卷烟1300余件，实现罚没收入54.08万元，市场净化率达93%。

加强思想政治学习，加强邓小平理论和"三个代表"重要思想学习，积极开展精神文明创建活动，把开展经常性教育、争先创优活动与群众性活动融为一体，进一步增强了企业凝聚力。

被评为市级综治目标管理先进单位，团支部被评为市级先进团总支，宿舍小区被评为省级卫生庭院，2人被评为全省系统打假先进个人。

（刘　健）

萍乡市烟草专卖局（分公司）

2002年，萍乡市烟草专卖局（分公司）强化专卖管理、规范卷烟经营、加大品牌开发和内部管理力度，实现"三年翻番"奋斗目标的开门红。全年销售卷烟38000余箱，同比增长15%；上缴税收1672万元，同比增长113%；实现利润2100万元，同比增长125%。

深化内部改革，推行人事制度改革，开展述职考评、推行干部竞争上岗和员工"双向选择、竞聘上岗"，淘汰不合格干部、改革分配制度，以岗定薪、按劳取酬，调动员工积极性。

加强专卖法律法规宣传，深化户籍化管理，积极开展"打假月"、市场专项整顿等活动。全年查处各类案件1233起，查获卷烟2006件，实现罚没收入86万元。健全内部管理制度，加强费用管理，开展财经秩序专项整顿和清产核资"回头看"，堵塞漏洞。强化品牌宣传尤其是30元/条以上名优烟的宣传扩销。通过市场品吸、系列报道、专题晚会等形式，大力宣传名优卷烟，引导消费，改善销售品牌结构，培育经济增长点。

加强精神文明建设和党风廉政建设，坚持学习制度。开展形式多样的业余活动和宣传报道、信息调研活动。热心公益事业，开展"慈善一日捐"等活动回报社会。先后获得市工会先进单位、行政执法优秀单位、卫生红旗单位、精神文明建设先进单位、消费者信得过单位等荣誉称号。

（刘德伟）

新余市烟草专卖局（分公司）

2002年，新余市烟草专卖局（分公司）坚持把发展放在首位，突出规范管理、网络建设和净化市场三个重点，深化企业改革，狠抓专卖管理，提升网络质量，强化品牌培育，规范行业管理，各项工作均取得较好成绩。全年销售卷烟21850箱，一类烟占15.7%，二类烟占15.9%，同比分别提高4.58%和12.7%；实现利润1565万元，同比增长107.8%；上缴税收1036万元，同比增长60.8%，实现利润、上交税金首次双双突破千万元。

网建质量进一步提高，市场占有率达83.9%，同比增长8.09%；送货率达99.96%，同比增长9.56%。整顿规范工作成效明显，专卖管理进一步加强。全年查处违规案件1288起，查获违法卷烟41110条，治安拘留8人，刑事拘留2人。市场控制力和市场净化率得到提高，生产经营更加规范，全年未发生内部违规经营现象。增收节支取得较好效果，减少费用121万元。坚持法纪法规教育、警示教育、职业道德教育和业务技能培训，开展"述风、述廉"活动，干部职工队伍素质进一步提升。

企业连续二年被评为市级优秀企业，局长（经理）连续二年获得市级优秀经理光荣称号，机关大院被评为市级安全小区。

（周卫国）

鹰潭市烟草专卖局（分公司）

2002年，鹰潭市烟草专卖局（分公司）坚持以提高经济运行质量为中心，以加快发展为主题，突出规范管理、网络建设、净化市场三个重点，全面完成了年初确定的各项工作目标。销售卷烟27265件，与上年同比增加145件。实现利税3230万元，比上年同比增加915万元，增长40%；其中实现利润2580万元，是过去三年的总和。

重点培育省产中高档烟，适当加大了省外四、五类烟的调入比例，卷烟销售结构进一步优化。进一步优化网点布局，撤并了四个批发部，重新调整了访销线路和人员。取消网点坐店经营，城区实行访送分离，农村试行访送分离。修订网建从业人员的工资、奖金考核办法，将员工个人工作业绩与集体（网点、中队）业绩相结合，专卖管理业绩与辖区销售业绩同捆绑。紧紧围绕整顿和规范卷烟市场的工作重点，加大了专卖执法力度，认真开展了打击制假售假违规经营活动，查获假冒、走私、违禁卷烟520件，总计罚没款金额30万元，打掉地下批发大户15户。

扎实有效地开展职工思想政治教育，群众性文体活动、争先创优活动以及优质服务活动，狠抓了环境卫生建设和企业内部社会综合治理工作。被省委、省政府授予江西省（2001～2002年度）文明行业，市局所属三个法人单位均被评为市级"文明单位"。

（姜世英）

南昌卷烟厂 2002年，南昌卷烟厂继续坚持以做大做强企业为主题，以结构调整为主线，突出市场开拓和队伍建设两个关键，着力推进科学营销、深化改革、管理优化、技术改造、企业文化和多元化经营等工作，企业经济效益实现了在连续三年快速发展的基础上的持续增长。

生产经营继续保持良好的发展态势。全年生产卷烟1787597万支，销售卷烟2021872万支，实现销售收入26.43亿元，实现利税17.37亿元，实现利润3.12亿元。"金圣"、"海鸟"、"南方"系列卷烟销量分别达到325018.65万支、525686万支和811266万箱。"金圣"远销东南亚，累计出口2600万支，创汇70万美元，其品牌价值评估达到41.8亿元，再次评为全国行业名优卷烟。南昌卷烟厂由中一型企业升为大二型企业，再次列入全国36家重点卷烟工业企业，并获江西省税利突出贡献企业、江西优秀企业、江西省食品工业经营业绩突出先进企业、江西省诚信纳税百家企业、南昌市特殊贡献企业等称号。

易地技术造改全面推进。2002年南昌卷烟厂“十五”易地技术改造项目被列为省重点建设工程，各项工作进展顺利。8月份正式动工，11月底已完成联合生产工房及片烟仓库桩基工程。各项招投标工作在省重点办及省局有关部门的监督下正有条不紊地进行着，设备订购工作也正在进行当中。

企业管理明显加强。财务管理进一步规范，全年银行支出同比下降100万元，可比产品成本下降约1900万元。产品在国家局、省局监督和市场抽查中合格率继续保持100%，“金圣”、吉品“金圣”被评为2002年度卷烟优等品。ISO9002质量管理体系进一步趋于完善，并开展换版工作。一车间QC小组等三个QC小组被评为全国优秀质量管理小组、全国质量信得过班组，企业再次被评为“全国质量效益型先进企业”、“江西省质量效益型先进企业”。

产品开发取得新进展。先后推出精品“庐山”和尊品“金圣”，现已呈现市场增长态势。低焦油“金圣”的配方研制工作已经完成，新药物烟开发项目已完成药理药效研究，今年将进入产品中试和临床实验阶段。

多元化经营稳步发展。按照“做大做强企业，做精做优副业”的原则，南昌卷烟厂继续加快多元化经营的发展。全年累计实现销售收入7079万元，实现税金698万元，实现利润821万元。

精神文明建设取得重大成果。大力开展“三种精神、两种意识”教育活动和“一抓二争三创”为主要内容的文明创建活动以及“金点子”、第二届职工运动会等群众性文体活动，企业在连续第三届被评为市级文明单位和连续第二届被评为省级文明单位的同时，首次被评为“全国精神文明建设工作先进单位”。

（张金泉）

赣南卷烟厂 2002年，赣南卷烟厂继续强化企业内部管理，优化产品结构，品牌市场竞争力进一步增强。企业生产经营跨上了新台阶，经济效益实现历史最好水平。全年共生产卷烟14.31万箱，同比增长0.07%；销售卷烟14.68万箱，同比增长1.41%；实现工业总产值6.24亿元，同比增长17.74%；实现税利2.53亿元，同比增长59.12%；消化历史亏挂5539万元。

开展技术革新和改造。完成了梗丝膨化、加香加料控制、风力送丝等设备改造，并添置了四组包装机，改造和翻新了七组卷包机组，进行了车间中央空调、除尘系统和锅炉改造，添置了空压机组、除湿和空调设备，基本形成布局科学合理的卷烟工艺设备生产线。

继续深化企业内部改革。积极引入竞争机制，加大人事制度和分配机制的改革，调整了人员结构，提高了有效作业率，取得了明显的经济效益。紧紧抓住财务管理这一核心，压缩费用开支，建立成本控制体系。采购部门严格执行“公开招标，比质比价”的阳光采购模式，企业仅辅助材料就降低成本费用900余万元。进一步完善了ISO9002国际质量标准体系，目前正在顺利进行ISO9001：2000版换版工作。生产现场管理良好，严格实行“五定”的管理标准，加强影响产品质量的过程控制，杜绝质量事故的发生。加大科研资金投入，完善产品质量检测手段，确保了产品质量稳定。品牌形象和企业形象不断得以明显提升。“赣”烟品牌评估无形资产为10.556亿元，2002年并成功研制开发了软红金“赣”品牌，实现企业跳越式发展。目前全厂已经形成“赣”烟和“红日”两大系列主打品牌。分别较上年同期增长20.8%和327.19%。

继续加强精神文明建设。把精神文明工作当成企业生产经营的大事，列入全厂目标管理来抓。深入开展创建文明单位活动，积极开展政治思想工作、职业思想道德和文化思想建设活动，狠抓党风廉政建设，大力推行厂务公开制度，广泛开展形式多样的职工文体活动，不断提高干部职工的思想道德素质和科学文化素质。企业成为赣州工业旅游点，并形成“花园式厂区、宾馆化管理”的新格局。

近几年来，赣南卷烟厂多次荣获省、市“优秀企业”、“突出贡献企业”等荣誉称号，“赣”牌卷烟被评为“江西名牌产品”并纳入江西名牌网。

（曾本亮）

山东省

济南市烟草专卖局（公司）

2002年，以济阳、商河卷烟打假为重点，开展打击制售假冒卷烟违法犯罪专项行动，大力开展整顿规范卷烟市场秩序工作。全年共查处各类专卖违法案件17720起，查获各类非法卷烟14466.46件，总案值5439.76万元；捣毁制假窝点76个，贩藏假烟窝点124个；查获各类制假设备223台，销毁347台；查获制假烟丝148.72吨，烟叶422.12吨，卷烟纸6.1吨，丝束8吨，滤嘴棒364.4万支，假冒卷烟商标标识33万张；罚没款合计229.37万元。市局党委书记、局长张克强同志被评为全国卷烟打假先进个人，受到国家烟草专卖局、公安部的联合表彰。

根据国家烟草专卖局全国十城市网建联动工作的要求，全面推行“全面访销、集中配送、户籍管理、系统集成”的网建管理新模式，初步实现由传统商业向现代流通的转变。全年销售卷烟13.6万箱，实现税利8250万元，其中利润6000万元，同比分别增长18.7%、19.8%、17.5%。全年人均销量5.73条，同比增加0.9条。1.取消了区公司及所有的卷烟批发网点，成立了访销、配送、稽查三大中心，实现商流、物流、资金流三分开，形成“三线分离”、相对独立动作的网建管理新体制。2.制定科学的网络运行考核办法，实施“三员互控”、“三级督查”制度，出台“末位淘汰”、“首问责任制”、“七条高压线”等管理制度和措施，形成了有效的网络运行控制机制。3.开展规范与发展辩证关系大讨论，提高广大干部职工对规范必要性和重要性的认识，在“规范促发展”的观念上实现了高度的统一。4.学习借鉴上海“电话订货、网上配送、电子结算、现代物流”现代流通先进经验，实现传统商业向现代大流通的转变。开展客户关系管理，建设“金色网络联盟”，实施差异化服务和管理，努力提高卷烟零售客户的满意度、忠诚度和贡献度。5.大力推行电子结算工作，开通电话访销系统，稳步推进网上配货，推动网建工作向纵深发展。

（张华昌　刘殿坤）

德州市烟草专卖局（公司）

2002年全市共销售卷烟135417箱，同比增长22.2%，其中：鲁产烟销售107420箱，同比增长12.6%，省外烟销售27997箱，同比增长81.4%，实现利税合计3884元，同比增长16%，其中：实现利润2601万元，剔除消化384万元清产核资挂帐因素后实际实现利润2985万元，同比增加273万元，增长10%。

学习滕州和潍坊的经验，结合德州的实际，在全市推行了“城乡全面访销配送”，使网络建设逐步从城市发展到农村。全市成立城市访销部47个，访销员由原来的38人增加到150人，增加了112人。实行全面的访送分离，使全市的卷烟经营逐步规范，卷烟销售网络建设逐步完善，卷烟送货率和市场占有率在逐步提高，“三员分离”、“三员互控”的作用得到了显现，送大不送小、送近不送远的现状得到改变，全员的工作积极性得到了进一步的提高，卷烟的销量在逐步增长。

专卖重点组织开展了以铲除制售假冒卷烟窝点为主要内容的打私打假活动，严厉打击卷烟制假售假违法行为。全年共查获各类卷烟违法案件20433起，同比增长19.8%，查扣各类非法卷烟17115件，总案值1923万余元，其中假冒卷烟案件9356起，查扣假冒卷烟11547件，同比增长18.5%，涉嫌制假用烟叶163吨、烟梗烟丝烟片342吨，捣毁制假卷烟窝点15处，贩假售假窝点336处，收缴各种制假机械18台（套），沉重地打击了烟草领域的各种违法行为，有效地整顿和规范了卷烟市场秩序。

在企业管理上，重点狠抓了以财务管理为龙头的企业各项基础管理工作，被评为市级照章纳税先进单位，从总体上提高了企业的经济运行质量。市局（分公司）还注重抓好党风廉政建设、把精神文明建设工作做实做活。

（钟　光）

东营市烟草专卖局（公司）

东营市烟草专卖局（公司）现有干部职工185人，固定资产4050万元。2002年全系统共销售卷烟53148箱，同比增长13.23%；实现利润2680万元，同比增长42.93%；实现税金1038万元，同比增长28.15%，全面超额完成全年任务。

一是全面推行“访送分离”工程，在全市范围内实行大物流、大配送　有限公司设立一个总配库，对所属县区分公司销售的卷烟全部由配送中心直接送达各县区分公司，从而大大减少了物流环节，提高了卷烟物流的速度和质量，较好地实现了物流的最大化、货源配置的最优化，建立起了科学有序的物流配送机制。在此基础上，按照省局（公司）要求，在全系统推行“全面访销，集中配送，访送分离，城乡一体”的网建模式，对所有卷烟零售户进行访销送货，从而杜绝了不规范经营行为，进一步提高了市场占有率和控制力。

二是实施“万人专销”工程，卷烟打私打假工作取得显著成效　全年共查扣违法卷烟164002条，其中假烟86361条，走私烟631条，其他违法卷烟77010条，总案值501万元，查处违法案件2157起，立案66起，案值3万元以上的大要案24起，罚款28.2万元，有力地打击了违法经营和不法分子，保护了国家和消费者的利益。同时开展对卷烟零售户的普查工作，全面提高专卖户籍化管理水平；加强执法队伍建设，提高专卖队伍整体素质，对全市专卖执法人员进行法律法规培训，使执法人员做到文明执法、严格执法，树立了良好的执法形象。

三是切实抓好精神文明建设　加强了领导班子建设和广大干部职工的思想政治教育，开展了“三整一树”学习教育活动，增强广大干部职工的危机意识和忧患意识，建立了一支作风正派、敬业爱岗的高素质干部职工队伍，促进了各项工作卓有成效地开展。

淄博市烟草专卖局（公司）

淄博市烟草专卖局（公司）现有在岗干部职工1354人，下辖张店、博山、淄川、周村、临淄、桓台、高青、沂源8个区县局（子公司）和淄博烟草经贸公司，全市共设立专卖稽查中队57个，卷烟配送中心9个，烟叶收购站25个。

多年来，局（分公司）在市委、市政府和省局（公司）的正确领导下，弘扬“求真务实、开拓创新”的企业精神，坚持“依法行政，文明执法，服务至上，顾客至尊，质优高效，追求卓越”的质量方针，以人为本，与时俱进，取得了两个文明建设的丰硕成果。20年累计实现利税4.7亿元，其中2002年实现利税9365万元，利润6090元，创历史新高。为增加国家财政收入、保护消费者合法权益、使南部山区烟农脱贫致富和促进淄博经济的繁荣与发展做出了应有的贡献。先后被国家烟草专卖局评为“全国烟草系统先进集体”、“全国烟草系统先进单位”和全国烟草行业“三五普法”先进集体，被中共山东省委组织部、宣传部、省总工会、经贸委四部门评为“全省思想政治工作先进单位”，多次被中共淄博市委、市政府授予全市精神文明先进单位、思想政治工作先进单位等荣誉称号。2002年，局（分公司）还在全国烟草系统商业企业中首家在专卖管理、卷烟销售、烤烟生产3个环节全面通过ISO9000质量管理体系认证，把企业管理水平提高到一个新的层次。

烟台市烟草专卖局（公司）

2002年烟台市烟草专卖局（公司）在编职工551人，下辖12个县（市、区）局（分公司），拥有固定资产1.6亿元。该年，公司在连年跨越式发展的基础上，销售卷烟16万余箱，实现利税12583万元，其中利润8902.8万元。市局（有限公司）被省局（公司）评为当年“安全生产先进单位”。

在卷烟经营工作中，全市系统以基础建设为经，以客户关系管理为纬，以优质服务为纲，以优化零售户布局为目，精心打造了“全面访销，集中配送，访送分离，城乡一体”的销售网络。批发部逐步调整为访销部，城乡网络统一运作，实现了访销网、配送网、专卖稽查网的全面互动共享。通过市场引导、品牌梳理和品牌培育，使名优重点牌号卷烟市场占有率进一步提高，销售结构进一步上移。在卷烟市场管理上，按照“内管外打，打防结合，惩教并举，部门联动”的原则，加大了市场清理整顿和打私打假力度，特别是对重点违法户进行了坚决打击，端窝打点成效显著，控制零售许可证发放，健全了“户籍化”管理，使市场净化率达95%以上。在企业管理上，加强制度化建设，细化量化了各种目标责任和考核标准，严格预算管理和审计监督，深入开展财经秩序专项整顿工作，在全市系统开展了“节支增效，节约挖潜”活动，进一步紧缩控制了开支费用。

市局（分公司）党委在精神文明建设中坚持与时俱进，多次举办“5·31”讲话和十六大报告学习读书会等理论学习活动，提高了广大党员、干部的党性修养和政治素质。全面开展了作风纪律整顿，狠抓班子作风建设和廉政建设，专卖队伍建设上强化文化明执法，访销队伍建设上倡导优质服务，全体干部职工中提倡爱岗敬业，建立了一支精诚协作、锐意进取的企业团队。

威海市烟草专卖局（公司）

威海烟草专卖局（公司）下辖荣成、文登、乳山三个分公司，26个卷烟批发网点，服务零售户13040个，企业资产7290万元，员工476人。

2002年，威海烟草公司销售卷烟357918万支，较上年增长2.57%，人均6.89条，实现利税5426.4万元，较上年增长21.7%，实现利润4085万元，较上年增长33%。

经济运行质量显著提高。公司积极实施品牌效益战略和结构效益战略，全力培育主导牌号，优化提升整体销售结构，出台了《卷烟品牌销售管理办法》、《行业名优和重点牌号销售奖励办法》，使全市卷烟销售出现了品牌趋于集中，结构逐月上移的态势。网建基础得到加强。为扩大市场占有率，规范网络运行，威海公司在全市实施了网建联动，并研究制定了全市烟草网络建设总体规划，并在年末启动实施，拉开了威海烟草由传统型烟草商业向现代烟草流通转变的序幕。

专卖市场管理全面加强。年内，由市政府召开了两次卷烟市场秩序整顿规范工作会议，成立了由分管副秘书长任组长的全市整顿规范卷烟市场秩序工作领导小组，两级烟草局联合公安、工商、质监、检察、海关等部门开展了两次声势浩大的卷烟市场专项整顿活动，全年共查办案件7473起，查扣违法卷烟1269.7件，案值275.6万元，刑事拘留3人，行政拘留3人。

质量管理水平不断提高。威海公司以ISO9001质量管理体系为平台，大力推进企业科学化管理，充实完善《网络运行规程》，规范服务水平不断上升。开展了以“文明执法、文明服务”为内容的“讲文明、促规范、树形象”活动，通过推行政务公开、服务承诺，聘请社会监督员，召开客户恳谈会等形式，使客户满意率进一步提高，年内被中国质量万里行评为“全国先进单位”。精神文明建设再创佳绩。继续保持了“威海市文明系统”荣誉。

青岛市烟草专卖局（公司）

山东青岛市烟草专卖局（公司）机关设办公室、政工处、经济运行处、财务处、审计处、专卖管理处（稽查支队）、销售处、烟叶处、安保处9个处（室），下辖市区、李沧、崂山、黄岛、城阳、胶南、胶州、平度、莱西、即墨10个县级分公司，共有职工570人。2002年，青岛有限公司销售卷烟997710箱（万支），增长7.5%；种植烟叶2.01万亩，收购烟叶4.59万担，销售6.18万担。卷烟、烟叶共实现销售收入23.85亿元，增长37.3%；实现利税总额1.72亿元，增长20.3%，其中利润1.3亿元，增长29.6%。企业获“青岛市十大流通企业”、“青岛市商品流通十大突出贡献企业”和“青岛市文明单位标兵”称号，企业管理创新成果获山东省企业管理现代化创新及优秀应用成果二等奖和青岛市管理创新成果特等奖，被评为全省管理创新优秀企业。

卷烟经营 青岛有限公司注意加强客户关系管理，全面推行“访送分离”，实施业务流程再造，推进现代物流建设，搭建了“全面访销、集中配送、访送分离、城乡一体”的网建模式。通过整合网络资源，建立比较规范的访、送、管“三线互控、三员互动”体系，提高了服务质量，全市卷烟访销部数量由年初的70个调整到年底的60个。加快信息化建设步伐，成功进行了电子结算试点，并开始探索电话访销。

烟叶生产经营 采取“两化一模式”（即生产精细化、收购调拨规范化、问题管理模式）管理方式，以加强合作和技术指导为手段，以改善等级结构为主线，优化种植品种，加强壮苗技术的普及推广，推行配方和平衡施肥技术，坚持揭膜培土，建立病虫害预测预报网络，提高了烟叶成熟采收的整齐度和烘烤过程中的工艺成熟度，提高了烟叶等级的纯度与合格率。

精神文明建设 培育优秀的企业文化，出版企业首册年鉴、组织全区迎十六大大型职工文艺汇演、开展“党员奉献日”活动、编写先模人物画册等，增强了广大职工敬业爱岗意识。

（局办公室）

日照市烟草专卖局（公司）

2002年，山东省日照市烟草专卖局（公司）实现利润3590万元，完成计划的111.83%，比上年增长46.4%，实现利税总额6789万元，比上年增长37.15%，本年度实际上缴各种税金8794万元。

烤烟生产 为调动烟农的植烟积极性，加大了扶持力度，出台了每亩不少于100元的生产扶持政策；狠抓布局调整，积极推广了各项先进的实用技术，投资上百万元建立了烟草试验站，承担了12个科技试验示范项目；进一步完善烤烟生产全员责任制，配套出台了考核奖惩措施；同时，健全了收购质量负责制，完善了监督制约机制，使等级质量得到较大提高。全市共收购烟叶8050吨，同比增长30.68%，投放收购资金6719万元，实现农业特产税1344万元，同比分别增长39.4%。

专卖管理 在市政府的统一协调指挥下，卓有成效地开展了卷烟打私打假、整顿和规范卷烟市场秩序专项斗争，使市场占有率和净化率明显提高。全市共查办案件7540起，查处各类违法卷烟8.82万条，总标值230.73万元。其中查处3万元以上的大要案件11起，10万元以上的大要案件6起，端掉制售假冒窝点26个，拘留违法分子36人，其中刑拘28人，逮捕8人，取保候审6人。

卷烟销售 实行“定人、定时、定车、定线”的访销配送制度，配备访销员92名，送货员49名，稽查员108名，送货车50辆，积极开展了访销配送服务活动。同时，按照按劳分配的原则，制定了全员工效挂钩考核办法，组成了专门的考核小组，坚持每月一考核，每月一通报，按照考核结果兑现工资和奖金。2002年，共销售卷烟61606箱，完成计划的102.7%，同比增长29.3%，人均销量达到5.73条，同比增加1.3条。

精神文明建设 在“省级文明单位”、“省级卫生先进单位”顺利通过年度复查验收的同时，又荣获“全省烟草系统安全工作先进单位”、全市“社会治安综合治理先进单位”、“工会工作先进单位”、“计划生育工作先进单位”、“保密工作先进单位”、“档案工作先进单位”等多种荣誉称号。

鹤舞白沙 我心飞翔
白沙集团
BESHINY
长沙卷烟厂
吸烟有害健康

精品香烟
China Famous Brand
中国驰名商标 中国名牌产品
湖南·长沙卷烟厂出品
Baisha
6901028191098
白沙集团
BESHINY
新蓝，心飞翔
中国驰名商标 中国名牌产品
吸 烟 有 害 健 康

白沙集团 BESHINY | 长沙卷烟厂

“简单管理”的管理思想与“绿色烟草”的技术方向

对未来发展提出了“铸造百年长烟”的思路

“外合内和，经营资源”

■ 白沙集团长沙卷烟厂的前身“欧亚烟厂”和“新中烟厂”成立于1947年。“白沙”作为长沙卷烟厂的主导品牌，因“白沙古井”而得名。自1975年问世以来，经过近三十年的培育，“白沙”系列产品2002、2003连续两年成为全国单品牌销量第一的卷烟。主要产品有“珍品白沙”、“精品白沙”、“（宽版）精品白沙”、“蓝盖精品白沙”、“（特制）精品白沙”、“白沙银世界”，白沙“和”牌、“盖白沙”、“软白沙”、“NISE”等。“鹤舞白沙，我心飞翔”的企业核心理念与品牌形象深入人心。

■ 长沙卷烟厂现有员工2200余人，大中专以上文化的员工占50%以上。系中国烟草行业大型骨干企业和湖南省利税首户。1995年，企业通过了ISO9002质量体系的国内外认证，并荣获全国优秀企业“金马奖”；1997、1998年两年均被评为“全国质量效益型先进企业”，并荣获了“全国质量效益型先进企业特别奖”；2000年厂技术中心被认定为国家级技术中心，并成立了中国烟草行业第一家博士后科研工作站；2002年度，列中国纳税百强第6位，白沙相继被认定为中国驰名商标、中国名牌产品、中国卷烟品牌市场综合竞争力调查排名第一；2003年度，长沙卷烟厂实现双“100”突破，即卷烟产销总量突破100万大箱，“白沙”单品牌销量突破100万大箱，连续两年保持全国销量第一。销售收入超过90亿元（不含税），利税近60亿元。被国家烟草专卖局列为“追踪世界先进技术水平并与之同步发展”的四大烟草企业之一。

■ 长烟领导班子总结出“简单管理”的管理思想与“绿色烟草”的技术方向，对未来发展提出了“铸造百年长烟”的思路，“外合内和，经营资源”，用智慧、科技和文化的力量，使白沙成长为令人尊敬的“四满意（政府满意、消费者满意、合作伙伴满意、员工满意）”企业。

白沙集团“简单管理”

获国家管理创新一等奖

白沙集团的“简单管理”等课题，2004年2月21日获得国家企业管理现代化创新成果一等奖。经全国企业管理现代化创新成果审定委员会审定，第十届国家级企业管理现代化创新成果共117项。

其中，白沙集团、宝钢、中国航油、武钢等企业的24项课题获一等奖，82项成果获二等奖，其余11项成果获三等奖。

白沙集团提出的“简单管理”思想，是一种力求使复杂管理变得简约、集约和高效的管理思想和管理模式。它提倡化繁为简、以简驭繁的管理理念和方法，要求凡事找规律，以高效率和效果为出发点，努力让组织、管理者和员工的各项工作更容易、更清晰、更有条理、更有效率，以最简洁、最直接、最有效的方式解决问题。

“简单管理”主要包括以下几个方面主要内容：

1. 核心是诚信，信守对组织、对消费者的承诺。

2. 凡事找规律，找到事物的本源。

3. “系统思考、大胆设计、小心求证、柔性操作、风险防范”的二十字方针。

4. 五个反对。即“反对文山会海、反对好人主义、反对花拳秀腿、反对繁文缛节、反对虎头蛇尾”。

中国人民大学教授、和君创业研究咨询有限公司总裁彭剑锋曾这样说：“简单管理解决的是‘知行和一’的问题，本质上它是一种执行文化，解决的是国内企业普遍存在的‘知行不合一’、‘理念在天上飘，行为在地上爬’的矛盾。”白沙集团从“一张纸制度”着手，在员工中开展“清抽屉活动”，在集团推行“简单管理”，在一定程度上解决了企业存在的“繁文缛节、文山会海、花拳秀腿、虎头蛇尾、好人主义”等问题，同时“简单管理”形成的执行文化，使白沙集团管理层的决策能够顺利实施。作为简单管理的提倡者和忠实贯彻者，白沙通过实际行动，把理念化为了行动，把愿望化为了现实。

这项评审是由全国企业管理现代化创新成果审定委员会主办，中国企业联合会管理现代化工作委员会承办的。此前，在原国家经贸委等单位的指导下，已连续举办了九届，是企业界最具影响力和权威性的会议组织。本届成果总体上代表了当前我国企业管理的先进水平和发展趋势，有的已经达到了国际水平，值得其他企业借鉴。

天地人和
舍和其谁
HARMONIZATION
白沙集团|BESHINY
鹤舞白沙 我心飞翔
吸烟有害健康

珍品白沙
白沙珍品
白沙烟
珍品香烟
China Famous Brand
中国驰名商标 中国名牌产品
湖南·长沙卷烟厂出品
白沙集团 | BESHINY | 长沙卷烟厂
鹤舞白沙 我心飞翔
http://www.baisha.com
吸烟有害健康

将军集团
GENERAL GROUP
将军集团
General
General
将军本色 把握成功
特醇将军 醇香柔和
吸烟有害健康

汉中卷烟二厂

以公主牌卷烟闻名遐迩的汉中卷烟二厂，
坐落于美丽富饶的历史古城陕西汉中。

开发产品
打造品牌
科学经营

建厂28年来，企业围绕市场需求，开发产品，打造品牌，科学经营，创造财税50亿元，为陕西的经济建设做出了突出的贡献。

■ 企业先后荣获“全国烟草系统先进集体”、“陕西省先进集体”、“陕西省文明单位”、“陕西省经济明星”、“陕西省诚信纳税企业”等荣誉称号。2003年，该厂取得《质量管理体系认证证书》，又被省委省政府命名为“省级文明单位标兵”。

■ 汉中卷烟二厂积极实践“三个代表”重要思想，采取各种措施加强企业基础建设和两个文明建设，大力抓了技术进步、职工培训和厂区绿化、美化、净化、硬化、亮化和环境保护工作，打造企业形象，被评为陕西省环保先进单位和绿色企业。坚持开展了以“一抓、二争、三创”为中心内容的精神文明创建活动和形式多样的劳动竞赛，企业先后涌现出劳动模范、双文明集体、双文明标兵、先进党支部、优秀共产党员、青年文明岗、文明家庭、技术能手、销售标兵等500多名。企业运用厂报、广播、专栏、板报宣传教育和文化体育活动，弘扬企业精神，倡导文明新风，企业凝聚力、向心力逐步增强。厂里投入资金购置健身器材，建起了职工活动场所和老年活动中心。

■ 他们还积极参与社会公益活动，回报社会，为受灾地区和贫困地区捐赠款物，建立“希望小学”，开展“一助一，交友帮扶”活动，帮扶特困家庭和学生，赞助重大的文化、体育活动。先后与国家和省、市文化、体育、宣传部门联办了“公主杯”全国首届健美大赛，西北地区“公主杯”秦腔电视大赛，“新世纪公主杯”CCTV模特大赛（西北赛区），“公主杯”四城会摔跤大赛等，为社会奉献真情。

■ 汉中卷烟二厂主要产品有“公主牌”、“兵马俑牌”、“红玉牌”系列卷烟和特级精品“旱莲牌”卷烟，行销全国200多个省、区、市、县。“公主牌”、“红玉牌”卷烟先后被评为“国家卷烟优等品”、“陕西省优质产品”、“陕西省名牌产品”、“消费者信得过产品”。

近年，该厂又高薪聘请我国著名高级烟草工艺、配方专家，运用高科技、新工艺、新材料，研制开发出高级“兵马俑牌”、低焦油“红玉牌”香烟和“世纪公主牌”。

“旱莲牌”精品香烟，突出了产品的低焦油特征和保健、防伪功能，采用进口高效活性炭复合过滤嘴和祛毒添加剂等新材料、新工艺，使卷烟的烟气、烟碱、焦油的有害成分大幅度降低，提高了吸食的安全性，受到广大消费者的喜爱，日趋成为西北市场的知名品牌和消费佳品。

厂长、党委书记：席耀鹏
厂址：陕西省汉中市南开发区
电话：0916—5399100　传真：0916—5399199　邮编：723102
http：//www.hanyan.com

拼搏 规范 诚信 高效

成立于1999年9月15日，由中国烟草进出口（集团）公司、中国烟草总公司陕西省公司、宝鸡卷烟厂、旬阳卷烟厂共同出资组建的有限责任公司，是中国烟草进出口（集团）公司控股子公司，也是陕西省唯一的经营烟草类商品的外贸公司。

■ 陕西烟草进出口有限责任公司

公司实行董事会领导下的总经理负责制，下设五个职能部门。公司现有员工28名，全部为大专以上学历，具有中级专业技术任职资格者达60%以上，大部分员工精通外语、外经贸知识，业务能力强，整体素质较高，公司发展有良好的人才优势○

在中国烟草进出口（集团）公司和陕西省烟草专卖局的领导下，公司始终坚持『平稳发展、稳健经营』的指导思想，加大实施『走出去』的发展战略，以全国烟草行业三十六家骨干工业企业、西北地区规模最大的卷烟生产企业——宝鸡卷烟厂为依托，自主开发卷烟牌号，努力扩大卷烟出口；发挥国家级优质烟叶——陕西南部烟叶香气足、理化指标协调和填充值高的优势，提高加工质量，提升陕西产烟叶的国际知名度；积极与陕西烟草行业涉外烟厂——罗马尼亚宝丰烟草公司、蒙古烟草公司开展技术及贸易合作，建立利益共同体，携手开发国际市场，『两烟』产品走向了亚洲、欧洲、非洲及南美洲等十几个国家。2002年，公司实现进出口总值902万美元，出口创汇839万美元，实现利润448万元人民币，创公司成立以来最好水平。公司创立了『拼搏、规范、诚信、高效』为核心的企业文化，坚持『质量第一，服务至上』的宗旨，以财务管理为龙头，以信息化建设为依托，企业管理水平不断提高。公司荣获了中国烟草进出口（集团）公司2001年经济运行质量与效益三等奖，西安市2001年纳税先进单位等多项荣誉称号○

面对国际烟草市场新的形势，年轻的公司在总经理班子的正确领导下，以“三个代表”重要思想为指针，积极响应西部大开发的号召，建立『学习型』企业，提升企业核心竞争力，发挥陕西“两烟”资源优势和人才优势，进一步提高产品质量和服务水平，努力开拓国际市场，与时俱进，创新思维，众志成城，为进入系统内强势企业的目标而奋斗○

中国烟草年鉴

CHINA TOBACCO ALMANAC 2002

下

国家烟草专卖局主编

经济日报出版社

HONGTA GROUP

Happiness | Luck | Prosperity | Longevity | Wealth
恭贺新禧 禧随人生
恭 禧 贺 新
Since 1956
20
过滤嘴香烟
云南·玉溪红塔烟草(集团)有限责任公司
玉溪卷烟厂出品
云南·玉溪红塔烟草（集团）有限责任公司 | 玉溪卷烟厂出品
吸 烟 有 害 健 康

红塔集团
HONGTA GROUP
山高人为峰
Always Beyond Mountain Peak
海的博大
山的胸怀
信念充盈天地
突破自我
挑战极限
征服曲折
相信力量深藏心中
相信没有不可能
只要心中有山，就没有达不到的高度

云南昭通卷烟厂
http://www.ztyc.com.cn
釣魚臺
乾隆御題
因为精制
所以精致

DIA YUTAI
DIAOYUTAI 稳 坐 钓 鱼 台 好 运 自 然 来
DIAOYUTAI
精制香烟
釣魚臺
云南·昭通卷烟厂出品
http://www.ztyc.com.cn
KING SIZE

DIAOYUTAI
经典软包
钓鱼台因八百年前金代章宗皇帝于此垂钓而得名，历为皇家园林。中华人民共和国成立后，钓鱼台国宾馆是接待来自世界各国国家元首、政府首脑的重要外交场所。
钓鱼台国宾馆专用烟传承云南高档卷烟的卓越品质，突出钓鱼台之皇室气派，重现帝王风范，彰显皇室尊容。钓鱼台国宾馆专用烟精选国内外优质烟叶及天然香精香料，利用现代卷烟工艺技术精制而成，烟丝色泽金黄油润，自然烟香透发，吸味生津醇和余味舒适纯净，包装设计精美厚重，属卷烟中的上乘精品。
釣魚臺
国宾馆专用烟
DIAOYUTAI 稳坐钓鱼台 好运自然来
釣魚臺
国宾馆专用烟
DIAOYUTAI 20
云南·昭通卷烟厂出品
云南昭通卷烟厂
http://www.ztyc.com.cn

云南昭通卷烟厂

http://www.ztyc.com.cn

高原明珠 中国云南昭通卷烟厂

■ 在中国西南部美丽的滇东北高原上，镶嵌着一颗熠熠生辉的明珠，她就是多年入围中国500家最大工业企业和全国36家重点卷烟工业企业之列的昭通卷烟厂。

■ 昭通卷烟厂创建于1970年，1978年7月正式被纳入国家计划内烟厂。1986年6月，昭通卷烟厂、市公司、市专卖局实行农、工、商，产、供、销一条龙的三合一体制。为了响应国家对烟草行业的改革，2003年，企业又顺利进行了以“工商分开”为主的“三合一”体制改革工作。目前，昭通卷烟厂下辖18个科室、6个车间、8个非烟产业部门。全厂拥有职工2366人，其中：具有大中专以上学历的职工有1890人，占职工总数的79.9%；具有专业技术职称的职工有668人，占职工总数的28.2%。经过33年的发展，昭通卷烟厂年综合生产能力已达90万箱，厂区占地100万平方米，固定资产15亿元，流动资产13亿元。近年来昭通卷烟厂先后荣获各种奖励百余次，被云南省政府授予“重合同、守信誉企业”及“云南省一级先进企业”称号。

■ 得天独厚的原料基础：昭通卷烟厂地处闻名全国的云烟之乡，这里气候温暖，属亚热带、暖温带共存的高原季风立体气候，光照充足、热量资源丰富，非常有利于烤烟的栽种。得天独厚的气候条件和优质的烟叶资源为昭通卷烟工业进一步发展奠定了坚实的原料基础。

■ 世界一流的生产设备：昭通卷烟厂经过几次大规模的技术改造，先后从德国、英国、意大利等国引进了具有国际先进水平的卷烟生产设备。现在，已具有两条打叶复烤生产线、两条国外引进制丝线和与之相配套的25台套卷、接、包机组设备。通过全面实行微机自控管理，将现代科技广泛应用于生产管理中，从根本上改善了生产条件，提高了生产能力，实现了卷烟产品质量市场抽检合格率连续12年保持100%。

■ 深谋远虑的品牌战略：昭通卷烟厂立足市场需要，制定名牌发展战略，注重卷烟品牌开发，不断丰富产品的文化内涵，加强对外宣传，先后开发出了“画苑”、“龙泉”、“钓鱼台”等系列品牌。“画苑”牌卷烟被评为“中国公认名牌产品”；“龙泉”牌卷烟被国家局评为2003年度卷烟优等品，被云南省名牌战略推进委员会评为“云南名牌”产品；“钓鱼台”牌卷烟荣获“云南省科技进步奖”。新产品“软包钓鱼台”、“精制钓鱼台”等品牌自投放市场以来，价位稳定、市场潜力巨大。

■ 遍布全国的销售网络：昭通卷烟厂主动加强与各省市烟草公司的合作，建立了覆盖全国的销售网络，并分为东北、西北、华北、华东、中南五大片区实施统一管理。销售人员遍布全国，及时掌握第一手资料，为销区提供一流的服务。为促进卷烟销售、加强与销区的沟通与合作打下了坚实的基础。

■ 标准的现代企业管理：昭通卷烟厂采用ISO9001：2000国际标准对企业进行规范化的管理，不断学习和借鉴国内外先进的企业管理经验和方法；积极探索“模拟市场、成本否决”的办法，推行目标成本管理，建立了一整套以效益为中心、以财务管理为切入点的内部管理机制。在“严、细、实”上下功夫，狠抓各项基础管理工作，为企业的健康、持续发展提供了保证。

面对中国加入WTO带来的挑战和机遇，面对新世纪竞争更加激烈的烟草市场，昭通人将一如既往地稳定和开拓国内市场，不断探索国际化发展的路子，加强与国外企业的沟通与合作，让昭通卷烟厂这颗美丽的高原明珠绽放出更加璀璨的光芒！

书记、厂长：张嘉滨　地址：云南省 昭通市 南郊 凤凰山　邮编：657000　电话：（0870）2130168（办公室）2130089、2223558、2223555（销售）　传真：（0870）2220066　网站：www.ztyc.com.cn

云南昭通卷烟厂
http://www.ztyc.com.cn
龍泉
Dragon Fountain

国逢盛世　宾朋四海
国宾
红塔集团楚雄卷烟厂

临沂市烟草专卖局（公司）

2002年，临沂市烟草专卖局（公司）全市共落实烤烟种植面积20.89万亩，包括出口备货在内共收购烟叶43.4万担，同比增加15.8万担，烟叶收购量占全省的39%。其中，上等烟占38.9%，同比增加16%，中等烟占48.4%；中部烟占48.8%，中部烟高于全省平均水平3.4%。收购均价8.33元/公斤，投放收购资金1.8亿元，实现农业特产税3612万元，同比增加1452万元。销售烟叶46万担，实现销售收入38600万元，实现毛利16691万元，同比增加6552万元。

全年省内卷烟三级批发销售卷烟22.3万箱，同比增加11210箱，增长5.3%，完成省局（公司）下达计划的99.1%；年人均消费量5.61条；实现销售收入110760万元，同比增加8242万元，增长8%；单箱销售收入4969元，同比增加130元，增长2.7%；实现毛利16158万元，同比增加841万元，增长5.5%；年底二、三级库存5200箱，低于省局（公司）库存限额1800箱。

全市共查处各类专卖违法案件18353起。其中千元以上违法案件601起，3万元以上的大要案件29起，查获案件总起数与去年相比减少4706起。查获卷烟4975件，与去年相比减少2525件，其中假冒卷烟2494件，同比减少508件。查获烟丝168212公斤，烟叶225665公斤。罚没款63.15万元，同比减少72.38万元。

全行业实现两烟销售收142986万元。实现毛利34001万元，同比增加7900万元。实现利税25965万元，其中利润13915万元，圆满完成了省局（公司）下达的预算指标。

效益增长的同时，精神文明建设取得显著成绩，本年，市局（公司）和各县区局（公司）全部获得县区级以上“文明单位”称号。其中，“省级文明单位”3个，“市级文明单位”6个，“县区级文明单位”4个。

枣庄市烟草专卖局（公司）

山东枣庄烟草专卖局（公司），内设办公室（安保科）、政工科、销售科、专卖科、财务审计科，辖滕州、市中、薛城、峄城、台儿庄、山亭六个区（市）分公司和一个三产单位大同商贸公司，现有在职正式员工314人，聘用工563人。2002年，枣庄有限公司坚持“与时俱进、孔府同行，工商联手、互惠双赢”的总体工作思路，找准工商联手的结合点，夯实基础管理的立足点，狠抓依法经营的增长点，采取了量化销售、强化专卖、深化改革、优化服务的“四化二十条”措施，取得了组建枣庄烟草20年来的最好成绩。全年累计销售各类卷烟101579箱，同比增长20.6%；实现利税总额4835万元，同比增长32%，其中利润总额3557万元，同比增长59.51%；主要经济指标同比增幅均在全省烟草系统前3位。

枣庄烟草有限公司狠抓网络建设，全系统基本形成了1个市级总配送中心、6个区（市）配送中心、46个批发部组成的经营服务网络，形成了由8个服务器、130余台计算机组成的信息网络，形成了由1.5万个零售单位（户）组成的销售网络；狠抓企业内部管理，严格工作目标考核和责任追究，全系统上下签订了“卷烟经营、专卖管理、廉政建设、安全稳定”四个责任书，树立了“五十佳”（十佳中队、十佳批发部、十佳稽查员、十佳访销员、十佳配送员）工作典型，积极开展了以“一抓二争三创”为主要内容的精神文明创建活动，市、县两级7个单位均被评为市（区）级精神文明单位。法人代表、总经理赵波连任山东省九届、十届人大代表，2003年度被省政府表彰为“山东省劳动模范”。

济宁市烟草专卖局（公司）

全市烟草系统辖12个县（市、区）局（子公司），现有职工562名。2002年共销售卷烟20.43万箱，同比增长7%；实现利税1.2亿元，同比增长36%，各项指标均创历史最好记录。经过一年的艰苦努力，企业的经营业绩、基础管理、市场整规、精神文明建设均取得明显成效。全市共捣毁制假售假窝点325个，查获各类违法经营大要案件37起，查扣违法经营卷烟9151.38件，涉案金额963.96万元，依法拘留违法当事人130人次，批捕24人。有力地巩固了烟草专卖体制，提高了市场占有率和市场控制率。为建立烟草专卖长效管理机制，在市中区开展全省首家烟草专卖社区化管理试点工作，社会效益和经济效益均比较可观，从管理到考核已取得较为成型的经验。烟草和工商局联合成立了整顿规范卷烟市场秩序办公室，对不法经营业户进行了清理和整顿，促进了卷烟零售户合理布局，优化了卷烟销售网络。同时，率先对后进单位领导班子离岗培训，实行动态管理，这一举措是济烟干部管理机制的创新。企业的精神文明建设硕果累累，先后荣获“济宁市市级青年文明号”、“全省烟草系统专卖管理先进单位”、“全省烟草系统安全生产先进单位”等称号；组织了“在岗位上闪光”的大型演讲会，增强了职工的凝聚力和向心力，职工精神面貌焕然一新。

泰安市烟草专卖局（公司）

2002年，山东泰安烟草专卖局（公司）圆满完成了年初确定的各项指标。全年共销售鲁产卷烟565626万支（113125箱），同比增长12.19%，实现利税6996万元（决算前），其中利润5087万元（决算前），同比增长61.34%，创造了泰安烟草效益的历史新高。专卖管理工作全年共查处案件28485起，查扣卷烟12935.54万支（2587.1箱），案值779.5万元，查扣假冒卷烟12008万支（2401.6箱），标值653.8万元，罚没收入76.3万元，同时加大了对涉烟犯罪分子的惩处力度，共刑拘不法烟贩37人，拘役6人，劳教1人，判刑8人，极大的震慑了不法烟贩的嚣张气焰。

2002年，公司始终坚持“扭住一个中心，突出两个重点，落实三项保证，强化四个措施”的工作主线来开展工作。1. 牢固树立发展是企业第一要务的思想，本着发展才是硬道理的指导方针，扭住经济效益这个中心不放。2. 突出抓紧专卖管理和卷烟销售两个重点，切实提高市场控制力，努力提高卷烟销量。一是继续深入开展“双创优”活动，促进稽查中队和批发网点工作的全面提高，在全区形成了比学赶超的良好风气。二是实施了专卖明查和机关暗访相结合；挖上线端窝和清下线打点相结合；全员专卖和全社会监督相结合的专卖管理策略。集中整顿，对重灾区猛下重药，重点打击钉子户。三是本着时间服从质量，效果决定进度的原则，扎实稳妥开展访销分离工作，形成了19个访销部，5个访销站，2个访送一体点，159条访销路线，96条送货线路，24907户入网户的网络销售大格局。四是狠抓货源调入工作，合理配送卷烟。认真研究供求信息，协调和密切与省内外烟厂的关系，做好适销增值货源的组织购进。根据各县市消费吸食习惯不同，本着兼顾公平，合理配送，确保供应的原则配送货源。五是强化人员素质，为专卖销售夯实基础。采取定期与不定期的加强对访销员、送货员、稽查员法规业务知识培训，特别是对新聘人员更是严格把关，边学习，边培训，从而确保以高素质人员促进访送分离工作。人员素质的提高为专卖、销售工作的进行夯实了基础。六是努力营造良好的社会大气候，借助外力加强专卖管理工作。6月份，全区利用《烟草专卖法》颁布十一周年之际，开展了声势浩大的宣传活动。对“钉子户、难缠户”重点打击，极大震慑了不法烟贩的嚣张气焰。年末，利用全省开展整顿和规范卷烟市场秩序百日行动有利时机，全区专卖工作又掀起一个新高潮。3. 全力落实三项保证。首先就是通过卓有成效的思想政治工作，保证了企业的思想统一，团结稳定。其次是加大网络、专卖的人力、物力、财力投入，形成了入网经销户24907家的访送分离网络销售大格局，再就是及时调整机构和人员。4. 强化四个措施。首先是切实转变作风，服务基层。其次是细化指标，将任务层层分解，落实到位。其三就是目标明确，责任到人。其四是检查考核、奖惩分明。确保了全年5087万元利润的实现。 **（李智勇　周传平）**

滨州市烟草专卖局（公司）

滨州市烟草专卖局（有限公司）下辖滨城、阳信、惠民、无棣、沾化、邹平、博兴7个县（区）局（分公司），辖区人口约360万，拥有各类职工1000余人。

2002年，局（有限公司）的各项工作又有新突破。全年卷烟批发销售量达到395970万支，同比增长3.78%；卷烟批发销售额实现38474万元，同比增长10%；实现利税2736万元，同比增长51.33%；利润1858万元，同比增长76.28%。全年查获涉烟案件9296起，查获卷烟5173.01万支，总案值542.03万元。以对各项工作进行分值量化，实施“千分制”考核，并将考核结果与各种形式的奖惩相挂靠的具体做法，狠抓了以财务管理为核心的各项基础管理工作，使目标管理、过程控制得到了明显加强。卷烟销售网络建设通过升级改造，于8月份推行了全市范围内的“城乡一体，统一运行；全面访销、集中配送；三线分离，三员互控；信息管理，注重激励”网络运行模式。通过运行中的逐步完善，至年底，一个“优质化服务、规范化运营、专业化分工、信息化管理”的滨州卷烟销售网络基本形成。专卖管理工作，以狠抓规范为重点，从行政处罚案件操作、罚没款物内部控制、许可证管理等方面进行了重点治理，收到了显著成效。

多元化经营工作，立足对网络资源的充分发掘与今后进一步实施网络升级，发展卷烟第三方物流的需要，创办了滨州宏雁物流商贸有限公司，现已正常运营并初见成效。 **（徐兴学）**

菏泽市烟草专卖局（公司）

菏泽市烟草专卖局（公司）现有职工626人，拥有固定资产3991万元。

企业管理　按照全面预算管理的要求，对工作任务进行目标化管理，层层分解，层层落实，切实加强督查督办和审计监督；建立七项主要指标综合排序、通报制度；制定五条“高压线”，严肃处理了部分违规单位；进行财经秩序专项整顿和多元化清产核资工作；落实了边缘县建设达标和消灭五条以下网点工作，为菏泽烟草整体上档次、上水平奠实了基础；统一投保行为，降低保险费122.5万元。

经营业绩　狠抓经营环节的管理力度，经营质量和管理水平明显提高。一是加强宏观调控。以市场需求为基本标准，严把购进关，基本做到不积压、不断档，同时加大低档卷烟购进力度，为完成销量计划奠定了基础。二是在合理调拨卷烟、分配货源的基础上，下达库存控制线，大力精简牌号，全年共消化滞销烟1250箱，库存牌号由年初的130个压缩到67个。三是围绕“大品牌”战略，制定了阶段性目标，特别是抓住中秋节前鲁产名优重点品牌促销的机遇，强化宣传，优质服务，达到预期目的。四是精心组织省外卷烟的购进、销售，取得较好的经济效益。2002年，销售卷烟175711箱，同比增加18462箱，增长11.74%，社会人均消费5.42条；实现利税9208万元，同比增加2066万元，增长28.93%，其中利润6739万元，同比增加2051万元，增长43.75%；创历史最好水平。

网络建设　狠抓网点基础管理，不断探索网建工作的新思路、新办法，开创了网建工作的新局面。为进一步规范网络运行模式，全市推行新的零售户微机编码方案，进行三次零售户普查，目前全市有零售户34489户，社会人口比为235：1，达到全省网建联动的要求。

专卖管理　全年查处各类涉烟不法案件57411起，其中涉假案件24014起；查扣卷烟15467件，其中假冒卷烟9818件；查扣制假烟机14台；总案值1141万元，其中涉假案值733万元；罚没114.67万元；拘留不法烟贩和制假人员243人，劳教1人，批捕21人，取缔非法经销大户380户。

潍坊市烟草专卖局（公司）

潍坊市烟草专卖局（公司）下辖12个县市区烟草专卖局（分公司）、鑫叶经贸公司、1个四星级酒店，合资组建了“惠丰烟草复烤有限公司”、“山东京鲁烟叶复烤有限公司”（正在筹建）。现有资产总额20.8亿元，在职职工3630人，是山东省24家大型商贸企业之一。

2002年，潍坊烟草围绕“3年实现恢复性发展”，以创新为动力，全面落实攻坚措施，“两烟”经营取得了良好的成效，实现利税1.36亿元，利润3808万元。稳定种植规模，狠抓科技兴烟，全方位落实先进生产技术，烟叶内在质量明显提高；全年收购烟叶37.27万担，上中等烟达到81.78%。强化营销措施，销售烟叶45.3万担，把多年积压下来的库存烟叶基本销售完毕；加快货款回收，财务状况有所好转。积极推行“城乡一体、全面访送分离”新模式，全市卷烟销售档次结构上移，效益大幅度提高。共销售卷烟22.56万箱，实现毛利1.82亿元，增幅为16.46%，经营效益达到了历史最高水平。发挥烟草市场管理主力军作用，会同公、检、法等部门，深入开展打击涉烟犯罪活动，共对27名涉烟犯罪嫌疑人进行了依法处理。扎实有效地开展复烤企业关、停、并、转、改制工作，企业管理水平进一步提高。在搞好“两烟”经营的同时，大力加强党建和思想政治工作，狠抓班子建设和党风廉政建设，实现了两个文明建设的同步、协调发展。

聊城市烟草专卖局（公司）

下辖8个分公司和富华大酒店。2002年末，全市烟草系统商业企业各类职工人数800余人，固定资产净值5083万元。

2002年，市局（公司）新一届党委成立后，坚持狠抓基础、强化规范工作指导方针，在卷烟经营工作方面，一是实事求是地调整了卷烟经营指标，完善修订了考核办法；二是多次召开不同范围的规范经营座谈会，进一步端正对规范经营工作重要性的认识；三是以先进带落后，通过组织落后单位有关人员到先进单位学习，先进单位有关人员到落后单位进行指导帮助等形式，督促网络建设整体工作水平的提高；四是制定了工作规范，组织机关人员分两组进行了两次严格的检查验收，提出问题和整改要求。2002年，全市累计销售卷烟10.3万箱，同比增长10%，实现利润2300万元。

企业管理方面，主要加强了财务预算管理，一是按进度和质量要求，做好财经秩序专项整顿工作；二是坚持量力而行原则，对大额花费严格按预算实行报批制度和招投标办法，完善了电话、车辆、招待等项管理制度；三是妥善地解决了一系列历史遗留问题，减轻了包袱。

积极探索新形势下思想政治工作的特点和规律，运用多种形式和方法，充分发挥"生命线"的优势，不断强化干部职工的思想政治素质；认真普法，自觉运用到本职工作当中；坚持把预防职务犯罪当作确保干部正确使用权力的一项重要工作抓紧抓好。与市检察院联合认真落实《预防职务犯罪实施意见》，定期邀请检察机关到本行业调研法律执行情况、制度建设情况和职务犯罪的特点，结合《党风廉政建设责任制》修订制度，完善措施。

受到省市县各级政府给予的思想政治工作优秀企业、普法教育先进集体、模范纳税大户和AAA信得过企业等荣誉称号。

莱芜市烟草专卖局（公司）

莱芜市烟草专卖局（公司）位于莱城鲁中东大街84号。辖莱城、钢城2个区局（公司），下设1个烟草专卖管理稽查支队，2个稽查大队，10个稽查中队；2个卷烟配送中心，2个访销管理中心，7个访销部，1个烟叶购销站。共有正式职工146人。

2002年，莱芜市局（公司）党委始终以邓小平和江泽民"三个代表"的重要思想为指导，坚持不懈地解放思想，更新观念，紧紧围绕国家局提出的"一要规范、二要改革、三要创新"的行业工作重点，按照"经营工作上台阶，全面工作上水平"的总体经营思路，发扬"团结、诚信、求实、创新"的莱烟企业精神，团结协作，开拓创新，与时俱进，真抓实干，全面推进营销网络建设，努力构建完善的卷烟销售体系；继续保持高压态势，深入开展打假专项斗争，强化烟草专卖管理；狠抓内部规章制度建设，努力规范提升企业综合管理水平；坚持两个文明一起抓，加强思想政治工作，积极开展各项精神文明建设活动，促进了企业的全面发展。2002年，全公司实现销售收入2.78亿元，比上年增长4.1%，实现利税近2000万元，同比略有增长；资产总额达到5817万元，资产负债率为62%；烤烟种植从无到有，去年达到5400亩；1万平方米的新办公大楼落成，并投入使用；职工收入年年增长，生活办公条件大大改善。对此，莱芜市局（分公司）去年又被市委、市政府授予"实绩突出单位"、"文明单位"和"招商引资先进单位"；并分别被省局、当地政府授予"安全工作先进单位"等多项荣誉称号。

（杨士友）

济南卷烟厂

将军烟草集团有限公司骨干企业济南卷烟厂建于1928年，是国有大型企业，2002年生产卷烟55.89万箱，销售卷烟58.61万箱，实现销售收入27.51亿元，工业税利13.91亿元，经济效益居济南市各企业前列。2002年济南卷烟厂切实转变思想观念，树立生产经营一体化思想；围绕市场和品牌做文章，加快产品开发与改造步伐，适应了市场需求；加大营销体制改革力度，提高了企业营销能力；加大技术改造力度，提高了企业核心竞争能力；加强企业管理，规范了企业经营行为；重组将军经贸有限公司，加快企业组织结构调整；进行技术中心专业技术岗位设置试点，建立起科技人才激励机制；加强思想政治工作和精神文明建设，为企业发展提供精神动力和思想保证。2002年济南卷烟厂荣获"山东省质量管理先进企业"、"全国质量管理小组活动优秀企业"称号和"山东省企业文化建设示范单位"称号。

颐中烟草（集团）有限公司

2002年，颐中烟草（集团）有限公司工业企业（含青岛、青州、滕州、烟台、菏泽五家卷烟厂）完成卷烟产量138.09万箱，销量139.47万箱，实现销售收入50.96亿元，利税总额26.95亿元，利润总额2.02亿元。各项消耗指标较上年同期均有所下降。产品质量经国家烟草专卖局、山东省烟草专卖局（公司）抽检，合格率达到了100%。全年无重大人身伤亡、火灾、设备及交通事故。

市场营销 实施品牌战略初见成效，"泰山"、"红锡包"、"哈德门"、"八喜"、"孔府"5个牌号19个规格入选2002年度全省卷烟名优重点牌号。建立和健全面向市场的经营体制和组织机构，对销售市场进行重新和定位，加强对重点市场营销力度。"哈德门"系列销量同比增长76.3%，"孔府"系列同比增长129.8%，"八喜"系列产销量约10万箱，在全省名优重点牌号中进步显著。青岛卷烟厂组建市场部，充实营销队伍，健全激励机制，开通"哈德门800"免费服务热线，完善市场服务功能。国际市场开拓了韩国、印尼、美国、阿联酋等新市场。青岛卷烟厂向韩国、新西兰等国出口了"泰山"、"壹枝笔"、"FIGO"等卷烟25255件。

技术创新 技术中心将应用研究和产品开发相结合，技术合作和自主创新相结合，推行项目招标制、课题负责制，实行技术职务聘任制。年内，通过了国家经贸部等组织的国家级技术中心评审。调整产品结构，压缩精简4个牌号20个规格，达到18个牌号59个规格。开发了华贵"壹枝笔"、清香"哈德门"、16支精绿"孔府"、珍品"八喜"等市场前景风好的新产品。"泰山"、"红锡包"、"哈德门"、"八喜"被评为全国卷烟优等品。颐中公司博士后科研工作站揭牌。

青岛卷烟厂易地技术改造项目前期准备工作基本完成，确定了新厂区总体方案，签订了国有土地使用权出让合同和补充协议书。2002年12月份破土动工。

减员增效，注重人力资源开发 年内，解决了集团总部与青岛卷烟厂机构重叠的矛盾，结合劳动合同的清理、内退政策的调整，精减机构，提高效率。推行公开选拔、竞争上岗、末位淘汰，实现了管理人员动态管理。青岛卷烟厂公开选拔，聘任了10名工程技术人员、16名省外区域经理、53名区域主办，淘汰业务人员32人次。注重人力资源开发，全年共培训员工15000余人次。通过派员参加在职研究生教育、联办学位、学历进修班等形式，员工整体素质得到提高。14名同志通过行业技师技能鉴定，2名同志荣获行业技术能手称号。

基础管理 年内，集团所辖青岛、青州、滕州、菏泽、烟台5个烟厂全部完成了2000版ISO9000质量体系标准的转换工作，并通过中质协的验证审核。青岛卷烟厂获"2002年全国质量月活动先进单位"，青州卷烟厂获"全国质量管理小组活动优秀企业"称号；财务管理建立月份、季度预算执行的分析评价和监督考核制度，及时纠正预算管理中的偏差，利用量本利报表数据，加强了成本价格管理，完成多元化经营清产核资工作；以提质降耗、节约挖潜、增收节支为重点，推行采购资质、购销比价管理、目标费用管理、经济责任制考核等方式，加强过程成本控制，生产成本降低。

青岛卷烟厂

青岛卷烟厂，现有固定资产17亿元，总资产44亿元，职工2500人，年产卷烟近80万大箱。2002年全年生产卷烟71.0万箱，销售卷烟72.2万箱，实现不含税销售收入291476万元，利税160392万元，利润16510万元。

品牌整合初见成效 建立了较为合理的品牌结构和价位梯次，实现了品牌升级改造的年度目标。"泰山"、"红锡包"、"哈德门"被评为全国卷烟优等品，"壹枝笔"、"泰山"、"红锡包"、"哈德门"被评为全国质量信得过食品。新产品全年销售30.6万箱，发展中的主导牌号销售7.8万箱，并退出了五类烟"蓝金鹿"等5个牌号（规格）卷烟的生产。

市场控制能力持续增强 确定了"认认真真做品牌、扎扎实实做市场"的总体营销思路和"立足省内、巩固省外"的营销策略，调整优化了目标市场，对各区域市场和发展品牌进行了细分，加大了市场管理力度，加强了营销队伍建设，通过卓有成效的新品导入和产品结构调整，市场份额迅速提升，营销工作转为有序和主动。

内部改革不断深化 改进了营销机制，优化了省内、省外区域经理负责制方案。不断完善了科技创新机制，召开了首届技术进步和科技创新表彰大会，激发了员工钻研技术、多出成果的积极性。建立了联动机制，集中资源重点加强了"哈德门"品牌形象的塑造和推广工作，提升了品牌的美誉度和知名度。实施了内部人事制度改革和组织机构调整，实行了管理人员量化考核制，加大了减员增效力度，增强了企业活力，提高了工作效能。

职能管理提质提速 深入开展了职能管理提质提速活动。实行了责任追溯制，促进了核心业务的开展和管理效能的提高。全面贯彻预算，加强了全员、全过程的财务管理，年内材料采购成本降低909万元，烟叶方面节约1136万元，单箱公路运输费同比下降22%，可控费用同比减少4806万元。坚持科技提质与降耗并举的方针，有效提高了在线产品品质量，降低了过程耗用。2000版ISO9001质量管理体系顺利通过了中质协认证，并着手建立ISO14001环境管理体系。将政务督查工作与及时完成率相结合，有力保证了企业重要工作部署的落实到位。推进了信息化管理，MRP II（制造资源计划）和CIMS（计算机集成制造系统）工程在企业经营管理中的作用得到较好发挥，并启动了现代集成制造系统。

技改工作加快步伐 坚持高起点、高标准，本着设计水平、技术水平、管理水平、建设水平、环境水平、经济效益"六个一流"的原则，使新厂方案设计达到了全国一流水平。工程设计工作已进入初步设计阶段，完成了总体规划专家评审和可行性报告，取得了《建设用地规划许可证》，12月31日土石方工程正式动工。为适应产品开发的需要及内在质量的稳定和提高，现生产线的技术改造也同步进行，目前已签设备合同值2000余万元。

青州卷烟厂

青州卷烟厂是拥有固定资产总值7.4亿元、年生产能力50万箱的国有大型卷烟企业。主要生产八喜、东方、青州、时代等系列牌号卷烟。其中，"八喜"牌卷烟被评为"全国卷烟优等品"、"中国卷烟名牌烟标"和"山东省名牌产品"、"山东省著名商标"等荣誉称号。

2002年完成卷烟产销计划360240箱，其中批价20元/条以上卷烟121455箱，比去年的104545箱，增长16910箱，增幅为16.2%，主导牌号八喜系列95230箱，同比增加21831箱，增幅29.7%。实现销售收入（不含税）126378万元；利税65890万元，同比增加10890万元，增幅19.8%，其中利润4385万元（其中按去年同口径因新税制利转税24500万元）。烟叶单耗35.1kg，同比降低0.78kg，盘纸单耗3242m，同比减少7m，嘴棒单耗8346支，同比减少25支。国家局、省局质量抽检合格率均为100%。全年安全生产，事故隐患整改率100%，安全等级事故为0。

技术改造 本年投资6766万元进行了大规模的技术改造。7月份投资1700万元，对制丝线的集中控制系统、香糖料自动配比及加香加料系统、卷包车间风力送丝系统、储丝柜出口加装异物剔除装置等进行了集控改造，制丝车间全部实现了微机自动控制，极大地提高了烟丝的工艺质量；新购置安装切叶（梗）丝机各一台、ZJ卷接机组一台，引进CVHG－650型制冷机2台，改造了12万m^3/h机8万m^3/h空调系统，进一步改善了生产车间的生产线厂和工艺环境。对2台ZJ17卷接机组水松纸切丝系统和破片生产线进行了改装、改造，并在GDX2上安装了宣传卡装置和小包金卡纸缩小装置，对节约成本、提高质量和促进产品宣传都起到了很好的效果。

基地烟叶生产 根据主攻香气、中碱低焦的指导方针，以科技兴烟为依托，率先在全国实行《选拔科技兴烟状元户办法》，全面落实优质烟叶生产技术方案，进一步加强管理和考核，充分发挥植烟大户的示范带头作用，取得了明显成效，省内外建立的7.5万亩优质烟叶基地烟（省内6.5万亩，省外1万亩）全部获得丰收。全年省内外基地共生产收购烟叶18万担，上等烟比例占32.09%。

管理创新 优化完善目标成本控制管理体系。按照年度预算目标将各种费用支出分列为A、B、C、D四大类，分解到各部门，节奖超罚，将各种费用纳入财务和分管部门的双重控制之下，进一步提高了各部门自觉控制费用支出的积极性。在物资采购全部实现比质比价采购的基础上，适时扩展招投标范围，将财产保险、车辆保险等纳入招标范围，加大了招投标的范围和力度。一年来报审各类比价项目389项，核减金额427万元，审定各类工程决算67项，核减金额162万元；开展各类招标项目18项，节约资金830万元。在原辅材料的采购过程中积极尝试和采用资质认证采购办法，18家单位通过资质认证，材料供应合格率达到99.9%，机台使用满意率达到91%。信息化建设迅速发展。全厂的计算机网络和ERP（企业资源计划系统）建设基本完成，并顺利通过国家信息产业部的验收。

质量管理成效显著。在巩固稳定省内6.5万亩烟叶基地的基础上，在湖南、四川建立优质烟叶基地1万亩，填补了省外基地烟的空白。内部改革不断深化，机制更加理顺，活力进一步增强。按照科学定编定员、合理配置和公平竞争、择优录取的原则，先后对85名职工进行了重新的竞争上岗工作，减员分流177人。举办各类培训班53期，2300余人次参加了培训。

科教创新 压缩精简牌号规格13个，以八喜为主导的品牌集中度进一步提高，品牌科技含量不断提升，品牌特色和竞争优势进一步增强。产品降焦工作进展迅速，各牌号焦油含量平均降至14.95mg，并成功的投放了12mg/支的珍品八喜和软盒世纪青州，9mg/支的软盒贵宾八喜已试制成功，拟将近期投放市场；膨胀烟丝的研究应用获得较大进展，软盒时代、青州的应用已达到20%。

营销创新 系统策划，营销主攻方向明确、突出。加强了以"八喜"为龙头的品牌宣传和造势力度，进一步提高了营销策划的针对性、有效性和系统性。市场开拓和控制能力进一步增强，由原来的5个省市，发展为现在的17个。青州卷烟成功的进入美国市场，成功外销1700件，创外汇18.3万美元，填补了青州卷烟出口的历史空白。在全省建立了1600多家的经销户档案，顾客满意度达到95%以上。

烟台卷烟厂 烟台卷烟厂是胶东地区惟一的卷烟生产企业。年设计生产卷烟10万箱（50亿支）。现有职工714人，主要生产"蓬莱阁"、"大团圆"、"双马"、"民丰"等烤烟型和混合型卷烟。企业精神："励精图治，自强不息"；企业作风："严、细、实、快"。

2002年，烟台卷烟厂全年累计完成卷烟产量256800万支，为去年同期的85.6%。在经营形势困难的情况下，经济效益全面超额完成全年预算目标。实现销售收入17720万元，为去年期的92.56%；实现利税8656万元，为去年期的104.96%；实现利润336万元，同比增长394.12%。三项单耗指标也取得较好成绩：滤嘴卷烟每万支耗烟叶7.4kg，同比减少0.1kg；每万支滤嘴卷烟消耗盘纸656m；每万支单箱卷烟耗嘴棒1702支。厂内自检合格率100%。卷烟成品率99.6%，同比提高0.4个百分点。

（一）以稳定产品质量为基础，提高产品市场竞争力 进一步强化工艺、质量管理，从人、机、料、法、环各个环节严格把关。把成品质量检测作为重点内容，根据检测情况进行综合分析、整改，保证了卷烟成品率的稳步提高。质量检验规程、质量考核办法进行修订、完善，使产品质量和检验人员的考核力度进一步加大。在产品开发方面，重点在对"蓬莱阁"、"大团圆"等牌号进行了系列化开发。在研究和开发方向上，将工作重点放在提高叶组配方、加香加料、工艺处理和辅料选择的技术水平上。加快了降焦开发步伐，软盒"蓬莱阁"焦油含量由2001年的17.8mg下降到15.3mg；软盒"双马"（外）由16.2mg下降到14.4mg。

（二）以加大营销力度为动力，提高经济效益 一是适时加大了营销队伍的建设和硬件投入，根据市场销售形势的变化，充实了营销队伍，提高了营销人员的战斗力。二是继续加强与传统销区业务单位的联系，进一步巩固重点销售根据地，有针对性地培育市场需求，建立稳定的供求关系。三是重点加大了中高档卷烟的销售力度。全年共调拨卷烟259777万支。

（三）以优化产品结构为手段，加快产品改造开发步伐 根据消费者的喜好、需求及时调整我们的开发方向，研制生产出适销对路，经济效益较好，令消费者满意的产品。5月份及时开发了贵宾"蓬莱阁"，7月份完成了对新品"蓬莱阁"进行的改造，使改造后的产品质量得到了提高，焦油含量降低了1mg。继续抓好了卷烟出口工作，先后设计完成MAXSIM'S、ATLandA、Business、GIAN、GREATMAN、L&M等出口烟的研制，完成其他种类中试样品计20余个。

（四）以挖潜降耗为保证，切实降低生产成本 首先从提高生产加工工艺上入手，部分制丝、卷、包设备进行中修，提高了设备性能和产品工艺质量。其次从技术研究上下功夫，对薄片丝存在的质量问题进行了分析、整改，使薄片丝利用率提高到95.3%，转化率提高到91.42%。第三加强原辅材料及备品备件比价采购管理，减少成本支出。将备件由"全年集中采购"转变为"临时按需采购"，最大限度地压缩了备件库存。

（五）以财务预算管理为中心，抓好企业内部管理 扎扎实实做好财务、审计管理工作。编制了符合企业增收节支，挖潜降耗，减亏增效实际要求的财务预算。改善资金管理，合理调配资金。认真开展了多元化经营清产核资工作。理顺了产权和使用关系，使多元化资产管理规范化。审计工作针对企业实际，重点抓好了建设项目、财务收支、经济效益、备品备件采购计划及库存的审计工作，在维护企业利益方面发挥了不可替代的重要作用。

继续深入贯彻ISO9000工作。9月27日通过了中质协2000版体系标准认证审核。

菏泽卷烟厂 2002年，菏泽卷烟厂共完成卷烟生产352000万支，实现卷烟销售收入20237万元，实现利税总额8407万元，国家局、省公司抽检合格率均为100%。

基础管理再上台阶 狠抓了2000版质量体系的运行，细化目标，责任到人，一级抓一级，层层抓落实，通过内审和行业审核，把发现的问题进行举一反三整改，使体系的符合性、可行性、有效性大大提高，于3月份一次通过了中质协质保中心的认证审核。积极稳妥推行TNPM，设备运行质量进一步提高。是年，设备部门不断把这TNPM活动向纵深方向发展，完善了"三·三制"设备管理规范化作业标准，增强了可操作性。建立了主要设备的轮修制，分层次有计划地开展检查工作，即保证了设备的正常运行，又降低了维修费用。积极开展小改小革活动，创新创效明显，全年共完成攻关项目41个，推动企业技术创新工作的开展。强化工艺管理，工艺质量进一步提高。当年，与印尼签订了出口梗丝合同，根据现有工艺条件和客户要求，制定了《出口梗丝产品技术标准》和《出口梗丝纸箱技术要求》2个技术性文件，确保了出口梗丝满足顾客需求。强化卷烟配方管理，不断提高卷烟内在质量。

财审工作不断向纵深发展 财务部

门坚持每月对全面预算的执行情况及时进行分析，找出预算执行中的偏差，为领导决策提供了准确的依据。强化了可控费用的管理，按照费用要素将18个可控指标，落实到14个归口管理部门，做为归口部门的预算责任。审计工作重点落实了对物资采购价格的事前审计，全年共完成烟用非专卖材料物资采购审计项目50项，节约资金120万元。

购销工作 按照“立足区内，兼顾区外”的销售策略，加强与销区的配合，密切工商关系，以务实的态度积极走出去，深入市场调查研究，征求销区公司意见，制定更加切实高效的营销途径，取得了显著成效。完善资源配置，加大内部激励机制建设。按照公平、公开、公正的原则，面向全厂招聘销售业务人员10名，从源头上提高了业务人员的整体素质。强化激励机制建设，实行区域经理负责制，根据市场变化，多次修订完善业务人员经济责任制考核方案，调整考核指标，保证了销售任务的完成。材料供应部门按照比价管理的要求，坚持同等质量比价格，同等价格比质量的原则，积极开展节约挖潜工作，全年购进烟叶3.5万担。强化了仓储管理，实现了帐、卡、物相符，仓储管理水平进一步提高。由于措施得力，全年共节约支出206万元。

人力资源管理 在人才管理方面，将动态管理与干部轮岗、内退相结合，对管理岗位人员进行了调配，做到合理使用，发挥特长，调动了管理人员的工作积极性，提高了业务工作能力。严把干部入口关，实行任前公示制，完善了干部任用制度。强化了企业内部竞争机制、激励机制和约束机制，对缺员岗位一律采取“公正公开、平等竞争”的方式招聘上岗，启动了企业内部活力。加强了对技术员工的技术培训，以适应性培训为主，使技术人员通过培训不断提高自身技能。全年共举办各类培训班56个，培训人数达4022人次，为企业发展积蓄了力量。

党建和精神文明建设 组织学习了江泽民总书记“三个代表”的重要论述和十六大精神，增强了党员的责任心和历史使命感。在对外宣传方面，全年共在报纸、电视等新闻媒体发表稿件100篇，较好地树立了企业形象。狠抓了党风廉政建设和反腐败斗争。从厂级到一般干部都签订了党风廉政建设责任书，一级抓一级，层层抓落实，对防止党员干部违法违纪，起到了有效的监督制约作用。有组织有计划地开展警示教育，提高了党员干部的拒腐防变能力。

滕州卷烟厂 跻身于中国最大500家工业企业之一的山东滕州卷烟厂，现有员工1864名，固定资产5亿多元，年生产能力30万箱，该厂拥有一批90年代国际先进水平的制丝、卷接、包装设备。主要生产以“精品绿孔府”、“软绿孔府”、“富贵孔府”、“新品孔府”为代表的“孔府”系列产品，先后有多个牌号被评为“部优”、“行优”和“省优”产品。2002年，滕州卷烟厂完成卷烟产量18.9万箱；卷烟销量19.07万箱；实现销售收入52403万元；利税总额完成26016万元。

企业管理 一是全面推进营销机制的创新。初步建立了以服务为导向的核心经销户网络，在全省17个地市建立了13000家核心经销户，巩固了市场基础建设，全年销售三类以上卷烟20899箱，创历史最好水平。二是实施管理变革，进行管理创新，精细化管理全面加强。通过机构整合和业务流程再造，建立了以市场为中心的快速反应机制，有效地解决了权力制衡问题，提高了工作效率。同时，完善、整合9000质量体系、比价管理体系、目标费用控制体系，构筑了滕烟企业管理平台，使企业管理走上制度化、标准化的轨道。三是人才体系建设迈出新步伐。在人才的任用上，坚持优胜劣汰，积极引入竞争机制，实行动态管理。同时，积极盘活人力资源，提高整体文化素质。四是信息化建设成效显著。开通了内部邮件系统，使一些基本信息的流通，已全部通过内部邮件进行传递，极大地提高了工作效率。基本上确立了实施客户关系管理系统和物流系统的方法和路径，接入了宽带网和DDN专线实现了真正意义上的移动办公。

新产品开发 开发和改造并举，改造老产品4个，开发新产品2个，初步实现了产品升级换代的目标。大胆应用新技术、新材料，在产品开发改造过程中，注重算综合效益帐，全年消化积压烟叶7万担，卷烟焦油量平均每支下降0.3毫克，尤其是通过调整烟支重量，每年可节约资金200万元。同时，积极与中国科技大开展技术合作，在产品研制开发、维护及工艺流程的改善上取得较大进步。

卷烟新产品 2002年度，滕州卷烟厂共开发了两种规格的新产品。一是“16支装硬盒富贵孔府”。主要是针对市场上20支装卷烟居多，其他支数少的现象，设计了16支装的商标包装，以吸引消费者的眼球。二是“低焦油孔府”，该产品是通过对国内目前所采用的几种降焦措施进行试验筛选、综合评价后而采用通风稀释技术做为降焦主要手段的新产品，并通过加香加料较好的对低焦油卷烟的香味进行补偿，从而为降低卷烟焦油提供了基础。2002年9月份，经国家局一级站检测，该双低产品基本达到了卷烟焦油量10mg/支，CO含量11mg/支，感官质量85分的最终设计目标。

德州卷烟厂 德州卷烟厂始建于1949的，1994年加入将军烟草集团有限公司。2001年，固定资产4820万元，占地面积65333平方米，建筑面积41745平方米。有职工1074人，主要生产设备25台（套），变电容量1600千伏安，10吨锅炉2台，6.5吨1台。主要生产“龙力”牌系列卷烟，并生产经营瓦楞纸板、纸箱、铝箔、新型建材，下辖5个有独立法人资格的多元化开发公司：山东宏发开元包装材料有限公司、山东将军开元实业有限公司、德州凯瑞特新型建材有限公司、山东将军开元纸业有限公司、德州金龙力实业有限公司。

企业坚持“团结、勤政、廉洁、创新”的工作方针，弘扬“敬业、爱岗、无私奉献”的企业精神，认真贯彻“狠抓基础，稳中求进”和“一要规范、二要改革、三要创新”的行业指导思想，突出“以经济效益为中心，以财务管理为重点，内抓管理，外拓市场”的工作思路，狠抓以人为本的工艺纪律，提高ISO9002质量体系在实际工作中的运行质量，加强营销力度，按照“两品一服务的”宗旨，在提高服务质量的同时，注重员工自身素质的提高，努力把个人的价值融入“以德为本”的企业文化中去。

2002年生产卷烟5.8万箱，销售卷烟5.8万箱，实现销售收入1.19亿元，利税5717万元，实现利润191万元。

临清卷烟厂 临清卷烟厂始建于1946年1月，是冀南军区所属企业。曾为庆祝党中央迁居西柏坡和党的七届二中全会召开，于1948年和1949年两次专门生产“七一”牌卷烟供给党中央机关和会议使用。1984年和1991年，先后进行过两次大规模制丝线技术改造，引进具有国内先进水平的卷接包设备和现代化检测仪器。1993年，加入将军烟草集团有限公司。2000年8月起，为济南卷烟厂加工混合型“齐鲁”牌卷烟烟丝，2001年3月，向中国烟草哈萨克斯坦有限公司（合资烟厂）供应烟丝。有职工826人，主要生产“景阳冈”、“鲁宝”、“红宝”、彩“大鸡”等牌号卷烟。“鲁宝”牌卷烟1991年出口美洲、东南亚地区。

临清卷烟厂为国有中型企业，加入将军集团后，凭借集团优势，以“抓以机遇，迎接挑战，发展企业，造福社会，富裕职工”为方针，以“追求顾客满意是企业根本宗旨，尊重每位员工是振兴企业之本，每天追求卓越是全员工作标准”为座右铭，以“抓产品，抓市场，抓管理，抓队伍，提高经济效益”为重点，以“把主业做精做强、把水松纸做大做强、把出口烟丝做好做强”作为工作目标，迎接新的挑战。1995年被评为山东烟草工业企业现场管理第二名；1996年被评为地区级“管理效益示范工程企业”第二名；1997年获聊城市先进企业；1998年通过ISO9000国际质量体系认证；1999年被评为山东省设备管理协会一级达标企业；2000年被评为省级花园式工厂。2001年10月正式运行ISO9001、2000国际质量体系标准，同年还被聊城市评为三级明星企业、安全生产先进单位、先进集体、模范“职工之家”。2002年被评为山东省设备管理先进单位、省烟草系统安全生产先进单位。

2002年生产销售卷烟59900箱，实现销售收入12179万元，实现利税6053万元。

沂水卷烟厂 沂水卷烟厂始建于1975年8月，1976年4月正式投产，是沂蒙老区暨临沂地区惟一卷烟厂。1999年6月通过ISO9002认证。占地面积21万平方米，建筑面积5万平方米，职工876名。固定资产1.2亿元，年生产卷烟能力为21万箱。地处全国著名优质烟叶产区，有得天独厚的发展优势，现隶属将军烟草集团有限公司，为国有中（一）型企业。建厂以来，已累计上缴税金8亿元。

卷烟设备先进，已投资9000余万元安装仿意大利2000kg/h科马斯制丝线和先进的PROTOS卷接机组及GDX1包装机组，生产技术水平进入卷烟生产先进行列。主要生产精品“沂蒙山”、“雪兰”、“518”等牌号卷烟，“沂蒙山”牌卷烟被评为“市级名牌”。

企业奉行“以人为本”的管理理念，以科技进步为先导，以财务管理为龙头，视市场为企业的生命，产品质量是企业的命根子。教育员工牢固树立起“大市场大发展，小市场小发展，没有市场就破产”、“现场联着市场”的观念。遵循“内外满意、内外一流，锲而不舍、不断追求”的质量方针，把“说到、做到、记录到”贯穿质量管理全过程。以财务管理为龙头，带动企业管理水平的提高。坚持科教兴厂方针，推进技术创新。

企业连年荣获“临沂市思想政治工作先进单位”、“市级文明单位”、“临沂市综合治理先进单位”、省“一级企业”等称号，档案管理被评为“国家二级”，企业党校被山东省委命名“先进党员活动室”。

2002年，生产卷烟50500箱，实现利税3457万元，实现销售收入9156万元。

山东中鲁烟叶有限公司 山东中鲁烟叶有限公司是山东省烟草系统第一家改制的复烤加工企业。2000年4月份由中国烟叶生产购销公司、将军烟草集团有限公司、临沂烟草有限公司共同出资组建并投入运营。公司注册资金1亿元，总资产2.36亿元，其中固定资产1.7亿元，现有员工220人。

公司于2000年开始进行技术改造，2002年技改生产线实现全线联动并投入运行，形成了两条独立的MacTavish型6000kg/h打叶复烤生产线，年生产能力3万吨。生产线率先采用光电、色谱杂物分检系统，配有烤后杀虫、醇化和香料喷洒系统，具有配方打叶和单等级打叶功能，在工艺配置和装备水平上，集国内、外先进技术于一体，达到了国内领先水平。

公司拥有与生产线配套的成品库房和货场近6万平方米，仓储能力2.8万吨。2002年，公司与将军烟草集团有限公司、临沂烟草有限公司共同出资组建临沂万通物流有限公司，新建形成了8万平方米仓储中心，有效解决了公司的仓储压力问题。

公司严格按照现代企业制度要求完善企业的法人治理结构，加强企业组织结构改革，建立健全管理制度和激励、约束机制，管理水平逐步提高，组织机构精简、高效。2001年，公司通过了ISO9001：2000版换版审核，相关工作基本实现了规范化、标准化管理。

企业改制为公司带来新的发展机遇，公司确定了以产品质量为企业生命，以优质服务为工作宗旨的经营理念，生产经营工作呈现良好发展态势。改制以来，公司烟叶加工量以22%的速度逐年增长，利税以23%的速度逐年增长，各项经济指标均达到了历史最好水平。

河南省

郑州市烟草专卖局（分公司）

2002年，郑州市烟草专卖局（分公司）全年销售卷烟21.48万箱，同比增长14.26%，卷烟单箱销售收入达到6187元，同比净增720元，增幅13.17%。种植烟叶6万亩，收购烟叶5699吨，销售烟叶6936吨。实现毛利总额2.266亿元，同比增长25.06%。实现利润7483万元，同比增长87.26%，另外消化历史包袱2358万元。深入开展整顿和规范烟草市场经济秩序，全年共查处各类违法案件1225起，查扣各类违规卷烟6508件，查获制假烟机4台，对烟草违法分子追刑114人，其中判刑27人（十年以上有期徒刑3人），逮捕19人，拘留54人，劳教14人，有力地打击了违法经营，震慑了烟草违法分子。大力倡导“爱岗敬业、诚实守信、服务商户、奉献社会”的良好职业风尚，按照“全心全意为零售商户服务”的宗旨和要求，不断提高商户的满意度，有力地推动了两个文明建设协调发展。去年，市局（分公司）被郑州市委、市直机关精神文明建设指导委员会、市总工会分别授予“思想政治工作先进单位”、“市直机关精神文明建设先进单位"、"郑州市五一劳动奖状"、"安康杯先进单位"、"'五一杯'优质服务竞赛先进集体"、"郑州市产品创新最佳企业"、"郑州市道德规范进万家先进集体"、"河南省先进工会"、"郑州市送温暖工程先进集体"、"郑州市文明标兵";继2000、2001年后,2002年再次被市总工会授予"郑州市职业道德建设十佳单位"。在国家局进行的全国100个大中城市卷烟市场竞争力调查中,郑州烟草客户满意度排全国第四;在郑州市行风评议中,社会各界对郑州烟草部门的综合满意率高出平均水平4.04个百分点。

(齐向华)

三门峡市烟草专卖局(分公司)

现有正式职工1279人,固定资产15617万元。2002年,企业共实现利税7023万元,利润4498万元。

在烟叶生产经营中,大力实施标准化生产,有力地促进了烟叶质量的提高。全年收购烤烟40.11万担,上等烟比例达到29.3%以上。在烟叶调销环节,立足于烟区的长远发展,以质量和信誉为本,加大了省外市场的开拓力度,全年共调销省外烟叶14.25万担,烟叶市场整体格局进一步优化。

在卷烟销售方面,突出网建这个基础,全面推行了专销结合、访送分离的卷烟经营模式,撤销了县城以上城市的所有批发部,各县(市、区)分别建立了访销、配送、稽查、信息四大中心,划分了96条送货路线,并进一步试点推行"电话订货、网上配货、现代物流、电子结算"新的卷烟经营模式,农村市场进一步完善了访送一体的销售模式,三线互控能力进一步增强,各项指标均有明显增长。全年完成卷烟销量6.56万箱,人均消费达到7.52条,三类以上卷烟为40%,单箱均价达到4721元,单箱毛利719元,实现毛利总额4718万元,同比增加756万元。

专卖管理围绕区域市场的管理和建设,强力抓好"四化一打"(规范化、具体化、科学化、一体化和打击私批大户)。全市共查处违法商户4159户次,端掉销售违法卷烟窝点150个,查扣违法卷烟4万余条,行政罚款10.5万元,打掉制丝窝点3个,收缴小型制丝机3台,市场净化率由年初的86.9%上升到97.5%,市场控制力明显提高。

在做好两烟生产经营的同时,由三门峡烟草分公司联合新郑卷烟厂和安阳卷烟厂,共同投资1.2亿元兴建的三门峡金红烟草有限责任公司,其年产3万吨打叶复烤生产线,已于12月上旬建成并投入试运行。

(程明远)

洛阳市烟草专卖局(分公司)

2002年,洛阳烟草卷烟全年累计销售175385箱,占年度计划的109.9%,比上年增长6.18%;卷烟单箱销售收入4436.80元,较上年增长12.45%;卷烟单箱利润204元,较上年增长40.69%;全市卷烟销售累计实现利润1224万元,较上年增长51.23%。烟叶全年共收购16.2万公斤,上中等烟达84.5%,实现农业特产税2490万元,较上年同期增加244万元,增长10.68%,实现利润1602万元。

全市烟草系统工商合计实现税利4.86亿元(含农特税2490万元),较去年同期增加了1.66亿元,增长51.88%。其中工业实现税利3.47亿元,较上年同期增加1.52亿元,增长77.68%;商业实现税利1.39亿元,较上年同期增加1400万元,增长11.2%。全系统实现利润7703万元,较上年增长160.24%。其中工业累计实现利润2306万元,较上年增加162.2%,商业实现利润5397万元,较上年增长22.77%。

烟草生产加大力度推广新技术、新品种。2002年商品化育苗达到10万亩,新建炕房群达到800座。在新技术推广方面,全市新建气流下排式烤房1200座,托盘和漂浮育苗3万亩,剪叶炼苗普及率达100%,化学抑芽剂推广应用达60%。新品种K326、云烟85、RG17的推广占种植面积78%,优良品种率达到98%。

专卖工作中心是深化卷烟市场净化率达标和"户籍化"管理。全市共处理售假案件1793起,端掉制假窝点7个,查获制假烟机4台(套),嘴棒机2台,切丝机6台,卷烟纸9.2吨,盒皮12万张,丙纤丝束7吨,查扣假冒卷烟2458件,烟丝8.2吨及其他制假物资等,总标值570余万元。2002年获得省烟草专卖局颁发的"烟草专卖管理先进集体"称号。

(马中仁)

焦作市烟草专卖局(分公司)

下辖六个县(市)公司,机关内设11个职能科室和稽查中心、访销中心、配送中心三个部门,全系统共有员工505人,拥有固定资产3794万元。

2002年市局(分公司)以经济效益统揽烟草工作全局,全面完成了年度目标任务,销售卷烟84088.4箱,占年度目标81800箱的102.8%,比上年增加3276箱;实现利润1042万元,比上年增长42%,创历史最好水平。

一年来,市局(分公司)以整顿和规范经济秩序为契机,狠抓企业管理。一是狠抓财经秩序专项整顿,规范会计基础工作,提高会计信息质量,严格财经纪律,强化资金管理,二是实行"阳光理财",积极推行费用预算管理制度,严格大宗办公用品、贵重物品公开招标、比价采购和"3+1"财务报销制度,从严控制费用支出。三是强化审计监督,规范资金使用,全年共核减工程资金10.79万元,堵塞了管理漏洞。

2002年市局(分公司)被焦作市委、政府评为"2002年度目标管理一等奖"、"安全生产目标管理先进单位"、"劳动和社会保障工作先进单位"、"市级文明单位"。下属六个县(市)局(公司)也均被市委、政府评为"市级文明单位",其中武陟县局(公司)再次被命名为"省级精神文明建设先进单位",沁阳市局(公司)荣获了"省级卫生先进单位"光荣称号。

(谢俊高)

新乡市烟草专卖局(分公司)

2002年卷烟销售量完成13.55万箱,同比增长19.1%;实现利润3001万元;单箱利润221元;利税总额4369万元。全区专卖市场管理共查处各类违法案件2762起,查扣违法卷烟2575件。

卷烟销售 制定营销和市场管理策略,以培育发展名优卷烟为突破口,全面提升卷烟销售结构。利用网络资源,充分发挥企业调控市场的作用。把三类以上的红旗渠、金芒果、黄金叶、帝豪、沙河等优势品牌,作为同档次中自己的主销品牌。加大调控力度,腾出育牌空间,将调控的策略方法转移到紧紧围绕服务、服从于五大优势品牌的培育和发展上来,为名优烟的发展创造有利条件。梳理整合品牌,优化提升结构,提高品牌集中度,扩大单牌规模,进一步确立其在新乡销区的主导地位。妥善处理销量、毛利、结构三者间的关系,统筹兼顾,突出重点,以销量要完成,毛利要增长,毛利率(结构)要提高为总的要求，协调发展。

专卖管理 年内共对违法犯罪分子追刑34人，判刑7人，劳教1人，刑事拘留27人。与公安部门建立了联合打假的长期协作机制。强化专卖管理基础工作。全面推进专卖管理所建设，深化零售商户户籍化管理，使传统的“重路查、重办案、重罚没款；轻市场、轻管理、轻服务”的粗放式专卖管理向精细型、现代型转变。

网络建设 “城乡一体，统一运行，全面访销，集中配送，专销结合，信息管理，提高素质，注重激励”的卷烟销售网络体系初步建成。本年网建资金总投入430万元，新增车辆80余部。初步形成了“批零同盟，全面访销，三线互控，四流贯通”的大配送网建模式。

信息工作 继续开发烟草综合办公信息系统，与销售、财务、专卖等管理系统集成，初步达到文件传送、发布信息、数据共享、电子邮件、员工论坛等目标；尝试了多媒体系统，进行网上视频传输的初步探索；卫星地面接收站正式投入使用；投入40万元完善计算机网络，使机关管理人员人人拥有了计算机，初步实现了无纸化办公。（侯 宇）

鹤壁市烟草专卖局（分公司）

下辖两县、一区局（公司），共有正式职工149人。2002年全市烟草行业广大干部职工在省局（公司）的正确领导下，以“做精、做美、做强鹤壁烟草”为总体目标，紧紧围绕年初确定的“六突出、六抓好”的工作方针，统一思想，转变观念，规范管理，开拓奋进，圆满完成了2002年度各项目标任务。

卷烟销售 2002年全区经济运行质量呈现较好的发展态势，卷烟销量持续增长，销售结构进一步提高，主要经济指标在全省烟草商业企业排序中名次较好，如：全年销量同比增幅率排全省第3位，完成年计划比例排全省第2位，年卷烟人均条数排全省第5位。全年卷烟销售累计40546箱，同比增加3247箱，增幅8.71%，超额完成省局下达的36400箱的销售任务；实现税利1175万元，同比增加204万元，增幅21%。

专卖管理 积极开展烟草、公安联合打假行动，全区共查处各类违法、违规经营卷烟案件1348起，查获各类卷烟10710条，毛烟丝29280包，罚没收入2.5万元。加强了专卖管理所软、硬件建设，年底，专卖管理所达标工作通过了省局的验收，市区直属分局淇滨专卖管理所被省局评为先进专卖管理所。

精神文明建设 文明单位创建活动有了实质性的进步。继2月份市局机关获“市级文明单位”、浚县局、直属分局获县、区级文明单位后，我们还开展了在全行业创建文明系统的活动。

2002年市局先后被市委、市政府评为理论工作先进单位、道德规范进万家活动先进单位、社会治安综合治理先进单位，市局机关党支部被市委评为先进“五好”党支部。（彭爱霞）

安阳市烟草专卖局（分公司）

成立于1983年，下辖安阳县、汤阴县、林州市、滑县、内黄县局（公司）及市局直属分局（支公司）。全行业现有干部职工450人，资产总额13350万元。2002年，市、县两级局（公司）紧紧围绕“一要规范、二要改革、三要创新”的行业指导思想，解放思想、更新观念、深化网建、强化专卖、细化管理、改革创新，超额完成省局（公司）下达的各项经济指标。

2002年，在全区推行“全面访销，集中配送”的网建模式，科学设置三线，完善三级督查，实行限量销售，严格规范经营，增强服务意识，发挥网络功能，强力控市扩销、狠抓育牌增效，全年共销售卷烟135450箱，较上年同期127533箱增加7917箱，增幅6.21%；实现销售收入55260万元，较上年同期49823万元增加5437万元，增幅10.91%；实现利润2771万元，较上年同期2066万元增加705万元，增幅34.12%。

市局紧紧围绕专卖管理三年阶段性目标，深入开展了专卖管理所达标活动，狠抓队伍建设，严格依法行政；深化和细化“户籍化”管理，制定了烟草公安联合打假工作制度，进一步整顿和规范卷烟市场经济秩序。全年共查处各类违法案件7440起，查获各类违法卷烟3096.48件，上缴罚没款120.76万元。不断加强精神文明建设，坚持“两个务必”，大力弘扬艰苦奋斗、敬业爱岗、无私奉献的精神，强化内部管理，健全各项规章制度，市、县两级公司均保持了省级文明单位的称号，全市烟草系统保持了市级文明系统的称号。

（潘国鹏）

濮阳市烟草专卖局（分公司）

1985年1月，濮阳市烟草专卖局、河南省烟草公司濮阳市公司成立，隶属安阳市烟草专卖局（分公司）管理。1986年8月上划河南省烟草专卖局、河南省烟草公司直接管辖，名称变更为“濮阳市烟草专卖局”、“河南省烟草公司濮阳分公司”。内设十二个科室，下辖6个县（区）局（公司）和金叶烟酒有限公司，在册干部职工331人。

2002年，濮阳市烟草专卖局（分公司）紧紧围绕“狠抓基础，稳中求进”的指导思想，坚持“强素质，抓规范，重管理，促发展”的工作方针，以改革创新为主题，以规范市场为基础，以完善网络为重点，以提高效益为目的，把着力点和功夫放在提高企业整体素质和市场控制力上来，经济运行质量和效益明显提高，企业实力明显增强。2002年卷烟销售90092箱，占年计划的105%，同比增长3.85%；销售收入36520万元，同比增长12.95%；实现利税2495万元，同比增长16.26%，其中利润1536万元，同比增长15.4%。烟草联合打假成绩显著，一年来共捣毁制假窝点13个，收缴烟机、切割机19台，抓获制假分子85人。被市委、市政府评为市级文明单位、经贸工作先进单位，党风廉政建设责任制先进单位，濮阳市先进工会，受到市政府的通报表彰。荣获河南省烟草打假先进单位称号。

（魏 伟）

开封市烟草专卖局（分公司）

卷烟经营 2002年，全市共销售卷烟127726.47箱，同比增长9.5%，超过省公司年目标计划8.8%；实现税利4194万元，其中利润2552万元，增幅达26.78%；职工人均工资收入为35008元，同比增长23.8%。

网络建设 从机制、方法、效果上，调动了员工积极性，在规范经营、零售户控制以及对零售商户的管理和服务水平等问题上有明显进步；并出台了对工业企业、消费者等四项服务承诺和服务标准，建立了“一对一”辖区责任制、联合考核监督制和利益荣誉挂钩制。控市占市能力明显增强。在全省网建验收中，取得了第二名的可喜成绩。

专卖管理 建立了以户籍化管理、专卖专营辖区责任制、首任制、管三大、创三无为主要内容的专卖专营保证体系，开展了烟草、公安联合打假。全市共捣毁制售假烟窝点200多个，查获假冒卷烟3471.92件，收缴制假烟机6台，查获制假烟丝13.5吨，依法追究法律责任67人，有力地震慑了违法犯罪分子，有效地提高了市场控制能力。

改革创新 先后进行了财务管理模式、卷烟供应模式、人事分配制度改革，对“多元化经营”、“无货币结算”、“配送车辆产权转移”进行了有益的探索和尝试，取得了预期效果。

精神文明建设 全区深入开展“学习海尔先进经验”、“豫烟人形象比学做、我为开烟添光彩”、“弘扬焦裕禄精神、争做人民公仆”等活动，精神文明建设取得丰硕成果。涌现出一批先进典型，1名同志当选省人大代表，1名同志当选区人大代表，1名同志被评为开封市十佳职工。全区6个独立核算单位中，省级文明单位达到2个，市级文明单位达到4个，夯实了创建文明行业的基础，为行业改革和发展提供了强大的精神动力和思想保证。 **（张天俊）**

商丘市烟草专卖局（分公司）

下辖六县二区一市共9个县级烟草局(公司)。截至2002年6月，全市行业干部职工共计1200余名，固定资产7.9亿元。

2002年，全市行业广大干部职工认真贯彻执行省市烟草工作会议精神，按照“两烟并重，卷烟为主，强化规范，做实基础，改进作风，反假倡实，稳步改革，加快发展”的总体工作要求，以创新思维促企业发展和作风转变促真抓实干为目的，主要经济指标取得了历史性突破，经济运行质量显著提高。2002年，共实现利润4213万元，较去年的亏损1570万元，增长5737万元；卷烟销售上量增效。共销售卷烟18.57万箱，完成省局目标任务17.97万箱的103.34%，较去年的15.57万箱，上升19.27%；烟叶经营步入良性循环。共收购烟叶15万担，完成目标任务的100%，较上年的12万担，上升25%；整顿规范市场初见成效，全市共查处“两烟”违法案件7478起，打掉各类制假烟机设备98台；企业管理水平稳步提升，三项费用下降19.22%；精神文明建设有效加强。 **（李亚军）**

许昌市烟草专卖局（分公司）

2002年，全市行业共实现“两烟”毛利1.87亿元，剔除消化包袱4757万元后，实现利润700万元。

烟叶生产和卷烟营销 全市累计收购烟叶32.66万担，完成收购计划的93.33%，其中上等烟12.98万担，占39.73%；中等烟16.09万担，占49.24%；公斤均价9.06元。销售烟叶33.9万担，担烟均价800元；实现销售收入2.71亿元，毛利9948万元。销售卷烟12.11万箱，同比增加7639箱，增幅6.60%；实现销售收入5.63亿元，同比增加4675万元，增幅9.06%；单箱均价4648元，同比增加105元，增幅2.3%；实现毛利额8768万元，同比增加1415万元，增幅19.24%；毛利率15.57%，同比增加1.33个百分点。

专卖管理 一年来，全市烟草行业共查获各类违规违法卷烟3585起，取缔“私批大户”、无证商户274户，拔掉“钉子户”50户；捣毁制售假烟窝点130个，收缴制假烟机40台；抓获相关制假分子363人，其中，拘留218人、劳教7人、逮捕10人、判刑6人，受到了上级局和市政府的好评，被国家局和公安部联合授予卷烟打假先进单位。

精神文明建设 为确保精神文明建设对“两烟”生产经营提供坚实的思想基础、强大的精神动力和有力的组织保障，全市烟草行业在大力抓好物质文明建设的同时，把精神文明建设也放在了同等重要的位置。全市烟草行业已有3个单位获得省级、4个单位获得市级、1个单位获得县级“文明单位”荣誉称号，为创建文明系统奠定了良好基础。 **（魏拴成）**

漯河市烟草专卖局（分公司）

2002年，全市烟草行业实现利税3896万元，同比增长22.48%，其中实现利润937万元，同比增加731万元，增长354.85%，为漯河烟草组建以来的最高水平。

坚持“小区精品”的发展思路，狠抓烟叶工作的恢复性发展，全市种植烟叶8.6万亩，收购烤烟17.62万担，累计销售烟叶14.85万担，回收烟叶货款1.57亿元，烟叶整体质量和经营效益显著提高。坚持大抓网建、稳增销量、培育名优和强化规范，促使卷烟销量和效益都继续保持了稳中有升的发展态势。全年销售卷烟72500箱，占年目标任务的106.7%；实现卷烟毛利4596万元，同比增长8.37%；单箱均价达到了4316万元，同比增长9.2%。积极推进城网建设，6月底在全市城区成功实行了“全面访销、全面配送、访销结合、访送分离、三网并举、优质服务”的网建新模式，网建整体功能明显增强。

坚持以卷烟打假和净化市场为重点，继续深入推进整顿和规范烟草市场经济秩序的各项工作。全年共查处各类违法案件92起，查获制假烟机23台(套)，端掉制假窝点29个，查处违规卷烟标值181.7万元，辖区内卷烟制假势头得到有效遏制，卷烟市场净化率总体达到了98%。积极开展“两化”达标活动，规范化管理，正规化办案，提高了内管水平和专卖队伍整体素质。认真开展多元化企业清产核资和财经秩序专项整顿工作，诚信经营，依法纳税，并被漯河市政府授予“全市整顿和规范市场经济秩序工作先进单位”的荣誉称号。以抓规范、抓落实为重点，强化资金管理和预算管理，积极发挥财务管理的核心作用；大力推行全员目标管理和劳动合同管理，认真做好企务公开，企业各方面管理进一步加强；严格落实安全生产责任制，着眼防范，强化教育，加强检查，抓好整改，全年无一重大安全责任事故发生。

平顶山市烟草专卖局（分公司）

下辖8个县级烟草公司和汝州卷烟厂、宝丰烟叶复烤厂两个工业企业。2002年，平顶山市烟草行业面对严峻的形势，按照“狠抓基础、稳中求进”的工作指导思想和“一要规范、二要改革、三要创新”的工作重点，紧紧围绕行业扭亏脱困的奋斗目标，把握发展大局，狠抓基础，狠抓规范，狠抓管理，使企业经济运行质量不断向好的方向发展，精神文明和党建工作取得了较好成绩。全市共收购烟叶20.5万担，累计销售烟叶21.2万担，实现烟叶销售毛利8544万元。全年累计销售卷烟12.3万箱，占全年销量计划的100.15%；实现卷烟毛利7260万元，比2001年增长21.34%；全年共办理两烟案件15431起，查扣违规卷烟3256.15件。

南阳市烟草专卖局（分公司）

下辖13个县市区局（公司）和邓州卷

烟厂、南阳烟叶复烤厂及市局机关等16个单位。现有干部职工4840人，其中：工业环节707人，商业环节4133人。

烟叶生产 2002年全市收购烟叶37.1万担。烤烟上等烟比例达到30.1%，同比提高1个百分点；下低等烟比例占16.5%，经国家局、省局抽检，收购等级合格率达到了85%。

卷烟销售 全市销售卷烟27.4万箱，占计划的96.8%，同比下降5.99%。卷烟实现利润4493.5万元。

专卖管理 全年共查处各类违法案件21597起，查处的各类违法卷烟7316件，其中假冒卷5519件，罚没收入103.7万元。特别是在打私打假斗争中，全市共集中行动10次，打掉制假窝点16个，查处违法经营大户110户，有45名不法分子被公安机关刑事拘留。

2002年商业环节商品销售收入10.2亿元，同比减少20.93%；实现利润2415万元，消化包袱6057万元，其中：消化清产核资包袱4880万元，消化非清产核资包袱1169万元，同比减少51.82%。

市局（分公司）多次获得全国、全省烟草行业和地方授予党的建设、思想政治工作、纪检监察工作、安全稳定工作、精神文明、职业道德建设、企业文化建设、烟叶生产收购、卷烟生产经营、烟草专卖市场管理等先进荣誉称号。止2002年底，全市烟草行业16个单位中的15个单位全部被命名为县级以上文明单位。 （徐 彬 张春生）

信阳市烟草专卖局（分公司）

下辖10个县级公司和淮滨、光山2个烟厂，商业企业现有职工1226人。

2002年，信阳市烟草行业取得了显著成绩。商业企业实现销售收入88635万元，较上年增长13.4%；实现毛利15267万元，较上年增长14.52%；共实现税利6302万元，较上年增长76.33%。“两烟”毛利和综合税利出现了连续4年的两位数增长，年均增长速度分别达到20.14%和24.98%。在卷烟销售方面，狠抓网络建设，卷烟销售的结构和效益指标均达到了历史最高和全省领先水平。共销售卷烟170874箱，卷烟综合毛利率达到16.15%，居全省第1位。在连续几年严重自然灾害的不利形势下，烟叶生产呈恢复性发展态势，共落实面积3.7万亩，收购原烟4.86万担。确立了“围绕销量抓专卖，强化专卖保经营”的观念，加大了追刑力度。共刑事拘留45人，行政拘留34人，劳教3人，判刑4人。在“两烟”生产经营管理中，全行业实行了干部职工末位淘汰的管理办法，对各县（区）公司实行财务科长委派制，强化内部监督，完善社会监督网络，建立健全了企业的科学管理机制。在全行业实施了“人才工程”，对全市行业员工开展了普及性的知识培训，截止到去年年底，共举办培训8期，培训职工523人次。提高了行业人员的综合素质，为信阳烟草今后的发展奠定了坚实的人才基础。在精神文明建设上，我们坚持“两手抓，两手都要硬”的方针，采取多种形式，深入学习贯彻党的十六大精神，积极实践“三个代表”重要思想。目前，全市共有省级文明单位5个，市级文明单位6个，全市所有行业均成为市级以上文明单位。 （杨民东）

周口市烟草专卖局（分公司）

下辖10个县、市（区）烟草专卖局（公司），1个高科技辐照公司，1个卷烟厂。现有职工2687人，拥有固定资产25000多万元。

周口市拥有常住人口974万人。2002年，种植烟叶6.5万亩，收购8.9万担，销售15万担（含库存烟叶）；销售卷烟21.85万箱；“两烟”总销售额为96406万元；实现毛利13436万元；全年实现税利12613万元。

2002年，深入开展卷烟打假专项斗争，加大对制假售假犯罪分子的追刑力度，加强专卖队伍建设，认真落实辖区销量责任制，促进专销结合，打假取得显著成效。全年共查处各类违法违规案件8335起，查获违规卷烟3632.4件，捣毁制售假窝点51个，查获各种制假设备36台，取缔私批大户35个，抓获制假售假涉案人员85人，行政拘留41人，刑事拘留28人，批捕5人。推进网络建设体制创新，市县城区网建实行“全面访销、全面配送、专销结合、访送分离”，农村网建推行“三网并举、访送一体、规范经营、优质服务”，控市能力进一步增强。坚持以财务管理为重点，全面推行预算管理，发挥了财务统一核算在“两烟”经营中的作用，加强了成本核算，加快了资金周转。积极推进劳动用工制度改革，依法规范了行业劳动用工关系，全面实行了劳动合同制度。加强企业管理，确保了国有资产的保值增值。不断加强新形势下企业的思想政治工作和对行业领导干部的教育、管理和廉洁自律的监督检查，两个文明建设得到了协调发展，经济效益稳步增长。被命名为省级文明单位。 （杜志敏）

驻马店市烟草专卖局（分公司）

现有员工1800名，资产总额7.18亿元，年创税利5500万元以上，2002年跃居全市重点企业行列。“铜山”烟区位于西部浅山丘陵区和浅山丘陵过渡带，面积广阔，四季分明，山清水秀，日照充足，土壤富含磷、钾、铁、锰、铜、硼等中微量元素和大量的有机质，生态环境保护完好，属发展优质烟叶和生态烟草业的最适宜区。1997年以来，公司一直是河南省创“四山”优质名牌烤烟的重要产区。

2002年，“两烟”经济实现了内涵式增长。实现销售收入8.59亿元，同比净增3300万元；卷烟单箱均价净增346元，创历史最好水平；实现毛利1.64亿元，同比净增1054万元；实现税利6471万元，同比净增358万元。综合毛利率同比提高0.45个百分点；三项费用率同比下降1.37个百分点。

烟叶生产经营上，进一步把种植计划向生态和社会环境双适宜区转移。种烟乡（镇）由去年的67个压缩到59个，种烟村由627个减少到492个，户均种烟面积由2.98亩增加到3.94亩，优良品种推广率达到71.4%。由公司投资105万元，直接拉动政府和烟农筹资975万元，重点在6个县10个乡建设了20个烟水配套工程项目。通过积极探索集约化育苗、规模化种植、规范化管理、专业化烘烤、产业化经营等工作，“铜山”烟叶的创牌工作取得了突出的成绩。本年4月，“金铜山”商标在国家工商局进行了注册和公告，成为全省第一个烟叶注册商标。烟叶经营信誉、市场竞争力和“金铜山”品牌的知名度得到了明显提升。 （李红锐）

许昌卷烟厂

现有职工1912人，固定资产10.3亿元，年生产能力50万箱，全国烟草行业36家重点工业企业之一，属中国工业企业500强。许昌卷烟厂，2002年生产经营实现两大突破：生产卷烟42万箱，与去年持平；销售42.3万箱，产销率100.7%，其中高档“帝豪”

卷烟销量首次突破3万箱；实现税利10.04亿元，首次突破10亿元大关，其中税金9.24亿元、利润8000万元。企业销售收入、税利总额、利润总额、单箱税利、单箱利润等主要指标连续四年保持河南省烟草行业第一。

被国家局确定为“新世纪制丝线首条鉴定样线”的“九五”制丝线顺利竣工试生产。该制丝线最明显的优势是高精度、低消耗、高集成以及全过程数字采集的自动化控制。“高架自动配方库”系统填补了河南省卷烟企业的空白，每年可产生直接经济效益560万元。采用了英国迪更生公司的HXD叶丝在线高膨胀处理技术，使焦油等有害物质含量降低6%－10%。该制丝线的建成投产可满足80万箱的生产能力。

在加强内部管理方面，一是深化和完善“3633”全员比例淘汰制，进一步强化了干部职工的责任感、紧迫感和危机感，提高了工作质量和工作效率。二是推行效益工资改革，按照以效益定收入的原则，修订经济责任制考核方案，根据销售收入和“帝豪”“金许昌”等高中档烟的销售情况确定全厂的效益工资，强化了职工的市场竞争意识和危机意识。三是按照行业要求，开展市场经济秩序和财经秩序专项整顿工作。四是积极组织ISO9000质量标准2000版的转换工作，进一步强化职工的质量意识和标准意识。五是实施信息化项目——CIMS工程，以信息化建设来推动和促进企业生产经营水平的提高。

许昌卷烟厂把发展名牌、大牌产品作为经济效益增长的立足点和企业发展壮大的根本途径，本年，河南省高档卷烟第一品牌——“帝豪”销售3万箱，同比增长35%，占河南省同档次产品销量的63%；省外销售1526箱，同比增长207%；向香港、缅甸等地区和国家出口190箱，实现出口交货值19万美元。“帝豪”单品牌实现利润占全厂利润总额的80%以上，多次被评定为中国驰名品牌、河南名牌、河南知名商品、河南省重点保护产品，并且被国家局确定为2002年度全国卷烟优等品。河南卷烟第一大牌号——“许昌”（黄软）销售23.4万箱，成为河南省惟一进入全国卷烟单规格前10位的牌号，先后被评为河南知名商品、河南省重点保护产品。

许昌卷烟厂下属的两大经济实体帝豪实业公司、永昌印务有限公司（中港合资）本年实现销售收入19834万元，同比增长30.5%；实现利润2021万元，同比增长28%。

2002年，许昌卷烟厂获“全国精神文明建设工作先进单位”的最高荣誉，再次被中共河南省委授予“河南省思想政治工作先进单位”。

安阳卷烟厂 2002年10月16日被国家局认定为全国烟草行业36户重点卷烟工业企业。年生产卷烟能力40万箱，主业员工1550人，固定资产6.78亿元，总资产14.83亿元。2002年，共生产卷烟37.5万箱，较上年增长2.25%；销售卷烟37.88万箱，较上年增长4.39%；销售收入实现14.44亿元，较上年增长7.11%；税利总额7.66亿元，较上年增长25.70%，以上主要经济技术指标均创历史最好水平，其中利润3163万元，企业保持了较好的发展势头。

技术改造方面，积极与设计单位协调，对“十五”技改方案进行了优化，为技改工程的启动奠定了基础。全面加强成本管理，建立以成本管理为核心的财务综合管理体制，设立成本控制中心，从原辅材料采购到产品销售、货款回收，实行全程控制监督，全年可比产品成本降低9000万元。对各项费用进行层层分解，加强管理，全年三项费用降低2000余万元。以精简机构和减员增效为重点，深化企业内部人事制度改革。全厂二级机构由原来34个精简合并为19个，精简44%；党委及行政领导班子的职数分别由过去的10个和8个减至7个，分别减少30%和12.5%；全厂内退391人，分流211人，主业用工由原2150人精减为1550人；2002年全员实物劳动生产率为233.23箱/人，较上年提高20.62%。实施质量、环境和职业健康安全管理体系的整合工作，全厂制定、发布了“精益求精创名牌，顾客满意重诚信；优化环境保安全，追求卓越无止境”的管理方针，编制发布了管理手册和43个程序文件，起草了214个管理文件和514个技术文件，通过了上海质量体系审核中心的第二次监督审核。企业荣获“2002年河南省质量管理先进企业”、“河南省质量管理活动优秀企业”等称号。以“红旗渠”扩销为目标，研制开发了高档卷烟世纪精品“红旗渠”，投放市场后深受好评，并被指定为“河南国宾接待专用烟”；全年“红旗渠”系列销售22.53万箱，占总销量59.49%，加上太原烟厂加工2.82万箱，全年品牌总量25.35万箱，较上年增长18.6%，单牌号销售收入突破11.8亿元，在全省卷烟品牌中前移到首位；积极开拓国际市场，“红旗渠”首批500万支出口东南亚，自主研制开发的混合型“HOMER”牌卷烟（浓味、淡味、薄荷味）第四季度有840万支进入美国市场。

加强精神文明建设，企业在保持“全国精神文明建设工作先进单位”的基础上，被中宣部、国家计生委授予“全国婚育新风进万家活动先进单位”称号，被中共河南省委评为“省思想政治工作先进单位”，被中共河南省委、省政府授予“省扶贫开发工作先进集体”等称号，科技交流中心被团中央授予“青年文明号”称号。 **（史玉清）**

新郑卷烟厂 是全国烟草行业36家重点工业企业之一。现有在册职工3025人，企业固定资产14.02亿元，占地面积60万平方米，年设计生产能力80万箱，整体技术装备已达国内领先水平。2002年，全年生产卷烟40.5万箱，销售卷烟40.5万箱（出口852箱），其中三类以上卷烟10万箱，实现销售收入13.6亿元，利税6.91元，其中利润4911万元。

加强了企业创牌工作 “金芒果”再次荣获全国名优卷烟，进入河南卷烟优势品牌。营销上掌握投放节奏，控制周边市场，市场价格稳定，真实度提高，省内金芒果市场基本无空白。通过开展金芒果创牌讲评活动，全员创牌意识进一步增强。陆续推出了“金芒果”（金红硬）、“金芒果”（低焦油）、“金芒果”（银硬）等名优产品，市场反映良好。全年“金芒果”卷烟销售6万箱。

提高了企业管理水平 积极开展了生产经营整顿规范和财经秩序专项整顿工作。全面推行“目标＋预算”管理，进一步完善了项目论证和审批制度，认真履行审计的监督、服务职能，财务管理核心地位得到巩固。三项物耗下降明显。单箱耗烟叶37.55公斤，同比下降0.45公斤，单箱耗盘纸3238米，同比下降47.3米，单箱耗咀棒8425支，同比下降49.8支，三大指标已进入行业先进行列。

研发质量得到提高，操作工技能水平和全员质量意识进一步增强，出现了全省技术比武第一名的好成绩。企业信息化建设进程加快，厂内文件流程基本实现无纸化，企业信息化管理水平有了提高。坚持“安全第一，预防为主”和“谁主管，谁负责”的原则，落实安全保卫工作责任制，安全稳定形势良好。

加快了企业内部改革步伐 精简了内部机构设置。加大了三项制度改革力度。用工制度方面，实行职工内部退养制度。依法规范了劳动关系，加强了对劳动合同的管理，副业经营体制逐步完善。积极探索多种经营管理新模式，理清了经济运转和管理关系，明晰了责、权、利，增强了服务意识，三产经营取得较大成绩。 **（黄晓勇）**

郑州卷烟厂

生产经营业绩 总产量401500箱（其中出口烟1500箱），同比增加40773箱，增长11.30%；总销量404452箱（其中国内销售402862箱），同比增加43343箱，增长12.00%（其中国内销售增长11.87%）。年末卷烟库存5579箱，为近几年来的最低水平。全年实现税利总额6.78亿元，同比增加3.35亿元，增长97.48%；单箱销售收入3430.82元，同比增加153.47元，增长4.68%；销售收入成本费用率为61.75%，同比下降11.93个百分点；资金利税率30.39%，同比增加16.28个百分点；三项费用2.10亿元，同比减少0.7亿元；利润1112万元，比去年亏损1.34亿元减亏1.45亿元，不仅完成了减亏1亿元的目标，而且实现了盈利。

技术改造 2002年厂部成立了重点技术改造指挥部，指挥部下设办公室，并设有工艺设备、公用工程、电力等三个工作组，同时从全厂调集了各类专业技术人员充实进来。因技术改造工作庞大而繁杂，我厂特对技改提出实现每周计划和总结制度，并要求严格按照工作进度表缜密实施，以便加大督促和督查，同时聘请中国科学院计算机技术研究所的专家进行了为期4天的项目管理和Poject2000项目管理软件强化培训，确保技改工作统筹安排、科学调度、合理施工，按时保质地完成。

企业管理 物流管理方面：一是实行目标成本管理，加强定额管理，优化工作流程，实行定额发料和一级发料，堵塞生产环节各种漏洞，降低单箱实物成本。二是努力盘活存量资产，减少库存占压，全年压库达20万担。加大对库存零备件的调剂和串换工作，减少零备件占用资金116万元。先后退掉外租成品仓库5个，烟叶仓库2个，辅料仓库1个，共节约资金177万元，减少资金占压2亿元。三是加强广告宣传和促销品的管理，严格了促销品管理，坚决禁止销售工作中的搭配样品烟、促销品等回扣让利行为，并出台了监督和评价制度。在资金流管理方面：一是推行全面预算管理，对业务招待费、职工教育经费、机动车辆费用等8个项目实行严格管理，控制费用开支。二是借人行降息时机，全部置换了银行高息贷款，压缩贷款规模，全年归还贷款2.3亿元，同比降低财务费用1925万元。三是成立专门的清欠小组，全年清欠应收帐款2亿元。同时，应付帐款下降近1亿元。四是对各种社会摊派、赞助等行为解释拒绝，压缩低收益费用支出。

新产品开发 一是理顺产品发展思路，以培育黄金叶优势品牌为主攻方向，实施一体两翼（黄金叶为主体，散花、彩蝶为两翼）发展战略，强体硬翼，在产品吃味和风格上打破传统的观念和认识，吸收和借鉴新思路、新技术，带动和促进了卷烟质量的提高和结构的调整，进行高档黄金叶的改造升档，完成了世纪星黄金叶的研制。二是以新世纪黄金叶开发培育为重点，搞好产品布局，将黄金叶主要定位在每条零售价40元以上，散花主要定位在25～40元，彩蝶定位在25元以下，避免自身产品相互内耗。三是加大生产工艺创新的研究力度，从中找出不同配方，特别是“黄金叶、散花、彩蝶”等产品配方在各道工序的最佳工艺参数，从技术和管理两方面降低卷烟生产成本，并与烟草研究院合作全力提升产品加工质量。四是加大技术人员参与卷烟市场、原料市场的调研和工作力度，对重点产品实行技术与销售同奖同罚，原料采购由业务员、配方人员共同参与，采购质量实行跟踪负责制。

多种经营 依照“依托主业，但不依赖主业”的原则，多元化经营在积极配合主业完成年度恢复性发展目标的情况下稳定健康发展。黄金叶印务有限责任公司多方拓展外加工市场，将优良的品质、服务、信誉作为拓市的三大法宝，不仅巩固了漯河、新郑卷烟厂等市场，而且开辟了洛阳卷烟厂等业务，全年外印卷烟装潢同比增长27.4%。职工医院自加压力，于2月份正式与市医保联网，后又顺利完成了市医保Ⅰ类定点医院的验收工作。 **（牛晓林）**

漯河卷烟厂

建于1949年5月1日，年卷烟生产能力30万大箱，年创利税4亿多元，是全国第二家单品牌卷烟生产企业。

一是产销规模取得历史性突破。1997年，漯河卷烟厂年产量为11.7万箱，被省局和国家局定为转产企业；2002年，企业产销卷烟达24.67箱，较1997年增长了13万箱，增长速度居河南烟草工业首位，彻底摆脱了企业被迫转产的命运。

二是实现税利取得历史性突破。1997年，漯河卷烟厂实现利税8130万元；2002年，实现利税4.39亿元，较1997年增长了5.4倍；2002年企业上缴国税居漯河市工业企业首位，排名河南省“两税”贡献第8名。

三是为国家经济建设贡献取得了历史性突破。1997年，漯河市国税收入为4亿元，2002年，漯河市国税收入为10亿元，增长了6亿元，其中漯河卷烟厂一家就占了3亿元。

四是品牌培育取得了历史性突破。1997年，产品市场定位不准，品牌杂、规模小、效益差，最大的一个牌号年产量不足4万箱。2002年企业单一产品“沙河”系列卷烟产销量达23.4万箱，成为漯河卷烟厂建厂以来规模最大的一个品牌，单一品牌销量进入全国50强，是河南卷烟在省外市场上最有竞争力的品牌。在2002年第一季度全国卷烟产品焦油专项检测中，“沙河”卷烟焦油量为13.6毫克，居全国第7位。依照规模、效益、知名度、市场占有率及覆盖面等综合评价，“沙河”卷烟被评定为全国卷烟优等品、河南名优卷烟品牌、河南省著名商标，被河南省烟草局确定为重点培育发展的5个优势品牌之一。

五是产品结构取得了历史性突破。1997年，三类以上卷烟所占比重为4.4%，2002年，三类以上卷烟所占比重提高到38%，提高了33.6%，所占销售比例排名全省第一；25元/条和50元/条两个产品的销量在全省同档次卷烟中居于首位。

六是企业管理理论取得了历史性突破。漯河卷烟厂注重先进管理理论的探索，企业的管理理论《以消费者为导向的市场定位管理》被评为第八届国家级企业管理现代化创新成果奖。

七是精神文明建设取得了历史性突破。2003年元月漯河卷烟厂被中央文明委表彰为“全国精神文明建设工作先进单位”，此外，近年来还获得了全省先进基层党组织等30项荣誉称号。

洛阳卷烟厂 2002年，生产卷烟21.9万箱，较上年的20万箱增加1.9万箱，产量增幅在全省列第二位；销售卷烟21.97万箱，同比增长10.2%；产销量在2001年的基础上实现了较大幅度增长，产品结构也得到了提升。一类卷烟产销3447箱，同比增长97.6%，一类烟的绝对数在全省列第三位；三类以上卷烟产销41512箱，占全厂总产销量的19%，比重在全省列第五位；产销量的增长和结构的提高带动了税利指标的大幅度增长，当年累计实现税利34663万元，较上年的2亿元增加近1.5亿元，增幅达75%，在洛阳市的利税排行榜上仅次于石化排名第二；共实现利润2306万元，在全省行业列第四位，利润增幅在全省行业列第一位。单箱销售收入达到3084元，单箱实现利润105元，企业的各项主要经济指标均创历史最好水平。同时，“洛烟”系列产品成功入选河南名优卷烟行列，成为河南省六大名优卷烟之一，工厂也被河南省经贸委、河南省统计局评定为河南省工业企业100强，列第33位。

技术改造 2002年先后购置了生产能力为400包/分钟的GDX2高速硬盒包装机组一组和生产能力为8000支/分钟的PISSIM80高速卷接机组两组，使卷接包生产能力大为增强。同时，购置并安装了片烟生产线、切梗丝机等设备，满足了行业原烟交接，取消打叶线的工艺要求，使设备更趋完整和合理。另外还对其他设备进行了填平补齐式的改造，使企业的设备水平不断得到提高。

加大产品开发和科技投入 2002年“精品洛烟”实现了产销量的翻番增长，创优主打品牌“喜庆洛烟”在开发不到两年时间使该产品产销接近4万大箱，产品销量增幅较快，得到了市场的认可。在科技投入方面，为科研所配备了国内一流的仪器设备，增加了加香加料自动控制系统和水份仪、电子皮带秤，达到了烟丝流量、水分、温度、香料的自动控制，保证了产品质量的稳定。焦油量平均为14.3mg/支，平均每年降低了0.6mg/支，卷烟20支重量目前平均为17.8g，较1999年降低了1.3g左右，平均单箱节约烟丝2kg，在全省属领先水平。

节能降耗 2002年企业在控制成本、压缩费用方面取得了明显效果，通过采取四类卷烟去条皮，醋纤嘴棒改丙纶嘴棒，条包BOPP透明纸变窄，卷烟盘纸改窄，主导品牌包装纸由金卡换白卡，“精品洛烟”改装潢、提高产品科技含量，科学合理调整卷烟叶组配方，降低香精香料成本，原辅材料公开比价招标采购等等一系列降低成本的有效措施，为企业节约资金3927万元。同时将销售费用、财务费用、管理费用分解到各科室、各部门，制定指标，逐月进行考核兑现，使各项费用得到了有效控制，2002年产量增加了1.9万箱，而费用在前年的基础上又压缩了1370万元，出现了产量规模不断增加，各种费用得到有效控制的可喜局面。

精神文明建设 2002年，继续保持了省级文明单位称号，获得了河南省“五一”劳动奖状，取得了河南省综合治理模范单位、档案管理国家一级、洛阳市有突出贡献单位和省局目标管理先进单位等荣誉。 **(张娜亚)**

南阳卷烟厂 现有职工2400余人，固定资产4亿元，总资产13亿元，年生产能力40万箱。主要产品有“群英会”、“白河桥”、“顺和”系列卷烟。

2002年生产卷烟33.2万箱，其中出口烟7006箱；销售卷烟33.48万箱(含出口烟)，产销率达100.8%；全年实现销售收入9.1亿元，其中出口创汇280万美元；实现税利4.35亿元，同比增长23.4%，净增7000多万元；实现利润500万元，同比扭亏增盈3800万元。

本年，该厂大力实施科技兴厂。投资3亿元用于“九五”技改工程。整个工程包括新建了一座20000平方米的现代化生产车间和两座26000平方米的恒温醇化仓库，购置了一条6000公斤/小时自动化制丝线，引进了66台套具有世界先进水平的卷接包设备。其中，恒温醇化仓库被评为“鲁班奖”；加大了产品开发改造和销售工作。相继开发研制了11毫克的低焦油群英会、白河桥和出口韩国的艾绒香杆及GT卷烟等。群英会系列产品销量24.7万箱，占企业总销量的74.3%；导入CIS企业识别系统，规范了员工行为，提升了企业形象和品牌知名度；加强了网络信息化建设。卫星通讯网络C类站已成功安装，实现了与国家局、省局信号的直接传输；大力精减机构、减员分流。机构设置由原来31个合并为26个，离岗退养568人，选派多经企业26人，分流到“三产”256人，企业主业人员由原来的2147人减至年底的1553人；加大了质量管理。全面实施了ISO9000：2000换版工作，确保了产品质量，全年一、二级站质量抽检合格率实现100%；狠抓了降耗节支工作，管理费用和销售费用同比下降1751万元，办公费和差旅费同比下降121万元，烟叶和铝纸同比节约成本370万元，公开招标采购物资节约费用100多万元。

在加强生产经营工作的同时，企业不断加强精神文明建设。召开了中共南阳卷烟厂第五次党代会，开展了丰富多彩的文体活动，连续五年保持了“河南省文明单位”荣誉称号。 **(田云增)**

许昌烤烟厂 系国有大二型企业，主要从事打叶复烤和把烟复烤生产。许昌烤烟厂居国内领先地位的60万担打叶复烤生产线一期工程已于2002年初竣工投产。许昌烤烟厂打叶复烤、烟叶储存养护设施齐全，交通运输条件得天独厚，方便快捷。铁路专用线2.5公里，专用站台2个，可供整列火车装卸；贯通南北两厂区，并与京广线接轨。该厂还是中国烟草总公司批准的制造烤烟机、烤烟机械设备的定点厂。被称为“中国打叶复烤的摇篮”。2002年累计完成打叶复烤量16020.503吨，烤梗4280.05吨，精选原烟3899.434吨。全年实现销售收入7064万元，上缴税金607.55万元。

许昌烤烟厂“九五”技改项目——60万担打叶复烤生产线工程于2000年12月中旬正式破土动工，于2002年4月份投入试运行。2002年11月份新建生产线通过省公司组织的工艺设备专项验收，各项指标均达到国家标准，工艺技术水平居全国领先地位。

企业管理方面，一是成立厂经济管理委员会，规范企业经济管理；二是改革工资分配制度，以“岗位定额工资制”代替原来工资分配方式；三是加强财务管理，确保基本生活和基本生产，同时做好审计监督；四是坚持七项考核制度，考核以百分制与各承包单位的效益和工资挂钩；五是提高质量管理水平。通过了中国质量认证中心ISO9001：2000置换认证，并被上海烟草集团公司确认为片烟委托加工定点单位。

精神文明建设方面，一是组织职工学习《公民道德建设实施纲要》和党的“十六大”精神；二是开展“一帮一”结对活动。形成了党员帮职工，职工促党员的良好氛围；三是开展丰富多彩的文化娱乐活动，增强了企业的凝聚力；四是在全厂范围内开展劳动竞赛，涌现出了一批先进个人和先进集体；五是加强离退休干部，职工的工作。

2002年，许昌烤烟厂被评为“河南省集体合同、劳动合同工作先进企业”，“许昌市优秀思想政治工作企业”，“许昌市厂务公开先进单位”。 **(孙雁召)**

天昌国际烟草有限公司 天昌国际烟草有限公司（简称天昌公司）是1993年6月经国家批准成立的豫港合资企业；股东有中国烟叶生产购销公司、中国烟草进出口（集团）公司、香港天利国际经贸有限公司、中国烟草总公司河南省公司、中国烟草进出口河南有限责任公司、浙江省烟叶物资公司、河南省烟草公司许昌分公司、许昌卷烟厂、驻马店卷烟厂、许昌烤烟厂10家。注册资本1360万美元，投资总额2608万美元。拥有两条从国外引进的先进打叶复烤生产线和先进质量检测设备，生产能力为年加工原烟3万吨。经营范围为：组织烟叶加工、销售。

天昌公司实行董事会领导下的总经理负责制，设供销、生产、财务、企管、综合、技术中心等六个职能部门，现有员工127人。

天昌公司1995年开业至2002年业绩显著：共加工原烟16万吨，实现销售收入88504万元，出口创汇2584.4万美元，税利15427万元，利润9669.4万元。

天昌公司适应市场需要，自2000年开始实施“九五”技术改造工程：新建了一条打叶复烤生产线，打叶线采用国际上最先进的组合式风分技术，打叶造碎小、出片率高、叶型适宜，具有环保型、节能型、经济型的特点；生产线上配备了美国SRC异物剔杂机，剔杂率达到80%以上，有效保证产品的纯净度；正在建设现代化的烟叶精选车间，保证客户加工原料的等级纯度和纯净度；率先采用烟框仓储技术，大大减少烟叶存放、转运过程中的造碎，提高客户烟叶资源利用率。“九五”技术改造后，天昌公司的设备和技术继续保持国际先进、国内一流水平，企业综合实力提高，竞争力增强。

天昌公司以“培育优势品牌，锻造百年天昌”为经营宗旨，发挥现代企业机制活、人员少、机构精的特点，以市场为导向，开展技术创新，为客户提供高标准、高技术含量、高品质的产品，提供超值服务；注重企业文化建设，培育企业持续竞争力，逐步建立了具有自身特点的质量保证、优质服务、市场营销、生产信息和人力资源开发等管理体系，通过ISO9000标准认证，形成了科学、规范的企业运行机制，为企业健康永续发展夯实基础。

天昌公司的精神文明建设也取得累累硕果：被命名为省级“重合同、守信用”企业，被评为AAA信用等级，先后4次被命名为全国外商投资双优企业，多次被评为许昌市出口创汇先进单位，被命名为许昌市市级文明单位。

(周广春)

三门峡金红烟草有限责任公司 是由三门峡烟草分公司、新郑卷烟厂、安阳卷烟厂合资建设的高科技、现代化、花园式的股份制打叶复烤企业。公司投资1.6亿元、占地16.6万平方米、总建筑面积35606平方米的年产3万吨打叶复烤生产线于2002年4月6日开工建设，同年12月建成投产。公司拥有国际一流的设备、国内先进的工艺、现代化的厂房、完善的服务设施、高素质的职工队伍。公司的打叶复烤线由秦皇岛烟机厂制造，生产能力为12000KG/H，工艺布置为两头一尾，以利于小配方打叶时的质量控制，更好地为卷烟企业服务。打叶线吸收美国MAC-TAVISH的技术，采用“四打十一分一回梗”的组合方案，使打叶线真正做到了“柔打细分”，有效地提高了出片率和大中片率，保证了打叶质量。两条6000KG/H打叶线在三打处合并，充分提高了设备的使用率及降低能耗。

叶片复烤机由昆明船舶设备集团公司制造，结构和控制模式吸收美国Proctor叶片复烤机特点，综合了多种进口烤机的优点，符合目前较为先进的低卷曲复烤及低温慢烤技术要求，成品水份可以准确控制在11%～13%，干燥温度及叶片回潮水份均实现自动控制。

控制系统采用PROFIBUS-DP与工业以太网两层网络控制，主控制器采用德国SiemensS7400PLC，与现场操作站，现场分布式I/0箱、现场执行机构，智能单元构成设备控制层，实现全集成自动化。由数据采集服务器、监控计算机、工程师站组成的监控管理系统，把生产管理、工艺管理、设备管理、仓库管理整合在一起，使企业管理全面实现信息化。

公司拥有荷兰SKALAR SAN++化学分析仪、布拉本德MT－E全自动快速水份仪、标准水份烘箱、叶含梗检测机、叶片振动分选筛、旋打分选机等一批国际一流的叶片物理及化学检测设备，可以有效真实地检测出叶含梗、梗含叶、大中片率、水份及总糖、总植物碱、钾、氯等物理和化学指标。经公司加工的烟叶的各项技术指标均高出行业标准(YC/147－2001)1到2个百分点。

公司坚持走“学习型、科技型、质量型、服务型、效益型”发展道路，始终恪守质量第一、服务第一、信誉第一的宗旨，将满足客户需求并力争超越客户期望作为自己永恒的追求。我们竭诚欢迎烟草同仁和社会各界朋友光临、指导和洽谈业务，携手共进，创造美好的明天。

(王发祥)

湖北省

十堰市烟草专卖局（分公司） 十堰市烟草专卖局（分公司）下属5县1市6个烟草专卖局（公司），1家香料烟有限责任公司。全市行业现有在册职工455人。2002年，全市烟草系统销售卷烟95576箱，实现销售额61325万元，实现利税8458万元。生产收购烟叶4.3万担，上等烟率达到21%，中上等烟率达到91%，其中香料烟上等烟率达30%，晒烟上中等烟率达到44.7%，烟叶生产经营实现利润616万元。2002年，全市共查处违法案件4657起，收缴各类非法卷烟997件，涉案金额达224万元，罚没收入41.52万元。2002年，分公司大力加强网络建设，不惜投入大量的精力和财力，构建卷烟营销网络，现已初步形成了一个较为完善网络运行模式：一是在人口集中的市区实行电话订货、电子结算、集中配送；二是县级城区实行POS机订货、访送分离；三是城市郊区和乡村实行访送结合、POS机采集数据。专卖管理和网络建设的加强，提高了卷烟市场的调控权，保护了卷烟的合格稳定。

襄樊市烟草专卖局（分公司）

襄樊市烟草专卖局（分公司）下辖9个县（市、区）烟草专卖局（分公司）和1个城区访销配送中心，其中，保康、南漳、老河、襄阳、枣阳等5个县（市）生产烟叶。全系统有员工1885人，固定资产3.2亿元。

市局（分公司）始终坚持“内抓规范、外树形象”的工作方针和“团结、和谐、民主、创新、安全、高效”的企业理念，牢牢抓住发展第一要务不放松，在全省烟草行业率先取消了县级公司法人资格，实现了财务体制改革；率先在地级城市实施大访销、大配送和卷烟产品半自动分拣；率先对卷烟市场进行清理整顿、全理布局；率先对经营户实行电话访销和电子卡结算，并在全市实施卷烟零信“一价制”。

2002年全市查处各类卷烟违法案件2262起，查处各类违法卷烟5419件，其中假烟1431件，端掉制售假烟窝点40个，破获非法拼装倒卖机团伙8个，查获非法拼装倒卖烟机窝点5个。全市共协助公检法机关抓获犯罪嫌疑人49人，扣留23人，判刑6人，劳教3人，批捕8人。

本年共种植烟叶11.8万亩，收购烟叶20.8万担，其中上等烟比例20.8%，中等烟比例72.2%。低次烟比例7%，全年销售烟叶12.1万担，其中外贸、出口2000担，实现了外贸出口烟叶零的突破，实现烟叶销售收入1.1亿元。

2002年共销售卷烟17.6万箱，同比增长9%，实现利润8025万元，同比增长9.1%，实现税金6711万元，同比增长69%。

荆门市烟草专卖局（分公司）

荆门市烟草专卖局（分公司）始建于1984年，下辖3个县级公司，拥有在册职工316人，其中党员91人，具有大中专以上学历者118人，高、中级职称者33人。现有固定资产原值3897万元，所有者权益5431万元。2002年共销售卷烟75929箱，实现利润2188万元，上缴税收2836万元，分别比同期上升17.9%、16.7%、149.6%，达到了历史最好水平。2002年共查处各类违法经营卷烟案件1548起、查获非法“三烟”1519件，价值266万元，其中假冒卷烟259件，价值33.7万元。案件受案率、查案率、结案率均达取了100%。

荆门烟草本着求真务实、团结奋进的企业精神，紧跟时代步伐，锐意改革，开拓进取，在执法水平、服务质量、队伍建设及经济效益等方面都有了明显提高，精神文明建设也蓬勃发展。

（吴才蓉）

孝感市烟草专卖局（分公司）

下辖7个县（市）区烟草专卖局（公司），取消了县级公司法人资格，现有总资产2.2亿元，在岗职工1030人，其中正式工740人，聘用工290人。全面深化了卷烟销售网络建设，实施了卷烟“批零一价制和“大访销、大配送”、加强了零售网点合理布局，加快了信息化建设，形成了“全面访销、集中配送、三线分离、三员互控、信息管理、四流贯通、布局合理、流程规范”的营销网络体系。全市500万人口，卷烟经营户16000个，下设访销配送中心7个，访销线路237条，送货线路135条，委托送货点38个。狠抓了卷烟市场整顿，强化了专卖户籍化管理，全年共查处各类违法案件1275起，收缴违法“三烟”2444件，烟机12台，罚没款219万元，拘留104人，判刑1人，全年共销售卷烟14.3万箱，其中省产烟12.1万箱，实现销售额14.5亿元，利润4549万元，均完成了上级下达的目标任务，创历史最好水平。加强了精神文明建设，2002年被市委、市政府评为孝感市文明建设先进单位。

黄冈市烟草专卖局（分公司）

下辖11个县市区公司和一家烟厂，现有干部职工2573人，其中工业1398人，商业1175人。2002年，工业生产卷烟13.65万箱，实现卷烟销售收入58814万元，实现利税25458万元，实现纯利润1268万元。商业销售卷烟952073万支，其中，销售省产烟865132万支，销售少外烟86770万支，销售省产名优烟53554万支；销售烟叶10800担；实现利润3386万元；上交各项税金2730万元。创新专卖管理，建立“包户到人，分片管理，绩效挂钩，垂直考核”的户籍化管理新模式，全年共查处各种违法案件2883起，查获卷烟3444件，涉案金额253.7万元，依法打击处理46人。推出了平原县市的“全面访销、集中配送”和山区县市的“城网访销分离、农网访送一体”两种“大访销，大配送”的网建模式，全面推广应用POS机，实行了卷烟零售“一价制”，户籍化管理和网建经验在全省系统推广，荣获全省网建和户籍化管理工作一等奖。创新管理体制，进行了财务核算体制改革，取消了下属10个县市区公司的独立核算资格，实行分公司统一核算。

黄石市烟草专卖局（分公司）

黄石市烟草专卖局（分公司）组建于1984年，目前下辖2个县（市）级公司，一个城区卷烟访销配送中心，现有在册正式职工226人。辖区人口248.6万，其中市区人口66万，2002年实现卷烟销售66081箱，单箱均价5769元，实现利润2097万元，上缴税收2864万元，所有者权益达7050万元。全年查获违法案件1590起，查扣卷烟1739件，案值347.8万元，移送公安机关处置案件13起，治安拘留8人，刑事拘留6个，逮捕5人，劳教1人，主要是采取调结构、创效益、控市场、提素质、抓网络、重实效、严规范、强管理、转观念、倡文明等措施，促进了企业两个文明建设水平不断提高。连续六年被湖北省委、省政府评为“省级最佳文明单位”。

（张俊芳）

咸宁市烟草专卖局（分公司）

咸宁市烟草专卖局（分公司）始建于1984年，现有职工66人，下设10个科（室），下辖6个县（市区）局，辖区人口274万，卷烟零售户9505个，2002年，围绕“坚持专卖求生存，依靠网络促发展，强化规范树形象，形成合力增效益”的工作指导思想，全年销售卷烟73548箱，同比下降9.83%，销售收入49591万元，其中省产烟31399万元，比同期29444万元上升6.64%。实现利润1900万元，同比增长44.16%，创历史最好水平，全年立案4482起，查获违法卷烟14033件，案值1516万元，其中假冒卷烟2905件，案值651.9万元。卷烟销售网络建设和户籍化管理工作获省局二等奖，卷烟打私打假工作被评为全省先进单位。

荆州市烟草专卖局（分公司）

荆州市烟草专卖局（分公司）下辖8个县级局（公司），现有职工937人。辖区人口630万，卷烟零售户21578户。全年销售卷烟79618箱，同比增长22.74%；实现销售收入84225万元，同比增长35.85%；实现利税2264万元。一年来，市局对重点地区烟草市场进行整治，市场经营秩序有所好转。全年共查获各类烟案2990起，查获各类卷烟17632件，案值1582万元，治安拘留45人，刑事拘留36人，劳动教养11人，判刑16人。以管销结合为重点，统一了全市系统管销结合工作模式，以财务管理为核心，企业内部管理有所加强。以人为本，深化企业内部改革，职工队伍素质得到普遍提高，涌现了一批先进典型，监利县局局长黄海堂同志被评为全国烟草行业第二届十大“金叶卫士”。

随州市烟草专卖局（分公司）

随州市烟草专卖局（分公司）组建于2000年9月，下辖广水市烟草专卖局（公司），直管曾都区18个卷烟访销部，机关内设7科2室，全市系统员工600人，辖区人口252万，卷烟零售户8390个。2002年，全市烟草系统坚持把平稳发展作为第一要务，坚决贯彻省局“工业三限、商业三保”的工作思路，围绕企业发展目标，转变观念、创新机遇，企业内部改革明显深化，优化服务、从严管理，网络建设水准明显提升；内管外打、标本兼治，烟草市场秩序明显规范；调整布局、优化结构，烟叶生产力度明显加大；强化职能、严格监督，经济运行质量明显提高；注重学习、突出教育，精神文明建设明显加强。全年销售卷烟276700万支（件），产购烟叶7200担，商品销售总额35039万元，实现利税3295万元，分别比上年增长10.39%、19.52%、14.22%、8.32%。查处违法案件937起，其中大要案5起，收缴非法卷烟828.7万支（件），烟叶54吨，假冒伪劣标志5400余枚，涉案总值95万元，取消28户违法经营商户经营资格，11个非法经营者被司法机关行政、刑事拘留。2002年随州市烟草专卖局（分公司）被中共随州市委、随州市人民政府授予最佳文明单位称号。

恩施州烟草专卖局（分公司）

恩施州烟草专卖局（分公司）组建于1984年，下辖利川、来凤2家卷烟厂、8个县（市）烟草专卖局、5个县（市）烟草产销公司、5个县（市）卷烟销售公司、3个县市烟草公司，1个物资公司、1个卷烟材料厂、7家烟叶复烤厂，全州烟草系统现有职工5025人。

专卖管理进一步加强查处各类案件2729起，查处“假、私、非”卷烟628件，销毁假冒伪劣卷烟4015件，查获违法经营烟叶21起，收缴烟叶51.47吨，销毁制假设备18台（套），罚没款额为338.8万元。

卷烟销售呈现良好势头全州销售卷烟91945箱，其中省产卷烟85124箱，省外烟6821箱，实现销售收入28276万元，实现毛利3554万元。

卷烟工业产销协调发展生产卷烟30.49万箱，实现销售收入13.4亿元，利税积累3.36亿元，同比上升73.2%，产品质量抽检合格率达100%，卷烟工业基本实现产销协调发展。

烟叶生产经营得以稳步推进全年收购烟叶89万担（其中烤烟63.2万担，白肋烟25.8万担），农民收购3.5亿元。全年共销售烟草叶92.7万担，实现销售收入5.8亿元。

精神文明建设取得丰硕成果至2002年，全州烟草系统创建省最佳文明单位1个，州级最佳文明单位1个、州级文明单位3个，县级文明单位3个。

（朱清社）

武烟集团 2002年，武烟集团较好地完成了年初确定的各项任务目标。

生产经营继续保持良好发展态势，经济效益有所提高 工业生产卷烟56万箱，同比增长7.8%，销售卷烟55.1万箱，同比增长7.3%，销售收入35.38亿元，同比增长9.6%，实现税利22.2亿元。同比增长10.6%，其中实现税金19.49亿元，同比增长26.1%，实现利润2.8亿元，同比下降38.5%（受新税制的影响）；商业销售卷烟24.68万箱，同比增长9.7%，销售收入21.64亿元，同比增长7.91%，实现税利2.91亿元，同比增长26.5%，实现利润2.22亿元，同比增长28%。非烟产业实现销售收入3亿元，同比增长11%，实现利润4700万元，与去年持平。

以提高产品科技含量和质量水平为中心，企业技术创新能力有所增强 1.完善技术创新体系，不断增强产品市场竞争力，去年进行44个项目研究，已完成27个项目的研究内容。降焦工作取得了阶段性成果，完成了年初焦油量15mg/支的目标值。2.利用科技手段，大力开发新产品。一是推出了提质创新的精品红金龙，市场销售逐步回升。二是采用新技术、新材料、新工艺相继开发出了“龙腾世纪红金龙”、“龙腾四海红金龙”、“九州腾龙红金龙”等产品，满足了不同层次消费者的需求。三是重点开发了“神州腾龙红金龙”，并加快了对软盒“黄鹤楼”，软盒“精品红金龙”的研制，储备了10mg/支以下的烤烟型和混合型等产品。3.加强卷烟加工工艺和原辅材料的研究，提高产品质量水平。一是对打叶机、卷接机以及制丝线等重点设备进行了测试，制定生产技术标准，优化了工艺流程，二是加强香精香料的使用和管理，有效的保证香精香料配置的准确性。三是加大质量监督力度，建立了重点品牌的质量预警制度，有效地保证了卷烟产品质量水平，全年卷烟合格率100%，平均质量得分95.5分。四是加强烟叶基地建设。建立了基地数据库，参入国际型优质烟的开发与研究；加强对重点产区烟叶质量的的评价，逐步完善了烟叶原料数据库。

以企业求强、求精为出发点，管理水平有所提高 1.加强企业战略管理研究，确立企业发展思路。在专家教授的参与下，《集团发展战略》已形成并经董事会讨论通过，企业发展战略的贯彻工作正在进行中。2.加强基础管理，稳定产品质量。一是加强生产管理；二是强化质量控制工作；三是积极推进企业贯标工作。3.加强成本控制，规范财务管理。4.加强人力资源管理，健全激励约束机制。一是推行岗位目标管理，深化岗位的动态管理。二是完善薪酬分配方式，增强薪酬的激励功能。三是开展人才引进和内部人力资源整合工作，进一步加大员工培训工作力度，去年共完成培训项目105个，培训员工5509人次。

三峡烟草有限公司 2002年全市烟草行业广大干部职工按照“三个代

表”的要求，认真贯彻落实国家烟草专卖局“狠抓基础，稳中求进”的工作指导思想，生产卷烟114.96亿支(229924箱)，创现价产值80131万元，销售卷烟115.03亿支（230060箱），实现销售收入（含税）93572万元。全年收购烟叶18.37万担，其中烤烟10.96万担、白助烟5.48万担、马里兰烟1.93万担。

在专卖管理工作中，全市共查获案件5364起，收缴卷烟123148条，收缴卷烟标值432.44万元，保持了对卷烟走私假冒的高压打击态势，照“既查烟又抓人”的工作要求，烟草、公安、工商打假出动12567人次，打私出动2792人次，整顿违法经营大户42户，移交工商部门查处无烟草零售许可证经营卷烟户461户，依法追究不法烟贩刑事责任10人，刑事拘留32人，治安罚款不法烟贩21人。

2002年10月，受北京卷烟厂邀请，五峰县十位种植马里兰烟有影响力、生产水平高的烟农到北京参观了北京卷烟厂。五峰县和北京卷烟厂厂县联办马里兰基地，不仅为北京卷烟厂提供了马里兰烟叶优质原料，也为五峰烟叶种植带来了机遇。

红安卷烟厂　红安卷烟厂现有职工1860人，企业全部资产7.48亿元，固定资产3.3亿元，资产负债率为53.4%，主要生产装备全部从国外引进，装备技术处于全行业同类型企业领先水平，主要产品有“龙乡”、“闯爷”、“金沙河”、“白猫”等系列。产销率达100%，企业于1999年通过ISO9000质量体系认证。红安卷烟厂坚持“两手抓”，两个文明建设协调发展，在省文明委组织的复查中，顺利通过省级最佳文明单位验收。面对竞争日益激烈的市场形势，围绕“盘活存量上效益”做文章，着力在夯实发展基础方面下功夫。一是认贯彻ISO9000基本思想，进一步加强基础管理。建立了一级保一级、一级对一级负责的目标管理体系，以财务管理为核心，加强费用控制和成本控制。二是整合品牌，优化产品结构。淘汰了五类产品，集中力量培育“龙乡”、“闯爷”两个品牌，两大系列产品占总量的85%，一、二、三类产品占总量的49%。该厂在卷烟降焦减害方面组织技术攻关，产品焦油含量加权平均值降到13mg/支。

广水卷烟厂　组建于1970年，现在拥有固定资产原值4亿多元，占地面积40余万平方米，拥有国内外制丝，卷接包设备及检测仪器装置300多台（套），在职职工1090人，其中专业技术人员280人，在中专以上学历人员300余人，质量体系已获得ISO9002-2000版国际标准认证。

2002年共生产卷烟145179箱，比上年的148577箱下降2.28%；完成工业总产值52501万元（当年价），比上年的48669万元下降7.87%；销售卷烟145270箱，比上年的148044箱下降1.87%；实现销售收入（含税）60999万元，比上年的58686万元增长3.94%；实现有效积累18000万元，比上年的13015万元上升38.30%；上交税金1.45亿元。目前，广水卷烟厂产品已行销全国27个省、市、自治区、直辖市，“好运”、“盼盼”、“金钱树”、“腊梅”四大系列产品构筑了广烟主导品牌。

利川卷烟厂　2002年，企业实现了“一个发展、两个平稳、五个进步”的较好成绩，“一个发展”即双文明保持同步协调发展。全年工业总产值63030万元，销售收入66080万元，积累16943万元，入库税金14614万元；企业获得“全国精神文明建设工作先进单位”。“两个平稳”一是领导班子平稳过渡，组建了年富力强的新一届领导班子。二是经营体制平稳改革，9月份利川市卷烟销售公司与利川市烟草专卖局一并成立独立的法人实体，与烟厂分离，12月分利川市烟草公司与厂分离，至此，原“三合一”体制被平稳理顺。“五个进步”一是储备烟叶原料32.76万担，价值28511万元；二是巩固了与全国400多家烟草公司的业务关系，形成了稳定的区域市场，11月国会订货量再次位居全省第一；三是“云利”、“山茶”两大系列产品销量攀升，“精品云利”得到了成功改造，新推出“佳品山茶”、“珍品山茶”销售态势良好，产品结构调整取得质的进步；四是一期技改主厂房及3000kg/h制丝线全面竣工投产，预算投资2200万元的二期技改主厂房配套空调、空压、动力项目全面动工，三期技改卷包配套工程完成8台设备的调进，整线于2003年6月底搬迁投产后，即形成30万箱生产规模；五是省局出台专题会议纪要，明确“在恩施州重点支持利川卷烟厂一家工业企业，争取早日做大做强”，企业在新一轮组织结构调整中有了明确定位。

来凤卷烟厂　来凤卷烟厂位于湘、鄂、渝三省（市）交界的来凤县，隶属于中国烟草总公司湖北省公司，始建于1975年。全厂现有职工870人，研究生以上学历6人，本科学历26人，大专学历101人；取得专业技术职称229人，其中高级职称2人，中级职称40人。

2002年在整顿规范市场经济秩序和企业结构调整工作中，坚持以我为主，搞好联营的生产经营方针，借助外力，激活内力，实现了稳定发展的目标，各项经济技术指标再超历史。全年卷烟生产销售全面完成计划，实现销售收入(含税) 52437万元，比上年净增23730万元，同比增长82.46%。销售成本率比上年下降0.85%个百分点；单箱成本比上年降低4.43%。全年回笼货款48776万元，比上年增加18228万元，实现积累总额13567万元，同比增加13709万元。实际上缴税金同比增长19.23%，生产技术的管理水平和能力进一步提高。全年烟叶平均单箱消耗35.21kg，嘴棒全年平均单耗8489支，盘纸全年平均单耗3294m。

襄樊卷烟厂　2001年5月10日，襄樊卷烟厂和枣阳卷烟厂合并，组建成为新的襄樊卷烟厂，2002年6月圆满完成了关闭枣阳生产点和集并生产工作。合并后的襄樊卷烟厂年生产计划47.66万箱，现有在岗职工2429人，下设24个行政科室，7个生产车间，1个股份制公司，9个“三产”公司。2002年共生产卷烟36.66万箱，向省外调剂计划11万箱，销售卷烟37.59万箱，实现销售收入（含税）14.73亿元，税利6.22亿元，单箱均价（含税）4057元，同比增加377元。5月对制丝、卷接包、动力、丝束、薄片等车间进行了为期18天的大范围技术改造，共投入技改资金1300余万元，涉及项目24个，通过技改企业生产能力由原来的32万箱增加到47万箱。

企业狠抓扭亏增盈工作，进一步强化目标管理，继续学习邯钢经验，对各项费用实行预算管理，严格奖惩考核办法，各项成本费用控制指标，细分到月，落实到各环节、各部门和责任人。广泛开展节约“一角钱”活动，盘活存量资产，加大小改小革工作力度，及时开展了清理库存、清理临时工、清理小汽车、清收货款的“四清”活动，年终实现同比减亏1.92亿元。2000版ISO9000贯标认证工作，于2002年12月28日一次性顺利通过北京新世纪认证有限公司的第三方认证，获得了通向国际、国内市场的绿色通行证。同时，我们还按照《襄樊卷烟厂推广工业基础软件实施方案》，完成了国家局卫星C类网站的建设，通过这些举措，使企业质量管理向规范化、标准化、信息化、科学化、国际化方面又迈出了坚实的一步。通过加大对高、中档产品的开发力度，相继开发出零售价为150元/条的“金鳄银世界”和40元/条的“硬红金鳄”，拓展了金鳄品牌系列，填补了金鳄系列在此价位上的空白。“三产”公司实现利润643.38万元，年计划完成率107.2%，超进度7.2%。其中金鳄实业公司393.86万元、金城大酒店121.56万元、宇达汽运公司86.51万元、服务公司41.45万元。

2002年，企业始终坚持以人为本，先后完善修订了《襄樊卷烟厂思想政治工作条例》、《襄樊卷烟厂党委议事规则》、《襄樊卷烟厂党风廉政建设责任制》等一系列制度和规定，促进了企业党风廉政和精神文明建设工作。被湖北省烟草公司党组评为党风廉政建设先进单位。

湖南省

长沙市烟草专卖局（公司）

2002年，全市系统销售卷烟21.72万箱，“两烟”实现利润1.89亿元，比上年增加6670万元，增长58%，完成全年目标的126%。

以规范经营为重点，卷烟销售全面上台阶。如期完成卷烟辖区销量任务，卷烟销量比上年增加1.8万大箱，销售额达15.9亿元，单箱均价7360元，同比增加400元/箱，卷烟经营毛利2.23亿元，经济运行获得了“稳价、促销、增效”的良好效果。

卷烟销售网络建设取得突破性进展。一是结合本地实际，制定实施了《长沙地区卷烟营销网建联动方案》。二是整合资源，重组机构。市本级新设企业管理科，负责对全市网建工作的督导；按照“三线清晰、职能分离”的要求，市局和各县（市）公司撤消了卷烟经营部，分别组建访销、配送、专卖稽查三大中心。三是扩网扩线，细分市场。经多次扩容，全市目前持证入网户由年初的不到15000户扩充为目前的21624户，访销线路由年初的72条增加到168条，配送车组由年初的53个增加到74个。四是强化管理，突出督查。结合实际，制定了城乡网络运行规范和操作细则，健全了检查、考核、奖惩规章制度，明确了岗位职责、工程流程和质量标准，实行了全员分配联销联管计酬。五是加大投入，科技兴网。全市系统实施人、财、物资源向网建倾斜，先后投入资金近千万元改善装备，一个“优质化服务、规范化经营、专业化分工、信息化管理”的长沙卷烟销售网络体系已基本构建。

烟叶生产和经营成效显著。烤烟平均亩产122.3公斤，亩平效益1125元，上中等烟叶比例90.06%，收购等级合格率85.9%。烟叶收购做到了时间短、进度快、秩序好。烟叶调拨实现了“零库存”。以集约化为目标，通过调整和优化产区布局，集中连片开发形成了规模。

烟草市场管理取得新成果。全年共没收假冒卷烟1400余件，标值500多万元，打掉制假团伙3个，端掉制假窝点19个，收缴制假烟机2台、手工制假工具3台及原辅材料（盒皮）4万余张，移送司法机关刑事拘留20人，判刑16人。全年共查处违法经营卷烟案件4019起，查扣违法经营卷烟10000余件，没收走私烟630余件，罚没款500多万元。其中案值40万元以上的3起，10万元以上的10起。

精神文明建设出现了新面貌。坚持党组中心组学习制度，健全监督制约机制和党风廉政建设责任制，坚持党内民主生活会制度和重大事项公开制度，实行民主监督、民主管理，认真组织反腐倡廉、现身说法系列警示教育，进行集体“廉洁效忠”宣誓活动，干部职工的廉政意识和遵纪守法意识得到普遍增强。

张家界市烟草专卖局（公司）

张家界市烟草专卖局（公司）组建于1988年，辖管慈利、桑植、武陵源、永定4个县（区）局（公司），现有干部职工467人（离退休人员81人），下设9个科室、10个烟草站、4个卷烟配送分部。2002年，局（公司）认真贯彻“狠抓基础、稳中求进”的行业指导思想和“一要规范、二要改革、三要创新”的工作重点，全系统烟草员工团结一心，努力拼搏，狠抓“两烟”生产经营，深化企业改革，强化专卖管理，促进了全市系统的健康、稳定发展。2002年全市系统销售收入61551万元，实现利润2558万元，上缴税金3600万元，经济效益创历史最好水平。一是烟叶生产水平有新的提高。局（公司）以长沙、常德烟厂联办优质烟叶基地为依托，坚持科技兴烟，加大服务和管理力度，取得了较好的成效。全年种植烟叶6万担，收烟叶12万担，上中等烟比例达到91.4%，同比增长11%；二是卷烟销售网建工作有新的进步。按照省局卷烟销售网建工作要求规范运作，全市市场净化率达90%，卷烟销售毛利率达11.9%；三是烟草专卖管理进一步加强。全面清理和整顿烟草市场，烟草市场进一步规范。全年共办理烟案287起，收缴假冒卷烟5035条，没收烟叶、烟丝17.2吨；四是精神文明建设迈出了新的步伐。全系统广泛开展争创“三明星、一红旗”活动，深入学习“三个代表”的重要思想，加强干部职工思想政治、业务培训，队伍素质得到提高。

（欧阳慈安）

常德市烟草专卖局（公司）

常德市烟草专卖局（分公司）下辖安乡、汉寿、澧县、临澧、桃源、石门、津市7个县（市）局（公司）。截止2002年年底有在职职工707人，离退休职工266人，总资产2.45亿元，其中，固定资产7801万元，流动资金1.56亿元。2002年，经济运行质量和效益明显提高。具体体现在经济总量有所增长，全市共购进卷烟28.6万箱，比上年增长3%，销售卷烟28.7万箱，比上年增长1.03%，其中辖区销售21万箱，比上年增长17%，辖区销量完成率105%，年末库存5468箱，比上年下降8%；货源结构得到优化，全市单箱平均价格达到6050元，比上年增长8%，销售总额18.5亿元，比上年增长7.38%，综合毛利率为10.06%，比上年增加1.74个百分点；实现利润1.02亿元，完成了省局下达的年度目标任务。

烟草市场秩序进一步好转。全年共查处违法案件921起，捣毁制假、贩假窝点24个，没收卷烟机3台、切丝机42台、假冒卷烟1720件、走私烟7.7件、烟叶烟丝及各类原辅材料35吨，罚没款152万元。拘留违法犯罪人员32人，判刑4人，劳动教养12人，有力地打击了不法之徒的嚣张气焰。

烟叶工作水平明显提高。全市种植烟叶3.5万亩，收购烟叶8.3万担，比上年增长71.1%，其中上等烟比例达到28%，比上年提高10个百分点，上中等烟比例首次达到90%以上，烟叶品质明显好于往年，基本达到了常德烟厂要求的烟叶调拨等级结构，烟叶供需结构矛盾有所缓解。

益阳市烟草专卖局（公司）

2002年，市局（公司）内设13个科室，下辖南县、沅江市、桃江县、安化县四个县级局（公司），年末在册职工人数566人。一年来，市局（公司）各项工作取得较好成绩。销售卷烟13.24万箱，实现销售收入8.08亿元，实现利润4109万元，同比分别增长5.4%、8%、90.3%；种植烤烟0.75万亩，收购烟叶1.13万担，等级合格率84.3%；查处各类违法违规案件265起，查获各类卷烟2970件和低次霉变烟叶27.8吨、烟丝9.75吨，罚没收入78.9万元，有6名违法经营人员被移送公安部门实行拘留，4名制假售假人员被司法机关判处有期徒刑。城乡网络建设稳步推进，“三线分离、三员互控、层级管理”网建管理体系初步形成。市局（公司）本级纳入访销配送的卷烟经营户达1669户，其中城区883户。入网销售率、入网户送货率均达到100%，市场占有率逐步提高。以财务为龙头的企业管理得到加强，费用得到有效控制。财经秩序专项整顿工作不断向纵深推进。精神文明建设与物质文明建设同步发展，党风廉政建设进一步加强。以继续推进学习贯彻《公民道德建设实施纲要》和党的十六大精神为主线，不断创新思想政治工作的方法，引导全体员工树立良好职业道德、社会公德和家庭美德，倡导“爱国守法、明礼诚信、团结友善、勤俭自强、敬业奉献”的企业主旋律。全面建立党风廉政建设责任制，健全监督机制，反腐倡廉工作不断加强。多种经营工作在继续处理遗留问题的基础上，成立“金创贸易有限责任公司”，业务涵盖广告设计发布、卷烟零售等，赢利58.8万元。 **（邓新民　刘静平）**

岳阳市烟草专卖局（公司）

岳阳市烟草专卖局（公司）下辖岳阳县、临湘、华容、湘阴、汨罗、平江6个县级烟草专卖局（公司），全市烟草系统现有在职职工547人。2002年，全市烟草系统共销售卷烟24.43万箱，实现销售收入16.96亿元，在2001年效益基数较高的情况下，实现利税1.7525亿元，其中利润1.0425亿元，税金7100万元，均创历史最好水平，在全省烟草企业位居前列。六个县公司全面实现利润过千万元。全年共依法查处各类烟草违法违规案件560起，查获违法违规卷烟2670件，收缴制假原辅材料3.5吨、烟叶烟丝30吨，依法拘留及治安处罚不法烟贩29人，判刑2人。以“三个满意”为标准，进一步深化网络建设，“大访销、大配送”的商流、物流格局基本形成。企业多种经营发展和管理成效明显，实现利润286.2万元，金叶大酒店顺利组建并如期开业。同时，大力加强领导班子和干部队伍建设，认真组织开展了“十六大”精神的学习贯彻活动、党风廉政建设和生动活泼的精神文明创建活动，取得良好成效。全市系统七家单位有岳阳市局、汨罗市局继续保持“湖南省文明建设先进单位”称号，岳阳县局在省级文明建设先进单位的基础上，被省委省政府评为“湖南省文明建设标兵单位”，湘阴、临湘市局跨入市级文明建设标兵单位行列，华容、平江县局被评为市级文明建设先进单位。全市烟草系统呈现出专卖与专营协调，文明与富裕同步，精神与物质齐飞的良好局面。 **（刘湘江　邓　芳）**

株洲市烟草专卖局（公司）

2002年，市烟草专卖局（公司）采取多项工作措施，加大企业改革力度，取得令人瞩目的成绩。市局和茶陵县局获得2002年度市“双文明建设先进单位”、市局荣获市“两一、一优”竞赛活动、“双联工作”、“内审”工作、“调研工作”、“行政执法工作”先进单位等一系列荣誉称号。

优化市场管理环境　增加行政管理专卖执法人员，配备办案车辆和先进的通讯工具，在市委、市政府的高度重视和直接组织下，先后多次召开全市治理整顿卷烟市场和专项打假工作会议，进一步完善专卖稽查机构，建立零售户档案，实行A、B、C三类“户籍户”管理，坚持以政府牵头，以我为主，协调各方，市县联动，强化管理，查堵并重的方针，与公安、技术监督部门签订“联合打假协议”，加大打击“假、私、非、超”四种烟力度，使经营户的法律意识逐步增强，市场净化率达到95%以上。全年共查处各类违法烟案1425起，收缴假冒商标、走私卷烟2.38万条，扣押其他各类卷烟12.1万条，对重大违法经营者刑事追究28人，卷烟市场管理环境不断优化。

规范经营增效益　2002年，市烟草专卖局（公司）狠抓规范管理、开拓经营和网络建设，市区网络户由1500户发展到2000余户，全市系统拥有零售户网点9046户，网内送货率100%，网内销售率为100%。为了优化营销环境，成立配送分部14个，配送组37个，访销配送人员418人，投入400多万元购买42台送货车、35台电动单车、72台微机和63台POS机，市公司实行电子结算600余户，建成营销网络信息系统。城市网络户访送成功率达到100%，农村达到90%以上。

企业基础管理不断增强　建立健全企业内部财务管理制度，加强财务管理，规范日常会计核算工作；开展财经秩序专项整顿，没有发现违法违纪行为；强化安全管理，层层签订安全目标责任书，组织经常性的安全检查，未发生一起安全责任事故；建立工效挂钩考核机制，所有职工拿出效益工资的30%，与工作责任、工作质量、优质服务直接挂钩，进行分级按月考核，奖罚兑现；投资100多万元改善工作、生活环境，基础管理水平不断增强。

湘潭市烟草专卖局（公司）

现有职工245人，离退休48人。2002年推行“三出三定三挂钩”的奖惩机制，充分调动广大干部职工的积极性，利用“八一振邦”足球队落户湘潭的优势，积极抓购促销，认真培育新品牌，努力抓好辖区销量，经济效益有较大幅度的提高。全年共购进卷烟92513箱，销售卷烟95886箱，销售额为60408万元，同比增长12%，完成辖区销量89383箱，同比增长14.03%，实现利税3392万元，同比增长33.7%，其中利润2351万元，同比增长68.3%。全面推行户籍化管理，卷烟市场净化率不断提高。全年共查处违法案件421起，收缴非法流入卷烟2091件，没收走私烟32.5件，刑事拘留制售假冒卷烟犯罪嫌疑人3人，治安拘留5人，有力地打击了不法烟贩的嚣张气焰。精心组织财经秩序专项整顿的自查工作，发现问题及时整改。各单位各部门还签订了责任状，确保整顿工作深入扎实地开展。进一步加大了“三项”制度改革，在市局第五轮干部聘任中，由于“资格审查方法新、竞聘上岗方式新，能上能下机制新”使全局民主风气更浓，干部职工当家作主的意识更强，增强了广大干部的紧迫感、责任感、使命感。深入开展“三德”教育，以市级“青年文明号”为文明服务窗口单位，在全系统推行文明服务用语40句，开展争先创优活动，加强干部队伍建设。 **（刘曙斌）**

衡阳市烟草专卖局（公司）

2002年，衡阳市（公司）有职工164人，离退休39人，设10个科室及综合发展公司。

卷烟经营 2002年，市局（公司）认真贯彻执行省局局长1、2号令，坚持以规范卷烟经营行为为重点，坚持“扩量、稳价、促销、增效”，不断加大创新和服务力度，不断提升网络运行质量。5月份，由二级配送流程改造为大配送，同时，逐步扩大卷烟营销网络，实现了办证户100%入网，入网户100%访销送货。同时，将网络户分为重点户、一般户、零散户三个层次，实行个性化、差异化服务。集销售、服务、管理于一体的卷烟营销网络已成为该局（公司）的效益工程和形象工程，全年辖区销量卷烟30433万箱，同比增加11.8%，“两烟”销售4.4亿元，同比增长12.15%，实现税利4562万元。

专卖管理 2002年，市局把整顿和规范卷烟市场秩序作为重点，标本兼治，采取多种手段全力监控辖区市场。年内，完成了户籍化管理的基础工作，对零售户全部实行了动态管理；完善了专销结合、联销计酬捆绑考核管理办法；加大了打假打私的投入力度。年末，全市卷烟市场净化率达85.74%，全年共投入打假经费256.69万元，查处案件27起，其中案值达100万元以上的假烟案2起，没收走私烟3015条，捣毁制假窝点2个，查获制假烟机7台（套）、假冒卷烟1353件及原辅材料一批，公开销毁假烟4217.81件。

烟叶生产 2002年，市局（公司）坚持“调整布局、规模种植、科技兴烟、主攻质量、办好基地、提高效益”的烟叶工作指导方针，狠抓了各项技术规范的落实，烟叶生产整体水平有了新的提高。全年合同种植面积5.7万亩，收购烟叶12.78万担，其中上等烟叶43%，上中等烟叶达94%。衡南县已正式成为长沙烟厂紧密型基地。衡南、常宁两县（市）开发的主料烟叶被省局评为二档、三档优质烟叶。

郴州市烟草专卖局（公司）

2002年，遵照国家烟草专卖局国烟法（2002）30号文件精神，2月7日湘南烟草集团宣布撤销，工商分设，郴州市烟草公司于3月13日重新注册、挂牌恢复运作。一年来，郴州市烟草专卖局（公司）系统认真贯彻“狠抓基础，稳中求进”的行业工作指导思想，抢抓机遇，扎实工作，各方面取得较好业绩。全年共销售卷烟10.48万箱，种植烤烟面积23万亩，其中优质烟开发面积13亩，收购烟叶2.5万吨，“两烟”实现销售收入19.99亿元；实现扭亏8147万元，纳税1.4亿元。

全市系统2002年工作主要特点：一是烟叶生产整体水平提高。严格落实“双控”方针，大力推广大棚育苗、平衡施肥等新技术；厂县联办烟叶基地6.3万亩；烟叶收购实行封闭式微机管理、密码验级制度。由于烟叶质量较好，次年元月上旬新烟全部销完。二是卷烟销售网建加强。将同城两区的卷烟业务上划市公司，实行市本级城区、农村卷烟统一配送；全面推行专销结合和访、送、管三线互控经营模式，毛利同比增长1748万元。三是复烤工艺采新弃旧，拆除了两条挂杆复烤线，全年完成打叶复烤投料2.75万吨，复烤成品1.8万吨。四是规范经营步入正轨。对卷烟零售户实行户籍化管理；全市共查处各类烟草违法案件479起，市场净化率得到提高；积极配合省局办结了原湘南烟草集团违规经营云南烟叶案，进一步规范了内部经营行为。五是精神文明建设有新进步。积极推行党风廉政建设责任制；认真开展预防职务犯罪工作，完善制度，从严监管，烟叶收购工作发案率为零，其工作经验被评为全国检察系统首届预防职务犯罪优秀检察建议项目。 **（何田松）**

永州市烟草专卖局（公司）

永州市烟草专卖局（公司）内设14个科室，下辖10个县级局（公司）、1个烟叶复烤厂，现有在岗职工2455人，市局（公司）本级固定资产净值1624万元。

2002年，全市系统坚持两个文明建设一起抓，强化企业内部改革，完善卷烟销售网络，整顿和规范烟草市场经济秩序，提高了经济运行的效益和质量。烟叶生产坚持科技种植，主攻质量，打造品牌，整体水平有所提高。全市共落实烟叶种植面积15.3万亩，收购烟叶29.1万担，上中等烟叶比例91%，同比提高22个百分点，其中上等烟比例39%，同比增加25个百分点，收购均价466元/担，同比增长102元/担，销售烟叶29.5万担。卷烟经营把网络建设作为“生命工程”来抓，建立了遍及城乡的配送中心和站、点，基本实行了中心城市网建城乡一体、访送分离、一库式配送、多点式访销，同时强化卷烟销售信息系统建设，使户籍化管理与卷烟销售网络同步延伸，促进了辖区销量增长。全市系统卷烟购进14.99万箱，同比增长10%，销售卷烟15.42万箱，其中辖区销量14.03万箱，同比增长9.3%，创历史同期最好水平，完成卷烟销售收入82058万元，同比增长9.2%，实现卷烟毛利9095万元，同比增长23.86%。实现利润总额4738万元，同比增加8036万元，剔除历史原因影响当年利润的因素，2002年全市系统实现当年目标利润8273万元，全年上缴各种税金7574万元，同比增长48.7%。全市系统坚持“打防并举，专销结合”，突出打假重点，巩固了宁远禾亭打假胜利成果。全面推进专卖户籍化管理，大力清理整顿和规范“两烟”市场秩序。全年共查处各类违法案件402件，查处国产卷烟2068.8件、走私卷烟130.09件、假冒卷烟7437.8件、烟叶35.1吨、烟丝47.78吨，捣毁制假窝点19个，收缴制假烟机3台和其它制假设备18台。 **（局办公室）**

邵阳市烟草专卖局（公司）

2002年全市系统累计完成卷烟辖区销量15.8万大箱，同比增长10.5%；收购烟叶5.01万担；实现利润4314万元，同比增长46.5%；继续积极处理、清理潜亏和历史遗留问题507万元。

各烟叶产区加大科技推广力度，用大棚育苗、漂浮育苗取代常规小棚育苗，大力推广地膜覆盖栽培技术和平衡施肥技术，加强标准化烤房新建和改造工作，普及三段式烘烤先进工艺。烟叶收购中一手狠抓内部管理，一手严厉打击烟贩违法活动，维持了正常的收购秩序。隆回、邵阳等县公司把预检工作前移到农户家中，加强对烟农分级扎把的指导和服务，使烟叶收购的小把纯度与成包纯度有了较大的提高，全市收购等级合格率平均达到76.4%。各产区大力转变工作作风，生产人员带铺盖、带技术住村入户办示范点，平均每月驻点时间高达20天。在稳定省内烟厂业务的基础上，市局从长远出发，积极开拓省外市场，先后与芜湖、宝鸡、南京、青州等烟厂洽谈建立业务关系。

全市系统大力规范生产经营行为，努力强化企业管理。市局领导每季度带领财务、销售、安全、纪检部门人员，对全市系统的卷烟销售货款管理、财务管理、安全保卫等工作进行综合大检查，对检查中发现的问题认真分析原因，及时整改。为了规范财务管理，各单位对各类报表加强审核，对往来帐款认真进行核对，坚决杜绝“小金库”、帐外帐行为。对省局拨付的卷烟打假经费，严格按规定使用，凡基建、采购等经济活动都实行经济评审。同时，全市系统积极开展财经秩序专项整顿工作。

全市系统把思想政治工作纳入企业管理的总体框架中统筹考虑，使思想政治工作与生产经营有机结合，取得了新成绩。市局着力强化“讲规范、讲诚信、讲纪律”教育，严肃查处无视组织纪律、我行我素搞不规范行为的个别单位和个人。全年全市系统共有3人被行政开除，26人受到行政留用察看、撤职、记大过、警告等处分。（马　谊）

怀化市烟草专卖局（公司）

怀化市烟草专卖局（公司）现有职工628人，其中专业技术人员223人。全市系统广大员工众志成城，努力开创各项工作新局面。

企业效益大幅度增长　全年实现销售收入78793万元，比上年同期增长20.5%。其中卷烟完成销量655730万支，比上年同期增长8.1%，卷烟销售收入68335万元，比上年同期增长19.74%。全年收购烟叶2825吨，实现烟叶销售收入10458万元，比上年同期增长25.71%。实现利润3811万元，实现各种税金3600万元。全年综合毛利率达到13.93%，比上年同期增长1.48个百分点，其中卷烟毛利率12.21%，比上年同期增长1.32个百分点，烟叶毛利率25.15%，比上年同期增长1.49个百分点。

城乡卷烟销售网络建设取得突破性进展　按照省局（公司）“城网讲标准，农网讲实效”的要求，规定了每个访销员对零售户的访销比例是1:150，每个专卖稽查员对零售户的稽查比例是1:150。做到三线清晰，三员职责分明，相互监督，相互管理。形成商流、物流、资金流、信息流的独立。农网建设实行“以指定代送为主，以流动定点批发为辅”的模式。全市共设立农村卷烟配送分部87个，指定代送点86个，农村流动送货车组11个，共设立网点184个。新的网建方式运作后，公司经济效益明显增长，卷烟市场秩序明显好转。

专卖管理进一步加强　2002年共查处烟草违法经营案件650起，查获假冒卷烟1548件，查处无证运输、乱渠道进货卷烟2300件，查处烟叶、烟丝411吨，抓捕违法犯罪人员15人，其中判处劳教6人，判刑2人，拘留7人。

下最大决心，基本上解决了历年来的遗留问题　全市烟草系统历年存在的各种大小遗留问题166个，涉及金额2873万元，其中有些问题长达7～8年之久。在处理部分遗留问题中，还追究了担保人的连带责任。同时，尽最大努力消化了企业历年来的经济包袱。据统计，2002年消化以前年度的经济包袱达1200万元。

2002年市局（公司）被怀化市委、市政府评为2002年度“全市精神文明建设先进单位”，市总工会授予市局（公司）“模范职工之家”称号。

（姚源凤）

娄底市烟草专卖局（公司）

2002年，娄底市烟草专卖局（公司）继续认真贯彻国家局提出的“狠抓基础、稳中求进”的工作指导思想，以“一要规范、二要改革、三要创新”为工作重点，以提高经济运行质量和效益为中心，以整顿和规范烟草市场经济秩序、强化专卖管理、规范经营为依托，坚持两个文明建设一起抓，继续保持平稳发展的良好势头。狠抓卷烟网络建设，全市系统共有网络户10700户，销售卷烟9.844万箱，完成销售额6.3413亿元，创利润2749万元，与上年比，销量持平，销售额和利润分别增长1.39%、57.45%。卷烟市场清整工作取得积极进展，市场控制力明显增强，零售户入网率、持证经营率、访销送货率均有所提高，全市系统共查处案件339起，收缴卷烟221箱，罚没收入80多万元，其中查办省局挂牌督办案3起，批捕5人，判刑3人。着力提高烟叶质量，收购烟叶650吨，等级合格率达88.7%。加强企业规范管理，重点抓财经秩序专项整治、效能监察，安全监管、监督制约和竞争激励机制逐步得到完善。积极推进精神文明建设，重点抓党风廉政建设责任制落实和行业纠风工作，全市副科以干部上交礼金1.2万元，拒收4.365万元，加强干部队伍、党员队伍、职工队伍思想工作，提高整体素质。2002年，娄底市烟草公司被评为市流通工作目标管理一等奖、消防安全工作先进单位、综治工作先进单位。（刘孟奇）

湘西土家族苗族自治州烟草专卖局（公司）

下辖7个县级烟草专卖局（公司），共有员工985人，其中离退休员工181人。全州系统拥有固定资产11039万元。下伸烟草生产经营站点132个。本级有员工262人（其中退休职工36人）。2002年全局以经济效益为中心，以扭亏增盈为重点，以精神文明建设为动力，各项工作取得了突破性进展。全州系统8个单位全面赢利，实现利润2078万元，消化历史潜亏挂帐1206万元。州公司本级实现利润245万元，消化历史潜亏挂帐642万元。全州共销售卷烟83461箱，销售额5449亿元，实现销售毛利6010万元，比去年增长24%，综合毛利率为11.3%，比去年同期增长1.1个百分点。其中州公司本级共销售卷烟18635箱，实现毛利1791万元。烟叶生产水平通过狠抓科技兴烟有了较大幅度提高，全年共收购烟叶22万担，同比增加3.1万担，上中等烟叶比例达90.28%，同比增长8.86个

立起完善的运行架构：1个结算中心、1个配送中心（6个分货点）、1个稽查支队、10个分局、2个县级市局（公司）、12个稽查大队、43个访销经理部、40个专卖管理所、53个局域网组成的信息管理系统。配备了22辆稽查专用车、109辆送货汽车、47辆送货摩托车和1600多名员工。

为进一步规范经营、实现企业管理的标准化，引进了国际质量管理体系，取得了ISO9001质量管理体系认证，以“访销贴心、配送放心、稽查公心、服务创新”质量方针，从制度和服务标准上逐步与国际管理标准接轨。（**蔡业泉**）

清远市烟草专卖局（公司）

2002年各主要经济指标创历史最好水平：商品总购进19638箱，增幅38.8%；商品购进总额1.78亿元，增幅87.4%；商品总销售19723箱，增幅38.6%；商品销售总额1.86亿元，增幅80%，费用率7.5%，下降0.3%；利润总额903万元，增幅393.4%；上缴国家税利600万元，增幅192.7%。在“两个文明”建设方面，亦取得丰硕成果，分别取得的荣誉称号有：市委市政府授予清远市“创建文明行业先进单位”光荣称号；市委市政府授予厂务公开“先进单位”光荣称号；市委市政府授予全市五十家“文明示范窗口”。广东省烟草专卖局（公司）分别授予“专卖专营先进单位”、“网建工作先进单位”、“打假工作先进单位”光荣称号。还有市直工委授予“五好党支部”、市总工会授予“先进职工之家”。

规范经营　搞好网建　提高效益

一是切实抓好网络基础建设，加大市场控制力度，引导提高销售品种和结构档次，增量增效。实行“访、销、管三线互控，集约配送”的营销配送体系，市场占有率达到100%，送货率达到85.16%，毛利率达到14.05%，同时树立“心系零售顾客、服务千家万户，满意创造价值”的经营指导思想，不断改善服务态度，提高服务质量，网建工作经省局考核验收评定，全市均为优秀；二是不断加强与上级和兄弟单位的联系，取得了各方面的大力支持，保证了充足的货源供应，并抓好名优品牌的推介、促销工作，培育了稳定的消费群体；三是严格执行省局规定的“一价制”，加强价格管理。该公司严格执行省级和地级限价，避免了行业内部的恶性竞争，保持价格的相对稳定，卷烟销售进一步规范化。

加强专卖　以法治烟　依法行政

一年来，全市共查处各种案件166宗，罚没款118.3万元，查处违章卷烟2683件，查处烟叶3155担，捣毁地下烟厂6间，查获及销毁制假烟机10台（套），查获及销毁假冒卷烟3768件，制假原辅材料42吨，打假标值人民币482万元。市烟草专卖局不断加强执法人员的法律知识和业务技能培育，各级专卖部门共举办了31期培训班，受训380人次，有145人参加了国家烟草专卖局的“五法一例”全国专卖人员统考。

（**黄锐佳　冯艳芬**）

韶关市烟草专卖局（公司）

2002年，公司购进商品总额172058万元，销售商品总额190784万元，分别比上年增加23%和28%，卷烟购进146.7亿支，卷烟销售146.85亿支，分别比上年增加19%和19%，实现税利18199万元，其中利润15007万元，税金3192万元，分别比上年增加60%和减少34%。市公司管辖的始兴、乳源、乐昌公司烟叶收购共12.2万担，调拨烟叶13.4万担。

2002年，公司（局）1. 坚持“控量、促销、稳价、增效”的工作方针，搞好卷烟市场开拓，狠抓网建工作的落实，及时调整产品结构和营销策略，在网建工作中，得到了省局（公司）较好的评价，市场占有率达99.9%，入网销售率95.62%，持证零售户入网率98.5%，网点送货率85.3%。2. 坚持科技兴烟，加大推广科学种烟实用技术的应用力度，目前全市已改造或新建成全封闭式密码微机收购烟站16个，已改造成热风循环烤房12886座，占标准化拷房24%。3. 坚持以清理整顿烟草市场为重点，切实加强烟草专卖管理。全市出动打私、打假人数1305人次，查处各种违法案件375宗，捣毁制假窝点3个，罚没款235万元。4. 坚持两个文明一起抓，公司（局）在1999年被评为韶关市“文明单位”。后经复核继续任命为“文明单位”，全市各县（市）烟草公司（局）均被当地评为“文明单位”。

（**黄书杨**）

河源市烟草专卖局（公司）

2002年，河源市烟草专卖局（公司）根据国家烟草专卖局提出的“一要规范，二要改革，三要创新”的指导思想和省局（公司）提出的“二次创业”精神，以市场为中心，推进机构改革，加强卷烟销售网络建设，抓好卷烟购，销、调、存各个环节和烟草专卖行政执法工作。

2002年，全局实现购进总额16866万元，比上年减少7.39%；实现销售总额18423万元，比上年减少7.84%；实现毛利1660万元，比上年增长15.1%；实现税利752万元，比上年增长8.83%；实现利润464万元，比上年增长20.52%。

2002年，卷烟销售网络基本达到国家局和省局（公司）的验收标准。市区设有3个卷烟批发网点，负责访销配送1050多户零售户，市场占有率达100%，持证零售户入网率达98%，网点送货率达95%。

2002年，全市出动市场整顿和卷烟打假3882人次，检查市场零售户摊档3030档次，查处各种违法案件95宗，查获和收缴假、私、非各种卷烟1200件，捣毁制假窝点8个，收缴制假烟机6台（套）和制假原辅材料一批，抓获制假分子26人（其中判刑11人，送劳动教养13人，逮捕2人），罚款总额达17.6万元。

2002年，局（公司）认真抓好党风廉政建设和班子建设，层层签订落实反腐保廉工作责任书，认真抓好纪检监察“前移工程”为主要内容的党性党风党纪教育，抓好党组织的“三会一课”制度，积极开展以“文明礼貌、文明举止、文明服务、文明执法”为主要内容的“四文明”活动，并把载体搞活，2002年再次被中共河源市委、市政府授予“文明示范窗口”。

（**廖志彪**）

梅州市烟草专卖局（公司）

2002年梅州烟草各项主要经济指标得到圆满完成，取得了大幅度的增长。公司和烟厂实现销售收入15.39亿元，比上年增长32.1%；实现税利5.73亿元，比上年增长58.7%；实现利润2676万元。狠抓“网络建设工程”，全市共建43个销售网点，年销售卷烟9.95万大箱，比上年增长2%；市场占有率96.9%，增长16.1%；持证经营户入网销售率达98.2%；网点送货率达90.6%，增长3.2%；经营毛利率达11.42%，增长1.8%。大力加强专卖管理，共查处案件325宗，查获制假窝点3个，缴获制假烟机4台套，制假原料一大批。规范烤烟生产，严格按合同种植，收购烟叶，全市共种植烤烟8.34万亩，收购烤烟21.39万担，上中等烟比例达97%以上，为历年来最好。

（林小峰）

潮州市烟草专卖局（公司）

2002年，局（公司）实现商品总购进25907万元，商品总销售27422万元，与去年同期相比较，分别增长了13.37%和7.69%；实现税利1600万元，比去年同期增长25.39%，其中利润791万元，比增34.64%，上缴各项税金809万元，比增17.5%。局（公司）分别被广东省厂务公开工作协调小组授予司（局）务公开工作“先进单位”称号，被省烟草专卖局（公司）授予“广东省烟草系统精神文明建设先进单位”、“卷烟打假先进集体”、“安全工作先进集体”和经济运行、专卖专营、网建工作“一等奖”单位。同时，还被市委、市政府授予“文明单位”称号，被市政府和税务部门授予“模范纳税人”，工、青、妇等均被上级部门评为先进单位。

（严家树）

汕头市烟草专卖局（公司）

汕头市烟草专卖局（公司）是汕头市烟草专卖管理部门和经营企业；2002年10月由汕头市金砂路迁至汕头市迎宾路2号办公；下辖潮阳市、澄海市、南澳县及龙湖区等烟草专卖局（公司）；在汕头市区设金园、升平、鮀浦、达濠等4个卷烟批发部和4个专卖管理所；现有干部职工69人，临时聘用工83人。局（公司）切实坚持国家局提出的“一要规范、二要改革、三要创新”的行业工作重点，认真执行“狠抓基础，稳中求进”的工作方针，把规范作为各项工作的主线，紧紧围绕广东省烟草行业工作会议精神，加大力度抓好卷烟市场整顿、卷烟销售网络建设及企业内部管理，加强精神文明建设和党风廉政建设，取得了较明显的经济效益和社会效益，促进企业稳步、健康发展。2002年实现税利总额1223.1万元，比上年增长38.42%。今年，局（公司）又被汕头市委、市政府授予“文明单位”光荣称号，并再次被广东省烟草专卖局和汕头市政府分别授予“打假工作先进集体”与“打假工作先进单位”光荣称号。

（陈立风）

揭阳市烟草专卖局（公司）

2002年，揭阳市烟草专卖局以全新的的执法理念和经营理念，狠抓专卖管理和经营管理，专卖专营双双取得喜人业绩。

实施综合治理，卷烟打假取得突破性进展。为扭转卷烟打假的被动局面，紧紧依靠地方党委、政府组织打击制售假冒烟违法犯罪活动，出现了组织领导、行动方案、保障措施、跟踪督查“四到位”的措施，实现了社会宣传、拓宽情报、重拳打击、严惩案犯、责任追究“五加大”的力度，取得了明显效果。2002年，全市卷烟打假出动3063人次，组织联合打击行动47次，捣毁制假窝点45个，拦截运输假烟2宗。共查扣卷接机77台，切丝机117台，假烟4702件、烟叶15吨、烟丝148吨及原辅材料一大批，现场抓获参与制假人员195名，依法追究了42名违法为首分子的刑事责任。专卖执法管理取得四个新进展；从源头治理上有新进展；把窝点消灭在萌芽阶段有新进展；切断假烟成品的流通环节有新进展；严惩制假烟违法分子有新进展。

专卖管理朝向精细管理迈进，市场控制力不断增强。为应对加入WTO后，烟草专卖商品面临着国际化的竞争和专卖商品市场化的不可逆转趋势，加快销售网络建设，提高网络运行质量，增强了抗风险能力。在市区设置3个专卖管理所和卷烟批发部，专卖、销售两网双向伸展、同步运行、同步发展，形成访销商流、配送物流的销售网络。2002年，专卖商品入网销售率96.82%，市场占有率100%，持证户入网率95.19%，零售户配送率97.94%，卷烟商品总销量94455件，销售总金额20856万元；实现税利1410万元。

（方伟斌）

汕尾市烟草专卖局（公司）

汕尾市局（公司）2002年经营有了新的突破，税利比2001年翻了一番多，销售收入1.01亿元，同比增长19.58%；税利647万元，超额153万元完成董事会确定的税利计划，超额达30.97%：利润398万元。顺利完成全市行业改制，并一举实现全市行业扭亏为盈，经济运行进入良性循环，步入了新的发展时期。全面实现安全生产，被省局授予安全奖。

坚持依法行政、以法治烟，取得显著成绩，卷烟打假成绩尤为突出。本年共依法查处违法案件287宗；捣毁制假窝点10个，查获制假烟机13套（26台），“假、私、非”烟2520件，制假用原辅料一大批；上缴财政罚没款38万元；多次依法公开销毁假烟及制假用原辅料一大批，总标值3420万元。辖区卷烟市场净化率大大提高。

局（公司）把精神文明建设摆在重要议事日程，2002年，被人民日报社授予“全国诚信单位”称号，市文明委评为“文明行业”，市政府授予“重合同守信用单位”；并作为市直惟一的单位，被市委、市政府向省委、省政府推荐为“广东省先进集体”，实现了经济效益和社会效益的同步增长。

（黄宝阳）

惠州市烟草专卖局（公司）

2002年，惠州市局（公司）各方面工作都取得了明显的成效。卷烟经营业绩大幅提高。实现购进总量13.96万件，购进总额25031万元；实现销售总量13.98万件，销售总额27885万元；实现毛利总额2762万元，税利总额1567万元，均比上年有较大幅度的提高。卷烟销售网络建设日臻完善和规范。市场占有率为100%，入网销售率为92.3%；持证零售户入网率为95.7%；网点送货率达94.4%，经营毛利率达14.22%。全市卷烟销售网络实现了统一批发价、电脑联网和统一标识管理，无发生重大安全责任事故，被广东省烟草专卖局（公司）评为优秀等级。专卖管理工作更加扎实并富有成效。全市（含下属县、市、区局）共出动卷烟打假、打私、打非和清理整顿卷烟市场工作人员19248人次；查处各类违法违章案件523宗；捣毁制假、售假窝点28个；查没假烟5177件、私烟710件和烟叶烟丝137吨，查获制假烟机56台；举行烧毁假烟现场会共16次，烧毁假烟共7478件。内部管理和精神文明建设进一步加强。各项制度和各项管理更加完善；人员综合素质有所提高；工、青、妇等各项工作同步协调发展，纪检监察、安全保卫工作进一步加强，全市烟草系统没有出现重大政治、经济和刑事案件及安全事故。惠州市烟草专卖局（公司）被中央精神文明建设指导委员会授予“全国精神文明建设先进单位”光荣称号。

（杨熙广）

江门市烟草专卖局（公司）

内设职能部门6个科（室），2002年在册人数154人。一年来，围绕专卖专营的各项工作任务，江门市烟草专卖局（公司）进一步调整经营策略，完善销售网络，规范内部管理，净化专卖市场，坚持“两手抓”，真抓实干，各项工作都取得可喜成绩。

按照国家局提出的“规范、改革、创新”的要求，江门市烟草专卖局（公司）制定了“调整经营品种结构，培育和开拓品牌市场”的“减量增效”经营策略，以“规范提高”为重点，加强卷烟销售网络建设，通过健全制度，强化考核管理，完善客户管理档案，落实“一户三员”制度，建立“四级监督”管理体系，销售网络功能不断发挥。2002年卷烟购进总额13526万元，销售总额15240万元，实现税利1166万元。同时，进一步加强专卖管理工作，开展卷烟市场净化率达标活动，整顿和规范卷烟市场秩序，有效遏制制售假烟违法活动。全市摧毁卷烟制假窝点12个，抓获卷烟制假人员129人，其中判刑的13人，逮捕22人，行拘39人；查获卷烟机8台、卷烟接咀机8台、卷烟包装机5台、咀棒成型机4台、切丝机6台、烟丝烤炉2台、蒸气炉1台以及制假原辅材料一批。

局（公司）同时注重抓好规范化建设，强化内部管理，不断提高职工素质，树立企业良好形象。一年来，先后获得“江门市创建国家园林城市先进单位”、“2002年度卷烟打假先进集体”等荣誉称号。

（钟俭乐）

佛山市烟草专卖局（公司）

下设四个直属批发部，内设6个职能部门，员工总数124人。2002年市局（公司）实现卷烟销售11.44万箱，同比减少5.39%；卷烟销售额1.79亿元，同比增长4.46%；实现税利1769万元，其中实现利润1201万元，同比增长34.33%。目前已形成了覆盖全市的卷烟销售网络，至2002年底，全市入网零售户2010户，入网率达到95.82%。专卖管理共查处各类违法经营案件2004起，罚没假、私、非卷烟10606.6条，上交财政罚没款77.52万元，同时配合工商部门取缔无证经营户10户。2002年配合财经秩序专项整顿工作，进一步强化了资金管理和费用开支的监管力度，提高了资金的使用效率。精神文明建设成效显著，市局（公司）被评为“省烟草系统文明单位”。

（林永鑫）

云浮市烟草专卖局（公司）

2002年，云浮市烟草行业按照“三个代表”的要求，坚持“狠抓基础，稳中求进”的行业工作指导思想，坚持“一要规范，二要改革，三要创新”的工作重点，体现我市行业“强素质、塑形象、优服务、永创新”的企业精神，以规范为主线，以市场为中心，以效益为目标，加强管理，提高经济运行的质量和效益，各项指标都有不同程度的增长。

加强管理，促进销售　市烟草系统认真抓好清理和净化市场的基础性工作，加快实施卷烟网络专销结合的“户籍化”管理，进一步提高市场占有率和市场控制力。网建工作被省评定为优秀等级。全市行业年销售44016万元，同比增长4.3%；税利总额2401万元，同比增长33.91%；上缴税金1404万元，同比增长26.94%。

强化专卖管理　坚持专销结合的原则。注重把专卖专营考核与网建工作核查有机地结合起来，真正实现“专销一体”。目前全市共有的19个专卖管理所实行“分区划片，责任到人”的管理，实行效益工资与市场管理水平综合考核相结合的考核办法，提高了市场控制力和市场占有率。

查处假冒伪劣产品　2002年，全市共出动7156人次，查处各种卷烟违法案件541起，查处假冒商标卷烟140件，走私烟473件，非正常渠道购进卷烟196件，非法收购烟叶50多吨，罚没款76.56元，有效地打击了违法经营，维护了合法经营和消费者利益，净化了市场，促进了我市卷烟市场健康稳步发展。

（蔡文贤）

阳江市烟草专卖局（公司）

有6个职能部门，下设3间城乡卷烟批发部（专卖管理所）以及一个卷烟配送中心，现有员工103人。2002年企业销售业绩为2.14亿元，比上年增长23.70%；实现利润559万元，比上年增长15.50%；上缴各项税金530.90元，比上年增长46.66%。2002年，在省局（公司）的直接领导下，局（公司）积极推进以增强行业核心竞争力为主要内容的企业改革，共出资180万元，顺利完成了阳春市、阳东县、阳西县烟草公司的改制任务，并成为属下县（市）烟草有限公司直接控股的企业；开展规范化管理，进一步强化市场管理和卷烟销售网络建设的力度，较好地实现了省局（公司）专卖专营和网点建设三年工作目标，并分别获得全省行业一等奖；此外，安全工作也在巩固的基础上得到充实和完善，获得全省行业“安全工作良好奖”。在精神文明方面，坚持以“三个代表”重要思想和十六大精神为指导，以强化领导班子建设和党风廉政建设为龙头，以职业道德建设为内容，开展了一系列形式多样、丰富多彩的精神文明创建活动，有力地支持了各项工作的顺利开展，从而继续保持了全省行业和市“文明单位”荣誉称号，工会工作也被阳江市总工会评为“优胜奖”。

（曾忠良）

茂名市烟草专卖局（公司）

茂名市烟草专卖局（公司）成立于1991年2月。1999年10月，成立广东烟草茂名市有限责任公司，与广东省茂名市烟草专卖局合署办公。对高州、信宜、化州、电白等4个县级有限公司直接控股。局（公司）的人员编制50人，设有6个职能部门。局（公司）与时俱进，转变观念，探索创新，坚持“团结奋斗、务实求真”的企业精神，树立以“客户满意为中心”的经营理念，提高网络运行绩效，规范专卖管理，发展企业文化，努力向创造一流企业的目标迈进。2002年，完成销售额1.42亿元，比去年同期增20.53%；实现税利705万元，比去年同期增35.65%。2000年被评为广东省先进集体，2001年跃进茂名市综合批发10强，2002年荣获广东省烟草行业安全工作达标奖和广东省卷烟销售网络建设三等奖、专卖专营工作二等奖、卷烟打假先进集体。

（李燕萍）

湛江市烟草专卖局（公司）

湛江市烟草专卖局（公司）现有职工71人。局设业务部、办公室、政工办、监察审计科、专卖办、财务部等六个部门。其中业务部下设一个配送中心，两个访销站和三个农村批发网点。为适应日益显现的国内国际卷烟市场一体化的形势，局（公司）大力推进卷烟销售网络建设。以烟草专卖管理为基础，以提高服务质量为目标，在市区全面推行“专业访销、集中配送、访销与配送相分离”的网建经营模式，较好地改善专卖执法环境和较大限度地发挥卷烟销售网络功能。2002年局（公司）认真学习贯彻党的“十六大”精神，坚持以“三个代表”重要思想为指导，按照“规范、改革、创新”的行业工作重点，加强企业的各项制度建设，规范企业的行为；加强机关作风和企业文化建设，进一步提高企业形象和凝聚力，全面推动企业“两个文明”的协调发展，全年销售卷烟13.84万箱，销售额7.77亿元，实现税利1883万元；全市各级烟草专卖管理部门共查处违法案件171例，查获假冒商标卷烟862件，罚没款403.5万元。进一步净化了卷烟市场，维护人民群众和消费者的权益，有力促进卷烟销量，提高企业经济效益。（李士林）

东莞烟草专卖局（公司）

2002年度，局（公司）新一届领导班子从“充分发挥东莞卷烟市场资源”这一发展战略出发，进行了合理调配资源、完善网络管理、增设专卖机构、建设企业文化等一系列工作，实现了市场资源与人力资源最佳配置的目标，进一步提升了东莞烟草的企业形象，为东莞烟草未来的发展拉出了一道长长的阳线。公司各项经济指标同步增长；所有者权益达2847万元，同比（年初为540万元）增幅达5.3倍；卷烟销售量为540659合，完成年度计划107%，同比增长32.3%；销售额76691万元，完成年度计划139%，同比增长50.68%；毛利为7672万元，完成年度计划153%，同比增长77.92%；利润3464.3万元，完成年度计划192%，同比增长72.44%。专卖管理力度明显加强，卷烟市场净化率明显提高。今年查处大案81宗，其中查获制假窝点15个、制假烟机16台、切丝机22台、制假冒卷烟商标印刷设备1台、“假、非、私”三烟及制假辅料一大批，案值3000多万元。依法留置审查违法嫌疑人230人、拘留25人、呈捕8人、逮捕6人、已判刑3人。东莞烟草专卖管理“三打”工作得到省市有关部门的肯定。（张文奎）

中山市烟草专卖局（公司）

2002年是中山烟草跨越式发展之年，经营结构调整卓有成效，全年销售卷烟29.5万件、3.73亿元，同比分别增长4%、11%，利润比增长103%，经营发展保持强劲势头。专卖专营工作开创新局面，分别荣获2002年度全省烟草专卖专营一等奖、经济运行综合评比一等奖、2002～2002年度全省卷烟销售网络建设获评优秀，局专卖稽查支队荣获全省卷烟打假先进集体称号。

加大专卖管理力度成效显著。通过加强软硬件投入、教育培训、完善考核监督机制等措施，增强队伍战斗力。全面实施户籍化管理，专卖管理走上规范化、效能化轨道。深入开展卷烟打假专项整治，致力建立长效机制，防治结合，全年捣毁制假窝点5个，查获烟机5套，开庭审理制假案件3宗，行政拘留25人，判刑11人。

以市场效益为原则，调整卷烟经营结构，形成“增低、稳中、促高”的经营格局，在销售总量保持平稳发展的前提下，经营质量大幅提高，毛利率达12.87%，效益翻番，经济增长向质量结构效益型方向优化转型。销售网络建设进一步完善，强化基础管理，网络动作日趋成熟，在省局（公司）的验收中获评为优秀。拥有覆盖全市城乡的入网户5138户，入网率95.89%，网点送货率85.2%，入网销售率96.9%，市场占有率102.3%。

践行“三个代表”重要思想，加强精神文明建设和党风廉政建设，以改革促发展，开创企业管理新天地。年内，相继实施全局（公司）“一盘棋”的人事用工、分配制度改革以及网点销售分档奖励、专销考核等多项改革措施，有效调动全体员工积极性，促进了两个文明同步提高。（陈以乔　李昆）

肇庆市烟草专卖局（公司）

2002年，肇庆市烟草专卖局（公司）坚持以邓小平理论为指导，继续坚持“一要规范，二要改革，三要创新”的工作重点，努力实践“三个代表”重要思想，以发展为主题，以规范为基础，较好地完成了各项目标任务。

公司全年共购进卷烟107534合，销售卷烟107956合，卷烟销售毛利2128万元，毛利率为13.56%，分别比上年同期增长8.2%和13.66%；实现利润1084万元，比上年增长4.33%；上缴各项税款785万元（含增值税和企业所得税），比上年同期增长7.2%。

一年来，市局以规范财务管理为核心，加强对财务开支的监督管理，强化企业内部管理，确保企业资金安全运营。为了加强对辖下六个县级有限公司的管理，适时调整了管理方式，从原来的以行政管理为主转变为以资产管理为主，并制定了有关人事劳资、财务管理、卷烟经营和考核奖励方案等相关配套的制度，从而使各层级的财务运作一开始就在规范的轨道内运行。

在专卖管理和网点建设方面，严格按照国家和广东省烟草专卖局（公司）的要求，坚持规范经营，依法行政，两项工作取得较好成绩，被省局（公司）评为专卖专营工作二等奖和卷烟销售网络建设工作二等奖。

在精神文明建设方面，局（公司）以“三项工程”为载体，大力加强领导班子建设，思想道德建设和党风廉政建设，为企业的发展提供强有力的组织保障和精神动力，分别被肇庆市委、市政府和省烟草专卖局（公司）评为精神文明建设优秀单位。（唐珩）

珠海市烟草专卖局（公司）

广东烟草珠海市有限公司于2001年8月27日正式挂牌成立。公司设办公室、人事劳资科、纪检监察审计科、财务部、业务部、网点建设办公室6个科室，下设香洲、吉大、拱北、金湾4个卷烟批发部及公司卷烟配送中心，负责珠海地区的卷烟市场供应。

2002年的销售额为28181万元，实现税利1832万元，整个企业经济运行呈良好态势，被评为2002年度广东省烟草行业经济运行一等奖。全市的持证入网率、市场占有率、市场净化率均达到了98%以上。公司的经营策略是：

1. 强化品牌意识，实施品牌战略。对适销对路，具备品牌号召力，而且在本地有良好市场基础的品牌，如红玫系列、金驼系列、双喜系列、红河系列、白沙系列等采取做大做强的战略。尽量满足市场需求，保证做到货源充足，价格稳定，使拳头品牌更具特色，巩固了消费群体。2. 加强专销结合，互通信息，及时了解市场变化，积极协助打私打假，堵绝非法货源，净化市场，从而提高市场占有率。3. 以市场为依托，加强信息化管理，最大限度地发挥访销、配送在销售体系中的重要作用，狠抓市场资源，积极配合生产厂家，扶持和培育有市场前景的卷烟品牌。4. 将厂家、零售户、消费者的利益放在第一位，加强服务，通过访销体系及时了解零售户对卷烟的需求，通过配送体系将商品第一时间送到零售户手中，增强了零售户对公司网络销售体系的信心，从而增强了烟草公司在未来市场激烈竞争中的领先地位。

2002 年，公司所属的吉大、香洲两个批发部再次被珠海市消委会评为“珠海市诚信单位”。市烟草专卖局被评为“2002 年度全国烟草专卖管理先进集体。”　（吴　械）

广州卷烟一厂　广州卷烟一厂是国有大型卷烟工业企业，国家烟草专卖局 36 家重点企业之一。主要有“广州”系列和“椰树”系列产品，两者均属广东省卷烟八大名牌，“椰树”为广州市著名商标。2002 年，广州卷烟一厂共生产卷烟 33.18 万大箱（165.75 亿支），实现销售收入 14.91 亿元，实现税利总额 8.22 亿元，其中利润 1.21 亿元。

2002 年，广州卷烟一厂积极落实国家局提出的降焦减害的发展思路，开发技术含量高的低焦油含量产品，全年共开发“珍品广州”、“经典广州”、“世纪经典广州”、“满堂红椰树”等一系列焦油含量低于 12 毫克的产品，在广东省 2002 年推出的六个低焦油产品中占了五个；顺利通过 ISO9001（2000 年版）转版认证，各产品质量呈良好状态，全年产品质量综合得分达 90.66 分，抽检合格率为 100%，其中软包“椰树”、硬盒“椰树”被国家烟草专卖局评为 2002 年度卷烟优等品，“特醇椰树”在 2002 年下半年全国卷烟产品市场质量监督抽检中，在抽检的 109 个牌号中综合得分名列第五；片叶投料生产线改造完成，顺利投入生产，生产能力达到 4800 公斤/小时，有效提高了烟叶利用效果，提高制丝质量；进行工资制度改革，实行新的工资制度，新的工资分配方法着重向企业生产、研究开发等关键岗位倾斜，拉大关键岗位和一般岗位之间的收入差距，并在改善工资结构的基础上，大大提高了工资管理的可操作性和透明度；建立办公自动化系统平台，公文和规章制度的审批、流转基本可通过计算机网络完成，实现无纸化办公，提高了办公效率；境外企业柬埔寨威尼顿公司在市场购买力下降和激烈的市场竞争等重重压力下，通过加强内部管理、开源节流，调整营销策略，积极开发适销对路的产品，培育企业新的经济增长点，各项经济指标顺利完成，全年共销售卷烟 4 万大箱（20 亿支），约占柬埔寨市场 25%，企业保持稳定增长的势头。

企业精神文明建设也取得一定成绩，企业被广东省烟草专卖局评为“1999～2001 年度精神文明先进单位”；被广州市国家税务局评为“2000～2001 年度诚信纳税大户”；5 月 17 日，全国人大副委员长铁木尔·达瓦买提在广东省人大副主任吕志广的陪同下视察广州卷烟一厂，10 月份，铁木尔副委员员长在广州考察期间又再次接见广一厂领导。

广州卷烟二厂　广州卷烟二厂是全国 520 家重点工业企业和烟草行业 36 家重点企业之一，现有职工 1400 人，占地面积 1.44 万平方米。2002 年企业各项经济指标再创历史新高，生产卷烟 260.15 亿支，占全省卷烟生产总量的 31.44%，是广东省第一家产量超 250 亿支的卷烟生产企业；实现工业总产值 34.32 亿元，税利 23.88 亿元，占全省工业税利 48.50%，占全省工商税利的 42.64%，其中利润近 8 亿元，单箱税利 4600 多元，出口创汇 2100 万美元。主导品牌“双喜”突破 185 亿支，产品深受消费者喜爱，连续多年被评为广东省、广州市著名商标，荣获 2001 年中国烟标收藏博览会十佳名牌烟标金奖。“羊城”品牌产量突破 50 亿支，再次被国家烟草专卖局评为全国烟草行业名优卷烟。主导品牌“双喜”、“羊城”产量占卷烟总产量的 95.15%，体现了以提高品牌集中度加速大品牌发展的战略，企业产品市场占有和总体效益进一步提高。“银行”、“白云”等其他品牌销量同比分别上升 27.10% 和 257.01%。境外企业金叶卷烟厂（澳门）有限公司继续保持着良好的发展态势。从国外引进的烟叶除杂器和气流联动分析仪等一批先进设备，提高了烟丝的纯净度和控制精度以及烟气化学成分的检测分析能力，保持了产品质量的稳定性。改造了膨胀烟丝生产线，提高了膨胀烟丝生产能力，为提质降耗发挥重要作用。目前已拥有具先进水平的卷接包生产线和片叶制丝生产线。“十五”技改规划年产 60 万箱，远期 100 万箱的联合工房原地改造项目通过立项审批，征地拆迁、设计发标等前期工作也已基本完成。不久将在现址上建成一座占地 8.6 万平方米，具备高度现代化，环保型、花园式特色的烟草工业基地。

2002 年“广州卷烟二厂环保系统工程”通过省环保部门的认定，被评为“广东省环境保护十佳工程”。中华全国总工会授予嘴一车间领班长黄国宝同志“五一劳动奖章”。企业被中央精神文明建设指导委员会评为“全国精神文明建设工作先进单位”，是广东省惟一获此殊荣的烟草工业企业。

（陈少玲　刘国梁）

南海卷烟厂　**一、生产经营业绩**　各项主要经济指标完成情况良好，企业经济运行质量和效益得到提高。1. 工业总产值：实现 54761 万元，比上年增长 10.2%。2. 产销量：完成 12300 箱，比上年增长 2%。3. 销售收入：实现 54972 万元，比上年增长 10.6%。4. 利润：实现 4351 万元，比上年增长 19.4%。5. 税利：实现 30736 万元，比上年增长 10.4%。7. 单箱卷烟税利：实现 2487 元，比上年增长 8.1%。

二、技术改造　2002 年共投入技改资金近 2000 万元，重点对制线设备进行改造，如切片回潮、加料线改造、贮叶线更新、梗线搬迁改造，以及梗处理电控改造等。年内还引进两组型号为 ZB43A 硬盒包装机组，通过验收并投入使用。签订了购买 ZJ17 卷接机组、YF12 烟支输送系统设备以及 ZB45 硬盒包装机组合同，目前正逐步落实。

三、新产品开发　2002 年 9 月，与清华大学诚志生命科技有限公司共同研制开发的新产品——“皇朝”（世纪精品）卷烟正式上市。该烟是合作双方为降低吸烟对心血管的危害而研制的，它由川芎、赤芍等多种中药提取的精华与优质烟丝调配掺和而成，焦油含量低，烟味纯正，香气高雅，余味干净舒适，口感好，而且吸后宽胸利气，能有效降低人体全血粘度，改善心肌功能，有着较高的生物降害技术含量及高档的卷烟风格。顺应了 21 世纪卷烟革命向低焦油、低危害发展的潮流。目前品牌营销战略正全面铺开。

四、企业管理　一是调整企业组织结构。根据企业的实际情况，重新设置十五个部门，原生产车间合并为生产部，增设了技术中心和信息中心，压缩了生产环节，突出了市场和科技的地位，建立了一个科学合理、精简高效的企业内部机构。二是人事制度改革。2002年，厂党委对全体中层干部进行任期届满考核，并结合干部考核情况和机构调整情况，重新聘任中层干部。此外还对主办科员、管理员进行任期届满考核；重新修订有关人事管理制度。三是分配制度改革。对岗位效益工资方案进行调整理顺，适当向高管理岗位、高技术和关键岗位倾斜，拉大关键岗位和一般岗位之间的分配差距，优化了效益工资分配结构。四是进一步规范企业的生产经营行为。制定和实施《南海卷烟厂财经秩序专项整顿实施方案》。年底还出台了《南海卷烟厂预算管理试行办法》。五是强化质量、设备、计量、安全等其他各项管理。

今年4月，工厂获得中华全国总工会授予的“全国五一劳动奖状”，是佛山市惟一一家获奖单位。 **（张恺英）**

湛江卷烟厂 湛江卷烟厂始建于1978年，现有职工1030人，固定资产3.6亿元，年产滤嘴卷烟能力达20万大箱以上。2002年，生产卷烟15.5万箱，实现工业总产值54284万元，实现税利26685万元，分别比1998年增长了24%、83%、163%。

注重科技兴厂，一方面通过自培、外培和引进等形式，提高职工的科技水平。目前，该厂已有各种专业人才200多人。另一方面是在原有进口设备的基础上，近年来先后投入近亿元资金购进了多台（套）ZJ17、GDX_2等具有国际先进水平的卷接、包装机组，并对制丝生产线进行了大规模的技术改造，大大提高了劳动生产率和产品质量。

不断强化企业内部管理，在完善各种责任制的基础上，着重抓好产品质量的管理，在严格各种检测制度的同时，努力开展科技攻关的QC活动，实施降焦工程，以提高产品的科技含量。除此以外，该厂也加快了企业现代化管理建设的步伐，建立了安全管理监控中心和推进了企业办公自动化，逐步实现了对企业生产、经营的科学管理。

针对市场的实际，吸收中日技术合作成果，采用新技术、新工艺，研发了以“广州湾”为代表的新一代的中档烤烟型卷烟，建立了以烤烟型和中档卷烟为主体的高效的产品结构体系，并形成了以“广州湾”为核心产品的新的市场格局，促进了产品的销售。其中，该厂的主导产品“广州湾”以其特有的醇和口味、卓越质量和新潮包装而深受消费者的欢迎。

湛江卷烟厂十分重视抓好班子和职工队伍的建设。先后荣获“湛江市先进集体”、“湛江市文明单位”等多项荣誉称号。 **（陆　悦）**

韶关卷烟厂 韶关卷烟厂，现有职工961人，固定资产原值7.54亿元，净值5.18亿元，占地面积9.63万平方米，拥有国际和国内先进水平的制丝、卷接包生产线。主要品牌：红玫系列卷烟产品，产品销往广东、江西、湖南、北京等地。

2002年1月1日，韶关卷烟厂整体兼并了南雄卷烟厂，年生产计划指标由18万箱增加到26万箱，并根据市场的实际需求，外购2万箱调剂指标。2002年生产卷烟28万箱，产品销售收入15亿元，税利7.03亿元，分别比上年增长21.78%、62.71%和50.81%，企业各项经济技术指标创历史新高，综合指数进入全国烟草工业企业先进行列。

2002年，韶关卷烟厂围绕产品结构调整，加大技改投入，加快产品改造开发步伐。购进一套ZJ17/ZB45卷接包机组，二套16支装的异形包装机，完善制丝线改造，使制丝设备性能、经济技术和工艺指标达到较好水平，并开始进行每小时570公斤二氧化碳膨胀烟丝生产线和技术中心改造。新产品研制着重是高档低焦油美式混合型硬盒“红玫”（焦油含量每支8毫克）、16支装扁硬盒“红玫王”、双十支装扁硬盒“红玫王”。同时对老产品硬盒精品“红玫”和硬盒特醇珍品“红玫”进行改造，特别是精品“红玫”改造后，产品规模上升近一倍，达到9万箱，而且价格稳中有升，市场需求不断扩大。

2002年，韶关卷烟厂进一步加强企业内部管理，紧紧抓住强化管理和转变观念两个重要环节，向管理要效益，按照ISO9001标准，重新修订管理制度，使生产经营管理实现了标准化、程序化和规范化，被广东省评为“采标工作先进单位”称号。同时，认真抓好员工技术培训，广泛开展“QC小组”和“质量信得过班组”活动，取得较好的成果。

企业在加强生产经营的同时，不断加强职工队伍建设和企业文化建设，被省、市评为“厂务公开先进单位”以及被省烟草公司评为“精神文明建设先进单位”等称号。 **（赵坤辉）**

湛江卷烟厂廉江分厂 湛江卷烟厂廉江分厂是廉江市的财政支柱。经过几十年努力，廉烟现已初具规模：厂区占地面积13万平方米，现有员工（含内退）806人，固定资产8000多万元，年产值超亿元，年上缴利税3000多万元，占廉江财政收入35%以上。

2002年，廉烟人以求生存、求发展为目标，以市场需求为导向，以成本管理为基础，以加强企业改革为动力，以拓宽联营合作为方向，以提高全员劳动生产率和经济效益为目的。深挖潜力，自强不息，取得了较大的成绩。全年生产卷烟30000多箱，实现工业产值（不变价）9000多万元，实现销售收入8476万元，实现税利3224万元（含销售部）。

本年，廉烟有效组织技术人员进行技术攻关，广泛开展QC活动，先后对卷接包YJ14/23卷接机组捧烟台、LOGA－2机组、制丝车间加香加料装置、空压站加湿系统等设备进行改造，有效控制烟支重量，减少空头现象。去年设备有效作业率达到88%，同比提高1.3个百分点；设备完好率96.7%，同比提高1.1个百分点；制丝设备故障停机率同比下降0.78个百分点。设备管理实现1000分达标，计量管理工作通过国家二级验证。廉烟为进一步强化企业内部管理，迅速提升企业管理水平，使企业管理走向“规范化、精细化、扁平化”。聘请了专业管理咨询公司进行管理诊断和培训，规范完善各项规章制度，合理调整组织结构；加强管理人员的培训，有效提高各层管理人员的管理水平。同时继续推行目标管理和绩效考核，提高了全厂员工的工作效率。

在新产品开发上，廉烟人意识到加入WTO后，市场竞争更为激烈，廉烟为在中国烟草市场占有一席之地，在加强开拓联营合作的基础上，同时开发新产品，2002年初成功研制开发出新产品——“e天下”卷烟，该产品具有烟气清新柔和，浓度适中，余味干净，口感舒适的独特风格。通过市场咨询和试吸，深受广大消费者的一致好评。2002年12月份中国企业联合会、中国企业家协会在北京举行中国首届企业文化年会，廉烟创办的《廉烟通讯》刊物被评为二等奖。

韶关烟叶复烤厂 2002年是韶关烟叶复烤厂不断深化改革，深入发展的一年。全年共加工复烤烟叶53万担，烟梗加工出口近5000吨，销售收入5385.8万元，工业总产值达5200万元，实现利税总额为1800万元，其中净利润为700万元，税收总额为1100万元。

2002年，企业技术改造工作又取得了长足的进展。1. 根据国家局有关文件的精神，进一步完善了工艺检测的物理和化学检测设备。购进了连续流动化学分析仪，布拉本德水分仪、HEARSON烘箱及在线的微波水分仪等设备，已经完全能根据顾客的需求，提供成品的物理和化学检测数据，满足卷烟工艺的需求。2. 为解决困扰多年的车间环境问题，投入了100多万元对车间地面进行了改造。对全车间铺上了树脂地板，购买了治湿式除尘机，有效地解决了二次扬尘造成的污染问题，车间环境大为改观。今年工厂还被评为韶关市工业卫生先进集体和环境保护达标单位。3. 在完成烟叶仓库火灾自动报警系统的第一期工程后，开始了第二期工程的设计、建设工作。第二期工程预计2003年初即可投入使用，总投入资金近250万元。

在企业管理方面：1. 坚持以提高服务质量为核心，不断巩固省内烟叶加工复烤市场。对业务人员所反馈的信息进行对比分析，进一步确定了湖南省作为扩大省外市场的首要主攻目标。2002年争取到了湖南省近10万担烟叶的加工量，湖北省的武汉卷烟厂也将一部分烟叶拉到工厂进行加工复烤。2. 以贯彻推广ISO9000国际标准为契机，进一步规范和加强工厂的生产经营管理工作，进一步地提高了烟叶复烤加工服务质量。于2002年底，工厂顺利地通过了ISO9000国际标准的认证。本年设备有效作业率达89.24%，设备完好率达99%。产品工艺质量比2001年有较大的提高，大中片率提高了2～3%，片烟水分合格率能稳定在90%以上，烟叶出片率均能达到或超过顾客的要求。设备维修费用比2001年降低了近30万元，吨片烟水电消耗比去年降低了5%。全年共节省人员费用20万元左右。进一步降低了生产成本，提高了企业效益。

（李国鹏）

梅州烟叶复烤有限公司 2002年公司以十六大精神和“三个代表”重要思想为指导，深入贯彻全国、全省烟草工作会议精神，紧紧围绕“狠抓基础，稳中求进”的行业工作指导思想和“一要规范，二要改革，三要创新”的工作重点，狠抓落实各项工作。在公司全体干部职工的共同努力下，2002年公司各项经济指标顺利完成。全年加工原烟42万担，加工收入2813万元，实现税利1030万元，其中利润546万元。分别完成董事会通过的加工烟叶30万担，加工收入2100万元，实现税利600万元，其中利润220万元任务的140%，134%，172%和248%。精神文明建设也取得硕果。公司的“合格职工之家”通过市总工会的评定验收；综治工作被地方政府评为优秀单位；安全工作被省局评为良好单位。另外，1. 2002年1月召开第一届职代会第二次全体会议，审议通过2001年度工作总结及2002年工作计划目标；4月召开第一届董事会第四次全体会议；2. 坚决贯彻ISO9001—2001标准质量管理体系，规范产品质量管理。进行了ISO9001—2001标准管理内审，并通过有关部门年检；3. 加强职工道德建设，与市委宣传部、市文明办、梅州日报社、市烟草专卖局联合举办《公民道德建设知识竞赛》，公司全体员工参加竞赛，取得了良好效果；4. 10月省局发文，公司升格为正处级单位。公司升格后对有关部门进行了相应的级别调整，并选配好各级干部。

（温汉德）

广西壮族自治区

南宁市烟草专卖局（公司）

南宁烟草专卖局（公司）下辖14个县级烟草专卖局（公司）、南宁卷烟访销中心和南宁卷烟配送中心，共有员工973人。全年共销售卷烟18.18万箱，完成年计划的102.2%，同比增加2.26万箱，增长14.2%。累计实现税利6365万元，完成年计划的108.8%，同比增加3015万元，增长了90%。

公司认真进行网络营销体制改革。优化访销、配送格局，全经济区去年网点数量由136个减少至42个，南宁市整合成一个访销中心和一个配送中心，实行城乡一体。

企业管理，规范经济秩序，偿还贷款2800万元，财务费用同比减少1321万元；全年共查处各类烟草违法案件2685起，查获各类非法卷烟7969件，罚没款1071万元。

柳州市烟草专卖局（公司）

2002年，是柳州烟草专卖局、有限责任公司从广西甲天下烟草集团公司分离后独立运行的第一年。市局（公司）实行经济承包责任制，本级现有员工138人，招聘员工108人，7个职能科室，固定资产净值1509万元。一年来，通过对网点功能进行整合完善，推广使用pos机，采用面包车、厢式货车送货；深化卷烟零售户户籍化管理，成立资金结算中心，增加资金运营能力。坚持以整顿规范为重点，打击卷烟制假、售假违法活动，端窝点，捣毁黑配送，开展铲除非法种植烟叶活动，有效地促进了卷烟经营。全年累计完成卷烟销量131145大箱，同比增长9.9%，其中地产名烟109074大箱，同比增长3.2%，实现利税6938万元，同比增长132.66%。

（刘 武）

梧州市烟草专卖局（公司）

成立于1985年1月1日的梧州市烟草专卖局（公司），下辖藤县、岑溪、苍梧、蒙山四个烟草分公司，现有员工418人。为完善法人治理机构，增强和壮大企业实力，2003年1月，梧州市烟草公司全部取消县（市）烟草公司法人资格，实行一级法人，实行费用预算管理和财务报帐制，企业发展后劲得到显著增强。通过狠抓“人才、网络、专卖和内部管理”四项基础工作，不断加大整顿和规范烟草市场经济秩序的力度，深化行业以“人事、用工和分配”三项制度改革为重点的各项改革，企业已焕发蓬勃生机，经济运行质量和经济效益有了明显提高，逐步迈上了良性发展轨道。2002年共完成卷烟销售5.6万箱，同比增加8000箱，增长了16.7%；实现利税2149万元，同比增加1089万元，增长103%，创下了梧州烟草组建以来实现税利的最高水平。 （韦元初）

玉林市烟草专卖局（公司）

玉林烟草专卖局（公司）现辖容县、北流市、陆川县、博白县、兴业县等5个县（市）烟草专卖局（公司），管理2个三产经营部门，现有员工923人，拥有固定资产原值4590万元。

2002年，他们狠抓队伍、市场、网建、内部管理四项基础建设，狠抓认识、制度、督查、领导四个到位，狠抓机遇、艰苦奋斗、顽强拼搏，全年实现卷烟销售63656.6箱，较2001年增长17.43%，完成利税3121万元，较去年增长118%，其中实现利润1886万元，较去年增长134%。在专卖管理工作方面，全年共查处违法违章案件340起，收缴违法卷烟2121.09件，收缴非法烟叶、烟丝230.51吨，加工烟丝机械115台（套）。出色地完成了年度各项任务。

贵港市烟草专卖局（公司）

2002年，贵港市烟草专卖局（公司）以跨越式发展为主题，以改革和创新为动力，“狠抓基础，稳中求进”。

加强清理整顿卷烟市场。全年共出动人员33530人次，出动车辆4050台次，处理违章户2896户，端掉窝点230个，查处违法案件320起；查获假冒卷烟537.5件、非法渠道卷烟400.5件、走私卷烟211.3件；查缴烟叶烟丝176.2吨；按照“高起点建设、高标准管理、高质量服务、高效益回报”的原则，以区、县、市城区为中心，建立起“大访销、大配送、访销分离、专销结合”的网络运行体系。辖区经营户持证率90%，入网率95%，送货率100%。全市销售卷烟5.25万箱，实现税利2567万元，同比增长9.28%和46.52%，上缴各种税金1500万元。

（黄祥进）

防城港市烟草专卖局（公司）

广西壮族自治区防城港市烟草专卖局、广西壮族自治区防城港市烟草公司成立于1988年8月，现辖上思县、东兴市烟草专卖局（分公司），2002年10月份，取消了上思县、东兴市烟草公司法人资格，成立分支机构上思县分公司、东兴市分公司；撤消了防城烟草专卖局（公司），成立了直属机构防城港卷烟配送中心，市局专卖办直接负责原防城烟草专卖局的专卖管理职能，员工200人。

2002年，销售卷烟22676.4大箱，比上年增长3.4%。其中地产烟销量为19792.8大箱，比去年同期增长0.5%；区外卷烟销量为2883.6大箱，比上年增长28.6%。经济区年人均消费卷烟达7.3条，比上年增加0.25条。实现税利1150万元，其中利润615万元，分别比上年增长10%、3%。 （韦继昌）

百色市烟草专卖局（公司）

百色烟草专卖局（有限责任公司）成立于1988年8月，管辖11个县烟草专卖局（公司）和本级配送中心。2002年，共有在册职工298人，聘用718人，有下伸网点71人。

2002年，坚持“狠抓基础，稳中求进”和“一要规范，二要改革，三要创新”的行业指导思想，以“增加卷烟销量，提高经济效益”为中心，发展网络功能，加强打假打非工作力度，加快烟叶生产发展，全年共完成卷烟销量66373箱，同比去年增长5.24%，查处违章案件464起，查获违章卷烟1545件，烟叶、烟丝1164.88吨，罚没款264.695万元；收购烟叶10.9万担，上等烟占18.7%；实现税利3777万元，同比增长49.2%，其中利润2148万元，增幅92.1%。

河池市烟草专卖局（公司）

河池烟草专卖局（有限责任公司）下辖10个县（市）烟草专卖局（公司）和一个烟叶分公司，共有职工622人，其中正式职工300人，聘用职工322人，拥有固定资产6528万元。2002年，销售卷烟81326大箱，同比增长0.9%，实现税利3155万元，同比增长51.25%，其中实现利润1972万元，增长61.2%。种植烤烟1.92万亩，收购烟叶1.03万担。共查处涉烟违法案件313起，收缴非法卷烟1675件，烟叶、烟丝1197吨，公开销毁假烟、劣质烟丝、烟叶15场（次），刑事拘留9人，行政拘留2人，逮捕4人，判刑2人，上缴罚没款284万元。 （王可云 袁秋亮）

贺州市烟草专卖局（公司）

地级贺州市烟草专卖局（有限责任公司）于2002年元月挂牌成立，下辖4个县（市）局（公司），现有职工483人，其中正式职工319人，招聘职工163人，拥有固定资产3550万元。一年来销售卷烟30641.2大箱，同比增长6.8%；实现税利2066万元，同比增长3078%，其中实现利润1126万元，比去年的47万元增加1173万元，企业由亏损走向盈利；辖区内收购烟叶3.78万担，烟叶生产得到恢复性发展；全年共查处涉烟违法案件192起，捣毁制假、贩假、黑配送窝点52个，查获“假、非、私”卷烟700件，烟叶、烟丝73958公斤及其他制假原辅材料一批；抓获制假贩假及抗拒延才转卖执法的违法嫌疑人19人，其中行政拘留14人，劳动教养5人。

（廖俊扬）

桂林市烟草专卖局（公司）

2002年，桂林局（公司）在区局（公司）的正确领导下，按照年初全区烟草工作会议确定的行业工作总体要求和具体工作部署，紧紧围绕罗毅局长在工作会议上提出的“四个坚持不动摇、七项重点工作”的要求，结合桂林烟草系统的工作实际，以“重打基础，再创辉煌”为基调，以彻底扭转桂林烟草“三个落后”（即观念和作风的落后、管理的落后、效益的落后）为突破口，狠抓了各项基础工作，切实转变思想观念和工作作风，管理上大胆创新，从而确保了全面完成全年的各项工作任务。

卷烟销售工作方面，全年实现卷烟销售总量127189大箱，比上年增长0.95%，完成计划销量126000大箱的100.94%，其中地产卷烟销量118092大箱，完成年计划销量117000大箱的100.93%，区外卷烟销量9097大箱，比上年增长59.76%，完成年计划销量9000大箱的101.08%。全年实现卷烟销售收入67579万元，比上年增加9422万元，增长了16.2%；地产烟草箱销售金额为4486元，比上年的4015元提高了471元；综合毛利率为15.9%，比上年增加了0.5个百分点。

实现利税5664.06万元，比上年增加了1924.74万元，增长了51.47%，完成年计划4950万元的114.43%。其中利润3954.23万元，比上年增加了1672.93万元，增长73.33%，完成年计划3430万元的115.28%；上缴税金1709.83万元，比上年增加251.81万元，增长了17.27%，完成年计划的112.49%。

其他经济指标的完成情况为：费用利润率为66.1%，比上年增加了25.7个百分点；毛利费用率为57%，比上年下降11.7个百分点；费用水平为9.4%，比去年同期下降1.2个百分点，说明财务状况良好。

专卖管理工作方面，全年共立案查处涉烟案件458件，查获各种非法卷烟2693.8件。其中，假冒商标卷烟421.3件，走私卷烟296.7件，非正常渠道卷烟1975.6件；收缴烟叶、烟丝231.7吨，滤嘴棒125万支，水松纸37箱（每箱6盘），卷烟盘纸162盘，烟盒、烟标、锡纸等约10件，以及其他用于制假的原料一批；查获各种烟草专用机械19台（套）；捣毁特大地下卷烟厂1个，端掉制售假等窝点79个，查处5万元以上的大要案10余起，行政拘留18人，刑事拘留13人，劳教1个，逮捕5人，判刑3人；罚没收入共计242.7万元。

截止2002年底，桂林烟草在职员工共计1006人，其中正式职工377人，聘用员工629人，退休84人，内退38人。

北海市烟草专卖局（公司）

北海烟草专卖局（公司）共有职工271人，固定资产2606万元。2002年共销售卷烟152923万支，同比增加18993万支；实现利税2340万元，其中利润1650万元，同比增长39%。全年共查处各类涉烟违法案件123起，查扣各种走私烟2008件、非法渠道卷烟116.368件，假冒商标卷烟69.44件，非法烟叶、烟丝20665公斤，罚没收入638.6万元。 **（王 天）**

钦州市烟草专卖局（公司）

钦州烟草专卖局（公司）共有在册职工88人。2002年共销售卷烟279314万支，比去年同期增长10.4%；实现利税2001万元，其中利润1239万元。全年共查处各类涉烟违法案件163起，查扣各种走私烟1621.56件、非法渠道卷烟230.12件，假冒商标卷烟36.15件，非法烟叶、烟丝28.35吨，捣毁制假售假窝点42个。

来宾市烟草专卖局（公司）

2002年，来宾市烟草公司坚持“狠抓基础，稳中求进”的行业指导思想，坚持广西烟草二次创业的发展思路，围绕“一要规范、二要改革、三要创新”的行业工作重点，与时俱进，狠抓改革创新，狠抓卷烟销售和专卖管理工作，对网点进行整合优化，合理布局网点，提高网络运行效率。认真抓好市场潜力挖掘工作，确保卷烟市场增量增效。全年卷烟总销量20792.75箱，完成年任务20880箱的99.6%，比去年同期18942箱增长9.77%，全年实现销售收入1.03亿元，比去年增长20%；实现税利822万元，增长36%；实现利润548万元，比去年同期增长63%。全年地产烟单箱销售额4058.9元，比去年同期增加139元。年人均消费卷烟达到5.38条，比去年同期增加0.49条。 **（邓文利）**

南宁卷烟厂 广西壮族自治区南宁卷烟厂拥有员工2600多人、固定资产13亿多元。2002年共生产各类卷烟39万箱，同比增加4万箱，增长11.5%；累计销售卷烟41万箱，同比增加4.2万箱，增长11.4%；实现利税7.1亿元，同比增加0.9亿元，增长14.6%；完成工业产值12.1亿元，同比增长15.1%。产品质量二级站抽检合格率达到100%。种植烤烟3万亩，收购烤烟7万担。

2002年，南宁卷烟厂狠抓了新产品的开发和老产品的改造工作，先后开发了新产品“大地飞歌”“御品真龙”，改造了“软盒特醇刘三姐”系列卷烟产品获广西名牌产品称号；“软盒特醇刘三姐”、“硬盒特醇刘三姐”、“恭喜”、“青竹”等品牌。其中“真龙”的焦油量加权平均分在全国烟草行业中排名第二。另外，“真龙”产品还连获三项殊荣：“全国质量信得过食品”（包括“刘三姐”品牌）、“全国卷烟检验综合评比第一名”、“全区2002年度一等品卷烟评定第一名”。

柳州卷烟厂 柳州卷烟厂始建于1946年，现有员工1700人，老厂区占地面积16万平方米，新厂区占地320亩，拥有固定资产总值20亿元，年产卷烟50万大箱，是全国烟草行业36家重点卷烟生产工业企业之一。荣获2002年度“全国五一劳动奖状”。近两年来，柳州卷烟厂大胆深化改革，推进技术进步和科技创新，全面推进二次创业，企业实现了跨越式发展，经济效益大幅提高。2002年，完成卷烟产量44.6万箱，卷烟销售45.8万箱，税利8.1亿元，利润一亿元，均创历史新高。同时，投资六亿元的柳州卷烟厂新厂也于2002年12月顺利实现了生产线联动。

广西鑫叶肥料有限责任公司

广西鑫叶肥料有限责任公司属合资经营企业，1996年成立，1997年一月生产线投料试产，2001年被国家烟草专卖局列为烟用化肥定点生产企业。公司总投资772.46万元，其中广西区烟草公司占总投资的80%，武鸣县氮肥厂、武鸣县政府办占总投资的20%。公司占地31.2亩，年产2万吨复混肥，生产线为转鼓造粒，热风干燥流程。公司现有员工50人，其中管理人员15人。公司以生产烟草专用肥为主，也生产水稻、水果、甘蔗、玉米、蔬菜等农作物用肥。2002年，公司坚持以质量为本，在激烈的市场竞争中，依靠烟草专用肥的市场优势，不断扩大普通肥销售，全年完成销售收入742.33万元，实现利润11.7万元。 **（马德祥）**

北海甲天下国际大酒店 广西北海甲天下国际大酒店是由广西烟草专卖局（公司）、广西柳州卷烟厂、广西北海烟草分公司共同投资的四星级商务旅游型酒店。酒店地处北海市商贸、金融中心区，交通便利，距车站、码头、机场仅5～20分钟车程，与闻名遐尔的“天下第一滩”银滩仅咫尺之遥。酒店总建筑面积2.88万平方米，楼高72米，共21层，整体建筑典雅别致，气势恢宏，深富时代特色和海洋气息，实为各界人士商洽、会议、观光的理想选择。

2002年，酒店在董事会的正确领导下，对内狠抓软硬件建设，提高对客服务质量，对外扩大宣传，树立酒店品牌形象，以新的经营思路，新的营销措施，实现了经济效益和社会效益的双丰收。

南宁伊灵烟叶复烤厂 南宁伊灵烟叶复烤厂位于广西南宁市武鸣县内，2002年6月投产，厂区占地760000平方米，拥有员工300名，工业能力为6000kg/n，年复烤能力为30万担烟叶。投产以来不断地完善设备、工艺、和质量管理，确保生产顺利进行，质量稳步提高，设备有效作业率由投产时的75%逐步提高到年末的89%。出片率平均67.2%，其中上等烟为68.2%，中等烟为67.4%，下等烟为66.1%，大、中片率平均达到88.1%，质量抽检合格率达99.8%。2002年共加工烟叶20.91万担，实现产值1251万元，税金213万元，利润382万元。

刘三姐艺术团 广西南宁烟卷烟厂“刘三姐”艺术团组建于1996年，演员均来自区内外各艺术院校及各专业团体，其中声乐演员和部分舞蹈节目先后在全国、全区各种文艺比赛中获奖。

几年来，刘三姐艺术团长期坚持深入农村、各地、市县和部队进行慰问演出，送戏下乡，足迹遍及八桂大地，每年演出近百场次。深受广大群众的喜爱，成为一支活跃在广西精神文明建设战线上的小分队。特别是自2000年以来，先后与中央民族歌舞团、中国人民解放军总政治部歌剧团、彭丽媛、蒋大为、阎维文、张燕等联袂演出了刘三姐之夜、真龙之夜、大地飞歌之夜等大型歌舞晚会；连年参加了广西电视台举办的广西春节联欢晚会、及历年南宁国际民歌节等的演出。展现了新时代刘三姐人的风采，树立了企业形象，为企业赢得了荣誉。

目前，刘三姐艺术团正以新的风姿、饱满的热情，在新的世纪里为丰富广大人民群众的业余文化生活、为城乡精神文明建设而歌而舞。

重庆市

渝中区烟草专卖局（分公司）

渝中区烟草分公司现有在册职工112人，下设6个管理部门、5个访销部、5个专卖管理所和2个多种经营企业。2002年公司销售卷烟13.37万箱（万支/箱，下同），比上年增长5%；实现销售收入2.7亿元，税利1890万元，其中利润1005万元。

年内按照全市“批零同盟、全面访送、三线互控、四流贯通”的网建基本要求，以“延伸网络、强化服务；全面访销、集中配送；流程再造、互动互控”为运行模式，全面启动了卷烟营销大配送工程，使企业网建工作的整体水平迈上了一个新台阶。

在专卖管理工作方面，深化政府卷烟打假目标责任制，加强专卖户籍化管理，提高辖区市场净化率，全年查办案件2740余起，其中大要案21起，案值逾万元的33起；收缴各类违规卷烟1931余件，实现罚没款130余万元。并获得重庆市政府卷烟打假工作一等奖表彰。

在精神文明建设方面，以创建市级“最佳文明单位”和“模范职工之家”为契机，切实加强和改进思想政治工作，进一步推进企业精神文明建设。2002年，先后被重庆市文明办和重庆市总工会分别授予“市级最佳文明单位”和“市级模范职工之家”称号，两个文明建设协调发展。 （文　彬）

江北区烟草专卖局（分公司）

江北区烟草公司组建于1985年，现有在册职工130人，下设办公室、财会科、营销网建科、专卖管理科、人事劳资科、安全保卫科和1个访销配送中心(下辖城网访销部、城网配送部、农网访送部)、2个专卖管理所、1个稽查队。目前拥有固定资产1360余万元，经营和办公用房2500多平方米，符合卷烟仓储标准的库房1000多平方米。

2002年，公司共销售卷烟10.96万箱（万支/箱)，实现销售收入2.15亿元，实现利润756.3万元，分别比2001年增长13.9%、26.2%、444.1%，多项经济指标均创造了公司自成立以来的最好水平。

在专卖管理方面，公司长期坚持“内管外打、守土有责”的方针，一方面通过建立和完善各项专卖管理制度强化内部管理，另一方面花大力气整顿和规范了卷烟市场秩序，重拳出击严打各种涉烟违法犯罪活动，2002年共查获各类违法违规案件4071件，查获违法违规卷烟4.75万条和违法烟叶700多担，罚没收入达74.7万元，并协助公安机关对7名违法烟贩进行了刑事拘留。

在精神文明建设和党的建设方面，公司在连续3年被评为区级“最佳文明单位”的基础上，2002年4月被中共重庆市委、重庆市人民政府命名为“市级文明单位”；公司党支部在2002年“七·一”时被上级党组织连续第6年命名为江北区“先进基层党组织”。

（李小华）

南岸区烟草专卖局（分公司）

重庆市烟草公司南岸区分公司成立于1985年12月，现有职工141人，设6个科室，7个专卖管理所，1个稽查支队，5个城网访销部，2个农网访送部，1个多经企业。2002年公司按照“风正、心齐、敬业、自强”的企业精神和“一流的经济效益、一流的管理水平与硬件设施、一流的职工队伍、一流的职工收入和福利待遇”的企业目标，在生产经营、专卖市场管理、精神文明建设方面都取得了较大的成绩。

2002年在业务经营上推行卷烟营销网络大配送，实行全面访销、全面送货，全年销售卷烟2.43万箱，比上年增长17%；完成销售收入（不含税）1.99亿元，增长19%；毛利2607万元，增长50%；实现利税1233万元，增长126%。

2002年在专卖市场管理上贯彻“属地管理，守土有责”的方针，筑牢“三条防线”，累计出动打假打私14.31万人次，查处案件5285起，没收或收购无标识卷烟4190条，上缴财政罚没款72.22万元，全区市场净化率达到98%以上。

2002年在精神文明建设上以邓小平理论和三个代表重要思想为指导，围绕中心服务大局，认真开展党员干部队伍和职工队伍的建设，坚持两手抓、两手硬，为生产经营和专卖管理提供强大的精神支持和智力保障，2002年公司荣获重庆市文明办授予的“重庆市文明单位”，公司领导班子荣获市局授予的“四好领导班子”，公司荣获南岸区“优秀模范职工之家”、“政研工作先进单位”、重庆市“模范职工之家”。

（舒　强）

大渡口区烟草专卖局（分公司） 大渡口区分公司成立于1985年，现有职工78人，设有办公室、财会科、专卖管理科和营销网建科及1个卷烟配送中心，2个访销部和2个专卖所。

2002年销售卷烟4.66万箱，比上年同期增长16%；卷烟销售额0.68亿元，比上年同期增长14%；实现税利430万元，比上年同期增长207%；全年共查处违反烟草专卖管理规定的案件336起，罚没款15.6万元。

在企业文化建设方面，坚持以“三个代表”重要思想来武装职工，以“以小搏大，永争一流”的企业精神来凝聚职工，以“与时俱进，开拓创新”的进取风范来激励职工，精心打造生动活泼、可持续发展的烟草事业。

在企业内部改革方面，大刀阔斧地对企业的干部人事制度、劳动用工制度和分配制度等进行改革，形成了“干部能上能下，职工能进能出，收入能增能减”的弹性管理体系。

在市场管理方面，在严厉打击卷烟违法违规的行为的同时，重点开展了整顿和规范市场经济秩序及“户籍式”的管理模式，把宣传法规、文明执法和服务客户的理念，贯穿于专卖管理的全过程，建立了一个稳定、有序的卷烟市场。

在营销网建工作方面，以客户满意为宗旨，以情感服务为手段，成功实现了由下伸网点向全面访销配送的转变；由手工操作向以信息化管理为主要特征的流通方式的转变，使企业的管理和服务水平，市场占有率和控制力均有了较大的提高。

局（公司）也先后被授予“直辖市首届文明单位”；“重庆市职业道德建设先进单位”；“大渡口区先进基层党组织”等荣誉称号。2002年11月，公司还通过了重庆市级最佳文明单位的验收。 **（张　蔚）**

九龙坡区烟草专卖局（分公司） 九龙坡区烟草分公司成立于1985年12月，现有职工120人，设有办公室、财务科、专卖监督管理科、营销网建科、信息中心及1个物流配送部、2个城网访销部，3个农网访送部。2002年实现销售收入2.74亿元，销售卷烟15.54万箱（万支/箱），利税1705.15万元，其中利润1068.90元，分别比2001年增长41.1%、27.4%、79.8%、105.6%，企业资产负债率由年初的73%下降为30.3%，取得历史以来的最好成绩。

卷烟经营方面，按照市局《14城区公司网建联动实施方案》，改革网络运行体系，进行了流程再造，得到了国家局和市局及全市烟草行业的认可，被市局评为网建联动网建工作优胜单位。

专卖管理方面，全年共查获案件1782起，没收伪劣卷烟800余件，没收卷烟428.63件，没收生产假冒制烟工具6台，假冒专卖标识3万枚，伪劣卷烟标值300万元，抓获贩、销假烟人员28人，刑事拘留6人，批捕2人，判刑2人，罚没款217万元。被市局评为专销工作先进单位。

财务管理方面，建立健全了财务制度，出台了《重庆市烟草公司九龙坡区分公司财务管理办法》和《费用管理办法》，加强资金管理和会计基础工作规范化管理，2002年财务费用为43.2万元，比2001年的67.9万元降低了24.7万元。

精神文明建设方面，贯彻“两手抓，两手都要硬”的方针，坚持以人为本，大力开展群众性精神文明创建活动。被市委、市府命名为“重庆市最佳文明单位”，被市烟草专卖局评为党风廉政建设先进单位。 **（范雪萍）**

沙坪坝区烟草专卖局（分公司） 沙坪坝区烟草公司现有职工146人，下设4个职能科室，2个专卖管理所，4个卷烟销售网点，固定资产1236万元。2002年，公司累计销售卷烟130126万支，销售金额24099万元，实现利税1720万元，其中利润1066万元。

2002年，公司在“求实创新、和搏一流”的企业精神鼓舞下，以经济建设为中心，以结构调整为主线，内强素质，外树形象，努力拼搏，销售收入达到24099万元（含税），利润突破千万元，实现了历史性跨越。

公司建立三级督查考核制度，力抓营销、专卖、后勤三条主线，层层落实责任，确保任务完成。营销工作以网建为核心，以市场为导向，按“批零同盟、全面访送、三线互控、四流贯通”的模式不断提高网建整体水平，提升卷烟销量和结构。专卖工作以户籍化管理为本，以百日打假为契机，加强许可证管理，形成以我为主、归我管理、由我调控的市场格局；组建卷烟零售协会，鼓励诚信经营；狠抓“素质年”建设，专卖人员培训面达100%，锻造了一支文明之师。财务工作以整顿财经秩序为重点，完善各项规章制度，实行全面预算管理，增收节支，挖潜增效，堵塞漏洞。

公司精神文明建设与经营性工作同布置同落实，加强党群建设、领导班子建设和企业文化建设。公司“三个文明”齐头并进，协调发展，先后获得“市级文明单位”、“市级模范职工之家”、“市级五四红旗团支部”和“市局四好领导班子”等多项殊荣。 **（张　萍）**

北碚区烟草专卖局（分公司）

重庆市烟草公司北碚区分公司组建于1985年12月1日，现有职工91人，设三科一室，一个信息中心。2002年公司销售卷烟108364箱，实现销售收入15583.45万元，实现税利816.23万元，其中利润368.47万元。

根据企业“十五”发展规划，2002年继续深化“管理细微工程、网络创星工程、专卖创优工程”新三项工程。牢固树立市场观念，紧紧把握“网建生命线”，强力推进营销网络大配送和专卖户籍化管理。组建北碚卷烟零售协会，强化批零同盟；推行政府打假目标责任制，与全区17个镇、2个街道办事处以及299个村签订了《打假目标责任书》；加大追刑力度，使北碚最大的假烟贩子谢肇明被依法判处有期徒刑三年。

该公司注重深化以财务为核心的企业内部管理，加大督查力度，实施细微管理，追求有效劳动，服务增值。同时，优化整合职工队伍，2002年7月实施“人事、用工、分配”三项制度改革，充分调动职工积极性，推动了企业不断向前发展。

该公司一贯重视精神文明建设，强调经济工作与政治工作同频共振，齐头并进。2002年，该公司以深化营销网络建设和专卖户籍化管理为工作重心，以加强内部管理和提高服务水平为工作主线，以人才塑造工程为工作亮点，积极开展市级最佳文明单位创建活动，使企业运转规范，氛围良好，拥有了一支高素质的职工队伍，企业效益上了新台阶，企业形象有了新改观，实现了精神文明建设与经济工作齐头并进的良好局面。 **（翁春燕）**

巴南区烟草专卖局（分公司）

重庆市烟草公司巴南区分公司有在职员工226人，卷烟零售户3661户。2002

年总购进卷烟14.01万箱（万支/箱），卷烟销售总量14.07万箱（万支/箱）。全年销售收入1.69亿元，实现税利817万元，其中利润430万元，分别比上年增长了9.63%、45.63%和136.27%。

专卖管理以开展卷烟零售客户合理布局，整合市场资源为工作重点。对卷烟零售客户实行“量化管理、牌位定级、分级考核”，并坚持内管外打，强力控管市场。加强内部管理、证件管理和量化管理，努力提高专卖管理执法水平。全年累计查处各类卷烟违法案件706起，查处大案、要案5件，查获价值76万元的各类卷烟223余件，收缴罚款16.55万元。

营销工作在对城网实行“二改三”的轮次访销的基础上，深化农网大配送，采取先行试点，然后全面推行的办法，将原有移库代销式的农网访送模式，全面提升为了“邮递式”访送分离的运行模式，实现了“商流、物流、资金流、信息流”全面贯通。

精神文明建设以坚持开展“三能一心”（能讲、能写、能做和增强爱岗敬业责任心）为教育内容，加强了队伍建设。健全了员工制度管理、效能管理、人性化管理机制。大力开展“三项制度改革”，切实贯彻干部能上能下、员工能进能出、收入能多能少的激励机制。定期举办了寓教于乐的群众性精神文化活动。2002年荣获市级“文明单位”称号；被市局（公司）评为年度“网建优胜单位”和“专卖优胜单位”；档案目标管理工作达国家局优秀等级；党支部工作被巴南区直属机关评为“五好党支部”，两个文明建设有了长足的发展。

（贺　敏）

万盛区烟草专卖局（分公司）

重庆市烟草公司万盛区分公司现有职工47人，拥有固定资产472万元。2002年，销售卷烟45240.8万支，人均销量8.51条，实现利润153.5万元，比上年增长83.3%，上缴税金235万元，增长18.7%。

在专卖管理和营销工作中，突出服务意识，建立起“政府协管网、专卖管理网、协会自律网”的专卖管理模式；利用现有网络，积极探索对非烟商品的销售代理，实现网络增值；组织开展卷烟零售协会督查活动，共查获违约经营行为64起，扣款金额1.2万元；组建零售客户学校，向客户开设知识讲座，提高客户经营水平和诚信意识。卷烟市场进一步规范，被评为全国烟草专卖管理先进集体。

加强党建及精神文明建设，突出人本管理，抓好“党员、干部、职工”三支队伍教育，积极开展竞赛评比活动、扶贫捐助活动，凝聚人心、提升企业形象。全年共资助贫困学生20人，捐资7400余元。公司工会被评为重庆市模范职工之家。

（甘　芳）

合川市烟草专卖局（分公司）

重庆市烟草公司合川分公司现有职工121人，设有7个科室、2个稽查队、5个专卖管理所、4个卷烟配送部，拥有固定资产733万元。

2002年购进卷烟16.1万箱（万支/箱，下同），比上年增长33.37%；卷烟销售16.07万箱，增长5.21%；实现利税460万元，增长97.42%，其中利润130万元，增长148%。被合川市政府和市工商局评为2002年度“优势企业”和授予“免检企业”称号。

专卖管理工作成立了以合川市常务副市长任组长的“合川市卷烟打假领导小组”，每月召开一次联系会。4月，政府落实与各镇街签订卷烟打假目标责任书。在专卖“素质年”建设中，105名专卖管理员参加了全国专卖执法人员统一考试。全年共出动5万余人次进行检查，查处案件1548起，查处各类卷烟1059件，烟叶5000公斤，案值81.70万元，罚没收入97.10万元。

营销网建管理工作将全市网建布局由原来的20个经营部调整为4个配送部。全面实行访销大配送工作，加强“三线互控”工作，实行POS机访销。全年网建投入共计60余万元。在全市召开经烟户座谈会共80余次。

在企业内实行费用预算管理，严格内部审计，加强内部调控。实行劳动、用工、分配三项制度改革，对各配送部的访送组实行竞聘上岗，职工双向选择。完善考核激励机制，搞好绩效工资制。

精神文明建设工作落实“四五”普法工作，机关中干以上24人次参加了政府组织的“四五”普法考试。学习党的十六大精神、“七一”讲话和“三个代表”、WTO知识，支持地方再就业工程，被合川市委、市府评为2002年度“再就业工作先进集体”。

（涂禹伦）

江津市烟草专卖局（分公司）

重庆市烟草公司江津分公司下设5科1室，11个专卖管理所，32个自建经营网点，23个招聘访送点，现有职工240人。

2002年共销售卷烟3.32万箱，完成计划的114.8%，与上年同比增长5%。全年实现税利381.7万元，与上年同比增长138.56%，其中利润72.5万元，与上年同比增长490.25%。查获违法、假冒卷烟案件775起，销毁假冒卷烟813件，实现罚没款55.5万元。

2002年公司按照国家局“狠抓基础，稳中求进”的指导思想和“一要规范，二要改革，三要创新”的工作重点，强化管理，勇于创新，抓住机遇，深化企业内部改革，夯实基础，全面推进大配送营销网络建设，在卷烟销售、市场净化、经济效益等方面取得了好成绩。

在精神文明建设中，公司始终坚持“两手抓、两手都要硬”的方针，狠抓精神文明建设，深入推进“四好”领导班子和“四有”职工队伍建设，加强职工教育，深入开展党风廉政和反腐败工作，进一步推行民主集中厂务公开制度，积极开展丰富多彩的活动，文明创建工作得到纵深发展，年内被江津市评为文明单位、双拥先进单位、先进职工之家。

（贺　明）

永川市烟草专卖局（分公司）

重庆市烟草公司永川分公司现有职工190名，下设三科一室一部，有10个专卖管理所，3个稽查中队，1个访送中心，40个卷烟销售网点。

2002年，专卖专营工作，围绕“三网并进、批零同盟、规范管理、深化网建、提升质量”的工作思路和争创“明星企业”的目标，以提高市场占有率和市场控管力为中心环节，加强专卖管理，积极整顿和规范经济秩序，强化营销网络建设，积极调整卷烟销售结构，不断完善内部管理，经济运行质量稳步提高。

全年卷烟购进13.94万箱（万支/箱），同比增长18.91%，销售总量14.74万箱，增长15.07%；实现销售收入2.06亿元，增长54.09%，实现税利522.14万元，增长69.16%，其中利润382.5万元，同比增加367.53万元，各项经济指标处于历史最高水平，连续三年获得永川市政府“商业十佳”称号，被重庆市烟草专卖局授予2002年度全市专销工作先进单位。认真开展“安全生产达标年”活动，成绩显著，被重庆市烟草专卖局评为2002年度安全保卫工作先进单位。

精神文明建设工作继续按照最佳文明单位的要求，内强素质，外树形象，继续坚持以人为本，把抓队伍建设作为抓发展的“第一要务”。与时俱进抓党建，以创建“五好党支部”为载体，深入开展“三要三不要”教育，进一步加强党风廉政建设和反腐败斗争，年内被永川市纪委评为党风廉政建设责任制考核一等奖，被重庆市烟草专卖局党组评为纪检监察工作先进集体。 **（易炼红）**

万州区烟草专卖局（分公司）

重庆市烟草公司万州分公司，肩负着万州区烟草市场专卖管理、卷烟销售、烟叶生产经营等职能。公司现有职工576人，下设城区配送部和16个卷烟访送（销）部（专卖管理所），52个卷烟访送点，拥有固定资产2545万元。

2002年，公司主动适应重庆烟草行政体制调整，顺利完成分（区）两级公司合并重组、万州烟叶复烤厂关闭、多元化企业改制等工作。信息化在完成卫星C站建设的基础上，注重信息系统的升级改造，实现了内部网络数据集成化。营销网建大配送工作方面，全年购进卷烟18.72万箱（万支/箱，下同），销售卷烟18.92万箱，分别同比增长6.8%，9.3%，销售骨干品牌37250箱，完成年计划106.2%。种植白肋烟7800亩，收购烟叶近2万担，达到了产销平衡。科技兴烟，完成了国家局、重庆市局安排的白肋烟生产技术研究等课题任务，拍摄制作了《白肋烟生产技术》光盘，填补了国内空白并获奖。全年实现销售收入35830万元，创利润925万元，缴纳税金698万元，各项经济指标都有所突破，企业综合实力有所增强。

在卷烟打假年中，整顿规范工作富有成效，落实两个专项整治，严厉打击涉烟犯罪活动，狠抓客户合理化布局工作，创造了重庆市缴获假冒卷烟数量、涉烟犯罪判刑人数两个第一。全年查处案件1545起，捣毁售假窝点117个；没收（收购）卷烟1702箱，价值187万元；缴获假冒卷烟1934箱，标值116万元；查获违法烟叶3100担；依法对涉烟犯罪人员治安拘留3人、刑拘20人、判刑4人；取缔无证客户1095户，取消违规客户经营资格862户。

多元化企业金叶烟草有限公司改制后，资源得到优化配置，扩大了规模经营，全年实现销售收入1123万元，创税利45万元。

公司在狠抓规范管理、理性经营，全面完成生产经营目标任务的同时，注重党风廉政、人才队伍、精神文明等建设并取得了丰硕成果，企业先后被重庆市局评为精神文明优胜单位，纪检监察、安全保卫、多元化企业、仓储管理先进集体，网建联动、专销工作、职业技能达标先进单位，荣获地级“文明单位”称号等行业内外多种殊荣。

（任开训）

黔江区烟草专卖局（分公司）

顺应重庆烟草体制改革，黔江区烟草专卖局（分公司）于2002年7月由原黔江分局（分公司）与原黔江区局（公司）合并成立，下设15个烟草站，63个烟草点，1个烟叶复烤厂，1个烟草良种繁殖基地，共有职工553人。

2002年，局（司）认真贯彻落实国家局提出的“市场引导，计划种植，主攻质量，调整布局”的烟叶生产方针，烤烟生产取得了恢复性发展的较好成绩，生产收购数量在国家计划内有较大幅度增长，质量明显提高。全区种烟面积7.3万亩，收购烟叶13.1万担，比上年增长14.9%，上等烟比例25.1%，比上年提高9个百分点。烟农收入5300万元，烤烟农特税1032万元。

切实加强卷烟销售网络建设，着力提高对市场的控制力，同时加大对地产烟的宣传促销力度，促进了卷烟销售任务的超额完成。2002年销售卷烟65664箱（万支/箱），完成计划的108.1%。

坚持内管外打，全面加强烟草专卖管理，两烟市场经济秩序进一步规范。2002年查处卷烟案件48起，涉及卷烟100余件，查处烟叶案件3起，涉及烟叶2万余公斤。

始终坚持“两手抓，两手都要硬”的方针，切实加强精神文明建设。2002年，局（司）机关继续较好地保持了市级文明单位和市级爱国卫生先进单位，原有的9个烟草站保持区级文明单位和区级爱国卫生先进单位，新建的6个烟草站正在申报争创区级文明单位和区级爱国卫生先进单位；局（司）党风廉政建设和安全生产受到市局（公司）和地方党委、政府表彰。局（司）系统正焕发出“以人为本聚合力，齐心协力谋发展”、“艰苦创业，激情创业”的良好精神风貌。 **（邓正华）**

涪陵区烟草专卖局（分公司）

涪陵烟草分公司现有职工346人，中级以上技术职称23人。设有9个科室、10个专管所、2个烟叶生产经营站、9个农网卷烟访送部、25个卷烟送货服务点，1个城网卷烟访销部、1个卷烟配送部、1个卷烟专营店、14个烟叶收购点。拥有固定资产2573万元，经营用仓库1000m²、营业面积3000m²。

2002年销售卷烟17.35万箱（万支/箱），收购烤烟1.32万担，依法查处各类烟草违法案件733起，查获卷烟416件，罚没收入54.3万元。实现主营业务收入2.97亿元，实现利税1767万元，其中税金885万元。

卷烟购销实施了以客户为核心的“三对一”服务管理模式，城农两网稳步推进。

专卖管理推行了“三线互控”、“三层督查”及户籍化回访制度，成立了卷烟零售协会，构筑了批零同盟堡垒。

烟叶生产步入科技兴烟进程，质量和产量逐年攀升。企业管理跃上了新台阶、规范化、办公自动化日趋完善。

2002年，开展了争创市级文明单位活动，继续保持了最佳区级文明单位、爱国卫生、计划生育、社会治安综合治理、文秘工作、安全生产、卷烟销售网络建设、科技兴烟、专卖管理等先进单位的荣誉称号，档案管理保持了重庆市机关档案二级标准。公司在全市批发零售贸易企业50强中榜上有名。

（吴必强）

重庆烟草工业有限责任公司

重庆烟草工业有限责任公司是1998年11月8日经国家烟草专卖局批准，由重庆卷烟厂、涪陵卷烟厂等企业按现代企业制度规范进行资产重组而成。公司烟草主业现有职工总数2660人；资产总额29亿元；年综合生产能力50万箱，年创税利10多亿元，国家大型二级企业，全国烟草行业36家重点企业和11家现代企业制度试点单位之一，重庆市第一纳税大户，工业企业50强第一名。

2002年完成卷烟生产计划46.5万

箱，销售46.6万箱，产销率100%；完成工业总产值（现价）23亿元；实现销售收入23.30亿元；实现税利总额13.50亿元，同比增长7%，其中利润1.7亿元；全员劳动生产率为56.68万元。单箱税利2901元，同比增长7%。全年生产一类烟2万箱，占4.3%；二类烟6万箱，占13%；三类烟12.4万箱，占27%。

公司技术改造总体规范方案经国家烟草专卖局正式批复同意后，从2001年起实施，计划在5年内总投资5亿元。生产二部（原涪陵卷烟厂）实施就地改造，投资1.36亿元完善20万箱生产能力工程于2002年5月1日完成改造并正式投产；生产一部（原重庆卷烟厂）从弹子石易地搬迁到涂山工业园区工程，目前已完成征地有关手续，计划2005年完工，全部工程投资近4亿元。整个技改总体规划实施完成后，公司将成为在管理和技术装备上具有国际先进水平的现代化卷烟生产企业，年创税利将达到20亿元，在1998年公司成立之初的基础上翻一番。

公司拥有“宏声”和“山城”两大名优系列产品。重点牌号有“天子”、“龙凤呈祥”、“金牌宏声”、“金牌重庆”、“精品宏声”、“特制山城”、“蓝山城”等。“宏声”、“龙凤呈祥”两大系列卷烟为“国家权威检测合格产品”和“国家名优烟”，“天子”系列被评为重庆市名牌产品。目前公司“宏声”、“龙凤呈祥”、“天子”、“山城”等四大系列产品分别获得“国家名优卷烟”、“国家优等品”和“重庆市名牌产品”等称号。

公司2002年获得“全国五一劳动奖状”，继续保持“重庆市最佳文明单位”称号，评为“全国精神文明建设先进单位”。 **（程　彧）**

黔江卷烟厂

黔江卷烟厂有职工1400余人，资产总额11亿元，年创税利近4亿元。2002年的生产经营业绩和经济运行特点主要表现在：

经济运行质量实现了跳跃式增长 全年生产卷烟22.2万箱（5万支/箱），实现销售收入82688万元，同比增长48.4%；全年实现税利37960万元，同比增长47.6%。实现单箱税利1708元，同比增加514元，增长43%。

销售形势良好，市场得以进一步拓展 全年销售卷烟222227箱，产销率100.1%；为适应全市商业流通体制改革，企业迅速提出了“巩固市内市场求生存，开拓沿海市场求发展”的营销工作思路，初步形成了“以重庆市场为主体，三江一川（浙江、江西、江苏和四川）市场为重点，其他市场为补充”的市场格局，全年市外销售卷烟19241箱，同比增加16921箱，增长5.5倍。

品牌成长步伐加快，产品结构稳步提升 按照“稳住低档保市场，主攻中档增效益，培置高档树形象”的产品开发思路，全年生产盖烟140616箱，占总产量的63.2%；生产一、二、三类烟72021箱，占总产量的32.39%，增长2.66倍；重点品牌“朝天门”（红精品）生产40600箱，占一、二、三类烟的56.37%，实现销售收入27433万元，税利13371万元。

深化改革，强化管理，企业管理水平不断提高 2000年10月，企业开始推行ISO9001国际质量管理体系，2001年7月进入试运行，2002年9月顺利通过第三方认证，从而使企业管理水平进入了一个新的发展阶段。同时，根据行业要求和企业发展需要，实施了信息化建设，建立了ERP系统，完成了MIS系统规划和系统建设定位，2002年，企业信息化建设被列为国家烟草专卖局工业企业管理信息化试点企业。

多元化产业发展迅速，成效显著 在狠抓主业的同时，坚持多业并举的方针，集工业、商业、服务业于一体的跨所有制、跨区域、跨行业的多元化经营实体——黔龙集团现拥有资产近2亿元。坚持“借力起飞”，与浙江诸暨烟草公司等筹建了重庆钱塘房地产开发公司，初步走出了“突破主业求发展”的重要一步。全年多元化产业实现营业收入15400万元，税利1350万元，同比增长73.5%和40.9%。

精神文明建设迈上新的台阶 本年，企业获得并保持了“全国模范之家”称号，巩固了“重庆市先进基层党组织”成果，通过了“重庆市50家最佳文明单位”复查验收，同时还获得了重庆市“群众性体育先进单位”、“全民健身周先进单位”和“市级园林式单位”等称号。 **（王世平）**

重庆金益烟草有限责任公司

重庆金益烟草有限责任公司是由中国烟叶生产购销公司、重庆烟叶生产购销公司共同出资7000万元，依照《公司法》组建的具有独立法人资格的打叶复烤加工企业，隶属于重庆市烟草专卖局管理。公司占地面积300余亩，建筑面积6万平方米。公司拥有总资产2.8亿元，其中，固定资产原值1.5亿元，净值1.38亿元。现有职工171人，其中大中专以上学历9人，占52%。设计年产打叶复烤生产能力120万担，现已建成年产60万担打叶复烤生产线，主要生产设备由昆明船舶公司制造的具有国内外领先水平的麦克它维奇打叶、普洛克特复烤、菲思本型预压打包设备三部份组成，整线采用集散控制系统，具有较高的自动化水平。

第一条60万担打叶复烤生产线于1997年12月8日奠基，1998年4月18日正式开工，1999年10月8日竣工投产。1999年加工烟叶12.7万担，2000年加工烟叶24.4万担，2001年加工烟叶43.8万担。2002年，打叶复烤烟叶93万担，实现销售收入11164万元、税金1499万元、利润1046万元。

公司组建以来，着力实施强化基础管理、提升产品质量、塑造金益品牌三大工程，收到明显成效。2002年，公司顺利通过ISO9001质量体系认证和ISO14001环境体系认证，成为打叶复烤行业首家一次性通过质量体系和环境体系双认证的打叶复烤企业。与国内35家重点烟厂和国外德蒙、环球、大陆跨国公司产生了业务关系，各项加工质量指标达到并部分超过了行业标准，顾客满意度持续攀升。公司信用等级达AA级，2002年被市人民银行评为“诚实守信”企业、市地税局评为“诚信纳税单位”、市烟草专卖局评为“安全生产先进单位”、市文明委评为“市级文明单位”。公司整体步入良性循环轨道，呈现出良好的发展势头。

目前，为适应加入WTO和行业体制改革的要求，公司将按照“质量为本、信誉兴业”的战略思想，秉承“求实、求精、求新”的企业精神，群策群力拓市场、百折不挠塑品牌、同心同德谋发展、沉心静气练内功，以强化基础管理为先导，以提升产品质量为重心，以塑造金益品牌为归宿，推进公司持续、稳定、健康发展，把公司建设成为市场空间大、产品质量优、竞争实力强的全国打叶复烤明星企业。

重庆万兴烟叶有限责任公司

重庆万兴烟叶有限责任公司是国家烟草

专卖局和重庆市局重点扶持的三峡库区移民迁建技改企业。公司由重庆烟草工业公司、万州分公司及万州片区各产烟县公司等股东单位共同出资组建的股份制企业，主要从事烟叶（烤烟、白肋烟）的加工及出口备货。公司占地面积100亩，注册资本4000万元，现有职工180人。

公司现有6000kg/h打叶复烤生产线一条，年加工烟叶40～50万担，是我国现在建成的第一条既能加工烤烟，又能加工白肋烟的专用生产线。其设备加工性能先进，可靠性强、稳定性好，可适时调整不同种类的打叶复烤技术参数，能充分满足国内外客户的需要，是目前我国较先进的打叶复烤生产线。公司还按国家局三级质量检测站的要求，设有物理检测室、化学分析室。配备了从荷兰引进的SKALAR全自动化学流动分析仪器、德国生产的全自动蒸溜水器、布拉本德全自动水份仪等先进的质量检测仪器。能快速检测烟叶的各种理化指标，对产品质量进行全面检测控制。

2002年4月公司投产以来，加工烟叶的各种指标均达到和超过了行业标准，深受国内外客户的信任和好评。

公司本着“质量第一、客户至上”的经营宗旨，用优质的产品和科学管理赢得客户的满意。公司坚持以科技发展生产力，以人为本的经营理念，用一流的服务，打造一流的产品，竭诚为您提供一流的服务。 （张　扬）

四川省

成都市烟草专卖局（分公司）

成都市烟草专卖局（分公司）下辖18个区、县（市）烟草专卖局（分局、中心）、一个物流中心，共有在岗职工2162人。2002年全市行业共销售卷烟33.89万箱，同比增长13%，其中销售一类烟2.92万箱，同比增长22个百分点；销售二类烟6.63万箱，同比增长60个百分点。实现税利53512万元，同比增长120.77%，其中实现利润43028万元，同比增长114.84%。提前三年完成了“十五”规划目标，跨入全国烟草行业一流省会城市的行列。

建立中心物流库，实现“全面访销、集中配送”是成都烟草2002年网建工作的重点。物流中心总投资1500万元，占地面积35亩，共有送货车辆72台，送货人员137人，主要负责成都六城区13000余户零售户和70家大型商场（超市、酒店）的配送工作。从8月7日物流集中配送正式启动至年底，共配送卷烟56198.6箱，收回货款6.4亿元，为实现全市行业商流和物流的彻底分离奠定了基础，积累了经验。从六月试点成功至年底，已在城区14个访销部发展了8074户烟草金融IC卡用户，刷卡结算金额为12154.65万元，最高日结算金额达307万元。

在2001年取消13个区、县（市）公司法人和委托法人资格的基础上，2002年，继续加大体制改革力度，逐步取消了最后6个县（市）公司的法人资格，将其全部改制为卷烟营销管理中心，全面完成了改制任务，形成了以分公司为主体的经营管理新格局，为做大市场、做强企业创造了有利条件。

市烟草专卖局于8月推出了《零售户积分分类管理办法》。根据零售户的守法违法情况进行打分，将零售户划分为A、B、C三类，对A类零售户在卷烟的品牌的供给上给予一定的倾斜政策和奖励，对C类零售户实行重点监督直至取消其经营资格。在对零售户扣减分的同时，根据其违法情节采取警告、暂停访送、吊销卷烟零售许可证等进行相应处理，促进了卷烟零售户守法经营的自觉性。

广元市烟草专卖局（分公司）

取消了本市7个三级公司的法人资格，成立了各县（区）烟草营销管理中心。全市240余名干部职工团结拼搏，真抓实干，促进了“两个文明”协调发展。

全年共销售卷烟307984件，其中川烟273218件，同比增长0.7%；全市卷烟经营利润共达2109万元，继续保持了“1000万元以上税利大户”和“A类纳税企业”称号。

提高了烟叶生产管理的精细化程度。虽遭受涝、旱、雹灾，仍收购烟叶2万担，上、中等烟达92%，共创产值760万元，创税152万元。获市政府“烤烟生产先进单位”称号。

市局在“卷烟打假年”中，组织实施“百日打假行动”。共查获各类卷烟违法案件1046起，收缴假冒卷烟73件，罚没金额98.96万元。

在财务管理上，进一步完善了各类规章制度，加速了资金周转，提高了营运效益。银行贷款由过去平均5900万元减至为零，增加利息收入50万元。

从2000年起至本年度，已连续三年保持市级“最佳文明单位”称号；在安保储运工作中获省局（公司）“安全储运工作先进单位”称号；加强了档案管理现代化建设和保密工作，获市委“保密目标先进单位”称号。此外，完成《广元市烟草志》送审稿；征集学术论文16篇。

乐山市烟草专卖局（分公司）

乐山市烟草专卖局（分公司）共有员工800余人，拥有资产总额1.7亿元，已建成覆盖全市城乡、功能强大完备、自成网络体系的现代化卷烟销售网点31个。

2002年全市共销售卷烟802621箱（万支/箱，下同），同比增长17.02%，销售收入95445万元，同比增长26.98%，实现利润5543万元，同比增长193.92%，实现税金3515万元。

企业管理以财务监管为龙头，进一步完善内控制度，加强预算管理，继续推行成本费用目标管理、毛利率监控管理和国有资产管理，建立健全了相关财务管理制度，明确了财务管理细则，确立了分公司财务管理中心、核算中心和利润中心的地位。专卖管理工作紧紧围绕三年阶段性目标和全市经济指标，积极支持配合全市行业网络巩固提高和卷烟零售连锁经营工作，加大案件查处力度。2002年，全市专卖稽查共出动车辆3152台次，出动人员20543人次，查处各类烟草违法案件1916起，收缴卷烟243.7件，其中非法渠道进货卷烟224.10件、走私烟11.36件、假冒烟8.21件，查获假冒标识240张，罚没款合计51.77万元，抓获犯罪嫌疑人34人，其中刑事拘留7人，治安拘留1人，留置盘查18人。

精神文明建设取得丰硕成果，2002年市局（分公司）机关创建成“市级最佳文明单位”，全市行业十个单位已分别建成县级、市级最佳文明单位。

（局办公室）

绵阳市烟草专卖局（分公司）

绵阳市烟草专卖局（分公司）2002年销售卷烟626750箱，同比增加12.46%。完成卷烟销售额84546万元，上升23.48%。实现利润7473万元，同比增加4459万元，增长147.94%。

紧紧围绕优质服务，继续推进卷烟销售网络建设。（一）调整布局，在绵阳城区投入1000多万元，将四个访销部整合为一个客户服务中心、实现城区集中配送；各县加快集中配送的步伐，城网入网率达到100%。（二）整体推进，实现农网访销配送最大化，市局（分公司）要求各县（市、区）将分布在村社的零售户逐步纳入网络，全部实行访销分离，全市农网入网率达到96%。（三）规范运行，加强卷烟销售网络管理，全市城网系统实现POS机访销，提高服务水平，努力实现消费者、零售户、卷烟工业企业“三满意”的目标。（四）在卷烟销售工作中强化了客户关系管理，实施了差异化的客户服务策略，建立合作伙伴关系，最终建立客户忠诚群体。（五）坚持“稳价、促销、增效”的工作目标，通过减少低毛利率卷烟的市场份额，实现了由经营数量型向经营效益型转变。

加大专卖稽查的市场监管力度，全年共立案查处各类违法案件2659起，上缴财政罚没收入96.36万元。在企业管理中，针对网建工作和流通体制改革的新情况，坚持实行资金管理、成本费用目标管理、毛利率监控管理、国有资产管理，力求从财务管理手段和制度建设上，适应企业体制改革的发展需要。全市系统多种经营企业，按照“抓大放小”的办法，重点支持了两家具有规模效益企业的发展，对其余无主营业务的三产企业进行了关停。（张　华）

南充市烟草专卖局（分公司）

南充市烟草专卖局（分公司），现有资产总值2.6亿元，职工总人数586人，其中在岗职工435人，有城乡批发网点32处。2002年，全市卷烟总销量完成59万箱（1万支/箱）；实现销售收入11.29亿元；实现利润4269万元；上交税金2703万元。

一、网建质量明显提高。全市城乡批发网点共32处，全部达到自有产权化，从硬件设施到软件配置全部达到统一设备配置，统一模式运行，全市卷烟一律通过网点批发销售，并按访送分离的模式，实行全面访销、全面配送，全市网建总体水平有了较大提高。

二、专卖管理全面加强。全市共建立专卖稽查中队43个，除每处批发网点按一对一方式配置稽查中队外，另有特勤和机动稽查中队11个，加大了卷烟市场监控力度，全市进一步加大对违法违规经营行为的打击和追刑力度，全年累计查办案件3439件，查处假冒卷烟2005箱，罚没款116.63万元，推动了卷烟经营秩序的明显好转。

三、行业改革迈出新步。按照省局（公司）对卷烟流通体制改革的总体部署，全市烟草系统原9个县级公司全部取消法人资格，实行统一核算、分级管理，自五月份起，全市烟草流通体制按新的机制运行。

内江市烟草专卖局（分公司）

内江市烟草专卖局（分公司），下属市中区、东兴区、资中县、威远县、隆昌县烟草专卖局（营销中心），辖区总人口420万人，设有29个专卖管理所（访销部），持证经营户12956个。全市系统内正式在岗职工256人，外聘人员540人，市局（分公司）领导班子由4人组成，刘耀亭同志任局长、经理、党组书记；刘朝先同志任副总理（党组成员）；孙家厚同志任副局长（党组成员）；余兴富同志任纪检组长（党组成员）。

2002年，全市共调进卷烟416462（万支/箱，下同）同比增长1%；销售卷烟397878箱，同比增长6.4%；实现销售收入83357万元，税利总额4276万元，同比增长176.76%，其中利润2798万元，同比增长233.49%，增幅居全省烟草行业第二位；烟草专卖管理方面，全市共查处案件1692起，查处违法卷烟6814箱，捣毁制假贩假窝点25个，查获制假烟机14台（套），打码机4台（套）。

全市进一步加强专卖队伍的规范化建设，市局建立了稽查支队，各区（县）局建立了稽查大队，各镇建立了稽查中队；全市卷烟市场实施了户籍化管理，对所有卷烟经营建立了户籍档案；加快流通领域体制改革，取消了区、县公司法人资格；完善和提升了销售网络，实行电脑和手工并列运行，规范经营，贯彻执行“一价制”。

内江市烟草专卖局（分公司）机关获得市级最佳文明单位称号。（雷　洪）

自贡市烟草专卖局（分公司）

2002年，自贡市烟草专卖局（分公司）实现利润首次突破2000万元，各项工作都取得了显著成效：销售卷烟65577.8箱（5万支/箱），同比增加0.80%。其中，销售川烟35994.4箱，同比增加7.22%；销售重点品牌2065箱。实现利润2378.07万元，同比增长42.68%。上缴流转税688万元，同比增加11.33%。

销售网络运行水平进一步提高　通过强化网络基础管理，保证网建工作流程运作到位。通过访销配送精细化，提高网络运行质量，促进销量的增长。建立了网络运行质量考核督察小组，对我市卷烟销售网络运行的情况进行督查和考核，促进我市网络运行平稳、健康、高质量地向前发展。

烟草专卖管理力度进一步增强　全年全地区共查处各类烟草违法案件2772起，刑事拘留和治安拘留8人、治安处罚1人，端掉假烟窝点5个，捣毁制假窝点3个及非法伪造专卖标识窝点2个，查获并收缴伪造专卖标识的喷码机和印码机各1台，制假烟机2台，制假空压机2台及大量原辅材料，查获假冒商标卷烟739件，挡获无证运输40起，非正常渠道卷烟1140件，罚款收入达58.71万元。

企业精神文明建设取得明显成效　积极开展“整顿思想、整顿作风、整顿市场”的活动。大力倡导雷厉风行的作风，克服拖拉疲沓的不良作风。加强班子建设，开展创建“四好”领导班子活动。加强职工队伍建设，提高人员素质，在“三员”中开展“三明星”“一红旗”的评比。积极开展创建市级“最佳文明单位”活动，提高服务质量，改进工作作风，争创一流服务。

泸州市烟草专卖局（分公司）

泸州市烟草专卖局（分公司），现有职工1681人，其中在职1312人，离退休369人。主要从事烤烟生产、收购、销售，卷烟购销业务和依法行使烟草专卖管理行政职能。

生产经营业绩　2002年共销售卷烟

566224箱（1万支/箱，下同），完成年计划的113.2%，同比增长7.7%，其中销售川烟242707箱，完成年计划的107.8%，同比增长8.7%，单箱销售额（含税）为1102元，同比增加198元。全年实现综合税利创历史新高，达到1.07亿元，其中利润5334万元，下属单位江阳区卷烟营销管理中心、叙永县烟草公司首次实现利润超千万元。

烟叶生产 与英美烟草公司合作开发国际型优质烟基地示范面积552公顷。叙永县烟草公司租赁麻城乡6公顷土地及古蔺县护家乡烟农联合承包15公顷土地创办2个烟叶农场，落实15个试验、示范科研项目。全市收购烤烟11475吨，上等烟比例21.2%，中等烟比例70.7%，收购均价每公斤7.96元，收购总值9133万元，农特税1827万元。

企业管理 对卷烟销售和烤烟生产两条线工作人员分别实行全员“联销联管”和“联产联质”考核计酬，职工收入与工作业绩全面挂勾。对古蔺、叙永两县局（公司）机关进行机构改革和人员精简。对县区局（中心）的3名中层干部进行异地交流。公开选拔1名县公司领导干部。进行卷烟流通体制改革，成立卷烟营销管理中心。

精神文明建设 分公司机关保持省级文明单位称号，下属各单位全部跨入县区级以上文明单位行列，叙永县烟草公司评为市级最佳文明单位，泸县烟草营销管理中心评为市级文明单位，有3个卷烟销售网点评为市级文明示范窗口。全市烟草行业文明程度不断提高，为泸州烟草跨越式发展提供有力保障。

（张映才）

宜宾市烟草专卖局（分公司）

下属翠屏区、南溪、江安、长宁、高县、筠连、珙县、兴文、屏山、宜宾县等10个县区专卖局（营销管理中心），现有在职职工770人；资产总值2.96亿元；已建成卷烟销售网点43个，其中城网10个。法人代表周德文。

2002年实现税利7763万元，同比净增4851万元，其中利润5053万元，同比净增3390万元。销售卷烟112966箱，销售收入119837万元。实现毛利12090万元；毛利率15.45%。种植烤烟44207亩，收购11.89万担。复烤加工烟叶片烟成品11935吨、把烟49988担、烟梗1104吨。

卷烟销售完善对辖区零售区“户籍化”管理和“管销结合、访送分离、全面访销、全面配送”模式。加大烟草专卖行政执法队伍规范化建设力度，辞退不合格执法人员67人。全年查办案件3478起，取缔无证经营和违规经营637户；刑事拘留暴力抗法人员17人；查获无证运输卷烟6451.35件，烟叶220.65吨，罚没款总额556.3万元。

7月1日起正式实施烟草商业流通体制改革，市局（分公司）及下属各单位规章制度健全，管理和考核日趋完善，实行全员工效挂钩。

进一步完善“争先创优”活动及考评验收办法；市局（分公司）党组成员分别组成督导组，对下属单位生产经营和管理定期督导。

巴中市烟草专卖局（分公司）

2002年，销售卷烟310615箱，完成年计划350000箱的88.75%，较上年同期增长0.53%；川烟销售280581箱，占年计划的116.91%，较同期增长9.05%；川烟品牌战略系列销售246719箱，占年计划的87.54%；卷烟经营毛利5283万元，比上年同期增长57%，卷烟三级销售毛利率14.91%，较上年同期增长6.23个百分点；卷烟市场占有率77.07%，较上年同期增长9.07个百分点；种植烟叶3653亩，收购4405担，销售烟叶11526担，回收烟叶货款678万元；实现税利3222万元，其中利润2031万元。

卷烟网建 2002年的卷烟网建工作，一是加强领导，健全机构；二是抓规范运作，提高运行质量；三是强化专销结合，提高市场控制力；四是认真落实川烟品牌战略，确保企业效益增加；五是切实抓好信息化建设，为卷烟销售网络打造高水平的工作平台；六是统计和商情信息工作得到加强。

烟叶生产销售 一是择优布局，合同管理；二是加大投入，确保烟用物资和晾房建设；三是科技示范，力促质量；四是切实抓好烟叶收购和销售。

专卖管理 全年查处卷烟违法案件2872起，查获违法卷烟435.28箱，案值金额98.89万元，其中假冒卷烟215.16箱；全年罚没收入23.57万元；因违法经营或阻碍烟草执法被治安拘留11人；市场净化率达到91.3%，市场占有率达到77.07%。

企业管理 一是抓制度管理，坚持有章必循；二是抓财务管理，促进增收节支；三是切实抓好企业安全管理；四是切实抓好生产经营责任目标管理，强化激励措施，确保任务完成。

精神文明建设和党风廉政建设 市局（分公司）党组始终坚持两个文明一起抓，为巴中烟草行业的健康发展提供有力的保障。一是切实抓好各级领导班子建设和干部队伍建设，建好“火车头”，增强源动力；二是加强精神文明建设，树立良好的企业形象；三是着力抓好基层党建工作，充分发挥党组织在企业中的核心作用；四是切实加强党风廉政建设和反腐败工作，为行业发展提供有力保障。

（刘天作）

达州市烟草专卖局（分公司）

2002年，全市种植烟叶8100亩，收购25094担，同比增加2512担，烟叶生产逐渐步入良性发展的轨道。

卷烟销售坚持以市场需求为导向，以结构调整和品牌战略为重点，坚持“控量、促销、稳价、增效”的经营方针和营销策略。2002年全市销售卷烟630895箱，同比增加6999箱，增长5.97%。实现销售收入116287万元，同比增加9970万元；实现税利6638.37万元，同比增加3665万元，其中利润4179万元，税金2459.37万元，保持了行业稳步发展的良好势头。

坚持“狠抓基础，稳中求进”的行业工作指导思想和“规范、改革、创新”的工作重点，推进企业管理体制改革，建立营销管理中心；深化财务体制改革，建立全市统一的资金结算管理中心；推进分配制度改革，建立竞争激励机制；狠抓网络建设，规范经营行为。2002年全市建立城乡网点71个，持证经营户16778户，实现了行业持续、稳定、健康发展。

全市行业认真学习江总书记“三个代表”重要思想，紧紧围绕行业的改革与发展，加强党的建设，开展思想政治工作；加强领导班子建设和党风廉政建设，为行业的跨越式发展提供精神动力和思想保证。2002年，市局（分公司）获得省局（公司）、达州市委、市政府和市财贸系统先进单位称号。

（局办公室）

眉山市烟草专卖局（分公司）

2002年，全市共销售卷烟7.21万箱，同比增长8.23%，其中销售川烟5.98万箱，同比增长6.87%，县（区）局（中心）实现销售收入3.94亿元，同比增长14.38%。全市行业实现税利5174万元，同比增长1.4倍。实现利润4008万元，同比增长1.65倍。全市综合毛利率达18.71%，同比增长近7个百分点。利润率为10.26%，同比增长近6个百分点。全市实现税金及附加2524万元，同比增长125%，获眉山市政府2002年度纳税增长大户称号。

主要工作 （一）改革创新取得了新突破。取消了县级公司法人资格。对仁寿卷烟市场及销售网络实行分设管理取得了明显成效，仁寿县全年共销售卷烟2.51万箱，同比增长12.65%，实现利润1014万元，同比增长1.53倍，市场占有率达66%，同比增加12个百分点。在外聘人员管理办法改革取得了成功，这一做法被省局（公司）在全省烟草行业中推广。另外，市局（分公司）还成功借鉴沿海先进地区经验，在全省行业范围内率先成立了烟草零售协会。（二）整顿和规范卷烟市场经济秩序取得了新成绩。继续对零售户实行分类动态管理。按照合理布局的要求，严格对零售户进行考核，全市有1295户零售户被取消经营资格，全市零售户降至7000户左右。积极开展打击“假、私、非、无”卷烟专项整治活动。全年查处案件2669件，查扣无标烟26837条，假冒烟2799条，走私烟497条，罚没款62.4万元，治安处罚38人，其中刑事拘留15人，治安拘留23人。全市违法违规经营行为得到了有效遏止，“假、私、非、无”卷烟明显减少，市场控制力明显增强，市场占有率明显提高，市场秩序明显好转。（三）企业内部管理有了新的加强。严格财务内部审计制度；严格费用管理，保持了费用开支合理水平；严格实行责任目标管理，将干部职工收入同挂钩单位的经营业绩和党风廉政建设情况挂钩，年底统一考核，兑现奖惩。

精神文明建设也大有成效 目前全市行业6个县（区）中心和市局（分公司）机关共7个单位中，省级文明单位有1个，市级最佳文明单位有1个，市级文明单位有2个，县级文明单位有3个。

雅安市烟草专卖局（分公司）

卷烟销售 全年销售卷烟226591箱，完成年计划的118%；实现销售收入25389万元，实现税利3042万元，同比增长1168万元，增长62%；其中，实现利润2306万元，同比增加816万元，同比增长55%，完成年计划的209%，全面超额完成省局（公司）下达的各项目标任务，实现了雅安烟草跨越式发展。

专卖管理 坚持“内管外打”的工作指导方针，积极开展卷烟打假专项斗争和“金叶”行动，加强路检、路查和市场检查，全面实施“户籍化”管理，促使专卖管理向精细化转变。全市行业全年共查处各类违法案件264起，上缴罚没款19万余元，卷烟市场净化率达96%。

企业管理 进一步深化企业分配机制、干部人事制度和劳动用工制度改革，建立竞争激励机制；按照国家局和省局（公司）的要求，深入开展财经秩序专项整顿工作。加强以财务为龙头的企业管理，严格贯彻执行《审计法》、《会计法》，健全和完善内部财务、审计制度。坚持“收支两条线”，严格执行打假经费使用管理办法，保证烟草打假经费的规范使用；加强了对基建工程的审查监督，保证基建工程的规范进行；切实加强安全管理工作，保证全市烟草行业安全无事故。

精神文明建设 坚持“两手抓，两手都要硬”的指导思想，狠抓精神文明建设不放松。加强领导班子建设，继续保持中共雅安市委和省局（公司）党组授予的“四好”班子称号，不断提高“四好”活动的水平和质量；加强制度建设，围绕企业的经营管理，加大从源头上预防和治理腐败的力度，党风廉政建设和反腐败斗争取得新的进展；深入开展精神文明创建活动，继续保持全省烟草系统惟一的市级文明行业称号。

（徐志刚）

阿坝州烟草专卖局（分公司）

2002年12月30日，阿坝州烟草专卖局（分公司）隆重挂牌成立。共举办3期培训班，培训人数达72人次，参加国家局组织的岗位考核11人，参加省局组织的岗位考试35人，全部合格。2002年共查获烟草违法案件256件（其中暴力阻碍执法案件2起），出动执法人员687人次，查获假冒商标卷烟3557条，罚没款25万元，并于8月9日在汶川县举行了烧毁假烟现场会。对全州3400余户卷烟零售户进行重新登记造册，建立了零售户购销档案资料，全州市场净化率达90%以上。

年初，下达了《关于2002年度销售指标考核办法的通知》，对销售指标和川烟结构比例采取年度、逐月考核相结合的办法。2002年5月，取消了财务独立核算制，实行“统一核算、统一价格、二级管理、属地纳税、全面考核”的新模式。全年实现卷烟销售1.85万箱，2.75亿元，利税1200万元，较1999年增长10倍。

坚持实践与创新相结合和兄弟市州经验与阿坝州实际相结合，在网络建设方面取得了一定成效，保证了行业持续、稳定、健康发展。 （张成城）

凉山州烟草专卖局（分公司）

凉山州烟草专卖局（分公司）现有职工786人（正式职工），拥有固定资产原值13078万元，净值8125万元。2002年，全面完成各项生产经营目标任务。

一、烤烟种植生产水平提高。全州生产销售烟叶89.49万担，其中：上等烟占26.01%，中等烟占63.99%，下低等烟控制在10%以内，烟农收入4.64亿元，全州实现烤烟农特税9282万元。

二、卷烟销售再创佳绩。销售卷烟80098箱，同比增长12%，市场占有率大幅提高，同比上升10个百分点。全州三级毛利率12.38%，同比增长3.55百分点。

三、整顿和规范市场经济秩序取得新突破。全州共查处各类烟草违法案件1433起，查获违法经营卷烟61444.7条和违法收购、运输烟叶4110担，捣毁售假窝点23个，其中查处假烟涉案金额100万元以上大案1起，市场净化率和控制力进一步提高。

四、经济运行质量进一步提高，盈利能力增强，实现利润增加。全州共实现销售收入255783万元，比上年同期增长38.43%；实现利润总额14328万元，比去年增长27%。

与此同时，在安全生产、信息化建设、工会工作、精神文明建设和党风廉政建设等方面都取得了较好的成绩。企业凝聚力、向心力和主人翁精神进一步加强，广大干部职工的精神面貌发生了根本性变化，积极性、创造性得到有效发挥。

（局办公室）

四川省烟叶生产购销公司

四

川省烟叶生产购销公司分管全省烟叶工作，下辖5个烤烟产区（凉山、泸州、宜宾、攀枝花、广元），2个白肋烟产区（达州、巴中），1个晒烟产区（德阳）。职工总数149人（在职职工102人，离退休47人）。

2002年，是实施“十五”计划的第二年，是解放思想，转变作风；积极探索，改革创新；立志追赶，奋力跨越的一年。我司根据国家局（总公司）确定的烟叶生产方针和工作重点，按照省局（公司）“五年两步走”发展目标，统一思想，扎实工作，艰苦拼搏，各方面的工作取得显著成效。

烟叶生产管理方面：全省烟叶基础建设明显改善，全年共新建（改造）烤房近9万座，烟叶质量和等级结构进一步提高，2002年收购烤烟127.4万担，其中上等烟比例24.58%，中等烟比例65.79%；市场信誉回升，实现产销平衡；农特税和烟农亩平收入较大幅度增长，农特税1.1亿元，加上附加税共1.2亿元，同比增加2400万元，烟农亩平收入966元，同比上升73元；烟叶生产综合指标达到了历史最好水平，下低等烟叶历史上第一次降到了总量的10%以下，开拓了一个新的局面，为明年实现“五年两步走”的第一步打下良好基础。

公司自身管理和经营方面：党员领导干部进一步加强了理论学习。中心组安排专题学习了江泽民同志“三个代表”重要思想和“5.31”重要讲话、省第八次党代会精神以及《党政干部选拔任用条例》等文件，认真学习贯彻了党的十六大精神，坚持与时俱进，努力提高领导干部的政治理论水平；贯彻中央“调查研究年、转变作风年”精神，全面加强公司党的思想建设、领导班子建设和党风廉政建设，深化党支部目标管理，加强对党员的教育管理，以提高经济效益为中心，大力开展思想政治工作，积极开展精神文明建设，党建工作取得了明显成效；2002年，我司认真贯彻省局［2002］99号文件，认真贯彻黄文驰局长、总经理，龚锦华副局长、副总经理有关在烟叶收购调拨质量中的指示精神和分管领导杨永法副总经理、公司胡志清经理的树立全局观念，端正经营思想，加强烟叶的质量监督、全面规范烟叶流通秩序的要求。公司全体员工精神面貌焕然一新，工作积极性、主动性增强，公司经营状况明显改善，全年销售金额共计20836万元，上交税金1054万元，实现利润1898万元；经营效益大幅度上升，实现了物质文明和精神文明双丰收。

四川省烟草物资公司

四川省烟草物资公司2002年圆满完成年度生产、经营、管理、安全各项目标任务，实现利税7400万元。

认真做好物资供应，保障卷烟生产 为进一步配合工业企业“结构调整”、“降焦降耗”工程和实施“品牌战略”，物资公司加强供应保障工作力度，根据市场变化大和烟厂生产对物资材料质量、规格需求高的情况，积极调整经营策略，加强纵向协调，保持横向联系，及时调整计划，落实货源，做好仓储，组织专卖品卷烟材料供应。全年供应醋纤丝束5630吨，同比增长2.3%；丙纤丝束1300吨，同比增长27%；卷烟纸3300吨，同比增长3.1%；成型醋纤滤嘴96亿支，丙纤滤嘴19亿支。

积极推进资质认证，规范采购程序 为坚决贯彻非专卖品卷烟材料资质认证、比价采购的管理规定，公司组织专门力量认真安排部署，抓好工作落实。一是建立工作机构，成立由省局（公司）领导挂帅、省局（公司）有关部门和烟厂参加的省资质认证工作领导小组，并在各烟厂成立了“招标采购工作小组”。二是拟定管理规定，制定了《四川省卷烟工业企业招标采购实施办法》、《四川卷烟工业企业卷烟材料供应商资质认证工作组章程》等规定。三是加强对全省资质认证工作的指导，组织领导小组对定点企业进行分片考察。四是召开“四川省卷烟材料供应商资质认证工作会”，总结工作，交流经验，布置任务。通过一年的工作，进一步规范了全省非专卖品卷烟材料采购程序，降低采购成本4300万元。

严格集中统一管理 一是坚持抓好专卖品卷烟材料的归口管理，加强对物资计划、采购合同、以及生产、调拨等环节的监督检查。二是进一步理顺丙纤成型管理，规范物资生产秩序，杜绝超、瞒产和盲目发货现象。三是加强对非专卖品卷烟材料的管理，做好合同监章管理，抓好季度检查。四是协助配合专卖部门抓好专卖执法工作。

强化材料厂管理 一是严格生产管理，实施ISO9001：2000质量保证体系，把好生产、质检、仓储、调运各环节。二是加强设备维护，增加投入，增加PLC控制，提高设备的使用率、完好率和有效作业率。二是加大技术攻关，积极使用低旦丝束，研制多规格（高透气度、不同长度、不同吸阻）产品，为烟厂降焦、降低成本服务。四是加强职工培训，提高业务技能。五是做好安全防范工作，全面落实安全责任制，严格检查，消除事故隐患。

加强基础建设，提高物管水平 一是推进物资管理自动化，组织开发“四川省烟草物资公司信息平台”，实行物资数据共享，提高工作效率。二是抓好物资统计，建立《全省烟草物资统计月报表》，形成分析报告，增强决策科学性。三是做好物资信息工作，加强信息引导和交流。四是积极做好网上交易各项准备工作。

成都卷烟厂

2002年，成都卷烟厂全面完成了各项生产经营任务，主要经济指标均实现历史性的突破。全年生产卷烟53.9万箱，销售卷烟65万箱，销售收入34.5亿元，实现税利超过20亿元，同比增长20%（其中利润3.3亿元，同比增长37.5%）。资产负债率由上年末的74.5%下降到去年末的62.8%。全国名优品牌“娇子”销量同比增长42%。企业实力和产品竞争力明显增强，工厂荣获全国“五一劳动奖状”。

围绕做强做大企业，做精做大品牌，全面提升企业核心竞争力，结合整个“娇子”系列未来的发展思路，2002年2月成都卷烟厂开发“娇子”系列新产品，抢占新的“娇子”系列细分市场；5月，成功推出新产品“阳光娇子”，市场反映强烈。市场占有率迅速提高，月销量一直稳定在4500箱左右，创造了近年来省内烟草市场的一大亮点，成为工厂新的利润增长点，极大地拓展了“娇子”品牌的影响力，带动了其他品牌的稳步发展。

为了整合企业资源，进一步提高工厂的竞争能力和经济效益，使企业保持强劲的发展后劲，3月15日成都卷烟厂顺利关闭了资阳生产点，实现了集中生产。集中生产后，企业的职工队伍结构和素质得到明显改善，资源进一步优化，各种运行费用下降，规模经济效益得到体现。

2001年12月27日，成都卷烟厂“十五”易地技改的总体方案中标通过，工厂提出了“设计一流、管理一流、建设一流、水平一流”的“十五”技改“四个一流”的总体要求，明确以“科学合理高水准，设计建设运行省，技术提升为重点，适应市场有柔性”为设计、建设的指导思想，强调了“量力而行、留有余地”的原则。工厂提出以“高度信息化、适度自动化、恰当柔性化”作为项目规划和设计的准则，力求做到投入产出最优化。通过工作组各专业紧密配合，先后完成了国家局批复、项目备案、可研审查、初步设计审查、环评报告审查、施工图审查以及开工许可证与相关手续的办理。2002年12月18日，工程正式开工，四川省、成都市四大班子主要领导人出席了开工奠基典礼。

什邡卷烟厂

工厂总资产26.86亿元，其中固定资产6.88亿元。在册在岗职工2566人，年产卷烟已达43万箱，销售收入21.13亿元，税利10.95亿元。

工厂生产经营业绩 1.生产卷烟42.83万箱，同比上升6.02%。生产雪茄烟11388箱（万支/箱），同比增长15.38%。2.全年销售卷烟42.53万箱，同比增长11.57%，产销率达99.3%，实现销售收入21.13亿元，同比增长46.23%，货款回笼率达到97.54%。3.工厂卷烟库存2.19万箱，同比下降1.35%。4.全年预计实现工业总产值21.4亿元（现价），同比增长33.7%；实现工业增加值13亿元，同比增长23.8%；实现税利10.95亿元，同比增长27.92%，实现税金9.10亿元，同比增长12.05%；实现利润1.85亿元，同比增长293.6%；实现单箱税利2557元，同比增长10.60%；单箱利润432元，同比增长272.41%。

技术改造 目前正抓紧进行制丝线片烟化改造工程。该工程总投资2个多亿，预计2003年完成制丝线片烟化厂房主体工程，届时新制丝线将正式投入生产，生产能力将达到70万箱。厂办公大楼、技术中心、李子园1－3号片烟库工程相继通过验收并投入使用；雪茄烟车间也已搬迁完毕正常投入生产。

企业管理 一是以财务管理为核心，企业管理全面加强。全年共降低生产成本300余万元；累计节约财务费用近3000万元，资金合理使用率达99.8%。二是加强物资管理，规范经营行为。2002年降低采购成本4355万元。三是加快信息化建设，提高自动化办公程度，提高企业现代化管理水平。5月开通卫星C站，实现与国家局、省局（公司）信息联网。8月办公自动化系统在全厂正式运行，实现磁介质代替传统纸介质办公，提高了办公自动化水平和决策科学化水平。四是深化质量体系建设，提高质量保证能力。2002年，一次性顺利通过ISO9001：2000版标准现场审核。

新产品开发 成功开发了“名品天下秀”，定价在5元左右，目前日销量已达到并超过200箱，使“天下秀”系列销量连续超过35万箱。“欢乐国宝”的研发，充实了高价位产品的市场链，累计到年底，产品销量上，一、二类烟销量达到4.19万箱，比去年同期净增长3万箱；产品销售结构上，一、二类烟占总销量的10%，同比增长7个百分点。

多种经营 本年，多经企业完成工业总产值1.57亿元；实现税利4206万元，其中利润2776万元。

精神文明建设 2002年，工厂顺利通过省级最佳文明单位的验收；同时被授予“四川省厂务公开先进单位”称号。

西昌卷烟厂

生产经营业绩 2002年全年生产卷烟950000万支，销售卷烟980000万支，销售收入达5.9亿元；实现税利3.3亿元，同比增长13.8%，其中实现利润3300万元，同比增长180%，达到历史最好水平。同时，节能降耗工作成效明显，特别是烟叶降耗取得了历史性的突破，单箱烟叶消耗全年平均为7.87kg，同比下降0.27kg/万支；单箱耗用盘纸656米，同比下降1米/万支；单箱耗用咀棒1693支，同比减少9支/万支。

技术改造 2002年，西昌卷烟厂切实加强技术创新的探索和研究，完成了《西昌卷烟厂片烟化技术改造设计》等项目论证，并投资960万元对制丝、卷接包生产线进行了技术改造和设备添置；增加SP31在线烟丝膨胀系统、片烟系统和SQ317切丝机等设备，提高了企业设备水平和生产技术水平。同时，积极开展工艺整改，工艺水平进一步提高。

企业管理 在基础管理上，企业实行了全面财务预算管理，突出财务工作在企业管理中的核心地位，大力开展预算管理和成本控制，全面推行财务电算化，优化业务流程，提高工作效率，全厂财务管理水平迈上新的台阶。同时，实行方针目标管理模式，多级分解目标，狠抓过程控制，并严格考核，确保各项任务的圆满完成。通过努力，企业管理体系得到健全和完善。

产品开发 企业牢固树立“一切围绕市场，一切服务于市场”的营销观念；切实加大新产品的研制开发力度，结合市场需求，选用凉山优质烟叶，精心配方，开发出了二类烟“神驹”（红尊）和三类烟“神驹”（蓝尊）等优质卷烟。目前，形成了“攀西”、“凉烟”、“神驹”三大系列卷烟。

多种经营 抓好主业的同时，西昌卷烟厂积极实施多元化发展战略，在原有的汽车运输公司等三产企业的基础上，2002年又以参股的形式与其他经济实体共同组建了神驹印务股份有限公司，多元化发展迈出新的一步。同时，企业对三产企业采取自主经营、自负盈亏的政策，逐步减少三产企业对主业的依附，增强面向社会的能力，三产企业经营水平和效益得到进一步提高。

贵州省

贵阳市烟草专卖局（分公司）

2002年，“两烟”销售收入120300.56万元，其中卷烟销售收入101062万元，烤烟销售收入19238.56万元；实现利润9118万元（含消化开阳烟叶复烤厂清产核资267万元和关闭复烤厂、安置人员费用221万元），比2001年同期上升307.60%。销售卷烟136727箱，比2001年同期118840相比增加了17887箱，上升15.05%；平均单箱销售收入为7884元/箱，同比增加了972元；卷烟实现毛利13112万元，毛利率为14.3%；实现利润7948万元，比2001年同期2650万元上升199.92%。全市收购烤烟228442.47担，其中上等烟占收购量的27.71%，中等烟占收购量的

67.01%，下低等烟占收购量的5.28%。与2001年同期相比，烤烟收购增加了64228.47担，增长了32.13%，收购均价为411元/担，比2001年的399元/担，增加了12元，增长了3%。销售烟叶209214.33担，烤烟实现利润917万元，比2001年同期456元增长301.10%。

为保障“两烟”生产经营正常秩序，加大了整顿和规范市场和追刑力度，联合公安、工商、质监等部门开展专项治理。2002年，全市查处违法案件3842起，查处违法经营卷烟2115.44件，查获假烟313.13件、走私烟23.68件，没收烟叶、烟丝227.33吨，罚没金额达371.38万元。在公安部门的支持下，拘留暴力抗法者12人，逮捕2人，判刑1人，有力地打击非法经营卷烟的违法活动。

遵义市烟草专卖局（分公司）

内设14个科室，下辖13个县（市）级局（公司），控股2个打叶复烤企业，持股1个烟草专用肥生产企业。11月，红花岗、习水、赤水烟草公司取消法人资格，成立卷烟经理部。现有职工6046人，全市行业固定资产8.94亿元。2002年，实现利润20483万元。种植烤烟80.4万亩，收购烟叶161万担，全面完成国家计划，上等烟38.71%，上中等烟94.4%，同比分别提高8个百分点和4个百分点。销售烟叶192万担，基本实现烟叶产销平衡，全市打叶复烤加工片烟100余万担。卷烟销量和效益创历史最好水平。全市销售卷烟174549箱，占计划的104.7%，比去年同期增长6.5%，实现毛利14388万元，同比增长124.6%，单箱销售收入5838元，毛利率13.9%。全年全市共出动打假打私42次724人，办理案件2354起，查处卷烟539.31件、烟叶417.56吨，罚没款791341.25元，捣毁地下窝点27个，查获制假工具31台（套）。加大分配制度改革力度，开展人力资源管理项目，实行一岗一薪、岗变薪变。市局（分公司）被市人民政府评为“烟叶种植适用技术推广先进单位”。（钱　莉）

毕节地区烟草专卖局（公司）

2002年，种植烤烟81.2万亩，其中地膜烟78万亩，占移栽总面积的96%。收购烟叶145.14万担，其中出口备货15万担。烟叶收购量比上年增加51.8万担；上等烟29.7%，上中等烟87.16%，担烟均价428.85元，分别比上年增加14.62个百分点、10.24个百分点和53.22元。烟叶工商交接合格率80%以上。烤烟生产实现了恢复性的发展。销售烟叶185万担，货款回笼12.45亿元。销售卷烟13.2万箱，比上年增加1.1万箱。实现卷烟销售收入66037万元，卷烟销售毛利额8563万元，卷烟毛利率12.97%，分别比上年增加12102万元、4099万元、4.69个百分点。全区烟草商业企业整体扭亏，实现利润5730万元。

2002年，加大烤烟生产投入力度，组织资金6800万元，组织肥料47777吨供应烟农。加强与贵州省烟科所的技术合作，搞好地膜烟技术培训和推广。制订烤烟收购“四条高压线”，对违反合同收购、原收原调、抬级上调、开假单贪污公款的一律开除公职，从收购环节全面构筑烟叶质量保障体系。加强对外合作，大方BAT基地面积扩大到2.3万亩，收购符合BAT要求的烟叶7万担，比上年增加3.7万担。关闭的六家挂杆复烤厂通过国家局验收。保持专卖高压态势，捣毁毕节市卷烟制假窝点和纳雍县和平养殖场卷烟制假工厂，查处案件597起，其中100万元案件1起。出动打假人数5566人，打假次数2209次，罚没款36万元。卷烟销售网络整体推进，构建了全区统一的农网、城网运行模式，加大工资分配制度改革，全面实行担烟、件烟工资制，机关实行岗位工资制。加强站点建设，以“服务烟农、推广科技、规范管理、适应市场”和“服务为旨、满足需求、管理规范、争创一流”为烟草站点和专销网点建设指导思想，全面开展“达标烟草站”、“十强烟草站”、“十佳卷烟配送中心”创建活动，促进烟草站管理水平、网络管理水平的提升。加强企业思想政治工作，以聚人气、鼓士气、树正气为主题，教育各级干部有位更要有为，教育职工“虚不得、假不得、用心工作才要得”。（蒙朝先）

黔南州烟草专卖局（分公司）

2002年，黔南州烟草系统克服了市场竞争激烈，经营包袱沉重的困难，坚持“一要规范、二要改革、三要创新”的行业工作重点，继续狠抓基础，稳中求进，突出行业改革、企业管理、扭亏增盈三个工作重点，企业经济运行质量全面改善。在2001年减亏控亏的基础上，2002年全州烟草系统自1998年来首次盈利，实现了恢复性发展。

一年来，全州烟草系统把扭亏增盈作为工作重点，深入开展“学习水钢”活动，以成本核算管理为中心，加强企业内部管理，深挖企业经济增长潜力，节支控费成效显著。全州烟草系统实现利润4881万元。同比净增5626万元。“两烟”销售收入103043万元，同比增长24.8%。圆满完成省、州下达的各项经济指标。

2002年是全州烟草系统机构改革力度最大的一年。州局、十二个县（市）局以人事用工收入分配制度为重点，全面推行了三项制度改革，各县市公司按“两烟”计划核定劳动用工。烤烟实行担烟工资制，卷烟实行计件工作制。“两烟”实行预付工资制。收入分配向基层一线倾斜，切实调动了职工积极性。2002年7月，黔南州烟草局推行了全员竞争上岗工作，通过竞职演讲、公开评议、组织公示，有28名干部走上副科级岗位，中层干部队伍素质得以提高。

根据国家局、省局要求，关停了瓮安烟叶挂竿复烤厂，妥善处理了人员安置、资产划拨，账务清算，专用机械销毁等工作。整个关停工作顺利完成，通过了国家局、省局验收。经省局批准，2002年12月，完成了取消都匀市烟草公司法人代表资格的试点工作。

专卖管理：全州专卖队伍在各地党政的支持和有关部门的配合下，坚持“守土有责、不等不靠、主动出击”的原则。严查“假、私、超、非”4种烟。多次开展市场清理整顿专项活动。州内市场净化率达91.6%。对专卖稽查人员加大培训力度，进一步强化专卖人员的办案素质和执法水平。促进全州专卖管理由处罚型向管理服务型转变。专销结合，卷烟销售网点和专卖管理机构同时延伸、两网并举。为“两烟”生产经营创造良好的环境。两年共查处各类违反专卖法案件398件。捣毁制假窝点6个，查扣烟叶341.17吨，卷烟723件，公开销毁假冒伪劣烟草制品12次，专卖罚没收入共计74.39万元。

黔东南州烟草专卖局（分公司）

贵州省烟草公司黔东南分公司

组建于1983年11月30日，至2002年，该分公司（州局）共辖18个烟草企业核算单位，其中包括分公司机关本部，16个县市公司和州烟叶购销公司（凯里烟叶调拨站、复烤厂）。全州烟草行业共有职工1789人（其中内退职工84人)。

2002年全州实现两烟销售收入70270万元，比上年66957万元增长4.9%；两烟销售毛利11169万元，比上年9203万元增长21.36%。综合毛利率为15.89%，比上年增长2.15个百分点。

全州全年收购烟叶167433担，较上年增64.7%；烟农收入7400万元，担均价441.93元，较上年增7.38%；上中等烟比例占83.38%，较上年增加7.45个百分点。实现烟叶经营毛利6074万元，较上年5174万元增加900万元，增长17.4%。实现烟叶经营利润4364万元，较上年3896万元增加468万元，增12%。为国家创税3100余万元，其中农特税及附加1600万元，增值税1500万元。

全州基本建立了覆盖城乡的卷烟访销配送体系，成立了38个访销配送中心站，其中城镇网站16个，农村网站22个。2002年，全州销售卷烟82012箱，其中省产烟78594箱，实现毛利5038万元，比上年增加1041万元，增长26%；毛利率为12.2%，比上年提高了5.2个百分点；单箱均价4689元，比上年增加190元。 **(陈学之)**

黔西南州烟草专卖局（分公司）

2002年，黔西南州烟草专卖局(分公司）抓了以下工作：

一是坚持以“三项制度”为主题，定员定编为主线，按照“平等竞争，双向选择、择优录用”和“公平、公正、公开”的原则和干部“四化”标准，年初在州局（分公司）和各县（市）局(公司）进行了机构改革、人事制度改革、劳动工资改革，解决了人浮于事，机构臃肿的问题，达到了减员增效的目的。如州局（分公司）机构改革后，机关工作人员从87人减少为51人；中层干部从34人减少到18人，平均年龄由45岁下降到38岁，大专以上文化程度67%，中专文化程度占33%。全州烟草形成了人员能进能出，干部能上能下，收入能增能减的良好机制，极大地调动了干部职工的工作积极性，在不同的岗位体现了求真务实的工作作风，企业凝聚力明显增强。

二是强化企业管理，规范行业经营行为。在管理中采取加强企业内部审计工作；成立招投标采购领导小组，对大宗烟用物资进行公开、公平、比质、比价采购；统一兑现烤烟生产扶持补贴标准；对收购资金采取集中管理，合理调用；固定资产投资万元以上实行申报审批等管理制度。全年共节约各项费用支出1172万元，经济效益大幅度增加。2002年，收购烟叶35万担，上等烟比例30.4%，上中等烟比例95.29%，较上年分别增加了7个百分点和3.4个百分点。农民收入实现1.5亿元，上缴农特税3017万元。销售卷烟311222万支，销售收入28572万元，较上年25902万元增加26702万元，增长10.3%。“两烟”经营费用7865万元，费用率10.64%，实现利润6200万元，为行业实现恢复性发展夯实了基础。 **(陈和生)**

铜仁地区烟草专卖局（分公司）

全年实现两烟销售收入120105万元，两烟毛利29599万元，利润总额8688万元，上交税金9818万元（其中：增值税4638万元、农特税4235万元)。

在烟叶生产方面主要抓了：制订全区2002年度烤烟生产技术规范；辅导员的系统技术上岗培训，参培1182人次，辅导员聘用上岗943人；技术到位率的检查、督促、指导工作，技术到位率基本都在80%以上；引进推广EM菌农家肥的有氧堆积发酵12万亩，常规农家肥的有氧堆积发酵14.68万亩，合计26.68万亩，占移栽面积的86%；100%实现优良品种的推广；漂浮、托盘集约化育功苗面积由2001年510亩推广到8575亩；实现了平衡配方施肥；抓了扩行缩株、单厢起垄、东西向的移栽质量；加大烘房改造和新建力度，改造烘房15738间，新建7753房。全区收购烟叶53.83万担、级内烟47万多担，其中上等烟33.78%、中等烟58.62%、下等烟7.6%。销售烟叶399689.52担，省内110328.12担，省外289361.4担，实现销售收入85029万元，毛利25003万元，利润6664万元。

本着“内管外打、守土有责”原则，制定《铜仁地区烟草专卖管理工作规范》。全区查处案件925起，其中无证运输案件99起，无证经营案件233起，假冒商标案件135起，非法渠道进货案件442起，其他案件16起。收购、没收卷烟218.8件、烟叶59.25吨。查获假冒卷烟292.95件、烟丝9.48吨、制假烟叶201吨、土制烟机2套、切丝机1台、假冒标识0.13万张。捣毁地下窝点1个。罚没款98.06万元。

全区计划销售卷烟7.5万箱，但尚差2000多箱任务未完成，实现销售收入35076万元，毛利4596万元，利润2024万元。卷烟经营规范化运作，普遍推行一价制。

在人事劳资用工制度改革方面，制定出台了全区烟草系统《关于实行“上岗、试岗、待岗”制度》、《关于规范劳动用工行为的规定》、《关于技术职务设置的规定》、《关于非领导职务和公务员岗位设置的实施办法、》《关于印发企业“通用工种”和“特殊工种”技术工人岗位职务聘任条件的通知》等，初步理顺规范了劳动用工和“四大系列”岗位工资分配制度。

六盘水市烟草专卖局（分公司）

六盘水市烟草专卖局、六盘水市烟草分公司（以下简称分公司）自1984年1月1日成立至2002年12月底，全市烟草系统有职工225人，固定资产由当年的33万元上升到现在的3039万元。

2002年，全市“两烟”累计实现销售收入48276万元，实现利润1752万元(其中：消化清产核资损失792万元)，上交税金2808万元。

2002年烤烟生产以普及推广实用技术为基础，以提高烟叶内外在质量和烟叶等级合格率为目标，以抓产购合同签订、漂浮育苗示范、地膜栽培、平衡施肥、化学抑芽、病害预防和烤房改建为重点。烟叶调拨实现了省局下达六月末实现“零”库存的目标任务。2002年收购烟叶18万担，上中等烟比例达100%，担均价432.28元。

本年，六盘水市局（分公司)，投入了大量的人力物力抓网络建设。截止2002年12月底，全市共投入网建资金500万元，大小送货车49辆，专卖管理车15辆，微机32台，掌上电脑60台。全市共建城网3个，农网26个，入网销售和纳入管理的卷烟零售户12812户。通过一年来的网建工作，“三网”并举、

"访销配送、专卖管理、专销结合、信息互通"和"以我为主、归我管理、由我调控"的网络体系已经形成，于2003年3月顺利通过省局（公司）网建验收。

在精神文明建设方面，坚持"两手抓，两手都要硬"的方针，在抓好生产经营的同时，始终把精神文明建设工作放在重要位置，切实抓好经济建设和精神文明建设方面的工作，坚持在全市烟草系统内深入学习贯彻"三个代表"重要思想及党的十六大会议精神，并作为今年一个时期的学习重点。 **（刘　娇）**

贵阳卷烟厂　贵阳卷烟厂是一家具有60多年生产历史的大型烟草企业，位于贵州省会——贵阳市，是全国500强企业、全国烟草36家重点企业之一，有员工5千多名，年生产能力达100万箱。

生产经营业绩　2002年共计生产卷烟76.12万箱（含出口烟），销售卷烟76.84万箱，产销率100.94%。实现销售收入3亿元，税费17.48亿元，经营利润1.93亿元，全年压缩生产牌号三个，名优卷烟得到进一步发展。其中全国36个名优牌号之一"黄果树"产销39.74万箱，同比上升8.9%。先后完成了"佳品黄果树"、"全包装高档遵义"、"珍品贵烟"、"佳品遵义"等八个产品的研制开发，有利于提高产品档次和创名牌。

技术改造　2002年，根据《贵州黄果树烟草集团"九五"期间10%重点技术改造总体设计》，投资3800万元，新建3万平方米现代化烟叶醇化库。从烟叶醇化过程、物流组织、消防报警控制、配电设施和给排水等方面为企业产品质量提升提供了保障，形成一套完整的新型的烟叶醇化模式。经政府部门检测验收通过，评定为优质工程。

企业管理　为了实现企业"利润最大化"，在国家局和省局的指导下，建立预算管理体系，成立了预算管理委员会，制定了年度全面预算指标体系、成本费用控制和利润预算等多项指标。强化职工的成本、效益意识，经测算，全年降低成本费用10838多万元。制定了《资金管理办法》、《预算管理办法》等十六个财务管理制度，提高财务管理水平，规范了经济秩序。广泛开展"质量反思"活动，深化ISO9000质量保证体系的贯彻和实施，产品质量继续保持了一级站抽检、行业市场抽检三个100%的合格率。

安全工作　在省局领导下，坚持把安全工作放在首位，实现了全年的安全管理目标，被省局评为贵州省烟草系统安全生产先进单位；被省综治委评为贵州省社会治安综合治理红旗单位；被市政府评为贵阳市安全生产先进单位。"安康杯"竞赛活动先后荣获了全国总工会、国家安全生产监督管理局、贵州省及贵阳市总工会颁发的"优胜企业"荣誉称号，同时举办全厂安康杯"安全在我心中"演讲比赛和以《安全生产法》为主要内容的知识竞赛，开展"十个一"活动，确保了良好的安全生产形势。 **（厂政工处）**

遵义卷烟厂　**生产经营业绩**　全年生产卷烟340000箱，比上年增加12000箱，增长3.6%；销售340000箱，同比增加13012箱，增长3.9%；实现工业总产值137591万元，同比增加30070万元，增长27.9%；实现税金59268万元，同比增加12156万元，增长25.8%；利润5027万元；全年平均单箱产值4047元，同比增加769元，增长23.5%；全年平均单箱销售收入3996元，同比增加701元，增长21.3%；年底库存2800箱。

技术改造　遵义卷烟厂技改工程，2002年已完成35000平方米主厂房主体结构建设，5000KG/H制丝线已安装完毕并进行整线空运转；公用工程部分的综合动力站房、空调机房、给排水、真空，热交换器、制冷设备已安装完毕；570KG/H二氧化碳膨胀线正在安装。

企业管理　2002年遵义卷烟厂重点加强工艺管理和质量管理，改善和调整了原有的工艺流程，结合配方改造进行了投料方式和工艺流程的改造，使企业工艺流程更趋完善，为品质的保证打下了基础。在生产的各工序环节，全厂职工高度注重工艺纪律和质量纪律，从厂长到每一个员工都严格执行工艺和质量管理的各项规章制度，产品市场抽检合格率100%，厂内抽检合格率100%。全年平均设备有效作业率85.54%，设备完好率96.39%，设备有效利用率99.38%，再次荣获《贵州省设备管理先进单位》称号。企业严格执行《安全生产责任制》，重点强化了操作规程的遵章守纪，加强特种设备安全管理，落实隐患整改，全年未发生安全事故，荣获贵州省烟草系统《安全生产先进单位》称号。

新产品开发　盖"长征"成功开发并上市后，全年销售31493箱，成为拉动企业产品结构调整和经济增长的亮点。佳品"桫椤"通过改造，进一步为市场的推广奠定了基础，全年销售10056箱。为满足消费需求，企业根据技术储备，又推出零售价20元/包的软"长征"和10元/包的"旺年"，不断提高产品结构，增强市场竞争力，为消费者提供满意的产品和服务。

精神文明建设　积极开展企业思想政治工作，认真宣传贯彻党的方针政策和国家法律法令，努力提高职工遵纪守法的自觉性，提高职工法制、道德意识，组织干部职工批判"法轮功"，抵制"黄、赌、毒"等歪风邪气，开展一系列有益职工身心健康的文化体育活动，增强企业凝聚力。 **（秦建甫）**

铜仁卷烟厂　完成了2002年度各项经济指标。实现了全年生产计划7万箱的任务，销售70137.6箱。实现含税销售收入18266.04万元，比去年增长16.28%，单箱含税收入2604.3元，比2001年增长11.49%。实现税收8882万元，比去年增长19.36%。实现盈利414万元比去年扭亏增盈1994万元。

一、转变观念，强化责任意识，开展了二次全厂性的大讨论，即"加强管理，提高产品质量"大讨论和以"遏制亏损，摆脱困境"为中心的思想工作作风整顿，以及开展市场经营形势教育，从而进一步统一认识，坚定信心，增强了职工的责任感和危机感。

二、突出抓好市场这个龙头工作，采取灵活多样的手段，改善市场环境，采取较为实际的考核激励办法，鼓励多销多产高结构卷烟，压减五类低结构卷烟，调动了营销人员的积极性和主动性，2002年盖烟产销量从2001年的22000箱增加到38700箱，使销售数量、结构、货款回笼三大指标达到历史最好水平，从而缓解了企业资金紧缺的困难。

三、根据省烟草局关于有计划、有步骤实施名优品牌工程，切实抓好卷烟产品结构调整工作的要求，我厂重点对骨干品牌"小康"系列进行改造和创新，并相继推出了翻盖"特醇小康"和彩色"梵净山"两种中档卷烟产品，得到了消费者的好评，拉动了全年总体单箱结构的提升，2002 年比 2001 年单箱结构提高 268.45 元，为全年的盈利奠定了基础。

四、积极开展精神文明创建活动，推行厂务公开工作的实施，加强党风廉政建设，同时用积极向上和职工喜闻乐见的文娱体育活动，活跃职工文化生活，陶冶职工情操。继续开展“文明班组”、“五好职工”、“文明家庭”、“送温暖捐增”等精神文明创建活动，提高职工的凝聚力。 **（杨 和）**

贵定卷烟分厂 贵州贵定卷烟分厂建于 1954 年，占地面积 30582 平方米，职工总人数 686 人，主要生产设备有仿虹尼制丝生产线一条；YJ14/23、MK8、MK9－5/PA8－5 等卷接设备共 9 组；FOCKE350、YB41、YB22A、YB21、YH3000 等包装设备组共 9 组，企业资产总额 2.96 亿元。

2002 年卷烟产量 199913 万支，销量 202127 万支，完成产值 8970 万元，销售收入 9055 万元，实现销售税金及附加 3547 万元，利润 100 万元。一年来，企业按照“以发展为主题、以结构调整为主线、以实现优质高效为目标”的要求，不断强化企业内部管理，努力提高企业经济运行质量，建立目标考核机制，把全年的各项生产和经营目标逐项分解到厂各职能部门，并明确责任人，实行风险抵押承包和量化考核，全年共分解指标 80 余项，完成率达 95%，使各项工作做到有考核、有改进、有提高。企业坚持以质量求生存的方针，严格贯彻执行 ISO9002 质量体系，加强产品质量控制，建立质量事故责任追究制，将严格奖惩和职工质量意识教育结合起来，形成全员质量管理的良好机制。企业还广泛开展质量管理的改进和创新活动，组织开展的“改进切梗机喂料装置”QC 项目在全省烟草系统 QC 项目评比中荣获三等奖，生产的产品“神奇”和“海王”被评为贵州省名牌产品。

一个企业的核心竞争力是企业管理水平、企业文化、团队精神等多方面的综合体现，企业坚持“两个文明”一起抓的方针，以增强企业凝聚力、调动职工的积极性和创造性为目标，坚持开展形式多样的精神文明创建活动。2002 年成功举办了第七届职工运动会；在全省“纪念毛泽东同志在延安文艺座谈会上讲话发表 60 周年”歌咏比赛中，厂合唱队荣获银奖；在同年底全省烟草系统文艺调演中，企业选送的舞蹈节目《希望》获组织奖，保持了企业“两个文明”建设协调发展。企业曾荣获“贵州省百强企业”、“贵州省实现利税百佳工业企业”、“贵州省企业文化先进企业”等称号。 **（黄维超）**

申义烟叶复烤有限责任公司

由遵义市烟草分公司与上海烟草（集团）公司共同投资组建，年打叶和挂杆生产能力分别为 60 万担和 15 万担，具备常年加工能力，2002 年在岗员工 162 人，其中大中专毕业生及专业技术人员 75 人。2002 年共计加工把烟 10804 吨，片烟 8805 吨，经营收入 4660.83 万元，与去年同比增加 311.48 万元，期间费用支出同比下降 6.52%，全年实现税利 1112.75 万元，同比增加 51.65%。2002 年根据设备运行情况及工艺需要，改造了润叶机热风循环系统、筛砂机，将原风力输送改为皮带输送，提高了大中片率和成品回收率。在企业管理上强调规范化、制度化管理，加强了成本控制力度，调整了公司内设机构，将原来的四部一办十三个科室精减为二室三科五部，共十个科室，减少了中层干部职数，全面推行干部竞争上岗，职工双向选择竞聘上岗。2002 年坚持“惟客所为，精益求精”的质量方针，在生产经营中坚持换位思考。按“双赢”理念“主攻重点客户，选择优质客户，培育忠诚客户”。为全国十多家重点卷烟工业企业提供了优良的挑选、复烤加工、保管、运输服务。在精神文明建设上重点加强员工的职业道德教育，是全市烟草系统厂务公开工作试点单位和贵州省厂务公开工作先进单位表彰。 **（余显扬）**

遵义烟叶有限责任公司 贵州遵义烟叶有限责任公司是 1999 年组建的有限责任公司，注册资金 1.5 亿元。公司占地 17 万平方米，设备选用昆船公司仿制的当今国内最先进的麦克它维奇打叶设备，普洛克特型复烤设备，菲思本型预压打包设备，生产线电控系统采用分段集中控制和车间监控集中控制相结合的控制系统，以及使用具有 20 世纪 90 年代末国际先进的烟叶理化检测、检验设备。从事烟叶加工业务，年处理原烟 3 万吨以上。

公司现有员工 100 人，平均年龄约 32 周岁，其中大中专毕业生占 46%。公司下设生产部、市场部、企管部、财务部、综合部、安保部六个职能部门，以“敬业奉献，和搏一流”的企业精神，承接国内外客户的烟叶复烤加工业务。

2002 年度公司共为国内 18 家客户加工原烟 50 万担，实现利润 527 万元，加工工艺指标全部达到和超过行业标准。

公司全体员工坚持”打一片烟叶，表一份诚意，占一方市场，树一面旗帜”的经营方针，全面实施 ISO9001：2000 质量管理体系工作，并于 2002 年 1 月通过了第三方认证机构的审核，获认证证书。在人力资源管理上实行人事、用工、分配的动态管理，大大提高了广大员工的积极性。为规范现场管理，开展“TQC－5S”活动，达到人员定岗定位，物品定置定量。同时，公司还把设备维修、技改工作作为关键工作，2002 年投入 202 万元用于设备维修，改造。

为保障企业后劲，全面加强以财务管理为主要内容的基础管理，最大限度的减少用工成本，从而使财务工作做到了加强预算、事前监督、参与资金的运作决策。全年共节约成本约 236 万元，实现利润 527 万元，上交国家税金 808.3 万元。

公司坚持“两手抓，两手都要硬”的方针，加强精神文明建设和党风廉政建设，把“爱我烟草、尽我职责、树我形象、看我奉献”作为每个员工的行为准则，大力提高员工的敬业精神，培养了一支思想过硬，业务精通，作风顽强的高素质的职工队伍，在公司形成了积极向上、团结进取的企业文化氛围。

（周 娅）

梵净山烟叶复烤有限责任公司

贵州梵净山烟叶复烤有限责任公司是由原大龙烟叶复烤厂异地改造而成的打叶复烤国有中型企业。工程投资 1.7 亿多元，1998 年 3 月破土动工，1999 年 7 月投产。设计规划一条 12000kg/h 打叶复烤生产线，年处理烟叶 60 万担。一期工程后，已具备年处理 30 万担的能力。2000 年 3 月经国家局同意批复与浙江省烟叶物资公司合资组建为贵州梵净山烟叶复烤有限责任公司。系全国 56 家打叶复烤企业之一。

公司主要经营：承接各卷烟厂家的来料配打复烤加工和本地区的烟叶片烟

加工、烟叶储存与调运等。为客户提供“梵净山”牌优质片烟。

（一）工艺设备：公司的打叶复烤设备采用国际流行的柔打细分、低温慢烤、静态称重、多规格包装等先进技术，打叶线选用北京长征高科技公司仿马克塔维奇（Martavish）型设备，按四打十一分配置；复烤线选用昆明船舶公司生产仿普洛克特（Proctor）型设备；预压打包机采用昆船仿菲思本（Fishbume）型设备；采用人工解把工艺，预处理线配有二次挑选（复选）设备。全线设备运用集散型 PC 自动控制技术，进行现场监控，技术设备达到国际 90 年代末先进水平。在线安装了 TM5000 水份仪，实现烟片复烤水份自动调节。并设置了独立质量检测室，使用 Garade Wed 烟叶物理检测设备；两台进口布拉本德（Brabender）快速水份仪；四台慢速水份烘烤箱；一台进口宾达恒温恒湿箱。为适应各家卷烟厂原料控制需要，设立了化学分析室，配置了德国进口的 Bran. luebbeAIII 自动化学分析仪。

（二）质量管理：经过企业自身的完善和发展，公司建立了内部质量管理体系，于 2002 年 2 月通过了 ISO9000：2000 质量管理体系认证，获北京 9000 质量管理体系认证中心颁发的“CCQS”和“UKAS”国际认证证书。以质量管理为中心，依据行业标准制定公司加工质量标准和各种配套管理办法，实现企业管理制度化、标准化和程序化。

（三）生产经营情况：自投产以来，已投打烟叶近 200 万担，年均打 30 多万担。有杭州、宁波，南京、长沙等 20 多家卷烟厂与公司建立了友好的业务往来，“梵净山”牌产品质量稳居全省前列，受到广大客户的青睐。

公司组建 3 年多来，以一年一个新台阶发展，经济效益逐年上升，被省公司评为“安全工作达标先进单位”，被省委、省政府评为“精神文明先进单位”，被省地有关部门评为“先进基层工会”、“先进女职工集体”、“环保先进单位”等。 （王 波）

毕节地区烟叶复烤厂 2002 年毕节烟叶复烤厂收购烟叶 97.8 万担，其中上等烟占 23.27%，中等烟占 54.24%，下等烟占 22.49%；加工烟叶 112.5 万担，打叶生产 43.8 担，其中外加工 6.7 万担；挂杆复烤生产 68.7 万担，其中冷烟加工 32.8 万担，各项技术指标均达到或超过国家标准。实现工业产值 7 亿元，利润 2310 万元，上缴税利 5763 万元。为企业做大做强奠定了坚实的基础。

一、强烟叶销售工作，力争实现产销平衡的任务。出台了切实可行的的销售政策和措施，制订了严格的奖惩制度。加强客户关系管理，建立良好的合作关系，加大对毕节地区烤烟生产、地域优势及烟叶质量的宣传，广泛向客户承诺烟叶质量、加工质量、做到诚信为本，信誉至上，力求长期合作，建立稳定的供销关系，达到双赢的目的。巩固了 15 家老客户，增加了 30 多家新客户，实现销售收入 4.5 亿元，货款回笼 17100 万元。

二、推行 ISO9001：2000 版质量体系认证工作，促使企业管理工作迈上新的台阶。以提高工作质量、服务质量和产品质量为主线，确立了“以人为本，科技求存，精选细打，箱箱合格，评审改进，满足顾客”24 字作为企业的质量方针。由北京大陆航星认证机关对复烤厂的质量体系运行情况乾地认证审核，于 2003 年 1 月 21 日成为 ISO9001：2000 质量管理体系认证企业，企业管理水平做到全面提高。

三、抓好烤烟基地建设工作，确保充足的优质原料来源。在烤烟育苗、移栽、大田管理、成熟采摘等方面，派出专业技术人员对烟农进行科技帮扶，提高烟农种植水平。

四、强化安全管理工作，发挥其保驾护航作用。坚决贯彻执行“安全第一、预防为主”的方针，认真落实“谁主管、谁负责”、“先安全、后生产、不安全、不生产”的原则，实行全员安全责任制，切实做到安全生产。

五、加强硬件设施建设，投资 430 万元购置了烟叶理化检测设备，及时为客户提供烟叶内在总糖、烟碱、钾、氯的含量，获得贵州省烟叶公司二级站的验证。在生产加工环节上，请求客户派员对生产过程进行全程跟踪监控，在选叶环节上将等级升益率定为“零”，奉行阳光下操作，赢得了客户的信赖和好评。 （陈丽萍）

云南省

曲靖市烟草专卖局（公司）

全年收购烤烟 293.36 万担，收购总值 16.05 亿元，实现农特税及附加 3.86 亿元。在标准化站点建设、国际型优质烟叶开发、省优质烟示范乡（镇）、收购模式创新和物资款预留工作五个方面获得全省第一。

烟叶生产 继续实行“双控”政策，约定种植面积 125 万亩，共与农户签订种植收购合同 54.26 万份。抓好烤烟品种的多元化、区域化，栽种 7 个烤烟品种，实行 50 亩以上连片种植，烤烟轮作面积 87.1 万亩。烤烟全部在最佳节令移栽，基本杜绝了杂劣品种。配方施肥面积 109 万亩。控制了花叶病的发生。采取措施提高了上部烟叶的可用性和市场竞争力。2000 亩国际型优质烟叶开发，在全国 11 个省 17 个点中名列第二。白肋烟试种研究取得了明显进步。开展了 21 个项目的试验研究，“漂浮育苗技术研究与应用”课题获省公司科技进步二等奖。22 个农工乡（镇）生产烟叶 88.7 万担；上等烟合格率 80.1%，综合合格率 82.6%。挂杆复烤关停工作稳步进行，打叶复烤设备进行了调整布局。完成改建烤房 8.3 万座，标准化基层站 85 个，建设标准化烟叶收购点 306 个。全市销售烟叶 107 万担，实现了 2001 调拨年度全市烟叶商业零库的最好成绩。

专卖管理 围绕“整顿、规范、落实年”和“打假年”的工作目标，认真组织开展工作。加强专卖队伍建设，组织各类培训 1586 人次，培训面达 100%，专卖执法水平稳步提高。与公安、交警、工商等部门联合，出动打假 2.7 万人次，查获制售假烟案件 194 起，收缴假烟 3620 件，捣毁制假窝点 10 个，查处销售走私卷烟案件 53 起。专销结合工作中零售户持证入网率 98%、访销率 98.4%、进货率 95.1%、市场净化率 93%，市场控制力明显提高。与省外 79 个厂家和公司清理欠款 1.6 亿元。两个“三年目标”任务全面推进，整顿和规范市场经济秩序工作取得了阶段性成果。 （局办公室）

保山市烟草专卖局（公司）

2002年，保山市烟草专卖局（公司）"两烟"实现利税1.93亿元，比上年的1.25亿元增加7200万元，圆满完成省局（公司）下达的"两烟"利税1.68亿元的目标考核任务。

烤烟生产和收购 全市收购烟叶53万担，实现收购产值21831.6万元，比2001年的20090.8万元增加1740.8万元，平均每公斤价达8.23元，比2001年的7.82元增加0.41元，实现农特税及附加5000万元，烤烟等级质量比上年有所提高，上等烟合格率85.2%，综合等级合格率达到88.24%，比上年的76.65%增加11.59个百分点，基本做到政府、企业、烟农三满意。

卷烟销售和网络建设 全面实行访销配送和户籍式管理，不断加强城乡卷烟销售网络建设。对营销人员实行层层考核责任制。通过广大干部职工的共同努力，2002年圆满完成了省局下达的销售卷烟6.4万箱，实现毛利率11%，一、二类卷烟占计划的12.5%的目标任务。

专卖管理 积极主动争取当地党委政府的领导和相关执法部门的支持，坚持烟草专卖联席会议制度，层层签订责任状，使烟草专卖管理工作真正转变为政府职能工作；深化"户籍式"管理，把经营户分成A、B、C三类，进行动态监督管理，实行专卖销售捆绑考核制度，推进专销结合；深刻认识整顿和规范"两烟"市场秩序的重要性。本年，共查处各类烟草违法案件723起，没收假烟127件，走私烟85件，非烟2376件，没收烟叶31.75吨，罚没总值达310.05万元。

整顿和规范市场经济秩序 按照市政府和省局（公司）的部署，结合保山烟草实际，拟定了《整顿和规范市场经济秩序工作意见》，明确了今年的五项工作重点，认真研究、解决两烟流通中的问题，使整顿和规范工作整体推进，全面提升保山烟草企业的规范化管理水平。

红河州烟草专卖局（公司）

云南省烟草红河州公司位于红河州弥勒县，系红河州烟草"三合一"企业分设而来，现辖11个县级公司，在岗员工1200余人，是云南省烟草系统第一个"三合一"管理体制改革试点单位。2002年，收购烤烟120万担，销售卷烟12.14万箱，"两烟"实现税利5亿元，其中利润2.4亿元；资产总额近16亿元。公司严格执行国家局"双控"方针，大力实施"科技兴烟"战略，积极推进漂浮育苗、控氮施肥、三段式烘烤等实用新技术的运用，有效地提高了烟叶内质和可用性。2002年全州指令性种植面积46万亩，收购烤烟120万担，均价10.58元/kg，烟叶等级合格率86%。

2002年，秉乘"员工个人价值的实现是公司价值产生之基础"的理念，提升了公司核心竞争力。推行"扁平化"管理体制，在公司内部管理机构的设置上本着"精干、高效"的原则，职能不重叠、一室多职、一岗多能。集中管理，高效运作，取消县级公司法人资格，实行一个法人治理下的集团管理模式。

公司党委十分重视企业精神文明建设，积极开展各类健康有益的文体活动，倡导积极、健康、向上的思想文化，为陶冶员工情操，增强员工团队意识，提升员工综合素质营造了一个良好的环境和氛围。

临沧地区烟草专卖局（公司）

全区烟草系统现有在职职工342人，拥有固定资产2805万元。

卷烟购销 全区累计购进卷烟79786箱，比上年增加15354箱，增幅为19.2%；卷烟销售量68238箱，比上年增加6252箱，增幅为10%，卷烟市场占有率达96%，全区共建销售网点92个。

烟叶生产 全区4个县15个乡（镇），70个村（办），6969户农户种植烤烟，种植面积27299亩，生产收购烟叶5.9114万担，上中等烟叶比例83.06%，平均亩产值985.92元，平均单产2.27担，实现税收1000余万元。总产值比去年增加了203.06万元，税收增加100余万元。与历年比较，一是亩均收购量比历年提高，二是创税是历史最好的一年，实现了农民增收、企业增效、财政增涨的目标任务。

烟草专卖管理 以"管理到户、服务到户、宣传到户"的"三到户"为标志，加强专销结合，充分运用信息网络技术，深化专卖户籍化管理工作，建立完善了"两级管理，三级稽查"的专卖行政管理和稽查工作体制，建立了与公安、工商、技术监督等部门的密切联系，形成部门之间的执法合力，以强有力的手段对卷烟违法行为予以打击，使专卖管理纵向到底，横向到边，不留死角，提高了市场控制力。

企业管理 大胆改革，狠抓内部管理，成立了党、政、群、团组织，全区烟草系统党、团、工会等群团组织关系已全部上划地局（公司）管理，撤消县局（公司）党组、改设基层党的总支委员会或支部委员会，真正形成了"统一领导、垂直管理、专卖专营"的管理体制，为进一步深化企业内部改革，建立了干部能上能下，人员能进能出，收入能高能低的"三项"制度改革办法，提高了工作成效，增强了企业活力。

文山州烟草专卖局（公司）

2002年种植烤烟21万亩，收购烟叶42万担，销往国内外41余个厂家。烟叶产品质量受到国内外厂商的好评。

在专卖管理上，严格按照《专卖法》的规定，坚持"内管外打"的方针，在公安、工商、技术监督、法院、检察院等执法部门的大力支持下，采取"市场管、路上查、边境堵、端窝点"的办法，经常性地开展了打击"假、私、非、超"卷烟专项斗争，取得了明显效果。十年来累计查处各种涉烟案件3617件，查获走私卷烟43683.42件、非正常渠道流通烟叶15365担、假冒卷烟商标标识516万张，运输假烟车辆56辆以及大量的制造假烟物品。通过贯彻实施《专卖法》，取缔了非法交易，保护了合法经营和广大消费者的利益。

十年来，我们共发放卷烟经营许可证9625户，批发网点78个。形成了点面结合、城乡结合的卷烟销售网点。十年来全州累计销售卷烟970073万箱，销售总额480036万元，两烟生产经营实现利润52062万元，实现税利139111万元，人均创税利94.68万元，是全州的税利大户之一。

文山烟草在搞好主业的同时，利用多年来的积累，积极发展第三产业。成立了云南烟草文山金元边贸公司、云南烟草文山物资公司；投入3878万元资金建盖了三星级宾馆——文汇大酒店，在边贸、建筑、饮料、酒店方面均取得了可喜的成果。

大理烟草企业 大理烟草企业全年生产卷烟40.57万箱，其中：国内指标卷烟40.3万箱（比上年增加0.3万箱），出口卷烟2760箱。

全州合同种植烟叶39.2万亩，收购烤烟101.59万担，其中：指令性产量收购92.99万担（完成指令性产量收购92.99万担），出口备货收购8.6万担。指令性收购均价为11.12元/千克（比上年增加0.52元/千克），烟农总收入51700万元（比上年增加2602.47万元），实现烤烟农特税及附加11381万元（比上年增加523万元），上等烟占37.14%，中等烟占62.71%，上中等烟合计占99.85%（比上年提高5.4个百分点）。经抽样检查，综合等级合格率达到79.33%和86.03%，被省局评为全省烟叶生产先进地区。全年实现工商税利11.3亿元，比上年增长14%；单箱税利28.05元/箱，比上年增加320元；实现利润12174万元，比上年增长171%；职工（州级企业）年人均收入为3.96万元（比上年增加5.9%）。企业基本实现年初制订的各项目标，全年实现工商税收和利润为历史最高水平。

依靠科技创新，不断提高卷烟质量 一年来，降焦研究、缩小烟支圆周、降低原辅料消耗、最佳梗丝掺入量研究、糖香料应用研究、提高切丝质量、小包油封烂包、小盒烂包自动剔除装置等课题均已完成，并应用于生产中。现有产品质量的改进提高、分储及建立烟叶理化指标数据库、实现卷烟质量在可控状态下的稳定提高的深化研究、新产品研究与开发等课题均已取得阶段性的成果。全年省二级站共抽查、行检“三塔”、“美登”2个牌号，3个样品21个样次，质量合格率为100%；国家中心站统检“三塔”、“美登”两个牌号，质量合格率为100%。单箱耗叶降低1.7公斤，节约成本1894元。

落实“科技兴烟”效果显著 1. 实现全州漂浮育苗普及目标，全州落实育苗大棚946个，比上年增加399个；小棚60553个，比上年增加24998个（其中，白肋烟大棚3210个）。全州漂浮育苗的壮苗率达到60～70%。2. 择优布局，连片轮作得到巩固提高，通过统一供种，集中育苗等措施，劣杂品种得到有效控制。3. 测土配方施肥大面积得到推广，今年共推广18个配方的复合肥，使用于383576亩，占移栽面积的97%，种烟的主要县均达到100%的测土配方施肥。4. 最佳节令移栽面积比重大，栽期最集中。截止5月26日，全州累计移栽烤烟392016亩，比上一年提前5天。5. 重点项目进展良好。

大理烟草企业QC成果创佳绩 4月24日至28日，云南省烟草公司在昆明烟草科技园召开了云南省烟草行业第十六次优秀QC成果发布会。大理州烟科所的《提高烤烟包衣种子出苗整齐度》获一等奖，被省烟草公司推荐参加全国烟草行业优秀QC成果发布会；卷包车间的《解决B1包装机少数成品烟包缺小花的问题》获二等奖。（陈达敬）

楚雄烟草企业

全州全年共查处烟叶违法案件606起，没收烟叶2.1万担。各级烟草专卖局1～11月共查处卷烟违法案件1514起，查获假冒卷烟40.44件，非渠道进货卷烟310.8件，无证运输卷烟695件，罚没款约70万元，辖区内未发现制假、囤积销售假烟的窝点，卷烟市场基本实现“四无”，违法经营案件的数量较上年大幅下降，卷烟市场净化率进一步提高，达到省局95%以上的要求。

2002年6月，由省烟草公司科教处、省烟草质量监督检测站以及楚雄州技术监督局人员组成的审查小组，依据有关规定对楚雄州烤烟质量监督检测站的组织机构与管理、人员素质、仪器设备、环境条件和检验工作等五个方面进行审核。在30项评审项目中，26项为“A”（即合格），4项为“B”（即基本合格），没有出现“C”项（即不合格和重点项目的不合格）。评审组一致认为，楚雄州烤烟质量监督检测站审查验收合格。

7月19日至25日，由云南省烟草公司领导和有关专家组成的检查组，对楚雄州承担的6000亩省优质烟示范进行了田间验收，基本达到了优质烟示范要求的各项指标和办示范烟的目的。

2002年，全州共收购烟叶106.998万担，收购出口备货烟叶17.59万担，全州指令性计划和出口备货合计收购烟叶124.588万担，其中上等烟比例为38.58%，比上年增加11.49个百分点，中等烟比例比去年增加1.18个百分点。全年共销售烟叶84.6万担，商业待销烟叶库存降至历史最低，销售收入达8.8亿，资金回笼7.38亿，圆满完成了年度销售任务和资金回笼任务。

本年，是云南红塔集团楚雄烟草企业“两烟”生产经营取得突破性进展的一年。卷烟生产首次突破50万箱大关；盖烟比例是楚烟历史以来首次过半；一类烟比例接近15%，同比增长1倍多，产品竞争力进一步增强。全年生产合格卷烟53万箱，销售楚产卷烟53万箱，同比增长了13.1%，全州年末卷烟工商库存17000箱，其中楚产卷烟工商库存为2400箱，较上年下降了50%。全年完成工业总产值1990年不变价13.75亿元，实现“两烟”销售收入工商合计56亿元，全年完成工商税利及附加22.13亿元，实现利润3.39亿元，比上年净增0.89亿元，全面完成了年初制定的生产经营目标，使“两烟”生产经营继续保持平稳增长的良好态势。

2002年，国家局对参与卷烟优等品评定的126个卷烟牌号（规格）进行了评定，有99个被评为2002年度卷烟优等品牌号（规格），有效期三年。楚烟企业产品“红国宾”、“蓝国宾”、“翻盖桂花”榜上有名。从1990年至今，企业连续12年获州级“重合同守信用企业”荣誉称号。

2002年3月20日至22日在红河烟厂召开的云南省烟草企业设备管理工作会上，楚烟企业设备管理由于管理基础扎实，各项经济技术指标有了新的提高，受到了省公司的表彰，荣获设备管理达到国家二级标准的证书和奖状。企业连续6年保持省级“文明单位”荣誉称号。

红塔集团

红塔集团1995年由玉溪烟厂改制而成，是一个以烟草为主，多元化经营的大型工业集团公司。主要品牌为“红塔山”、“玉溪”、“红梅”、“阿诗玛”、“恭贺新禧”。2002年红塔集团确立了“以烟草主业为主，一手抓提质创新，一手抓市场开拓”的工作思路，卷烟生产坚持“以市场为导向，提质量、抓管理、降成本、增效益”，卷烟销售坚持“促销、稳价、增效”的工作方针，全年生产、销售卷烟152.5万箱，实现税利124.57亿元。加大“科技兴烟”的力度，实施优质主料烟工程，根据卷烟产品工艺配方需要，调整烤烟品种结构，在55万亩种植面积中，“K326”占50.9%，“云85”占28.6%，“云87”占20.5%。田烟轮作96%，地烟轮作50%，全年收购20个等级的烟叶164.5万担，入库255.94万担，打叶复烤片烟38600吨，挂杆复烤把烟8868吨。新产品研发方面，以“提质创新”

为指导方针，研制出软包“玉溪”、混合型“红塔山”、铂金“红塔山”、铂金“玉溪”和醇香“红梅”。铂金系列卷烟最大的特点是：高安全、高科技、高香气、低危害，“红塔山”、“玉溪”的焦油含量分别降为10mg、11mg，烟气、烟碱量为1mg，“红塔山”一氧化碳含量仅为10mg，是国内率先在烟包上标注一氧化碳含量的卷烟品牌，远远低于国内同类产品该含量为16mg的水平，采用复合嘴棒和全麻卷烟纸，有效过滤有害成份。加强了财务管理工作的整改，以财务管理为核心，狠抓基础工作，引入现代化先进的管理思想和理念，利用“ERP”系统等先进管理手段，全面提升财务管理水平，有力地促进了企业基础管理的全面提高。全面深化企业内部改革，加大三项制度改革力度，分两步进行体制改革，逐步形成现代企业制度构架。第一步，深化以集团本部为核心的企业内部改革，实行内部退养，清退临时工，精简组织机构，优化人员组合；第二步，实现产权多元化、多个法人治理结构，形成真正意义上的大企业大集团公司体制结构。对外投资坚持“收缩、整合、增效”的方针，将工作重点放在对现有项目资产的管理上，进行重组和整合，进一步提高投资回报率和盈利水平，全年实现产值62.6亿元，销售收入79.2亿元，税利13亿元，利润8.2亿元。认真学习贯彻“十六大”精神，继续抓好精神文明建设，促进“两个文明”共同发展，建立健全了干部廉政监督制约机制，强化干部队伍考核力度，设立了“董事长接待日”，开通了“职工内网意见箱”。全体干部职工在国家局、省局（公司）的领导下，为进一步“做强、做精、做大”红塔集团而努力工作。　**（集团办公室）**

昆明卷烟厂

昆明卷烟厂创建于1922年，是中国卷烟工业四大重点骨干企业之一。2002年实现税利57亿元，创历史新高，预计2003年仍将有大幅提升。2002年9月，该厂被中央文明委授予“全国创建文明行业先进单位”。

一、全心全意依靠工人阶级办好企业　以科学的理论武装人。企业组织全体党员和职工认真学习邓小平理论、“三个代表”重要思想，使党员和职工树立社会主义、共产主义的坚定信念。有计划、分层次、分步骤地组织学习，建立完善了学习制度。倡导职工增强勇于创新、参与竞争、不断发展的市场经济意识，培育职工忧患意识和大局意识。

切实加强和改进领导班子建设。结合企业实际，制定出《昆烟领导班子工作规则》、《党委议事规则》、《党政联席会议制度》等制度。坚持党委集体领导和个人分工负责相结合的制度，坚持一年两次的民主生活会制度，坚持对重要人事任免、重大项目、资金审批等由领导班子集体研究决定的制度。团结务实、开拓进取，一心一意为企业的发展尽职尽责地努力工作。

推行厂务公开。昆烟党委把厂务公开工作提到重要议事日程，制定了《昆烟企业推行厂务公开制度的实施细则》，建立起相应的考核制度，明确了每个程序的承办部门和承办人的工作职责。把厂务公开延伸到生产、经营、管理、质量、销售、生活后勤等领域，使企业在深化改革中出现的难点得以化解。

二、全员营销，开拓市场　昆明卷烟厂牢固树立“满意出效益”的营销观念，实行“一省一策”的营销策略，加强与兄弟省市烟草的合作开发和推广区域性专销产品，走工商联合的双赢之路。目前，昆烟共有220多名售后服务人员常年战斗在市场第一线，主动、及时做好沟通服务工作。2002年，在“一省一策”的市场营销策略的基础上，昆明卷烟厂提出“全员营销”理念，重点研发全国性品牌，形成了有较强市场竞争能力和获利能力的产品系列，昆烟产品出现了供不应求的局面。

三、提升产品科技含量　昆烟密切关注市场动态，按照“优化结构，提高科技文化含量”的开发目标，力争在产品开发上达到“人无我有，人有我优，人优我新”。从工艺配方、辅料、包装印刷等方面都引入了全新的技术，对“云烟”、“红山茶”、“茶花”、“大重九”等名牌进行开发改造。同时，以“零缺陷”质量管理，保证产品质量。不仅按国标、厂标严格生产，更将消费者的评判作为质量的重要标准，以高度的责任意识，立足本职工作，把好各人的工作质量，精益求精，很快打开了市场，得到了消费者的肯定。

四、建立学习型企业　昆烟重新审视自己的优势，研究先进的设备和先进的生产力之间的关系，优质原料和优质产品之间的关系，规模生产和精细加工的关系。对照与先进的企业之间的差距，学习人家先进的管理经验，在变化中学习，变化中求生存、求发展，保持了企业与时俱进。

现在中国烟草改革到了关键时刻，厂司分设、工商分离，一系列改革措施不断出台和完善，为中国烟草形成大企业、大品牌提供了机遇。昆明卷烟厂将把握时机，立足抓好内部管理，以创新为动力，力争成为中国烟草改革重组的排头兵，为中国烟草事业、为地方经济作出更大贡献。

曲靖烟叶有限责任公司

云南曲靖烟叶有限责任公司，2001年9月11日经国家烟草专卖局批准，由中国烟叶生产购销公司、中国烟草进出口（集团）公司、中国烟草总公司云南省公司、中国烟草云南进出口有限公司与云南省烟草曲靖市公司共同出资组建。固定资产原值累计13513万元。职工218人。是一家集烟叶收购，复烤加工、仓储调运、销售集为一体的外向型经济发展现代企业。

生产经营　调拨入库烟叶30.89万担，调入总值31592万元，实现利润3007万元，同期相比增加了1894万元，增幅为170.17%；实现税收2032万元，同期相比增加了1851万元，增幅为10.23倍；实现利税总额5039万元，同期相比增加了3745万元，增幅289.41%。复烤烟叶25225吨。

技术改造　建立了烟叶临时验级大棚，建立了烟叶内在质量化验室；建立了财会电算化局域网。

企业管理　深化内部改革，狠抓内部管理，认真贯彻ISO9001/2000国际质量标准，产品质量和复烤加工水平不断提高，水份合格率、烤透合格率、重量允差合格率、外观质量合格率四项指标经考核均达100%，打叶质量合格率达100%，复烤仓储现场管理经曲靖市烟草公司年度片检，得分969分，与同期相比增长7分，增幅为0.7%；推进企业三项制度改革，机构设置由原11个车间、科（室）精简为7个车间、科(室)，对中层干部和职工实行竞争上岗，实行招投标比价采购制度，节约资金169.49万元。

精神文明建设　1. 加强思想政治理论教育、强化职工的思想政治理论学习。开展了纪念中国共产党建党81周年活动，组织了“司兴我荣，爱岗敬业”为题的演讲比赛；参加了曲烟企业

"国企改革与入世挑战"解放思想大讨论辩论赛；组织党员及共青团员踊跃投稿，参加曲烟企业纪委论文评选活动。2. 加强党风廉政建设。公司制定了《云南曲靖烟叶有限责任公司精神文明建设责任制及考核细则》、《云南曲靖烟叶有限责任公司党支部目标管理工作实施意见》和《云南曲靖有限责任公司领导干部党风廉政建设责任制》。3. 加强党的基层组织建设。成立机关、生产、老龄三个党支部。4. 积极开展结对扶贫脱贫致富活动。继续对越州大梨树十户贫困户结对扶贫，扶贫捐款 2160 元，捐赠篮球架 2 个，资助 2 名失学儿童上学读书。 **（张晓鲁）**

曲靖卷烟厂 在严峻的卷烟产销形势面前，企业认真抓好各项工作措施的落实，全年生产卷烟 95.57 万箱，销售卷烟 96.72 万箱，实现销售收入 55.03 亿元，同比增加 12.31%；完成现价工业总产值 54.83 亿元，完成工业增加值 40.02 亿元，工业实现税利 34.05 亿元，万支卷烟税利 704.09 元，工人实物生产率 663 箱/人，全员劳动生产率达 121 万元/人，同比增加 27%。

企业管理 车间实行了四班三运转。完成了专业技术岗位的设、聘、评工作。档案目标管理工作晋升为国家一级。培训各类员工 3057 人次。通过 10 余个工程、系统的建设，企业自动化水平稳步提高。编写了 2000 版质量体系文件，通过了上海质量认证中心复审。卷烟市场顾客投诉次数同比下降 40.4%。增收节支节约资金 600 余万元，物资采购、基建技改工程等招标、议标工作节约采购资金 1.1 亿元。企业财务管理工作被国家局评为全国烟草行业先进集体，审计工作被国家审计署评为全国审计工作先进单位，企业荣获"全国五一劳动奖章"。

产品开发 坚持科技推进企业技术进步，巩固发扬现有卷烟牌号优势，开发了四个不同包装的区域性品牌。研制了软精品福、精品石林产品。运用新技术、新工艺、新材料，降低产品焦油含量。吉庆、石林、特醇福卷烟被国家局评为优等品。开展与郑州烟草研究院合作研究项目，进行了原料质量、三纸一棒、制丝线工序的研究评价，实现丝束等辅料国产化和质量指标的改进。

技术改造 以高质量、低成本、快速响应为指导思想，合理组织生产，车间实行岗位动态管理。单箱混合丝、嘴棒、盘纸、煤、电消耗持续降低。仅用 128 天，完成了 9000kg/h 制丝线的技术改造和 PROTOS2/GD3000 卷烟包装机组调试工作。引进美国 TS720 异物剔除设备两套。设备有效作业率达 84.38%、完好率达 98.94%、大中修率达 100%，设备管理水平全面提高，在国家局组织的设备管理达标活动中名列前茅。

多种经营 全面推行经营者风险抵押经营目标责任制，多元化经营企业参与辅料采购招投标。投资项目实现投资收益 1,363 万元，同比增加 3.4 倍，资本收益率 4.13%，投资收益率 4.24%，向主业分配投资红利 1,009 万元，同比增加 3.3 倍，主业投资回报率为 3.09%。增加了与哈尔滨和南宁两家烟厂开展品牌合作，联营品牌扩大到了"石林"和特醇"福"。 **（党政办公室）**

春城卷烟厂 云南春城卷烟厂位于昆明市北郊莲花池畔，始建于 1956 年，是国家定点卷烟生产中一型企业。历经 40 余年风雨，工厂已发展成为具有进口线生产能力 35 万箱的现代企业。固定资产原值 11.72 亿元。2002 年企业实现卷烟销售收入 7.7 亿元，实现税利 3.79 亿元。

主要产品"昆湖"、"国色天香"、"兄弟"、"喜力"等牌号卷烟，以云南优质烟叶为主要原料，配方精良，工艺先进，深受广大消费者的喜爱和好评。产品销往全国 25 个省、市、自治区。

在生产经营活动中，企业坚持"内强管理、外拓市场"的工作方针，实施以品牌为核心内容的发展战略，不断夯实"以财务管理为核心，以人为本"的基础管理，强化企业科技创新力度，重视新工艺、新技术、新材料的研究，不断提高产品的科技含量，加强在线工艺、工艺配方研究，提高产品品质，适时推出满足不同消费需求的产品。以新观念培育原料基地，为生产高品质的卷烟产品提供优质的原料保证。牢固树立买方市场观念，认真研究营销策略，积极开展市场促销，在市场上树立了良好的企业形象和产品形象。将计算机及其网络为基础的信息技术全面引入企业生产经营管理活动，为企业产品开发、市场开拓、发展战略的信息化管理创造了条件。

企业树立"务实、诚信、创新、发展"的质量方针，积极推行 ISO9001：2000 质量管理体系国际标准，并取得 BBC 质量管理体系认证，为企业提高产品质量和完善售后服务提供了有力的保证。

以增强企业核心竞争力为目标，企业确立了"学习型"组织发展模式。通过提高职工以专业能力为中心的整体竞争力，将学习的知识转化为生产力，使职工成为有竞争力的个人，企业成为有竞争力的组织。

面对新的发展机遇，企业将以十六大精神为指导，与时俱进，开拓创新，坚定不移地实施大集团、大品牌的发展战略，确保企业实现持续、健康、稳定发展。

会泽卷烟厂 全年完成生产计划 12 万箱，比上年增加 2 万箱，增幅 20%；完成工业产值 170,023 万元（现价），同比增加 64,505 万元，增幅 61%；实现销售收入 136,738 万元，同比增加 39,081 万元，增幅 40.02%；实现税利总额 104,373 万元，同比增加 40,987 万元，增幅 64.66%；单箱税利达到 9,844.20 元，同比增加 3,506.66 元，增幅 55.33%，各项经济指标创历史新高。

技术改造 以完善制丝、卷接、包装工艺，提高产品质量和新产品开发能力，改善现场管理和职业安全卫生条件为目标，投资 1810 万元，进行了"填平补齐，自我更新"的技术改造。投资 35 万元引进大箱喷码机 1 台，投资 57.5 万元引进激光打码机 1 台，投资 1565 万元从楚雄调入长城卷接机组 2 套，并进行了大修理改造，投资 28.5 万元引进林德电瓶叉车 1 部，投资 25.09 万元改造切丝机电柜空调 4 台，投资 79.51 万元改造制丝旁线两条，投资 16.76 万元改造了锅炉水处理除氧器。全年技改投资共计 3613.76 万元。

烟叶基地建设 2002 年的烤烟生产，从资金、技术、管理等方面加大了扶持力度，促进了烟叶品质的提高。启动了 3000 亩"小熊猫"优质烤烟试验基地建设并取得了显著成效。全年收购烤烟 12.23 万担，上等烟叶占 55.33%，收购资金 12,346 万元，扶持费投入 1,800 万元。

质量管理 一是开展了 ISO9000－2000 版转换工作，并顺利通过换证验收。二是以满足顾客需求为目标，加强管理、严格考核，把国家质量监督部门

的市场抽检和顾客意见与生产机台直接挂钩考核，实行质量问题一票否决。质量考核直接对到机台，实行机长负责制，加大机台自检力度，增强了责任心。三是增加了质量管理部门人员，促进了专检职能的进一步发挥。四是完善设备自控系统，分步实施维修改造，以设备的正常运行确保降低物耗，稳定质量。

调整产品结构 坚持优化产品结构，从企业的实际和市场的需求出发，注重产销灵活性，加大了“控点、控价、扩量”和“降焦、降耗、降成本”的工作力度，提高了产品结构的档次。一、二类烟产销量占总量的50%，平均单箱税利达9844.20元，跃居烟草行业前列。形象产品珍品“小熊猫”成功面市，成为新的经济增长点。2002年调整产品结构增加税利3.49亿元。精品“小熊猫”开发研制项目获省政府科技进步二等奖，其卷烟系列产品被评为“全国卷烟优等品”。全年出口卷烟2240箱，创汇447.55万美元。在履约守信方面树立了良好的企业形象，被国家工商局授予“重合同、守信用”荣誉称号。

内部改革 一是改革分配制度，厂部制定指导思想，确定分配总额，由各车间和部门进行二次分配。岗位分配有所倾斜，差距进一步拉开，高的占年终效益奖的110%，低的占40%。二是中层领导的任用首次实行职工代表和全厂职工双重评议，根据得票多少，末位淘汰，进一步规范了对领导干部的民主评议和监督制度。建立了有效的激励机制，充分发挥了用工、分配、人事制度改革在企业中的整合联动效应。开展了“岗位调查，清岗测位”工作，为下一步定岗定员，绩效考核，机构调整等方案的制订打下了基础。

精神文明建设 厂党委被省局党组授予“先进基层党组织”称号，厂工会被省政府授予“群众体育先进单位”称号，被省总工会授予“模范职工之家”称号。

楚雄卷烟厂

楚雄卷烟厂始建于1974年，1992年实行烟草专卖局、烟草公司、卷烟厂“三合一”管理体制；1998年7月，与玉溪红塔烟草（集团）有限责任公司构成母子公司体制。

云南红塔集团楚雄卷烟厂拥有从英、美、德、日等国引进的具有国际先进水平的打叶复烤生产线2条，制丝生产线2条，烟丝膨胀生产线1条，成型、嘴棒发射、卷接包设备及理化分析检测仪器70余台套；每小时打叶复烤生产能力1.8万公斤，年卷烟生产能力大于50万箱；生产、物流及管理全过程实现了计算机管理。企业直属1个复烤厂、1个转运站，下辖9个县（市）烟草公司，有职工3577人，拥有固定资产23亿元，总资产57亿元。1980年至2002年，企业累计上缴税金168.94亿元。加入集团后，面对“两烟”市场变化和所面临的严峻形势，楚烟企业不断解放思想，转变观念，深化改革，加强管理，调整结构，开拓市场，以市场求生存，以改革促发展，企业2000年基本摆脱困境，扭亏为盈，2001年，税利有所增长。2002年，生产销售合格品卷烟53万箱，收购烟叶106.9万担，完成工业总产值13.75亿元（90不变价），实现“两烟”销售收入工商合计48亿元，全年完成工商税利22.64亿元。基本实现了三个增长目标，企业呈现出恢复性增长的发展势头。工厂自1990年起跻身全国500家最大工业企业行列，是国务院确定的“国家520户重点企业”之一；企业还先后获得“全国民族团结进步先进单位”、“全国烟草系统先进单位”、“省级文明单位”和云南省“创建文明单位工作先进单位”等荣誉和称号。

云南红塔集团楚雄卷烟厂坚持“科技创新，奉献优质安全的烟草产品；质量管理，追求精湛卓越的产品品质；诚信服务，满足共同发展的社会需求；持续改进，争创烟草行业的先进水平”的质量方针，严格按照ISO9001国际标准，建立、完善企业质量管理和质量保证体系，继1999年4月通过了认证后，又于2002年5月在全省烟草系统率先通过了ISO9001标准2000版认证，企业质量管理已步入了规范化、标准化轨道。主产品红“国宾”、蓝“国宾”和“桂花”系列是国家烟草专卖局评定的全国优等品牌号卷烟。楚雄有得天独厚的气候及土壤等自然条件，多年来楚雄州不懈推广科学种烟新技术，积极进行优质烟基地建设，使楚雄优质烟叶稳定在100万担左右。楚雄烟叶成熟度好、组织结构疏松、色泽油润丰满而享誉全国，并远销欧美16个国家，被国际烟草商称为最可信赖的“南华烟叶”（南华为楚雄烟叶复烤厂所在地——编者注）。楚烟广泛与国内外客商合作，在包装、印刷、化工、机械、金融、酒店及食品等领域参股，兴办合资企业，形成一业为主多种经营的格局，为企业发展开辟了更加广阔的新天地。

红河卷烟厂

红烟至2002年，已拥有12000kg/h打叶复烤线2条；8000kg/h豪尼制丝线1条；1140kg/h干冰膨胀线1条；卷接包设备23套。在岗员工1051人。

全年生产并销售卷烟868,338.4箱（含与春城卷烟厂合作生产的8.7万箱），其中，“精品99”红河26,101.6箱，“精品88”红河85,445.0箱，甲硬328,966.8箱，甲软188,306.2箱，乙级239,518.8箱，出口烟6701件。实现税利46亿元，平均单箱税利5894元。与2001年相比，产量增长9.03%，税利增长19.9%。

“红河牌卷烟”2002年再度被评为全国卷烟优等品牌号，并于9月获中国名牌产品称号。红河卷烟厂与昆明船舶设备集团公司共同完成的“红河卷烟厂自动化物流系统”获2002年度国家科技进步二等奖。企业综合实力继续列全国烟草企业前茅，处于良性运作的状态。

新产品开发方面 主要以硬包“精品88”、“精品99”的提质、完善为主，并完成了“精品88”、“精品99”软包产品的研发、投产等各阶段工作，软包精品年初首次投放市场，市场定位好，反响佳。

技术改造方面 引进1台进口空压机组；新建一座自动化成品库，配套改造原自动化成品库，新建库库存能力达2万大箱；加紧扩建制丝车间厂房及功能用房，拟新建一条8000kg/h制丝生产线，引进三套高速卷包生产线；加紧扩建复烤车间露天堆场。原烟周转量将达120余万担；逐步对卷接机组及配套嘴棒成型设备进行技术改造，在烟支总长度不变的条件下，将滤嘴长度由原来的20mm改为27mm。

企业管理方面 经国家烟草专卖局批复，对“红河烟草企业‘三合一’管理体制”进行改革，将红河州烟草专卖局、云南省烟草红河州公司与红河卷烟厂分开，红河州烟草专卖局与云南省烟草红河州公司实行“一个机构，两块牌子”合署办公。红河卷烟厂按独立的工业企业建制运行，并继续推行职能扁平化管理。

2002年，红烟与当地政府合作建成占地110亩的庆来公园。此工程既进一步提升了企业形象，从侧面促进红烟经济效益的发展，也为当地绿化美化环境，提升城市品味，提高群众生活品质，促进精神文明建设作出贡献，产生了较大的社会效益。

文山复烤厂 文山复烤厂于1995年12月建成，1996年投入生产，占地面积280亩，建筑面积6万平方米。全厂设八个职能机构，有正式职工105人。拥有固定资产20384万元。建有一条6000kg/h，由意大利Garbuio公司生产的打叶复烤线。7年来，文山复烤厂各项工艺质量指标均达到或超过国家和行业标准，通过了省局组织的每年1～2次的片区质量检查，赢得了上海、红塔等烟草集团以及昆明烟厂和英美公司的好评。至2002年底止，累计实现税利4.045万元（税2.89万元，利1.155万元），经济效益较为明显；精神文明建设也取得了丰硕成果，获得了团省委“青年文明社区”和文山州“州级文明单位”以及省局“设备管理二级企业”称号。

陕西省

西安市烟草专卖局（分公司）

一是经营效益创造新记录。全年销售卷烟177975.8箱，其中一二类卷烟销量31364.6箱，占17.6%；实现销售收入125382万元，较上年增长5.67%；实现经营毛利15470万元，较上年增长108.15%；实现销售毛利率12.34%，较上年增长6.07个百分点；实现利润9063万元，比上年增长169.09%，分别占全省行业工商利润总额的28.3%和商业利润额的36.69%，比历史最高年份翻了近一番。

二是网络建设实现新飞跃。认真落实《网络建设总体规划》，建立了以经济区域为特征的大配送格局和以信息管理为纽带，专卖、访销、配送“三线”封闭运行，商流、物流、信息流、资金流“四网”贯通的网络体系，确立了适合西安实际的新的网建模式。网建联动10项指标基本完成，电子货币结算实现零的突破，达到4100户。零售一价制试点工作进展顺利。三级督查、三线互控的督查体系基本建立。

三是卷烟市场整顿规范工作取得新突破。全年共查处各类违法经营行为20248起，其中一万元以上案件134起，五万元以上案件36起，五十万元以上特大案件4起；查扣违法卷烟17356.97件，总价值1521.4万元，其中假烟3145.53件；实现罚没收入699万元，另有210万元的违法卷烟案件正在处理当中；抓获暴力抗法及卷烟违法涉案人员81人，刑事拘留31人，批捕3人，判刑1人。全市摸排出的42个违法大户被全部取缔。

四是以财务为中心的企业管理增加新内容。成功地实行了县市法人一体化改革，将网建工作机构整合为三个中心，减少了管理层次，降低了成本费用，实现了规范高效运行。修订完善各项管理制度42个，规范了网建工作流程。积极适应市场经济规律和特点，将竞争激励机制引入管理之中，推行了全员计件工资制、竞争上岗制度、末位淘汰制度。财务、核算部门坚持服务监督并重，进一步加强了企业资金、费用管理和成本预算，积极为企业做好资金筹划，充分运用税务法规政策，节约财务费用近300万元。与此同时，顺利完成了专卖合账、清产核资、县区公司原法人离任审计工作，开展了财经秩序专项整顿，全年百元费用利润为147元，比上年增加66元，比全省商业企业平均百元费用利润46.86元高100.14元。全年投资200多万元，加强了安全设施建设，提高了技防能力；狠抓了消防培训演练和安全教育，维护了行业的安全稳定。

（扬一端　李　军）

咸阳市烟草专卖局（分公司）

全系统共有职工1700多名。2002年有7个县种植烤烟，面积4009公顷，因冰雹和干旱损失609公顷，实际收获3400公顷，收购烟叶5383.6吨，中上等烟叶占93.3%，其中上等烟占20.33%，较上年提高9个百分点。烟叶每公斤均价8.37元，比上年提高0.87元，烟叶等级合格率88%。烟农收入4504.8万元，上缴税金991万元。销售调拨烟叶10275吨（含陈烟叶），回收货款8074万元，先后供应南京、杭州、成都、海南等10多个卷烟生产厂家。烟叶生产受到咸阳市人民政府表彰奖励。“把卷烟做大”，新的领导班子上任后，在市县城乡掀起烟草专卖法宣传、卷烟市场整治和访销送货三个高潮，对全市36个大户、60多个中户倒烟贩子进行严厉打击，依法捣毁地下黑网、黑库，使卷烟市场秩序得到净化和规范。坚持“一价制”，制定不准职工及家属参与倒烟等“四不准”规定。加强户籍化管理，整合零售户，建立城网联动工作，实行访送分离，实行领导包片、科室包县，坚持销量日报告制度。全年销售卷烟10.01万箱，销售金额10.45亿元，销售收入较上年增加8559万元，实现利润1928万元，缴纳税金2010万元，咸阳市国税局授予“诚信纳税先进单位”。全年共立案查处各类违法经营烟草案件1324起，暂扣没收违法卷烟4652件，案值625.34万元。各项工作创历年最好成绩，咸阳市人民政府授予市局“目标责任管理良好单位”，两基层单位获咸阳市最佳单位，两名职工获市级精神文明建设先进个人。市局（分公司）继续保持省级文明单位称号。

（姚伟春　王　春）

宝鸡市烟草专卖局（分公司）

全系统共有职工200人，资产总额2.375亿元，负债1.56亿元，所有者权益8143万元，资产负债率65.7%。

2002年，全市共销售卷烟9.47万箱，其中地产烟8.8万箱，由分公司包销的磨砂“猴王”烟4600箱。全系统3个单位实现销售收入62964万元，同比上升2.4%；实现利税总额3987万元，其中利润2125万元。成立以市政府主管市长为组长、市公安、工商、城市综合执法等12个单位为成员的宝鸡市卷烟市场整顿规范领导小组，抽调人员，组建联合执法大队，从8月15日起在全市范围内开展了声势浩大的卷烟市场清理整顿工作，卷烟市场秩序有了明显好转。全市共查处各类烟草违法案件9367起，查扣非法卷烟5539件，烟叶212吨，其中5万元以上大案27起，总案值877.5万元，向司法机关移送犯罪嫌疑人11人。以质量效益为重点，优化烟叶生产布局，大力普及先进实用生产技术，烟叶生产的整体水平有了较大提高，获得国家局烟叶购销公司检查组专家的一致好评，树立了宝鸡烟叶名牌。改革烟叶经营体制，组建了烟叶公司，对外统一经营烟叶。全市3个县共种植烤烟3333公顷，收购烟叶9.17万担，总产值3548.62万元，实现烟叶税781万元，中上等烟叶比例达到90.3%以上，等级合格率达83%。深化行业体制改革，取消所属千阳县烟草公司法人资格，成立体制改革（考评）办公室和安全保卫科，企业管理得到进一步加强，精神文明建设取得了新的成绩。

（任军岐）

渭南市烟草专卖局（分公司）

2002年，全市共销售卷烟132453箱，其中地产烟125798箱，一、二类烟销售8669箱，全市实现卷烟毛利7254万元，同比增长69.06%。实现利润1755万元。

烟叶生产方面，突出新技术推广，狠抓集约化种植，落实种植面积基本与省局下达计划均衡，全年共收购烟叶6.08万担，上中等烟叶比例达到93.44%，等级合格率达到85%。

专卖管理方面，认真贯彻省局“4·19”和省政府“8·15”会议精神，举行大规模的法规宣传，开展各类执法人员素质教育，召开户籍化管理现场交流会，统一全市户籍化管理模式。组织以打大户，堵源头，端窝点，查要案为重点的“百日风暴”行动和全市卷烟市场专项整治行动，全市卷烟市场“四种烟”明显减少，市场平均净化率达到90.64%。

网络建设方面，实施全市城网联动，制定下发了《渭南市卷烟销售网络运行规范》，率先对城区进行了网建改制，按照“分类指导”的原则，在全市不同程度实行了卷烟“大配送”，组织对全市网建联动进行达标验收，全市卷烟销售网络框架基本建成。

企业改革方面，分、县公司分别于3月、6月底完成了机构改革。8月份按照“三线运作”模式，对城网进行了改制。11月份成立了市局直属分局，实现了责、权、利的相对统一，同时，行业积极推行计件工资，捆绑考核，劳动分配制度改革，营造了良好的企业竞争氛围。

延安市烟草专卖局（分公司）

烟叶生产与经营 2002年，全市塬区种烟面积由80%调整到20%，川道面积由20%调整到80%，逐步实现了向适宜区转移的目标。全市收购烟叶6.74万担，上中等烟叶比例达91.19%，等级合格率达85%以上，烟叶质量有了恢复性的提高。共调出烟叶25.74万担，消化库存陈烟15.99万担，库存烟叶由年初的30万担降到现在的11.6万担（含2002年所收烟叶6.74万担），减轻了库存压力。

卷烟销售 全市继续深入推进卷烟销售“一价制”，狠抓稳定价格销售，超额完成销售总量和省产烟计划，省产一、二类烟比重占到省产烟总量的22.81%，名列全省11个分公司前茅。销售卷烟5.905万箱，完成年计划的103.56%，其中销售省产烟5.824万箱，完成年计划的109.89%；实现税利1089万元。各县级公司向网点送货率达到了100%，塬区川道网点对零售户送货率达到了95%，山区网点对零售户送货率达到了90%以上。

烟草专卖 全年总计查处各类违法案件98起，违法总值达257.16万元。其中烟叶案件12起，查扣烟叶16.64万斤，案值达37.1万元；查扣各类非法卷烟946件28条，违法金额220.06万元，其中假冒卷烟255件28条，标值82.12万元。取缔非法私批大户33户，取缔非法私批中户28户，劳动教养3人。公开销毁假冒商标卷烟2106件，标值105.3万元。

企业管理 深入开展财经秩序专项整顿，完成了多元化企业清产核资工作。全年整理自查底稿表5800多份，完成2001年1月至8月购、销、存自查报表的95%，为摸清家底，合理利用资产创造了条件；收回“两烟”外欠款近2000万元，为搞好生产经营提供了资金。建立了经济责任审计联席会议制度，开展了对联销公司资产状况的调查摸底，积极探索改制方法，为全面改制奠定了工作基础。分公司本部实现了会计电算化，各上划县公司已具备了实现会计电算化条件，全系统的会计电算化水平不断提升。网络信息化建设初具规模，网络传输规范通畅，使系统“两烟”生产经营管理手段逐步迈向了科学化、现代化。机构改革有了新的突破。全系统八个县级局（司）内设机构由44个精减为36个，减少8个，减幅为18%；烟站由63个调整为30个，使县级局（司）机构设置更趋合理。全面推行全员劳动合同制，劳动用工行为得到规范。安全管理全面加强，全系统未出现一起重大安全责任事故。（韩光耀）

商洛市烟草专卖局（分公司）

商洛市烟草专卖局（分公司）组建于1986年，内设8个科（室），下辖7个县（区）级烟草专卖局。现有职工753人，其中正式职工223人（在岗174人），聘用工530人。有卷烟批发网点50个（其中自有网点17个），城区配送中心8个，专卖管理所24个，烟叶收购站12个。固定资产合计3041万元。2002年销售卷烟65779箱，实现利润2074万元，上缴税金2506万元，均创历史最高水平。全年查办案件831起，案值608.36万元，上缴财政罚没收入300.14万元，实现了市场整顿及打击涉烟犯罪追刑工作新突破。种植烤烟7.87万亩，产收烟叶10.6万担，中上等比例达91.55%，其中洛南、镇安两县烟叶享誉省内外。企业管理水平大幅提高，已实现办公现代化和卷烟销售电子网络化。创新工作成效显著，全市统一实行“卷烟零售一价制”、卷烟市场片警式责任管理、城网联动访销配送等，市场基础坚固，销售网络强大。精神文明建设成果丰硕，已创建为市级文明系统，其中省级文明单位4个，市级文明单位3个，10个基层专卖所和网点被授予市级“青年文明号”，1人被授予省级“劳动模范”。

汉中市烟草专卖局（分公司）

2002年全系统共销售卷烟9.25万箱，其中省产烟8.75万箱，占总销量的94.60%，毛利达到14.25%。全年烟叶生产在调整中得到发展，全市种植烤烟6万亩，收购烟叶7.47万担，上中等烟叶比例为90.04%。2002年累计查获各类卷烟违法案件5641起，涉案卷烟7960件，案值675.35万元；查获违法烟叶29.26万斤；查获假冒卷烟1388件；捣毁违法违规卷烟窝点102个，取缔非法经营户145户；移送公安机关案件17起，在案件查处中共刑拘39人，召开公捕公判大会两次，逮捕7人，判刑4人。

分公司重组三年来，一年一个新台阶，三年跨出了三大步，2002年勉县烟草专卖局获得了市级文明单位称号，城固县烟草专卖局获得了市级文明标兵单位称号，分公司机关在不断抓物质方面建设的同时，进一步加大对职工生活条件，工作环境的改善力度，加强对职工的思想教育，通过组织各种丰富职工文化生活的活动，增强凝聚力，向心力，从而确保了精神文明创建工作的有序开展，为2003年获得省级文明单位奠定了坚实基础。

安康市烟草专卖局（分公司）

2002年，在市局（分公司）党组的正确领导下，围绕行业发展的总体目标，认真贯彻党的十六大精神，努力实践“三个代表”重要思想，按照省局（公司）“四大”发展目标和“四轮驱动”发展战略，以发展为主题，以结构调整为主线，以改革和创新为动力，组织实施“14431”工作措施，努力实现“1473”工作目标，全力推动优质烟区和优质烟叶基地建设，坚持不懈抓好卷烟销售“一价制”，精心培育省产整合卷烟品牌，积极开展卷烟销售城市网建联动，狠抓烟草市场经济秩序整顿和规范，切实加强党风廉政建设和干部职工队伍建设，推动企业驶入了持续快速发展的轨道。2002年，全市烟草系统实现两烟经营总值62118万元，较上年同期52651万元增长17.98%，净增9467万元。实现两烟经营利润3073万元，较上年同期1541万元增长99.42%，净增1532万元。实现税收4669万元，较上年同期3648万元增长27.99%，净增1021万元，出现了喜人的“三高”局面。两烟经济运行主要指标均创系统组建17年以来最好水平，达到国家和企业双赢的工作目标。2002年，市局（分公司）荣获省委、省政府“陕西省先进集体”、省科协“1997－2002年度陕西省先进学会”及省局（公司）、市委、市政府25项次表彰荣誉称号，受到了社会各界的广泛赞誉。 （吕　亮）

铜川市烟草专卖局（分公司）

铜川市烟草专卖局（分公司）成立于1986年，系统职工101人，其中大专以上学历45人。

2002年以来，铜川市烟草专卖局认真贯彻落实国家局“一要规范、二要改革、三要创新”的工作思路，积极实施“大品牌、大市场、大企业、大效益”发展战略，以整顿规范工作为契机，全力构筑统一规范、竞争有序的市场环境；以强化内部管理为中心，不断深化企业内部改革和体制创新；以网络建设为中心，全面提升企业经济运行质量，确保“三年阶段性”目标圆满实现。全年共组织4次卷烟市场综合治理行动，取缔非法批发大户17户，端掉违法户库房11处，查扣非法牌号卷烟1688件，移送司法机关3人次，其中1人被判死刑。烟草专卖执法行为由行政管理向依法治理转变，初步解决了困扰烟草发展老大难问题，为正常渠道卷烟销售创造了良好外部环境。全年共销售卷烟22186箱，完成计划100.85%，其中地产烟20082箱，完成计划100.41%，实现销售收入17360万元，净利润567万元，同比增长583.13%。与此同时，深化企业用工制度、分配制度、经营体制改革，强化员工敬业爱岗的责任意识、加快发展的危机意识和争创一流的竞争意识，为进一步做精做强铜川烟草夯实了根基。 （王　刊）

榆林市烟草专卖局（分公司）

全年销售卷烟90259箱，其中地产烟85243箱，调拨烟叶13768担，系统内九个单位实现税利2800万元，其中利润2635.3万元。查处违法案件691起，查获违法卷烟2979件，没收假冒烟325余件，罚没款255.18万元。

2002年，深化细化了户籍化管理，为稳定价格和销量发挥了重要作用；改进和完善了市场管理办法，专卖工作制度化进程加快；进一步规范执法行为，重塑了执法形象；加强对重点市场、薄弱市场的治理，不断提高市场净化率和市场控制力；整顿规范烟草市场经济秩序工作的长效机制基本形成；加大了追刑力度，全年共行政拘留9人，刑事拘留15人，卷烟市场秩序明显好转。

本年致力于网络建设和结构调整，彻底摆脱了低水平运作，企业应对市场风险的能力明显增强。从严治内，保证了卷烟流通渠道的规范有序，保证了卷烟销售价量“双赢”。提高管理水平，强化网络功能。榆阳区城网进行业务流程改造，狠抓工作程序规范，细化“三员”职责，推行POS机和IC卡管理，在较短的时间内实现了农网模式向城网模式的转变。神木、府谷、定边、靖边、绥德五县城区网点也同步实施了联动。农网建设分类管理、分级达标，建成10个示范化网点、27个标准化网点。两网市场占有率达99%，送货率达90%，网络的促销、稳价功能进一步强化。精细品牌管理，服务“一体两翼”，培育了蓝好猫、软猴王、金卡延安、黄公主等优势品牌。加强一、二类烟销售，着力优化销售结构，不断提升盈利水平。 （刘晏美）

杨凌区烟草专卖局（分公司）

2002年，杨凌烟草专卖局（分公司），按照“建网络、提质量，用网络、促销售，抓品牌、增效益”的思路，狠抓卷烟促销增效工作。从10月1日起全面启动了“城乡一体，三线清晰，访送分离，注重实效”的卷烟销售网络新模式，建真网、建实网，扩大网络覆盖面，用信息化带动工作现代化，率先实行了POS机和IC卡管理，坚持“一价制”政策。在保证销量的基础上，始终将一、二类牌号卷烟销售作为工作的突破点。按照省局“一体两翼”发展构想，整合卷烟牌号，年内压缩了18个牌号。提高了经济运行效益。抓专卖法规政策宣传，提高人员素质，深化专销结合，对卷烟经营户实行动态管理，调整布局，“8·15”以后，成立了由地方政府牵头的联合执法队伍，精心筹划，重点突出，严查重处，分步推进，卷烟市场秩序得到了有效整顿和规范，市场净化率达到98%，固定摊位持证经营率达到了100%，合法渠道进货率达到了95%以上，有力地保障了卷烟正常销售工作。抓安全防范工作，引入了联防联动工作机制，层层签定了安全责任合同，从细小处抓起，从一点一滴抓起，促安全经营，保稳定发展。全年销售各类卷烟4712箱，其中省产卷烟3759箱，省外卷烟953箱，比年任务的4500箱多了212箱。销售一、二类卷烟658箱，占总销售量的13.96%。完成销售收入4118万元，平均单箱销售收入8729.63元，实现毛利565万元，毛利率13.72%。实现利润203万元，比上年的101万元翻了一番，比省局下达计划指标的180万元超了23万元。上缴各种税金80万元，比上年的54万元增长了48%。 （刘东科）

宝鸡卷烟厂　宝鸡卷烟厂是全国烟草行业36家重点骨干企业之一，1949年建厂，现有职工2322人，固定资产

9.9亿元，年生产卷烟能力50万箱。主导产品“好猫”、“猴王”、“金丝猴”均是陕西省名牌产品，“猴王”香烟2002年再次荣获“全国名优卷烟”，“好猫”产品荣获“全国卷烟优等品”。企业先后荣获“全国烟草行业经济效益先进单位”和“全国精神文明建设先进单位”等多项荣誉称号。2002年，宝鸡卷烟厂认真贯彻国家局、陕西省局行业工作重点，按照“巩固、提高、创新、发展”的经营方针，整合品牌，狠抓销售、科技创新，强化管理，经济运行的质量和效益稳步提高。全年生产卷烟41万箱，其中一、二类卷烟4.8万箱，同比增长47.14%；实现销售收入21.82亿元，比上年增长4.08%；实现税利12.52亿元，同比增长3.64%，其中利润1.69亿元，同比增长12.51%，单箱税利达到3046.74元，比上年净增196.47元，增长6.89%；出口供货及来料加工收入118.9万美元。

宝鸡卷烟厂2002年主要是抓了以下几个方面的工作：一是积极实施品牌整合工程。对所有生产牌号产品进行综合分析比较，制定了品牌整合方案和具体的实施方案，确定了“好猫”、“猴王”、“金丝猴”三大系列九大规格的品牌发展框架，规范品牌形象，提高品牌集中度。“好猫”系列全年销售1.44万箱，增长33.16%，“猴王”系列销售17.27万箱，增长20.96%。二是加快技术创新步伐。完善企业技术创新体系，加快技改步伐，一台GDX2、一台ZB45包装机到厂安装运行，集中装封箱系统投入运行，购置科研、检测仪器32台，8000kg/h制丝线完成平面设计。信息化建设步伐加快。建立了厂内局域网，工业基础软件推广项目全面启动。三是加强企业管理。以规范为重点，严格质量管理，加大成本控制，烟叶单箱消耗37.85kg，比上年下降1.45kg，全年完成降耗增效3027.19万元，超计划1768.19万元。四是加快产品开发改造，用现代科技提升品牌的技术含量，先后改造了2个老产品，开发了4个新产品。五是多种经营稳步发展。三产企业金雁集团公司坚持发展金雁，振兴宝烟，全年实现销售收入1.68亿元，同比增长24.14%，实现利润1449万元，同比增长19.95%。公爵饭店坚持优质服务，全年完成营业收入463万元，增长8.2%。六是加强精神文明建设，大力开展职工技术比武，在全省操作技术比武中，包揽了MK－95、FK两个机型的第一名。 （张加犁）

汉中卷烟二厂 汉中卷烟二厂是汉中市、县地方财政的经济支柱，上缴的税金分别占市、县财政收入的48%和96%。企业规模和经济效益居陕西烟草工业企业第二位。2002年被评为全省纳税先进单位。

生产经营 2002年完成产量22.2万箱，同比增长8.7%，销售卷烟22.32万箱，同比增长8.4%，年末库存卷烟6511箱，在省局控制指标7500箱以内。实现销售收入6.6亿元，同比增长31%，实现税金3.36亿元，同比增长90%，入库税金2.91亿元，同比增长119%。减少银行贷款1.16亿元，利息支出比上年减少1600万元。减亏5457万元，（剔除调剂烟收入和补贴收入、消化潜亏挂帐），实现利润2130万元（含调剂烟收入和补贴），2002年回收货款8.46亿元，增长36%，回收率达到109%。员工人均收入2.1万元。销售工作确立了“立足省内，兼顾省外，突出重点，倾斜发展，加大货款回收力度，加强宣传促销”的工作措施。细分市场，省内市场按实际销量核定任务，加强管理考核，杜绝向主销区窜倒甩现象。将销量、货款回收按月分配下达各工作站，责任到人，并与工资挂钩奖罚。激发营销人员创业热情，收入分配向陈欠货款清收及一二三类卷烟销售倾斜，充分体现“能者多劳，多劳多得”的分配原则。

技术改造 2002年投资1740万元协调购置7组MK9－5卷接机组、7套SASIB软包机。投资216万元新购ZB43硬盒包装机2套。投资336万元健全完善了三级质检站的功能。投资100多万元改造制丝线加香加料系统。大中项修设备15台套，淘汰卷接包设备27台（套）。完成3＊20T锅炉房的前期准备工作，6000KG/H打叶复烤线的选址申报，5000KG/H片烟线、SP3烟丝膨胀线、片烟库的立项报批和设备订购工作。同时加强设备管理考核，企业装备水平得以较快提高。

企业管理 2002年，生产经营严格按省局要求执行准产证和以销定产原则，严格按销售部门需求计划及库存结构合理安排生产，同时兼顾原辅料及成品库存，编制合理的生产计划，安排不同车间、不同机型满负荷生产以减少消耗，提高效率。实行“一价制”后加大了硬盒烟产量，有效满足了市场供应。坚持质量一票否决制，确保产品质量稳步提高。全年工序质量抽检2268次，合格率99.47%，国、省质量抽检合格率为100%。全年无重大质量事故。加快ISO9000质量体系认证工作。形成质量手册1本、程序文件12本、支持性文件123本，于11月底试运行。加强管理考核。制定和实施厂综合计划，出台招待费、通讯费、单箱目标成本、能源消耗和烟叶消耗考核奖惩办法。制定车间、机关岗位责任制，费用支出预算考核制度等，企业成本费用、非生产性开支同比都有不同程度下降。挖潜降耗，减亏增效。优化烟叶库存结构，减少资金占用近5500万元。比价招标采购辅料、香精香料节约资金940万元。改造清水输送煤渣环节，年节水30万吨，节电10万度。报停500千伏变压器一台，节约电费9万元，修旧利废年节约资金10万多元。

产品开发 研制开发了二类卷烟特醇黑公主和低焦油红玉卷烟两个新产品，市场反响较好。对于老产品，在稳步提高产品质量前提下，以降低工艺成本为重点，调整烟支单重、圆周、包装规格，进行配套辅料代用。采用低氮丝束、烟支圆周由24.5mm改为24.3mm，卷烟纸由27mm改为26.5mm等，卷烟成本大幅度下降。主导产品84mm黄公主卷烟单箱叶组成本下降35元，香精香料下降14元，其他成本下降135元，单箱综合减亏185元。

多种经营 汉中卷烟二厂有多种经营企业8个部门，从业163人，全年经营收入1860万元，利税90万元。

（吴元贵）

延安卷烟厂 2002年延安卷烟厂共生产卷烟121044箱，销售卷烟121066箱，实现销售收入52533万元，实现税利26318万元，利润4.5万元。

本年，企业确立了建设烟草强企、提高核心竞争力的目标，大力进行产品整合，通过市场调研、产品改造、资源整合、产品营销，积极开展技术攻关，应用新技术、新工艺、新材料，改造开发了“延安（新红）”和“延安（醇和）”两个牌号，形成了“延安”和“世纪龙”两大系列品牌，从而使企业的产品品牌由过去的三个品牌17个规格整合为三个品牌7个规格，产品的集中度明显提高，为提高企业的竞争能力奠定了坚实的基础。

本年，延安卷烟厂加强内部基础管理的制度化、规范化建设。6月，通过ISO9000标准2000版转换认证。7月，实施导入CIS、提升竞争力企业发展战略策划工程，提升企业整体形象。狠抓了设备的有效运行和生产现场管理，设备的完好率达97.19%，有效作业率达80.74%，机修完成率100%，年底顺利通过了省局设备达标验收考核。狠抓了降成本工程，严格执行《各类物资实行公开招标、比价采购的审计规定》及省局的各项政策。对所有的非专卖品从计划、招标、比价采购到入库严格按照公开招标、比价采购的程序规定进行，全年共节约采购成本200万元。积极进行配方工艺的研究，大力开展技术进步与技术攻关，积极进行优化叶组配方改造，利用新工艺、新技术，提高陕西烟叶使用量，提高梗丝掺兑比例，全年配方成本下降350万元。严格计划管理，控制费用支出。把全厂所有成本、费用支出全部纳入综合计划，严格按综合计划安排的项目实施，全年可比产品成本降低1480万元。认真贯彻“安全第一，预防为主”的原则，保持了12年无重大以上火灾和人身伤亡事故。

精神文明建设取得了丰硕成果。年底，企业被评为陕西省创建文明社区先进单位，被总参谋部、总政治部授予“全国基层民兵预备役工作先进单位”，被兰州军区授予“基层民兵预备役工作先进单位”，被延安市委、市政府授予“拥军优属先进单位”。 **（赵　健）**

汉中卷烟一厂　现有固定资产1.52亿元，固定职工973人，企业占地面积12万平方米，有卷烟和雪茄烟两条生产线，生产能力20万箱（卷烟15万箱，雪茄烟5万箱），“巴山”牌雪茄烟曾荣获中国食品博览会金奖。新研制开发的“兵马俑”牌系列卷烟已成为陕西烟草和企业的主导产品。

2002年完成产量58999箱，其中卷烟50250箱，雪茄烟8747箱，一、二类卷烟占卷烟总产量的14.72%，销售总量59891箱（其中：卷烟51250箱，雪茄烟8642箱），销售收入20609万元，卷烟平均单箱销售收入4474元，同比增长96.4%，“兵马俑”牌卷烟销售9515箱，占卷烟销量的18.57%，实现税利8447万元，同比增长96%。设备有效作业率75.04%，设备完好率96.22%，大修理完成率100%，采用新技术、新工艺全面开展降焦减害工作，一、二类卷烟焦油含量平均值降至13.5mg/支，精兵马俑（软）焦油含量在全国391个产品抽检中排名51位，产品抽检合格率100%。在陕南“6·9”特大洪灾发生后，全厂员工向佛坪灾区群众捐款捐物12万元，受到了汉中市政府的表彰。 **（张丙申）**

旬阳卷烟厂　2002年是旬阳卷烟厂高速高效发展的一年，主要经济指标全面突破，再创历史新高。全年卷烟总产量达到11.3万箱，较上年增长34.36%，净增长2.89万箱，其中：一、二类烟比重为5.32%，较上年增长45.07%，三类烟比重为10.32%，较上年增长23.91%，四类烟比重为79.44%，较上年增长42.9%，卷烟总销量达到11.46万箱，较上年同比增长39.1%，净增长3.22万箱，主导品牌“祝尔慷”卷烟销量突破10万箱，达到106800箱，较上年同比增长44.35%，发展成为陕西省年产销量超过10万箱的一个大品牌；复烤加工烟叶（原烟）38.64万担，较上年同比增长30.2%；实现工业总产值4.76亿元，较上年同比增长49.57%，其中卷烟工业总产值4.22亿元，较上年同比增长50.8%；完成经营总收入4.59亿元，较上年同比增长46.8%，其中卷烟销售收入达到4.05亿元，较上年同比增长44.5%；实现利税总额1.76亿元，较上年同比增长27.32%，实现利润1602万元，较上年同比净增加1508万元，企业生产经营的总量规模和经济效益水平跃上了一个新的台阶。

旬阳卷烟厂坚持“规范、改革、创新”，突出质量管理和成本管理为核心，不断改进和提升企业管理水平，大力推进ISO9000质景管理体系，强化工艺改进，搞好质量管理，全年产品质量市场抽检合格率达到100%。以全面推行目标经济责任制管理和目标成本管理为重点，不断深化节支降耗和减员增效，全面推行比价招标采购，不断提高成本竞争优势。狠抓整顿和规范工作，不断提高规范管理水平。狠抓营销管理，按照“突出重点市场，培育主导品牌，调整优化结构，确保总量扩张”方针，抓好重点市场建设，发展区域优势市场，大力发展支柱品牌，努力提高品牌的集中度，以面向消费者为中心，不断提高品牌的知名度和美誉度，实现了以西安市场为中心的“祝尔慷”牌卷烟关中地区销售市场的快速发展，较上年同比增长了97.4%。全年完成了“祥鹤”、新黄硬“祝尔慷”、新红硬“祝尔慷”3个新产品的开发改造工作，并突出以吸味改进和降焦、降害、降低成本为重点，完成了以白硬“祝尔慷”为重点的四类骨干牌号的改造工作，有力地促进了大品牌大市场的建立。

多元化经营取得了新突破，共完成经营收入1655万元，实现利润194万元。由旬阳卷烟厂控股投资的蒙古烟草有限责任公司2002年生产经营步入了良性运行，生产卷烟7335箱，实现销售收入252.5万美元，实现利润20万美元。 **（宋文和　刘庆文）**

澄城卷烟厂　澄城卷烟厂始建于1976年6月，是国家定点的中型卷烟加工企业。目前工厂占地15.22万平方米，拥有职工千余人，总资产7亿元，设备569台（套），具备20万箱的年配套生产能力。国家下达年计划12.5万箱。主要生产华山、钟楼、飞利达等系列品牌卷烟。钟楼牌卷烟曾被评为陕西省名牌产品，是陕西省卷烟行业十大骨干牌号。产品主要销往省内和省外的江苏、山西、内蒙、青海、四川、新疆等市场，飞利达产品远销南美洲苏里南市场，是省、市、县三级税利大户，是渭南市和澄城县财政的重要支柱。年税收占县财政收入的一半以上。企业先后荣获全国安康杯竞赛优胜单位、全国烟草系统中型现场管理先进企业、省级经济明星企业、省级文明单位标兵等30多种省级以上荣誉称号。

2002年，澄城卷烟厂面对中国加入世贸组织，烟草行业实施战略性结构调整的挑战，牢牢抓住制约企业发展、产品、资金、市场等根本性问题，狠抓基础，狠抓规范，狠抓落实，生产经营取得了较好的成绩。产销卷烟10.2万箱，完成了省局下达的计划任务；实现产值2.92亿元，同比增长16%；销售收入2.53亿元，同比增长15%；税金1.3亿元，同比增长58%；工业经济效益综合指数比上年提高15个百分点；资本保值增值率提高60个百分点；全员劳动生产率人均增加5万元。开发出西京（硬红）、全包飞利达（混合型），100S细支西凤牌卷烟，改造了三代钟楼和雪茄型骊山等卷烟，投资800万元改造更新了部分制丝和卷接包装置，增强技术装备实力，狠抓了以降焦减害为主的技术攻关，取得明显成效，深化了以三项制度为内容的内部改革，进一步增强了企业团队精神。突出抓了以财务、资金、质量管理为重点的企业内部管理，全年挖潜节支1080万元，企业卷烟产品质量水平稳步提升，顺利通过ISO9001：2000质量管理体系转版认证。坚持做强自我为主，以与江苏联营加工为基础，扩大项目，努力推进企业组织结构调整进程。 **（申　涛）**

甘肃省

兰州市烟草专卖分局（公司）

兰州分局（公司）地处甘肃省省会兰州市，主要担负兰州地区的卷烟供应和烟草专卖管理任务。现内设8个科（室、库、队），下辖8个县（区）局（公司），员工1,000余人（含聘用）。

2002年，分局（公司）在省局和地方政府的领导下，认真贯彻党的十五届六中全会和十六大精神，坚持行业工作指导思想，紧紧围绕行业工作重点，狠抓各项基础建设，进一步理顺了卷烟流通渠道，提高了卷烟市场占有率，保持了企业稳步健康发展的好势头。同时，企业内部整章建制，规范经营行为，加强班子建设，开展健康的群众文化生活，培育良好的企业形象，取得了两个文明建设的双丰收。

全年专卖管理共出动检查人员110,336人（次），车辆22,943台（次），检查卷烟零售户275,655户（次），查获各类违法案件21,721起，查扣卷烟9,824件，案（标）值2,026.65万元，罚没款307.67万元。

全年网络销售卷烟102,747箱，实现利润1.22亿元，分别比上年增长17.91%和63.25%。

全年有4个集体、9名个人被省局（公司）评为先进单位（集体）和优秀专管员、优秀访销员、先进个人。分局（公司）被甘肃省委、省政府授予“甘肃省文明行业”称号。

天水市烟草专卖分局（公司）

天水烟草专卖分局（公司）始建于1984年，主要承担全市烟草专卖管理和卷烟市场供应，拥有员工755人，在职职工722人，其中大专以上学历44人，中专21人，专业职称人员30人；下辖五县两区烟草专卖局（公司）拥有43个专卖管理所（卷烟批发部）。

2002年企业卷烟购进和销售分别完成75757.6箱和74221.4箱，较上年分别增长41.7%和31.3%。全年商品销售总额完成7.57亿元；实现销售毛利7043万元，较上年增长53.4%；实现利税6484万元，较上年增长122.9%，其中实现利润3808万元，全年商品流通费用3138万元，比上年增加850万元，增长39.03%，费用水平为4.15。在专卖管理工作中，全年共查获各类违法烟案1284起，查扣违法卷烟1488.8件，其中假冒卷烟800.12件，走私烟10.98件，收缴罚没款33.77万元。同时，为使天水烟草事业得到持续、健康地发展，自如应对加入WTO后逐渐严峻的国内外竞争压力，企业在经营模式上逐步由规模效益型向集约经济型转型，并致力于管理水平的提高和内部体制、用人机制的改革，以提升经济效益为中心，以卷烟销售网络建设为突破点，着力提高销售网络运营质量，推进全市零售户合理化布局和卷烟零售最低限价工作，促进行业建立起规范、高效的经济运行和内部管理机制，给企业的下一步发展夯实基础、奠定优势。

酒泉市烟草专卖分局（公司）

2002年，销售卷烟37154箱，完成年计划的120%，同比增长8%，其中地产烟29423箱，完成年计划的128%，同比增长28%；地产烟三类以上销售结构44%，同比上升了4.1个百分点。全区实现销售收入5亿元，实现利税4312万元，实现利润3356万元，同比分别增长12%、56%、68%，各县（市、区）公司实现利润均创历史最高水平，其中：肃州区公司实现500万元。本年查获各类违法案件842起，查扣违法卷烟495.4件，案值50.2万元，其中假冒卷烟47.3件，标值9万元，实现罚没款收入31万元。

分局坚持以人为本，不断提高人员素质，尤其加强对基层“三员”的培训工作；注重财务管理与审计监督，充分发挥财务工作在企业管理中的龙头作用；继续大力开展全区人，招聘40名具有中专以上学历的员工，绝大多数充实到网点各岗位；制定了《全员劳动合同制实施细则》，为进一步规范劳动用工管理提供了法律保障；通过个人述职、民主测评、职工谈话的形式考核了5个领导班子及17名班子成员和分局机关16名副科级以上干部；进一步深化用工竞争机制，对中层干部、专卖管理所长、批发部主任等岗位全部实行竞争上岗，打破了“不重身份重能力、不看资历看水平”的用人界限；逐步打破内部分配的“大锅饭”现象，把基层各类人员的工资收入直接纳入责任目标考核，奖勤罚懒，充分体现按劳分配原则。

张掖市烟草专卖局（分公司）

公司位于古丝绸之路名城甘肃省张掖市，下属5个县（区）公司，18个城乡卷烟批发网点，已形成了遍布城乡的烟草专卖管理和经营网络。

在省局党组和市委、市政府的正确领导下，我们以党的十六大精神和“三个代表”重要思想为指导，坚持国家局“一要规范、二要改革、三要创新”的工作重点，认真贯彻落实“四个狠抓”的工作思路和总体部署，圆满完成了专卖专营的各项工作任务，2002年全年销售卷烟35884箱，其中销售地产烟25799箱，同比增加3393箱，增长15.14%，销售三类以上地产烟8823箱，结构为34.3%，同比提高5.2个百分点。全年实现利润2535万元。上交税金1013万元，比上年增加735万元，增长164%；多经企业（含名烟名酒零售店）实现利润61万元，比上年增加14万元，增长33%；上缴税金38.5万元，比上年增加1.5万元，增长4%，创张掖烟草自1992年组建上划以来最好成绩。

我公司自组建上划至今，累计为国家上缴利税10500万元。公司先后被省经贸委评为“甘肃省批零贸易企业50强”、“甘肃省最佳经济效益企业50强”。在企业不断发展壮大的同时，我们坚持两手抓、两手硬，企业精神文明建设也取得了丰硕成果，1999年被张掖市政府命名为文明单位，2000年度被张掖地区表彰为“为地方经济建设做出突出贡献单位”。2003年2月，被张掖市委、市政府命名为张掖市首批市级文明单位。

武威市烟草专卖分局（公司）

成立于1985年1月，担负着全市的卷烟经营和烟草市场专卖管理工作。辖天祝、古浪、民勤、凉州区四个县（区）局（公司）、24个卷烟批发网点和23个名烟名酒专卖店。现有职工218人，年销售卷烟约4万箱。

多年来，在省局（公司）的正确领导和地方政府的大力支持下，武威烟草取得了良好的经济效益和社会效益。1985年至1995年，完成销售收入116,525万元，实现利润2271万元，上缴税金1677万元。

特别是1999年以来，武威烟草专卖分局上下转变观念，真抓实干，本着“保证质量、着眼长远”的原则，加快卷烟销售网络建设，各项工作取得了可喜的成绩。1999年至2001年，三年中完成销售收入99,032万元，实观利润2570万元，上缴税金1789万元，超过前十年的总和，开创了武威烟草专卖和专营工作新局面。

2002年完成销售收入510,408万元，实观利润3023万元，上缴税金2304万元，为地方经济发展做出了重要的贡献。目前，武威烟草专卖分局（公司）广大干部职工在党组的正确领导下，在十六大精神的指引下，正沿着良性轨道与时俱进、开拓创新。

平凉地区烟草专卖分局（分公司）

组建于1984年，内设10个职能科室，下辖7县（区）烟草专卖局（公司）和1个多元化经营企业，共有企业员工550人。

2002年，全市烟草行业以邓小平理论和“三个代表”重要思想为指导，紧紧围绕省局“技术创新、扩大销量、稳定价格、优化结构”的指导思想和分局“提高素质、强化管理、稳固基础、增加效益”的工作方针，狠抓基层、狠抓基础、狠抓规范、狠抓落实，大力净化烟草市场，完善网点软硬件建设，提高网络运行质量，全市卷烟市场占有率和净化率明显提高，卷烟销量和经济效益明显增长。全年共购进卷烟254215万支，占省公司下达计划171500万支的148.2%，同比上升43.3%；销售卷烟262045万支，占省公司下达计划171500万支的152.8%，同比上升42.4%。卷烟实现利润2156万元，占年计划1800万元的119.8%，同比上升34.3%；上缴各种税金1909万元，同比1183万元上升61.4%；多元化经营实现利润100万元。全年共查获各类违法案件1405起，罚没款179万元，没收假冒卷烟163万支，标值36万元，其中假冒地产烟61万支，标值7万元。

在企业管理方面，以提高素质为动力，以强化管理为重点，以稳固基础为条件，以增强效益为目标，建立完善内部管理机制，改革用人制度和分配办法，加强资金管理，压缩各项费用开支，企业管理进一步夯实。在抓好经营管理的同时，注重企业精神文明建设，弘扬“诚信、服务、求实、创新”的企业精神，落实党风廉政建设责任制，举办丰富多彩的文体娱乐活动，积极参与地方社会公益活动，配合当地政府做好社会治安综合治理工作，保证了平凉烟草持续、稳定、健康发展。

定西地区烟草专卖分局（分公司）

定西地区位于甘肃省中部，地处黄土高原西部边缘地带，通称陇中，所辖7县165个乡镇，共有290多万人口，定西烟草分公司位于定西地区陇西县文峰镇，于1992年7月成立，所辖定西、临洮、陇西、岷县、漳县、渭源、通渭7个县公司，固定资产达2379万元，截止2002年底全区行业共有在职职工446人，其中正式职工154人，辖区内共有卷烟零售户7000多户。

自1992年到2002年底，全区行业共实现利税1.25亿元，2002年共完成卷烟购进57109大箱，同比增长28.7%，销售卷烟57268大箱，同比增长17.5%，年人均卷烟销量达到4.94条。完成销售额5.4亿元，实现税利3696万元，同比增长50.4%，其中实现利润2828万元，同比增长62.2%。全区8个多经企业全年共完成税利109万元，其中利润93万元，同比增长102.2%。

目前全区共建立了33个卷烟批发部（专卖管理所），仅去年就投资800多万元用于卷烟销售网络及专卖管理网络基础设施建设，使“两网”的硬件水平有了明显的提高。并全面引入了竞争和淘汰机制、建立了科学、完善的考核及激励机制。加强基层领导班子建设，大胆任用年轻干部，目前各县局（公司）领导班子的平均年龄仅为37岁。同时以“三争三创”为主，加强精神文明建设，有效地提高了企业的凝聚力和向心力，为行业的持续、稳定、健康发展打下了坚实的基础。

陇南烟草专卖分局（公司）

陇南烟草专卖分局（公司），位于甘肃省东南部，毗邻四川、陕西两省，与全国旅游胜地九寨沟接壤，下辖武都、宕昌、康县、文县、两当、徽县、成县、礼县、西和9县烟草专卖局（公司），8个科室，现有职工262名。全区已建立32个城乡批发网点和专卖管理所，入网卷烟经营户9243余户。2002年分局紧紧围绕省局狠抓基层、狠抓基础、狠抓规范、狠抓落实的工作思路，深化企业管理，以反骄破满，反对固步自封思想教育活动为契机，巩固净化市场成果，充分利用卷烟销售网络扩大销售。2002年度经济效益、烟叶生产、第三产业都得到长足的发展。全区完成总购进和总销售57703箱和50305箱，同比增长19.81%和10.84%，实现销售收入57184万元，同比增长34.21%，实现利润1352万元，上缴税金2481万元。种植烤烟3744亩，收购烟叶7694担，收购总值266.4万元，多种经营实策利润325万元。

在企业管理上分局（公司）实行干部聘用制，优化劳动组合，实行竞争上岗，异岗异薪和工效挂钩、定位工资制，有力的提高了工作效率。分局（公司）党组以十六大精神和“三个代表”重要思想为指针，积极开展职工文化生活和精神文明建设创建活动。在全区系统内涌现出一批先进单位、先进科室、先进工作者等，极大地推动了全区烟草系统各项工作的顺利开展。分局（公司）2002年度被省局评为全省烟草经济效益二等奖。

临夏烟草专卖分局（分公司）

共有职工216名(含聘用人员)，下辖3个县烟草专卖局(公司)、1个多经公司、12个卷烟批发网点，在专卖管理中，充分发挥“公安特派室”的作用，加大打假力度，进一步落实专销结合的“户籍化”管理制度；在网络建设中，努力提高卷烟送货率，市场占有率；在精神文明建设中，加强领导班子建设，注重职工思想政治教育。2002年，共销售卷烟

17420箱，实现利润784万元，经济运行质量和效益均取得了较好成绩。

青海省

西宁市烟草专卖局（分公司）

西宁市烟草专卖局（分公司）担负着全市6区3县卷烟市场管理和经营工作，现有职工245人，设有办公室（安保科）、销售科、专卖监督科、政工科（监察科）、计划财务科（审计科）5个职能科室，市区内设6个访销部。2002年理顺了大通、湟中、湟源三县烟草专卖体制，下设4个配送中心。

加强专卖管理。建立户籍化管理档案卡，实行动态分类管理，推行“管销结合、划片包干，责任到人、捆绑考核”体系，重点对违规经营和市场价格进行监管，全年共查处各类违法案件1011起。贯彻“服务至上、顾客至尊”经营理念，对“全面访销、集中配送、专销结合、优质服务”网建模式进行探索和尝试，对网络结构和业务流程进行不断重组再造，以信息化为依托，落实“三纵三横”考核机制，使得卷烟销售网络功能不断提升。

规范基础工作，建立有效竞争激励机制，开展财经秩序专项整顿工作，不断完善企业内部管理，各项工作取得可喜成绩。全年共销售卷烟259187万支，完成销售额41312万元，分别比上年增长46.89%和50.93%。被西宁市人民政府授予“经济运行先进单位”和“上缴税收优秀企业”称号。

加强党风廉政建设，坚持党组中心组理论学习制度，建立绩效考核机制，以评选“三明星”为载体，广泛开展争先创优活动，增强了企业的凝聚力。

（杨存秀）

海东地区烟草专卖局（分公司）

2002年，海东局（分公司）为适应行业新形势的发展，实现对本地区烟草的集中统一管理，从转变思想观念和调整工作思路入手，因地制宜，加快网络建设和户籍化管理的步伐，成立了卷烟配送中心，全面开展访销配送，突出抓好所属各县体制理顺后的管理工作，全地区烟草“一盘棋”的局面初见成效。

全年累计销售卷烟134887万支，同比增长118%，实现销售收入14215万元，同比增长144%，平均单箱销售额达5309元，增幅11%，销售名优烟11535万支。为使卷烟销售、专卖管理有机结合，在巩固以往成绩的基础上，加大了工作的力度，全区共出动市场检查人员3408人次，车辆730台次，查获假冒卷烟34件，标值77611.32元，查处无证运输23次，金额80411.10元。

加强党风廉政建设和精神文明建设，强化思想政治工作，为各项工作任务的顺利完成奠定了思想基础和组织保证，干部职工的思想观念和工作作风明显转变，服务意识不断增强，树立了良好的企业形象。

（王晓阳）

海西州烟草专卖局（分公司）

海西州烟草专卖局（分公司）内设办公室（安保科）、政工（监察）科、财务管理与监督科、经营科、专卖监督管理科（稽查支队）、配送中心六个科室，现有职工42人，平均年龄33岁。

2002年，州局（分公司）坚持“总结经验、开拓进取、讲求实效、稳价促销”的工作方针，学习推广网建、户籍化管理工作的先进经验。以卷烟打假年为契机，全面开展打假打非活动，全年出动打假人员1453人次，查获各类违法卷烟案件155起，违法卷烟57.6件。加快网络建设步伐，提高网点经营水平，稳步推进户籍化管理进程。全年购进卷烟12876箱，销售卷烟13007箱，实现税利85万元。被省局（公司）评为专卖目标管理考核和经济运行质量和效益评价考核二等奖。

加强队伍建设，州局专卖执法人员参加全国执法统一考试合格率达97%。认真开展以规范财经秩序为重点的整顿规范市场经济秩序活动，加强往来帐款的核对清理，收回了所有铺底资金。加强安全管理，杜绝了各类事故的发生，被评为全省烟草系统安全管理先进集体、全省妇女消防教育先进集体；档案目标管理达标国家局“优秀级”。

加强党风廉政建设，积极倡导《公民道德实施纲要》，以“三个代表”重要思想为指导，以高昂的政治热情，饱满的工作状态，促进了海西烟草的发展。

（祁永年）

格尔木市烟草专卖局（分公司）

格尔木市烟草专卖局（分公司）内设4科1室，1个卷烟配送中心，1个营销中心，共有职工60人。

2002年，市局（分公司）认真实践“三个代表”重要思想，深入贯彻落实“狠抓基础，稳中求进”的行业工作指导思想和规范、改革、创新的工作重点，狠抓卷烟销售网络建设，进一步强化专卖管理，努力提高市场控制力和占有率，企业两个文明建设取得了可喜成绩。

加强卷烟销售网络建设。按照国家局“五高”网建标准，实行“全面访销、全面配送、访送分离、专销结合”的城市网建运行模式，以提高零售户入网率、送货率、毛利率为目标，组建成立了卷烟配送中心、访销中心，建立了三线清晰、职能分离、专销结合，集商流、物流、信息流、专卖管理为一体的网络系统，实现了格尔木网络建设工作的跨越式发展。

以整顿和规范市场经济秩序为契机，深入开展打假、打非斗争，不断强化烟草专卖管理。建立了卷烟经营户档案，全面实行了A、B、C分类管理，形成了分类指导、动态管理、专销结合的专卖“户籍化”管理模式。积极转变管理方式，努力从管理型向服务管理型转变，专卖管理水平有了进一步提升。

狠抓规范，坚持“稳价、促销、增效”的方针，以“两个三年规范目标”为重点，狠抓价格和卷烟购销行为规范，坚决杜绝“卖大户”、“低价倾销”、“体外循环”等不规范行为。紧紧抓住青藏铁路和钾肥二期工程建设的有利时机，积极调整卷烟品牌结构，加大名优烟培育力度，经济运行质量明显提高。2002年销售卷烟同比增长29.63%，完成销售额同比增长37.71%。

加强企业管理，深化企业内部改革。建立完善了企业内部管理制度。深化三项制度改革，建立了民主推荐、群众评议、竞争上岗、择优录用的用人制度，初步形成了干部能上能下、收入能增能减、岗位靠竞争、收入靠贡献的新型人事和分配制度，增强了企业活力。

认真做好政治思想工作，大力加强精神文明建设。认真学习邓小平理论和“三个代表”重要思想，提高干部职工的政治思想素质，树立正确的人生观、世界观和价值观。开展争先创优活动，争当优秀访销员、优秀送货员，创建文明科室，组织职工开展丰富多彩的文体活动，丰富了职工文化生活，陶冶了情操，增强了企业凝聚力。 **(李明业)**

新疆维吾尔自治区

乌鲁木齐烟草专卖分局（分公司） 乌鲁木齐烟草专卖分局（分公司）现有在册员工216人，主要担负乌鲁木齐地区和新疆（北疆）部分地区的卷烟市场管理任务。在区局（公司）党组的正确领导下，我们认真贯彻党的十五届五中、六中全会和十六大精神，努力实践“三个代表”的重要思想，按照国家局“狠抓基础、稳中求进”的行业指导思想和“一要规范、二要改革、三要创新”的行业工作重点，结合乌鲁木齐的实际，开展网络建设和专卖户籍化管理，促进了各项工作的全面开展，保持了企业稳定、快速发展的良好势头，实现了预期目标。

2002年，全年销售卷烟159482箱，实现销售收入107756万元，上缴税金7979万元，实现利润13159万元。与此同时，精神文明建设也有了长足的进步，不但保持了社会治安综合治理“市级模范单位”的荣誉，并被自治区精神文明委命名为“自治区级文明单位”。总结2002年的工作，主要表现：网络资源得到有效整合，网络运行质量得到提升；专卖管理工作力度进一步加大，卷烟市场秩序进一步规范；精神文明和党风廉政建设有了新的进展，安全防范、综合治理工作得到了进一步加强；各职能部门团结协作，顾全大局，确保中心任务的完成。在新的一年里乌烟人将更加努力工作，特别是抓好乌鲁木齐分局（分公司）网络建设和全国网络联动工作，充分发挥首府城市的指导、示范、带动和幅射作用，再创新业绩。

石河子烟草专卖局（兵团烟草分公司） 全年共购进卷烟19595箱，其中地产卷烟6949箱。与省外卷烟厂签订合同数10901项，合同履约率98.8%。全年共销售卷烟19905箱，其中地产卷烟7038箱，销售收入1.22亿元，实现利润480万元。共查处各类违法违规卷烟案件428起，查获非法卷烟12269.1条，收缴罚没款94711.6元。

2002年对辖区的网络进行了重新布局：城区设置一个配送中心，配备4辆送货车，实行访配送分离，并在商业密集区科学选点，统一装修，设置两个卷烟零售店，通过窗口反馈信息，树立企业形象。在农牧团场根据地理位置与人口分布分别设置下野地片区卷烟配送中心和莫索湾片区卷烟配送中心、安集海片区卷烟配送中心，实行访送一体，并配置4辆送货车。专卖管理，设置3个专卖稽查大队，一个卷烟配送中心就是一个专卖稽查管理所，实行“三员”联动。管理方面：1. 农牧团场卷烟网点实行财务报帐制。2. 规范“三员”运作方式，建立修订相关的规章制度。3. 辖区卷烟经营，专卖管理实行计算机联网。4. 分配方式实行工效挂钩。5. 每季度开展评选先进卷烟配送中心、优秀访销员活动。

2002年，单位获“自治区级文明单位”三年届满。如何在原来的基础上把精神文明工作做得更好，更富有成效。是摆在我们面前的重要任务，为使精神文明工作保持连续性，进一步展示烟草员工的精神面貌。随即，完成了继续申报“自治区级文明单位”的工作，并得到了批复，使精神文明工作健康有序的向前推进。

伊犁州烟草专卖分局（公司） 伊犁哈萨克自治州烟草专卖分局（公司）成立于1991年9月，下辖8个县局（公司），共有在册职工360多人。系统内9个单位现有4个获得自治区级文明单位、五个获得自治州级文明单位，并于2002年11月被州文明委授予文明行业称号。于2000年投资建设的三星级涉外宾馆新疆鸿福伊烟大饭店也于近日开业。

2002年，共销售卷烟37608箱，实现利润732万元。在经营管理中，主抓了以下一些工作：一是紧紧围绕区局（公司）对网络建设的要求，加强访销配送体系的建设开展工作，于4月份撤销了伊宁市区及各县卷烟批发部，在市区和各县建立了卷烟配送中心，实行人员竞聘上岗制度。二是积极稳妥地推进全州批零一价制工作，在严格执行全疆统一批发价格的同时，加强对零售价格的指导和管理，规范零售户经营行为。三是把提升客户满意度作为网建工作的重要目标，开展向零售客户提供一系列优质便捷的服务活动。在专卖管理工作中，加大对卷烟市场的整治力度，加强对零售户的户籍化管理工作，认真开展星级户评定活动，并在系统内广泛开展专卖队伍军事化建设工作。在深入开展精神文明创新工作的同时，将试点项目工作作为创新工作的一项重要内容，积极争取上级主管部门和地方政府的支持，从生产、加工、销售环节入手，加强对伊犁莫合烟的市场管理。

吐鲁番烟草专卖分局（分公司） 2002年，吐鲁番地区烟草专卖分局（分公司）领导班子带领广大干部职工，坚持高举邓小平理论伟大旗帜，努力实践“三个代表”的重要思想，以经济建设为中心，贯彻“一要改革、二要规范、三要创新”的行业工作重点，狠抓“两个体系”和“双网”建设，继续整顿和规范市场经济秩序，大力加强精神文明建设和后勤保障工作，圆满地完成了各项经济指标和任务，实现利润再创历史新高，为分局（分公司）的持续稳定发展奠定了基础。

分局（分公司）在2002年的工作中，坚持以管理为主线，改革与创新为动力，全面开展对卷烟市场户籍化管理，实施“四员联动”运行机制，进行合理化布局，实行统一零售指导限价，调整商品结构，采取一县（市）一点，城网访销结合，农网访销分离，专销结合，全面访销配送的新模式，大力开展整顿财经秩序工作，通过管理、文明执法与优质服务，全面提高了经济运行质量和效益。分局（分公司）始终坚持“两手抓、两手都要硬”的方针，大力加强思想、组织和作风建设，加强党风廉政建设和纪检工作，“两个文明”建设协调发展，成绩显著，硕果累累，先后取得了全区烟草系统2002年“双文明”先进单位、安全工作先进单位、自治区档案目标管理一级单位、地区级“文明单位”、“花园式单位”、“卫生达标单位”、“综合治理先进单位”、“计划生育先进单位”等荣誉称号。

哈密地区烟草专卖分局（公司）

哈密烟草专卖分局（公司）下设4个职能科室和巴里坤县、伊吾县卷烟物流配送中心，现有职工146人。

2002年哈密烟草专卖分局（公司）紧紧围绕“两个体系”构建和“双网”建设要求，以创新为主线、狠抓规范、狠抓管理、全面完成了区域内两县一市和重点乡镇的“双网”建设。大力推行了中层干部竞争上岗、职工双向选择、末位淘汰的竞争激励机制。在中层干部的选拔使用上，建立了“组织推荐、群众举荐、个人自荐、群众评议、层层聘任相结合”的用人制度。在分配制度上，坚持绩效挂钩，按月考核的激励机制。这些改革措施的出台，突出了以企业的中心工作为重点，以不断提高企业竞争力为目标。

全年完成商品购进总值10666万元，购进卷烟17876箱，其中：地产烟2309箱。销售收入达12477万元，销售卷烟17405箱，其中地产烟2808箱。实现利润445万元，较上年增长了68.56%。专卖管理进一步加强。全年共查处各类违法案件343起，查获假、私、非卷烟4570条。

在精神文明建设方面，注重优秀的企业文化建设和符合行业发展的经管理念。多层面、多渠道开展了群众性的创建活动。以内强素质，外树形象，不断提高企业竞争力为典型特征的精神文明建设取得明显成效。2002年12月创建为自治区级文明单位。

巴州烟草专卖分局（公司）

巴州烟草专卖分局（公司）担着巴州地区八县一市的卷烟销售和专卖管理工作。2002年累计销售卷烟94981箱，实现销售收入6.12亿元，实现利润5352万元，较好地完成了年初确定的各项工作任务指标。

分局（公司）先后被评为自治区烟草系统“双文明建设先进单位”、“纳税先进单位”、“诚信单位”、“区级卫生红旗单位”，先后创建为“市级文明单位”、“州级文明单位”，1999年11月司顺利创建为“自治区级文明单位”。2003年分局（分公司）党组对双文明建设工作提出了更高的要求，不仅要继续保持和发扬创建工作的优良传统，而且要在全疆、全行业、全国范围内争创一流、走在前列。

博州烟草专卖分局（公司）

2002年，博州烟草公司全年完成卷烟购进10467箱，销售卷烟10862箱，销售收入6106万元，实现利税520万元。根据抽查，市场占有率100%，持证经营率100%，合法渠道进货率99%，市场净化率99.5%。

2002年，博州分局（公司）按照全区烟草行业“市场化运作，集团化管理，专业化分工，集约化经营”的管理模式，设立卷烟配送中心，开展“全面访销、全面配送、访送分离、专销结合”的卷烟配送业务；直设了县级烟草专卖局（物流配送中心），负责县级卷烟销售和专卖管理；在重点农牧团场和口岸地区直设了专卖管理所和卷烟批发部，同时将原来的专卖科改名为专卖监督科，业务科改名为访销信息科，取消了生产科。访销信息科除肩负原有的卷烟购销业务外，新增了管理计算机网络和各专卖稽查大队的职能，认真开展了整顿烟草市场秩序工作。通过加强对“四烟一无”（假私非超和无证经营）行为等的整顿规范活动，市场净化率进一步提高。

2002年，博州烟草专卖分局（公司）继续坚持“狠抓基础，稳中求进”的行业指导思想和“一要规范、二要改革、三要创新”的工作重点，结合博州实际，开拓创新，艰苦奋斗，扎实工作，网络建设有了新发展，卷烟市场管理日趋完善，经济运行质量不断提升，精神文明建设有了新突破，取得了两个文明建设的双丰收。

新疆卷烟厂

2002年，全厂共生产卷烟120048箱，销售卷烟120000箱，其中三类以上的烟销售19323箱，占销售卷烟总数的16.1%，全年实现销售收入41206万元，实现税金总额21262万元，比去年同期增长47.98%。通过对原辅材料和生产工艺的严格控制与管理，有效地提高了产品的质量，也保证了产品质量的稳定性。2002年卷接包工序综合抽检合格率为99.94%，成品烟丝抽检合格率为99.79%，薄片综合抽检合格率为100%，国家局抽检合格率为100%，卷烟降焦工程又有了新的进展，2002年第三季度，国家烟草专卖局对全国29个省市111家卷烟生产企业的391个牌号的卷烟产品焦油含量进行了统检，新疆卷烟厂产品的综合排序为第三名。“雪莲”商标再次被评为新疆著名商标，企业也荣获了国家级“重合同守信用单位”和自治区级“质量管理先进单位”的荣誉称号。

在企业管理方面，2002年又重新修订了各岗位工作标准，完善了各项管理制度；加强财务管理，开源节流，节能降耗，对辅料采购和大型工程项目实行招投标制，从而大大降低了产品成本。辅料采购招标每年可为企业节约开支200万元；2001年6月正式通过上海质量认证中心ISO9002质量认证后，2002年又开始着手进行质量体系2000版的转换工作，通过质量体系标准的贯彻实施，提高了企业质量管理水平。

“九五”技术改造总投资17480万元。通过技改项目的实施，曾经占设备总数的91.4%的低速设备完全被淘汰，目前的装备情况是中、高速卷接包设备各占50%。“十五”技改首期工程中新建150万大卡制冷站项目、日处理600吨污水的污水处理场已竣工验收；库区消防管网改造项目已规划实施；投资1000万元的制丝车间技术改造工程通过车间员工和工程人员的通力合作已顺利完成，并投入生产；“十五”技改首期工程完成投资3100万元。全厂的技术装备水平已上升到一个新的高度，从而为产品质量的稳定与提高奠定了坚实的基础。

几年来，新疆卷烟厂连续被评为“自治区精神文明建设先进单位”，生活小区被评为奎屯市惟一一家“自治区级安全文明小区”和“自治区级消防安全社区”。

深圳市

深圳卷烟厂 占地5万平方米，现有员工430人，是深圳市政府重点扶持的大型国有企业，是该市连续多年工商利税大户的龙头。2002年共生产卷烟23.52万箱，其中“特美思”系列产品17.15万箱，“好日子”品牌上市仅一年多，产量达4.68万箱，产品销售率100%；实现工业产值14.3亿元，利税78580万元，利润总额1.8亿元，同比增长20.95%，人均创利税180万元。根据行业1～3季度统计显示，该厂综合效益指数为217.04%，位居全国工业企业前十位，全员、工人实物劳动生产率等各项经济技术指标居全国前列。

狠抓品牌培育，市场驾驭能力稳步提升。确立“巩固‘特美思’，发展‘好日子’”的品牌战略，借助外脑，致力形成立足长远的品牌发展规划。全年通过各类公关、营销策划活动，如把“好日子”带回家免费邮寄活动等，广辟宣传渠道，精心培育品牌。同时，销售中心细分目标市场，加强终端服务，注重宏观调控和微观调节相结合，提高“好日子”产品的市场占有率和品牌集中度，有效实现“调整结构、稳价增量”的目标。

加强工艺、技术应用研究，优化产品结构，深化品牌内涵，完善质量保证体系。技术中心依靠自身优势，加强产学研联合，完成“新型白肋烟加工设备研制”项目的工艺调试和技术参数测试及制订工作，完成“全片叶条件下增加真空回潮工序”的工艺论证及参数制订工作，参与制定并验证国家局“再造烟叶”行业标准，该两项技术成果入选2002年度中国烟草学会年会成果。

重点加强对“好日子”品牌的开发拓展，并率先在该品牌上引入“生物滤嘴”新概念，研制出国内第一家生物滤嘴金尊“好日子”；研制开发省内、省外市场的16支装及20支装硬盒“好日子”，形成良好的产品系列结构。

物资供应货比三家，保障有力。辅料部门在推行2001年底实施的烟用商标“比价采购，公开招标”活动中，节约采购成本854万元，以此推动其他辅料价格下调，全年节约辅料采购成本1228万元。烟叶部门进一步建立公开透明的业务运作制度，推行采购阳光工程，规范采购行为，如产区两人负责制，互相监督，互相促进，效果良好。

基础管理扎实有效。加强两车间“定员定岗”，优化人力资源，努力实现“整合岗位，减员增效”。2002年，全员实物劳动生产率达540大箱。配合企业转型，在组织架构上增设片区经理，向市场一线倾斜。启动《补充医疗保险暂行制度》，完善员工健康保障体系。

企业文化特色鲜明。以塑造价值观为核心，积极培育深烟特色的组织文化，构建企业持续发展的竞争优势。6月28日，企业第一本杂志《深烟风采》顺利出版，集中展示广大员工高品位的文化艺术作品，成为对外形象宣传的重要窗口。厂内呈现出百花齐放的文化氛围。 **（吉　雄）**

心
高远
A foresight man
is top of the world.
甲天下

柳州卷烟厂

LIUZHOUJUANYANCHANG

■ 广西柳州卷烟厂历经半个多世纪的风雨坎坷，
现已发展成为国家烟草行业36家重点企业，
拥有总资产逾20亿元，员工1000人，企业多次被评为"全国烟草系统先进集体"、"广西质量效益型先进单位"、"自治区文明单位"、"广西烟草系统先进单位"。2002年，实现产销45万箱、创税利8亿元，
企业综合实力进入全国烟草行业23强，在全国税收100强中排名第85位。
2003年实现产销50.9万箱，实现税利10.3亿元，获得"全国五一劳动奖状"。
2004年预计实现产销51万箱，创税利13亿元。

柳州卷烟厂厂长 张汉涛

厂区环境

■ 长期以来，柳州卷烟厂一直秉承“科技振兴柳烟，倾情回报社会”的企业使命和“零缺陷成就甲天下”的质量理念。企业通过了ISO9001-2000版国际质量体系认证。“大伯爵”、“甲天下”系列产品深受消费者欢迎，其中“特制甲天下”和“软盒醇和甲天下”先后获得国家优等品称号，“珍品甲天下”荣获世界包装设计最高奖——“世界之星金奖”。1999年，经国家权威机构评估，“甲天下”品牌无形资产达12.8亿元，为广西烟草第一品牌，并被评为“广西著名商标”。2003，“甲天下”单品牌产销规模达33万箱，进入全国17大品牌之列。

■ 2001年12月，柳州卷烟厂启动了总投资9亿元的易地技改工程，2002年12月，实现生产线联动，2003年7月进行批量生产，如今完成投资7.5亿元，占地320亩的柳州卷烟厂已是一个功能完善、布局合理、工艺先进、设备精良、物流畅通、管理先进、环境优雅的现代化卷烟工业园。企业技术及装备水平达到“国内一流、国际先进”，成为八桂大地上一颗耀眼的明珠。

■ 雄关漫道真如铁，而今迈步从头越，面对新形势，柳州卷烟厂提出了“三年再造一个新柳烟”的战略规划，即到2006年，创税利20亿元、企业综合实力进入全国前20强。新的起点，柳州卷烟厂愿与社会各界朋友携手共进，共创“甲天下”美好灿烂的明天。

金伯爵、珍品甲天下、二星甲天下、醇和甲天下(新)、富甲天下、贵甲天下

JIATIANXIA JINBOJUE

主要产品照片（金伯爵、珍品甲天下、二星甲天下、醇和甲天下(新)、富甲、贵甲）

柳州卷烟厂

2003年获“全国五一劳动奖状”

在2002年全国利税百强中排名第85位

2003年“甲天下”单牌号产销规模进入全国前17名。

获批建设“博士后科研工作站”

2003年“醇和甲天下”获全国卷烟优等品称号

中国名牌·中国驰名商标
传递价值　成就你我

东方红
明日世界 看东方

常德卷烟厂

CHANGDE CIGARETTE FACTORY

在近几年的发展中，按照

做**优**品牌

做**实**管理

做**大**规模的目标，

及时调整发展战略，管理模式，确定了加强技术储备与研发，推进人才队伍建设，完善产品品牌结构，推动企业联合重组，全力打造企业核心竞争力的发展思路，企业连续3年增速达到20%以上，主要经营指标三年跨了三大步，2003年全年完成经营总收入（含税）94.82亿元，完成经营总利润10.54亿元，单箱（大箱）税利达到6120元，完成卷烟出口创汇480万美元。其中多种经营产业实现收入（含税）10.09亿元，税利2亿元，利润1.3亿元。2003年，主要效益指标再创历史新高，企业经济势力更加走强。

CHANGDE

常烟为加快抢占科技制高点，先后建成具有“六个一流”的联合工房、组建了博士后科研工作站、着手实施“十百千”人才工程；企业有9项自主研发的技术成果获专利保护，多项成果获国家级技术创新成果奖，同时还掌握了中低自由基含量和低CO含量的烟草制作技术；“芙蓉王”品牌不断提升，形成系列，保持了强劲的发展势头；人才队伍建设也逐步进入规范有序的发展轨道。■ 质量是产品的灵魂，市场是效益的源泉。常烟把“诚信”作为开拓市场的核心，开通了800市场服务电话和厂长市场热线电话。对产品质量时时有人跟踪，在为市场提供高质量产品的同时，建立了细致的市场服务体系。■ 管理出活力，改革激发展。从2001年开始，常烟连续三年先后成功实施了机构、干部人事制度、用工制度、绩效考评等四项重大

改革。积极主动推动联合重组，取得了实质性进展，祁东、四平、零陵三家卷烟厂已先后归并在常烟旗下，使企业2004年的产销量将达到120万大箱以上。■ 2003年11月，常德卷烟厂确定了未来几年的战略思路和发展目标：抓住烟草行业结构大调整的机遇，实施归核化战略，按照“一体两翼”的战略思路，构筑成熟企业、行业先锋的强势体态，创造规模优势和品牌优势的两翼支撑，实现“2231”发展目标。即：

“十一五”末期，企业卷烟品牌规模达到200万箱以上，年度收入达到200亿元以上、年度利润达到30亿元以上、争取进入国际一流企业。

蚌埠卷烟厂

BENGBU JUANYANCHANG

■ 蚌埠卷烟厂原是新四军的随军烟厂，始建于1942年的苏北益林镇，1949年3月迁入安徽省蚌埠市，1964年更名为蚌埠卷烟厂。经过六十多年的不断发展与积淀，蚌埠卷烟厂现已发展成为拥有资产总值达25亿元、年生产能力65万箱以上、销售收入30亿元以上、年创税利近20亿元的国家大型骨干企业，是安徽省持续多年的跨行业第一税利大户，中国烟草行业14家最大规模工业企业和36家重点企业，是安徽烟草工业企业唯一入选全国500强企业，并先后荣获“五一劳动奖状”、“全国精神文明建设先进单位”等荣誉称号。

■ 蚌埠卷烟厂的主打品牌——“黄山”诞生于1958年，是连续多年的全国名优卷烟品牌。“黄山”卷烟在诞生时，就被当时的国家主席刘少奇推荐为中南海特供烟，还多次作为党和国家领导人出国访问的“礼宾烟”和对台工作的“空投烟”和“海漂烟”。1993年，“特制黄山”的问世打破了云南、上海卷烟垄断的高档卷烟市场，成为中国卷烟发展史上的一个里程碑。“黄山”卷烟的商标设计也被世界包装组织授予“世界之星”设计大奖。2000年，蚌埠卷烟厂推出“一品黄山”卷烟，当年就创下了半年销售7万箱的辉煌业绩，再度对中国烟草产生了巨大震动，“一品黄山　天高云淡”这一家喻户晓的黄山品牌广告语入选全国十大知名广告语，名列第四位。

黄山品牌

是安徽省唯一畅销全国的名牌卷烟

在全国市场拥有非常高的知名度。黄山品牌经过多年的发展，已经逐渐形成了由锦绣黄山、中华红黄山、满地金黄山、一品黄山等不同档次组成的较为完善的产品系列。同时，黄山系列产品吸食风格独特，口味醇和，余味干净，深受全国各地消费者的喜爱，产品行销32个省市自治区，市场覆盖率达到97.36%。

2002年，蚌埠卷烟厂斥资8亿元进行技术改造，2004年将竣工投产。届时，一个世界先进、全国一流的卷烟工业企业将展现在世人面前，蚌埠卷烟厂也将会以更加骄人的业绩，勇立潮头唱大风！

BENGBU

蚌埠卷烟厂十五技改主厂房图

激情成就未来

——广州卷烟二厂

■ 广州卷烟二厂成立于1949年，前身为南洋兄弟烟草股份有限公司广州制造厂，是全国520家重点工业企业和烟草行业36家重点企业之一。改革开放以来，该厂抓住一切发展机遇，以提高经济效益为中心，实行严格的科学管理，不断推行技术进步，目前企业拥有20条具有世界先进水平的PROTOS／GD卷接包生产线以及德国HAUNI公司的片叶制丝生产线，成为广东省烟草行业中生产规模最大，管理最好，名牌知名度最高，企业实力最雄厚，经济效益最好的卷烟生产企业，经济指标连年创造历史新水平。

■ 广州卷烟一厂成立于1948年，烟草行业36家重点企业之一，1996年被国家列入全国“500家重点扶持发展企业”，2000年被国家烟草专卖局列入“十五”期间重点优势企业。一厂设备先进，技术力量雄厚，管理科学，效益良好，已形成拥有烤烟型、混合型、外香型等品种齐全的品牌体系。一厂在国内稳步经营的同时，还实施国际化发展战略，在国外成功创办了合资企业。

■ 南海卷烟厂始创于1911年，是一家具有九十多年历史的老企业。1986年，工厂与英美烟草（香港）有限公司实行技贸合作，引进国外先进卷烟设备和技术，同时借鉴和吸收其先进的管理经验，形成了具有自己特色的管理模式。近年来企业经济运行质量和效益逐年提高，为地方的税利大户和骨干企业，在激烈的市场竞争中保持着稳步发展的势头。

■ 强强联合，共创辉煌。在2003年11月18日，广州卷烟二厂与广州卷烟一厂联合兼并南海卷烟厂，组成新的广州卷烟二厂。一个具有人才优势、品牌优势、管理优势、技术优势、资金优势、市场优势的大型强势企业崛起在中国南方。现今企业主要生产牌号有：“双喜”系列、“羊城”系列、“椰树”系列、“广州”系列、“金驼”系列以及“银行”牌、“白云”牌等名优香烟，卷烟总产量超过500亿支，工业总产值达60亿元，实现税利超过40亿元，昂然跻身于全国卷烟行业前列。

■ 眼光决定高度，激情成就未来。回首过去，我们风雨兼程奋斗不息；展望明天，我们同心协力气魄更壮！重组后的广州卷烟二厂规模更大，实力更强，将致力为广大顾客提供更为完美的产品与服务，与您共证广东烟草行业之新辉煌！

① 国家烟草专卖局副局长张保振到广州卷烟二厂视察

② 广州卷烟二厂与广州卷烟一厂联合兼并海南卷烟厂签约仪式

Cocopalm 椰树
LIGHTS
自由自在 自然自我
Cocopalm
Cocopalm
20
椰树
VIRGINIA
广东·广州卷烟一厂出品
吸 烟 有 害 健 康

Cocopalm 椰树
LIGHTS
精醇精彩 自然自我
Cocopalm
20
LIGHTS
椰树
特醇
广东·广州卷烟一厂出品
吸 烟 有 害 健 康

帝豪
FILTER CIGARETTES
Dihao
KING SIZE
河南·许昌卷烟厂出品
帝豪在手
潇洒神州
河南许昌卷烟总厂

XUCHANGJUANYAN ZONGCHANG

许昌卷烟总厂

许昌古称“许”，相传为尧时贤士许由的隐居地，
东汉末年，曹操迎汉献帝都许，
挟天子以令诸侯，统一北方。
公元220年，曹丕在此受禅，代汉立魏，
许昌是建安文学的发祥地。
1915年，英美烟草公司在这里试种烤烟成功，
带动许昌卷烟加工业的兴起，

1949年2月，许昌卷烟厂成立。

2003年7月9日，河南烟草工业实施组织结构调整，
原许昌卷烟厂与原驻马店卷烟厂兼并重组，
成立许昌卷烟总厂，
原许昌卷烟厂厂长宋有申出任厂长。
新成立的许昌卷烟总厂年生产计划75万箱，总资产32亿元，

2001年开始入选中国企业500强，
河南省纳税第一大户。

该厂科研实力雄厚，
近年来完成了一系列在国内省内领先的
科研项目的攻关任务。
其中，低焦油卷烟研究、
卷烟提质降耗技术研究、
造纸法薄片技术等技术成果，
已在生产工艺中运用。

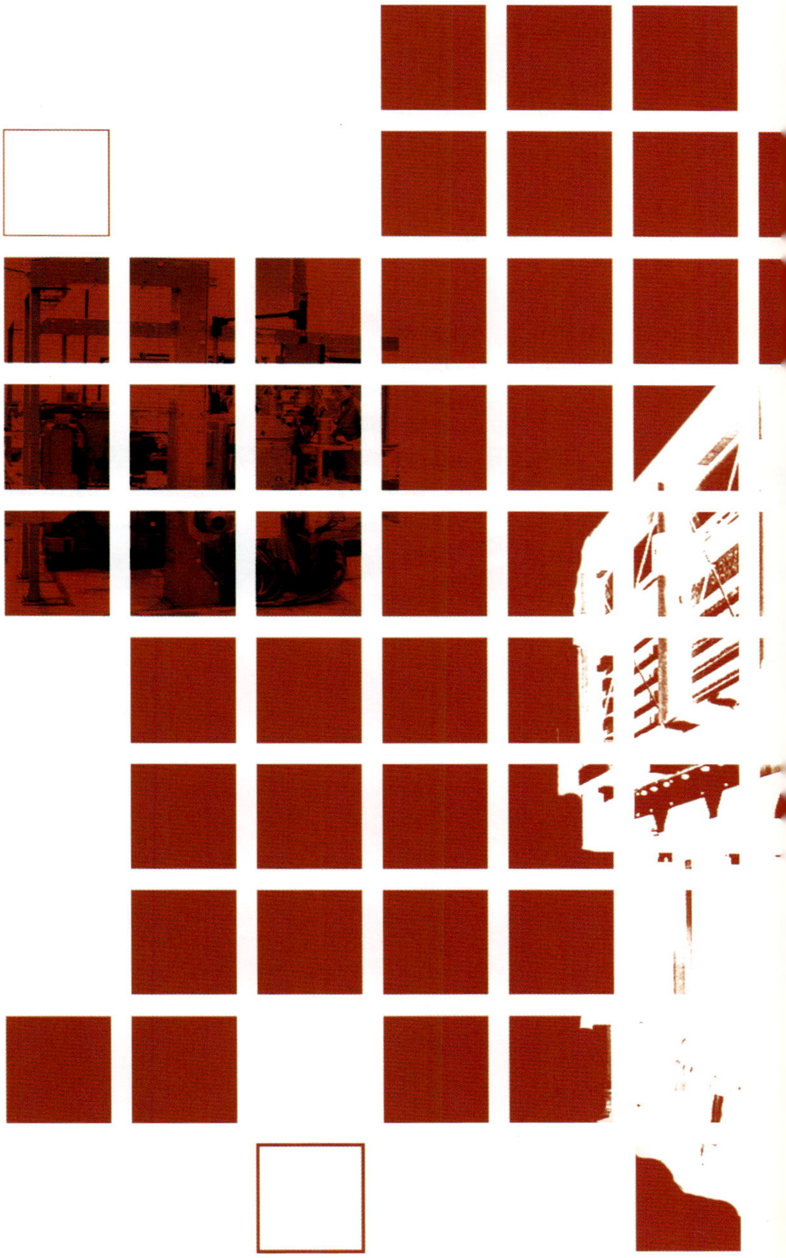

许昌卷烟总厂主要技术装备已达到国际领先水平

高速卷接机组51台（套）

中原明珠
ZHONGYUANMINGZHU

目前，许昌卷烟总厂主要技术装备已达到国际领先水平。现有8000KG/H、3000KG/H制丝线各一条，高速卷接机组51台（套），包装机组35台（套），工艺流程全面实现计算机控制，生产过程实现高度自动化。新投入使用的5000KG/H制丝生产线是国家烟草专卖局确定的新世纪样板生产线，也是目前全国烟草工业企业中技术最先进、工艺最齐全的制丝生产线。

许昌卷烟总厂产品风格独特，主导品牌“帝豪”具有很强的市场影响力，是河南卷烟第一品牌，在河南占有70%的市场分额，在江苏、浙江、北京、天津、山西、黑龙江、青海等省外市场具有较高的集中度和美誉度。许昌卷烟总厂围绕“三个突出”(突出装备、突出品牌、突出效益）开展生产经营活动，以实现产品设计智能化、管理信息化、生产自动化为基础，逐步建立起学习型企业组织，推动企业向更快、更高、更强的方向发展。

现有8000KG/H
3000KG/H制丝线各一条

包装机组35台（套）

XUCHANGJUANYAN ZONGCHANG 许昌卷烟总厂

许昌卷烟总厂两个文明一起抓，以强有力的思想政治工作推动企业不断更新观念，实施工作创新，先后获得全国精神文明建设优秀企业、全国思想政治工作先进单位等荣誉称号。

许昌卷烟总厂在河南新组建的三家卷烟工业里，率先完成了人、财、物和品牌、市场等要素的优化整合，重组优势逐步显现。2003年，该厂实现销售收入28.9亿元，实现税利16.3亿元，其中利润1.5亿元。2004年，该厂继续显示出强劲的发展态势，前两个月已实现利润5706万元，同比增长84.4%。

长城雪茄
CHANGCHENGXUEJIA
长城一号
长城三号
长城二号
3
GAOJIXUEJIA
CHANGCHENG
2
GAOJIXUEJIA
CHANGCHENG
GAOJIXUEJIA
CHANGCHENG
中国最早生产高档雪茄烟的企业
长期为毛泽东、贺龙等提供特制雪茄烟
八十六年制作高品质雪茄烟的悠久历史
“长城”雪茄1967年首次代表中国雪茄打入国际市场
并荣获大马士革国际金奖，连续十年免检出口
吸烟有害健康
SCFC 中国·什邡卷烟厂
Http://www.scfc.com.cn

大理卷烟厂

全面建立增强企業核心競争力、
適應市場競争的企業運行機制和組織結構，培育和打造大理卷烟品牌。

全面建立增强企業核心競争力、
適應市場競争的企業運行機制和組織結構，
培育和打造大理卷烟品牌。

云南大理

云南红塔集团大理卷烟厂，坐落在历史文化名城大理市。

经过多年的技术改造，大理卷烟厂已发展成为拥有意大利、德国、英国等国进口的20世纪九十年代

国际先进水平的生产设备，具有年产50万箱中高档过滤嘴卷烟能力的中一型卷烟工业企业。

1989年至今，大理卷烟厂一直跻身于中国500家最大工业企业和

行业50家最佳经济效益企业行列。

大理卷烟厂依托当地的优质原料优势，积极进行产品开发和研制，科学配方，精心加工。

其主导产品“美登”、“三塔”牌系列中档卷烟，销往以三北地区为主的十多个省（市）自治区，

深受消费者的厚爱。2003年生产40.5万箱卷烟，全年实现税利11.04亿元，创历史新高。

大理卷烟厂以加快企业内部改革为突破口，着力提升企业科学管理水平，

应用现代管理思想和管理手段，全面建立增强企业核心竞争力、

适应市场竞争的企业运行机制和组织结构，培育和打造大理卷烟品牌。

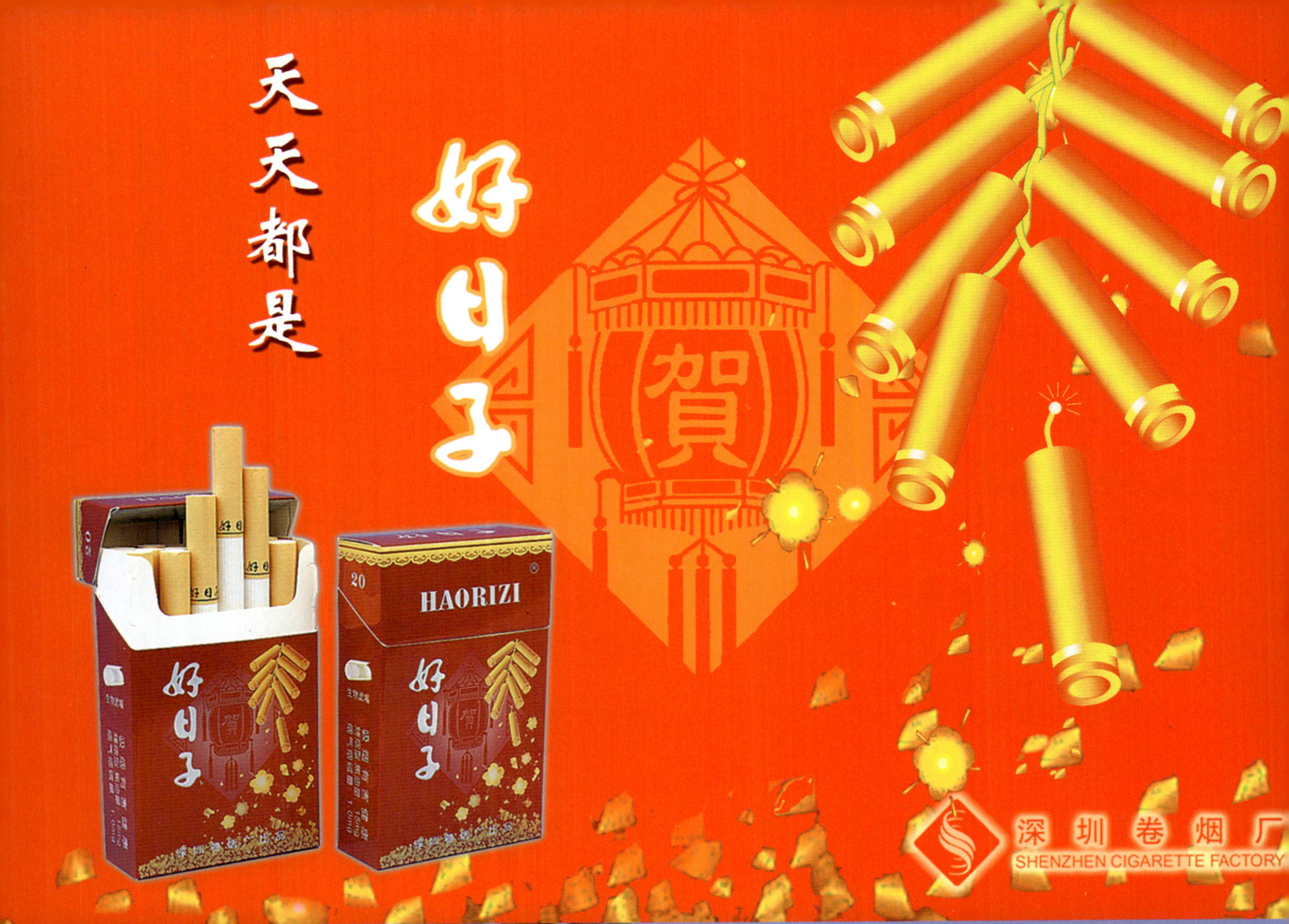
天天都是
好日子
HAORIZI
好日子
深圳卷烟厂
SHENZHEN CIGARETTE FACTORY

盡在現代享受中
TEMEISI
特美思
深圳卷烟厂
吸烟有害健康

善思者 静

2003年，该厂强化管理，狠抓销售，培育品牌，大力推进科技兴烟战略，全年生产经营呈现持续、稳定健康的发展态势。全年共生产卷烟23.52万箱，其中“特美思”系列产品17.15万箱，“好日子”品牌上市一年有余，产量达4.68万箱，产品销售率100%；实现工业产值14.3亿元，实现利税78580万元，实现利润总额1.8亿元，同比增长20.95%。根据行业1—3季度统计显示，该厂综合效益指数为217.04%，全员实物劳动生产率540大箱，各项经济技术指标位居全国前列。■ 生产组织调控有力，确保市场、技改两不误。贯彻“全员连着市场”理念，根据市场需求信息，及时调控生产，产供销体系衔接顺畅。利用生产间隙，完成总建筑面积为5000平方米的主厂房扩建工程，完成制丝车间工艺、设备改造，全面实现30万大箱的生产能力。■ 狠抓品牌培育，市场驾驭能力稳步提升。确立“巩固特美思，发展好日子”的品牌战略，并借助外脑，致力形成立足长远的品牌发展规划。全年通过各类公关、广告策划活动，广辟宣传渠道，精心培育品牌。同时，销售中心细分目标市场，加强终端服务，注重宏观调控和微观调节相结合，提高“好日子”产品的市场占有率和品牌集中度，有效实现调整结构、稳价增量的目标。■ 加强工艺、技术应用研究，优化产品结构，深化品牌内涵，完善质量保证体系。技术中心依靠自身优势，加强产学研联合完成新型白肋烟的研究；完成全片烟条件下增设真空回潮工序的工艺论证及参数制定工作；重点加强对“好日子”品牌的开发改造，形成良好的产品系列结构。■物资供应保障有力。辅料部门在推行2001年底实施的烟用商标“比价采购，公开招标”活动中，价格下调854万元，以此推动其他辅料价格下调，全年节约辅料采购成本1228万元。烟叶部门进一步建立公开透明的业务运作制度，推行采购阳光工程，规范采购行为。截止11月底，烟叶库存15023吨，可满足未来近两年的生产需要。■ 基础管理扎实有效。加强车间“定员定岗”，优化人力资源，努力实现“整合岗位，减员增效”。至2002年底，全员实物劳动生产率达540大箱。配合企业转型，在组织架构上增设片区经理，向市场一线倾斜。启动《补充医疗保险暂行制度》，完善员工健康保障体系。

1.深圳卷烟厂外景 2.包装机组

■企业文化特色鲜明。以塑造价值观为核心，积极培育深烟特色的组织文化，构建企业持续发展的竞争优势。6月28日，企业第一本杂志《深烟风采》顺利出版，该刊视野开阔，内容丰富，从多角度反映企业生产经营的情况，获得广泛好评。以孺子牛精神赞为主题，确立正确价值导向；以特美思俱乐部为载体，广泛开展活动，独具特色的职工艺术廊，集中展示广大员工高品位的文艺作品，成为对外形象宣传的重要窗口。

敬业 奉献 拼搏 创新

争创一流的企业、一流的产品、一流的效益，

陕西省卷烟材料厂外观

■ 陕西省卷烟材料厂位于国家级西安经济技术开发区内，占地面积17亩，是经陕西省烟草专卖局批准成立的国家定点卷烟配套材料生产企业，承担着省内卷烟工业企业卷烟过滤嘴的加工生产任务和其它卷烟配套材料的供应。

■ 经过十多年的发展，陕西省卷烟材料厂现有固定资产2500万元，烟用过滤嘴成型机17台（套），纸箱生产线一条，具有年产20亿支过滤嘴棒和80万平方米纸箱加工的能力。

Shanxi juanyancailiaochang

陕西省卷烟材料厂

■ 陕西省卷烟材料厂以技术创新为依托，积极推进技术进步，狠抓产品质量，使产品质量逐年稳步提高；坚持从严治厂，整章建制，科学管理，大幅降低了生产成本，使企业取得了良好的经济效益，累计实现利税2000多万元。同时，企业狠抓精神文明建设，积极开展创建市级文明单位活动，并于2004年3月被评为西安市2003年度精神文明建设先进单位。■ 展望未来，面对西部大开发的良好机遇，陕西省卷烟材料厂将一如既往，奋发向上，发扬“敬业、奉献、拼搏、创新”的企业精神，争创一流的企业、一流的产品、一流的效益，以饱满的热情投身于经济建设中去，为地方经济和陕西烟草的振兴腾飞，再创佳绩，再铸辉煌。

统计篇

常德卷烟厂厂长 党委书记

曾献兵

男，1965年10月出生，汉族，中共党员，1990年6月于湖南大学自动控制专业硕士研究生毕业，工程师，现任常德卷烟厂厂长兼党委书记，当选为第十届全国人大代表。该同志在常德卷烟厂工作十三年来，从车间普通技术员岗位做起，成功地把较高的学识理论运用到工作实践中，脚踏实地，敬业爱岗，一步一步成长为企业的主要经营管理者。自2000年8月任常德卷烟厂厂长兼党委书记以来，认真执行党的方针政策，专注实施归核化战略，狠抓企业内部管理，大力实施企业改革，持续进行品牌提升，加大科技内涵投入，强化市场规范拓展，积极推动联合重组，推进了企业的高质量的快速发展。2003年，主业产销量85.5万箱；实现销售收入72.47亿元、税利52.27亿元、利润9.2亿元，分别比2002年增长19.32%、23.2%、28.93%；完成出口2.5万件，创汇480万美元；多种经营产业实现收入10亿元、利润1.3亿元，企业继续保持了稳健而强劲的发展势头。

全国烟草系统主要指标总表

指　标　名　称	计量单位	2002年	2001年	2002年比2001年±%
一、工业总产值(按当年价计算)	亿元	1960.6	1761.8	11.3
其中:卷烟产值	亿元	1893.7	1702.0	11.3
二、工业增加值(按当年价计算)	亿元	1348.1	1204.8	11.9
三、复烤烟叶产量	万吨	116.3	115.2	1.0
其中:打叶复烤	万吨	93.2	77.1	20.9
四、卷烟产量	亿支	17225.8	16900.4	1.9
其中:一类	亿支	1113.0	1012.4	9.9
二类	亿支	1736.4	1623.0	7.0
三类	亿支	5808.0	5381.0	7.9
四类	亿支	5657.8	4893.0	15.6
五类	亿支	2910.6	3991.0	-27.1
其中:15mg/支-17mg/支(含)	亿支	10046.1	10361.0	-3.0
12mg/支-15mg/支(含)	亿支	6712.2	5832.0	15.1
12mg/支(含)以下	亿支	349.8	287.0	21.9
其中:滤嘴烟	亿支	17135.7	16729.0	2.4
丙纤嘴烟	亿支	3215.4	3270.0	-1.7
烤烟型	亿支	16523.9	16028.0	3.1
混合型	亿支	498.4	575.0	-13.3
其中:名优烟	亿支	3869.9	3872.8	-0.1
五、雪茄烟产量	亿支	4.2	1.2	250.0
六、二醋酸纤维丝束产量	吨	56317.0	55274.0	1.9
七、技术经济指标	—	—	—	—
卷烟质量抽检合格率	%	99.0	99.1	-0.1
卷烟成品合格率	%	99.4	99.4	
每万支卷烟耗用烟叶	千克	7.5	7.7	-2.3
每万支无嘴烟耗用烟叶	千克	9.2	9.5	-3.2
每万支滤嘴烟耗用烟叶	千克	7.5	7.7	-2.1
每万支卷烟耗用盘纸	米	654.0	657.7	-0.6
每万支无嘴烟耗用盘纸	米	718.0	755.0	-4.9
每万支滤嘴烟耗用盘纸	米	654.0	656.7	-0.4
每万支滤嘴烟耗用嘴棒	支	1702.0	1702.0	
每万支丙纤嘴烟耗用嘴棒	支	1700.0	1709.0	-0.5
万元产值耗能源(按现行价计算)	千克	66.9	72.3	-7.5
八、烟叶复烤年末生产能力	万吨	256.6	331.3	-22.5
九、卷烟年末生产能力(三班)	亿支	30633.9	31498.0	-2.7
十、烟叶收购量	万吨	158.3	147.3	7.5
其中:烤烟	万吨	154.9	141.1	9.8
十一、卷烟销售量	亿支	16944.0	16489.5	2.8
十二、卷烟期末库存量	亿支	1362.6	1624.0	-16.1
其中:工业	亿支	351.4	439.0	-20.0
商业	亿支	1011.2	1185.0	-14.7

卷烟工业分地区经济效益综合

2002

地　　区	综合指数（%）	总资产贡献率（%）	资本保值增值率（%）	资产负债率（%）	流动资产周转率（次）
全国总计	134.05	53.16	114.91	45.85	1.35
北 京 市	159.54	68.52	115.02	33.07	1.83
天 津 市	69.94	32.28	113.89	85.32	0.94
河 北 省	97.50	56.99	129.87	82.40	1.64
山 西 省	100.03	49.01	135.47	70.10	1.62
内 蒙 区	88.06	52.58	112.76	65.99	1.52
辽 宁 省	94.06	45.16	128.34	75.08	1.35
吉 林 省	70.76	33.69	98.11	80.66	1.12
黑龙江省	76.30	33.58	107.24	63.96	0.97
上 海 市	280.53	60.10	122.15	3.48	1.37
江 苏 省	189.60	83.25	132.33	38.50	2.09
浙 江 省	278.50	89.70	115.38	16.88	2.00
安 徽 省	126.91	73.15	128.60	56.77	1.94
福 建 省	179.34	70.09	125.39	43.69	1.79
江 西 省	133.07	72.14	135.24	63.59	1.58
山 东 省	95.37	37.30	105.76	54.10	1.20
河 南 省	76.19	36.61	108.12	85.50	0.95
湖 北 省	84.54	39.40	115.99	71.07	1.20
湖 南 省	151.52	65.87	113.95	36.05	1.76
广 东 省	168.48	80.02	122.25	33.77	2.32
广 西 区	96.94	46.10	135.16	69.90	1.35
海 南 省	143.62	55.31	150.95	43.83	1.48
深 圳 市	220.32	73.90	120.16	20.96	1.80
重 庆 市	105.14	46.62	112.10	69.80	1.26
四 川 省	119.74	45.15	133.35	69.62	1.12
贵 州 省	58.44	34.31	50.65	98.19	0.90
云 南 省	183.07	48.15	108.55	29.91	1.18
陕 西 省	76.15	36.13	122.96	78.66	0.88
甘 肃 省	176.25	103.54	155.87	31.73	2.30
青 海 省					
宁 夏 区	66.65	32.01	98.57	34.96	1.09
新 疆 区					

指数及经济效益指标完成情况表

年度

成本费用利润率（%）	全员劳动生产率（元/人）	产品销售率（%）	销售收入成本率（%）	工业增加值（万元）	利润总额(补贴后)（万元）
21.26	715410	100.37	38.20	13221495	1985484
18.05	1037921	99.98	38.86	85836	12519
1.75	266135	96.46	46.83	49075	893
4.22	367127	99.25	43.85	243479	10087
7.89	339723	98.75	49.33	52046	3718
1.01	264131	99.68	44.23	57871	553
3.26	418728	101.25	40.61	111172	3512
0.23	276534	98.53	48.12	81107	196
4.48	221707	101.48	46.51	101475	4409
87.54	2172619	98.98	26.04	1284669	407965
37.00	1068853	100.51	35.87	717094	163544
38.95	2646711	99.50	32.47	816775	168091
6.88	557350	101.84	39.91	521735	29944
23.07	1281110	99.80	37.51	464659	73174
21.26	516395	100.29	37.57	230467	32578
4.41	463535	100.81	47.39	516703	23572
5.18	293188	101.07	46.35	553451	29705
1.70	355097	99.46	45.81	492874	8119
25.11	807250	100.16	34.83	1155013	188209
23.34	926993	100.05	43.50	592997	102574
7.37	346122	103.95	44.50	162781	12312
30.29	607511	102.59	47.45	27460	7120
22.87	2002350	101.11	41.12	88103	18024
10.52	513475	101.37	41.25	203439	18478
13.40	700928	105.64	41.31	406959	51362
1.30	262906	100.96	46.67	358394	5314
28.78	1555015	99.30	34.43	3477947	564849
4.98	225680	108.27	43.72	226515	12824
31.05	690071	99.96	38.02	135461	31933
−1.59	121184	100.52	55.13	5938	−95

烟草系统全国工业企业

2002

指标名称	计量单位	总计	一、在总计中：大中型企业	
				1.国有
企业单位数	个	183	107	
其中:亏损企业	个	43	18	
产品销售收入	万元	19458769	18056554	
产品销售成本	万元	7610670	7016284	
产品销售费用	万元	663074	607748	
产品销售税金及附加	万元	7663032	7214042	
其中:消费税	万元	6848972	6445096	
产品销售利润	万元	3521993	3218481	
管理费用	万元	1326240	1221480	
经营费用	万元	235591	225293	
财务费用	万元	269481	233954	
其中:利息支出	万元	267492	232045	
主营业务利润	万元	2924544	2761116	
利润总额(补贴后)	万元	2082326	1923466	
应交增值税	万元	2089157	1939066	
销项税额	万元	3387235	3178036	
应交税金总额	万元	9752189	9153108	
工业总产值(90年不变价)	万元	9327906	8723623	
工业总产值(当年价)	万元	19605544	18126312	
其中:卷烟产值	万元	18936846	17760835	
工业销售产值(当年价)	万元	19698645	18207831	
工业中间投入	万元	8147276	7543439	
工业增加值(当年价)	万元	13481128	12521576	
工业企业卷烟销售额	万元	18919029	17803139	
期末库存额	万元	697077	652918	
其中:供应出口	万元	6559	3197	
出口	万元	30	20	
全部从业人员平均人数	人	205627	173165	
生产工人平均人数	人	103599	88349	
全部从业人员劳动报酬	万元	576027	527379	
月人均劳动报酬	元/人	2334	2538	

主要指标汇总表(一)

年度

二、在总计中(按经济成分分类)			三、在总计中：卷烟厂、雪茄烟厂	四、在总计中：独立核算复烤企业
经济	2.集体经济	3.其他经济		
164	8	11	127	33
41	1	1	32	9
18686469	445944	326356	18832615	212254
7229307	183981	197382	7193513	146097
636836	17962	8276	645122	9588
7467975	175768	19290	7660221	1435
6669952	160002	19017	6848972	
3352351	68233	101409	3333758	55134
1261694	34251	30295	1243489	26129
223961	11532	98	235263	
251075	16208	2198	256279	11201
248884	16209	2399	254067	11194
2797445	55728	71371	2813014	
1978478	32685	71163	1985484	22592
2012735	48359	28063	2041957	16538
3262362	77740	47133	3315526	
9480709	224127	47353	9702178	17974
8897687	185431	244788	8868939	25723
18804024	476322	325198	18959170	171483
18408407	458844	69594	18936846	
18921577	453684	323385	19030230	177338
7776792	200457	170026	7773769	109309
12973669	324224	183235	13221495	65919
18413277	435888	69865	18919029	
659056	32966	5055	695017	
3026	3533	6559		
20		10	30	
194411	6368	4848	184810	9608
98171	3828	1600	97280	
540512	20685	14830	542489	
2317	2707	2549	2446	

烟草系统全国工业企业

2002

指标名称	计量单位	总计		一、在总计中：大中型企业		1.国有经济	
		今年	去年	今年	去年	今年	去
卷烟产量	亿支	17226	16859	16192	15848	16765	
滤嘴烟产量	亿支	17136	16687	16106	15693	16678	
其中：丙纤嘴烟	亿支	3215	3246	2940	2941	3182	
软盒嘴烟	亿支	8960	9470	8414	8848	8752	
硬盒嘴烟	亿支	7866	6907	7397	6543	7616	
一类卷烟[50元(含)以上]	亿支	1113	1012	1043	977	1091	
二类卷烟[30元(含)－50元]	亿支	1736	1623	1519	1451	1698	
三类卷烟[15元(含)－30元]	亿支	5808	5372	5490	5057	5506	
四类卷烟[10元(含)－15元]	亿支	5658	4877	5496	4697	5599	
五类卷烟[10元以下]	亿支	2911	3974	2644	3666	2872	
15mg/支－17mg/支(含)	亿支	10046	10319	9607	9780	9881	
12mg/支－15mg/支(含)	亿支	6712	5832	6168	5390	6434	
12mg/支(含)以下	亿支	350	287	322	272	335	
烤烟型卷烟产量	亿支	16524	15995	15551	15063	16099	
混合型卷烟产量	亿支	498	566	456	528	463	
其他型卷烟产量	亿支	204	298	185	257	203	
供应出口和出口卷烟产量	亿支	158	137	148	127	147	
雪茄烟产量	亿支	4	1	4	1	4	
来牌或来料加工卷烟产量	亿支	40	50	37	48	37	
联营加工卷烟产量	亿支	575	487	547	450	568	
其中：省外	亿支	556	470	540	450	549	
工业企业卷烟销售量	亿支	17387	16778	16358	15762	16935	
卷烟期末库存	亿支	351	439	330	421	334	
一类卷烟[50元(含)以上]	亿支	65	82	61	81	61	
二类卷烟[30元(含)－50元]	亿支	74	72	69	70	69	
三类卷烟[15元(含)－30元]	亿支	126	144	120	139	120	
四类卷烟[10元(含)－15元]	亿支	60	90	57	84	58	
五类卷烟[10元以下]	亿支	27	51	23	46	26	
其中：滤嘴烟	亿支	348	426	327	409	331	
其中：供应出口	亿支	7	4	6	4	6	
出口	亿支						
复烤烟叶产量	吨	1162516	1152152	314013	317314	1053843	
其中：打叶复烤	吨	932340	770768	294822	285740	829517	
期末烟叶库存	吨	2170643	2130176	1877569	1834023	2112541	
二醋酸纤维丝束产量	吨	56317	55274	29303	28020		
丝束期末库存	吨	20377	17991	17915	16090	13624	
其中：二醋酸纤维丝束	吨	17382	14909	14962	13044	10629	
卷烟质量抽检合格率	%	99.03	99.05	99.16	99.18	99.02	
卷烟成品合格率	%	99.35	99.39	99.38	99.38	99.33	
每万支卷烟耗烟叶	千克	7.54	7.68	7.53	7.67	7.54	
每万支无嘴卷烟耗烟叶	千克	9.19	9.51	9.17	9.47	9.16	
每万支滤嘴卷烟耗烟叶	千克	7.53	7.66	7.52	7.65	7.53	
每万支卷烟耗盘纸	米	654	658	653	657	654	
每万支无嘴卷烟耗盘纸	米	718	755	712	749	718	
每万支滤嘴卷烟耗盘纸	米	654	657	653	656	654	
每万支滤嘴卷烟耗嘴棒	支	1702	1703	1701	1702	1702	
每万支丙纤滤嘴卷烟耗嘴棒	支	1700	1709	1699	1708	1700	
万元产值耗能源(按现价计算)	千克	66.9	72.2	59.2	63.9	64.0	

主要指标汇总表(二)

年度

二、在总计中(按经济成分分类):					三、在总计中:卷烟厂、雪茄烟厂		四、在总计中:独立核算复烤企业	
	2.集体经济		3.其他经济					
年	今年	去年	今年	去年	今年	去年	今年	去年
16431	408	388	53	39	17226	16859		
16262	405	385	53	39	17136	16687		
3214	34	32			3215	3246		
9264	182	179	27	27	8960	9470		
6688	224	206	26	13	7866	6907		
1000	21	11	2	1	1113	1012		
1599	18	11	20	13	1736	1623		
5087	273	262	30	23	5808	5372		
4808	58	67	1	2	5658	4877		
3937	39	37			2911	3974		
10152	147	146	18	21	10046	10319		
5583	259	234	20	14	6712	5832		
284	15	4	350	287				
15595	407	387	18	13	16524	15995		
539	1	1	35	26	498	566		
297					204	298		
129	3	1	9	6	158	137		
1					4	1		
48	3	2	40	50				
475	7	12	575	487				
457	7	12			556	470		
16350	399	387	53	41	17387	16778		
429	15	6	2	4	351	439		
81	3	1			65	82		
71	4	1	1	74	72			
137	5	5	1	2	126	144		
90	2				60	90		
50	1				27	51		
416	15	6	2	4	348	426		
4	1				7	4		
1061960	22991	22643	85682	67549	357302	362358	365943	281933
691198	17141	12021	85682	67549	332261	326219	352515	230192
2083331	40376	34690	17726	12155	2099636	2055348	71007	74828
			56317	55274				
13343	303	171	6450	4477	12842	12422		
10261	303	171	6450	4477	10956	10706		
99.05	99.21	99.01	100.00	100.00	99.03	99.05		
99.38	100.00	99.94	99.27	99.39	99.35	99.39		
7.68	7.55	7.75	7.19	7.51	7.54	7.68		
9.49	10.27	10.72			9.19	9.51		
7.66	7.54	7.73	7.19	7.51	7.53	7.66		
658	663	662	629	647	654	658		
755	717	730			718	755		
656	663	661	629	647	654	657		
1702	1706	1719	1647	1687	1702	1703		
1708	1710	1811			1700	1709		
69.2	48.6	59.0	264.2	250.4	59.1	64.4	588.7	643.2

烟草系统省级公司工业企业

各省(区、市)汇总总计　　2002

指　标　名　称	单位	北京市	天津市	河北省	山西省	内蒙区	辽宁省
企业单位数	个	1	1	3	1	2	4
其中:亏损企业	个						1
产品销售收入	万元	128757	77666	403588	81783	94015	185220
产品销售成本	万元	50040	36373	176960	40346	41587	75221
产品销售费用	万元	7169	2152	12849	1240	1873	5035
产品销售税金及附加	万元	47272	29821	157523	30822	38910	74709
其中:消费税	万元	42522	26973	141528	27940	35180	67640
产品销售利润	万元	24277	9321	56256	9375	11647	30255
管理费用	万元	10723	10632	43582	3550	7691	22724
经营费用	万元		2152	12849			2460
财务费用	万元	1432	1905	5873	2006	3388	4927
其中:利息支出	万元	1432	1905	5989	1993	3388	4919
主营业务利润	万元	12327	9321	56256	9375	11647	30335
利润总额(补贴后)	万元	12519	893	10087	3718	553	3306
应交增值税	万元	13352	6746	46748	5969	8693	17105
销项税额	万元	21074	13216	69863	13904	16006	32655
应交税金总额	万元	60624	36566	204270	36790	47602	91813
工业总产值(90年不变)	万元	63166	63835	281948	68301	76825	104811
工业总产值(当年价)	万元	129408	80081	395002	91007	95753	190718
其中:卷烟产值	万元	129408	80081	395002	91007	95753	181196
工业销售产值(当年价)	万元	129386	77247	392051	89870	95451	189651
工业中间投入	万元	56924	37751	198271	44930	46575	89277
工业增加值(当年价)	万元	85836	49075	243479	52046	57871	111158
工业企业卷烟销售额	万元	129386	77510	400421	89870	95451	183475
期末库存额	万元	2925	4477	7499	3403	1591	2043
其中:供应出口	万元	110				8	
出口	万元						
全部从业人员平均人数	人	827	1844	6632	1532	2191	2723
其中:生产工人平均	人	372	537	3773	673	1168	1103
全部从业人员劳动报酬	万元	4980	4510	12764	2952	4482	5424
月人均劳动报酬	元/人	5018	2038	1604	1606	1705	1660

主要指标汇总表(一)

年度

吉林省	黑龙江省	上海市	江苏省	浙江省	安徽省	福建省	江西省	山东省
2	10	5	5	2	10	5	5	7
	1				2			2
136573	217219	1513938	1135299	1066997	830463	715210	315486	884143
65721	114327	424952	438332	346478	335398	292490	118515	420511
7139	8083	19698	17266	49459	20854	32117	15069	31877
51920	65723	599075	396075	462207	337095	263519	136584	334571
46910	58652	539148	353557	416248	304458	239322	124247	304903
11793	29087	470213	283626	208853	137116	127084	45318	97184
10409	20060	88427	73516	34544	95123	34944	16187	73968
5485	776		21751				15069	
3253	9028	-4954	3776	1094	2388	7667	3490	18211
3205	9010	-4942	4003	1068	2461	7608	3485	17251
8907	28009	470213	254107	208853	102192	96768	44921	13445
196	5546	416878	207604	168091	34423	84185	32578	23125
13083	18572	188156	114057	126785	88403	74031	27215	85191
28365	27383	254529	200653	180516	138472	113350	56481	152708
65002	84294	787232	510132	588992	425498	337550	163799	419762
96083	131543	405459	347043	301883	476707	305565	150649	501259
136830	197148	1529580	1136786	1069343	815161	725899	355248	883449
136478	163351	1458995	998034	1069343	793437	670271	355248	868132
134819	210923	1514138	1137917	1064048	828547	724151	356286	889743
68805	104485	409393	446262	379353	367449	320983	151995	441854
81107	111234	1308343	804580	816775	536114	478947	230467	519897
134306	164733	1442406	999952	1064048	807511	654156	358727	874515
4244	4351	79388	633	39430	16304	8276	14536	21893
				477	56	282		1910
						30		
2933	6150	7541	7894	3086	11101	4313	4463	12290
1379	2094	2713	3375	1127	5082	1877	2991	5530
7690	7991	40280	37548	12953	26788	16154	8990	29453
2185	1083	4451	3964	3498	2011	3121	1679	1997

烟草系统省级公司工业企业

各省(区、市)汇总总计　　2002

指标名称	计量单位	北京市		天津市		河北省	
		今年	去年	今年	去年	今年	去年
卷烟产量	万支	1124571	1005614	1100000	800000	5849986	5852455
滤嘴烟产量	万支	1124571	1005614	1100000	779265	5680662	5485654
其中:丙纤嘴烟	万支			2863	70400	3287004	3724265
软盒嘴烟	万支	280695	290316	567962	496215	4148704	4848465
硬盒嘴烟	万支	843876	715298	532038	283050	1531956	637185
一类卷烟[50元(含)以上]	万支	33664	38381	7757	3725	72691	72031
二类卷烟[30元(含)]	万支	70200	42430	25974	9960	227085	145695
三类卷烟[15元(含)]	万支	758514	654707	259318	125085	843455	312330
四类卷烟[10元(含)]	万支	225369	97137	804088	640495	3059120	2164538
五类卷烟[10元以下]	万支	36824	172959	2863	20735	1647635	3157861
15mg/支-17mg/支(含)	万支	462341	419916	421713	457410	4302048	4438465
12mg/支-15mg/支(含)	万支	73170	70821	678287	321855	1069510	115695
12mg/支(含)以下	万支	589060	463937				2740
烤烟型卷烟产量	万支	333719	347831	1097918	788665	5261009	4873720
混合型卷烟产量	万支	790852	657783	2082	11335	588977	891540
其它型卷烟产量	万支						87195
供应出口和出口卷烟产量	万支	66165	46001				
雪茄烟产量	万支						
来牌或来料加工卷烟产量	万支						
联营加工产量	万支			88193		440367	354877
其中:省外	万支			88193		440367	354877
工业企业卷烟销售量	万支	1130280	1021500	1087149	783945	5839141	5894570
卷烟期末库存	万支	16307	22016	28906	16055	111201	119370
一类卷烟[50元(含)以上]	万支	3535	4887	6623	1065	4977	12406
二类卷烟[30元(含)]	万支	1464	3816	2589	3940	11026	19885
三类卷烟[15元(含)]	万支	9878	11598	10716	1595	54684	25830
四类卷烟[10元(含)]	万支	1428	1208	8978	4460	37684	24110
五类卷烟[10元以下]	万支	2	507	4995	2830	37139	5537
滤嘴烟	万支	16307	22016	28906	11060	108549	117648
供应出口	万支	1527	223				
出口	万支						
期末烟叶库存	吨	11610	10309	15122	18210	66616	67633
复烤烟叶产量	吨						
其中:打叶复烤	吨						
二醋酸纤维丝束产量	吨						
丝束期末库存	吨		33	302	75	719	193
其中:二醋酸纤维丝束	吨		33	299	63	265	128
卷烟质量抽检合格率	%	100.00	100.00	100.00	100.00	100.00	100.00
卷烟成品合格率	%	99.69	99.78	99.96	99.83	98.76	98.87
每万支卷烟耗烟叶	千克	6.91	6.97	8.04	8.06	7.44	7.72
每万支无嘴卷烟耗烟叶	千克				8.25	8.50	9.09
每万支滤嘴卷烟耗烟叶	千克	6.91	6.97	8.04	8.05	7.40	7.63
每万支卷烟耗盘纸	米	635	636	651	666	659	663
每万支无嘴卷烟耗盘纸	米				720	692	707
每万支滤嘴卷烟耗盘纸	米	635	636	651	664	658	660
每万支滤嘴卷烟耗嘴棒	支	1670	1670	1688	1691	1686	1691
每万支丙纤滤嘴卷烟耗	支			1708	1705	1713	1699
万元产值耗能源(按现价计算)	千克	46.0	58.7	180.1	277.2	133.9	126.9

主要指标汇总表(二)

年度

山西省		内蒙区		辽宁省		吉林省		黑龙江省	
今年	去年	今年	去年	今年	去年	今年	去年	今年	去年
1274999	1225000	1499999	1399995	1901891	1550000	1950000	1980162	3275000	3207080
1274999	1225000	1494492	1354615	1901891	1550000	1950000	1980162	3076762	2978280
260463	406604	1098089	1094860	512240	726955	1000542	1275845	1864312	1772830
598348	859655	1107134	1125330	1121526	726843	1245954	1389265	2841460	2587225
676651	365345	387358	229285	555799	341235	704046	590897	234286	389930
831	43424	39579	27504	102516	26067	2763	2766	2350	2745
15512	95841	2659	6328	131237	29183	100173	86010	21973	21755
364312	480269	81868	30794	565206	344612	546391	424918	140853	752840
677058	605466	397553	279590	790818	546862	423188	404312	1226433	1510350
217286	978340	1055779	312114	603276	877485	1062156	1883391	919390	
1161178	983405	223240	282945	988877	740210	1253122	1472127	1911013	1799380
113821	168185	1275142	1116225	889587	240610	696878	508035	1294966	1265510
		1617	825	13634	110550			633	6845
1274999	1225000	1453322	1330740	1463436	1150595	1262402	1012045	2786345	2439435
1617	1763	438455	399405	332917	536588	282830	412500		
		45060	67492			354681	431529	205825	355145
				900			8295		
				991	47520	49600			
497580	348955			269893	155689	311167	500905	305262	
497580	348955			269893	155689	311167	500905	305262	
1260854	1228066	1497376	1398760	1929037	1545135	1958284	1994810	3303949	3140730
39136	24991	5469	2960	14770	43671	57765	91735	80621	117505
922	11918	670	435	612	2957	1541	601	941	1645
4437	4107	213	285	3841	2021	8869	20134	195	5100
14496	6862	2629	1440	7929	28731	28728	36977	22929	60270
13744	2104	556	265	2330	3706	10944	15037	28761	26830
		1401	535	58	6256	7683	18986	27795	23660
39136	24991	5426	2680	14770	43671	57765	91735	77703	112370
				91					
7070	7702	16422	13995	32923	35026	11230	10239	67089	68589
				5514	7092			11564	15409
				5174	1337			11564	9995
139	178	218	188	124	111	141	170	522	390
126	149	72	40	67	33	40	200	−70	
100.00	100.00	100.00	99.64	100.00	100.00	99.35	99.11	96.90	95.66
97.61	97.58	100.00	100.00	99.41	99.18	99.93	99.82	99.81	99.86
7.63	7.87	7.60	7.90	8.01	8.04	7.63	7.79	7.96	7.99
		8.53	8.92					8.17	8.61
7.63	7.87	7.60	7.86	8.01	8.04	7.63	7.79	7.95	7.95
666	671	662	669	657	662	654	658	655	660
		883	815					790	808
666	671	662	664	657	662	654	658	647	648
1684	1694	1721	1722	1699	1704	1691	1700	1688	1691
1683	1698	1718	1718	1691	1696	1691	1873	1680	1707
157.8	182.4	167.4	195.8	100.8	166.9	104.9	105.5	121.5	132.9

烟草系统商业企业

2002

地　　区	经济效益综合指数（%）	总资产贡献率（%）	资本保值增值率（%）	资　产负债率（%）	销　售利润率（%）	成本费用利润率（%）	流动资产周转次数（次）
全国总计	104.37	24.45	121.37	58.23	6.63	7.10	3.43
北 京 市	145.14	38.44	119.02	20.24	6.65	7.11	8.28
天 津 市	99.54	26.70	145.26	70.50	4.41	4.61	5.03
河 北 省	108.88	30.96	130.62	50.11	5.66	6.02	5.83
山 西 省	111.44	34.68	132.62	50.65	4.10	4.28	8.03
内 蒙 区	89.67	22.34	119.07	60.88	3.82	3.97	5.33
辽 宁 省	90.85	20.09	120.33	60.68	5.82	6.19	2.91
吉 林 省	111.33	30.63	133.82	51.87	4.63	4.87	6.75
黑龙江省	79.93	16.51	113.52	72.52	4.98	5.25	2.42
大 连 市	149.06	32.49	125.69	22.11	10.90	12.22	3.54
上 海 市	961.15	92.97	93.28	45.20	14.27	15.81	9.01
江 苏 省	194.29	62.13	129.67	18.87	13.69	15.96	5.12
浙 江 省	332.38	52.19	134.08	23.96	15.34	18.16	4.53
安 徽 省	135.65	42.99	132.92	48.73	9.06	9.97	5.02
福 建 省	122.73	31.15	121.05	33.58	9.31	10.24	3.74
江 西 省	127.45	43.97	135.54	50.53	5.56	5.89	8.35
山 东 省	90.69	23.28	120.01	58.88	4.09	4.26	4.97
河 南 省	41.28	6.53	105.49	85.40	0.54	0.55	2.40
湖 北 省	76.39	17.66	107.55	73.73	3.81	3.96	3.55
湖 南 省	89.90	18.61	125.55	63.59	4.56	4.79	3.51
广 东 省	129.36	41.62	122.15	37.22	6.05	6.36	7.35
广 西 区	80.28	17.14	111.13	57.87	4.56	4.78	3.51
海 南 省	95.33	17.28	136.33	51.09	3.19	3.34	4.35
深 圳 市	173.01	34.54	122.95	18.19	9.41	10.09	6.81
重 庆 市	64.04	14.65	127.26	87.24	2.20	2.25	3.30
四 川 省	109.62	29.80	135.80	65.26	5.83	6.22	4.80
贵 州 省	58.61	9.69	156.56	87.84	3.25	3.36	1.21
云 南 省	89.68	13.55	108.60	61.36	6.05	6.52	1.80
西 藏 区							
陕 西 省	78.44	16.81	125.89	78.86	3.59	3.73	3.65
甘 肃 省	150.01	58.35	135.31	45.89	6.97	7.37	8.33
青 海 省	219.01	39.25	133.73	23.36	13.61	15.63	2.82
宁 夏 区	139.30	35.66	129.31	36.31	10.29	11.30	3.51
新 疆 区	143.17	36.47	141.27	44.09	9.17	10.13	4.06
销售公司	669.68	33.15	112.77	18.93	22.00	25.97	1.50

经济效益主要指标表

年度

劳动效率（元/人）	毛利率（%）	经营费用率（%）	商业企业实现税利总额（万元）	盈利企业盈利额（万元）	亏损企业亏损额（万元）	商业增加值（万元）	毛利额（万元）
144,615	14.20	2.94	3,571,918	2,574,235	-35,714	4,551,227	5,436,815
279,372	10.87	1.52	59,136	45,709		72,050	74,756
107,818	9.10	1.66	17,420	12,306		22,135	25,399
95,574	12.79	2.88	82,779	58,880		114,115	133,069
92,359	9.19	0.99	49,644	35,776		65,381	80,088
89,547	9.51	2.07	36,946	26,133		48,579	65,077
101,531	16.09	5.03	58,078	43,344	-2,466	69,508	112,987
137,145	12.49	2.43	36,424	24,450		56,353	65,999
86,719	17.65	4.24	47,976	28,245	-135	69,540	99,608
298,310	17.04	2.88	28,311	21,481		32,128	33,590
7,678,690	10.65	0.48	178,294	156,480		129,002	116,780
328,407	20.16	2.80	421,778	328,239		470,936	483,357
1,698,497	22.53	2.39	464,342	360,641		547,935	529,472
129,711	20.49	5.08	123,503	91,199		144,342	206,288
129,373	17.18	2.78	163,863	120,722		185,689	222,725
99,532	13.80	4.65	86,017	58,004		105,195	144,124
91,955	10.77	2.10	130,150	87,996		191,238	231,871
52,804	10.75	3.30	54,905	27,364	-16,104	151,590	224,126
69,216	12.37	3.24	92,599	55,091		127,911	178,960
138,565	13.34	2.85	125,812	82,249	-657	190,693	238,811
164,355	11.71	2.47	222,359	164,366		258,185	318,125
70,009	13.32	3.54	46,000	28,000		61,825	81,730
226,219	10.40	1.12	16,265	10,715	-970	29,793	31,793
493,170	10.78	1.60	47,263	39,640		42,314	45,423
91,232	10.51	3.39	56,759	28,996	-188	81,744	137,561
133,723	11.58	1.97	163,121	118,660		208,996	235,684
62,113	16.92	4.54	97,414	51,162	-7,869	164,648	225,542
176,131	16.31	4.17	477,185	323,847	-7,049	690,345	854,304
98,523	10.41	1.91	43,365	29,914	-276	60,513	85,842
158,952	9.74	2.04	65,835	51,582		72,053	72,062
819,314	15.70	0.94	16,508	13,644		16,714	15,738
213,607	15.06	2.70	16,908	13,568		19,011	19,863
267,679	15.00	2.41	27,709	20,701		33,326	33,835
4,982,857	17.78	0.67	17,250	15,131		17,440	12,226

烟草系统分地区工业经济

2002

地　区	经济效益（%）	地　区	总资产（%）	地　区	资本保值（%）	地　区	资产（%）
全国值	134.05	全国值	53.16	全国值	114.91	全国值	45.85
浙江省	278.50	甘肃省	103.54	甘肃省	155.87	上海市	4.12
深圳市	220.32	浙江省	89.70	海南省	150.95	浙江省	16.88
甘肃省	176.25	江苏省	77.63	山西省	135.47	深圳市	20.96
北京市	159.54	深圳市	73.90	江西省	135.24	云南省	29.80
海南省	143.62	广东省	73.17	广西区	135.16	广东省	31.59
江西省	133.07	江西省	72.14	河北省	129.87	甘肃省	31.73
山西省	100.03	安徽省	69.01	四川省	129.51	北京市	33.07
河北省	97.50	福建省	68.56	福建省	128.20	江苏省	34.62
广西区	96.94	北京市	68.52	安徽省	126.98	宁夏区	34.96
内蒙区	88.06	湖南省	65.47	辽宁省	126.66	湖南省	36.00
吉林省	70.76	上海市	58.57	江苏省	125.05	福建省	43.46
天津市	69.94	河北省	56.99	广东省	122.19	海南省	43.83
宁夏区	66.65	海南省	55.31	上海市	121.61	山东省	53.90
辽宁省		内蒙区	52.58	陕西省	121.30	安徽省	56.81
黑龙江省		山西省	49.01	深圳市	120.16	江西省	63.59
上海市		云南省	47.87	浙江省	115.38	内蒙区	65.99
江苏省		广西区	46.10	北京市	115.02	四川省	67.30
安徽省		辽宁省	43.98	湖北省	114.72	广西区	69.90
福建省		重庆市	43.80	湖南省	113.91	山西省	70.10
山东省		四川省	43.53	天津市	113.89	重庆市	70.14
河南省		湖北省	38.11	内蒙区	112.76	黑龙江省	70.46
湖北省		山东省	36.19	重庆市	111.45	湖北省	71.90
湖南省		河南省	34.91	河南省	109.25	辽宁省	74.90
广东省		贵州省	34.31	云南省	108.45	陕西省	80.14
重庆市		吉林省	33.69	黑龙江省	108.38	吉林省	80.66
四川省		陕西省	33.17	山东省	105.34	河北省	82.40
贵州省		天津市	32.28	宁夏区	98.57	河南省	84.40
云南省		宁夏区	32.01	吉林省	98.11	天津市	85.32
陕西省		黑龙江省	24.18	贵州省	50.65	贵州省	98.19

效益评价考核指标排队表

年度

地区	流动资产(%)	地区	成本费用(%)	地区	全员劳动生产率(元/人)	地区	销售收入成本率(%)
全国值	1.35	全国值	21.26	全国值	715410.13	全国值	38.20
甘肃省	2.30	上海市	78.94	浙江省	2646710.95	上海市	28.07
广东省	2.23	江苏省	38.96	深圳市	2002350.00	浙江省	32.47
江苏省	2.15	浙江省	38.95	上海市	1734972.82	云南省	34.81
浙江省	2.00	甘肃省	31.05	云南省	1515037.37	湖南省	34.87
安徽省	1.90	海南省	30.29	福建省	1110472.76	江西省	37.57
福建省	1.88	云南省	28.60	北京市	1037921.40	甘肃省	38.02
北京市	1.83	湖南省	25.20	江苏省	1019230.05	江苏省	38.61
深圳市	1.80	广东省	23.04	广东省	810021.61	北京市	38.86
湖南省	1.76	福建省	22.93	湖南省	794112.28	安徽省	40.39
河北省	1.64	深圳市	22.87	甘肃省	690070.81	辽宁省	40.61
山西省	1.62	江西省	21.26	四川省	645672.63	福建省	40.90
江西省	1.58	北京市	18.05	海南省	607511.06	深圳市	41.12
内蒙区	1.52	四川省	14.25	江西省	516395.25	四川省	41.61
海南省	1.48	重庆市	9.93	安徽省	482942.26	重庆市	42.17
上海市	1.39	山西省	7.89	重庆市	438795.23	河北省	43.85
广西区	1.35	安徽省	7.59	山东省	423024.00	内蒙区	44.23
辽宁省	1.31	广西区	7.37	辽宁省	408217.04	陕西省	44.41
重庆市	1.25	河南省	5.40	河北省	367127.41	广西区	44.50
山东省	1.19	山东省	4.25	广西区	346121.62	广东省	45.04
云南省	1.18	河北省	4.22	山西省	339722.58	湖北省	46.60
湖北省	1.17	陕西省	4.22	湖北省	338586.31	贵州省	46.67
吉林省	1.12	黑龙江省	3.66	吉林省	276533.58	天津市	46.83
四川省	1.11	辽宁省	3.06	天津市	266135.03	河南省	46.88
宁夏区	1.09	天津市	1.75	内蒙区	264130.53	海南省	47.45
天津市	0.94	湖北省	1.63	贵州省	262906.32	山东省	47.56
河南省	0.92	贵州省	1.30	河南省	261301.82	吉林省	48.12
贵州省	0.90	内蒙区	1.01	陕西省	212171.00	山西省	49.33
黑龙江省	0.83	吉林省	0.23	黑龙江省	180868.94	黑龙江省	52.63
陕西省	0.82	宁夏区	-1.59	宁夏区	121183.67	宁夏区	55.13

全国烟草系统主要财务指标总表

2002 年度

指 标 名 称	计量单位	工商合计	工业	商业
产品、商品销售收入	万元	57743188	19458769	38284419
销售成本	万元	40458274	7610670	32847604
销售(经营)费用	万元	1788649	663074	1125575
销售税金及附加	万元	7754755	7663032	91723
产品、商品销售利润	万元	7741510	3521993	4219517
管理费用	万元	2940826	1326240	1614586
财务费用	万元	424476	269481	154995
利润总额(补贴后)	万元	4620847	2082326	2538521
应交增值税	万元	3030831	2089157	941674
期末资产总计	万元	41242936	25351897	15891039
期末流动资产合计	万元	26351683	14926984	11424699
存货	万元	11017381	7337053	3680328
应收账款净额	万元	3922252	1592657	2329595
长期投资	万元	3946531	3086036	860495
固定资产原价合计	万元	13905752	9864458	4041294
固定资产净值	万元	8958357	6028430	2929927
期末负债合计	万元	20911842	11658441	9253401
期末流动负债合计	万元	19477392	10508434	8968958
所有者权益	万元	20325826	13688656	6637170
增 加 值	万元	18032355	13481128	4551227
全部从业人员劳动报酬	万元	1223247	576027	647220
全部从业人员平均人数	人	520341	205627	314714
经济效益综合指数	%			104.37
总资产贡献率	%		51.38	24.45
资本保值增值率	%		114.78	121.37
资产负债率	%		45.99	58.23
流动资产周转率	次		1.34	3.43
成本费用利润率	%		21.10	7.10
产销率、销售利润率	%		100.47	6.63
全员劳产率、劳动效率	元/人		655611	144615
工业销售收入成本率、商业毛利率	%		39.11	14.20

组织人事篇

组织人事篇

蚌埠卷烟厂厂长 党委书记

卢安宁

男，汉族，湖北黄岗人。1962年4月出生，1983年8月参加工作，1989年9月入党，硕士研究生，高级工程师。1983年8月至1987年7月，任芜湖卷烟厂技术检验科科员； 1987年9月至1990年元月，考入哈尔滨工业大学工业管理工程专业硕士班学习。1990年2月至2002年3月，历任芜湖卷烟厂质量监督检测站站长、车间主任、企业成本管理部部长、厂长助理、副厂长、代厂长、党委书记等职。2002年3月就任蚌埠卷烟厂厂长、党委书记。在工作期间，连续多年被评为厂级先进个人、优秀党员，1999年5月，荣获芜湖市第二届“江城优秀青年”称号，1999年11月被团省委、省经贸委授予“安徽省优秀青年企业家”称号。

·机构设置一览表·

国家烟草专卖局（总公司）机构设置一览表

机构设置	设置时间	发文字号	负责人	备　注
办公室（外事司）	1998. 9. 7	国烟人［1998］551 号	周瑞增	
发展计划司	1998. 9. 7	国烟人［1998］552 号		
专卖监督管理司	1998. 9. 7	国烟人［1998］553 号	赵振林	
经济运行司	1998. 9. 7	国烟人［1998］554 号	张本甫	
政策法规与体制改革司	1998. 9. 7	国烟人［1998］555 号	刘敬如	
财务管理与监督司（审计司）	1998. 9. 7	国烟人［1998］556 号	张玉霞	
科技教育司	1998. 9. 7	国烟人［1998］557 号	王彦亭	
人事劳动司	1998. 9. 7	国烟人［1998］558 号	潘小迅	
中纪委驻国家烟草专卖局纪检组、监察部驻国家烟草专卖局监察局	2000. 6. 22	厅字［2000］26 号	葛祥久 张长胜	
离退休干部办公室	1998. 9. 7	国烟人［1998］606 号	祁学先	
国家局机关服务中心（机关服务局）	1998. 12. 14	国烟人［1998］805 号	邢万里	
中国烟草职工培训中心（中共国家烟草专卖局党校）	1994. 8. 8	国烟人［1994］76 号	葛祥久 何秀群	
烟草经济信息中心	1998. 9. 29	国烟人［1998］607 号	高　锦	
中国烟草杂志社	1998. 9. 29	国烟人［1998］609 号	苗　绿	
烟草经济研究所	1998. 9. 29	国烟人［1998］608 号	吕忠信	
中国烟叶生产购销公司	1998. 10. 27	国烟人［1998］627 号	赵　兴	
中国卷烟销售公司	1998. 10. 27	国烟人［1998］637 号	田忠振	
中国烟草物资公司（中国卷烟滤嘴材料公司）	1998. 10. 2	国烟人［1998］674 号	边有伦	
中国烟草机械集团有限责任公司	1998. 3. 8	国烟人［1998］113 号	张林海	
中国烟草进出口公司	1998. 12. 14	国烟人［1998］806 号	张　辉	
天利国际经贸有限公司	1996. 6. 26	国烟人［1996］108 号	李世胜	
中国烟草交易中心	1998. 10. 27	国烟人［1998］675 号	李泽华	
中国烟草实业发展中心	1999. 1. 4	国烟人［1998］8 号	张永栋	
中国烟草学会	1998. 12. 28	国烟人［1998］854 号	鲁春林	

北京市烟草专卖局（公司）机构设置一览表

机构设置	设置时间	发文字号	负责人	备　注
北京卷烟厂	1986. 1. 13	会议纪要	曲志刚	
北京市卷烟销售公司	1990. 4. 16	京烟局字［1990］第 19 号	甄晓勇	
物资储运公司	1992. 12. 25	京烟局字［1992］第 134 号	钟瑞民	
黎马敦公司	1995. 4. 14	京烟局［1995］第 43 号	王映刚	
丽天公司	2001. 11. 19	京烟局人［2001］153 号	张子义	
金健饭店	1996. 11. 13	京烟局人［1996］第 222 号	朱　力	
昌黎培训中心	1994. 7. 12	京烟局人［1994］第 33 号	张子义	
东城区专卖局	1998. 3. 18	京烟局人［1998］第 46 号	张　业	
西城区专卖局	1998. 3. 12	京烟局人［1998］第 43 号	李保清	
崇文区专卖局	1996. 10. 15	京烟局人［1996］第 199 号	武　斌	
宣武区专卖局	1998. 3. 13	京烟局人［1998］第 44 号	杨　捷	
海淀区专卖局	1996. 10. 15	京烟局人［1996］第 190 号	王爱国	
朝阳区专卖局	1996. 10. 15	京烟局人［1996］第 190 号	沈　勇	
丰台区专卖局	1997. 11. 24	京烟局人［1997］第 184 号	周　宾	
石景山区专卖局	1997. 1. 10	京烟局人［1997］第 4 号	武玉清	
通州区专卖局	1997. 12. 10	京烟局人［1997］第 163 号	王文相	
怀柔区专卖局	1996. 10. 15	京烟局人［1996］第 188 号	秦振霞	
延庆县专卖局	1996. 10. 15	京烟局人［1996］第 187 号	于文泉	
大兴区专卖局	1996. 12. 13	京烟局人［1996］第 187 号	卢志波	
顺义区专卖局	1997. 8. 4	京烟局人［1997］第 91 号	李宝珍	
密云县专卖局	1997. 8. 4	京烟局人［1997］第 91 号	齐福安	
门头沟区专卖局	1998. 1. 13	京烟局人［1996］第 13 号	方永祥	
平谷区专卖局	1998. 1. 20	京烟局人［1998］第 14 号	孔繁国	
房山区专卖局	1998. 3. 19	京烟局人［1998］第 48 号	李学梅	
昌平区专卖局	1998. 3. 13	京烟局人［1998］第 45 号	王亚非	
铁路专卖分局	1990. 5. 18	京烟局字［1990］第 48 号 京铁字［1990］第 182 号	孙立勇	
公路专卖分局	1992. 11. 11	京烟局字［1992］第 113 号 京交字［1992］第 3 号	魏同乐	

天津市烟草专卖局（公司）机构设置一览表

机构设置	设置时间	发文字号	负责人	备　注
办公室（外事办公室）	2001. 4. 12	国烟人［2001］199 号	崔秀珍	

机构设置	设置时间	发文字号	负责人	备　注
发展计划处	2001.4.12	国烟人［2001］199号	刘　群	
专卖监督管理处	2001.4.12	国烟人［2001］199号	陈学明	
政策法规与体制改革处	2001.4.12	国烟人［2001］199号	周世平	
财务管理与监督处（审计处）	2001.4.12	国烟人［2001］199号	李加春	
人事劳资处	2001.4.12	国烟人［2001］199号	张宝琴	
安全保卫处	2001.4.12	国烟人［2001］199号	张永年	
监察处（与纪检委合署办公）	2001.4.12	国烟人［2001］199号	姜桂生	
思想政治工作处（机关党总支）	2001.4.12	国烟人［2001］199号	赵华国	

河北省烟草专卖局（公司）机构设置一览表

机构设置	设置时间	发文字号	负责人	备　注
办公室（外事办）	2003.3	冀烟专人［2003］70号	张生华	
发展计划处	2003.3	冀烟专人［2003］70号	栾永亮	
专卖监督管理处	2003.3	冀烟专人［2003］70号	宋朝贞	
经济运行处	2003.3	冀烟专人［2003］70号	师进辉	
政策法规与体制改革处	2003.3	冀烟专人［2003］70号	林　海	
财务管理处	2003.3	冀烟专人［2003］70号	缴进才	
审计处	2003.3	冀烟专人［2003］70号	陈运玲	
科技教育处	2003.3	冀烟专人［2003］70号	贾保军	
人事劳资处	2003.3	冀烟专人［2003］70号	张书林	
安全保卫处	2003.3	冀烟专人［2003］70号	周国英	
监察处	2003.3	冀烟专人［2003］70号	郭玉奇	
思想政治工作处	2003.3	冀烟专人［2003］70号	齐宏伟	
卷烟销售公司	2003.3	冀烟专人［2003］70号	戴金省	
物资公司	2003.3	冀烟专人［2003］70号	李建新	
烟叶公司	2003.3	冀烟专人［2003］70号	冯印武	
北方烟机配件有限公司	2003.3	冀烟专人［2003］70号	刘传旻	
经济信息中心	2003.3	冀烟专人［2003］70号	师进辉	
质量监督检测站	2003.3	冀烟专人［2003］70号	刘俊勤	
平山烟草培训中心	2003.3	冀烟专人［2003］70号	魏　磊	
机关服务中心	2003.3	冀烟专人［2003］70号	王保立	
特有工种职业技能鉴定站	2003.3	冀烟专人［2003］70号	安增长	
烟草学会	2003.3	冀烟专人［2003］70号	张根起	
老干部管理办公室	2003.3	冀烟专人［2003］70号	贾鹏普	
整顿办	2003.3	冀烟专人［2003］70号	张玉华	

山西省烟草专卖局（公司）机构设置一览表

机构设置	设置时间	发文字号	负责人	备　注
办公室	1992．7	晋烟人［1992］89 号	隋连科	
人事劳资处	2001．9．14	晋烟党［2001］18 号	栗书文	
烟草学会	1992．7	晋烟人［1992］89 号	郭光亮	
发展计划处	2001．9．14	晋烟党［2001］18 号	丁永宁	
专卖管理监督处	2001．9．14	晋烟党［2001］18 号	牛建国	
经济运行处	2001．9．14	晋烟党［2001］18 号	段远方	
财务管理处	2001．9．14	晋烟党［2001］18 号	杨德江	
审计处	1992．7	晋烟人［1992］89 号	陈秀云	
科技教育处	2001．9．14	晋烟党［2001］18 号	史新华	
安全保卫处	1992．7	晋烟人［1992］89 号	王　飞	
纪检监察处	1992．7	晋烟人［1992］89 号	蔡金平	
机关党委	1992．7	省直干字［1994］3 号	周润生	
工会	1992．7	晋烟党［2001］18 号	张爱玲	
经济信息中心	1992．7	晋烟党［1999］20 号	席纪荣	
机关服务中心	2001．9．14	晋烟党［2001］18 号	刘三阳	
离退休人员办公室	2001．9．14	晋烟党［2001］18 号	张保栋	
烟叶生产购销公司	1999．7	晋烟党［1999］17 号	杜毓志	
质量检测站	1992．7	晋烟人［1992］66 号	张殿魁	
卷烟销售公司	1992．7	晋烟人［1992］89 号	冯小云	

内蒙古自治区烟草专卖局（公司）机构设置一览表

机构设置	设置时间	发文字号	负责人	备　注
办公室（外事办）	1984．11．9	国烟人［1997］第 93 号	尹　琪	2000 年 9 月 19 日设立外事办
专卖管理处（稽查大队）	1984．11．9	国烟人［1997］第 93 号	陈　虎	
发展计划处	1984．11．9	国烟人［1997］第 93 号	乌力吉	
人事劳资处	1984．11．9	国烟人［1997］第 93 号	李志军	
财务处	1984．11．9	国烟人［1997］第 93 号	王建胜	
经济运行处	1984．11．9	国烟人［1997］第 93 号	高志明	
审计处	1985．6．11	国烟人［1997］第 93 号	刘天星	
内蒙古自治区烟草学会	1988．8．3		杜秀亭	
监察处	1992．7．31	国烟人［1997］第 93 号	徐景峰	与党组纪检组合署办公

机构设置	设置时间	发文字号	负责人	备　注
安全保卫处	1997. 8. 18	国烟人［1997］第 93 号	丁连仲	
科技教育处	1997. 8. 18	国烟人［1997］第 93 号	杜秀亭	
政工处	1997. 8. 18	国烟人［1997］第 93 号	齐翠敏	与机关党委合署办公
销售处（销售公司）	1984. 11. 9	国烟人［1997］第 93 号	吕　健	
烟草经济信息中心	2001. 5. 28	内烟［2001］32 号	杜秀亭	

辽宁省烟草专卖局（公司）机构设置一览表

机构设置	设置时间	发文字号	负责人	备　注
办公室（外事办）	2000. 4	辽烟党［2002］6 号	赵　捷	
发展计划处	2000. 4	辽烟党［2002］6 号	于海荣	
专卖监督管理处	2000. 4	辽烟党［2002］6 号	韩永斌	
经济运行处（安全处）		辽烟党［2002］6 号	罗　晶	
财务管理与监督处（审计处）	2000. 4	辽烟党［2002］6 号	陈旭明	
科技教育处	2000. 4	辽烟党［2002］6 号	姜　革	
人事劳资处	2000. 4	辽烟人［2002］79 号	周昶钉	
监察处	2000. 4	辽烟党［2002］6 号	刘德林	
思想政治工作处		辽烟党［2002］6 号	丁战军	
离退休人员管理办公室	2000. 4	辽烟党［2002］6 号	王宝昌	
机关党委	2000. 4	辽烟党［2002］6 号	莫　婷	
政研会（学会、编辑部）	2000. 4	辽烟党［2002］6 号	银铭钦	

吉林省烟草专卖局（公司）机构设置一览表

机构设置	设置时间	发文字号	负责人	备　注
办公室（外事办）	2000. 3. 16	吉烟党［2000］第 16 号	仲绍德 姚树臣	姚树臣为外事办主任
发展计划处	2000. 3. 16	吉烟党［2000］第 16 号	田凤石	
专卖管理处	2000. 5. 23	吉烟党［2000］第 45 号	杨永贤	
经济运行处	2000. 3. 16	吉烟党［2002］第 3 号	徐冠伟	
财务处	2000. 3. 16	吉烟党［2000］第 16 号	尹成日	
审计处	2000. 3. 19	吉烟党［2000］第 20 号	于文龙	
科技教育处	2000. 3. 16	吉烟党［2000］第 16 号	朱　磊	
经济信息中心	2001. 12. 6	吉烟党［2001］第 66 号	王凤阁	
人事劳资处	2000. 3. 16	吉烟党［2000］第 16 号	宋政峰	

机构设置	设置时间	发文字号	负责人	备　注
思想政治工作处	2000.3.16	吉烟党［2000］第16号	周兴俭	
监察处	2000.3.16	吉烟党［2000］第16号	张柏林	
离退休干部办公室	2000.3.16	吉烟党［2000］第16号	刘德洲	
专卖稽查总队	2000.3.16	吉烟党［2000］第16号	杨永贤	
吉林省公安厅直属公安局第三分局	2000.3.16	吉公政政治安［2001］第13号	于　谦	
烟草学会	2000.3.16	吉烟党［2000］第16号	刘　昌	

黑龙江省烟草专卖局（公司）机构设置一览表

机构设置	设置时间	发文字号	负责人	备　注
办公室（外事办）	2001.4.6	黑烟党发［2001］9号	陈立鹏	
发展计划处	2001.4.6	黑烟党发［2001］9号	刘　俊	
专卖监督管理处	2001.4.6	黑烟党发［2001］9号	郭万成	
经济运行处	2001.4.6	黑烟党发［2001］9号	杨布克	
财务管理处	2001.4.6	黑烟党发［2001］12号	李超富	
审计处	2001.4.6	黑烟党发［2001］12号	张军伟	
科技教育处	2001.4.6	黑烟党发［2001］9号	张丽萍	
人事劳资处	2001.4.6	黑烟党发［2001］9号	郭聚成	
安全保卫处	2001.4.6	黑烟党发［2001］9号	张喜德	
监察处（与党组纪检组合署办公）	2001.4.6	黑烟党发［2001］14号	宋耀辉	
思想政治工作处（机关党委）	2001.4.6	黑烟党发［2001］12号	吕　林	
离退休人员管理办公室	2001.4.6	黑烟党发［2001］9号	蒋焕营	
机关服务中心	2001.4.6	黑烟党发［2001］9号	吕　玮	
烟草学会	2001.4.6	黑烟党发［2001］9号	张　杰	
政策法规与体制改革处	2001.8.27	黑烟人［2001］214号	冯德文	
烟叶处	2001.12.6	黑烟法［2001］298号	张秉孝	

上海市烟草专卖局（公司）机构设置一览表

机构设置	设置时间	发文字号	负责人	备　注
经理、党委办公室	1996.4	沪烟专委组［2000］第118号	王传清	
综合管理处	1996.4	沪烟专委组［2000］第118号	陈　烨	
财务物价处	1996.4	沪烟专委组［2002］第16号	李　跃	
投资管理处	2000.8	沪烟专委组［2000］第118号	徐大胜	

机构设置	设置时间	发文字号	负责人	备　注
行政处	1996.4	沪烟专委组［2000］第118号	庞绩成	
生产处	1996.12	沪烟专委组［2001］第52号	陆永年	
技术中心	1996.12	沪烟专委组［2000］第118号	朱进前	
设备处	1996.4	沪烟专委组［2000］第118号	顾善根	
计算机信息中心	1996.4	沪烟专委组［2002］第16号	陈忠民	
基建技改处	1996.4	沪烟专委组［2002］第16号	丁琦生	
劳动工资培训处	2001.4	沪烟专委组［2002］第16号	金美华	由原劳动工资处与原培训中心合并
安保处、武装部	1996.4	沪烟专委组［2000］第118号	陈荣富	
审计处	1996.4	沪烟专委组［2000］第118号	陈宣民	
进出口公司	1996.4	沪烟专委组［2000］第118号	许虎烈	
销售部	1996.4	沪烟专委组［2002］第16号	杨圣明	
物资处	1996.4	沪烟专委组［2000］第118号	罗文强	
烟叶部	1996.4	沪烟专委组［2000］第118号	苏德昌	
三产管理部	1996.4	沪烟专委组［2002］第16号	钱春生	
专卖处	1998.8	沪烟专委组［2000］第118号	寿荣方	
房地产开发经营公司	2000.8	沪烟专委组［2000］第118号	江兴发	
组织、老干部、统战处	1996.4	沪烟专委组［2000］第118号	张　燕	
宣传处	1996.4	沪烟专委组［2001］第49号	汤福刚	
纪律监察室	1996.4	沪烟专委组［2000］第118号	谢华庆	
工会	1996.4	沪烟专委组［2000］第118号	谢华庆	
团委	1996.4	沪团委发［2002］第96号	张　扬	
质量检测站	1996.4	沪烟专委组［2001］第52号	范忆萍	
职业技能鉴定指导中心	1996.9	沪烟专委组［2000］第118号	刘罗曼	
修志办	2000.8	沪烟专委组［2000］第118号	施忠义	

江苏省烟草专卖局（公司）机构设置一览表

机构设置	设置时间	发文字号	负责人	备　注
办公室（外事办公室、政策法规与体制改革处）	2001.6.27	苏烟专人［2001］140号	陆海根	
发展计划处	2001.6.27	苏烟专人［2001］140号	范　宁	
专卖监督管理处（烟草专卖稽查总队）	2001.6.27	苏烟专人［2001］140号	侯永安	
经济运行处	2001.6.27	苏烟专人［2001］140号	简　耀	
安全保卫处	2001.6.27	苏烟专人［2001］140号	张凤忠	

机构设置	设置时间	发文字号	负责人	备 注
财务管理处（国有资产管理处）	2001.6.27	苏烟专人［2001］140号	王轩庭	
审计处	2001.6.27	苏烟专人［2001］140号	王轩庭	
科技教育处	2001.6.27	苏烟专人［2001］140号	郭粉林	
人事劳资处（离退休人员管理办公室）	2001.6.27	苏烟专人［2001］140号	马鲁宁	
监察处（党组纪检组）	2001.6.27	苏烟专人［2001］140号	张 强	
思想政治工作处（机关党委、工会）	2001.6.27	苏烟专人［2001］140号	徐大跃	
江苏省卷烟销售公司	2001.6.27	苏烟专人［2001］140号	樊剑峰	
江苏省烟叶生产购销公司	2001.6.27	苏烟专人［2001］140号	俞惠梅	
江苏省烟草物资公司	2001.6.27	苏烟专人［2001］140号	张秋兰	
江苏省烟草机械有限公司（江苏省烟草机械配件联营公司）	2001.6.27	苏烟专人［2001］140号	陈小天	
经济信息中心	2001.6.27	苏烟专人［2001］140号	陈 越	
烟草质量监督检测站	2001.6.27	苏烟专人［2001］140号	杨雪峰	
职业技能鉴定站	2001.6.27	苏烟专人［2001］140号	刘 磊	
机关服务中心	2001.6.27	苏烟专人［2001］140号	汪幼宁	
江苏金丝利集团公司	2001.6.27	苏烟专人［2001］140号	俞慧强	
江苏省烟草学会	2001.6.27	苏烟专人［2001］140号	马 武	

浙江省烟草专卖局（公司）机构设置一览表

机构设置	设置时间	发文字号	负责人	备 注
办公室（外事办）	2001.4.16	国烟人［2001］213号	楼炯友	
人事劳资处	2001.4.16	国烟人［2001］213号	张益民	
监察处（与党组纪检组合署办公）	2001.4.16	国烟人［2001］213号	张玉勇	
思想政治工作处（机关党委）	2001.4.16	国烟人［2001］213号	潘学敏	
财务管理处	2001.4.16	国烟人［2001］213号	张坤堂	
专卖监督管理处	2001.4.16	国烟人［2001］213号	王德源	
经济运行处	2001.4.16	国烟人［2001］213号	吴金才	
科技教育处	2001.4.16	国烟人［2001］213号	章志华	
审计处	2001.4.16	国烟人［2001］213号	孙建华	
安全保卫处	2001.4.16	国烟人［2001］213号	曹月华	
投资管理处	2001.4.16	国烟人［2001］213号	蒋林方	
销售管理处	2001.4.16	国烟人［2001］213号	章福祥	
行业工会	1995.10.15	浙总工组字［1995］14号	潘学敏	
机关服务中心	2001.4.16		严松涛	

机构设置	设置时间	发文字号	负责人	备　注
信息中心	2001.4.16		章志华	
烟草进出口有限公司	1997.2.21	国烟人［1997］22号	赵　明	
质量监督检测站	1989.7.31		潘昵琥	单独设立
销售公司	1992.7.27		黄晓峰	
烟物公司	1988.2		洪　波	
烟草机械有限责任公司	2000.3.15	浙烟党［2001］13号	刘亚平	
烟草拍卖行		浙烟专联［1997］05号	华夫明	

安徽省烟草专卖局（公司）机构设置一览表

机构设置	设置时间	发文字号	负责人	备　注
办公室、外事办公室 (与烟草学会合署办公)	2000.11	皖烟党［2000］85号	卓俭华	
发展计划与投资管理处	2000.11		孙南娇	
专卖监督与管理处	2000.11		曹永钦	
经济运行处	2000.11	皖烟党［2002］25号	潘安民	
安全保卫处	2000.11	皖烟党［2002］25号	何祥盈	
政策法规与体制改革处	2000.11		时玉玲	
财务处	2000.11		吴信芳	
审计处	2000.11		王益元	
科技处（技术检测中心）	2000.11	皖烟党［2002］25号	杜　进	
人力资源处、老干部处	2000.11		鹿　军	
劳动工资处	2000.11		潘丽晶	
监察处（与纪检组合署办公）	2000.11	皖烟党［2002］25号	程　辉	
机关党委、思想政治工作处 (与烟草工会合署办公)	2000.11	皖烟党［2002］25号	陈士杰	
卷烟销售公司	2000.11		叶正坤	
烟叶生产购销公司	2000.11		李　桐	
物资公司	2000.11		董金荣	
机关服务中心	2000.11	皖烟党［2002］25号	王世华	
老干部服务中心	2000.11	皖烟党［2002］25号	潘丽晶	
培训中心	2000.11	皖烟党［2002］93号	许　萍	
经济信息中心	2000.11		何小敏	
电子商务项目部	2000.11		王　莉	

福建省烟草专卖局（公司）机构设置一览表

机构设置	设置时间	发文字号	负责人	备　注
办公室	2001.04	国烟人［2001］196号	李晓陆	
发展计划处	2001.04	国烟人［2001］196号	李长鲁	
专卖监督管理处	2001.04	国烟人［2001］196号	汤最仁	
经济运行处	2001.04	国烟人［2001］196号	张小凤	
政策法规与体制改革处	2001.04	国烟人［2001］196号	马敏勇	
财务管理处	2001.04	国烟人［2001］196号	林　芊	
审计处	2001.04	国烟人［2001］196号	陈景华	
科技教育处	2001.04	国烟人［2001］196号	吴正举	
人事劳资处	2001.04	国烟人［2001］196号	陈其昌	
监察处	2001.04	国烟人［2001］196号	郭香灼	
思想政治工作处	2001.04	国烟人［2001］196号	郭香灼	
安全处	2001.04	国烟人［2001］196号	黄宗淦	
经济信息中心	2001.10	闽烟政［2001］39号	张敬卫	
专卖管理稽查总队	2001.01	闽烟政［2000］第1号	汤最仁	
机关服务中心	1996	闽烟政［1996］第18号	郝晓光	
质量监督检测站	1988	中烟科［1988］第27号	何　简	
投资部	1995	闽烟政［1995］第14号	孙长青	
教育培训（技能鉴定）中心	2001.10	闽烟政［2001］44号	吴正举	
卷烟销售公司	2001.10	闽烟政［2001］46号	陈振栋	
烟叶生产购销公司	2001.10	闽烟政［2001］47号	刘添毅	
物资公司	1992	国烟人［1992］第99号	陈舜齐	
省烟草拍卖行	1994	国烟专［1994］第39号	汤最仁	
机关党委	1989	省直党工委［1989］第46号	郭香灼	
机关工会	1987	市总工会1987.10.10函	郭香灼	
劳动服务公司	1988	闽烟同［1988］第33号	肖品贵	
闽烟经贸公司	1999	闽烟政［1999］第5号	孙冀松	
烟草学会	1987	闽烟学［1987］第001号	叶枝榕	

江西省烟草专卖局（公司）机构设置一览表

机构设置	设置时间	发文字号	负责人	备　注
办公室（外事办公室）	2001.4	国烟人［2001］223号	李定芳	
专卖监督管理处	2001.4	国烟人［2001］223号	魏　平	
人事劳资处 （离退休人员管理办公室）	2001.4	国烟人［2001］223号	徐仲良	

机构设置	设置时间	发文字号	负责人	备　注
发展计划处	2001.4	国烟人［2001］223号	郭培祥	
财务管理与监督处（审计处）	2001.4	国烟人［2001］223号	陈建辉	
监察处	2001.4	国烟人［2001］223号	龙学勤	与纪检组合署办公
思想政治工作处（机关党委）	2001.4	国烟人［2001］223号	万　俊	
经济运行处（安全处）	2001.4	国烟人［2001］223号	李　文	
科技教育处	2001.4	国烟人［2001］223号	詹国华	
政策法规与体制改革处	2002.7	国烟人［2002］265号		
烟草专卖稽查总队	1999.12	赣烟人［1999］15号	魏　平（兼）	与专卖管理处合署办公
机关服务中心	2000.12	赣烟党［2000］27号	吴书溶	
质量监督检测站	2000.12	赣烟党［2000］27号	李仲良	
培训中心	2000.12	赣烟党［2000］27号	黄文福	
烟叶科学研究所	2000.12	赣烟党［2000］27号	王志彬（兼）	
职业技能鉴定站	2000.12	赣烟党［2000］27号	雷万春（兼）	
烟草学会	2000.12	赣烟党［2000］27号	肖茂员	
销售分公司	2000.12	赣烟党［2000］27号	郑　京	
烟叶分公司	2000.12	赣烟党［2000］27号	王志彬	
物资分公司	2000.12	赣烟党［2000］27号		
锦峰公司	2000.12	赣烟党［2000］27号	王洪宪	
机关基建项目筹建处	2001.1	赣烟人［2001］4号	吴建国	

山东省烟草专卖局（公司）机构设置一览表

机构设置	设置时间	发文字号	负责人	备　注
办公室（外事办公室）	2001.03	鲁烟党［2001］第6号	曹卫国	
人事劳资处	2001.03	鲁烟党［2001］第6号	刘云生	
职工基本养老保险统筹办公室	1999.05	鲁烟人［1999］第8号	武梅华	
职工培训中心	2001.10	鲁烟人［2001］40号	武梅华	设在青州烟草中专学校
离退休人员管理办公室	2001.03	鲁烟党［2001］第6号	纪金虎	
监察处（党组纪检组办公室）	2001.03	鲁烟党［2001］第6号	孙迎春	
政策法规与体制改革处	2001.03	鲁烟党［2001］第6号	董永平	
专卖监督管理处（专卖管理稽查总队）	2001.03	鲁烟党［2001］第6号	王　建（胡宝财）	
铁路烟草专卖局	2001.03	鲁烟党［2001］第6号	吕传斌	
发展计划处	2001.03	鲁烟党［2001］第6号	王　放	

机构设置	设置时间	发文字号	负责人	备注
经济运行处	2001.03	鲁烟党［2001］第6号	杜爱民	
财务管理处（国有资产管理处）	2001.03	鲁烟党［2001］第6号	李 平	
审计处	2001.03	鲁烟党［2001］第6号	楚金祥	
安全保卫处	2001.03	鲁烟党［2001］第6号	蔺京山	
科技教育处（烟草学会秘书处）	2001.03	鲁烟党［2001］第6号	刘昌宝	
机关党委、机关纪检委	2001.03	鲁烟党［2001］第6号		
思想政治工作处	2001.03	鲁烟党［2001］第6号		与机关党委合署办公
机关服务中心	2001.03	鲁烟党［2001］第6号	卜晓东	
职业技能鉴定站	2001.03	鲁烟党［2002］第46号	武梅华	
资金管理中心	2001.03	鲁烟党［2001］第6号	苏 淳	
信息中心	2001.03	鲁烟党［2001］第6号	王向杰	
烟草质量监督检测站	2001.03	鲁烟党［2001］第6号	刘继学	
烟草薄片研究实验室	2001.03	鲁烟党［2001］第6号	王兴利	
《东方烟草报》社	2001.03	鲁烟党［2001］第6号	曹岗松	
卷烟销售管理部	2001.03	鲁烟党［2001］第6号	邓志坚	
烟叶生产购销管理部	2001.03	鲁烟党［2001］第6号	潘可玉	
物资设备管理部（物资设备有限公司）	2001.03	鲁烟党［2001］第6号	徐长森	
包装印刷管理部（包装印刷有限公司）	2001.07	鲁烟人［2001］25号 （鲁烟人［2001］26号	赵洪雷	

河南省烟草专卖局（公司）机构设置一览表

机构设置	设置时间	发文字号	负责人	备注
办公室（外事办）	2002.3	豫烟人［2002］33号	龚正伟	
发展计划处	2002.3	豫烟人［2002］33号	司书贵	
专卖监督管理处	2002.3	豫烟人［2002］33号	付晖华	
经济运行处	2002.3	豫烟人［2002］33号	杨志忠	
政策法规与体制改革处	2002.3	豫烟人［2002］33号	潘顺强	
财务管理处	2002.3	豫烟人［2002］33号	王冀民	
审计处	2002.3	豫烟人［2002］33号	胡宏超	
科技教育处	2002.3	豫烟人［2002］33号	付 瑜	
人事劳资处	2002.3	豫烟人［2002］33号	张永生	
安全保卫处	2002.3	豫烟人［2002］33号	崔国杰	
监察处（与纪检组合署办公）	2002.3	豫烟人［2002］33号	徐德全	
思想政治工作处	2002.3	豫烟人［2002］33号	李永生	

机构设置	设置时间	发文字号	负责人	备　注
专业公司				
烟叶分公司	2002.3	豫烟人［2002］33 号	袁志永	
卷烟分公司	2002.3	豫烟人［2002］33 号	李俊成	
物资分公司	2002.3	豫烟人［2002］33 号	张建国	
烟机公司	2002.3	豫烟人［2002］33 号	翟贤志	
进出口公司	2002.3	豫烟人［2002］33 号	梁德清	
专业部门				
质检站	2002.3	豫烟人［2002］33 号	焦延福	
信息中心	2002.3	豫烟人［2002］33 号	王爱玲	
烟草学会秘书处	2002.3	豫烟人［2002］33 号	梁从宽	
监事会	2002.3	豫烟人［2002］33 号	李中凯	
离退办	2002.3	豫烟人［2002］33 号	郭玉才	
机关服务中心	2002.3	豫烟人［2002］33 号	于松灿	
其他机构				
机关党委 （机关纪委、机关工会、机关团委）	2002.3	豫烟人［2002］33 号	连豫民	
稽查总队（与专卖处合署办公）	2002.3	豫烟人［2002］33 号	付晖华	

湖北省烟草专卖局（公司）机构设置一览表

机构设置	设置时间	发文字号	负责人	备　注
办公室（外事办）	1984	鄂烟人［2001］38 号	林文生	
发展计划处	1984	鄂烟人［2001］39 号	白中勇	
人事劳资处	1999	鄂烟人［2001］47 号	胡汉松	
财务管理处	1984	鄂烟人［2001］44 号	张志远	
专卖监督管理处 （省烟草专卖稽查总队）	1984	鄂烟人［2001］40 号	张友德	
科技教育处	1984	鄂烟人［2001］46 号	江振声	
经济运行处	1997	鄂烟人［2001］41 号	彭裕民	
政策法规与体制改革处	1997	鄂烟人［2001］43 号	李　卫	
网络建设管理办公室	1996	鄂烟人［2001］51 号	涂爽林	
安全保卫处	1996	鄂烟人［2001］42 号	张先传	
监察处	1984	鄂烟人［2001］49 号	蔡忠良	
审计处	1984	鄂烟人［2001］45 号	吴友生	
思想政治工作处（机关党委）	1984	鄂烟人［2001］48 号	曾照强	

机构设置	设置时间	发文字号	负责人	备　注
离退休人员管理办公室（工会）	1984	鄂烟人［2001］50 号	戴安选	
卷烟销售公司	1996	鄂烟人［2001］53 号	林建国	
经济信息中心	2001	鄂烟人［2001］56 号	周国球	
机关服务中心	1998	鄂烟人［2001］58 号	张新民	
烟草物资有限公司	1998	鄂烟人［2001］54 号	罗汉林	
烟草机械有限公司	2001	鄂烟人［2001］55 号	张志敏	
烟叶产销公司	1984	鄂烟人［2001］55 号	杜建平	
烟草质量监督检测站	1984	鄂烟人［2001］57 号	李青诚	
烟草学会	1984	鄂烟人［2001］52 号	余正万	

湖南省烟草专卖局（公司）机构设置一览表

机构设置	设置时间	发文字号	负责人	备　注
办公室（外事办）	2001.4	国烟人［2001］191 号	李曙光	
发展计划处	2001.4	国烟人［2001］191 号	梅国庆	
专卖监督管理处	2001.4	国烟人［2001］191 号	杨万松	
经济运行处	2001.4	国烟人［2001］191 号	唐芳盛	
政策法规与体制改革处	2001.4	国烟人［2001］191 号	刘　兴	
财务管理处	2001.4	国烟人［2001］191 号	郑则豪	
审计处	2001.10	湘烟人［2001］26 号	吴明俭	
科技教育处	2001.4	国烟人［2001］191 号	赵松义	
人事劳动处	2001.4	国烟人［2001］191 号	李曙光	
安全保卫处	2001.10	湘烟人［2001］26 号	周艳明	
监察处（与纪检组合署办公）	2001.4	国烟人［2001］191 号	罗高社	
思想政治工作处（机关党委）	2001.4	国烟人［2001］191 号	唐珊珊	
离退休人员管理处	2001.4	国烟人［2001］191 号	官长发	
烟叶处	2000.12	湘烟党［2000］73 号	曹治国	
省烟草物资公司	2000.12	湘烟党［2000］73 号	唐咸瑞	
烟草质量监督检测站	2000.12	湘烟党［2000］73 号	赵松义	
经济信息中心	2000.12	湘烟党［2000］73 号	聂介生	
机关后勤服务管理中心	2000.12	湘烟党［2000］73 号	万国成	
专卖稽查总队（与专卖监督管理处合署办公）	2000.12	湘烟党［2000］73 号	杨万松	
省烟草学会秘书处	2000.12	湘烟党［2000］73 号	肖和元	

广东省烟草专卖局（公司）机构设置一览表

机构设置	设置时间	发文字号	负责人	备　注
办公室（外事办）	2001.9	粤烟专人［2001］22号	卢一基	
发展计划处	2001.9	粤烟专人［2001］22号	张伟任	
专卖监督管理处	2001.9	粤烟专人［2001］22号	武铁云	
经济运行处	2001.9	粤烟专人［2001］22号	袁汉辉	
政策法规与体制改革处	2001.9	粤烟专人［2001］22号	李方青	
财务管理处	2001.9	粤烟专人［2001］22号	吴焕如	
审计处	2001.9	粤烟专人［2001］22号	胡春辉	
科技教育处	2001.9	粤烟专人［2001］22号	潘伟才	
人事劳资处	2001.9	粤烟专人［2001］22号	廖中浩	
安全保卫处	2001.9	粤烟专人［2001］22号	符　敏	
监察处（党组纪检组、直属机关纪委）	2001.9	粤烟专人［2001］22号	林建华	
思想政治工作处（直属机关党委办公室）	2001.9	粤烟专人［2001］22号	曾随三	
离退休人员管理办公室	2001.9	粤烟专人［2001］24号	林圣贤	
工会	2001.9	粤烟专人［2001］24号	李卓才	
广东省烟草学会	2001.9	粤烟专人［2001］24号	卓炎清	
机关服务中心	2001.9	粤烟专人［2001］24号	甘梅华	
信息中心	2001.9	粤烟专人［2001］24号	俞祖荣	
培训中心	2001.9	粤烟专人［2001］24号	卢伟光	
稽查总队	2001.9	粤烟专人［2001］24号	武铁云	
产品质量监督检验站	2001.9	粤烟专人［2001］24号	沈永根	
广东省烟草行业特有工种职业技能鉴定站	2001.9	粤烟专人［2001］24号	翁　飞	
驻京办事处	2001.9	粤烟专人［2001］24号	赖少洪	
广东省烟草拍卖行	2001.9	粤烟专人［2001］24号	张鸿坚	
广东省卷烟销售公司	2001.9	粤烟专人［2001］23号	黄履东	
广东省烟叶生产购销公司	2001.9	粤烟专人［2001］23号	张伯安	
广东省烟草物资有限公司	2001.9	粤烟专人［2001］23号	潘区明	
广东省烟草机械公司	2001.9	粤烟专人［2001］23号	杜楚壮	
广东省金叶发展公司	2001.9	粤烟专人［2001］23号	林　恒	

广西壮族自治区烟草专卖局（公司）机构设置一览表

机构设置	设置时间	发文字号	负责人	备　注
办公室	2002.02.20	桂烟党［2002］9号	艾世平	
发展计划处	2002.02.20	桂烟党［2002］9号	吴　克	
专卖管理监督处（含稽查总队、烟草拍卖行）	2002.02.20	桂烟党［2002］9号	席亮文	
经济运行处	2002.02.20	桂烟党［2002］9号	邓志忠	
政策法规与体制改革处	2002.02.20	桂烟党［2002］9号	庾忠和	
财务管理与监督处	2002.02.20	桂烟党［2002］9号	陈仲良	
审计处	2002.02.20	桂烟党［2002］9号	黄君尉	
科技教育处	2002.02.20	桂烟党［2002］9号	许　宁	
人事劳资处	2002.02.20	桂烟党［2002］9号	张雨夏	
安全保卫处	2002.02.20	桂烟党［2002］9号	刘宏烈	
纪检组监察处	2002.02.20	桂烟党［2002］9号	张雨夏 凌振球	
思想政治工作处	2002.02.20	桂烟党［2002］9号	彭　峰	
物资公司	2002.02.20	桂烟党［2002］9号	陆建南	
烟叶公司	2002.02.20	桂烟党［2002］9号	李　波	
卷烟销售处（卷烟销售公司）	2002.02.20	桂烟党［2002］9号	霍文义	
进出口办	2002.02.20	桂烟党［2002］9号	章　艺	2002年9月17日更名为对外合作办公室
烟草质量监督检测站	2002.02.20	桂烟党［2002］9号	李元崇	
机关服务中心	2002.02.20	桂烟党［2002］9号	何能新	
烟草学会	2002.02.20	桂烟党［2002］9号	杨淑红	
特有工种职业技能鉴定	2002.02.20	桂烟党［2002］9号	马征荣	
整顿与规范管理办公室	2002.02.20	桂烟党［2002］9号	吕东锋	

海南省烟草专卖局（公司）机构设置一览表

机构设置	设置时间	发文字号	负责人	备　注
办公室	1988.7	中烟政［1988］047号	王斌斌	
专卖监督管理处	2002.9.3	琼烟人［2002］145号	马瑜生	
经济运行处	2002.9.3	琼烟人［2002］145号	杨土强	
政策法规与体制改革处	2002.9.3	琼烟人［2002］145号	徐丽敏	
财务管理与监督处	2002.9.3	琼烟人［2002］145号	闫玉岗	
人事劳资处	2002.9.3	琼烟人［2002］145号	粟欣鸣	
监察处	2002.9.3	琼烟人［2002］145号	赵江波	

机构设置	设置时间	发文字号	负责人	备　注
思想政治工作处	2002.9.3	琼烟人［2002］145号	徐丽芬	
海南省卷烟销售公司	2002.9.3	琼烟人［2002］145号	林先德	
机关服务中心	2002.9.3	琼烟人［2002］145号	辛玉华	
海南烟草信息中心	2002.9.3	琼烟人［2002］145号	许　光	
外事外经办公室	2002.9.3	琼烟人［2002］145号	任　晖	
海南烟草职工培训中心	2000.7	琼烟专［2000］213号	罗　立	
海南省烟草专卖局稽查总队	2002.9.3	琼烟人［2002］145号	丁有平	
海南省烟草质量监督检验站	1989.12	中烟计［1989］159号	沈　忠	
海南省烟草学会	1992.7	国烟人［1992］91号	唐辉国	

重庆市烟草专卖局（公司）机构设置一览表

机构设置	设置时间	发文字号	负责人	备　注
办公室（外事办公室）	2001.2	重烟局党组［2001］23号	汤柱国	2002年12月10日前为钟长昭
经济发展运行处（三峡移民迁建办公室）	2001.2	重烟局党组［2001］23号	龙英明	
专卖监督管理处	2001.2	重烟局党组［2001］23号	刘光洋	
财务管理处（国有资产管理处）	2001.2	重烟局党组［2001］23号	程晓苏	
审计处	2001.2	重烟局党组［2001］23号	孙　杰	
科技办公室（信息中心）	2001.2	重烟局党组［2001］23号	孙运明	
多元产业管理办公室	2001.2	重烟局党组［2001］23号	余远瑾	
人事劳资处	2001.2	重烟局党组［2001］23号	李　志	
安全保卫处	2001.2	重烟局党组［2001］23号	何增文	
监察处（纪检组）	2001.2	重烟局党组［2001］23号	范银涛	
思想政治工作处（工会、共青团、机关党委）	2001.2	重烟局党组［2001］23号	唐良澜	
离退休人员管理办公室	2001.2	重烟局党组［2001］23号	梁铁群	
重庆市烟草专卖稽查总队	2001.2	重烟局党组［2001］23号	刘光洋	
重庆市烟草专卖局特有工种职业技能鉴定站	2001.2	重烟局党组［2001］23号	杨晓庆	
重庆市烟草质量监督检测站	2001.2	重烟局党组［2001］23号	高凤臣	
重庆烟草学会	2001.2	重烟局党组［2001］23号	欧阳祖桃	
重庆市烟草专卖局（公司）机关服务中心	2001.2	重烟局党组［2001］23号	冯天亚	
重庆市烟草公司销售分公司	1998.3	重烟局党组［1998］13号	陈伟华	2002年12月10日前为高兴华（兼）

机构设置	设置时间	发文字号	负责人	备 注
重庆市烟叶生产购销有限责任公司	1998.3	重烟局党组［1998］13号	谢小波	2002年12月18日前为李恩华(兼)，2002年7月24日前为李纯林
重庆市烟草物资公司	1998.3	重烟局党组［1998］13号	高科文	

四川省烟草专卖局（公司）机构设置一览表

机构设置	设置时间	发文字号	负责人	备 注
办公室（外事、目标办）	2000.11.1	川烟党［2000］65号	史良全	
发展计划处	2000.11.1	川烟党［2000］65号	罗 维	
专卖监督管理处（稽查大队）	2000.11.1	川烟党［2000］65号	王平均	
政策法规与体制改革处	2000.11.1	川烟党［2000］65号	陈维平	
财务管理处	2000.11.1	川烟党［2000］65号	石 磊	
审计处	2000.11.1	川烟党［2000］65号	李宗藻	
经济运行处	2000.11.1	川烟党［2000］65号	巫文俊	
人事劳动处	2000.11.1	川烟党［2000］65号	黄晋南	
政治工作处（党办、工会）	2000.11.1	川烟党［2000］65号	司国杰	
科技教育处	2000.11.1	川烟党［2000］65号	吴纯奎	
安全储运处	2000.11.1	川烟党［2000］65号	许煊焰	
监察处（纪检组）	2000.11.1	川烟党［2000］65号	陈东风	
离退休管理处	2000.11.1	川烟党［2000］65号	金一栋	
质量检测站	2000.11.1	川烟党［2000］65号	夏 林	
机关服务中心	2000.11.1	川烟党［2000］65号	张兴旺	
经济信息中心	2000.11.1	川烟党［2000］65号	陈晓威	
烟草学会	2000.11.1	川烟党［2000］65号	周成根	
卷烟销售公司	2000.11.1	川烟党［2000］65号	陈 霖	
烟草物资公司	2000.11.1	川烟党［2000］65号	赖成虎	
烟叶公司	2000.11.1	川烟党［2000］65号	胡志清	
进出口公司	1993.5.27	对外经贸部［1993］外经贸管函11359号	刘 勇	

贵州省烟草专卖局（公司）机构设置一览表

机构设置	设置时间	发文字号	负责人	备 注
办公室（外事办公室）	2001.12.21	黔烟党［2001］67号	陈祥富	

机构设置	设置时间	发文字号	负责人	备　注
发展计划处	2001.12.21	黔烟党［2001］67号	任　林	
专卖监督管理处	2001.12.21	黔烟党［2001］67号	付青海	
经济运行处	2001.12.21	黔烟党［2001］67号	方　静	
政策法规处	2001.12.21	黔烟党［2001］67号	吴晓江	
财务管理处	2001.12.21	黔烟党［2001］67号	王礼昌	
审计处	2001.12.21	黔烟党［2001］67号	王露霞	
科技教育处（计算机信息中心）	2001.12.21	黔烟党［2001］67号	毛学军	
人事劳资处	2001.12.21	黔烟党［2001］67号	钟　勇	
安全保卫处	2001.12.21	黔烟党［2001］67号	刘　瑶	
监察处	2001.12.21	黔烟党［2001］67号	张建选	
思想政治工作处	2001.12.21	黔烟党［2001］67号	范成国	
离退休人员管理办公室	2001.12.21	黔烟党［2001］67号	陈怀远	
省卷烟销售公司	2001.12.21	黔烟党［2001］67号	罗可骏	专业公司
省烟叶生产购销公司	2001.12.21	黔烟党［2001］67号	任远伦	专业公司
省烟草物资公司	2001.12.21	黔烟党［2001］67号	赵亚平	专业公司
省烟草质量监督检测站	2001.12.21	黔烟党［2001］67号	苏红雪	专业部门
机关服务中心	2001.12.21	黔烟党［2001］67号	梁中和	专业部门
中国烟草贵州进出口有限责任公司	2001.1.3	中烟进函［2001］5号	沈　宏	股份制企业
贵州南明烟叶有限责任公司	1998.8.17	黔烟党［1998］070号	沈　宏	股份制企业
省烟草学会	2001.12.21	黔烟党［2001］67号	毛学军	党组提名
省烟草科学研究所	1983.7		唐远驹	直属事业
贵阳南明烟叶复烤厂	1996.12.26	黔烟党［1996］021号	刘传洪	直属企业
贵州凯达物业公司	2002.1.24	黔烟党［2002］13号	罗新民	直属三产
驻京联络处	2001.12.21	黔烟党［2001］67号	武明黔	

云南省烟草专卖局（公司）机构设置一览表

机构设置	设置时间	发文字号	负责人	备　注
办公室	2001.1	云烟党［2001］2号	温宁军	
发展计划处	2001.1	云烟党［2001］2号	陆宪生	
专卖管理处	2001.1	云烟党［2001］2号	李　明	
经济运行处	2001.1	云烟党［2001］2号	李　斌	
烟叶管理处	2001.1	云烟党［2001］2号	朱晓榆	
财务管理处	2001.1	云烟党［2001］2号	万里明	
审计处	2001.1	云烟党［2001］2号	程肖庆	
科技教育处	2001.1	云烟党［2001］2号	赵子敏	

机构设置	设置时间	发文字号	负责人	备　注
安全保卫处	2001.1	云烟党［2001］2号	李卫东	
国有资产投资管理处	2001.1	云烟党［2001］2号	郭洛夫	
人事劳资处	2001.1	云烟党［2001］2号	任天润	
纪检监察处	2001.1	云烟党［2001］2号	李新军	
政治工作处（直属机关党委、行业工会、团委）	2001.1	云烟党［2001］2号	袁林泽	
政策法规与体制改革处	2002.2	云烟人［2002］41号	周利勤	
离退休人员管理处	2001.1	云烟党［2001］2号	杨志华	
云南烟草学会（调研室）	2001.1	云烟党［2001］2号	张德佐	
信息中心	2001.1	云烟党［2001］2号	赵子敏	
稽查总队	2001.1	云烟党［2001］2号	李　明	
云南烟草报	2001.1	云烟党［2001］2号	袁林泽	
机关服务中心	2001.1	云烟党［2001］2号	许　泽	
云南烟草科学研究院	2001.1	云烟党［2001］2号	姚庆艳	
云南省烟草质量监督检测站	2001.1	云烟党［2001］2号	李光斗	
云南省烟草行业职业技能鉴定站	2001.1	云烟党［2001］2号	严春生	
云南烟草教育培训中心	2001.1	云烟党［2001］2号	赵　勇	
云南省烟草物资配套公司	2001.1	云烟党［2001］2号	顾　波	
云南省烟草卷烟销售公司	2001.1	云烟党［2001］2号	倪鸿宾	
云南省烟草储运公司	2001.1	云烟党［2001］2号	李子俊	
云南省烟草机械公司	2001.1	云烟党［2001］2号	贾能成	
云南省烟草烟叶公司	2001.1	云烟党［2001］2号	钟　华	
中国烟草云南进出口有限公司	2001.1	云烟党［2001］2号	宁昌怀	
云南烟草兴云投资股份有限公司	2001.1	云烟党［2001］2号	董晓云	

西藏自治区烟草专卖局（公司）机构设置一览表

机构设置	设置时间	发文字号	负责人	备　注
办公室	2002.3.11	国烟人［2002］102号	杨建中	
发展计划处	2002.3.11	国烟人［2002］102号	洛　桑	
专卖监督管理处	2002.3.11	国烟人［2002］102号	旺　啦	
销售管理处	2002.3.11	国烟人［2002］102号	张君辉	
财务管理与监督处	2002.3.11	国烟人［2002］102号	何兴钰	
人事劳资处	2002.3.11	国烟人［2002］102号	冯建立	
监察处	2002.3.11	国烟人［2002］102号	多布啦	

陕西省烟草专卖局（公司）机构设置一览表

机构设置	设置时间	发文字号	负责人	备　注
办公室（外事办）	2001.4.5	陕烟专党［2001］25号	陈建利	
专卖监督管理处（稽查总队）	2001.4.5	陕烟专党［2001］25号	纪三民	
发展计划处	2001.4.5	陕烟专党［2001］25号	常维祥	多经办与计划处合并
经济运行处	2001.4.5	陕烟专党［2001］25号	马文卷	
财务管理处（核算中心）	2001.4.5	陕烟专党［2001］25号	谭召生	
政策法规与体制改革处	2001.4.5	陕烟专党［2001］25号	曹兴浪	
科技教育处（信息中心）	2001.4.5	陕烟专党［2001］25号	胡忠明	
人事劳资处	2001.4.5	陕烟专党［2001］25号	惠兴民	劳资、人事、老干处合并
安全保卫处	2001.4.5	陕烟专党［2001］25号	柏安民	
纪检监察处	2001.4.5	陕烟专党［2001］25号	李玲芳	与党组纪检组合署办公
审计处	2001.4.5	陕烟专党［2001］25号	李绪田	
思想政治工作处（机关党委）	2001.4.5	陕烟专党［2001］25号	邓照祥	
卷烟销售分公司	2001.4.5	陕烟专党［2001］25号	李艺灵	
烟草物资（烟机）分公司	2001.4.5	陕烟专党［2001］25号	朱良同	
烟叶分公司	2001.4.5	陕烟专党［2001］25号	常　丽	
中国烟草陕西进出口有限公司（外经办）	2001.4.5	陕烟专党［2001］25号	周本文	
烟草学会	2001.4.5	陕烟专党［2001］25号	赵素霞	
省烟草工会	2001.4.5	陕烟专党［2001］25号	燕宏恩	（副局级待遇）
机关后勤服务中心	2001.4.5	陕烟专党［2001］25号	贺国军	
省烟草质检站	2001.4.5	陕烟专党［2001］25号	闫启元	
省烟草研究所	2001.4.5	陕烟专党［2001］25号	马英明	
省烟草职工培训中心（省烟草技能鉴定站）	2001.4.5	陕烟专党［2001］25号	惠兴民	

甘肃省烟草专卖局（公司）机构设置一览表

机构设置	设置时间	发文字号	负责人	备　注
办公室	2001.5	甘烟人［2001］12号	张建新	
专卖监督管理处	2001.5	甘烟人［2001］12号	张仕儒	
发展计划处	2001.5	甘烟人［2001］12号	张　威	
经济运行处	2001.5	甘烟人［2001］12号	张　威	

机构设置	设置时间	发文字号	负责人	备　注
研究室（政策法规与体制改革处）	2001.5	甘烟人［2001］12号	马酒生	
财务管理与监督处（审计处）	2001.5	甘烟人［2001］12号	张建辉	
人事劳资处	2001.5	甘烟人［2001］12号	杨　洪	
安全保卫处	2001.5	甘烟人［2001］12号	薛宝春	
监察处（纪检组）	2001.5	甘烟人［2001］12号	陈宗满	
思想政治工作处	2001.5	甘烟人［2001］12号	姜登录	
省卷烟销售公司	2001.5	甘烟人［2001］13号	曹秦汉	
省烟叶公司	2001.5	甘烟人［2001］13号	雒宪玲	
开元烟草实业有限公司（多种经营办公室）	2001.5	甘烟人［2001］13号	芮　澍	
经济信息中心	2001.5	甘烟人［2001］14号	刘　英	
省烟草技术中心	2001.5	甘烟人［2001］14号	杜学伟	
机关服务中心	2001.5	甘烟人［2001］14号	王彦池	
职业技能鉴定站	2001.5	甘烟人［2001］14号	贾福林	
西北质量监督监测站	2001.5	甘烟人［2001］14号	杜学伟	
省局稽查总队	2001.5	甘烟人［2001］12号	姚景祟	
省局驻兰州铁路专卖局	2001.5	甘烟人［2001］12号	王　全	
省烟草学会	2001.5	甘烟人［2001］14号	康启后	

青海省烟草专卖局（公司）机构设置一览表

机构设置	设置时间	发文字号	负责人	备　注
办公室（外事办公室）	2001.7.31	青烟人［2001］118号	袁中勉	
发展计划处（安全保卫处）	2001.7.31	青烟人［2001］118号	陈筑民	
专卖监督管理处（稽查总队）	2001.7.31	青烟人［2001］118号	张全有	
政策法规与体制改革处	2001.7.31	青烟人［2001］118号	董长基	
财务管理与监督处（审计处）	2001.7.31	青烟人［2001］118号	陆青山	
人事劳资处	2001.7.31	青烟人［2001］118号	张兴吉	
监察处（与党组纪检组合署办公）	2001.7.31	青烟人［2001］118号	刘　丽	
思想政治工作处（机关党委）	2001.7.31	青烟人［2001］118号	慈桂梅	
烟草经济信息中心	2001.7.31	青烟人［2001］123号	秦　刚	
机关服务中心	2001.7.31	青烟人［2001］123号	别振斌	
青海省卷烟销售公司	2001.7.31	青烟人［2001］123号	刘海宁	
青海省青申烟草有限责任公司	1998.2.12	中烟青销［1998］5号	王好礼	
青海金叶贸易有限责任公司	1993.4.5	青体改［1993］11号	别振斌	

宁夏回族自治区烟草专卖局（公司）机构设置一览表

机构设置	设置时间	发文字号	负责人	备　注
办公室	2001.4.12	国烟人字［2001］198	李崇民	处室负责人任命的发文号为宁烟党（2001）25号时间为2001年6月18日
人事劳资处	2001.4.12	国烟人字［2001］198	李光荣	
经济运行处	2001.4.12	国烟人字［2001］198	杨国庆	
政策法规与体制改革处	2001.4.12	国烟人字［2001］198	杜建中	
经检监察处	2001.4.12	国烟人字［2001］198	常锦随	
财务审计处	2001.4.12	国烟人字［2001］198	张宝林	
安全保卫处	2001.4.12	国烟人字［2001］198	魏恩义	
专卖管理处	2001.4.12	国烟人字［2001］198	陈福勇	
卷烟销售公司	2001.4.12	国烟人字［2001］198	杨万龙	
经济信息中心	2001.4.12	国烟人字［2001］198	胡德平	
机关服务中心	2001.4.12	国烟人字［2001］198	刘定陆	

新疆维吾尔自治区烟草专卖局（公司）机构设置一览表

机构设置	设置时间	发文字号	负责人	备　注
办公室（外事办）	2001.4.16	国烟人［2001］第214号	童朝银	与烟草学会合署办公
发展计划处	2001.4.16	国烟人［2001］第214号	王　磊	与科教、安保处合署办公
专卖监督管理处	2001.4.16	国烟人［2001］第214号	陈跃敏	含稽查总队
政策法规与体制改革处	2001.4.16	国烟人［2001］第214号	郭毅民	
财务管理与监督处（审计处）	2001.4.16	国烟人［2001］第214号	邱永春	
人事劳资处 （离退休人员管理办公室）	2001.4.16	国烟人［2001］第214号	钱茂宇	
监察处 （与党组纪检组合署办公）	2001.4.16	国烟人［2001］第214号	姜　涛	
思想政治工作处（机关党委）	2001.4.16	国烟人［2001］第214号	黄新民	

大连市烟草专卖局（公司）机构设置一览表

机构设置	设置时间	发文字号	负责人	备　注
办公室	1984	大烟字［1984］第2号	李建波	与外事、体改、安全合署
综合计划处	2000	大烟专［2000］59号	孙成国	合并原企管处职能及计划、物价职能
专卖监督管理处	2000	大烟专［2000］59号	孙克战	原专卖处

机构设置	设置时间	发文字号	负责人	备　注
财务管理与监督处（审计处）	2000	大烟专［2000］59 号	杨际明	计划职能分离至综合计划处，增加审计
思想政治工作处	2000	大烟专［2000］59 号	段秀华	原宣教处改组，分离教育职能，与机关党委合署
人事工资处	1992	大烟专发［1992］第 13 号	潘洪革	增加教育职能
监察处	1992	大烟专［1992］第 13 号	张云华	与纪检组合署，分离审计职能
销售处	1985	大烟专发［1985］第 2 号	左振波	业务部门，分离物价职能
储运处	1994	大烟专发［1994］第 7 号	张家聚	专业部门
经营处	1999	大烟专发［1999］第 35 号	刘金福	业务部门
开发办	1995	大烟专发［1995］第 41 号	李国基	
计算中心	1997	大烟专发［1997］第 29 号	薛　军	专业部门

深圳市烟草专卖局（公司）机构设置一览表

机构设置	设置时间	发文字号	负责人	备　注
办公室（外事办公室）	2002．3．20	深烟党［2002］32 号	尤树深	
政策法规与体制改革处	2002．3．20	深烟党［2002］32 号	尤树深（兼任）	
专卖监督管理处	2002．3．20	深烟党［2002］32 号	黄绍强	
人事劳资处（离退休人员管理办公室）	2002．3．20	深烟党［2002］32 号	陈雪慧	
发展计划处	2002．3．20	深烟党［2002］32 号	洪美宣	
经济运行处（安全处）	2002．3．20	深烟党［2002］32 号	邓玉贞	
财务管理与监督处（审计处）	2002．3．20	深烟党［2002］32 号	王旭东	
科技教育处	2002．3．20	深烟党［2002］32 号	邓玉贞（兼任）	
思想政治工作处（机关党委）	2002．3．20	深烟党［2002］32 号	林赛春	
监察处（与党组纪检组合署办公）	2002．3．20	深烟党［2002］32 号	张　玲	
卷烟销售中心（业务处）	2002．3．20	深烟党［2002］32 号	孙晓红	
机关服务中心	2002．3．20	深烟党［2002］32 号	白静波	
经济信息中心	2002．3．20	深烟党［2002］32 号	蔡维德	
投资管理办公室	2002．3．20	深烟党［2002］32 号	李俊青	

郑州烟草研究院机构设置一览表

机构设置	设置时间	发文字号	负责人	备注
院长办公室	2001. 3. 11	郑烟院人［2001］18号	窦　滨	
党委人事办公室	2001. 3. 11	郑烟院人［2001］18号	王新民	
科研开发处	2001. 3. 11	郑烟院人［2001］18号	陈连芳	
财务管理处	2001. 3. 11	郑烟院人［2001］18号	郑长峰	
基建办公室	2001. 3. 11	郑烟院人［2001］18号	郑广鹏	
后勤服务中心	2001. 3. 11	郑烟院人［2001］18号	靳启建	
烟草农业研究室	2001. 3. 11	郑烟院人［2001］18号	尹启生	
烟草工艺研究室	2001. 3. 11	郑烟院人［2001］18号	罗登山	
烟草化学研究室	2001. 3. 11	郑烟院人［2001］18号	赵明月	
香精香料技开发中心	2001. 3. 11	郑烟院人［2001］18号	宗永立	
烟草工程设计室	2001. 3. 11	郑烟院人［2001］18号	陈家东	
自动化应用中心	2001. 3. 11	郑烟院人［2001］18号	王　峙	
国家烟草质量监督检验中心	2001. 3. 11	郑烟院人［2001］18号	胡清源	
中国烟草科技信息中心	2001. 3. 11	郑烟院人［2001］18号	郑新章	
中国烟草标准化研究中心	2001. 3. 11	郑烟院人［2001］18号	范　黎	

·领导成员任职情况表·

国家烟草专卖局（总公司）领导成员任职情况表

姓　名	职　　务	任职起止时间	任职文号	免职文号	备　注
姜成康	党组书记	2002－06	中委［2002］189 号		
	局长	2002－06	中委［2002］188 号、国人字［2002］53 号		
	总经理	2002－09	干任字［2002］191 号		
杨传德	党组成员	1992－08	组任字［1992］57 号		
	副局长	1996－10	国人字［1996］97 号		
张保振	党组成员	2001－03	组任字［2001］61 号		
	副局长	2001－03	国人字［2001］54 号		
何泽华	党组成员	2003－07	组任字［2003］138 号		
	副局长	2003－07	国人字［2003］101 号		
李克明	党组成员	2003－07	组任字［2003］138 号		
	副局长	2003－07	国人字［2003］101 号		
葛祥久	党组成员	1997－10	组任字［1997］113 号		
	纪检组长	1997－10	组任字［1997］112 号		
倪益瑾				中委[2002］188、189 号	免职
				干任字（2002）191 号	
				国人字［2002］53 号	
江　明				组任字［1996］130 号	免职
				国人字［1996］97 号	
潘必兴					退休待批

北京市烟草专卖局（公司）领导成员任职情况表

姓　名	职　　务	任职起止时间	任职文号	免职文号	备　注
顾阿朝	局长、总经理	1993.6－	国烟党［1993］第66号		
仲长林	副总经理	1993.6－	国烟党［1993］第65号		
梁宝贵	副局长	1996.3－	国烟党［1996］第23号		
孙　奇	纪检组组长	1996.3－	国烟党［1996］第23号		
王　平	副总经理	2001.11－	国烟党［2001］第62号		
焦为中	副总经理	2001.11－	国烟党［2001］第62号		
石北生	助理巡视员	2001.11	国烟党［2001］第62号		
康宝生	助理巡视员	2001.11	国烟党［2001］第62号		

天津市烟草专卖局（公司）领导成员任职情况表

姓　名	职　　务	任职起止时间	任职文号	免职文号	备　注
武恒业	局长、总经理、党委书记	1995.1.5	国烟党［1995］第1号		
王建民	副总经理、党委委员	1999.8.4	国烟党［1999］第50号		
陈雅康	副总经理、党委委员	1997.9.9	国烟党［1997］第47号		
高玉明	纪委书记、党委委员	1997.9.9	国烟党［1997］第47号		
朱　军	副局长、党委委员	2002.6.11	国烟党［2002］第24号		

河北省烟草专卖局（公司）领导成员任职情况表

姓　名	职　　务	任职起止时间	任职文号	免职文号	备　注
滑福生	局长、总经理、党组书记	1998.7－	国烟党［1998］第43号		
段铁力	副总经理	1997.6－	国烟党［1997］第35号		
鲍灵军	副局长	2002.9	国烟党［2002］第43号		
杨　军	副总经理	2002.9	国烟党［2002］第43号		
王玉田	纪检组长	2002.9	国烟党［2002］第43号		

山西省烟草专卖局（公司）领导成员任职情况表

姓　名	职　　务	任职起止时间	任职文号	免职文号	备　注
姜玉麟	局长	1993－	国烟党［1993］83号		
陈克进	副局长	1998－	国烟党［1998］52号		1993－1998年任省公司副总经理

姓　名	职　　务	任职起止时间	任职文号	免职文号	备　注
王振业	副总经理	1996－	国烟党［1996］19号		
王志毅	副总经理	1993－	国烟党［1993］83号		
苏亚君	纪检组长	1996－	国烟党［1996］19号		
程高峰	副总经理	1998－	国烟党［1998］52号		

内蒙古自治区烟草专卖局（公司）领导成员任职情况表

姓　名	职　　务	任职起止时间	任职文号	免职文号	备　注
董晓民	局长、总经理、党组书记	1997.04.29－	中烟人［1984］第015号		
张治平	副总经理、党组成员	1997.04.29－	中烟人［1984］第015号		
张福义	副总经理、纪检组长、党组成员	1997.04.29－	中烟人［1984］第015号		
陈　余	副局长、党组成员（副厅级）	2002.05.10－	国烟党［2002］25号		

辽宁省烟草专卖局（公司）领导成员任职情况表

姓　名	职　　务	任职起止时间	任职文号	免职文号	备　注
孙守钦	局长、总经理、党组书记	1992.7－	国烟党［1992］66号		
于嘉云	副局长	1992.7－	国烟党［1992］66号		
董成玉	副总经理	1992.7－	国烟党［1992］66号		
李阳成	副总经理	2000.1－	国烟党［2000］10号		1994年12月任纪检组长
杜胜利	副总经理	1999.5－	国烟党［1999］22号		
孙世夫	副局长兼纪检组组长	2000.1－	国烟党［2000］4号		1999年5月任副总经理

吉林省烟草专卖局（公司）领导成员任职情况表

姓　名	职　　务	任职起止时间	任职文号	免职文号	备　注
王健男	局长、总经理、党组书记	1998.5.13	国烟党［1998］第29号		
董伟光	副局长、副总经理	1998.5.13	国烟党［1998］第29号		
衣景林	副总经理	1998.5.13	国烟党［1998］第29号		
张春吉	副总经理	1999.6.21	国烟党［1999］第39号		
	助理巡视员	2002.10.8	吉烟党［2002］第25号	国烟党［2002］第25号	
曹东伟	纪检组长	1998.5.13	国烟党［1998］第29号		

姓　名	职　　务	任职起止时间	任职文号	免职文号	备　注
王永盛	副总经理	2000. 3. 7	国烟党［2000］第 22 号		
陈玉山	助理巡视员	1998. 5. 13	国烟党［1998］第 29 号		

黑龙江省烟草专卖局（公司）领导成员任职情况表

姓　名	职　　务	任职起止时间	任职文号	免职文号	备　注
王玉林	局长、总经理、党组书记	1998. 7－	国烟党［1998］40 号		
魏湘泽	副总经理、党组成员	1993. 10－	国烟党［1993］第 104 号		
迟焕发	副局长、党组成员	2000. 3－	国烟党［2000］21 号		
孙杰邦	副总经理、党组成员	1997. 11－	国烟党［1997］56 号		
牛中全	党组纪检组组长、党组成员	2000. 3－	国烟党［2000］第 21 号		

上海市烟草专卖局（公司）领导成员任职情况表

姓　名	职　　务	任职起止时间	任职文号	免职文号	备　注
董浩林	局长、党委书记、总经理	1993. 01. 27－	国烟党［1993］第 4 号		
		1993. 10. 19－	国烟党［1993］第 112 号		
刘罗曼	党委副书记	1995. 04. 18－	国烟党［1995］第 28 号		
高宪法	副总经理	1993. 10. 19－	国烟党［1993］第 112 号		
徐明辉	副总经理	1993. 10. 19－2000. 02. 15	国烟党［1993］第 112 号		
	副局长	2000. 02. 15－	国烟党［2000］第 19 号		
谢华庆	纪委书记	1995. 04. 18－	国烟党［1995］第 28 号		
	工会主席	1992. 04. 09－	上海市总工会沪工（92）总组字第 56 号		
施　超	副总经理	2000. 02. 15－	国烟党［2000］第 19 号		
沈伟明	总经济师（副局级）	1998. 12. 17－	国烟党［1998］第 87 号		
朱进前	总工程师（副局级）	1998. 12. 17－	国烟党［1998］第 87 号		

江苏省烟草专卖局（公司）领导成员任职情况表

姓　名	职　　务	任职起止时间	任职文号	免职文号	备　注
汪奕义	局长、总经理、党组书记	1999. 1. 6－	国烟党［1993］3 号		
蒋洪喜	副总经理、党组成员	2001. 11. 14－	国烟党［2001］61 号		
尉彭城	副总经理、党组成员	1998. 8. 18－	国烟党［1998］54 号		

姓　名	职　　务	任职起止时间	任职文号	免职文号	备　注
王广志	副总经理、党组成员	1998.4.28－	中烟党字［1998］26号		
苗永新	副局长、纪检组长	2000.9.1－	国烟党［2000］54号		

浙江省烟草专卖局（公司）领导成员任职情况表

姓　名	职　　务	任职起止时间	任职文号	免职文号	备　注
赵万兴	党组书记、局长、总经理	1993.4.16－	国烟党［1993］第38号		
张仁琪	党组成员、副局长	1995.2.5－	国烟党［1995］第9号		
张益山	党组成员、副总经理	1993.4.16－	国烟党［1993］第38号		
钱锦庚	党组成员、副总经理	1995.2.5－	国烟党［1995］第9号（试用一年） 国烟党［1996］第61号（正式任职）		
涂　勇	党组成员、纪检组长	1995.2.5－	国烟党［1995］第9号		

安徽省烟草专卖局（公司）　领导成员任职情况表

姓　名	职　　务	任职起止时间	任职文号	免职文号	备　注
何泽华	局长、总经理、书记	2000.1至今	国烟党［2000］3号		
徐金榜	副总经理	1986.8至今	中烟字［1986］2号		
郭文生	副局长	1986.8至今	国烟字［1986］2号 国烟党［1988］22号		
李道扬	副总经理	1993.6至今	国烟党［1993］55号		
刘焕荣	纪检组长	1997.12至今	国烟党［1997］67号		
薛明德	副总经理	1998.8至今	国烟党［1998］59号		
朱建华	副总经理	2001.8.24至今	国烟党［2001］47号		
张家宝	巡视员	2000.1－2001.11	国烟党［2000］3号	国烟党［2001］86号	退休
凌厚如	助理巡视员	2000.1－2001.1	国烟党［2000］4号	国烟党［2001］3号	退休

福建省烟草专卖局（公司）领导成员任职情况表

姓　名	职　　务	任职起止时间	任职文号	免职文号	备　注
宋　力	局长、总经理、党组书记	2002.01.14－	国烟党［2002］3号		

姓　名	职　　务	任职起止时间	任职文号	免职文号	备　注
邱胜华	局长、总经理、党组书记	1996. 07. 08 – 2002. 01. 14	国烟党［1996］第 48 号	国烟党［2002］3 号	退休
张　卉	副局长、党组成员	1996. 07. 08 –	国烟党［1996］第 48 号		
杨培森	副总经理、党组成员	1996. 07. 08 –	国烟党［1996］第 48 号		
卢金来	副总经理、党组成员	2001. 06. 06 –	国烟党［2001］30 号		
李仰佳	副总经理、党组成员	2001. 06. 06 –	国烟党［2001］30 号		
孙佳和	纪检组组长、党组成员	1998. 11. 11 –	国烟党［1998］第 78 号		

江西省烟草专卖局（公司）领导成员任职情况表

姓　名	职　　务	任职起止时间	任职文号	免职文号	备　注
揭国雄	局长、总经理、党组书记	1995. 11 –	国烟党［1995］第 70 号		
雷万春	副局长、副总经理	1989. 3 –	国烟党［1989］第 2 号		1997. 4 兼任副局长
张正蝉	副局长、纪检组长	1995. 6 –	国烟党［1995］第 47 号		2000. 5 兼任纪检组长
罗年安	副总经理	1997. 4 –	国烟党［1997］第 19 号		
郑　伟	副总经理	2000. 5 –	国烟党［2001］31 号		

山东省烟草专卖局（公司）领导成员任职情况表

姓　名	职　　务	任职起止时间	任职文号	免职文号	备　注
赵华民	局长、总经理、党组书记	2000.05 –	国烟党［2000］第 30 号		
韩克佑	副经理、党组成员	1991.05 – 1995.01	国烟党［1991］第 116 号	国烟党［1995］5 号	
	副局长、党组成员	1995.01 –	国烟党［1995］第 5 号		
	副总经理	2002.04 –	国烟党［2002］15 号		
陈毅力	副总经理、党组成员	2000.05 – 2002.04	国烟党［2000］第 30 号	国烟党［2002］15 号	
	副局长、党组成员	2002.04 –	国烟党［2002］15 号		
朱怡聆	党组成员、党组纪检组组长	2000.05 –	国烟党［2000］第 30 号		
武梅华	副总经理、党组成员	2002.04 –	国烟党［2002］15 号		
张永耀	副总经理、党组成员	1987.09 – 2002.04	国烟党［1987］第 67 号	国烟党［2002］15 号	
	党组副书记	1994.02 – 2002.04	国烟党［1994］19 号		
	巡视员	2002.04 –	国烟党［2002］15 号		

河南省烟草专卖局（公司）领导成员任职情况表

姓　名	职　　务	任职起止时间	任职文号	免职文号	备　注
赵九来	局长、总经理、党组书记	2002.12	国烟党［2002］59号 国烟人［2002］574号		
刁景文	副总经理	1999.10	国烟党［1999］63号		
郑建民	副局长	2002.12	国烟人［2002］574号		
秦留拽	纪检组长 党组成员	2000.7	国烟党［2000］44号		

湖北省烟草专卖局（公司）领导成员任职情况表

姓　名	职　　务	任职起止时间	任职文号	免职文号	备　注
曹树斌	局长、总经理	1998.7－	国烟党［1998］第44号		
左　峰	副总经理	1996.10－	国烟党［1996］第64号		
解　冰	副局长	1996.10－	国烟党［1996］第64号		
赵全意	副总经理	1998.7－	国烟党［1998］第44号		
吴　俊	副总经理	1998.12－	国烟党［1998］第92号		
钟淑玉	纪检组长	1998.7－	国烟党［1998］第44号		
罗礼社	助理巡视员	2000.3－	国烟党［2000］第25号		

湖南省烟草专卖局（公司）领导成员任职情况表

姓　名	职　　务	任职起止时间	任职文号	免职文号	备　注
周昌贡	局长、总经理、党组书记	1999.9.27－	国烟党［1999］62号		
彭旭东	纪检组长	1993.5.11－2001.5.25	国烟党［1993］第48号	国烟党［2001］28号	
	副局长	1999.1.4－2002.7.12	国烟党［1999］1号	国烟党［2002］33号	
	党组成员	1993.5.11－2002.7.12	国烟党［1993］第48号	国烟党［2002］33号	
刘建设	副总经理 党组成员	2001.5.25－	国烟党［2001］28号		
卢　平	党组成员	2001.5.25－	国烟党［2001］28号		
张志刚	纪检组长 党组成员	2001.5.25－	国烟党［2001］28号		
吕　刚	党组成员 总会计师	2001.5.25－	国烟党［2001］28号		

广东省烟草专卖局（公司）领导成员任职情况表

姓　名	职　　务	任职起止时间	任职文号	免职文号	备　注
黄永东	党组书记、局长、总经理	1991 年 6 月	国烟党［1991］第 66 号		
左克斌	副局长	1994 年 3 月	国烟党［1994］第 32 号		
向晋成	副局长	1996 年 6 月	国烟党［1996］第 39 号		
李世胜	副总经理	1994 年 3 月	国烟党［1994］第 32 号		已调离
李根基	副总经理	2000 年 5 月	国烟党［2000］第 34 号		
何建华	党组纪检组组长	2000 年 5 月	国烟党［2000］第 34 号		

广西壮族自治区烟草专卖局（公司）领导成员任职情况表

姓　名	职　　务	任职起止时间	任职文号	免职文号	备　注
罗　毅	局长、总经理、党组书记	2001.05	国烟党［2001］27 号		
谈天江	副总经理、党组成员	2001.05	国烟党［2001］27 号		
黄凤贵	副局长、党组成员	2000.01	国烟党［2000］11 号		
张克勤	副总经理、党组成员	2000.01	国烟党［2000］11 号		
周志明	纪检组长、党组成员	2000.01－2002.11	国烟党［2000］11 号		
	副总经理	2002.11	国烟人［2002］536 号		
张雨夏	纪检组长、党组成员	2002.11	国烟党［2002］56 号		
骆永锋	巡视员	2002.11	国烟人［2002］536 号	国烟党［2002］56 号	

海南省烟草专卖局（公司）领导成员任职情况表

姓　名	职　　务	任职起止时间	任职文号	免职文号	备　注
许志龙	局长、总经理、党组书记	2001.5.17	国烟党［2001］25 号		
张晓川	副总经理	1998.1.5	国烟党［1998］1 号		
杨　明	副总经理	2000.1.21	国烟党［2000］12 号		
刘景珍	副局长兼纪检组长	2002.3.15	国烟党［2002］10 号		

重庆市烟草专卖局（公司）领导成员任职情况表

姓　名	职　　务	任职起止时间	任职文号	免职文号	备　注
吴应禄	局长、总经理、党组书记	2002.04.16－	国烟党［2002］第18号		2002.04.16前任市局（公司）副局长、副总经理、党组副书记
李恩华	副局长、党组成员	2002.04.16－	国烟党［2002］第18号		
孙振宇	副总经理、党组成员	1998.09.29－	国烟党［1998］第64号		
高兴华	副总经理、党组成员	2002.04.16－	国烟党［2002］第18号		
张官金	巡视员	2002.04.16－	国烟党［2002］第18号		2002.04.16前任市局（公司）局长、总经理、党组书记
廖正坤	巡视员	2002.04.16－	国烟党［2002］第18号		2002.04.16前任市局（公司）副局长、党组副书记

四川省烟草专卖局（公司）领导成员任职情况表

姓　名	职　　务	任职起止时间	任职文号	免职文号	备　注
黄文驰	局长、总经理、党组书记	1992.12－	国烟党［1992］第148号		国烟党［1991］第156号经理、党委副书记
龚锦华	副局长、副总经理、党组成员	2000.5－	国烟党［2000］第32号		
伍勤江	副总经理、党组成员	1991.8－	国烟党［1991］第94号		
李德福	副总经理、党组成员	1990.12－	国烟党［1990］第105号		
黄行知	副总经理、党组成员	1995.12－	国烟党［1995］第72号		国烟党［1992］第148号副局长、党组成员
杨永法	副总经理、党组成员	1997.9－	国烟党［1997］第46号		国烟党［1995］第72号副局长、党组成员
李存林	副总经理、党组成员	1997.9－	国烟党［1997］第46号		
何顺兴	助理巡视员	2000.5－2002.3		国烟党［2002］第16号	

贵州省烟草专卖局（公司）领导成员任职情况表

姓　名	职　　务	任职起止时间	任职文号	免职文号	备　注
张建华	局长、总经理、党组书记	2001．4．23－	国烟党［2001］21号		
张明义	局长、总经理、党组书记	2001．4．23－		国烟党［2001］21号	
	巡视员（正厅级）	2001．4．23－	国烟党［2001］21号		
陈迅	副总经理、党组成员	2001．4．23－		国烟党［2001］21号	
	助理巡视员（副厅级）	2001．4．23－	国烟党［2001］21号		
孙礼成	副局长、党组成员	1999．3．10－	国烟党［1999］7号		
顾青松	纪检组长、党组成员	1996．7．9－	国烟党［1996］52号		
	副局长	1999．3．10－	国烟党［1999］7号		
廖天福	副总经理、党组成员	1999．3．10－	国烟党［1999］7号		
杨　俊	副总经理、党组成员	1999．3．10－	国烟党［1999］7号		
杨兴泉	副总经理、党组成员	2001．6．26－	国烟党［2001］35号		

云南省烟草专卖局（公司）领导成员任职情况表

姓　名	职　　务	任职起止时间	任职文号	免职文号	备　注
李维林	党组书记、局长、总经理	1996．8－	国烟党［1996］第57号		
张水长	党组副书记、副局长、常务副总经理	1992．11－	国烟党［1992］第65号		
柳万东	副局长、党组成员	2002．4－	国烟党［2002］第12号		
李有义	副总经理、党组成员	1998．6－2002．9	国烟党［1998］第30号		
	巡视员	2002．9－	国烟党［2002］第42号		
刘瑞生	副局长、党组成员	1993．6－	国烟党［1993］第61号		
魏剑	副总经理、党组成员	2002．9－	国烟党［2002］第42号		
温宁军	纪检组长、党组成员	2002．9－	国烟党［2002］第42号		
管自和	副总经理、党组成员	1997．11－2002．9	国烟党［1997］第63号		
	助理巡视员	2002．9－	国烟党［2002］第42号		
李万兴	副总经理、党组成员	1998．6－	国烟党［1998］第30号		
丁筱森	总会计师	1997．11－	国烟党［1997］第63号		
胡荣海	总农艺师	1998．6	国烟党［1998］第30号		
字国瑞	副总经理、党组成员	1996．1－2002．4	国烟党［1996］第1号		
	免职	2002．4－		国烟党［2002］第12号	

西藏自治区烟草专卖局（公司）领导成员任职情况表

姓　名	职　　务	任职起止时间	任职文号	免职文号	备　注
平措旺扎	局长、总经理、党委副书记	2001.12.12－	国烟党字［2002］63号		
杨桂选	党委书记、副局长、副总经理	2001.12.12－	国烟党字［2002］63号		
孔长生	副局长、副总经理、党委委员	2001.12.12－	国烟党字［2002］63号		
旺　啦	副局长、党委委员、纪检委书记	2001.12.12－	国烟党字［2002］63号		
乔建民	副总经理、党委委员	2001.12.12－	国烟党字［2002］63号		

陕西省烟草专卖局（公司）领导成员任职情况表

姓　名	职　　务	任职起止时间	任职文号	免职文号	备　注
李嵩震	党组书记、局长、总经理	1999.8.18－	国烟党［1999］第56号		
田纪楼	副局长、党组成员	1995.4.4－	国烟党［1995］第24号		
龚朝凯	副总经理、党组成员	2002.6.24－	国烟党［2002］第27号		
高　峰	副总经理、党组成员	1995.4.4－	国烟党［1995］第24号		
马长德	副总经理、党组成员	1995.4.4－	国烟党［1995］第24号		
张曼军	副总经理、党组成员	2002.6.24－	国烟党［2002］第27号		
郭振景	纪检组长、副局长	2002.6.24－	国烟党［2002］第27号		挂职锻炼一年
衡孝成	助理巡视员	2002.6.24－	国烟党［2002］第27号		
	副总经理、党组成员	1995.4.4－		国烟党［2002］第27号	
王德甫	纪检组长	1994.4.23－2002.6.24	国烟党［1994］第60号		退休，享受正厅级待遇，国烟党［2002］第27号
曹建璋	助理巡视员（副厅级）	2002.6.24－	国烟党［2002］第27号		

甘肃省烟草专卖局（公司）领导成员任职情况表

姓　名	职　　务	任职起止时间	任职文号	免职文号	备　注
李国勋	局长、总经理	1997.5－	国烟党［1997］34号		
葛波涛	副总经理 纪检组长	1998.12－2002.6 2001.11－2002.6	国烟党［1998］91号 国烟党［2001］57号	国烟党［2002］29号	

姓　名	职　　务	任职起止时间	任职文号	免职文号	备　注
武卫东	副总经理	2000．5－	国烟党［2000］29号		
周孝贤	副局长 纪检组长	2000．4－2001．11 2001．11－ 2002．6－	国烟党［2000］29号 国烟党［2001］57号 国烟党［2002］29号	国烟党 ［2001］57号	
孔荣成	副总经理 总会计师	2002．11－ 2001．12－	国烟人［2002］516号 国烟党［2001］66号		

青海省烟草专卖局（公司）领导成员任职情况表

姓　名	职　　务	任职起止时间	任职文号	免职文号	备　注
宋亚强	局长、总经理、党组书记	2000．7．31－	国烟党［2000］45号		
侯国昆	副总经理、党组成员	1996．8．8－	国烟党［1996］59号		
张超凡	副局长、党组成员	2001．11．12－	国烟党［2001］58号		
李成方	纪检组长、党组成员	2001．11．12－	国烟党［2001］58号		

宁夏回族自治区烟草专卖局（公司）领导成员任职情况表

姓　名	职　　务	任职起止时间	任职文号	免职文号	备　注
谭声迪	局长、总经理、党组书记	1996．10．25－ 2002．4．16	国烟党［1996］第74号	国烟党［2002］ 第17号	退休
葛波涛	局长、总经理、党组书记	2002．4．16	国烟党［2002］第17号		
梁作清	副局长、党组成员	1998．7.22 2002．4．7	国烟党［1998］第42号		2002年 4月7日 病逝
毕溪英	副总经理、党组成员	1998．7．22	国烟党［1998］第42号		
师增建	纪检组长、党组成员	2000．7．31－	国烟党［2000］第43号		

新疆维吾尔自治区烟草专卖局（公司）领导成员任职情况表

姓　名	职　　务	任职起止时间	任职文号	免职文号	备　注
陈玉芳	局长、总经理、党组书记	2002．11．7－ 2002．11．7	国烟人［2002］487号 国烟党［2002］49号		
邱永春	副总经理、兼总会计师、党组成员	2002．11．7－ 2002．11．7	国烟人［2002］487号 国烟党［2002］49号		

姓　名	职　　务	任职起止时间	任职文号	免职文号	备　注
李济民	局长、总经理 党组书记	1997.12.30－ 2002.11.7	国烟党［1997］第72号	国烟人［2002］487号 国烟党［2002］49号	
玉素甫·吾甫尔	副局长、副总经理、党组成员	1996.8.6－	国烟党［1996］第60号		
石道明	副局长、党组成员	1996.8.6－	国烟党［1996］第60号		
方素青	党组成员、党组纪检组组长	1996.8.16－ 1999.11.26－	国烟党［1996］第60号 国烟党［1999］第80号		

大连市烟草专卖局（公司）领导成员任职情况表

姓　名	职　　务	任职起止时间	任职文号	免职文号	备　注
毕长敏	局长、总经理	1994－	大组干［1992］第197号 大政任［1994］第1号		
戚　兵	副局长、副总经理	1993－	大组干［1993］第146号 大政任［1993］第5号		
刘友信	副局长、纪检组长	1997.3.20－	国烟党［1997］第15号		
王卫东	副总经理	1997.3.20－	国烟党［1997］第15号		

深圳市烟草专卖局（公司）领导成员任职情况表

姓　名	职　　务	任职起止时间	任职文号	免职文号	备　注
罗光伟	党组书记	1997.6.2至今	国烟党［1997］第32号		
	局长、总经理	1995.6.21至今	国烟党［1995］第45号		
顾永光	党组成员、副局长	2001.1.17至今	国烟党［2001］2号		
崔茂德	党组成员	1997.6.2至今	国烟党［1997］第32号		
	副局长、副总经理	1995.6.21至今	国烟党［1995］第45号		
吴建荣	党组成员	1997.6.2至今	国烟党［1997］第32号		
	副总经理	1995.6.21至今	国烟党［1995］第45号		
张锦辉	党组成员	1997.6.2至今	国烟党［1997］第32号		
	副总经理	1995.6.21至今	国烟党［1995］第45号		
卢杰英	党组成员、副总经理	1997.6.2至今	国烟党［1997］第33号		
钟春锋	党组成员	1997.6.2至今	国烟党［1997］第32号		

郑州烟草研究院领导成员任职情况表

姓　名	职　　务	任职起止时间	任职文号	免职文号	备　注
闫亚明	院长、书记	2000.11.8－	国烟党［2000］65号		
傅清波	副书记	2000.11.8－	国烟党［2000］65号		
高学林	副院长	2000.11.8－	国烟党［2000］65号		
谢剑平	副院长	2000.11.8－	国烟党［2000］65号		
赵继先	副院长	2000.11.8－	国烟党［2000］65号		

科教篇

昭通卷烟厂党委书记 厂长

张嘉滨

1961年8月生，云南大关人，中共党员。云南工学院毕业，工程师，云南省人大代表。
历任昭通卷烟厂车间主任、党支部书记，昭通卷烟厂（烟草公司）党委副书记、副厂长，
昭通市烟草公司经理、烟草专卖局局长等职务。
曾荣获省地“优秀共产党员”、“云南省精神文明建设优秀
组织者”、“云南省烟草科技先进个人”等荣誉称号。

·烟草科技教育动态·

降低卷烟烟气中有害成分的技术研究

《降低卷烟烟气中有害成分的技术研究》是国家经济贸易委员会技术创新项目、国家烟草专卖局重点科研项目。行业内外科研院所和大专院校及卷烟企业等有关单位通过3年的联合攻关、重点技术研究，提供了一套全面降低我国卷烟烟气中有害成分的技术。

该项目在卷烟烟气中苯并〔a〕芘的测定方法、卷烟烟气中亚硝胺的测定方法，降低卷烟烟气中自由基的技术、降低卷烟侧流烟气的技术、应用神农萃取液降低卷烟危害的技术研究方面取得重要进展。建立了重复性好、回收率高、具有国际先进水平的卷烟烟气中烟草特有亚硝胺、苯并〔a〕芘和自由基的测定方法，对国内外名牌卷烟中的烟草特有亚硝胺、苯并〔a〕芘和自由基进行了测定，对神农萃取液应用于卷烟中进行了系统的安全性毒理评价。

利用该项目的成果，研制开发了显著降低卷烟烟气有害成分的卷烟产品，如低侧流"白沙"牌卷烟，低烟草特有亚硝胺、苯并〔a〕芘和自由基的绿"双喜"牌卷烟，低自由基"中南海"牌卷烟和低焦油、低一氧化碳的"白沙"（和）牌卷烟；在应用纳米催化材料降低卷烟烟气中CO的技术研究和利用新型NaY分子筛降低卷烟烟气有害成分的技术研究方面取得重大突破性进展。采用纳米催化材料的复合滤嘴对卷烟烟气中的一氧化碳消除达到45%左右，其技术达到国际领先刘平；采用NaY型分子筛的复合滤嘴对卷烟烟气中的苯系物、苯并〔a〕芘和烟草特有亚硝胺达到30%以上，其技术达到国际先进水平；长沙卷烟厂研制了低侧流烤烟型卷烟"白沙"（低侧流），可降低侧流烟气60%；北京卷烟厂研制了低自由基混合型卷烟"中南海"（5mg），自由基同比降低40%以上；广东神农烟科技术有限公司研制的神农萃取液，能显著降低卷烟危害；长沙卷烟厂应用纳米催化材料研制了低焦油和低一氧化碳烤烟型"和"牌卷烟，一氧化碳释放量为9.1mg/支；上海烟草（集团）公司采用综合的降焦减害技术已使卷烟烟气中的苯并〔a〕芘、烟草特有亚硝胺和自由基同比降低20%左右，目前该卷烟已经上市，即绿"双喜"烤烟型卷烟。

提高白肋烟质量及可用性的技术研究

郑州烟草研究院、中国烟草白肋烟试验站和云南烟草研究院农业所通过3年（1999～2001）各项技术的研究、白肋烟综合生产技术示范，取得了明显的成效。

1．确定了目前国内白肋烟产区生产优质白肋烟的主栽品种，主要有湖北白肋烟产区的鄂烟一号、TN90、KY8959和云南白肋烟产区的TN90、KY8959和KY907等。品种选育方面取得了重要进展，成功选育出7个优良组合；

2．明确了优质白肋烟的栽培调制技术，并形成新的白肋烟生产技术规范。阐明了不同地域白肋烟自然醇化的技术参数；确定了我国主要白肋烟产区湖北和云南高香味、适宜烟碱优质白肋烟生产的主要技术措施。

3．摸清了各种栽培措施及生态环境与白肋烟烟碱积累和产、质量的关系，明确了降低白肋烟烟碱含量的关键技术措施。研究了应用有关化学品控制白肋烟烟碱含量，筛选出可抑制白肋烟烟碱合成的化学品。建立了我国白肋烟主产区烟叶烟碱积累的数学模型，为预测和控制白肋烟烟碱含量提供了理论基础。

4．揭示了白肋烟成熟期和调制期烟叶常规化学成分变化规律；首次研究了国内白肋烟在生长、采收、调制过程中20种重要香味成分的变化规律，为生产高香气、适宜烟碱白肋烟提供了技术支撑。

5．建立了采用同时蒸馏萃取的前处理分离技术、气相色谱和气质联用鉴定技术分析白肋烟中香味物质的方法；首次较系统地研究了国外白肋烟与国内不同地区、不同部位白肋烟的香味物质组成及其异同。在进口、国产白肋烟中共鉴定出200种香味成分，其中30余种成分为烟草中首次鉴定出的新化合物。明确了白肋烟化学成分与质量的关系。

6．首次较系统地研究了白肋烟醇化过程中内在化学成分、感官评吸质量的变化规律；研究了不同醇化技术条件对白肋烟醇化过程中烟叶品质的影响，初步确立了我国白肋烟醇化的最佳技术条件和最佳醇化时间，为白肋烟的工业使用提供了科学依据

该项目研究内容与研究方法有多项创新。其中白肋烟综合栽培技术研究、白肋烟烟碱调控技术研究、白肋烟醇化技术研究、白肋烟化学成分与烟叶质量关系研究达到国内领先水平；白肋烟生长至调制过程中重要香味物质变化规律的研究达到国际先进水平。

采用特殊过滤技术的低危害"红双喜"牌卷烟（11mg/支）

上海烟草（集团）公司采用综合的降焦减害技术，在卷烟滤嘴中加入由天然植物加工和提取的高效选择性吸附剂及抗氧化剂配伍而成的复合添加剂，对烟气中有害成分进行选择性过滤，其中粒相中部分稠环芳烃（PAHs）和烟草特有氮亚硝胺（TSNAs）被吸附，部分烟气气相自由基（FR）被还原阻断，研制开发出了11mg"红双喜"牌卷烟。该产品产品香气质较好，具有中高档烤烟型卷烟香气特征，香气量及丰满度较好，烟气柔和、余味较纯净舒适。可使卷烟烟气中的苯并〔a〕芘、烟草特有亚硝胺和自由基同比降低20%左右，

技术含量高，在综合测试评价卷烟有害性技术方面达到国内领先水平，对发展低焦油低危害烤烟型卷烟产品具有示范作用。

低焦油、低一氧化碳的“白沙”（和）牌卷烟

长沙卷烟厂与中科院兰州化学研究所合作，通过对催化剂和助剂的筛选、卷烟配方调整，应用含纳米贵金属催化材料降低卷烟烟气CO技术，在国内率先成功研制开发了具有双低（低焦油、低CO）的“白沙（和）”卷烟，经国家烟草质量监督检验中心检测，该产品的CO释放量为9.1mg/支，焦油为10mg/支，烟碱为0.93mg/支，且质量稳定。采用纳米催化材料的复合滤嘴对卷烟烟气中的CO消除达到45%左右，显著降低了卷烟烟气中的CO成分，达到国际领先水平；该产品在市场试销后，受到消费者的欢迎。该产品所采用的技术属国内首创，在烟草行业具有积极的示范引导作用。

3mg“中南海”牌卷烟

北京卷烟厂根据国内外卷烟市场焦油量逐年下降的形势，通过对市场调查和技术调研，利用其低焦油混合型卷烟开发和生产上的优势，在成功开发低焦油中南海卷烟的基础上，采用中草药添加、复合滤嘴、激光打孔通气等多项技术，研究各项技术的相互协调和相互影响关系，以及降低焦油量、烟碱和CO等有害物质的方法，研制开发出了具有满意香气和吃味的3mg低焦油“中南海”牌卷烟。该产品的主要技术指标为：焦油量：3mg/支；烟气烟量：0.3mg/支；CO量：5mg/支；抽吸口数：8口。

目前该卷烟已批量出口日本，市场反响良好。

新型介质（科创－2）膨胀烟丝技术及装置

《中国烟草行业氟里昂整体淘汰计划》于2001年1月1日起正式实施。该计划承诺：从2001年元月1日起分阶段在烟草行业逐步淘汰所有CFC－11的使用，至2006年的12月31日CFC－11消费量淘汰为零，至2007年12月完成全部CFC－11烟丝膨胀装置拆线行动和膨胀技术替代工作。“新型介质（科创－2）膨胀烟丝技术及装置”项目是烟草行业积极履行《蒙特利尔议定书》（伦敦修正案），认真实施《中国烟草行业氟里昂整体淘汰计划》的重要技术措施之一。

该项目由北京长征高科技公司、梅州卷烟厂、贵阳卷烟厂联合开发研制。该项目针对中小型卷烟企业卷烟产品降焦工作的需要，结合氟里昂膨胀烟丝生产线具有结构紧凑、操作方便、投资较小并已在我国烟草行业得到较为广泛应用等特点研究了氟里昂介质替代技术。

研制成功的KC－2新型烟丝膨胀介质（ODP＜0.05），不破坏臭氧层，阻燃阻爆、完全性好，化学性质稳定、残留低，无毒副作用，降焦能力强（膨胀后烟丝填充值≥6.8）、造碎率低，不影响卷烟吃味，符合国家的环保要求，使用性能上优于氟里昂膨胀介质。填补了国内空白，是烟草行业替代氟里昂膨胀介质的一项重大创新。

SP31型KC－2浸渍装置运行正常，电控技术先进，可用于替代原有的氟利昂烟丝膨胀设备。

该装置已在贵阳、梅州和太原卷烟厂进行了工业试验及工业应用。

SH9型叶丝在线高速膨胀系统

高温气流式叶丝在线膨胀技术是当今世界烟草最具发展优势的烟草加工技术。常州市智思机械制造有限公司和合肥卷烟厂在吸收国外技术的基础上，充分考虑中国卷烟企业的实际情况，研制开发了SH9型叶丝在线高速膨胀系统，填补了国内空白。

该系统采用“管塔式结构”，“脉冲式气流输送”和“进料叶丝松散器”等创新设计，提高了整体加工性能；膨化和干燥过程短，改善了卷烟配方的均匀性和稳定性，提高了卷烟机的工作效率；膨化和干燥过程在几乎无氧的（200～400℃）过热蒸气中进行，保证了叶丝色泽；该系统膨化效果好，提高叶丝品质，叶丝膨化率可达15%～33%以上，适当控制叶丝的膨胀率，可以少添加或不加干冰膨化叶丝；该系统为卷烟配方调整设计提供了较大的余地，可以调整配方降低配方成本，改善卷烟的燃烧性和提高卷烟质量；该系统适用性强，可对各类全配方叶丝进行在线膨胀和干燥，叶丝膨胀率高。与传统的叶丝线相比，卷烟产品感官质量有所改善，卷烟重量明显下降，卷烟焦油量有一定程度的降低。具有较好的经济效益和社会效益。

主要技术指标：

额定生产能力（kg/h）：4000（按12%含水率折算）

叶丝含水率偏差（%）：（11～13）±0.5；

叶丝膨胀率（%）：＞10～32；

叶丝出口温度（℃）：65±5；

系统运行功耗（KW）：129；

蒸气耗量（kg/h）：800；

燃料（轻柴油）耗量（kg/h）：75.5。

·科研教育单位·

郑州烟草研究院

郑州烟草研究院在国家烟草专卖局正确领导下，在全体职工的共同努力下，在工作中认真实践“三个代表”重要思想，深入贯彻落实烟草行业“狠抓基础、狠抓规范、狠抓落实”的工作要求，以科研开发为中心，突出抓好重点科技项目和重点建设工程，各项工作取得了新的进步，在烟草行业科技方面进一步发挥了牵头、指导和推动作用，更加确立了我院在烟草科技领域的权威地位。

2002年，郑州烟草研究院围绕科研开发“一个中心”，狠抓重点科技项目管理，科研开发活动生机勃勃，气象更新，工作取得新成效。全年在册科技开发项目194项，其中当年新立63项。在国家局年度科技进步奖评审中获得一等奖1项，二等奖2项，三等奖1项；4项实用新型专利获得国家专利局的专利授权；35篇论文在各类学术会议或刊物上发表。我院科技“主业”蒸蒸日上，成绩显著，实现了年初提出的“确保我院在新的一年里各项工作再上一个新台阶”的工作目标。

在科学研究领域，我院在涉及行业全局发展的重大科技项目中发挥了举足轻重的作用：在“制丝工艺技术水平分析及提高质量的技术集成研究推广”项目中，作为国家局科教司指定的主要技术依托单位，将降低烟叶消耗技术、卷烟生产工序质量评价技术、白肋烟加工技术和卷烟“三纸一棒”控焦技术在一些卷烟厂进行综合技术应用，取得了阶段性成果，显示了工艺技术领域的扎实功底。国家经贸委下达的以我院为技术总牵头的“降低卷烟烟气中主要有害成分的技术研究”项目，通过了由国家烟草专卖局组织并主持的技术鉴定，得到了“项目整体达到国际领先水平”的高度评价。在刚刚启动的“烟叶主要化学成分合作分析研究”项目中，我院以多年的烟草化学研究基础得到国家局的高度信任，被指定负责项目的技术牵头和日常工作，为该项目从今年起实施全国烟叶20种重要化学成分协作分析和数据共享奠定了基础。我院承担的“造纸法烟草薄片加工工艺及成套设备的研究”已纳入科学技术部技术开发专项资金立项计划，该项目以其前沿性的技术特点和广阔的推广应用前景得到高层次主管部门的认可，此举不仅提高了我院的科技立项档次，更具有突破行业局限性、树立烟草科技新形象的重要意义。特别是以我院为技术总牵头的“提高白肋烟质量及其可用性的技术研究”项目，凭借着在技术上、理论上的多项突破，得到了鉴定专家“理论上有创新，质量上有提高，方法上有突破，技术上有进步，推广上有价值”的高度评价，荣获2002年度国家烟草专卖局科技进步一等奖，并被推荐申报2003年度国家科技进步奖。上述这些在行业有重大影响的重点项目，代表了我院的综合技术优势和科技创新实力，体现了由综合优势而造就的技术集成，对国家局“科教兴烟”战略的实施起到了有力的推动作用。

在技术开发领域，我院按照国家局“大市场、大企业、大品牌”的发展战略，以市场为导向，以企业为依托，与大中型卷烟企业的技术合作有了新突破，加快了我院科技成果转化为现实生产力的步伐，提升了我院在烟草行业的地位，也为进一步提高卷烟企业的核心竞争力做出了应有的贡献。

新院建设和职工住宅楼建设是院党委和院班子全力以赴要抓好的重点建设项目。紧紧围绕建设总目标，加强计划管理，狠抓工作落实，年前新院区各建筑物已拔地而起，分4个标段同时施工的科研实验楼、科研办公楼、公寓楼和中试车间已初见规模，相继封顶；职工住宅楼亦按计划实现封顶。

郑州烟草研究院科研成果的水平要努力接近并赶上世界先进水平，其中最关键的因素是人才，人才已成为科技竞争的决定性因素。2002年，在行业首次研究员职称评审中，我院有7位学科带头人通过了研究员职称评审。在人才培养方面，加大内部培养力度，努力营造人才成长的优良环境，积极选拔有培养前途的科技骨干到国外和国内科研机构、重点大学进行学术深造；在人才引进方面，积极采取有效措施，对引进人才的待遇、住房、安家费等方面给予明确规定，并通过在网络上发布信息、走入重点院校宣传等方式加大了我院的对外宣传力度，取得了明显的效果。

根据院党委的工作安排和去年“三讲”教育中提出的整改措施，重点修改、完善了《院中心组学习制度》、《党风廉政责任制》等各项规章制度，对党的组织建设和思想建设起到积极的推动作用。利用宣传栏、简报、学习材料等形式，对《公民道德建设实施纲要》进行了广泛的宣传学习，组织全院职工参加了河南省省直工委的公民道德建设知识竞赛活动。制定了《贯彻落实〈公民道德建设实施纲要〉的实施意见》和争创“两个五好”的实施方案，并组织了“法律、道德、文明、素质”为内容的知识竞赛活动，取得了良好的效果。全院上下团结一致，凝聚力和向心力得到加强。

国家烟草质量监督检验中心

2002年，国家烟草质量监督检验中心认真贯彻执行全国烟草工作会议精神，在国家局的统一部署、郑州院班子的领导下，进一步树立了为行业服务的思想，加强了中心质量体系的维护；严格按照国家局要求，如期完成了当年的检测任务；加大科研力度，拓宽与企业的合作，发挥质检中心在测试分析方面的优势，进一步提高技术人员素质和工作质量水平。

业务工作情况

1．完成卷烟产品的统检和国家局组织的市场抽查工作：(1)卷烟行业季度统检2次，焦油专项检验工作2次。共检测样品368牌次；(2)参加国家局市场抽查2次，派出20多人次，参加抽样和检测工作，检测样品近230个。

2．卷烟辅料的统检和烟叶工商交接质量监督：(1)丝束统检1次，样品87个。(2) 滤棒统检1次，样品14个。(3) 卷烟纸市场抽查1次，样品57个。(4) 香精香料市场抽查，样品100余个。(5) 烟用接装纸市场抽查，样品82个。(6) 参加行业烟叶的工商交接检查工作，检查10个省（市、区）近50余家卷烟骨干企业的烟叶工商交接情况。

通过对原料和辅料的监督检验，为国家局加强辅料公平竞价交易的管理，以及烟叶流通领域的管理，为企业的产品开发、产品质量稳定和提高提供了有力的支持。

3. 中心还完成行业委托样品检验：卷烟371个，滤棒12个，丝束22个，香精香料13个，烟叶773个，薄片11个，BOPP 11个，卷烟真伪鉴别27批次。

4. 对外培训：受科教司的委托，先后举办了烟叶农残、滤棒、丝束、接装纸、烟草化学分析学习班，培训学员456人，达到了预期的目的。跟班培训人数达50余人（次），涉及卷烟、辅料的物理、化学检测技术。

围绕主业，开展检测基础性工作和科研工作

1. 配合行业降焦减害的需要，加强烟气分析工作，进一步提高烟气分析的水平，规范烟气检验工作：(1) 协助国家局组织好每年一度的亚洲合作研究，确保烟气分析技术达到国际水平，并派人参加了在日本召开的共同实验总结会议。(2) 协助国家局组织国内二级站及36家重点卷烟厂参加的烟气分析共同实验，并在昆明召开了总结会。(3) 配合国家局完成了行业焦油量的统计分析工作和质量分析报表工作。

2. 在册项目基本情况：今年，质检中心在科研项目工作中取得了较好的成绩，不但有一批科研项目顺利结束，而且从项目的来源上进一步扩大，科研项目的比例也有很大提高，与企业的合作项目有所增加，项目的规模也比往年更大。通过开展科研项目，不但解决了行业、企业急需解决的一些问题，而且使中心的检测人员得到了很好的锻炼。目前，质检中心在册科研项目及参与合作项目27项，其中国家局立项项目23项、院立项项目1项、横向合作项目3项。参与院牵头的国家局项目2项，中心直接负责项目24项，其中标准项目13项，科研开发类项目12项。分别有8位同志担任项目负责人，涉及卷烟、辅料、烟叶分析、产品设计的研究、计算机网络等领域。今年已有12个项目结束，除个别项目进行了计划调整外，其余项目均按计划实施。

3. 论文论著：今年，中心在行业科技刊物上共发表10篇论文，其中2篇被国家局选送CORESTA会议宣读。

中国烟草科技信息中心

1. 情报研究工作　(1) 情报调研工作　完成了“烟草病虫害的无公害防治技术及其研究进展”、“近几年国内外低焦油、混合型卷烟产品及降焦减害技术研究进展”、“中国烟草行业国际比较与品牌发展分析”、“国际烟草行业最新发展水平”、“国际烟草行业目前的研究热点”等10余项调研项目，并撰写报告呈送有关部门。(2) 科技分析、评价、预测工作　对1982年以来烟草科技成果进行了分类、筛选和全面的统计分析，撰写了“中国烟草行业20年重大科技成果统计公报(分析)”，“中国烟草行业20年科技成果分类筛选分析报告”；参与完成了“烟草行业企业技术中心评价指标体系”、“卷烟工业企业技术创新能力评价体系”的研究和修（制）订工作以及烟草工业企业R&D统计工作；完成了国家局下达的“烟草术语”国家标准的修改工作，该标准已由国家标准化委员会正式批准发布实施；完成了南通醋酸纤维有限公司、济南将军烟草集团公司的科技咨询工作。

2. “中国烟草科教网”和烟草信息资源的建设工作　收集各类信息、文献43000多篇（条），全文加工上网13700余篇；会员发展到近100家；完成科技查新、专题检索项目80余项；新增加了烟草科技业务系统；进一步完善了信息动态发布系统和网络与数据的安全体系。

“中国烟草科技信息资源建设”项目于2002年7月通过了由国家烟草专卖局科教司组织的鉴定，获得2002年度国家局科技进步奖二等奖。

3. 《烟草科技》和《烟草信息》编辑出版工作　(1) 2002年《烟草科技》以“提高质量，加强创新，寻求突破”为重点，实施了“创新工程”，取得了较快进展。设立“重要研究报告”栏目。主要报道国家、有关部委和国家局重点科研项目的研究报告和其他类重要研究报告；重开“技术讲座”栏目；加强了组稿工作。全年稿件数量上升到了约500篇，用稿率下降到1/3左右；实现论文题目、文摘的全部中英文对照，提高了刊物档次；实行“主编意见反馈”和实行“六校一读”制度，减少了差错率。(2) 2002年《烟草信息》加强了对行业政策、重大活动以及国内外市场动态的报道。

4. 声像工作　制作了《科技创新、降焦减害、关注健康、奉献社会》、《铸就中国名牌卷烟辉煌》、《中国烟草科技创新成果展览会纪实》等近10部录像片。

5. 其他业务工作　作为全国烟草科技情报网网长单位，进行了全国烟草科技情报网的日常管理、协调和信息交流工作，对各片网的工作进行了指导；协助科教司完成了“中国烟草20年科技创新成果展”的有关筹备工作，完成了展览会期间科教司安排的相关工作；协助科教司完成了“两会”期间《科技日报》以“降焦减害，关注健康”为主题2个专版文章的编辑、加工、修改和技术把关等工作，对烟草行业有关致力于降焦减害、关注广大消费者健康的科技成果进行了客观的、正面的宣传，起到了较好的效果；编辑出版了《烟草——生产、化学与技术》中文版、《烟草行业科技成果汇编》(第4辑)、《中国烟草行业20年主要技术创新成果汇编》、《中国烟草专利文摘》等图书资料、文摘目录；完成了图书、资料的购置、管理、服务以及清产核资等工作，并通过电子阅览室提供上网信息的检索，进一步提高了服务质量与服务水平。

中国烟草标准化研究中心

中国烟草标准化研究中心在2002年的工作中　紧紧围绕国家烟草专卖局“科教兴烟”的战略决策和“一要规范，二要改革，三要创新”的行业工作重点，以及科教司“完善一个体系，抓好两个重点科研任务和落实一个行动计划”的科教工作重点，立足郑州院“瞄准国际烟草科技先进水平，努力建成国内一流，具有持续创新能力的烟草行业知识创新中心和技术中心”的定位目标。

1. 行业标技委的日常工作：(1) 各专业标准送审稿的形式审查50余个，行业标准在国家标准化管理委员会备案20余个，协助国家局、国家技术监督局发布GB、YC类标准27项，JJG（烟草）4项，GB标准修订单1项。(2) 组织并参与完成了ISO/TC126国际标准的投票15项，投票率达100%。积极开展国际标准采标情况分析与我国烟草类标准的上升工作的研究，对现有的38个ISO标准和正在制定的21个ISO标准进行了采标可行性的分析，并对现有的266个国内标准和70余个正在制定的标准先进性进行了分析，梳理了向国际标准上升的部分标准的清单以及工作程序。(3) 按时、优质地完成了国家标准化管理委员会下达的行业标技委以及各分技委的清理整顿工作。(4) 对现行的266项烟草标准（包括国家标准和行业标准）进行现实有效性的清理，建议终止88项。并对目前正在编制过程中的70余项标准进行督办，确保按期保质保量的完成。(5) 今年共发行标准、规程28份，卷烟标样28个，有力配合了行业科研开发和技术监督工作。(6) 为配合行业农业标准化示范县工程的开展，指导烟叶生产，按照科教司的要求正在组织整理出版《烟草技术标准汇编》（农业卷）（暂定名），这将是行业第一个有关门类型的标准汇编。

2. 标准在行业的宣贯工作。

3. 开展打叶复烤标准在行业执行情况的调研和检查工作。

4. 行业标准化信息管理系统的开发工作：完成了IT项目的阶段性工作，实现烟草行业标准化网络化、电子化，标准审定的电子投票，实现国家标准、行业标准制定信息与数据的及时交换和行业标准化工作的动态管理。

5. 标准化中心的科研工作：标准化中心在标准科研项目方面的侧重点包括二方面，一是利用自身的优势，加强对国际标准的采标，二是注重自主项目的研究。一年中，标准化中心共发表标准化方面的学术论文8篇，分别发表在：《中国烟草》1篇、《中国标准导报》1篇、《烟草科技》1篇、烟草学会宣读并获奖1篇、《黑龙江烟草》4篇。

6. 卷烟条码工作：建立了比较完善的行业条码数据库，为行业销售系统、经济运行系统、统计系统所广泛使用。

7. 行业计量工作：标准化中心计量实验室于2002年7月正式通过国家质检总局的认证，建立了《烟草专用气体压力标准装置》、《烟草专用气体流量标准装置》两项计量基准，已经开始进行吸阻标准棒、通风率标准棒、透气度流量盘、标准流量孔的检定。得到了国家局在行业的正式授权，在烟草行业专用仪器建标方面迈出了关键的一步，通过与国外比对，达到国外先进水平。

河南省烟草技工学校

河南省烟草技工学校是市级“双文明建设标兵单位”、省级“文明学校”和全国烟草行业惟一一所国家级重点技校。学校位于河南省许昌市文峰路南段，占地105亩，建筑面积32350平方米。学校建有融教学、食宿、娱乐为一体的综合培训楼，内有64间客房、2个计算机中心、1个多媒体厅、1个阶梯教室和1个餐厅。学校有职工97人，其中具有高级专业技术职务7人、中级专业技术职务27人。学校开设了卷烟加工、烟叶种植与购销、烟草商品营销等专业。2002年，共举办培训班51期，培训职工4000人；编写了《烟草专卖管理》、《烟草商品学》、《MK8卷接设备修理工鉴定指南》、《烟叶车管工鉴定指南》、《卷烟商品营销员鉴定指南》等教材，其中有3本教材通过了国家烟草专卖局的终审。 **（乔洪宪）**

广东省烟草南雄科学研究所

1. 基本情况：广东省烟草南雄科学研究所是目前广东省惟一一家烟草农业科研机构。其前身是“南雄烟草良种改良场”、“南雄烟草试验站”，成立于1936年。1997年正式成为由省烟草公司和南雄市烟草公司共同管理的烟草行业内部的科研单位。拥有面积11公顷的试验农场，建有科研综合楼、技术培训楼、种子厂、物资仓库及不同类型烤房和温室。化验室拥有一批先进仪器设备，可开展土壤、肥料、烟草化学、农药残留、病虫害鉴定及植物生理生化等方面的分析研究。

现有在职人员34人，其中专业技术人员22人，占60%，高级职称2人（返聘），中级职称9人，初级职称11人。设技术研究室、化学分析室、技术推广部、办公室、包衣种子生产厂五个部门。负责全省烟叶生产新技术的研究、推广工作，全省烟叶生产技术人员培训工作，全省烟叶生产良种繁育工作，全省烟叶质量检测，土壤肥料检测及全省烟草病虫害预测预报等工作。

2. 科研业务情况：近年来，在省、市烟草公司的直接领导和关怀下，烟草研究所充分发挥了自身的技术优势，立足南雄，面向全省，走科研与生产相结合，科研与人才培训相结合，科研与产品开发相结合的道路。紧紧围绕广东省，尤其是南雄烟叶生产情况，致力于烟叶生产实用技术的研究和推广应用工作。开展的科研业务有：(1) 开展烟草新品种选育、引进试验示范；(2) 开展烟草栽培技术方面的新技术研究、引进试验示范及推广。包括育苗技术，平衡施肥技术，提高烟叶K离子含量技术，提高烟叶香气，成熟采收标准及参加全国烟草新肥料试验网；(3) 开展烟草病虫害预测预报业务，全国烟草新型农药试验示范，烟草新型农药的开发研究以及烟草病虫害综合防治研究；(4) 开展新式烤房（包括热风循环烤房、气滤下降式烤房、半自动控制仪开发、堆积烤）及烘烤工艺技术研究；(5) 负责全省各烟区土壤分析化验，全省烟草专用复合肥质量监测及全省烟叶质量监测；(6) 开展地方特色烟南雄晒黄烟生产、调制技术研究；(7) 开展“国际型优质烤烟”技术研究和生产示范；(8) 负责全省烟叶生产、加工、收购等方面的技术培训；(9) 负责全省烟草良种繁育和包衣种子生厂加工工作。多个方面均取得了明显的成绩，为广东省烟草生产技术进步作出较大的贡献。

该所承担了国家局科研课题2项，省、市烟草公司课题8项及与有关单位合作项课4项。多个课题通过了省公司、韶关市科技局组织专家的鉴定，并获得省、市有关部门的奖励。

该所在省、市公司的正确领导和大力支持下，将继续围绕“科教兴国”的战略方针，走科技兴烟之路，与时俱进，开拓进取，努力攻关，致力于烟叶生产新技术的研究和推广工作，解决生产中存在的问题，普及先进生产技术，提高烟叶生产整体水平，进一步促进广东省烟叶生产技术上新台阶而努力！

3. 近年来获奖的主要成果有：(1)《烤烟新品种9601选育》获2002年韶关市科学技术进步二等奖。(2)《烟草青枯病综合防治技术研究与推广》获99年度韶关市科技进步二等奖，2001年度韶关农业技术推广二等奖。(3)《烟草包衣种子技术研究与推广》获2001年度韶关市科技进步二等奖。省烟草科技进步三等奖。(4)《烟草托盘育苗技术研究与推广》获2001年度韶关市科技进步二等奖，省烟草科技进步三等奖。

4. 获奖或发表的论文：近几年获国家级论文奖的有3篇，获省级论文奖的有15篇，在部级刊物发表的论文有6篇，在省级刊物发表的论文有17篇。 **（所办公室）**

中国烟草总公司湘潭中等专业学校

中国烟草总公司湘潭中等专业学校原隶属国家烟草专卖局，2001年4月开始由湖南省烟草专卖局主管，现有教职工157人（含离退休人员33人），其中高级讲师15人，讲师38人。目前学校所开设的专业主要有：电子商务、财务会计、市场营销、酒店服务与管理、电子电器维修、计算机及其应用等。另外，学校在烟草专卖管理、卷烟商品营销（网建）、财务会计管理、烟草种植、企业管理以及烟草行业特有工种技能鉴定等方面，师资力量较强，专业基础较扎实，为行业和社会提供了许多的服务，培养了大量的人才。学校先后被评为省级“园林式单位”、“双文明建设先进单位”，并跻身于全省“百佳文明卫生单位”之列，1994年学校通过湖南省教委组织的办学水平评估，并被确认为省（部）级优秀（A级）中等专业学校，2002年，学校再次被湖南省教育厅评定为“湖南省中等职业学校教学工作优秀学校”。

2002年学校转变了办学机制，正式挂牌“湖南省烟草职工培训中心”，实现了培训中心、技能鉴定站和中专学校三块牌子一套人马的办学机制，提出了以行业职工教育培训为主，暂兼办中专，等条件成熟时升格的办学思路。

2002年的培训工作中，学校实行培训项目负责制，运用现代培训手段，倡导互动教学，引入培训师概念，开展培训效果评估，运用ISO10015国标运作，取得了一定成效，在培训中注重了短期培训的实效性和针对性，充分利用多媒体教学，采取课堂教学、观看录像、案例分析讲座、经验交流、实地考察等灵活多样的教学形式，深受学员欢迎。全年共完成培训任务30期，其中国家局2期，省内28期，培训人数达2046人，为“科教兴烟”及全省行业快速持续发展和社会进步做出了一定贡献。 **（校办公室）**

·卷烟新产品·

珍品“江山”

“珍品江山”是世界上第一个标明有效成分并经权威实验室检测认证的卷烟产品，单支烟气中可以检测到：淫羊霍苷1.5>μg/支，芍药2.0>μg/支。获国家级优秀QC成果奖。

该产品风格独特，个性突出，整体质量上是一种感官的超越、品位的升华，烟香纯正突出，香味充实，浓中带清，雅致脱俗，回味绵长，飘逸而不散乱，细腻而不平淡，微透淡淡的药草香，清新高雅，与烟香浑然一体，充分谐调，烟气饱满、流畅，劲头适中，吸味平顺，口感舒适，无杂气，无刺激，充分体现了高品质卷烟的内涵。而且该产品还采用高科技手段，在卷烟中加入名贵中草药提取液，起到润喉祛痰、滋阴补肾、抗突变、抗致畸作用。通过在卷烟中加入了中草药提取液，单支烟气中有害成分比普通卷烟减少50%以上，在满足人们对烟草需求的同时，大幅度降低了对人体的危害。

设计者：李卫、杨振南

一统“江山”

该产品装潢设计在秉承“江山”系列特色的基础上，进一步挖掘“江山”文化内涵，正面主图案“成功人士指点江山”和“华袜”相互衬托，处处显示尊贵和典雅，力求庄重而不呆板，在平稳中体现突破。印刷上采用先烫后印技术使主图案更加醒目、突出。“江山”二字字边漏纸张底色并凹凸，利用了纸张本身的特性使其更加醒目、雄浑且又不失精致。磨砂工艺的使用与水纹图案相结合，表现了大浪淘沙的丰富内涵，耐人寻味。整体图案气势磅礴、雄伟壮丽、华贵而端庄。

卷烟风格独特，个性突出，整体质量上是一种感官的超越、品位的升华，烟香纯正突出，香味充实，浓中带清，雅致脱俗，回味绵长，飘逸而不散乱，细腻而不平淡，微透淡淡的药草香，清新高雅，与烟香浑然一体，充分谐调，烟气饱满、流畅，劲头适中，吸味平顺，口感舒适，无杂气，无刺激，充分体现了高品质卷烟的内涵，是烟中之精华。

设计者：李卫、叶鸿宇、杨振南

千喜“恒大”

该产品精选国内外自然醇化的优质烟叶，配以先进的优质辅料，采用超临界提取技术等尖端高科技工艺精致而成。产品香气清雅充足，烟气柔和细腻，余味舒适，吃味纯正，具有一定的满足感和享受感。装潢设计具有恒大品牌特色，兼顾时代感，版面明快，选材环保。作为婚庆用烟，伴随恒大百年品牌的悠久历史和文化底蕴，会为消费者带来美好的祝福和吉祥的喜运。

设计者：叶鸿宇、杨振南

“灵芝”

“灵芝”卷烟是石家庄卷烟厂久负盛名的产品，选用云南、贵州、福建为主的优质烟叶，成功地在卷烟中添加天然灵芝成分，经临床试验，大大降低了卷烟的有害成分，达到益气、养生、美容、抗癌、祛风、活血、化痰、解毒之功效，促进人体的新陈代谢并强化人体免疫功能。

烤硬盒“红灵芝”卷烟具有醇和、饱满、香气质好、余味干净的吸食特点和风格。另外在包装设计上古朴典雅、清晰爽目，主色调鲜艳夺目，包装质量与内在质量相一致。荣获2002年度“河北省名牌产品称号”。

“西柏坡”系列

西柏坡是举世闻名的革命圣地，是大决战时期的中央所在地，我厂用“西柏坡”命名卷烟品牌来加以纪念。

烤硬盒西柏坡（金）选用加长嘴棒，使焦油与其他有害成分得到更加有效的截留，该产品烟香优美，香气醇和、饱满，具有现代流行的香型风格。该产品荣获第九届“中国专利技术新产品金奖”和“特别金奖”。

烤硬盒西柏坡（红）卷烟中加有天然生物制剂，降低了卷烟有害成分，是低毒低害的高技术产品。该产品烟香醇厚悠长，具有吃味醇和、香气浓馥的特点。荣获2002年度“河北省优质产品称号”。

“金玉兰”

金玉兰卷烟应用祖国医学中的“以肺入药”原理，采用云南上等烟叶，加入20多种中草药提取物，增强了高科技含量，减少了烟气中有害成分。符合烟草产品保健化、时尚化、低危害的要求。2000年6月在郑州举行的全国卷烟品吸会上，金玉兰以90.2的高分名列全国第六，成为我国高档卷烟的突出代表；银玉兰卷烟吸味高雅醇正、无杂气，余味悠长；金银玉兰卷烟荣获首届沿海与中西部城市名牌产品、河北省名牌产品（工业类）、河北省用户满意产品、全国包装设计优秀奖、河北省著名商标等称号，银玉兰卷烟被评为2002年度卷烟优等品。

84mm烤烟型软（硬）“山海关”（红）

84mm烤烟型软山海关（红）卷烟产品是在经过缜密的市场调查，瞄准了四类烟的消费空间，在厂部正确的决策下研制的一款适合大众消费的卷烟产品。该产品在原料选用上采用了成熟度好的云、贵等地的优质烤烟烟叶；在生产过程中采用了科学的加工工艺和严格的质量管理，使该产品的质量得到了强有力的保障，也使该产品具有了香气充足、浓度和劲头适中、口感舒适等特点，是一款深受广大消费者欢迎且物超所值的卷烟产品。

软山海关（红）香烟在商标设计上选用了以雄伟的山海关长城为中心图案，大红底色的映衬更显长城的伟岸、雄浑。我们希望，山海关卷烟将会伴您走过人生的风风雨雨，与您共创美好的明天。

紫“钻石”

84mm烤烟型硬盒翻盖紫“钻石”卷烟产品是我厂继红“钻石”之后开发的又一款适应大众消费的中档“钻石”系列产品。紫“钻石”在充分继承和发扬红“钻石”的优点和长处外，也突出了该产品固有的特点。在产品设计上主要以云、贵、川、湖南等产区的烟叶为主，其中，配方中云南烟叶占70%以上，体现了云南烟叶的香气特征；针对紫“钻石”的香气特征，选用天然香精香料来衬托卷烟香气；该产品具有烟丝油润、香气纯正、劲头适中、余味舒适自然、烤烟型风味独具一格的特点。产品的糖碱比、焦油量与烟气烟碱量比等化学指标处于同类产品的领先地位，融南北卷烟风格于一身，充分体现了该产品物超所值的特性。商标印刷采用高档白卡纸、进口油墨和凹凸工艺，字体与图案浑然一体，光芒四射；烟支采用印刷水松纸、竖纹全麻盘纸卷制。小盒和条盒的左上角印有椭圆形彩色全息防伪标识；商标设计新颖、美观，紫红底色映衬着精美的钻石图案，熠熠生辉。2002年度，分别被河北省技术监督局评为河北名牌；被国家烟草专卖局评为优等品；被河北省发明协会评为河北省优秀发明奖。我们相信这款产品一定会得到您的欢迎，您选择，您就会拥有！

“人民大会堂”（双色红）

2002年9月投产。采用进口及国内云南、贵州、福建、江西等地的优质烟叶为原料，经过特殊筛选，科学配方，辅以天然进口香精香料精制而成。该产品具有吸味饱满醇和、留香清雅飘逸、入口柔和细腻、回味淡雅绵长的特点，深受消费者的喜爱。为王少强、邱宝平、杨长运、李美亮、韩国阳、刘维海、杨志新、单凯、官丽丽、孙迎春、宋涛等人开发。

“华樱”（红）

2002年11月投产。采用四川、湖北优质白肋烟，湖南、河南、辽宁优质烤烟，泰国、湖北优质香料烟为主要烟叶原料，辅以天然香精香料，国内先进加工技术精制而成。该产品具有吸味饱满醇和、香气浓馥、白肋烟香突出、口感口腻柔和的特点。为王少强、邱宝平、杨长运、李美亮、韩国阳、刘维海、杨志新、单凯、官丽丽、孙迎春、宋涛等人开发。

佳品“蓝翎”

2001年6月投产。内在质量精良上乘，香气饱满，入喉和顺，口感舒适。这些品质也得益于卷烟辅料的高质量，卷烟纸采用优质的高透气度卷烟纸，滤棒采用醋酸丝束制成，水松纸采用四色印刷水松纸。

佳品蓝翎商标设计，以绿色为主色调，主图案和文字采用辐射电化铝起凸技术，整体设计清新、靓丽。

世纪“蓝翎”

2001年6月投产。其内在质量具有明显的高档烟自然烟香，香气特征令人愉悦，嗅香优雅，无杂气，无刺激性，入喉柔顺，劲头适中，余味舒适、甜润。

世纪蓝翎的商标设计采用以金、红两种颜色为主色调，采用三维电气铝定位烫金设计，整体设计突出了富丽、华贵。

特制“蓝翎”

2001年10月投产。选用国内云南、贵州等地的上等烟为主料，并配以一定比例的进口津巴布韦烤烟。香料选择德国进口的高档香精香料。风格独特，具有浓郁的高档烟烟香，香气浓郁、协调性好、无杂气、无刺激性，入喉和顺，余味干净、舒适。

16支世纪“蓝翎”

2002年3月投产。手工逐片精选津巴布韦、巴西及国内云南、贵州等地的优质烟叶，配以进口的香精香料，采用独一无二新配方沟兑优质名酒五粮液，口味醇厚，香气浓郁，噢香幽雅。配以进口高透竖文卷烟纸，高档加长烫金水松纸，采用国际先进三维电化铝烫金技术，具有仿伪功能。

条盒包装采用目前国际流行的传统手工方法，产品质量诉求得以完美展现。

11mg 硬盒"红双喜"(特殊过滤)

盒标焦油：11mg

盒标烟碱：1.0mg

烟支总长度：84mm

其中烟柱长：59mm

滤嘴长：25mm

采用激光打孔技术

11mg 低焦油低危害"红双喜"卷烟产品是上海烟草（集团）公司广大科技人员经过三年多辛勤努力和潜心研究，在掌握了测试和降低卷烟烟气中气相自由基等三类主要有害成分的技术基础上，并采用该技术成功地开发出了的新一代红双喜卷烟产品。该产品已于 2002 年 5 月 1 日上市，并得到了广大消费者认可。

该产品运用了特殊过滤技术，焦油量基本不变。烟气化学检测表明：气相自由基、稠环芳烃、烟草特有的氮亚硝胺等主要有害物质等到了有效的降低。在化学指标、商标设计等方面赋予其更高的技术含量和更新的品牌形象。从感官质量评吸、化学检测和生物毒性试验结果表明，低危害红双喜卷烟与低焦油红双喜卷烟相比，吸味更醇。

硬盒"牡丹"(白)

盒标焦油：15mg

盒标烟碱：1.1mg

烟支总长度：84mm

其中烟柱长：64mm

滤嘴长：20mm

2002 年 12 月上市，并得到了广大消费者认可。

新牡丹卷烟采用优质原料，经过科学合理的配方与料香设计，达到和谐平衡的烟气口感，保持了沪产烟传统的烟气风格。淡淡的话梅味闻香，清新愉悦；烟气圆润纯正，饱满厚实，香气较丰满幽长，无杂气，刺激性较小；劲头适中，富有满足感，余味较干净，口腔少有残留。

新牡丹烟标的设计灵感源于素雅的中国水墨画，整版构图，赏心悦目，意境高雅；创新现代的设计手法之下，是品牌深厚文化底蕴的迸发。以黑白泼墨手法来表现牡丹花图案，更显艺术神韵，含蓄而不沉闷，富有动感，体现了品牌历史悠久，文化底蕴厚实；"中国红"色块配以古代文人墨客诗句"真国色"，烘托品牌，与"牡丹"卷烟牌名相呼应，使整款烟标平添阳刚之气，个性鲜明；黑、白、红三色可谓黄金搭配，恰到好处，醒目而不张扬；保留了原有"牡丹"的中文字体，保持了品牌的延续性；整版底色上珠光，并配以暗细直纹，使整款烟标富有质感和档次感。研制者：严新龙、吴家鲲。

喜庆"利群"

喜庆利群是杭州卷烟厂的全国名优卷烟品牌"利群"的系列产品之一，具有吸味醇和、细腻，香气清雅、飘逸，余味纯净、舒适的特点。产品投入市场以来，受到市场和广大消费者的认可，销售势头良好。

喜庆利群突出"喜庆"两字，采用红色包装，祥和典雅，喜庆场合平添尊贵。产品选料讲究、工艺精湛、控制严格。在产品设计过程中引进原料理化数据库、卷烟成品理化数据库、香精香料分析中的大量数据，应用创新的叶组降焦技术，并结合"正交试验"用于指导配方设计。在产品风格设计上，优选高成熟度烟叶，增强自然烟香的同时降低焦油释放量，并合理添加适当比例的天然进口香精香料，保证了卷烟的吸味品质。

产品整体设计简洁明快，典雅大方，注入较强的视觉冲击力，充分满足消费者追求新颖、大方、喜庆的心理需求。

婚喜、寿喜、禄喜、财喜、意外之喜、平日之喜，喜气洋洋，喜从天降，喜笑颜开。"喜庆利群"，让喜庆相伴，同喜同乐。

"大红鹰"(精品软)

本产品为宁波卷烟厂新近开发的高档卷烟。它采用国内外高档烟叶，在产地进行人工选叶配打，配以国外进口的香精香料；香气丰满，飘逸、优雅，劲头适中，抽吸后余味干净，口中有较长时间的留香，给人以高雅、舒适的感觉。烟支采用国外进口的直罗纹卷烟纸，小包装以深红色为基色，符合中国人的喜好。研制者：何新伟、周建华、王辉等。

领先地位：本产品采用了国内外新研发的香精香料，对产品有较好的修饰作用。同时，该产品焦油量≤15mg/支，较好的解决了降焦后卷烟香气量损失的问题。

"大红鹰"(软)

本产品是宁波卷烟厂新近开发的软包高档卷烟中的主打产品。本产品以高档烟叶为基础，进行精心的调配，辅以国内外高档香精香料作修饰。产品香气浓郁、飘逸，刺激性小，余味干净，回味有点甜。本产品价位适中，符合一般消费者的需求。研制者：何新伟、周建华、王辉等。

领先地位：本产品焦油量≤15mg/支，但香气量保持了较高的水平，较以前的大红鹰产品更醇和。

“五一”（国际）

外包装采用了更现代的设计，代替原来的红五一风格。在内在方面，对原配方进行了多次的调整，并采用了多种新的功能型香精，在保持原有风格的基础上，使其在吸味上更醇和，在降低焦油的同时，保持了红五一原有的香气量。研制者：何新伟、周建华、王辉等。

领先地位：本产品焦油量≤15mg/支，但香气量中，烟气更醇和。

“五一”（国际软）

本产品是宁波卷烟厂在中高档软包系列的主打产品。该产品香气量足，香气丰满、飘逸，刺激性更小，烟气更加醇和。我们除了精心调整其烟叶配方外，更采用了多种功能型香精，使产品在各方面更加完善。研制者：何新伟、周建华、王辉等。

领先地位：在降焦同时，弥补产品在香气量上的损失，且香气更醇和。

“摩登”

本产品是我厂开发的低焦油混合型卷烟，焦油量≤11mg/支。该产品经过先进的白肋烟处理线处理，处理后的白肋烟香气更醇和，突出，杂气更少。该产品香气浓郁，谐调性较好，杂气小，余味干净，混合型特征明显。研制者：何新伟、周建华、王辉等。

领先地位：采用先进的白肋烟处理线对白肋烟进行处理；焦油≤11mg/支，但香气量足，香气丰满、浓郁。

8+12“红三环”

该产品2002年研制，2003年元月10日首批投放市场，该产品拥有两项专利、五大特点，凝结前沿科技、突破传统局限，选用国际CPF高截留嘴棒、高级天然香料及生物添加剂卷烟纸，采用国际先进的配方设计手段和印刷防伪措施，烟支包装采用8+12差异性包装组合，中国首创，其中8支低CO、低焦油、低危害，适合早晚品吸，12支低CO、中焦油，烟气饱满，适合白天品吸。水松纸采用激光预打孔技术，有效降低CO、焦油量，使烟气更柔和细腻、口感更好；采用的高透气度卷烟纸含特殊生物添加剂更符合环保要求；采用镭射防伪拉线；烟盒底部采用凹印版DV上光，在不同角度下出现不同的文字和图案，有效防伪。策划创意：黄小虎；主要研制者：王成虎、王林、方冶。

精品“红三环”

采用国内外优质原料为主、100%醇化，并采用天然高档香料精制而成，香气清雅、丰满。包装设计突破传统局限，赋予了红三环标志以动感的飞跃，给人以强烈的视觉冲击力，采用新型的竖罗纹卷烟纸更显特色，独特的缩微字母拉线提供了便捷的防伪保障。

“黄山”

蚌埠卷烟厂黄山牌卷烟2001年按照做大品牌，建设强厂的经营方针，在质量方面加强科研攻关，增加科技含量；实施“符合性质量评价体系”等，提高质量，做强品牌。成功开发出“黄山”新概念、“黄山”雪茄等品牌，成为“黄山”系列新的闪光点。在市场方面树立“规范是第一位”的观念，进行品牌相对投放、有机调控、加强监控，在质量、市场、发展上深化名牌战略。

黄山品牌2002年累计销售14.18万箱，比2001年增长5.75%，其中重点规格“黄山”万里红销售达4.1万箱，比上年增长57.35%。随着黄山品牌的逐步发展壮大，2002年，该厂呈现产销两旺的良好发展势头，实现含税销售收入29.63亿元，同比增长12.85%，实现税利达17.65亿元，比上年增长28%。

“七匹狼”（豪情）

采用优质多年自然醇化的国内烤烟、国际烤烟，应用多等级、多地区、小比例的国际流行配方技术；通过一流的生产过程控制和一流的管理，应用国际领先的STS、HXD、CO_2膨胀等工艺技术；突破了传统配方的局限，综合国内外先进的调香技术，经科学的组合调配，烟丝色泽油润橙黄；注重香气的独特和满足感的需求，使香气独特诱人、透发，烟气饱满，吸味舒适，满足感强，突出激情豪放的品牌质量。

“乘风”（新红）

采用自然醇化的优质国内烤烟、国际烤烟经先进的科学配伍技术；通过一流的生产过程控制和一流的管理，应用国际领先的STS、HXD、CO_2膨胀等工艺技术；科学地运用“三纸一棒”技术；综合国内外先进的调香技术，精心调配，使香气细腻、清雅、透发，吸味纯净舒适。

“富健”（特醇）

采用优质多年自然醇化的国内烤烟，应用国际流行配方技术；通过一流的生产过程控制和一流的管理，应用国际领先的STS、HXD、CO_2膨胀等工艺技术；综合国内外先进的调香技术，经科学的组合调配；注重香气醇和口感的需求，使香气醇和、饱满，余味纯净、柔顺舒适，韵味悠长。

“七匹狼”（68吉祥）

采用挑选的、优质自然醇化的国内烤烟、国际烤烟，应用多等级、多地区、小比例的国际流行配方技术，经一流的生产过程控制，国际领先的STS、HXD、CO_2膨胀等工艺技术及一流的管理；吸取国内外先进的调香技术，经高级调香师精心组合调配；科学地运用“三纸一棒”技术；突破了传统配方的局限，运用最新的研究成果，使香气优雅、纯正、饱满、透发，吸味干净舒适。

硬盒尊品“金圣”

“尊品金圣”卷烟继承南昌卷烟厂“金圣”系列低害、保健的风格，烟香清雅、丰满、纯正、烟香药香谐调。该产品首次运用了卷烟激光打孔技术，卷烟焦油含量控制在14mg/支以下，提高了吸烟的安全性。

在产品的外包装方面，采用中国民族传统的龙凤图案做底纹，衬托出“龙凤呈祥，吉祥如意”的喜庆气氛。包装底色运用浅珠光色，保持了“金圣”系列卷烟基本格调。“金圣”商标和“狮标”图案应用烫电化铝击凸工艺技术，立体感强烈。在防伪技术上，更新了图案设计，采用三维镭射手法，防伪效果更佳。

研制者：王迪汗、王军、邓宇、谭明杰、周会舜、胡纲

硬盒新品“红日”

新品“红日”牌卷烟选用云南、贵州、江西等地自然醇化的优质烟叶精心配方而成，配以进口香精，采用先进工艺生产。产品质量稳定，香气浓郁丰满、高雅飘逸，吸味醇和，余味舒适干净。焦油含量控制在15mg/支以下。外包装精美雅致，以红色为基本色调，主图案为一轮红日在祖国的长城上冉冉升起，图案简洁、喜庆、寓意深远。该产品自上市以来，深受广大消费者喜爱。

研制者：钟正荣、何善懋、凌信明

富贵“大鸡”

富贵大鸡是将军集团公司2002年度新推出的烤烟型卷烟新产品，该产品为硬盒包装，焦油含量为15mg，烟气烟碱量为1.1mg。该产品为大鸡系列产品，在产品研制过程中，采用了先进的配方技术，它具有香气浓郁、丰满、谐调、吸味纯正，口感细腻，余味纯净舒适等特点。富贵大鸡外观设计更是典雅大方，它以中国人喜爱的红色为基调，突出了喜庆气氛。由于该产品质量上乘，价格适中，受到了广大消费者的喜爱和认可。2002年度，该产品推出不到一年，已累计生产销售54580万支，创造了较好的市场效益。

该产品由将军集团有限公司济南卷烟厂技术中心产品开发人员研制。在同类产品中具有领先地位。

硬盒“泉城”

泉城是将军集团公司2002年度新推出的烤烟型卷烟新产品，该产品为硬盒包装，焦油含量为15mg，烟气烟碱量为1.1mg。“清醇、甜润”是“泉城”卷烟内外在品质的最显著特点。“泉城”作为一个中高档卷烟，内在吸味体现了清雅、甜润的特色，香气清雅、飘逸而不沉闷；烟气柔和细腻，回味甘甜；抽吸后口腔无辛辣感。“泉城”卷烟选用无害的“绿色品牌烟叶”，采用了英国狄更生HXD工艺处理技术；低焦油、低烟碱、和低一氧化碳，使其吸食安全性大大提高。在外包装设计方面，以深蓝色为主色调，主体图案选取了体现泉城特色的标志性景观“趵突泉”，整个商标设计清新、高雅亮丽。

该产品由将军集团有限公司济南卷烟厂技术中心产品开发人员研制。在同类产品中具有领先地位。

“壹枝笔”

始创于20世纪40年代初期，当时即风靡全国。青岛卷烟厂在1996年推出的“壹枝笔”烟标主图案具有欧式中世纪风格，具象写法的“鹅毛笔”设计精巧，优选云贵高档烟叶，采用国际流行香型香精香料，烟丝金黄、光泽油润，为烟苑中的佳品。2001年，推出低焦油中档华贵蓝、红、绿“壹枝笔”，取得了市场的认可，销售前景良好。2000年被评为青岛名牌、山东著名商标，2002年被评为青岛名牌、全国质量信得过产品。

“泰山”

是青岛卷烟厂新时代高档香烟之一，烟标设计采用风景画形式描绘“泰山”雄奇峻拔的壮美风光，清雅脱俗，气势磅礴。特选上等烟叶，严格工艺配方生产，品质卓越。“清新

自然、至尊泰山”。1998年～2000年被评为青岛名牌，2000年山东省著名商标，2002年被评为青岛名牌、山东省名牌、全国卷烟优等品、全国质量信得过产品。

“红锡包”

是青岛卷烟厂代表品牌之一。在20世纪20年代～30年代即为畅销知名品牌。1994年恢复生产后，1999年推出喜庆“红锡包”，2001年推出康贵“红锡包”，2002年推出软盒康贵“红锡包”。“红锡包”精选优质醇化烟叶，沿袭传统配方，采用高科技防伪技术，洋溢着东方民族喜庆色彩，喻示着事业的成功、红火。“红包喜包红锡包”。1996年～2002年被评为青岛名牌，1998年、2002年被评为山东省名牌，1999年～2002年全国名优卷烟，2000年、2002年被评为山东省著名商标，其无形资产价值达9.16亿元。

“哈德门”

诞生于20世纪20年代，烟标图案以抽象的拱型代表哈德门，背面用艺术化的门帘作为图形，包装别致、精美；内在吸味纯净，香气醇和，劲头适中、品质优良。“哈德门”于1992年推出后，创造了覆盖全国，连续多年供不应求的奇迹。2001年，青岛烟厂采用新技术、新材料、新配方，推出醇香、清香和芬芳“哈德门”，吸味醇和，绵软悠长。“哈德门一开，好运自燃来”。“哈德门”香烟集万千宠爱于一身，无形资产价值高达11.83亿元，先后被评为青岛市金拳产品、山东省最受消费者信赖产品、山东最畅销国产商品金桥奖、全国名优卷烟和山东省著名商标，连续多年被评为山东省名牌、青岛名牌。

“红金”

是20世纪40年代名牌香烟，外在风格质朴，内在品质优良，青岛卷烟厂于1995年推出后，销量迅速增长，成为企业主导牌号之一，特别是2002年推出红福“红金”后，发展基础更为稳固。在中华民族的传统中，“红”色是吉祥和兴旺发达的象征，“金”色是富足、华贵的象征。“红福齐天、金玉满堂”，寓意幸福、美满的历史名烟——“红金”，为广大消费者传送着吉祥的福音。1981年被评为山东省优质产品，1984年被评为山东省烟草优良产品，2000年被评为青岛名牌。

软盒世纪精品“青州”

软盒世纪精品“青州”，是青州卷烟厂“青州”家族的又一新丁，零售价180元/条。配方设计系中日技术合作，采用优质进口烟叶和滇、闽等省上等烟叶，配以优质日本香精，烟香饱满细腻，吸味醇和；商标纸采用银箔纸凹印防烫金工艺印刷，光泽明亮；烟支采用30mm加长咀棒、烛光四色烫金接装纸，华贵典雅；采用CO_2膨胀烟丝等新技术使焦油量降至12mg，提高了安全性。该产品由青州卷烟厂科研中心产品开发小组研制开发，填补了山东省高档软盒卷烟的空白。

硬盒珍品“八喜”

硬盒珍品“八喜”卷烟，是青州卷烟厂“八喜”系列中又一高档品牌，零售价300元/条。商标采用镭射防伪技术、胶印与丝网烫金结合印制而成，喜庆华贵；配方优选国内外烟叶、天然香精香料，集中突出烤烟本身的香气，吸味清新醇和，纯正舒适。通过采用一系列高新技术，焦油含量仅11mg/支，提高了安全性。该产品由青州卷烟厂科研中心产品开发小组研制开发，填补了山东省该价位高档硬盒卷烟的空白，使“八喜”品牌更富生机与活力。八喜系列产品的研制始于1993年，1999年主导牌号硬盒红“八喜”荣获全国卷烟“优等品”，2001年获“山东省名牌产品”和“山东省著名商标”两项殊荣。

软盒贵宾“八喜”

软盒贵宾“八喜”卷烟，零售价50元/条。商标采用镭射防伪转移法银箔纸印刷，喜庆华贵。烟支采用30mm咀棒、高定量坚纹盘纸、激光预打孔烫金水松纸卷制，高档别致。在配方设计中与国际知名香精香料公司合作，优选巴西及国内优质烟叶和天然香精香料，烟丝色泽金黄、油润，烟香浓馥、清雅，吸味纯正、舒适，形成了独特的产品风格。通过采用通风滤嘴、CO_2膨胀烟丝等高新技术，焦油量达9mg/支。产品由青州卷烟厂科研中心产品开发小组研制开发，产品价格适应入世要求，填补了山东省中档软盒卷烟的空白，使“八喜”品牌丰富多彩。

世纪精品“红旗渠”

历经三年多时间的研制开发，数百次反复试验、修改完善，于2002年9月正式投放市场。该产品精选国内外优质烟叶原料，采用人工剪片工艺，科学配方并辅以名贵香料精制而成，具有卓越的吸食品质；烟丝光亮油润，吸味浓郁纯净，香醇袭人；回味绵长，雅致芳髓；采用凹槽咀棒使焦油量降至12mg/支，CO13mg/支，大大提高了产品的安全性；采用卷烟香味补偿技术，提高了产品的香气丰满度和满足感，实乃烤烟型低焦油高档卷烟之经典佳品。

包装采用当今先进的MK印制工艺，小盒正面采用镭射烫金材料，图案对比鲜明，层次丰富，工艺精湛；小盒背面烫印有高科技三维全息图。整体外观设计高雅亮丽、雍容华贵，与内在品质相得益彰、交映生辉。该产品技术含量在同档次同价位卷烟中处于全国领先水平。被河南省政府接待办指定为“河南国宾接待专用烟”。

研制者：安阳卷烟厂技术中心

11mg 低焦油“群英会”

使用高雅华贵的镭射装潢，精选进口及云、贵、福建等省优质原料，香气清雅醇和，余味纯净舒适，同时应用吸附性较好的活性碳咀棒和通风稀释技术，有效地截留了烟气中的有害成分，其技术水平在国内同档卷烟中名列前茅。

“白河桥”

是南阳卷烟厂的老牌号，拥有广泛的消费群体。装潢淡雅，选料精良，烟气细腻，烟香丰富，口感舒适。一经投放市场就深受消费者的青睐，在同档卷烟中排名优异。

“艾绒香杆”

是南阳卷烟厂的一个新品牌。该产品以传统药物艾草为原料，可作为卷烟替代用品，不含尼古丁等有害成分，将中医灸疗与卷烟工艺相结合，使消费者在吸食过程中通过艾条熏灸达到潜移默化的防病和治疗效果，具国内领先水平。

“GT”烟

是南阳卷烟厂首创的一种全新的卷烟产品，市场前景十分广阔。该产品是在对茶叶与烟叶特性研究的基础上精选叶组配方、香料，在醇和的烟气中透出清雅茶香，口感纯净，余味舒适。具国内领先水平。

新世纪“黄金叶”

该产品香气量充足，香气品质好，烟气细腻柔和，入喉和顺，刺激性小，余味干净舒适，润甜感明显。外观以尊贵、典雅的“世纪红”为基本色调，品位非凡。内部插卡精美独特，标新立异。条盒、小盒、烟支三重热敏防伪，送消费者一双“火眼金睛”。其领先地位集中体现新的吸食潮流，低焦油、低烟碱（焦油量15mg/支、烟气烟碱量1.1mg/支）倡导健康消费新观念。在省局组织的评吸中多次名列前茅，国家局将其确定为优等品，名列99个国家级名优烟之一。

研制者：吴殿信　崔建国　冯剑

世纪星“黄金叶”

该产品香气清雅，丰满自然，烟气细腻成团，入喉和顺，余味干净舒适，回味清甜持久。装潢采用镜面金卡纸，配以磨钞底纹和防伪暗纹，运用起鼓烫金技术，使金叶图案生动逼真，字体隽永鲜明，金光灿烂，突出“星光闪耀，光芒四射”的“世纪星”主题，整体包装稳重典雅，质感强烈，蕴涵着“黄金叶”文化的成熟魅力。该产品有两个方面的领先地位：(1)克服了河南卷烟产品干、辣、刺的通病。(2)综合运用加长滤嘴、高透盘纸、干冰膨胀等技术，有效降低烟草危害。经中国大气环境监测中心抽检，该烟焦油量13mg/支，烟气烟碱量1.0mg/支，属国内超前，国际先进水平。在国家烟草质检中心组织的评吸中，综合得分排名全国第四、全省第一。

研制者：吴殿信　冯剑　李成刚　马晓华

“帝豪”（阳光）

该产品是许昌卷烟厂采用国际上先进的加香加料配方理论和ECF高效降焦技术研制开发的新一代高科技产品。具有以下特点：

嗅香清新、淡雅，自然烟香醇厚丰满。有中外流行卷烟之独特风格，香气醇和，香韵丰满悦人，烟气流畅，入喉和顺，余味干净舒适，回味悠长。烟丝理化指标合理协调。总糖含量18.8%，总碱含量1.89%；焦油含量12mg/支，烟气烟碱量1.1mg/支。使用国内最先进的高档镭射纸张印刷，背面采用先进的定位烫印防伪技术，色调富贵喜庆，立体感强烈。

研制者：马宇平、罗四维、戴建国、于国强、王东。

软盒（蓝版）“黄鹤楼”

该产品香气丰满飘逸，吸味柔和，口感纯净舒适。其烟支采用珠光烫金水松纸，结合进口竖罗纹卷烟纸挺拔的视觉效果使烟支外观设计美观大方、精致高雅。简洁的构图将楼、鹤、云三个形象进行组合，以鹤和云对楼的烘托，反映楼的形象的宏伟壮观。高雅吸味和精美包装的完美组合赋予了软盒（蓝版）黄鹤楼香烟“雍容华贵、非凡典雅”的品位。该产品由武汉烟草（集团）有限公司技术中心产品研发人员精心研制而成。经专家技术鉴定和消费者评吸，该产品与市场同档次香烟相比，具有比较明显的市场竞争力。

“金锷银世界”

金锷银世界是襄樊卷烟厂为适应市场需求而开发出的高档卷烟。它运用当今国内外先进的技术手段和工艺配方，采用国内外优质烟叶、纯天然香精香料精心研制、科学调配而成。香气醇正、口感清爽、舒适，余味纯静，适应当今消费潮流。

金锷银世界装潢设计精美，飘逸、动感的商标变形，使主体图案别具一格，冷峻中体现出尊贵与典雅，是成功人士身份和地位的象征。

“芙蓉王”（蓝软）

该产品系烤烟型卷烟，常德卷烟厂技术中心2002年下半年研制成功，于2002年底投放市场。体现了该厂产品研究和开发方面的最新科技水平。芙蓉王（蓝软）继承并发扬了“芙蓉王”“柔、香、醇”的风格特点，焦油量、烟气烟碱量、一氧化碳释放量分别控制在10mg/支、1.0mg/支、10mg/支以下，并且烟气中亚硝胺、苯并芘等有害物质的含量也明显降低。在辅材的设计上，选用了进口高透气度卷烟纸和高过滤性的CPE加长嘴棒和加长水松纸，使消费者得到充分享受的同时，提高了吸烟的安全性。

“芙蓉后”（经典）

该产品系烤烟型卷烟，2002年9月由常德卷烟厂技术中心研制而成。该产品在包装设计上突破传统，以深蓝色和绛红色主色调构成了经典、稳重成熟的艺术格调；嗅香清雅，透发烟草特有的香气，香气类型为中间偏清香型，丰满谐调，烟气浓度中等，烟气细腻，劲头适中，余味纯净，口感舒适。自上市以来受到消费者的一致好评。

“芙蓉”（醇香佳品）

该产品系烤烟型卷烟，2002年6月常德卷烟厂技术中心研制成功。该产品包装吉祥，充满喜庆色彩；焦油含量低，烟气饱满醇和，劲头较足，嗅香优雅清爽，略带特有酸甜气息，余味生津返甜，价格适中，自上市以来受到消费者的一致好评。

“e天下”（新产品）

该产品烟是湛江卷烟厂廉江分厂于2002年初开发出来的新品牌。产品包装设计简洁明快，新颖独特，富有时代感。给人的感观是网络、电脑、山水、地球、时尚、旅游，表示科技的力量将改善人类的生活，给人类更美好的未来。产品选用活性碳滤棒材料，能有效降低卷烟中的焦油等有害成分，焦油含量14mg/支以下，烟气烟碱量1.1mg/支。具有烟气清新柔和，浓度适中，余味干净，口感舒适的独特风格。

硬盒“真龙”

该产品是南宁卷烟厂采用新技术、新工艺、新材料，高科技研制、精心打造的，于2001年12月推出的广西卷烟形象品牌。

该产品选用了国外最著名的津巴布韦烟叶及国内优质烟叶精心配制而成，并采用了国际上最先进、最昂贵的菲尔创纳横截流滤嘴、直罗纹降焦盘纸，使产品高科技含量得到了空前的提高，因而更具有香气丰满飘逸，优雅清醇，吸味舒适甜润等无与伦比的特点。

该产品的生产过程均按国家安全级别手工精心制作，每一片烟叶均进行严格的分析检验、清洗除尘并按标准人工剪片备料，整个过程均在技术人员的严密监视下进行，确保产品的卫生、安全。

硬盒“真龙”获2002年度下半年全国卷烟质量抽查综合评分第一名，全国质量信得过食品。

软盒御品“真龙”

该产品是南宁卷烟厂在硬盒“真龙”卷烟配方的基础上，经科技人员上百次的研究改进，采用现代化的新技术、新材料、新工艺与继承发扬卷烟传统秘方相结合的高科技含量产品。叶组配方由人工逐片精选自然醇化的进口津巴布韦和云、贵、湘、闽高档优质烤烟，并经严格的理化分析检测。选用欧美进口的高科技香精香料，同时采用法国瓦腾斯高透气性直罗纹卷烟纸和英国菲尔创纳活性碳血红蛋白复合醋纤咀棒。科学地优化组合配方设计，有效地降低了烟气中有害成分从而使卷烟香气更加郁馥、丰满、谐调，余味优雅、纯净。包装上采用现代化最新高科技全息防伪标识包装，确保您品味到正宗御品的高贵，享受人生的真谛。

“大地飞歌”

2002年9月，南宁卷烟厂经过历时一年，数十次的反复研究试验后，推出了“大地飞歌”卷烟新品牌。该产品有针对性的研究了区内外三类卷烟市场，依托云南科学烟草研究院的雄厚科技力量，选用档次较高的云南、贵州和津巴布韦烟叶作为主料烟，采用了国内最新研制出来的横罗纹功能盘纸及功能醋纤嘴棒。该产品不仅具有云南烟香气清雅，香气量足的特点，而且充分考虑到消费者的需求，突出清雅、细腻、甜润的风格。

该产品在研发过程中，为表彰南宁卷烟厂多年来对南宁市两个文明建设和对民歌节举办工作的支持，南宁市人民政府和南宁市国际民歌节组委会特地将广西南宁国际民歌节的标识和专用文字授予南宁卷烟厂，特准作为卷烟产品的商标进行设计和使用。

主要研制者：南宁卷烟厂技术中心。

硬盒特制优品“刘三姐”

南宁卷烟厂推出的硬盒特制优品“刘三姐”牌卷烟采用先进的配方设计技术、加工工艺技术和检测手段。产品风格为浓透清香型，劲头适中，浓度适中，闻香幽雅，烟丝光泽油润，香气浓馥清雅较丰满，谐调性好，醇和无刺激，余味较纯净舒适，杂气小，与同类产品比较具有配方成本低、稳定性好的特点。包装设计采用金卡纸，以金色为底色，以桂林山水衬托出刘三姐画像，装潢设计简洁精美，高贵大方，富有气派。

主要研制者：南宁卷烟厂技术中心。

“神驹”（红尊）

“神驹”（红尊）硬包翻盖过滤咀香烟是西昌卷烟厂2002年研制开发的二类卷烟，该烟由西昌卷烟厂技术开发中心配方人员进行配方研制，选用了经三年自然醇化的凉山优质烟叶和上乘的津巴布韦烟叶精心配制，并以《华阳国志》中记载的“神驹”命名，使品牌具有丰富的文化内涵。该烟焦油含量15毫克，吸食较安全，烟香醇和细腻，清香淡雅，回味舒适；外包装采用国内流行的红色，鲜艳醒目，上市后受到消费者好评。

“神驹”（蓝尊）

“神驹”（蓝尊）硬包翻盖过滤咀香烟是西昌卷烟厂2002年研制开发的三类卷烟，该烟由西昌卷烟厂技术开发中心配方人员进行配方研制，选用经自然醇化的凉山优质烟叶和部分进口烟叶，走多重复合配方的路子，集云烟清香型和川烟醇和型之所长，严格控制香精香料，突出原叶醇香，配方独特，香气丰满馥郁，吸味细腻醇和，余味纯净舒适。蓝色的外包装及淡蓝色珠光型过滤咀设计新颖独特、时尚，为中青年消费者所喜爱。

“国宝”系列

“国宝”品牌系什邡卷烟厂精心培育的重点品牌，该品牌关注降焦减害、香味满足的消费概念，按照“图案统一、标志统一、文字统一、底纹统一”的原则，以焦油量梯次形成“16mg绿国宝”、“15mg欢乐国宝”、“15mg醇香国宝”、“12mg银国宝”、“9mg新概念国宝”等风格明显的系列产品，满足各类消费者对“国宝”品牌产品品质的需要。

“国宝”品牌系列产品精选国内外优质烤烟精心叶组配方，辅以天然植物香原料，采用现代卷烟工艺技术，融注具有自主知识产权的“对称香味非等量调和理论”和“CPC降焦减害保香综合技术”等新设计理念精工细作而成。产品以烟丝黄色油润，燃吸各具明显特性：

“16mg绿国宝”：香气自然浓馥，烟味饱满。焦油量16mg。

“15mg欢乐国宝”：香气丰富生动，回味略甜。焦油量15mg。

“15mg醇香国宝”：香醇味厚。焦油量15mg。(2003年待开发)。

“12mg银国宝”：低焦油，高香味。焦油量12mg。系2002年国内低焦油烤烟型销量最大品牌产品之一。

“9mg新概念国宝”：香味飘逸，烟味谐调满足，9mg的低焦油量和低一氧化碳量，是四川省内首家顺应广大消费者对吸食满足和健康关爱的消费潮流而自主研制开发的新产品，系目前省内生产的最低焦油量的烤烟型卷烟产品。

“国宝”品牌系列产品包装装潢设计皆以网状底纹为基础，缀饰古朴的文字和拥竹而欢的“国宝”，并根据产品特性风格的需要选择绿色（绿国宝）、红色（欢乐国宝）、银色（醇香、银国宝）、珠光白色（新概念国宝）作为主体色，体现我们对消费者追求时代与自然的对比，呼唤宁静与和谐的统一的顺应。

“国宝”品牌系列产品主研人员：刘一兵、曾代龙、周志刚、唐荣。

“国宝”品牌商标2003年获四川省著名商标。

名品“天下秀”

名品“天下秀”产品系什邡卷烟厂真诚回报广大消费者对国优品牌“天下秀”的厚爱而研制开发的新一代“天下秀”技术升级产品。该产品精选国内优质烤烟和津巴布韦、巴西等国际著名烤烟精心叶组配方，辅以天然植物香原料，采用现代卷烟工艺技术精工细作而成。烟丝橘黄油润，香气清雅浓馥，烟味醇正丰满，入喉和顺舒适。商标包装将写实与抽象的设计同精细有序的布纹印刷工艺精巧结合，以纯朴典雅的金色为基调，缀山色于隐印云海底纹之中，溶“天下秀色”于万倾碧波云海之上，畅扬广大消费者与什烟人“崇尚自然，珍爱自然”的厚意深情。

珍品“天下秀”

珍品“天下秀”系什加卷烟厂真诚回报广大消费者对国优品牌“天下秀”的厚爱，秉承名品“天下秀”的成功而研制开发的技术升级产品。该产品精选国内外优质烤烟精心叶组配方，辅以天然植物香原料，采用现代卷烟工艺技术精工细作而成。烟丝黄色油润，香气自然透发，烟味谐调纯正，口感回甜圆润。商标包装将写实的设计同精细有序的布纹印刷工艺精巧结合，以自然典雅的金黄为基调，缀山色于万倾碧波云海之中，露朝阳映照“天下秀”色，意涵什烟人同广大消费者倾心一致的透发之情。

佳品“天下秀”

佳品“天下秀”系什加卷烟厂真诚回报广大消费者对国优品牌“天下秀”的厚爱，秉承名品“天下秀”的成功而研制开发的对“天下秀”技术升级产品。该产品精选国内外优质烤烟精心叶组配方，辅以天然植物香原料，采用现代卷烟工艺技术精工细作而成。烟丝黄色油润，香气纯厚，烟味饱满，充分享受。商标包装将写实的设计同精细印刷工艺精巧结合，以自然明快的米黄为基调，将天下秀色溶于麦穗底纹之间，意涵什烟人同广大消费者共享收获的喜悦之情。

“天下秀”品牌系国家局“名优品牌”，四川省著名商标。品牌产品销售规模位居全国“十大”品牌之一，四川省最大销量品牌。

“喜贵”

该产品为贵阳卷烟厂系列卷烟产品之一，采用国内流行口味，香气醇厚，设计喜庆、美观、大方、龙凤呈祥。

“黄果树”系列

贵阳卷烟厂生产精品“黄果树”采用国内外优质上等烤烟，辅以高档名贵香精香料精心配制而成。光泽油润、香气丰润，质量和安全性指标符合GB5606－96标准。

特制佳品“黄果树”香气清雅飘逸，内在质量和烟支装潢全面提升。

醇香“黄果树”口感圆润细腻，醇和自然。

清醇“黄果树”低焦油卷烟品牌。焦油量＜12mg/支，烟气烟碱量1.0mg/支。是21世纪新型卷烟珍品。

“遵义”系列

贵阳卷烟厂生产高档“遵义”博采国内外多地区上等优质烟叶，辅以进口名贵香精香料科学配制而成。烟丝光泽油润，香气浓馥沉溢，回味悠长。

佳品“遵义”香气丰满谐调，余味纯净。

铂金“红塔山”

该产品精选玉溪优质烟叶为主料；采用特殊复合嘴棒，更加有效过滤了有害成分；采用麻浆纤维卷烟纸，对烟草本香干扰更小；在国内率先在烟包上标注了远低于国内外卷烟CO含量16mg的指标，主要技术指标率先在国内达到了欧共体2004年对卷烟技术标准的需求。其特点是：低焦油(10mg)、低一氧化碳（10mg)，具有香气浓郁充足、醇和、细腻、自然丰满、回味甘甜的吸味特征，是红塔集团以创新科技打造的高科技、高香气、高品质、低危害产品的经典之作。

铂金“玉溪”

该产品以选用生物肥料、采用生物治虫技术和运用微生物自然醇化技术生产加工的玉溪“绿色环保烟叶”为主料；采用综合降焦减害技术，在焦油含量降至11mg的情况下，仍保持了充足、和谐的烟香。其特点是：低焦油（11mg)、低烟气烟碱（1.0mg)，具有烟香醇和、丰满，烟气细腻、协调、纯净的吸味特征，是红塔集团以创新科技打造的高品位的经典之作。

84mm全包装“红河精品88”

该产品由红河卷烟厂研制并生产，商标及封签采用镭射转移铜版纸印刷，商标底色为全红。水松纸为渐变黄底。卷烟纸采用高克重直罗纹卷烟纸。吸味清香，甘甜柔醇，芳香清雅。焦油量14mg/支，烟气烟碱量1.1mg/支。

84mm全包装“红河精品99”

该产品由红河卷烟厂研制并生产，商标及封签采用镭射转移铜版纸印刷，商标底色为全蓝。水松纸以白色为主色调。卷烟纸采用高克重直罗纹卷烟纸。吸味属柔和顺畅、舒适宜人的清香醇的口味。焦油量14mg/支，烟气烟碱量1.1mg/支。

高级珍品“小熊猫”

高级珍品“小熊猫”牌卷烟系列产品由会泽卷烟厂生产，优选云南、津巴布韦等地自然醇化的优质烤烟，辅以天然香精香料精制而成，产品内在显露浓馥优美的烟草本香，香气高雅和谐，吃味细腻生津，口感悠长舒适，体现“柔、细、净”的高雅风格；产品包装以鲜亮明快的红色为主，以会烟“小熊猫”形象构成主体图案，整体设计个性突出，热情奔放，富贵吉祥。经过马子肖、白海俊、唐刁书、赵勇、赵英良、余江、桂文兵、马永润等主要研制者精心工作，于2002年底完成研制。该系列产品使用菲尔创纳CPF滤棒，综合采取降焦技术，在保持较好的香吃味的情况下实测焦油量在11.5mg左右；产品商标标识印制技术一流，采用激光全息定点图形、反面定位印刷技术和变色珠光油墨等印刷术，防伪性较强。

“时尚好猫”

该产品具有独特的烤烟风格，香气飘逸、细腻，幽雅清新，吃味醇和舒适，烟气协调，余味干净的特点。(1)在烟叶配方中，以津巴布韦和巴西高档烟叶为主料，配以国内上等烟叶和二氧化碳膨胀烟丝，焦油含量得到有效控制。(2)卷烟纸采用高透型卷烟纸卷制，保证卷烟的良好吸味和品质，保证了烟灰的白度和固灰效果。减少了侧流烟气中一氧化碳的含量。(3)香料配方全部采用纯天然的添加物，并且添加了新式的助燃物质，有效降低了烟气中有害物质的含量。

项目负责人：王连峰　成员：胡喜怀、陈宝成、杨铁奎、张立昌、陈黎、李轩

“超醇猴王”

该产品具有明显的烤烟风格，香气柔和、细腻，幽雅清新，吃味醇和舒适，烟气协调，余味干净的特点。(1)烟叶配方中，选用国内外高档烟叶原料，科学调配，注重烟叶理化指标的平衡，烟气的酸碱度和焦油量得到严格控制。(2)卷烟纸采用高透型卷烟纸卷制，保证卷烟的良好吸味和品质，保证了烟灰的白度和固灰效果。(3)香料配方全部采用纯天然的添加物，同时增加了维生素C和E的含量，对降低烟气有害成分和缓和烟气具有良好效果。(4)采用高效率的滤嘴棒，在不影响烟气和不增加吸阻的情况下提高了对有害成分的截留效果。项目负责人：王连峰　成员：胡喜怀、陈宝成、杨铁奎、张立昌、陈黎、李轩

“延安”(醇和)

延安(醇和)牌卷烟是延安卷烟厂实施全省卷烟品牌整合而研制开发的特色新产品。产品集新技术、新工艺、新材料、新设备于一体。在商标设计上采用电脑CAD设计，上下以吉祥、庄重并点缀传统的双喜突出喜庆的红色为底色，主图案以展现“天下黄河一壶收”的壮丽景观，衬托“延安”汉字，展现中华民族悠久历史和光辉灿烂的文化。产品在整体设计中，注重卷烟内在品质的提升，采用软盒包装，降低成本回报消费者。产品配方使用多省区上等原料和精选陕西优质烟叶，同时运用生物技术加工、处理，使烟丝油润鲜明，烟香清雅丰满，焦油含量为15mg/支。经陕西省烟草公司鉴定认为其质量达到国家卷烟感官A类技术标准。

研制者：配方　任军林

商标　刘剑琦

工艺　吴保平

“延安”(新红)

延安(新红)香烟为延安卷烟厂生产，硬条盒、硬小盒包装，商标正面、背面分别以“七大会址”、“宝塔大桥”为主图案。大红底色象征着吉祥如意、万事顺心。该产品以多省区中、上等烟叶为原料，辅以天然芳香提取物，经科学调配，合理加工，保证了该产品的烟丝黄亮鲜艳，吸味和顺饱满，香味丰富可口，劲头适中，刺激性小，燃烧性好。

研制者：配方　张智胜　商标　刘剑琦　工艺　吴保平

84mm硬翻“红玉”

84mm硬翻红玉是汉中卷烟二厂为顺应卷烟市场发展潮流，以降焦减害为目标，提高卷烟吸食安全性为主攻方向，加大科技投入，聘请多方调烟专家高手，于2002年10月隆重推出的低焦油卷烟。该产品立足陕南烟叶、适量配比云南、贵州等省优质烟叶配以进口纯天然香精香料，博市场名烟之特点，成独具特色之品牌。经烟草界专家评吸后认为：硬盒翻盖“红玉”卷烟具有香气浓郁、劲头适中、烟气柔和、余叶舒适，口感清爽等特点。并且在全力保证和提高该产品质量的同时，我们加大降低焦油含量技术攻关，“红玉”卷烟的焦油量已稳定降低在12mg以下，极大的提高了吸烟安全性，切实维护了消费者的利益。烟盒主画面以红宝石耀眼的光环为主图案，象征吉祥富贵。图案简洁明快，色彩搭配协调，色调柔和，给人一种庄重华丽的美感。同时，在产品中使用了醋酸纤维二元复合滤嘴、高透气度卷烟纸、激光打孔水松纸等新型高档材料，使该产品不论是内在还是外观质量都达到了一个极高的境地。该产品经由国际先进的COMAS(科马斯)制丝线、PROTOS(普洛托斯)－FOCKE(佛克)卷接包机组制造，并严格按ISO9002标准组织生产，从而确保了产品的内在和外观质量。

硬翻“黑公主”

2002年8月，汉中卷烟二厂为充分挖掘陕西名牌“公主”的市场潜力，满足消费者需求，隆重推出了高技术含量、高附加值的烤烟型“黑公主”牌高档卷烟产品。在研制过程中，聘请日本长谷川株式会社和南开大学有关专家同厂科研人员联手，叶组配方精选津巴布韦、巴西进口烟叶和云南、贵州、陕南、湖南等省高档原料，采用多地区、多等级、小比例的多元配方体系，挑选进口纯天然香精香料精制而成。该产品具有高档烟香突出，香气浓馥、幽雅、圆润，劲头适中，无刺激、无杂气，余味干净舒适等特点，是卷烟中的上乘佳品。该产品商标主体色为黑色和金色，选用丝网印刷、UV光油等新技术、新材料，并运用了定位印金，压鼓技术和先进的镂刻工艺，使得整个版面的底纹显出了一种丝绸的纹路，纹路新颖，富有动感。底色采用世界流行主色调——黑色，它沉稳、冷静、庄重、典雅。“黑公主”三字聘请中央美院知名艺术家撰写，字体遒劲，洒脱。主图案以中国古代大唐时期的文成公主进藏为素材，右下部两只金凤凰栩栩如生，整体寓意为文成公主进藏后安抚了西藏人民，平息了叛乱，汉藏人民从此合二为一，友好相处。图案上方为厂徽标志。商标整体布局新颖、合理，格调高雅，充分体现了该产品的档次和丰厚的文化底蕴。在生产过程中，该产品的原料烟叶经过精心挑选，并运用国际先进的COMAS（科马斯）制丝线、PROTOS（普洛托斯）－FOCKE（佛克）卷接包机组等进口设备，严格按照ISO9002标准组织生产，确保了“黑公主”卷烟一流的品质。

“雪莲”（三星）

该产品是新疆卷烟厂在区局公司领导的高度重视与大力支持下，和红塔集团大理卷烟厂合作，共同研制开发的。经过区局公司领导的多次努力，与大理卷烟厂协商确定由大理卷烟厂为该产品提供技术支持与原料保障，在此前提下，双方技术人员经过两个多月的潜心研究，认真分析双方的原料状况，挑选出具有互补性的优势原料进行叶组配方，再以德国进口的高品质香精香料加以润色，根据我厂评吸委员会的多次评吸意见，技术人员又进一步微调，最终确定了目前的卷烟配方。产品中试完成后，经我厂评吸委员会确认，该产品配方具有典型的云烟风格，香气高雅醇和，丰满浓郁，余味干净舒适，回甜与生津感极好，同时生理强度适合本地区消费者习惯，是设计较为成功的一款中高档卷烟配方。在辅助材料的选用上，我们也下了大力气研究，分析不同材料的性能特点，力争所选用的材料能在最大程度上满足产品需求，凸显产品吸味特征。在产品的形象设计方面，充分利用合作单位陕西金叶印务有限公司较强的设计能力，前后共设计了十余款商标，在区公司领导、各商业公司领导、厂内等不同层次范围内广泛征求了意见，最终确定了目前使用的一款，该产品形象美观新颖，有一定文化内涵，上柜效果醒目。（新疆卷烟厂）

“雪莲”（醇香混合型）

“雪莲”（醇香混合型）牌卷烟为新疆卷烟厂研制并生产，采用了优质的湖北白肋烟和国内享有较好声誉的新疆香料烟叶与烤烟烟叶相配，通过精心挑选、优化配比，辅以名贵香精，经过特殊工艺加工制成的一个全新的混合型卷烟。香气浓郁、优雅，吃味醇厚、入口津绵，劲头中偏大，吸食后具有很好的生理满足感。商标设计清新、醒目，洁白的底色上整齐排列的细浅条纹给人干净、优雅的感受，一条深咖啡色块宛如绶带烘托出烫金的雪莲图案，再辅以同样烫金的雪莲字样，与“雪莲”牌系列产品一脉相承，同时经过巧妙设计，又具有其鲜明的特色，总体效果雅致而大方。生产过程中运用了当前先进的烟草科学技术，有效地降低了焦油量，在保证产品吃味的前提下提高了卷烟的吸食的安全性，切实做到了从产品的内外在质量上全方位对消费者负责。

金尊“好日子”

金尊“好日子”卷烟是深圳卷烟厂应用生物滤嘴技术研制开发的高科技卷烟产品。生物滤嘴属一种新型多元复合滤嘴，除具备普通滤嘴功能外，还含有高效的生物活性物质——血红蛋白，它能先于人体进行化学反应，选择性过滤许多有害成分。生物滤嘴的有效性已经得到希腊、瑞典、美国等国家的验证。该技术的应用有效降低危害，同时也使卷烟吸味更加醇和。配方技术方面，采用先进的配方板块模式技术和计算机辅助配方的手段，烟叶选用香气充足、颜色金黄、光泽鲜明的津巴布韦、巴西及国内的优质上等烟叶，并经人工精挑细选；加香加料选用纯天然植物香精香料，突出高档卷烟优美的香气、醇和的口味。香韵高雅，香气丰满，烟气细腻，留香持久，风格独特，极富感染力，烟丝化学成分协调，卷烟焦油量11.0mg/支，烟气烟碱量1.0mg/支，安全性高。

法规篇

龙岩卷烟厂厂长

李跃民

男，汉族，福建永定县人，1958年8月出生，1975年7月参加工作，1987年12月入党，大学学历，
高级工程师，龙岩卷烟厂厂长。
2002年，由于团结班子成员、依靠全体职工，以“抓创新、拓市场、争一流”为生产经营方针，
使企业继续保持了持续稳定健康的发展态势，
生产经营取得新发展，品牌营销取得新突破，易地技改取得新进展，企业管理取得新成效，精神文明取得新丰收。
全年完成卷烟产量51.7万箱，销量51.8万箱，实现销售收入34.8亿元，税利22.3亿元。
企业综合实力在全国烟草系统36家重点企业中排第12位，比2001年排名前移了5位。
他先后光荣当选为龙岩市二届人大代表、人大常务委员会委员，
并被授予“福建省十大杰出青年企业家”称号和“福建省五一劳动奖章”。

·综合·

烟草专卖品准运证管理办法

国烟法［2002］231号

第一章　总　则

第一条　为加强烟草专卖品准运证的管理，规范烟草专卖品流通秩序，根据《中华人民共和国烟草专卖法》及其实施条例，制定本办法。

第二条　运输卷烟、雪茄烟、烟丝、复烤烟叶、烟叶(包括再造烟叶和烟梗)、卷烟纸、滤嘴棒、烟用丝束、烟草专用机械等烟草专卖品，应当持有烟草专卖品准运证。

无烟草专卖品准运证，不得运输烟草专卖品。

第三条　本办法适用于跨省（自治区、直辖市）运输烟草专卖品准运证的管理。

省（自治区、直辖市）内运输烟草专卖品的管理办法由省级烟草专卖局制定，并报国家烟草专卖局备案。

第四条　各级烟草专卖局应当对办理烟草专卖品准运证的部门及其工作人员、烟草专卖品准运证使用和管理情况进行监督检查。

第五条　签发烟草专卖品准运证，应当使用国家烟草专卖局统一管理的烟草专卖品准运证计算机网络管理系统。

第二章　烟草专卖品准运证的签发

第六条　烟草专卖品准运证应当由省级以上（含省级，下同）烟草专卖局签发。地（市）级烟草专卖局可以按照省级烟草专卖局的委托，代签烟草专卖品准运证。

第七条　国家烟草专卖局有权签发所有烟草专卖品准运证，并可以授权或者委托省级烟草专卖局签发烟草专卖品准运证。

下列烟草专卖品的运输，应当由国家烟草专卖局签发烟草专卖品准运证：

（一）需由国家烟草专卖局有关业务主管部门调剂的烟草专卖品；

（二）中国烟草总公司直属专业公司进口的卷烟纸、滤嘴棒和烟用丝束；

（三）出口退货的烟草专卖品；

（四）依法没收的走私烟草专卖品。

第八条　下列烟草专卖品的运输，由国家烟草专卖局授权或者委托省级烟草专卖局签发烟草专卖品准运证：

（一）进口本办法第七条第二款第（二）项以外的烟草专卖品；

（二）滤嘴棒、烟用丝束和烟草专用机械。

第九条　卷烟、雪茄烟、烟丝、烟叶、复烤烟叶和卷烟纸的运输，由省级烟草专卖局签发烟草专卖品准运证。

第十条　省级烟草专卖局经国家烟草专卖局批准，可以委托地（市）级烟草专卖局代签国产的卷烟、雪茄烟、烟丝、烟叶、复烤烟叶、卷烟纸、滤嘴棒和烟用丝束的烟草专卖品准运证。

第十一条　烟草专卖品准运证由烟草专卖品所在地有权签发准运证的烟草专卖局负责办理。

第十二条　上级烟草专卖局授权或者委托下级烟草专卖局签发烟草专卖品准运证，应当符合下列条件：

（一）根据实际情况确实需要授权或者委托；

（二）符合烟草专卖管理的分级管理、属地管辖原则；

（三）被授权或者受委托人应当是省级或地（市）级烟草专卖局；

（四）被授权或者受委托人应当具备签发烟草专卖品准运证所需的计算机设备和网络通讯以及专门人员等。

第三章　烟草专卖品准运证申请条件和办理程序

第十三条　申请办理烟草专卖品准运证应当具备下列条件：

（一）调出方和调入方是合法的烟草专卖品经营单位；

（二）申请运输的是符合法律规定的烟草专卖品；

（三）申办人应当持有申请人的委托书和本人身份证等合法证明；

（四）具有合法有效的购销合同或者调拨单以及其他应当具备的证明材料原件。

第十四条　烟草专卖局应当按照下列程序签发烟草专卖品准运证：

（一）对申请人提交的相关材料进行审核；

（二）符合办理烟草专卖品准运证条件的，经主管领导批准后，由专人负责办理；

（三）不符合办理烟草专卖品准运证条件的，不予签发，应当通知申请人，并说明理由。

第十五条 签发烟草专卖品准运证，应当以国家烟草专卖局统一管理的烟草专卖品准运证计算机网络管理系统中储存的购销合同或者调拨单信息等为基本依据。

第十六条 对符合办理烟草专卖品准运证条件的，烟草专卖局应当在收到全部申请材料之日起1个工作日内办理，并将烟草专卖品准运证交付申请人。

如遇计算机故障、不可抗力等特殊情况，经主管办理烟草专卖品准运证的负责人批准后，可以自收到办理申请之日起3个工作日内办理完毕，并将烟草专卖品准运证交付申请人。

第十七条 烟草专卖品准运证的签发机关应当根据申请人申请运输烟草专卖品的运输距离、运输方式等情况，合理确定准运证的有效期限。烟草专卖品准运证的有效期限，公路运输最长不得超过20天，其他运输方式最长不得超过30天。

烟草专卖品准运证的有效期限，从签发之日开始计算。

第十八条 烟草专卖局应当将签发烟草专卖品准运证的有关材料及烟草专卖品准运证存根存档备查。保存期为3年。

第十九条 因打印错误、计算机故障等原因造成烟草专卖品准运证作废的，应当及时更正错误，排除计算机故障，并在更正和排除故障当日内完成作废手续。

第四章 监督管理

第二十条 签发烟草专卖品准运证的机关，应当依据本办法建立健全有关烟草专卖品准运证的管理制度，接受上级烟草专卖局的监督检查。

签发烟草专卖品准运证的权限、条件、程序以及工作人员的职责，应当公开、透明。

第二十一条 烟草专卖品准运证是运输烟草专卖品必备的合法证件，应随货同行，证货相符，并只能在有效期限内使用1次。

在运输烟叶、复烤烟叶、卷烟过程中，鉴章的购销合同（出口合同除外）原件应与烟草专卖品准运证一起随货同行。运输货物的规格、等级、数量、发货地和到货地以准运证的数据和标注为准。

第二十二条 因不可抗力或者意外事件致使在烟草专卖品准运证有效期内不能完成运输的，申请人应当提供相关证明材料，并在准运证有效期满前向原发证机关申请办理更换手续。

第二十三条 使用烟草专卖品准运证运输烟草专卖品，货物抵达目的地时，调入方验货无误后，应及时在准运证上加盖“货已收讫”印章，并上网确认。

第二十四条 烟草专卖局应当将因办理差错而作废的烟草专卖品准运证及时收回，并存档备查。

第二十五条 下列行为属于《中华人民共和国烟草专卖法》第三十一条规定的无烟草专卖品准运证运输：

（一）未办理烟草专卖品准运证运输烟草专卖品的；

（二）烟草专卖品准运证没有随货同行的；

（三）重复使用烟草专卖品准运证的；

（四）证货不符，超出或者少于烟草专卖品准运证规定数量、品种或者规格的部分；

（五）使用过期、涂改、复印、传真、伪造、变造的烟草专卖品准运证的；

（六）利用隐瞒、欺骗等手段取得烟草专卖品准运证运输烟草专卖品的；

（七）无烟草专卖品准运证又无法提供在当地购买烟草专卖品的有效证明的；

（八）无烟草专卖品准运证运输烟草专卖品的其他行为。

持有烟草专卖品准运证但实际改变到货地点的，或者运输烟叶、复烤烟叶、卷烟过程中鉴章的购销合同原件（出口合同除外）没有随货同行的，均视为无烟草专卖品准运证运输。

第二十六条 各级烟草专卖局按照《中华人民共和国烟草专卖法实施条例》第五十条的规定，在对非法运输烟草专卖品活动进行检查和处理过程中，可以采取下列措施：

（一）烟草专卖行政主管部门或者烟草专卖行政主管部门会同有关部门依法对涉嫌从事非法运输烟草专卖品活动和场所进行检查，依法对违法行为进行处理；

（二）对涉嫌非法运输的烟草专卖品及其运输工具进行暂存检查，但应当在7个工作日内进行处理；

（三）对涉嫌非法运输烟草专卖品的有关合同、发票、账册、单据、记录、文件、业务函电和其他资料等进行查阅、复制；

（四）对涉嫌非法运输烟草专卖品的当事人、嫌疑人、证人进行调查和询问。

第五章 罚则

第二十七条 对违反本办法行为的行政处罚，按照《中华人民共和国烟草专卖法》及其实施条例的规定执行。

第二十八条 违反本办法签发烟草专卖品准运证的机关，由上级烟草专卖局视其情节轻重分别给予以下处理：

（一）通报批评，责令限期整改；

（二）取消被授权或者受委托签发烟草专卖品准运证的资格；

（三）情节严重涉嫌犯罪的，依法移交司法部门处理。

第二十九条 经办人或者批准人未按照本办法签发烟草专卖品准运证的，视其情节轻重分别给予以下处理：

（一）通报批评，责令限期改正，

（二）取消经办人或者批准人办理或批准签发烟草专卖品准运证的资格；

（三）行政处分；

（四）情节严重涉嫌犯罪的，依法移交司法部门处理。

第三十条 调入方没有及时加盖“货已收讫”印章并上网确认的，应当对有关单位进行通报批评，并视情节轻重对直接责任人员和有关责任人给予行政处分。

第三十一条 申请人通过隐瞒或者欺骗等手段非法取得烟草专卖品准运证，应当由原发证机关收回或者撤销其烟草专卖品准运证，并依法追究有关单位和个人的行政责任。情节严重涉嫌犯罪的，依法移交司法部门处理。

第三十二条 烟草专卖执法部门及其工作人员，不得以任何理由对合法运输烟草专卖品进行非法扣留。因烟草专卖执法人员滥用职权、非法扣留造成当事人经济损失的，应当依法赔偿，并追究直接责任人和有关负责人的行政责任。情节严重涉嫌犯罪的，依法移交司法部门处理。

第六章 附则

第三十三条 上一级烟草专卖局依法授权下一级烟草专卖局签发烟草专卖品准运证，被授权的烟草专卖局以自身名义签发烟草专卖品准运证，并承担相应的责任。

第三十四条 上一级烟草专卖局依法委托下一级烟草专卖局签发烟草专卖品准运证的，受委托的烟草专卖局以委托人的名义签发烟草专卖品准运证，委托人承担由此产生的责任。

第三十五条 烟草专卖品准运证的规格和式样以及准运证的专用章的印模式样，由国家烟草专卖局统一制定。

第三十六条 签发烟草专卖品准运证的机关不得以任何形式收费或者变相收费。

第三十七条 本办法由国家经济贸易委员会授权国家烟草专卖局负责解释。

第三十八条 本办法自2002年7月1日起施行。

假冒伪劣卷烟鉴别检验管理办法（试行）

（国烟科〔2002〕436号）

第一章 总 则

第一条 为加强假冒伪劣卷烟鉴别检验的管理，确保假冒伪劣卷烟鉴别检验工作的科学性、公正性和权威性，根据《中华人民共和国产品质量法》、《中华人民共和国商标法》、《中华人民共和国烟草专卖法》、《中华人民共和国烟草专卖法实施条例》、《烟草行业产品质量监督管理办法》及相关法律法规，制订本办法。

第二条 本办法适用于在中华人民共和国境内的卷烟（含国外卷烟）的鉴别检验。

第三条 鉴别检验所涉及的机构和人员均须遵守本办法。

第二章 机构与职责

第四条 具有法定地位并具备相应承检能力的国家级、省级烟草质量监督检测机构，经国家烟草专卖局和省级以上（包括省级）质量技术监督部门审查认可并授权，方可开展假冒伪劣卷烟的鉴别检验工作。

第五条 国家烟草质量监督检验中心（以下简称“质检中心”）的职责为：

（一）承担各类卷烟的鉴别检验和仲裁性鉴别检验；

（二）负责建立用于卷烟鉴别的卷烟标准样品系统库，并组织其使用和发放；

（三）负责制订卷烟鉴别检验技术文件；

（四）组织开展鉴别检验技术的研究、培训与交流；

第六条 省级烟草质量监督检测站的职责为：

（一）承担授权辖区内流通的各类卷烟的鉴别检验和仲裁性鉴别检验；

（二）负责授权辖区内卷烟生产企业有关卷烟产品技术资料的整理上报和标准样品的认定；

（三）开展或参与鉴别检验技术的研究与交流；

第七条 卷烟生产企业、国外卷烟销售商等负责提供鉴别检验用的标准样品，并应对其有效性和真实性负责。

第八条 鉴别检验机构不能对委托的样品作出明确判定时，有权向有关专业部门索取技术资料，有关部门应给予配合；也可委托其他鉴别检验机构进行鉴别检验。

第九条 鉴别检验工作应坚持公正、公平、科学的原则，任何行政机关、社会团体和个人不得加以干预。

第三章 受理要求

第十条 鉴别检验的受理范围为：

（一）各级司法机关、行政机关、仲裁机构及法定消费者维权组织委托的各类卷烟；

（二）合法卷烟经营单位委托的各类卷烟；

（三）争议双方当事人委托的各类卷烟；

（四）经授权的其他鉴别检验机构委托或申请仲裁性鉴别检验的各类卷烟等。

第十一条 申请鉴别检验的委托方应向鉴别检验机构提供鉴别检验样品来源说明等资料，其样品数量应足以满足鉴别检验的需要。

第十二条 鉴别检验机构接受委托的，应与委托方签订鉴别检验委托书，明确委托事项。

第十三条 鉴别检验机构有权不予受理下列委托：

（一）争议双方一方当事人单独委托的；

（二）未提供相关资料的；

（三）样品数量不能满足鉴别检验需要的；

（四）无法获得有效标准样品的；

（五）因技术条件限制无法鉴别检验的；

（六）质检中心已经仲裁性鉴别检验的；

（七）司法机关、行政机关、仲裁机构已经做出生效判决或决定的；

（八）其他不予受理情形的。

第四章　依据和方法

第十四条　鉴别检验的依据为：

（一）卷烟标准样品；

（二）现行《卷烟》国家系列标准及相关检验标准；

（三）国家有关打击假冒伪劣产品方面的法律、法规；

（四）其他足以判定假冒伪劣的依据。

第十五条　假冒伪劣卷烟的鉴别检验采用比对方式，即以相应卷烟标准样品与鉴别检验样品进行对照分析，从而得出合乎逻辑的判定结果和结论。方法有感观鉴别检验法、评吸鉴别检验法和仪器鉴别检验法等。

第五章　鉴别检验

第十六条　从事鉴别检验的人员须经相关的专业技术培训并考核合格，取得经授权的上一级鉴别检验机构颁发的上岗证书。

第十七条　由委托方自行抽样的鉴别检验，其鉴别检验结论仅对送检的样品负责。

第十八条　当鉴别检验包括抽样时，鉴别检验机构要成立有委托方参加的抽样小组，并根据有关抽样规定制定抽样方案。

第十九条　鉴别检验应严格按照《假冒伪劣卷烟鉴别检验规程（试行）》及有关标准规定执行。

第二十条　鉴别检验机构应加强对卷烟标准样品的管理，确保其真实有效。

第二十一条　出具鉴别检验报告的鉴别检验必须予以留样，留样数量应满足再次鉴别检验与判定的需要，留样期限一般为三个月。

第二十二条　鉴别检验机构一般应在受理委托之日起七个工作日内出具鉴别检验报告。

第六章　结论认定

第二十三条　鉴别检验结论一般分为假冒卷烟、假冒伪劣卷烟和真品卷烟三种。特殊情况可加标注。

第二十四条　鉴别检验结论的认定为：

（一）有下列情形之一的认定为假冒卷烟：

1．假冒他人注册商标的；

2．伪造或冒用卷烟产地、企业名称、地址或代号的；

3．国家其他法律、法规中明确为假冒的。

（二）假冒卷烟若同时有下列情形之一的认定为假冒伪劣卷烟：

1．变质变味的；

2．掺杂使假的；

3．以假充真，以次充好的；

4．质量不符合现行《卷烟》国家系列标准的；

5．国家有关法律、法规明令禁止生产、经销的；

6．国家其他法律、法规中明确为伪劣的。

（三）与标准样品无显著差异的且无伪劣情形的卷烟为真品卷烟。

第二十五条　委托方对鉴别检验结论有异议的，应在收到鉴别检验报告之日起十五日内向原鉴别检验机构申请复检。委托方对复检结论仍有异议的，可向上级主管部门申请仲裁性鉴别检验，并由主管部门组织仲裁。质检中心的仲裁性鉴别检验为最终裁决结论。复检和仲裁性鉴别检验的样品原则上从留样中抽取。

第七章　义务和责任

第二十六条　鉴别检验机构应按要求作出准确真实的鉴别检验结论，出具合法的鉴别检验报告，不得伪造、涂改鉴别检验记录。因故意或者重大过失造成鉴别检验报告与事实不符，并对当事人的合法权益造成损害的，应当承担相应的法律责任。

第二十七条　鉴别检验人员要遵守职业纪律，保持良好的行为规范，对涉及的原始记录、鉴别检验结论和客户秘密负有保密的义务，不得随意将鉴别检验情况泄露给他人。否则，一经查实，追究其相应的行政、法律责任。

第二十八条　鉴别检验费用（包括赴现场抽样费用）由委托方承担，鉴别检验机构应严格按国家有关规定收取费用，不得任意提高收费标准。

第八章　附　则

第二十九条　雪茄烟假冒伪劣鉴别可参照本办法执行。

第三十条　本办法由国家烟草专卖局负责解释。

第三十一条　本办法自2002年11月1日起施行。

假冒伪劣卷烟鉴别检验规程（试行）

（国烟科〔2002〕436号）

1　适用范围

本规程规定了假冒伪劣卷烟鉴别检验的检验依据、工作程序、抽样方法、检验方法和检验规则。

本规程适用于假冒伪劣卷烟的鉴别检验。

2　检验依据

2．1《假冒伪劣卷烟鉴别检验管理办法（试行）》（以下简称《办法》)；

2．2 卷烟标准样品（包括标准，下同）；

2．3 现行《卷烟》国家系列标准及相关检验标准；

2．4 国家有关打击假冒伪劣产品方面的法律、法规；

2．5 其他足以判定假冒伪劣的依据。

3　**工作程序**

3．1 工作程序图（见下图）。

3．2 受理要求

根据《办法》第三章的规定要求确定是否接受委托。

3．3 签订委托书

符合受理要求接受委托的，承检方要与委托方签订鉴别检验委托书，委托书参考格式见附件 1。

3．4 抽取样品

当委托包括抽样时，依照《办法》第十八条的规定及本规程第 4 章的要求组织抽样。

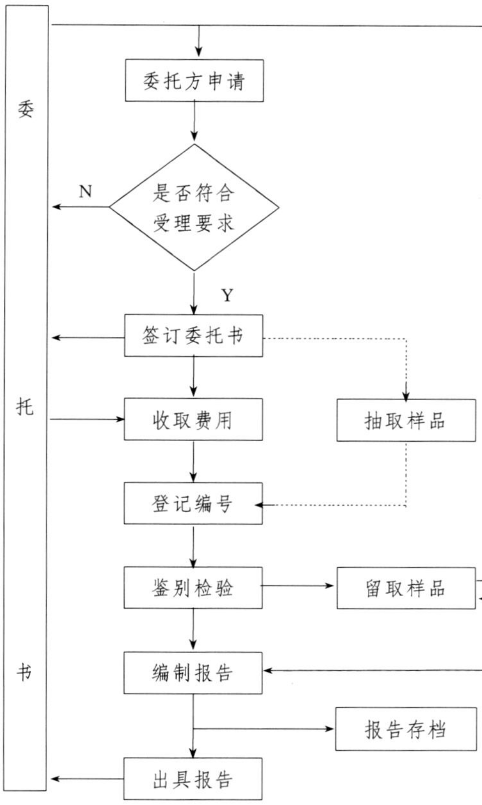

3．5 登记编号

鉴别检验样品接收后，必须立即对其进行登记，记录样品状态，并标注惟一性标识。

3．6 鉴别检验

3．6．1 感观鉴别检验法可作为鉴别检验的首选方法，当感观鉴别检验法无法得出明确结果时，可采用评吸鉴别检验法和/或仪器鉴别检验法。

3．6．2 鉴别检验要选择同一牌号、同一类型、同一规格、同一包装形式的相应卷烟标准样品作为对照样品。

3．7 检验报告

鉴别检验后，应出具鉴别检验报告。鉴别检验报告的格式见附件 2。

3．8 留取样品

3．8．1 鉴别检验样品的留取依照《办法》第二十一条的规定执行。除保留样品外，其余样品可随鉴别检验报告归还委托方。

3．8．2 保留样品要标注惟一性标识，并放置在阴凉、干燥的环境中，留样期限一般为三个月。

3．9 复检

委托方对鉴别检验结论有异议，提出申诉的，鉴别检验机构应对鉴别检验样品进行复检，复检样品从留样中抽取。

3．10 仲裁性鉴别检验

委托方对复检结论仍有异议的，依照《办法》第二十五条的规定执行。仲裁性鉴别检验的样品原则上从原鉴别检验机构的留样中抽取。

4　**抽样方法**

4．1 抽样单位要先根据鉴别检验卷烟的批次数量按批号进行分类，然后根据相应的批次数量，随机抽取一定数量的卷烟，作为鉴别检验样品。

4．2 批次数量在 10 箱以下的，分别从每箱中随机抽取一条，形成样本，再从样本中随机抽取 2 条作为试样；批次数量在 10～50 箱之间的，随机抽取 10 箱，再分别从每箱中随机抽取一条，形成样本，再从样本中随机抽取 2～5 条作为试样；批次数量在 50 箱以上的，随机抽取 20 箱，再分别从每箱中随机抽取一条，形成样本，再从样本中随机抽取5～10条作为试样。

4．3抽样后，抽样单位要对抽取的试样予以封样，并填写抽样单（抽样单参考格式见附件3）。

5　**检验方法**

5．1鉴别检验流程图。

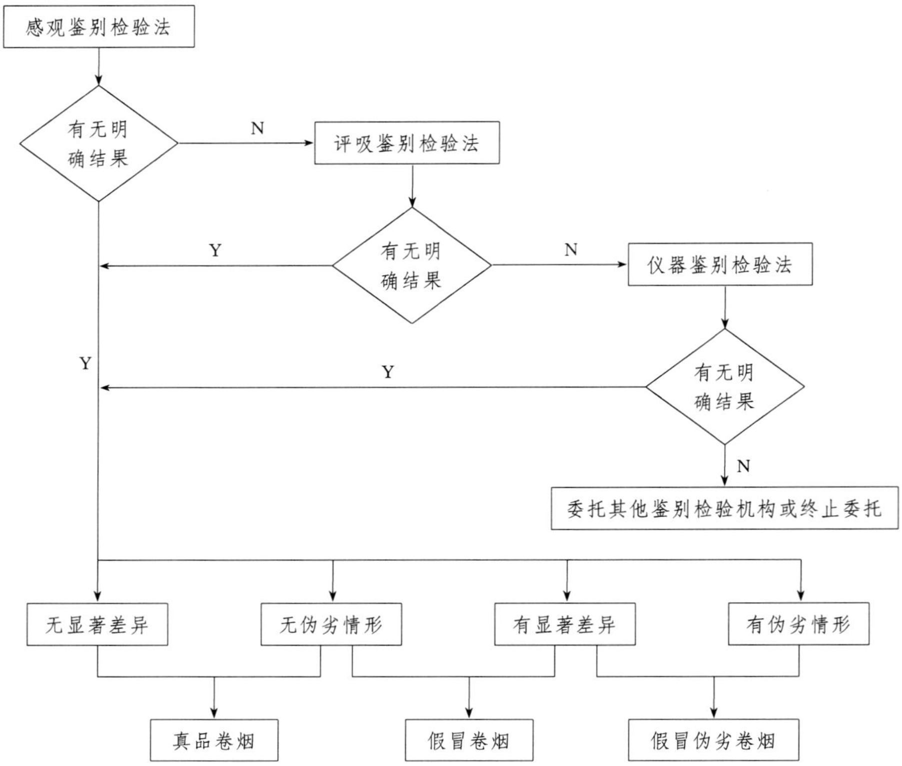

5．2感观鉴别检验法

5．2．1感观鉴别检验法是通过人的感官，借助一些简单的工具，对照相应卷烟标准样品，对鉴别检验样品的原辅材料特性、生产工艺特征、防伪技术应用、吸味风格等进行鉴别检验并加以判定的一种鉴别检验方法。

5．2．2感观鉴别检验的项目为条、盒、烟支、烟丝和吸味等五个方面。

5．2．2．1条

项目	序号	内容	项目	序号	内容
透明纸	1	特性	条盒	1	特性
	2	封口形状和位置		2	条盒尺寸
	3	封口工艺		3	印刷的颜色、图案、字体、方式
	4	有无拉线		4	牙刀线形状
	5	拉线印刷方式		5	粘封方式、粘封点位置
	6	拉线上字意、字体、颜色		6	胶粘剂类型
	7	拉线头形状和方向		7	是否重复使用
	8	拉线位置、粘连工艺		8	其他标记（喷码、打码、防伪标识等）
	9	是否重复使用			
	10	其他标记（喷码、打码、防伪标识等）			

5.2.2.2盒

项目	序号	内容	项目	序号	内容
透明纸	1	特性	封签	1	特性
	2	封口形状和位置		2	印刷的颜色、图案、字体、方式
	3	封口工艺		3	光标
	4	拉线印刷方式		4	封签尺寸
	5	拉线上字意、字体、颜色		5	粘连方式
	6	拉线头形状和方向		6	封签位置
	7	拉线粘连工艺		7	其他标记（喷码、打码、防伪标识等）
	8	是否重复使用			
	9	是否置换拉线			
	10	其他标记（喷码、打码、防伪标识等）			
商标纸	1	特性	内衬纸	1	特性
	2	印刷的颜色、图案、字体、方式		2	尺寸
	3	商标纸尺寸		3	印刷的颜色、图案、字体、方式
	4	是否剪角、多角		4	轧花内容
	5	针眼		5	切口方式
	6	粘封方式		6	折叠方式、形状
	7	胶粘剂类型		7	硬盒硬内衬的特征
	8	包装方式		8	与烟盒粘连方式
	9	是否重复使用		9	是否重复使用
	10	其他标记（喷码、打码、防伪标识等）		10	其他标记（喷码、打码、防伪标识等）

5.2.2.3烟支

项目	序号	内容	项目	序号	内容
过滤嘴	1	长度	烟支	1	烟支排列方式
	2	滤嘴材料特性		2	卷烟纸特性
	3	是否打孔、成型纸是否透气		3	搭口方向、粘连工艺
	4	水松纸特性、颜色、花纹		4	牌号钢印的颜色、形状、字体
	5	钢印形状、颜色、字体		5	小钢印编号、形状
	6	其他标记（喷码、打码、防伪标识等）		6	其他标记（喷码、打码、防伪标识等）

5．2．2．4 烟丝

项　目	序　号	内　容
烟丝	1	颜色、光泽、油润性
	2	梗丝是否经过膨胀，含梗量
	3	是否掺有烟草薄片（造纸法、辊压法、稠浆法）和膨胀烟丝
	4	烟丝宽度
	5	组成是否相符
	6	是否经过染色处理
	7	是否掺有杂质、异物
	8	是否霉变
	9	其他

5．2．2．5 吸味

项　目	序　号	内　容
吸味	1	嗅香
	2	类型
	3	香气风格
	4	是否变质变味
	5	其他

5．2．3 感观鉴别检验应根据规定的检验项目，对照相应卷烟标准样品，从外到内，由表及里逐项对比进行，直至可得出明确的判定结果。作无显著差异判定的，原则上应进行全项鉴别检验。

5．2．4 感观鉴别检验，要先对鉴别检验样品的条或盒的外包装进行辨别，判断其是否有差异。若样品条或盒的外包装一致，则随机抽取一条或一盒进行鉴别检验；若样品条或盒的外包装有差异或有疑问，则需对样品逐条或逐盒进行鉴别检验。

5．2．5 感观鉴别检验应注意把卷烟可能存在的质量问题与假冒特性区分开来。

5．2．6 感观鉴别检验人数不得少于二人。

5．2．7 当感观鉴别检验法无法得出明确结果时，可采用其他鉴别检验法进行鉴别检验。

5．3 评吸鉴别检验法

5．3．1 评吸鉴别检验法是通过鉴别检验样品与相应卷烟标准样品的对比评吸，对内在质量、香型吸味等进行鉴别检验，并加以判定的一种鉴别检验方法。

5．3．2 评吸鉴别检验的主要项目为香气、谐调、杂气、劲头、刺激性、余味等。

5．3．3 评吸鉴别检验的卷烟样品数量一般不得少于二盒。

5．3．4 评吸鉴别检验的方法、要求和程序，按照 GB5606．4《卷烟感官技术要求》和 YC/T138《烟草及烟草制品感官评价方法》第5．5．2和第5．5．4条的规定执行。

5．3．5 参加评吸鉴别检验的人数一般不少于三人，仲裁检验的人数不少于五人。

5．3．6 评吸鉴别检验应有三分之二以上的评吸人员取得一致意见，方可得出鉴别检验结果。

5．3．7 评吸鉴别检验若没有取得三分之二以上一致意见，则应进行复评。复评以超过半数以上一致意见为准。若复评与第一次评吸意见一致，则以该意见作为结果的判定依据；若复评意见与第一次评吸意见不一致，则应进行第二次复评，并以最后一次评吸意见作为结果的判定依据。

5．3．8 当评吸鉴别检验法无法得出明确结果时，可采用仪器鉴别检验法进行鉴别检验。

5．4 仪器鉴别检验法

5．4．1 仪器鉴别检验法是运用检测仪器设备对鉴别检验样品及其相应材料的物理和化学特性进行测试分析，与相应卷烟标准样品的特性进行对照，并加以判定的一种鉴别检验方法。

5．4．2 仪器鉴别检验的主要项目为卷烟及其相关材料的物理特性检验、主流烟气分析、化学常规分析及其他特性分析等。

5．4．3 仪器鉴别检验的卷烟样品数量一般不得少于二条。

5．4．4 仪器鉴别检验的方法和要求，按现行《卷烟》国家系列标准、行业标准及其他相关标准的规定执行。

5．4．5 仪器鉴别检验的项目可根据鉴别检验样品的情况，加以选择确定。

5．4．6 结果为无显著差异的，应有足够的鉴别检验项目作为其判定的依据。

5．4．7当仪器鉴别检验法无法得出明确结果时，可委托其他鉴别检验机构鉴别检验或终止委托。

6　**检验规则**

6．1鉴别检验结果，在综合分析鉴别检验情况的基础上判定得出，包括有显著差异或无显著差异和有伪劣情形或无伪劣情形。

6．1．1鉴别检验样品经鉴别检验，对照相应卷烟标准样品，有实质性差别的，即判定为有显著差异；无实质性差别且无任何疑异的，可判定为无显著差异。

6．1．2鉴别检验样品经鉴别检验，发现有下列情形之一的，即判定为有伪劣情形；无下列任一情形的，可判定为无伪劣情形。

1）变质变味的；

2）掺用染色烟丝或烟丝中掺有杂质、异物的；

3）使用废旧原辅材料制作的；

4）手工卷制或手工接装或手工包装的；

5）低等级、低档次冒充高等级、高档次的；

6）内在质量低于相应卷烟标准样品5分以上的；

7）外在质量严重低劣的；

8）其他足以被判定为伪劣的。

6．2鉴别检验结论在鉴别检验结果的基础上得出，分为真品卷烟、假冒卷烟和假冒伪劣卷烟。

6．2．1鉴别检验结果为无显著差异且无伪劣情形的，鉴别检验结论为真品卷烟。

6．2．2鉴别检验结果为有显著差异而无伪劣情形的，鉴别检验结论为假冒卷烟。

6．2．3鉴别检验结果为有显著差异且有伪劣情形的，鉴别检验结论为假冒伪劣卷烟。

附件 1

鉴别检验委托书

委托单位/人		电　　话	
传　　真		邮　　编	
委托方地址			
当　事　人		当事人电话	
当事人地址			
□送样　　□抽样	送样人/抽样人		

委托协议

根据工作需要，特委托XXX烟草质量监督检测站（质检中心）进行卷烟鉴别检验。

1．鉴别检验要求：

2．鉴别检验完成时间定于　　年　月　日，如有变动以书面或电话通知委托方。

3．承检方保证鉴别检验的公正性、科学性和准确性。

4．委托鉴别检验只对样品负责。

5．鉴别检验费用共计　　元，由委托方承担。

6．如有需要，委托方同意对样品进行分包检验。

7．本委托书如与补充协议冲突，以补充协议为准。

样品名称	标注生产单位	条盒条码	包装形式	规　　格	样品基数（箱）	样品数量（条）

备注

委托单位/人（签章）
年　　月　　日

承检单位（签章）
年　　月　　日

附件 2

编号：

鉴别检验报告

样品名称：

委托单位：

地　　址：

邮政编码：　　　　　　　　　电　　话：

XX 烟草质量监督检测站（检验中心）

注意事项：

1．报告无“检验报告专用章”或“检验单位公章”无效。

2．复制报告未重新加盖“检验报告专用章”或“检验单位公章”无效。

3．报告无编制人、审核人、批准人签字无效。

4．报告涂改无效。

5．对检验报告若有异议，应于收到报告之日起十五日内向本检测站（检验中心）提出。

6．委托检验仅对来样检验结果负责。

地　　址：　　　　　　　　　　**电　　话：**

邮政编码：　　　　　　　　　　**传　　真：**

XX 烟草质量监督检测站（检验中心）
鉴别检验报告

编号： 共 页第 页

样品编号		检验类别	
样品名称		规　　格	
包装形式		条盒条形码	
标注生产单位		抽样单位	
委托单位		抽　样　人	
送　样　人		抽样地点	
收样日期		抽样日期	
样品数量		抽样依据	
样品基数		抽样基数	
样品描述			
鉴别检验依据			
鉴别检验方法			
鉴别检验项目			
分包检验单位名称			
分包检验依据			
分包检验项目		鉴别检验日期	
鉴别检验结论	签发日期：		
其他说明			

批准： **审核：** **编制：**

附件 3

鉴别检验抽样单

当事人		当事人电话	
当事人地址			
抽样单位		抽样人	
抽样地点		抽样时间	
委托人		电话	
传真		邮编	
委托方地址			

样品名称	标注生产单位	条盒条码	批　号	包装形式	规　格	样品基数（箱）	样品数量（条）	箱与条对应关系
注：此单一式三份，当事人双方各保留一份，另一份交鉴别检验机构								

抽样单位（盖章）：

签　字

年　月　日

被抽样单位（盖章）：

签　字

年　月　日

·烟叶管理·

规范烟叶流通秩序的规定

（国烟法〔2002〕163号）

第一章　总　则

第一条　为规范烟叶流通秩序，根据《中华人民共和国烟草专卖法》及其实施条例，制定本规定。

第二条　通过规范烟叶流通秩序，完善监督制约机制，健全内部管理制度，规范烟叶经营行为，严厉打击各种非法经营烟叶的活动。

第三条　本规定所称烟叶是指烤烟和名晾晒烟。复烤烟叶、片烟、烟梗、烟丝、烟末和再造烟叶适用于本规定。

第四条　本规定适用于烟叶的国内购销和进出口业务。

第二章　烟叶收购

第五条　烟叶收购计划是国家指令性计划，各地区、各部门必须严格执行，逐级落实，不得变更。

第六条　烟叶收购价格实行中央管理的政府定价。国务院计划部门会同国家烟草专卖局（以下简称国家局）制定全国各地区中准级收购价格，国家局制定各等级、品种的具体收购价格。各省（区、市）必须严格按照国家确定的价格执行，不得擅自调整价格。

第七条　烟叶由县级烟草公司或者其委托单位统一收购，其他单位和个人不得收购烟叶。县级烟草公司或其委托单位设立收购站必须经省级烟草专卖局（以下简称省级局）审核批准。烟叶收购站不得跨辖区收购烟叶。

第八条　烟叶收购站根据县级烟草公司或其委托单位与烟农签订的收购合同按国家烟叶标准和收购价格组织收购。对无合同、超合同部分烟叶不予收购。其他单位和个人不得干预收购工作。

第三章　烟叶购销

第九条　省际间烟叶购销由烟叶产区的烟草分公司以上单位进行统一经营；非烟叶产区的烟草公司不得经营烟叶。

第十条　烟叶交易实行会员制。全国烟叶交易会员单位及代表由国家局审定。会员单位必须持有国家局颁发的烟草专卖许可证。省内烟叶交易会员单位及代表由省级局审定。非会员单位及代表不准参加烟叶交易会。烟丝厂及地方烟厂所需省外烟叶，由所在省级烟草公司烟叶部门代理。

第十一条　烟叶调拨计划根据购销双方上年度签订的烟叶购销协议，由国家局上报国务院计划主管部门批准后下达。需增加省际间烟叶购销数量的，应先征得双方省级局烟叶主管部门同意，报国家局烟叶主管部门备案。

第十二条　烟叶的购销必须签订烟叶购销合同（以下简称合同）。省际间烟叶购销由工商会员按国家调拨计划在全国烟叶交易会上签订合同。省内烟叶购销由省级局烟叶主管部门统一组织签订合同。

第十三条　烟叶调拨价格应按照市场原则，体现优质优价。供需双方必须严格执行国家局印发的《烟叶调拨价格管理办法》。

第十四条　烟叶购销单位必须完善规章制度，加强对烟叶购销人员的管理。加强法制教育和业务培训，提高烟叶购销人员的遵纪守法意识和业务素质，建立定期考核制度。

第十五条　烟叶购销业务人员实行岗位定期交流制度。原则上每5年购销业务人员要全部轮岗一次。

第十六条　烟叶购销活动必须坚持集体研究决定，增加透明度，防止暗箱操作，建立约束和激励机制。

第十七条　鼓励企业职工对烟叶经营行为进行监督，对举报有功人员实行奖励，对打击报复的行为要严肃处理。

第四章　烟叶运输

第十八条　跨省运输烟叶，必须使用国家局统一管理的烟草专卖品准运证计算机网络管理系统签发准运证。

第十九条　烟叶准运证的开具应以合同或者调拨单为依据，准运证上的调出单位、调入单位、到货地和加工地必须与合同或者调整协议一致，实际运输的烟叶等级、数量必须与准运证相符。在合同数量内，需调整等级的或省内调整地区的，由购销双方签订调整协议，经调出方省级局烟叶主管部门批准。准运证的开具以调整协议为准。

第二十条　烟叶运输原则实行一个运输工具一份准运证，特殊情况下，允许一个运输工具使用两份或者多份准运证；严禁两个或者多个运输工具使用一份准运证。

第二十一条　烟叶调出单位必须建立烟叶销售管理档案。烟叶出库单、合同、调拨单、准运证及货款结算票据复印件等资料须统一整理归档，保留期不少于3年。

第五章　卷烟工业企业烟叶采购验收

第二十二条　卷烟工业企业购进的烟叶只能自用，不得用于经营。卷烟工业企业跨省调剂烟叶，须经双方省级局烟叶主管部门同意，报国家局烟叶主管部门备案。从产区按合同调进烟叶，应实行原烟交接，委托加工，严禁委托其他单位和个人烟叶采购。

第二十三条　卷烟工业企业必须严格执行烟叶进货和验收制度。按有效的合同和准运证接收烟叶，必须经烟叶质量监督部门根据国家等级质量标准进行验收，等级合格率达到80%方可入库、付款。

要建立和完善原始凭证管理制度，对烟叶出入库各种资料和数据做详细记录。

卷烟工业企业应及时通过烟叶准运证计算机网络管理系统进行到货确认，将信息反馈给国家局烟叶主管部门。

第二十四条　卷烟工业企业应建立烟叶购进管理档案。对于每一批验收入库的烟叶，必须分产区将合同、准运证原件及质检单等资料建立档案，货款支付后连同结算有关凭证复印件等资料，整理归档。档案资料保存期限不少于3年。

第六章　烟叶的委托加工

第二十五条　烟叶购销双方要全面推行原烟交接、委托加工片烟。烟叶原则上在产区委托加工；确需跨省委托加工的，必须在中国烟草交易中心签订烟叶加工合同。

打叶复烤企业凭合同加工烟叶，严禁无合同加工烟叶。打叶复烤企业承担委托加工业务，不准经营烟叶。

第二十六条　委托单位应派技术人员在打叶复烤企业监督加工烟叶。加工单位应严格按照国家标准和委托单位规定的技术要求进行烟叶加工，严格执行费用标准。

第二十七条　打叶复烤企业要建立烟叶加工管理档案。对每一批加工业务，将加工合同、准运证复印件、加工费用等资料整理归档。

第七章　烟叶货款结算

第二十八条　烟叶货款必须由具有烟叶经营资格的单位按照国家局统一公告的账户进行结算。烟草系统内无烟叶经营资格的单位及系统外单位不得参与烟叶货款结算。

第二十九条　烟叶销售货款结算，采用汇兑方式办理。供方向需方开具增值税发票办理结算时，必须具有与需方签订的烟叶购销合同、调拨单、出库单，并与调入单位的户名、开户行、账号、增值税号一致。

第三十条　烟叶购进货款结算，采用汇兑方式办理。必须具有合法的烟叶购销合同、调拨单、验收入库单，审查供方出具的增值税发票的户名、开户行、账号、增值税号是否正确；等级、数量、价格是否与所签订合同、调整协议、验收入库单相符。

第三十一条　需方在接收烟叶验收入库后，三个月内必须支付全部货款。逾期必须承担货款利息。

第三十二条　烟叶货款采用承兑汇票方式结算的期限不得超过三个月，并在汇票标注“不得背书”字样。禁止直接用现金结算。不得采用以货抵款方式结算。按指定账户结算，严禁多头结算。

第三十三条　国家局每年全国烟叶交易会前公布卷烟工业企业拖欠烟叶货款情况。对拖欠货款较多的卷烟工业企业将减少调入量。

第八章　烟叶及再造烟叶进出口

第三十四条　根据《国营贸易烟草类货物进出口贸易管理办法》，加强烟叶及再造烟叶进出口管理。

第三十五条　卷烟工业企业使用的进口烟叶由省级局向国家局提报需求数量，国家局对重点卷烟工业企业需求数量进行平衡和预安排。

第三十六条　中国烟草进出口（集团）公司统一组织进口烟叶和再造烟叶，中国烟叶生产购销公司统一组织进口烟叶和再造烟叶的国内经营。

第三十七条　卷烟工业企业在中国烟草交易中心与中国烟叶生产购销公司签订进口烟叶和再造烟叶购销合同。

第三十八条　进口烟叶和再造烟叶的国内运输根据进口烟叶和再造烟叶购销合同办理准运证。

第三十九条　出口烟叶国内运输要持有中国烟草进出口（集团）公司和口岸公司与外商签订的出口合同复印件，由货物所在地省级烟草专卖局开具准运证。中国烟草进出口（集团）公司必须在合同的复印件上签章。

第四十条　去料加工再造烟叶由中国烟草进出口（集团）公司根据国家局计划安排统一组织对外谈判、签约。国内运输由国家局有关部门办理相关手续。

第四十一条　卷烟工业企业不得从非正常渠道进口烟叶和再造烟叶。

第四十二条　中国烟草进出口（集团）公司统一组织烟叶边境贸易，各级烟草专卖管理部门要加强烟叶边贸专卖管理，严禁产区向系统外单位和个人提供烟叶货源。

第四十三条　罚没的走私烟叶必须在国家局指定的拍卖行拍卖，卷烟工业企业自愿参加竞买。需跨省运输的由国家局有关部门办理手续，省内运输的由省级局开具准运证。

第九章　罚　则

第四十四条　违反本规定进行烟叶购销活动的工商企业，由烟草专卖部门责令停止购销活动，并依据《烟草专卖法》及其实施条例、《烟叶专卖管理办法》、《烟草行业行政处分暂行规定》，给予以下处理：

一、违反本规定，辖区外收购经营烟叶，情节严重的，责令收购站暂停收购经营业务并整顿；

二、违反本规定购进烟叶，情节严重的，核减卷烟工业企业生产计划指标；

三、违反本规定同无烟叶经营权的单位和个人进行烟叶购销业务，停止其会员资格，核减工业企业生产计划；

四、违反本规定第三十三条、第三十五条的打叶复烤企业，国家局收回烟草专卖生产企业许可证，取消其复烤资格；

五、为系统外单位或个人提供证明、资金、账号、合同或为地下烟厂提供技术服务的，除没收违法所得外，暂停其企业生产经营资格。

第四十五条 对违反本规定进行烟叶货款结算的，给予直接责任人行政处分并限期调离工作岗位；给予主管领导和企业法人代表记过以上处分。情节严重，构成犯罪的，依法送交司法机关处理。

第四十六条 对故意销售、采购、验收不合格烟叶以中饱私囊或者致使企业蒙受重大损失的烟叶公司或者卷烟厂的主管领导和烟叶购销、质检人员，给予撤职以上行政处分；构成犯罪的，依法移交司法机关处理。

第四十七条 其他违反本规定进行烟叶购销活动的，对负有领导责任者和直接责任者按照《烟草专卖法》及其实施条例、《烟叶专卖管理办法》、《烟草行业行政处分暂行规定》给予处理。情节严重，构成犯罪的，依法移交司法机关处理。

第十章　附　则

第四十八条 本规定由国家烟草专卖局解释。

第四十九条 本规定自发布之日起施行。

·烟机管理·

烟草专用机械设备进口管理办法

（国烟法〔2002〕173号）

第一条 为加强烟草专用机械设备的管理，根据《中华人民共和国烟草专卖法》、《中华人民共和国烟草专卖法实施条例》、《中华人民共和国货物进出口管理条例》和《机电产品进口管理办法》有关规定，制定本办法。

第二条 本办法所称烟草专用机械设备，指国家烟草专卖局公布的烟草专用机械名录（国烟法［1992］18号）中规定的烟草专用机械设备的整机（见附件1）。烟草专用机械名录有变更的，由国家烟草专卖局另行公布。

第三条 本办法适用于中华人民共和国境内的法人或其他组织（以下称进口单位）将烟草专用机械设备进口到中华人民共和国关境内的行为。

第四条 有下列情形之一的，也适用本办法：

（一）以租赁贸易、补偿贸易方式进口烟草专用机械设备的；

（二）以无偿援助、捐赠或经济往来赠送等方式进口烟草专用机械设备的；

（三）我国海外投资企业在境外购置烟草专用机械设备需调回自用的；

（四）其他法律、行政法规另有规定的。

第五条 国家烟草专卖局机电产品进出口办公室（以下简称国家局机电办）负责烟草专用机械设备的进口管理工作。

第六条 申请进口烟草专用机械设备的企业，必须具备下列资格与条件：

（一）具有国家烟草专卖局颁发的烟草专卖生产企业许可证或国家烟草专卖局核准经营范围的其他法定文件；

（二）近三年内没有逃汇、套汇、骗取出口退税、走私等违法、违规行为；

（三）近二年内没有违反本办法的行为。

第七条 申请进口的烟草专用机械设备，应当符合下列要求：

（一）符合烟草行业发展规划及最终用户技术改造的需要；

（二）符合烟草产业技术政策和技术装备政策；

（三）符合国家关于标准化、环境保护及其他法律、行政法规的有关规定。

第八条 企业申请进口烟草专用机械设备，应当提交以下材料：

（一）申请报告；

（二）国家烟草专卖局颁发的烟草专卖生产企业许可证或国家烟草专卖局核准经营范围的其他法定文件的复印件；

（三）如在投资项目下进口烟草专用机械设备，需提供国家投资项目主管机构项目批准文件或备案文件；

（四）需要提交的其他文件。

第九条 进口烟草专用机械设备的程序

（一）需要进口烟草专用机械设备时，申请进口单位应持第八条规定的有关材料向所在地省、自治区、直辖市烟草专卖局（以下简称“省局”）提出申请。

（二）省局应对申请进口单位是否符合第六条的规定及申请材料的真实性进行核实，如无异议，应在机电产品进口申请表上签署意见，于20个工作日内上报国家局机电办；如有不同意见，应在20个工作日内将意见通知申请进口单位。

（三）国家局机电办应对进口申请是否符合第七条的规定进行审核，符合第七条规定的，列入全国烟草专用机械设备进口需求，不符合第七条规定的，应在编制全国烟草专用机械设备进口需求时，通知申请进口单位。

（四）全国烟草专用机械设备进口需求原则上每6个月编制一次，分别应于每年6月30日前及12月31日前编制完成。国家局机电办应将全国烟草专用机械设备进口需求通知中国烟草进出口（集团）公司。

第十条 烟草专用机械设备的进口，由中国烟草进出口（集团）公司根据全国烟草专用机械设备进口需求统一组织及对外签订合同。

第十一条 对于列入全国烟草专用机械设备进口需求的设备，如按国家规定需办理进口许可手续，应由进口单位通过计算机网络向国家局机电办进行网上申报，于申报之日起15个工作日之后到国家局机电办领取《自动进口许可证》（式样见附件2）。领取《自动进口许可证》时，应提交以下材料。

（一）机电产品进口申请表（式样见附件3）；

（二）货物进口合同复印件；

（三）属于委托代理进口的，需提交委托人与进口单位签订的代理进口合同复印件；

（四）其他需要提交的材料。

第十二条 《自动进口许可证》的有效期为一年，部分制造周期长的设备可延长一年。因故需要延期的，进口单位应持原《自动进口许可证》到国家局机电办申请办理换证延期手续。《自动进口许可证》只能延期一次，延期最长不超过一年。

第十三条 《自动进口许可证》在有效期内因故需要变更有关项目内容的，进口单位应持原《自动进口许可证》到国家局机电办申请办理变更手续。国家局机电办同意变更的，收回原《自动进口许可证》，并在换发的新证备注栏打印“换证”字样。实际用汇额不超过原定用汇额10%的，不需变更《自动进口许可证》。

第十四条 《自动进口许可证》如有遗失，进口单位应立即向国家局机电办挂失。经发证机关核实后，如无不良后果，予以重新补发。

第十五条 办理进口烟草专用机械设备的国内运输准运手续时，企业应持加盖国家局机电办公章和中国烟草进出口（集团）公司公章的进口合同复印件，到国家烟草专卖局专卖管理司或其授权机构办理。

第十六条 中国烟草进出口（集团）公司应于每年1月初及7月初向国家局机电办上报过去6个月烟草专用机械设备进口统计数据及其他有关资料。

第十七条 有下列情形之一的，属违反本办法：

（一）未列入全国烟草专用机械设备进口需求而擅自进口烟草专用机械设备的；

（二）擅自涂改《自动进口许可证》或超出批准、许可的范围进口烟草专用机械设备的；

（三）未按本办法规定由中国烟草进出口（集团）公司对外签订合同而擅自进口烟草专用机械设备的；

（四）变造、伪造、买卖或擅自转让《自动进口许可证》的；

（五）以欺骗或其他不正当手段获取《自动进口许可证》的；

（六）将烟草专用机械设备化整为零、分散进口、有意逃避监管的；

（七）已领取《自动进口许可证》但在有效期内未签订合同，且在期满之日起60天内未向国家局机电办书面说明情况的；

（八）其他违反法律、法规规定进口烟草专用机械设备的行为。

第十八条 对违反本办法行为的处罚

（一）进口单位违反本办法的，依据有关法律、法规规定实施行政处罚；已构成犯罪的，依法追究刑事责任。

（二）进口单位有本办法第十七条情形之一的，国家局机电办可在发现其行为之日起二至三年内不接受其进口烟草专用机械设备的申请；情节严重的，国家烟草专卖局依法收回其烟草专卖生产企业许可证或核准经营范围的其他法定文件；

（三）进口单位有本办法第十七条（二）、（四）、（五）项情形之一的，烟草专卖行政主管部门依法扣留或收缴其《自动进口许可证》，并依法对有关责任人予以行政处罚。

第十九条 烟草专用机械设备进口管理人员（包括进口单位工作人员）玩忽职守、徇私舞弊、滥用职权的，根据情节轻重，由有关部门依法追究行政责任；已触犯刑法的，移送司法机关依法追究刑事责任。

第二十条 本办法由国家烟草专卖局负责解释。过去有关规定凡与本办法不一致的，以本办法为准。

第二十一条 本办法自2002年5月10日起施行。

附件 1

烟草专用机械名录

（国烟法［1992］18 号）

1. 真空回潮机
2. 切尖解把机
3. 润叶机、润梗机
4. 烟用喂料机
5. 打叶机组
6. 烟用加料机、加香机
7. 储叶柜、储梗柜、储丝柜
8. 蒸梗机
9. 压梗机
10. 切丝机
11. 烟用加温加湿机
12. 烘丝机
13. 冷丝机
14. 烟丝膨胀装置
15. 白肋烟干燥机
16. 烟丝输送装置
17. 烟用复烤机
18. 烟用预压打包机
19. 卷接机组及其单机
20. 包装机组及其单机
21. 滤棒成型机组及其单机
22. 烟用装盘机
23. 烟用卸盘机
24. 滤棒输送装置
25. 烟支输送储存装置
26. 烟用装箱封箱装置
27. 废烟支、烟丝回收装置
28. 烟草薄片生产线

附件 2

中华人民共和国自动进口许可证
AUTOMATIC IMPORT LICENCE OF THE PEOPLE'S REPUBLIC OF CHINA

NO.

1. 进口商： Importer	3. 自动进口许可证号： Automatic import licence No.
2. 进口用户： Consignee	4. 自动进口许可证有效截至日期： Automatic import licence expiry date
5. 贸易方式： Terms of trade	8. 贸易国（地区） Country/Region of trading
6. 外汇来源： Terms of foreign exchange	9. 原产地国（地区） Country/Region of origin
7. 报关口岸： Place of clearance	10. 商品用途 Use of goods

11. 商品名称： Deseription of goods	商品编码（H. S.）： Code of goods	设备状态： Status of equipment

12. 规格、型号 Speeifieation	13. 单位 Unit	14. 数量 Quantity	15. 单价（ ） Unit price	16. 总值（ ） Amount	17. 总值折美元 Amount in USD
18. 总计： Total					

19. 备注： Supplementary details	20. 发证机关签章 Issuing authority's stamp & signature 21. 经办人签字： Signature 22. 发证日期 Licence date

对外贸易经济合作部监制（2002）

附件 3

机电产品进口申请表

IMPORT APPLICATION FORM OF MECHANICAL AND ELECTRONIC PRODUCTS

1. 进口商： Importer	3. 经办人（进口用户签章） Name of Operator (Stamp of consignee) 电话 Telephone
2. 进口用户： Consignee	4. 进口用户所在地区（部门） Area/Department of Consignee 年　月　日 Year Month Date
5. 贸易方式： Terms of trade	8. 贸易国（地区） Country/Region of trading
6. 外汇来源： Terms of foreign exchange	9. 原产地国（地区） Country/Region of origin
7. 报关口岸： Place of clearance	10. 商品用途 Use of goods

A. 项目类型：　□基建项目　□技改项目　□其他项目　项目行业：□□					
11. 商品名称： Deseription of goods　商品编码（H. S.）：Code of goods　设备状态：Status of equipment					
12. 规格、型号 Speeifieation	13. 单位 Unit	14. 数量 Quantity	15. 单价（　） Unit price	16. 总值（　） Amount	17. 总值折美元 Amount in USD
18. 总计： Total					

19. 备注： Supplementary details	进口用户所在地区（部门）意见：（签章）Area/Department of Consignee's Notion (Stamp) 受理日期 Date

说明：申请进口"单机"不需要填写第 A 项　　对外贸易经济合作部监制

机电产品进口申请表附表

11. 商品名称： Deseription of goods		商品编码（H. S.）： Code of goods		设备状态： Status of equipment	
12. 规格、型号 Speeifieation	13. 单位 Unit	14. 数量 Quantity	15. 单价（ ） Unit price	16. 总值（ ） Amount	17. 总值折美元 Amount in USD
18. 总计 Total					

·信息管理·

烟草行业统计工作管理办法

（国烟法〔2002〕491号）

第一章　总　则

第一条　为保障统计资料的真实、准确和及时，有效地、科学地组织烟草行业统计工作，发挥统计工作在全行业经济运行中的重要作用，依照《中华人民共和国统计法》、《中华人民共和国统计法实施细则》等有关规定，制定本办法。

第二条　烟草行业统计工作的基本任务是对全行业经济运行状况及经济发展情况进行统计调查、统计分析，提供统计资料和统计咨询服务，并实行统计监督。

第三条　本办法适用于烟草行业所属（含未上划且执行烟草行业统计报表制度的企业单位）的工业、商业、多元化经营企业及事业单位所有专业统计工作。

第四条　烟草行业统计业务实行由国家烟草专卖局（总公司）综合统计部门归口领导、各级统计部门分级负责的统计管理体制。

统计工作要加强对统计指标体系的科学研究，以适应经济形势发展和企业改革的需要；不断改进统计调查方法，保障烟草系统统计的科学性和真实性；建立健全各级统计部门的现代信息技术装备，加强统计信息处理、传输技术和数据库体系的现代化建设。

第五条　烟草行业统计队伍建设实行分级管理，各级烟草专卖局（公司）在保证统计队伍相对稳定的前提下，要有组织、有计划地提高统计队伍的综合业务素质，向革命化、年轻化、知识化和专业化的方向发展。

第六条　各级统计部门和统计人员实行统计工作责任制，并依照统计法律、法规和统计报表制度及本办法的规定，如实提供统计资料，准确、及时地完成统计工作任务，并保守行业和企业秘密。

各级统计部门和统计人员依照国家有关统计法律、法规及本办法的规定，独立行使统计调查、统计报告和统计监督的职权。

第七条　烟草系统的统计工作接受社会的监督。任何单位和个人有权揭发、检举统计中弄虚作假等违法行为，对揭发、检举有功的单位和个人按有关规定给予奖励。

第二章　统计调查计划和统计报表制度

第八条　统计调查（指各种统计报表和各种类型的调查）计划要按照统计调查项目编制。统计调查项目是指某一时期为某一调查目的而组织的一项调查，每一调查项目的计划必须列明项目名称、调查机关、调查目的、调查范围、调查对象、调查方式、调查时间和调查的主要内容。

第九条　统计调查项目必须充分考虑工作需要和基层调查人员及被调查对象的承受能力。同一级综合统计部门的调查项目可满足的，其他职能部门不应再布置调查表，以保证统计数据质量，并避免给基层企业增加负担。

第十条　国家烟草专卖局（总公司）统计调查项目是对本系统的企、事业单位的专业性调查，是对国家调查的必要补充。其统计调查项目由国家烟草专卖局（总公司）综合统计部门拟订，经国家烟草专卖局（总公司）领导审核批准，并报国家统计局备案；国家烟草专卖局（总公司）内各职能司、局和专业公司所需要的统计资料，应按国家烟草专卖局（总公司）调查项目进行管理。如果确实需要变更调查内容或为监控生产经营活动的具体环节而建立的内容单一、分类精细和频率固定的业务统计（标有国家统计局文号的统计报表除外）项目，应由国家烟草专卖局（总公司）综合统计部门统一办理备案或审批手续。

各单位统计调查项目应依照国家烟草专卖局（总公司）统计调查制度和统计标准，并结合本单位生产经营需要，制定统计调查计划和报表制度，保证各级统计调查任务的完成。

第十一条　国家烟草专卖局（总公司）综合统计部门制定的《统计报表制度》是全行业工业、商业、多元化经营企业和事业单位进行相关统计调查所遵守的技术规范，必须严格执行。

第十二条　制定统计调查计划必须制定相应的统计报表制度。国家烟草专卖局（总公司）负责制定全行业统一的统计标准、统计调查项目的统计报表制度，保障统计调查制度中的指标解释、计算方法、产品分类、调查表式和单位代码的标准化。各省级烟草专卖局（公司）负责制定本省（区、市）统计报表制度，在统计报表制度中，应采用与国家烟草专卖局（总公司）统计报表制度相一致的统计标准。国家烟草专卖局（总公司）没有制定的，各省级烟草专卖局（公司）可制定补充标准。

第十三条　统计调查表和文字说明必须规范，指标解释和计算方法必须科学。调查表的格式根据调查目的制定，但必须在调查表的右上角标明法定标识。法定标识包括：表号、制表机关、批准（或备案）机关、批准（或备案）文号、有效期截止时间。未标明上述字样的统计调查表，被调查单位或个人有权拒绝填报。

第三章　统计基础工作

第十四条　原始记录是对各项生产经营活动的最初记载，是统计工作的基础和基层统计报表的依据，应合理设置，妥善保存：

（一）原始记录的设置应从各单位的实际情况出发，由基层综合统计协助专业统计制定。各项指标的口径范围、计算方法等要有明确的规定。

（二）同一单位的原始记录要统一编号，统一格式，要建立原始记录传递、报送时间流程图及保管、存档、销毁和更新改进等制度；原始记录的保存期限为2年。

（三）原始记录依据计量检测的数据填写，企、事业单位要配备和完善各种计量、检测手段，各级统计部门有责任会同和督促计量管理部门加强计量检测工作，保证各种计量数据和原始数据记录的准确性；原始记录要数据真实、字迹清楚，并经过填表人和审核人员签字方可生效。

（四）原始记录项目、涵义和计算方法要科学规范、简明实用和标准化，便于记录和计算机处理及传输。

第十五条　统计台账包括手工台账（纸介质）和电子台账两种。企、事业单位应根据经营管理和统计核算的需要建立健全包括反映生产经营进度、经济效益和各项经济指标历史资料等内容的统计台账体系，确保统计信息的准确与完整。逐步统一使用电子台账，使统计工作更加科学化、标准化和规范化。

（一）综合统计部门要建立反映企业生产经营活动的定期和历史资料等台账，各职能部门要建立专业统计台账。

（二）统计台账的设置要内容齐全、指标配套，记录数据与统计报表数据衔接并口径一致。

（三）使用电子台账时，要注意台账的打印、存档和做好电子台账的备份。

（四）统计台账的保存期限为3年。

第十六条　烟草行业各企、事业单位要建立统计工作管理制度，包括统计岗位责任制，盘库制度，原始记录，统计台账，统计报表管理，统计资料审核、交换、归档和保密，统计数据质量控制检查，统计分析，统计法规执行情况检查，统计评比、考核、奖惩等项内容，搞好统计基础工作规范化建设。

第四章　统计资料的管理

第十七条　统计资料主要包括：

（一）以统计表式提供的统计资料，包括调查表、图形和文字说明等。

（二）以统计报告形式提供的统计资料，包括统计报告、统计分析研究资料等。

（三）以电子通讯（传真、电话、电子邮件）、磁介质形式提供的统计资料，包括统计表资料和统计报告资料等。

（四）以出版物形式提供的统计资料，包括普查资料、统计年鉴、统计年报和统计资料汇编等。

（五）其他形式的统计资料：原始记录、统计台账、统计文件和统计执法案例等。

第十八条　统计资料管理是指对上述统计资料进行检查、核实、订正、审定、传递、供应、发布、解释、调整、存储、保管和归档等工作的总称。

（一）统计资料的最终保管、归档要严格遵守档案管理的有关规定，实行统一编号、统一格式、统一封面、分卷装订和分卷保管的办法，要有专人、专柜、专室管理，符合标准化的要求。

（二）烟草行业统计资料由各单位统计部门统一管理，以保证统计资料的安全，并提高统计资料的利用率。

（三）建立统计资料交接制度。统计机构或人员如遇变动、对所保管的统计资料要办理交接手续，登记造册，逐项交待，逐项签章，做到交接清楚，资料连续完整，确保统计资料不断、不乱、不散和不丢。

各级领导和其他使用保密统计资料的人员调离原单位时，必须将资料交回发放部门，不得擅自处理。

（四）烟草行业各企、事业单位应加强统计原始资料的管理。在使用计算机等现代化设备管理统计报表时，仍要按照统计规章制度管理各种表、账、册等统计资料，便于资料的查阅和统计检查工作的开展。

（五）参照国家档案制度有关规定，烟草行业超过保存期限的统计资料由统计部门负责销毁。

第十九条　各级统计部门和统计人员要严格遵守保密制度，属于行业和企业秘密的统计资料，必须保密。在统计调查中涉及其他单位和个人的统计资料，非经本单位和个人同意，不得公开。对涉及秘密的统计资料，非经批准，不得对外发表和提供。

第二十条　各级综合统计部门要按时公布和提供统计资料。对外发表或提供统计资料必须经综合统计部门审定；对进入计算机网络、出国携带或对外商务谈判使用的统计资料，应经有关部门和统计部门批准。

第五章　统计部门和统计人员

第二十一条　国家烟草专卖局（总公司）统计信息部门具体负责组织领导和协调全行业统计工作，其职责是：

（一）根据《中华人民共和国统计法》等国家有关法规、政策和国家烟草专卖局（总公司）的规定，起草烟草行业统计规范性文件，制定和组织实施烟草行业统计工作现代化规划和年度统计工作目标；组织和协调全行业统计工作，完成国家统计调查任务和本单位的统计调查任务。

（二）健全烟草行业统计指标体系，建立统一的统计报表制度，制定烟草行业统计标准。

（三）根据国家烟草专卖局（总公司）制定行业管理政策和编制各项计划、进行科学管理的需要，搜集、整理、提供全行业的基本统计资料及相应的统计报表，建立烟草行业经济运行信息监测与分析系统，分析预测烟草行业短、中、长期经济运行情况，提出相应建议和措施，实施统计监督职能；针对行业热点、重点和难点问题，开展专题调研。

（四）统一组织和协调国家烟草专卖局（总公司）各职能司局及各专业公司统计调查活动，制定国家烟草专卖局（总公司）的统计调查总体方案，审核或备案各职能部门颁发的统计调查表。

（五）检查、审定、管理出版全行业基本统计资料，组织开展统计学术交流活动，提供统计信息交流服务并参与行业统计信息的发布工作。

（六）检查、监督统计法规和本办法的实施情况，部署和检查烟草行业各企、事业单位统计工作。

（七）组织烟草行业统计专业知识培训，开展统计工作总结、交流、评比与表彰工作；负责烟草行业统计工作的国内、国际交流活动和整理国内、国际烟草动态及相关经济信息。

第二十二条 各省级烟草专卖局（公司）统计部门的职责是：

（一）根据国家烟草专卖局（总公司）统计工作计划和年度工作目标，结合本省（区、市）实际情况，制定和组织实施本单位统计工作计划和年度统计工作目标；按照国家烟草专卖局（总公司）统计标准，制定本省（区、市）统计报表制度；贯彻执行烟草行业统一的基本统计报表制度，完成国家烟草专卖局（总公司）的统计调查任务。

（二）对本省（区、市）烟草行业经济运行基本情况进行统计分析、统计预测和统计监督。

（三）审查本单位各职能部门统计调查计划及其调查方案，管理其制发的统计调查表；检查、监督统计法规的实施。

（四）组织、指导本省（区、市）各企、事业单位加强统计队伍和统计基础工作建设，加强统计干部培训，对统计人员进行考核、奖励。

第二十三条 烟草行业各企、事业单位统计工作的职责是：

（一）组织本单位各部门根据上一级局（公司）制定的统计报表制度，准确、及时提供统计资料，完成统计调查任务。

（二）按照《中华人民共和国统计法》等统计法律、法规，组织、制定和实施本单位各项统计工作管理办法；建立健全原始记录制度。

第二十四条 各省级烟草专卖局（公司）和企、事业单位在进行机构改革、转变职能过程中，要注意加强统计工作。应根据统计任务的需要，设立统计部门，或在有关部门中设置与完成统计任务相适应的专职或兼职统计人员。为保证统计工作的正常进行，专职统计人员最多担任两个专业的统计任务，兼职统计人员担任的工作应以统计工作为主，兼职最多不能超过两项。

第二十五条 各省级烟草专卖局（公司）设置统计岗位时，原则是一个专业设置一个统计岗位。但根据本省（区、市）各专业工作量的大小可一人负责两个统计专业，有条件的省级局（公司）可设置综合统计岗位。

第二十六条 统计负责人是指代表本单位履行《中华人民共和国统计法》规定职责的行政责任人员。不设统计部门的，一般应由具备相当统计专业技术职务条件的人员担任统计负责人。各省级烟草专卖局（公司）和大中型企业统计负责人岗位，一般由主管统计工作的负责人担任，负责联系、协调各部门的统计工作。

第二十七条 各级烟草专卖局（公司）和各企、事业单位要确保统计专业干部队伍的相对稳定，不得随意将统计人员调离统计岗位。具有专业技术职务的统计人员如需调动，应征求上一级烟草专卖局（公司）统计部门的意见，由具备条件的统计人员接替，并做好交接工作。新老统计人员要有必要的交接时间，以保证统计工作的相对稳定和连续。

第二十八条 各级烟草专卖局（公司）要加强对统计人员的专业培训，制定统计人员培训计划，并按计划组织有关专家结合行业实际给统计人员授课，保证统计人员每年参加必要的不定期的脱产培训，不断提高统计人员业务素质。

各级统计部门新增和补充的统计人员应当具有大专以上学历，统计人员必须做到持证上岗。

第二十九条 统计部门、统计人员的权力和义务：

（一）各级统计部门、统计人员依照《统计法》，具有独立、客观、公正地进行统计调查、统计分析和统计监督的权力，不受任何侵犯。

（二）统计部门、统计人员要自觉遵守《统计法》和有关的统计法律、法规，应如实向国家烟草专卖局（总公司）报送统计资料，恪守职业道德，准确、及时地完成统计报表的填报工作，并对所报出的统计资料的真实性负责，坚决抵制弄虚作假等统计违法行为。

（三）统计部门、统计人员有权检查被调查单位统计资料的准确性，有权揭发、检举和处理统计调查中的违法行为。

（四）统计数据如出现差错，必须由统计人员进行核对更正，任何人不得干预。

（五）统计人员应具备执行统计任务所需要的专业知识，并根据业务的需要，定期接受专业知识及与业务相关的知识培训，不断提高业务素质，努力成为一名有理想、懂业务、具有实事求是精神的复合型人才。

第六章 统计服务

第三十条 统计部门是各级烟草专卖局（公司）和各企、事业单位的一个重要部门。烟草行业统计工作要紧紧围绕国家烟草专卖局（总公司）重点工作，及时、准确地提供优质的统计服务。

第三十一条 各省级烟草专卖局（公司）要按时保质完成国家烟草专卖局（总公司）布置的各种统计报表及其他各项统计调查任务。

第三十二条 各级烟草专卖局（公司）要认真做好各种统计资料的汇编工作，以纸介质或光盘的形式把月、季、年报汇编成册，满足数据保存、查询和加工整理的需要，为各级领导决策及时提供全面、准确的信息资料。

第三十三条 各级烟草专卖局（公司）要紧紧围绕行业工作重点，深入调查研究，定期或不定期地撰写统计调查报告，为各级领导决策和有关部门及时准确把握经济走势、进行宏观调控和微观管理提供依据。

第三十四条 各级烟草专卖局（公司）要加强先进统计技术、统计分析方法的应用，充分利用掌握的信息资源，加大统计分析力度，提高统计服务质量。

第三十五条 各级烟草专卖局（公司）要认真做好各种临时性的数据搜集、加工和咨询工作，树立行业统计工作的良好形象。

第三十六条 各级烟草专卖局（公司）要加强统计数据对外发布工作的管理，防止数出多门，重要统计数据必须由主管领导同意后，才能对外提供。

第七章　统计工作信息化建设

第三十七条　为保证统计信息的准确性、时效性、透明性和共享性，统计信息标准化、数据通讯网络化、业务处理电子化和信息服务社会化是统计工作今后发展的方向，行业统计工作应加强软件的开发和计算机网络的应用。

第三十八条　各级烟草专卖局（公司）和各企、事业单位要高度重视统计信息网络建设工作，为统计部门配备必要的计算机设备及网络传输设施，实现统计数据采集、整理、传输、应用和管理的网络化，提高信息传递效率。

第三十九条　统计人员必须掌握必要的计算机操作技能，结合统计业务和行业统计软件不断学习，努力提高计算机应用水平；大力开发数据资源，提高数据库的综合利用效率。

第四十条　要加强计算机数据备份工作，必要时建立光盘库，防止数据丢失。备份载体必须实行档案化管理，并注意日常维护工作。

第四十一条　重视计算机和网络管理，防止各类病毒侵害。上网计算机要加强安全保密工作，设置“防火墙”等安全措施，防止非法入侵。

第八章　统计执法监督检查

第四十二条　各级烟草专卖局（公司）和各企、事业单位的领导必须依照国家有关统计法律、法规及本办法的规定，加强对统计工作的领导与监督。

（一）建立健全统计部门和充实统计人员，提高统计人员的政治和业务素质，为统计人员开展工作创造必要的条件和良好的工作环境，进一步发挥和调动统计人员的积极性，保障统计队伍的稳定性。

（二）支持和保证统计部门、统计人员依照统计法律、法规独立行使职权，严格执行统计报表制度，准确、及时地完成统计工作任务；认真查处违犯统计法律、法规的行为；维护统计部门和统计人员的合法权益不受侵犯。

（三）鼓励并支持统计人员参与生产经营管理活动，参加生产经营运行分析会，运用统计数据对企业生产经营情况进行咨询和监督。

（四）支持和安排统计人员学习业务知识和计算机应用等相关知识，参加统计专业培训，开展经验交流等活动，提高统计人员的业务素质，促进统计工作的开展。

第四十三条　各级烟草专卖局（公司）和各企、事业单位必须坚持统计数据质量检查制度，除参加国家定期组织的统计执法检查外，可会同计划、监察等部门，对所属单位统计执法情况和统计数据质量进行定期或不定期检查。

第四十四条　统计检查前，应根据生产经营中的突出问题制定检查方案，拟定检查计划，组成检查工作组，对本省（区、市）统计法规的实施情况进行检查。

统计检查可采取企、事业单位自查、互查，省级局（公司）重点检查和国家烟草专卖局（总公司）定期进行重点抽查等方式。统计检查的重点是统计报表制度的执行情况和数据质量情况，有无迟报、漏报、错报、缺报和虚报以及伪造、篡改统计数据的现象。检查工作结束后，对检查结果应有报告或通报。

第四十五条　检查中发现违犯统计法律、法规的行为，应依法对负有直接责任的主管领导及其他责任人追究责任，并向有关部门报告。

第九章　奖励与处罚

第四十六条　统计部门及统计人员有下列工作成绩的，其所在单位应给予物质和精神奖励：

（一）全面完成国家烟草专卖局（总公司）规定的统计调查任务，按照国家烟草专卖局（总公司）统计报表制度的规定准确、及时上报统计资料，成绩显著的。

（二）统计分析、统计预测和统计监督等工作在企业生产经营活动中被领导采纳，发挥重要作用的。

（三）在省级或国家级刊物上发表有关统计分析文章的。

（四）在建立和改进统计指标体系、统计报表制度、统计调查方法等统计改革方面有突出贡献的。

（五）在统计信息化建设方面取得突出成绩的。

（六）忠于职守、模范执行统计法律、法规，坚决与违犯统计法律、法规行为作斗争事迹突出的。

第四十七条　国家烟草专卖局（总公司）定期对行业统计部门和统计人员进行表彰，给予荣誉称号和物质奖励。

第四十八条　各级烟草专卖局（公司）和各企、事业单位及个人有下列违法行为之一的，由上级局（公司）责令改正、通报批评，给予行政处分或依法追究法律责任：

（一）虚报、瞒报统计资料的。

（二）伪造、篡改统计资料的。

（三）拒报或屡次迟报统计资料的。

第四十九条　各级烟草专卖局（公司）及其各企、事业单位领导自行修改统计资料、编报虚假数据或者强令、授意统计部门、统计人员篡改统计资料或者编造虚假数据的，依法给予行政处分直至追究法律责任。

各级烟草专卖局（公司）及其各企、事业单位领导对拒绝、抵制篡改统计资料或其他弄虚作假行为的统计人员进行打击报复的，依法给予行政处分；构成犯罪的，依法追究刑事责任。

第五十条　统计部门和统计人员违犯统计法律、法规有关保密的规定，公布、泄露统计资料或利用统计调查窃取企业机密造成损失的，应由有关部门按有关规定给予处罚。

第五十一条　对违犯统计法律、法规，骗取荣誉称号、物质奖励或晋升职务的，应按规定取消其荣誉称号、追缴物质奖励、撤销职务或职称。

第十章　附　则

第五十二条　本办法自2003年1月1日起施行，2000年3月8日国家烟草专卖局（总公司）发布的《烟草行业统计工作管理办法》同时废止。

第五十三条　本办法由国家烟草专卖局（总公司）烟草经济信息中心负责解释。

烟草系统统计报表与统计分析考核办法

（国烟法〔2002〕490号）

第一章 总 则

第一条 为加强统计基础建设，提高统计数据质量，保障统计资料准确、及时和全面，提高统计分析水平，调动统计人员积极性，统一统计工作的考核标准，根据《中华人民共和国统计法》、《中华人民共和国统计法实施细则》和《烟草行业统计工作管理办法》等有关规定，结合烟草系统具体情况，制定本办法。

第二条 本办法适用于烟草系统各省级烟草专卖局（公司）工业、商业、固定资产投资和多元化经营统计工作及统计分析工作。

第三条 国家烟草专卖局（总公司）每年对工业、商业、固定资产投资和多元化经营统计报表质量及统计分析水平进行考核，以通报形式公布考核情况，并每三年表彰一次。表彰由国家烟草专卖局（总公司）组织，评选出四个专业统计报表和统计分析的单项奖及综合奖，并颁发荣誉证书。

第四条 本办法由国家烟草专卖局（总公司）烟草经济信息中心负责组织实施。

第二章 统计报表与统计分析考核内容

第五条 烟草系统统计报表与统计分析考核内容是根据国家烟草专卖局（总公司）下达的工业、商业、固定资产投资和多元化经营统计报表制度，检查各省级烟草专卖局（公司）及直属单位上报的各种统计报表（包括各类定期表式月、季、年报表和电讯月报）和统计分析的质量。

第六条 统计报表必须做到准确、及时和全面。

（一）准确：要求统计范围、计量单位、计算口径及方法严格按统计制度规定执行，统计报表中的各项统计数字真实、准确。

（二）及时：要求统计报表（包括电讯快报）必须按照统计制度规定的上报时间报送。

（三）全面：要求按照统计制度规定的报表表种上报报表，没有发生额的表种也应以空白表附后；统计报表中的各项统计内容完整，汇总单位和范围不重不漏；按规定的内容上报，即审核结果、审核说明、填报日期、填报人签字、主管领导签字和单位印章齐备。

第七条 统计分析在选题时要紧密结合烟草行业发展实际情况，捕捉经济运行中的热点、重点与难点问题。要使用有效数据，根据数据特征选择相应的统计分析方法，有针对性地展开深层次、多角度的分析，并按时间要求及时报送。统计分析要做到结构严谨，条理清晰，实现数据、方法与结果有机地结合。

第八条 对统计报表自查漏、缺、误数字进行更正的，按以下规定处理：电讯月报在报出24小时之内，表式月、季、年报在报表报出5日（含5日）内进行更正的不视为差错，超过规定时间进行更正的视为差错。

第九条 各省级烟草专卖局（公司）应在调查研究的基础上，系统地、全面地对本地区烟草系统的工业、商业和多元化经营企业的生产经营及固定资产投资活动进行综合分析，撰写具有针对性的统计分析（分定期和专题两种）报告。各省级烟草专卖局（公司）每年应至少上报4篇定期统计分析、1篇专题分析。

第三章 统计报表与统计分析考核标准和记分办法

第十条 统计报表按工业、商业、固定资产投资和多元化经营统计四个专业分别记分，每个专业满分为100分，其中：

（一）准确满分为40分：报表每错1笔扣1分，扣完本项分数为止。

（二）及时满分为30分：电子邮件（电讯月报、表报）在规定时间内（以国家烟草专卖局（总公司）收到邮件的时间为准）没有上报的，每迟报1天扣1分，扣完本项分数为止。

（三）全面满分为30分：报表每漏报1项扣1分，扣完本项分数为止；逻辑审查有特殊情况，不应修改数据，但又没有附以文字说明的每项扣1分，扣完本项分数为止；报表手续不齐备的缺1项扣1分；年报和定期报表无单位印章的无效，按缺报报表处理。

（四）电讯快报中出现上述有关问题时或修改调整历史数据的加倍扣分，扣完本项分数为止。

第十一条 统计分析每年从质和量两方面进行综合评分，具体方法为：

（一）各省级烟草专卖局（公司）每上报一篇统计分析固定得分为3分；统计分析的质量分为优秀、良好、一般、差4个等级，依次得分为3分、2分、1分、0分，每篇统计分析得分为固定得分加质量得分，最高为6分，最低为3分。

（二）统计分析质量标准：

1．优秀：分析文章内容要紧密结合实际，做到选题新颖、数据准确、方法得当、建议或措施合理可行；分析文章形式做到结构严谨、条理清晰、图文并茂和可读性强。

2．良好：分析文章基本做到了数据准确、方法得当、建议或措施合理可行，但在选题和结合实际方面尚需改进。

3．一般：分析文章基本做到了数据准确和结论合理，但内容陈旧、结构不合理和表述形式不够灵活。

4．差：分析文章只是简单数字堆砌罗列，而没有加以分析。

有下列情况之一的取消评奖资格：

经查统计数据虚假的；缺报报表的；统计报表得分低于各专业平均水平的；未报任何统计分析材料的。

第四章 奖 惩

第十二条 考核设综合奖、单项奖，每三年评比一次。

综合奖评比办法是各省级烟草专卖局（公司）四个专业的报表与统计分析的三年得分相加计算总分，根据总分从高到低排列，确定若干名为一、二、三等奖；单项奖包括工业、商业、固定资产投资和多元化经营统计专业报表奖、统计分析奖（含专题分析）。其中专业报表奖是针对负责报表的个人而设，统计分析奖是针对部门而设。各单项奖根据总分从高到低排列，确定若干名为一、二、三等奖。

第十三条 在单项奖评选时，对一个人负责两个专业且工作量较大，统计报表与统计分析质量又比较高的，可得到其所负责专业三年平均得分的10%的奖励分。

第十四条 对获奖的统计分析或专题分析，国家烟草专卖局（总公司）将推荐给《中国烟草》、《市场统计与信息》等刊物。

第十五条 对获得综合奖的省级烟草专卖局（公司），国家烟草专卖局（总公司）将在全系统给予通报表扬，并优先安排这些单位参加国家烟草专卖局（总公司）与国内、外统计机构进行的学术交流活动。

第十六条 根据《中华人民共和国统计法》及《中华人民共和国统计法实施细则》的有关规定，有下列情况之一的将在全系统给予通报批评：虚报、瞒报统计资料的；伪造、篡改统计资料的；拒报或屡次迟报统计资料的；侵犯统计机构、统计人员行使《中华人民共和国统计法》或《中华人民共和国统计法实施细则》规定职权的。上述行为，视其情节轻重对有关领导人及直接责任人给予行政处分；对违犯《中华人民共和国统计法》等法律法规构成犯罪的，移交司法机关依法追究刑事责任。

第五章　附　则

第十七条 本办法自2003年1月1日起实施。1998年12月1日国家烟草专卖局（总公司）发布的《烟草系统统计报表与统计分析考核办法》同时废止。

·其他·

烟草系统机动车辆交通安全管理暂行规定

（国烟运〔2002〕367号）

第一章　总　则

第一条　为进一步加强烟草系统机动车辆和机动车驾驶员的安全管理，有效遏制各类交通事故的发生，保障烟草系统生产经营的安全，依据国家有关法律、法规，结合烟草系统实际情况，制定本规定（以下简称规定）。

第二条　机动车辆安全管理必须贯彻“安全第一，预防为主”的方针，坚持“谁主管、谁负责”的原则。

第三条　本规定适用于烟草系统各单位和烟草系统控股企业。

第四条　本规定中所述机动车辆，系指烟草系统拥有产权并在社会道路上行驶的机动车辆。

第二章　组织管理

第五条　各单位必须将交通安全管理纳入到安全生产管理范围。应建立单位主要领导负责的交通安全领导组织，安全管理部门负责机动车辆交通安全的监督管理。

第六条　各单位要认真贯彻执行国家有关道路交通安全的法律法规及地方有关规定，落实安全责任制，不断完善车辆安全管理规章制度。

第七条　各单位要进一步加强交通安全法规教育，积极参与当地公安交通管理部门组织的各项活动。定期总结分析并通报本单位的交通安全情况，防止各类交通事故的发生。

第三章　车辆管理

第八条　各单位所属机动车辆，必须按照当地车辆管理部门的规定，经检验合格，领取有关牌、证后方准上路行驶，并按规定期限进行年检。

第九条　各单位要根据本地区的具体情况，结合本单位实际需要，制定详细的车辆选型、使用、保养、维修标准和车辆技术状况考核标准，确保车辆保持良好的技术状况。

第十条　所有机动车辆必须由本单位指定的管理部门统一调度，统一管理。车辆管理部门要掌握车辆和驾驶员状况，并做好调度记录。各单位应确定驾驶员所驾车辆。

第十一条　机动车辆在执行公务时，必须持有本单位车辆管理部门签发的与所执行任务相符的《机动车派车单》（以下称《派车单》）。

第十二条　《派车单》由各单位车辆管理部门制定并负责填发，车辆管理部门在填发《派车单》时，要根据所担当任务情况，督促驾驶员对车辆状况进行严格检查。车辆管理部门要对所派车辆和驾驶员的安全状况负责，严禁带病机动车辆上路行驶。

第十三条　各单位要根据实际工作需要，严格控制机动车使用量，最大限度地减少事故发生。

第十四条　各单位的车辆管理部门要制定便于管理、责任明确、切实可行的车辆使用细则。把车辆使用全过程中的安全责任落实到人。

第十五条　各单位要建立健全机动车辆档案，实行一车一档。

第十六条　车辆管理部门对车辆保养和修理，应实行审核制度，按照国家交通管理部门有关规定和技术标准，指定具备相应资质的厂家进行车辆保养和维修。

第十七条　机动车辆必须按国家有关规定和标准配备消防器材。

第十八条　节假日使用车辆，应严格执行本单位有关规定，防止节假日期间车辆管理失控和被盗等事故（案件）发生。

第十九条　各单位的大型客车（经营性专用车除外），超出固定使用范围行驶时，必须经本单位安全主管领导批准后方准出车。

第四章　驾驶员管理

第二十条　各单位要根据当地具体情况和实际需要，制定机动车驾驶员聘用标准，确保驾驶员招聘质量和车辆行驶安全。

第二十一条　烟草系统道路机动车辆驾驶员，除持有公安交通管理机关核发的《机动车驾驶证》外，还须持有《烟草系统机动车驾驶员上岗证》（以下称《上岗证》）。

第二十二条　《上岗证》由国家烟草专卖局统一制定。各省级局（公司）根据本地区实际情况，制定《上岗证》的具体实施办法，并报国家局备案。

第二十三条　机动车驾驶员必须经过有关专项业务培训，

考试合格后方具备上岗资格，并颁发《上岗证》。各单位必须严格控制《上岗证》对非专职司机的发放。

《上岗证》至少每2年由原发证部门审验一次，发证部门应对驾驶人员的工作情况进行检查，对违反有关规定的驾驶员应暂时或永久取消其上岗资格。

第二十四条 各单位要建立完善机动车驾驶员档案，实行一人一档。档案内容包括：驾驶员的文化程度、驾驶年限、安全行驶、健康状况、教育培训、奖励惩处及事故登记和处理、驾驶员的变更调动等情况。档案模式由各省级局（公司）统一制定。

第二十五条 各单位要加强对驾驶员法制观念、职业道德教育和专业技术培训，强化驾驶员的遵章守纪和“安全第一”的意识，不断提高驾驶技能和业务素质。任何人不得以任何理由违章行驶。严禁酒后驾车、超速行驶等违章行为。

第二十六条 车辆管理部门必须与本单位持有《上岗证》的驾驶员签订《交通安全责任书》，明确双方安全责任。

第二十七条 各单位对驾驶员每月至少进行一次安全法规、业务知识的学习或教育。

第二十八条 各单位要定期和不定期地对驾驶员的学习教育、安全行驶、技术状况等情况进行检查。每年必须对驾驶员进行专门考试，考试合格后方可上岗。驾驶员的考试成绩要存档备案，并纳入年度考核，考试或考核不合格者不得上岗。

第五章　事故管理

第二十九条 机动车辆发生交通事故后，驾驶员必须迅速采取相应的抢救或保护措施，及时向当地公安交通主管部门和本单位车辆管理部门报告。

第三十条 发生重大及其以上的交通事故，事故发生单位应逐级向上一级安全管理部门报告，并在24小时内报至国家烟草专卖局。任何单位和个人不得以任何理由隐瞒、延报事故情况。

第三十一条 对已发生的重大及其以上交通事故的处理结果，发生事故单位必须以书面形式逐级向上一级安全管理部门报告。

第三十二条 事故调查处理结案后，必须建立完整的事故档案。

第六章　奖　惩

第三十三条 各单位要建立健全交通安全奖惩制度。对坚持原则、遵章守纪，为交通安全做出贡献的交通管理人员和机动车辆驾驶员，应给予表彰或奖励。对违反有关法律法规和本规定发生交通事故或造成不良影响的，应视情节轻重，对有关责任人分别进行批评教育、扣发工资奖金或行政处分。触犯法律的，移送司法机关依法处理。

第三十四条 凡违反本规定发生责任事故的，驾驶员或指派人应根据公安交通管理部门的裁定承担责任，并由单位扣发工资奖金或给予相应的行政处分。同时，根据《烟草系统特大、重大安全事故行政责任追究规定》追究当事人和单位领导的行政责任。

第三十五条 擅自将机动车辆交给他人驾驶造成事故的，由相关责任人承担全部安全责任和经济损失。

第七章　附　则

第三十六条 各单位要按照本规定的要求，结合本地区、本单位的实际情况，制定相应的实施细则。

第三十七条 本规定如与国家法律法规相抵触时，以国家法律法规为准。

第三十八条 本规定自颁布之日起执行。

第三十九条 本规定由国家烟草专卖局负责解释。

烟草系统宾馆饭店安全管理暂行规定

（国烟运〔2002〕368号）

第一章　总　则

第一条 为加强烟草系统所属宾馆饭店的安全管理，防止安全事故（案件）的发生，确保宾馆饭店的安全经营，依据国家有关法律法规，结合烟草系统实际情况，制定本规定（以下简称规定）。

第二条 本规定中所指宾馆饭店，系指烟草系统独资或控股对外经营的宾馆饭店（含烟草系统自我经营、委托经营、租赁承包经营等管理模式）。

第三条 本规定中所指宾馆饭店包括客房数50间以上的单位内部招待所、建筑面积在200平方米以上的住宿、餐饮及娱乐场所。

第二章　组织管理

第四条 宾馆饭店应建立以主要领导为主任，各职能部门负责人组成的安全委员会。负责消防、治安、特种设备等各项安全管理工作。

第五条 宾馆饭店应设置安全管理部门，或指定部门和专人负责，并配备相应的安全管理和工程技术人员，具体负责宾馆饭店的日常安全管理工作。

第六条 宾馆饭店应按照国家有关法规，建立健全义务消防、内部治安防范等群众性安全保卫组织，并根据单位实际，制定完善消防、治安防范等应急预案，定期演练。

第三章 安全管理

第七条 宾馆饭店的安全管理工作必须纳入烟草系统安全管理范围，加强监督指导，督促其落实国家法律法规和烟草系统有关安全管理规定。

第八条 宾馆必须建立健全以主要领导为第一责任人的全员安全责任制。根据“谁主管，谁负责”的原则，明确逐级、逐岗安全职责，并逐级、逐岗签订安全责任书，确保安全工作各负其责，落到实处。

第九条 宾馆饭店必须依照国家现行有关法律法规和烟草系统有关规定，并根据单位实际，制定完善各种安全管理规章制度。要运用科学的现代安全管理方法和技术，保证各项规章制度的落实。

第十条 建立健全各项安全管理基础资料，规范安全档案建设。

第十一条 宾馆饭店要建立员工岗前安全培训制度，培训不合格人员不得录用；对特种作业人员必须通过国家有关行政管理部门的培训，取得相应证书后持证上岗，并按规定定期审验；对相关安全管理和工程技术人员，要适时组织参加有关管理和技术培训。

第十二条 宾馆饭店要组织开展不同形式的安全教育和培训，定期组织严格的专项业务训练，不断提高全体员工的安全意识和技能。确保发生突发事件时，有效地组织人员安全撤离事发现场。

第十三条 宾馆饭店承包或出租给外部经营的娱乐场所，必须明确宾馆饭店和承包单位、承租单位双方的安全责任、各自的安全管理以及对安全设施（设备）的维护责任，并签订专门的安全管理协议。宾馆饭店对承包单位、承租单位的安全工作统一协调、管理，同时接受上级主管部门的监督检查。

第十四条 宾馆饭店必须依法经营，禁止以各种形式从事违反国家法律法规的经营活动。

第四章 安全设施

第十五条 宾馆饭店的新建、改建、扩建以及装修、安装等工程项目，必须严格执行安全设施（措施）“三同时”管理规定，并经有关行政管理部门和上级主管部门验收合格后方可投入使用。

第十六条 锅炉、压力容器、电力设施、供气设施、防雷设施、起重设备等，在安装和使用前，必须经有关行政管理部门审批和验收，并取得使用合格证。特种设备按国家有关规定定期检验，严禁带病运行。

第十七条 宾馆饭店必须依照国家有关法规和标准，安装使用有效的火灾自动报警系统、自动灭火喷淋系统、内部治安防范系统等安全监控设施。室内、外消防栓、室外接水泵接合器和灭火器的配备，必须符合有关消防技术规范要求。

第十八条 配电、供热、供气、制冷、厨房等场所，必须配备有效的安全专用器具或工具。同时，根据国家有关规定，宾馆饭店应配备相应的逃生器具。

第十九条 宾馆饭店应确定部门和人员，按国家有关规定对各类专用安全监控设施、消防设施设备、安全专用器具或工具，进行检查、检测、维护，确保正常运行或使用，并有详细的运行检查、维护保养记录。

第二十条 必须按照国家有关消防技术标准，保证疏散标志、通道、断电疏散照明等设施完好有效。

第二十一条 储存和使用易燃易爆物品的场所，必须符合国家有关技术标准，保证安全距离。要安装油、气泄漏检测装置，并对装置定期检测。

第五章 检查与整改

第二十二条 宾馆饭店应依据国家有关规定，制定安全检查标准，并按标准进行安全检查。

第二十三条 宾馆饭店对检查出的各类事故隐患必须在限期内整改。

存在重大事故隐患逾期未彻底整改的，上级主管部门可令其停业整顿，直至彻底消除事故隐患并报上级主管部门审批后方能营业。

第六章 责任与追究

第二十四条 对造成责任事故（案件）的有关责任人，应根据事故（案件）等级标准，按照烟草系统和本单位有关规定予以行政处分。

第二十五条 对发生特大、重大责任事故（案件）的单位主要负责人和管理者，必须依照《烟草系统特大、重大安全事故行政责任追究的规定》予以处罚。触犯国家有关法律构成犯罪的，由司法机关依法处理。

第二十六条 在承包或租赁期间，因安全责任不明确，监管不力导致发生重大、特大责任事故（案件）的，将依照有关规定追究主要负责人的责任。

第七章 附 则

第二十七条 各单位应根据本规定，并结合本地区、本单位实际情况制定实施细则。

第二十八条 本规定如与国家有关法律法规相抵触时，以国家法津法规为准。

第二十九条 本规定自颁布之日起执行。

第三十条 本规定由国家烟草专卖局负责解释。

·地方法规·

安徽省公安厅《关于办理违反烟草专卖管理案件适用劳动教养有关问题的意见》

（皖公办［2002］52号）

各市、县公安局：

为依法严厉打击违反烟草专卖管理违法犯罪活动，维护国家烟草专卖管理制度和秩序，省高级人民法院、省检察院、省公安厅、省烟草专卖局共同制定下发了《关于办理违反烟草专卖管理刑事案件适用法律若干问题的意见（试行）》（皖公办［2001］131号，以下简称《意见》），根据该意见第十四条的规定，依据劳动教养有关法律法规规定，结合本省的实际情况，现就公安机关办理违反烟草专卖管理案件适用劳动教养有关问题提出如下意见：

一、对于实施《意见》规定的生产、销售假冒、伪劣烟草制品的违法犯罪活动，构成犯罪，但情节较轻，尚不够刑事处罚或依法不追究刑事责任的；对于犯罪情节轻微，检察院作出不起诉决定或人民法院免除刑事处罚的，符合《安徽省劳动教养实施条例》第九条第（三）、（四）项规定劳动教养条件的，予以劳动教养。

二、实施《意见》规定的生产、销售假冒、伪劣烟草制品的违法犯罪活动，未构成犯罪，但经营数额较大、情节比较严重或长期从事非法经营活动屡教不改，受到两次治安拘留，三年内又有应予治安拘留的新的违法行为，符合《安徽省劳动教养实施条例》第九条第（二）项规定的，可以劳动教养，

三、对于拒绝、阻碍烟草专卖机关工作人员依法执行职务，情节严重的，或以暴力威胁方法妨碍烟草专卖机关依法执行职务或煽动群众暴力抗拒烟草专卖执法，尚不够刑事处罚的，符合《安徽省劳动教养实施条例》第九条第（三）项规定劳动教养条件的，应予劳动教养。

江西省烟草专卖条例

（1998年8月21日江西省第九届人民代表大会常务委员会第四次会议通过，根据2002年9月27日江西省第九届人民代表大会常务委员会第三十二次会议通过的《关于修改<江西省烟草专卖条例>的决定》修正）

第一条 为加强烟草专卖管理，提高烟草制品质量，维护消费者权益，保证国家和地方财政收入，根据《中华人民共和国烟草专卖法》和《中华人民共和国烟草专卖法实施条例》，结合本省实际，制定本条例。

第二条 本条例适用于本省行政区域内烟草专卖品的生产、销售、运输和进出口。

第三条 省烟草专卖行政主管部门主管全省烟草专卖工作。设区的市、县（市、区）烟草专卖行政主管部门主管本行政区域内的烟草专卖工作，受上一级烟草专卖行政主管部门和当地人民政府的双重领导，以上一级烟草专卖行政主管部门领导为主。

各级公安、工商行政管理、质量技术监督、海关、商检、交通、铁路、民航、邮政等部门应当在各自职责范围内配合烟草专卖行政主管部门做好烟草专卖管理工作。

第四条 烟草专卖行政主管部门应当履行下列职责：

（一）宣传、贯彻《中华人民共和国烟草专卖法》和有关法律、法规，结合本地实际，制定烟草专卖管理的具体措施；

（二）依法组织实施烟草专卖许可证制度、烟草专卖品准运证制度和烟叶收购许可证制度，按照管理权限审核、发放和管理各种烟草专卖证件；

（三）监督检查《中华人民共和国烟草专卖法》和有关法律、法规在本行政区域内的执行情况，依法查处违反烟草专卖法律、法规的案件。

（四）承办上级烟草专卖行政主管部门、当地人民政府交办的其他有关烟草专卖方面的工作。

第五条 县级以上人民政府应当加强对烟草专卖工作的领导，维护烟草专卖品的生产、销售和运输秩序。

全社会应当开展吸烟危害健康的宣传教育活动，依法禁止在规定不准吸烟的公共场所吸烟，禁止中小学生吸烟。

第六条 烟草生产企业应当加强对烟草专卖品的科学研究和技术开发，提高烟草制品的质量，降低烟草制品的生产成本，提高烟草生产企业的经济效益。

第七条 烟草公司和烟叶种植者必须按照国家下达的烟叶收购计划和种植规划，签订烟叶生产收购合同，约定烟叶种植面积，确定双方的权利和义务。

烟叶产区的人民政府和烟草专卖行政主管部门应当加强烟叶种植规划和收购计划的管理，督促检查烟叶生产收购合同的履行，按质按量落实国家烟叶收购计划，推行产烟区域布局合理、品种优良化。

烟草公司应当为烟叶种植者提供必要的技术服务、扶持资金和物资。

第八条 烟叶种植者应当凭烟叶生产收购合同交售烟叶。

烟叶由当地烟草公司或者其委托单位依法统一收购，其他单位和个人不得收购。烟叶收购站（点）必须取得省烟草专卖行政主管部门核发的烟叶收购许可证。

烟叶收购站（点）必须在规定的区域按照国家规定的标准、价格，全部收购合同约定的种植面积生产的烟叶，不得压级压价或者擅自提级提价。

烟叶由当地烟草公司依法统一经营、调拨和管理，其他任何单位和个人不得经营。

禁止无销售许可证的单位和个人销售烟叶和烟丝。但未列入国务院烟草专卖行政主管部门规定的名晾烟名录的其他晾晒烟可以在集市贸易市场出售。

第九条 烟叶产区的烟草专卖行政主管部门应当会同质量技术监督部门成立烟叶等级质量监督组织。烟叶种植者对烟叶收购站（点）确定的烟叶等级有异议的，可以向烟叶等级质量监督组织申请复议。

第十条 托运或者自运烟草专卖品必须持有省或者国家烟草专卖行政主管部门签发的准运证，准运证核定的数量、品种、调入和调出单位与运达地点等内容与实际不符的，按无准运证运输处理。

第十一条 未经国家烟草专卖行政主管部门批准，任何单位和个人不得设立烟草专卖品交易市场。非法设立的，所在地县级以上人民政府应当予以取缔。不予以取缔的，依法追究当地政府有关领导的行政责任，并由上一级烟草专卖行政主管部门没收市场物业管理者的违法所得。

前款所称烟草专卖品交易市场，是指以形成批发、零售烟草制品集散地为特征的交易市场或调剂中心。

第十二条 批发、零售烟草制品的单位或者个人必须依照《中华人民共和国烟草专卖法实施条例》的规定，到当地烟草专卖行政主管部门申领烟草专卖许可证，并向工商行政管理部门申领营业执照后，方可营业。

依法取得烟草专卖零售许可证的单位和个人必须到发证机关指定的烟草专卖批发企业进货，不得非法购进烟草制品，并做到亮证、定点经营。

依法持有烟草专卖零售许可证的单位之间、个人之间，或者单位与个人之间不得以营利为目的，互相进行烟草制品购销活动。

第十三条 禁止非法销售、运输、存储投递走私烟草制品以及为其提供便利条件。

第十四条 禁止生产、运输、存储、投递、销售下列烟草制品：

（一）无烟草专卖生产企业许可证生产的；

（二）假冒他人注册商标的；

（三）无注册商标的；

（四）霉坏、变质的；

（五）以营利为目的，非法收购的卷烟、雪茄烟。

禁止明知是前款规定的烟草制品，仍为前款规定的烟草制品的生产、运输、存储、投递、销售提供便利条件。

第十五条 零售卷烟、雪茄烟实行加贴或者加注专卖标志的管理制度。烟草专卖标志由省烟草专卖行政主管部门统一监制。烟草零售单位或者个人经营的卷烟、雪茄烟，须有当地烟草专卖批发企业加贴或者加注的专卖标志，并限于专卖标志限定的范围零售。无专卖标志的卷烟、雪茄烟严禁销售。

禁止非法印制、销售、使用烟草专卖标志。

第十六条 烟草专卖行政主管部门或者会同有关部门可以在机场、车站、码头、商品交易市场和烟草专卖品存放地依法进行烟草专卖检查。

烟草专卖行政主管部门可根据举报线索对有非法运输烟草专卖品嫌疑的车辆或者船舶依法进行检查；烟草专卖行政主管部门可以参加省人民政府批准在与邻省交界地区设立的检查站，对有非法运输烟草专卖品嫌疑的车辆或者船舶依法进行检查。

第十七条 烟草专卖行政主管部门查处违反烟草专卖法律、法规案件时，可以查阅、复制与违法活动有关的合同、发票、账册、单据、记录、文件、业务函电和其他资料。在处理有关涉案物品时，对可能灭失或者以后难以取得证据的，可以依法先行登记保存；对有证据证明其有违法行为的，可以依法采取查封、扣押措施。

第十八条 违反本条例第八条第二款规定的，由烟草专卖行政主管部门处以违法收购烟叶总值20%以上50%以下的罚款，并按照国家规定的当地收购价的70%收购违法收购的烟叶；违法收购烟叶1000公斤以上的，依法没收其违法收购的烟叶和违法所得。

违反本条例第八条第三款规定的，由烟草专卖行政主管部门责令其改正，并对责任人员给予行政处分，情节严重的，吊销其收购许可证。

违反本条例第八条第五款规定的，由烟草专卖行政主管部门没收违法所得，处以违法经营烟叶或者烟丝货值金额

20%以上50%以下的罚款，并按当时市场批发价格的70%收购违法经营的烟草制品。

第十九条 违反本条例第十二条规定的，分别按照以下规定予以处罚：

（一）无烟草专卖零售许可证经营烟草制品零售业务的，由工商行政管理部门或者烟草专卖行政主管部门责令改正，没收违法所得，处以违法经营烟草制品货值金额20%以上50%以下的罚款，其违法经营的烟草制品可由烟草专卖行政主管部门按照当时市场批发价格的70%收购。但对当事人的同一个违法行为，不得给予两次以上罚款的行政处罚。

（二）未亮证经营烟草制品的单位或者个人，由烟草专卖行政主管部门责令其限期改正；拒不改正的，处以50元以上100元以下的罚款。

（三）烟草制品零售单位或者个人未在发证机关指定的烟草专卖批发企业进货的，由烟草专卖行政主管部门没收违法所得，处以进货总额5%以上10%以下的罚款，并按市场批发价格的70%收购非法购进的烟草制品。

（四）依法持有烟草专卖零售许可证的单位之间、个人之间或者单位与个人之间以营利为目的，互相进行烟草制品购销活动的，由烟草专卖行政主管部门对进货方没收违法所得，可处以进货总额5%以上10%以下的罚款；对销售方没收其违法所得，并处以销售烟草制品价值50%以上1倍以下的罚款。

第二十条 违反本条例第十三条、第十四条规定的，由烟草专卖行政主管部门、工商行政管理部门依法按以下规定予以处罚：

（一）非法运输、存储、投递走私卷烟的，没收其走私卷烟和违法所得。

（二）销售走私卷烟的，没收其走私卷烟和违法所得，并处以违法销售烟草制品货值金额1倍以上3倍以下的罚款。

（三）无烟草专卖生产企业许可证生产烟草制品的，责令关闭，没收违法所得和生产设备，处以所生产烟草制品价值1倍以上2倍以下的罚款，并将其违法生产的烟草制品公开销毁。

（四）运输、存储、投递假冒他人注册商标、无注册商标以及霉坏变质的烟草制品的，责令停止运输、存储、投递，没收违法所得，并将非法运输、存储、投递的烟草制品公开销毁。

（五）生产、销售假冒他人注册商标，无注册商标以及霉坏变质的烟草制品的，责令停止生产、销售，没收违法所得以及用于生产、销售的原材料，处以违法生产、销售烟草制品货值金额50%以上3倍以下的罚款，并将非法生产、销售的烟草制品公开销毁。

（六）明知是走私卷烟和假冒他人注册商标、无注册商标以及霉坏变质的烟草制品，仍为走私卷烟和假冒他人注册商标、无注册商标以及霉坏变质的烟草制品的生产、运输、存储、投递、销售提供便利条件的，没收违法所得，可并处违法所得50%以上3倍以下的罚款。

（七）以营利为目的，非法收购卷烟、雪茄烟的，没收违法所得和非法收购的卷烟、雪茄烟。

上述行为违反其他法律、行政法规规定的，其他有查处权的部门或者机关可以依法进行查处。但对当事人的同一个违法行为，不得给予两次以上罚款的行政处罚。

第二十一条 其他依法享有查处违反烟草专卖法律、法规案件的执法机关，对依法查获的烟草专卖品，必须交由烟草专卖行政主管部门公开销毁或者依法收购拍卖，不得自行处理。

违反前款规定的，由其上级主管部门或者行政监察机关对直接负责的主管人员和其他直接责任人员依法给予行政处分。

第二十二条 持有烟草专卖批发企业许可证或者零售许可证的单位、个人违法经营，被烟草专卖行政主管部门处罚3次以上，或者以暴力手段抗拒烟草专卖行政主管部门的监督检查人员依法实施检查的，烟草专卖行政主管部门可以吊销其烟草专卖批发企业许可证或者零售许可证。

第二十三条 违反本条例第十五条第一款规定，销售的卷烟、雪茄烟未加贴或者加注当地烟草专卖批发企业专卖标志的，由烟草专卖行政主管部门没收违法所得和无当地烟草专卖标志的卷烟、雪茄烟，并处以50元以上1000元以下的罚款。

违反本条例第十五条第二款规定的，由烟草专卖行政主管部门责令其停止违法行为，没收违法印制、销售的烟草专卖标志和违法所得，以及其用于印制、销售烟草专卖标志的原材料，可并处1万元以上10万元以下的罚款。

第二十四条 查处违反烟草专卖法律、法规的案件，烟草专卖行政主管部门应当自立案之日起30日内作出处理决定；因案件复杂需延长时限的，须报经上一级行政主管部门批准。

经烟草专卖行政主管部门两次书面通知或者自查获之日起30日内当事人拒不到场，放弃申辩或者听证权利的，烟草专卖行政主管部门可以作出处理决定。

第二十五条 烟草专卖行政主管部门及其行政执法人员违法检查运输车辆、船舶或者违法查封，给当事人造成损失的，应当依法予以赔偿。

第二十六条 对检举烟草专卖违法行为有功的人员按照该案罚没收入10%以上20%以下的标准给予奖励；没有罚没收入的，可按涉案物品货值金额10%以内的标准给予奖励。

第二十七条 烟草专卖执法人员依法执行公务，不受非法干预。

拒绝、阻碍烟草专卖执法人员依法执行公务，或者对烟草专卖执法人员依法执行公务打击报复的，由公安机关依法处罚。

第二十八条 烟草专卖执法人员滥用职权、徇私舞弊、玩忽职守的，依法给予行政处分。

第二十九条 依照本条例规定，烟草专卖行政主管部门依法收购违法收购的烟叶，或者收购违法运输的烟草专卖品，收购价格按照该烟草专卖品当时市场批发价的70%计算。

第三十条 违反本条例的行为，构成犯罪的，依法追究刑事责任。

第三十一条 本条例所称烟草专卖品货值金额，是指按照同一品名的正品烟草专卖品同期市场销售价格计算的价格。

第三十二条 本条例自公布之日起施行。

陕西省公安厅、陕西省人民检察院、陕西省高级人民法院、陕西省烟草专卖局《关于严厉打击扰乱烟草专卖管理秩序犯罪活动有关问题的通知》

（陕公经发［2001］21号）

各市、杨凌示范区公安局、人民检察院、人民法院、烟草专卖局：

为维护国家烟草专卖管理制度，治理整顿我省烟草市场秩序，依法惩治扰乱烟草专卖管理秩序犯罪行为，保障消费者合法权益，保证国家财政收入，根据《中华人民共和国刑法》、《中华人民共和国刑事诉讼法》、《中华人民共和国烟草专卖法》及其《实施条例》，结合我省的实际情况，特就严厉打击此类犯罪活动的有关问题通知如下：

一、烟草专卖行政主管部门在执法中查获的涉嫌犯罪案件，达到追诉标准规定的，行政处罚后，应按照国务院《行政执法机关移送涉嫌犯罪案件的规定》的规定，及时移交当地公安机关立案侦查。

二、各级公、检、法机关在打击扰乱烟草专卖管理秩序犯罪案件中要各司其职，相互配合，加大打击力度，形成打击合力，做到快侦、快捕、快诉、快判。

三、生产、销售劣质烟草制品，销售金额在5万元以上的，或者为销售而生产劣质烟草制品尚未销售的，货值金额在15万元以上的，按照《刑法》第一百四十条的规定定罪处罚。

为销售而生产劣质烟草制品尚未销售的，以犯罪未遂论处。

四、生产假冒注册商标烟草制品情节严重的，按照《刑法》第二百一十三条的规定定罪处罚。

具有下列情形之一的，属于情节严重：

（1）个人生产烟草制品货值金额在10万元以上不满20万元的，单位生产烟草制品货值金额在50万元以上不满100万元的；

（2）查获个人假冒烟草制品折合1000条以上不满2000条的（条，是指烟草制品专用计量单位。下同），单位假冒烟草制品折合5000条以上不满1万条的；

（3）曾因生产假冒烟草制品，被烟草专卖等行政管理部门行政处罚两次以上又被查获的；

（4）生产假冒烟草制品造成恶劣社会影响的。

具有下列情形之一的，属于情节特别严重：

（1）个人生产烟草制品货值金额20万元以上的，单位生产烟草制品货值金额100万元以上的；

（2）查获个人假冒烟草制品折合2000条以上的，单位假冒烟草制品折合1万条以上的。

五、知道或者应当知道是假冒注册商标烟草制品而销售，销售金额达到追诉标准的，按照《刑法》第二百一十四条的规定定罪处罚。

个人销售金额10万元以上不满20万元的属于“数额较大”，20万元以上属于“数额巨大”；单位销售金额50万元以上不满100万元的属于“数额巨大”，100万元以上属于“数额巨大”。

尚未销售的，以犯罪未遂论处。

六、伪造、擅自制造他人注册的烟用商标标识，或者销售伪造、擅自制造的烟用商标标识，情节严重的，按照《刑法》第二百一十五条的规定定罪处罚。

具有下列情形之一的，属于情节严重：

（1）非法制造、销售非法制造他人烟用商标标识，违法所得金额2万元以上不满10万元的；

（2）非法经营金额在20万元以上不满100万元的；

（3）查获非法制造他人烟用商标标识在2万张以上不满10万张的（张，是指独立成为一包、一条、一箱烟草制品包装外壳的材料。下同）；

（4）虽未达到上述金额或者数额标准，但因非法制造、销售非法制造的烟草制品注册商标标识，受过行政处罚两次以上又被查获的。

具有下列情形之一的，属于情节特别严重：

（1）违法所得金额在10万元以上的；

（2）非法经营额在100万元以上的；

（3）非法制售的烟用商标在10万张以上的。

查获尚未印制完成的烟用商标，且数量在2万张（情节严重）或者5万张（情节特别严重）以上的，以犯罪未遂论处。

七、未经烟草专卖行政主管部门许可，生产、批发、零售、储存、运输烟草专卖品，情节严重的，按照《刑法》第二百二十五条的规定定罪处罚。

具有下列情形之一的，属于情节严重：

（1）个人违法所得金额2万元以上不满5万元的，单位违法所得金额5万元以上不满15万元的；

（2）个人非法经营金额5万元以上不满15万元的，单位非法经营金额15万元以上不满50万元的；

（3）查获正在或者准备非法经营的烟草制品，个人5000条以上不满2万条，单位2万条以上不满10万条的；

（4）曾因非法经营烟草制品被烟草专卖等行政管理部门行政处罚两次以上又被查获的；

（5）倒卖烟草专卖许可证、准运证等批准文件的。

具有下列情形之一的，属于情节特别严重：

（1）个人违法所得金额5万元以上，单位违法所得金额15万元以上的；

(2) 个人非法经营金额15万元以上的，单位非法经营金额50万元以上的；

(3) 查获正在或者准备非法经营的烟草制品，个人2万条以上，单位10万条以上的。

八、知道或者应当知道他人实施本《通知》第三条至第七条规定之犯罪行为，仍实施下列行为之一的，应认定为共犯，依照法律规定定罪处罚。

(1) 提供房屋、场地、设备、贷款、资金、账号、发票、证明、许可证件，或者提供生产、经营场所或者运输、仓储、保管、邮寄等便利条件的，或者提供制假生产技术的；

(2) 直接参与制售假冒烟草制品或者直接参与制售非法制造的烟用商标，或者直接参与非法经营烟草制品的。

九、单位犯本《通知》第三条至第八条规定之罪，对单位判处罚金，对直接负责的主管人员和其他直接责任人员，依照法律规定定罪处罚。

十、明知是非法制售的烟草专卖品而予以窝藏、转移的，依照刑法第三百一十二条的规定，以窝藏、转移罪定罪处罚。窝藏、转移非法制售的烟草专卖品，事前与犯罪分子通谋的，以共同犯罪论处。

十一、以暴力威胁方法阻碍烟草专卖执法人员依法执行公务的，依照刑法第二百七十七条的规定，以妨害公务罪定罪处罚。

煽动群众暴力抗拒烟草专卖执法的，依照刑法第二百七十八条的规定，以煽动暴力抗拒法律实施罪定罪处罚。

十二、本《通知》所称：

(1) 烟草专卖品是指卷烟、雪茄烟、烟丝、复烤烟叶、烟叶、卷烟纸、滤嘴棒、烟用丝束、烟草专用机械。其中，卷烟、雪茄烟、烟丝、复烤烟叶统称为烟草制品。

(2) 销售金额是指实际销售烟草专卖品所得和应得的全部违法收入。

(3) 经营金额是指实际销售烟草专卖品的金额及未销售出的烟草专卖品金额之和；尚未销售的烟草专卖品的金额是指烟草专卖行政主管部门确定的相同品牌、型号的烟草专卖品（包括假冒商标卷烟）市场批发价乘以行为人尚未销售的烟草制品数量所得的金额。

(4) 违法所得是指非法经营烟草专卖品获利的金额。

(5) 生产、销售假冒商标、劣质烟草制品的金额是指相同品牌型号的烟草制品的批发价格。

(6) 劣质烟草制品是指在散支烟或者成品烟中使用霉烂烟叶或者烟叶以外的替代物，及使用残次的卷烟纸、滤嘴棒、烟用丝束及下脚生产的烟草制品，使用低等次烟叶冒充高等次烟叶生产的烟草制品，霉坏、变质的烟草制品。

(7) 假冒注册商标卷烟是指擅自使用他人烟草制品注册商标生产的散支烟或者成品烟。

十三、共同犯罪主犯在逃，在案的其他犯罪嫌疑人犯罪事实清楚的，应先行处理。

十四、对于参与本《通知》规定的违法活动，尚不够刑事处罚的人员，可予以劳动教养。劳动教养的具体标准由省公安厅另行规定。

十五、本《通知》所列案件，由公安机关经济犯罪侦查部门侦查。

十六、本《通知》自下发之日起执行，如与新的司法解释相抵触，按新的司法解释执行。

安徽省烟草专卖执法“三权分立”程序规范及要求（试行）

总 则

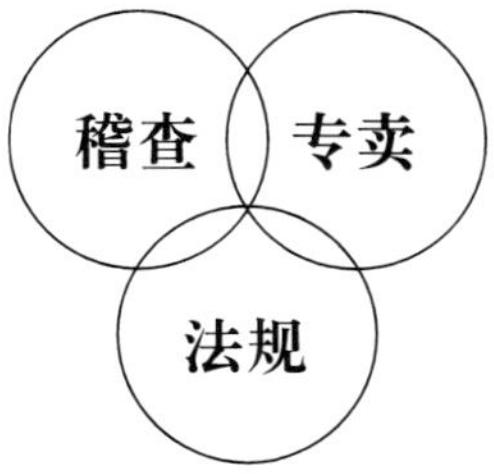

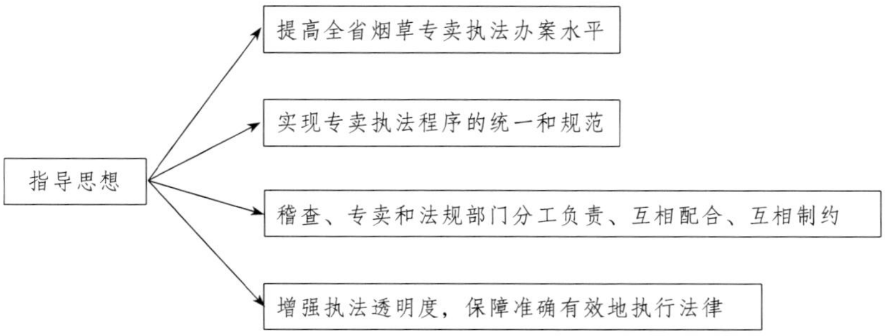

目的和意义

- 做到准确适用法律、合理实施处罚
- 遵守法定程序，防止违法行政
- 在维护国家利益的同时保障当事人合法利益
- 及时查处烟草违法行为，提高执法效率
- 维护烟草专卖执法的权威

执法主体与机构

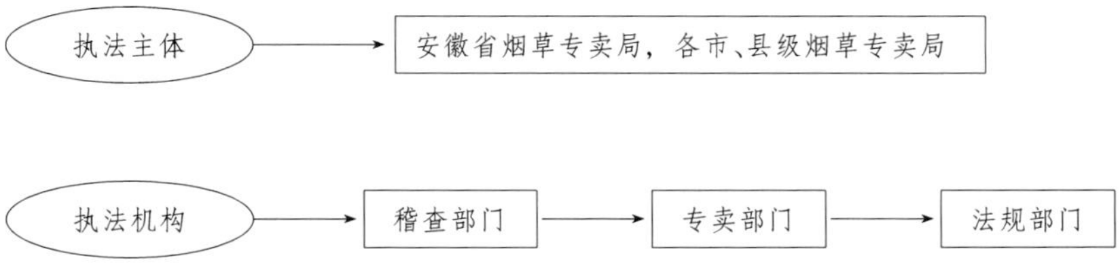

执法依据

- 《中华人民共和国烟草专卖法》
- 《中华人民共和国行政处罚法》
- 《中华人民共和国行政复议法》
- 《中华人民共和国烟草专卖法实施条例》
- 《行政执法机关移送涉嫌犯罪案件的规定》
- 《安徽省实施〈中华人民共和国烟草专卖法〉办法》
- 《烟草专卖行政执法程序规定》（国家烟草专卖局3号令）
- 安徽省《关于办理违反烟草专卖管理刑事案件适用法律若干问题的意见》
- 其他有关行政法规、规章

执法权限（稽查）

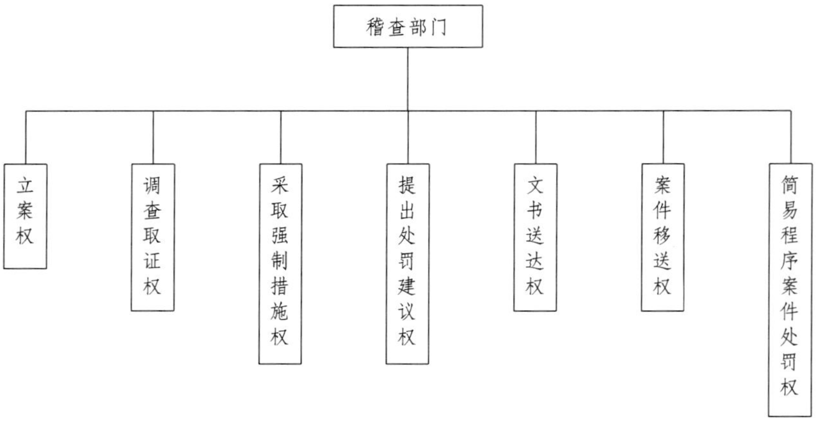

执法权限（专卖）

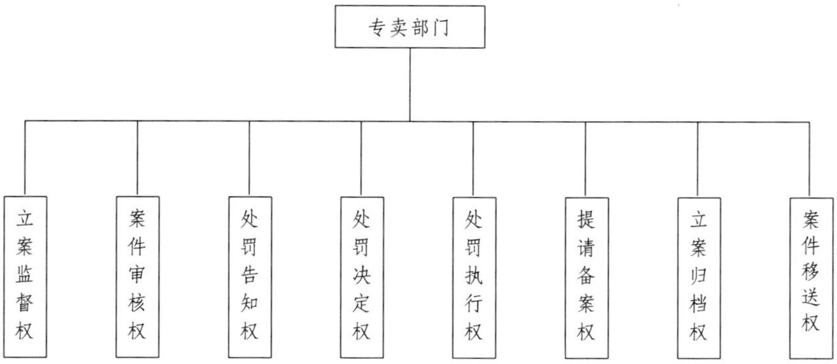

执法权限（法规）

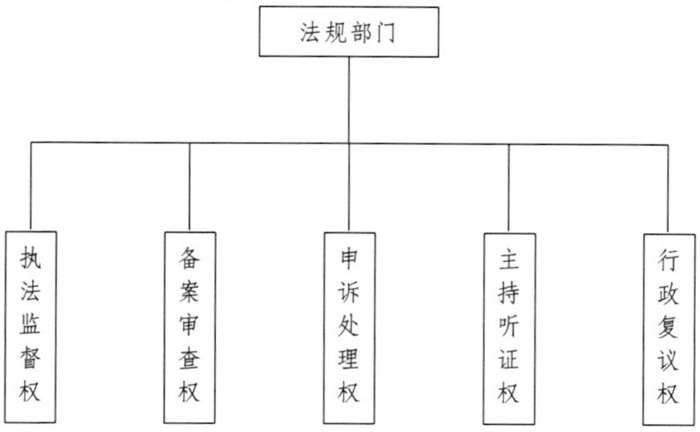

上篇　执法程序规范

执法程序概要

执法程序包括行政处罚和行政复议两种程序。行政处罚分为普通程序和简易程序。普通程序从立案开始，到备案审查结束；简易程序是在法定条件下，稽查执法人员当场作出行政处罚的程序。普通程序中，稽查部门立案以后，应当调查取证，为收集证据和保障程序进行，稽查部门可以采取行政强制措施，在对收集的所有证据进行综合分析的基础上，向专卖部门提出处罚建议。由专卖部门审核案件，初步确定当事人应承担的法律责任，报局长批准后向当事人履行处罚前告知义务。享有听证权的当事人如果要求听证，法规部门应当主持听证，稽查部门作为控诉方参加听证。专卖部门制作行政处罚决定书交稽查部门送达当事人，在依法执行处罚决定后结案并立卷归档。对符合法定条件的案件，专卖部门在执行以后应当将案件有关材料报上一级法规部门备案。法规部门对于报送备案的材料，应当登记审查。

法规部门可以通过申诉处理、检查等方式对本级或者下级烟草专卖行政主管部门处理的案件进行监督。当事人可以依法向作出处罚决定的烟草专卖行政主管部门的上级法规部门申请行政复议，上级法规部门依法进行审理，作出复议决定。

普通执法程序（I）

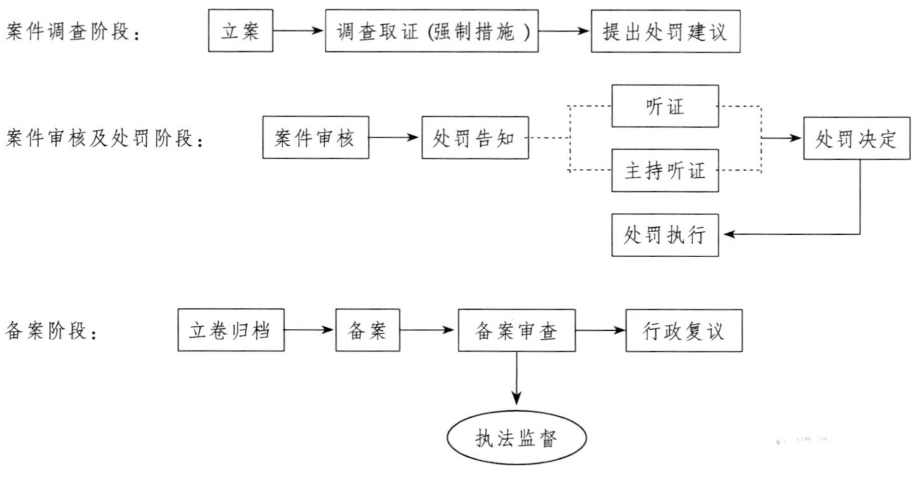

简易执法程序（II）

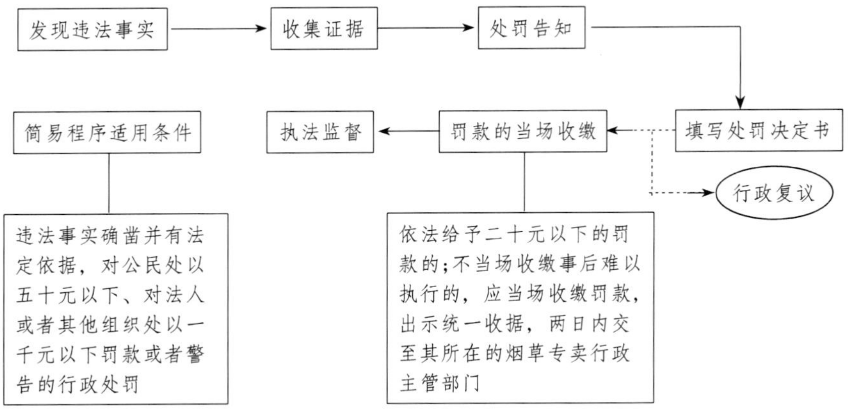

一、立案

1．立案条件

•经初步审查，掌握了一定的违法事实，应给予行政处罚；

•根据检举人提供的当事人的违法事实和证据，要查处的；

•掌握当事人违法活动线索，有重大违法嫌疑要继续调查；

•其他烟草专卖行政主管部门或者有关部门移送的案件；

•上级机关交办的案件。

2．立案途径

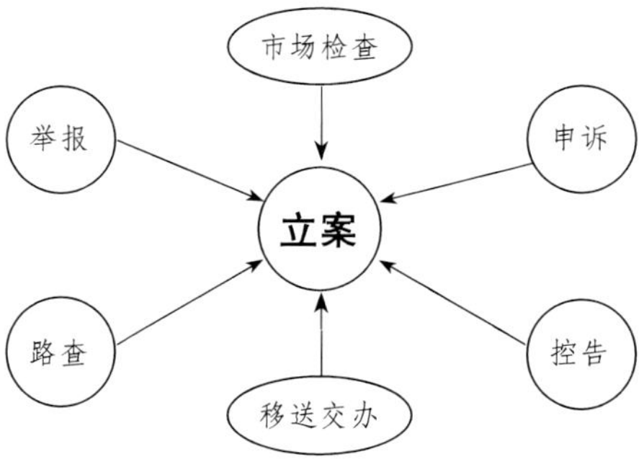

3．立案审批

•稽查部门专职负责人审批　稽查部门在发现违法事实符合立案条件时，由承办人填写《立案审批表》，并附上相关的材料（举报材料、检举材料、申诉材料、控告材料、上级机关交办或者有关部门移送的材料、当事人交代的材料、监督检查人员的检查报告等），经稽查部门专职负责人批准后立案。

•局长审批　对案值超过8万元以上的案件、吊销烟草专卖许可证的案件需报本级烟草专卖局局长（以下简称局长，含副局长，下同）批准后方能立案。

•指定承办人员　立案后由批准人在稽查部门中指定两名以上（含两名，下同）办案人员负责调查处理。

•补办手续　对正在发生的违法活动，应当立即查处，查处后及时补办立案手续。

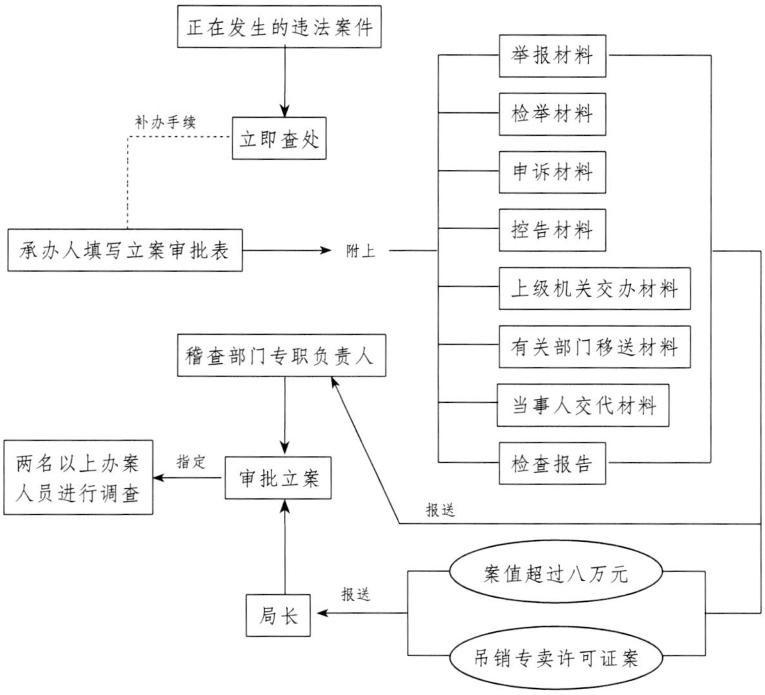

4. 立案监督

专卖部门对于符合立案条件的案件，发现稽查部门不立案的，应当要求稽查部门说明不立案的理由。专卖部门认为不立案的理由不成立的，应当制作建议《立案通知书》，通知稽查部门立案，稽查部门接到通知书后应当立案。

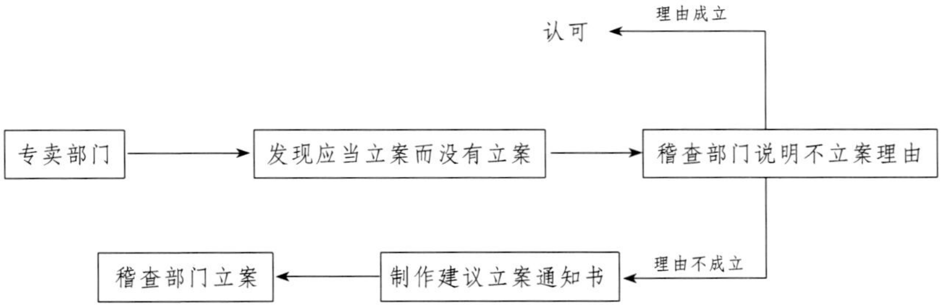

二、调查取证

1. 调查取证的方式

•委托调查　烟草专卖行政主管部门需委托其他烟草专卖行政主管部门协助调查取证的，必须出具《委托协助调查函》，受委托的烟草专卖行政主管部门应当积极予以协助。

•查阅、复制　办案人员需要从有关单位的业务档案中查阅、复制与违法活动有关的合同、发票、账册、单据、记录、文件、业务函电和其他资料的，应当出示县级以上（含县级）烟草专卖行政主管部门出具的书面证明。

•询问当事人及证人　询问应当个别进行。询问前应当告知其如实陈述事实、提供证据。询问应当制作笔录，询问笔录应当交被询问人核对；对没有阅读能力的，应当向其宣读。笔录如有差错、遗漏，应当允许其更正或者补充。经核对无误后，由被询问人逐页在笔录上签名或者盖章。办案人员亦应在笔录上签名。被询问人拒绝签名或者盖章的，应当在笔录上注明。

•要求提供材料　办案人员可以要求当事人及证明人提供证明材料或者与违法行为有关的其他材料，并由材料提供人在有关材料上签名或者盖章。拒绝签名或者盖章的，应当在材料上注明。

•收集书证　办案人员应当收集、调取与案件有关的原始凭证作为书证。调取原始证据有困难的，可以将原件复印、复制、摘抄、拍照。其中复制件应当标明“经核对与原件无误”，并由出具书证人签名或者盖章。

• 勘验检查　对有违法嫌疑的物品进行检查时，应当由两名以上办案人员执行，且有当事人或两名以上见证人在场，并制作勘验检查笔录，由当事人或者见证人签名或盖章。

• 抽样取证　应当有当事人或两名以上见证人在场，并开具《抽样取证物品清单》，在抽样取证的烟草专卖行政主管部门盖章后，由办案人员和当事人或见证人签名，办案人员和当事人各持一份。

• 人身检查　必须对当事人的人身进行检查的，应当依法提请公安机关执行，烟草专卖行政主管部门予以配合。

2. 调查取证的手续、对象和要求

• 调查取证的手续　调查取证（含采取行政强制措施）时，办案人员不得少于两人，应当出示省烟草专卖行政主管部门核发的检查证件。

• 调查取证的对象　书证、物证、证人证言、视听资料、当事人陈述、鉴定结论、勘验笔录和现场笔录，这些证据，必须经查证属实，才能作为认定事实的依据。

• 调查取证的要求　办案人员必须依照法定程序，及时进行调查，收集能够证实当事人违法行为及其情节轻重的各种证据，不轻信当事人陈述。

对于涉及国家秘密的证据，应当保密。

严禁刑讯逼供和以威胁、利诱、欺骗以及其他非法方法收集证据。保障证人能够客观充分地提供证据的条件，除特殊情况外，可以吸收他们协助调查。

3. 调查取证

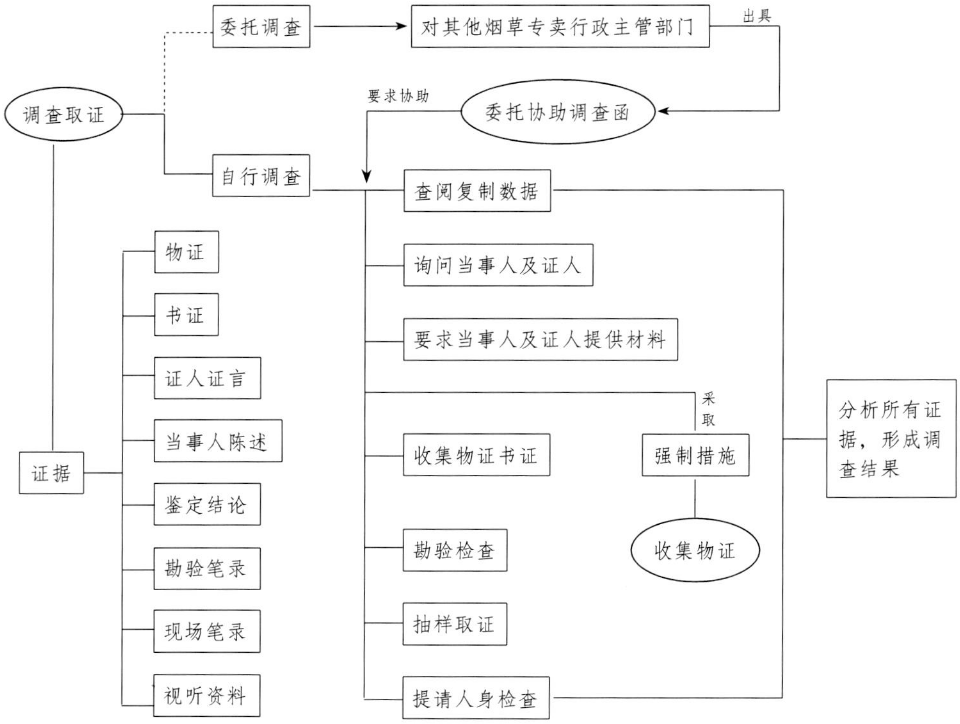

三、行政强制措施

1．先行登记保存（证据）

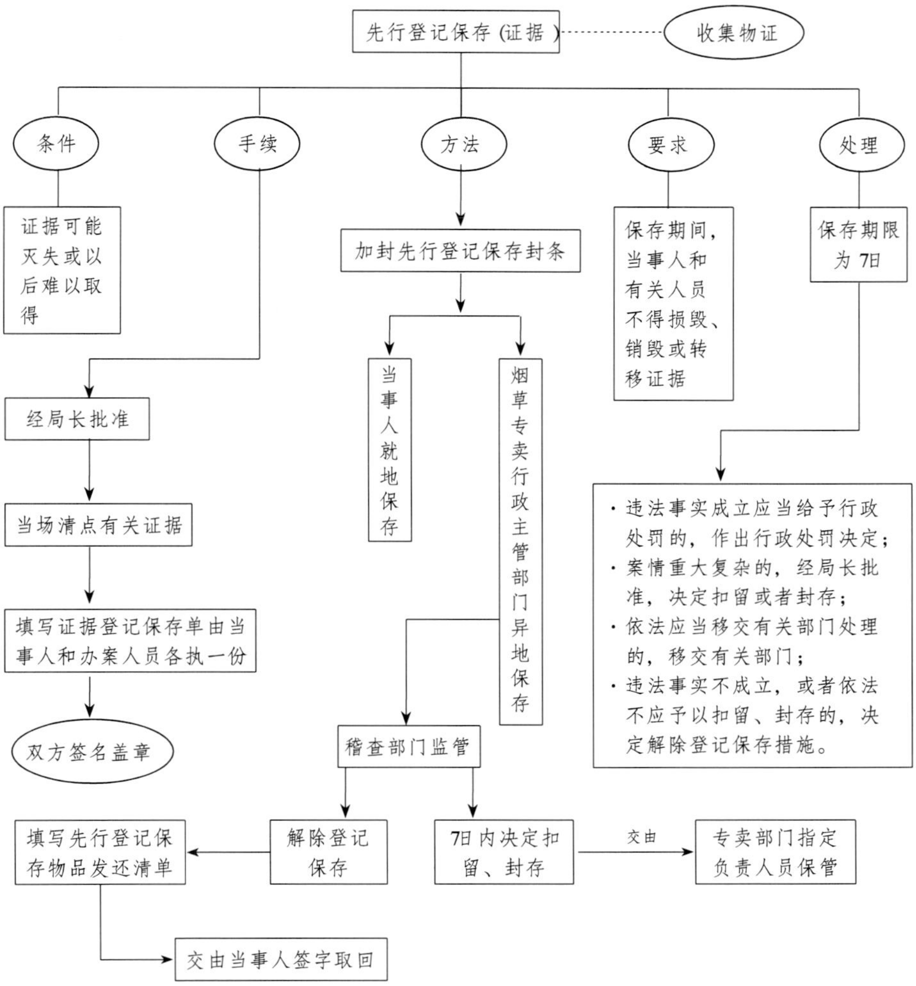

2. 封存、扣留（涉案物品）

• 适用条件　有证据证明当事人有违法行为，经局长批准。

• 对象　涉案物品，包括烟草专卖品、伪装物、运输工具、涉案现金等。

• 期限要求　封存、扣留的期限不得超过30日。因案情复杂不能在规定期限内作出处理决定需要延长期限的，经上一级烟草专卖行政主管部门批准可以适当延长，但延长期限不得超过30日。

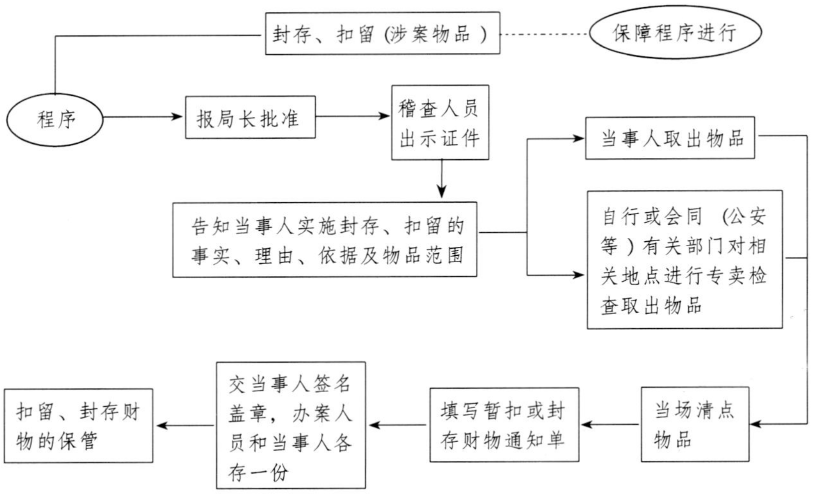

3. 先行登记保存及封存、扣留物品的保管

• 扣留物品的保管　由稽查人员交专卖部门指定的负责人员保管，出具《保管清单》，由办案人员和保管人员分别签名，双方各持一份。保管人员应当妥善保管，严禁动用、调换或者损毁。

对容易腐烂、变质的物品，经本级烟草专卖局局长批准，可以按照国家和省有关规定，先行变卖处理。

• 封存物品的保管　应当加封烟草专卖行政主管部门的封条，保管人不得随便动用；物品由当事人自己保管的，应当由当事人出具保证书。

四、提出处罚建议

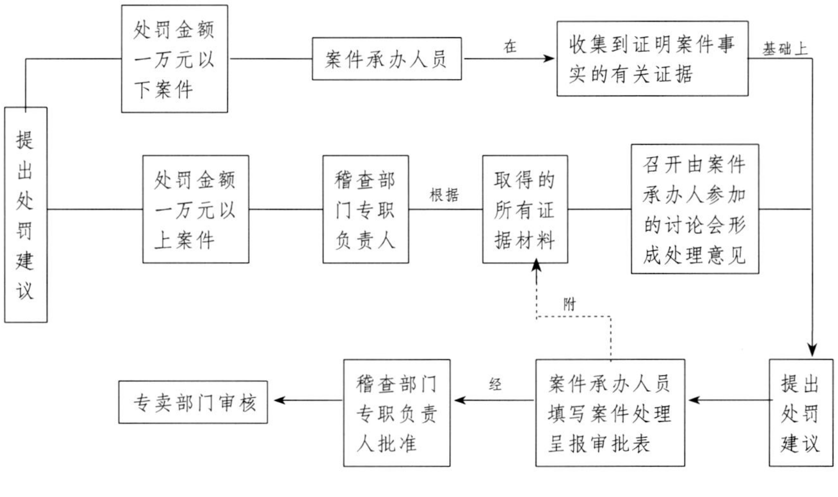

五、案件审核

1．审核登记、审核意见及意见反馈

• 审核登记　专卖部门接到稽查部门的核审材料后，应当予以登记，并指定两名以上办案人员负责核审工作。

• 审核意见　专卖部门应在三个工作日内审核完毕，填写《案件处理呈报审批表》，提出以下书面审核意见和建议：

1．对事实清楚、证据充分、定性准确、处理适当、程序合法、手续完备的案件，应同意稽查部门意见，报局长批准后，告知当事人。

2．对定性不准、适用法规不当、处罚不当的案件，建议稽查部门修改。

3．对事实不清、证据不足的案件，建议稽查部门补正。

4．对程序不合法的案件，建议稽查部门纠正。

5．对超出管辖权或涉嫌构成犯罪的案件，自行或者建议稽查部门按有关规定移送。

• 意见反馈　专卖部门在《案件处理呈报审批表》中提出前面第2～4项的理由时，应将审核意见连同整个案卷移交稽查部门，稽查部门应当对案件重新调查，提出行政处罚建议，制作《案件处理呈报审批表》，报专卖部门重新审核处理。

专卖部门如果在案件的处理上与稽查部门不能达成一致意见，应提交本级烟草专卖行政主管部门负责人研究决定。

2．审核批准

烟草专卖行政主管部门负责人对案件作出以下决定：

• 确有应当受行政处罚的违法行为的，根据情节轻重及具体情况，批准作出行政处罚决定；

• 违法行为轻微、依法可以不予行政处罚的，批准不予行政处罚；

• 违法事实不能成立的，批准不得给予行政处罚；

• 超出管辖权或者违法行为已构成犯罪的，批准予以移送。

3．案件审核责任承担

• 专卖部门与稽查部门办案意见一致的，由两部门专职负责人和承办人员对案件处理结果承担主要责任。

• 专卖部门不同意稽查部门办案意见，案件协调会议确定采用稽查部门意见的，由稽查部门专职负责人和承办人员对案件处理结果承担主要责任。

• 专卖部门不同意稽查部门办案意见，案件协调会议确定采用专卖部门意见的，由专卖部门专职负责人和承办人员对案件处理结果承担主要责任。

• 烟草专卖行政主管部门负责人的意见与专卖部门、稽查部门的办案意见不一致，经过案件协调会议确定予以采用的，由烟草专卖行政主管部门负责人对案件处理结果承担主要责任。

4．审核程序

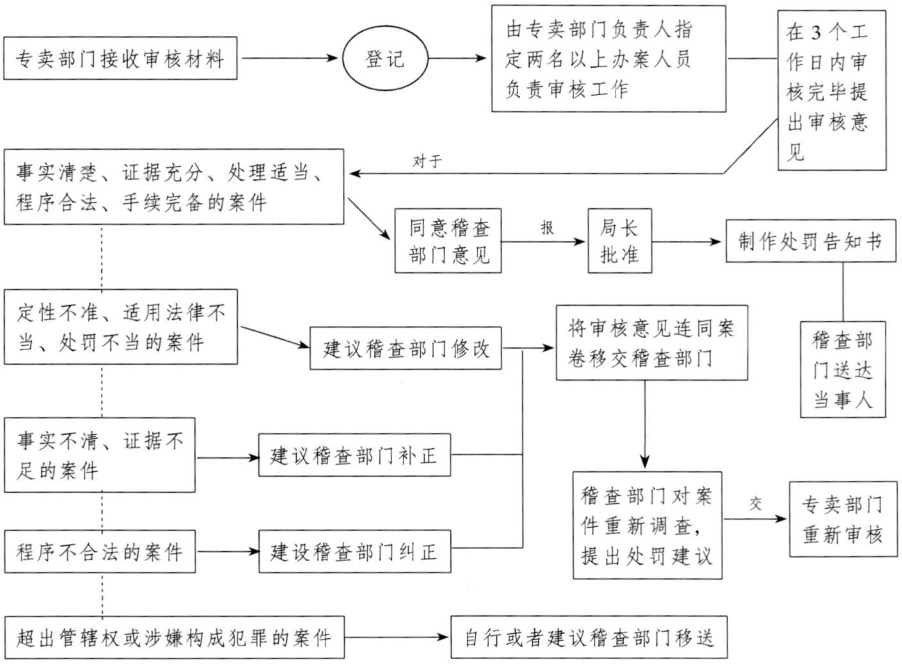

5. 案件协调

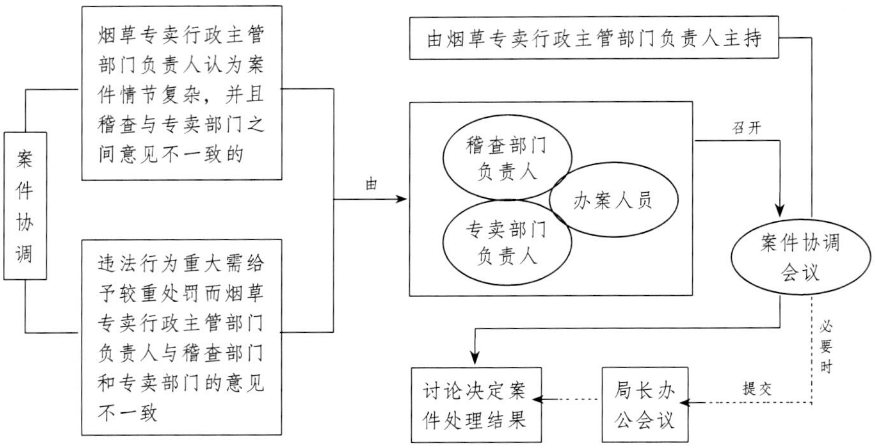

六、处罚告知与申辩

1. 处罚告知

•口头告知　采用口头形式告知的，烟草专卖行政主管部门或者受委托的烟草专卖行政主管部门应当将告知情况记入笔录，并由当事人在笔录上签名或者盖章。口头告知由稽查部门负责实施。

•书面告知　采取书面形式告知的，由烟草专卖行政主管部门或者受委托的烟草专卖行政主管部门直接将告知文书送达当事人，当事人应当出具签收证明；拒绝签收的，由送达人记明情况，并报告烟草专卖行政主管部门负责人。烟草专卖行政主管部门也可以采取邮寄送达的方式送达当事人。直接送达由稽查部门实施。委托送达告知文书的，受委托的烟草专卖行政主管部门在按照要求告知当事人后，应当将告知情况通知委托烟草专卖行政主管部门，并将有关文书、材料及时送交委托烟草专卖行政主管部门。

•公告告知　无法找到当事人的，由烟草专卖行政主管部门以公告形式告知。公告告知由专卖部门会同稽查部门实施。

2. 处罚申辩

•处罚申辩是当事人针对处罚告知内容进行陈述、辩解和辩护，以维护自己合法权益的行为。

•申辩权丧失　自当事人签收之日起三日内，或者烟草专卖行政主管部门挂号寄出之日起十五日内，或者自公告之日起三十日内，当事人未行使陈述、申辩及听证权，也未作任何其他表示的，视为放弃此权利。

•异议处理　当事人对案件提出异议的，稽查部门应当听取当事人意见，对当事人提出的事实、理由和证据，认真进行复核，认为当事人提出的事实、理由或者证据成立的，应向局长反映。局长也认为当事人提出的异议理由充分、证据确凿的，稽查部门应按照规定将案件重新处理。

3．处罚告知与申辩程序

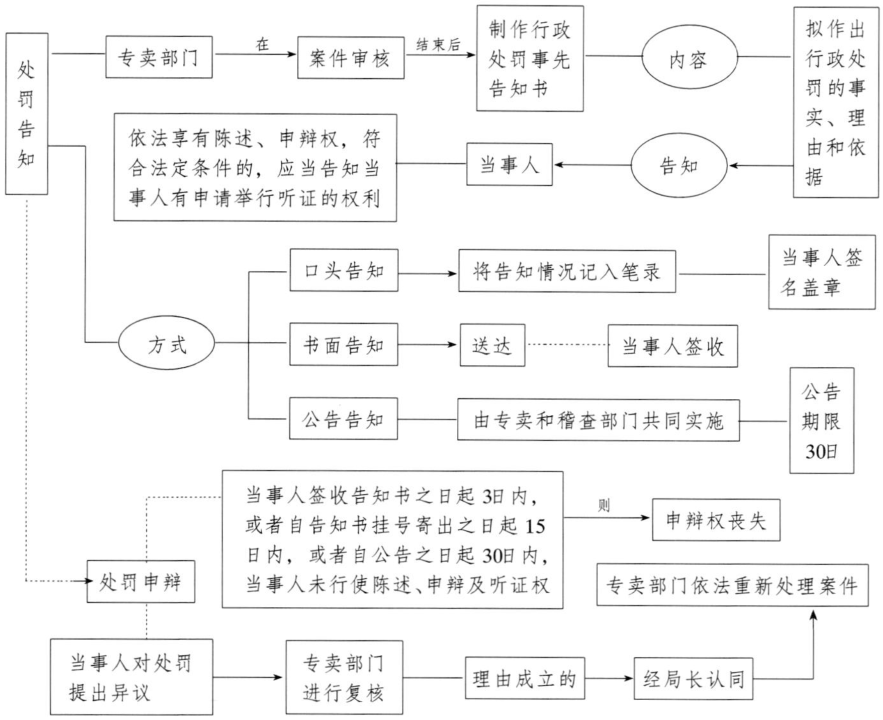

七、处罚决定书的制作

处罚决定书的制作要点

行政处罚决定书由专卖部门以本级烟草专卖行政主管部门的名义草拟，制作要点如下：

• 当事人的姓名或者名称、地址；
• 违反法律、法规或者规章的事实和证据；
• 行政处罚的种类和依据；
• 行政处罚的履行方式和期限；
• 不服行政处罚决定，申请行政复议或者提起行政诉讼的途径和期限；
• 作出行政处罚决定的烟草专卖行政主管部门的名称和作出决定的日期；
• 行政处罚决定书必须盖有作出行政处罚决定的烟草专卖行政主管部门的印章。

八、处罚执行

执行措施

当事人逾期不履行行政处罚决定的，专卖部门可以采取下列措施：

• 到期不缴纳罚款的，每日按罚款数额的3%加处罚款；
• 根据法律规定，将查封、扣留的财物拍卖或者将冻结的存款划拨抵缴罚款；
• 申请人民法院强制执行；
• 对于封存、扣留的涉案物品，涉嫌违法的当事人自烟草专卖行政主管部门两次书面通知或者公告后满30日仍不接受调查处理的，烟草专卖行政主管部门可以将涉案物品予以没收。其中可以变卖处理的，依法予以变卖，变卖款上交国库。易霉坏变质的物品，可在发布公告的同时，在保质期内先行变卖。

九、案件移送

1．移送依据和要求

• 移送依据　在查处违反烟草专卖管理行政违法行为的同时，如发现有犯罪行为发生，应根据《中华人民共和国刑法》、《行政执法机关移送涉嫌犯罪案件的规定》，安徽省《关于办理违反烟草专卖管理刑事案件适用法律若干问题的意见》等规范性法律文件规定，由专卖部门或稽查部门依法将案件移送当地公安机关。

• 移送要求　烟草专卖行政主管部门对应当向公安机关移送的涉嫌犯罪的案件，不得以行政处罚代替移送，向公安机关移送涉嫌犯罪案件前已经作出的警告、责令停产停业、暂扣或者吊销烟草专卖许可证的行政处罚决定，不停止执行。

2. 案件移送程序

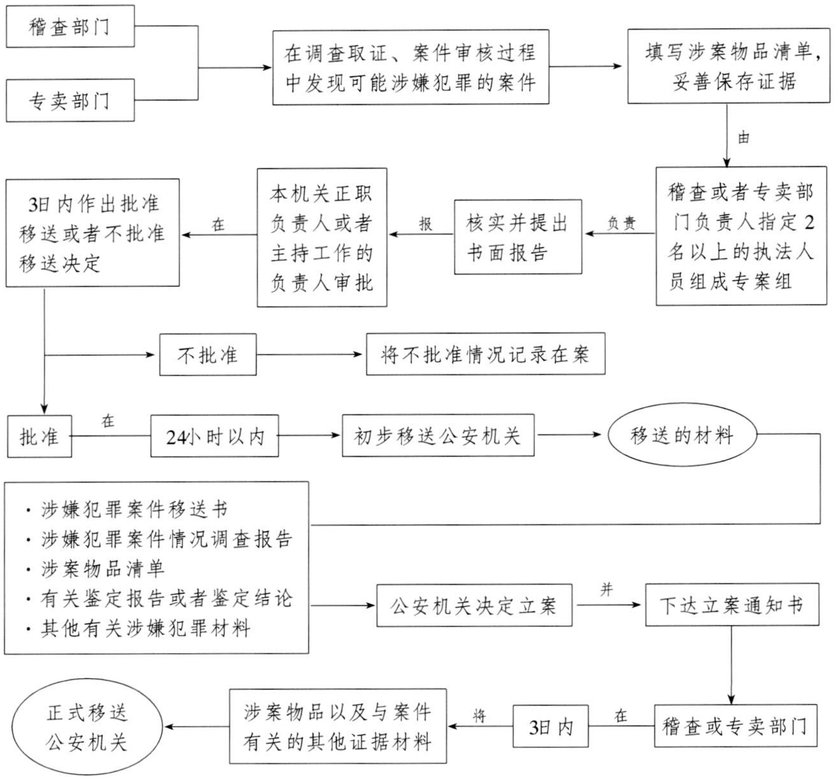

十、立卷归档

1. 档案制度及其管理要求

烟草专卖行政主管部门应当建立行政处罚案件的档案制度。借阅、调用、移交档案材料，应当办理批准或者移交手续。案卷档案由专卖部门指定专人负责管理，承担管理责任。

案件处罚决定执行完毕，专卖部门应当按照下列要求及时将案件材料立卷归档：

• 必须一案一卷，案卷可以分正卷、副卷；
• 各类文书齐全，手续完备；
• 书写文书用钢笔或者毛笔；
• 案卷应当按顺序装订。

2. 案卷装订

烟草专卖行政主管部门案卷装订的顺序如下：

• 案卷封面；
• 案卷材料目录；
• 处罚决定书；
• 案件处理呈报审批表；
• 结案报告表；
• 立案报告表；
• 复议决定书；
• 证据材料；
• 听证笔录；
• 听证报告；
• 财务处理单据；
• 其他有关材料。

十一、备案

• 备案制度　烟草专卖备案制度是指烟草专卖行政主管部门在查处违反烟草专卖管理违法行为同时，为监督、分析、统计和预防违法案件，掌握特定区域内违反烟草专卖管理违法行为的特点和案件总体情况而设的案卷上报制度。

• 备案标准　处罚金额在 3 万元以上（含 3 万元）8 万元以下的案件和暂扣烟草专卖许可证的案件以及移送司法机关追究刑事责任的案件，报市级烟草专卖行政主管部门备案。

处罚金额在 8 万元以上（含 8 万元）的案件或者违法经营额在 50 万元以上（含 50 万元）的案件和吊销烟草专卖许可证的案件以及移送司法机关追究刑事责任的案件，报省级烟草专卖行政主管部门备案。

违法经营额在 100 万元以上（含 100 万元）的案件，报国家烟草专卖局备案。

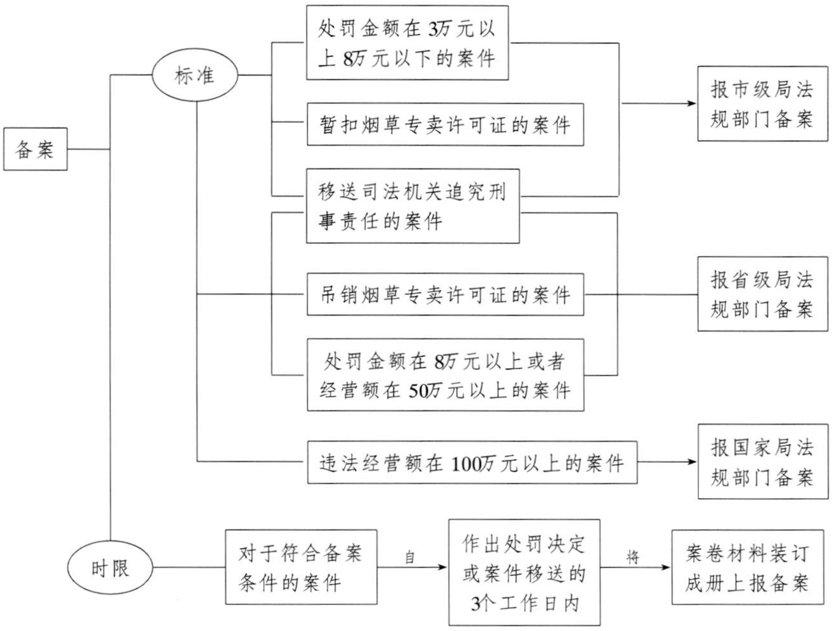

十二、备案审查

1. **备案审查制度和审查事项**

• 备案审查制度　备案审查是法规部门对下级烟草专卖行政主管部门报送备案的案卷材料，进行登记审查，检查、分析案件情况以及实施监督的制度。

• 审查事项：

1. 所办案件是否有管辖权；
2. 当事人的基本情况是否清楚；
3. 案件事实是否清楚、证据是否充分；
4. 定性是否准确；
5. 适用法律、法规、规章是否正确；
6. 处罚是否适当；
7. 程序是否合法；
8. 备案卷宗是否齐全，是否在规定时间内备案。

2．备案审查程序

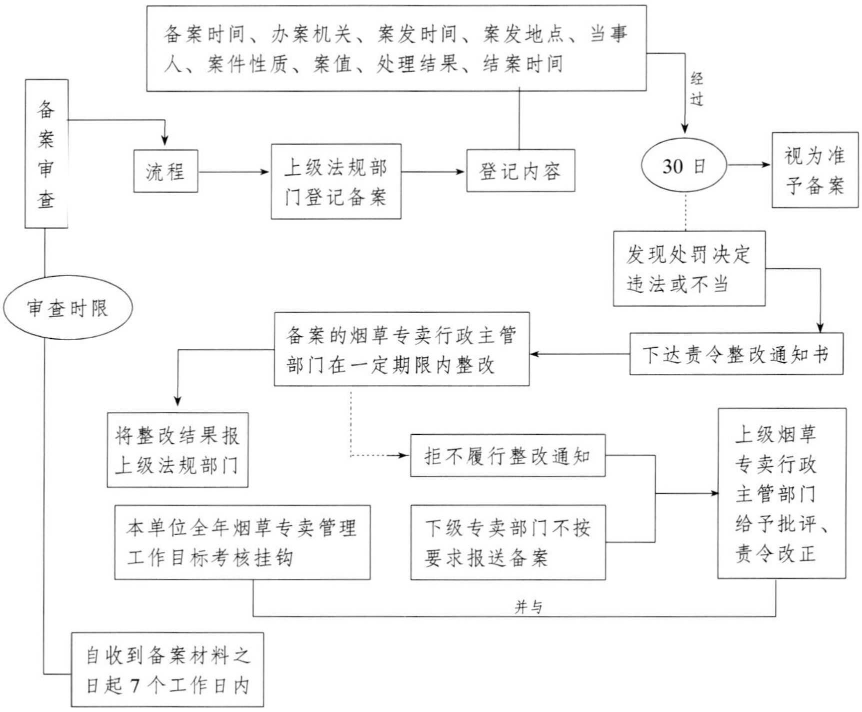

十三、听证

1．听证范围与听证目的

烟草专卖行政主管部门在作出：

• 责令停产停业
• 吊销烟草专卖许可证
• 8万元以上罚款

等行政处罚之前，应当制作行政处罚听证告知书，告知当事人有权申请举行听证，旨在赋予当事人承受较重处罚之前同处罚机关言辞辩论的机会。

2．听证要求和听证费用

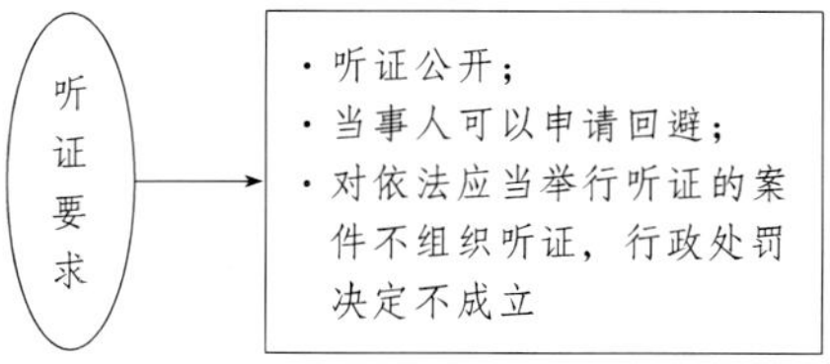

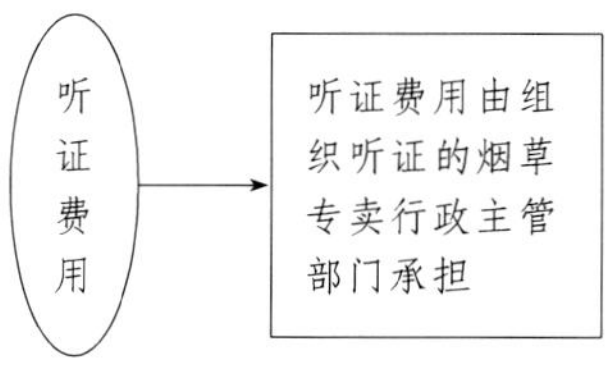

3. 听证准备

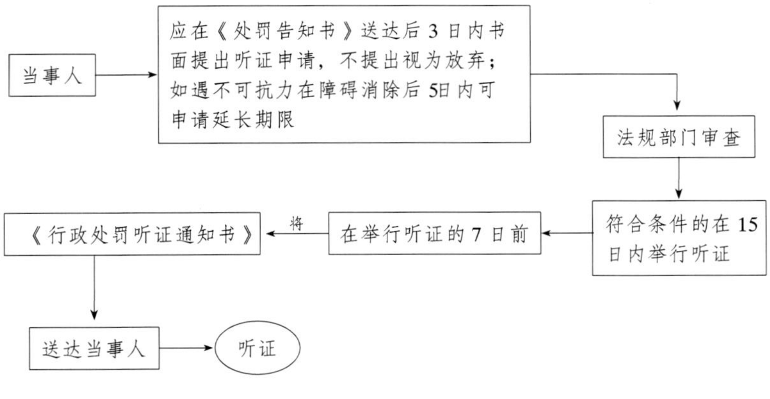
当事人
应在《处罚告知书》送达后3日内书面提出听证申请，不提出视为放弃；如遇不可抗力在障碍消除后5日内可申请延长期限
法规部门审查
符合条件的在15日内举行听证
在举行听证的7日前
将
《行政处罚听证通知书》
送达当事人
听证

4. 听证程序

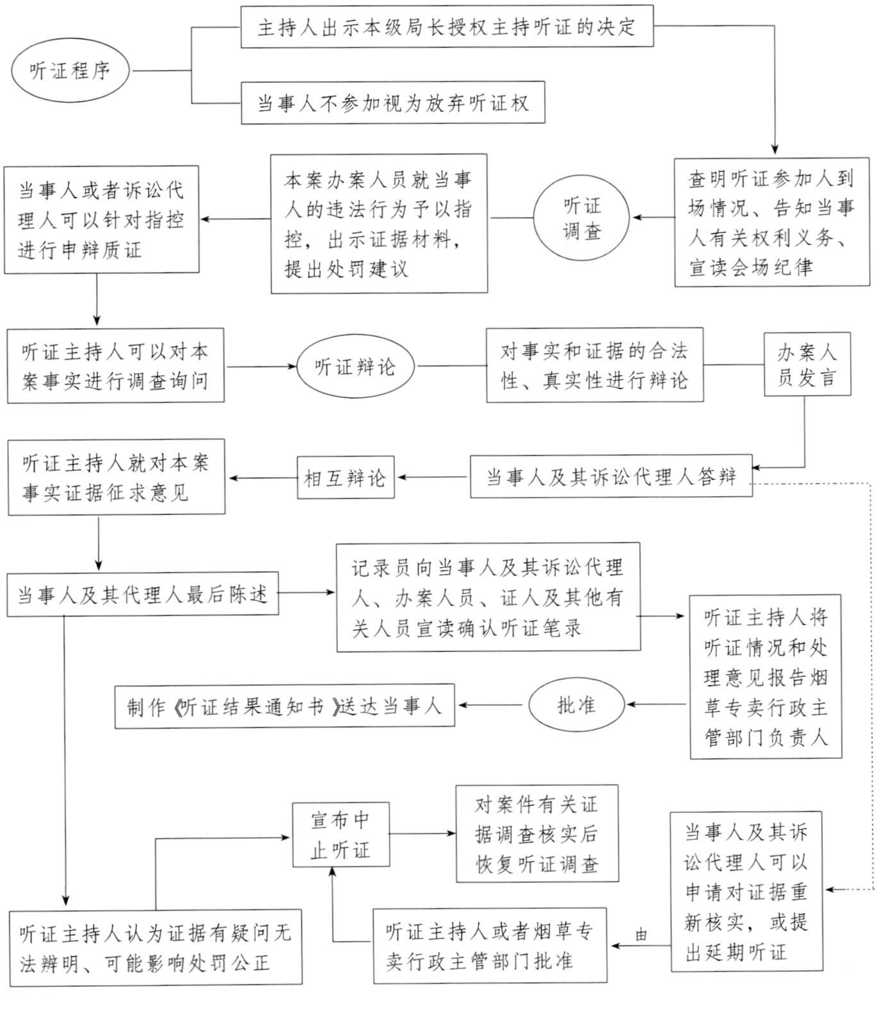
听证程序
主持人出示本级局长授权主持听证的决定
当事人不参加视为放弃听证权
查明听证参加人到场情况、告知当事人有关权利义务、宣读会场纪律
听证调查
本案办案人员就当事人的违法行为予以指控，出示证据材料，提出处罚建议
当事人或者诉讼代理人可以针对指控进行申辩质证
听证主持人可以对本案事实进行调查询问
听证辩论
对事实和证据的合法性、真实性进行辩论
办案人员发言
当事人及其诉讼代理人答辩
相互辩论
听证主持人就对本案事实证据征求意见
当事人及其代理人最后陈述
记录员向当事人及其诉讼代理人、办案人员、证人及其他有关人员宣读确认听证笔录
听证主持人将听证情况和处理意见报告烟草专卖行政主管部门负责人
批准
制作《听证结果通知书》送达当事人
当事人及其诉讼代理人可以申请对证据重新核实，或提出延期听证
由
听证主持人或者烟草专卖行政主管部门批准
宣布中止听证
对案件有关证据调查核实后恢复听证调查
听证主持人认为证据有疑问无法辨明、可能影响处罚公正

十四、执法监督

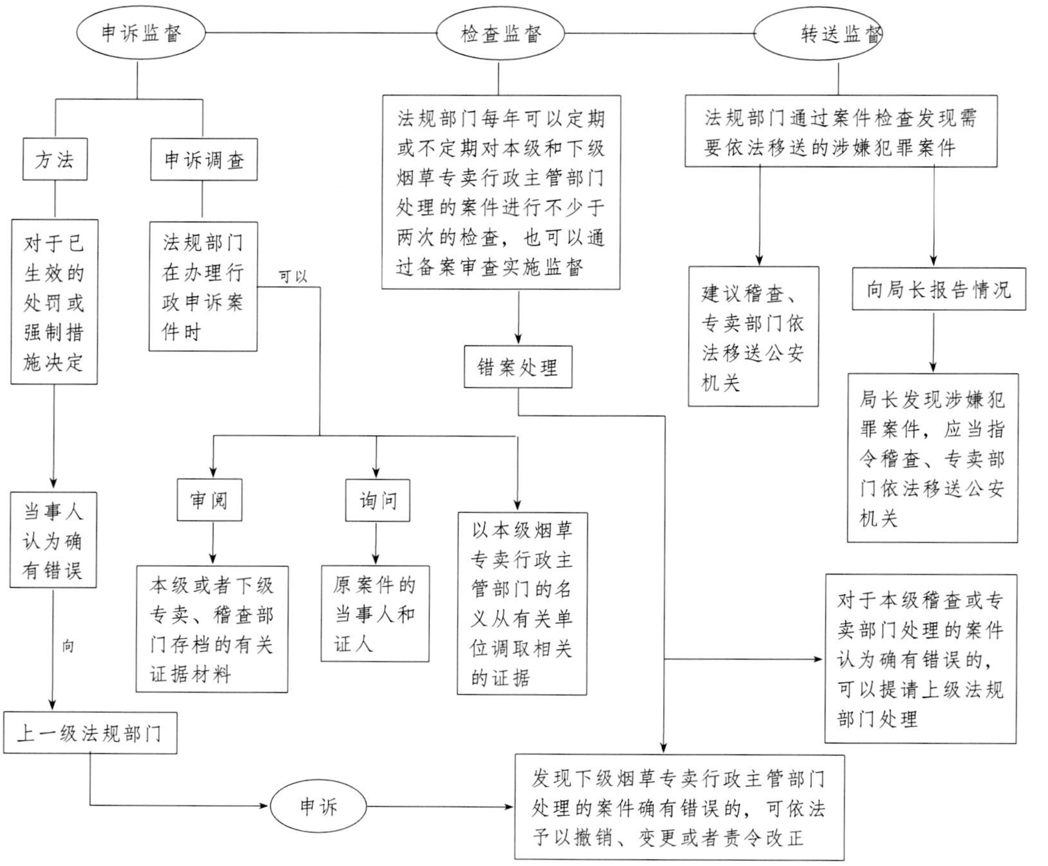

十五、行政复议

1．行政复议与行政复议职能

行政复议是公民、法人或其他组织认为具体行政行为侵犯其合法权益，依法向行政机关提出行政复议申请，行政机关依法受理、作出决定的制度。行政复议机关的职能如下：

•审查复议申请是否符合法定条件，并作出相应处理；

•向争议双方、有关单位及有关人员调查取证、查阅文件和资料；

•组织审查复议案件，拟订复议决定；

•受复议机关法定代表人的委托出庭应诉；

•法律、法规规定的其他职责。

2．复议申请及受理

•复议案件申请和受理　复议申请人对烟草专卖行政主管部门的具体行政行为不服，应当向上一级烟草专卖行政主管部门申请复议。法规部门代表本级烟草专卖行政主管部门受理行政复议案件，作出复议决定。复议申请人应当在法定期限内以书面或者口头方式提出行政复议申请。

申请人口头申请行政复议的，法规部门工作人员应当当场将申请的内容记入行政复议申请书，并将记录的行政复议申请书内容向申请人宣读，经申请人确认无误后，由记录人、申请人在申请书上签名或者加盖印章。

•对复议申请的审查　复议机关应当自收到行政复议申请之日起5日内，由法规部门行政复议执法人员对行政复议申请进行审查。审查的内容为：

1．申请人是否符合行政复议法规定的条件；

2．是否有明确的被申请人；

3．申请复议的事项是否属于行政复议法规定的行政复议范围；

4．是否有具体的复议请求和事实根据；

5．是否超过法定申请期限；

6．是否属于本行政复议机关受理。

3．对复议案件的处理

法规部门在对行政复议申请审查以后，应作出如下的处理：

•不符合行政复议法规定的，由审查人员提出不予受理意见和理由，经法规部门负责人审核，报复议机关负责人同意后，制作不予受理决定书，送达申请人。不予受理决定书应当加盖复议机关印章。

•不属于烟草专卖行政主管部门受理的，承办复议案件的烟草专卖行政主管部门应当制作行政复议告知书，告知申请人向有关行政机关提起复议。

•属于烟草专卖行政主管部门受理的行政复议案件，应当在5日内受理，向申请人送达《行政复议受理通知书》。

4．复议程序

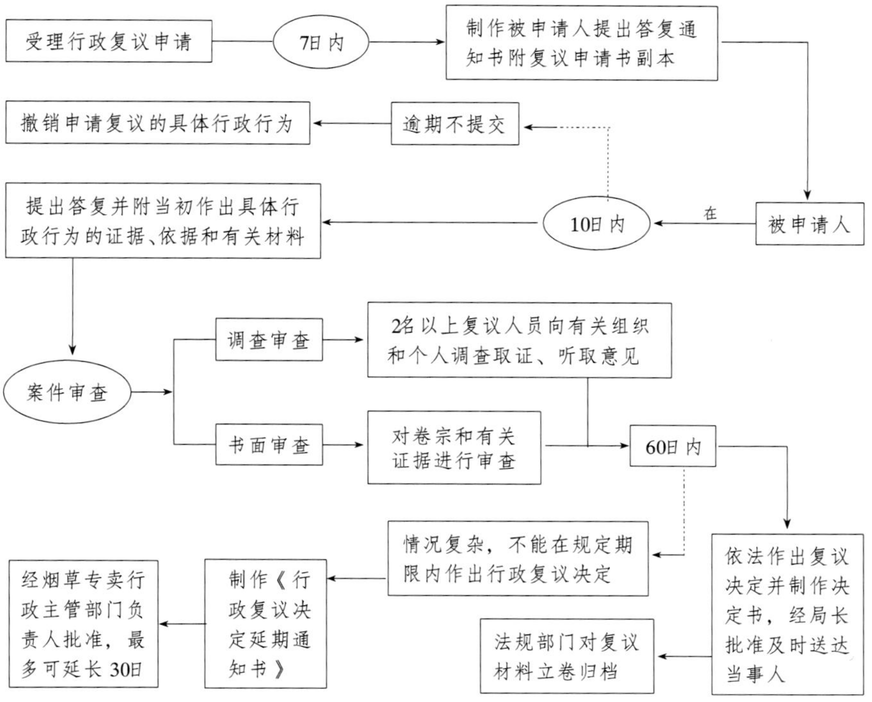

十六、文书送达

1．文书送达要求和方式

•送达要求　送达文书必须有《送达回证》，由受送达人在送达回证上记明收到日期，签名或者盖章。

•送达方式　烟草专卖行政主管部门送达文书，除告知所送达的文书外，应当遵循下列原则：

1．应当直接送达当事人的，由当事人在送达回证上注明收到日期，并签名或者盖章，当事人在送达回证上的签收日期为送达日期。当事人是法人、经营单位或者其他组织的，交其收发部门签发；当事人是公民或者个体工商户的，交其本人签收，本人不在的，交其同住的成年家属或者所在单位签收；当事人指定代收人的，交代收人签收。当事人拒绝接受有关文书的，送达人应当邀请有关基层组织或者所在单位的代表到场，说明情况，在送达回证上记明拒收的事由和日期，由送达人、见证人签名或者盖章，将文书留在当事人的收发部门或者住处，视为送达。

2．直接送达有困难的，可以挂号邮寄送达，也可以委托当地烟草专卖行政主管部门代为送达。

3．无法采取上述几种方式送达的，可以公告，自公告发布之日起经过六十日，即视为送达，对公告期限有特别要求的，从其要求。

2．文书送达

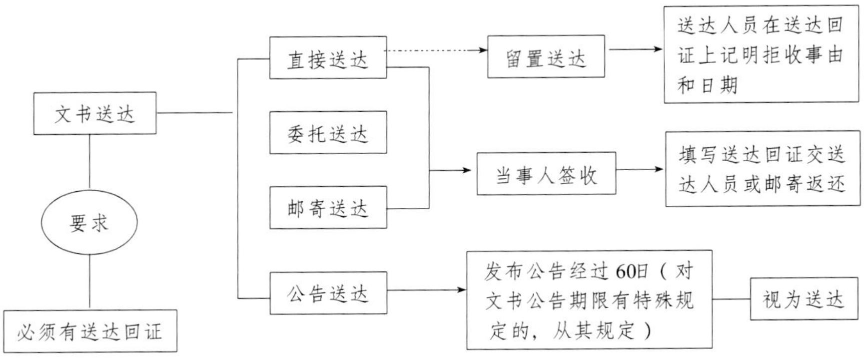

下篇　执法要求

一、规范化办案是贯彻“三权分立”专卖执法体制的基本要求

1．烟草专卖规范化办案

烟草专卖规范化办案指各级烟草专卖行政主管部门严格按照法律规定的职权和程序运用法律的一般规定来查处具体烟草专卖违法案件的活动，是对办案全过程实施规范化的运作。烟草专卖规范化办案是贯彻“三权分立”执法体制的必要条件。

2．烟草专卖规范化办案的特征

• 各级烟草专卖局是烟草专卖执法主体；

• 烟草专卖执法是在法定的职权范围内实施行政行为；

• 烟草专卖执法是将烟草专卖法律规范运用到对具体烟草违法案件的查处；

• 烟草专卖执法是各级烟草专卖局及其工作人员具有的主动性、创造性的活动。

3．烟草专卖规范化办案的基本要求

• 事实清楚、证据确凿；

• 案件的定性和处理符合法律实体规范、程序规范；

• 遵守时限，及时办案，及时结案；

• 行使自由裁量符合法律宗旨和目的；

• 公平、公正，处罚适当。

4．烟草专卖规范化办案的目标

通过规范化办案的实施达到严格执法、提高办案效率和质量、提高依法行政水平，最大限度地减少执法过错、行政败诉和复议变更（撤销）案件的发生。

二、贯彻相关制度，强化监督制约机制；抓落实，促保障

建立和落实一系列相关制度，以提高行政效率，控制行政权力，防止行政机关的失职和超越职权。保护行政相对人的合法权益，是实现规范化办案的有效保障。各级烟草专卖局应结合本地实际抓紧落实和建立以下制度。

1．表明身份制度

烟草专卖执法人员在执行公务时，必须佩带徽章，出示证件，表明身份，以体现执法工作的严肃性，防止假冒，避免误解和社会秩序混乱，有效维护烟草专卖执法形象，确保执法效果。

2．统一格式制度

各级烟草专卖行政主管部门必须使用省局印制下发的统一规范的烟草专卖行政管理机关办案文书，确保烟草专卖执法的统一性和严肃性。

3．告知、说明理由制度

烟草专卖行政主管部门在作出行政处罚之前，应当告知当事人作出行政处罚决定的事实、理由和依据，并告知当事人依法享有的权利。

4．回避制度

烟草专卖执法人员与当事人有直接利害关系的，应当回避，主要包括下列情形：执法人员是当事人；执法人员是当事人的近亲属；执法人员与当事人有特殊的利益关系等。回避既可以由执法人员本人提出，也可以由当事人提出。承办人员的回避，由主管领导决定；主管领导的回避，由处理案件机关的领导集体决定或报上级机关决定。

5．合议制度

各级烟草专卖行政机关对情节复杂或者重大违法行为给予较重行政处罚的案件，行政机关负责人应当集体讨论决定。县级局对处罚金额在五千元以上的案件，市级局对处罚金额在一万元以上的案件，应及时召开会议，集体讨论研究决定，讨论的内容主要包括案件的事实是否清楚、证据是否确凿、查处程序是否合法、适用法律是否正确、处罚决定是否恰当。会议记录经参会人员签字后列入卷宗。

6．听证制度

烟草专卖行政主管部门作出责令停产停业、吊销许可证、

八万元以上罚款等行政处罚决定之前，应当告知当事人有要求举行听证的权利，当事人要求听证的，行政机关应当组织听证。当事人不承担行政机关组织听证的费用。

7．罚缴分离制度

作出罚款决定的烟草专卖行政机关，应当与收缴罚款的机构分离。即：烟草专卖行政机关作出罚款决定后，专卖罚款由当事人在规定期限内到指定银行缴纳。

8．报告制度

各级烟草专卖局对辖区内查获的案值在二十万元以上或处罚金额（包括没收、收购变价金额）在八万元以上烟草专卖违法案件，在立案、调查取证后，将案件简要情况书面报告省局专卖处。

9．微机统计制度

引用微机对全省查获的各类烟草专卖违法案件进行统计管理，形成数据资料库，随时了解掌握全省烟草专卖违法案件立案、处罚、结案情况，实行有效动态管理。

10．执法责任制度

各级烟草专卖局应建立执法责任制，将执法责任进行分解，分阶段、分环节落实到人，并实行逐层、逐人、逐案考核制度，将办案人与办案质量挂钩，坚持“谁主管，谁负责”、“谁办案，谁负责”、“谁批准，谁负责”的原则，哪个阶段、哪个环节存在问题，就追究相应办案人员责任。以执法程序中案件审核责任承担的规定为总体要求，结合本地执法实践建立各阶段、各环节相互监督、相互制约的责任机制。

11．案件质量评审制度

定期开展案件质量评审工作，各级烟草专卖行政主管部门定期从稽查、专卖、法规三部门抽调人员组成案件质量评审工作组，在各地逐案登记、自查和自评基础上，开展案件的互查、互评工作，对案件的事实、定性、法律适用等诸多方面进行评审，并将评审结果与执法责任制及单位、个人利益挂钩。

12．备案制度

省内各级烟草专卖局对查处的重大行政处罚案件实行备案制度。各级烟草专卖局专卖部门在作出行政处罚决定以后，应依照执法程序规定逐级报上级法规部门备案。上级法规部门对备案案件进行登记、审查，对违法或处罚不当的行政处罚，填写《烟草专卖重大行政处罚决定责令整改通知书》，责令限期改正。

13．执法检查制度

开展全省范围执法检查，建立全面检查、分类检查、抽样检查的执法检查制度。每年省局根据工作重点拟定执法检查方案，确定检查重点和具体项目，组织力量开展执法检查。通过检查了解和发现问题寻找对策，坚持检查与服务相结合，不断提高执法水平。

14．执法过错和错案追究制度

执法过错是指对于各级烟草专卖局已审结的行政案件经执法监督审查发现存在事实不清、程序不当、依据错误的案件。对造成严重影响的执法过错案件应追究直接责任人和间接责任人行政责任和经济责任。

错案是指对烟草专卖局已审结的行政案件因行政诉讼败诉或经行政复议变更（撤销）而改变原行政处罚行为的案件。对造成严重影响的错案应追究直接责任人行政责任。

实行执法过错和错案追究制必须坚持实事求是，有错必纠，权责合一，责任自负，过错与责任相结合，教育与处罚相结合的原则。

三、明确办案人员的职责，严把录用关，加强多层次培训，完善考核机制，全面提高办案人员整体素质

行政执法人员的基本素质关系到行政机关执法水平和执法效果。提高办案人员素质就是从全方位的角度培养训练专卖办案人员，使其具备与规范化办案相适应的素质。各级烟草专卖局要进一步明确办案人员的职责；严把执法队伍的进人录用关，重视和严格办案人员的挑选工作；并加强对现有办案人员的意识水准、办案知识水平和处理问题能力方面进行培养和提高；建立完善的竞争激励考核机制，切实提高办案人员素质，努力培养一支具有一定法学理论知识、能准确执法、严格执法的专卖队伍。

1．明确办案人员职责

学习宣传烟草专卖法律、法规、政策；监督检查辖区内烟草专卖法律、法规执行情况；查处辖区内各种烟草专卖违法案件；负责辖区内案件查处工作的指导及业务培训；收集和掌握卷烟市场的各种信息和情况；完成领导交办的其他工作。

2．严把录用关

办案工作是集体力、脑力和心力于一体且劳动强度较大的工作，健康、强壮的身体状况，冷静、刚毅的心理素质和忠诚、认真的思想品质是做好办案工作的前提，也是实现提高办案档次的必要条件。办案人员基本要求：身心健康，具有大专以上学历，熟悉烟草专卖法律、法规，能根据烟草专卖法律、法规及时准确查处违法案件，协调与有关部门的关系，能规范使用办案文书，有较强的口头表达能力。各级烟草专卖局要消除“谁都能搞专卖，谁都能办案”的错误思想，真正从身体、心理、知识、能力和品质上把好挑选办案人员关，严格履行办案人员录用的初审、面试、考试、批准、试用的程序，把真正符合条件的人员安排到最能发挥作用的岗位。

3．加强多层次培训

政治培训：加强办案人员思想政治教育和职业道德教育，培养并强化其奉公、守法、执法、恪尽职守的意识，使专卖办案人员具备并保持良好的执法思想基础；知识培训：制定行之有效的学习制度，有计划、有组织地引导专卖办案人员不断丰富和完善适合于专卖办案的知识结构，使专卖办案人员具有丰富的社会知识、扎实的文化知识和全面的烟草专卖法律知识；技能培训：有组织、有计划对专卖办案人员进行办案技能和紧急处置问题能力的训练，提高办案人员把握办案进程的能力、收集证据的能力、逻辑推理的能力、逻辑分析案情的能力、说服教育的能力、自我防范的能力、现场处理能力和报警排险的能力。

4．建立完善竞争激励考核机制

各级烟草专卖局要加强对办案执法人员的激励考核，并将考核结果与个人收入、干部任用挂钩，做到奖惩分明，平等竞争，优胜劣汰，努力形成能者上，平者让，庸者下，劣者汰的良好氛围，使专卖队伍建设走上健康发展的制度化、规范化轨道。

人物篇

深圳市烟草公司司机

黄玉珍

在驾驶员这个平凡的岗位上，该同志十年如一日，始终兢兢业业，不辞劳苦，默默奉献，
为烟草事业做出了突出贡献，受到了广泛好评。多次获得市先进生产者称号，
连续多年被评为“嘉奖驾驶员”。2000年9月被评为全国烟草系统劳动模范，
2002年被授予广东省“五一”劳动奖章，
2003年被评为“深圳市劳动模范”。
黄玉珍同志多年来一直是深圳烟草行业精神文明建设的先进典型。

·英模名录·

王玉田

河北省烟草专卖局党组成员、纪检组组长。1950年10月出生，中国共产党党员，大学文化程度。1969年2月入伍，1989年9月转业到河北省烟草专卖局工作，1995年9月任省局监察处副处长，1999年4月任省局纪检组副组长、监察处处长，2002年9月任现职。王玉田同志从事纪检监察工作以来，凭着对党的事业的忠诚，数年如一日，认真履行纪检监察干部的神圣职责，秉公执纪，严于律己，连年被评为优秀党员、优秀党务工作者，2002年1月，被中央纪委表彰为全国纪检监察工作先进个人。

武恒业

1968.10～1978.6　河南许昌电影机械厂技术员；1978.6～1980.5　河南许昌地区机械局调度员；1980.5～1982.3　河南许昌电影机械厂副厂长；1982.3～1983.12　河南许昌电影机械厂厂长；1983.12～1985.5　河南许昌烟草专卖局（公司）科长；1985.5～1987.1　河南许昌烟草公司副经理兼复烤烟厂书记；1987.1～1988.5　河南许昌烟草专卖局（公司）局长、经理；1988.5～1995.1　河南省烟草专卖局（公司）副总经理、党组成员；1995.1～今　天津市烟草专卖局（公司）局长、总经理、党委书记、天津市第九届政协委员

周世平

1970.5～1975.5　天津东丽区荒草坨大队下乡；1975.5～1979.12　天津市糖业烟酒公司南市批发部；1979.12～1982.5　天津市糖业烟酒公司业务科；1982.5～1984.8　天津市烟酒公司；1984.8～1992.2　天津市烟酒贸易中心；1992.2～1996.4　天津市烟草公司第二分公司经理；1996.4～1999.2　天津市烟草专卖局河西专卖分局副局长、局长；1999.2～1999.8　天津市烟草公司卷烟配送中心经理；1999.8～2002.9　天津市区第一烟草专卖局（分公司）局长、经理、书记；2002.9～今　市局机关政策法规与体制改革处处长　天津市第十三届人大代表

李正业

天津市烟草专卖局稽查总队二大队队长李正业同志忠于职守，任劳任怨，不畏艰险，迎难而进，发扬天津专卖执法人员特有的“实劲、韧劲、狠劲”的工作作风，多年来，连续破获多起制假售假大案。2002年被国家烟草专卖局授予“中国烟草十大金叶卫士”光荣称号，在全国烟草工作会议上受到国家烟草专卖局隆重表彰和国家烟草专卖局领导的亲切接见。在“五一”国际劳动节前夕，又被评为2002年度天津市劳动模范和天津市“十五”立功先进个人。李正业同志1998年从部队转业到天津市烟草专卖局从事专卖执法工作。四年多来，他积极投身到市场净化工程，带出了一支政治强、作风硬、纪律严、业务精的烟草专卖执法队伍。2002年，他组织指挥查处了违法案件135起，查扣违法卷烟108355条，并连续破获了4起制造假冒卷烟案件，总案值达680万元。在烟草专卖执法中，他坚持原则，秉公执法，乐于奉献，奋勇拼搏，耐得住清苦、顶得住说情、经得起诱惑，在处理违法案件中，严格按照法律法规办事，坚持依法办案，在执法中拒绝吃请20多次，15次拒贿，金额达5万多元，始终保持了一名普通共产党员的高风亮节。四年多来，李正业同志先后3次受到天津市烟草专卖局通报表彰，被评为天津市“十五”立功先进个人、市级打假先进个人，所在的第二大队也被评为2001年度天津市“十五”立功先进集体。

刁周会

男，37岁，天津卷烟厂二车间成型工段保全工，共产党员。刁周会同志作为一名保全工，刻苦钻研技术，对技术要求精益求精，时刻把学习新工艺、新设备、新知识、新技能，努力提高技术水平、专业知识水平，作为自己工作中一直追求的目标，并伴随一种时代的紧迫感时刻鞭策着自己。为钻研技术，提高技术水平，刁周会同志利用一切可以利用的时间学习文化知识，并自费购买书籍，研究设备技术资料，遇到不懂的就虚心向同事请教。正是由于他的刻苦钻研，努力实践，2002年在他的带领下组织并成功地完成了KDF24＃成型机的首次大修工作和KDF24＃100滤咀棒改造工作。2002年11月，他参加了在杭州卷烟厂进行的滤咀棒成型机技师鉴定。在参加鉴定期间，他认真向杭州卷烟厂的同行学习，认真吸取他们在设备管理上先进的经验和对设备操作的合理方法。在技师鉴定过程中，他的操作技能和修理技能得到了同行的赞许以及高级评审员的认可。在所有参加鉴定的人员中，他取得了论文答辩第一名、实操鉴定第一名，并获得总分第一名的好成绩，为天津卷烟厂、天津烟草行业争了光。刁周会同志在日常工作中处处以身作则，起到表率作用，在职工中产生了良好的影响，树立了学习的榜样。他以自身的实际行动带动和影响着身边的职工，和大家一道钻研技术，努力提高成型机的维修质量和水平，提高了成型机运行的高速连续性、稳定性、易操作性，使设备故障停机率更低、有效作业率更高，成型机的维修水平达到了同行业的先进水平，从而有效地提高了生产效率，保证了产品质量。由于他的出色表现，在“五一”国际劳动节前夕，被授予2002年度天津市劳动模范和“十五”立功先进个人的光荣称号。

严金虎

1961年12月出生，河北行唐人，1976年12月在部队服役；1982年2月在张家口卷烟厂工作，历任车间主任、厂办室主任、副厂长；1998年9月至今在石家庄卷烟厂任厂长、党委副书记，以“严、细、实”工作作风著称。严金虎同志先后荣获石家庄十佳杰出青年、河北省“五一”劳动奖章、河北省企业家创业奖、河北省优秀企业家称号。第十届全国人大代表，受到国家领导接见。

卢瑞刚

卢瑞刚，1956年6月出生，河北省石家庄市人，1974年3月在石家庄市郊区西郊村下乡，1976年在石家庄铁路分局生活段工作，1977年调入石建二公司，1978年3月考入河北机电学院自动化系上学，1982年3月大学毕业分配到河北省石家庄卷烟厂，先后任副科长、主任、副总工程师、厂长助理，1990年任石家庄卷烟厂副厂长，1998年调入河北省烟草专卖局工作，任生产处副处长、处长，2000年10月至今，任河北省张家口卷烟厂厂长、第十届全国人大代表。

李德贤

男，1958年出生，硕士，中共党员。1978～1982年，辽宁大学中文系学生；1982～1984年，本溪大学教师；1984～1985年，丹东日报社；1985～1994年，丹东烟草专卖局；1994～1995年，辽宁省烟草专卖局；1995～1997年，沈阳卷烟厂；1997～2000年，辽宁省烟草专卖局；2000～至今，营口卷烟厂厂长。辽宁省人大代表、五一劳动奖章获得者。

乔素娴（女）

1952年12月22日出生，汉族，1974年加入中国共产党，大专文化，现任昌图县烟草专卖局（公司）局长、经理，辽宁省人大代表。1959年～1965年，在昌图县老城新华小学读书；1965年～1968年，在昌图县六中读书；1968年～1970年，下分到昌图县亮中镇八段九队知青；1970年～1976年，昌图县二十家子供销社任财务工作；1976年～1978年，昌图县食品公司鱼肉商店主任；1978年～1980年，昌图县食品加工厂任生产股长；1980年～1984年，昌图县烟酒公司关山商店支书兼主任；1984年～至今，昌图县烟草专卖局（公司）股长、主任、副经理、经理、局长。

李连生

男，汉族，1947年8月生，黑龙江省穆棱市人，1965年8月参加工作，1969年12月入党，大专学历，经济师。1961年7月至1964年7月县在第一中学学习。1965年8月至1968年3月任穆棱镇腰岭小学、光荣小学教师。1968年4月至1968年12月任穆棱镇革委会文卫组、县文教革委会职员。1968年12月至1971年3月任中国人民解放军1370部队73分队文书。1971年3月至1982年3月任县革委办公室文书、县水利科副科长、穆棱镇副镇长。1982年4月至1985年8月任穆棱雪茄烟厂烟叶站党支部书记，省广播电视大学中文系脱产学习。1985年8月起任工会主席。1988年6月起任副厂长。1995年10月至今任穆棱卷烟厂党委书记兼厂长。曾荣获牡丹江市优秀共产党员标兵、特等劳动模范、黑龙江省优秀质量管理者、黑龙江省五一劳动奖章、黑龙江省烟草行业“二次创业”十大标兵等荣誉称号，并于2002年5月被省政府命名为“黑龙江省劳动模范”。

王殿贵

1981～1985年，绥化卷烟厂工人、人事干事、厂办主任；1985～1995年，绥化卷烟厂厂长助理、生产副厂长、销售副厂长；1995～1999年，绥化卷烟厂厂长、党委书记兼绥化市市委副书记；1999年至今，哈尔滨卷烟厂厂长、党委书记，高级经济师，研究生学历，先后荣获绥化市劳动模范、省科技先进工作者，绥化地区十大杰出青年企业家、黑龙江省劳模、省十大企业青年企业家、全国“五一”劳动奖章获得者、全国劳模、全国烟草行业模范等光荣称号，是黑龙江省九届人大代表。

杨鹤声

男，汉族，河北永清人。1953年2月生，1969年9月参加工作，1987年4月入党，研究生，高级经济师。1969年9月至1970年5月下乡；1970年5月～1994年7月，历任海林卷烟厂动力车间副主任、主任、销售科科长、厂长助理、副厂长、厂长、党委书记；1994年7月至1999年7月，任哈尔滨卷烟厂厂长、党委书记；1999年7月至今，哈尔滨市烟草专卖局（分公司）局长、经理、党组书记。黑龙江省九届、十届人大代表，哈尔滨市九次、十次党代会代表。在任哈尔滨卷烟厂厂长期间，企业按利税总额，被国家统计局评为中国500家最大工业企业第159位。任哈尔滨烟草分公司经理三年多时间，企业利润增长了11倍，实现了跨跃式发展。

1995年被团省委授予“黑龙江省杰出青年企业家”称号；1997年4月，被全国总工会授予“五·一劳动”奖章，1998年8月被哈尔滨市人民政府授予十佳企业经营者称号；1999年，被黑龙江省人民政府评为“省第七届劳动模范”。

王乃信

男，汉族，1954年生，吉林省双辽县人，大学文化，中共党员，省级劳动模范。现任黑龙江省牡丹江市烟草专卖局（分公司）党组书记、局长（经理）。王乃信同志先后在双鸭山、七台河、牡丹江市烟草专卖局（分公司）三个单位任党组书记、局长、经理。所在单位在他的领导下，年年完成省公司下达的各项任务指标，企业连年被省局评为目标管理先进单位，他本人也曾多次被评为市劳动模范、优秀共产党员。特别是在牡丹江市任职期间，由于他创造性地工作，企业被省公司评为全省烟草系统“二次创业目标管理先进单位”，他个人被评为“牡丹江市政府质量兴市先进个人”，2002年被评为省级劳动模范。

张绍忱

男，1953年9月生，黑龙江省双鸭山市人，毕业于哈尔滨师范大学，硕士研究生，高级经济师，中共党员。现任黑龙江省绥化市烟草专卖局（分公司）局长、经理、党组书记。1998年9月到任以来，以其前瞻性的思维、全新的经营理念和卓越的管理才能在处理分公司本级历史亏挂568万元的基础上，实现年目标利润1,593万元，同时处理所辖9家基层企业的历史亏挂731万元。2001年荣获“全国五·一劳动奖章”，2002年被评为“黑龙江省第九届劳动模范”。

王振山

男，汉族，生于1950年3月，经济师，1975年5月加入中国共产党。王振山1970年参加工作，1970年至1980年任绥化县机床厂厂办主任，1980年至

1983年任绥化市工业局股长，1983年至1985年在绥化市电大学习，1985年至1990年任绥化卷烟厂厂办主任，1990年至1992年任绥化卷烟厂厂长助理，1992年至1999年7月任绥化卷烟厂副厂长，1999年7月至今任绥化卷烟厂党委书记、厂长。1993年被授予市级"安全保卫先进工作者"称号；1998年被地工委授予"地区优秀厂长（经理）"称号；1999年被评为"全省企业民主管理优秀厂长"；2001年被评为"市特等劳动模范"；2002年被选为"黑龙江省第九届党代会代表"；2002年被评为"黑龙江省劳动模范"。

罗国良

男，1952年5月生于黑龙江省双城市，中共党员，大学本科学历，高级经济师，1969年7月参加工作，现任黑龙江省烟草公司牡丹江烟叶公司党组书记、经理，宁安市人大常委。罗国良同志参加工作以来，曾任黑龙江省双城县永胜乡政府会计；双城县食品公司会计、站长、副经理、经理；双城市烟草公司经理、专卖局长；省烟草龙达贸易公司副经理；宁安烟叶经销公司党委书记、经理；黑龙江省烟叶公司副经理兼宁安烟叶经销公司经理；牡丹江烟叶公司党组书记、经理。1992年4月荣获全国优秀经营管理者和五一劳动奖章；2002年10月当选为牡丹江市第十三届人大代表；12月当选为黑龙江省第十届人大代表。

李　奎

现任黑龙江省伊春市烟草专卖局局长，分公司经理。自1997年主持伊春烟草工作以来，伊春烟草取得了跨越式的发展和令人瞩目的成就。特别是他荣获全国"五一"劳动奖章后，戒骄戒躁、克服病痛，继续带领全体干部职工奋力拼搏，再创佳绩。2002年全市卷烟销34400箱，实现税利2200多万元，各项经济指标创历史最好水平，连续6年被省局（公司）授予全省烟草系统先进企业，继续保持"五好领导班子"称号，他本人再次荣获全省烟草系统劳动模范。

付雅芳（女）

1952年8月20日生于黑龙江省海伦市。1974年4月参加工作，大专学历，会计师，1991年4月加入中国共产党。1974年至1983年曾历任过牡丹江、伊春市饮食服务局会计，1983年至1997年曾历任过伊春市烟草公司财务科长、副经理、经理、党组书记、局长。1997年至2001年曾历任过黑龙江省烟叶公司副经理、纪检组长、哈尔滨烟草公司副经理。2001年9月至今任大庆烟草分公司党组书记、局长、经理。2001年经过努力，建立了大庆"三位一体、三线分离、四网并举、四流清晰、专销结合"的网建模式。整体工作实现了跨跃式发展，2002年全区共销售卷烟70,931箱，完成年计划的120.22%，同比增长136.92%；实现利润3,866万元，完成年计划的336.17%；同比增长476.7%；上缴税金2,579万元，同比增长376.15%。由于勤奋工作，大庆烟草分公司被评为2002年度黑龙江烟草系统先进单位和2002年度网络建设先进单位，本人被省总工会、经贸委、科技厅、劳动厅评为全省"创新杯"竞赛先进管理者称号。

赵庆全

1962年生人，原籍黑龙江省汤原县人。1980年参加工作。高中学历，1980年参军，曾任班长。1983年在大庆红岗区林场工作。1989年调入大庆烟草公司，历任车队队长，专卖办副主任、主任，让胡路区烟草专卖局（公司）任局长、经理。大庆烟草分公司专卖办主任兼稽查支队队长。

该同志工作雷厉风行，坚持原则，廉洁自律，敢于碰硬，英勇奋战。1999年被黑龙江省烟草专卖局评为"金叶卫士"。2002年在网建中坚持专销结合带领专卖战线敢打敢冲，不听邪、不惧硬。取缔"连锁店"41家，消灭"黑批发"19处，全区办案10,067起，罚没卷烟433箱，总案值299万元，市场占有率由原来的67%提高至92%以上。2002年被省总工会、经贸委、科技厅、劳动厅评为全省"创新杯"竞赛能手称号。

赵　野

1969年10月生人，原籍黑龙江省肇州县人。1988年7月参加工作，大专学历，助理政工师。1988年至1995年3月在肇州县烟草公司和大庆烟草分公司工作，历任科员，政工科副科长。1995年至1996年任大庆烟草分公司卷烟专卖店经理。1996年至2001年任萨尔图区烟草公司经理、站长。2001年至2002年11月任大庆烟草分公司卷烟配送中心主任，2001年末至今任让胡路区卷烟访销工作站站长。该人年富力强，工作吃苦精神强。在历年工作中争先进创一流。调任卷烟配送中心以后，组织全体员工昼夜奋战，三天三夜不合眼，人累瘦了，眼睛熬红了，经过精心组织在全省率先实行了"全面访销、集中配送"，为全省"大访销、大配送"开了好头，积累了经验，2002年5月份全省在大庆召开了网络建设推进现场会议。省局充分肯定了大庆配送中心的经验。年终，被评为全省"创新杯"竞赛能手。

关际奎

男，满族，1951年生人，1968年参加工作，1977年加入中国共产党，1987年毕业于北京人文大学。1988年获经济师资格。毕业于黑龙江省委党校。先后在供销社任经理、股长、商场经理等职务。1983年任绥滨县烟草公司局长、经理。1988年任鹤岗市烟草公司副经理，1998年任鹤岗市烟草专卖局（分公司）局长（经理）。先后获市县劳动模范、市优秀党员等荣誉称号。2001年度获黑龙江省劳动模范荣誉称号。

孟伟刚

杭州卷烟厂厂长，党委书记，浙江省第十一届党代会代表。孟伟刚同志从2001年全面主持工作以来，以强烈的市场意识、发展意识带领全体杭烟人开拓前进。他提出了"以客户为中心、全员营销、持续改进"三大理念，致力于提升杭产烟品牌竞争能力，开创了企业发展的新局面。2002年，杭烟经济效益综合指数排名列全行业工业企业首位，实现销售收入首次突破50亿元，达到56.6亿元，创造了历史最好水平。

周玲娥（女）

1953年出生于一个普通的工人家庭。1970年，18岁时响应党的号召，支边大兴安岭，先后5次被木尔区工程处评为“处先进生产工作者”，1977年还评为“阿木尔区优秀青年标兵”。1979年，26岁的周玲娥从大兴安岭回到宁波，从此在宁波烟厂一干就是20多年。刚到烟厂的时候，她被分配到茶水灶。在她的坚持下，她来到了条件更为艰苦的三车间。1987年，被任命为三车间甲班值班长。1993年，被调到新成立的选叶小组担任工段长至今。由于工作突出，多次被评为厂先进工作者，优秀标兵。2002年获得了“全国五一劳动奖章”。

徐芳权

生于1953年，1970年到了浙江兵团6团10连，成为一名战士，历任副班长、班长、副排长、排长、副连长、连长、连指导员。1982年进入宁波卷烟厂，先后担任过车间团支部书记、党办副主任、团委书记、工会主席、生产副厂长。1993年担任了党委书记兼常务副厂长，1996年任宁波卷烟厂厂长兼党委书记至今。2003年被当选为浙江省第十届人大代表。

陈立新

男，1966年11月出生，籍贯浙江温州。1984年毕业于浙江省温州商业学校财务会计专业，在1984年至1987年就职于温州酿造厂财务科为会计、出纳；1987年8月份进入温州市烟草专卖局（分公司）财务处担任出纳、会计；1998年9月被任命为财务处副处长，2000年至2002年9月间，主持单位财务主要工作；2002年9月至今担任财务审计处处长。2001年获得“全国烟草系统财会先进个人”称号。

卢安宁

湖北省黄岗人，1962年生，1983年7月毕业于安徽大学化学系，1990年1月，毕业于哈尔滨工业大学管理工程专业，硕士学位，高级工程师。历任安徽芜湖卷烟厂车间主任、厂长助理、副厂长、代厂长、党委书记，2002年3月调任蚌埠卷烟厂厂长、党委书记。1999年获安徽省优秀青年企业家、芜湖市江城优秀青年称号。

赵　辉

芜湖卷烟厂党委书记、厂长。1980年3月从宿州师范专科学校毕业后留校任教，先后在宿州地区肉联厂、宿县地区商业局、砀山卷烟厂、滁州卷烟厂工作，2002年3月调入芜湖卷烟厂。赵辉同志担任芜湖卷烟厂厂长后，狠抓品牌建设和市场拓展，同时，积极引进国内外先进管理经验，通过建立绩效考核体系和竞聘上岗制度，树立了“上岗靠竞争”的公平竞争氛围，为芜湖卷烟厂的发展壮大做出了较为突出的贡献。是安徽省第十届人民代表大会代表。

黄小虎

1963年1月生，男，汉族，安徽巢湖市人，毕业于安徽财贸学院，学士学位、经济师。1986年12月参加工作，1989年7月加入中国共产党。现任滁州卷烟厂厂长、党委书记。1986年12月后，任蚌埠市财贸办公室办事员、科员、副科长、科长；1992年7月任蚌埠新大实业公司总经理、党总支书记；1996年3月任蚌埠市外经贸委副主任、党委委员；1998年3月任蚌埠市外经贸委主任、党委书记；1999年3月参加省委党校青年干部班；2002年3月任滁州卷烟厂厂长、党委书记；2002年11月被推选为党代表，出席中共滁州市第三次党代会。

唐树林

池州市烟草专卖局（公司）局长、总经理。他为人求真务实，办事果断，对工作兢兢业业，敢于开拓、善于创新。在他任职期间，扎实开展城乡网络建设和信息化建设，领导开发了科学、实用的信息集成软件，建立完善的户籍化管理制度，顺利完成了组织结构调整，深入开展了竞聘上岗、双向选择和工资制度的三项制度改革。他还长期深入基层，真正实施“一把手”工程，用自己的实际行动推动了池烟人上下实干，吃苦求效益的精神和严、细、实、新作风的形成。在他的带领下，池州烟草扩大了经营规模，改善了经营和办公条件，职工收入逐年增加，企业面貌发生了深刻的变化。1996年池州烟草被省公司评为全省扭亏增盈先进单位，1998年被省劳动竞赛委员会评为省百家最佳优质服务单位。2002年被池州市人民政府通令嘉奖。其本人亦于2002年获得全省“五一”劳动奖章的荣誉称号。

吴永成

男，1954年3月出生，大学本科学历，工程师。1974年2月～1984年4月，芜湖卷烟厂工人、机关办事员；1984年4月～1992年6月，先后担任政工科长、生产科长、企管办主任、车间主任兼党支部书记；1992年6月～1997年12月，先后担任芜湖卷烟厂、芜湖烟草分公司副厂长、副经理；1997年12月～2000年4月，任芜湖卷烟厂、芜湖烟草分公司、芜湖烟草专卖局党委书记兼局长、副经理；2000年4月～至今，任芜湖市烟草专卖局（公司）党组书记、局长、总经理。1991年，被评为芜湖卷烟厂“厂生产经营标兵”；1995年，被评为芜湖卷烟厂“厂优秀共产党员”；他领导的芜湖市烟草专卖局（公司）2000年、2001年连续两年被安徽省烟草专卖局（公司）评为“年度绩效考核一等奖”。

方文阁

男，汉族，1952年8月出生，安徽枞阳人，中共党员。1960年至1970年，分别在枞阳县读小学和中学，1970年12月应征入伍，在步兵第六〇七团服役到1986年12月，历任战士、文书、排长、副连长、参谋、副营长等职务。1987年1月转业安置在枞阳县烟草公司工作，先后任计财股副股长、政秘股副股长、经理助理、副经理。1997年8月，任中共怀宁县烟草专卖局党组书记、怀宁县烟草专卖局（公司）局长、经理。1998年8月，任中共桐城市烟草专卖局党组书记、桐城市烟草专卖局（公司）局长、经理。2000年8月，任中共枞阳县烟草专卖局党组书记、枞阳县烟草专卖局（公司）局长、经理。2002年11月，任安庆市烟草专卖局（公司）助理调研员兼枞阳县烟草专卖局（公司）党组书记、局长、经理。荣获安徽省劳动竞赛委员会、总工会授予“2002年度安徽省‘十五’发展创新工程先进个人”。

林晓跃

男，安徽金寨人，1959年8月出生，中共党员。1968年9月至1977年9月，分别在安庆市读小学、中学。1977年10月，下放到望江县莲洲农场，1980年12月，招工在安庆市印染色织总厂，历任化验员、科员，驻深圳、厦门公司副经理。1988年7月至1993年12月，在安庆市烟草公司供销服务公司任副经理、经理，1993年12月任销售科副科长，1998年12月任专卖科科长兼稽查支队支队长，2002年，荣获全国烟草金叶卫士先进个人称号。

丁志忠

1970年9月出生，党员，大专学历，电气工程师。1993年7月毕业于蚌埠坦克学院应用电子技术系；1993年7月～1996年3月，在滁州卷烟厂三车间从事3000型、6000型电器维修；1996年3月～2003年4月，在滁州卷烟厂二车间从事PASSIM70、80、BE、GD－X2、ZB43卷接包烟机电器；2001年度荣获全国“五一”劳动奖章。

徐华发

1970年2月出生，党员，本科学历，在读工程硕士，工程师。1993年7月毕业于安徽机电学院机械工程专业；1993年7月～1995年12月，滁州卷烟厂三车间3000型操作维修；1996年元月～1997年10月，滁州卷烟厂四车间从事YB41硬盒机修理；1997年10月～2000年2月，滁州卷烟厂二车间从事GDX2硬盒机维修；2000年2月，滁州卷烟厂二车间从事GDX2、B1包装机维修；2001年度荣获安徽省劳动模范；2002年9月获烟草行业特有工种高级考评员资格。

卢金来

男，1954年10月生，福建省永定县人，大专文化，高级会计师，中共党员。1984年～1993年先后任永定县审计局副局长、局长，财政局局长，永定县副县长、县委委员。1993年～2001年任龙岩卷烟厂党委书记、副厂长，厂长。现任福建省烟草公司副总经理、党组成员。1999年被全国总工会授予“五一”劳动奖章，被福建省人民政府评为“优秀企业家”。2000年被国务院授予“全国劳动模范”荣誉称号。1998年当选为第九届全国人大代表。

李跃民

男，生于1958年8月，汉族，大学学历，高级工程师，中共党员。1986年7月至1991年8月历任龙岩卷烟厂设备动力科副科长、科长，嘴三车间主任。1991年8月至2001年7月任龙岩卷烟厂副厂长，2001年8月至今任龙岩卷烟厂厂长。2002年当选为第十届全国人大代表。

赖鞍山

男，生于1954年2月，福建省永定县人，大学文化，高级政工师，中共党员。1972年12月参加工作，历任龙岩卷烟厂共青团总支书记、政工科干事、厂党委秘书、组织人事干事兼纪检干事、厂办公室副主任、政工科副科长、人事劳工科长、组织科长、厂党委副书记兼纪委书记。现任龙岩卷烟厂党委书记兼纪委书记、厂人武部第一部长。是福建省第七次党代会代表。

姜林灿

男，1964年11月生，福建省永定县人，大专文化，政工师，中共党员，1999年6月起任福建省龙岩市烟草专卖局副局长。1997年被国家局党组评为纪检监察先进个人，2003年被国家局评为全国烟草专卖管理工作先进个人。

张曰冬

男，1945年6月出生，山东莱芜市人，1964年1月入伍，1965年6月加入中国共产党，大专文化程度，高级政工师。1964年1月至1983年12月在厦门某集团军工作，1984年1月至2000年4月在厦门卷烟厂历任组织科科长兼厂纪委副书记，党委副书记兼纪委书记，厦门市烟草专卖局副局长兼厦门卷烟厂党委副书记，厦门市烟草专卖局局长兼厦门卷烟厂党委书记。2000年4月机构分设后至今任厦门卷烟厂党委书记，2001年3月兼任华美卷烟有限公司董事长。1999年和2001年分别被评为福建省和全国优秀企业思想政治工作者，2002年荣获福建省“五一”劳动奖章和厦门市“劳动模范”称号。

邱小华

男，中共党员，汉族，1966年12月生于福建省将乐县，1988年7月毕业于南京农业大学植保系。1988年9月至1992年8月在福建省宁化县烟草专卖局（公司），先后任技术员、烟叶股长等职务；1992年9月至今任福建省清流县烟草局（公司）经理、局长（经理）。2002年获得“福建省优秀企业家”称号。

揭国雄

男，汉族，1948年2月出生，江西省广昌县人，中共党员，大学文化，高级经济师，江西省农业大学兼职教授。1966年7月参加工作，1984年7月至1987年7月任江西广昌县县长，1987年7月至1989年12月任江西南城县县长，1989年12月至1992年5月任崇仁县委书记，1992年5月至1992年8月任江西省抚州地区行署副专员，1992年8月至1995年11月任江西省烟草专卖局（公司）党组副书记、副局长、副经理，1995年11月至今，任江西省烟草专卖局（公司）党组书记、局长、总经理。第十届全国人大代表，第十一届中共江西省委候补委员，江西省第十一届党代会代表，江西省第九届人大代表，江西省第七、八届政协委员。

郑　伟

男，汉族，1957年1月出生，江西省南昌市人，中共党员，农学硕士，高级农艺师。1975年1月参加工作，历任江西省烟草专卖局培训中心副主任、烟叶物资处副处长，南昌卷烟厂副厂长、党委副书记，1996年12月任江西省烟草公司烟叶生产购销分公司经理，1999

年1月任南昌卷烟厂厂长、党委书记，2000年4月至今，任江西省烟草公司副总经理、党组成员兼南昌卷烟厂厂长、党委书记。1996年开始享受政府特殊津贴，曾多次获“全省十大杰出青年企业家”、“江西省五一劳动奖章”等称号。2002年再次荣获“江西省优秀企业家”称号。被选为江西省第十一届党代会代表，江西省第九届人大代表。

黄　平

男，汉族，1962年10月出生，江西省宁都县人，中共党员，大学文化，工程师。1981年参加工作，分配至赣南卷烟厂。历任赣南卷烟厂滤嘴车间副主任、主任、卷接车间主任、制丝车间主任，1992年任南昌卷烟厂副厂长，1996年任南昌卷烟厂副厂长、副书记，1999年2月任赣南卷烟厂厂长、党委书记。2000年、2002年荣获江西省“优秀企业家”、“优秀厂长”称号。

辛焕荣

男，汉族，1954年8月出生，江西省万载县人，中共党员，大专学历。1976年1月参加工作，曾任江西省万载县饮食公司副经理、万载县烟草专卖局（公司）副局长、副经理、局长（经理），1995年6月任吉安市烟草分公司副经理，1998年6月至今，任吉安烟草专卖局（分公司）党组书记、局长、经理。江西省第十一届党代会代表。

邓武明

1955年7月出生，江西省南城县人，技师，南昌卷烟厂卷接包车间电气维修班班长。多次荣获厂劳模、厂最佳工程技术人员、厂最佳修理工、厂十佳职工、全国烟草技术能手、江西省烟草技术能手、南昌市五一劳动奖章称号。2002年荣获“江西省五一劳动奖章”称号。

张成元

山东省日照市烟草专卖局（公司）党委书记、局长、总经理，日照市政协常委。以发展日照烟草事业为己任，带领全体员工，开拓创新，锐意进取，为企业发展和地方经济建设做出了突出贡献。因工作成绩突出，企业先后荣获“全国烟草系统纠正行业不正之风先进集体”、“省级文明单位”、“省级卫生先进单位”、“全市突出贡献单位”、“先进基层党组织”等多种荣誉称号。在抓好经济建设的同时，他还注重加强政治学习，严以律己，认真学习和身体力行“三个代表”重要思想，一刻也不放松党的建设、廉政建设和精神文明建设，全公司1000多名干部职工未发生一起违法违纪案件。工作中，他还带领全体员工积极参与助残、扶贫、军民共建、社会捐助等公益活动。2001年，他荣获日照市“五一”劳动奖章，2002年获山东省“富民兴鲁”劳动奖章。

蔚严春

男，汉族，1960年2月生，山东省汶上县人，1980年4月入党，1976年10月参加工作，山东教育学院教育管理专业毕业，大学学历，高级政工师，山东省第十届人大代表。全国第十届政治协商会议特邀代表。1976年10月～1977年12月：青州卷烟厂车间工人。1977年12月～1983年8月：历任青州卷烟厂团委干事，团委副书记、书记，厂党委常委，团青州市委常委。1983年8月～1985年8月：在山东工业大学干部专修科脱产学习。1985年8月～1986年10月：青州卷烟厂卷烟车间主任。1986年10～1997年4月：先后任青州卷烟厂党委副书记，青州烟草中专学校党委书记、副校长，青州卷烟厂党委副书记兼纪委书记、第一副厂长。1994年8月～1997年8月：在山东教育学院教育管理专业在职学习。1997年4月～1997年11月：党委副书记兼纪委书记、第一副厂长，主持全面工作。1997年11月至今，任青州卷烟厂党委书记、厂长。

王文利

男，汉族，1963年12月生，山东省五连县人，2002年5月入党，中专学历，高级维修工，2002年8月被评为全国烟草技术能手。1979年9月～1982年7月：山东省潍坊市技工学校学习。1982年7月～1983年3月：山东省益都齿轮厂工作。1983年3月～1996年10月：山东省青州卷烟厂工作。1994年6月～1994年7月：英国莫林斯公司参加SUPER9机组培训。1997年11月～1997年12月：湖南常德烟草机械厂参加PROTOS机组培训。1996年10月至今：青州卷烟厂二车间卷接维修班长。

蒲　强

男，汉族，1954年4月生，大专学历，中共党员，高级经济师，现任颐中烟草（集团）有限公司董事长、党组书记。几年来，蒲强同志围绕生产经营中心任务，深入贯彻党的十五届六中全会精神和“十六大”精神，认真实践“三个代表”，不断强化企业基础管理，加大产品研发和市场营销力度。先后投资20多亿进行了全方位、大规模的技术改造，完成土建工程10余万平方米；引进具有国际先进水平的卷、接、包设备67台（套）；建成了国家级的技术中心及物流自动化系统；开发建设了先进的计算机网络CIMS系统；采用了烟草薄片、烟丝膨胀等新工艺。2002年颐中集团完成工业总产值51.37亿元，生产卷烟690.4亿支，调拨卷烟697.4亿支，实现销售收入50.96亿元，其中利润2.02亿元，实现利税26.9亿元。2002年当选山东省第十届人大代表。

韩　林

男，1958年4月出生，MBA研究生，中共党员，现任颐中集团副总裁、青岛卷烟厂厂长。他位高不居高，权重更自重，一贯严于律己，深入基层，廉洁勤政，无私奉献，系统运用现代管理模式和方法，不断深化改革，强化管理，勇于创新，积极进取，通过品牌整合、市场开拓、网络建设、机制改革、整体联动和职能管理提质提速等诸多有效措施，在生产经营管理中取得了突出的业绩，充分体现出一名优秀企业家与时俱进的开拓争先精神，为企业在新世纪的持续、健康和稳定发展注入了生机和活力。2002年，被中国改革人物征评活动委员会评为新世纪中国改革人物，被中国质量协会评为全国质量月活动先进个人。

赵　昆

男，1970年9月出生，大本文化，

中共党员，现任青岛卷烟厂三车间主任。2002年，赵昆同志带领车间职工，坚持以质量管理为主线的各项管理，深入推行全员目标管理，严格产品的过程控制和质量分析会制度，建立健全了设备自检自控管理体系，继续开展和完善了“管理示范班”和职工“五星”评比活动，着力培养复合型人才，有效提高了质量改进和市场保障能力，全年产品抽检合格率100%，平均质量系数稳步上升，市场投诉率降至历史最低水平。2002年，被山东省经贸委、山东省总工会等授予“优秀质量管理工作者”称号。

施赣明

男，1972年10月出生，硕士研究生，中共党员，现任青岛卷烟厂三车间设备主任。近几年，他积极建立并完善现代设备管理制度，大胆进行技术创新，率先提出并实施了“设备保养方式由集中周保变革为轮流保养制”，建立了科学的监测网络和管理制度，完善了设备信息快速反馈机制，主持编写了《卷包机械及电气设备常见故障原因分析及排除方法》和设备规范化操作录像带等多个教材，先后主持并成功实施了卷烟机平准器改造、优化卷烟机盘纸拼接方式等小改小革、技术改造项目95项，取得了较为显著的经济效益。2002年，被中国设备管理协会授予“第二届全国优秀设备工作者”称号。

田　青

男，1963年4月出生，大专文化，中共党员，现为青岛卷烟厂三车间电气管理员，是车间技术骨干。近几年，他积极运用现代管理技术，带领车间电气人员刻苦钻研，大胆创新，先后牵头并主持实施了GDX2主电机变频器的改造、PASSIM卷烟机盘纸拼接改造、通用设备电控系统优化、设备预检修状态检测、进口备件国产化及封箱机箱中缺条、GD包装机条中缺盒、封签偏斜检测等技术改造项目，累积创造效益3260余万元，为提高企业产品质量和设备有效作业率、节能降耗做出了突出的贡献。2002年，被国家局评为全国烟草技术能手。

孟令权

男，汉族，党校研究生学历，高级政工师职称，1954年5月出生，1972年11月参加工作，中共党员，2002年当选为山东省第八次党代会代表，同年被评为省思想政治工作先进个人。自1981年以来，孟令权同志一直从事政工工作，历任团总支书记、团委副书记、书记，党委秘书，宣传处处长，党总支书记，济南卷烟厂纪委书记，党委副书记、书记，将军集团公司党组纪检组副组长、组长，集团公司党组副书记等职务。1996年被评为济南市优秀政工干部，1997年被山东省烟草公司授予优秀政工干部称号，2001年被市委授予济南市先进党务工作者称号。主管企业精神文明建设以来，企业连续多年被评为山东省省级文明单位和国家烟草专卖局思想政治工作先进单位。

邢乐成

男，1962年11月出生，博士、硕士生导师，研究员技术职务，中国民主建国会会员，山东省十届人大代表，民建中央经济委员会委员，民建济南市委副主委。现为将军投资管理公司董事、总裁。先后在中国投资银行、中国建设银行山东省分行、济南社会科学院等单位工作。历任副主任科员，省建行《山东投资》编辑部主任，《山东证券市场报》副社长、总编辑，建行山东省分行资产重组办公室副主任、高级经济师，济南社会科学院金融研究所所长、副院长等职。先后出版了《项目评估通论》、《宏观投资论》、《投资结构论》、《证券投资与交易》、《投资金融与经济》、《股票投资战略》、《投资与经济增长》等7部专著。主编了《投资管理大词典》、《工业技术改造项目评估》等8部著作。专著《投资结构论》获1991年～1992年度山东省青年社会科学优秀成果一等奖；论文《国际资本流动之力论》获1993年～1994年度山东省青年社会科学优秀成果一等奖；专著《宏观投资论》获1997年～1998年度山东省社会科学优秀成果一等奖；论文《山东省九十年代的投资战略问题》获山东省社会科学优秀成果二等奖（合作项目）；论文《开放长期资金市场的两大问题》、《山东省长期资金市场研究》、著作《工业技术改造项目评估》分获山东省社会科学优秀成果三等奖，目前享受省、市政府津贴。

孙其泽

男，汉族，大学文化程度，高级经济师职称，1941年5月出生，1962年10月参加工作，中共党员，1998年被推荐为山东省八届政协委员会委员。自参加工作以来，在济南卷烟厂先后从事电工、统计员等工作，1973年始历任财务科副科长，党办主任，党委副书记、书记，将军烟草集团公司董事长、总经理、党组书记，济南烟草专卖局局长、书记等职。因其对国家和企业的突出贡献，获得了多项荣誉，先后被评为全国烟草系统安全生产先进厂长，山东省优秀企业家，全国烟草系统劳动模范，荣获山东省十大杰出企业家、全国优秀食品企业家称号。

张富廷

男，汉族，大专文化程度，1953年9月出生，1970年12月参加工作，中共党员，政工师职称。山东省九届政协委员会委员，济南市十三届人大代表。自1975年5月始，历任济南卷烟厂供销科会计，党支部副书记、分厂车间主任兼书记，二分厂厂长，1993年5月始任青州卷烟厂副厂长、党委委员，1995年11月始任德州市烟草专卖局（分公司）局长（经理）、德州卷烟厂厂长、党委书记，1998年8月始任将军集团公司副总裁、总裁，济南卷烟厂厂长、党委书记，集团党组成员，2001年6月至今任将军集团公司董事长、党组书记。因其对国家和行业的突出贡献，先后被评为济南市优秀企业家、山东省优秀企业家，多次荣获“齐鲁功勋奖”等称号。

叶　逊

男，汉族，1961年11月出生，浙江镇海县人，1982年7月参加工作，1989年4月入党，研究生，工学学士，高级工程师专业技术职务。2002年12月，当选“山东省十大杰出青年企业家”。1982年7月至1993年7月在山东省烟草专卖局（公司）工作，先后任办事员、副主任科员、主任科员并兼任公司团总支书记；1993年7月至1996年

12月任青州卷烟厂副厂长；1996年12月至1998年7月任山东省烟草专卖局（公司）综合计划处副处长；1998年7月至2001年4月任山东省烟草专卖局（公司）经济运行处副处长；2001年4月至2001年8月任山东省烟草专卖局（公司）发展计划处处长；2001年8月至今任将军烟草集团有限公司总裁、党组成员、董事。叶逊同志参加工作20多年来，善于研究，勤于思考，勇于创新，逐步成长为全国大型企业的领导者和烟草设备方面的专家。在任青州卷烟厂副厂长期间，主持开展了青州卷烟厂的技术改造工作，为青烟发展奠定良好的基础。2001年8月调任将军烟草集团公司总裁后，和集团领导班子一道在准确把握形势的基础上，提出了以“生产经营一体化”和“品牌”、“精益”、“技改”、“创新”、“人才”五大工程为重点的工作思路，狠抓规范，加强管理，逐步克服了困难，使生产经营形势趋于好转。

赵九来

男，汉族，1950年12月出生，1968年6月参加工作，1986年9月加入中国共产党。曾任郑州卷烟厂供销科副科长、科长，1992年任郑州卷烟厂厂长、党委副书记，1994年任中国烟草总公司河南省公司副总经理、党组成员，2002年4月主持河南省烟草专卖局（公司）工作。2002年12月任河南省烟草专卖局局长、总经理、党组书记。河南省政协委员。

杨自业

男，汉族，1966年1月出生，中共党员，工商管理硕士学位。河南省第十届人大代表。1987年7月毕业于西安交通大学，1999年2月调入郑州卷烟厂工作，现任郑州卷烟厂厂长、党委副书记。曾先后分管党务、销售工作，均取得显著成绩。2002年元月，面对企业连续四年在低谷中徘徊，而2001年底生产经营出现巨额亏损的局面，该同志在准确把握我国加入WTO后烟草市场发展趋势的基础上，提出了“整顿、规范、育牌、扩量、增效”的十字工作方针和“追赶型跨越式”发展思路，对内大胆改革，从严治企；对外奋力拓市，锐意进取，仅用一年时间便使企业迅速扭亏为盈，实现了恢复性发展的目标。2002年度被评为河南省优秀企业经营者。

宋有申

男，汉族，1969年参加工作，1970年加入中国共产党，大专学历，经济师。现任许昌卷烟厂厂长、党委书记。自1998年任许昌卷烟厂厂长以来，大力实施企业改革和创新，推进名牌战略，使许昌卷烟厂经济效益自1999年起连续四年稳居河南省烟草行业首位，进入全国36家重点卷烟企业行列，并跻身中国工业500强，先后荣获“全国思想政治工作优秀企业”、“全国精神文明建设工作先进单位”、“全国质量管理先进企业”、“河南省管理示范企业”等多项荣誉称号。2002年荣获全国“五一”劳动奖章，并且是河南省第七次党代会、河南省第十届人大会代表。

周昌贡

男，汉族，湖南汨罗人，1952年3月出生，政治经济学研究生，高级经济师，1972年12月加入中国共产党，1976年1月参加工作。1976年1月至1979年9月在长沙冶金工业学校工作；1979年10月至1990年11月在湖南省经委工作，先后任干事、综合处副处长、处长、生产处处长；1990年11月至1992年3月任中共衡阳县委副书记；1992年4月至1993年4月任湖南省工交委员会委员（副厅级）；1993年5月至1995年8月先后任省经委副主任、省工交委员会委员、省经贸委副主任、党组成员；1995年9月至1997年11月任岳阳市委常委、常务副市长、市政府党组副书记；1997年12月至1999年9月任岳阳市委副书记、市长；1999年10月至今任湖南省烟草专卖局（公司）局长、总经理、党组书记。湖南省第八次党代会代表、湖南省第十届政协委员。

卢　平（女）

汉族，湖南长沙人，1961年2月出生，1975年12月参加工作，1982年6月加入中国共产党，大专文化，湖南大学MBA结业，政工师。1975年12月至1978年12月，下放长沙畜牧农场；1978年12月至1984年3月，长沙卷烟厂三车间工人；1984年3月至1984年12月任长沙烟厂厂办秘书；1984年12月至1990年5月任长沙烟厂组织科副科长、科长；1990年5月至1996年8月任长沙烟厂党委副书记；1996年8月至1999年11月任长沙烟厂党委书记；1999年11月至2001年5月任长沙烟厂厂长、党委书记；2001年5月至今任湖南省烟草专卖局（公司）党组成员（副厅级）、长沙烟厂厂长、党委书记。曾获“全国‘三八’红旗手”、“全国城镇妇女‘巾帼建功’标兵”等多项荣誉和奖励。是全国第十六次党代会代表、湖南省第八次党代会代表、湖南省第十届人大代表、湖南省委第八届委员会候补委员。

熊善初

1966年6月出生，中共党员，大专学历，工程师。1988年7月分配进入常德卷烟厂，入厂以来一直工作于生产第一线，历任车间挡车工、机械修理工、机械技术员。工作中善于学习、勤于钻研、敢于创新，科技攻关硕果累累。其技术成果先后获得全国烟草行业QC成果一等奖、国家QC成果优秀奖、省级QC成果一等奖，为企业累计节约资金逾千万元。其中，仅《降低MAX70供胶机构故障率》这一项成果，每年就可为企业节约资金达100多万元。他长期工作在生产一线，近三年来累计加班1232小时，为车间测绘零部件图纸750余份，为车间培训初级工和中级工117人，为企业及车间提供了较坚实的智力基础和人才储备，曾连续两年被评为厂“十佳科技工作者”，连续三年被评为厂“先进工作者”。2002年，又获得国家烟草专卖局授予的“全国烟草技术能手”奖章。

万　伟

男，1963年1月出生，湖南衡阳廖田镇人，研究生学历，中共党员，1979年10月参加工作，1983年5月任衡南县百纺公司业务股长，1988年调到衡南县烟草专卖局（公司），先后担任业务股副股长、股长，1994年12月调任祁东县烟草专卖局（公司）副局长、副经理，1996年1月调回衡南县烟草专卖局（公司），现任该局（公司）局长、经理、党组书记。湖南省第十届人大代表。

郭汉华

男，37岁，中共党员，管理学硕士，毕业于中国科技大学，长沙市第十一、十二届人大代表，湖南省第十届人大代表，现任长沙市烟草专卖局副局长、中国烟草中南试验站副站长、浏阳市烟草专卖局局长、党组书记。历任销售股长、卷烟经理部经理、副局长、局长等职务。1997年9月，出任浏阳市烟草专卖局局长、经理、党组书记，通过创立“三位一体”烟叶生产管理模式和烟厂、政府、烟农、公司“四赢”机制，全面实行“五大”发展战略。经过五年的奋斗，把一个面临危机、资产不过千万元的企业，发展成为总资产4.6亿元，并成为全国烟叶生产的一面旗帜。实施“科技兴烟”战略，创税利4.8亿元，农民增收4亿元，为地方招商引资2.4亿元，为推进农业产业化进程和地域经济发展，作出了巨大贡献。成功推出全国第二、湖南第一个烟叶品牌——“鹤源”烟叶。浏阳成为全国烟叶生产标准化体系示范县（市），烟叶生产水平和烟叶质量达到全国一流水平，被国家局（总公司）评为“1999年～2001年全国烟叶工作先进单位”。他本人1998年～2002年连续五年被浏阳市委评为“优秀党员”，连续五年被浏阳市人民政府荣记三等功，多次被省烟草专卖局评为“先进工作者”，1999年被评为“全国归侨侨眷先进个人”。

万　宁

男，汉族，生于1952年12月，湖南津市人，大学文化。1969年12月入伍；1970年10月入党；1977年12月至1985年任机械工业部湘西仪器仪表总厂人事劳资处干事、天平仪器厂装配车间党支部副书记；1986年至1991年2月任湖南省烟草专卖局纪检组副科级、正科级干部；1990年3月任助理检察员；1992年8月任省烟草局纪检组副处级纪检员；1994年6月任省烟草局正处级纪检员、正处级监察员；1995年5月任省烟草局纪检组副组长；同年6月任省局监察室副主任；2000年5月任株洲市烟草局（公司）局长（经理）、党组书记；2003年当选为湖南省第十届人民代表大会代表。

黄永东

男，大专学历，高级政工师。1968年9月是解放军7039部队九连战士；1970年3月在南雄县工作，先后担任县文化馆副馆长、馆长，剧团团长，公社书记，县委常委，宣传部长，乡镇企业办主任等职；1986年6月是南雄县代县长，副书记；1988年3月是南雄县委书记；1990年3月是韶关市副市长；1990年12月是广东省烟草专卖局（公司）副局长、副经理，党组副书记；1991年6月是广东省烟草专卖局（公司）局长、总经理、党组书记、广东省政协委员。

徐永露

男，汉族，生于1950年1月，广东南雄人，研究生，高级政工师、经济师。1969年2月至1981年在部队先后任空军某部班长、排长、连长、党支部书记、司令部作战参谋；1981年2月后在南雄先后任公安局股长、政法委干事、市委秘书、机要科副科长、物价局副局长；1994年5月后任南雄市烟草公司第一副经理；1998年12月后任南雄市烟草专卖局党委书记、局长、烟草公司经理；2001年12月南雄市烟草公司改制后，任广东烟草南雄市有限公司副董事长、总经理，继任南雄市烟草专卖局局长、党委书记。2002年，荣获广东省“五一劳动奖章”。

黄国宝

1954年生，广东顺德人，高中毕业，广州卷烟二厂、嘴一车间的工人、班长、技师。十多年来，他刻苦钻研，不断提高自己的技术水平，在车间日常生产中，遇到设备维修上问题、影响产品质量故障，能积极主动配合，解决了很多设备影响生产的实际问题。2001年于嘴一车间卷接包设备部分已使用十多年，按常规已达到大修年限，在设备传动系统上出现、轴承磨损、及一些设备内部传动件磨损等原因带来的问题。直接影响生产任务完成。若把设备送到国内烟机厂大修，大修一台PROTOS70卷烟机和一台GDX1包装机修期需90天，维修费需1300万元。在这种情况下，他主动带头动手负责PROTOS70设备VE、SE部分的拆卸、装配、调试、扩大项修工作，对卷接包设备进行全面解体，刻苦钻研设备图册、维修资料，加班加点，克服了维修过程中的种种困难。只用40天时间完成扩大项修工作。维修费35万元。修后二个月平均产量完成率达到107%；质量得分达到99分，各项消耗指针明显下降。在厂维修工作探索出一条新路，为企业又省时、又省维修费。评为全国烟草技术能手。爱岗敬业，勇于创新。2002年被全国总工会援予“全国五一劳动奖章”称号。

温官和

男，1946年生，中共党员，大学本科。1963年2月至1965年7月，梅县高级中学毕业；1965年9月至1970年7月，华南工业大学104专业毕业；1970年8月至1979年3月，广东兴宁农机五厂任技术员；1979年4月至1983年8月，梅州卷烟厂任科长、车间主任；1983年9月至1998年4月，广东梅州卷烟厂副厂长；1998年5月至1999年12月，梅州卷烟厂厂长；2000年1月至现在，梅州卷烟厂党委书记、厂长。任梅州卷烟厂党委书记兼厂长期间，坚持以邓小平理论为指导，认真贯彻学习江总书记“三个代表”的重要思想，自觉执行党的基本路线和各项方针政策，在政治上、思想上和党中央保持一致，带领全厂干部职工奋力拼搏，使企业各项经济指标逐年提高，为企业的两个文明建设作出了积极的贡献。

麦　健

男，1960年出生，中共党员，研究生学历，高级工程师。1978年1月～1982年1月，在广东机械学院读书；1982年2月～1984年9月，在湛江卷烟厂设备科、三车间工作，任车间主任、设备科长；1984年10月～1987年1月，任湛江卷烟厂副厂长；1987年1月～1989年1月，西安交大管理学院管理工程专业研究生班毕业；1989年1月～

1999年4月，任湛江卷烟厂第一副厂长；1999年4月～2000年3月，任湛江卷烟厂厂长兼广东省烟草公司湛江分公司副经理；2000年3月～现在，为湛江卷烟厂厂长。勤政廉政，工作务实，业绩显著。他不但具有高度的革命事业心和工作责任心，出色地完成各项生产经营任务，使企业效益创历史最好佳绩，而且还具有较强参政议政能力，是一名德才兼备，富有改革创新意识，年轻的领导干部。

余正勇

男，汉族，中共党员，现任茂名市烟草专卖局（公司）局长、经理、党组书记、高级政工师，同时兼任全国台联理事、省台联副主席、市台联主席，连续当选广东省九届、十届人大代表。近年来，他总结了自己多年来作为企业管理者的实践经验，先后撰写了10多篇优秀论文，为烟草行业的经营发展提供了极具参考价值的方法和见解。余正勇同志在工作上尽职尽责，清正廉洁，严格管理，使企业在短短几年里从白手兴家，跃入全市十强行列，经济效益年年上新台阶。2001年，经中央统战部批准，全国台联党组决定授予为四化建设和祖国统一大业做出突出贡献先进台胞荣誉称号，并颁发奖牌和荣誉证书；2002年5月，出席全国台籍共产党员代表大会，还受到钱其琛副总理接见。

石　峰

1999年担任湛江卷烟厂廉江分厂厂长。1999年减亏1054万元（1998年亏损2700万元），2002年实现利润155万元，四年累计偿还旧债5900万元，上缴税利近13000万元。先后荣获国务院发展研究中心企业家系统优秀会员，湛江市优秀党员，连续两届被评为廉江市优秀专业技术拔尖人才，2002年荣获广东省“五一”劳动奖章。

黎素静（女）

汉族，1967年8月出生于广东省汕尾市陆河县河田镇，1984年7月在陆河县河田高中毕业，1988年12月至1993年2月在陆丰县供销合作社工作，1993年3月调到陆河县烟草公司担任财务工作，1997年担任陆河县烟草公司新城区卷烟批发部副主任，2002年12月当选为广东省第十届人民代表大会代表。

罗　毅

男，汉族，1948年12月出生，浙江宁波人，1976年7月加入中国共产党，1970年4月参加工作，大学本科文化程度，高级经济师。1970年4月至1990年12月在湖南常德烟草机械厂工作，历任车间主任、副厂长等职务；1990年12月至2000年8月在湖南常德卷烟厂工作，任常务副厂长、厂长等职；1999年1月至2001年5月任湖南省烟草专卖局（公司）副总经理、党组成员（副厅级）；2001年6月调任中共广西壮族自治区烟草专卖局（公司）党组书记、广西壮族自治区烟草专卖局局长、中国烟草总公司广西壮族自治区公司总经理（正厅级）。2002年当选为广西壮族自治区第九届政协委员。

黄守政

男，汉族，1951年7月出生，广西贵县人，文化程度大学本科，高级政工师。1970年2月加入中国共产党，1969年1月参加工作。1969年1月至1969年10月在5328部队当战士；1969年11月至1971年5月在84849部队一炮连当战士；1971年6月至1977年8月任84849部队一机连司务长；1977年9月至1978年1月任84849部队政治处干事；1978年1月至1980年9月任47军教导大队政治教员；1980年10月至1981年12月任84849部队政治处连职干事；1982年1月至1985年10月在广西区人民法院工作，曾任副县级助理审判员；1985年10月至1987年10月在广西区烟草专卖局政治处任干部；1992年1月确定为广西区烟草专卖局副处级干部；1993年10月至1996年1月任广西区烟草专卖局（公司）宣教处处长；1996年1月至1998年6月任梧州烟草专卖局（分公司）党组书记、局长、经理；1998年6月至2000年8月由广西区烟草专卖局派往南宁国际大酒店任总经理；2000年8月至2001年7月任广西北海甲天下国际大酒店总经理；2001年7月至今任广西南宁国际大酒店总经理兼北海国际大酒店总经理。2002年当选为广西壮族自治区第九届政协委员。

胡玄邦

男，汉族，1953年5月出生，广西象州人，大专文化程度，1970年8月参加工作。1970年8月至1971年11月在广西柳州供电公司当工人；1971年11月至1975年11月在广西南宁电业公司工人；1975年11月至1984年4月在广西南宁变压器厂当工人；1984年4月至1988年6月在广西南宁变压器厂当干部；1988年6月至1997年9月在广西区烟草公司当干部；1997年9月至1997年11月任广西区烟草专卖局专卖办市场管理科干部；1997年11月至1998年12月任钦州烟草专卖局代副局长；1998年12月至2002年12月任钦州烟草专卖局副局长；2003年1月至今在广西区烟草专卖局规范与整顿办公室工作，任副处级干部。2002年在钦州市当选为广西壮族自治区第九届政协委员。

吴应禄

男，汉族，中共党员，研究生学历，安徽颍上人，现任重庆市烟草专卖局（公司）局长、总经理、党组书记。曾先后被评为全国十大杰出青年企业家、全国劳动模范。现在是重庆市第二次党代会党代表。

徐立辉

男，中共党员。1999年6月从黔江区经委调至黔江卷烟厂任常务副厂长，2002年6月任厂长，同年当选为重庆市第二届人大代表和中共重庆市第二次代表大会代表。

孙建明

男，中共党员，文化程度大专。1955年出生，1971年当知青，1974年参军，1978年复员后在内江地区供销社汽车队任驾驶员，1990年调内江市烟草专卖局工作，先后担任驾驶员、三产公司副经理、专卖管理科副科长、科长兼稽查支队队长职务。在完成2000年～2002年专卖管理三年阶段性工作目标任务中成绩显著，被评为“全国烟草专卖管理先进个人”，由国家烟草专卖局授予荣誉证书。

吴 宪

1976年2月至2001年6月在四川成都卷烟厂工作，历任团支部书记、团委书记、企管办主任、车间副主任（党支部书记）、企管办主任兼车间主任、副厂长；2001年6月至今在四川什邡卷烟厂工作，任厂长。任职期间参加西北大学经济学专业学习、全国大中型企业厂长（经理）岗位职务培训班学习，获经济学硕士学位证书和岗位职务培训合格证书，获行业“先进个人”、“优秀厂长”、“成都市十佳青年企业家”、“四川省优秀创业企业家”、“四川省人大代表”。

吴 钢

1982年1月于四川师范学院（现四川师范大学）本科毕业；1982年1月至1984年6月在四川省什邡中学任教；1984年6月至2001年6月在四川省烟草专卖局（公司）工作。历任省局（公司）二级站站长、副站长（正科级）、筠连县烟草公司副经理、省烟草专卖局（公司）生产处副处长、省烟草专卖局科教处处长、四川什邡卷烟厂党委书记（副厂长）；兼任全国烟草行业质量体系审核委员会成员、三峡质量认证中心评审员、全国烟草行业QC成果评审委员会评委；任职期间通过工商管理硕士（MBA）研究生课程班学习，获国家经贸委高级工商管理资格证书和美国扬科利普集团工商管理培训合格证书。四川省党代会代表。

刘一兵

1980年至今在什邡卷烟厂工作，历任雪茄烟车间工艺配方员 、新产品开发室配方员、科研所产品开发二室主任、科研所副所长、科研所所长、科技中心主任、技术中心副主任等职，技术中心常务副主任、兼任全国第三届卷烟评吸委员、省卷烟评吸委员、省卷烟工业学术委员会委员，曾获德阳市“十大青年岗位标兵”、四川省“实践三个代表的优秀代表”等光荣称号。全国“五一”劳动奖章获得者。

柳万东

男，汉族，1950年1月出生，云南易门县人。中共党员，大专学历，工程师。1969年至1973年，在大理州宾川县东风公社、滇中铜矿牟定分矿选区工作；1973年至1977年，在吉林大学学习；1977年至1995年，在云南天然气化工厂工作，历任车间主任、副主任、机械动力处处长、云天化党委副书记兼纪委书记、党委书记；1995年至1999年，任云南省工商局副局长、局长、党组书记；1999年至2002年，任云南省委组织部副部长、省纪委委员；2002年4月至今，任云南省烟草专卖局（公司）党组成员、副局长，红塔集团党委书记、董事长。中共十六大代表。

姚庆艳

男，汉族，1957年7月出生，山东泰安人。中共党员，研究生学历。现任红塔集团党委副书记、副董事长、总裁。1974年参加工作以来，先后在原玉溪卷烟厂、云南红塔集团、昆明卷烟厂、云南省烟草研究院工作，曾历任玉溪卷烟厂副厂长、云南红塔集团副总裁、董事，昆明卷烟厂第一副厂长、昆明市烟草公司副经理，云南省烟草研究院院长等职务。1996年荣获第二届“云南十大杰出青年”；1997年荣获“云南省星火科技一等奖”；2002年被云南省人民政府授予“有突出贡献优秀专业技术人才”荣誉称号，享受云南省人民政府特殊津贴。2002年4月任红塔集团总裁，审时度势，与时俱进，同新一届领导班子研究提出了以“两烟”主业为主，提质创新的集团发展思路，以市场为导向，以满足消费者需求为目的，提高“两烟”科技含量，主持研发了受到国家局高度评价和市场广泛认同的高品质“铂金”系列新产品，同时以产品的提质创新为切入点，求真务实，真抓实干，按照现代企业制度的要求，大力推进企业的体制创新、管理创新、科技创新和营销创新，开创了红塔生产经营及各项工作的新局面，极大提升了红塔的核心竞争力和企业形象，为企业健康稳定持续发展，做精、做强、做实红塔，提高红塔参与国内外市场竞争的能力打下了坚实的基础。

张国良

男，汉族，生于1955年11月，大专文化，高级技师，云南澄江县人。1974年10月参加工作，1986年5月入党。1974年10月至1998年9月曾在玉溪卷烟厂任操作工、修理工、车间副主任、主任、生产科科长、生产部副主任、生产部主任；1998年10月至2000年10月任云南红塔集团楚雄卷烟厂厂长、经理、副书记；2000年11月至今任红塔集团楚雄卷烟厂厂长、企业党委书记；2001年被中共云南省烟草专卖局党组表彰为优秀党务工作者；2002年当选中国共产党云南省第七次代表大会代表、云南省第十届人民代表大会代表。

叶世兴

男，汉族，1951年2月出生，江苏吴县人。中共党员，大专学历。现任红塔集团党委副书记、董事会董事。1969年参加工作，曾先后在云南元江县青龙公社、原玉溪卷烟厂、大理州烟草公司、大理卷烟厂工作，历任玉溪卷烟厂四车间副主任、生产一部设备科科长、生产一部主任，大理州烟草公司经理，大理卷烟厂党委书记、厂长。1998年至2002年在大理卷烟厂工作期间，带领全厂职工，对内切实转变观念，锐意改革，加强内部管理，狠抓产品创新与质量，努力夯实基础；对外以市场为导向，提高服务意识，强化营销工作，积极拓展市场空间，使大理卷烟厂取得了长足发展，经济效益连年持续增长，2002年实现工商税利11.3亿元，创造了历史最好水平，为大理州社会和经济的发展作出了积极贡献，被云南省人民政府授予“劳动模范”称号。2002年12月调红塔集团任职后，主管集团党建工作，经常深入基层进行调查研究，围绕集团生产经营与改革发展的实际，以创新的思维，有针对性地组织做好职工的思想政治工作，大力加强党的组织建设、思想建设和作风建设，较好地发挥了党组织的战斗堡垒作用和党员的先锋模范带头作用，为集团健康稳定发展创造了良好的内部环境。

王 毅

男，汉族，1964年4月出生，云南大理人。1986年本科毕业于云南农业大学。高级农艺师。2001年4月至2003年1月任云南红塔集团烟叶公司烟科所副所长。现任红塔集团技术中心原料开发研究室主任。2002年享受云南省政府颁发的特殊津贴。1986年大学毕业分配至红塔集团工作至今，一直从事烤烟生产与烟草病虫害防治的科研工作。17年来，共获省部级科技成果奖4项、地厅级科技成果奖3项及多项企业科技成果奖。其中，《应用国产甲霜灵锰锌、福美双防治烟草黑胫病试验示范研究项目》荣获云南省1992年度科技进步三等奖；《烤烟包衣种子育苗及其配套技术开发研究项目》荣获云南省1994年度星火科技成果一等奖；《烟草赤星病流行规律及防治研究项目》荣获1996年度云南省科技进步二等奖和1997年度云南省烟草公司科技进步一等奖。这些技术成果的应用推广，对烟草病虫害的发生与防治起到了极大作用，提高了烤烟品质，取得了明显的经济效益。此外，还有多篇论文获奖并发表在《动物学研究》、《云南农大学报》、《云南师范大学学报》等刊物上，其中《烟蚜茧蜂规模化繁殖和释放技术研究》一文入选2003年度CORESTA农学与植病学组联席会议论文。

牟定荣

男，汉族，1967年2月出生，云南易门县人。大学本科学历。1988年于河南郑州轻工学院毕业后分配到红塔集团工作，1993年至2001年曾先后担任原玉溪卷烟厂工艺质量部工艺科副科长、玉溪红塔集团技术中心产品研究室主任，2001年7月至今，任红塔集团技术中心副主任，主要从事和负责红塔集团卷烟工艺技术的研究和新产品的研制开发工作，为红塔卷烟工艺技术水平的提高、产品质量的提升和新产品的开发作出了积极的贡献。从1995年至今，独立或主持研究完成的10项科技成果，荣获了中国烟草总公司、红塔集团授予的科技进步特等奖、一等奖、二等奖等奖项。云南省九届政协委员。

俞瑞方

男，汉族，籍贯云南陆良，1953年10月出生，1983年7月加入中国共产党，研究生。1975年7月至1988年3月在曲靖卷烟厂工作，历任工人、工艺员、车间副主任、支部书记职务。1988年3月至2002年10月历任曲烟企业党委副书记兼工会副主席、副厂长、副经理，副书记、第一副厂长职务。2003年4月至今任曲烟企业党委书记、曲靖卷烟厂厂长。云南省人大代表，曾获云南省总工会优秀工作者、省优秀共产党员等多项荣誉。

王绍坤

男，汉族，籍贯云南宜良，1957年4月出生，农学硕士研究生，1982年1月参加工作，1997年7月入党，高级农艺师。1982年1月起，任曲靖地区农业局技术干部。1985年7月湖南农大研究生毕业后到云南农大任教。1986年9月到2000年9月历任曲靖烟草公司烟科所农艺师、地区行署烟办副主任、主任，生产科副科长、科长，云南省烟草科研所副所长职务。2000年9月至今任曲靖市烟草公司副经理兼总农艺师职务。科研成果荣获省星火科技奖、科技进步奖、国家专利7项/次，在国家、省级期刊发表论文10余篇，出版专著多部，2002年6月享受国务院政府特殊津贴，为云南省有突出贡献优秀专业技术人才，全省农业科技先进工作者。

马子肖

男，回族，1955年3月生，云南会泽人，1977年4月加入中国共产党，1970年12月参加工作，云南省委党校经济管理专业毕业，本科学历，政工师。1970年12月至1973年在会泽者海工作，1974年1月至1977年7月在十四军一一九团服役。1978年8月至1993年4月在会泽者海综合公司工作，历任副经理、经理。1993年5月调会泽卷烟厂工作，任副厂长。1995年6月至1996年10月任会泽卷烟厂党委副书记、厂长，1996年至今任会泽卷烟厂党委书记、厂长。1997年当选为会泽县第五届政协委员，2001年增选为县政协副主席。并当选为中共云南省第七次代表大会代表。2002年当选为云南省第九届人民代表大会代表，中共曲靖市第二次代表大会代表，2003年当选为第十届全国人民代表大会代表、曲靖市第二届人民代表大会代表、中共会泽县第九次代表大会代表。是年3月当选为会泽县第十四届人大常委会副主任。曾被评为“第八届云南省优秀厂长（经理）”、“会泽县首届劳动模范”、“云南省劳动模范”。

李嵩震

男，汉族，籍贯河南，1949年1月出生于河南登封县，1980年5月入党，大学文化，高级经济师。1966年9月至1978年5月，在登封县供销社工作；1978年5月至1983年5月任登封县政府干部；1983年5月至9月，任登封县供销社副主任、党组副书记；1983年9月至1986年1月，任登封县烟草专卖局局长、党组书记；1986年1月至1988年9月，任郑州市烟草专卖局副局长、党组成员；1988年9月至1994年12月，任郑州市烟草专卖局（分公司）局长、经理、党组书记；1994年12月至1999年8月，任河南省烟草专卖局副局长、党组成员；1999年8月至今，调任陕西省烟草专卖局（公司）局长、总经理、党组书记。2002年12月被推选为陕西省第十届人民代表大会代表。

李振海

陕西澄城人，1956年2月出生，毕业于全国烟草系统首届优秀中青年干部工商管理硕士（MBA）班，经济师，中共党员，现任咸阳市烟草专卖局（分公司）局长、经理、党委书记。在澄城县烟草局（公司）任局长、经理时，曾于1987年11月被陕西省委、省人民政府授予省劳动模范。2000年3月至2002年9月任商洛市烟草专卖局（分公司）局长、经理、党组书记期间，开拓创新，真抓实干，推动了卷烟销售、烟叶生产、市场净化、网点建设四大中心工作，年年超额完成任务，两年均被评为省行业经济运行质量效益一等奖。其中2001年实现利润1018万元，与上年相比翻了一番，系统7个县级公司全部盈利。2002年5月又一次被陕西省委，省人民政府授予陕西省劳动模范。2002年咸阳烟草工作取得历史上最好成绩，受到省局和咸阳市人民政府的多次表彰奖励，他亦被授予陕西首届风云人物，省总工会授予“支持财贸工会工作的党政领导干部”荣誉称号等。

王建枝

男，生于1953年4月，大专文化，1970年3月参加工作，1974年加入中国共产党。1976年至1986年任城固县烟厂供销科长。1986年至1994年任城固县烟草专卖局（司）副局长、副经理。1994年至1999年任城固县烟草专卖局（司）副局长、经理。1999年至2000年任城固县烟草专卖局（司）支部书记、副局长、经理。2000年1月至今任城固县烟草专卖局（司）支部副书记、局长、经理。1976年至1986年在城固烟厂工作期间，先后6次被评为厂、县、地区先进工作者。1986年至2001年连续6次被商贸局，5次被县政府，7次被省、市局（司）被评为先进工作者、优秀局长、经理和销售能手称号。2002年5月1日被评为“陕西省劳动模范”荣誉称号。

陈　晖

男，汉族，河南灵宝人。1961年1月出生，1984年3月参加工作，中共党员，硕士研究生文化程度，高级经济师，中共陕西省第十届委员会候补委员，陕西省第十届人代会代表，陕西省劳动模范。具有强烈的事业心和责任感，具有丰富的经济管理和基层管理经验，2000年3月担任宝鸡卷烟厂厂长、党委副书记以来，大胆改革，锐意创新，实现了企业机制、科研、市场、效益“四轮驱动”，经济效益持续攀升。实现税利由1999年的9.06亿元增加到2002年的12.52亿元，其中利润由9000万元增加到1.69亿元，创造了宝烟历年来发展速度最快、效益最好的新篇章。

席耀鹏

男，生于1962年10月，汉族，陕西省合阳县人，中共党员，硕士研究生，高级经济师职称，1983年7月参加工作。2000年3月14日，被陕西省烟草专卖局党组任命为汉中卷烟二厂厂长、党委书记。2002年，当选为陕西省第十届党代会代表，陕西省第十届人大代表，汉中市第二届人大代表。1999年，汉中卷烟二厂生产经营出现极度困难，他出任厂长、党委书记后，坚持以“三个代表”思想为指导，提出了“限产压库，狠抓销售，调整结构，稳定发展”的指导思想和“一年搞理顺，两年打基础，三年上台阶”的工作思路；带领党政领导班子和全厂职工采取一系列得力措施克服困难，恢复生产，开拓销售市场，企业生产经营及各项指标稳步回升、大幅增长，取得显著成效。

李翠英（女）

1963年生，陕西南郑县人，本科文化，中共党员。1981年进入汉中卷烟二厂工作至今，先后从事卷烟辅助工、挡车工、工艺质检员，1985年开始从事卷烟工艺配方工作，现任工艺技术科科长。先后多次被企业评为“三八红旗手”、“先进工作者”、“双文明建设个人”、“敬业标兵”、“巾帼标兵”；由于她敬业爱岗，刻苦工作，研制开发新产品，2002年1月被陕西省烟草专卖局授予全省烟草系统“科技创新标兵”荣誉称号，2002年4月被授予陕西省劳动模范。

王长安

男，1956年8月生，汉族，陕西省安塞县人，大学文化程度，民主建国会会员，延安市人大常委会副主任，延安卷烟厂副厂长，陕西省政协委员。1974年在延安县临镇插队。1977年3月进入延安卷烟厂工作，1978年任延安卷烟厂驻西安办事处采购员。1990年任销售科副科长，1992年任厂明星公司经理，1995年1月任厂长助理，1995年6月任副厂长。1996年当选为省八届政协委员，2000年7月任民建延安市委员会主委、市政协常委。2002年3月任延安市人大常委会副主任，12月当选为省九届政协委员。

任军林

男，1958年5月生，陕西省延安市人，大专文化程度，工程师，延安卷烟厂科研所配方员，陕西省劳动模范。1977年4月在湖北武汉市汉江公司参加工作。1982年6月调入延安卷烟厂，先后在工艺技术科、检测站从事物理检测、工艺配方工作。1991年被省烟草公司聘为卷烟品吸员，1993年3月经省公司批准晋升为工艺配方工程师。从事配方工作期间，先后成功研制开发改造了金卡延安、醇和延安等产品，其中金卡延安2001年被国家烟草专卖局评定为卷烟优等品。1986年、1995年、1996年、2000年、2001年先后五次被厂部授予先进工作者称号。2002年5月，被陕西省委、省政府授予陕西省劳动模范光荣称号。

杨喜文

男，1967年6月出生，陕西省延安市人，高中文化程度，延安卷烟厂帕西姆卷接机组挡车工，陕西省劳动模范。1988年，杨喜文高中毕业后进入延安卷烟厂，从事MK9－5卷接机组操作工作。1999年抽调到帕西姆卷接机组任挡车工。期间，成功地解决了帕西姆机组刀头频繁打刀的难题，每年为企业节约资金12万元。1997～2000年连续四年被评为厂级先进生产者；2000年获全省烟草系统节能降耗能手、质量标兵称号；2001年获全省烟草系统技术操作能手称号；2002年5月被陕西省委、省政府授予陕西省劳动模范称号，被共青团延安市委员会授予“十佳青年”称号。

李　强

男，汉族，辽宁省海城市人，1963年6月出生，大学文化程度，中共党员，工程师职称。1984年4月加入中国共产党。1985年7月毕业于西北轻工业学院，获工学学士学位；1985年7月至1993年4月在陕西省烟草专卖局（公司）工作；1991年4月至1993年4月任陕西省烟草专卖局（公司）质检站副站长（副处级）；1993年4月至1996年4月任陕西省汉中市城固县科技副县长；1996年7月至1998年11月任陕西省烟草专卖局（公司）科教处副处长（正处级）；1998年11月至2001年7月任陕西省烟草专卖局（公司）科教处处长兼信息中心主任；2001年7月任旬阳卷烟厂党委书记、厂长职务至今。2002年12月当选为陕西省第十届人民代表。

张兴顺

男，汉族，大学文化程度，高级经济师，中共党员。1956年2月生于陕西澄城县赵庄镇高垣村。1975年2月参加工作，先后在赵庄乡政府、澄合矿务局团委工作。1983年4月调入澄城卷烟厂任供应科长、厂长助理。1994年5月调入陕西合阳烟叶复烤厂任厂长兼党委副书记。1998年7月调澄城卷烟厂任厂长兼党委副书记，2000年3月兼任党委书记。先后荣获全国烟草系统安全先进个人，省级文明市民标兵，省级优秀青年实业家等荣誉称号。被选为合阳县第十四届人大代表，澄城县第十四届、第十五届人大代表，渭南市第一届党代表、第二届人大代表，陕西省第十届人大代表。

李国勋

汉族，1946年8月出生于黑龙江省哈尔滨市，大专文化，经济师，1976年8月加入中国共产党。1997年5月任甘肃省烟草专卖局党组书记、局长、总经理。第十届全国人大代表，甘肃省第九次党代会代表、省第九届政协委员。

黄玉珍（女）

深圳市烟草专卖局（公司）机关服务中心车辆管理科司机。从事驾驶员工作十多年，在驾驶员这个平凡的工作岗位上，兢兢业业，不辞劳苦，脚踏实地，默默奉献，做出了不平凡的事迹。深受深圳烟草行业的广大职工好评，是深圳烟草行业广大员工敬业爱岗的好榜样。分别于1995年、2000年、2001年被深圳市烟草专卖局（公司）评为先进工作者；1996年、1997年、2001年被深圳市交通管理局评为“嘉奖驾驶员”；1998年获深圳交通演讲作品“三等奖”；2000年4月被评为深圳市优秀驾驶员；2000年5月被评为深圳市先进生产工作者；2000年9月被评为全国烟草系统劳动模范；2002年4月，被广东省总工会授予广东省“五一”劳动奖章获得者。

纪事篇

纪事篇

記敘

【中国烟草手鉴】

中国烟草的昨天。

2002 年中国烟草行业大事记

1 月

1 月 16～18 日 全国烟草工作会议在湖南省长沙市召开。会议的主要任务是：认真学习贯彻落实党的十五届六中全会、中央经济工作会议以及全国经贸、计划等有关会议精神，以整顿和规范工作为重点，总结行业 2001 年主要工作情况，安排部署 2002 年的工作任务。倪益瑾局长在会上作了题为《狠抓基础　狠抓规范　狠抓落实　确保烟草行业 2002 年各项工作取得新的进展》的报告。

2 月

2 月 26～27 日 全国烟草行业信息化工作会议在浙江省杭州市召开，张保振副局长出席会议并作了题为《坚定信心　真抓实干　切实做好烟草行业信息化建设工作》的讲话。

2 月 26～27 日 全国烟草行业财务审计工作暨财会审计工作先进集体和先进个人表彰会在北京召开。在京国家局党组成员全体出席了会议，倪益瑾局长做了《突出财务管理的核心地位　强化财务管理和审计监督工作》的讲话，潘必兴副局长做了《突出规范　狠抓落实　努力提高行业财务审计工作水平》的报告。

2 月 28 日 国家局召开了全国烟草专卖管理工作电视电话会议。国家局局长倪益瑾、副局长杨传德出席会议并讲话。

3 月

3 月 11 日 国家局组织召开了 2002 年整顿和规范烟草市场经济秩序暨烟草行业经济运行电视电话会议。国家局局长倪益瑾、副局长姜成康、杨传德、纪检组长葛祥久出席了会议。会议主要内容是认真贯彻落实全国整顿和规范市场经济秩序电视电话会议及全国烟草工作会议精神，总结 2001 年整顿和规范烟草市场经济工作及行业运行情况，明确 2002 年整顿规范和经济运行的主要任务和工作重点。

3 月 19～24 日 全国烟叶工作总结表彰会暨烟叶交易会在京召开，姜成康副局长出席会议并作了题为《认清形势　统一思想　狠抓落实　全面推进烟叶生产良性发展》的讲话。会议主要内容是：总结 2001 年烟叶生产收购工作，布置 2002 年烟叶生产收购任务，表彰全国烟叶工作先进地（市）、县公司。

3 月 20 日至 4 月 5 日 国家烟草专卖局倪益瑾局长率团出访西班牙、古巴、法国。

4 月

4 月 29 日 中国烟草博物馆奠基仪式在上海举行，倪益瑾局长、潘必兴副局长及各省局（公司）代表出席了奠基仪式，国家建设部、上海市委、市政府、市人大、市政协等有关领导也出席了奠基仪式。

5 月

5 月 18～22 日 全国烟草行业技术创新成果展览会在北京农业展览馆举办。全国人大副委员长王光英等有关领导出席了开幕式。这是国家烟草专卖局、中国烟草总公司举办的首次大型行业科技成果展。展览会以“科技创新，降焦减害，关注健康，奉献社会”为主题，综合展示和反映烟草行业 20 年来在实施“科教兴烟”战略，推进科技进步，加强技术创新，积极研制和开发低焦油、低危害卷烟产品等方面所做的主要工作和取得的显著成果。

5 月 25～26 日 全国烟草行业经济研究工作座谈会在哈尔滨市召开。国家局副局长潘必兴、杨传德出席了会议。潘局长作了题为《重视烟草经济研究工作》的讲话。

5 月 27～29 日 全国烟草系统劳动工资工作会议在云南昆明召开。国家局张保振副局长出席会议并讲话。

6 月

6 月 20～21 日 国家局党组在北京召开了全国烟草系统第十七次政治工作会议。国家局局长倪益瑾、副局长姜成康出席会议并讲话。

6 月 20 日 根据中共中央委员会［2002］188、189 号文件，中央批准姜成康同志任国家烟草专卖局党组书记、局长，免去倪益瑾同志国家烟草专卖局党组书记、局长职务；国务院 2002 年 7 月 4 日国人字［2002］53 号文件通知，任命姜成康同志为国家烟草专卖局局长，免去倪益瑾同志国家烟草专卖局局长职务；2002 年 9 月 5 日，中共中央组织部干任字［2002］191 号文件通知，姜成康同志担任中国烟草总公司总经理，免去倪益瑾同志中国烟草总公司总经理职务。

7 月

7 月 16～18 日 全国烟草专卖局长（公司总经理）座谈会在安徽省合肥市召开。会议主要内容是：进一步贯彻落实党的十五届六中全会、中央经济工作会议及全国烟草工作会议精神，总结上半年工作情况，部署下半年主要工作任务。姜成康局长在会上作了题为《保持良好发展态势　坚决做到五个“确保”　全面完成烟草行业 2002 年的各项工作任务》的报告。

7 月 25～26 日 全国烟草系统离退休干部工作会议在北京召开。国家局副局长张保振出席会议并讲话。

8 月

8 月 5 日 国家局召开了全国烟草系统财经秩序专项整顿工作电视电话会议。姜成康局长出席会议并作了题为《提高思想认识　加大治理力度　认真组织并切实抓好财经秩序的专项整顿工作》的讲话。葛祥久同志布置了专项整顿工作的具体实施方案。

8月15日 国家烟草专卖局、公安部在京隆重举行卷烟打假专项行动总结表彰大会，国家烟草专卖局姜成康局长、杨传德副局长、葛祥久组长，公安部赵永吉副部长出席表彰大会，会上表彰了14个“卷烟打假专项行动先进集体”及50名“卷烟打假专项行动先进个人”。

8月20日 全国烟草系统第三次对口援藏工作座谈会暨捐赠仪式在拉萨市举行。国家局和11个省级局（公司）向西藏区局捐赠1410万元，其中国家局700万元，北京、上海、江苏、浙江、福建、湖南、广东、深圳、四川、云南、青海11个省级局（公司）捐赠710万元。国家烟草专卖局副局长潘必兴，西藏自治区党委副书记、人大主任热地，自治区副主席多吉出席了捐赠仪式。

9月

9月24～26日 全国卷烟销售网络建设现场会在上海召开。国家局局长姜成康出席会议并讲话。

9月28日 “内涵式纺丝技术创新”项目鉴定会在南通召开，潘必兴副局长出席鉴定会。经国家局组织的专家委员会鉴定，该项目成功融合了南纤十多年来积累的生产实际经验和创新实践，突破了美方在烟用丝束生产领域一些传统的理论与习惯做法，将使丝束产量增加20.7%，低旦丝束生产能力增加3.92倍。

10月

10月13日～11月2日 国家烟草专卖局杨传德副局长率团赴瑞典、荷兰、摩洛哥参加国际烟草打假联盟会议。

10月22～23日 全国烟叶工作座谈会在湖北武汉召开。姜成康局长出席会议并讲话。

10月25日 国家局召开了全国烟草系统办公室、外事工作电视电话会议。张保振副局长出席会议并讲话。

10月22日～11月4日 倪益瑾同志应邀率团出访韩国、日本。

11月

11月2～5日 全国烟草系统省级局纪检组长（纪委书记）述职报告会在福州召开。国家局党组成员、纪检组长葛祥久同志出席会议并作总结讲话。

11月9～10日 烟草科技发展专家研讨会在深圳召开，国家局副局长潘必兴出席会议。专家们分别就我国烟叶生产发展现状及未来发展方向、烟草科技发展方向与任务、中国卷烟产品及技术发展方向以及增强企业核心竞争力等问题提出了意见与建议。

11月20日 中国烟草学会、河南新郑卷烟厂联合举办的芒果文物收藏赠送仪式新闻发布会在北京举行，国家烟草专卖局副局长张保振出席会议。新郑卷烟厂捐赠的“芒果”是1968年毛主席转赠给新郑卷烟厂职工李快发的，对中国烟草博物馆来说，是一件珍贵的礼物。

11月20日～12月12日 国家烟草专卖局潘必兴副局长率团出访阿联酋、意大利、突尼斯、南非。

11月21日 中国烟草总公司向中国绿化基金会设立的中国第一个“防沙治沙专项基金”捐赠100万元人民币，国家烟草专卖局副局长杨传德出席了捐赠仪式。这是中国绿化基金会设立的中国第一个“防沙治沙专项基金”收到的首期捐赠。中国烟草总公司这一义举受到国家林业局和中国绿化基金会的高度赞扬。

11月26日～12月10日 国家烟草专卖局张保振副局长率团出访匈牙利、乌克兰、新加坡、越南。

12月

12月16～18日 全国烟草行业企业组织结构调整工作座谈会在海口市召开。国家烟草专卖局杨传德副局长到会并讲话。

12月22日～12月26日 中国烟草学会第四届理事会第三次会议暨2002年学术年会在广州召开。国家烟草专卖局副局长、中国烟草学会理事长潘必兴同志到会并作了题为《全面贯彻党的十六大精神，为提高中国烟草整体竞争实力做出新的贡献》的讲话。会议期间进行了中外技术交流和由近40名博士参加的博士论坛，参会代表参加了由近90家中外参展商举行的烟草科技产品展示会。

（国家烟草专卖局办公室）

文化篇

武汉市委常委 湖北中烟工业公司总经理 武烟集团董事长兼总经理

彭明权

2003年，武烟集团各主要经济指标均取得了大幅度的增长，尤其是销量增幅位居行业36家重点企业的第1名。

·烟草报刊简介·

《东方烟草报》

《东方烟草报》创刊于1992年7月1日。1994年由周一报改为周二报，2001年改为周三报；2002年1月改为周四报，对开四版；周四加出《金周刊》共12版。

《东方烟草报》是全国烟草行业惟一一家公开发行的报纸。刊号CN37—0082，邮发代号23—217。

作为行业报，《东方烟草报》坚持以邓小平理论和“三个代表”重要思想为指导。始终遵循：“围绕宣传党和国家的方针政策、围绕国家烟草专卖局的中心工作，宣传烟草行业两个文明建设的先进典型和先进经验，传播和交流各地烟草信息、充分发挥报纸的舆论导向作用，促进烟草事业的全面发展”的办报宗旨。

《东方烟草报》创办十多年来，始终围绕国家烟草专卖局中心工作，对烟草行业的产供销、人财物等全方位的报道，真正起到了为行业生产经营服务的目的。根据这一宣传的宗旨和读者的需求，2002年报社不断调整和更新栏目设置；一版要闻版主要报道行业的重大新闻；二版综合新闻版，辟有畅言坛和简明新闻等栏目。“畅言坛”作为二版的名牌栏目，2002年荣获山东新闻奖“名专栏奖”。三版理论版具有针对性地开辟了管理前沿、市场营销、数字烟草和业界视窗；四版副刊除了保留栏目芳草苑、文海采珠外，2002年又推出了祝您幸福、时尚生活等栏目。《金周刊》本着立足行业，面向社会，深度报道全面出击的原则，在深度、细致报道行业重点、热点、难点等重头新闻的同时，相继推出了烟草文化、理论探讨、特别关注、特色新闻、业界聚集、行业看台、领导论坛、楷模风采、记者亲历等栏目，不断丰富着《金周刊》这道美丽的风景线。创办十年来，《东方烟草报》紧跟烟草发展步伐，为促进行业改革、发展、稳定发挥了积极作用。切实为读者开辟了一个瞭望烟草的大平台。

为更好地服务行业，更深入、细致、全面、高质量地报道国家局及行业的动向，2002年报社成功地实施了采编分离；并不断地加强对采、编人员的业务培训，请专业人士来社授课，对提高记者、编辑的业务水平起到了良好的推动作用。在加强业务学习的同时还注重员工思想政治和廉洁自律教育，在记者、编辑队伍不断扩大、整体素质不断提高的同时，通讯员队伍建设也逐步地加强，目前已有通讯员2000多名，全面地构建起了《东方烟草报》通讯报道网络。

《东方烟草报》注重网络建设。1999年12月建立了东方烟草网。东方烟草网是以《东方烟草报》为依托，立足烟草行业，集新闻、文化、商务、娱乐于一体，是一个以烟草行业新闻信息为主，兼顾烟草知识、烟草科技、烟草商务、烟草企业信息发布的综合网络平台，与广大业内外读者、访问者有着紧密频繁地互动与联系。是国内最受关注的烟草网站之一。

《东方烟草报》、《东方烟草网》坚持立足烟草、面向社会，是传递经济信息、报道烟草大事的媒体；是展示烟草行业改革与发展业绩、褒扬英雄人物、弘扬行业精神的重要阵地。

2002年，《东方烟草报》创刊十周年，六月七日，报社在北京亮马河大厦举行了隆重的“《东方烟草报》创刊十周年纪念大会”，国家烟草专卖局副局长张保振出席大会并作了重要讲话，同时对报社十年的发展及在行业的作用给予充分的肯定。十年大庆是东方烟草报社新的起点，今后，《东方烟草报》将在不断提高报纸的权威性、可读性、及时性；加强深度报道、系列报道上下功夫。《东方烟草报》将在提高质量、勇于创新中开拓崭新的明天。 （董志伟）

《中国烟草》

读者的喜爱、关心和支持，是办好报刊不竭的动力。

读者反映：2002年的《中国烟草》好看了，耐看了，我们爱看了。

2002年的《中国烟草》铜版纸全彩印刷，好看了。随着行业职工物质文化生活的提高，读者的美学修养增强了，阅报看书读刊物，不仅要求文字内容好，还希望有美的形式，美的色彩；《中国烟草》于2001年底取得广告经营许可，“广告”需要热烈的渲染，要有精美的版面。——尽管杂志社成立以来，涉足市场尚浅，竞争能力还弱，收获尚不丰，家底还薄。但杂志要立足发展，着眼未来，社领导冒风险决定：2002年的《中国烟草》要全彩印刷！于是，后来不断听到读者说：好看了。2002年的《中国烟草》发行量比上年增长25%。

2002年的《中国烟草》以“三个代表”重要思想为指针，紧紧围绕国家局的中心工作进行宣传报道，发挥机关刊物的喉舌作用。“言论”板块的“领导论述”栏目及时传达国家局党组的指导思想和行业工作部署；“卷首语”的评论文章对行业不同阶段的中心工作进行述评，起着引导作用；“专家视点”、“经济论坛”精选行业外经济界人士结合当时改革开放进程发表的有一定深度和见解的文章，是读者开阔视野，活跃思路的一扇窗口。

2002年的《中国烟草》增强了精品意识，整合了栏目，突出重点，集中力量办好重点栏目。“专题”版块设有“专题”、“本刊特稿”、“本刊专稿”、“本期聚焦”等栏目。“专题”以杂志社自采自写为主，辅以社外特约记者的约稿。精心的策划，深入的采访，认真的编写，使本板块刊载了多篇反映行业热点、难点的好文章。如反映烟草行业技术创新成果展览会盛况的“五月的盛会”；报道河北烟草近几年狠抓落实改变落后面貌的“河北烟草驶入快车道”专题组稿；强调安全生产的“安全是天，必做于实”的专题；探讨中国烟草应对入世挑战的“适者生存”文章；记述国内一流，国际先进的卷烟销售网络建设的“上海大布局”。为了配合国家局抓难点，促后进工作，为不甘落后，奋起直追的贵州烟草鼓与呼，精心策划，精心组织了对贵州烟草采访的特别报道“贵州图强”与本期聚焦的“兰州、延吉、安阳烟厂抓住机遇，乘势发展”两组稿是2002年最后一期的压轴戏，在行业内产生了一定反响。可以说，在探索对行业热点、难点问题的报道，实践“坚持正确导向，服务烟草行业，探索改革思路，贴近职工生活”的办刊宗旨中，“专题”板块迈出了坚实的步伐。于是，读者来信说，今年的《中国烟草》耐看了。

“资讯”部分的各栏目及时报道了行业动态和国内外烟草信息。“商情分析”连续通报两烟生产运行情况，通过数据和综述分析，为生产管理部门和企业提供了准确可靠的经济情报；“工作研究”部分探讨行业改革与发展思路，报道打假打私战绩，交流企业管理经验，介绍做好思想政治工作和反腐倡廉的做法与体会。“人物”部分不仅反映基层劳模的先进事迹，而且重视行业内高级技术人员和领导干部在实践“三个代表”行动中的先锋模范作用，如“一生只做一件事”、“激情创业”、“改革路上领头雁”，不仅报道了优秀干部的先进事迹，而且展示了他们高尚的思想境界和不凡的领导业绩，对行业的改革发展具有启发借鉴意义。“观察与思考”、“文化空间”等部分的各栏目，精选读者来稿，是行业内广大干部职工交流的园地，也是培养作者、编读往来的园地。

2002年《中国烟草》的办刊工作，始终是在国家局党组的关注和指导下进行的。2002年8月28日，姜成康局长看过当年的第16期《中国烟草》后在目录页上写下批语：看了这期《中国烟草》所刊文章，我认为内容很好，特别是围绕党组提出的“五个确保”作了较多宣传报导，这就是围绕中心、宣传中心、服务中心的具体体现。党组对当前工作已做了总体部署，现在关键是抓落实，而各部门如何围绕党组提出的要求制定具体措施是抓落实的关键。

2003年，《中国烟草》将再接再厉，以“三个代表”重要思想为指针，以国家局党组的改革发展思路和工作部署为中心，努力做好围绕中心，宣传中心，服务中心的宣传报道工作，努力争取更加贴近实际、贴近群众、贴近生活。2003年的《中国烟草》将更加好看、耐看，将是50万烟草职工更加爱看的真正属于自己的烟草杂志。　（焦素彬）

《烟草科技》

2002年《烟草科技》编辑部共组稿约20篇，收到、登记和初审稿件500余篇，近300万字，送二审稿件300多篇，共编辑出版12期《烟草科技》期刊，发表论文180余篇，约110万字；发布广告151个，广告毛收入60余万元。

2002年度，《烟草科技》在河南省新闻出版局、版权局和河南省科技期刊管理办公室的指导监督及主管、主办单位的领导下，严格遵守了国家有关出版法规和期刊管理的各项规定，坚持了正确的办刊宗旨，紧密围绕行业的中心工作和“十五”科技发展规划确定报道重点，进行选题组稿；坚持把社会效益放在首位，把“科学技术是第一生产力”的思想和“科教兴烟”方针落实在具体工作中；坚持理论联系实际，充分发挥了期刊在行业的科技指导和技术推广作用，促进了科技向生产力的转化，社会经济效益显著。报告期内无违纪、无事故、无拖期，并按规定及时审读和向北京国家图书馆等单位缴送样刊。

出版情况：2002年度，《烟草科技》坚持按办刊宗旨出刊，紧密围绕国家局“科教兴烟”战略和行业科技“十大工程”制定报道计划，确定选题重点，突出了技术类期刊内容的独创性、先进性和实用性。为了提高期刊的质量，应对加入WTO后有挑战，刊物进行了如下改革与创新：(1) 国家新闻出版局规定期刊必须严格执行“三审制”，为严把来稿质量关，《烟草科技》制定并严格执行“四审制”，即各栏目责任编辑初审，各学科专家二审，副主编三审和主编终审定稿的四审制度，严格要求，严把稿件的学术质量关，不但确保了刊物在政治、政策和技术上不出差错，而且还基本上杜绝了质量不高稿件的刊用，使《烟草科技》刊登论文的学术质量有大有提高；(2) 设立“重要研究报告”栏目，打破文稿“3000～6000字”的常规限制，简化编审程序，优先刊登国家或国家烟草专卖局基金项目研究论文和其他学术价值高的论文，并从优计发稿酬，提高了期刊的学术水平。全年共刊登16篇学术价值较高的论文，约15万字，在一定程度上起到了引导和鼓励作者多投稿投好稿的作用。尤其是在时间紧任务重的情况下，在第9和第10期的“重要研究报告”栏目内刊登国家烟草专卖局基金资助的重点项目——《提高白肋烟质量及其可用性的技术研究》系列论文，并赶在国家烟草专卖局科技委会召开之前两期同时出版，为该项目获得国家烟草专卖局2002年度科技进步奖一等奖助一臂之力；(3) 加大英文的比重，自加压力，开拓进取。《中国学术期刊（光盘版）检索与评价数据规范》规定A类文章才附英文摘要，为了适应创中文核心期刊和国际交流的需要，我刊2002年起实现了除“世界烟草动态”栏目及其他个别文章外，所有栏日刊登的论文中英文摘要齐全，个别论文的图表亦中英文对照，并刊登了一篇全英文稿件。要求每个栏目的责任编辑所编辑的稿件，无论是A类还是B、C类文章，都必须中、英文题目、关键词、摘要和参考文献齐全。尤其是中、英文摘要，差的，责任编辑要改写或重写，没有的要补写。同时，聘请行业知名专家袁行思同志审查每期《烟草科技》的英文摘要。这样，不仅基本上实现了刊登论文的题目、关键词和摘要全部中英文对照，而且还达到了刊登的论文的英文题目、关键词和摘要规范，符合英文习惯，为《烟草科技》的国际交流奠定了良好基础；(4) 重开了“技术讲座”栏目，提高了期刊的实用性和普遍性，扩大了读者面，使《烟草科技》的邮局发行量的降低幅度减少了4个百分点，在一定程度上遏制了《烟草科技》的发行量逐年降低的势头；(5) 国家新闻出版局规定期刊出版必须严格执行“三校一读制”，为了提高期刊的出版质量，实行了严格的“六校一读制”，即一校（对原稿）、二校（点校通读）、三校（校红）、四校（校红）、五校（看清样）、六校（看胶片，签字印刷）。降低了差错率，提高了期刊的出版质量；(6) 及时报道国家烟草专卖局在科研项目进展、项目鉴定和获奖情况，为我国烟草行业的科研新成果的转化起到一定的促进作用；(7) 积极创办中文核心期刊和《CA》、《SCI》或《EI》收录期刊。为了使《烟草科技》成为国内外知名期刊，3次派员赴北京国家图书馆和中国科技信息中心了解创办中文核心期刊的条件及《烟草科技》存在的差距，并按照中文核心期刊和《CA》、《SCI》或《EI》收录期刊的要求进行组稿和编辑加工。

为提高版面利用效率，给读者提供更多的科技信息，《烟草科技》做到了尽量不占用正文页码刊登广告，不转载文章，发现作者一稿多投立即撤换，保证了期刊的学术领先地位，较好地发挥了在行业的科技指导作用。2002年共出版期刊12期，合计印数5.28万册。版本记录完整，未发生拖期和质量事故。

遵守新闻出版管理规定和宣传纪律情况：2002年度，《烟草科技》继续坚持了正确的办刊宗旨，严格遵守了国家有关新闻出版法规和宣传纪律的各项规定。同时，结合行业特点，切实贯彻执行了《烟草专卖法》及其实施细则和《国家烟草专卖局科学技术保密规定》，严把稿件四审关。根据国家烟草专卖局对烟机、烟用香精香料实行专营和许可证的有关规定，制定完善了广告审查办法，杜绝了违法和虚假广告的刊登。年度内无泄密、违法、违规、违纪事故发生。

执行《著作权法》情况：2002年度，《烟草科技》仍严格按照以前的规定，不转载或刊登其他报刊已发表过的文章；同时要求作者不得一稿多投。通过行业信息网络检索，凡发现其他报刊已经发表过的文章，即使已排版定稿也坚决撤换。因此，《烟草科技》无转载、摘编作品的情况。

经营状况：2002年度，《烟草科技》在注重社会效益的同时也加大了广告投入力度和提高了广告设计的水平，减亏增收，努力提高经济效益，使刊物邮发收入约达7.1万元，广告收入60余万元。这样，既为行业内外的企业沟通了产供销渠道，又美化了期刊的装帧设计，更重要的是扭转了完全依赖国家拨款补贴的局面，使科技期刊走上了以刊养刊、自给有余的良性发展轨道。

其他事务：2002年度《烟草科技》还：①撰写了“《烟草科技》期刊2001年度年审自检报告”，通过了河南省新闻出版局的2001年度期刊年审，获得了“2002年期刊准印证”；②通过了河南省工商行政管理局2001年度广告年审，获得了2002年期刊“广告经营许可证”；③撰写了《河南出版志》征集资料——“《烟草科技》期刊简介”，并填写了1978～2000年《烟草科技》期刊基本情况调查表，包括期刊出版统计、人员组成和获奖情况等；④为《中国烟草年年鉴》撰写了“2001年度《烟草科技》期刊年鉴”；⑤向河南省新闻出版局和国家烟草专卖局科教司报送《烟草科技》审读意见；⑥进行了“《烟草科技》读者意见调查”。

《烟草科技》编辑部现有在编人员10人，除2002年9月责任编辑张大波被派往郑州烟草研究院工艺研究室锻炼，同时将高琳调入编辑部任英文编辑外，2002年度编辑部其他在编人员的组成及办公设施基本上与2001年度的相同。（《烟草科技》编辑部）

《长江烟草》

《长江烟草》创刊于1999年2月，它是经重庆市新闻出版局批准，由重庆市烟草专卖局（公司）和重庆烟草工业有限责任公司联合主办的一张对开四版旬报，每月的6日、16日、26日出版，至2003年8月，已出版发行162期。

《长江烟草》是重庆市烟草系统的一张行业报，一版为要闻版，二版为重庆综合版，三版为国际国内版，四版为休闲（文学）版。

《长江烟草》现有编辑、记者8名，在采编合一的管理体制下，编辑、采访、通联、发行等几大块工作均有专人负责。

自创刊以来，《长江烟草》在编委会领导下，严格执行上级新闻出版部门的有关规定，遵守新闻出版和宣传纪律，坚持正确的办报方向和舆论导向，积极宣传党的路线、方针、政策，宣传重庆市烟草行业的“两个文明”建设，弘扬行业正气和企业精神，有效地发挥了交流信息和指导工作的作用。《长江烟草》作为重庆市烟草行业精神文明建设的一个重要阵地和载体，在促进行业改革，推动烟草职工文化建设等方面，也发挥了积极作用。

《长江烟草》以“贴近行业、贴近员工、贴近生活”为宗旨，力求内容和形式尽可能统一，坚持与时俱进、开拓创新的原则，不断探索办报的新思路、新方法，几年中多次改版，最终形成现在这种简洁明快、端庄大方、图文并茂的版式风格。

2002年，是《长江烟草》跃升台阶的一年。这一年里，它围绕新闻宣传这个中心，抓住报纸质量这个重点，强化通联发行这个基础，宣传报道的内容更加丰富深刻，形式更加活跃多样。宣传方面，紧跟当前形势和全市烟草行业的中心工作，站在全局的高度，以新闻特有的方式和视角，真实生动地记录了重庆烟草改革与发展的一幕幕栩栩如生的画面；质量方面，着重通过抓深度报道、实行责任编辑制和好稿评选等方面的工作，提高稿件质量、出版质量；通联发行方面，重点抓了通讯员队伍建设，畅通了发行渠道，目前已建立了一支稳定的通讯员队伍，报纸发行到重庆市烟草行业各工商企业，并与全国各省市区烟草公司、部分地级公司和重点工业企业进行交流。

《长江烟草》在坚持以新闻为主要报道内容的同时，第四版还最大容量地报道了社会、文化、体育、生活、娱乐及文学等方面的内容，受到广大读者的普遍欢迎。

从2003年初开始，《长江烟草》在重庆烟草网中适时推出了电子版网页，访问读者日渐增多。

《将军集团》报

《将军集团》是将军烟草集团有限公司主办的内部出版物，创刊于1990年，当时定名为《济南烟草报》，1994年更名《济南烟草集团报》，1996年更名《将军集团报》，1998年更名为《将军集团》沿用至今。

该报创刊伊始由济南烟草分公司（卷烟厂）主办，济南市新闻出版局注册批准发行，内部出版物准印证号：（1990）第009号，是山东烟草系统第一张企业报。4开4版、激光照排，以“将军”烟主体图案为报徽。每月出版一期。发行量为4000份；发行范围：济南烟草分公司（卷烟厂）。

1997年底，济南市新闻出版局根据上级指示精神，对内部报刊进行了大力整顿和精简。《将军集团报》由于始终坚持党的四项基本原则和正确的办报思想、办报方针，有较高的质量、较为规范的出版发行程序和采编队伍被保留下来，成为济南市为数不多的允许发行的内部出版物之一。

1998年1月，该报正式更名为《将军集团》。目前，《将军集团》主办单位为“将军烟草集团有限公司”，属于报纸样式的内部资料，刊号：济南市内部资料准印证004号。该报以将军集团标志为报徽，4开4版，一版为要闻版，二版为生产经营，三版党团建设、精神文明，四版是文艺副刊，每月3期，发行范围为将军烟草集团有限公司所属济南、新疆、德州、临清、沂水五家卷烟厂和经贸公司，每期印刷5100份，行业内交流160份。

该报创刊以来，形成完善了记者通讯员网络和发行网络，在办报期间，始终遵循既定的办报方针，严格执行党的宣传工作纪律，在政治上与党中央保持一致，对企业生产经营、思想工作、企业改革、对外交流、重要会议、大型活动等积极进行报道，在企业两个文明建设和改革发展的进程中，发挥了重要作用，成为宣传党的方针路线政策，传达企业大政方针，推动改革发展，传播精神文明，鼓舞员工斗志，针砭不良风气的阵地。至2001年底，该报共出版报纸261期，装订合订本5册。

1991年，在中国轻工新闻工作者协会第四届年会上，该报选送的孟令权、谢家祥、张淋、楚志敏的三篇文章分获三等奖。1995年，该报选送的《独处》、《透过迷蒙的烟雾》、《寻找心中的圣树》分获“阿歌娜”杯文学作品一、二、三等奖。1995年12月，该报获中国企业政工信息报、中国企业史志研究中心联合主办的1995年全国企业报刊暨企业史志评选最高奖——金龙奖。时任该报总编的孟令权作大会专题发言。1996年，《将军集团报》获济南市内部报刊质量年活动十佳编辑部称号。

同时，《将军集团》编辑部还兼全国烟草行业报《东方烟草报》记者站职能，负责稿件发送和《东方烟草报》的发行。

《黄果树集团贵烟报》

《黄果树集团贵烟报》自1988年元月创刊至今已出版发行整整16年。它随贵烟的发展而壮大，由原来的4开旬报成为现在的对开旬报。它共分四个版，其中，一、二版为综合新闻版，三版为言论版，四版为职工娱乐版。辟有“班组建设”、“来自前线的报道”、“企业之星”、“新风录”、“职工论坛”、“百花园”等若干个专栏。

作为厂部、厂党委的重要宣传工具，《黄果树集团贵烟报》在企业两个文明建设中日益发挥着重要的作用，成为广大干部职工的良师益友，成为贵烟企业文化的重要载体。

（贵阳卷烟厂政工处）

《八桂烟草》报

《八桂烟草》报创刊于2001年11月，原名为《广西烟草》，由广西壮族自治区烟草专卖局（公司）主办，2002年广西区局（公司）机关机构改革后，编辑出版工作由原来的办公室负责改为广西烟草学会负责。从6月份起，每月出版两期，四开四版，今年共出版14期。2003年1月更名为《八桂烟草》。《八桂烟草》报的发送对象为烟草行业内职工、地方党政部门、卷烟经营户，均为免费赠阅，同时加强了与行业兄弟刊物的交流。

《八桂烟草》报一版为要闻版，主要刊登国家、自治区重大决策、行业重要新闻；二版主要刊登反映各地市县烟草局、卷烟厂、三产公司工作动态的新闻；三版主要刊登反映《烟草专卖法》等政策法规介绍及国内外烟草行业动态的新闻；四版为烟草文化版，刊登有关烟草文化的内容。

《八桂烟草》作为广西烟草行业刊物，坚持以邓小平理论和江总书记“三个代表”重要思想为指导，坚持正确的舆论导向，坚决贯彻党中央的路线、方针、政策，认真贯彻落实中国烟草总公司党组和广西壮族自治区烟草公司党组对行业内部学习“三个代表”重要思想的指导意见和工作安排。

2002年以来，广西区烟草局（公司）加强了对《八桂烟草》报的支持，在办公人员以及办公场所、设备、资金等方面给予充分的保证，同时不断加强对《八桂烟草》的编辑、印刷和出版等工作的督促、指导和检查，制订了严格细致的考核标准，充分调动了编辑人员的工作积极性和自觉性，保证了《八桂烟草》报各项工作的正常开展。

2002年，《八桂烟草》报继续积极宣传国家局、区局有关精神，为广西烟草“二次创业”和行业中心工作服务，比较及时全面客地报道广西烟草行业重大新闻和工作动态，向广大卷烟零售户宣传烟草专卖法以及国家与地方政府关于整顿和规范市场经济秩序的有关政策，宏扬主旋律，激发行业职工工作热情。除正常的出版周期外，为了配合行业财经秩序整顿工作的开展，于2002年11月专门出版了行业财经秩序整顿工作增刊，对推动广西烟草行业财经秩序整顿工作起到了良好的作用。

（李建斌）

《甲天下》报

《甲天下》报是由柳州卷烟厂主办的连续性内部资料性出版物。于2002年3月开始编印，每月一期，每期四开四版，每期印刷1000份。报纸以本企业员工为主要发送对象，同时赠送广西烟草专卖局及行业内一些兄弟企业作为内部交流之用。

甲天下报创办宗旨是为宣传党的方针、政策，宣传企业两个文明建设取得的各项成果，树立良好企业形象，为企业的生产经营工作摇旗呐喊，献计献策，主要内容有：1. 有关国家的重大方针政策的宣传学习情况；2. 行业的发展形势；3. 企业的生产经营情况；4. 企业的文化建设情况等等。

甲天下报创办至今，已出过14期，稿源主要为各科室、车间职工自发性投稿。一版为每月全厂性质的大事件；二版为企业部门动态；三版为职工自己创作的文章及一些行业内趋势，国家重大的方针政策、法律法规的学习辅导等；四版为娱乐休闲版，主要反映职工的一些精神面貌，部门开展的娱乐活动及文学鉴赏等内容。

《刘三姐》报

《刘三姐》报的前身是原南宁卷烟厂的《南烟简报》。《南烟简报》于1989年10月20日由中共南宁卷烟厂委员会创办，至1995年底，共出版了将近150期。1995年9月南宁卷烟厂加入新成立的南宁烟草集团后，自1996年1月起，《南烟简报》更名为《南烟报》，每月出一期，至1998年4月30日，共出版了29期。1998年3月原南宁烟草集团机关与南宁卷烟厂科室进行合并，《南烟报》由原南宁烟草（集团）有限责任公司党委主办，并从1998年5月30日的总第30期起，将《南烟报》更名为《南宁烟草》，直至2002年7月20日，共出版了55期。2001年9月，原南宁烟草集团撤销，南宁卷烟厂恢复独立法人资格。2002年8月20日从总第85期起，厂党委决定将《南宁烟草》更名为《刘三姐》，使之更加突出企业特色和品牌特色，至2002年12月止，该报总共已经出版了89期。

《刘三姐》报是中共南宁卷烟厂党

委加强企业两个文明建设特别是精神文明建设的一个重要阵地。《刘三姐》报主要是宣传报道上级有关行业与企业改革发展动态及政策，厂党委厂部有关改革与生产经营等的重大决策，宣传企业内部的先进典型、先进经验，以及企业职工撰写的各种文章等。主要宣传稿件都是由厂内职工撰写的。为了加大宣传力度，自2001年以来，厂党委增加了出版的次数，每年的出版期数从原来的12期左右提高到18期/年。并加大经费投入，全部采用双面铜版纸彩色印刷。

《新疆烟草》

《新疆烟草》1988年创刊，季刊，内部刊物。由新疆维吾尔自治区烟草公司、烟草学会和新疆烟草职工思想政治研究会联合主办。是新疆烟草行业惟一的综合性刊物。创办初为油印本，1990年末改为彩色胶印封面铅印。2002年由原来的小16开本改为大16开本，页码也从40个增至48个。主要栏目有卷首篇、专稿、思想政治工作、烟叶生产、专卖管理、行业动态、案例分析、网络建设和卷烟销售等。1990至2002年已出版71期，发表论文320余篇。每期发行1500本，1995年被中国烟草学会评为三等奖；1997年被自治区新闻图片学会评为“期刊图片使用”三等奖。

《新疆烟草》每期紧紧围绕区局（公司）党组的中心工作，充分发挥舆论的宣传和导向作用。是报道新疆烟草行业在改革发展、经营管理、网络建设、两烟生产和精神文明建设等方面的重要途径。是工商企业领导的参谋，是行业科技工作者和广大干部职工开展思想交流、学术研究的阵地，是展现企业精神、文化和职工风采等方面的重要舞台，是了解全国烟草的桥梁和纽带。

·烟草新书目·

故宫鼻烟壶

（国立故宫博物院（台北）编辑委员会编辑出版，1991 年第一版）

本书是台北国立故宫博物院从近千件院藏清代鼻烟壶中精选出 400 余件，配以精美的图片和翔实的文字编辑而成的。书中叙述了鼻烟壶的发展历史，分类介绍了台北国立故宫博物院院藏清代鼻烟壶所用材质和制作工艺，反映了当时的艺术水准和工艺成就。本书是收藏爱好者必不可少的参考工具书。

马少宣与内画艺术

（马增善著　文物出版社，1998 年 7 月第一版）

本书是介绍清末民初内画壶艺术家马少宣生平的传记文学作品。书中重点介绍了马少宣的内画壶艺术史，叙述了主人公一些重要作品的创作背景、绘制过程、艺术特色和重要价值。本书是内画壶收藏爱好者不可多得的参考书。

雪茄鉴赏手册

（Anwer Bati 编著　邹小卫译　上海科学技术出版社·香港万里机构，2001 年 1 月第一版）

本书为《The Cigar Companion》第三版的中文译本。书中囊括了最新的雪茄品牌，保持了过去对世界上最精美手工制雪茄的明确指南，并陈述了每一个雪茄品牌的起源、品质、风味和香味。在雪茄名录章节中，描述了所有主要的哈瓦那、多米尼加和洪都拉斯的雪茄品牌，并配以全尺寸、色彩逼真的精美照片，介绍了一些鲜为人知而又非常有趣的品牌。本书也探索了雪茄的制作过程，介绍了古巴烟草种植区的风貌，展示了哈瓦那著名雪茄工厂的动作过程。本书致力于满足各种口味的雪茄爱好者。

卷烟配方和香精香料

（毛多斌　马宇平　梅业安编著　化学工业出版社，2001 年 11 月第一版）

本书作者长期从事卷烟配方和香精香料的研究，积累了较雄厚的卷烟配方和香精香料的知识和经验。本书叙述了卷烟配方设计的原理和方法，配方过程中应注意的问题；叙述了烟用合成和天然香料以及在卷烟加香中的应用；介绍了烟用香精的调配技术和方法。本书还介绍了烟叶分级原理和卷烟感官评吸技术；烟草香味物质的存在、降解和转化，香味成分的分析和计算机辅助卷烟配方设计等内容。本书适用于从事卷烟产品、香精香料产品研究开发和生产的技术人员阅读，也可作为高等学校相关专业研究生和本科生的课外参考书。

感动香烟

（蒋蓝著　四川文艺出版社，2002 年 2 月第一版）

本书以香烟为坐标，从文学、诗学、美学的角度，阐述了香烟对男人、女人，对社会，对战争，对艺术，对文化，对心灵抚慰，对个性舒张等所具有的超乎寻常的影响力。作品展现了在香烟的文化平台上，渗透着的香烟与女人、香烟与文学、香烟与社会的对垒与交融。

新中国早期烟标图录

（李雨生，裘雷生编　中国商业出版社，2002 年 3 月第一版）

本书编者是我国著名的烟标收藏家，多年来收藏烟标数万种。他们对早期烟标的收藏和研究得到烟草行业和烟标收藏界的肯定。编者从数万种烟标中精选出了千余枚 1950 年～1963 年新中国早期烟标，精印而成这部《新中国早期烟标图录》。这些早期烟标记录了新中国初期的烟草工业发展史，反映了当时我国社会的政治、经济、文化和人民生活的面貌，反映了当时的重大历史事件和社会活动。本书对商标设计者有借鉴参考作用，也是烟标收藏者必备的工具书。

中国农业科学院烟草研究所　中国烟草总公司青州烟草研究院　山东省烟草研究所所志

（中国农业科学院烟草研究所　中国烟草总公司青州烟草研究院　山东省烟草研究所编辑出版，2002 年 6 月第一版）

本书记载了该所 40 年的发展历史，展现了该所几代人拼搏奋进、积极探索、实事求是、勇于创新、爱岗敬业、无私奉献的精神风貌，以及他们创造出的光辉业绩。

中国脊梁·烟草行业卷

（《中国脊梁·烟草行业卷》编委会编　中国言实出版社，2002 年 6 月第一版）

本书是《中国脊梁》大型企业研究丛书之一。书中记述了中国烟草行业 30 家大型企业的创业发展史，展示了烟草行业 20 年来改革与发展所取得的巨大成就，体现了“国有企业是我国国民经济的脊梁”这一重要论断。

左天觉传略

（张红著　经济日报出版社，2002 年 6 月第一版）

左天觉博士从事与烟草有关的研究工作数十年，是旅居美国的杰出华人科学家，国际烟草科技界的知名学者。本书共分五章，以传记的形式记录了主人公从出生至今 80 余年辗转曲折而又丰富多彩的人生经历，以较多的篇幅生动地介绍了主人公从 1977 年首次归国开始，为祖国的农业和烟草行业的发展做出的巨大贡献。本书既是左天觉博士一生赤子报国的真实记载，也从一个侧面反映了我国烟草行业科技发展的进程。

刘彩望烟草新闻作品集

（刘彩望著　经济日报出版社，2002 年 8 月第一版）

本书作者是省级烟草专卖局机关的一名处级干部，长期从事新闻报道工作。本书是作者多年来在省部级以上报刊发表的新闻报道的汇集。这些文章内容涉及范围广泛，真实地记录了烟草行业广大干部职工所创造的绚丽多彩的事业和生活。

中国烟业史汇典

（杨国安编著　光明日报出版社，2002年8月第一版）

本书是作者20余年工作之余从事中国烟草文化和烟业发展史研究过程中发掘、搜集和整理的一部史料，全书共分85章。书中辑录了自明代末年至民国期间有关中国烟草发展的典籍资料，以史料和史实展现了这一时期中国烟草发展的大体脉络。本书信息量大、内容丰富，涉及有关烟草的政治、思想、经济、法律、文学、艺术、民俗风情以及社会生活的其他许多领域，具有较高的史料价值，是读者了解和研究中国烟草发展史必不可少的大型参考书。

闲话烟酒茶

（朱年编著　上海大学出版社，2002年8月第一版）

本书是一本集实用性、知识性和趣味性于一体的通俗读物，通过介绍与烟酒茶有关的知识，为读者提供一些面向大众、贴近生活的有关烟酒茶的实用常识，向读者介绍古往今来有关烟酒茶的趣闻轶事、民俗礼仪。对读者识别、购买、贮存、品玩烟酒茶具有一定的参考价值。

上海烟标集

（董浩林主编　上海烟草（集团）公司，2002年9月第一版）

本书汇集了建国以后上海烟草众多烟标实物，其烟标牌名和图案创意，比较完整翔实地记载了上海烟草的发展变化。上海烟标以其厚实的文化底蕴和丰富的地域财富赋予了上海卷烟品牌强大的生命力。这些烟标是上海烟草品牌文化的结晶，也是上海烟草发展历史的缩影。本书是记录上海烟草工业历史的珍贵资料，具有一定的历史和文化价值。

黑龙江省烟草科学研究所志

（《黑龙江省烟草科学研究所志》编纂委员会编　黑龙江人民出版社，2002年12月第一版）

本书是在1995年第一部所志的基础上，依据国家烟草专卖局和省局编纂烟草通志的基本要求和框架结构，近一步全面系统地编写的。本书记载了黑龙江省烟草科研所从小到大，从一块牌子到科研所、学校、东北站、监测站、培训中心、良繁基地等六块牌子的发展历程。

《中国烟草年鉴》(2001版)

（国家烟草专卖局编　经济日报出版社，2003年1月第一版）

本书是由国家烟草专卖局主办，全面反映2001年中国烟草事业发展状况的大型资料工具书，发行范围遍及全国烟草行业2500家工商企事业单位。设有摄影篇、文献篇、综合篇、区域篇、企业篇、统计篇、组织人事篇、科教篇、法规篇、人物篇、纪事篇、文化篇、附录等十三个栏目，总字数达110万字。为了扩大影响，2001版《年鉴》新推出一本英文简缩本，与中文版《年鉴》同时发行。本书为大16K精装本，版式风格典雅，设计装帧上乘，极具观赏性、知识性、权威性，在同类出版物中堪称一流。

烟草生产、化学和技术

（D. Layten Davis 和 Mark Nielsen编　国家烟草专卖局科教司　中国烟草科技信息中心组织编译　化学工业出版社，2003年1月第一版）

本书是《Tobacco—Production, Chemistry and Technology》一书的中文译本，是国际烟草科学研究合作中心组织国际烟草界享有较高知名度的专家撰写的一部综合性烟草科学专著。书中分别对烟草的遗传育种，栽培，病虫害防治，调制贮存，烟叶理化性质，烟叶销售体系，烟制品的设计、加工和制造，烟气化学，雪茄、小雪茄和无烟制品等有关烟草的各个方面进行了详细的介绍和精辟的阐述，展示了当今国际烟草行业各领域的研究现状和最新进展。本书将对我国烟草行业广大科研和生产技术人员及时了解国际烟草科技发展现状和发展趋势提供有益的帮助。

张掖烟草志

（甘肃烟草志编纂委员会编　甘肃文化出版社，2003年3月第一版）

本书是《甘肃省烟草行业志》丛书之一。全书结构严谨，体例完备，内容丰富，详略得当，特点突出；记区内之古今，述专卖与营之行情，比较全面地反映了张掖烟草的发展状况。

2002年烟草会计学论文选

（中国会计学会烟草分会编　中国财政经济出版社，2003年4月第一版）

中国会计学会烟草分会从各会员单位推荐的60余篇论文中精选出43篇编辑成这本《2002年烟草会计学论文选》。本书是在我国加入世贸、会计工作进一步深化改革的新形势下，烟草行业会计理论和会计实际工作者对改革中遇到的新问题不断进行探索的结晶。

烟情·烟事·烟话：“往事如烟”有奖征文集萃

（初昭岺　李元主编　白山出版社，2003年5月第一版）

本书是将“往事如烟”有奖征文活动所收到的500余篇稿件中遴选出170篇文章，编辑成册，名曰《烟情·烟事·烟话》。全书分为烟情、烟事、烟话、烟标四部分，多方位地向读者展示了烟草文化的丰富内涵和迷人魅力，是一本可读性强的闲暇读物。

重庆烟草物资史料汇编

（重庆烟草物资公司编辑出版，2003年6月第一版）

本书是重庆烟草物资公司为存史、资治、教化而编辑出版的。全书分为卷烟纸、滤嘴材料·水松纸、包装材料、香精香料、物资公司、物资管理制度等六章及附录，以大量而翔实的资料，介绍了重庆烟草物资工作的历史和现状。

中国烟草广告研究

（邢丕震著　中国经济出版社，2003年6月第一版）

本书作者是《东方烟草报》记者。作者在完成报社采访报道任务的前提下，积极主动地对行业的一些课题进行调查研究，尤其是对烟草品牌和广告的研究，这部书就是作者多年来学习研究的一个积极成果。本书分为九章，对我国烟草广告的市场调查、策划、创意、制作、发布、资金预算以及效果测定等活动进行了系统的研究。本书对烟草行业及广告行业从事管理、市场营销、广告策划的读者具有积极的启示作用。

《烟草控制框架公约》与中国烟草百问

（国家烟草专卖局《烟草控制框架公约》对案研究工作小组办公室编　世界图书出版公司北京公司，2003年7月第一版）

本书是为使我国烟草行业的各级机构、工商企业和相关部门及时了解、掌握《烟草控制框架公约》的主要内容、国际烟草控制简况以及中国烟草控烟管理情况，切实处理好烟草控制和行业发展的关系而编辑出版的。由于《烟草控制框架公约》是一份十分严肃的法律文本，因此，本书在《烟草控制框架公约》内容设问解答上，采取了直接摘录的方式。为便于读者全面了解《烟草控制框架公约》，编者将《烟草控制框架公约》作为附录编入本书。

世界烟草企业

（吕忠信主编　中国科学技术大学出版社，2003年7月第一版）

本书以世界知名跨国烟草公司的经营活动为主线，深入分析了他们的经营状况、治理结构和发展战略，并在此基础上，揭示了核心竞争力是这些企业长盛不衰的根本原因。全书分为十二章及附录。本书的出版可为我国烟草企业培育和提高核心竞争力提供有益的启示。

中国烟草品牌运营

（邢丕震著　中国经济出版社，2003年7月第一版）

作者曾在烟草工业企业基层工作过10年，后又任《东方烟草报》记者。本书是作者在掌握大量第一手材料的基础上写成的。作者在充分借鉴国内外、行业内外优秀品牌运营的成功经验的基础上，较为全面、系统的研究了烟草品牌的价值、定位、设计、营销、传播、管理、服务等问题。书中还列举了大量案例，可读性强。

卷烟市场营销理论与实践

（焦中明主编，《卷烟市场营销理论与实践》编写组编著　中国经济出版社，2003年7月第一版）

本书是烟草行业诸多专家群体智慧的结晶。全书分为上下篇，共十二章。上篇从市场营销环境分析、卷烟消费行为分析、卷烟营销战略、卷烟营销策略、拓展营销新领域、电子商务、卷烟营销网络建设、规范卷烟市场秩序、卷烟营销队伍建设等诸多方面阐述了在专卖制度下，如何按照市场经济的规律搞好卷烟市场营销工作；下篇主要介绍了市场营销成功案例、新概念营销理念与实务集萃。本书作为卷烟营销培训教材，努力体现创新兴、启发性和实用性。本书适用于全国卷烟工商企业各级领导干部、从事卷烟营销工作的管理人员和基层业务骨干、卷烟工业企业市场开发与经营人员。

如烟岁月——厦门卷烟厂烟标集

（厦门卷烟厂编辑出版，2003年第一版）

本书汇集了厦门卷烟厂1945年以来的精美烟标100余枚，以实物的方式向人们展现了厦门卷烟厂几十年发展的历史轨迹。是烟标设计人员和收藏爱好者不可多得的珍品。

烟　盒

（东子著　中国青年出版社，2003年第一版）

作者是一位年轻的女艺术家。本书以一个9岁儿童攒了10年的100多张烟盒为线索，通过上个世纪50年代出生的一代人的生活片断，使读者了解那个时代和那个时代的人。本书装帧设计大胆新颖，书中展示了数十枚既具观赏性又有历史价值的烟标。

陈国创艺术作品集

（陈国创作　北京华世之星图文设计制作有限公司，2003年8月第一版）

作者是烟草行业的一名高级工艺美术师，曾获得世界包装联合会“94世纪之星”包装设计大奖。本书汇集了作者几十年来创作的绘画、摄影、包装设计及文学作品，多侧面的展示了作者通过艰辛的努力所取得的令人瞩目的成果。

中国烟草学会、清华大学美术学院装潢艺术设计系卷烟包装(研究生课程内容）培训班作品选集

（陈汉民　陈国创主编　北京华世之星图文设计制作有限公司，2003年第一版）

根据国家烟草专卖局2002年教育培训计划，由中国烟草学会、清华大学美术学院装潢艺术设计系共同举办了卷烟包装（研究生课程内容）培训班。从全国烟草行业和卷烟包装印刷行业中选拔出的88名学员参加了此次培训班的学习。本书是在学员们的作业中精选出来的部分作品编辑而成，这些作品凝聚了导师和学员们的心血和努力，反映了学员们一年来刻苦学习的真实成果。本书对卷烟包装设计和广告设计有一定的参考价值。

大红鹰方法：一个中国著名品牌的制胜秘诀

（廖岷、姚静波著，企业管理出版社，2003年9月第一版）

本书是作者在“大红鹰”品牌成功开发9周年之际，对宁波卷烟厂的改革者们进行的采访笔录。本书以对话的形式，记录了宁烟人9年磨一剑，将“大红鹰”放飞到了中国高档卷烟的制高点，创造了行业内外都为之惊叹的“大红鹰奇迹”的发展脉络；分析了宁波卷烟厂从1993年前的4年连续亏损一个亿，到1994年后的8年，仅“大红鹰”一个品牌的卷烟就连续创造税利累计达到130个亿的成长基因。本书对国有企业的改革与创新有启示作用。

附录

附录

中国烟草年鉴

2002年度年鉴人物

CHINA TOBACCO ALMANAC

国家烟草专卖局公告

2002年第1号

国家局于2001年12月10日至12月20日对核发的烟草专卖批发企业许可证、特种烟草专卖经营企业许可证和烟草专卖生产企业许可证（烟叶挂杆复烤企业和烟丝生产企业的许可证除外）进行了审验，根据《国家烟草专卖局关于推迟换发烟草专卖许可证的通知》（国烟专［2001］685号）要求，将审验合格的许可证有效期延长至2003年12月31日。现将审验合格并予以延期的上述三类许可证名录分别公告如下：

国家烟草专卖局

2002年1月14日

一、烟草专卖批发企业许可证

省份	序号	企业名称	许可证编号	发证日期	延期登记时间
总公司	1	中国卷烟销售公司	国烟专批字第21000001号	1999.4.13	2001.12.14
	2	中国烟叶生产购销公司（烟叶）	国烟专批字第25000001号	1999.2.25	2001.12.15
	3	中国烟草机械集团有限责任公司（烟机）	国烟专批字第26000001号	1999.3.25	2001.12.31
北京	4	北京市卷烟销售公司	国烟专批字第21110010号	1998.10.26	2001.12.10
天津	5	天津市卷烟销售公司	国烟专批字第21120020号	1998.10.23	2001.12.11
	6	天津市汉沽烟草分公司	国烟专批字第21120334号	1999.4.21	2001.12.11
	7	天津市塘沽区烟草公司	国烟专批字第22120908号	1999.4.13	2001.12.11
	8	天津静海烟草有限公司	国烟专批字第22120944号	1999.5.4	2001.12.11
	9	天津武清烟草有限公司	国烟专批字第22120945号	1999.5.4	2001.12.11
	10	天津渔阳烟草有限公司	国烟专批字第22120946号	1999.5.4	2001.12.11
	11	天津宝坻烟草有限公司	国烟专批字第22120947号	1999.5.4	2001.12.11
	12	天津芦台烟草有限公司	国烟专批字第22120948号	1999.5.4	2001.12.11
河北	13	河北省卷烟销售公司	国烟专批字第21130171号	1998.11.27	2001.12.12
	14	河北省烟草公司石家庄分公司	国烟专批字第21130172号	1998.11.27	2001.12.12
	15	河北省烟草公司秦皇岛分公司	国烟专批字第21130174号	2001.6.14	2001.12.12
	16	河北省烟草公司承德分公司	国烟专批字第21130175号	1998.11.27	2001.12.12
	17	河北省烟草公司唐山分公司	国烟专批字第21130176号	1998.11.27	2001.12.12
	18	河北省烟草公司沧州分公司	国烟专批字第21130177号	1998.11.27	2001.12.12
	19	河北省烟草公司廊坊分公司	国烟专批字第21130178号	1998.11.26	2001.12.12
	20	河北省烟草公司保定分公司	国烟专批字第21130179号	2001.6.14	2001.12.12

省份	序号	企业名称	许可证编号	发证日期	延期登记时间
河北	21	河北省烟草公司衡水分公司	国烟专批字第 21130180 号	1998.11.26	2001.12.12
	22	河北省烟草公司邢台分公司	国烟专批字第 21130181 号	1998.11.26	2001.12.12
	23	河北省烟草公司昌黎县公司	国烟专批字第 22130928 号	1999.4.21	2001.12.12
	24	河北省烟草公司抚宁县公司	国烟专批字第 22130929 号	1999.4.21	2001.12.12
	25	河北省烟草公司青龙县公司	国烟专批字第 22130930 号	1999.4.21	2001.12.12
	26	河北省烟草公司卢龙县公司	国烟专批字第 22130931 号	1999.4.21	2001.12.12
	27	河北省烟草公司唐海县公司	国烟专批字第 22130932 号	1999.4.21	2001.12.12
	28	河北省烟草公司滦县公司	国烟专批字第 23130933 号	1999.4.21	2001.12.12
	29	河北省烟草公司乐亭县公司	国烟专批字第 22130934 号	1999.4.21	2001.12.12
	30	河北省烟草公司丰南县公司	国烟专批字第 22130935 号	1999.4.21	2001.12.12
	31	河北省烟草公司滦南县公司	国烟专批字第 22130936 号	1999.4.21	2001.12.12
	32	河北省烟草公司迁西县公司	国烟专批字第 22130937 号	1999.4.21	2001.12.12
	33	河北省烟草公司玉田县公司	国烟专批字第 22130938 号	1999.4.21	2001.12.12
	34	河北省烟草公司丰润县公司	国烟专批字第 22130939 号	1999.4.21	2001.12.12
	35	河北省烟草公司迁安县公司	国烟专批字第 22130940 号	1999.4.21	2001.12.12
	36	河北省烟叶公司（烟叶）	国烟专批字第 25130088 号	1999.3.31	2001.12.12
	37	河北省烟草物资公司（物资）	国烟专批字第 27130015 号	1999.3.31	2001.12.12
山西	38	山西省烟草公司阳泉市公司	国烟专批字第 21140144 号	1998.11.25	2001.12.15
	39	山西省烟草公司吕梁分公司	国烟专批字第 21140149 号	1998.11.25	2001.12.15
	40	山西省烟草公司太原市公司	国烟专批字第 21140351 号	2000.6.30	2001.12.15
	41	山西省烟草公司大同市公司	国烟专批字第 21140364 号	2001.4	2001.12.15
	42	山西省烟草公司高平市公司	国烟专批字第 22140390 号	1998.11.25	2001.12.15
	43	山西省烟草公司浑源县公司	国烟专批字第 22140392 号	1998.11.25	2001.12.15
	44	山西省烟草公司灵丘县公司	国烟专批字第 22140393 号	1998.11.25	2001.12.15
	45	山西省烟草公司广灵县公司	国烟专批字第 22140396 号	1998.11.25	2001.12.15
	46	山西省烟草公司大同县公司	国烟专批字第 22140397 号	1998.11.25	2001.12.15
	47	山西省烟草公司吉县公司	国烟专批字第 22140399 号	1998.11.25	2001.12.15
	48	山西省烟草公司安泽县公司	国烟专批字第 22140401 号	1998.11.25	2001.12.15

省份	序号	企业名称	许可证编号	发证日期	延期登记时间
山西	49	山西省烟草公司汾西县公司	国烟专批字第22140408号	1998.11.25	2001.12.15
	50	山西省烟草公司乡宁县公司	国烟专批字第22140413号	1998.11.25	2001.12.15
	51	山西省烟草公司介休市公司	国烟专批字第22140425号	1998.11.25	2001.12.15
	52	山西省烟草公司闻喜县公司	国烟专批字第22140431号	1998.11.25	2001.12.15
	53	山西省烟草公司宁武县公司	国烟专批字第22140438号	1998.11.25	2001.12.15
	54	山西省烟草公司静乐县公司	国烟专批字第22140439号	1998.11.25	2001.12.15
	55	山西省烟草公司柳林县公司	国烟专批字第22140451号	1998.11.25	2001.12.15
	56	山西省烟草公司交城县公司	国烟专批字第22140453号	1998.11.25	2001.12.15
	57	山西省烟草公司孝义市公司	国烟专批字第22140456号	1998.11.25	2001.12.15
	58	山西省烟草公司中阳县公司	国烟专批字第22140459号	1998.11.25	2001.12.15
	59	山西省烟草公司右玉县公司	国烟专批字第22140466号	1998.11.25	2001.12.15
	60	山西省烟草公司襄垣县公司	国烟专批字第22140468号	1998.11.25	2001.12.15
	61	山西省烟草公司清徐县公司	国烟专批字第22140478号	1998.11.25	2001.12.15
	62	山西省烟草公司娄烦县公司	国烟专批字第22140479号	1998.11.25	2001.12.15
	63	山西省烟草公司阳曲县公司	国烟专批字第22140480号	1998.11.25	2001.12.15
	64	山西省烟草公司中条山矿区公司	国烟专批字第22140954号	1999.5	2001.12.15
	65	山西省烟草公司太原市小店区公司	国烟专批字第22140958号	1999.5	2001.12.15
内蒙古	66	内蒙古自治区烟草公司兴安分公司	国烟专批字第21150025号	1998.10.27	2001.12.18
	67	内蒙古自治区烟草公司通辽分公司	国烟专批字第21150026号	1999.10.20	2001.12.18
	68	锡林郭勒驻张烟草分公司	国烟专批字第21150028号	1998.10.27	2001.12.18
	69	内蒙古自治区烟草公司乌兰察布分公司	国烟专批字第21150029号	1998.10.27	2001.12.18
	70	内蒙古自治区烟草公司呼和浩特分公司	国烟专批字第21150031号	1998.10.27	2001.12.18
	71	内蒙古自治区烟草公司鄂尔多斯分公司	国烟专批字第21150033号	2001.9.26	2001.12.18
	72	内蒙古自治区烟草公司乌海分公司	国烟专批字第21150035号	1998.10.27	2001.12.18
	73	内蒙古自治区烟草公司海拉尔市公司	国烟专批字第22150005号	1998.10.28	2001.12.18
	74	内蒙古自治区烟草公司莫力达瓦旗公司	国烟专批字第22150008号	1998.10.28	2001.12.18
	75	内蒙古自治区烟草公司额尔古纳市公司	国烟专批字第22150009号	1998.10.28	2001.12.18
	76	内蒙古自治区烟草公司鄂温克族自治旗公司	国烟专批字第22150011号	1998.10.28	2001.12.18

省份	序号	企业名称	许可证编号	发证日期	延期登记时间
内蒙古	77	内蒙古自治区烟草公司陈巴尔虎旗公司	国烟专批字第22150012号	1998.10.28	2001.12.18
	78	内蒙古自治区烟草公司鄂伦春自治旗公司	国烟专批字第22150015号	1998.10.28	2001.12.18
	79	内蒙古自治区烟草公司新巴尔虎左旗公司	国烟专批字第22150016号	1998.10.28	2001.12.18
	80	内蒙古自治区烟草公司阿尔山市公司	国烟专批字第22150017号	1998.10.28	2001.12.18
	81	内蒙古自治区烟草公司突泉县公司	国烟专批字第22150019号	1998.10.27	2001.12.18
	82	内蒙古自治区烟草公司科右中旗公司	国烟专批字第22150021号	1998.10.27	2001.12.18
	83	内蒙古自治区烟草公司科尔沁左翼后旗公司	国烟专批字第22150023号	1998.10.27	2001.12.18
	84	内蒙古自治区烟草公司呼伦贝尔分公司	国烟专批字第22150024号	1998.10.27	2001.12.18
	85	内蒙古自治区烟草公司库伦旗公司	国烟专批字第22150026号	1998.10.27	2001.12.18
	86	内蒙古自治区烟草公司开鲁县公司	国烟专批字第22150028号	1998.10.27	2001.12.18
	87	内蒙古自治区烟草公司卓资县公司	国烟专批字第22150048号	1998.10.27	2001.12.18
	88	内蒙古自治区烟草公司伊金霍洛旗公司	国烟专批字第22150062号	1998.10.28	2001.12.18
	89	内蒙古自治区烟草公司乌兰浩特市公司	国烟专批字第22150972号	1999.10.22	2001.12.18
辽宁	90	辽宁省卷烟销售公司	国烟专批字第21210039号	1998.11.2	2001.12.13
	91	中国烟草总公司辽宁省锦州分公司	国烟专批字第21210043号	1998.11.2	2001.12.13
	92	中国烟草总公司辽宁省铁岭分公司	国烟专批字第21210046号	1998.11.2	2001.12.13
	93	中国烟草总公司辽宁省葫芦岛分公司	国烟专批字第21210048号	1998.11.2	2001.12.13
	94	中国烟草总公司辽宁省盘锦分公司	国烟专批字第21210368号	2001.2.21	2001.12.13
	95	沈阳市烟草公司	国烟专批字第21210375号	2001.5.15	2001.12.13
	96	辽宁省烟草公司岫岩满族自治县公司	国烟专批字第22210080号	1999.6.30	2001.12.13
	97	辽宁省烟草公司恒仁满族自治县公司	国烟专批字第22210084号	1998.11.2	2001.12.13
	98	辽宁省烟草公司东港市公司	国烟专批字第22210085号	1998.11.2	2001.12.13
	99	辽宁省烟草公司灯塔市公司	国烟专批字第22210096号	1998.11.2	2001.12.13
	100	辽宁省烟草公司开原市公司	国烟专批字第22210097号	1998.11.2	2001.12.13
	101	辽宁省烟草公司西丰县公司	国烟专批字第22210099号	1998.11.2	2001.12.13
	102	辽宁省烟草公司昌图县公司	国烟专批字第22210100号	1998.11.2	2001.12.13
	103	辽宁省烟草公司兴城市公司	国烟专批字第22210107号	1998.11.2	2001.12.13
	104	辽宁省烟草公司绥中县公司	国烟专批字第22210108号	1998.11.2	2001.12.13

省份	序号	企业名称	许可证编号	发证日期	延期登记时间
辽宁	105	辽宁省南芬烟草公司	国烟专批字第22210949号	1999.5.4	2001.12.13
	106	辽宁省辽阳县烟草公司	国烟专批字第22210982号	2000.7.11	2001.12.13
	107	辽宁省烟草公司大石桥市公司	国烟专批字第22210984号	2000.9.25	2001.12.13
	108	辽宁省烟草公司海城市公司	国烟专批字第22210995号	2001.3.12	2001.12.13
	109	辽宁省烟叶生产供应公司（烟叶）	国烟专批字第25210045号	1999.3.24	2001.12.13
吉林	110	吉林省烟草公司辽源分公司	国烟专批字第21220052号	1998.10.29	2001.12.14
	111	吉林省烟草公司梅河口销售公司	国烟专批字第21220053号	1998.10.29	2001.12.14
	112	吉林省烟草公司白山分公司	国烟专批字第21220055号	1998.10.30	2001.12.14
	113	吉林省烟草公司公主岭市公司	国烟专批字第22220009号	1998.10.30	2001.12.14
	114	吉林省烟草公司榆树市公司	国烟专批字第22220112号	1998.10.30	2001.12.14
	115	吉林省烟草公司九台市公司	国烟专批字第22220113号	1998.10.30	2001.12.14
	116	吉林省烟草公司舒兰县公司	国烟专批字第22220115号	1998.10.30	2001.12.14
	117	吉林省烟草公司蛟河市公司	国烟专批字第22220117号	1998.10.30	2001.12.14
	118	吉林省烟草公司伊通满族自治县公司	国烟专批字第22220122号	1998.10.30	2001.12.14
	119	吉林省烟草公司前郭县公司	国烟专批字第22220129号	1998.10.30	2001.12.14
	120	吉林省烟草公司长岭县公司	国烟专批字第22220130号	1998.10.30	2001.12.14
	121	吉林省烟草公司通榆县公司	国烟专批字第22220133号	1998.10.30	2001.12.14.
	122	吉林省烟草公司长白朝鲜族自治县公司	国烟专批字第22220135号	1998.10.30	2001.12.14
	123	吉林省烟草公司临江市公司	国烟专批字第22220136号	1998.10.30	2001.12.14
	124	吉林省烟草公司靖宇县公司	国烟专批字第22220139号	1998.10.30	2001.12.14
	125	吉林省烟草公司龙井市公司	国烟专批字第22220141号	1998.10.30	2001.12.14
	126	长春烟草分公司双阳公司	国烟专批字第22220918号	1999.3.30	2001.12.14
黑龙江	127	黑龙江总公司黑龙江省公司卷烟经理部	国烟专批字第21230109号	1998.11.18	2001.12.12
	128	黑龙江省烟草公司齐齐哈尔分公司	国烟专批字第21230111号	1998.11.18	2001.12.12
	129	黑龙江省烟草公司佳木斯分公司	国烟专批字第21230113号	1998.11.18	2001.12.12
	130	黑龙江省烟草公司绥化分公司	国烟专批字第21230114号	1998.11.18	2001.12.12
	131	黑龙江省烟草公司黑河分公司	国烟专批字第21230115号	1998.11.18	2001.12.12
	132	黑龙江省烟草公司大庆分公司	国烟专批字第21230116号	1998.11.19	2001.12.12

省份	序号	企业名称	许可证编号	发证日期	延期登记时间
黑龙江	133	黑龙江省烟草公司鸡西分公司	国烟专批字第21230117号	1998.11.18	2001.12.12
	134	黑龙江省烟草公司双鸭山分公司	国烟专批字第21230118号	1998.11.18	2001.12.12
	135	黑龙江省烟草公司伊春分公司	国烟专批字第21230119号	1998.11.18	2001.12.12
	136	黑龙江省烟草公司七台河分公司	国烟专批字第21230120号	2001.6.20	2001.12.12
	137	黑龙江省烟草物资公司（物资）	国烟专批字第27230027号	1999.5.19	2001.12.24
大连	138	大连市烟草公司	国烟专批字第21250021号	1998.10.23	2001.12.17
	139	大连市烟草公司普兰店市分公司	国烟专批字第22250001号	1998.10.23	2001.12.17
	140	大连市烟草公司庄河市分公司	国烟专批字第22250003号	1998.10.23	2001.12.17
	141	大连市烟草公司金州区分公司	国烟专批字第22250904号	1999.3.17	2001.12.17
	142	大连市烟草公司旅顺口区分公司	国烟专批字第22250905号	1999.3.17	2001.12.17
	143	大连市烟草公司开发区分公司	国烟专批字第22250906号	1999.3.17	2001.12.17
上海	144	上海烟草集团上海烟草贸易中心	国烟专批字第21310087号	1998.11.12	2001.12.10
	145	上海烟草（集团）公司	国烟专批字第21310377号	2001.8.2	2001.12.10
	146	上海烟草集团虹口烟草糖酒有限公司	国烟专批字第22310967号	1999.11.17	2001.12.10
	147	上海烟草集团黄浦烟草糖酒有限公司	国烟专批字第22310968号	1999.11.17	2001.12.10
	148	上海捷强烟草糖酒集团有限公司	国烟专批字第22310969号	1999.11.17	2001.12.10
	149	上海烟草（集团）公司（物资）	国烟专批字第27310008号	1999.3.24	2001.12.10
江苏	150	江苏省卷烟销售公司	国烟专批字第21320065号	1999.5.19	2001.12.10
	151	江苏省烟草公司南京分公司	国烟专批字第21320066号	1999.5.19	2001.12.10
	152	江苏省烟草公司徐州分公司	国烟专批字第21320067号	1999.5.19	2001.12.10
	153	江苏省烟草公司常州分公司	国烟专批字第21320068号	1999.5.19	2001.12.10
	154	江苏省烟草公司苏州分公司	国烟专批字第21320069号	1999.5.19	2001.12.10
	155	江苏省烟草公司南通分公司	国烟专批字第21320070号	1999.5.19	2001.12.10
	156	江苏省烟草公司淮安分公司	国烟专批字第21320071号	1999.5.19	2001.12.10
	157	江苏省烟草公司盐城分公司	国烟专批字第21320072号	1999.5.19	2001.12.10
	158	江苏省烟草公司扬州分公司	国烟专批字第21320073号	1999.5.19	2001.12.10
	159	江苏省烟草公司镇江分公司	国烟专批字第21320074号	1999.5.19	2001.12.10
	160	江苏省烟草公司泰州分公司	国烟专批字第21320075号	1998.10.10	2001.12.10

省份	序号	企业名称	许可证编号	发证日期	延期登记时间
江苏	161	江苏省烟草公司连云港分公司	国烟专批字第21320340号	2000.1.27	2001.12.10
	162	江苏省烟草公司张家港市公司	国烟专批字第22320202号	1998.11.10	2001.12.10
	163	江苏省烟草公司江宁县公司	国烟专批字第22320203号	1998.11.10	2001.12.10
	164	江苏省烟草公司江浦县公司	国烟专批字第22320204号	1998.11.10	2001.12.10
	165	江苏省烟草公司六合县公司	国烟专批字第22320205号	1998.11.10	2001.12.10
	166	江苏省烟草公司溧水县公司	国烟专批字第22320206号	1998.11.10	2001.12.10
	167	江苏省烟草公司高淳县公司	国烟专批字第22320207号	1998.11.10	2001.12.10
	168	江苏省烟草公司锡山市公司	国烟专批字第22320208号	2000.4.14	2001.12.10
	169	江苏省烟草公司丰县公司	国烟专批字第22320209号	1998.11.10	2001.12.10
	170	江苏省烟草公司沛县公司	国烟专批字第22320210号	1999.5.19	2001.12.10
	171	江苏省烟草公司铜山县公司	国烟专批字第22320211号	1998.11.10	2001.12.10
	172	江苏省烟草公司睢宁县公司	国烟专批字第22320212号	1998.11.10	2001.12.10
	173	江苏省烟草公司新沂市公司	国烟专批字第22320213号	1998.11.10	2001.12.10
	174	江苏省烟草公司邳州市公司	国烟专批字第22320214号	1998.11.10	2001.12.10
	175	江苏省烟草公司溧阳市公司	国烟专批字第22320215号	1998.11.10	2001.12.10
	176	江苏省烟草公司金坛市公司	国烟专批字第22320216号	1998.11.10	2001.12.10
	177	江苏省烟草公司常熟市公司	国烟专批字第22320217号	1998.11.10	2001.12.10
	178	江苏省烟草公司昆山市公司	国烟专批字第22320218号	1998.11.10	2001.12.10
	179	江苏省烟草公司太仓市公司	国烟专批字第22320219号	1998.11.10	2001.12.10
	180	江苏省烟草公司吴县市公司	国烟专批字第22320220号	1998.11.10	2001.12.10
	181	江苏省烟草公司海安县公司	国烟专批字第22320221号	1998.11.10	2001.12.10
	182	江苏省烟草公司如东县公司	国烟专批字第22320222号	1998.11.10	2001.12.10
	183	江苏省烟草公司启东市公司	国烟专批字第22320223号	1998.11.10	2001.12.10
	184	江苏省烟草公司如皋市公司	国烟专批字第22320224号	1998.11.10	2001.12.10
	185	江苏省烟草公司海门市公司	国烟专批字第22320225号	1998.11.10	2001.12.10
	186	江苏省烟草公司通州市公司	国烟专批字第22320226号	1998.11.10	2001.12.10
	187	江苏省烟草公司赣榆县公司	国烟专批字第22320227号	1998.11.10	2001.12.10
	188	江苏省烟草公司东海县公司	国烟专批字第22320228号	1998.11.10	2001.12.10

省份	序号	企业名称	许可证编号	发证日期	延期登记时间
江苏	189	江苏省烟草公司灌云县公司	国烟专批字第22320229号	1998.11.10	2001.12.10
	190	江苏省烟草公司灌南县公司	国烟专批字第22320230号	1998.11.10	2001.12.10
	191	江苏省烟草公司淮安市淮阴区公司	国烟专批字第22320231号	2001.5.11	2001.12.10
	192	江苏省烟草公司涟水县公司	国烟专批字第22320232号	1998.11.10	2001.12.10
	193	江苏省烟草公司洪泽县公司	国烟专批字第22320233号	1998.11.10	2001.12.10
	194	江苏省烟草公司盱眙县公司	国烟专批字第22320234号	1998.11.10	2001.12.10
	195	江苏省烟草公司金湖县公司	国烟专批字第22320235号	1998.11.10	2001.12.10
	196	江苏省烟草公司淮安市楚州区公司	国烟专批字第22320236号	2001.5.11	2001.12.10
	197	江苏省烟草公司响水县公司	国烟专批字第22320237号	1998.11.10	2001.12.10
	198	江苏省烟草公司阜宁县公司	国烟专批字第22320239号	1998.11.10	2001.12.10
	199	江苏省烟草公司射阳县公司	国烟专批字第22320240号	1998.11.11	2001.12.10
	200	江苏省烟草公司建湖县公司	国烟专批字第22320241号	1998.11.11	2001.12.10
	201	江苏省烟草公司大丰市公司	国烟专批字第22320242号	1998.11.11	2001.12.10
	202	江苏省烟草公司东台市公司	国烟专批字第22320243号	1998.11.11	2001.12.10
	203	江苏省烟草公司宝应县公司	国烟专批字第22320244号	1998.11.11	2001.12.10
	204	江苏省烟草公司扬州市邗江区公司	国烟专批字第22320245号	1998.11.11	2001.12.10
	205	江苏省烟草公司仪征市公司	国烟专批字第22320246号	1998.11.11	2001.12.10
	206	江苏省烟草公司高邮市公司	国烟专批字第22320247号	1998.11.11	2001.12.10
	207	江苏省烟草公司江都市公司	国烟专批字第22320248号	1998.11.11	2001.12.10
	208	江苏省烟草公司丹阳市公司	国烟专批字第22320249号	1998.11.11	2001.12.10
	209	江苏省烟草公司句容市公司	国烟专批字第22320250号	1998.11.11	2001.12.10
	210	江苏省烟草公司扬中市公司	国烟专批字第22320251号	1998.11.11	2001.12.10
	211	江苏省烟草公司兴化市公司	国烟专批字第22320252号	2001.11.7	2001.12.10
	212	江苏省烟草公司靖江市公司	国烟专批字第22320253号	1998.11.11	2001.12.10
	213	江苏省烟草公司泰兴市公司	国烟专批字第22320254号	2001.11.7	2001.12.10
	214	江苏省烟草公司姜堰市公司	国烟专批字第22320255号	1998.11.11	2001.12.10
	215	江苏省烟草公司宿豫县公司	国烟专批字第22320256号	1998.11.11	2001.12.10
	216	江苏省烟草公司沭阳县公司	国烟专批字第22320257号	1998.11.11	2001.12.10

省份	序号	企业名称	许可证编号	发证日期	延期登记时间
江苏	217	江苏省烟草公司泗阳县公司	国烟专批字第22320258号	1998.11.11	2001.12.10
	218	江苏省烟草公司泗洪县公司	国烟专批字第22320259号	1998.11.11	2001.12.10
	219	江苏省烟草公司丹徒市公司	国烟专批字第22320846号	1998.11.11	2001.12.10
	220	江苏省烟草公司盐都县公司	国烟专批字第22320847号	1998.12.22	2001.12.10
	221	江苏省烟草公司南京市大厂区公司	国烟专批字第22320897号	1999.3.5	2001.12.10
	222	江苏省烟草公司贾汪区公司	国烟专批字第22320898号	1999.4.6	2001.12.10
	223	江苏省烟草公司吴江市公司	国烟专批字第22320926号	1999.4.6	2001.12.10
	224	江苏省烟草公司武进市公司	国烟专批字第22320973号	2000.1.17	2001.12.10
	225	江苏省烟草公司江阴市公司	国烟专批字第22320978号	2000.3.16	2001.12.10
	226	江苏省烟草公司宜兴市公司	国烟专批字第22320979号	2000.3.16	2001.12.10
	227	江苏省烟草公司滨海县公司	国烟专批字第22321001号	2001.11.20	2001.12.10
	228	江苏省烟叶生产购销公司（烟叶）	国烟专批字第25320102号	1999.4.6	2001.12.10
	229	江苏烟草原料发展有限责任公司（烟叶）	国烟专批字第25320103号	1999.4.6	2001.12.10
	230	江苏省烟草物资公司（物资）	国烟专批字第27320020号	1999.4.6	2001.12.10
浙江	231	浙江省卷烟销售公司	国烟专批字第21330060号	1998.11.4	2001.12.13
	232	浙江省烟草公司舟山分公司	国烟专批字第21330062号	1998.11.3	2001.12.13
	233	浙江省烟草公司嘉兴分公司	国烟专批字第21330063号	1998.11.3	2001.12.13
	234	浙江省烟草公司丽水分公司	国烟专批字第21330064号	1998.11.3	2001.12.13
	235	浙江省烟草公司杭州分公司	国烟专批字第21330356号	2000.10.9	2001.12.13
	236	浙江省烟草公司宁波分公司	国烟专批字第21330357号	2000.10.19	2001.12.13
	237	浙江省烟草公司温州分公司	国烟专批字第21330358号	2000.10.19	2001.12.13
	238	浙江省烟草公司湖州分公司	国烟专批字第21330359号	2000.10.19	2001.12.13
	239	浙江省烟草公司金华分公司	国烟专批字第21330360号	2000.10.19	2001.12.13
	240	浙江省烟草公司绍兴分公司	国烟专批字第21330361号	2000.10.19	2001.12.13
	241	浙江省烟草公司衢州分公司	国烟专批字第21330362号	2001.6.7	2001.12.13
	242	浙江省烟草公司台州分公司	国烟专批字第21330363号	2000.10.19	2001.12.13
	243	浙江省烟草公司萧山市公司	国烟专批字第22330147号	1998.11.3	2001.12.13
	244	浙江省烟草公司临安市公司	国烟专批字第22330148号	1998.11.3	2001.12.13

省份	序号	企业名称	许可证编号	发证日期	延期登记时间
浙江	245	浙江省烟草公司富阳市公司	国烟专批字第22330149号	1998.11.3	2001.12.13
	246	浙江省烟草公司建德市公司	国烟专批字第22330150号	1998.11.3	2001.12.13
	247	浙江省烟草公司淳安县公司	国烟专批字第22330151号	1998.11.3	2001.12.13
	248	浙江省烟草公司桐庐县公司	国烟专批字第22330152号	1998.11.3	2001.12.13
	249	浙江省烟草公司鄞县公司	国烟专批字第22330153号	1998.11.3	2001.12.13
	250	浙江省烟草公司余姚市公司	国烟专批字第22330154号	1998.11.3	2001.12.13
	251	浙江省烟草公司象山县公司	国烟专批字第22330155号	1998.11.3	2001.12.13
	252	浙江省烟草公司宁波市镇海区公司	国烟专批字第22330156号	1998.11.3	2001.12.13
	253	浙江省烟草公司宁海县公司	国烟专批字第22330157号	1998.11.3	2001.12.13
	254	浙江省烟草公司奉化市公司	国烟专批字第22330158号	1998.11.3	2001.12.13
	255	浙江省烟草公司宁波市北仑区公司	国烟专批字第22330159号	1998.11.3	2001.12.13
	256	浙江省烟草公司瑞安市公司	国烟专批字第22330160号	1998.11.4	2001.12.13
	257	浙扛省烟草公司乐清市公司	国烟专批字第22330161号	1998.11.4	2001.12.13
	258	浙江省烟草公司泰顺县公司	国烟专批字第22330162号	1998.11.4	2001.12.13
	259	浙江省烟草公司文成县公司	国烟专批字第22330163号	1998.11.4	2001.12.13
	260	浙江省烟草公司洞头县公司	国烟专批字第22330164号	1998.11.4	2001.12.13
	261	浙江省烟草公司永嘉县公司	国烟专批字第22330165号	1998.11.4	2001.12.13
	262	浙江省烟草公司平阳县公司	国烟专批字第22330166号	1998.11.4	2001.12.13
	263	浙江省烟草公司海盐县公司	国烟专批字第22330167号	1998.11.3	2001.12.13
	264	浙江省烟草公司海宁市公司	国烟专批字第22330168号	1998.11.3	2001.12.13
	265	浙江省烟草公司平湖市公司	国烟专批字第22330169号	1998.11.3	2001.12.13
	266	浙江省烟草公司安吉县公司	国烟专批字第22330170号	1998.11.3	2001.12.13
	267	浙江省烟草公司德清县公司	国烟专批字第22330171号	1998.11.3	2001.12.13
	268	浙江省烟草公司嵊州市公司	国烟专批字第22330172号	1998.11.4	2001.12.13
	269	浙江省烟草公司上虞市公司	国烟专批字第22330173号	1998.11.4	2001.12.13
	270	浙江省烟草公司新昌县公司	国烟专批字第22330174号	1998.11.4	2001.12.13
	271	浙江省烟草公司兰溪市公司	国烟专批字第22330175号	1998.11.4	2001.12.13
	272	浙江省烟草公司武义县公司	国烟专批字第22330176号	1998.11.4	2001.12.13

省份	序号	企业名称	许可证编号	发证日期	延期登记时间
浙江	273	浙江省烟草公司东阳市公司	国烟专批字第 22330177 号	1998.11.4	2001.12.13
	274	浙江省烟草公司永康市公司	国烟专批字第 22330178 号	1998.11.4	2001.12.13
	275	浙江省烟草公司磐安县公司	国烟专批字第 22330179 号	1998.11.4	2001.12.13
	276	浙江省烟草公司浦江县公司	国烟专批字第 22330180 号	1998.11.4	2001.12.13
	277	浙江省烟草公司江山市公司	国烟专批字第 22330181 号	1998.11.4	2001.12.13
	278	浙江省烟草公司开化县公司	国烟专批字第 22330182 号	1998.11.4	2001.12.13
	279	浙江省烟草公司常山县公司	国烟专批字第 22330183 号	1998.11.4	2001.12.13
	280	浙江省烟草公司云和县公司	国烟专批字第 22330184 号	1998.11.3	2001.12.13
	281	浙江省烟草公司缙云县公司	国烟专批字第 22330185 号	1998.11.3	2001.12.13
	282	浙江省烟草公司松阳县公司	国烟专批字第 22330186 号	1998.11.3	2001.12.13
	283	浙江省烟草公司遂昌县公司	国烟专批字第 22330187 号	1998.11.3	2001.12.13
	284	浙江省烟草公司庆元县公司	国烟专批字第 22330188 号	1998.11.3	2001.12.13
	285	浙江省烟草公司景宁畲族自治县公司	国烟专批字第 22330189 号	1998.11.3	2001.12.13
	286	浙江省烟草公司龙泉县公司	国烟专批字第 22330190 号	1998.11.3	2001.12.13
	287	浙江省烟草公司青田县公司	国烟专批字第 22330191 号	1998.11.3	2001.12.13
	288	浙江省烟草公司临海市公司	国烟专批字第 22330192 号	1998.11.3	2001.12.13
	289	浙江省烟草公司温岭市公司	国烟专批字第 22330193 号	1998.11.3	2001.12.13
	290	浙江省烟草公司仙居县公司	国烟专批字第 22330194 号	1998.11.3	2001.12.13
	291	浙江省烟草公司黄岩区公司	国烟专批字第 22330195 号	1998.11.3	2001.12.13
	292	浙江省烟草公司三门县公司	国烟专批字第 22330196 号	2001.7.10	2001.12.13
	293	浙江省烟草公司天台县公司	国烟专批字第 22330197 号	2001.7.10	2001.12.13
	294	浙江省烟草公司岱山县公司	国烟专批字第 22330199 号	1998.11.3	2001.12.13
	295	浙江省烟草公司嵊泗县公司	国烟专批字第 22330200 号	1998.11.3	2001.12.13
	296	浙江省烟草公司舟山市普陀区公司	国烟专批字第 22330201 号	1998.11.3	2001.12.13
	297	浙江省烟草公司余杭区公司	国烟专批字第 22330985 号	2001.8.10	2001.12.13
	298	浙江省烟草公司慈溪市公司	国烟专批字第 22330986 号	2000.10.19	2001.12.13
	299	浙江省烟草公司苍南县公司	国烟专批字第 22330987 号	2000.10.19	2001.12.13
	300	浙江省烟草公司桐乡市公司	国烟专批字第 22330988 号	2000.10.19	2001.12.13

省份	序号	企业名称	许可证编号	发证日期	延期登记时间
浙江	301	浙江省烟草公司嘉善县公司	国烟专批字第22330989号	2000.10.19	2001.12.13
	302	浙江省烟草公司长兴县公司	国烟专批字第22330990号	2001.10.19	2001.12.13
	303	浙江省烟草公司诸暨市公司	国烟专批字第22330991号	2000.10.19	2001.12.13
	304	浙江省烟草公司义乌市公司	国烟专批字第22330992号	2000.10.19	2001.12.13
	305	浙江省烟草公司龙游县公司	国烟专批字第22330993号	2000.10.19	2001.12.13
	306	浙江省浙兴烟草物资调拨站（物资）	国烟专批字第27000022号	1999.4.9	2001.12.12
	307	浙江省烟叶物资公司（物资）	国烟专批字第27330021号	2000.11.4.	2001.12.12
安徽	308	中国烟草总公司安徽省公司卷烟销售部	国烟专批字第21340153号	1998.11.26	2001.12.13
	309	中国烟草总公司安徽省公司合肥分公司	国烟专批字第21340154号	2000.9.13	2001.12.13
	310	安徽省烟草公司蚌埠市公司	国烟专批字第21340155号	2000.9.13	2001.12.13
	311	安徽省烟草公司淮北市公司	国烟专批字第21340157号	2000.9.13	2001.12.13
	312	安徽省烟草公司芜湖市公司	国烟专批字第21340158号	2000.9.13	2001.12.13
	313	安徽省烟草公司马鞍山市公司	国烟专批字第21340159号	1998.11.26	2001.12.13
	314	安徽省烟草公司铜陵市公司	国烟专批字第21340160号	1998.11.26	2001.12.13
	315	安徽省烟草公司宿州市公司	国烟专批字第21340161号	1999.6.23	2001.12.13
	316	安徽省烟草公司阜阳市公司	国烟专批字第21340162号	2000.9.13	2001.12.13
	317	安徽省烟草公司亳州市公司	国烟专批字第21340163号	2000.9.13	2001.12.13
	318	安徽省烟草公司巢湖市公司	国烟专批字第21340165号	2000.9.13	2001.12.13
	319	安徽省烟草公司滁州市公司	国烟专批字第21340166号	2000.9.13	2001.12.13
	320	安徽省烟草公司宣城市公司	国烟专批字第21340167号	2001.4.23	2001.12.13
	321	安徽省烟草公司黄山市公司	国烟专批字第21340168号	1998.11.26	2001.12.13
	322	安徽省烟草公司安庆市公司	国烟专批字第21340169号	1998.11.26	2001.12.13
	323	安徽省烟草公司池州市公司	国烟专批字第21340170号	2001.4.25	2001.12.13
	324	中国烟草总公司安徽省公司烟叶经理部（烟叶）	国烟专批字第25340119号	1999.4.22	2001.12.13
	325	安徽省烟草公司蚌埠分公司（烟叶）	国烟专批字第25340120号	1999.4.22	2001.12.13
	326	安徽省烟草公司亳州市公司（烟叶）	国烟专批字第25340121号	1999.4.22	2001.12.13
	327	安徽省烟草公司阜阳分公司（烟叶）	国烟专批字第25340123号	1999.4.22	2001.12.13
	328	安徽省烟草公司宣城分公司（烟叶）	国烟专机字第25340124号	1999.4.22	2001.12.13

省份	序号	企业名称	许可证编号	发证日期	延期登记时间
安徽	329	安徽省烟草公司滁州分公司（烟叶）	国烟专批字第25340125号	1999.4.22	2001.12.13
	330	中国烟草总公司安徽省公司物资供应分公司（物资）	国烟专批字第27340026号	1999.5.6	2001.12.13
福建	331	福建省烟草公司	国烟专批字第21350294号	1998.12.23	2001.12.13
	332	福建省烟草公司福州分公司	国烟专批字第21350295号	1998.12.23	2001.12.13
	333	福建省烟草公司厦门分公司	国烟专批字第21350296号	1998.12.23	2001.12.13
	334	福建省烟草公司宁德分公司	国烟专批字第21350297号	1998.12.23	2001.12.13
	335	福建省烟草公司莆田分公司	国烟专批字第21350298号	1998.12.23	2001.12.13
	336	福建省烟草公司泉州分公司	国烟专批字第21350299号	1998.12.23	2001.12.13
	337	福建省烟草公司漳州分公司	国烟专批字第21350300号	1998.12.23	2001.12.13
	338	福建省烟草公司龙岩分公司	国烟专批字第21350301号	1998.12.23	2001.12.13
	339	福建省烟草公司三明分公司	国烟专批字第21350302号	1998.12.23	2001.12.13
	340	福建省烟草公司南平分公司	国烟专批字第21350303号	1998.12.23	2001.12.13
	341	福建省烟草公司闽诏贸易中心	国烟专批字第22350874号	1998.12.23	2001.12.13
	342	福建省烟草公司闽东贸易中心	国烟专批字第22350875号	1998.12.23	2001.12.13
	343	福建省烟草公司武夷山贸易中心	国烟专批字第22350876号	1998.12.23	2001.12.13
	344	福建省烟草公司长汀贸易中心	国烟专批字第22350877号	1998.12.23	2001.12.13
	345	福建省尤溪金叶发展有限公司（烟叶）	国烟专批字第25350046号	1999.3.24	2001.12.13
	346	福建省烟草公司福州分公司（烟叶）	国烟专批字第25350047号	1999.3.24	2001.12.13
	347	福建省烟草公司漳州分公司（烟叶）	国烟专批字第25350048号	1999.3.24	2001.12.13
	348	福建省烟草公司龙岩分公司（烟叶）	国烟专批字第25350049号	1999.3.24	2001.12.13
	349	福建省烟草公司三明分公司（烟叶）	国烟专批字第25350050号	1999.3.24	2001.12.13
	350	福建省烟草公司南平分公司（烟叶）	国烟专批字第25350051号	1999.3.24	2001.12.13
	351	福建省烟草物资公司（物资）	国烟专批字第27350010号	1999.3.24	2001.12.13
江西	352	江西省烟草公司上饶分公司	国烟专批字第21360128号	1998.11.23	2001.12.13
	353	江西省烟草公司鹰潭分公司	国烟专批字第21360129号	2001.3.22	2001.12.13
	354	江西省烟草公司赣州分公司	国烟专批字第21360130号	1998.11.19	2001.12.13
	355	江西省烟草公司乐平市公司	国烟专批字第22360266号	1998.11.19	2001.12.13
	356	江西省烟草公司新余市分宜县公司	国烟专批字第22360268号	1998.11.19	2001.12.13

省份	序号	企业名称	许可证编号	发证日期	延期登记时间
江西	357	江西省烟草公司资溪县公司	国烟专批字第22360272号	1998.11.19	2001.12.13
	358	江西省烟草公司广昌县公司	国烟专批字第22360277号	1998.11.19	2001.12.13
	359	江西省烟草公司临川县公司	国烟专批字第22360278号	1998.11.19	2001.12.13
	360	江西省烟草公司崇义县公司	国烟专批字第22360283号	1998.11.20	2001.12.13
	361	江西省烟草公司于都县公司	国烟专批字第22360285号	1998.11.20	2001.12.13
	362	江西省烟草公司寻乌县公司	国烟专批字第22360295号	1998.11.20	2001.12.13
	363	江西省烟草公司泰和县公司	国烟专批字第22360299号	1998.11.20	2001.12.13
	364	江西省烟草公司安福县公司	国烟专批字第22360300号	1998.11.20	2001.12.13
	365	江西省烟草公司永新县公司	国烟专批字第22360302号	1998.11.20	2001.12.13
	366	江西省烟草公司吉水县公司	国烟专批字第22360303号	1998.11.20	2001.12.13
	367	江西省烟草公司井冈山市公司	国烟专批字第22360308号	2001.4.10	2001.12.13
	368	江西省烟草公司奉新县公司	国烟专批字第22360318号	1998.11.20	2001.12.13
	369	江西省烟草公司靖安县公司	国烟专批字第22360319号	1998.11.20	2001.12.13
	370	江西省烟草公司湖口县公司	国烟专批字第22360322号	1998.11.20	2001.12.13
	371	江西省烟草公司德安县公司	国烟专批字第22360328号	1998.11.23	2001.12.13
	372	江西省烟草公司南昌分公司	国烟专批字第22360980号	2000.5.10	2001.12.13
	373	江西省烟草公司南昌县公司	国烟专批字第22440999号	2001.7.24	2001.12.13
	374	江西省烟草公司上饶分公司（烟叶）	国烟专批字第25360010号	1998.11.23	2001.12.13
	375	江西省烟草公司抚州分公司（烟叶）	国烟专批字第25360011号	1999.3.22	2001.12.13
	376	江西省烟草公司赣州分公司（烟叶）	国烟专批字第25360013号	1999.3.23	2001.12.13
山东	377	山东济南烟草有限公司	国烟专批字第21370091号	2000.9.7	2001.12.13
	378	山东青岛烟草有限公司	国烟专批字第21370092号	2000.9.8	2001.12.13
	379	山东枣庄烟草有限公司	国烟专批字第21370093号	2001.10.16	2001.12.13
	380	山东东营烟草有限公司	国烟专批字第21370094号	2000.9.8	2001.12.13
	381	山东烟台烟草有限公司	国烟专批字第21370095号	2000.9.8	2001.12.13
	382	山东潍坊烟草有限公司	国烟专批字第21370096号	2001.10.16	2001.12.13
	383	山东济宁烟草有限公司	国烟专批字第21370097号	2000.9.7	2001.12.13
	384	山东泰安烟草有限公司	国烟专批字第21370098号	2000.9.7	2001.12.13

省份	序号	企业名称	许可证编号	发证日期	延期登记时间
山东	385	山东威海烟草有限公司	国烟专批字第21370099号	2000.9.8	2001.12.13
	386	山东日照烟草有限公司	国烟专批字第21370100号	2000.9.7	2001.12.13
	387	山东莱芜烟草有限公司	国烟专批字第21370101号	2000.9.8	2001.12.13
	388	山东临沂烟草有限公司	国烟专批字第21370102号	2000.9.7	2001.12.13
	389	山东德州烟草有限公司	国烟专批字第21370103号	2000.9.8	2001.12.13
	390	山东聊城烟草有限公司	国烟专批字第21370104号	2000.9.8	2001.12.13
	391	山东滨州烟草有限公司	国烟专批字第21370105号	2000.9.7	2001.12.13
	392	山东菏泽烟草有限公司	国烟专批字第21370106号	2000.9.8	2001.12.13
	393	山东淄博烟草有限公司	国烟专批字第21370107号	2000.9.8	2001.12.13
	394	山东烟台烟草有限公司长岛分公司	国烟专批字第22370260号	2000.9.7	2001.12.13
	395	山东烟台烟草有限公司蓬莱分公司	国烟专批字第22370261号	2000.9.7	2001.12.13
	396	山东济宁烟草有限公司市中分公司	国烟专批字第22370899号	2000.9.7	2001.12.13
	397	山东济宁烟草有限公司曲阜分公司	国烟专批字第22370900号	2000.9.7	2001.12.13
	398	山东济宁烟草有限公司微山分公司	国烟专批字第22370901号	2000.9.7	2001.12.13
	399	山东枣庄烟草有限公司滕州分公司	国烟专批字第22370902号	2000.9.7	2001.12.13
	400	山东青岛烟草有限公司崂山分公司	国烟专批字第22370903号	2000.9.7	2001.12.13
	401	山东烟台烟草有限公司牟平分公司	国烟专批字第22370961号	2000.9.7	2001.12.13
	402	山东日照烟草有限公司（烟叶）	国烟专批字第25370015号	2000.9.7	2001.12.13
	403	山东临沂烟草有限公司（烟叶）	国烟专批字第25370016号	2000.9.7	2001.12.13
	404	山东潍坊烟草有限公司（烟叶）	国烟专批字第25370127号	2001.10.16	2001.12.13
	405	山东中鲁烟叶有限公司（烟叶）	国烟专批字第25370132号	2000.4.25	2001.12.13
	406	山东淄博烟草有限公司（烟叶）	国烟专批字第25370135号	2000.9.7	2001.12.13
	407	山东青岛烟草有限公司（烟叶）	国烟专批字第25370139号	2001.3.15	2001.12.13
	408	山东宏发烟草（集团）有限公司烟用物资分公司（物资）	国烟专批字第27370004号	1999.3.22	2001.12.13
河南	409	河南省卷烟销售公司	国烟专批字第21410077号	1998.11.12	2001.12.10
	410	河南省烟草公司新乡分公司	国烟专批字第21410079号	1998.11.10	2001.12.10
	411	河南省烟草公司濮阳分公司	国烟专批字第21410080号	1998.11.12	2001.12.10
	412	河南省烟草公司焦作分公司	国烟专批字第21410081号	1998.11.10	2001.12.10

省份	序号	企业名称	许可证编号	发证日期	延期登记时间
河南	413	河南省烟草公司安阳分公司	国烟专批字第21410082号	1998.11.10	2001.12.10
	414	河南省烟草公司商丘分公司	国烟专批字第21410083号	1998.11.10	2001.12.10
	415	河南省烟草公司洛阳分公司	国烟专批字第21410084号	1998.11.12	2001.12.10
	416	河南省烟草公司许昌分公司	国烟专批字第21410085号	1998.11.12	2001.12.10
	417	河南省烟草公司南阳分公司	国烟专批字第21410086号	1998.11.12	2001.12.10
	418	河南省烟草公司鹤壁分公司	国烟专批字第21410330号	1999.3.17	2001.12.10
	419	河南省烟草公司三门峡分公司	国烟专批字第21410331号	1999.3.17	2001.12.10
	420	河南省烟草公司信阳分公司	国烟专批字第21410333号	1999.3.17	2001.12.10
	421	河南省烟草公司周口分公司	国烟专批字第21410355号	2000.9.28	2001.12.10
	422	河南省烟草公司平顶山分公司	国烟专批字第21410374号	2001.4.27	2001.12.10
	423	河南省烟草公司许昌分公司（烟叶）	国烟专批字第25410022号	1999.3.19	2001.12.10
	424	河南省烟草公司周口分公司（烟叶）	国烟专批字第25410023号	1999.6.9	2001.12.10
	425	河南省烟草公司三门峡分公司（烟叶）	国烟专批字第25410024号	1999.3.18	2001.12.10
	426	河南省烟草公司信阳分公司（烟叶）	国烟专批字第25410025号	1999.3.19	2001.12.10
	427	河南省烟草公司商丘分公司（烟叶）	国烟专批字第25410028号	1999.3.18	2001.12.10
	428	河南省烟草公司漯河分公司（烟叶）	国烟专批字第25410029号	1999.3.19	2001.12.10
	429	河南省烟草公司南阳分公司（烟叶）	国烟专批字第25410031号	1999.3.19	2001.12.10
	430	河南省烟草公司平顶山分公司（烟叶）	国烟专批字第25410032号	2001.4.27	2001.12.10
	431	中国烟草总公司河南省公司烟草物资分公司(物资)	国烟专批字第27410007号	1999.5.6	2001.12.10
湖北	432	中国烟草总公司湖北省公司	国烟专批字第21420275号	1998.12.24	2001.12.11
	433	武汉烟草（集团）有限公司	国烟专批字第21420276号	1998.12.24	2001.12.11
	434	湖北省烟草公司黄石市分公司	国烟专批字第21420279号	1998.12.24	2001.12.11
	435	湖北省烟草公司襄樊市分公司	国烟专批字第21420280号	2000.6.1	2001.12.11
	436	湖北省烟草公司咸宁市分公司	国烟专批字第21420284号	2000.7.6.	2001.12.11
	437	湖北省烟草公司荆州市分公司	国烟专批字第21420286号	1998.12.24	2001.12.11
	438	湖北省烟草公司随州市分公司	国烟专批字第21420287号	2000.11.7	2001.12.11
	439	宜昌三峡烟草销售有限公司	国烟专批字第21420373号	2001.3.15	2001.12.11
	440	湖北省烟草公司大冶市公司	国烟专批字第22420813号	1998.12.24	2001.12.11

省份	序号	企业名称	许可证编号	发证日期	延期登记时间
湖北	441	湖北省烟草公司老河口市公司	国烟专批字第22420815号	2000.6.1	2001.12.11
	442	湖北省烟草公司谷城县公司	国烟专批字第22420816号	2000.6.1	2001.12.11
	443	湖北省烟草公司保康县公司	国烟专批字第22420817号	2000.6.1	2001.12.11
	444	湖北省烟草公司宜城市公司	国烟专批字第22420818号	2000.6.1	2001.12.11
	445	湖北省烟草公司南漳县公司	国烟专批字第22420819号	2000.6.1	2001.12.11
	446	湖北省烟草公司当阳市公司	国烟专批字第22420820号	1998.12.24	2001.12.11
	447	湖北省烟草公司枝江市公司	国烟专批字第22420823号	1998.12.24	2001.12.11
	448	湖北省烟草公司远安县公司	国烟专批字第22420825号	1998.12.24	2001.12.11
	449	湖北省烟草公司五峰土家族自治县公司	国烟专批字第22420826号	1998.12.24	2001.12.11
	450	湖北省烟草公司长阳土家族自治县公司	国烟专批字第22420827号	1998.12.24	2001.12.11
	451	湖北省烟草公司秭归县公司	国烟专批字第22420828号	1998.12.24	2001.12.11
	452	湖北省烟草公司洪湖市公司	国烟专批字第22420837号	1998.12.24	2001.12.11
	453	湖北省烟草公司公安县公司	国烟专批字第22420839号	1998.12.24	2001.12.11
	454	湖北省烟草公司江陵县公司	国烟专批字第22420840号	1998.12.24	2001.12.11
	455	湖北省烟草公司阳新县公司	国烟专批字第22420858号	1998.12.24	2001.12.11
	456	湖北省烟草公司丹江口市公司	国烟专批字第22420860号	1998.12.24	2001.12.11
	457	湖北省烟草公司巴东县公司	国烟专批字第22420871号	1998.12.25	2001.12.11
	458	湖北省烟草公司襄阳县公司	国烟专批字第22420910号	2000.6.1	2001.12.11
	459	湖北省烟草公司恩施分公司（烟叶）	国烟专批字第25420037号	1999.3.24	2001.12.11
	460	湖北省烟草公司襄樊分公司（烟叶）	国烟专批字第25420134号	2000.6.1	2001.12.11
	461	湖北省烟草物资有限公司（物资）	国烟专批字第27420028号	1999.6.9	2001.12.11
湖南	462	中国烟草总公司湖南省公司	国烟专批字第21430183号	2001.10.16	2001.12.11
	463	湖南省烟草公司岳阳市公司	国烟专批字第21430184号	1998.12.3	2001.12.11
	464	湖南省烟草公司株洲市公司	国烟专批字第21430185号	2000.7.6	2001.12.11
	465	湖南省烟草公司永州市公司	国烟专批字第21430186号	2001.10.16	2001.12.11
	466	湖南省烟草公司衡阳市公司	国烟专批字第21430187号	2001.10.16	2001.12.11
	467	湖南省烟草公司娄底市公司	国烟专批字第21430188号	2000.12.4	2001.12.11
	468	湖南省烟草公司张家界市公司	国烟专批字第21430189号	2001.10.16	2001.12.11

省份	序号	企业名称	许可证编号	发证日期	延期登记时间
湖南	469	湖南省烟草公司怀化市公司	国烟专批字第21430190号	2001.10.6	2001.12.11
	470	湖南省湘南烟草集团有限责任公司	国烟专批字第21430191号	1998.12.4	2001.12.11
	471	湖南省烟草公司益阳市公司	国烟专批字第21430192号	1998.12.4	2001.12.11
	472	湖南省烟草公司长沙市公司	国烟专批字第21430352号	2000.8.30	2001.12.11
	473	湖南省烟草公司邵阳市公司	国烟专批字第21430353号	1998.12.4	2001.12.11
	474	湖南省烟草公司常德市公司	国烟专批字第21430364号	2000.8.30	2001.12.11
	475	湖南省烟草公司望城县公司	国烟专批字第22430481号	2000.8.30	2001.12.11
	476	湖南省烟草公司浏阳市公司	国烟专批字第22430482号	2000.8.30	2001.12.11
	477	湖南省烟草公司宁乡县公司	国烟专批字第22430483号	2000.8.30	2001.12.11
	478	湖南省烟草公司南县公司	国烟专批字第22430484号	1998.12.4	2001.12.11
	479	湖南省烟草公司沅江市公司	国烟专批字第22430485号	1998.12.4	2001.12.11
	480	湖南省烟草公司桃江县公司	国烟专批字第22430486号	1998.12.4	2001.12.11
	481	湖南省烟草公司安化县公司	国烟专批字第22430487号	1998.12.4	2001.12.11
	482	湖南省烟草公司湘乡县公司	国烟专批字第22430489号	2001.10.16	2001.12.11
	483	湖南省烟草公司韶山市公司	国烟专批字第22430490号	2001.10.16	2001.12.11
	484	湖南省烟草公司安乡县公司	国烟专批字第22430492号	1998.12.4	2001.12.11
	485	湖南省烟草公司澧县公司	国烟专批字第22430494号	2001.10.6	2001.12.11
	486	湖南省烟草公司临澧县公司	国烟专批字第22430495号	2002.1.21	2001.12.11
	487	湖南省烟草公司桃源县公司	国烟专批字第22430496号	1998.12.4	2001.12.11
	488	湖南省烟草公司石门县公司	国烟专批字第22430497号	1998.12.4	2001.12.11
	489	湖南省烟草公司津市市公司	国烟专批字第22430498号	1998.12.4	2001.12.11
	490	湖南省烟草公司桑植县公司	国烟专批字第22430499号	2001.10.16	2001.12.11
	491	湖南省烟草公司慈利县公司	国烟专批字第22430500号	2001.10.16	2001.12.11
	492	湖南省烟草公司双峰县公司	国烟专批字第22430501号	1998.12.7	2001.12.11
	493	湖南省烟草公司新化县公司	国烟专批字第22430502号	1998.12.3	2001.12.11
	494	湖南省烟草公司冷水江市公司	国烟专批字第22430503号	1998.12.7	2001.12.11
	495	湖南省烟草公司涟源市公司	国烟专批字第22430504号	1998.12.7	2001.12.11
	496	湖南省烟草公司株洲县公司	国烟专批字第22430505号	1998.12.7	2001.12.11

省份	序号	企业名称	许可证编号	发证日期	延期登记时间
湖南	497	湖南省烟草公司醴陵市公司	国烟专批字第 22430506 号	1998.12.7	2001.12.11
	498	湖南省烟草公司攸县公司	国烟专批字第 22430507 号	1998.12.7	2001.12.11
	499	湖南省烟草公司茶陵县公司	国烟专批字第 22430508 号	1998.12.7	2001.12.11
	500	湖南省烟草公司炎陵县公司	国烟专批字第 22430509 号	1998.12.7	2001.12.11
	501	湖南省烟草公司衡阳县公司	国烟专批字第 22430510 号	2001.10.16	2001.12.11
	502	湖南省烟草公司南岳区公司	国烟专批字第 22430511 号	2001.10.16	2001.12.11
	503	湖南省烟草公司衡南县公司	国烟专批字第 22430512 号	2001.10.16	2001.12.11
	504	湖南省烟草公司常宁市公司	国烟专批字第 22430513 号	2001.10.16	2001.12.11
	505	湖南省烟草公司衡东县公司	国烟专批字第 22430514 号	2001.10.16	2001.12.11
	506	湖南省烟草公司衡山县公司	国烟专批字第 22430515 号	1998.12.7	2001.12.11
	507	湖南省烟草公司祁东县公司	国烟专批字第 22430516 号	2001.10.16	2001.12.11
	508	湖南省烟草公司耒阳市公司	国烟专批字第 22430517 号	2001.10.16	2001.12.11
	509	湖南省烟草公司绥宁县公司	国烟专批字第 22430518 号	1998.12.4	2001.12.11
	510	湖南省烟草公司新宁县公司	国烟专批字第 22430519 号	1998.12.4	2001.12.11
	511	湖南省烟草公司隆回县公司	国烟专批字第 22430520 号	1998.12.7	2001.12.11
	512	湖南省烟草公司新邵县公司	国烟专批字第 22430521 号	1998.12.4	2001.12.11
	513	湖南省烟草公司邵阳县公司	国烟专批字第 22430522 号	1998.12.4	2001.12.11
	514	湖南省烟草公司洞口县公司	国烟专批字第 22430523 号	1998.12.4	2001.12.11
	515	湖南省烟草公司武冈县公司	国烟专批字第 22430525 号	1998.12.4	2001.12.11
	516	湖南省烟草公司城步县公司	国烟专批字第 22430526 号	1998.12.4	2001.12.11
	517	湖南省烟草公司辰溪县公司	国烟专批字第 22430528 号	1998.12.4	2001.12.11
	518	湖南省烟草公司溆浦县公司	国烟专批字第 22430529 号	2001.10.6	2001.12.11
	519	湖南省烟草公司麻阳县公司	国烟专批字第 22430530 号	2001.10.6	2001.12.11
	520	湖南省烟草公司洪江市公司	国烟专批字第 22430531 号	2001.10.6	2001.12.11
	521	湖南省烟草公司新晃县公司	国烟专批字第 22430533 号	1998.12.4	2001.12.11
	522	湖南省烟草公司芷江县公司	国烟专批字第 22430534 号	2001.10.6	2001.12.11
	523	湖南省烟草公司会同县公司	国烟专批字第 22430535 号	2001.10.6	2001.12.11
	524	湖南省烟草公司靖州县公司	国烟专批字第 22430536 号	1998.12.4	2001.12.11

省份	序号	企业名称	许可证编号	发证日期	延期登记时间
湖南	525	湖南省烟草公司汨罗市公司	国烟专批字第 22430538 号	1998.12.4	2001.12.11
	526	湖南省烟草公司岳阳县公司	国烟专批字第 22430539 号	1998.12.4	2001.12.11
	527	湖南省烟草公司湘阴县公司	国烟专批字第 22430540 号	1998.12.4	2001.12.11
	528	湖南省烟草公司平江县公司	国烟专批字第 22430541 号	1998.12.4	2001.12.11
	529	湖南省烟草公司临湘县公司	国烟专批字第 22430542 号	1998.12.4	2001.12.11
	530	湖南省烟草公司华容县公司	国烟专批字第 22430543 号	1998.12.4	2001.12.11
	531	湖南省烟草公司保靖县公司	国烟专批字第 22430546 号	2001.10.16	2001.12.11
	532	湖南省烟草公司花垣县公司	国烟专批字第 22430547 号	2001.10.16	2001.12.11
	533	湖南省烟草公司泸溪县公司	国烟专批字第 22430548 号	2001.10.16	2001.12.11
	534	湖南省烟草公司吉首市公司	国烟专批字第 22430550 号	1998.12.3	2001.12.11
	535	湖南省烟草公司古丈县公司	国烟专批字第 22430551 号	2001.10.16	2001.12.11
	536	湖南省烟草公司祁阳县公司	国烟专批字第 22430552 号	2001.10.16	2001.12.11
	537	湖南省烟草公司东安县公司	国烟专批字第 22430553 号	2001.10.16	2001.12.11
	538	湖南省烟草公司双牌县公司	国烟专批字第 22430554 号	2001.10.16	2001.12.11
	539	湖南省烟草公司江永县公司	国烟专批字第 22430555 号	1998.12.4	2001.12.11
	540	湖南省烟草公司新田县公司	国烟专批字第 22430556 号	2001.10.16	2001.12.11
	541	湖南省烟草公司蓝山县公司	国烟专批字第 22430557 号	2001.10.16	2001.12.11
	542	湖南省烟草公司宁远县公司	国烟专批字第 22430558 号	2001.10.16	2001.12.11
	543	湖南省烟草公司道县公司	国烟专批字第 22430559 号	2001.10.16	2001.12.11
	544	湖南省烟草公司江华县公司	国烟专批字第 22430560 号	2001.10.16	2001.12.11
	545	湖南省烟草公司资兴县公司	国烟专批字第 22430561 号	1998.12.4	2001.12.11
	546	湖南省烟草公司永兴县公司	国烟专批字第 22430563 号	1998.12.4	2001.12.11
	547	湖南省烟草公司桂阳县公司	国烟专批字第 22430564 号	1998.12.4	2001.12.11
	548	湖南省烟草公司嘉禾县公司	国烟专批字第 22430565 号	1998.12.4	2001.12.11
	549	湖南省烟草公司临武县公司	国烟专批字第 22430566 号	1998.12.4	2001.12.11
	550	湖南省烟草公司宜章县公司	国烟专批字第 22430567 号	1998.12.4	2001.12.11
	551	湖南省烟草公司汝城县公司	国烟专批字第 22430568 号	1998.12.4	2001.12.11
	552	湖南省烟草公司桂东县公司	国烟专批字第 22430569 号	1998.12.4	2001.12.11

省份	序号	企业名称	许可证编号	发证日期	延期登记时间
湖南	553	湖南省烟草公司郴县公司	国烟专批字第22430571号	1998.12.4	2001.12.11
	554	湖南省烟草公司长沙县公司	国烟专批字第22430983号	2000.8.30	2001.12.11
	555	湖南省烟草公司芝山区公司	国烟专批字第22460888号	2001.10.16	2001.12.11
	556	湖南省烟草公司郴州市北湖区公司	国烟专批字第22460892号	1999.3.4	2001.12.11
	557	湖南省烟草公司武陵源区公司	国烟专批字第22460893号	2001.10.16	2001.12.11
	558	中国烟草总公司湖南省公司（烟叶）	国烟专批字第25430115号	2001.10.16	2001.12.10
	559	湖南省烟草公司常德市公司（烟叶）	国烟专批字第25430105号	2001.10.16	2001.12.10
	560	湖南省烟草公司益阳市公司（烟叶）	国烟专批字第25430106号	1999.4.12	2001.12.10
	561	湖南省湘南烟草集团有限责任公司（烟叶）	国烟专批字第25430107号	1999.4.11	2001.12.10
	562	湖南省烟草公司永州市公司（烟叶）	国烟专批字第25430108号	2001.10.16	2001.12.10
	563	湖南省烟草公司怀化市公司（烟叶）	国烟专批字第25430109号	2001.10.16	2001.12.10
	564	湖南省烟草公司衡阳市公司（烟叶）	国烟专批字第25430110号	2001.10.16	2001.12.10
	565	湖南省烟草公司湘潭市公司（烟叶）	国烟专批字第25430112号	2001.10.16	2001.12.10
	566	湖南省烟草公司长沙市公司（烟叶）	国烟专批字第25430114号	1999.4.12	2001.12.10
	567	湖南省烟草公司沅陵县公司（烟叶）	国烟专批字第25430527号	2001.10.6	2001.12.11
	568	中国烟草总公司湖南省公司（物资）	国烟专批字第27430023号	1999.4.13	2001.12.11
广东	569	中国烟草总公司广东省公司	国烟专批字第21440240号	2000.9.25	2001.12.13
	570	广东烟草潮州市有限责任公司	国烟专批字第21440037号	1998.10.29	2001.12.13
	571	广东烟草惠州市有限责任公司	国烟专批字第21440038号	2000.9.25	2001.12.13
	572	广东烟草中山有限责任公司	国烟专批字第21440249号	1998.12.18	2001.12.13
	573	广东烟草佛山市有限责任公司	国烟专批字第21440251号	1998.12.18	2001.12.13
	574	广东烟草阳江市有限责任公司	国烟专批字第21440252号	1998.12.18	2001.12.13
	575	广东烟草茂名市有限责任公司	国烟专批字第21440253号	1999.11.15	2001.12.13
	576	广东烟草肇庆市有限责任公司	国烟专批字第21440254号	1998.12.18	2001.12.13
	577	广东烟草澄海市有限责任公司	国烟专批字第22440663号	1999.9.17	2001.12.13
	578	广东省烟草公司南澳县公司	国烟专批字第22440664号	1998.12.18	2001.12.13
	579	广东省烟草公司乳源瑶族自治县公司	国烟专批字第22440666号	1998.12.18	2001.12.13
	580	广东省烟草公司台山市公司	国烟专批字第22440669号	1999.4.14	2001.12.11

省份	序号	企业名称	许可证编号	发证日期	延期登记时间
广东	581	广东烟草顺德市有限公司	国烟专批字第22440672号	2000.3.16	2001.12.13
	582	广东省烟草公司佛冈县公司	国烟专批字第22440673号	1998.12.18	2001.12.13
	583	广东省烟草公司蕉岭县公司	国烟专批字第22440675号	1998.12.18	2001.12.13
	584	广东省烟草公司乐昌市公司	国烟专批字第22440676号	1998.12.18	2001.12.13
	585	广东省烟草公司兴宁市公司	国烟专批字第22440677号	1998.12.18	2001.12.13
	586	广东省烟草公司恩平市公司	国烟专批字第22440679号	1998.12.18	2001.12.13
	587	广东省烟草公司罗定市公司	国烟专批字第22440682号	1998.12.18	2001.12.13
	588	广东省烟草公司连州市公司	国烟专批字第22440684号	1998.12.18	2001.12.13
	589	广东省烟草公司翁源县公司	国烟专批字第22440686号	1998.12.18	2001.12.13
	590	广东省烟草公司曲江县公司	国烟专批字第22440687号	1998.12.18	2001.12.13
	591	广东省烟草公司丰顺县公司	国烟专批字第22440690号	1998.12.18	2001.12.13
	592	广东省烟草公司梅县公司	国烟专批字第22440694号	1998.12.18	2001.12.13
	593	广东省烟草公司徐闻县公司	国烟专批字第22440695号	1998.12.18	2001.12.13
	594	广东省烟草公司遂溪县公司	国烟专批字第22440696号	1998.12.18	2001.12.13
	595	广东省烟草公司饶平县公司	国烟专批字第22440700号	1998.12.18	2001.12.13
	596	广东省烟草公司揭西县公司	国烟专批字第22440703号	1998.12.18	2001.12.13
	597	广东省烟草公司廉江市公司	国烟专批字第22440705号	1998.12.18	2001.12.13
	598	广东省烟草公司平远县公司	国烟专批字第22440706号	1998.12.18	2001.12.13
	599	广东省烟草公司仁化县公司	国烟专批字第22440707号	1998.12.18	2001.12.13
	600	广东省烟草公司阳山县公司	国烟专批字第22440708号	1998.12.18	2001.12.13
	601	广东省烟草公司化州市公司	国烟专批字第22440711号	1998.12.18	2001.12.13
	602	广东省烟草公司大埔县公司	国烟专批字第22440714号	1998.12.18	2001.12.13
	603	广东省烟草公司新丰县公司	国烟专批字第22440715号	1998.12.18	2001.12.13
	604	广东省烟草公司阳西县公司	国烟专批字第22440718号	1998.12.18	2001.12.13
	605	广东省烟草公司阳春市公司	国烟专批字第22440719号	1998.12.18	2001.12.13
	606	广东省烟草公司阳东县公司	国烟专批字第22440720号	1998.12.18	2001.12.13
	607	广东省烟草公司信宜市公司	国烟专批字第22440722号	1998.12.18	2001.12.13
	608	广东省烟草公司始兴县公司	国烟专批字第22440723号	1998.12.18	2001.12.13

省份	序号	企业名称	许可证编号	发证日期	延期登记时间
广东	609	广东省烟草公司连山壮族瑶族自治县烟草公司	国烟专批字第 22440726 号	1998.12.18	2001.12.13
	610	广东省烟草公司连南瑶族自治县烟草公司	国烟专批字第 22440727 号	1998.12.18	2001.12.13
	611	广东省烟草公司清新县公司	国烟专批字第 22440728 号	1998.12.18	2001.12.13
	612	广东省烟草公司郁南县公司	国烟专批字第 22440729 号	1998.12.18	2001.12.13
	613	广东省烟草公司陆河县公司	国烟专批字第 22440730 号	1998.12.18	2001.12.13
	614	广东省烟草公司吴川市公司	国烟专批字第 22440731 号	1998.12.18	2001.12.13
	615	广东省烟草公司雷州市公司	国烟专批字第 22440732 号	1998.11.19	2001.12.13
	616	广东省烟草公司从化市公司	国烟专批字第 22440975 号	2000.1.27	2001.12.13
	617	广东省烟草公司花都市公司	国烟专批字第 22440976 号	2000.1.27	2001.12.13
	618	广东省烟草公司增城市公司	国烟专批字第 22440977 号	2000.1.27	2001.12.13
	619	中国烟草总公司广东省公司（烟叶）	国烟专批字第 25440116 号	1999.4.14	2001.12.12
	620	广东梅州烟叶复烤有限公司（烟叶）	国烟专批字第 25440133 号	2000.5.18	2001.12.12
	621	广东省烟草物资有限公司（物资）	国烟专批字第 27440024 号	1999.4.14	2001.12.12
广西	622	广西壮族自治区烟草公司贵港分公司	国烟专批字第 21450219 号	1999.3.25	2001.12.13
	623	广西壮族自治区烟草公司钦州分公司	国烟专批字第 21450221 号	1998.12.16	2001.12.13
	624	广西壮族自治区烟草公司防城港分公司	国烟专批字第 21450222 号	1998.12.16	2001.12.13
	625	广西壮族自治区烟草公司梧州分公司	国烟专批字第 21450223 号	1998.12.16	2001.12.13
	626	广西壮族自治区南宁烟草有限责任公司	国烟专批字第 21450341 号	2001.11.5	2001.12.13
	627	广西壮族自治区柳州烟草有限责任公司	国烟专批字第 21450342 号	2001.11.5	2001.12.13
	628	广西壮族自治区烟草公司玉林分公司	国烟专批字第 21450344 号	2000.2.23	2001.12.13
	629	广西南宁烟草（集团）有限责任公司邕宁县分公司	国烟专批字第 22450629 号	1999.11.22	2001.12.13
	630	广西南宁烟草（集团）有限公司武鸣县分公司	国烟专批字第 22450630 号	1998.12.16	2001.12.13
	631	广西壮族自治区烟草公司来宾县公司	国烟专批字第 22450633 号	1998.12.16	2001.12.13
	632	广西壮族自治区烟草公司陆川县公司	国烟专批字第 22450637 号	1998.12.16	2001.12.13
	633	广西壮族自治区烟草公司宜州市公司	国烟专批字第 22450638 号	1998.12.16	2001.12.13
	634	广西河池烟草有限责任公司南丹分公司	国烟专批字第 22450640 号	1998.12.17	2001.12.13
	635	广西壮族自治区烟草富川瑶族自治县公司	国烟专批字第 22450644 号	1999.11.22	2001.12.13
	636	广西壮族自治区烟草公司钟山县公司	国烟专批字第 22450645 号	1999.9.13	2001.12.13

省份	序号	企业名称	许可证编号	发证日期	延期登记时间
广西	637	广西壮族自治区烟草公司岑溪市公司	国烟专批字第22450647号	1998.12.17	2001.12.13
	638	广西南宁烟草集团南宁烟草购销有限责任公司（烟叶）	国烟专批字第25450053号	1999.3.25	2001.12.12
	639	广西甲天下烟草集团柳州烟草购销有限责任公司（烟叶）	国烟专批字第25450054号	1999.3.25	2001.12.12
	640	广西壮族自治区烟草公司玉林分公司（烟叶）	国烟专批字第25450055号	1999.11.22	2001.12.12
	641	广西甲天下烟草集团河池烟草有限责任公司（烟叶）	国烟专批字第25450057号	1999.3.25	2001.12.12
	642	广西壮族自治区烟草公司梧州分公司（烟叶）	国烟专批字第25450130号	1999.12.9	2001.12.12
海南	643	中国烟草总公司海南省公司	国烟专批字第21460260号	2001.8.20	2001.12.13
	644	海南省烟草公司海口市公司	国烟专批字第21460261号	1998.12.20	2001.12.15
	645	海南省烟草公司三亚市分公司	国烟专批字第21460262号	1999.4.26	2001.12.15
	646	海南省烟草公司琼海市分公司	国烟专批字第21460263号	1998.12.20	2001.12.15
	647	海南省烟草公司洋浦经济开发区分公司	国烟专批字第21460293号	1999.4.26	2001.12.15
	648	海南省烟草公司临高县公司	国烟专批字第22460743号	1999.4.26	2001.12.15
	649	海南省烟草公司琼山市公司	国烟专批字第22460745号	1999.4.26	2001.12.15
	650	海南省烟草公司儋州市分公司	国烟专批字第22460746号	1998.1.20	2001.12.15
	651	海南省烟草公司通什市公司	国烟专批字第22460748号	1999.4.26	2001.12.16
	652	海南省烟草公司陵水黎族自治县公司	国烟专批字第22460749号	1999.04.26	2001.12.15
	653	海南省烟草公司定安县公司	国烟专批字第22460750号	1999.4.26	2001.12.15
	654	海南省烟草公司保亭黎族苗族自治县公司	国烟专批字第22460751号	1999.4.26	2001.12.15
	655	海南省烟草公司东方市公司	国烟专批字第22460752号	1999.4.26	2001.12.15
	656	海南省烟草公司白沙黎族自治县公司	国烟专批字第22460753号	1999.4.26	2001.12.15
	657	海南省烟草公司乐东黎族自治县公司	国烟专批字第22460754号	1999.4.26	2001.12.15
	658	海南省烟草公司昌江黎族自治县公司	国烟专批字第22460755号	1998.12.22	2001.12.15
	659	海南省烟草公司琼中黎族苗族自治县公司	国烟专批字第22460756号	1999.4.26	2001.12.15
	660	海南省烟草公司澄迈县公司	国烟专批字第22460994号	2001.2.10	2001.12.15
深圳	661	深圳市烟草宝安公司	国烟专批字第22480627号	1999.3.4	2001.12.16
	662	深圳市烟草龙岗公司	国烟专批字第22480628号	1999.3.4	2001.12.16
	663	深圳市烟草物资公司（物资）	国烟专批字第27480003号	1999.3.4	2001.12.13
四川	664	四川省烟草公司德阳分公司	国烟专批字第21510195号	1998.12.14	2001.12.10

省份	序号	企业名称	许可证编号	发证日期	延期登记时间
四川	665	四川省烟草公司达州分公司	国烟专批字第21510198号	1998.12.14	2001.12.10
	666	四川省烟草公司自贡分公司	国烟专批字第21510200号	1998.12.14	2001.12.10
	667	四川省烟草公司泸州分公司	国烟专批字第21510202号	1998.12.14	2001.12.10
	668	四川省烟草公司南充分公司	国烟专批字第21510205号	1998.12.14	2001.12.10
	669	四川省烟草公司雅安分公司	国烟专批字第21510206号	1998.12.14	2001.12.10
	670	四川省烟草公司绵阳分公司	国烟专批字第21510208号	1998.12.14	2001.12.10
	671	四川省烟草公司巴中分公司	国烟专批字第21510210号	1998.12.14	2001.12.10
	672	四川省烟叶生产购销公司（烟叶）	国烟专批字第25510076号	1999.3.30	2001.12.10
	673	四川省烟草公司达州分公司（烟叶）	国烟专批字第25510079号	1999.3.30	2001.12，10
	674	四川省烟草公司巴中分公司（烟叶）	国烟专批字第25510080号	1999.3.30	2001.12.10
	675	四川省烟草公司攀枝花分公司（烟叶）	国烟专批字第25510081号	1999.3.30	2001.12.10
	676	四川省烟草公司德阳分公司（烟叶）	国烟专批字第25510082号	1999.3.30	2001.12.10
	677	四川省烟草公司泸州分公司（烟叶）	国烟专批字第25510084号	1999.3.30	2001.12.10
	678	四川省烟草公司广元分公司（烟叶）	国烟专批字第25510086号	1999.3.30	2001.12.10
	679	四川省烟草物资公司（物资）	国烟专批字第27510013号	1999.3.30	2001.12.10
贵州	680	贵州省卷烟销售公司	国烟专批字第21520224号	1999.1.13	2001.12.13
	681	贵州省烟草公司铜仁分公司	国烟专批字第21520225号	1999.1.13	2001.12.13
	682	贵州省烟草公司六盘水市分公司	国烟专批字第21520226号	1999.1.13	2001.12.13
	683	贵州省烟草公司遵义市分公司	国烟专批字第21520228号	1999.1.13	2001.12.13.
	684	贵州省烟草公司黔南分公司	国烟专批字第21520229号	1999.1.13	2001.12.13
	685	贵州省烟草公司黔东南分公司	国烟专批字第21520230号	1999.1.13	2001.12.13
	686	贵州省烟叶生产购销公司（烟叶）	国烟专批字第25520089号	1999.4.6	2001.12.13
	687	贵州省铜仁烟草分公司（烟叶）	国烟专批字第25520092号	1999.4.2	2001.12.13
	688	贵州省烟草公司六盘水市分公司（烟叶）	国烟专批字第25520093号	1999.4.2	2001.12.13
	689	贵州省黔东南烟草分公司（烟叶）	国烟专批字第25520094号	1999.4.2	2001.12.13
	690	贵州省遵义市烟草分公司（烟叶）	国烟专批字第25520096号	1999.4.2	2001.12.13
	691	贵州省黔南烟草分公司（烟叶）	国烟专批字第25520098号	1999.4.2	2001.12.13
	692	贵州省遵义烟叶有限公司（烟叶）	国烟专批字第25520136号	2000.7.4	2001.12.13

省份	序号	企业名称	许可证编号	发证日期	延期登记时间
贵州	693	贵州省烟草物资公司（物资）	国烟专批字第27520017号	1999.4.6	2001.12.13
云南	694	云南省烟草西双版纳傣族自治州公司	国烟专批字第21530306号	1998.12.24	2001.12.15
	695	云南省烟草保山地区公司	国烟专批字第21530308号	1998.12.24	2001.12.15
	696	云南省烟草丽江地区公司	国烟专批字第21530309号	1998.12.24	2001.12.15
	697	云南省烟草文山州公司	国烟专批字第21530310号	1998.12.24	2001.12.15
	698	云南省烟草思茅地区公司	国烟专批字第21530311号	1998.12.24	2001.12.15
	699	云南省烟草怒江州公司	国烟专批字第21530312号	1998.12.24	2001.12.15
	700	云南省烟草德宏州公司	国烟专批字第21530313号	1998.12.24	2001.12.15
	701	云南省烟草临沧地区公司	国烟专批字第21530314号	1998.12.24	2001.12.15
	702	云南省烟草东川市公司	国烟专批字第21530315号	1998.12.24	2001.12.15
	703	云南省烟草昭通地区公司	国烟专批字第21530316号	1998.12.24	2001.12.15
	704	云南红塔集团楚雄州烟草公司	国烟专批字第21530317号	1998.12.24	2001.12.15
	705	云南省烟草红河州公司	国烟专批字第21530318号	1998.12.24	2001.12.15
	706	迪庆藏族自治州烟草商贸有限责任公司	国烟专批字第21530320号	1998.12.24	2001.12.15
	707	云南省烟草烟叶公司（烟叶）	国烟专批字第25530061号	1999.3.26	2001.12.15
	708	云南省烟草思茅地区公司（烟叶）	国烟专批字第25530062号	1999.3.26	2001.12.15
	709	云南省烟草昆明市公司（烟叶）	国烟专批字第25530065号	1999.3.26	2001.12.15
	710	云南省烟草文山州公司（烟叶）	国烟专批字第25530066号	1999.3.26	2001.12.15
	711	云南省烟草保山地区公司（烟叶）	国烟专批字第25530068号	1999.3.26	2001.12.15
	712	云南省烟草昭通地区公司（烟叶）	国烟专批字第25530069号	1999.3.26	2001.12.15
	713	云南省烟草红河州公司（烟叶）	国烟专批字第25530071号	1999.3.26	2001.12.15
	714	云南红塔集团楚雄州烟草公司（烟叶）	国烟专批字第25530072号	1999.3.26	2001.12.15
	715	云南烟草保山香料有限责任公司（烟叶）	国烟专批字第25530129号	1999.11.30	2001.12.15
重庆	716	重庆市卷烟销售公司	国烟专批字第21550323号	1999.2.9	2001.12.10
	717	重庆市烟草公司万州分公司	国烟专批字第21550324号	1999.2.9	2001.12.10
	718	重庆市烟草公司涪陵分公司	国烟专批字第21550325号	1999.2.9	2001.12.10
	719	重庆市烟草公司黔江分公司	国烟专批字第21550326号	1999.2.9	2001.12.10
	720	重庆烟叶生产购销有限责任公司（烟叶）	国烟专批字第25550002号	1999.2.9	2001.12.10

省份	序号	企业名称	许可证编号	发证日期	延期登记时间
云南	721	重庆市烟草公司黔江分公司（烟叶）	国烟专批字第25550003号	1999.2.9	2001.12.10
	722	重庆市烟草公司涪陵分公司（烟叶）	国烟专机字第25550004号	1999.2.9	2001.12.10
	723	重庆市烟草公司万州分公司（烟叶）	国烟专批字第25550005号	1999.2.9	2001.12.10
	724	重庆金益烟草有限责任公司（烟叶）	国烟专批字第25550131号	2000.1.13	2001.12.10
	725	重庆烟草物资公司（物资）	国烟专批字第27550002号	1999.2.9	2001.12.10
陕西	726	中国烟草总公司陕西省公司	国烟专批字第21610264号	2000.7.2	2001.12.20
	727	陕西省烟草公司商洛分公司	国烟专批字第21610267号	2000.10.23	2001.12.11
	728	陕西省烟草公司延安分公司	国烟专批字第21610268号	1998.12.23	2001.12.11
	729	陕西省烟草公司咸阳分公司	国烟专批字第21610269号	2000.7.3	2001.12.11
	730	陕西省烟草公司宝鸡分公司	国烟专批字第21610270号	2000.7.30	2001.12.11
	731	陕西省烟草公司铜川分公司	国烟专批字第21610272号	2000.7.3	2001.12.11
	732	陕西省烟草公司安康分公司	国烟专批字第21610273号	2000.10.23	2001.12.11
	733	陕西省烟草公司汉中分公司	国烟专机字第21610274号	1999.11.19	2001.12.11
	734	陕西省烟草公司长安县公司	国烟专批字第22610757号	1998.12.23	2001.12.11
	735	陕西省烟草公司临潼区公司	国烟专批字第22610759号	1998.12.23	2001.12.11
	736	陕西省烟草公司陇县公司	国烟专批字第22610760号	1998.12.23	2001.12.11
	737	陕西省烟草公司千阳县公司	国烟专批字第22610761号	1998.12.23	2001.12.11
	738	陕西省烟草公司宜川县公司	国烟专批字第22610762号	1998.12.23	2001.12.11
	739	陕西省烟草公司黄龙县公司	国烟专批字第22610763号	1998.12.23	2001.12.11
	740	陕西省烟草公司黄陵县公司	国烟专批字第22610766号	1998.12.23	2001.12.11
	741	陕西省烟草公司洛南县公司	国烟专批字第22610773号	1998.12.23	2001.12.11
	742	陕西省烟草公司靖边县公司	国烟专批字第22610780号	1998.12.23	2001.12.11
	743	陕西省烟草公司汉阴县公司	国烟专批字第22610781号	1998.12.23	2001.12.11
	744	陕西省烟草公司平利县公司	国烟专批字第22610782号	1998.12.23	2001.12.11
	745	陕西省烟草公司旬阳县公司	国烟专批字第22610783号	1998.12.23	2001.12.11
	746	陕西省烟草公司紫阳县公司	国烟专批字第22610784号	1998.12.23	2001.12.11
	747	陕西省烟草公司白河县公司	国烟专批字第22610785号	1998.12.23	2001.12.11
	748	陕西省烟草公司石泉县公司	国烟专批字第22610786号	1998.12.23	2001.12.11

省份	序号	企业名称	许可证编号	发证日期	延期登记时间
陕西	749	陕西省烟草公司永寿县公司	国烟专批字第22610794号	1998.12.23	2001.12.11
	750	陕西省烟草公司乾县公司	国烟专批字第22610796号	1998.12.23	2001.12.11
	751	陕西省烟草公司彬县公司	国烟专批字第22610797号	1998.12.23	2001.12.11
	752	陕西省烟草公司淳化县公司	国烟专批字第22610798号	1998.12.23	2001.12.11
	753	陕西省烟草公司兴平市公司	国烟专批字第22610799号	1998.12.23	2001.12.11
	754	陕西省烟草公司长武县公司	国烟专批字第22610800号	1998.12.23	2001.12.11
	755	陕西省烟草公司礼泉县公司	国烟专批字第22610801号	1998.12.23	2001.12.11
	756	陕西省烟草公司三原县公司	国烟专批字第22610802号	1998.12.23	2001.12.11
	757	陕西省烟草公司泾阳县公司	国烟专批字第22610803号	1998.12.23	2001.12.11
	758	汉中烟草集团城固县烟草有限公司	国烟专批字第22610805号	1998.12.23	2001.12.11
	759	汉中烟草集团略阳县烟草有限公司	国烟专批字第22610810号	1998.12.23	2001.12.11
	760	陕西省烟草公司耀县公司	国烟专批字第22610812号	1998.12.23	2001.12.11
	761	陕西省烟草公司咸阳茂陵公司	国烟专批字第22610882号	1999.3.2	2001.12.12
	762	陕西省神府煤田烟草公司	国烟专批字第22610883号	1999.3.2	2001.12.11
	763	陕西省烟草公司榆林市公司	国烟专批字第22610981号	2000.7.3	2001.12.11
	764	中国烟草总公司陕西省公司（烟叶）	国烟专批字第25610087号	2000.7.3	2001.12.11
	765	中国烟草总公司陕西省公司（物资）	国烟专批字第27610014号	2000.7.3	2001.12.11
甘肃	766	甘肃省烟草公司兰州分公司	国烟专批字第21620346号	2000.4.27	2001.12.11
	767	甘肃省烟草公司卷烟销售分公司	国烟专批字第21620133号	1998.11.23	2001.12.11
	768	甘肃省烟草公司张掖分公司	国烟专批字第21620135号	1998.11.23	2001.12.11
	769	甘肃省烟草公司天水分公司	国烟专批字第21620136号	1998.11.23	2001.12.11
	770	甘肃省烟草公司陇南分公司	国烟专批字第21620139号	1998.11.23	2001.12.11
	771	甘肃省烟草公司金昌分公司	国烟专批字第21620140号	1998.11.10	2001.12.11
	772	甘肃省烟草公司酒泉分公司	国烟专批字第21620141号	1998.11.23	2001.12.11
	773	甘肃省烟草公司敦煌分公司	国烟专批字第21620142号	2000.4.26	2001.12.11
	774	甘肃省烟草公司临夏分公司	国烟专批字第21620336号	1998.11.10	2001.12.11
	775	甘肃省烟草公司庆阳分公司	国烟专批字第21620347号	2000.4.26	2001.12.11
	776	甘肃省烟草公司武威分公司	国烟专批字第21620348号	2000.4.27	2001.12.11

省份	序号	企业名称	许可证编号	发证日期	延期登记时间
甘肃	777	甘肃省烟草公司渭源县公司	国烟专批字第22620343号	1998.11.24	2001.12.11
	778	甘肃省烟草公司临洮县公司	国烟专批字第22620344号	1998.11.24	2001.12.11
	779	甘肃省烟草公司岷县公司	国烟专批字第22620345号	1998.11.24	2001.12.11
	780	甘肃省烟草公司漳县公司	国烟专批字第22620346号	1998.11.24	2001.12.11
	781	甘肃省烟草公司临泽县公司	国烟专批字第22620350号	1998.11.24	2001.12.11
	782	甘肃省烟草公司高台县公司	国烟专批字第22620351号	1998.11.24	2001.12.11
	783	甘肃省烟草公司甘谷县公司	国烟专批字第22620352号	1998.11.23	2001.12.11
	784	甘肃省烟草公司秦安县公司	国烟专批字第22620353号	1998.11.23	2001.12.11
	785	甘肃省烟草公司武山县公司	国烟专批字第22620354号	1998.11.23	2001.12.11
	786	甘肃省烟草公司庄浪县公司	国烟专批字第22620357号	1998.11.24	2001.12.11
	787	甘肃省烟草公司华亭县公司	国烟专批字第22620358号	1998.11.23	2001.12.11
	788	甘肃省烟草公司崇信县公司	国烟专批字第22620359号	1998.11.23	2001.12.11
	789	甘肃省烟草公司泾川县公司	国烟专批字第22620360号	1998.11.23	2001.12.11
	790	甘肃省烟草公司靖远县公司	国烟专批字第22620363号	1998.11.24	2001.12.11
	791	甘肃省烟草公司文县公司	国烟专批字第22620364号	1998.11.23	2001.12.11
	792	甘肃省烟草公司徽县公司	国烟专批字第22620365号	1998.11.23	2001.12.11
	793	甘肃省烟草公司宕昌县公司	国烟专批字第22620366号	1998.11.23	2001.12.11
	794	甘肃省烟草公司礼县公司	国烟专批字第22620367号	1998.11.23	2001.12.11
	795	甘肃省烟草公司康县公司	国烟专批字第22620368号	1998.11.23	2001.12.11
	796	甘肃省烟草公司西和县公司	国烟专批字第22620369号	1998.11.23	2001.12.11
	797	甘肃省烟草公司两当县公司	国烟专批字第22620371号	1998.11.23	2001.12.11
	798	甘肃省烟草公司永昌县公司	国烟专批字第22620372号	1998.11.24	2001.12.13
	799	甘肃省烟草公司玉门市公司	国烟专批字第22620373号	1998.11.24	2001.12.11
	800	甘肃省烟草公司酒泉市公司	国烟专批字第22620374号	1998.11.24	2001.12.11
	801	甘肃省烟草公司榆中县公司	国烟专批字第22620375号	2000.4.6	2001.12.11
	802	甘肃省烟草公司民勤县公司	国烟专批字第22620378号	1998.11.24	2001.12.11
	803	甘肃省烟草公司庆阳县公司	国烟专批字第22620381号	1998.11.24	2001.12.11
	804	甘肃省烟草公司华池县公司	国烟专批字第22620383号	1998.11.24	2001.12.11

省份	序号	企业名称	许可证编号	发证日期	延期登记时间
甘肃	805	甘肃省烟草公司兰州市红古区公司	国烟专批字第22620922号	1999.4.2	2001.12.11
	806	甘肃省烟草公司兰州市安宁区公司	国烟专批字第22620924号	2000.4.6	2001.12.11
	807	甘肃省烟草公司平川区公司	国烟专批字第22620925号	1999.4.2	2001.12.11
	808	甘肃省烟叶物资公司（物资）	国烟专批字第27620019号	1999.4.6	2001.12.11
青海	809	青海省烟草公司海西分公司	国烟专批字第21630322号	1998.12.24	2001.12.11
宁夏	810	宁夏回族自治区烟草公司	国烟专批字第21640257号	1998.12.21	2001.12.12
	811	宁夏回族自治区烟草公司石嘴山市分公司	国烟专批字第21640258号	1998.12.21	2001.12.12
	812	宁夏回族自治区烟草公司吴忠市分公司	国烟专批字第21640337号	1998.12.21	2001.12.12
	813	宁夏回族自治区烟草公司贺兰县公司	国烟专批字第22640734号	1998.12.21	2001.12.12
	814	宁夏回族自治区烟草公司永宁县公司	国烟专批字第22640735号	1998.12.21	2001.12.12
	815	宁夏回族自治区烟草公司青铜峡市公司	国烟专批字第22640736号	1998.12.21	2001.12.12
	816	宁夏回族自治区烟草公司中宁县公司	国烟专批字第22640740号	1998.12.21	2001.12.12
新疆	817	新疆区烟草公司哈密分公司	国烟专批字第21650235号	1998.12.1	2001.12.11
	818	新疆区烟草公司石河子分公司	国烟专批字第21650239号	1998.12.1	2001.12.11
	819	新疆烟叶生产开发有限责任公司（烟叶）	国烟专批字第25650018号	1999.2.1	2001.12.11
西藏	820	西藏自治区烟草公司	国烟专批字第21540328号	1999.3.17	2001.12.10
	821	西藏自治区烟草公司日喀则地区烟草公司	国烟专批字第21540331号	1999.3.17	2001.12.10

二、特种烟草专卖经营企业许可证

总公司	1	中国卷烟销售公司	国烟专特批字第31000001号	1999.4.13	2001.12.20
总公司	2	北京市卷烟销售公司	国烟专特批字第31110003号	1998.10.26	2001.12.10
	3	北京市三业隆烟草糖酒销售有限公司	国烟专特批字第31110001号	1998.11.6	2001.12.10
	4	北京市平谷烟草有限公司	国烟专特批字第31110002号	1998.11.6	2001.12.10
	5	北京市东城烟草有限公司	国烟专特批字第31110004号	1998.11.6	2001.12.10
	6	北京市西城烟草有限公司	国烟专特批字第31110005号	1998.11.6	2001.12.10
	7	北京市崇文烟草有限公司	国烟专特批字第31110006号	1998.11.6	2001.12.10
	8	北京市宣武烟草有限公司	国烟专特批字第31110007号	1998.11.6	2001.12.10
	9	北京市朝阳烟草有限公司	国烟专特批字第31110008号	1998.11.6	2001.12.10

省份	序号	企业名称	许可证编号	发证日期	延期登记时间
北京	10	北京市丰台烟草有限公司	国烟专特批字第31110010号	1998.11.6	2001.12.10
	11	北京市石景山烟草有限公司	国烟专特批字第31110011号	1998.11.6	2001.12.10
	12	北京市门头沟烟草有限公司	国烟专特批字第31110012号	1998.11.6	2001.12.10
	13	北京市通州烟草有限公司	国烟专特批字第31110014号	1998.11.6	2001.12.10
	14	北京市大兴烟草有限责任公司	国烟专特批字第31110015号	1998.11.6	2001.12.10
	15	北京市昌平烟草有限公司	国烟专特批字第31110016号	1998.11.6	2001.12.25
	16	北京市顺义烟草有限公司	国烟专特批字第31110017号	1998.11.6	2001.12.10
	17	北京市延庆烟草有限公司	国烟专特批字第31110018号	1998.11.6	2001.12.10
	18	北京市密云烟草有限公司	国烟专特批字第31110019号	1998.11.6	2001.12.10
天津	19	天津市卷烟销售公司	国烟专特批字第31120020号	1998.10.23	2001.12.11
	20	天津市塘沽区烟草公司	国烟专特批字第32120015号	1998.10.23	2001.12.11
	21	天津市大港烟草公司	国烟专特批字第32120016号	1998.10.23	2001.12.11
	22	天津市烟草公司汉沽分公司	国烟专特批字第31120257号	1999.4.21	2001.12.11
河北	23	河北省卷烟销售公司	国烟专特批字第31130159号	1998.11.27	2001.12.11
	24	河北省烟草公司石家庄分公司	国烟专特批字第31130160号	1998.11.27	2001.12.11
	25	河北省烟草公司秦皇岛分公司	国烟专特批字第31130162号	2001.6.14	2001.12.11
	26	河北省烟草公司承德分公司	国烟专特批字第31130163号	1998.11.27	2001.12.11
	27	河北省烟草公司唐山分公司	国烟专特批字第31130164号	1998.11.27	2001.12.11
	28	河北省烟草公司沧州分公司	国烟专特批字第31130165号	1998.11.27	2001.12.11
	29	河北省烟草公司廊坊分公司	国烟专特批字第31130166号	1998.11.27	2001.12.11
	30	河北省烟草公司保定分公司	国烟专特批字第31130167号	2001.6.14	2001.12.11
	31	河北省烟草公司衡水分公司	国烟专特批字第31130168号	1998.11.27	2001.12.11
	32	河北省烟草公司邢台分公司	国烟专特批字第31130169号	1998.11.27	2001.12.11
山西	33	山西省烟草公司阳泉市公司	国烟专特批字第31140147号	1998.11.20	2001.12.15
	34	山西省烟草公司吕梁分公司	国烟专特批字第31140156号	1998.11.20	2001.12.15
	35	山西省烟草公司大同市公司	国烟专特批字第31140261号	1998.11.20	2001.12.15
内蒙古	36	内蒙古自治区烟草公司兴安分公司	国烟专特批字第31150032号	1998.10.28	2001.12.18
	37	内蒙古自治区烟草公司通辽分公司	国烟专特批字第31150033号	1999.10.20	2001.12.18

省份	序号	企业名称	许可证编号	发证日期	延期登记时间
内蒙古	38	内蒙古自治区烟草公司呼和浩特分公司	国烟专特批字第31150035号	1998.10.27	2001.12.18
	39	内蒙古自治区烟草公司海拉尔市公司	国烟专特批字第31150039号	1998.10.28	2001.12.18
	40	内蒙古自治区烟草公司额尔古纳市公司	国烟专特批字第32150024号	1998.10.28	2001.12.18
	41	内蒙古自治区烟草公司呼伦贝尔分公司	国烟专特批字第32150025号	1998.10.28	2001.12.18
	42	内蒙古自治区烟草公司锡林郭勒驻张分公司	国烟专特批字第32150026号	1998.10.28	2001.12.18
	43	内蒙古自治区烟草公司乌兰察布分公司	国烟专特批字第32150027号	1999.10.20	2001.12.18
	44	内蒙古自治区烟草公司鄂尔多斯分公司	国烟专特批字第32150028号	2001.9.26	2001.12.18
	45	内蒙古自治区烟草公司阿尔山市公司	国烟专特批字第32150029号	1998.10.28	2001.12.18
辽宁	46	辽宁省卷烟销售公司	国烟专特批字第31210043号	1998.11.2	2001.12.13
	47	辽宁省烟草公司大石桥市公司	国烟专特批字第31210046号	1998.11.2	2001.12.13
	48	中国烟草总公司辽宁省锦州分公司	国烟专特批字第32210034号	1998.11.2	2001.12.13
	49	中国烟草总公司辽宁省铁岭分公司	国烟专特批字第32210036号	1998.11.2	2001.12.13
	50	中国烟草总公司辽宁省盘锦分公司	国烟专特批字第32210038号	2001.2.21	2001.12.13
	51	中国烟草总公司辽宁省葫芦岛分公司	国烟专特批字第32210039号	1998.11.2	2001.12.13
	52	辽宁省烟草公司岫岩满族自治县公司	国烟专特批字第32210040号	2001.6.30	2001.12.13
	53	辽宁省烟草公司海城市公司	国烟专特批字第32210041号	2001.3.12	2001.12.13
	54	辽宁省烟草公司本溪满族自治县公司	国烟专特批字第32210047号	1999.6.30	2001.12.13
	55	辽宁省烟草公司恒仁满族自治县公司	国烟专特批字第32210048号	1998.11.2	2001.12.13
	56	辽宁省烟草公司凌海市公司	国烟专特批字第32210053号	1998.11.3	2001.12.13
	57	辽宁省烟草公司北宁市公司	国烟专特批字第32210054号	1998.11.3	2001.12.13
	58	辽宁省烟草公司灯塔市公司	国烟专特批字第32210059号	1998.11.3	2001.12.13
	59	辽宁省辽阳县烟草公司	国烟专特批字第32210060号	1998.11.3	2001.12.13
	60	辽宁省烟草公司西丰县公司	国烟专特批字第32210063号	1998.11.2	2001.12.13
	61	辽宁省烟草公司兴城市公司	国烟专特批字第32210071号	1998.11.2	2001.12.13
	62	辽宁省烟草公司绥中县公司	国烟专特批字第32210072号	1998.11.2	2001.12.13
	63	辽宁省南芬烟草公司	国烟专特批字第32210365号	1999.5.4	2001.12.13
黑龙江	64	中国烟草总公司黑龙江省公司卷烟经理部	国烟专特批字第31230107号	1998.11.18	2001.12.12
	65	黑龙江省烟草公司齐齐哈尔分公司	国烟专特批字第31230109号	1998.11.18	2001.12.12

省份	序号	企业名称	许可证编号	发证日期	延期登记时间
黑龙江	66	黑龙江省烟草公司佳木斯分公司	国烟专特批字第31230111号	1998.11.18	2001.12.12
	67	黑龙江省烟草公司黑河分公司	国烟专特批字第31230113号	1998.11.18	2001.12.12
	68	黑龙江省烟草公司大庆分公司	国烟专特批字第31230114号	1998.11.19	2001.12.12
	69	黑龙江省烟草公司鸡西分公司	国烟专特批字第31230115号	1998.11.18	2001.12.12
	70	黑龙江省烟草公司双鸭山分公司	国烟专特批字第31230116号	1998.11.18	2001.12.12
	71	黑龙江省烟草公司伊春分公司	国烟专特批字第31230117号	1998.11.19	2001.12.12
	72	黑龙江省烟草公司七台河分公司	国烟专特批字第31230118号	2001.6.20	2001.12.12
大连	73	大连市烟草公司	国烟专特批字第31250021号	1998.10.23	2001.12.17
	74	大连市烟草公司普兰店市分公司	国烟专特批字第31250022号	1998.10.23	2001.12.17
	75	大连市烟草公司瓦房店市分公司	国烟专特批字第31250023号	1998.10.23	2001.12.17
	76	大连市烟草公司庄河市分公司	国烟专特批字第31250024号	1998.10.23	2001.12.17
	77	大连市烟草公司旅顺口区分公司	国烟专特批字第31250025号	1998.10.23	2001.12.17
	78	大连市烟草公司金州区分公司	国烟专特批字第31250026号	1998.10.23	2001.12.17
	79	大连市烟草公司开发区分公司	国烟专特批字第31250027号	1998.10.23	2001.12.17
上海	80	上海烟草集团上海烟草贸易中心	国烟专特批字第31310088号	1998.11.13	2001.12.10
	81	上海烟草集团黄浦烟草糖酒有限公司	国烟专特批字第32310165号	1998.11.13	2001.12.10
	82	上海烟草集团虹口烟草糖酒有限公司	国烟专特批字第32310166号	1998.11.13	2001.12.10
	83	上海捷强烟草糖酒有限公司	国烟专特批字第32310167号	1998.11.13	2001.12.10
	84	上海烟草集团崇明烟草糖酒有限公司	国烟专特批字第32310168号	1998.11.13	2001.12.10
	85	上海烟草集团金山烟草糖酒有限公司	国烟专特批字第32310169号	1998.11.13	2001.12.10
	86	上海烟草集团闵行烟草糖酒有限公司	国烟专特批字第32310170号	1998.11.13	2001.12.10
	87	上海烟草集团青浦烟草糖酒有限公司	国烟专特批字第32310171号	1998.11.13	2001.12.10
	88	上海烟草集团松江烟草糖酒有限公司	国烟专特批字第32310172号	1998.11.13	2001.12.10
	89	上海烟草集团奉贤烟草糖酒有限公司	国烟专特批字第32310173号	1998.11.13	2001.12.10
	90	上海烟草集团嘉定烟草糖酒有限公司	国烟专特批字第32310174号	1998.11.13	2001.12.10
	91	上海烟草集团南汇烟草糖酒有限公司	国烟专特批字第32310175号	1998.11.13	2001.12.10
	92	上海烟草集团闸北烟草糖酒有限公司	国烟专特批字第32310176号	1998.11.13	2001.12.10
	93	上海烟草集团徐汇烟草糖酒有限公司	国烟专特批字第32310177号	1998.11.13	2001.12.10

省份	序号	企业名称	许可证编号	发证日期	延期登记时间
上海	94	上海烟草集团静安烟草糖酒有限公司	国烟专特批字第32310178号	1998.11.13	2001.12.10
	95	上海烟草集团杨浦烟草糖酒有限公司	国烟专特批字第32310179号	1998.11.13	2001.12.10
	96	上海烟草集团宝山烟草糖酒有限公司	国烟专特批字第32310180号	1998.11.13	2001.12.10
	97	上海烟草集团南市烟草糖酒有限公司	国烟专特批字第32310181号	1998.11.13	2001.12.10
	98	上海烟草集团普陀烟草糖酒有限公司	国烟专特批字第32310182号	1998.11.13	2001.12.10
	99	上海烟草集团卢湾烟草糖酒有限公司	国烟专特批字第32310183号	1998.11.13	2001.12.10
	100	上海烟草集团浦东烟草糖酒有限公司	国烟专特批字第32310184号	1998.11.13	2001.12.10
	101	上海烟草集团长宁烟草糖酒有限公司	国烟专特批字第32310185号	1998.11.13	2001.12.10
江苏	102	江苏省卷烟销售公司	国烟专特批字第31320061号	1999.5.19	2001.12.10
	103	江苏省烟草公司南京分公司	国烟专特批字第31320062号	1999.5.19	2001.12.10
	104	江苏省烟草公司无锡分公司	国烟专特批字第31320063号	1998.11.10	2001.12.10
	105	江苏省烟草公司徐州分公司	国烟专特批字第31320064号	1999.5.19	2001.12.10
	106	江苏省烟草公司常州分公司	国烟专特批字第31320065号	1998.11.10	2001.12.10
	107	江苏省烟草公司苏州分公司	国烟专特批字第31320066号	1999.4.6	2001.12.10
	108	江苏省烟草公司南通分公司	国烟专特批字第31320067号	1998.11.10	2001.12.10
	109	江苏省烟草公司连云港分公司	国烟专特批字第31320068号	1999.5.19	2001.12.10
	110	江苏省烟草公司淮安分公司	国烟专特批字第31320069号	2001.5.11	2001.12.10
	111	江苏省烟草公司盐城分公司	国烟专特批字第31320070号	1999.5.19	2001.12.10
	112	江苏省烟草公司扬州分公司	国烟专特批字第31320071号	1999.5.19	2001.12.10
	113	江苏省烟草公司镇江分公司	国烟专特批字第31320072号	1999.5.19	2001.12.10
	114	江苏省烟草公司泰州分公司	国烟专特批字第31320073号	1998.11.10	2001.12.10
	115	江苏省烟草公司张家港市公司	国烟专特批字第32320125号	1998.11.11	2001.12.10
	116	江苏省烟草公司江宁县公司	国烟专特批字第32320126号	1998.11.11	2001.12.10
	117	江苏省烟草公司江浦县公司	国烟专特批字第32320127号	1998.11.11	2001.12.10
	118	江苏省烟草公司六合县公司	国烟专特批字第32320128号	1998.11.11	2001.12.10
	119	江苏省烟草公司溧水县公司	国烟专特批字第32320129号	1998.11.11	2001.12.10
	120	江苏省烟草公司高淳县公司	国烟专特批字第32320130号	1998.11.11	2001.12.10
	121	江苏省烟草公司江阴市公司	国烟专特批字第32320131号	1998.11.11	2001.12.10

省份	序号	企业名称	许可证编号	发证日期	延期登记时间
江苏	122	江苏省烟草公司宜兴市公司	国烟专特批字第32320132号	1998.11.11	2001.12.10
	123	江苏省烟草公司锡山市公司	国烟专特批字第32320133号	2000.4.14	2001.12.10
	124	江苏省烟草公司溧阳市公司	国烟专特批字第32320134号	1998.11.11	2001.12.10
	125	江苏省烟草公司武进市公司	国烟专特批字第32320135号	1998.11.11	2001.12.10
	126	江苏省烟草公司金坛市公司	国烟专特批字第32320136号	1998.11.11	2001.12.10
	127	江苏省烟草公司常熟市公司	国烟专特批字第32320137号	1998.11.11	2001.12.10
	128	江苏省烟草公司昆山市公司	国烟专特批字第32320138号	1998.11.11	2001.12.10
	129	江苏省烟草公司太仓市公司	国烟专特批字第32320139号	1998.11.11	2001.12.10
	130	江苏省烟草公司吴县市公司	国烟专特批字第32320140号	1998.11.11	2001.12.10
	131	江苏省烟草公司如东县公司	国烟专特批字第32320142号	1998.11.11	2001.12.10
	132	江苏省烟草公司启东市公司	国烟专特批字第32320143号	1998.11.11	2001.12.10
	133	江苏省烟草公司如皋市公司	国烟专特批字第32320144号	1998.11.11	2001.12.10
	134	江苏省烟草公司海门市公司	国烟专特批字第32320145号	1998.11.11	2001.12.10
	135	江苏省烟草公司通州市公司	国烟专特批字第32320146号	1998.11.11	2001.12.10
	136	江苏省烟草公司赣榆县公司	国烟专特批字第32320147号	1998.11.11	2001.12.10
	137	江苏省烟草公司东海县公司	国烟专特批字第32320148号	1998.11.11	2001.12.10
	138	江苏省烟草公司灌云县公司	国烟专特批字第32320149号	1998.11.11	2001.12.10
	139	江苏省烟草公司响水县公司	国烟专特批字第32320150号	1998.11.11	2001.12.10
	140	江苏省烟草公司射阳县公司	国烟专特批字第32320151号	1998.11.11	2001.12.10
	141	江苏省烟草公司东台市公司	国烟专特批字第32320152号	1998.11.11	2001.12.10
	142	江苏省烟草公司大丰市公司	国烟专特批字第32320153号	1998.11.11	2001.12.10
	143	江苏省烟草公司扬州市邗江区公司	国烟专特批字第32320155号	2001.9.18	2001.12.10
	144	江苏省烟草公司仪征市公司	国烟专特批字第32320156号	2001.9.18	2001.12.10
	145	江苏省烟草公司高邮市公司	国烟专特批字第32320157号	1998.11.11	2001.12.10
	146	江苏省烟草公司江都市公司	国烟专特批字第32320158号	1998.11.11	2001.12.10
	147	江苏省烟草公司丹徒县公司	国烟专特批字第32320159号	1998.11.11	2001.12.10
	148	江苏省烟草公司丹阳市公司	国烟专特批字第32320160号	1998.11.11	2001.12.10
	149	江苏省烟草公司句容市公司	国烟专特批字第32320161号	1998.11.11	2001.12.10

省份	序号	企业名称	许可证编号	发证日期	延期登记时间
江苏	150	江苏省烟草公司扬中市公司	国烟专特批字第32320162号	1998.11.11	2001.12.10
	151	江苏省烟草公司泰兴市公司	国烟专特批字第32320163号	2001.11.7	2001.12.10
	152	江苏省烟草公司姜堰市公司	国烟专特批字第32320164号	1998.11.11	2001.12.10
	153	江苏省烟草公司吴江市公司	国烟专特批字第32320364号	1999.4.6	2001.12.10
浙江	154	浙江省卷烟销售公司	国烟专特批字第31330049号	1998.11.4	2001.12.13
	155	浙江省烟草公司杭州分公司	国烟专特批字第31330050号	1998.11.4	2001.12.13
	156	浙江省烟草公司宁波分公司	国烟专特批字第31330051号	1998.11.4	2001.12.13
	157	浙江省烟草公司温州分公司	国烟专特批字第31330052号	1998.11.4	2001.12.13
	158	浙江省烟草公司嘉兴分公司	国烟专特批字第31330053号	1998.11.4	2001.12.13
	159	浙江省烟草公司湖州分公司	国烟专特批字第31330054号	1998.11.4	2001.12.13
	160	浙江省烟草公司绍兴分公司	国烟专特批字第31330055号	1998.11.5	2001.12.13
	161	浙江省烟草公司金华分公司	国烟专特批字第31330056号	1998.11.4	2001.12.13
	162	浙江省烟草公司衢州分公司	国烟专特批字第31330057号	2001.6.7	2001.12.13
	163	浙江省烟草公司丽水分公司	国烟专特批字第31330058号	1998.11.4	2001.12.13
	164	浙江省烟草公司台州分公司	国烟专特批字第31330059号	1998.11.4	2001.12.13
	165	浙江省烟草公司舟山分公司	国烟专特批字第31330060号	1998.11.4	2001.12.13
	166	浙江省烟草公司萧山市公司	国烟专特批字第32330074号	1998.11.4	2001.12.13
	167	浙江省烟草公司桐庐县公司	国烟专特批字第32330075号	1998.11.4	2001.12.13
	168	浙江省烟草公司余杭市公司	国烟专特批字第32330076号	2001.8.10	2001.12.13
	169	浙江省烟草公司富阳市公司	国烟专特批字第32330077号	1998.11.4	2001.12.13
	170	浙江省烟草公司建德市公司	国烟专特批字第32330078号	1998.11.4	2001.12.13
	171	浙江省烟草公司鄞县公司	国烟专特批字第32330079号	1998.11.4	2001.12.13
	172	浙江省烟草公司余姚市公司	国烟专特批字第32330080号	1998.11.4	2001.12.13
	173	浙江省烟草公司象山县公司	国烟专特批字第32330081号	1998.11.4	2001.12.13
	174	浙江省烟草公司慈溪市公司	国烟专特批字第32330082号	1998.11.4	2001.12.13
	175	浙江省烟草公司宁波市北仑区公司	国烟专特批字第32330083号	1998.11.4	2001.12.13
	176	浙江省烟草公司奉化市公司	国烟专特批字第32330084号	1998.11.4	2001.12.13
	177	浙江省烟草公司宁波市镇海区公司	国烟专特批字第32330085号	1998.11.4	2001.12.13

省份	序号	企业名称	许可证编号	发证日期	延期登记时间
浙江	178	浙江省烟草公司宁海县公司	国烟专特批字第32330086号	1998.11.4	2001.12.13
	179	浙江省烟草公司洞头县公司	国烟专特批字第32330087号	1998.11.4	2001.12.13
	180	浙江省烟草公司瑞安市公司	国烟专特批字第32330088号	1998.11.4	2001.12.13
	181	浙江省烟草公司苍南县公司	国烟专特批字第32330089号	1998.11.4	2001.12.13
	182	浙江省烟草公司乐清市公司	国烟专特批字第32330090号	1998.11.4	2001.12.13
	183	浙江省烟草公司平阳县公司	国烟专特批字第32330091号	1998.11.4	2001.12.13
	184	浙江省烟草公司海盐县公司	国烟专特批字第32330092号	1998.11.4	2001.12.13
	185	浙江省烟草公司海宁市公司	国烟专特批字第32330093号	1998.11.4	2001.12.13
	186	浙江省烟草公司平湖市公司	国烟专特批字第32330094号	1998.11.4	2001.12.13
	187	浙江省烟草公司嘉善县公司	国烟专特批字第32330095号	1998.11.4	2001.12.13
	188	浙江省烟草公司桐乡市公司	国烟专特批字第32330096号	1998.11.4	2001.12.13
	189	浙江省烟草公司安吉县公司	国烟专特批字第32330097号	1998.11.4	2001.12.13
	190	浙江省烟草公司长兴县公司	国烟专特批字第32330098号	1998.11.4	2001.12.13
	191	浙江省烟草公司德清县公司	国烟专特批字第32330099号	1998.11.4	2001.12.13
	192	浙江省烟草公司嵊州市公司	国烟专特批字第32330100号	1998.11.4	2001.12.13
	193	浙江省烟草公司新昌县公司	国烟专特批字第32330101号	1998.11.4	2001.12.13
	194	浙江省烟草公司诸暨市公司	国烟专特批字第32330102号	1998.11.4	2001.12.13
	195	浙江省烟草公司上虞市公司	国烟专特批字第32330103号	1998.11.4	2001.12.13
	196	浙江省烟草公司兰溪市公司	国烟专特批字第32330104号	1998.11.4	2001.12.13
	197	浙江省烟草公司浦江县公司	国烟专特批字第32330105号	1998.11.4	2001.12.13
	198	浙江省烟草公司义乌市公司	国烟专特批字第32330106号	1998.11.4	2001.12.13
	199	浙江省烟草公司武义县公司	国烟专特批字第32330107号	1998.11.4	2001.12.13
	200	浙江省烟草公司东阳市公司	国烟专特批字第32330108号	1998.11.4	2001.12.13
	201	浙江省烟草公司永康市公司	国烟专特批字第32330109号	1998.11.4	2001.12.13
	202	浙江省烟草公司常山县公司	国烟专特批字第32330110号	1998.11.4	2001.12.13
	203	浙江省烟草公司开化县公司	国烟专特批字第32330111号	1998.11.4	2001.12.13
	204	浙江省烟草公司江山市公司	国烟专特批字第32330112号	1998.11.4	2001.12.13
	205	浙江省烟草公司龙泉县公司	国烟专特批字第32330113号	1998.11.4	2001.12.13

省份	序号	企业名称	许可证编号	发证日期	延期登记时间
浙江	206	浙江省烟草公司缙云县公司	国烟专特批字第32330114号	1998.11.4	2001.12.13
	207	浙江省烟草公司青田县公司	国烟专特批字第32330115号	1998.11.4	2001.12.13
	208	浙江省烟草公司三门县公司	国烟专特批字第32330116号	2001.7.10	2001.12.13
	209	浙江省烟草公司黄岩区公司	国烟专特批字第32330117号	1998.11.4	2001.12.13
	210	浙江省烟草公司温岭市公司	国烟专特批字第32330119号	1998.11.4	2001.12.13
	211	浙江省烟草公司天台县公司	国烟专特批字第32330120号	2001.7.10	2001.12.13
	212	浙江省烟草公司岱山县公司	国烟专特批字第32330121号	1998.11.4	2001.12.13
	213	浙江省烟草公司嵊泗县公司	国烟专特批字第32330122号	1998.11.4	2001.12.13
	214	浙江省烟草公司舟山市普陀区公司	国烟专特批字第32330123号	1998.11.4	2001.12.13
安徽	215	中国烟草总公司安徽省公司卷烟销售部	国烟专特批字第31340158号	1998.11.26	2001.12.13
福建	216	福建省烟草公司	国烟专特批字第31350232号	1998.12.23	2001.12.13
	217	福建省烟草公司福州分公司	国烟专特批字第32350339号	1998.12.23	2001.12.14
	218	福建省烟草公司厦门分公司	国烟专特批字第32350340号	1998.12.23	2001.12.15
	219	福建省烟草公司宁德分公司	国烟专特批字第32350341号	1998.12.23	2001.12.16
	220	福建省烟草公司莆田分公司	国烟专特批字第32350342号	1998.12.23	2001.12.17
	221	福建省烟草公司泉州分公司	国烟专特批字第32350343号	1998.12.23	2001.12.18
	222	福建省烟草公司漳州分公司	国烟专特批字第32350344号	1998.12.23	2001.12.19
	223	福建省烟草公司龙岩分公司	国烟专特批字第32350345号	1998.12.23	2001.12.20
	224	福建省烟草公司三明分公司	国烟专特批字第32350346号	1998.12.23	2001.12.21
	225	福建省烟草公司南平分公司	国烟专特批字第32350347号	1998.12.23	2001.12.22
江西	226	江西省烟草公司上饶分公司	国烟专特批字第31360122号	1998.11.23	2001.12.13
	227	江西省烟草公司鹰潭分公司	国烟专特批字第31360126号	2001.3.22	2001.12.13
	228	江西省烟草公司赣州分公司	国烟专特批字第31360127号	1998.11.23	2001.12.13
	229	江西省烟草公司抚州分公司	国烟专特批字第31360129号	1998.11.23	2001.12.13
	230	江西省烟草公司萍乡分公司	国烟专特批字第31360130号	1998.11.23	2001.12.13
	231	江西省烟草公司丰城市公司	国烟专特批字第32360186号	1998.11.23	2001.12.13
山东	232	山东济南烟草有限公司	国烟专特批字第31370090号	2000.9.7	2001.12.13
	233	山东青岛烟草有限公司	国烟专特批字第31370091号	2000.9.7	2001.12.13

省份	序号	企业名称	许可证编号	发证日期	延期登记时间
山东	234	山东枣庄烟草有限公司	国烟专特批字第31370092号	2001.10.16	2001.12.13
	235	山东东营烟草有限公司	国烟专特批字第31370093号	2000.9.7	2001.12.13
	236	山东烟台烟草有限公司	国烟专特批字第31370094号	2000.9.7	2001.12.13
	237	山东潍坊烟草有限公司	国烟专特批字第31370095号	2001.10.6	2001.12.13
	238	山东济宁烟草有限公司	国烟专特批字第31370096号	2000.9.7	2001.12.13
	239	山东泰安烟草有限公司	国烟专特批字第31370097号	2000.9.7	2001.12.13
	240	山东威海烟草有限公司	国烟专特批字第31370098号	2000.9.7	2001.12.13
	241	山东日照烟草有限公司	国烟专特批字第31370099号	2000.9.7	2001.12.13
	242	山东莱芜烟草有限公司	国烟专特批字第31370100号	2000.9.7	2001.12.13
	243	山东临沂烟草有限公司	国烟专特批字第31370101号	2000.9.7	2001.12.13
	244	山东德州烟草有限公司	国烟专特批字第31370102号	2000.9.7	2001.12.13
	245	山东聊城烟草有限公司	国烟专特批字第31370103号	2000.9.7	2001.12.13
	246	山东滨州烟草有限公司	国烟专特批字第31370104号	2000.9.9	2001.12.13
	247	山东菏泽烟草有限公司	国烟专特批字第31370105号	2000.9.7	2001.12.13
	248	山东淄博烟草有限公司	国烟专特批字第31370106号	2000.9.7	2001.12.13
	249	山东济宁烟草有限公司曲阜分公司	国烟专特批字第31370259号	2000.9.7	2001.12.13
河南	250	河南省卷烟销售公司	国烟专特批字第31410075号	1998.11.12	2001.12.10
	251	河南省烟草公司南阳分公司	国烟专特批字第31410076号	1998.11.12	2001.12.10
	252	河南省烟草公司新乡分公司	国烟专特批字第31410077号	1998.11.10	2001.12.10
	253	河南省烟草公司安阳分公司	国烟专特批字第31410078号	1998.11.10	2001.12.10
	254	河南省烟草公司许昌分公司	国烟专特批字第31410079号	1998.11.12	2001.12.10
	255	河南省烟草公司濮阳分公司	国烟专特批字第31410081号	1998.11.12	2001.12.10
	256	河南省烟草公司周口分公司	国烟专特批字第31410083号	1999.6.9	2001.12.10
	257	河南省烟草公司平顶山分公司	国烟专特批字第31410084号	1998.11.12	2001.12.10
	258	河南省烟草公司郑州分公司	国烟专特批字第31410085号	1998.11.12	2001.12.10
	259	河南省烟草公司焦作分公司	国烟专特批字第31410086号	1998.11.10	2001.12.10
	260	河南省烟草公司济源分公司	国烟专特批字第31410087号	1998.11.10	2001.12.10
	261	河南省烟草公司鹤壁分公司	国烟专特批字第31410249号	1999.3.17	2001.12.10

省份	序号	企业名称	许可证编号	发证日期	延期登记时间
河南	262	河南省烟草公司信阳分公司	国烟专特批字第31410252号	1999.3.17	2001.12.10
	263	河南省烟草公司漯河分公司	国烟专特批字第31410254号	1998.3.17	2001.12.10
	264	河南省烟草公司三门峡分公司	国烟专特批字第31410253号	1999.3.17	2001.12.10
湖北	265	中国烟草总公司湖北省烟草公司	国烟专特批字第31420234号	1998.12.25	2001.12.13
	266	武汉烟草（集团）有限公司	国烟专特批字第31420235号	1998.12.25	2001.12.13
湖南	267	中国烟草总公司湖南省公司	国烟专特批字第31430171号	2001.10.16	2001.12.14
	268	湖南省烟草公司怀化市公司	国烟专特批字第31430172号	2001.10.16	2001.12.14
	269	湖南省烟草公司邵阳市公司	国烟专特批字第31430173号	1998.12.3	2001.12.14
	270	湖南省烟草公司衡阳市公司	国烟专特批字第31430175号	2001.10.16	2001.12.14
	271	湖南省烟草公司常德市公司	国烟专特批字第31430176号	2001.10.16	2001.12.14
	272	湖南省烟草公司益阳市公司	国烟专特批字第31430179号	1998.12.3	2001.12.14
	273	湖南省烟草公司永州市公司	国烟专特批字第31430180号	2001.10.16	2001.12.14
	274	湖南省烟草公司湘潭市公司	国烟专特批字第31430181号	2001.12.3	2001.12.14
	275	湖南省烟草公司岳阳市公司	国烟专特批字第31430182号	1998.12.3	2001.12.14
	276	湖南省烟草公司长沙市公司	国烟专特批字第31430183号	1998.12.3	2001.12.14
	277	湖南省湘南烟草集团有限责任公司	国烟专特批字第31430184号	1998.12.4	2001.12.14
广州	278	中国烟草公司广东省公司	国烟专特批字第31440209号	1998.12.17	2001.12.14
	279	广东烟草潮州市有限责任公司	国烟专特批字第31440040号	1998.10.29	2001.12.14
	280	广东烟草惠州市有限责任公司	国烟专特批字第31440042号	2000.9.25	2001.12.14
	281	广东烟草汕头市有限责任公司	国烟专特批字第31440215号	1998.12.17	2001.12.14
	282	广东烟草中山有限责任公司	国烟专特批字第31440219号	1998.12.17	2001.12.14
	283	广东烟草佛山市有限责任公司	国烟专特批字第31440221号	1998.12.17	2001.12.14
	284	广东烟草阳江市有限责任公司	国烟专特批字第31440222号	1998.12.17	2001.12.14
	285	广东烟草茂名市有限责任公司	国烟专特批字第31440223号	1999.11.15	2001.12.14
	286	广东烟草肇庆市有限责任公司	国烟专特批字第31440224号	1998.12.17	2001.12.14
	287	广东烟草澄海市有限责任公司	国烟专特批字第32440251号	1999.9.17	2001.12.14
	288	广东省烟草公司南澳县公	国烟专特批字第32440252号	1998.12.17	2001.12.14
	289	广东省烟草公司乳源瑶族自治县公司	国烟专特批字第32440254号	1998.12.17	2001.12.14

省份	序号	企业名称	许可证编号	发证日期	延期登记时间
广州	290	广东省烟草公司台山市公司	国烟专特批字第32440257号	1999.4.14	2001.12.14
	291	广东烟草顺德市有限公司	国烟专特批字第32440260号	2000.3.16	2001.12.14
	292	广东省烟草公司佛冈县公司	国烟专特批字第32440262号	1998.12.17	2001.12.14
	293	广东省烟草公司蕉岭县公司	国烟专特批字第32440264号	1998.12.17	2001.12.14
	294	广东省烟草公司乐昌市公司	国烟专特批字第32440265号	1998.12.17	2001.12.14
	295	广东省烟草公司兴宁市公司	国烟专特批字第32440266号	1998.12.17	2001.12.14
	296	广东省烟草公司恩平市公司	国烟专特批字第32440269号	1998.12.17	2001.12.14
	297	广州天河烟草有限公司	国烟专特批字第32440371号	2000.11.1	2001.12.14
	298	广东省烟草公司罗定市公司	国烟专特批字第32440272号	1998.12.17	2001.12.14
	299	广东省烟草公司连州市公司	国烟专特批字第32440274号	1998.12.17	2001.12.14
	300	广东省烟草公司翁源县公司	国烟专特批字第32440276号	1998.12.17	2001.12.14
	301	广东省烟草公司曲江县公司	国烟专特批字第32440277号	1998.12.17	2001.12.14
	302	广东省烟草公司丰顺县公司	国烟专特批字第32440280号	1998.12.17	2001.12.14
	303	广东省烟草公司梅县公司	国烟专特批字第32440284号	1998.12.17	2001.12.14
	304	广东省烟草公司徐闻县公司	国烟专特批字第32440285号	1998.12.17	2001.12.14
	305	广东省烟草公司饶平县公司	国烟专特批字第32440290号	1998.12.18	2001.12.14
	306	广东省烟草公司揭西县公司	国烟专特批字第32440294号	1998.12.18	2001.12.14
	307	广东省烟草公司廉江市公司	国烟专特批字第32440295号	1998.12.18	2001.12.14
	308	广东省烟草公司平远县公司	国烟专特批字第32440296号	1998.12.17	2001.12.14
	309	广东省烟草公司从化市公司	国烟专特批字第32440297号	1998.12.18	2001.12.14
	310	广东省烟草公司花都市公司	国烟专特批字第32440302号	1998.12.18	2001.12.14
	311	广州白云烟草有限公司	国烟专特批字第32440370号	2000.11.1	2001.12.14
	312	广州海珠烟草有限公司	国烟专特批字第32440372号	2000.11.1	2001.12.14
	313	广州芳村烟草有限公司	国烟专特批字第32440373号	2000.11.1	2001.12.14
	314	广州黄埔烟草有限公司	国烟专特批字第32440374号	2000.11.1	2001.12.14
广西	315	广西壮族自治区烟草公司防城港分公司	国烟专特批字第31450198号	1998.12.15	2001.12.14
	316	广西壮族自治区烟草公司钦州分公司	国烟专特批字第31450200号	1998.12.15	2001.12.14
	317	广西壮族自治区烟草公司玉林分公司	国烟专特批字第31450201号	1999.11.22	2001.12.14

省份	序号	企业名称	许可证编号	发证日期	延期登记时间
广西	318	广西壮族自治区烟草公司贵港分公司	国烟专特批字第31450202号	1998.12.15	2001.12.14
	319	广西壮族自治区烟草公司梧州分公司	国烟专特批字第31450203号	1998.12.16	2001.12.14
	320	广西壮族自治区柳州烟草有限责任公司	国烟专特批字第31450255号	2001.11.5	2001.12.14
	321	广西壮族自治区南宁烟草有限责任公司	国烟专特批字第31450256号	2001.11.5	2001.12.14
	322	广西南宁烟草（集团）有限公司武鸣县分公司	国烟专特批字第32450218号	1998.12.16	2001.12.14
	323	广西壮族自治区烟草公司陆川县公司	国烟专特批字第32450224号	1999.3.25	2001.12.14
	324	广西壮族自治区烟草公司来宾县公司	国烟专特批字第32450225号	1998.12.16	2001.12.14
	325	广西壮族自治区烟草公司宜州市公司	国烟专特批字第32450226号	1998.12.16	2001.12.14
	326	广西壮族自治区烟草公司富川瑶族自治县公司	国烟专特批字第32450230号	1999.11.23	2001.12.14
	327	广西壮族自治区烟草公司钟山县公司	国烟专特批字第32450231号	1999.9.13	2001.12.14
	328	广西壮族自治区烟草公司岑溪市公司	国烟专特批字第32450233号	1998.12.16	2001.12.14
湖南	329	中国烟草总公司海南省公司	国烟专特批字第31460228号	2001.8.20	2001.12.14
	330	海南省烟草公司三亚市分公司	国烟专特批字第31460229号	1999.4.26	2001.12.14
	331	海南省烟草公司海口市公司	国烟专特批字第31460230号	1998.12.20	2001.12.14
	332	海南省烟草公司琼海市分公司	国烟专特批字第32460311号	1998.12.20	2001.12.14
	333	海南省烟草公司通什市公司	国烟专特批字第32460312号	1999.4.26	2001.12.14
海南	334	海南省烟草公司琼山市公司	国烟专特批字第32460313号	1999.4.26	2001.12.14
	335	海南省烟草公司儋州市公司	国烟专特批字第32460314号	1998.12.20	2001.12.14
	336	海南省烟草公司东方市公司	国烟专特批字第32460316号	1999.4.26	2001.12.14
	337	海南省烟草公司陵水黎族自治县公司	国烟专特批字第32460318号	1999.4.26	2001.12.14
	338	海南省烟草公司定安县公司	国烟专特批字第32460319号	1999.4.26	2001.12.14
	339	海南省烟草公司临高县公司	国烟专特批字第32460320号	1999.4.26	2001.12.14
	340	海南省烟草公司乐东黎族自治县公司	国烟专特批字第32460321号	1999.4.26	2001.12.14
	341	海南省烟草公司白沙黎族自治县公司	国烟专特批字第32460322号	1998.12.20	2001.12.14
	342	海南省烟草公司保亭黎族苗族自治县公司	国烟专特批字第32460323号	1999.4.26	2001.12.14
	343	海南省烟草公司昌江黎族自治县公司	国烟专特批字第32460324号	1998.12.22	2001.12.14
	344	海南省烟草公司琼中黎族苗族自治县公司	国烟专特批字第32460326号	1999.4.26	2001.12.14
	345	海南省烟草公司洋浦经济开发区公司	国烟专特批字第32460327号	1999.4.26	2001.12.14

省份	序号	企业名称	许可证编号	发证日期	延期登记时间
海南	346	海南省烟草公司澄迈县公司	国烟专特批字第32460375号	2001.2.10	2001.12.14
深圳	347	深圳市烟草罗湖公司	国烟专特批字第31480188号	1998.12.14	2001.12.14
	348	深圳市烟草福田公司	国烟专特批字第31480189号	2000.7.11	2001.12.14
	349	深圳市烟草南山公司	国烟专特批字第31480190号	2000.7.11	2001.12.14
	350	深圳市烟草宝安公司	国烟专特批字第31480191号	1998.12.14	2001.12.14
	351	深圳市烟草龙岗公司	国烟专特批字第31480192号	1998.12.14	2001.12.14
	352	深圳市烟草沙头角分公司	国烟专特批字第31480194号	1998.12.14	2001.12.14
贵州	353	贵州省卷烟销售公司	国烟专特批字第31520207号	1999.1.13	2001.12.13
	354	贵州省烟草公司铜仁分公司	国烟专特批字第32520237号	1999.1.13	2001.12.13
	355	贵州省烟草公司黔东南分公司	国烟专特批字第32520238号	1999.1.13	2001.12.13
	356	贵州省烟草公司六盘水市分公司	国烟专特批字第32520239号	1999.1.13	2001.12.13
	357	贵州省烟草公司黔南分公司	国烟专特批字第31520241号	1999.1.13	2001.12.13
	358	贵州省烟草公司遵义市分公司	国烟专特批字第32520243号	1999.1.13	2001.12.13
云南	359	云南省烟草昆明市公司	国烟专特批字第32530350号	1998.11.24	2001.12.15
	360	云南省烟草临沧地区公司	国烟专特批字第32530352号	1998.11.24	2001.12.15
	361	云南省烟草思茅地区公司	国烟专特批字第32530354号	1998.11.24	2001.12.15
重庆	362	重庆市卷烟销售公司	国烟专特批字第31550237号	1999.2.9	2001.12.10
	363	重庆市烟草公司渝中区分公司	国烟专特批字第31550238号	1999.2.9	2001.12.10
	364	重庆市烟草公司江北区分公司	国烟专特批字第31550239号	1999.2.9	2001.12.10
	365	重庆市烟草公司九龙坡区分公司	国烟专特批字第31550240号	1999.2.9	2001.12.10
	366	重庆市烟草公司北碚区分公司	国烟专特批字第31550241号	1999.2.9	2001.12.10
	367	重庆市烟草公司大足公司	国烟专特批字第31550242号	1999.2.9	2001.12.10
	368	重庆市烟草公司长寿公司	国烟专特批字第31550243号	1999.2.9	2001.12.10
	369	重庆市烟草公司涪陵分公司	国烟专特批字第31550244号	1999.2.9	2001.12.10
	370	重庆市烟草公司黔江分公司	国烟专特批字第31550245号	1999.2.9	2001.12.10
	371	重庆市烟草公司沙坪坝区分公司	国烟专特批字第32550357号	1999.2.9	2001.12.10
	372	重庆市烟草公司南岸区分公司	国烟专特批字第32550358号	1999.2.9	2001.12.10
	373	重庆市烟草公司渝北区分公司	国烟专特批字第32550359号	1999.2.9	2001.12.10

省份	序号	企业名称	许可证编号	发证日期	延期登记时间
重庆	374	重庆市烟草公司巴南区分公司	国烟专特批字第32550360号	1999.2.9	2001.12.10
	375	重庆市烟草公司合川分公司	国烟专特批字第32550361号	1999.2.9	2001.12.10
	376	重庆市烟草公司永川分公司	国烟专特批字第32550362号	1999.2.9	2001.12.10
	377	重庆市烟草公司江津分公司	国烟专特批字第32550363号	1999.2.9	2001.12.10
陕西	378	中国烟草总公司陕西省公司	国烟专特批字第31610231号	2000.7.3	2001.12.11
	379	陕西省烟草公司宝鸡分公司	国烟专特批字第32610331号	2000.7.30	2001.12.11
	380	陕西省烟草公司咸阳分公司	国烟专特批字第32610332号	2000.7.3	2001.12.11
	381	陕西省烟草公司延安分公司	国烟专特批字第32610333号	1998.12.23	2001.12.11
	382	陕西省烟草公司安康分公司	国烟专特批字第32610335号	2000.10.23	2001.12.11
	383	陕西省烟草公司汉中分公司	国烟专特批字第32610338号	1999.11.9	2001.12.11
甘肃	384	甘肃省烟草公司卷烟销售分公司	国烟专特批字第31620132号	1998.11.24	2001.12.11
	385	甘肃省烟草公司兰州分公司	国烟专特批字第31620133号	1998.11.24	2001.12.11
	386	甘肃省烟草公司酒泉分公司	国烟专特批字第31620134号	1998.11.24	2001.12.11
	387	甘肃省烟草公司天水分公司	国烟专特批字第31620136号	1998.11.24	2001.12.11
	388	甘肃省烟草公司武威分公司	国烟专特批字第31620137号	1998.11.24	2001.12.11
	389	甘肃省烟草公司张掖分公司	国烟专特批字第31620139号	2000.4.27	2001.12.11
	390	甘肃省烟草公司庆阳分公司	国烟专特批字第31620141号	1998.11.24	2001.12.11
	391	甘肃省烟草公司陇南分公司	国烟专特批字第31620142号	1998.11.24	2001.12.11
	392	甘肃省烟草公司金昌分公司	国烟专特批字第31620144号	1998.11.24	2001.12.11
新疆	393	新疆区烟草公司哈密分公司	国烟专特批字第32650244号	1998.12	2001.12.11
	394	新疆区烟草公司乌鲁木齐分公司	国烟专特批字第32650245号	1998.12	2001.12.11
	395	新疆区烟草公司石河子分公司	国烟专特批字第32650249号	1998.12	2001.12.11
	396	新疆区烟草公司兵团分公司	国烟专特批字第32650250号	1998.12	2001.12.11
宁夏	397	宁夏回族自治区烟草公司	国烟专特批字第32640304号	1998.12.21	2001.12.12
	398	宁夏回族自治区烟草公司石嘴山市公司	国烟专特批字第32640305号	1998.12.21	2001.12.12
	399	宁夏回族自治区烟草公司青铜峡市公司	国烟专特批字第32640309号	1998.12.21	2001.12.12
	400	宁夏回族自治区烟草公司吴忠市公司	国烟专特批字第32640310号	1998.12.21	2001.12.12
西藏	401	西藏自治区烟草公司	国烟专特批字第31540246号	1999.3.18	2001.12.10

省份	序号	企业名称	许可证编号	发证日期	延期登记时间
西藏	402	西藏自治区日喀则地区烟草公司	国烟专特批字第31540247号	1999.3.18	2001.12.10
进出口	403	中国烟草进出口总公司	国烟专特批字第33000001号	1999.3.3	2001.12.21
	404	中国烟草河南进出口有限责任公司	国烟专特批字第33410004号	1998.11.10	2001.12.25
	405	丹东开发区辽宁烟草贸易有限公司	国烟专特批字第33210016号	1999.5.6	2001.12.20
	406	中国烟草黑龙江进出口公司	国烟专特批字第33230007号	1998.11.23	2001.12.12
	407	中国烟草山东进出口公司	国烟专特批字第33370006号	2000.9.7	2001.12.13
	408	中国烟草福建进出口公司	国烟专特批字第33350014号	1998.12.23	2001.12.13
	409	浙江省烟草进出口有限公司	国烟专特批字第33330015号	1999.4.9	2001.12.13
	410	中国烟草湖南进出口有限责任公司	国烟专特批字第33430021号	2001.4.12	2001.12.14
	411	深圳烟草进出口有限公司	国烟专特批字第33480009号	1998.12.14	2001.12.14
	412	新疆烟草进出口有限责任公司	国烟专特批字第33650011号	1998.12	2001.12.11
免税品	413	中国免税品公司	国烟专特批字第34110001号	1998.12.11	2001.12.20
	414	深圳市国有免税商品（集团）有限公司	国烟专特批字第34480003号	1999.2.8	2001.12.20

三、烟草专卖生产企业许可证

总公司	1	中国烟草机械集团有限责任公司	国烟专产字第030158号	1999.3.25	2001.12.31
北京	2	北京卷烟厂	国烟专产字第0101001号	1999.9.25	2001.12.10
	3	北京长征高科技公司	国烟专产字第030101号	1998.3.2	2001.12.20
	4	北京迈瑞技贸公司	国烟专产字第060140号	1997.7.21	2001.12.11
天津	5	天津卷烟厂	国烟专产字第0102002号	1999.1.13	2001.12.11
	6	天津华一机械有限责任公司	国烟专产字第030204号	2000.7.20	2001.12.25
河北	7	石家庄卷烟厂	国烟专产字第0103003号	1999.4.22	2001.12.12
	8	保定卷烟厂	国烟专产字第0103004号	2000.4.20	2001.12.12
	9	张家口卷烟厂	国烟专产字第0103005号	2001.4.27	2001.12.12
山西	10	山西省太原卷烟厂	国烟专产字第0104006号	1999.4.13	2001.12.17
	11	山西省高显烟叶复烤厂	国烟专产字第0204168号	1997.9.25	2001.12.13
吉林	12	玉溪红塔烟草（集团）有限责任公司长春卷烟厂	国烟专产字第0107014号	2000.6.23	2001.10.14
	13	四平卷烟厂	国烟专产字第0107015号	1998.10.29	2001.10.14

省份	序号	企业名称	许可证编号	发证日期	延期登记时间
吉林	14	延吉卷烟厂	国烟专产字第0107016号	2001.8.11	2001.10.14
黑龙江	15	绥化卷烟厂	国烟专产字第0108018号	1997.11.24	2001.12.12
	16	海林卷烟厂	国烟专产字第0108020号	1997.11.24	2001.12.12
	17	穆棱卷烟厂	国烟专产字第0108022号	1997.11.24	2001.12.12
	18	黑龙江省烟草公司勃利烟叶经销公司	国烟专产字第0208007号	1997.11.24	2001.12.12
	19	黑龙江省烟草公司绥化烟叶经销公司	国烟专产字第0208009号	2001.6.15	2001.12.12
	20	哈尔滨天阳国际烟草有限公司	国烟专产字第0208180号	1997.11.24	2001.12.12
	21	林口烟草打叶复烤厂	国烟专产字第0208193号	2000.7.14	2001.12.12
	22	牡丹江恒丰纸业股份有限公司	国烟专产字第040804号	1998.10.26	2001.12.12
	23	佳木斯合成材料厂	国烟专产字第050827号	1998.2.26	2001.12.12
	24	孙吴卷烟厂	国烟专产字第080801号	1997.11.24	2001.12.12
	25	牡丹江卷烟材料厂	国烟专产字第080803号	1997.11.24	2001.12.12
上海	26	上海高杨国际烟草有限公司	国烟专产字第0109154号	1998.11.6	2001.12.10
	27	上海烟草材料厂浦东联营公司	国烟专产字第060936号	1998.11.6	2001.12.13
江苏	28	南京卷烟厂	国烟专产字第0110024号	1997.4.7	2001.12.10
	29	徐州卷烟厂	国烟专产字第0110025号	1999.5.19	2001.12.10
	30	南通轻工机械厂	国烟专产字第031013号	1997.12.29	2001.12.13
	31	铁道部工程指挥部徐州机械厂	国烟专产字第031014号	1997.12.18	2001.12.13
	32	江苏宝应无线电厂	国烟专产字第031056号	1998.6.25	2001.12.13
	33	南京九龙丙纤厂	国烟专产字第051007号	1997.3.24	2001.12.13
	34	无锡市太级实业股份有限公司	国烟专产字第051008号	1997.12.18	2001.12.13
	35	江阴市长寿滤材有限公司	国烟专产字第051009号	2001.9.18	2001.12.13
	36	中烟南通丙纶纤维公司	国烟专产字第051011号	1998.4.20	2001.12.13
	37	江苏大亚新型包装材料股份有限公司丹阳滤嘴材料分公司	国烟专产字第051012号	1999.7.7	2001.12.13
	38	江苏省清江合成纤维厂	国烟专产字第051013号	1997.11.24	2001.12.13
	39	南通烟滤嘴实验工厂	国烟专产字第061005号	1998.2.23	2001.12.13
	40	中烟常州滤嘴材料有限公司	国烟专产字第061033号	1999.8.13	2001.12.13
	41	南通三联烟滤嘴厂	国烟专产字第061038号	1998.4.23	2001.12.13

省份	序号	企业名称	许可证编号	发证日期	延期登记时间
浙江	42	杭州卷烟厂	国烟专产字第0111027号	1997.9.9	2001.12.13
	43	宁波轻工机械制造有限公司	国烟专产字第031116号	2001.6.18	2001.12.13
	44	萧山市烟草机械设备有限公司	国烟专产字第031147号	1998.10.9	2001.12.13
	45	杭州华丰纸业有限公司	国烟专产字第041106号	1997.9.9	2001.12.13
安徽	46	合肥卷烟厂	国烟专产字第0112030号	1998.11.5	2001.12.13
	47	蚌埠卷烟厂	国烟专产字第0112031号	1998.9.4	2001.12.13
	48	阜阳卷烟厂	国烟专产字第0112033号	1998.9.4	2001.12.13
	49	滁州卷烟厂	国烟专产字第0112156号	2001.4.25	2001.12.13
	50	华环国际烟草有限公司	国烟专产字第0212184号	1998.9.4	2001.12.13
	51	涡阳烟叶复烤厂	国烟专产字第0212198号	2001.6.7	2001.12.13
	52	安徽新丰纸业有限公司	国烟专产字第041251号	2001.11.22	2001.12.13
	53	蚌埠卷烟材料厂	国烟专产字第061207号	1998.12.1	2001.12.13
福建	54	夏门卷烟厂	国烟专产字第0113038号	1997.11.24	2001.12.13
	55	龙岩卷烟厂	国烟专产字第0113039号	1997.11.24	2001.12.13
	56	畲山卷烟厂	国烟专产字第0113041号	1997.11.24	2001.12.13
	57	福建省三明金叶复烤有限公司	国烟专产字第0213205号	2000.6.28	2001.12.13
	58	金三明烟叶复烤有限责任公司	国烟专产字第0213032号	2001.11.6	2001.12.13
	59	福建省尤溪烟叶复烤厂	国烟专产字第0213191号	2000.6.28	2001.12.13
江西	60	南昌卷烟厂	国烟专产字第0114044号	1998.1.4	2001.12.13
	61	井冈山纸业有限公司	国烟专产字第041410号	1997.12.2	2001.12.13
	62	江西天绅化纤有限责任公司	国烟专产字第051417号	1998.11.11	2001.12.13
	63	江西滤嘴材料厂	国烟专产字第061408号	1998.11.11	2001.12.13
	64	赣南卷烟厂兴国卷烟分厂	国烟专产字第081405号	1997.11.27	2001.12.13
山东	65	将军烟草（集团）有限公司济南卷烟厂	国烟专产字第0115046号	2000.4.14	2001.12.13
	66	颐中烟草（集团）有限公司青岛卷烟厂	国烟专产字第0115047号	2001.6.14	2001.12.13
	67	颐中烟草（集团）有限公司青州卷烟厂	国烟专产字第0115048号	1999.5.6	2001.12.13
	68	将军烟草（集团）有限公司德州卷烟厂	国烟专产字第0115049号	1999.3.16	2001.12.13
	69	颐中烟草（集团）有限公司菏泽卷烟厂	国烟专产字第0115050号	1999.5.6	2001.12.13

省份	序号	企业名称	许可证编号	发证日期	延期登记时间
山东	70	颐中烟草（集团）有限公司烟台卷烟厂	国烟专产字第0115051号	1999.5.6	2001.12.13
	71	将军烟草（集团）有限公司临清卷烟厂	国烟专产字第0115053号	1999.3.16	2001.12.13
	72	将军烟草（集团）有限公司沂水卷烟厂	国烟专产字第0115054号	1999.3.16	2001.12.13
	73	颐中烟草（集团）有限公司滕州卷烟厂	国烟专产字第0115052号	1999.5.6	2001.12.13
	74	华英烟草有限公司	国烟专产字第0115056号	2001.6.14	2001.12.13
	75	东方烟草（集团）有限公司潍坊烟叶复烤厂	国烟专产字第0215025号	2000.6.28	2001.12.13
	76	山东潍坊烟草有限公司诸城烟叶复烤厂	国烟专产字第0215026号	2000.10.18	2001.12.13
	77	山东潍坊烟草有限公司安丘烟叶复烤厂	国烟专产字第0215027号	2000.10.18	2001.12.13
	78	山东中鲁烟叶有限公司	国烟专产字第0215030号	2000.4.25	2001.12.13
	79	山东临沂烟草有限公司沂水烟叶复烤厂	国烟专产字第0215032号	2000.10.18	2001.12.13
	80	山东宏发烟草集团青岛机械有限责任公司	国烟专产字第031552号	2000.4.14	2001.12.13
	81	济南鲁丰纸业有限公司	国烟专产字第041511号	2000.3.14	2001.12.13
	82	国营青岛造纸厂	国烟专产字第041512号	2000.1.27	2001.12.13
	83	山东宏发烟草（集团）有限公司淄博卷烟材料厂	国烟专产字第061509号	1999.3.16	2001.12.13
	84	山东烟草宏发卷烟滤材有限公司	国烟专产字第061537号	1999.3.16	2001.12.13
	85	颐中烟草（集团）有限公司	国烟专产字第093709号	1999.3.16	2001.12.13
	86	将军烟草（集团）有限公司	国烟专产字第093710号	2000.4.14	2001.12.13
河南	87	郑州卷烟厂	国烟专产字第0116057号	1998.3.10	2001.12.10
	88	河南省新郑卷烟厂	国烟专产字第0116058号	2001.8.6	2001.12.10
	89	许昌卷烟厂	国烟专产字第0116059号	1998.9.7	2001.12.10
	90	驻马店卷烟厂	国烟专产字第0116060号	1998.3.10	2001.12.10
	91	漯河卷烟厂	国烟专产字第0116061号	1998.4.3	2001.12.10
	92	安阳卷烟厂	国烟专产字第0116062号	1998.3.10	2001.12.10
	93	新乡卷烟厂	国烟专产字第0116063号	1998.4.9	2001.12.10
	94	开封卷烟厂	国烟专产字第0116064号	2001.4.10	2001.12.10
	95	河南省商丘卷烟厂	国烟专产字第0116065号	2000.12.23	2001.12.10
	96	南阳卷烟厂	国烟专产字第0116067号	1998.3.10	2001.12.10
	97	邓州卷烟厂	国烟专产字第0116068号	1998.3.10	2001.12.10

省份	序号	企业名称	许可证编号	发证日期	延期登记时间
河南	98	河南省汝州卷烟厂	国烟专产字第0116070号	1998.4.22	2001.12.10
	99	光山卷烟厂	国烟专产字第0116071号	1998.4.2	2001.12.10
	100	洛阳卷烟厂	国烟专产字第0116157号	2001.5.8	2001.12.10
	101	国营许昌烤烟厂	国烟专产字第0216036号	1998.3.10	2001.12.10
	102	河南省烟草公司陕县子公司烟叶复烤厂	国烟专产字第0216044号	1998.6.30	2001.12.10
	103	河南省宝丰复烤厂	国烟专产字第0216067号	1998.3.10	2001.12.10
	104	南阳烟叶复烤厂	国烟专产字第0216195号	2000.11.15	2001.12.10
	105	中国烟草总公司许昌烟草工业机械厂	国烟专产字第031621号	1997.12.29	2001.12.10
	106	襄城县烟草机械厂	国烟专产字第031624号	1999.5.18	2001.12.10
	107	巩义市建设机械制造有限公司	国烟专产字第031649号	1998.6.12	2001.12.10
	108	开封东方石油机械厂	国烟专产字第031654号	1998.4.3	2001.12.10
	109	周口造纸厂	国烟专产字第041613号	2000.3.16	2001.12.10
	110	新密市卷烟纸厂	国烟专产字第041614号	1998.3.19	2001.12.10
	111	河南省中州化纤有限公司	国烟专产字第051619号	1998.3.19	2001.12.10
	112	洛阳石油化工总厂宏达化纤厂	国烟专产字第051630号	1998.10.8	2001.12.10
	113	郑州航天醋酸纤维实验厂	国烟专产字第051637号	1997.9.29	2001.12.10
	114	河南省烟草公司劳动服务公司嘴棒厂	国烟专产字第061611号	1998.4.2	2001.12.10
	115	华亚有限公司嘴棒厂	国烟专产字第061612号	1999.6.7	2001.12.10
	116	郑州测绘学院嘴棒厂	国烟专产字第061624号	1998.4.7	2001.12.10
	117	焦作过滤材料厂	国烟专产字第061632号	1998.4.7	2001.12.10
	118	周口卷烟厂	国烟专产字第081606号	2000.9.26	2001.12.10
湖北	119	武汉卷烟厂	国烟专产字第0117073号	1997.12.18	2001.12.11
	120	利川卷烟厂	国烟专产字第0117079号	1997.12.18	2001.12.11
	121	咸宁卷烟厂	国烟专产字第0117084号	2001.10.16	2001.12.11
	122	湖北三峡烟草有限公司	国烟专产字第0117155号	2001.1.18	2001.12.11
	123	湖北宜昌金丝烟草有限公司	国烟专产字第0217196号	2000.12.23	2001.12.11
	124	国营武汉船用机械厂	国烟专产字第031757号	1998.9.9	2001.12.11
	125	湖北玉阳化纤科技股份有限公司	国烟专产字第051738号	2001.2.1	2001.12.11

省份	序号	企业名称	许可证编号	发证日期	延期登记时间
湖北	126	荆州市烟滤咀厂	国烟专产字第 061714 号	1997.12.18	2001.12.11
	127	湖北省当阳卷烟材料厂	国烟专产字第 061725 号	1997.12.18	2001.12.11
	128	湖北大悟卷烟厂	国烟专产字第 081708 号	1997.12.18	2001.12.11
	129	巴东卷烟厂	国烟专产字第 081709 号	1997.12.18	2001.12.11
	130	郧阳卷烟厂	国烟专产字第 081710 号	1997.12.18	2001.12.11
湖南	131	常德卷烟厂	国烟专产字第 0118086 号	2000.12.4	2001.12.11
	132	郴州卷烟厂	国烟专产字第 0118087 号	1999.4.7	2001.12.11
	133	零陵卷烟厂	国烟专产字第 0118088 号	1999.10.13	2001.12.11
	134	龙山卷烟厂	国烟专产字第 0118089 号	1998.4.22	2001.12.11
	135	新晃卷烟厂	国烟专产字第 0118090 号	1998.3.10	2001.12.11
	136	祁东卷烟厂	国烟专产字第 0118091 号	1998.3.19	2001.12.11
	137	隆回卷烟厂	国烟专产字第 081812 号	1998.4.3	2001.12.11
	138	零陵卷烟厂新田分厂	国烟专产字第 081815 号	1998.4.3	2001.12.11
	139	零陵卷烟厂江华分厂	国烟专产字第 081817 号	1998.4.20	2001.12.11
广东	140	广东梅州卷烟厂	国烟专产字第 0119079 号	1999.4.29	2001.12.13
	141	广州卷烟二厂	国烟专产字第 0119095 号	2000.5.19	2001.12.13
	142	广东省韶关卷烟厂	国烟专产字第 0119096 号	1998.3.13	2001.12.13
	143	广东省南雄卷烟厂	国烟专产字第 0119100 号	1999.4.14	2001.12.13
	144	广东省南海卷烟厂	国烟专产字第 0119101 号	1998.3.13	2001.12.13
	145	南雄市烟草公司烟叶复烤厂	国烟专产字第 0219083 号	1998.3.13	2001.12.12
	146	广东省韶关烟叶复烤厂	国烟专产字第 0219178 号	1998.3.13	2001.12.12
	147	广东梅州烟叶复烤有限公司	国烟专产字第 0219192 号	2000.5.18	2001.12.12
	148	江门市新迪卷烟盘纸加工厂	国烟专产字第 041946 号	1998.7.23	2001.12.12
	149	珠海醋酸纤维有限公司	国烟专产字第 051935 号	1999.11.25	2001.12.12
	150	珠海经济特区华圣滤嘴棒有限公司	国烟专产字第 061930 号	1998.4.27	2001.12.12
广西	151	广西壮族自治区南宁卷烟厂	国烟专产字第 0120102 号	2001.11.5	2001.12.13
	152	广西壮族自治区柳州卷烟厂	国烟专产字第 0120103 号	2001.11.5	2001.12.13
	153	广西壮族自治区钟山卷烟厂	国烟专产字第 0120106 号	2001.6.8	2001.12.13

省份	序号	企业名称	许可证编号	发证日期	延期登记时间
海南	154	海南卷烟厂	国烟专产字第0121109号	2001.2.10	2001.12.11
深圳	155	深圳卷烟厂	国烟专产字第0119099号	1998.4.15	2001.12.15
四川	156	蓬安雪茄厂	国烟专产字第0122119号	1997.10.15	2001.12.13
	157	成都市造纸一厂	国烟专产字第042227号	1997.10.15	2001.12.13
	158	四川省青城造纸厂	国烟专产字第042229号	1997.10.15	2001.12.13
	159	四川锦丰纸业有限公司	国烟专产字第042242号	1997.10.15	2001.12.13
	160	宜宾卷烟厂	国烟专产字第082223号	1997.10.15	2001.12.13
重庆	161	黔江卷烟厂	国烟专产字第0122116号	1998.5.18	2001.12.10
	162	重庆金益烟草有限责任公司	国烟专产字第0222100号	1998.9.3	2001.12.10
	163	重庆烟草滤嘴材料厂	国烟专产字第063139号	1997.7.7	2001.12.10
	164	重庆烟草工业有限责任公司	国烟专产字第095508号	1998.11.20	2001.12.10
贵州	165	毕节卷烟厂	国烟专产字第0123125号	1999.1.14	2001.12.13
	166	青松卷烟厂	国烟专产字第0123126号	1999.1.14	2001.12.13
	167	铜仁卷烟厂	国烟专产字第0123128号	1999.1.14	2001.12.13
	168	贵定卷烟分厂	国烟专产字第0123129号	1999.1.14	2001.12.13
	169	毕节地区烟叶复烤厂	国烟专产字第0223112号	2000.12.31	2001.12.13
	170	黔南烟叶复烤厂	国烟专产字第0223149号	2000.10.12	2001.12.13
	171	申义复烤有限责任公司	国烟专产字第0223192号	2000.7.14	2001.12.13
	172	平水机械有限责任公司	国烟专产字第032333号	2000.11.1	2001.12.13
	173	兴义卷烟厂	国烟专产字第082326号	1999.1.14	2001.12.13
云南	174	昆明卷烟厂	国烟专产字第0124130号	1998.7.23	2001.12.15
	175	昭通卷烟厂	国烟专产字第0124133号	1998.7.23	2001.12.15
	176	云南红塔集团楚雄卷烟厂	国烟专产字第0124134号	1999.1.27	2001.12.15
	177	云南红塔集团（有限责任公司）大理卷烟厂	国烟专产字第0124135号	1998.7.23	2001.12.15
	178	云南红塔集团（有限责任公司）红河卷烟厂	国烟专产字第0124136号	1998.7.23	2001.12.15
	179	会泽卷烟厂	国烟专产字第0124137号	1998.7.23	2001.12.15
	180	云南烟草烟叶公司	国烟专产字第0224123号	1998.7.28	2001.12.15
	181	云南烟草保山香料有限责任公司	国烟专产字第0224129号	1999.1.14	2001.12.15
	182	昆明市机器厂	国烟专产字第032435号	1998.7.21	2001.12.15
	183	昆明烟机集团三机有限公司	国烟专产字第032438号	2000.1.21	2001.12.15
	184	昆明烟机集团风动新技术发展有限公司	国烟专产字第032455号	2000.1.24	2001.12.15
	185	云南烟草研究院	国烟专产字第0424002号	2000.11.17	2001.12.15
	186	昆明船舶设备集团公司	国烟专产字第032434号	1998.3.2	2001.12.15
	187	昆明烟机集团二机有限公司	国烟专产字第032437号	2000.1.26	2001.12.15
	188	昆明正邦卷烟辅料加工有限公司	国烟专产字第042450号	1998.4.30	2001.12.15
	189	昆明醋酸纤维有限公司	国烟专产字第052436号	2000.7.4	2001.12.15
	190	云南卷烟材料厂（卷烟辅料）	国烟专产字第062421号	1999.3.29	2001.12.15

省份	序号	企业名称	许可证编号	发证日期	延期登记时间
陕西	191	宝鸡卷烟厂	国烟专产字第0126139号	2000.7.3	2001.12.11
	192	延安卷烟厂	国烟专产字第0126140号	1997.10.14	2001.12.11
	193	澄城卷烟厂	国烟专产字第0126142号	1999.3.2	2001.12.11
	194	汉中烟草集团有限公司卷烟二厂	国烟专产字第0126153号	2000.10.23	2001.12.11
	195	陕西烤烟复烤厂	国烟专产字第0226152号	1998.8.12	2001.12.11
	196	陕西金叶滤材有限责任公司	国烟专产字第052633号	2000.10.23	2001.12.11
	197	陕西省卷烟材料厂	国烟专产字第062629号	2001.9.26	2001.12.11
新疆	198	新疆卷烟厂	国烟专产字第0130151号	1999.3	2001.12.11

国家烟草专卖局公告

2002年第2号

2002年1月14日，国家烟草专卖局发布第1号公告，对2001年12月审验合格并延长有效期的1433个烟草专卖许可证进行了公告（见《东方烟草报》2002年3月11日专刊、13日专刊，《中国烟草》2002年第6期，国家烟草专卖局、中国烟草总公司行业网站WWW.tobacco.gov.cn)。不在原《公告》之列，因许可证丢失、过期或没有按时进行变更登记等未通过审验的企业，自本公告发布之日起至2022年4月30日止，按照规定程序，进行许可证的补办、重新申办或变更登记。逾期不办者，国家烟草专卖局将根据《中华人民共和国烟草专卖法实施条例》第十六条和《烟草专卖许可证管理办法》第三十七条、第三十八条的规定进行处罚。

国家烟草专卖局

2002年3月18日

国家烟草专卖局关于2002年度卷烟优等品评定结果的通告

国烟运［2002］338号

各省、自治区、直辖市及大连、深圳市烟草专卖局（公司），国家烟草质量监督检验中心：

为进一步促进卷烟工业企业提高卷烟产品质量，满足市场需求，根据《卷烟产品等级评定管理暂行办法》的有关要求，国家局组织全国评烟委员会对参与2002年度卷烟优等品评定的126个卷烟牌号（规格）进行了评定。经审定，现将已通过审核的99个2002年度卷烟优等品牌号（规格）予以公布（名单见附件）有效期三年。

附件：2002年度卷烟优等品牌号（规格）表

2002年8月22日

附件：

2002年度卷烟优等品牌号（规格）表

序号	企业名称	牌号	类型	规格	类别
1	北京卷烟厂	中南海（8mg）	混合	84硬盒	三类
2	保定卷烟厂	玉兰	烤烟	84硬盒	二类
3	石家庄卷烟厂	新石家庄（红）	烤烟	84硬盒	二类
4		新石家庄（绿）	烤烟	84硬盒	一类
5	张家口卷烟厂	钻石	烤烟	84硬盒	二类
6	营口卷烟厂	人民大会堂	烤烟	84硬盒	一类
7	延吉卷烟厂	长白参	烤烟	84硬盒	二类
8	上海卷烟厂	中华（17mg）	烤烟	84硬盒	一类
9		中华（11mg）	烤烟	84硬盒	一类
10		红双喜	烤烟	84硬盒	二类
11		红双喜	烤烟	84硬盒	二类
12		牡丹	烤烟	84硬盒	二类
13	徐州卷烟厂	东渡（硬蓝）	烤烟	84硬盒	一类
14		新醇红杉树	烤烟	84硬盒	一类
15	淮阴卷烟厂	华西村	烤烟	84硬盒	一类
16		一品梅（佳品）	烤烟	84硬盒	一类
17	南京卷烟厂	南京（佳品）	烤烟	84硬盒	一类
18	宁波卷烟厂	大红鹰	烤烟	84硬盒	一类
19	杭州卷烟厂	利群（蓝）	烤烟	84硬盒	一类
20		四角新版利群	烤烟	84硬盒	一类
21	蚌埠卷烟厂	黄山（万里红）	烤烟	84硬盒	一类
22		渡江	烤烟	84硬盒	三类
23		渡江	烤烟	84硬盒	二类

序号	企业名称	牌号	类型	规格	类别
24	芜湖卷烟厂	迎客松（精品）	烤烟	84硬盒	二类
25		盛唐	烤烟	84硬盒	三类
26		都宝	混合	84硬盒	三类
27	滁州卷烟厂	红三环（特制）	烤烟	84硬盒	三类
28		红三环（特醇）	烤烟	84硬盒	三类
29	龙岩卷烟厂	乘风（新红）	烤烟	84硬盒	三类
30		七匹狼（红）	烤烟	84硬盒	一类
65	黄果树烟草集团	（全包装）西牛王	烤烟	84硬盒	二类
66	玉溪红塔集团	恭贺新禧	烤烟	84硬盒	二类
67		玉溪	烤烟	84硬盒	一类
68		红塔山（金）	烤烟	84硬盒	一类
69		红塔山	烤烟	84硬盒	一类
70		红塔山	烤烟	84硬盒	一类
71		阿诗玛	烤烟	84硬盒	一类
72		阿诗玛	烤烟	84硬盒	一类
73		恭贺新禧	烤烟	84硬盒	一类
74		红梅	烤烟	84硬盒	二类
75		红梅	烤烟	84硬盒	二类
76	昆明卷烟厂	茶花	烤烟	84硬盒	三类
77		红云烟	烤烟	84硬盒	一类
78		醇香云烟	烤烟	84硬盒	一类
79		特红山茶	烤烟	84硬盒	二类
80		柔和茶花	烤烟	84硬盒	二类
81	楚雄卷烟厂	红国宾	烤烟	84硬盒	一类
82		蓝国宾	烤烟	84硬盒	二类
83		桂花	烤烟	84硬盒	三类
84	大理卷烟厂	三塔（金）	烤烟	84硬盒	三类
85		三塔	烤烟	84硬盒	二类
86		美登	烤烟	84硬盒	三类

序号	企业名称	牌号	类型	规格	类别
87	红河卷烟厂	特红河	烤烟	84 硬盒	二类
88		甲红河	烤烟	84 硬盒	二类
89	曲靖卷烟厂	吉庆福（金）	烤烟	84 硬盒	三类
90		特醇福	烤烟	84 硬盒	一类
91		石林	烤烟	84 硬盒	一类
92		石林	烤烟	84 硬盒	一类
93	会泽卷烟厂	精品小熊猫	烤烟	84 硬盒	一类
94	重庆烟草公司	宏声（特制）	烤烟	84 硬盒	三类
95		宏声	烤烟	84 硬盒	三类
96		山城（特制）	烤烟	84 硬盒	三类
97	宝鸡卷烟厂	猴王（金）	烤烟	84 硬盒	二类
98		好猫	烤烟	84 硬盒	一类
99	兰州卷烟厂	兰州（珍品）	烤烟	84 硬盒	一类

国家烟草专卖局关于颁布2002年度国家烟草专卖局科学技术进步奖的通知

国烟科［2002］537号

各省、自治区、直辖市及大连、深圳市烟草专卖局（公司），郑州烟草研究院，合肥设计院，南通醋酸纤维有限公司，青州烟草研究所：

2002年度国家烟草专卖局科学技术进步奖评审结果已于2002年9月25日向全行业公布，现争议期已满。经研究，确定2002年度国家烟草专卖局科学技术进步奖授奖项目17项，其中：一等奖1项，二等奖3项，三等奖13项（详见附件），现予颁布，并就有关事项通知如下：

一、根据《国家烟草专卖局科学技术进步奖励办法》的规定，各单位应将项目主要完成人的业绩记入本人档案，作为考核、晋级、评定技术职称的重要依据。同时，要继续做好获奖项目的推广、提高工作，进一步促进行业的技术创新和科技进步。

二、获奖项目的奖金由国家局统一拨给获奖项目完成单位。一等奖人民币十万元，二等奖六万元，三等奖二万元。各项目完成单位必须严格按照《国家烟草专卖局科学技术进步奖励办法》的有关规定分配奖金，同时要求将获奖项目简介及奖金分配方案报国家局科教司。

三、各获奖项目的完成单位接到通知后，请于十二月三十一日前将本单位的具体名称、联系人、电话、地址、邮编、开户行、银行账号告国家局科教司综合处，以便办理拨款手续；逾期不办视为自动放弃。

四、获奖项目证书由国家局统一颁发，具体时间另行通知。

附件：2002年国家烟草专卖局科学技术进步奖获奖项目一览表

2002年11月25日

附件：

2002年度国家烟草专卖局（总公司）科技进步奖获奖项目一览表

序号	项目名称	获奖等级	主要完成单位	主要完成人	申报单位
1	提高白肋烟质量及其可用性的技术研究	一等奖	中国烟草总公司郑州烟草研究院、中国白肋烟试验站、云南烟草科学研究院农业研究所	谢剑平、尹启生、李进平、李天飞、吴鸣、朱大恒、陈晓瀹、谢子发、罗登山、程多福	中国烟草总公司郑州烟草研究院
2	中国烟草科技信息资源建设	二等奖	国家烟草专卖局科技教育司、中国烟草科技信息中心、国家烟草质量监督检验中心、中国烟草总公司标准化研究中心、中国烟草公司郑州烟草研究院	王彦亭、高学林、陈晋东、程彪、禹舰、王峙、胡清源	中国烟草科技信息中心
3	烟草主要病虫害生防制剂的研制及应用	二等奖	云南烟草科学研究院农业研究所、云南红塔烟叶有限责任公司、云南省烟草曲靖市公司、云南红塔集团楚雄州烟草公司、云南省烟草大理州公司	李天飞、方力、邓建华、夏振远、王绍坤、王毅、方敦煌	中国烟草总公司云南省公司
4	《烟草工业手册》	二等奖	中国烟草总公司郑州烟草研究院	黄嘉礽、袁行思、朱尊权、谢剑平、陈家东、赵明月、冯茜	中国烟草总公司郑州烟草研究院
5	烤烟新品种云烟87的选育及示范	三等奖	云南烟草科学研究院农业研究所、中国烟草育种研究（南方）中心	李永平、王颖宽、马文广、谭彩兰、李天飞	中国烟草总公司云南省公司
6	卷接设备集中工艺风力技术及其模块化系统	三等奖	核工业第六研究所、张家口卷烟厂、许昌卷烟厂	袁一军、戴石良、李国荣、李继成、张志高	河北省烟草专卖局
7	烟草核心种质的研究建立和评价	三等奖	中国烟草总公司青州烟草研究所	蒋予恩、王志德、戴培刚、牟建民、钱玉梅	中国烟草总公司青州烟草研究所
8	山东烟草分、县公司销售业务计算机管理信息系统	三等奖	山东省烟草公司	王裕鹏、尚青济、杨新峰、刘强、王冬青	山东省烟草专卖局

序号	项目名称	获奖等级	主要完成单位	主要完成人	申报单位
9	新技术在烤烟种质资源上的研究与应用	三等奖	云南烟草科学研究院农业研究所	何川生、卢秀萍、许美铃、黄学跃、赵立红	云南烟草科学研究院
10	全国不同地区烟叶品质分析	三等奖	中国烟草总公司青州烟草研究所、将军烟草集团有限公司技术中心	王允白、杜爱民、肖协忠、段玲、王宝华	中国烟草总公司青州烟草研究所
11	云南烤烟施肥技术体系的研究与应用	三等奖	云南烟草科学研究院研究所、云南省烟草公司烟叶管理处、云南省烟草曲靖市公司	李天福、任志斌、晋艳、张晓海、陈萍	中国烟草总公司云南省公司
12	多效膜剂烟草杀菌剂的研制与应用	三等奖	中国烟草东北农业试验站 齐齐哈尔化工研究所	焦庆明、孙剑萍、鹿善行、王新民、初长生	黑龙江省烟草专卖局
13	腐殖酸烤烟专用肥开发与利用	三等奖	中国烟草东北农业试验站	焦庆明、王鹏、马维广、玄寿和、李江力	黑龙江省烟草专卖局
14	上海烟草（集团）公司信息管理系统	三等奖	上海烟草（集团）公司	丁琦生、陈忠民、王伟民、楼俊良、朱晓宇	上海烟草（集团）公司
15	烟用香精香料检测品控系统研究	三等奖	上海烟草（集团）公司、原合肥经济技术学院	张龙根、刘百战、陈加林、宫梅、朱晓兰	上海烟草（集团）公司
16	富钾烟草品种的培育及配套栽培技术	三等奖	中国烟草总公司青州烟草研究所	石屹、刘好宝、窦玉青、牛佩兰、郭先锋	中国烟草总公司青州烟草研究所
17	气流平移步进型烤房研究及烘烤工艺研究	三等奖	中国烟草总公司郑州烟草研究院	谢德平、王宏生、申玉军、程仲记、黄元炯	中国烟草总公司郑州烟草研究院

36家重点卷烟工业企业名单

张家口卷烟厂、延吉卷烟厂、上海烟草（集团）公司上海卷烟厂、南京卷烟厂、淮阴卷烟厂、徐州卷烟厂、杭州卷烟厂、宁波卷烟厂、芜湖卷烟厂、蚌埠卷烟厂、龙岩卷烟厂、厦门卷烟厂、南昌卷烟厂、颐中烟草（集团）有限公司、将军烟草集团有限公司、新郑卷烟厂、许昌卷烟厂、安阳卷烟厂、武汉烟草（集团）有限公司、长沙卷烟厂、常德卷烟厂、广州卷烟一厂、广州卷烟二厂、柳州卷烟厂、重庆烟草工业有限责任公司、成都卷烟厂、什邡卷烟厂、贵阳卷烟厂、遵义卷烟厂、玉溪红塔烟草（集团）有限责任公司、昆明卷烟厂、曲靖卷烟厂、红河卷烟厂、昭通卷烟厂、宝鸡卷烟厂、兰州卷烟厂。

中国烟草总公司研究员专业技术资格评审委员会人员名单

姓名	工作单位	行政职务	专业技术职务
李国杰	中科院计算技术研究所	所长	院士、研究员
康　乐	中科院生命科学和生物技术局	局长	研究员
秦　伟	中科院高技术研究和发展局	副局长	研究员
朱　祯	中科院生命科学和生物技术局	副局长	研究员
冯玉琳	中科院软件研究所	所长	教授、研究员
范庆荣	中科院化学研究所		研究员
孔凡让	中国科大工程学院	副院长	教授、研究员
邢晓正	中国科大		教授、研究员
陈意云	中国科大计算机系		教授、研究员
吴　刚	中国科大信息工程学院	副院长	教授、研究员
闫亚明	郑州烟草研究院	院长	研究员
王彦亭	国家烟草专卖局科技教育司	司长	高级农艺师
李福辰	中国烟草机械集团有限责任公司	董事长	高级工程师
赵　兴	中国烟叶生产购销公司	总经理	高级农艺师

国家烟草专卖局关于授予武铁云等同志第二届“中国烟草十大金叶卫士”和追认卿永奇等同志“中国烟草金叶卫士”荣誉称号的决定

各省、自治区、直辖市及大连、深圳市烟草专卖局，郑州烟草研究院，合肥设计院，南通醋酸纤维有限公司：

烟草行业在党中央、国务院的正确领导和各级党委政府、各有关部门的大力支持下，为增加国家财政收入和社会主义现代化建设做出了应有的贡献。广大专卖管理人员和有关执法部门的同志为了维护《烟草专卖法》的尊严，忠于职守，努力工作，顽强地同各种违法行为和违法分子进行了英勇的斗争，涌现出了许多先进集体和模范人物，有的不惜以鲜血和生命谱写了可歌可泣的篇章。

自2000年以来，为完成第二轮“专卖管理三年阶段性工作目标”，广大专卖管理人员和有关执法部门的同志艰苦工作，努力拼搏，彻底关闭了非法烟厂，全部取缔了自由批发市场，进一步加强了烟草行业专卖专营体制；全面实施了卷烟市场户籍化管理工程，为卷烟销售网络建设起到了保驾护航的作用；深入开展了“素质年”活动，增强了专卖稽查队伍的整体素质；掀起了卷烟打假打私高潮，摧毁了一大批制售假烟窝点，严惩了一批制售假烟犯罪分子，有力打击了暴力抗法行为，打击非法拼装倒卖烟机团伙活动取得了重大突破，实现了社会上假烟明显减少的目标，为维护行业健康发展、提高经济效益创造了良好的环境。

为了表彰先进，弘扬正气，国家烟草专卖局决定，授予武铁云等10名同志第二届“中国烟草十大金叶卫士”的光荣称号，追认卿永奇等3位同志“中国烟草金叶卫士”的光荣称号，并给予一定的物质奖励。希望受到表彰的同志珍惜取得的成绩和荣誉，继续发挥模范带头作用，戒骄戒躁，为捍卫烟草专卖制度再立新功。

第二届“中国烟草十大金叶卫士”不仅发扬了第一届”金叶卫士”严于律己、秉公执法、乐于奉献，英勇顽强的精神，同时具有鲜明的时代特征，他们发扬与时俱进的精神，在工作中不断学习新知识，探索新思路，总结新经验，开创新局面。全行业广大干部职工，特别是广大专卖管理人员要向受到表彰的“金叶卫士”学习，学习他们兢兢业业，埋头苦干，无私奉献的精神；学习他们不怕艰难困苦、不怕流血牺牲、英勇顽强的精神；学习他们秉公执法、刚正不阿、不徇私情、清正廉洁的高尚品德；更要学习他们与时俱进、勇于实践、不断开拓创新的精神，为搞好烟草专卖管理工作，发展规范有序的烟草市场经济而继续努力！

国家烟草专卖局
2003年1月3日

附件：

第二届“中国烟草十大金叶卫士”名单

广东省烟草专卖局专卖处处长、稽查总队总队长武铁云
江苏省沛县烟草专卖局副局长李军
湖北省监利县烟草专卖局局长黄海堂
河南省郑州市烟草专卖局直属分局稽查大队大队长孙勇
福建省公安厅治安巡警总队总队长柳忠民
广西区防城海关副主任科员崔玉旗
甘肃省烟草专卖局稽查总队总队长姚景崇
天津市烟草专卖局稽查总队二支队队长李正业
江西省烟草专卖局专卖处处长、稽查总队总队长魏平
安徽省铜陵市烟草专卖局副局长王宏才

被追认“中国烟草金叶卫士”名单

广西区柳州市柳北烟草专卖管理所稽查员卿永奇
重庆市荣昌县双河镇烟草专卖管理所所长唐安明
陕西省铜川市烟草专卖局稽查大队稽查员郭晓庆

全国烟草系统纪检监察、纠风统计工作先进单位和先进个人名单

先进单位：

河北省局监察处
江苏省局监察处
福建省局监察处
湖南省局监察处
广东省局监察处
云南省局监察处

先进个人：

河北省局监察处吴春法
山西省局监察处王新亮
吉林省局监察处翟立新
上海市局监察室傅伊萍
浙江省局监察处王永贵
福建省局监察处陈宗平
山东省局监察处郭本安
湖南省局监察处陈晓燕
广东省局监察处高丽
广西区局监察处肖春
四川省局监察处林佳
云南省局监察处姚子平
陕西省局监察处姚允娟

企业简介

宁波卷烟厂创建于1925年，是我国卷烟行业大型骨干企业之一，现有职工1800余名，厂区面积15万平方米。技术和设备均处于国际先进水平，1996年通过ISO9002国际质量认证，2003年企业总销量57.53万箱、销售收入比去年增长7.3%、创税利 38.1亿元，为国家和社会创造了较大的经济效益和社会效益。

宁波卷烟厂工艺先进，技术精湛，生产的卷烟选料，配方独特,吸味醇和，不断降低焦油含量。三大品牌“大红鹰”、“五 一”、“上 游”已形成系列，其中“大红鹰”、“五 一” 系列品牌 2001 年以来连续被评为全国名优卷烟，同时“大 红 鹰”被国家工商行政管理总局认定为“中国驰名商标”和“中国名牌产品”。

2003年9月25日，宁波卷烟厂“九五”技改顺利竣工，并通过国家局验收。企业综合实力向“五个一流”即“产品一流、技术一流、管理一流、效益一流、环境一流” 的目标迈出了实质性一步，为“大红鹰”品牌的腾飞及宁波卷烟厂的崛起提供了坚实的技术支撑。标志着走过近八十年风雨历程的宁波卷烟厂跃上了一个新的发展平台。

长嘴精品 大红鹰
全国名优卷烟
大红鹰®
醇淡系列
长嘴精品
Dahongying
中国驰名商标
浙江·宁波卷烟厂出品
http://www.nbjyc.com.cn
中国驰名商标
大红鹰
大红鹰/浙江烟草唯一中国驰名商标，中国名牌产品

创业典范 成功侣伴
红旗渠
国优名烟 河南国宾接待专用烟
Hongqiqu
FILTER CIGARETTES
红旗渠
河南·安阳卷烟厂出品
吸烟有害健康

金芒果
新郑烟草(集团)公司
伟人的礼物
金芒果
Jinmangguo
盛世金典
河南·新郑烟草(集团)公司出品
盛世金典　慧者而尊
吸烟有害健康

洛烟
世纪精品
LuoYan
河南洛阳卷烟厂出品
世纪精品 洛烟
吸烟有害健康

烟标赏析

烟标赏析

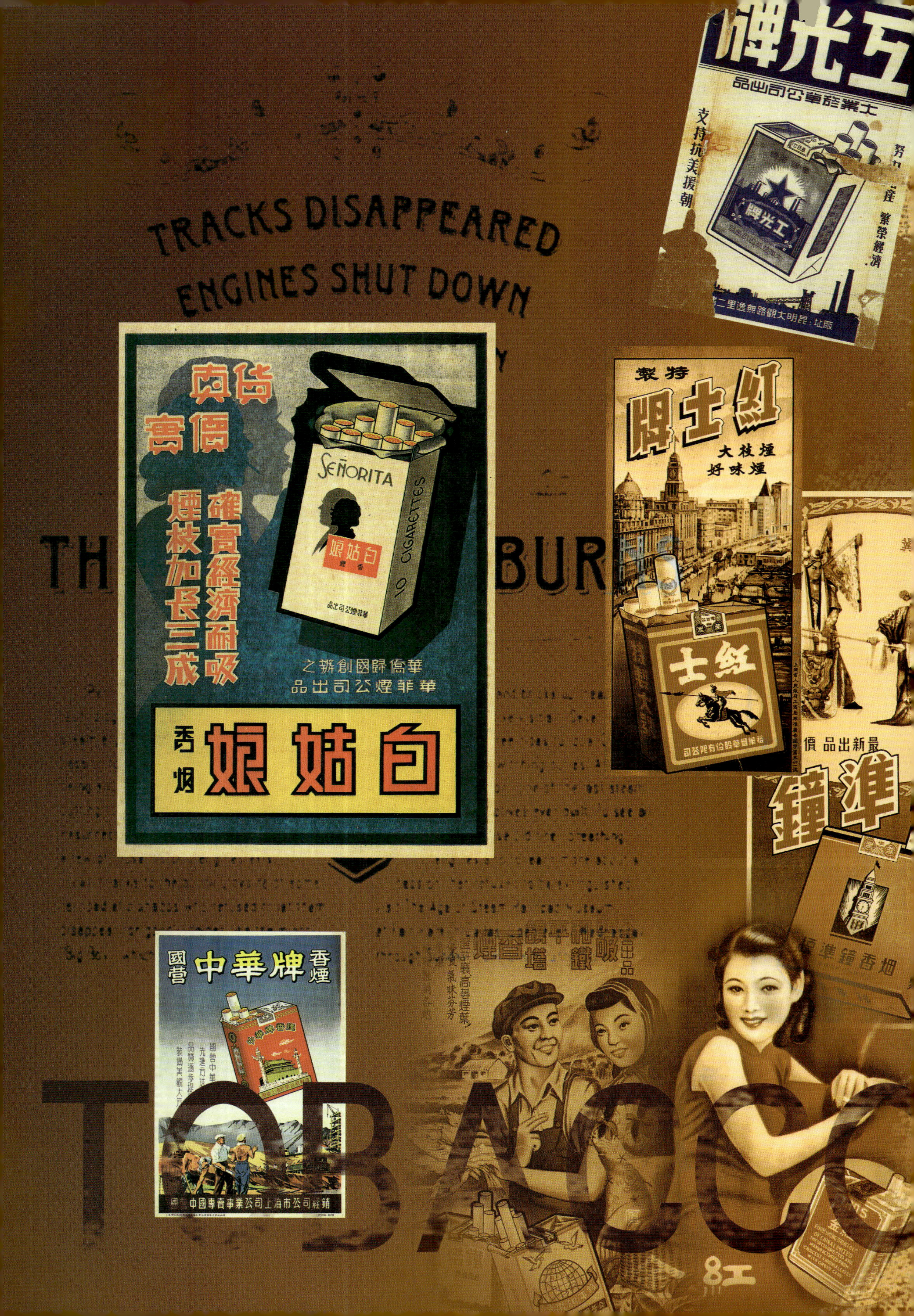

TRACKS DISAPPEARED
ENGINES SHUT DOWN
工光牌
大業菸草公司出品
支持抗美援朝
努力生產 繁榮經濟
貨真價實
確實經濟耐吸
煙枝加長三成
SEÑORITA
10 CIGARETTES
白姑娘
華僑歸國創辦之
華菲煙公司出品
白姑娘 香烟
特製
紅士牌
大枝煙
好味煙
紅士
最新出品
準鐘
國營 中華牌 香煙
中國專賣事業公司上海市公司經銷
TOBACCO
紅

名花牌香煙
改換新包裝
名花牌香煙
中國專賣事業公司
包銷
美滿良伴
名貴
白馬
香烟
上海
福華烟草公司出品
20 CIGARETTES
金山
香煙
國專賣事業公司総经銷
色香獨擅
炯中巨擘
大愛求文
ELEPHANT
VIRGINIA & DOMESTIC BLEND CIGARETTES
大象牌香煙
元華達記煙公司出品

China Tobacco Almanac 2002

指南牌
香煙
中國專賣事業公司總經銷
全祿牌
全祿香煙
面向大衆
東工業部中華煙草公司
玉堂春
最新出品 價廉物美
標準鐘
標準鐘香烟
紅士
大衆香烟
裕華烟草股份有限公司
青鳥
中國專賣事業公司
有意想不到之妙處
TA CHUNG
10 CIGARETTES
TRADE MARK
HSUI CHUNG TOBACCO CO.
SHANGHAI, CHINA

东方
新英雄香烟
每包二十支装
20
古田
20
古田 香烟
福建龙岩卷烟厂出品
GUTIAN
FUJIAN LONGYAN JUANYANCHANG CHUPIN
红旗香烟
群力香烟
红旗
香烟
二十支装
勤俭烟
20 勤俭香烟
石家庄卷烟厂出品
勤俭香烟

毛主席语录
领导我们事业的核心力量是中国共产党。
指导我们思想的理论基础是马克思列宁主义。
紅旗 香烟
中國洛陽協豐煙廠出品
紅旗牌
紅旗香烟
紅旗牌
南洋兄弟烟草公司出品
紅旗牌
红旗香烟
20
红旗
Hong Qi
徐州烟厂出品
红旗 高级香烟

席语录
们事业的核心力量
是马克思列宁
前进 香烟
20 前进 香烟 20
广西玉林烟厂出品
前进
Xiangyan
20
XINCHANGZHENG
新长征
跃进
南昌市胜利卷烟厂
跃进
宏图
20
青岛卷烟厂出品
宏图
勇士牌香烟
勇士牌
20
凯歌香烟
凯歌
凯歌

20
红安
香烟
红安知青卷烟厂
红安
Hongan
XIANGYAN
工农兵
工农兵香烟
石家庄卷烟厂出品
工农
地方国营新蔡卷烟厂出品
旗鼓牌香烟
旗鼓牌
香煙
地方國營新蔡捲煙廠出品
勤力香烟

启　　事

本版（2002版）《中国烟草年鉴》在烟草行业广大干部、职工的帮助下已经付梓。还有一小部分稿件（图片）因作者姓名、地址不详，我们无法将稿酬寄达。请稿件已刊登而未收到稿酬的作者速将姓名及详细地址用信函或电话告诉我们，以便我们尽快把稿费寄给您。

《中国烟草年鉴》编辑部

欢迎订阅——《中国烟草年鉴》

《中国烟草年鉴》是由国家烟草专卖局主编、全面反映我国烟草事业发展状况的大型资料工具书，具有权威性、实用性、可读性。

本版（2002版）《年鉴》由“摄影篇”、“文献篇”、“综合篇”、“区域篇”、“企业篇”、“统计篇”、“组织人事篇”、“科教篇”、“法规篇、“人物篇”、“纪事篇”、“文化篇”、“附录”等13个部分组成，主要反映全国烟草行业2002年期间的工作情况、资料和基本经验。

本书为大16开软精装本，约110万字，并有百余幅图片。同时有一本精装英文简缩本《年鉴》，包括2002版《年鉴》的主要栏目。欲购者，请填写“征订单”（附后），寄至《中国烟草年鉴》编辑部（邮局汇款，款到即寄书）。

2002版《中国烟草年鉴》征订单

订购单位			邮　编	
详细地址			收件人	
每 套 价	550.00元	订购套数	套	

图书在版编目(CIP)数据

中国烟草年鉴.2002年/ 国家烟草专卖局编.—北京：经济日报出版社，2004.5

ISBN 7-80180-307-8

I. 中… II. 国… III. 烟草工业—中国—2002—年鉴

IV. F426.89-54

中国版本图书馆CIP数据核字(2004) 第 028743 号

广告许可证：（京宣工商）广字（1996）第 048 号

ISBN 7-80180-307-8

9 787801 803078 >

中国烟草年鉴 主编
国家烟草专卖局

出版发行	经济日报出版社
地　　址	北京市宣武区白纸坊东街2号（邮政编码：100054）
网　　址	edp. ced. com. cn
E — mail	edp@ced.com.cn
经　　销	全国新华书店
印　　刷	北京佳信达艺术印刷有限公司
开　　本	889 × 1194mm 1/16
印　　张	58印张
字　　数	1300千字
版　　次	2004年5月第一版
印　　次	2004年5月第一次印刷
书　　号	ISBN 7-80180-307-8/F · 111
印　　数	5500套
定　　价	550.00元(上、下册)

CHINA TOBACCO

ALMANAC(BRIEF)

2002

BY STATE TOBACCO MONOPOLY ADMINISTRATION
ECONOMIC DAILY PUBLISHING HOUSE

CONTENT

SUMMARY

PROVINCIAL TOBACCO

CHRONICLE

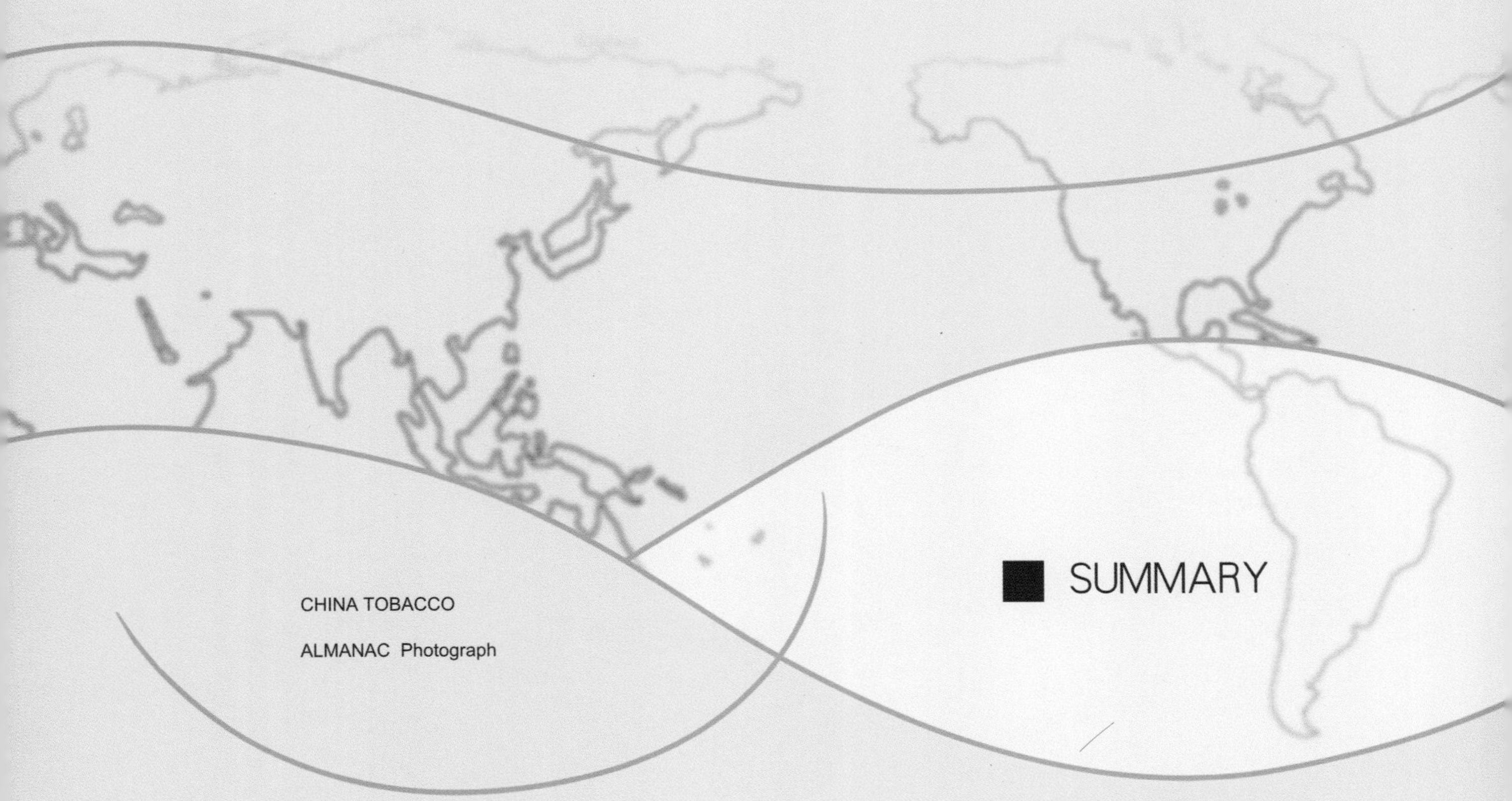

CHINA TOBACCO

ALMANAC Photograph

■ SUMMARY

Office and Foreign Affairs

In this year, under the direct concern and guidance of the Party Team of the State Administration and various Provincial Administrations (Corporation) and with the supports and cooperation of various departments concerned, the personnel of the offices and offices of foreign affairs of the entire system at various levels have earnestly carried out the work arrangement of the Party Team of the State Administration and various Provincial Administrations, paid utmost attentions to the basis, the regulations and implementation centering upon the work priorities of the industry in combination of the practical situation of the offices and offices of foreign affairs, made new achievements on the construction of standardization, regularization and scientism, and actualized fresh improvements for the participation in the administration and managerial affairs and the betterment of services, and realized further progresses in the management of foreign liaisons and foreign cooperation and played a more active more in various tasks.

1. Further improved Administration Information Work, and made New Progresses for Supervisory Check

In this year, offices at various levels have paid more attentions to the work of administration information and obvious improved the administration information especially special report information with regard to amount, content and quality through perfecting the system, improving the measures and strengthening the assessment. A majority of Provincial Administrations (Corporation) and some information direct providing sites realized the send-out of information through email with more rapid information transfer and higher time efficiency. In 2002, the office of the State Administration has edited and published 45 issues of *Circular of the Office of the State Tobacco Monopoly Administration,* 69 issues of *Leader's Reference*, 33 issues of *Tobacco Administration Information* and 37 issues of *Situation Report* in addition to over 770 information reports (articles) from various branches of the Provincial Administrations, information direct providing sites and the State Administration with 31 information reports submitted to and adopted by the General Office, CCCPC, and General Office of the State Council in 2002. The offices at various levels continued to strengthen their contact with the news media, pay attention to and fully exert the role of *China Tobacco*, *Sino-Foreign Tobacco* and *Dongfang Tobacco Newspaper*, laid stress upon the promotion of special key topics such as cracking down counterfeiting and smuggling, technical renovation, structural readjustment, network construction, smoking and health and the construction of spiritual civilization closely focusing upon the priorities of industrial reform and development and accomplished an outstanding effect. At the same time, the offices at different levels also completed various promotional activities for the 20th anniversary of the China Tobacco Corporation and the preparations for the exhibition of technical renovation results of the whole industry according to the requirement of the State Administration. Since 2002, the entire system has obviously improved its supervisory check. The leaders of the State Administration have released written instructions and put forward requirements for the supervisory check for many times. The offices at various levels further defined their responsibilities for supervisory check, improved their methods for supervisory check, and positively carried out the supervisory check and especially strengthened the supervisory check for the implementation of important decisions and work arrangement of the State Administrations. After the working conference at the beginning of the year, the offices of the State Administrations notified relevant departments to solve the issues in combination of 136 pieces of opinions and suggestions that 26 survey teams have collected from various Provincial Administrations, and also fed back to the Provincial Administrations in time and accordingly promoted the effective implementation of work proposals.

2. Further standardized the Management of Official Documents and Archives, and largely improved the Quality of Official Documents and the Efficiency of Document Handling

The offices at various levels earnestly carried out relevant regulations of the State Administrations on official document handling, continuously strengthened the standardization of official document handling with nonstandard official documents obviously reduced and also laid down a favorable basis for the office automation in future. The offices of the State Administrations regularly reviewed the amount and quality of the official documents issued within the organ each quarter and released a bulletin accordingly when seriously directing the grassroots to implement the official document handling procedures newly revised, and strengthened their efforts to regulate the nonstandard official documents of various Provincial Administrations, and effectively reduced and cut down the amount of issued documents under the supports and cooperation of various branches of the organ and various Provincial Administrations with the quality of official documents largely improved. In 2002, totally 627 documents were issued under the name of the State Administration (China Tobacco Corporation). In respect of the management of archives, further reinforced the achievements of archives management, strengthened the guidance and supervision for the work of industrial archives, and held a training course for the professional archive managerial staff of the system in Suzhou, and steadily conducted the target management activities for archives in a positive way. Organized a check and evaluation of "Excellent" grade for the archives management of the Provincial Administrations of Jiangsu, Heilongjiang, Dalian and Gansu; organized an appraisal of "National Grade 1" for the target management of enterprise archives work of Chongqing and Qujing cigarette Factories according to the authorization of State Archives Administration; appraised and approved "National Grade 2" for the target management of enterprise archives works of Harbin, Guangyi, Zhanjiang, Meizhou, Guangshui, Shaotong, Lanzhou cigarette Factories; examined and approved "Excellence" grade for the target management of archives work of 61 prefectural (municipal) & county administrations (Corporations) submitted by 11 Provincial Administration of Jiangsu and etc., of which Jiangsu has 30, Hunan 6, Hubei and Sichuan each 5, Shandong and Guangdong each 3, Henan, Henan, Anhui and Tianjin each 2 and Heilongjiang 1. Maximized the social and economic benefits of archives, actively provided relevant utilizations, and completed the gathering of museum pieces for China Tobacco Museum and installed the computer management software for the archives of the State Administrations, which already was put into pilot operation.

3. Further strengthened Security, Complaint Correspondence and Visitation, and Confidentiality Work

With the continuous deepening of industrial reform, the complaint correspondence and visitation work turns out to be more and more strenuous. On April 28, 2002, the State Administration has printed and issued *A Notice on Attaching Great Importance to the Stability of Enterprises and the Association faithfully* (Guo

Yan Ban [2002] No. 172), and on May 20, held a symposium of the whole industry on the complaint correspondence and visitation work in Beijing for the 1st time, defined the guiding ideologies, work priorities and basic principles for the complaint correspondence and visitation of the industry. On September 12, printed and issued *A Notice on earnestly Finding out, timely Solving Unstable Factors and Guaranteeing the Stability of the Industry during the 16th National Congress of CPC* (Guo Yan Ban [2002] No.373), held a symposium on the stability and correspondence and visitation work of some Provincial Administrations of the tobacco industry participated by chiefs of eight Provincial Administrations and relevant offices in Wuhan, Hubei on September 24 and deployed the complaint correspondence and visitation work then and during the 16th National Congress of CPC in an all-around way. Various Provincial Administrations set up the stability maintenance offices successively, specified the department in charge, and provided with complaint correspondence and visitation staff, and established working regimes and defined the responsibilities level by level. The offices at different levels actively cooperated with relevant departments, carefully handled various complaint correspondences and visitations, worked patiently to solve conflicts so as to accordingly guarantee the normal operation of the organs at various levels and maintain the stability of the industry. The offices at different levels attached utmost importance to the internal security work, defined various preparatory plans, and carefully carried out check-up one by one, and strengthened regular security inspection and completed the security, confidentiality and on-duty work smoothly.

4. Continuously promoted the Progress of Foreign Affairs Management

In this year, foreign affairs departments at various levels earnestly carried out the regulations of the State Administration on foreign affairs management, strengthened the approval and management for visiting groups and teams, further specified the limits of examination, approval and management authority for various Sino-foreign cooperation projects, and smoothly completed the examination and approval of various groups and teams for foreign visit and important foreign-related receptions of the industry, and further boosted the healthy development of Sino-foreign economic and technical cooperation. By now, the State Administration has already signed letters of intent for cooperation, memoranda and technical agreements with ten foreign tobacco companies. The signing of this series of letters of intent for cooperation not only built up a strategic cooperation partnership between Chinese tobacco industry and major tobacco companies in the world under the principle of "Mutual Benefit, Mutual Understanding and Far-reaching Basis" for a closer cooperation in a wider field, but also spelled that Chinese tobacco industry was participating in global competition in a positive way after China's access into WTO, and at the same time created opportunities and applicable principles for the carryout of Sino-foreign economic and technical cooperation of various principal, prefectural and district administrations (Corporations). Explored a new Sino-foreign cooperation mode—bilateral license for production, under which we can not only produce foreign-brand cigarettes to improve our management level and production technologies, but also carve out the international market through the processing of our brands abroad so as to implement the globalization development strategies of the State Administration. In 2002, organized two groups of carders of department and bureau level to participate in the training in Australia and Japan, in which totally 45 personnel have participated. Additionally, also participated in the various preparations for the negotiation of *International Framework Pact on Tobacco Control*, and has conducted much work vigorously for the research of counter-draft and the tobacco survey in cooperation with government institutions.

Development Plan

In 2002, the development planning department of the industry earnestly performed work responsibilities, and exerted the role of consultation, coordination and service of general department and smoothly completed various work under the wise leadership of the Party Team of the Administration and the sustained supports of relevant departments according to the work guideline of attaching importance to the key work continuously with stable development brought forward by the Party Team of the State Administration.

1. Strictly controlled Gross Amount of "Two Cigarettes", and maintained Stable Development of the Industry

(1) Controlled the gross amount of the tobacco leaves, and maintained the demand and supply balance of tobacco leaves market. In respect of the arrangement of tobacco leaves plan, continued to stick to the principle of "Controlling Gross Amount, Improving Quality, Optimizing Layout and Structure" and maximized its efforts to improve the market-orientation level of tobacco leaves. Issued a tobacco-planting plan of 13.92 million mu, a production & purchase plan of 1.70 million tons and a transprovincial calling-in/calling-out plan of 840,000 tons through the year with the export supply plan, storage plan, sunned cigarette production & purchase plan and tobacco leaves import plan all controlled within the plan of the state. At the end of June, the industrial and commercial stock of baked cigarettes was reasonable as a whole with an improved stock structure.

(2) Controlled the gross amount of cigarettes, and maintained a harmonious development between the production and distribution. In respect of the arrangement of cigarette plan, continued to stick to the principle of "appropriate shortage balance", and issued a cigarette production plan of 1,706.95 billion cigarettes (34.139 million cartons) for the domestic market all the year. At the end of the year, the stock of cigarettes was controlled as about 125 billion cigarettes (2.50 million cartons). According to the situation of production and distribution, increased a cigarette production plan of 835,000 cartons for domestic market with a practical increase of 349,000 cartons on the basis of last year after reporting to the planning commission for approval, of which the bulk was allocated to backbone enterprises with a roughly estimated tax and interest increase of RMB1.5 billion.

Carried out readjustments for the transprovincial plan in due time including four readjustments for transprovincial cigarette production plan all the year, and readjusted a cigarette production plan of 92.15 billion cigarettes (1.843 million cartons) for domestic market, of which 1.834 cartons were allocated to key enterprises with a roughly estimated tax and interest increase of over RMB6 billion from the entire plan adjustment.

2. Steadily implemented Technical Renovation of Key Enterprises in a Positive Way, and promoted Technical Progress of the Industry Centering upon Fostering Core Competition Power of Key Enterprises

(1) Attached importance to the overall development layout of key enterprises, and

carried out the demonstration and service for the project scheme of technical renovations of key enterprises in a positive way. We have organized expert teams to carry out bid evaluations for the layout scheme of the technical renovation of two factories in Changsha and Nanchang as well as the design proposal of joint venture of tobacco sheets made by papermaking methods in Yunnan and to demonstrate the layout scheme of technical renovations of two factories in Yanji and Bengbu successively, actively provided follow-up services for key renovation projects during implementation, and carried out on-the-spot survey for factories in Nanjing, Huaiyin, Honghe, Qujing, Changrong, Shanghai, Liuzhou, Ningbo, Hangzhou, Wuhu, Lanzhou and Hefei and debriefed the renovation, saw into the project schedule and solved outstanding problems during the implementation of the project in time.

(2) Researched and defined technical equipment policies of the industry, and maximized the efforts to foster the core competition power of key enterprises. In 2002, we have finished the formulation of technical equipment policies of the industry, in which we gave a priority to the technical progress and regarded the utilization of hi-tech for renovation of traditional process, the utilization of informatization to boost the industrialization development, and the betterment of equipments and methods through which enterprises create core technologies and the improvement of enterprises' key competition power as key contents so as to guide key enterprises to actualize a rapid development for technical progress.

(3) Held a correct investment orientation, abided by scientific decision-making and actively promoted the technical progress of the industry. In 2002, we have maximized our efforts to catch up with leading technologies in the world and organized industrial experts to conduct a survey and demonstration for selected key technologies in order to grasp the development status of technical equipments abroad, and have organized experts to visit the application of the latest technologies and equipments of Hongni and Kemars Corporation in Russia, Italy, Switzerland, Germany and Poland.

3. Actively explored Effective Methods for Price Management of "Two Cigarettes", and boosted the Renovation of Price Management

(1) Specified basic concepts for price management, and speeded up the renovation of price management. In 2002, we have become more aware of the outstanding problems that the current cigarette price management confronted with, sorted out the concepts for work, and centered upon "Two Supports" to create a fair, regular and orderly market competition environment relying upon fostering major enterprises and top-grade brands, and speeded up the renovation of price management with the research and definition of *Directive Opinions on Differential Cigarette Prices* and *Directive Opinions on Unified Cigarette Price for Wholesale as breakthrough*.

(2) Actively exerted the role of price lever and promoted the improvement of the market-orientation of tobacco. Centering upon promoting the stable development of tobacco leaves production and the improvement of market orientation, we have actively exerted the role of price lever, appropriately regulated and controlled the purchase price and allocated price of flue-cured tobacco, and defined the purchase price, allocated price of flue-cured tobacco and the standard on processing charge of tobacco leaf defoliation redrying of flue-cured tobacco in order to improve the effective supply level of tobacco leaves.

4. Speeded up the Construction of Standardization and Informatization for Planning Management, and improved the Level of Management Work

(1) Promoted the informatization of planning

management work with online official business handling as target. In 2002, we have actively promoted the application of development & planning information subsystem, organized training courses for Provincial Administrations and selected several provinces for pilot operation focusing upon the priority of online official business handling and the target of actualizing informatized planning management for online submission and approval of administrative affairs. On the basis of the computer analysis & management system for the equipments of tobacco industry established in 2001, we have conducted an analysis and research for quantized indicators on the distribution of tobacco dryers, and at the same time, started to set up an analysis & management system for planning indicators of tobacco industry and provided a scientific instrument in order to strengthen the macro-control of the industry, scientifically analyze the economic efficiency of the industry and research macro-issues such as industrial development and the trend of enterprises' production and operation concerned with regular rules.

(2) Speeded up the standardization of planning management with a stress upon the management of planning basis. In 2002, we started to establish a database for engineering and technical experts of the industry through the exam, assessment and selection of over 100 technicians from relevant units with and beyond the industry, and we will select commentators for bidding projects through the computer at random in future. After receiving training, this batch of technicians played a backbone role in the technical renovation of enterprises and improved the technical renovation level of enterprises. At the same time, we are hurrying up to define *Design Criteria on Tobacco Leaf Defoliation Redrying Factories* and *Design Criteria on Warehouses of Raw & Auxiliary Materials of Tobacco and Finished Products of Cigarettes* in order to strengthen the essential work for the engineering construction of the industry; have carried out the post-project evaluation in a positive way and defined *Management Procedures on Post-project Evaluation of Tobacco Industry (Draft Version)* in order to promote the scientization and standardization process of the decision-making and implementation of investment projects.

In order to meet the requirement of access into WTO, we standardized the management of the import/export of tobacco cargos and special tobacco mechanical equipments, and defined, printed and issued *Internal Management Procedures on Import/Export of National Trade Tobacco Cargos* and *Management Procedures on Import/Export of Special Tobacco Mechanical Equipments.*

5. Carried forward the Work Style of Combining Theories with the Practice, and went all out to complete Special Subject Survey "Development" specified by the Party Team of the Administration

The report of the 16th National Congress of CPC expressly put forward that: the carryout of the important theory of "Three Represents" should lay down the development as the first priority of the ruling party for the revival of the nation. The Party Team of the Administration brought forward a survey task of four special subjects concerned with the survival and development of tobacco industry in the future under new situations from the political and strategic level, of which our company conducted the survey task of special subject "Development". Our company has maximized all its efforts to carry out the survey of special subject and the draw-up of report besides the regular work, and held special-topic symposia participated by leaders of Provincial Administrations (Corporations) and the factory directors and managers of key enterprises (groups) successively, debriefed opinions widely and adopted proposals in a positive way, and forged a survey report with certain theoretical depth, foresight, and orientation and operability preliminarily, which won the approval of the Party Team of the Administration.

6. Defined a New Round of Poverty Relief Plan, and completed Unit-to-Unit Aid Program in the Three Gorges Region

According to the requirements and arrangement of the new round of poverty relief outlines of the State Council, the designated poverty relief counties of the State Administration were readjusted from Yunxian County and Yunxi County of Hubei Province to Yunxi County and Zhuxi County of Hubei Province, and we carried out a new round of survey and definition for the poverty relief plan, of which the Director Work Conference has passed the basic points and contents by and large.

In 2002, we put forward an allocation plan for the last subsidiary capital RMB24.30 million reserved for the unit-to-unit aid program in the Three Gorges region of Yangtze River. By now, the unit-to-unit aid program of the State Administration for the Three Gorges region of Yangtze River has completed on the whole.

(By Yuan Chao)

Tobacco Monopoly Administration

2002 is the last year of "objectives set for every three years as a stage" during the second round of tobacco monopoly administration with short time while heavy tasks. The Tobacco Monopoly Administrations at various levels conscientiously carried out the spirits of the National Tobacco Work Conference and the National Tobacco Monopoly Administration Work Conference, advanced despite difficulties, devoted to renovations, and attached utmost attentions to the implementation and thus achieved obvious efficiency and actualized "objectives set for every three years as a stage" for the monopoly administration smoothly.

1. Carried out "Year of Cracking down Fake Cigarettes" Activities thoroughly, and actualized the Target of obviously Less Fake Cigarettes in the Society

In order actualize the work target of "effectively controlling the illegal activities of fake cigarettes production and selling, and obviously reducing fake cigarettes in the society", the Monopoly Administrations at various levels carried out "Year of Cracking down Fake Cigarettes" activities thoroughly. The State Administration and the Ministry of Public Security of PRC conducted special joint operations to crack down the fake cigarettes in nine major provinces (regions) where the production of fake cigarettes seriously flooded, and set up a prestige with great effects. In this year, we investigated and prosecuted 320,000 fake cigarettes-related cases, captured 497,000 pieces of fake cigarettes, destroyed 2,476 fake cigarettes making sites, and collected 1,375 fake cigarettes machines and 13,000 tons of tobacco leaves, arrested 4,075 fake cigarettes making suspects, of which 1,076 were sentenced with punishment, and 281 with labor education and rehabilitation. Special operations mainly adopted "five combinations" measures in the following.

(1) The close combination of administrative law enforcement with criminal justice forged a powerfully joint force. Although the Tobacco

Monopoly Administrations at various levels destroyed many fake cigarettes making sites through these years, most fake cigarettes making suspects escaped the punishment of law due to the lack of measures to arrest criminals. Therefore, the fake cigarettes making activities resurged one after another. During special operations, tobacco departments maximized the advantages of a complete tip-off information network and an inspection teams with abundant experiences on cracking down fake cigarettes, and the public security departments brought into full play of their advantages of investigating and uncovering key criminal cases, catching criminals and providing prosecution evidences. Therefore, the operations made major breakthroughs for destroying fake cigarettes making sites and gangs and catching criminals.

(2) The close combination of strengthening organization and leadership with supervising and solving outstanding problems steadily carried out special operations effectively. The State Tobacco Monopoly Administrations, the Ministry of Public Security and various key provinces (regions) all established leading groups for special operations in order to deploy the work accordingly, regularly debrief reports, study and analyze situations, and solve difficult problems confronted and boost the work stage by stage. The State Administration and the Ministry of Public Security sent out work groups to supervise and solve the difficult problems in "seriously flooded areas" for over 10 times during the operation. Zhao Yongji, Vice Minister of the Ministry of Public Security and Yang Chuande, Deputy Director of the State Tobacco Monopoly Administrations led work groups to inspect and supervise the operation in "seriously flooded areas" in Yunxiao Fujian and Chaoshan Guangdong, analyzed the reason for the resurgences of fake cigarettes after cracked down with the leaders of local governments, and researched and defined the measures to root out fake cigarettes completely and powerfully promoted the carryout of the operation in "seriously flooded area".

(3) The close combination of the overall implementation plan with specific operation objectives guaranteed the actualization of the results of a stage. Leading groups of various key provinces (regions) for special operation laid down overall plans and work tasks on different stages according to the situation and characteristics of fake cigarettes making and selling activities in the area so as to define the crackdown priorities, concrete measures and time requirement. Fujian Province defined a work target of "destroying making sites, smashing network, punishing criminals, digging out backstage supporters and rooting out fake cigarettes making" after earnestly summing up the experiences and lessons for the crackdown of fake cigarettes in past years, attached utmost attentions to the carryout, designated specific personnel to supervise with cases required to be wound up in due time in case of key criminal cases, heavily prosecuted 260 principals and recidivists, and harshly punished 35 leading officials and government workers supporting, covering up and conniving fake cigarettes making and selling activities. After strenuous efforts, rampant fake cigarettes making and selling activities were defeated by and large with "seriously flooded area" in Yunxiao as representative.

(4) The close combination of arresting escaped criminals and strengthening track-down efforts so as to harshly punish fake cigarettes making and selling criminals. The Tobacco Monopoly Administrations at various areas carefully detected the clews of cases, sorted out illegal acts of fake cigarettes making criminals, listed the suspects concerned with fake cigarettes making and handed over the Public Security Departments. The Ministry of Public Security locked upon the objectives, designated specific

personnel to supervise key criminal cases, and drawn out competent personnel to pursue and capture transprovincially, follow up criminals through Internet and arrest escaped criminal suspects. The departments of public security, prosecution and justice strengthened their cooperation and intensified the track-down efforts for criminals. We arrested over 120 suspects from a major fake cigarette making village in Gaocheng, Hebei, of which 63 criminals were publicly sentenced at one time with a longest term of imprisonment of 16 years, and forged a powerful deterrence effect. A "seriously flooded area" with a history of up to ten years was completely rooted out.

(5) The close combination of cracking down fake cigarettes making and selling activities with rooting out the source so as to deepen the fake cigarettes crackdown. One is to control the source of fake cigarettes making machines. We smashed 58 gangs that illegally assembled and regrated cigarettes making machines. The Tobacco and Public Security Departments in Xiangfan cooperated closely, expanded their scout scope to a dozen of provinces and captured the principal of the largest gang illegally assembling cigarettes making machines at the local area, who escaped with his family for up to one year. Tobacco and Public Security Departments in Wuhan cooperated to investigate and uncover the key criminal case of Wuhan Machine Tool Factory for illegal making and regrating cigarettes making machines. It was roughly verified that the factory illegally manufactured 105 cigarettes making machines and had already regrated 86 machines in two years. Another is the special operation to sort out and rectify tobacco leaves factories and manufacturing workshops. We canceled the production qualification of 35 tobacco leaves factories abnormally operated, clamped down some illegal tobacco leaves processing factories and tobacco leaves terminal markets and accordingly control the misuse of tobacco leaves production channels to illegally regrate tobacco leaves and tobacco cuts to fake cigarettes making sites effectively.

The Tobacco and Public Security Departments cooperated to carry out "five combinations" measures for the crackdown of fake cigarettes, played an important role to guarantee the target accomplishment of the second round of monopoly management, and also accumulated abundant experiences for the fake cigarettes crackdown work in the future and laid down a favorable basis. After the special operation ended, the State Tobacco Monopoly Administrations and the Ministry of Public Security convened joint summing-up conference, commended advanced collectives and individuals arising up from the special operation for fake cigarettes crackdown, established *Working Regime on Joint Crackdown of Fake Cigarettes Making and Selling Illegal Activities* and set up an organizational institute for joint crackdown of fake cigarettes so as to institutionalize and regularize the joint operation for fake cigarettes crackdown between the Tobacco and Public Security Departments. The Tobacco and Public Security Departments of various provinces cooperated closely to implement the working regime faithfully. The Tobacco and Public Security Departments of Guangdong Province further strengthened the efforts to crack down fake cigarettes and made new achievements, destroyed 329 fake cigarettes making sites, captured 42,000 pieces of fake cigarettes, uncovered 282 cigarettes making machines, arrested 238 fake cigarettes making suspects, of which, 139 were sentenced for imprisonment and 28 for labor education and rehabilitation from August to December of last year. The achievements of fake cigarettes crackdown within five months after the special operation ended outweighed that of the eight months during the operation. The Provincial Administration of Jiangsu specified crackdown priorities stage by stage and carried out four sectional crackdown operations successively with fake cigarettes in the market obviously reduced. Sichuan, Tianjin, Yunnan, Chongqing and Jilin found out the clews of fake cigarettes making activities transferred from key areas, organized crackdown operations in time, and smashed a batch of fake cigarettes making sites and effectively prevented the shaping of new "seriously flooded areas". The Administrations of other provinces strengthened market supervision, harshly crack down the illegal traffic and regrating activities of fake cigarettes, effectively controlled the inflow of fake cigarettes into the market. Through the successive and in-depth crackdown against fake cigarettes, the target of consolidating results, preventing resurgence and expending victory was actualized on the whole after the special operation so as to guarantee the tobacco industry to improve its economic benefits.

2. Deepened Domicile-based Administration, and improved Monitoring Capacity of the Cigarettes Market

Domicile-based administration is an effective channel to improve market-monitoring capacity and establish a standardized and orderly cigarettes market. After the on-the-spot domicile-based administration conference in Taizhou, the Administrations at various levels further changed their concepts, unified their knowledge, and actualized a shift from I'm-required-to-do to I-want-to-do, and from I-don't-know-how-to-do to carrying-out-work-originally, and rapidly expanded and continuously deepened the domicile-based administration with a work style of practicalness and the spirits of go-aheadism and improved the monitoring capacity of cigarettes market.

(1) Improved the working level of domicile-based administration in an all-around way. The Administrations at various levels further deepened the domicile-based administration on the basis of learning advanced experiences of Taizhou Zhejiang, Banan Chongqing and Guilin Guangxi. The Provincial Administrations that initiated the domicile-based administration at an earlier time with a good market management basis stuck to high starting point and high standards, advanced with the time and tried to improve the working level of domicile-based administration. The Administration of Shanghai Municipality integrated the domicile-based administration into the management of residential communities so as to provide this task with a wider social basis. The Provincial Administrations of Zhejiang, Jiangsu and Anhui developed domicile-based administration software in adoption of information technologies and actualized the modernization of management by and large. The Provincial Administrations with certain basis for domicile-based administration further perfected working responsibilities, working system and workflow of the domicile-based administration in adoption of target management to improve the management level. The Provincial Administrations that initiated domicile-based administration at a later time are open-minded to learn from the fellow Administrations of other provinces for their experiences, have speeded up work steps in combination of the actual situation of the provinces, and steadily carried out domicile-based administration, and actualized section-by-section management and powerfully cracked down illegal operational activities and improved the consciousness of retailers for legal operation and realized obvious effects. During the carryout of domicile-based administration, numerous monopoly managerial staff further changed their concepts and work style, established the concept of providing services for the market, held symposia for retailers regularly, debriefed their opinions, and upgraded the work and improved the relationship with numerous retailers. Facts proved that the implement of domicile-based administration project played an

important role for the shift of the cigarettes retail market from disorderliness to orderliness and created a good market environment for the network construction.

(2) Carried out activities to promote the market reaching the standard on market cleanness rate. The market cleanness degree is an important standard to evaluate the domicile-based administration. In order to deepen the domicile-based administration, improve and strengthen the monitoring capacity of the market and conduct a target management for the cigarettes market, firstly, the State Administration formulated a calculation formula of market cleanness rate with market share, legal-channel purchase ratio and licensed operation ratio as key contents, unified the elevation standard of the cleanness degree of the cigarettes market and provided a reference for the quantified management of cigarettes market. Secondly, seven areas nationwide held a symposium, exchanged working methods, and researched to solve the problems existing in the market management so as to boost the carryout of target hitting activities. Thirdly, the monopoly management departments of the Administrations at various levels assessed the status quo of market management according to new calculation formula, determined the basic value of market cleanness level, and put forward feasible targets and adopted relevant measures to implement. Fourthly, we established an assessment system to assess the management status of the market regularly and released directions for different categories according to the assessment results so that the target hitting activities of market cleanness realized actual effects. In November of last year, the industry inspected the target hitting activities of market cleanness rate, and various Provincial Administrations attached utmost importance, strengthened the leadership, and inspected the cigarettes market thoroughly in an all-around way in adoption of a method in combination of public investigation and private investigation as well as daytime inspection and night inspection and concluded that the cleanness degree of the cigarettes market had obviously improved. The carryout of target hitting activities of market cleanness rate promoted the effective implementation of domicile-based administration and further standardized the cigarettes retail market.

3. Strengthened Internal Monopoly Administration, and promoted Further Standardization of Production and Operation

Various Provincial Administrations earnestly carried out the deployment of the State Administration to rectify and standardize the economic order of the market and strengthened the supervision over the production and operation of the industry in adoption of powerful measures.

(1) Strengthened the supervision and inspection over circulation links of two cigarettes. Firstly, we stuck to the delivery confirmation system of tobacco leaves, supervised the quantity, destination and contract implementation of tobacco leaves called out through collecting and statistically analyzing the data regularly in adoption of navicert computer network management system, and timely founded out and solved the problems arising from the operation, and accordingly improved the monitoring capacity and played a role for the standardization of tobacco leaves production and operation. Secondly, many Provincial Administrations signed *Letter of Responsibilities on Internal Monopoly Administration* with production and operation units and implemented a system of responsibilities, for which the leader in charge of business is responsible and the director-in-general responsible allsidedly responsible. Various production and operation units reported their self-checks and self-corrections regularly, and the Provincial Administration would verify according to the

problems fed back and harshly investigate the responsibilities of relevant leaders in charge and the directors-in-general. We conducted an inspection for the implementation of the letter of responsibilities at the end of the year in an all-around way, and connected the inspection results with the appraisal of prize and year-end premium and strongly promoted the standardization of production and operation of the industry.

(2) Harshly investigated and prosecuted internal illegal cases. Various Provincial Administrations strictly checked up the calling-in/out quantity of two cigarettes through the follow-up inspection for the operational business of production and operation units, found out the clews of illegal cases, investigated and prosecuted some illegal operational cases with collusions of internal and external personnel, and harshly punished the personnel directly responsible and relevant leaders. In last year, the Provincial Administration of Shandong investigated and prosecuted totally 46 internal cases, of which 73 persons received disciplinary punishment; the Administration of Guizhou investigated and prosecuted 41 persons responsible for illegal operations, of which 13 are officials at country/bureau or higher level, and circulated a notice in time and accordingly maximized the education role of negative models and improved the consciousness of numerous officials and workers for legal operation.

4. Improved the Level of Law Enforcement, and strengthened the Construction of Monopoly Team

In recent two years, in order to meet the requirement for heavy fake cigarettes crackdown tasks and strengthening market management, the Administrations at various levels founded monopoly checking detachments and further strengthened the construction of monopoly team in order to improve regularization management and standardize the level of case handling on the basis of “Year of Competence”.

(1) Improved professional accomplishments of law-enforcement officials through unified exams. In order to improve the level of monopoly law-enforcement officials for administration by law, the State Administration organized a unified exam for the monopoly law-enforcement officials nationwide and established a leading group for the unified exam. Various Provincial Administrations attached utmost importance, regarded the exam as the extension of “Year of Competence” and strengthened the organization and leadership. Monopoly and justice departments cooperated closely, organized earnestly, and held a variety of pre-exam training activities, and systematically learned “five laws and one regulation” usually applied for monopoly law enforcement. Ten deputy directors of Provincial Administrations in charge of monopoly took the lead in participating in the exam and exerted the role of model. Totally 39,458 persons of the industry participated in the unified exam with good results and the average score reaching up to 89.5. The unified exam inspired the enthusiasm of numerous monopoly personnel for learning, increased the awareness for administration by law and improved the professional accomplishment of monopoly law-enforcement officials. The Provincial Administrations of Jiangxi and Shaanxi as well as other provinces strengthened the training of professional skills for monopoly administration team in order to participate in the unified exam, improved their accomplishments, set up a favorable social image, and held competitions of monopoly checking capabilities across the province, and boosted a climax to learn business, devote to techniques and exercise basic skills and showcased the initiative mental outlooks of monopoly team.

(2) Improved the level of monopoly law enforcement with a stress upon strict

case-handling procedures. Scientific enforcement procedure is an important guarantee of standardized case handling while law enforcement dossier is a written carrier reflecting the process of law enforcement and an important symbol to measure the level of law enforcement. Therefore, we adopted relevant measures to guarantee the law enforcement in compliance with due procedures starting from regularizing the dossiers of monopoly law enforcement with a stress upon strict case handling procedures. Firstly, the State Administration issued *Standard on Administrative Punishment Dossiers of Tobacco Monopoly*, which provides a criterion for regularizing dossiers and handling cases strictly in compliance with the procedures. Secondly, various Provincial Administrations defined highly operable detailed rules of *Standard*, wrote teaching materials, held training courses, explained the law with cases and improved the capability of numerous monopoly personnel to carry out *Standard*. Thirdly, we carried out evaluation and inspection activities for the dossiers. We checked the implementation of *Standard*, and solved existing problems in time and consequently promoted the implementation of *Standard* through random inspection of dossiers. Fourthly, the Provincial Administrations of Zhejiang and Dalian employed modern network technologies to design and develop case management software and explored a new channel to restrain the law enforcement beyond the procedures through the automatic control of dossier making. The implementation of *Standard* played an important role for the rectification of long-lasting problems in ten aspects during the monopoly law enforcement.

(3) Selected the 2nd "Top Ten Golden Leaf Guards of China Tobacco", advanced monopoly administration collectives and individuals through public appraisal. During the process of actualizing the work target of three years as a stage in the second round, enormous monopoly administration personnel advanced despite difficulties, renovated initially and went all out and devoted countless efforts, and there ushered in numerous advanced collectives and individuals as well as many heroic stories moving us to praises and tears, and some fellows even contributed their precious and young lives during monopoly law enforcement. In order to commend the advanced and inspire the morale, the State Administration decided to select and commend the 2nd "Top Ten Golden Leaf Guards of China Tobacco" as well as advanced monopoly administration collectives and individuals through public appraisal. Various Provincial Administration attached utmost importance, chose the best from the outstanding ones level by level strictly in accordance with the selection conditions, and selected Wu Tieyun and other nine persons as the 2nd "Top Ten Golden Leaf Guards of China Tobacco" through public appraisal, and admitted posthumously Qing Yongqi and other two as "Golden Leaf Guards of China Tobacco", and selected 20 advanced monopoly administration collectives and 50 advanced monopoly administration individuals, who will be commended on this conference to carry forward the monopoly sale spirits of "strictly restraining oneself, fairly enforce the law, being willing to dedicate and being heroic and indomitable". Now, let us congratulate them with fierce claps.

Personnel and Labor Affairs

According to the work outlines defined at the beginning of this year and relevant guidelines of the higher authorities, the General Division has mainly worked as follows in 2002:

(1) Earnestly learned and carried out the spirits of "May 31" speech of President Jiang Zemin, and organized and held the 17th Political Work Conference of the tobacco system At the beginning of this year, according to the spirits of the National Promotion, Organization, Personnel and Labor Security Work Conference and the National Tobacco Work Conference in combination of the practical situation of the industry, we drew up and issued *Work Outlines on Personnel, Political Work, Labor and Capital of the Tobacco System nationwide in 2002*. In June, we organized and held the 17th National Political Work Conference of the tobacco system with stress upon the learning and carrying out of the spirits of "May 31" speech of President Jiang Zemin. After the conference, various Provincial Administrations summed up and circulated a notice on the carryout of the spirits of the 17th Political Work Conference.

(2) Thoroughly learned, promoted and carried out the spirits of the 16th National Congress of CPC After the 16th National Congress of CPC, we faithfully organized the learning, promotion and carryout of the spirits of the 16th National Congress of CPC according to the arrangement of the Central Committee of the Communist Party of China, and drew up and issued *Notice of the Party Teams of CPC of the State Tobacco Monopoly Administrations on Earnestly Learning and Carrying out the Spirits of the 16th National Congress of CPC*, required the Party Teams (Party committees) at various levels to regard the learning and carryout of the spirits of the 16th National Congress of CPC as a political priority for the moment and the future and maximized the efforts to carry out with circumspect organization and meticulous deployment, and instructed the Labor Unions, the Communist Youth League, and the Women's Federation and other nongovernmental organizations of the industry to carry out characteristic learning and education activities and demanded that the Politics Seminar should organize special subject discussions and various news media should exert a leading role of promotion. We asked the entire industry to reach a climax of learning the spirits of the 16th National Congress of CPC. At present, the Party Teams of the industry at various levels are now thoroughly learning and carrying out the spirits of the 16th National Congress of CPC according to the requirement of the Party Team of the State Administration. The Politics Seminar of China Tobacco selected a batch of articles from various Provincial Administrations, edited and published *Special Issue of <Tobacco Political Work Report> on Learning the 16th National Congress of CPC.*

(3) Carried out Implementation Outlines on Construction of Citizens' Moral Standards On the basis of investigation and research, we drew up, printed and distributed *Opinions of the Party Team of CPC of the State Tobacco Monopoly Administrations on Carryout of <Implementation Outlines on Construction of Citizens' Moral Standards>* in combination of the practical situation of the industry, summed up the stories of Wei Jianyu, a model technical worker in time, convened a Commendation Meeting and carried out the activities to learn from Wei Jianyu within the industry so as to further strengthen the awareness of service and faithfulness of

enormous officials and workers and promote the ceaseless deepening of workers' moral construction.

(4) Carried out the work of Politics Seminar centering upon the focus, and provided services for the overall industry Centering upon the focus of the industry, we organized member units of Politics Seminar to steadily and effectively carry out the work of Politics Seminar under the subject of "Maximizing the advantages of political work, Guaranteeing the reform and development of the industry". Held a symposium of Politics Seminar Secretaries-in-General of China Tobacco, summed up and popularized the practice of "two-virtue education" of Jilin Tobacco Company, exchanged and learned a batch of political research achievements with certain orientations and persuasive powers, and completed the edition and issuance of Tobacco Political Work Report.

(5) Smoothly completed the reform of professional titles In 2002, the reform of professional titles of the tobacco system put up the evaluation of technical qualifications of research series under the approval of the Department of Personnel under CCCPC besides the further evaluation of senior technical qualifications of fives series i.e. engineering, agriculture, economics, accountant and political work, and invited ten experts from Chinese Academy of Sciences to set up a Technical Qualification Evaluation Commission for researchers. In October, we have held the 1st Senior Technical Qualification Evaluation Meeting of Research Series of the tobacco system in Shanghai, on which 21 fellows passed the evaluation of the Evaluation Commission, of which 5 acquired the senior technical qualifications of associate researcher and 16 senior technical qualifications of researcher. The senior technical workers of the industry with a title of researcher increased from 5 to 21.

In 2002, the evaluation of professional titles of the tobacco system covering six series accepted totally 199 applications from 33 units, which 140 fellows passed with a percent passing of 70%. Additionally, totally 14 fellows passed the local evaluation under the authorization of the Professional Tile Reform Office of China Tobacco Corporation. The report on annual professional title reform has already submitted to the leaders of the Administration, which the Professional Title Reform Leading Group will examine and approve in recent future.

(6) In respect of the construction of technical talent team In the first half year, we went to Anhui and Shanghai to carry out surveys, debriefed the opinions on the employment system of the tobacco system for professional technicians, and organized the staff of the Personnel & Professional Title Reform Departments of nine Provincial Administrations (Corporations) of Guangdong, Hubei and others to conduct on-the-spot surveys in Tobacco Science Research Institute, Yuxi Hongta Group and Dali Filiale in Yunnan Province in order to obtain in-depth knowledge towards the situation. After carefully debriefing the opinions of various Provincial Administrations (Corporations), we drew up *Procedures on Technical Qualification Evaluation and Technical Post Employment of Tobacco System (Draft Version)* depending upon on-spot surveys and submitted to the State Administration for approval after asking for the opinions of the Department of Science and Education and the Department of Regulations.

On September 12, 2002, Director Jiang Chengkang chaired A Special-subject Director Work Conference, discussed the contents of *Procedures* article by article and agreed with the Procedures in principle and released a conference minutes. According to the spirits of the Conference, after modified and submitted for approval, *Technical Qualification Evaluation and Technical Post Employment of Tobacco System (Draft Version)* Guo Yan Ren [2002] 460 was printed and issued within the industry. At present, various Provincial Administrations (Corporations) have already started to carry out this work in compliance with the spirits of the Conference.

With regard to the work of selecting personnel for the special allowance of the government, after careful and strict selection and reported to the Department of the Personnel under CCCPC and the State Council under the approval of the latter, four fellows i.e. Guo Zhaokui with Heilongjiang Tobacco Monopoly Administration (Company), Wang Jun with Nangtong Cellulose Acetate Co., Ltd., Huang Yuanjiong with Henan Tobacco Monopoly Administration (Company) and Wang Shaokun with Yunnan Tobacco Monopoly Administration (Company) turned out to be the personnel of tobacco system enjoying the special allowance of the government in 2002.

(7) Informatization construction for personnel administration We developed *Human Resources Management Software* system in cooperation with Beijing Jinyikang Software Company, and actualized the online search and summarizing for regular personnel statements of officials, labor & capital statements and others each year after modifications and testing for many times instead of holding routine statistical meetings in the past so as to save enormous time and human resources. Now, we have already completed the trainings for the Provincial Administrations (Corporations) and prefectural/municipal (filiales) corporations and will popularize the application of the software in near future within the industry.

(8) Work of institutional reform We have studied and released official written replies for the institutional reform schemes of the following units: (1) printed and issued the work responsibilities, institutional structure and personnel establishment scheme of China Tobacco Museum of Shanghai; (2) printed and issued the functional disposition, institutional structure and personnel establishment scheme of the Tobacco Monopoly Administration (Company) of Tibet Autonomous Region; (3) established Policy, Regulations and Restructuring Division of the Tobacco Monopoly Administration (Company) of Jiangxi Province; (4) released an official written reply to the institutional readjustment scheme of the tobacco system of Dantu County, Zhenjiang Municipality of Jiangsu Province; (5) released an official written reply to the institutional readjustment scheme of the tobacco system of Nanjing; (6) released an official written reply to the institutional structure of the tobacco system of Xishan Municipality of Wuxi, Wuxian Municipality of Suzhou. At present, besides Hebei Province, the "Three Decisions" work of the Provincial Administrations has already finished completely.

(9) Checked the educational backgrounds of officials. According to the arrangement of the Department of Organization under CCCPC, we released a notice in July 2002 to check the educational backgrounds and academic degrees of leading officials of the industry at division or higher level, and also required various Provincial Administrations (Corporations) to report the checking result to the Department of Personnel and Labor of the State Administration before the end of the year and submitted to the Department of Organization under CCCPC after summed up.

Additionally, we also held a videoconference of the tobacco system nationwide to learn and carry out *Regulations on Selection and Appointment of Leading Officials of the Party and the Government*, participated in and completed the work of the 4th Special Subject Survey Group, held two On-job Training Courses for Political Work Officials and held "Release of Survey Results on Enterprises Operators of Tobacco Industry in 2002 and Macro-economic Situation

Seminar" with the Development Research Center of the State Council.

Regulation and Restructuring

2002 is a year with important breakthroughs for the work of tobacco regulation and restructuring. In this year, the Department of Policy, Regulation and Restructuring has conducted enormous work in line with the principle of services for the industry and the grassroots in the fields of providing juristic opinions and legal system promotions, facilitating the restructuring of enterprise organizations and studying reform schemes for the development of the industry.

1. Regulatory Work

(1) Firstly carried out the work of unified law & regulation trainings, exams and professional qualification authentification for monopoly law-enforcement officials of the entire industry. In order to strengthen the professional accomplishment construction of tobacco monopoly law-enforcement team, further boost the work of administration by law and cigarettes management by law and improve the level of tobacco monopoly law-enforcement level, the State Administration stipulated that the monopoly law-enforcement officials of the industry should participate in the unified exam of laws and regulations every two year with the passing of the exam as a basic condition for undertaking monopoly law enforcement. In the first half year of 2002, we organized the 1st "Unified Exam for Monopoly Law-Enforcement Officials of the Tobacco Industry Nationwide", in which totally 39,458 persons participated and accounted for 98.06% of the personnel with due exam required, and of which the percent passing of the unified exam organized by the State Administration is 99，60%.

(2) Went all out to formulate and modify relevant regulations and regulatory documents. We modified *Management Procedures on Navicert of Tobacco Monopoly Products* (issued by the 1st Order of the State Tobacco Monopoly Administration in 1998) and reissued with "the 31st Order of the State Economic and Trade Commission of PRC" for implementation. After many times of survey and research, readjusted *Inventory of Famous Sunned Tobaccos* issued in 1993, and researched and drew up a batch of regulatory documents such as *Internal Management Procedures on Import/Export of State-operated Tobacco Products.*

(3) Went all out to carry out "Four-Five" law publicity and strengthen the supervision over administrative law enforcement. The law publicity of 2002 focused upon "Five-Specify" i.e. to specify leading institution, specify manpower, specify financial resources, specify training and specify prize and punishment and the actualization of "Two Breakthroughs" i.e. the breakthrough of leading officials learning and implementing laws as well as diverse law publicities and educations in adoption of broadcasts, TV, and showcases and etc. In respect of the supervision over administrative law enforcement, we carried out "the evaluation and check of tobacco monopoly punishment cases nationwide", took out 36 copies of administrative punishment dossiers from various areas at random, organized a task force to evaluate and check, and circulated a notice of the problems found out during the evaluation and check, reason analysis and required improvements to the whole industry and realized ideal effects. In 2002, we accepted totally two administrative review cases, and after faithful review, one was

remanded for retrial and another maintained the original judgment.

(4) Sorted out administrative approval items, departmental regulations and other policy measures. According to the requirement of the Leading Group of the State Council in charge of the administrative approval system reform, we sorted out the administrative approval items of the State Tobacco Monopoly Administration in a positive way. In 2002, we totally sorted out 96 administrative approval items of different categories, of which the State Council has already listed 14 items in the first batch of cancelled administrative approval items. Researched and completed *Research Report on the Establishment of Approval System of Tobacco Industry in line with Market Economic System*. In order to adapt to the process of China's access into WTO, we sorted out departmental regulations and other policy measures in the same time, drew up and modified one and reported for abolishing or rescinded eight.

(5) Provided juristic opinions, earnestly participated in the handling of legal disputes concerned with the industry and carried out international law exchange activities in a positive way. We provided modification opinions for totally 17 law and regulation drafts of the National People's Congress and the State Council and countersignature opinions on laws and regulations for some documents issued by the Administrations, and strictly censored and verified key contracts from the aspect of law including the technology transfer contract signed between China Tobacco Corporation and GD Company, project enlargement contracts of Nanxian, Kunxian and Zhuxian and construction project design contracts of Beijing Zhongye Ad Company. Coordinated and handled consumer' complaint cases in Nanjing and Shanghai as well as brand disputes such as "Seven Wolves" and "Hongmei", and especially reacted to the case of some American states' appeals against the consumption fund agent of the enterprises of China Tobacco in a positive way. We organized international tobacco litigation surveys and exchanges in the United States and signed *Memorandum on Legal Affairs Exchange and Cooperation* with Philip Morris International Inc.

2. Restructuring Work

(1) Actively explored the guidelines for the restructuring of the industry. According to the requirement of leaders of the State Administration, we smoothly completed the special subject research on "Steadily boosting the market-orientated tobacco restructuring under the monopoly system in a positive way" on the basis of thorough surveys and researches; earnestly researched and carved out the guidelines for industrial and commercial management restructuring of the industry; thoroughly considered the architecture of tobacco management systems at various levels in line with the production and operation of the industry; analyzed state plans and financial and tax systems closely concerned with the restructuring of the industry; carried out special subject researches and brought forward policy opinions for some specific issues such as tobacco systems of Shenzhen and Dalian, the commercial circulation system of Hainan Tobacco, the distribution system of industrial cigarettes enterprises after the reform of cigarettes consumption tax and the cancel of legal personality of companies at county level.

(2) Made new breakthroughs for the readjustment of organizational structure. In 2002, totally 11 industrial cigarette enterprise underwent the organizational structure readjustment, of which five closed down and stopped production, one was wound up with bankruptcy and five merged and restructured. Eight provinces (regions and municipalities) i.e. Guangxi, Liaoning, Fujian, Qinghai, Gansu, Chongqing, Anhui and Hainan

have already completed the structural readjustment of small cigarette factories on the whole. After the readjustment, 123 industrial cigarette enterprises nationwide (excluding 12 production sites with no legal personality) produced normally at the end of 2002, and the readjustment of organizational structure made historical breakthroughs. Additionally, actively sought for development capital and monopoly profits of tobacco industry and brought forward capital allocation & use schemes for the organizational structure readjustment of enterprises for many times, and the capital amount applied for organizational structure readjustment of enterprises also made new breakthroughs. Through our efforts, totally a bank loan of RMB1.5 billion of five small cigarette factories of the industry has been listed in enterprise bankruptcy plan and cancel-after-verification scope of bad and doubtful accounts of the banks across the country. In order to promote the organizational structure readjustment of small cigarette factories, researched and drew up *Layout of the Organizational Structure Readjustment of Industrial Cigarettes Enterprises with an Output of less than 100,000 Cartons*, sorted and compiled the archives on the structural readjustment of industrial cigarette enterprises nationwide, and preliminary compiled *Opinions on the Organizational Structure Readjustment of Industrial Cigarette Enterprises with an Output of 5-15 Billion C*igarettes.

(3) The shutoff of hung rebaking enterprises made obvious progresses. After finding out the details of hung rebaking enterprises of the industry through overall survey, brought forward specific opinions on shutting off the hung rebaking enterprises, drew and issued *Procedures on Shutoff and Acceptance Inspection of Hung Rebaking Enterprise*, and supervised the shutoff of hung rebaking enterprises in key provinces. Through the efforts of the entire industry, 114 of the former 224 hung rebaking enterprises of the whole industry have been shut off in 2002 with a percentage of 50.89%, and we actualized the target of “Half of the task completed within half of the time”.

(4) Deepened the restructuring of enterprises. In order to promote the restructuring of leaf defoliation redrying enterprises, carried out an overall survey for the status quo of leaf defoliation redrying enterprises at the beginning of the year and convened a special subject briefing conference on the restructuring of leaf defoliation redrying enterprises in Chengdu in May. Later, established an investigation and survey group to carry out a special subject survey for key provinces, and convened “an on-the-spot conference on Speeding up restructuring, strengthening management, improving product quality by leaf defoliation redrying enterprises” in Yunnan in December in order to further unify the ideology, strengthen the confidence and specify the procedures and precautions of restructuring. Moreover, researched and released official written replies for the restructuring of Xuchang Tobacco Industry Machine Making Factory, Qinhuangdao Tobacco Industry Machine Making Factory, Hainan Cigarette Factory and Shandong Import & Export Company of China Tobacco, and released official written replies for the management restructuring of ten tobacco companies in Pengyang and Lingwu of Ningxia, the transfer to a higher level for the tobacco companies in various municipalities and counties of Hainan Province and the tobacco system of Aba Autonomous Prefecture as well as the separation of unified management of the Tobacco Monopoly Administration, the cigarette factory and subordinate tobacco companies of Yunnan Honghe Tobacco Enterprise.

Economic Operation

In 2002, the whole industry earnestly carried out the spirits of the National Tobacco Work Conference and the Industrial Economic Operation Videoconference closely centering upon the work targets and priorities of "Five Continuations and Five Guarantees" under the principle of total demand and supply control, went all out to promote the readjustment of cigarette product structure, actively led and boosted enterprises to improve their scientific management level, and attached utmost importance to the safety management and smoothly completed the all-year control targets of economic operation and various tasks with an obvious growth of the economic efficiency of the industry and a maintenance of stable development trend of economic operation.

1. Specified Guidelines, grasped the Overall Situation, defined Targets and attached Utmost Importance to the Implementation

According to the work targets and priorities specified by the Party Team of the State Administration, we sorted out and analyzed the work targets and priorities of the all-year economic operation, specified guidelines, carefully analyzed the situation of the industry as well as outstanding problems existing in the economic operation, defined the specific control targets, policy measures and action programs of the economic operation of the industry, and organized and convened a videoconference on the economic operation of the industry, and issued *Control Outlines for the Economic Operation of Tobacco Industry in 2002*, and laid down the guidelines, work priorities and requirements centering upon guaranteeing the stable development of industry and improving the work efficiency and quality of the economic operation, and fixed on an ideology i.e. sticking to market orientation, maintaining the balanced production and accurately demanded supply of cigarettes with a focus upon the readjustment of product structure, giving a priority to "Two Supports" and implementing and effectively promoting the strategy of major brands and large enterprises, and also attached major attentions to carry out various macro-policies and promote auxiliary measures so as to ensure the stable development of the whole year.

2. Always Stuck to the Guideline of "Quantity Control, Sales Promotion, Price Stability and Efficiency Increase", and strengthened the Monitoring, Analysis, and Assessment and Control of the Economic Operation in an All-around Way with Sales Promotion, Price Stability and Quantity Control as Priority, Precondition and Tool respectively

At the beginning of the year, in consideration of the cigarette overproduction with a growth rate of 40% (calculated upon comparable terms), issued *Emergency Notice of the State Administration on Reducing the Cigarette Production Schedule* timely, which played an important role to guarantee the balanced cigarette production of the year by and large and actualized the all-year stable development. Under the principle of appropriate shortage and balanced production, released a quarterly cigarette production plan in time, instructed various Provincial Administrations and Companies to abide by the balanced production, and at the same time supervised the provinces exceeding the quarterly production plan and stock-control target. At the end of the year, organized an overall production-control and stock-reduction inspection, during which totally 10 groups have principally inspected local cigarette factories and those enterprises suspected with excessive production.

Attached utmost attention to the economic operation status of the industry, and stuck to the monthly economic operation analysis system. Enriched the contents of *Circular on Economic Operation of Tobacco Industry*, added the contents of structural analysis, and carried out continuous follow-up analysis for key provinces and enterprises, and in the same time applied operation analysis system software and established a direct report system of famous and high-quality cigarette industry and the operational status of 50 industrial enterprises for the industry. In 2002, the assessment procedures of economic operation of the industry fixed six guidelines under the orientation of sales volume and boosting the fostering of famous and high-quality cigarettes, and led various provinces to carry out their work centering upon stable development and "Two Supports". We struck to monthly assessment and circular so as to strengthen the orientation role of assessment.

3. Focused upon "Two Supports", sped up the Structural Readjustment and effectively promoted the Implementation of Brand Integration and Brand Strategies

Instructed and supervised various Provincial Administrations (Corporations) and enterprises to carry out *Opinions of the State Administration on Speeding up the Structural Readjustment of Cigarette Products*, and drew up feasible detailed implementation rules and action programs to integrate current brands and guarantee the actualization of the brand-reduction target set up by the State Administration. Issued *Notice of the State Administration on Stopping Producing Part of seriously Loss-incurred Cigarette Products (the 1st Batch)*, which announced the 1st batch of 141 cigarette products prohibited for production and distribution. At the end of the year, sorted out the products in the national cigarette market, and cancelled the transaction right of the products whose turnover failed to reach the standard. Carried out survey and research on the integration of five varieties of cigarettes, and put forward the opinions on the integration of five varieties of cigarettes. Through our efforts, there are currently 703 cigarette marks and 1,717 models nationwide in production, which reduced 166 and 433 with a percentage of 19% and 20% respectively. The brand-reduction target of 15% is actualized. The transprovincial trademarks have already been reduced to within 400.

Actively implemented brand strategy, and carried out brand strategy and fundamental research. At the beginning of the year, issued *Several Policies of the State Administration on further Developing Famous and high-quality Cigarettes of the Industry* to further unify the concept of the entire industry towards supports for famous and high-quality cigarettes and guarantee the pooling of various resources towards famous and high-quality cigarettes so as to promote the expansion of famous and high-quality cigarettes. In order to investigate the market of famous and high-quality cigarettes, organized and implemented a survey on the competition power of famous and high-quality cigarettes of the industry with the results announced, which the industry strongly echoed and acknowledged. In order to strengthen the brand awareness of enterprises and carry out brand strategy research, organized a "Sino-foreign Cigarette Brands Symposium" that played an active role to steer enterprises to implement brand strategy and improve the management level of cigarette brands. Established the 6th National Cigarette Evaluation Committee, and completed a research report on "Development Direction of Chinese Cigarette Products" and the appraisal of the best-quality cigarettes of 2002. In order to strengthen Sino-foreign technical cooperation, drew up and issued the processing and management procedures for cigarette brands supplied by the clients so as to standardize relevant procedures and improve the cooperation management level of the industry for the processing brands supplied by the clients. In order to forge major brands and enlarge the market share and brand influence of advantageous enterprise, researched and drew up processing management procedures of cigarette pool to regularize the management of cigarette processing pool with stress upon reducing the marks of less wholesale quantity and integrating and optimizing current brands.

4. Strengthened the Management of Enterprise in an All-around Way, improved Scientific Management Level and increased the Core Competition Power of Key Enterprise

Centering upon the target of improving the scientific management level of enterprises and increasing core competition power of key enterprises, we focused upon the survey and summarizing of the management and renovation experiences of Honghe Cigarette Factory, and convened the National Management Work Conference of Tobacco Industry Enterprises in Honghe Cigarette Factory on which Director Jiang made an important speech to further point out the direction, guideline and priority for the reform and management improvement of industrial enterprises so as to effectively boost the reform and enterprise management of industrial enterprises and forge a favorable situation in which enterprises within industry learn from the advanced and try to overtake each other and renovate originally. With regard to 36 key enterprises, carried out analysis and evaluation, brought forward opinions on the dynamic management of key enterprises when strengthening follow-up directions and supports, announced the readjustment results of 36 key enterprises, readjusted 3 enterprises, which shocked the industry, greatly promoted the competition between enterprises and materialized the role of the mechanism of the survival of the fittest. Sped up the informatization construction of enterprises, and completed the development, acceptance inspection and training of foundation software of cigarette industry state by stage in cooperation with the Information Center of the Administration with the popularizing of foundation software widely spread.

5. Strengthened the Basis of Safety Management, improved Safety Management System and provided Powerful Guarantee for the Stable Development of Economic Operation of the Industry

Further improved the system of regulations and standards on safety management, carried out the responsibility system on the production safety, and strengthened the inspection of safety management and tightened up the safety management training of the industry. Organized and conducted two overall safety inspections for the whole industry that played a role of supervision and instruction. Strengthened the rectification for the hidden dangers of enterprises, and promoted the improvement and carryout of the regulatory system and responsibility system on production safety of various enterprises and improved the production safety level of the industry so as to guarantee the stable development of tobacco industry. According to the requirement of the State Administration, drew up *Interim Provisions on Traffic Safety Management of Motor Vehicles of Tobacco System* and *Interim Provisions on Safety Management of Hotels of Tobacco System*, which have already been implemented in the industry. Carried out the development and experiment of suffocating insects with aluminum phosphide.

In this year, the industry completely put an end to the occurrence of major liability accidents, effectively controlled average accidents with all-year amount of accidents and casualty in course of duty obviously reduced. Particularly in respect of the safety management of motor vehicles, although the production and operation continuously expanded and motor vehicles greatly increased, various traffic accidents were obviously reduced (calculated upon comparable terms) with the best production safety situation in recent several years.

6. Went deep into the Grassroots for Investigation and Research, found out Difficulties and Hotspot Issues of the Operation and earnestly carried out the Coordination and Service

According to the requirement of the leaders of the Administration, Laid stress upon the liaisons with Guizhou Tobacco, Hongta Group, Shenzhen Cigarette Factory and Xichang Cigarette Factory and etc. Under the principle of helping enterprises indeed, solving practical problems, understanding micro-situation and grasping macro-situation, organized over 20 special subject investigations and researches at different levels and over 10 special subject symposia covering ten provinces in combination of operation control, product structure readjustment and market survey, carefully investigated the practical situation of grassroots enterprises, debriefed their opinions and voices and grasped the first-hand data and the live situation, and accordingly provided genuine references and information in order to correctly analyze and judge the economic situation of the industry and control the overall situation, and at the same time, offered guidance services for the Provincial Administrations (Corporations) and enterprises.

Financial and Audit

In 2002, the financial audit departments of tobacco industry nationwide earnestly abided by the financial and economic policies and regulations of the state, went all out to strengthen the accounting basis, further exerted the core role of financial management among the enterprise management, tightened up the supervision and audit, intensified the construction of financial audit team, and conducted a lot of work, and actualized numerous achievements and made new contributions to the reform and development of tobacco industry.

1. Carried out Budget Management within the Industry, strengthened Capital Management and exerted the Core Role of Financial Management among Enterprise Management

(1) Carried out Budget Management with Cost and Expense Budgets as Breakthrough in an All-around Way

In 2002, we drew up *Proposed Methods on Budget Management of Enterprises and Institutions of Tobacco Industry*. Various Provincial Administrations (Corporations) have established the Budget Management Committee respectively according to relevant requirements in combination of the local situation, drew up and issued the budget management procedures for various provinces, and laid down relevant detailed implementation rules and management systems. When establishing provincial Budget Management Committee, various Provincial Administrations (Corporations) instructed and supervised subordinate subsidiary companies at municipal level and industrial cigarette enterprises to set up Budget Management Committee according to relevant requirements. By now, most provinces have already set up a two-level budget management system of provincial companies, subsidiary companies under provincial level and industrial cigarette enterprises. The provinces with no such system have also increased the awareness of budget management, and gradually set up the concept of budget management.

(2) Strengthened the Centralized Management of Capital with Stress upon the Establishment of Capital (Management) Settlement Center

In view of the loose capital management, low capital utilization efficiency, and big capital risk and other problems of the tobacco industry, we laid stress upon the publicity of typical experiences of the capital management (settlement) center within the industry. In June 2002, we held a Capital Management Work On-the-sport Conference of the industry in Shandong to popularize the successful experiences and practices of establishing capital management (settlement) center of provincial companies in Shandong, Anhui and Sichuan. Some Provincial Administrations (Corporations) of the industry created their own capital management modes on the basis of absorbing successful experiences of above-said provinces in combination of the local situation.

2. Attached Utmost Importance to the Accounting Basis of the Industry, and improved the Quality of Accounting Information

In 2002, the accounting work of tobacco industry unfolded centering upon key contents such as "two checks, two inspections and two methods" under the principle of "attaching utmost importance to the basis and standardization" and promoted the quality improvement of accounting information.

(1) Carried out a spot check for the implementation of *Accounting Law* and the quality of accounting information. In 2002, in order to further implement *Accounting Law*, the State Administration organized four inspection groups to carry out a spot check for the implementation of *Accounting Law* by eight Provincial Administrations (Corporations) in Yunnan and etc. According to the result of the spot check, the implementation of *Accounting Law* was better that in 2001 on the whole, and eight Provincial Administrations spot-checked in 2002 all have established an internal control system.

(2) Carried out an acceptance inspection for accounting computerization as well as standardized accounting basis within the industry. In 2002, through popularizing accounting computerization and the replacement of manual accounting by computer within the industry, many provinces have already actualized the achievement of both "accounting computerization ratio" and "settled accounts ratio" reaching 100% at the same time. In 2002, the industry conducted an acceptance inspection for target hitting units applied for standardized accounting basis, which promoted the improvement of accounting basis of the industry. Some provinces have already completed the target-hitting task in advance with a target-hitting rate of 100% for standardized accounting basis.

(3) In order to unify the criterion of the cost and expense of industrial enterprises, standardize accounting operations and guarantee the authenticity and reasonableness of enterprises' cost accounting, we completed *Management Procedures on Cost and Expense of Tobacco Enterprises* and *Accounting Regulations on Cost and Expense of Tobacco Enterprises*, and implemented in some enterprises for trial. The formulation of *Procedures* and *Regulations* is a basic task that we have conducted to unify the criterion of the cost and expense of industrial enterprises, standardize accounting operations and guarantee the authenticity and reasonableness of enterprises' cost accounting.

3. Strengthened the Management of State-owned Assets, and carried out a General Checkup on Enterprise Assets

(1) Three-year General Checkup on Enterprise Assets is completed on the whole and actualized

the Estimated General Target

In order to investigate the property of enterprises and forge a favorable basis for the reform of tobacco system enterprises, we have conducted a general checkup on enterprise assets for industrial, commercial and multi-industry enterprises of the tobacco system within three year i.e. from 2000 to 2002. Through the general checkup on enterprise assets, searched out the reason of assets loss, long-term unclear investments and capital deficits of the industry, found out and exposed the problems existing in the capital management of enterprises, and promoted enterprises to strengthen the registration of state-owned assets with relevant systems, and standardized and strengthened the capital management of enterprises. In sum, the three-year general checkup on enterprise assets basically figured out state-owned assets, preliminarily rectified the ownership of assets and reached the overall target of assets checkup.

(2) Strengthened the Supervision for State-owned Assets, and Prevented the Loss of State-owned Assets

In view of the loose regular management of state-owned assets, the dissolution and merging of enterprises in nonconformity with relevant regulations on state-owned assets management and arbitrary assets transfer without necessary procedures within tobacco industry, we strengthened the supervision over state-owned assets of the enterprise of tobacco system, brought the regular management of state-owned assets into the legal system and standardized the state-owned assets management of the industry on the basis of searching out the total assets and specifying the ownership through the general assets checkup in the previous two year.

4. Strengthened Audit Supervision, and exerted the "Help & Promotion" Role of Audit Supervision

In 2002, all audit departments of the industry played an important role to tighten up financial regulations and disciplines, maintain economic order of the industry and promote enterprises to strengthen management and bring into play audit supervision and service function.

(1) Further improved the Economic Responsibility Audit System, and strengthened the Economic Responsibility Audit

Various audit departments of the industry stuck to the guideline of "overall audit with priorities", further carried out the spirits of five ministries and commissions under the State Council on conducting incumbent economic responsibility audit and perfecting economic responsibility audit system. The companies of most provinces and municipalities set up a leading group of economic responsibility audit, established a joint conference system on economic responsibility audit and defined relevant enforcement measures to expressly specify the function, audit responsibilities and methods, and institutional and personnel arrangement of the joint conference in combination of local situations of the tobacco system of various provinces and municipalities so as to provide a reference for the smooth carryout of the economic responsibility audit.

(2) Earnestly carried out the Preparation and Coordination for Local Authorized Audit

2002 is the second year in which the Audit Administration authorized local audit departments to audit tobacco enterprises, and totally 12 provincial and 499 prefectural/county units accepted the authorized audit.

The audit departments of various Provincial Administrations conducted a lot of communications and coordination in order to guarantee the smooth carryout of this work. During the process of audit, we positively cooperated with audit departments, inquired into the situation and solved problems in time, and meticulously explained the policies in case of dispute issues and maintained the legitimate interests of the industry enterprises. Leaders of various areas attached utmost importance to audit results, put forward relevant rectifying measures for the problems arising out of the audit and supervised and inspected the implementation of audit results by audited enterprises.

(3) Carried out a Special Subject Audit Investigation in Combination of the Industrial Situation so as to explore the Service Function of Industrial Audit

Audit supervision is a tool with a target of providing services, acting as a good advisor for leaders and promoting the improvement of enterprise management and efficiency for the internal audit. According to the requirement of the leaders of the State Administration, the State Administration organized two audit investigations within the whole industry in combination of the actual situation of the tobacco industry in 2002, of which one is to investigate the payout of the capital for the fake cigarette crackdown of 2002, rectify the existing problems, and effectively supervise the management and payout of the funds for the fake cigarette crackdown and guarantee the designated payout of special capital of the national finance; another is to carry out audit investigation for the loss of Category-4 and 5 cigarettes, through which we found out the loss of Category-4 and 5 varieties of cigarettes, analyzed the reason of the loss, and brought forward reasonable suggestions and provided the accurate first-hand literature for the decision making of leaders of the State Administration and the Provincial Administrations.

(4) Strengthened Special Audit, enlarged Audit Scope and more effectively exerted the Role of Audit

In recent years, various Provincial Administrations (Corporations) enlarged their philosophies, scientifically specified audit priorities and carried out various special audits in combination of their actual situation. Strengthened the capital construction audit, comparative purchase price contract audit and follow-up audit, and maximized twin functions of audit i.e. supervision and service and provided a powerful guarantee for enterprises to improve management level, reduce loss and waste and create economic benefits.

5. Strengthened the Informatization of Financial Management, and provided Service for Decision-making

The informatization of financial management is an important guarantee to exert the core role of financial management. In recent years, we increased the input for the informatization of financial management and made some achievements preliminarily.

(1) Established the platform and carrier of financial information, and actualized the orderly flow of financial information. On one hand, we set up a statement network system of the entire industry. In 2002, the State Administration (Company), the Provincial Administrations (Corporations), municipal Administrations (Corporations) and all industrial cigarette enterprise actualized a networking system.

(2) Designed and employed relevant software to classify the information into different categories. On the platform of the statement network, the cost/profit statements of the industry are put into operation officially on July 2001. By now, relying upon the data provided by the cost/profit statement, quarterly reports and flash bulletins, we can clearly understand the current cost/expense level of various industrial cigarette enterprises, which provides a reference for various decision makings as well as for enterprises to define budget, reduce cost/expense and specify the targets of economic operation of the industry.

6. Strengthened Trainings, and Tightened up the Construction of Financial Audit Team

(1) Strengthened the construction of audit institutions with the audit power improved. In 2002, the leaders of the industry at various levels attached more attentions to strengthen the construction of audit institution and team of the industry. Under the vigorous support of the leaders of the State Administration, the Department of Financial Audit newly established the Second Audit Division chiefly responsible for economic responsibility audit; from the angle of the entire industry, most Provincial Administrations established independent audit institutions besides the municipalities directly under the State Council, specially designated cities and several provinces. Independent audit institutions are a necessary basis and a guarantee of audit work, and the leaders at various levels have gradually accepted this point.

(2) Carried out diverse trainings within the industry to improve the professional capabilities and the overall accomplishments of audit personnel. In 2002, we held diversified trainings at different levels at home and abroad within the industry. Various Provincial Administrations (Corporations) also attached great importance to the training and learning of financial audit personnel, carried out business and theoretical trainings with abundant contents covering computer knowledge, laws and regulations on finance and tax, new accounting system and economic responsibility audit. Furthermore, some enterprises encouraged financial audit personnel to participate in the exams of finance and accounting qualifications and various academic degree exams so as to enlarge the knowledge structure and improve the professional level and the overall accomplishment.

Science and Education

May 18-22, 2002, the State Administration successfully held the "Technical Renovation Achievements Exhibition of Tobacco Industry" in Beijing, which is the first large-scale technical achievement exhibition of tobacco industry that the State Administration held in Beijing. Under the subject of "Technical renovation, harm reduction with less tar, focus upon health and contribution to the society" the exhibition revealed abundant achievements of technological progress and technical renovation of enterprises of the tobacco industry in an all-around way since founded in 1982, fully showcased the technical level of tobacco industry and the technology content of tobacco products, and showed , off the comprehensive strength and mental outlooks of tobacco industry and displayed basic features of cigarette products i.e. high technology content, large contribution to the country and favorable social image of the tobacco industry for all circles of society. It reflected the decision and confidence of Chinese tobacco industry to steadily boost the technical progress of enterprises under the leadership of CCCPC and the State Council, generated a positive social influence and would be recorded by the history of scientific development of the tobacco industry in a glorious page. It was roughly estimated that about 50,000 persons including the leaders of relevant departments and commissions of the State Council and the tobacco industry visited the exhibition.

The State Administration carried out an

evaluation for the Technical Center of large-scale backbone enterprises of tobacco industry in an all-around way. Under the guidance of the Evaluation Group of Technical Center of Enterprises at State Level of the Sate Economic and Trade Commission and according to the standard and requirement of *Procedures on Appraisal and Evaluation of Technical Centers of Enterprises* and *System on Evaluation Indices of Technical Centers of Enterprises* of the State Economic and Trade Commission, organized and carried out the evaluation and recheck of the Technical Center of large-scale backbone enterprises aimed at boosting the construction of the Technical Center of enterprises. The Technical Centers of 12 enterprises (Huaiyin, Xuzhou, Wuhu, Bangbu, Longyan, Xiamen, Jinan, Xinzheng, Wuhan, Changde, Huangguoshu and Kunming) among 36 key industrial cigarette enterprises of tobacco industry passed industrial appraisal. Shanghai, Hongta, Yizhong and Changsha Technical Centers smoothly passed the yearly appraisal of the state, and Wuhan Technical Center passed the appraisal of the state and became the 5th Technical Center of tobacco industry at state level. The Technical Centers of enterprises at state and industrial levels are provided with the functions provided by the State Economic and Trade Commission on the whole, have preliminarily forged a multilevel technical renovation and scientific operation system with industrial macro control, independent implementation by enterprise and close combination of industry and research, and gradually developed and grasped a batch of leading products, core technologies and general technologies with proprietary intellectual property rights, which improved the technical renovation capability and market competition power of the tobacco enterprise. Played a role of demonstration and radiation in the industry, and provided a technical basis to improve the domestic and global competition power of tobacco industry.

The State Administration went all out to carry out the development strategy of brand cigarette, and actively participated in the selection activities of Chinese famous brand products. Through the vigorous applications to the State Quality Inspection Administration and Chinese Famous Brand Strategy Promotion Committee, established the legal status of tobacco products in the selection series of Chinese famous brand products and laid down a basis for the shaping and development of Chinese famous brand cigarettes in relevant fields. According to *Management Procedures on Chinese Famous Brand Products*, the comprehensive appraisal of relevant Special Committees of the State Administration and the China Famous Brand Strategy Promotion Committee and the ratification of the Plenary Committee of the Chinese Famous Brand Strategy Promotion Committee, seven famous brand products (Zhonghuao, Hongtashan, Dahongying, Yunyan, Baisha, Honghe and Furongwang <random order>) of seven industrial cigarette enterprises of the tobacco industry (Shanghai Tobacco Group Company, Yuxi Hongta Tobacco Group Co., Ltd., and Ningbo, Kunming, Changsha, Honghe and Changde Cigarette Factories) are Chinese famous brands in 2002. According to the statistics, the sales volume of Chinese famous cigarettes has increased year on year. From 1999 to 2001, it increased from RMB24.89 billion to RMB29.58 billion with a growth rate of 19% and a total sales volume of these three years reaching over RMB81 billion that accounts for nearly 20% of national sales volume of cigarettes during the same period.

The State Administration initiated "an evaluation and analysis on the technical level of cigarette cuts making and an research on the popularizing of the integrated technologies for quality improvement in an all-around way and attached utmost importance to popularize its seven new technical renovation achievements on tobacco cuts making techniques with cigarette manufacturing enterprises as the target through organizing technical personnel to evaluate, analyze and diagnose the technical level of tobacco cuts making of cigarette manufacturing enterprises in view of major problems restricting the market competition power of Chinese cigarette products i.e. low level of tobacco cuts making techniques, extensive technique management, and unstable cigarette quality, and changeable tar content and etc. At present, five cigarette manufacturing enterprises (Harbin, Huaiyin, Chuxiong, Changde and Longyan) as the first batch of pilot enterprises of the State Administration have already initiated their work and made some achievements. Since January 2002, Harbin Cigarette Factory has begun to popularize seven new technical renovation achievements step by step with a growth of profit payment and tax turnover of nearly RMB200 million, a profit increase of nearly RMB40 million and an output growth of over 4.5 billion cigarettes (90,000 cartons) upon the same period of last year.

The technical research that the State Administration conducted on reducing the harmful contents of cigarette fume have acquired a number of original renovation achievements and practical technologies, and a batch of cigarette products with low tar content and less harm came out one after another. In light of principal harmful contents of cigarette fume caused the concern at home and abroad, centering upon the development strategy of "harm reduction with less tar" of the Chinese tobacco industry, the State Administration organized the production, academic and research sectors to tackle the key problem jointly, developed a complete series of practical technologies to reduce the harmful content of cigarette fume and made a number of renovation achievements reaching the leading level of the world, including the technology in adoption of catalyzer materials containing nanometer precious metals to modify Y-type molecular sieve and Shennong extract to selectively reduce harmful contents such as CO, TSNAs and PAHs, the technology to reduce the free radical of cigarette fume and lateral flow technology of cigarette. The cigarette enterprises in Shanghai, Changsha, Beijing and Meizhou have already applied these new technologies, and successfully developed low tar content and less harm cigarette products and made obvious economic and social benefits.

The State Administration positively carried out the work of harm reduction with less tar with obvious achievements made. In 2002, the entire industry made outstanding achievements for the work of hard reduction with less tar, and according to the inspection of cigarette products of 610 marks (specifications) and totally 1,124 brand/times produced by 124 cigarette manufacturing enterprises, the average weighted value of tar content of cigarettes in 2002 nationwide is 14.7mg with a reduction of 0.6mg upon that of last year, the first time less than 15mg and has actualized the target put forward by the State Administration that "the average tar content of each cigarette nationwide should reduce 0.5mg each year from 2001" on the whole.

The State Administration strengthened the cultivation of various talents centering upon the cultivation of "National Champions" for the classification of tobacco leaves. In order to carry out the spirits of *Layout Outline on Talent Team Construction Nationwide from 2002 to 2005* and *Resolution of the State Council on energetically Boosting the Reform and Development Professional Education* in an all-around way so as to improve the overall accomplishment of the workers of tobacco industry, the State Administration drew up *Opinions of the State Tobacco Monopoly Administration on Strengthening the Education and Training of the*

Workers of the Tobacco Industry. In order to face the competition and challenge of tobacco industry with China's access into WTO, the State Administration laid stress upon the cultivation of the 1st batch of six "National Champions" for classification of tobacco leaves in adoption of a mode of professional training plus "an apprentice learning from his master". In order to tighten up the cultivation of various talents, the State Administration entrusted some national key universities such as China University of Science and Technology to cultivate graduate students and recruited 120 graduate students covering mechanical engineering, agricultural popularizing, and MBA and so on through exams. At the same time, adopted many training modes to cultivate over 120 senior cigarette-product-development technicians, senior rolling and packaging technical experts, high-speed machine group operators and maintainers for the industry, trained 1638 cigarette station masters and technicians, developed training programs for cigarette marketing personnel and trained 117 marketing personnel of 26 Provincial Administrations, carried out trainings for pilot enterprises of IS010015 and trained the professionals of three pilot enterprises. In order to strengthen the construction of the team of education and training management officials of the industry, trained 65 education management personnel of 28 Provincial Administrations.

Disciplinary Inspection and Supervision

In 2002, under the leadership of the Central Discipline Inspection Committee under CCCPC, the Ministry of Supervision and the Party Team of the State Administration, the Discipline Inspection Group and Supervisory Bureau in the State Tobacco Monopoly Administration stuck to the guidance of Deng Xiaoping Theory and the important thoughts of "Three Represents", earnestly carried out the spirits of the 7th Plenary Session of the Central Disciplinary Inspection Committee, adhered to the guideline of the strict governance of the Party, attached importance to carrying out work based upon the actual situation of tobacco industry and went all out to deepen the education, improve the measures and give prominence to the implementation under the guideline of "grasping the source, breaking through with a priority, and pushing forward allsidedly with self-discipline" so that the construction of Party's working style and clean and honest government as well as the anti-corruption strike of the industry made new achievements.

1. Earnestly carried out the Conference Spirits of Higher Authorities, and continuously improved Ideological and Political Accomplishment

Organized and directed the industry to learn the spirits of the 16th National Congress of CPC and "May 31" important speech of President Jiang Zemin, learn the spirits of the 7th Plenary Session of the Central Disciplinary Inspection Committee, the 4th Clean and Honest Government Work Conference and the National Rectifying Work Conference of the State Council of the State Council and learn and carry out the spirits of National Tobacco Work Conference and the Symposium of Directors and Managers. Especially when learning the spirits of the 16th National Congress of CPC, studied and read intensively the report of the 16th National Congress of CPC time after time in virtue of broadcast, TV, newspaper, and journal and other media, and went all out to get a thorough understanding. After the learning, numerous discipline inspection officials deeply realized the direction of the construction of Party's working style and clean and honest government as well as the anti-corruption strike defined by the report of the 16th National Congress of CPC, fully realized the difficulty and constancy of anti-corruption strike, and consciously unified the ideology under the spirits of the 16th National Congress of CPC and fixed the confidence to boost the construction of Party's working style and clean and honest government everlastingly. Discipline inspection officials further improved their level of political theories and the capability of analyzing and solving problems.

2. Attached Utmost Importance to the Implementation of Various Regulations on Self-discipline and Clean and honest Government, continuously strengthened the Awareness of Leading Officials about Cleans and Honest Government

According to the arrangement of the Central Disciplinary Inspection Committee and the Ministry of Supervision, stuck to regarding the carryout of *Rules on Clean and Honest Government* and *Regulations on the Occupation of Leading Officials' Couples and Children* as important contents for the self-discipline and clean and honest government of the leading officials and paid great attentions continuously. During the education of combating corruption and building a clean and honest government, organized the whole industry to watch a number of educational movie films such as *Resolution of CCCPC on Strengthening and Improving the Construction of the Party's Working Style* and *Voice of Responsibilities* step by step in a planned way, compiled and released 38 issues of *Update of Discipline Inspection and Supervision* and *Circular of Discipline Inspection of Tobacco Industry*, and summed up and reported the experiences and practices on the construction of the Party's working style and clean and honest government of the industry through the media including newspaper and journal, circulated a notice on the typical cases prosecuted in time, drew up and issued *Notice of the State Tobacco Monopoly Administration on Strengthening the Management of Tours outside the Mainland and Prohibiting Foreign Tours at Public Expense*, and held a symposium of informants of clean and honest government, and summed up the work of the second batch of informants and recruited the third batch of informants. At the same time, attached utmost importance to the carryout of various regulations on self-discipline and cleanness, actively boosted the system of educating and warning leading officials through conversation and the system of instructing leading officials to explain some problems clearly, and carried out regular inspections over the cleanness and self-discipline of leading officials and conducted a statistics on the implementation of *Regulations on the Occupation of leading officials' Couples and Children* so as to positively guarantee the carryout of various regulations on cleanness and self-discipline.

Faithfully strengthened the investigation and handling of cases, and harshly punished corrupt officials. Always regarded strengthening the investigation and handling of various cases as an important link of tightening up the construction of the Party's working style and clean and honest government, persistently being practical and realistic, and was prepared to be straightforward and investigate cases from the root with new achievements made for the handling of cases. The Inspection Group and the Supervisory Bureau in the State Administration investigated and prosecuted the case of Hong Kong Tianli Company, cooperated with the Central Disciplinary Inspection Committee, the Ministry of Supervision and relevant provincial and municipal Discipline Inspection Committees to investigate and prosecute illegal problems of five leading officials at provincial or department level and cooperated with relevant departments to initially check and coordinate relevant problems concerned with four units. At the same time, we strengthened the direction for the case handling of the industry, directed and supervised grassroots units to investigate and wind up some cases in time. According to the statistics, in 2002, the Inspection Group and the Supervisory Bureau in the State Administration have handled 435 tip-off letters and telephones from the society, and the entire industry have handled 3,080 letters and visits from the society, of which 717 were preliminarily verified, 467 put on record, 430 wound up, 632 punished by the disciplines of the Party and the government including 38 officials at county/division level and 3 local officials enjoying the remunerations of prefectural and department level.

3. Further carried out the Working Style Rectification, and continuously boosted the Improvement of the Working Style of the Industry

During the working style rectification, stuck to the guideline of rectifying the problems from he root and the combining the rectification with the establishment, gave prominence to the priorities, persistently implemented with efforts to find out incipient tendencies in time and rectified the problems resolutely. In this year, faithfully sent down and carried out the spirits of the National Working Style Rectification Work Conference Work, re-issued *Implementation Opinions on Working Style Rectification in 2002* of the State Council in time, deployed the working style rectification of the whole industry and brought forward specific requirements; focusing upon the working style rectification, held the Discipline Inspection, Supervision and Working Style Rectification Work Conference to commend the advanced and carry out quantified analysis on the statistical data so as to provide a basis for the thorough implementation of the construction of the Party's working style and clean and honest government; persistently regarded the bidding of major engineering construction projects, quality/price comparison and qualification authentication of tobacco materials as the key emphasis in work, effectively prevented the occurrence of black case work, falsified biddings as well as other problems through participating in relevant conferences, specifying relevant regulations and strengthening the supervision; earnestly carried special rectifications and faithfully corrected the existing problems according to *Notice of the State Administration on Self-check of Carrying out the Management of Two Separate Lines for Income and Outcome of Administrative Charges and Confiscation and Penalty* in adoption of self-check and spot check; persistently strengthened the rectification for capitals beyond the budget and small exchequer funds, and owed money and guaranteed loans, and faithfully corrected the problems of extravagant payouts and excessive souvenirs with great effects made.

4. Stuck to the Guideline of Rectifying Problems from the Root, and promoted the in-depth Development of Source Control Work

Centering upon the work priorities of the State Administration "the 1st is to standardize, the 2nd to reform and the 3rd to renovate" and "five guarantees", we carried out in-depth investigation and research, actively explored and summed up the characteristics and rules of the tobacco industry on the construction of the Party's working style and clean and honest government as well as anti-corrupt strike, and persistently pushed the breakthrough, rectified the problems from the root and prevented and controlled corruptions from the source. At the beginning of the year, we held the Discipline Inspection and Supervision Work Conference and laid stress upon the source control on the basis of an overall deployment. Later, carried out a thorough investigation and research focusing upon the issue of rectifying and regularizing the circulation order of "two cigarettes"; in August of last year, held a symposium on discipline inspection and supervision to research the work of source control, debrief various Provincial Administrations and popularize the experiences and practices of the Provincial Administrations of Zhejiang, Guangdong, Hebei, Hubei and Sichuan; at the end of the year, organized and convened the Report Conference of the Group Leaders of the Inspection Groups of various Provincial Administrations with the focus upon the source control for briefing and analysis. Centering upon the central task of the State Administration, we actively participated in the rectification of economic orders. In this year, we always gave a priority to the source control and shaped a favorable atmosphere to carry out the source control rectification. Many units of the industry managed through strengthening the concept of modern management and application of modern information and technical measures; corrected some irregular actions through the rectification of "small exchequer funds", concealed account book funds, sample cigarettes and spare cigarettes in time and promoted the in-depth development of the source control.

5. Strengthened Business Learning and Training, went all out to improve the Overall Accomplishment of the Discipline Inspection and Supervision Team

According to the standard and requirement of "political firmness, fairness and cleanness, strict discipline, proficiency in business and fine style of work", attached utmost importance to the construction of the discipline inspection and supervision official team. Earnestly carried out the requirements of *Education and Training Program on Discipline Inspection and Supervision Officials Nationwide from 200 to 2005* of the Ministry of Supervision and the Central Discipline Inspection Committee, organized 50 leading discipline inspection and supervision officials of the industry at division or higher level to participate in the training in the Beidaihe Training Center of the Central Disciplinary Inspection Committee in the first half year, and organized another 35 officials to participate in the training and learning in the next half year. At the same time, we also carefully discussed the businesses during the investigation and handling of cases in combination of the practical situation, learned from each other and promoted the improvement of the overall accomplishment of the discipline inspection and supervision officials.

Tobacco Production, Purchase and Sale

In 2002, tobacco departments at various levels in the producing areas continued to give a priority to the gross amount control of tobacco leaves, and focused upon the work priorities of "gross amount control, quality improvement, optimizing layout and structure", attached utmost importance to the basis, to the criteria and to the implementation, and maintained the stable development trend of the tobacco leaves production, purchase and sale nationwide through our strenuous work under the vigorous supports of local governments at various levels. The purchase amount of tobacco leaves was controlled within the state plan; the purchase order was stable with an improvement of purchase grade, quality and purity; the work of nitrogen control, nicotine reduction and structural optimization made obvious achievements with an improvement of the quality, grade and structure of tobacco leaves; the basic work of tobacco leaves was further strengthened and regularized with a higher market adaptability; the production and operation of tobacco leaves in producing areas improved.

1. Stuck to Gross Amount Control steadily with the Purchase Amount Controlled within the State Plan, Baked Cigarette Purchase Amount Controlled within the State Plan

On the basis of the tobacco leaves purchase amount controlled within the state plan for a period of four successive year, various Provincial Administrations (Corporations) in producing areas earnestly carried out the requirement of the State Administration on gross amount control steadily, actively sought for the vigorous support of local governments, and divided the state production and purchase plan level by level, and established a responsibility system and strengthened the management to effectively control the arbitrary planting of growers. According to the requirement of "overall popularizing, carryout with one time, definite responsibilities and authorities as well as improvement", some producing areas did sign purchase contracts with cigarette framers in an all-around way before growing seedlings, and other producing areas signed purchase contracts allsidedly before the transplanting. There were totally 4.68 million tobacco leaves purchase contracts signed with a decrease of 200,000 contracts upon that of 2001 across the country so as to guarantee the production and purchase organized according to the state plan. After tobacco leaves purchase initiated, the State Administration printed and issued *Emergency Notice on earnestly Carrying out Tobacco Leaves Purchase in 2002* to emphasize the gross amount control once again, tighten up the disciplines with specific responsibilities for each person and purchase tobacco leaves strictly in compliance with the state plan and the purchase contracts. Due to the unified understanding, firm attitudes, and powerful measures and strengthened organization of tobacco departments at various levels, the tobacco leaves production and purchase have always maintained a stable development. According to the statistics, the actual planting area of baked cigarettes was 14.45 million mu with 520,000 mu more higher than the state directive area i.e. 13.93 million mu and 160,000 mu more than the actual planting area of last year i.e. 14.29 million mu. The purchase amount of baked cigarette was about 30.35 million dans controlled within the state plan i.e. 34 million dans, with an increase upon the actual purchase amount of last year i.e. 28.34 million dans. The purchase amount of white cabo tobaccos and spicy tobaccos reduced compared with that of the last year, and the gross amount of sunned tobaccos was under control.

2. Strengthened the Service and Gave Prominence to Management to further Stabilize the Purchase Order of Tobacco Leaves and Improve the Grade, Quality and Purity

Various tobacco departments at producing areas earnestly carried out the deployment and requirement of the Tobacco Leaves Purchase Work On-the-spot Conference, further improved various purchase systems, and explored new purchase modes, and laid stress upon regulations and strengthened services to guarantee the stable implementation of tobacco leaves purchase. Most producing areas producing area implemented a pre-inspection system to hand in for the purchase section by section in different times so as to improve the purchase efficiency, speed up the purchase progress and guarantee the purchase quality. Luliang County in Yunnan Province explored a purchase mode "go-to-door pre-inspection, hand-in by batch, centralized transport, password purchase and service promise", which brought conveniences to cigarette growers, reduced the cost and was welcomed by local and governments and cigarette growers. In July, we convened a border coordination conference of five provinces and regions in Chenzhou, Hunan to strengthen tobacco leaves monopoly administration and demand "taking care of our own doors, controlling our own personnel and purchasing our own cigarettes". Various tobacco departments of bordering areas of Guangdong, Hunan and Fujian attached utmost importance to their internal management, tightened up the monopoly law enforcement. Under the vigorous supports of local governments, the purchase order was stable and has been the best in recent years. It was universally fed back from various areas that the tobacco leaves purchase was initiated smoothly with favorable orders, and the purchase progress and cannibalization speed were rapid and the purchase grade, quality and purity improved upon that of the last year.

Producing area changed their concepts, improved the degree of marketization, and increased market awareness and service awareness and further intensified the operation philosophy of "quality first, user first and credit first". The tobacco departments at various levels faithfully strengthened the grade and quality management, went all out to improve the grade qualified rate of tobacco leaves purchase and industrial/commercial handover and resume the quality and credit of tobacco leaves. Various producing areas usually carried technical training before the purchase so as to improve the business accomplishment of inspectors; we improved regulations and rules, specifies post responsibilities and strengthened responsibility track-down system; various Provincial Administrations (Corporations) organized quality work groups for patrol inspection and found out problems and solved accordingly in time. According to the preliminary spot-check statistics of the Tobacco Leaves Quality Inspection Team of the State Administration, the grade qualified rate of the tobacco leaves purchase and the industrial/commercial handover all improved. According to the spot-check statistics of five provinces (regions) i.e. Fujian, Guangdong, Hunan, Guangxi and Jiangxi, the average grade qualified rate of the purchase was 82% with an increase of 1.7 percentage points (calculated upon comparable terms). The spot-check qualification rate of raw cigarettes called in from 12 cigarette enterprise was 77.4%, of which the qualification rates of high, middle and low-quality cigarettes were 77.79%, 77% and 85.5% respectively. According to the spot check of five provinces i.e. Yunnan, Guizhou, Henan, Hubei and Anhui, the average grade qualified rate of the purchase was 79.61%, of which the high and middle quality cigarette was 75.79%. According to the spot check of raw cigarettes taken over by nine cigarette enterprises, the average grade qualified rate was 78.42%, of which the high and middle quality cigarette was 65.69%. The result of spot checks showed that the grade and quality of tobacco leaves were improving.

3. Went all out to Popularize Practical Technologies with Obvious Effect of Nitrogen Control and Nicotine Reduction, and further improved the Quality of Tobacco Leaves with Higher Usability

Producing areas continued to popularize practical technologies with great efforts, earnestly carried out various technical measures of "four technologies plus one development". In this year, producing areas gave a priority to reducing the nicotine content of middle and high cigarette leaves and improving the usability of tobacco leaves of two bottom sheds in order to popularize practical technologies, and upgraded production measures centering upon nitrogen control and nicotine reduction and strengthened technical guidance. According to the chemical test of Fujian Province for different grades, the nicotine content obviously reduced. The nitrogen control and nicotine reduction in Yunnan, Guizhou, Henan, Guangdong and Heilongjiang and so on also made great achievements. The popularizing of practical technologies sped up. According to the statistics, the transplanting area with float-raised seedlings in this year reaches 2.58 million mu, about 18% of the planting area. The area of top-grade breeds accounted for 97.5%. The application of three-stage baking technique and auxiliary techniques reached over 80%. Most producing areas completed the general investigation of the soil, figured out the soil fertility as well as physical chemical properties for cigarette planting on the whole and were sorting out the data and defining the soil improvement scheme and special fertilizer recipe. The development of global famous and top-quality cigarettes and the Sino-foreign technical cooperation for the development of the famous and top-quality cigarettes made a big progress, and the overall production level of tobacco leaves improved with a high maturity, and loose texture, high brightness and flexibility of baked tobacco leaves, with largely reduced nicotine and abundant fragrance, which was highly praised by both Chinese and foreign experts.

4. The Layout Optimizing Initiated allsidedly, Structure Optimizing developed stably and the Effective Supply Level of Tobacco Leaves further improved

Tobacco departments of producing areas at various levels faithfully optimized the layout with a good beginning. According to the statistics, in this year, cigarette producing areas nationwide were 129, 10 less than that of last year, and cigarette planting counties 544, 42 less than that of last year, cigarette planting townships 4,971, 522 less than that of last year, cigarette planting villages 48,481, 13,304 less than that of last year and cigarette planting growers 4,678,249, 288,025 less than that of last year.

Producing areas continued to regard optimizing of structure and adapting to the market demand as the priority of tobacco leaves production and purchase in this year. Through optimizing the layout, defining reasonable policy measures and popularizing practical technologies with efforts, enhanced the overall production level of tobacco leaves and improved the grade structure. In 2002, the proportion of high-quality baked cigarettes purchased was 34.35% with an increase of 4.87 percentage points (calculated upon comparable terms), and the proportion of middle-quality cigarettes 59.01% with a decrease of one percentage point (calculated upon comparable terms) and the proportion of low-quality cigarettes 6.65% with a decrease of 3.5 percentage points (calculated upon comparable terms). According to the requirement of reducing 10 million dans of unsalable-grade tobacco leaves within three years, in this year, the proportion of low-quality tobacco leaves was controlled around 6%, and 3 million dans of unsalable-grade tobacco leaves was reduced nationwide. We actualized the yearly work target of the State Administration on structural optimizing by and large. Due to the optimizing of structure, the reduction of nicotine and increasing usability of upper tobacco leaves and tobacco leaves of two bottom sheds, the effective supply level of tobacco leaves further improved, and the conflict of demand and supply structure of tobacco leaves relaxed.

5. Circulation System Reform of Tobacco Leaves developed stably, Basic Work of Tobacco Leaves further strengthened and Circulation Order of Tobacco Leaves further standardized

According to the deployment and overall requirement put forward by the State Administration on the National Tobacco Work Conference to attach utmost importance to the basis, to the criteria and to implementation, tobacco departments of producing areas at various levels closely combined with the actual production of tobacco leaves, strengthened the investment and tightened up the basic work of tobacco leaves. The basic work of tobacco leaves with emphasis upon standard grassroots stations and hothouse construction was further strengthened. By now, totally 2,179 standard grassroots stations have been completed across the country accounting for 51%. Totally 3.34 million hothouses completed accounting for 78%. Auxiliary irrigation facilities have been initiated allsidedly, and Yunnan, Guangdong, Shandong and other provinces defined development plans of auxiliary irrigation facilities. Shandong has planned to provide all cigarette farmlands with auxiliary irrigation facilities within three years so as to ensure stable yields despite drought or excessive rain.

Subsidiary companies were stably caring out the circulation system reform of tobacco leaves with emphasis upon unified operation, raw cigarette handover and authorized processing. In this year, the amount of raw material handover reached 24.15 million dans accounting for about 80%; the amount of authorized processing reached 20.65 million dans accounting for around 70%.

With the in-depth carryout of rectifying and standardizing the economic order of tobacco, the production and purchase orders of tobacco leaves were further standardized, and the fair, public and just economic order of tobacco leaves market was shaping, and the faithful, orderly and smooth marketization further developed and the execution rate of purchase and sale contracts obviously improved. In 2001, the transprovincial cannibalization amount of baked cigarettes nationwide was 15.04 million dans, accounting for 80.32% of the total amount of purchasing and sale contracts i.e. 18.72 million dans with an increase of contract execution rate of three percentage points (calculated upon comparable terms). Most producing areas actualized profits with a better operating situation in the year.

(By Wang Guanjun)

Cigarette Sales

Under the correct leadership of the State Administration, the cigarette sale of 2002 made obvious achievements. Firstly, the coordinated construction of cigarette sales network spread and pushed forward in an all-around way, and furthermore, the construction image of the cigarette sales network in Shanghai i.e. "leading level in the world and first rate at home" promoted new breakthroughs and progresses of national network construction. Secondly, we strengthened the management of the industry and further standardized the transprovincial cigarette trades. Thirdly, the all-year sales price was stable with steady increase of sales volume. Fourthly, tightened up the regulatory management of cigarette operation, and attached more attention to the fostering of famous and top-quality cigarette market with obvious achievements made.

1. Closely Centering upon the Requirement of Building up a Cigarette Sales Network with Top-grade Service, standardized Operation, specialized Labor Division and informatized Management, Network Construction of 2002 initially defined a Cigarette Sales Network System with an Integration of Urban and Rural Areas, Unified Operation, Overall Sales Investigation, Centralized Distribution, Special Sale Combined, Informatized Management and Accomplishment Improvement and Emphasis upon Encouragement

Firstly, attached utmost importance to the coordinated network construction. In order to further strengthen the market control capability of the industry, foster the famous and top-quality cigarette market with efforts and push forward the coordinated network construction with emphasis upon cities in an all-around way, the State Administration established the leading group of coordinated network working and issued *Program on Coordinated Network Construction of Ten Provincial Capitals and Municipalities directly under the State Council in 2002*, according to which tobacco companies of various coordinated cities readjusted the institution, organized meticulously and established sales investigation centers, logistics centers and monopoly checking centers of different scales with the new operation mode initiated in an all-around way. In March, convened the Coordinated Work Conference in Hefei, which initiated the coordinated network construction officially. In May, held a training course on coordinated network construction in Hefei to learn the advanced practice of Hefei on the spot. At the beginning of July, convened the 2nd Coordinated Network Construction Work Conference in Chongqing, briefed the previous-stage network construction and specified the work priorities of the next stage. Through our efforts, the coordinated work made substantial achievements, and the network construction level of networked cities largely improved on the whole.

In 2002, 11 networked cities sold totally 145.723 billion cigarettes (2.9144 million cartons) all the year with an increase of 10.11% upon last year and actualized a cigarette operating profit of RMB1.815 billion with an increase of 58.11% (calculated upon comparable terms). The sales volume of famous and top-quality cigarettes was 33.989 billion cigarettes (680,000 cartons) with the sales revenue of each carton of cigarettes reaching RMB6, 625 with an increase of 8.36% (calculated upon comparable terms).

Secondly, set up the image of "leading level in the world and first rate at home" for the network construction of Shanghai. In September, convened the National Cigarette Sales Network Construction On-the-spot Conference in Shanghai centering upon the image display of the cigarette sales network construction of Shanghai i.e. "leading level in the world and first rate at home". The management mode of the network construction of Shanghai i.e. "telephone order, online distribution, electronic settlement and modern logistics" established a flag for the network construction of the entire industry, greatly encouraged the whole industry to further improve the level of network construction and particularly set up a model for the cigarette sales network construction of 36 key cities. At the same time, determined the experimental work i.e. the network construction of Jiangsu learning from Shanghai and hitting the target within one year.

Thirdly, promoted the coordinated network construction with a focus upon 36 key cities in an all-around way. In the middle December, convened the Cigarette Sales Coordinated Network Construction Work Conference in Guangzhou for 36 key cities, summed up the coordinated network construction work in 2002 allsidedly and made a deployment to boost the network construction to a higher level. Coordinated network construction units increased from 11 cities to 36 key cities, and this was new measure to shape a national unified tobacco market and also a step to build up the modern logistics system of cigarettes.

In 2002, 36 key cities sold 332.89 billion cigarettes (6.6578 million cartons), accounting for 19.63% of the total sales volume nationwide i.e. 1696.063 billion cigarettes (33.92 million cartons), with an increase of 11.24% upon the same period of last year i.e. 299.24 billion cigarettes (5.985 million cartons), of which the sales volume of famous and top-quality cigarettes reached 99.122 billion cigarettes (1.982 million cartons) accounting for 28.4% of the total sales volume nationwide of famous and top-quality cigarettes i.e. 348.82 billion cigarettes (6.976 million cartons). The average sales revenue of each carton of 36 key cities all the year reached RMB8, 932 with an increase of RMB541 i.e. 6.45% upon the same period of last year i.e. RMB8, 391.

The coordinated network construction nationwide spread allsidedly, and the successful holding of the Network Construction Work On-the-spot Conference in Shanghai greatly promoted and boosted the new breakthrough of the national network construction.

2. Strengthened the Market Control Capability of Tobacco Industry, and Cigarette Price maintained a Stable Trend by and Large

After the eight-year construction of cigarette sales network of the tobacco industry, the network system was established basically, and the network process and mechanism of 2002 after integrated gave prominence to service, strengthened management, and attached importance to improving the running effect of the network, and further improved the network function and played a role to balance the product supply and adjust the market. The network exerted a positive function in the fields of supply brands, consumption guidance and benefits guarantee, and the market control capability of tobacco industry obviously increased, and the market price of cigarettes maintained a stable trend on the whole.

In 2002, 22 of 33 provincial units nationwide smoothly finished the sales promotion index. The network exerted a positive function in the fields of supply brands, consumption guidance and benefits guarantee, and the market control capability of tobacco industry obviously increased. Last year, the national price index of consumer goods dropped down while the price index of cigarette market remained stable on the whole. Across the country, the sales volume of famous and top-quality cigarettes produced in shanghai remained stable, and the supply of top-grade band cigarettes tended to be short with a slight price increase against the stable market price, and the wholesale price of "Zhonghua", a highlight of the market climbed up straightly; "Honghe", "Yuxi", "Gonghexinxi" and red "Yunyan" of famous and top-quality cigarettes produced in Yunnan still enjoyed some market competition power; the top-grade brands of famous and top-quality cigarettes produced in Hunan mainly including "Baisha" and turnover-cap "Furongwang" enjoyed an increase with stable market sales volume and price.

3. The Construction of "Unified, Open, Competitive and Orderly" Modern Market System was pushing forward with Regulatory and Orderly Cigarette Trade and an Increasingly Higher Execution Rate of Cigarette Contract

With the sustained improvement of management tools and increasingly strengthened assessing capability and the carryout of various control measures, the transprovincial cigarette trade across the country was becoming more and more standard, and the signing and execution rate of cigarette contracts improved steadily, and the transprovincial cigarette calling-in plan specified by the State Administration has been completed smoothly. In 2002, the transprovincial cigarette calling-in amount across the country actualized 499.184 billion cigarettes (998.37million cartons) with an increase of 40.284 billion cigarettes (805,700 cartons) upon that of 2001, and a completion rate of the plan reaching 96.14% with an increase of 8.77 percentage points upon that of 2001 i.e. 87.37%.

Firstly, in 2002, held two national cigarette trade fairs, signed totally over l184.09 million contracts with a trading volume of nearly 9.7537 million cartons and smoothly completed the scheduled plan, of which the cigarettes trades in the second half year of 2002 were as follows: cigarette trading volume of 47.92 million cartons with an increase of 233,000 cartons i.e. 5.1% upon the same period of last year, and an increase of 344,000 cartons i.e. 37.7% upon that of the first half year of 2002. In addition to the contractual amount i.e. 153,000 cartons that various provinces signed with Yunnan, the total trading volume of cigarette was 4.945 million cartons, which completed 97% of the transprovincial calling-in plan i.e. 5.10 million cartons ratified by the State Administration. In the first half year of 2003, the cigarette trading volume was 4.9617 million cartons with an increase of 12.29% upon the same period of last year and set up a record high.

Secondly, in 2002, the amount of actual cigarette contracts was 575.566 billion cigarettes (11.5113 million cartons) with an increase of 56.316 billion cigarettes (1.1263 million cartons) upon the amount of calling-in plan as well as a contract signing rate of 110.85% with an increase of 5.43 percentage points upon that of 2001 i.e. 105.42%.

Thirdly, carried out a statistics and analysis on the contract execution of various industrial and commercial cigarette enterprises nationwide in adoption of a computer networked monitoring program, and strengthened the inspection over the contract execution rate. In 2002, the actually implemented amount of transprovincial cigarette contract nationwide reached 499.184 billion cigarettes (9.9837 million cartons) with a contract execution rate of 86.73% with an increase of 3.85 percentage points upon that of 2001 i.e. 82.74%.

4. Strengthened the Management of the Industry, and attached Importance to Sales Promotion and Price Stabilizing

Firstly, cigarette sales departments at various levels gave a priority to improving the quality and level and network operation and exerting the network function when boosting the network construction. The first to improve the market control capability and market share, earnestly analyzed according to market capacity and sales volume, and actively organized on-demand products supply so as to guarantee the stable increase of sales volume. At the same time, carried out a scientific and effective management for the price to ensure the stability of price. The second was to reduce the cost and increase the efficiency. The third was the obvious increase of the sales volume of famous and top-quality cigarette. The fourth is scale operation and networked distribution. The fifth was to establish and perfect the post responsibility system, strengthen the assessment of achievements so as to fully mobilize the enthusiasm of the personnel.

Secondly, strengthened the management of the industry with the market control capability and market share further improved. During the whole year, the tobacco industry produced 1722.46 billion cigarettes (34.449 million cartons) with an increase of 22.58 billion cigarettes (45.2 million cartons) and a growth rate of 1.3% upon the same period of last year i.e. 1699.88 billion cigarettes (33.998 million cartons). The total wholesale volume of cigarettes at home reached 1739.1 billion cigarettes (34.782 million cartons) with an increase of 50.81 billion cigarettes (1.0162 million cartons) and a growth rate of 3% upon the same period of last year i.e. 1688.29 billion cigarettes (33.7658 million cartons). In 2002, commercial tax and interest of the tobacco industry actualized RMB29.118 with an increase of RMB4.37 billion and an growth rate of 17.66% upon the same period of last year, of which the operating profit of cigarettes reached RMB17.19 billion with an increase of RMB1.123 and a growth rate of 6.99%.

In 2002, numerous cigarette sales officials and workers further freed their ideologies and concepts, and the advance of network construction as a whole, the optimizing of sales team, the strengthening of service awareness, renovation of management mode, and the enhancement of market control capability and the increase of market share and the gradual improvement of market system preliminarily set up a development platform for the strategy of tobacco industry to foster and support 36 key enterprises, 36 key cities and 36 key brands with great efforts.

Tobacco Materials

In this year, the fellows responsible for tobacco material earnestly carried out the guideline of "attaching utmost importance to the basis, and developing with stability" and the work priority of "the first is regulations, the second is reform and the third is renovation" of the State Administration, united as one, and went all out to promote the qualification authentication and purchase of cigarette materials and popularize online transaction technologies, and actively carried out the theoretical research and technical exchange and maximized their efforts to carry out material supply with a stable growth of economic efficiency.

1. Went all out to promote the Qualification Authentication and Purchase Method

The "qualification authentication and purchase method" is a material purchase method universally applied in the world. In order to absorb this advanced method and alter the traditional purchase mode that shaped a long time ago and was not suitable for market economy, at the beginning of 2002, the State Administration issued *Directive Opinions on further Strengthening the Purchase of Non-monopoly Cigarette Materials* (Guo Yan Fa [2002] 16). Material departments would carry out this directive and regarded it as the priority of material purchase of the year with the following four conducted chiefly:

(1) In April, we held a "modern logistics theory" training course in Hangzhou for the managers of tobacco material companies nationwide, in which the managers of tobacco material companies of totally 21 provinces and municipalities participated. They discussed relevant issues such as the tobacco material purchase, logistics distribution and qualification authentication purchase and carried out an in-depth ideological mobilizing.

(2) Conducted an investigation and survey on the carryout of *Directive Opinions on further Strengthening the Purchase of Non-monopoly Cigarette Materials* (Guo Yan Fa [2002] 16) by various provinces.

(3) Promoted the overall situation with some key points. Gave priority to the carryout of the qualification authentication purchase method of non-monopoly cigarette materials in Hunan, and attached utmost importance to the pilot operation of qualification authentication purchase method in Changsha and Changde two cigarette factories.

(4) In October, convened the National Qualification Authentication Purchase Method On-the-spot Conference of tobacco material industry in Changsha, summed up and popularized the practices of Hunan on learning the experiences of Shanghai, and widely promoted this method, and attracted the focus of various departments. The Central Discipline Inspection Committee sent out some personnel to

release some directions and regarded it as a good method to control corruption from the source and worthy of popularizing.

2. Earnestly carried out the Credit Inspection & Bulletin System of Cigarette Material Market

In July of this year, the State Administration and China Tobacco Corporation issued no.1 notice and decided to establish the credit inspection & bulletin system of cigarette material market. In October, the office of the State Administration issued *Notice on Implementation of Market Credit Inspection and Bulletin System in Cigarette Material Purchase and Sale Links* [2002] 105. In order to carry out this measure of the State Administration, our company established work groups of the credit inspection and bulletin system for cigarette material market with the Department of Monopoly and the Department of Science and Education in order to standardize economic order and improve the product quality of cigarette material steadily. Later, we conducted an inspection for essence and spice manufacturing factories of Yunnan, Henan and Guangdong with the Department of Science and Education and circulated a notice on inspection results, and the credit inspections and bulletin system of the market was preliminary implemented.

3. Established E-commerce Website of Chinese Tobacco Material, and went all out to carry out Online Transaction

In order to meet the requirement of the time and utilize the modern tools to serve the material work, the online transaction of cigarette material should be actualized to replace the traditional ordering meeting according to the deployment of the leaders of the State Administration. In order to realize this shift smoothly, we established the E-commerce Website of Chinese tobacco material, completed its connection with the database of the trade center and conducted the pilot operation of the system so as to technically prepare for online orders. At the same time, carried out trainings for relevant dealers on online transaction programs and technologies with totally 18 training courses and 557 trainee/times, and smoothly carried out the online order placing for monopoly cigarette materials of 2003 in December.

The E-commerce Website of Chinese tobacco materials not only carried out the trade of monopoly products but also provided the qualifications of both sides and offered information services to enterprises.

4. Actively carried out Theoretical Investigation and Survey and Academic Exchanges

In order to promote the technical progress of cigarette material, actively carried out theoretical investigation and survey and academic exchanges through academies and organization for totally seven times.

(1) 56 persons from six cigarette factories of 14 provincial material companies participated in the activities of the material circulation (management) group with a collection of 43 articles. They discussed relevant issues such as management renovation thoughts of tobacco material industry, the influence of WTO upon the management, operation and circulation of tobacco materials, and cigarette material manufacturing enterprises as well as countermeasures, the role and function of provincial companies during the process of implementing qualification authentication purchase method, and played a positive role to boost the carryout of qualification authentication purchase method.

(2) Organized the 3rd National Cellulose Acetate Tows Application Technologies Symposium, and chiefly exchanged on the specification selection of cellulose tows and its relationship with the harm reduction with less tart so as to guide enterprises to select the specification more

reasonably and make best use of cellulose tows.

(3) Organized relevant theoretical symposia and technical exchange meetings on production and application of cigarette paper.

5. Maintain Logistics Support for Materials according to the Change of Situation

This year is the first year after China' access into WTO, and many operation rules changed. The fellows of material industry overcame numerous difficulties, maintained the supply and guaranteed the production demand of cigarette.

(1) The operation of cellulose acetate tows: during the whole year, totally cannibalized 106,305 tons of cellulose acetate tows (of which 63,335 tons produced in China, 43,974 tons imported), completed 106% of the yearly plan i.e. 100,000 tons (of which 104% produced in China, 110% imported) and guaranteed the supply.

(2) Operation and management of cigarette paper: during the whole year, organized an order of 90,706 tons, of which 82,011 tons made in China, 4,074 tons cut and 4,621 tons imported, and guaranteed the demand of cigarette production of the industry.

6. Operating Efficiency of Companies developed steadily

In this year, the companies totally sold I12, 984 tons of cellulose acetate tows (of which 46,119 tons of imported cellulose tows) with an increase of 9.15% (calculated upon comparable terms); because cellulose acetate slice was put under production enterprises for independent operation, the sales volume of the companies reduced 97% (calculated upon comparable terms); a sales revenue of RMB3, 470.30 billion with a decrease of 6.8% (calculated upon comparable terms); a selling cost of RMB3, 325.52 million with a decrease of 6.68% (calculated upon comparable terms); the price difference between purchase and selling prices (gross profit amount) reduced 9.56% (calculated upon comparable terms); a profit of RMB88.76 million actualized with a decrease of 21.60% (calculated upon comparable terms); the total profit amount reached RMB80.76 million with an increase of 7.47% (calculated upon comparable terms).

Due to the fact that in this year, the price difference between purchase and selling prices reduced, the agency fee of imported cellulose tows improved 1%, and the operation of cellulose acetate slice stopped and the import amount of operating cigarette paper reduced and in addition to the influence of a number of other profit-reducing policy factors and the readjustment of operation scope, the sales revenue and actual profits reduced. Because attached utmost importance to the basic work, paid attention to scientifically organizing products supply and efficient utilization of capitals, tightened up the settlement disciplines, sped up the circulation of capitals and maximized their efforts to reduce expenses, increase income and save payout so as to solve the influence of profit-reducing factors, the companies improved the total profit amount instead of a decrease and maintained a stable increase.

(By Chen Yuqiu)

Tobacco Machinery

In 2002, under the correct leadership of the State Administration, the machinery industry further attached utmost importance to the basis, to the regulations and to the implementation according to the overall requirement put forward by the State Administration on the Tobacco Work Conference at the beginning of this year, earnestly carried out the work deployment of "five sticking-to and five guarantees" brought forward by the National Tobacco Directors (General Managers) Conference in July, continued to stick to the guiding ideology and development strategy of the "Tenth Five-Year-Plan" of the machinery industry, and regarded the rectification of economic order of tobacco machinery market as a tool to boost up the core competition power of tobacco machinery enterprises, and actualized the growth of economic efficiency and maintained the stable development of the machinery industry under the joint efforts of numerous officials and workers of tobacco machinery enterprises.

1. Saw into the Situation, changed the Concept, deepened the Hardship and faced the Challenges

On the Tobacco Machinery Work Conference in Jinan at the beginning of 2002, required various tobacco machinery manufacturing enterprises to realize severe challenges that Chinese machinery industry confronted with under the new situation of China's access into WTO and the transitional stage of tobacco industry in the history; to realize the challenges of technical competition, quality competition, product competition, market competition and mechanism competition that Chinese tobacco machinery enterprises confronted with were much larger than the potential opportunities; to change their concepts, renew their philosophies, build up the unexpected development awareness, urgency awareness and responsibility consciousness for tobacco machinery development and carry out in all-year work accordingly.

In this year, numerous officials and workers of various tobacco machinery manufacturing enterprises realized the situation clearly, set up a stable market concept, strengthened unexpected development awareness of enterprises for their survival and development, changed their concepts gradually, and replied to the harsh challenges with the responsibility consciousness of strenuous striking and constantly striving to become stronger in adoption of practical actions of increasing the enterprises' core competition power and made positive achievement in their work.

2. The Rectification and Standardization of Economic Order of Tobacco Machinery Market made Achievements

According to the requirement of "five guarantees" put forward by Director Jiang Chengkang on the National Tobacco Monopoly Directors (General Managers of Companies) Symposium in July, one of which is "Continue to stick to the emphasis of rectification and standardization, and strengthen the rectification to guarantee the obvious improvement of the economic order of the tobacco market", we regarded the rectification and standardization of the economic order of the tobacco machinery market as one of important tasks of 2002, and brought the rectification and standardization of the economic order of the tobacco machinery market into that of the entire industry.

(1) Standardized the Market Order of the

Complete Tobacco Machinery Manufacturing and Operation

The ordering meeting of indigenous tobacco machinery of 2003 pointed out various irregular actions currently existing in the tobacco machinery manufacturing and operation for various tobacco machinery manufacturing enterprises and tobacco processing enterprises participating in the meeting, which must be rectified and standardized. At the same time, reported to the Rectification Office of the State Administration in an all-around way, cooperated with the latter to specify rectification measures and initiated the rectification and standardization of the market order of tobacco machinery manufacturing and operation allsidedly.

(2) Reformed the Management System and standardized Transactions in adoption of a New Measure of Establishing a Membership System of Tobacco Machinery Components

In view of non-monopoly products of tobacco machinery components and the management difficulty for many years, the leaders of the State Administration proposed a requirement i.e. to carry out the components market management in adoption of a reform concept, and determined to adopt a membership system suitable for market economy under the vigorous supports of various departments after numerous investigations, surveys and preparations.

In September, convened the establishment conference of the Special Tobacco Machinery Components Trade Fair of China Tobacco Trade center (China Tobacco Machinery Components Fair in short), which elected the 1st Administrative Council of China Tobacco Machinery Components Fair. The 1st Session of the 1st Administrative Council acknowledged 329 members of China Tobacco Machinery Components Fair across the country.

The establishment of China Tobacco Machinery Components Fair indicated the burgeoning transaction shift of tobacco machinery components from planned management and administrative management from market operation mainly focusing upon economic means, and signified the transaction of tobacco machinery components stepped into a new phase of standardized management. Director Jiang himself attended the conference to offer his supports, approved this reform measure and brought forward four requirements i.e. sticking to lawful operation, encouraging fair competition, adhering to the basis of good faith and giving prominence to knight service.

(3) Continued to persistently standardize the Operation of Complete Machinery of Cut Tobacco Making Line and Tobacco Leaf Defoliation Redrying in Adoption of Technical Coordination Conference

Since 2000, according to the instructions of Director Jiang, we have always carried out technical coordination conferences of complete machinery of cut tobacco making line, tobacco leaf defoliation redrying and etc. This practice was accepted by both various tobacco processing enterprises and tobacco machinery manufacturing enterprises with the support of the relevant departments of the State Administration. In 2002, we convened technical coordination conferences of four tobacco leaf defoliation redrying lines including Sanmenxia Tobacco Company, Fujian Wuyishan Tobacco Company, Shandong Weifang Tobacco Company, Hunan Jishou Tobacco Leaf Defoliation Redrying Factory and Yunnan Xuanwei Tobacco Company and the technical coordination conferences of four cut tobacco making lines including Wuhu Cigarette Factory, Zhumadian Cigarette Factory, Xuchang Cigarette Factory and Nanchang Cigarette Factory successively.

At the same time, adopted measures to rectify and standardize in case of irregular actions when organizing the coordinated conference.

(4) Standardized Operation Procedures of Payment, Settlement and Taxation of Complete Tobacco Machinery Contracts

In order to maintain the solemnity of executing purchase and selling contracts of tobacco machinery by law, standardized the taxation link of value-added tax, controlled the debt problem of tobacco machinery contracts and re-regularized the operating procedures of payment, settlement and taxation of complete tobacco machinery contracts under the support of the Rectification Office and the Department of Finance of the State Administration.

3. Improved the Core Competition Power of Backbone Tobacco Machinery Enterprises Centering upon Meeting the Development Requirement of Tobacco Industry

(1) Sped up the Localization Process of Imported Technologies, expedited the Renovation of Proprietary Technologies so as to make the Renewal of Tobacco Machinery Products in Conformity with the Requirement of Tobacco Processing Enterprise for Technical Development

A. In the second half year of 1999, the State Administration sent down technical development projects of cut tobacco making line in the new century, and made a great progress with the efforts of Kunming Ship Building Company and Qinhuangdao Tobacco Machinery Company after nearly four years. All design conversions of three technologies that the State Administration imported in adoption of the combination of technology and trade i.e. HXD tobacco cut on-line expansion technology, STS tobacco petioles on-line expansion technology and COMAS tunnel-type tobacco petioles on-line expansion technology finished, and the sample machines and production lines have already been delivered to users for pilot operation and been prepared for appraisal in succession.

B. Initiated localization projects of new-generation high-speed rolling and packaging technologies imported abroad. In 2002, we signed technical transfer agreements with Italian CD Corporation and German Hongni Corporation on 550packages/minute hard case packaging machine group and 10,000cigarettes/minute rolling machine group. These two machine types would become the principal machine types of our indigenous rolling and packaging machines of tobacco industry in the future. At present, the Mechanical Technology Center of China Tobacco has already set up respective groups to begin conversing the technologies.

C. A number of tobacco machinery products absorbing the wisdoms and efforts of numerous technicians of machinery industry with proprietary intellectual property rights researched developed by ourselves would enter into the stage of trial-manufacturing and pilot operation. 600 meters/minute new-type high-speed fiber filter stick molding machine group as an upgrade product of current ZL22-type fiber filter stick molding machine group (400 meters/minute) independently developed by the Mechanical Technology Center of China Tobacco reached the leading level of the world. Changde Tobacco Machinery Company developed an YF27 new-type filter stick sending set (1500cigarettes/minute) with an integration of the most advanced sending technologies at home and abroad. SQ2IB straight-tooth oblique hobbing cutter developed by Kunming Ship Building Company and SQ34 curved-tooth horizontal hobbing cutter developed by the Second Machinery Company of Kunming Tobacco Machinery Group all integrated the advanced technologies of cutters at home and abroad in adoption of new patent technologies and were new-type indigenous cutting equipments developed independently by our country with proprietary intellectual property rights. SP31 tobacco cuts expansion equipments developed by Beijing Changzheng Hi-tech Company passed the appraisal organized by the State Administration in October of this year. The SH9-series new-type tobacco cuts on-line high-speed expansion equipment developed by Changzhou Zhisi Company was listed into the key technological development projects of the State Administration in 2000. Baoyingrenheng company developed new-type spice-adding and material-adding automatic feed proportioning system.

D. Deepened CO_2 expansion tobacco cuts technology. Beijing Date Company undertook the technical renovation project of Guangzhou 2nd Cigarette Factory i.e. the expansion from the original 570KG/HCO_2 expansion tobacco cuts production line to 800KG/H and control system upgrade, and this was the first technical renovation project of various cigarette factories at home and abroad that improved the production capacity from 570KG/H to 800KG/H through the renewal of the complete electric control system and part of mechanical equipments. The success of this project has an important significance for tobacco processing enterprise to use the current CO_2 expansion production line to improve the control level with less investment during the technical renovation.

E. Strengthened the technical renovation and upgrade of machine types in use. ZJI9 rolling and packaging machine groups improved from 7,000 cigarettes/minute to 8,000 cigarettes/minute. Conducted a major renovation for the electric control system of ZJI7 rolling and packaging machine group. The heavy repair and renovation of ZJI5 rolling and packaging machine group of Xuchang Tobacco Machinery Company made new breakthroughs. Tianjin Huayi Company has developed packaging equipments of different specifications for diversified cigarette packages successively in recent year.

(2) According to the product quality of principal indigenous rolling and packaging machine type with a target of reaching the quality level of similar imported Products within three years, we made further progress to improve the reliability and stability of equipments in 2002.

According to the requirement of the State Administration, we proposed that within three years from 2002, the product quality of principal indigenous rolling and packaging machine types would reach the quality level of similar imported products. In 2002, organized two assessments on the reliability of ZJI9 and ZJI7 rolling and packaging machine groups and ZB45 packaging machine groups, and the result of assessment proved that the product quality of indigenous tobacco machinery further improved.

(3) In May 2002, on the National Tobacco Technical Renovation Achievements Exhibition in Beijing, the exhibition area of tobacco machinery became a highlight. A production line completely composed of indigenous tobacco machinery equipments including ZJI7 rolling and packaging machine group, ZB45 packaging machine group and YFI2 cigarette storage and convey device operated in the hall lively. Visitors both outside and inside the industry universally praised the quality level of indigenous tobacco machinery products.

(4) Regarded the technical renovation as an opportunity and informatization construction as a tool to boost up the technical progress of tobacco machinery enterprises.

In recent years, various backbone tobacco machinery manufacturing enterprises went all out to carry out technical renovation and equipment renewal, improved the processing and management level in adoption of advanced processing technique and informatization tool and made remarkable achievements.

The technical renovation project of Changde Tobacco Machinery Company with an entire relocation was provided with a total investment of nearly RMB200 million. After commenced and laid a foundation in May 2000, held a grand ceremony of final acceptance and commissioning on October 28, 2002 according to the overall concept of "high starting point, high standard design, high quality construction and high level management" after one and half year of construction and nearly one year of pilot production. The technical renovation of various tobacco machinery manufacturing enterprises with Changde Tobacco Machinery Company as a representative effectively improved the equipment level, technical ability and technical renovation capability of tobacco machinery manufacturing enterprises and promoted the leap-forward development of our tobacco machinery industry.

In order to cooperate with the establishment of the membership system transaction of tobacco machinery components, prepared and founded "E-commerce Website of Tobacco Machinery Components", which was put into pilot running after several preparations such as the code workout of tobacco machinery information and establishment of database completed, and actualized online search of tobacco machinery components, and negotiation of contract articles as well as other functions. The market of tobacco machinery components would evolve into online transaction. In order to help tobacco processing enterprises learn about relevant policies and regulations of the State Administration on tobacco machinery as well as the technologies and quality of tobacco machinery products and at the same time provide tobacco machinery manufacturing enterprises with a network platform for information exchange, developed and established " Information Website of China Tobacco Machinery Industry", which has already put into operation.

4. Machinery Industry maintained Sustainable and Stable Development

In 2002, 290 contracts on sale of full set tobacco machinery were signed with 618 machines/set and a contractual amount of RMB1.91 billion at a growth rate of 25% upon that of 2001; the sales revenue of machinery industry reached RMB1.18 billion, and kept balance with that of 2001 on the whole. In 2002, two parties of supply and demand signed 118 contracts on the heavy repair of tobacco machinery with 117 machine/set and a contractual amount of RMB2.3 billion at a growth rate of 80% upon that of 2001. In 2002, the sales volume of tobacco machinery components was calculated to be from RMB950 million to RMB1 billion with a slight growth upon the same period of 2001.

In 2002, totally 24 effective contracts on export of tobacco machinery were signed with 22 machines/set, an export to 11 countries and regions and a total contractual amount of USD5.60 million; the effective contractual amount reached USD3.20 million with a foreign exchange of USD3.70 million earned at a growth rate of 30% upon the same period of 2001.

Tobacco Import and Export

In 2002, the Party Team of China Tobacco Import and Export (Group) Company lead numerous officials and workers of the group to strive with great efforts, carried out the work steadily, overcame difficulties, and explored and renovated continuously and smoothly completed various task with obvious achievements made for the construction of two civilizations with the vigorous supports of the leaders of various Provincial Administrations (Corporations) and the energetic cooperation of shareholders according to the overall work deployment and requirement of the State Administration.

1. Carried out the Import and Export of Two Cigarettes under the Principle of "Stable Development, and Sound and Smooth Operation"

Firstly, strengthened the cooperation of industrial and commercial sectors, actively explored and established the genuine target market and carried out the export of cigarettes. At the same time, went all out to solve two major conflicts in the export of cigarette i.e. "genuine export" against "fake export" and "quantity" against "efficiency". Adopted various measures to strengthen the industrial and commercial cooperation and expand the export of cigarette. The structure of cigarette export was further readjusted. Further improved the self-inspection system and supervision and inspection system of cigarette export contracts. The audit of famous and top-quality cigarette export contracts stuck to the feedback system of customs documents so as to effective put an end to fake export. Defined interim management procedures on the plan workout of cigarettes for export, and consequently guaranteed the scientificalness and solemnity of the plan workout of cigarette export. Summed up the processing of brands supplied by the clients, strengthened the audit, management and supervision of the processing projects of brands supplied by the clients. Issued management regulations on cigarette export to America and avoided new litigations against us. Strengthened the audit and management of export contracts.

Secondly, Organized tobacco leaves export under the principle of "stable quantity for price guarantee, smooth price for sale, purchase according to the sale and efficiency improvement". Firstly, we rectified Southeast Asia market, solved the historical transitional problem of Southeast Asia market from Teck Soon Hong to Tianli Company and created a necessary condition for Southeast Asia to evolve into a genuine target market in the future, grasped the initiative of the market so as to strengthen and enlarge the market. Secondly, explored Russian market, and made a breakthrough for market export. Defined the price threshold of tobacco leaves export produced in 2002. Strengthened the post-sales service of tobacco leaves export and the macro-management centering upon price management and contract execution rate.

The reduction of the tobacco leaves storage and the readjustment of storage structure made new achievements. During the purchase of new cigarettes, various member enterprises stuck to the storage principle of the purchase according to the sale and tried to guarantee that new scrap, loss and unsalable storage of tobacco leaves would not occur due to the out-of-control storage.

Thirdly, the operation and management of state-owned tobacco import and export were regulatory and orderly and guaranteed the domestic production and operation demand. Solved the issues of business operation mode and benefit change after the state designated (groups) companies as exclusive state-owned export enterprises of tobacco cargos. According to relevant regulations with China's access into WTO, readjusted the operation and management modes of import businesses and defined management procedures on the business and finance of state-owned tobacco import and export of the group under the principle of "being both regulatory and effective". Member enterprises of the group also defined working rules and implementation rules on business and finance and specified work procedures and responsibility so as to provide institutional guarantee for the smooth carryout of various import business.

2. Strengthened the Strategic Research of Enterprises and the Enterprise Management "on the Basis of MIS System with Financial Management as the Core" so as to boost up the Accomplishment of Enterprises

Firstly, defined "Tenth Five-Year-Plan" development strategy of the group to guide the operation and management of member enterprises. *Strategy* established the general development directions and operation strategies of China Tobacco Import and Export Group during "Tenth Five-Year-Plan", brought forward the operation objective and the overall development concept of the owners of the group during "Tenth Five-Year-Plan" and specified the strategic orientation, development objective and tasks of the group.

Secondly, stuck to the principle of "standard, pragmatic and efficiency", and maximized the efforts to promote the development and popularizing of MIS system. According to the overall requirement of the State Administration for the informatization construction of the industry and the development demand of the group, the (group) company decided the priority of management was to boost the development and application of MIS system and consequently promote the improvement of enterprise accomplishment. Despite heavy tasks, less time and shortage of professionals, completed the development of MIS system, personnel training and workout of working rules and popularizing, and actualized the objective of development, popularizing and pilot running all within just one year.

Thirdly, carried out overall in-depth financial inspections and financial order rectifications for the group, and strengthened the financial management of enterprises. Modified *Interim Procedures on State-owned Capital and Financial Management* of the group, and completed the self-check of overall financial inspection of member enterprises of the group. Through the self-check of overall financial inspection, checked up totally concealed account book funds of RMBI8.86 million, and cancelled 26 bank accounts and verified 24 overdue payments with a profit and loss of RMB60 million from fund transfer and a debt of RMB14.72 million recovered.

Fourthly, strengthened audit and supervision. Entrusted designated accountant offices to conduct an audit for the annual final accounts of 18 member enterprises, and corrected the problems violating the financial system. Relevant enterprises carried the economic responsibility audit for general managers before they left their posts and the investigation and survey on special subject, and audited totally RMB610.42 million assets, and uncovered irregular capitals of RMB41.66 million and 27 irregular actions and debriefed 49 pieces of audit opinions.

Fifthly, strengthened the guidance for the economical operation of member enterprises. Defined the assessment and encourage procedures on the quality and efficiency of economic operation of 2002. Stuck to the system of quarterly assessment, appraisal and notification on the quality and efficiency of economic operation of member enterprises, and investigated and analyzed the outstanding problems existing in the economic operation of member enterprises. Strengthened the macro-control and operational guidance for member enterprises.

Sixthly, strengthened the safety inspection.

Re-issued the emergency notice of the General Office of the State Council on organizing and carrying out an overall inspection of the production safety, and brought forward requirements for the production safety of member enterprises. According to the requirement of Director Jiang Chengkang for the safety work i.e. "the first is to be strict, the second to be meticulous and the third to be overall", further improved the management system and rules on production safety, defined the safety management procedures and the rules of the Production Safety Committee of the group and earnestly carried out the first-responsible-person system.

3. Actively promoted the Restructuring according to the Requirement of Modern Enterprise System and Legal Person Management Structure

Firstly, actively promoted the restructuring of the group, and gradually improved the business corporation management structure. Defined the rules of procedures and the workflow of the Shareholder's Conference, the Board of Directors and the Board of Supervisors. Carried out trainings for the personnel that the (group) company appointed to the Board of Directors and the Board of Supervisors so as to improve the enterprise management capability and level of the appointed personnel for the Board of Directors and the Board of Supervisors. convened conferences of all holding companies and nine mutual share-holding companies, the Board of Directors as well as the Board of Directors of Tianli and Japanese companies, carried out the overall requirement of the (group) company and materialized the determination of investors. Completed the restructuring of Shandong Import and Export Company and the readjustment of the operational management system of Shanghai Import and Export Company and China Tobacco Logistics Corporation, and actively promoted the financial transfer of restructured enterprises.

Secondly, actively boosted the pilot reform of overseas institutions. According to the important written instructions of the leaders of the State Administration on overseas work as well as the requirement of Director Jiang Chengkang on overall concept of overseas institution construction i.e. "definite orientation, limited authorization and effective encouragement", defined the overall concept of the overseas institution construction, gradually established the encouragement system and distribution system in compliance with the responsibilities, authorities and rights and maximized the initiative and enthusiasm of overseas personnel to explore international market. Determined the pilot reform of the company in Hamburg and the office in Russian, and made initial achievements.

Thirdly, strengthened the management of Tianli Company. Stuck to the approval system of major decisions by the Board of Directors, and further specified the functional orientation of the overseas institution of Tianli Company. Further strengthened the role of Tianli Company to explore and manage overseas market, and the operation and management of Tianli Company made a good achievement. Completed the establishment of the company in Brazil.

4. Strengthened the Construction of Leading Groups at Various Levels, Personnel Teams, and the Party Conduct and Clean and Honest Government

Held the learning courses on strengthening the construction of leading groups, personnel teams, and the Party conduct and the clean and honest government as well as the spirits of the 16th National Congress of CPC attended by general managers of member enterprises of the group, the leaders and department chiefs of the (group) company and the general manager of Tianli Company.

Firstly, earnestly learned and gained a thorough insight into the report of the 16th National Congress of CPC. Carried out the important theory of "Three Represents", stuck to emancipating the mind, seeking truth from facts and advancing with the time, and improved the understandings, and brought forward many good opinions and proposals for the reform and development of the import and export group according to the requirement of "development in need of new concepts, reform in need of new breakthrough, opening-up in need of new situation and various tasks in need of new measures" under the subject of "carrying out the spirits of the 16th National Congress of CPC, and boosting the reform and development of tobacco import and export" in combination of the actual situations of China Tobacco, import and export and various units and in combination of the report of the 16th National Congress of CPC.

Secondly, actively boosted the construction of leading groups at various levels, personnel teams and clean and honest government. Laid stress on learning the speech of President Jiang Zemin on the 7th Plenary Session of the Central Discipline Inspection Committee, the work report of Wei Jianxing and the speech of Director Ni Yili on the National Tobacco Discipline Inspection and Supervision Conference and the speech of Director Jiang Chengkang on the Personnel Work Conference, researched and analyzed the outstanding problems in the construction of leading groups, personnel teams, clean and honest government and work style of member enterprises of the group, and brought forward the requirement of "self-control, and attaching importance to the leading group and the personnel team". Organized the learning of the rules on the selection and appointment of the Party and government leading officials, and earnestly carried out in the process of implementation. At the same time, the Party Team of the (group) company strengthened the assessment and appointment of leading groups of member enterprises and further tightened up the construction of leading groups.

5. Overall Economic Operation of 2002 and Operational Achievements

Through the above work, the quality and efficiency of the economic operation of the group in 2002 maintained a favorable development trend with the following features: the total import and export value increased stably upon the same period of last year; the amount of cigarette export largely increased upon the same period of last year; the foreign exchange earned by the cigarette export exceeded that of the tobacco leaves export; the growth of foreign exchanges earned by tobacco leaves export exceeded that of the export amount. The sales revenue maintained stable growth with a sharp growth of actualized profits, and enterprises under the deficit al turned losses into profits.

The group actualized a total import and export value of USD1.05 billion with an increase of 7.59% (calculated upon comparable terms), a total export value of USD410 million with an increase of 12.27% (calculated upon comparable terms), and a tobacco leaves export of 132,700 tons with an increase of 5.56% (calculated upon comparable terms) and the foreign exchange earned by export reaching USD184 million with an increase of 6.98% (calculated upon comparable terms). The cigarette export actualized 15.2 billion cigarettes with an increase of 16.92% (calculated upon comparable terms) with the foreign exchange earned by export reaching USD200 million with an increase of 19.05% (calculated upon comparable terms). It actualized sales revenue of RMB4.838 billion with an increase of 20.35% (calculated upon comparable terms), and actualized profits of RMB474 million with an increase of 100% (calculated upon comparable terms).

Tobacco Trade in China

In 2002, the Trade Center stuck to the industrial guideline of "attaching utmost importance to the basis, and actualizing the progress in a stable situation" and the work priority of "standardization, reform and renovation", further organized various transaction activities and devoted to standardizing various transactions according to the requirement of "five guarantees" put forward by Director Jiang Chengkang on the basis of the transaction of various monopoly tobacco products within the center allsidedly in last year, and continuously renovated the transaction means in the same time when giving prominence to the service function, initiated the online transaction system of cigarettes and smoothly conducted work responsibilities prescribed by the State Administration.

1. Earnestly Conducted Our Own Work, and Held Ten Monopoly Tobacco Products Trade Fairs of Different Categories successfully

In 2002, under the support and help of the leaders of the State Administration, the Trade Center held totally ten trade fairs of various monopoly tobacco products such as cigarette, tobacco leaves, tobacco materials, tobacco machinery and import and export with the cooperation and supports of various technical companies, printed totally 212,300 contracts, sold 544.692827 billion cigarettes (10.8939 million cartons), 23.8971 dans of tobacco leaves, 87,007 tons of cigarette paper, 123,730 tons of cellulose diacetate tows, 37,837 tons of cellulose polypropylene tows, 5.16190 billion special filter sticks, 6,664 million cellulose acetates and 651790 tons of cellulose polypropylene all the year.

In case of each trade fair, the Trade Center attached importance to the followings: firstly, security guard in order to guarantee a perfect safety; secondly, contract printing in need of accuracy and shortcut; thirdly, various services with circumspectness and meticulousness required; fourthly, the work style of the fair, with standardization and correctness required. Under the concern of the leaders of the State Administration, with the joint efforts of membership representatives and the Trade Center and in addition to the experiences accumulated in many years, now, various trade fairs went on more smoothly with a more and more higher efficiency, and reached the requirement of the State Administration i.e. "standardized transaction, correct work style of the fair, good order and outstanding achievements" on the whole.

2. Gave Prominence to Service Function, and publicized Key Enterprises and Famous and Top-quality Cigarette with Great Efforts

Key enterprises and famous and top-quality cigarettes are the future of China Tobacco. In 2002, the Trade Center continuously strengthened the service and support for key enterprise and famous and top-quality cigarettes in its work. It provided key enterprises with various facilitations for their transaction such as the pre-arrangement of key enterprises' contracts and the utilization of computer network for automatic printing. Furthermore, in respect of promotion and service, it attached enormous attentions to 36 key enterprises and 36 famous and top-quality cigarettes. For example, during the large-scale trade fair with numerous representatives, it printed a large quantity of delicate promotional picture albums free of charge for key enterprises and famous and top-quality cigarettes and released to the representatives of the trade fair in time; made and put up boards with the words of "the State Administration" for the exhibition areas of 36 key enterprises. Through these chores, continuously laid stress upon the image of the central role of key enterprises and famous and top-quality cigarettes during the development of the industry.

3. Actively renovated Transaction Means, and developed the Online Transaction System of the Trade Center successfully

In 2002, in order to meet the rapid development of the tobacco industry, under the direct command of the leaders of the State Administration, the Trade Center made breakthroughs for the renovation of transaction means. With the efforts of nearly half a year, the cigarette online transaction system of the Trade Center has already operated successfully with the online transaction of tobacco leaves also developed, which laid down a sound basis for the overall initiation of online transaction of monopoly tobacco products in the future.

At the end of 2001, on one of the work conferences of the State Administration, Director Jiang Chengkang clearly pointed out that the tobacco industry should conduct online transaction, and defined four principles on the site: the online transaction of all monopoly tobacco products should be developed by the Trade Center in an all-around way; the Trade Center was responsible for the development of the entire system, and the Information Center was responsible for the technologies; the online transaction system should try to use the current network of tobacco industry for communication; the online transaction started with cigarettes and relied upon the daily transaction. Furthermore, he definitely required that the project should be put into operation in the third quarter of 2002.

After receiving this task, the Trade Center initiated immediately, set up a development group in the same day and began the preparation rapidly. In January and February, carried out an investigation and survey on the demands and specified the concept; in March, carried out the design of the system architecture and detailed scheme; in April 14, the architecture design and development scheme passed on the work conference chaired by Director Jiang; at the end of June, completed the programming; in July, carried out a month of test and improvement; in August, the Trade Center held two training courses successively with totally over 200 participants so as to train industrial and commercial members for detailed operations of online transaction. After all these prepared, the cigarette online transaction system of the Trade Center was put into pilot operation formally in September 16, 2002 and shifted into normal operation on October 16. By December 31, industrial and commercial members totally printed 2,490 contracts and completed a transaction of 10,945.4986 million cigarettes (218,900 cartons) through the cigarette online transaction system.

At the end of September, the Trade Center initiated the development of the online transaction system of tobacco leaves. This project preliminarily finished at the end of 2002, and would be put into operation in March 2003.

The development and application of the online transaction system was a practice that the tobacco industry employed modern e-commerce to renovate the traditional transaction means technically and adopted informatization to promote industrialization, and also the inevitable result of the deepening reform of cigarette circulation by the tobacco industry. It greatly facilitated the industrial and commercial members, and reduced transaction cost, shortened transaction time and improved transaction efficiency, but also greatly promoted the improvement of enterprise accomplishment and was favorable for improvement of enterprises' competition power. The revolution of online transaction was not only a change of transaction mode, and it would certainly trigger the renewal and reform of internal enterprise management. It required that enterprises must reform current operation and management modes, improve its predictive ability and control capability towards the market and increase its own capability to reply to the change of market. Otherwise, they would be washed out in the new round of competition. Especially, with the deepening of the reforms of tobacco industry, the online transaction would be conducted with a larger scope at a larger extent, and the revolutionary significance of this reform would certainly pop up.

4. Always stuck to Theoretical Learning, and improved the Accomplishment of Officials and Workers

Sticking to theoretical learning is the fundamental guarantee for improving the consciousness and steadiness of officials and workers to carry out the lines, guideline and policies of the Party, and the Trade Center always attached utmost importance to the political learning of the workers for many years and regarded it as an important component of team construction. In 2002, the Trade Center continued to stick to this good tradition, always regarded sticking to theoretical learning and improving the accomplishment of officials and workers as an important link of the entire work and attached utmost importance. Firstly, constantly stuck to the learning-day system, and conducted learning in Thursday afternoon regularly; secondly, defined a plan in combination of the actual situation so as to implement the contents of learning; thirdly, adopted various learning modes, such as watching educational films, the tutorship of leading officials, collective symposium and communication, visiting exhibitions and participating in public welfare activities, encouraging workers for on-job self-study and business trainings so as to activate the enthusiasm of officials and workers for learning. Through this series of specific measures, a favorable theoretical and business learning atmosphere gradually shaped inside the Trade Center so as to lay down a sound basis of human accomplishment for the Trade Center to complete various tasks smoothly.

China Tobacco Industrial Development Center

China Tobacco Industrial Development Center (hereafter "Industrial Center" in short), founded in November 1998, is an economic entity directly under the State Tobacco Monopoly Administration (China Tobacco Corporation). The major functions of the Industrial Center include: being responsible for the management of the joint ventures or joint stock enterprises which are solely invested or controlled by the State Tobacco Monopoly Administration (China Tobacco Corporation); according to the industrial policies of the state and the business situations of the enterprise and through revitalizing stock assets and straightening out the relations between ownership and management of enterprise, realizing assets reorganization and optimum distribution, maintenance and appreciation of the business capital; on behalf of the State Tobacco Monopoly Administration (China Tobacco Corporation), executing the stock ownership rights of relevant non-controlled incorporate companies and limited liability companies, participating in the supervision and management of these enterprises and safeguarding the investment rights and interests of the State Tobacco Monopoly Administration (China Tobacco Corporation), and; providing services for the Administration's implementation of the development strategy of diversified management.

In line with the above functions and responsibilities, in 2002, the Industrial Center readjusted and set up four internal departments i.e. General Management Department, Financial (Audit) Department, Industrial Guidance Department and Enterprise Development Department, of which General Management Department is responsible to define various management systems, post responsibilities and working plans of the Industrial Center, coordinate the work of different departments, and carry out the personnel and labor policies of the State Administration, and direct and coordinate the labor and capital work of subsidiary enterprises, and responsible for the management and use of the documents, archives, seals and licenses of the Industrial Center; Financial (Audit) Department is responsible to inspect and direct the financial management, accountings, capital use and property safekeeping of subsidiary enterprises, summarize accounting statements of enterprises, analyze and evaluate relevant economic indices, work out the annual composite financial report and assist the Department of Finance (Audit) of the State Administration to audit subsidiary enterprises; Industrial Guidance Department is responsible to analyze and research the basic situation and development trend of diversified operation of current tobacco system according to relevant industrial policies and economic operating status of the state, direct the structural readjustment and coordinated operation of multi-industrial enterprises of the current tobacco system, and provide these enterprises with relevant coordination, consultations and services and participate in the definition of development layout and investment policies for the diversified operation of the tobacco system; Enterprise Development Department is responsible to direct and supervise the business and operation of subsidiary enterprises according to relevant policies, regulations and the overall planning of the State Administration, and is responsible to direct, verify and coordinate the renovation, investment, and alternations as well as other major decisions of subsidiary enterprises and help enterprises improve technical accomplishment and management level.

At present, China Tobacco Industrial Development Center manages seven solely invested enterprises of the State Administration (China Tobacco Corporation) i.e. Beijing Zhongyan Yongfa Trade Company, Jinye International Travel Agency, Beijing Zhongyan Jinye Printing Factory, Zhongyan Technological Development Company, Shenzhen Nante Xinye Trade Company, Zhongyan Advertising Company and Beijing Jinye Property Management Centre, and four joint stock companies within the tobacco system i.e. the Beijing Zhongyan-Jinshan Hotel Co., Ltd., Beijing Zhongyan Huayu Commercial Building Co., Ltd., Huizhou Jinye Stock Company, Zhongyan Huangshan Mountain Sanatorium, and four joint stock companies outside the tobacco industry i.e. Southern Securities Co., Ltd., Guotai Jun'an Securities Co., Ltd., Huaxia Securities Co., Ltd. and Chang'an Bonding Co., Ltd.

2002 is the fourth year after China Tobacco Industrial Development Center is established. In these four years, Industrial Center stuck to finding out methods from the practice, seeking solutions in the renovation, pursuing development in the exploration, and making breakthrough in the shift in accordance with the guideline of the State Administration on sustainable, stable and healthy developments, actualized some achievements in the work, and strengthened the political work of enterprises with preliminary achievements made for regulatory rectification and a better production and operation situation.

Since founded at the end of 1998, the Party Committee of the Industrial Center has established five Party branches and three Youth League branches successfully by 2002, perfected the Party and Youth League organizations of this Industrial Center and subsidiary enterprises, and readjusted, strengthened and improved the leading groups of subsidiary enterprises. The sound organization guaranteed the carryout of learning system, officials' supervisory system and post responsibility system, and guaranteed the stable political concept and steady work style of over 670 workers of enterprises in Beijing.

In recent four years, the Industrial Center has dissolved eight subsidiary enterprises through regulatory rectification in adoption of various reforms such as cancelation, restructuring, stock equity transfer and assets transfer, which withdrew from the market, and two enterprises conducted stock equity transfer, and one enterprise was restructured, and one enterprise was readjusted for other purpose, and six enterprises were transferred to provincial companies through capital transfer. Because of sticking to rectification, regularizing and reform, we actualized ideal effect.

At present, the Industrial Center directly manages 15 invested units of the State Administration, including three securities companies, one bonding company and 11 production and operation enterprise with an total investment of nearly RMB41.6 billion. In 1998, its subsidiary enterprises offset the profits with the losses under a deficit of RMB19.56 million; in 1999, with a deficit of RMB12.77 million at a decrease rate of 34.7%; in 2000, with a deficit of RMB10.90 million at a decrease rate of 14.6%; in 2001, made up the deficits and got surpluses on the whole with a profit of RMB5.20 million after the deficit deducted; in 2002, its subsidiary solely-invested enterprises actualized a profit of RMB5.33 million with a slight growth upon the period of last year after making up the deficits.

In November 2002, the Party Team of the State Administration decided to bestow the function of macro-direction, coordination and service upon the Industrial Center for multi-industrial operation of the tobacco system. In 2003, the work of the Industrial Center principally includes two aspects: one is to be particularly responsible for the operation and management of its subsidiary enterprises, and another is to macro-direct the multi-industrial operation of the tobacco system nationwide. Basic concept of the work: to learn earnestly, grasp thoroughly, and carry out the spirits of the 16th National Congress of CPC in an all-around way and implement the spirits of the Central Economic Work Conference; centering upon the central task of the State Administration, cooperate with relevant departments to conduct the transfer of invested sideline units of Level-2 companies of the State Administration; strengthen the reform of its subsidiary enterprise, continue to rectify and standardize, and further strengthen the operation and management and try to improve the economic efficiency; in respect of multi-industrial operation of the tobacco system nationwide, earnestly learn and grasp relevant regulations and economic policies on the major multi-industrial investment fields of the tobacco system when carrying out investigation and survey thoroughly and seeing into the actual situation, actively conduct macro-direction, coordination and services steadily and act as a good staff officer and assistant of the leaders of the State Administration.

Institutional Logistics

Under the correct leadership of the Party Team of the State Administration with the vigorous support and help of various departments of the institution, in 2002, all fellows of the Institutional Service Center (Service Bureau) united as one and went all out to work in order to guarantee the normal operation of the institution and improve the living conditions and welfares of the working staff.

1. Attached Utmost Importance to the Learning and Training of Political Theory and Business Knowledge, and improved the Political Theoretical Level and Business Working Capacity of Officials and Workers so as to guarantee the Institutional Rear Services

(1) In this year, according to the uniform deployment of the Party Committee and the actual situation of the Institutional Service Center, we adopted a method in combination of collective learning and individual learning. In the first half year of this year, organized thorough learning of the important thoughts of "Three Represents", "July 1" speech and "May 31" speech of President Jiang Zemin; in the second half year, focused upon the learning of the documents of the 16th National Congress of CPC, and furthermore, held a learning course of the documents of the 16th National Congress of CPC in Pinggu Training Center participated in by the officials at division or higher level and the principals of various entities, required the participants to write out written understandings of the learning and bring forward new concepts and new measures in combination of their own work, through which they grasped the spirits of the documents, improved the level of ideological theories, and facilitated the actual work greatly and made huge achievements.

(2) In order to improve the business level of the institutional real services and in combination of the gradual market need of institutional real services, this year, we held two business training courses in the Pinggu Training Center and organized relevant personnel of the service center to learn the knowledge of management and accountant, and accordingly, the fellows undertaking operation and management grasped more technical knowledge and improved their business capability gradually. Additionally, another two fellows participated in the Reality Management Post Training Course of the Ministry of Construction of PRC and successfully obtained the post certificate of reality manager.

(3) Encouraged and supported the workers to participate in learning in off hours. This year, four workers graduated from the undergraduate course, and eight from graduate course, and two are participating in the learning of graduate course, and two in the undergraduate course and two in the professional title training course. Additionally, we organized the contract workers employed by the service center to participate in the learning and exams of professional skills in the off hours, and the whole center shaped a very dense learning atmosphere.

2. Actualized the Target of Changing the Image of the Institutional Service Bureau within Three Years through the Joint Efforts of All Fellows on the whole

All the personnel gradually established the concept of serving the workers with complete devotion, improved their service attitude, changed their work style, and enhanced service quality, and handled various affairs steadily for the workers and won the praise of the entire personnel of the institution with their actual practices. For example, our Guang'anmen Management Division with inadequate labor while heavy work went all out to carry out coordination in various aspects despite numerous difficulties, and especially during the trade fair, their warm and circumspect services for the visitors won the praise of the Trade Center and the visitors. It has been more than one year since we took over the reality management of the institutional office building of Xibianmen, and the fellows of Xibianmen Reality Management Center did their duties and went all out to improve the management level on the basis of smooth handover, were dressed uniformly and provided services with a nameplate, and their management has already reached the level of regular reality management. The reality management center of worker's dormitory won the high praise of the workers with knight services. The Traffic Section changed its service attitude, actualized civilized, warm and safety driving, and changed the phenomenon of hard vehicle dispatch with no initiative and dispatched 15,000 service car/times all the year. The Pinggu Training Center improved the environment and provided amusement and gymnastic projects with service level and quality newly boosted.

In sum, through the joint efforts of all the personnel of the service bureau, we changed the former unfavorable image of the fellows of Service Bureau held by people i.e. old age, less cultural background, impolite speech and low overall accomplishment, and we won a new recognition and evaluation of the institutional personnel with our down-to-earth work and knight services. In 2002, we obtained the honors of the State Administration and the relevant departments of Beijing Municipality for tax, safety, health, family planning, free-of-charge blood donation, afforestation, people's air defense project management, Dongjinglu Road and Hufanglu Road management and etc. These honors fully acknowledged the work of all the personnel of Service Bureau.

3. Cooperation and Coordination between Different Departments, and the Enthusiasm and Responsibility Awareness further improved

At present, Service Bureau has forged a favorable atmosphere of being united as one and working vigorously. Now, there are less post absences for chats in work hours while more working with complete devotion; less slanders while more for the honor of the collection; less buckpassing while more solidarity. For example, the Capital Construction and Reality Division sent out many workers to help the Pinggu Training Center carry out the rebuilding of single-story buildings, the repair of guest rooms as well as other work to improve the accommodation conditions, which materialized the concept of the overall situation and the spirits of solidarity and coordination in this year. Furthermore, in the sports game of the institution and the matches of basketball, badminton and ping pong, Service Bureau won the honor of the 4th prize of team match, the 5th prize for basketball, and the 3rd prize for badminton and ping pong despite the old age of the personnel in this year, and we bagged four medals from the sports game for the first time, which fully incarnated the mental outlooks of working with complete devotion and going all out uniformly and the collective cohesive strengthen of the Service Bureau.

The work of our Service Bureau is provided with the features of large institution, many people, heavy responsibility and separate operation with centralized management inappropriate. However, no illegal cases and safety problems occurred to the finance, traffic and fire prevention within our management. For example, although Hufanglu Road Reality Management Center, the Pinggu Training and etc. are far away from the institution and leaders, the fellows of these places united as one, went all out to work and maintained the safety of these places.

4. Handled Relevant Affairs for the Workers in a Down-to-earth Way

This year, all the fellows of the Service Bureau firmly set up the concept of serving the institutional workers, handled relevant affairs for the workers in a down-to-earth way, and furthermore handled the affairs smoothly and contributed their efforts to improve the welfare, working and living environment of the workers actively.

(1) The festival allowances of the workers largely improved from former RMB300 and RMB500 to RMB800 and RMB2, 000 for the Spring Festival, and we sought RMB2,000/person as the holiday allowances this year.

(2) The quality of the mess improved. This year, the mess of our workers (Xibianmen, Guang'anmen) changed the separate dinning by dishes into buffet dinner for the breakfast and lunch, increased the varieties (averagely adding one-two varieties each week, totally over 50 varieties for one year) and improved the quality despite the reduction of funds. It would increase the varieties and quantity for take-out in order to facilitate the living of the workers starting from this summer holiday. It totally provided 250 tables of meals for over 2500 guest/times during the whole year.

(3) After the medical reform, we actively proposed to the leaders and maintained the former physical examination of the workers one time for each year as well as the function of infirmary in order to guarantee the health of the institutional workers. In this year, organized 652 workers for physical examination. In view of the increase of the incidence rate of hepatitis A & B in the institution, proposed to the leaders of the Administration in time, applied for special funds and vaccinated 412 workers with hepatitis A & B vaccine. In the whole year, 10,100 worker/times saw a doctor or got the medicine. We won the 2nd prize when participating in the knowledge competition organized by the 8th Family Planning Coordination Group of the Central State Organ.

(4) In order to materialize the image of tobacco industry, we provided all the workers of the institution with travel cases and bags with tobacco tags this year.

(5) We collected all building property title certificates, and extended totally 673 certificates in the house reform according to relevant regulations.

(6) The Pinggu Training Center has received over 20,000 guest/times all the year, including 3,600 workers as well as their family members of the institution.

(7) Actively assisted the Department of Personnel and Labor to carry out medical reform, extend the medical allowance of this year to the workers in time, and provided medical insurance additionally and freed the workers from the worries about medical treatment.

(8) This year, we strengthened the management of self-governed workers' dormitory, sent out special personnel to clean the dormitory. The workers of the Repair Center of the workers' dormitory further improved the service quality and service attitude on the basis of 24-hour service. For example, they were dressed uniformly with nameplate and shoe slipcover, placed tools on the cloth that they brought to prevent any pollution and damage to the floor and won the high praise of the workers in case of go-to-door repairs. Go-to-door repairs reached 1,270 person/times all the year.

(9) Completed the repair of Xibianmen Office Building about 1,710 person/times; conference

services 520 times; ironed clothes over 2,400 pieces for the workers; haircut over 6,700 person/times for the workers all the year.

(10) Provided toilet paper for the toilets of Xibianmen Office Building, which were welcomed by workers.

(11) Repaired vehicles 1,100 vehicle/times, and guaranteed the regular vehicle use of the institution all the year.

(12) Provided regular buses for the holidays of the workers in the Pinggu Training Center free of charge.

(13) By the end of November, extended 74,000 pieces of office supplies, 1,500 pieces of labor protection appliances and 110 pieces of other articles; organized and destroyed the documents and headlined papers four times; accepted and handled 32,401 consultation telephones; replaced 181 telephone sets, readjusted 86-pair lines, newly installed 50 telephone sets, opened international trunk call for 7 telephone sets, canceled the trunk call of 17 telephone sets, and repaired telephones 295 times and handled telecommunication services for 54 telephone sets; copied 156,342 pages of documents, and received 65,13l pages of fax; repaired and maintained duplicating machines 65 times and facsimile printer 126 times; assisted the Information Center to convene four videoconferences all the year.

(14) Solved the accommodation problem of 12 newly allocated undergraduates and over 20 temporarily posted officials.

(15) Conducted checkoff and payment of individual income tax 4825 person/times; assisted the labor union to handle the major illness insurance; improved the insured amount of the assets of workers' family, and handled the insurance claim settlement of RMB42, 000 from January to November for the workers; carried out the accounting and issuance of the technical transaction prizes of 2001 of the State Administration (including units directly under it); handled the application of 63 groups and teams for foreign visit including 489 persons/times, with an increase of 18 groups and teams and 103 persons.

(16) Completed 36 large and middle-sized repairs, including the rebuilding of the single-story houses of the Pinggu Training Center, the excavation of Jinye Lake, the rebuilding of boiler room, the construction of outdoor tennis court, the external wall brick repair of workers' dormitory of Dongjinglu Road, the decoration of the toilets of the office building of Hufanglu Road, the rebuilding and repair of the operating mess room and bathroom of the Xibianmen Office Building.

(17) Planted totally 3,937 trees in the Pinggu Afforestation Base and Zhulu Hebei with a survival percentage of 95%, and smoothly finished the afforestation task of this year.

(18) Dongjinglu Road Management Committee worried about what the workers worried, took into account what the workers wanted, and handled many affairs earnestly for the workers in the community and also contributed to the society in recent one year. A) In order to solve the problem of tax plate change of non-motor vehicles of the residents, invited tax plate changing personnel to work within the community, and handled the license plate of 82 bicycles in one day and removed the trouble of the workers for waiting in lines; B) refitted TV antenna equipments, and improved the definition of worker's TV; C) solved the difficulty of fee collection of cable TV, contacted with relevant units and handled the bank checkoff procedures for residents; D) handled the registration and enrollment procedures for private vehicles; E) carried out

regular safety inspection, replaced eight fire extinguishers on the corridor; F) organized relevant personnel to record the water and gas meters of residents for four times and checked off water and gas expenses accordingly in time; G) provided inflators at the entrance so as to facilitate the workers to pump their bicycles; H) strengthened the promotional education to improve the accomplishment of people, and carried out popular science, health, safety and promotion education in adoption of blackboard newspaper and promotion column, and renewed eight issues of blackboard newspaper and six issues of special columns; I) attached importance to the environmental beautification and afforestation, and cultivated over 160 pots of flowers; J) organized over 65-year-old fellows to participate in the physical examination of the community, and set up medical care archives; K) timely delivered the articles that the organ released to the retired workers; L) organized retired workers to attend the political learning of the Party for 12 times; M) carried out activities to support the army and give preferential treatment to the families of revolutionary soldiers and martyrs, and extend regards to the officers and soldiers of the fire prevention squadron; N) actively participated in collecting donation to relieve the people in disaster with two donations of RMB2157 and 472 pieces of clothes, and won the praise of the community.

5. Continuously improved the Rules and Regulations, and strengthened the Regulatory Management

(1) This year, we drew up *Interim Provisions of the State Tobacco Monopoly Administration (China Tobacco Corporation) on the Reimbursement of Medical Expenses of the Workers and their Families of this Organ as well as its directly Affiliated Units*; stuck to financial budget management and regular report system, printed and issued *Travel Expense Standard of the Organ of the State Tobacco Monopoly Administration (China Tobacco Corporation) in 2002*, printed and published three issues of circulars on fund expense, and strictly controlled the flight on business trip; the administrative expenses from January to November upon the same period of last year as follows: the car fare reduced RMB180,000 with a decrease rate of 10%, and the repair expense reduced RMB220,000 with a decrease rate of 28%, and the printing charge reduced RMB360,000 with a decrease rate of 46%, and the travel expense reduced RMB760,000 with a decrease rate of 18%.

(2) Established the insurance and assessment system of casual laborers, brought the contract workers hired by the Institutional Service Center into the insurance coverage and conduced year-end assessment for contract workers.

(3) Carried out the computer management and price-comparison purchase system for the office supplies of the organ.

(4) Defined and stuck to the supervisory and inspection system of reality management.

The establishment and implementation of these systems laid down a basis for the normal and orderly operation of Service Bureau.

6. Initiative Operation to improve the Support of Real Services

We actively carried out operational money making when providing the organ with services, and actualized a good economic efficiency.

(1) Hufanglu Road Reality Management Center actively expanded the lease of the houses, and brought about economic income through the lease of houses and advisement sites in the same time when actualizing the target of supporting the building with the profits out of it so as to save funds for the State Administration.

(2) Car Repair Center created a good economic efficiency when reducing the repair expenses of the vehicles of the organ in the same time.

(3) Xibianmen Reality Management Center saved the Reality Management Expenses when ensuring the normal operation of the organ in the same time.

(4) The Jinxing Material Trade Center, the Jinlanyu Technical and Ecological Part and the Pinggu Training Center also tried to expand the operation scope and channel, actively brought about economic income and actualized a good economic efficiency.

Economic Information

In 2002, the information construction of tobacco industry stuck to "attaching utmost importance to the basis, to the standardization and to the implementation", and the informatization of the industry made new progresses closely centering upon the central task of the industry according to the basic concept of "application" and "unification" brought forward by the Informatization Work Conference at the beginning of the year with stress upon two "three tasks" of the informatization construction of the industry.

1. Construction Level of Informatization Infrastructure of the Industry further Improved, and obviously increased its Support for the Production, Operation and Management of the Industry

Firstly, the satellite communication network of the industry has been completed by and large. The satellite communication has already completed the construction of one main station of the State Administration, 34 Class-B stations of the Provincial Administration (Corporations) and Zhengzhou Academy, 272 Class-C stations of the Prefectural/Municipal Administrations (Subsidiary Companies) and industrial enterprises. On the basis of debriefing the opinions widely, readjusted the former technical scheme of satellite communication network, cancelled the voice function, provided high-speed download equipments and expanded the function of videoconference and broadcast so that the videoconference of the industry could be directly assessable for Class-C stations. The establishment of the satellite communication network on the whole signified that the informatization network construction of the industry began to enter into the stage of debugging and unified application.

Secondly, the construction of the Provincial Area Network (PAN) of various Provincial Administrations (Companies) got along rapidly. The Provincial Administrations (Corporations) of 20 provinces i.e. Beijing, Shanghai, Chongqing, Shenzhen, Dalian, Hebei, Shanxi, Jilin, Jiangsu, Zhejiang, Anhui, Jiangxi, Fujian, Shandong, Hubei, Hunan, Guangdong, Guangxi, Yunnan and Qinghai have established PAN.

Thirdly, the diffusion rate of the online basic application system further improved. 23 Provincial Administrations (Corporations) established domain name servers and mail servers, and 18 Provincial Administrations (Corporations) set up WEB servers. The satellite videoconference system totally convenedsix national videoconferences all the year, eight provincial videoconferences and two national technical and business trainings.

Fourthly, the security work of the network and information initiated. According to the uniform deployment of the State Administration, the Provincial Administration of Yunnan (Company) carried out the pilot construction of security system of the entire network; in the same time, the State Administration printed and issued *Management Standards on the Information Security Technologies and Computer Networks of Tobacco Industry* so as to direct the construction management of network and information security of the industry.

2. Procedures, Layouts, Technical Standards and Criteria of the Industry on Informatization Construction Management further improved, which provided Guarantees in order to strengthen the Informatization Management and the Interconnection of Information System of the Industry

In order to meet the new situation and new task of the informatization construction of the industry, the Office of the Informatization Leading Group of the State Administration organized the revision of *Management Procedures of Informatization of Tobacco Industry Nationwide*.

On the basis of *Compact Collection of Information Classifications and Codes of Tobacco Industry*, the Information Center of the State Administration established an information code management system, issued over 4,000 pieces of unit codes and over 7,000 pieces of cigarette bar codes and actualized the dynamic online issuance and maintenance of information codes. Additionally, organized the revision of *Technical Standards on Computer Network Construction of Tobacco Industry*, drew up *Management Standards on the Information Security Technologies and Computer Networks of Tobacco Industry* and drafted *Interim Provisions on the Software Project Management of Tobacco Industry* and etc.

Various Provincial Administrations (Corporations) actively carried out *"Tenth Five-Year-Plan" on Informatization Construction of Tobacco Industry*, and the Provincial Administrations (Corporations) of Chongqing, Beijing, Henan, Shaanxi and Hainan worked out or revised the layout of informatization development in combination of the actual situation of their provinces; the Provincial Administrations (Corporations) of Fujian, Shaanxi, Gansu, Qinghai, Ningxia and Zhejiang defined management procedures of the informatization.

3. The Application of Information Technology in Various Aspects of the Industry further Deepened with Achievements Popping up gradually

Firstly, the development and popularizing of foundation software of the enterprises of cigarette industry pushed forward steadily. In 2002, the Information Center of the State Administration cooperated with the Department of Economic Operation to organize three software development companies as well as Yizhong Tobacco Group, Wuhan Tobacco Group and Chengdu Cigarette Factory to jointly tackle key problems, and completed the development and tryout of foundation software of cigarette industry. The foundation software covers various major links of the production and operation such as raw materials, auxiliary materials, quality, technique components and finance, has reached the preset development target and passed the assessment and acceptance inspection in Xuzhou Cigarette Factory in May 2002. At present, 21 key enterprises of cigarette industry have reached or exceeded the level required by "the foundation software of cigarette industry" on the whole.

Secondly, the informatization level of the construction of cigarette sales network improved continuously, and the utilization of sales data resources made positive progress. In 2002, after tobacco industry successfully implemented the program of "coordinated network construction of ten major cities", the popularizing of the cigarette sales foundation software of the industry finished on the whole. Various Provincial Administrations (Corporations) further modified, upgraded and improved the sales management software widely in adoption of sophisticated technical measures such as sales investigation through POS machine and IC card settlement, and some areas employed satellite positioning system (GPS) and geographical information system (GIS) for the distribution business, and largely improved the informatization level and management level of the construction of cigarette sales network of the industry.

The Information Center of the State Administration developed and completed the information system of cigarette sale management of the State Administration in March 2002 together with China Cigarette Sales Company, and popularized among sales companies of 33 Provincial Administrations (Corporations) nationwide. By September 2002, more than half of totally 2,508 subsidiary companies and county companies submit their detailed sales data such as trademarks to the State Administration each day.

Thirdly, the development of tobacco leaves foundation software finished preliminarily. The popularizing and application of tobacco leaves foundation software will boost up the informatization level of tobacco leaves purchase and sale of the industry as a whole and forge a software architecture covering three major fields i.e. "agriculture, industry and commerce" of the industry preliminarily so as to boost up the overall informatization level of the industry to a new stage.

Fourthly, the research of the modern integrated manufacturing system (CIMS) project of the State 863 Plan that the tobacco industry undertakes is going along in order. This project includes the research of development strategies and overall conceptual design of modern integrated manufacturing systems of the provinces and industrial enterprises, the research and verification of cigarette marketing systems, the analysis, research and verification of economic operations, the research and verification of expanded enterprise resources program (ERP) system, the design, research and verification of digital cigarette products, the research and verification of the manufacturing and execution system (MES) of cigarette enterprises, and the development, overall plan design and research on modern integrated manufacturing systems of tobacco industry and so on, which 16 Provincial Administrations (Corporations) and Cigarette Factories and four research institutions outside the industry will undertake respectively. At present, the investigation and analysis on the demand of the project, strategy layout research and the design of part of the overall scheme have been finished on the whole.

Fifthly, the initiation and operation of the online transaction system effectively reduced the cost of traditional transaction means and laid down a basis for the tobacco industry to carry out e-commerce. The online transaction system of monopoly tobacco products was put into operation in September 16 of last year and actualized the online transaction of regular merchandise purchase for cigarettes. By the end of 2002, China Tobacco Trade Center issued totally 1,500 IC cards for industrial and commercial members with 3,300 contracts signed online and a transaction amount of nearly RMB20 billion.

Sixthly, the application of information technology and network technology provided an important guarantee for the Capital Management Center to operate with high efficiency and actualize ideal economic benefits.

In 2002, 11 Provincial Administrations (Corporations) i.e. Anhui, Jiangsu, Fujian, Shandong, Hubei, Zhejiang, Guangxi, Chongqing, Yunnan, Jilin and Shanghai established provincial Capital Management (Settlement) Centers successfully relying upon the capital management software and high-efficiency information network, actualized the effective monitoring and unified management of the provincial capitals with a good economic result. For example, the capital management system of the Provincial Administration (Company) of Fujian brought about an economic benefit of RMB6 million for the provincial tobacco industry during its one-month's operation in December.

Seventhly, the computer network management system of the tobacco monopoly navicert turns out to be mature and plays a positive role of regulatory management. At present, 118 and 91 of 134 cigarette-navicert issuance sites and 93 tobacco leaves-navicert issuance sites examined and approved by the State Administration respectively issued navicerts through the navicert computer network management system. In 2002, the cigarette navicert system issued nearly 120,000 navicerts with an increase of 15,000 upon that of 2001 and a decrease of the invalidation rate from 5.06% of 2001 to 3.67% of last year. The tobacco leaves navicert system totally issued over 60,000 effective navicerts, and the tobacco machine and tobacco material navicert system issued about 16,000.

4. Further Accumulated Abundant Information Resources, and Improved the Understanding towards the Importance of the Integrated Utilization of Information Resources

With the in-depth construction of informatization of the industry and especially the operation of the cigarette industry, cigarette sale and tobacco leaves management information system, the accumulation of information resources further improved and laid down a favorable basis for the data integration and the comprehensive data utilization on next stage.

Firstly, the statistics and analysis of the information was strengthened. In 2002, various Provincial Administrations (Corporations) and grassroots enterprises earnestly carried out the statistical statement system defined by the State Administration and local Statistics Departments, focusing upon the core of attaching utmost importance to the data quality and the breakthrough of attaching utmost importance to the timeliness of statistical data despite great changes of statistical statement system, statistical statement format, statistical measure unit, famous and top-quality cigarette trademark (specification), and cigarette classification standards and statistical software, overcame difficulties, united as one and accurately completed the assessment, summarization and statistical analysis of industrial, commercial, and fixed assets investment and multi-industrial operation statements in time, which not only provided the macro control of the industry and enterprise management with accurate data information but also laid down a basis to exert the three major functions i.e. information, consultation and supervision of the statistical work, and was praised by the leaders of the State Administration for many times.

Secondly, the integration of information initiated preliminarily. Some Provincial Administrations (Corporations) developed data analysis, data warehouse as well as other systems to conduct an in-depth and overall analysis of the external and internal information on production and operation, cigarette production and sale of the enterprises and carried out the pilot construction of the decision support system of enterprises preliminarily.

Thirdly, the information release and publicizing role of industrial websites further maximized. In

2002, industrial websites and internal websites of the State Administration released a large quantity of management information on the economic operation and governance of the industry for the society and the entire industry. The industrial websites for the association provides 10 major columns and 27 sub-columns, renews over 40 pieces of various information everyday and reports the major conferences and activities of the State Administration after upgraded to a new version on February 1 2002, enjoys over 520,000 visitor/times by the end of 2002 after upgraded and becomes an important information network platform for the establishment of tobacco industry image and the promotion of tobacco industry. The internal websites of the State Administration became a major platform for the State Administration to release industrial information by and large since upgraded in July 2001, which releases various economic operation information and governance management information to the entire industry and the organ of the State Administration and enjoys an accumulated visits of 265,.000 person/times with 180,00 person/times online each month and over 600 person/times online each day on average by the end of 2002.

5. The Awareness of Patented Software Improved

In order to carry out the requirement of four ministries and commissions i.e. the General Office of the State Council, the State Copyright Bureau and the State Economic and Trade Commission and further strengthen the regulatory management for the use of industrial software, in 2002, carried out a self-inspection over the patented software of the tobacco industry. The Information Center together with the Office of the Administration totally sent out five inspection groups to inspect the use of patented software of nine provinces (municipalities) of Hunan, Hubei, Guangdong, Sichuan, Henan, Jiangsu, Shandong, and Shanghai and Gansu. According to the statistics, the whole industry purchased over 3,700 sets of patented software that saved a purchase capital of RMB7.2 million in light of the agreement on preferential purchase of Microsoft products for the tobacco industry that the State Administration signed with Microsoft Corporation.

6. Informatization Training of the Industry further pushed forward and guaranteed the Talent Demand of the Information Construction

In 2002, the Information Center held and co-held over 20 professional skill trainings for the whole industry, including satellite communication training, management information system operation training, industrial foundation software training and network technology regulations training with over 1,000 participants. It is roughly estimated that over 7,000 persons of the entire industry participated in various trainings organized by various Provincial Administrations (Corporations), which further improved the overall accomplishment of the informatization personnel of the industry and effectively guaranteed the boosting-up of the informatization level of the industry.

Personnel Training

The 21st Century brings about immense development opportunities and development space for the Chinese nation, and also presents austere challenges and new tasks for our training work. With the speedup of economic globalization and the rapid development of economic situation after China's access into WTO, the development of human resources at home and the training of export-oriented and inter-disciplinary talents have become one of the most urgent issues that the development of Chinese economy confronted with. In 2002, under the correct leadership of the Party Team of State Administration and with the vigorous support of various departments of the organ, continuously summed up, renovated and completed various training tasks smoothly sticking to the guidance of Marxism, Mao Zedong Thought, Deng Xiaoping Theory, the focus of education and the tenet of service.

1. Relied upon Our Own work, and advanced with the Time to improve the Overall Accomplishment

The Party School is a base for the training of officials. The officials and workers of the Party School firstly learned the thoughts of "Three Represents" and "May 31" speech of President Jiang Zemin, and the report of the 16th National Congress of CPC and the revised *Constitution of the Communist Party of China* in adoption of a learning method of seeking truth from facts, science, and practicality and diversification according to the requirement of the Party Team of the State Administration. Secondly, we invited famous professors, entrepreneurs and celebrities of political circles to present lectures for the trainees and organized the trainees to carry out discussion activities, and in the same time, organized the officials and workers of the Party School to participate in, listen to the lessons selectively, and write down notes and draw up what one has learned. Through this method, our officials and workers were deeply enlightened and educated. The high-level and in-depth lecture contents expanded the view, increased knowledge, renewed the concept and effectively improved the capability to grasp the social development theme, consider, analyze and handle issues at a higher level.

In combination of ideological status of the officials and workers and the learning requirements on various stages, purchased *Government Work Report*, *Who moved My Cheese* as well as other books for each official and worker, and combined the theoretical learning with practical work. During the education of the Party Lecture organized by the Party branches, vividly narrated the effect of the introduced competition mechanism through the story of "the sardine activated by the catfish", narrated the influence of short slab effect with ""wooden cask theory" so as to enhance our team spirit and inspired the enthusiasm of officials and workers for services and work.

In order to carry out in-depth educations on revolutionary tradition and science and technology for officials and workers, organized trainees and some officials to carry out investigation and survey in grassroots units, carried out on-the-spot survey in the cigarette factories to see into the status quo and development trend of the tobacco industry and organized visits to Xibaipo Revolutionary Sacred Place, China Millennium Monument, High Energy Physics Research Institute of Chinese Academy of Sciences and etc., which impressed them deeply and presented a profound education.

2. Scientific Management, Precise Scholarly Research with Outstanding Achievements for Various Trainings

In order to carry out the teaching of this year smoothly, we organized and arranged the teaching plan meticulously after summing up the features of the teaching in the past several years. First of all, organized the teaching management staff to visit the Central Party School of CPC, the branch school of the Central State Organs as well as the Party School of fellow ministries and commissions, had a thorough grasp of the teaching spirits of the Party School of higher authorities, and learned and absorbed the advanced teaching organizing and management experiences of the refreshing courses of senior leading officials and defined detailed rules on the teaching process. In this year, held two bureau-level training courses with 57 trainees and two division-level training courses with 109 trainees. During the learning, besides the discussion of Marxism, Mao Zedong Thought and Deng Xiaoping Theory, we carried out self-analysis on the Party spirit, analyzed the Weltanschauung of our own thoroughly and actively explored the shift of the governance mode of the Party as well as its impact upon our work in the new era according to the requirement of "Three Represents" in combination of the speech of Director Ni on the symposium of the bureau-level training courses, the speech of Director Jiang Chengkang on the National Tobacco Industry Management Conference and the National Cigarette Sales Network Construction On-the-spot Conference. In order to carry out the teaching smoothly, we proposed the orientation of "two services i.e. teaching service and rear services", defined feasible teaching scheme, and upgraded the teaching method and improved the teaching quality obviously, through repetitive deliberation and stimulation and bringing forward proposals time after time, from teaching approach and contents to the management service and from the teaching orientation to each link after analysis and research. In view of China's access into WTO, we stuck to advancing with the time and renovated the setup of courses with the percentage rate of face-to-face courses reaching about 95% on the basis of the setup of major courses of the Central Party School of CPC. In order to meet the requirement of the industry for reform and development, we held various lectures on WTO, laws and finance and the presentations on the experiences of the reform and development of the industry. For example, we invited Long Yongtu, Minster of Foreign Trade and Economic Cooperation, Fu Chengyu, Vice President of China Marine Oil Group Corporation as well as other famous experts, scholars and relevant leaders of the government to give a lecture, and made a good effect.

In the wake of the guideline of the Party Team, organized teaching and discussion centering upon "four subjects" put forward by the Party Team of the State Administration, grasped the major contradictions of tobacco industry for current development, considered what the Party Team considered, and worried about what the Party Team worried about and authentically provided services for the future development of the tobacco industry.

We served the teaching meticulously centering upon the requirement of the Party Team with complete devotion closely. We organized discussions reasonably through selecting the courses meticulously. In order to cooperate with the teaching, the Party School published the 38th-41st issues of *News Report of the Party School*, the 6th-21st issues of *Study and Communication* and *Collection of Papers* of the 4th and 5th bureau-level training courses in time. These journals collected teaching achievements, recorded many precious thoughts of the trainees and provided the industry with very valuable learning achievements.

In order to avoid the influence upon the normal teaching of the classes of the Party School and hold short-term training course smoothly, we improved the utility ratio of guest rooms through straightening out the unused guest rooms and received and held 32 short-term training courses with 1,139 trainees in adoption of meticulous plans and skillful arrangement all the year.

3. Made a Good Job for the Infrastructure Construction of the Party School and built up New Teaching Environment

In order to meet the requirement of tobacco

industry for further development in the future and meet various requirements of teaching and training for hardware facilities, in this year, firstly, we completed the decoration of the 5th, 6th, 7th and 8th floors of the building and provided office supplies and teaching equipments, which effectively changed the office environment, improved the work efficiency and offered a better living and learning environment for the workers and trainees. Secondly, attached utmost attentions to the construction of the second-stage project and completed the repair and renovation of teaching area. During the construction of the project, we always stuck to the principle of "publicity, fairness and cleanness" and strictly controlled the quality of the project in light of the long-term benefit. In case of major items of the project, stuck to submitting to the work conference for a discussion, made decisions through collective deliberations and improved the transparency. In respect of the construction of clean and honest government, defined a system of five musts and five prohibitions and carried out a public bidding covering from design and construction to construction supervision so as to put the entire project under the strict supervision and management of the leaders, the people and the system.

Reviewing this year, the achievements that we made cannot do without the correct leadership of the Party Team, without the vigorous support of various departments and bureaus as well as relevant other departments, without the strenuous work of our officials and workers. From now on, we will work with more efforts and report to the Party Team with first-rate achievements.

(BY Wang Jingjing)

China Tobacco Association

1. Strengthened Organizational Construction, and provided Technicians with Better Services

(1) Completed the self-inspection, check, and registration and submission of the branches of the Association.

In order to strengthen the management of branches, the Ministry of Civil Affairs issued *Registration Procedures of Branches and Representative Agencies of Social Organizations* last year, and the China Science and Technology Association issued *Notice on earnestly Carrying out the Check and Registration of Branches and Representatives of National Societies*. The Association attached utmost importance to this work, organized various special committees to carry out self-inspection, check and registration according to the requirement of the document, and completed the self-inspection and recheck of the branches in due time according to the requirement of the Ministry of Civil Affairs, and passed the check of the China Science and Technology Association and submitted to the Ministry of Civil Affairs for approval; canceled the financial accounts of the special committees that have already opened financial accounts in the bank, took back the financial seal and rectified the current finance; specified the business scope and activity area of branches.

(2) Completed the re-registration of the Association members.

The Association has absorbed totally 142 group members after founded, of which the Cigarette Material Committee developed 100 (under the management of the Cigarette Material Committee) on behalf of the Association. According to the recent requirement of the Ministry of Civil Affairs, the special committees shall not develop group member independently. In consideration of the above situation, the Association re-registered the current group members of China Tobacco Association and absorbed the 100 group members developed by the Cigarette Material Committee on behalf of the Association within its unified management. After reconfirming, 140 group members were re-registered except that merely the Economy and Technology College of China University of Science and Technology and Changchun Cigarette Factory failed the reconfirming.

(3) Actively Developed individual and group members.
According to the spirits of the 2nd Session of the 6th Congress of the China Science and Technology Association and the 2nd Session of the 4th Executive Council of China Tobacco Association, we further promoted and established "Home to Scientific and Technical workers", and this year, the Association strengthened the development of members, developed totally 900 individual members this year. By now, the Association is provided with totally 8,166 individual members and 60 group members, of whom the Association developed 40, and the Cigarette Material Committee developed 20.

(4) Held Various Training Courses in order to improve the level of technicians.
In order to carry out "Project of Millions upon Millions of Talents" of tobacco industry, improve the capability of tobacco technicians to participate in global tobacco technology cooperation and exchange and enable more technical personnel to participate in the research of the common subject of CORESTA with a higher English level, the Association with the Department of Science and Education held a English training course in the China University of Science and Technology with 19 trainees that are young technicians from the tobacco research institutes and academies as well as industrial enterprises from March to July of this year. They passed the comprehensive training examination of Chinese and foreign language experts of China University of Science and Technology and reached and even exceed in some courses the English level of doctors on the whole.

In order to improve the business level of periodical editors, the Association held a training course for periodical editors in Beijing on May 16-18, on which the fellows from Beijing Huatong Consultatory Co., Ltd., Beijing Zhongqilian Management Consultatory Co., Ltd. and China Tobacco Online taught relevant knowledge such as the operation of online periodicals. The Packaging Group of the Industrial Committee held two artistic design training courses in Beijing this year, invited the professors of the Art College of Tsinghua University to give a lecture and largely improved the business level of artistic designers of industrial enterprises, which were widely welcomed by the trainees.

(5) According to the requirement of the China Science and Technology Association, we carried out the work of establishing talent archives of "academic leaders and scientific and business backbone", issued documents, collected relevant data, and convenedan expert appraisal conference in Tianshui Gansu in the middle ten days of November with the Department of Personnel and Labor and the Department of Science and Education and preliminarily determined the list of talent archives after strict selection.

(6) Printed and issued the decision of learning from the fellow Wei Jianyu, proposed to the Party Team of the State Administration to adopt as a model practicing "Three Represents" and carry out learning activities within the industry. The

Party Team of the State Administration adopted this proposal, issued relevant documents, called on the personnel of the entire industry to learn from Wei Jianyu and conveneda conference in Liuzhou Guangxi, on which Director Zhang Baozhen attended and released an important speech.

2. Sped up the Construction of China Tobacco Museum

Various units and enterprises of tobacco industry nationwide financed the construction of China Tobacco Museum. This project featured heavy task, short time and great responsibility in need of a large quantity of investment. In this year, on the basis of the work in the past year, we chiefly conducted the followings: firstly, completed the public bidding for the construction of the museum, convenedan opening ceremony on April 29, and Director Ni Yijin, Deputy Director Pan Bixing, and the leaders of Shanghai Municipal Party Committee and Government and the leaders and representatives of the Tobacco Monopoly Administrations (Corporations) of various provinces (municipalities) and regions nationwide attended the ground breaking ceremony, and at present, the civil work goes smoothly, and the main body of the museum is estimated to be roof-sealed in March 2003 and will try to be completed for exhibition in October; secondly, completed the specification of exhibition design scheme of the museum after two public biddings; thirdly, completed the workout of exhibition outline of the museum and submitted to the work conference of the State Administration for approval, and currently we are conducting exhibition designs according to the requirement of the exhibition outline; fourthly, conducted the collection of cultural relics in combination of overall collection and key collection within the whole industry, and by now, totally 24 provinces (municipalities) and regions have sent their cultural relics to Shanghai, and the Association of most provinces such as Yunnan, Sichuan and Heilongjiang attached utmost importance to the collection of cultural relics and collected a large quantity of valuable cultural relics. In order to guarantee the quality of collection, we established an expert committee with Advisor Jin Maoxian as the director, which is exclusively responsible for the authentication of collected cultural relics. Purchased a batch of tobacco cultural relics such as valuable cigarette marks and smoking sets from civilian collectors; fifthly, through joint efforts with the Department of Personnel and Labor of the State Administration, applied to the Central Editing Office for approval and issued the name and establishment of China Tobacco Museum. The full name of the museum is "Shanghai China Tobacco Museum", an institution at deputy department level; sixthly, temporarily transferred some fellows from the provincial (municipal) companies such as Henan, Hunan, Yunnan and Shanghai to work in the tobacco museum, enriched and strengthened the strength of Museum Preparatory Division, and improved various rules of the Preparatory Division so as to guarantee the smooth carryout of the preparatory work of the museum. The Party Team of the State Administration attached great importance to the construction of the museum, and Director Jiang Chengkang visited the museum on September 25 and release important instructions on the construction of the museum. Furthermore, Deputy Director Pan Bixing himself was deeply concerned about the museum, visited the museum five times and helped to solve the difficulties and problems arising out of the construction of the museum in time.

3. Complied the China Tobacco Annals

This year is the third year after the compilation of annuals initiated. According to the target and requirement specified by the State Administration, the main work of this year was to compile chronicles and write annuals. The task of chronicle compilation was very heavy, and we needed to straighten out, verify and select from the literature of hundreds of million words and draw up a chronicle of about 9 million words. In this year, the personnel of the Annals Compilation Office went all out to carry out this work and have already made decisive progress. At present, except several chapters (such as material and cigarette circulation) in need of a rush finally, the bulk was completed on the whole. The compilation of annuals according to the chronicle started in September of this year and went along with the compilation of chronicles alternatively, which had a scale of about 2 million words with half finished. At present, all the personnel of the Annals Compilation Office are losing no time to catch up with the scheduled progress and the time limit and would try out deliver the annuals for proofing after the Spring Festival.

According to the progress and demand of annuals compilation, the Annals Compilation Office also organized personnel to conduct leak finding and vacancy supplying, systematically referred to and copied the literature within the system especially the archives that the State Administration stored up and also found some rare literature from the libraries and archives outside the system. In order to get the tobacco literature of Hong Kong, Macao and Taiwan, the Annals Compilation Office sent out some persons to Hong Kong and Macao to search and also planned to send a team to Taiwan to look up relevant tobacco literature so as to make annuals more inclusive. Additionally, the Annals Compilation Office cooperated with China Second Historical Archive, provided a fund of RMB749, 000 to copy over 520,000 pictures of cigarette trademark archives of the Republic of China in the history with totally 197 pieces of CD and offered to various provincial (municipal) companies free of charge for use.

4. Carry out In-depth Science Popularizing and Academic Exchanges

From this year, the Science Popularizing Preparatory Committee worked hard and compiled *Popular Science Readings Series*; continued to compile *China Tobacco Popular Science Readings* with the Department of Science and Education and released to the whole industry; held the National Large-scale Museum Pieces Tour Exhibition with the theme of receiving the 16th National Congress of CPC and “following the Party forever” on the eve of “July 1” with China Collectors Association, China History Museum as well as other units; in order to promote the issue of “smoking and health”, we strengthened the contact with China Smoking and Health Association. At the beginning of this year, we invited the leaders of China Smoking and Health Association to visit Beijing Cigarette Factory and attend the symposium, and briefed them the achievements and the work in the fields of improving technical content and reducing cigarette harm that we have conducted, and increased the mutual understanding.

This year, the academic activities at home featured the high enthusiasm of technical workers for writing articles, more articles submitted, and more leading officials enrolled and obvious quality improvement of articles. When participating in the academic exchanges within the industry, we also actively took part in various academic activities outside the industry in the same time. This year, we attended Annual Academic Meeting 2002 of China Science and Technology Association in Chengdu in September.

5. Actively Participated in International Academic Exchanges

Carrying out international academic exchanges is one of key tasks of the Association, and it plays an essential role to promote the technical progress of tobacco industry of our country. This year, we further strengthened the contact with CORESTA, attended the meetings of the Executive Council of CORESTA in January and June in Austria and Italy respectively; CORESTA

Conference 2002 in New Orleans, America on September 22-27 and the 56th Tobacco Science Research Conference in America in October. In order to attend these two conferences smoothly, we earnestly organized the collection and appraisal of articles at home and the submission abroad, and totally 15 of these articles that we submitted passed the appraisal of these two conferences according to the appraisal of relevant foreign institutions. In order to improve the English level of the article writers, we held an English examination for these persons in August in Dalian so as to further improve their listening and speaking ability. This year, we organized young scientific workers to apply for scholarships, and after the appraisal, two Chinese scientific workers under 30 have been awarded the scholarship of CORESTA Conference 2002 (totally four in the world), who are Li Peng of Zhengzhou Academy and Peng Lijuan of Yunnan Academy. Additionally, in order to strengthen the exchange with foreign tobacco scientific workers, we selected eight young backbone technicians with strong business capability and high foreign language level through business assessment and foreign language training to participate in the research of four common subjects of CORESTA, of whom four persons attended the CORESTA Conference this year and exchanged with foreign scholars on the common research. We hope to foster our own academic leaders of various disciplines through sending young scholars to participate in the scientific research of various groups of CORESTA.

6. Set up the Awareness of Top-grade Product, and operated *China Tobacco Paper* in a Better Way

China Tobacco Paper is the only national academic periodical of tobacco industry, and the publishing of *China Tobacco Paper* is one of key tasks of China Tobacco Association. According to the requirement i.e. "Implementing top-grade project, and constructing periodical phalanx" put forward by the Periodical Editing Work Committee, went all out to expand the article source and circulation on the basis of sticking to the quality of the periodical and sticking to the academic depth and coverage; explored the methods of advertisement issuance, and completed the examination and approval of advertisement issuance; the tobacco association established China Tobacco Association Website and organized the online issuance of periodicals and articles of the tobacco societies of various provinces; organized the periodicals of the societies of various provinces to participate in the National Tobacco Technical Renovation Achievements Exhibition; convenedan Excellent Periodical Assessment Conference in the middle ten days of October in Dandong Liaoning, and selected 13 excellent periodicals, of which two periodicals won the 1st Prize, and four the 2nd Prize and seven the 3rd Prize.

7. Other Work

(1) In September of this year, we received the visit of Chairman and Director-general of the International Association of Tobacco Growers in China, and reached the intent of joining in the International Association of Tobacco Growers as an informal member under the approval of the leaders of the State Administration.

(2) Actively participated in the juvenile public welfare activity under the auspice of the State Tobacco Monopoly Administration, Song Chingling Foundation, the National Children's Work Coordination Committee and China Smoking and Health Association with the assistance of British and American Tobacco Branches in China i.e. "Our Choice—Sunflower Cup Series of Public Welfare Activities" with an aim to publicize Tobacco Monopoly Law, dissuade juvenile adults from smoking, prohibit primary and middle school students from smoking and help juvenile adults carry out public welfare activities beneficial to physical and mental health.

(3) Completed the writing, check and submission of the tobacco subject part of *Blue Book on Subject Development 2002* of the China Science and Technology Association.

(4) Drafted out *Reform Scheme of the China Tobacco Association*, and submitted to the Standing Executive Council for deliberation with stresses upon: to strengthen the awareness of market, service and democracy, introduce new personnel mechanism, reform operation system, strengthen capability construction, boost the socialization, grassroots orientation, globalization, specialization and top-grade buildup and informatization of the work of the Association, promote the China Tobacco Association to become a modern technical group meeting the requirement of tobacco industry and tobacco technical work in compliance with the socialist market economy system and the operational rules of technical groups being filled with vitality and energy.

(5) Maximized the role of senior leaders and experts. Guan Zhenglin, Honorary Director-general of the Association and Advisors Zhu Zunquan, Jin Maoxian and Yuan Xingsi participated in the public bidding and tender discussion of the museum, the authentication of cultural relics and the assessment of technical talent archive by themselves; Advisor Fang Yucheng surveyed the cigarette area despite the illness, and participated in and lead the work of the Periodical Editing Committee; Advisors Zhu Zunquan and Jin Maoxian accompanied Doctor Zuo Tianjue to survey the tobacco development of six provinces, provided positive proposals for the decision making of the leaders of the Party Team of the State Administration, and exerted the role of senior leaders and experts and also promoted the work of the Association.

(6) Actively participated in the work of the Countermeasure Research Group of *Framework Pact on Tobacco Control* of the State Administration.

(By Lu Chunlin)

Retired Cadres Affairs

Under the leadership and concern of the Part Team of the State Administration, the Retired Officials Office stuck to the guideline of Deng Xiaoping Theory and "Three Represents", earnestly carried out the spirits of the 16th National Congress of CPC, the National Retired Officials Director Conference and the National Tobacco Work Conference, faithfully summed up the Retired Cadres Affairs of tobacco system in 2002, exchanged the experiences, researched the arrangement, analyzed the current situation that the Retired Cadres Affairs of tobacco industry confronted with, specified the work priorities in the future, and advanced with the time went all out to create a brand-new situation for the work of the retired officials of the whole industry.

1. Earnestly implemented the Political Treatment of Retired Officials

This year, the State Administration held a symposium of the representatives of retired officials within the management of the Party Team of the State Administration that retried from the former leading groups of the Provincial Administrations, on which Deputy Director Zhang Baozhen, Member of the Party Team of the State Administration briefed the retired officials on the production and operation of the whole industry on behalf of the Party Team. Faithfully debriefed the suggestions and opinions on the problems existing in tobacco industry as well as the production, operation, the Party conduct, clean and honest government and officials of the industry that the representatives of retired officials put forward on the symposium, and with regard to these suggestions and opinions of the retired officials, the leaders of the Party Team of the State Administration required five relevant departments and administrations and directly affiliated companies to "reply and implement one by one" before December. In this year, various Provincial Administrations stuck to caring about retired officials politically and deeply realized that the ideological and political Retired Cadres Affairs was necessary for the governance of the Party and the state and also necessary for maintaining the stability and promoting the in-depth reform and opening-up in the new century. Various units of the tobacco system stuck to guaranteeing the theoretical learning of retired officials with a system, and stuck to, regularized and carried out various systems on political treatment of retired officials and attached importance to document delivery, information notification, situation education, visits and regards extending and etc. We stuck to the system of monthly-learning day, held various reading courses and symposia, and sent down the spirits of importance conferences and documents and the important speech of the leaders of the Party to retired officials, and organized retired officials to learn earnestly and unified their ideology under the lines, guidelines and policies of the Party.

This year, the State Administration organized some retired officials of the organ of the Administration to attend the 11th and 12th Retired Officials Symposium of the organ organized by the Party Team of the Administration on January 10 and July 12 respectively, which each member of the Party Team of the State Administration and the leaders of various departments attended with about over 30 attendees and earnestly debriefed the opinions of retired officials on the work of tobacco and retired officials.

The Retired Officials Office of the State Administration continued to organize the retired officials of secondary departments and enterprises of the organ of the State Administration to watch Internal Reference Video edited and published by Xinhua Agency for two hours each time in the morning of the 28th of each month and played totally 24 videotapes all the year with an audience reaching 328 persons (/times). Exchanged 562 confidential documents, released 611 copies of learning materials of different categories, 3,800 copies of newspapers and journals and subscribed newspapers and journals for various activity centers. Organized local retired officials for visit, survey, learning and travel with regular plan and arrangement for each month. This year, organized the retired officials of the organ to take part in the Peachblossom Festival of Pinggu District of Beijing Municipality. Organized 12 retired officials to take part in the "Tiancheng Cup" Fishing Match organized by the Ministry of Personnel. Organized over 70 retired officials to take part in the Technical Renovation Achievements Exhibition on the occasion of the 20th Anniversary of the China Tobacco Corporation convenedby the State Administration. Organized all retired officials to take part in Beijing International Technical Industry Expo. Organized all retired officials to visit "the 1st City under the Sun" in Xianghe County, Hebei within two days on the occasion of the Double Ninth Festival, and accordingly enriched the spiritual and cultural life of retired official.

2. Earnestly implemented the Living Treatment of Retired Official, and guaranteed the "Pension and Medical Charge" of Retired Officials

Various units of the tobacco system carried out

the No. 61 Document of the General Office of CCCPC to the letter in respect of the living treatment of retired official, and all tobacco units nationwide improved the pension of the retired on the basis of taking into account the overall economic development level, paying ability of the enterprise and the income of retired officials in an all-around way. Adequately guaranteed the medical charge of retired officials. Fully materialized the consideration and concern of the Party Teams at various levels and leading officials for the life of retired officials, and carried out the ideology that the elderly would be looked after properly with appropriate medical treatment. This year, the Retired Officials Office of the State Administration carried out an in-depth survey and provided living allowances for the only 10 veterans of Red Army in the tobacco system, which fully incarnated the concern of the Party Team of the State Administration for retired officials. At present, the entire industry dissolved the worries of retired officials at different extent according to the actual situation of different enterprises. In general, the carryout of the pension and medical charge of retired officials has done a good job.

On the eve of the Spring Festival, organized and held the Spring Festival Tea Party (New Year Wish Party) of all retired officials of the organ, on which the leaders of the State Administration and representatives of various departments paid a New Year call and extended their regard to retired officials collectively. On the occasion of the Double Ninth Festival, organized retired former directors and managers to participate in the Double Ninth Festival Symposium held by the Party Team of the State Administration, on which members of the new leading group of the State Administration talked with senior leaders warmly and had a lunch together. This year, extended regards to totally 20 retired officials hospitalized, visited retired officials 180 person (/times). Sent floral basket and birthday cake to four retired officials on the occasion of their 70th or 80th birthday. Conducted funeral arrangements for three retired officials, and won the unanimous praise of their relatives. This year, we invited the former Director of the Geratology Research Institute of 301 Hospital, Deputy Director and Member of the Blood Association of Chinese Medical Association and Professor Qi Boli, health care expert to present lectures on health care for retired officials.

3. Further strengthened the Construction of the Party Branch of Retired Officials

According to *Opinions on Strengthening the Construction of the Party branch of Retired Officials* of the Department of Organization under CCCPC, various units of the tobacco system further strengthened the construction of the Party branch of retired officials. From the angle of facilitating the work of the Party branch, we divided the Party branches reasonably, selected politically qualified retired officials with honest work style, high prestige among the people and preparedness for devotion to act as the Branch Secretary and members of the Party Branch Committee under the organization principles, and also organized the Secretary and members of the Party Branch Committee of retired officials for visit, learning and training in adoption of many measures so as to improve their awareness and exert their advancedness. We organized retired the Party members though the Party branch so that retired the Party members could maintain "political steadiness, ideological renewal and everlasting ideal". Many ideological problems of retired officials were dissolved and solved through the work of the Party branch so as to strengthen the cohesion strength and combat capability of the Party branch. The Retired Officials Office of the State Administration currently have five Party branches of retired officials, which have already perfected the organization, regularized the system, and guaranteed the Party members among retired officials can take part in various Party activities and strengthened the organization basis in order to carry out the political treatment of retired officials and tighten up the political work.

4. Actively improved Retired Officials Activity Center, and strengthened the Construction of Battlefield

Diversified cultural and sports activities are the spirit demand of retired officials for their sentiment edification and longevity and also an important tool to strengthen the political Retired Cadres Affairs. In order to further enrich the cultural and spiritual life of retired officials, various units of the tobacco system continuously strengthened the investment, new building, enlargement and rebuilding of the Retired Officials Activity Center, and at present, the tobacco system has already built up 972 activity centers nationwide. According to the statistics, most activity centers established chorus, painting and calligraphy association, photography association, dance team, goal team, fishing association, and shadowboxing and sword wielding team as well other cultural and sports groups, through the participation of which retired officials maintained healthy, initiative and optimistic spiritual status. In order to facilitate retired officials to learn and take part in activities nearby, the State Administration established seven activity centers successively. This year, the State Administration invested nearly RMB400,000 and newly built up one activity centers in order to improve the activity stage of retired officials. In order to improve the facilities and the follow-up project of activity stations, we cooperated with the Service Bureau to decorate the activity center of Fangzhuang District, reinforced the door and windows of the activity center of Hengchang and provided adequate air conditioners, billiard desks, TV sets, video equipments, ping pong desks, gymnastic equipments, office desks and chairs, and chessboards as well as other recreation facilities for seven activity centers successively. This year, we rectified the work style and discipline implementation for the managerial staff of seven activity centers, signed assets management and safety responsibility guarantees, and improved the service quality of the managerial staff and won the praise of retired officials.

5. Strengthened the Construction of Departments, and improved Policy and Business Level

The tobacco system nationwide currently has over 700 working personnel undertaking the Retired Cadres Affairs, and many units are prepared for strenuous work and ready for devotion, and undertook heavy and strenuous task earnestly despite inadequate working personnel, conducted “visits in case of any illness and difficulty” and maximized their efforts to provide helps to retired officials, won the respect of leaders and fellows and also won the high praise of retired officials. The departments of the tobacco system nationwide in charge of the Retired Cadres Affairs always regarded the construction of their own as a key content of the Retired Cadres Affairs, and some units selected the fellows with abundant work experiences as well as strong organization and coordinating capabilities through public selection and competitive job allocation to take charge of the Retired Cadres Affairs and maintained a relatively stable working mechanism and team for retired officials. The State Administration held the Retired Officials Work Conference of the entire tobacco system in Beijing in July, and in the same time held training course on the policies, business and information network statistics of the Retired Official Division so as to guarantee the service quality of the Retired Cadres Affairs. Many fellows on the grassroots carried out an investigation and research widely through going deep into the practice, tried to explore and solve the new issues of the tobacco industry under the new situation, and conducted information feedback and attached utmost importance to the implementation and went all out to shape a new situation for the Retired Cadres Affairs

(Peng Qining)

Tobacco Economic Research

The Tobacco Economic Research Institute of the State Tobacco Monopoly Administration, founded in 1998 with an establishment of 20 persons currently has 11 officials (including nine masters, one undergraduate, and one with junior college education) and hired two others, and is mainly responsible for the research on economic theories, key industrial policies and development strategies of tobacco industry and has principally conducted the followings in 2002:

1. Convened the National Symposium on Tobacco Economic Research

On May 25-26, the Economic Research Institute of the State Administration convened the National Symposium on Tobacco Economic Research in Harbin, Heilongjiang Province, which Pan Bixing and Yang Chuande, Deputy Directory of the State Administration and Ma Shujie, Vice Governor of Heilongjiang Province attended, and Lu Zhongxin, Director of the Economic Research Institute presided. On the occasion, Deputy Director Pan Bixing released a speech of "carving out and innovating to expand the concept and field of the tobacco economic research", and Director Lu Zhongxin submitted a work report with the title of "seek for a channel to integrate Chinese tobacco industry in face of the challenges of access into WTO".

The conference invited Li Shishi, Deputy Director of the Legal System Office of the State Council, Hu Keming, Director of the Office of Legal System and the Department of Industrial and Commercial Affairs of the State Council and Peng Huagang, Deputy Director of the Policy Research Office of the State Economic and Trade Commission, who released special reports of "WTO Rules and Our Legal System Construction", "Legal Issues concerned with Tobacco Monopoly" and "Major Influence of Access into WTO upon Chinese Industrial and Commercial Fields as well as Countermeasures" respectively.

Totally 120 persons including the leaders in charge, office directors and research office directors of various Provincial Administrations (Corporations) nationwide, factory directors (or deputy factory directors) of 36 key industrial enterprises of tobacco industry and specially invited economic researchers took part in the conference and thought highly of the conference.

2. Compiled and published *Global Tobacco Economy*

With the formal access of China into WTO and the increasing globalization of domestic tobacco market, in order to provide Chinese tobacco industry with a fundamental literature so as to see into the development of the global tobacco economy and the overall trend in an all-around way, the Economic Research Institute of the State Administration cooperated with Kunming Cigarette Factory and China University of Science and Technology, divided the labor, cooperated mutually and compiled and published the book *Global Tobacco Economy* in April, which systematically analyzes and introduces the production and sale, consumption market structure and basic competition pattern of the tobacco in 142 countries and regions as well as management modes of the governments of various countries for tobacco industry. This book won a high praise after published.

3. Compiled *Abstract of Economic Research Report* and *Economic Research Reference*

Abstract and *Reference* are main channels to reflect the achievements of tobacco economic research and provide the leaders of the State Administration and various Provincial Administrations with decision-making reference and information consultation. In 2002, the Economic Research Institute compiled totally ten issues of *Abstract* and six issues of *Reference*, with the contents including: *Japanese Tobacco Reform and Development Modes as well as Experiences Research*, *Brief Analysis on Global Cigarette Tax Policies*, *Arousing the Awareness of Rules and Law—Priorities of Chinese Tobacco Industry in face of Opportunities and Challenges*, *Brief Analysis of Four Relationships of Tobacco Enterprise Efficiencies*, *Several Proposals on Price Policy of Tobacco Industry*, *Development Analysis of Cigarette Retail Network*, *Analysis on Price Flexibility of Cigarette Demand*, *Several Proposals for Chinese Tobacco Industry in face of WTO*, *Development Trend of American Cigarette Industry after <Reconciliation Agreement>*, *International Cigarette Control and the Influence of the Access into WTO upon Chinese Tobacco Industry and Countermeasure Research*, *Brief Analysis of American E-commerce* and *Proposals on Improving the Assessment Procedures of the Operation Quality and Efficiency of Tobacco Economy*. These research reports won the high praise of relevant leaders, relevant departments and the chiefs of some Provincial Administrations (Corporations).

4. Completed the Investigation and Survey of Tobacco

According to *Notice of Carrying out the Investigation and Survey of March and April smoothly* of the Office of the State Tobacco Monopoly Administration, the Economic Research Institute of the State Administration set up an investigation and survey group to carry out a survey and inspection over the implementation of the spirits of the National Tobacco Work Conference by the tobacco system of Inner Mongolia. According to the interview and inspection, the investigation and survey group drew up a detailed investigation and survey report, which not only factually reflected the implementation of the spirits of the National Tobacco Work Conference by the Administration of Inner Mongolia but also conducted an in-depth analysis in combination of the actual situation of the tobacco industry of Inner Mongolia centering upon the management of sales investigators, combination with retailers as interest community, the influence of consumption tax reform upon the enterprises and current tobacco finance and tax system and multi-industrial operation.

5. Attended "the First Annual Meeting of China Finance Forum"

The First Annual Meeting of China Finance Forum, of which Jing Shuping, Vice President of National Committee of the Chinese People's Political Consultative Conference (CPPCC) acted as Chairman of the Organizing Committee convened in Yuxi, Yunnan in December. At the invitation of the Organizing Committee of the conference, Lu Zhongxin, Director of the Economic Research Institute of the State Administration attended this Annual Meeting and released a special speech of "China Tobacco after the Access Into WTO", which aroused the broad concern of the representatives of relevant departments of the State Council and some economists, and *Economic Reference*, *Yunnan Daily*, *Yuxi Daily*, and *China Macro-economy Information Network* as well as other media reported in full text or abstract.

6. Completed the Task of "Research on China Tobacco Finance and Tax Reform"

The task of "research on China tobacco finance

and tax reform" was presided over by the Economic Research Institute of the State Administration, the Department of Macro Research of the Development Research Center of the State Council and the Economic Research Center of the Central Party School of CPC jointly. Since the project was approved and initiated in the second half year of 2001, the task group has collected a large quantity of theoretical research achievements and actual data and literature, and conducted a profound and in-depth research. In December, the task group completed a research report of 100,000 words and submitted to the leaders and relevant departments of the State Administration.

7. Took Part in the Research of Four Key Subjects organized by the State Administration in a Unified Way

In the 4th quarter of this year, the State Administration organized and carried out the research of four key subjects i.e. "maintaining the stable development of the industry", "system reform", "rectification and standardization" and "labor and personnel system" in a unified way, of which the Economic Research Institute sent out its personnel to participate in three subjects and undertook the compilation of part of the special report. During the investigation and research of the subjects, participants willingly borne the burden of hard works and contributed their efforts to the smooth completion of the work.

8. Completed the Data Analysis of "Comparison of Cost and Other Indices of Chinese and Foreign Tobacco Enterprises" and "the Development of Marco Economy and the Growth of Tobacco Tax and Profit"

According to the requirement of the leaders of the State Administration, in the 4th quarter of this year, the Economic Research Institute completed "comparison of cost and other indices of Chinese and foreign tobacco enterprises", and conducted a systematic, detailed and complete data analysis on the scale, strength, assets structure, production cost, operation expense, tax burden and profit-making level with Philips Morris Corporation, British and American tobacco companies, Japanese tobacco companies, Empire Tobacco Corporation, and several backbone tobacco enterprises of China and the whole industry as comparison targets. Additionally, the Economic Research Institute carried out an estimation analysis on mutual relationships between GDP, urbanization, income of urban and suburban residents and industrial and commercial tax and interest of tobacco industry in adoption of a numerical economic model.

9. Took Part in "Follow-up Research on Chinese Industry Development"

This research was presided over by the Development Research Center of the State Council, of which the Economic Research Institute of the State Administration was responsible for the follow-up research of *Tobacco Industry*, completed the annual report of 2001 and the follow-up research report of the first three quarters of 2002 in due time, and summed up the economic operation trend and the existing major problems of tobacco industry in time and conducted early-warning analysis on the development trend of the industry.

10. Took Part in the Compilation of *Tobacco Economy and Tobacco Control*

The compilation of this book was organized by the State Development Planning Commission, and the book was jointly compiled by the State Economic and Trade Commission, the Ministry of Public Health, the Ministry of Foreign Affairs, the General Administration of Customs, the State Administration of Industry and Commerce and the State Tobacco Monopoly Administration with the aim of introducing the development history and the status quo of the global tobacco economy for the public in view of the influence of *Framework*

Pact on Tobacco Control put forward by WHO upon the global tobacco industry in order to clear up the irrational knowledge of people towards tobacco industry. Key chapters of this book i.e. *Global Tobacco Economy and Trade* and *Chinese Tobacco Economy and Management* were compiled by the Economic Research Institute of the State Administration with about 150,000 words.

11. Took Part in the Proofing, Edition and Publication of *Chinese Backbone—Tobacco Industry Volume*

Chinese Backbone is a promotion subject determined by Wu Bangguo, Vice Primer of the State Council with an inscription, publicizes the reform and development achievements of state-owned enterprises so as to spirit up innovations and advance with efforts with the state-owned large-scale enterprise as the target in adoption of large-scale reading series, newspaper specials, and TV subject and others. In order to enlarge the promotion level of tobacco industry and boost up the culture of tobacco enterprises, under the approval of the leaders of the State Administration, we regarded 36 key backbone industrial enterprises as compilation subjects of the large-scale series of the tobacco industry volume of *China Backbone*. The Office of *China Backbone* Editing and Direction Committee organized the activity in the concrete, and the Economic Research Institute of the State Administration undertook the proofing of the tobacco industry volume and the compilation of some articles.

(By Geng Xueji)

The Magazine of China Tobacco

1. Carried out Publicizing Reports under the Guideline of "Three Centers"

In this year, the Office designed meticulously, gathered materials and complied earnestly, and provided some large-sized influential reports and generated some echoes from numerous readers under the guideline of "focusing upon the center, publicizing the center and serving the center", attached great attention to the key column of "Focus", "Specil Subject" and "Preface Words" closely centering upon "Five Guarantees" put forward by the Party Team of the State Administration. When guaranteed the quality of key columns, went all out to do a good job for other columns in the same time.

After the 16th National Congress of CPC, the Office meticulously arranged the publicizing reports for the carryout of the spirits of the 16th National Congress of CPC according to the requirement of the Central Committee of CPC and the Party Team of the State Administration, prepared a specil subject in the 23rd issue and added a special column of "Learning and Carrying out the 16th National Congress of CPC" in the following periodicals. In 2002, published 24 issues of *China Tobacco* with about over 2 million words and four issues of *Sino-foreign Tobacco* all the year and smoothly played the role of mouthpiece, window and garden.

2. Stuck to Reform and Development, and Improved the Efficiency of the Office

In 2002, the Office made a material progress for reform. Firstly, in respect of the employment mechanism, continued to adopt a public recruitment from the society, replenished the long-time vacancies of various special posts in batches, and recruited over 30 professionals covering interview and edition, proofing, layout, publication and advertisement, and selected over 20 through tryout and selection, and enlarged the team of the office and enhanced the strength of the office. Secondly, in respect of the distribution system, carried out an assessment on the achievements of interview and edition personnel with work efficiency considered at first. Checked and evaluated the quantity and quality of edited articles completed each month and then released the wage so as to effectively guarantee the quantity and quality of articles. Thirdly, largely readjusted and improved the operation mechanism. The painting edition, typeset, final proofing and publication that undertook by professionals outside the Office in the past operate within the Office now so as to save expenses and time and also improve the quality of the work; we set up the Department of Important News, strengthened the designing of special columns and improved the quality and timeliness of articles; invited professional commentators outside the Office to read each periodical and give a score accordingly so as to provide a reference for quality evaluation and also promote the improvement of the quality.

3. Strengthened the Market Awareness, and expanded the Concept of the Office

In 2001, the Office obtained the competence of "institutional legal person" and acquired the license for advertisement Businesses, which consequently laid down a basis for the Office to run in adoption of the mode of news publication unit. The team of the Office was enlarged with more funds accordingly, and the periodical improved both the economic benefit and the social benefit in the same time. The Office further strengthened the market awareness and improved service and competition awareness. In 2002, it cooperated with some tobacco enterprises to issue the periodical for the first time and with enterprises outside the industry to co-hold "Zhongda Cup" articles solicitation sub-column for the first time, and held articles solicitation prize awarding activities and business training jointly. At the same time, carry out advertisement businesses outside the industry so as to enlarge the service scope with economic efficiency obviously improved.

To improve the periodical for amusement and advertisement, in 2002, *China Tobacco* changed from the two-color printing in the past to the current all-color with its inner pages increased from 48 pages to 64 from the 13th issue, redesigned the layout of inner articles and the covers and actualized revision and enlargement successfully. The improvement of the periodical from inner articles to format and quality won the high praise of readers with the circulation steadily increased at a growth rate of 20% for successive three years. It actualized a double improvement of social and economic benefits.

On September 16-18, the Office convened *China Tobacco* Communications and Liaison Issuance Work Conference in Chengdu, summed up the publication and issuance within this year, and encouraged and rewarded advanced collectives and individuals.

In 2002, the Office of *China Tobacco* always stuck to the tenet of maintaining a correct orientation, serving the tobacco industry, exploring the strategy for reform and approaching the life of the workers, and smoothly completed the publicizing and report task of the institutional periodical.

(By Jiao Subin)

CHINA TOBACCO

ALMANAC Photograph

PROVINCIAL TOBACCO

Beijing Tobacco

2002 is a year when three major projects of Beijing Tobacco (network construction project, monopoly administration project and brand fostering project) initiated in an all-around way with a sustained and rapid growth of economic benefit of the industry. Actualized an industrial and commercial tax and interest of RMB1.34 billion with a growth rate of 26.5% (calculated upon comparable terms), including profits of RMB601 million with a growth rate of 40.9% (calculated upon comparable terms) all the year. Technical progress, structural readjustment and network marketing accounted for over 70% of the growth of economic benefit of the industry and laid down a stable basis for the sustainable development of the industry. Uncovered 2,557 various illegal cases, including 185 key criminal cases; uncovered 2.655 million pieces of various illegal cigarettes with a growth rate of 6% (calculated upon comparable terms); arrested 38 criminal suspects, of which 15 were tracked down; sent out 98,000 person/times in order to strengthen domicile-based administration with a management target hitting rate of 92.8% all the year.

Stuck to rectification and standardization, and further optimized the economic order the market. Firstly, improved the cigarette market cleanness rate continuously through the combination of fake cigarettes crackdown and domicile-based administration as well as the intensification of the crackdown and service management; improved the administration by law continuously with a case handling accuracy reaching 100% in adoption of various measures such as attaching utmost importance to standardizing law enforcement qualifications, establishing and improving a collective discussion system of key criminal cases and standardizing the management of confiscated articles and sample cigarettes, and actualized "the second three-year-period standardizing objective" of the Monopoly Administration on the whole. Secondly, strengthened the rectification of internal stubborn problems, supervision and inspection in adoption of the lowest price limit of cigarettes in three batches across the municipality, improved the limited sale method, and carried out the navicert management within the community, tightened up the structural readjustment of goods supply, and accordingly promoted the internal regulatory operation and further improved the circulation order of cigarettes. Thirdly, began to exert the core role of financial management through the special rectification of financial orders and the establishment of budget management system. Carried out *Production Safety Law* allsidedly, conducted safety educations and trainings of various forms, earnestly explored the safety management rules and strengthened the inspection and rectification of hidden safety problems so as to prevent the occurrence of various major accidents and actualize the "502" safety object effectively. Fourthly, strengthened the material purchase and investment project management in adoption of a system of quality/price-comparison purchase and bidding, and consequently conducted the management of material purchase and investment project successfully and further strengthened the basis of industrial management.

Stuck to network construction, and further optimized the sales mode and environment of cigarettes. Firstly, according to the deployment of the State Administration on the coordinated network construction of ten cities, established a network construction mode "overall sales investigation, centralized distribution, unified layout and two-level business accounting", and largely boosted up the renovation of four major business processes i.e. sales investigation, distribution, checking and settlement in combination of the actual situation of Beijing Tobacco. Laid out the logistics distribution system in an all-around way, and three major distribution centers i.e. Chaoyang, Fengtai and Haidian have already put into pilot operation or been under preparation and created a basis for trans-regional distribution; the distribution centers of ten districts and counties far away from the downtown all established. The chain retail developed continuously with 111 franchised stores for cigarette retail across the municipality covering the market of key regions on the whole. Secondly, the informatization construction made a breakthrough, and the municipal wide area network (WAN) platform initiated for operation, and the telephone ordering developed steadily with 7,566 users, and in particular, the corporation of Shunyi District actualized the ordering through telephone for all retail users under its jurisdiction so as to reduce the cost accordingly. Thirdly, further perfected the network management system, and improved the encouragement and regulating mechanism, actively promoted the "unifying ten with one" work of network construction, and continuously strengthened the network management and promoted the image of the industry.

Stuck to technical progress, and continuously strengthened the brand fostering and new products development. Firstly, expanded and intensified the brand of Zhongnanhai focusing upon the concept of "renovating the life by technology". Marketing renovations boosted up the expansion of the market. Sold 124,200 cartons of Zhongnanhai cigarettes with a growth rate of 24% (calculated upon comparable terms). In Beijing market, Zhongnanhai has enjoyed 12.8% of the total sales volume and already become the first cigarette brand in the market of the capital Beijing. In other market especially Guangdong, Shanghai and North East China as well as other key markets, the sales volume of Zhongnanhai largely increased. In overseas market such as Japan, it maintained a growth of sales volume and the advantages of No. 1 in overseas market; successfully entered into South Korean and Canadian markets. The renovation of products improved the competitive power of the brand. To meet the demands of different consumers, it completed the development and launch of 12mg Zhongnanhai cigarettes; soft-package Red Zhongnanhai featured a favorable trend after launched into the market; The development of 1mg and domestic 3mg Zhongnanhai initiated, and the family of Zhongnanhai enlarged continuously. Secondly, technical renovation promoted the improvement of quality. The technical renovation projects of "Ninth Five-Year-Plan" finished by and large, and the production line of carbon dioxide expansion tobacco cuts has already been put into pilot operation. The project of coal-to-gas renovation finished completely and passed the acceptance inspection. The overall technical renovation layout of "Ten Five-Year-Plan" has already been approved and will be initiated in a short time. The scientific research project in adoption of nanotechnology for the reduction of harmful contents in the cigarette fume made a breakthrough. Technical renovation not only improved the technical content but also improved the inherent quality of products. The composite monthly score of products all the year reached the level of famous and top-quality cigarettes with stable Zhongnanhai quality, a qualification rate of finished cigarette products and a sample-inspection qualification rate reaching 99.73% and 100% respectively.

Stuck to reform and renovation, and further strengthened the construction of the system and the mechanism of the Industry. Firstly, the reform of commercial system made a key breakthrough. Terminated the pooling of cigarette wholesale with eight sugar, cigarette and wine companies at district level such as Huairou, solved the historical problem of cigarette wholesale system and tightened up the mechanism of tobacco monopoly administration. The reform of personnel, labor and distribution systems made obvious progresses. Secondly, carried out *Regulations on the Selection and Appointment of Leading Officials of the Party and Governments*, and strengthened the system of public selection and competitive appointment, and accordingly improved the structure of grassroots leading groups and enhanced the vitality of official team. Improved the structure of human resources of the industry through the introduction and cultivation of talents, and persistent assessment of professional skills and appraisal of special professions. Strengthened the dynamic management of labor contracts focusing upon the employees, and consequently increased the awareness of lawful employment through the perfection of labor system. Established an additional endowment insurance system for the workers of the industry, readjusted and rectified the efficiency and wage and accordingly improved the distribution and labor guarantee system. Obviously improved the service quality through the reform of institutional administrative and rear service system.

Stuck to people foremost, and further strengthened the construction of leading groups, official team and spiritual civilization. Firstly, earnestly learned the spirits of the 16th National Congress of CPC, stuck to practicing "Three Represents" and established the theoretical accomplishment and political concept of advancing with the time in adoption of the enlarged meeting of the core of the Party Team, and centralized training of chiefs of grassroots units and institutional departments and other forms. Further unified the understanding of "Three Major Projects" in the discussion of the 7th mind emancipation and concept renewal of the whole system under the subject of "unifying the ideology in the mind emancipation, and unifying the actions in the mind unification". Secondly, further strengthened the construction of leading groups at various levels focusing upon work style, attached importance to preventing and controlling corruptions from the source, and effectively promoted the healthy development of economic work especially through tightening up standardizing the supervision and inspection over the internal operation. Thirdly, strengthened the construction of spiritual civilization focusing upon professional ethics utilizing the opportunity of carrying out *Implementation Outlines on the Construction of the Ethics of Citizens.* The work of education and training made positive progress. Conducted the public selection activities of "Top Ten Sales Investigators, Inspector and Distributor", and fully activated the enthusiasm, initiative and creativeness of the workers of Beijing Tobacco.

(By Zhu Yongcai)

Tianjin Tobacco

2002 is a year with an important significance for both our Party and country in the history and also a prominent and flashing year for Tianjin Tobacco. In this year, Tobacco Monopoly Administration (Corporation) of Tianjin Municipality under the correct leadership and vigorous support of the State Tobacco Monopoly Administration, Tianjin Municipal Party Committee and Government earnestly carried out the spirits of the National Tobacco Work Conference under the guideline of "Three Represents", and advanced with great efforts and originality according to the guideline of "attaching utmost importance to the basis and making progress steadily" put forward by the State Administration for the industry and the work priority of "standardization, reform and renovation". Closely focusing upon the efficiency with a theme of development, a priority of structural readjustment, and an impetus of in-depth reform and technical progress and a stress upon the cigarette quality, defined and launched a series of key reform measures successively, implemented three major projects i.e. "market clearing, network construction at higher level and the cultivation of famous and top-quality cigarettes", and attached utmost importance to the basis, to the standardization and to the implementation and made big achievements for various tasks.

Strengthened market regulation and control with a higher cigarette production output and sales volume, better structure, obvious quality improvement of economic operation and large increase of economic efficiency, and maintained the stable and healthy development trend of the industry and made outstanding achievements. In 2002, produced 220,000 cartons of cigarette with a growth rate of 37.5% (calculated upon comparable terms), sold 306,100 cartons of cigarettes with a growth rate of 5.53% (calculated upon comparable terms). The industry actualized a tax and interest of RMB550, 000 (including adjustment quota factor) with a growth rate of 105.12% (calculated upon comparable terms), including a profit of RMB132 million with a growth of 2.4 times (calculated upon comparable terms). The industrial branch actualized a tax and interest of RMB360 million with a growth rate of 115.8% (calculated upon comparable terms); the commercial branch actualized a tax and interest of RMB165 million with a growth rate of 62.72% (calculated upon comparable terms), including a profit of RMB120 million with a growth rate of 71.67% (calculated upon comparable terms). At the end of the year, the industrial and commercial storage was 21,000 cartons with a reduction of 2.57% (calculated upon comparable terms).

Continuously rectified and standardized the economic order of cigarette market in depth, and further strengthened the market clearing with higher market cleanness rate and stronger market control capability. In 2002, tobacco monopoly administration departments at various levels across the municipality earnestly carried out the spirits of the National Tobacco Monopoly Administration Videoconference and the National Fake Cigarette Crackdown Videoconference, implemented the task of market clearing project defined by the Party Committee of the Municipal Administration closely centering upon the "three-year-period objective" of the State Administration, and conducted the activities of "Year of Fake Cigarette Crackdown" in depth and actualized historical breakthrough for the work of fake cigarette crackdown; maximized the efforts to push forward the market clearing project, and further improved the market control capability; strengthened internal monopoly administration, and further standardized monopoly law enforcement, production and operation; strengthened the training, rectified the work style and disciplines and improved the overall accomplishment of the monopoly law-enforcement personnel. In this year, the monopoly administration made outstanding achievements in many aspects such as standardizing the economic order of the market and guaranteeing the healthy, stable and rapid development of the economic operation of the industry. Sent out law enforcement personnel nearly 170 person/times, uncovered and prosecuted 8,100 various illegal cases, uncovered 6.1 million packages of various illegal cigarettes with a total involved value of over RMB16 million. In particular, fake cigarette crackdown made outstanding achievements. In 2002, the Municipality Administration of Tianjin carried out the activity of "reward offer of RMB 1 million for fake cigarette crackdown", and initiated the crackdown with Jinye Operation, in which various administrations of the districts and counties inspected retailers one by one under the jurisdiction and closely monitored major cigarette regraters, and the General Checking Detachment of the Municipal Administration also tightened up the inspection for the vehicles passing through 45 traffic crossings and uncovered key criminal cases successively, and Jinye Operation uncovered and confiscated 127,430 packages fake cigarettes with a total involved value of up to RMB330,000. In 2002, the Second Group of the General Checking Detachment uncovered the first case of making fake cigarettes with tobacco machine in the history of tobacco industry in Tianjin at one sweep after nearly ten months of strenuous monitoring. Later, the General Checking Detachment uncovered another four major fake cigarette making cases in May, August, October and November successively, and confiscated three tobacco machines for fake cigarette making, 100,000 packages of fake cigarettes and a large quantity of raw and auxiliary materials for fake cigarette making with a total involved value of up to RMB3.6 million. In the same time, it also strengthened the track-down of the criminal acts of fake cigarette making and selling, arrested 25 criminal suspect all the year, of which 6 were sentenced, 6 for rehabilitation through labor, and another 13 under investigation, and additionally held 26 in custody, and harshly punished the fake cigarette makers and effectively standardized the operational order of the market consequently.

New network mode initiated for operation with desired results in the same year, and played an important role to foster locally made famous and top-quality cigarette, improve the structure and increase the market share and economic efficiency of the industry. In 2002, numerous officials and workers of the cigarette sales branch of Tianjin Tobacco took advantage the opportunities, firmly grasped the priorities of cigarette sales work, attached importance to implement "higher level network construction" project, and stuck to the cigarette sales network construction principle of "high basis, high standard, high quality and high technology", and established and perfected the sales investigation and distribution system with a smooth shift of cigarette sales network to a new mode, namely, "the separation of investigation from delivery urban and rural areas integrated, monopoly sale combined and information management", and initiated for operation in the same year with the desired results, and greatly boosted up total sales volume, sales structure, profits and the sales volume of locally made famous and top-quality cigarettes and prominently contributed to the improvement of economic operation quality, sales structure and the sharp growth of tax and interest of the industry. The whole industry actualized the major task of "five re-improvements plus one re-reduction", namely, the re-improvement the total sales volume of cigarettes within the municipality, sales volume proportion of locally made key brand cigarettes, market share in the municipality, average gross profit rate and the commercial tax and interest as well as the re-reduction of industrial and commercial storage at the end of the term.

Industrial cigarette enterprises earnestly produced cigarettes centering upon the structural readjustment of products, and paid great attentions to the work of harm reduction with less tar and higher quality against less waste with a better production and sale situation and higher competitive power of enterprises. In 2002, Tianjin Cigarette Factory carried out a large quantity of work for internal management, market development and technical renovation centering upon the structural readjustment of products, and made a good achievement. Firstly, it developed and renovated cigarette products according to the demand of market, of which Jingpinjiangshan and Xihengda cigarettes launched into the market in 2002 realized a good market effect and was accepted by consumers with a steadily increasing sales volume; secondly, stuck to technical renovation, improved the product quality through technical progress, reduced tar and other harmful substances with the average weighted tar content of cigarettes produced all the year reaching less than 15mg; actively carried out the pooling with Qujing Cigarette Factory once again, which jointly produced Gaishilin and Wuduojinhua cigarettes and consequently promoted the market share enlargement and the improvement of the economic efficiency of industrial and commercial enterprises.

Earnestly carried out "Three Represents" and the spirits of the 16th National Congress of CPC, and deepened the construction of the Party conduct and clean and honest government as well as the ideological and political work. In 2002, under the guideline of focusing upon the source, making key breakthroughs, standardizing itself and pushing forward as a whole, closely in combination of the actual situation of the economic development of the tobacco system of Tianjin, the whole industry advanced with great efforts and originality, earnestly carried out the education on authority concept of the Party members and officials, and cleanness, honesty and self-discipline work of leading officials and efficiency supervision, strictly implemented the responsibility system on the construction of the Party conduct and clean and honest government, strengthened the construction of the discipline inspection and supervision team, and harshly uncovered and prosecuted illegal problems and made a good achievement for the construction of the Party conduct and clean and honest government. In respect of the ideological and political work, closely focusing upon "three major projects", pushed forward six major actions, namely, "concept shift, renovation of the Party construction, selection and establishment of a model, civilization progress and shift of enterprise culture and work style" in an all-around way, and continuously strengthened and renovated the Party construction of the industry and the ideological and political work with stress upon strengthening the construction of leading groups and professional ethics. Further strengthened the construction of official team, and the education, training and management for all the workers, further deepened the buildup of people's spiritual civilization. Accordingly, the work style and mental outlooks of numerous officials and workers of the industry largely improved, and two civilization progresses made a good achievement and laid down a spiritual impetus and ideological guarantee for the healthy, stable and sustainable development of the industry.

In 2002, the tobacco industry of Tianjin earnestly carried out the special improvement and rectification of financial orders, further standardized financial orders and regularized financial disciplines and perfected the system according to the uniform requirement of the State Administration. Various fundamental managements were strengthened continuously, and the standardization and comprehensive management level improved consecutively.

Hebei Tobacco

In 2002, under the correct leadership of the State Administration, the Provincial Party Committee and Government and the guideline of "Three Represents", the Tobacco Monopoly Administration of Hebei Province steadily stuck to the industrial development strategies and work priorities of the State Administration with stress upon "overall market, large-scale enterprise and major brand" on the basis of "attaching importance to the basis, to the standardization and to the implementation", stuck to the priority of economic efficiency, pushed forward the structural readjustment of product structure and market sales structure and made a breakthrough in many aspects such as two structural readjustments, urban network construction and the solution of potential losses and debts through strengthening monopoly, network construction, standardization, and the construction of leading groups, the Party conduct and clean and honest government. The economic efficiency of the industry across the province largely improved, and the core competitive power and market control capability obviously strengthened, and the entire work made a progress allsidedly and the whole industry of the province continued to maintain a favorable development trend.

Economic operation maintained a rapid development trend, and the strength of the industry obviously increased. Major features as follows: firstly, the prosperity of both cigarette production and sale. The entire province produced totally 58.5 billion cigarettes (1.17 million cartons) and completed the production plan; sold 87 billion cigarettes (1.74 million cartons), which kept a balance with that of 2001. Secondly, the structure obviously improved. The production structure of provincially produced cigarettes of Category-1, 2 and 3 reached 19.54% with a growth of 10.5 percentage points with a sales structure reaching 17.53%; the proportion of total sales volume of cigarettes of Category-1, 2 and 3 both inside and outside the province reached 30.1% with a growth of 1.1 percentage points upon that of 2001 i.e. 29%. Thirdly, the economic efficiency largely improved. Actualized a industrial and commercial tax and interest of totally RMB3.05 billion with a growth rate of 40.2% (calculated upon comparable terms), of which industrial enterprises actualized a tax and interest of RMB2.12 billion with a growth rate of 30.1% (calculated upon comparable terms) and commercial enterprises actualized a tax and interest of RMB930 million with a growth rate of 70.5% (calculated upon comparable terms); actualized a profit of RMB770 million with a growth rate of 72.7% (calculated upon comparable terms). The whole industry of the province actualized a net tax and profit growth of RMB910 million in 2002 upon that of 2001 i.e. RMB840 million, maintained a rapid growth for two consecutive years, and set up a record high and realized the economic objective laid down by "Tenth Five-Year-Plan" three years ahead of the schedule.

The Monopoly Administration shook the market with harsh strikes, rectified and standardized the economic order of the market and made obvious achievement. In 2002, closely relying upon local Party committees and governments, actively wining the vigorous support of relevant law enforcement departments such as public security, industrial and commercial administration, court and procuratorate, the whole industry of the province effectively carried out the rectification of the tobacco market successfully; established and perfected the persistently effective coordinated mechanism with relevant department such as public security and procuratorial work, made full use of laws, and strengthened the criminal punishment for various cigarette economic crimes, and safeguarded the dignity of tobacco monopoly law and maintained the normal cigarette market order. At the same time, according to the overall requirement of the State Administration for the special rectification of financial orders and in order to further standardize financial management of the whole industry of the province and establish a standardized, law-abiding and faithful financial order, the whole industry of the province convened meetings successfully, defined an implementation scheme for the special rectification of financial orders, and specified the significance, objective, priority, methods, steps and detailed requirements of the special rectification of the financial order and made obvious achievements. In 2002, the entire province mobilized totally 361,704 person/times for fake cigarette crackdown, uncovered and prosecuted 46,275 various illegal cigarette cases including 1,625 fake cigarette cases, smashed 88 fake cigarettes making sites, and captured 255 various fake-cigarette making machines, uncovered 12,641 pieces of fake cigarettes, 626 tons of tobacco cuts, 463 tons of tobacco leaves and 8.91 million filter sticks and arrested a number of fake cigarette criminal suspects, of which 123 were detained, 101 sentenced with fixed-term imprisonment and 104 with penalties, and consequently cracked down rampant criminals making and selling fake cigarette, and contained the impact of fake and shoddy cigarettes upon the market, and maintained normal operation order and safeguarded the interest of the state and consumers.

Attached utmost importance to the towns, and elevated the operation level of the network in an all-around way. The cigarette sales network is a carrier and platform for structural readjustment and efficiency improvement and a most valuable fundamental strategy concerned with the long-term development of the industry. During the network construction, firstly, gave prominence to the urban network construction, and implemented the network operation mode of "overall sales investigation, centralized distribution, the separation of investigation from delivery and monopoly sale combined" in an all-around way across the entire province. The operation quality of the network obviously improved sticking to high standard management and regulatory operation through further improving the knowledge, strengthening the construction of three teams and improving the service quality as well as other measures. Secondly, continued to consolidate the fruits of network construction in the countryside, strengthened management, and standardized the operation, exerted the function and improved the quality, and attached importance to the readjustment of market sales structure, elevated the consumption level continuously and further improved the sales volume and market share of cigarettes. In 2002, the urban sales network accounted for 97% of the total sales volume in cities on average and the rural network reached 100% in the countryside across the province; the urban sales network accounted for 97% of the total volume of the distribution and the rural network reached 98%; the gross profit ratio of the urban sales network reached 18% on average; the gross profit ratio of rural network reached 13% on average; the monthly sales volume of each 10 thousand persons reached 131 pieces and 101 pieces for urban and rural networks respectively.

Attached utmost importance to the industrial management, and further improved the overall management level. Persistently stuck to the guideline of "standardization, reform and renovation" for the work of the industry, realized development in the standardization and further standardization in the development, which is a guideline that the industry of our province has adhered to for a long time. Firstly, further strengthened macro-control. By means of renovating management concepts, upgrading management methods, and intensifying management and strengthening the control and commend, the management of the industry gradually actualized the shift from administrative management to the management by the system and from the planning orientation to market orientation, and the whole industry of the province realized the institutionalization and standardization. Secondly, stuck to the limited-price sales management of cigarette steadily. We continued to carry out dynamic management for the price of cigarettes on the basis of "5.30" limited price of 2001, further rectified the price system and successfully actualized the objective of stable price, volume expansion and efficiency improvement. Thirdly, tightened up the financial management, established and perfected an internal management system with budgetary management and cost/expense management as core, and conducted an internal capital settlement center with subsidiary companies as unit and a budgetary management of expenses and payout, and accordingly reduced the financial cost largely (calculated upon comparable terms) and further improved the management level. Fourthly, made a breakthrough for the building of the legal system. We attached utmost importance to strengthening the building of the legal system, cigarette monopoly administration by law and enterprise management by law, and strengthened legal trainings and education of leading officials, monopoly personnel, managerial staff and operation personnel through many channels and faithfully improved the level of cigarette administration by law, enterprise management by law and the administration by law. In this year, 323 Directors of Cigarette Monopoly at various levels and 2,300 monopoly law-enforcement personnel across the province participated in the unified law examinations organized by the State Administration and the Provincial Administrations respectively all with good achievements, which boosted up the law enforcement level of the whole industry of the province. Fifthly, further strengthened the safety management. Organized the workers to learn safety regulations and business knowledge in adoption of many channels such as self-learning, training course and lectures on safety knowledge, and improved the accomplishment of the entire personnel. At the same time, various units carried out coordinated safety inspections and irregular inspections many times for key branches and positions, put an end to potential accidents and guaranteed the smooth implementation of "5022" responsibility objective.

Deepened the construction of the work style of the industry, and established a favorable external image. In March, the Provincial Party Committee and Government of Hebei decided to carry out the public appraisal activities of the work style of the industry in 50 law enforcement agencies, economic management departments and social service units collectively across the province. The whole industry of the province took this great opportunity, regarded the construction of the work style of the provincial system as a requirement of practicing "Three Represents", strengthening and improving the work and operation styles and as a key measure to strengthen the core competitive power of the tobacco industry of our province and actualize the leap-forward development strategy, and adopted forceful measures, attached utmost importance to the implementation of the work style construction and made a remarkable achievement starting with in-depth and wide-ranging mobilization, through perfecting regulations and intensifying personnel training, closely centering upon prominent problems of the deviation from the people and the practice as well as the unfavorable impact upon economic environment and industrial image, and adhering to the principle of people foremost and trouble shooting from the root. Since April, the whole industry of the province has held large-scale promotional and consultative activities for 406 times, mobilized 5,837 person/times, handed out 287,000 copies of *Promise*, promotional manuals and opinion-collecting cards, and held 374 various symposia, visited 71,430 relevant departments, cigarette retailers and cigarette consumers and received 10,534 pieces (times) of tip-offs, customer's complaints, consultations and opinions collections with the satisfactory degree of the society and industrial image obviously boosted.

Strengthened the ideological and political

work with plentiful and substantial achievements for spiritual civilization construction. The whole industry of the province always stuck to the guideline of "grasping both links at the same time and attaching sufficient importance to both", closely integrated the ideological and political work and spiritual civilization construction with the reform and development of the industry and made plentiful and substantial achievements. Firstly, according to the requirement of "Three Represents", strengthened the construction of leading groups and official team allsidedly. Laid stress upon organizing the learning of important thoughts of "Three Represents" and the spirits of the 16th National Congress of CPC, unified the ideology of officials and workers within the spirits of the Central Committee of CPC genuinely and within the requirements of the State Administration and the Provincial Party Committee and Government. Secondly, attached utmost importance to the self-discipline and cleanness of leading officials, tightened up the education on self-discipline and cleanness and the supervision management for the leading officials, and particularly paid attention to the new preventive and punishment mechanism against the crimes by taking advantage of duty in the tobacco system founded with the provincial procuratorial system jointly, and built up a new defense line for combating corruption and building up a clean and honest government. In 2002, the whole industry of the province held warning and educational activities for totally 120 times, 180 educational lectures on the Party conduct and clean and honest government and 61 law and regulation instructive lectures with totally 24,000 attendees. Thirdly, further deepened the reform of personnel system of officials. Issued new management procedures on strengthening the construction of leading groups and official team, which stipulated the posts of leading group, age of appointed officials, educational background, and supervision and assessment in details and played an important role to promote the construction of leading groups and official team.

(Li Songmao)

Shanxi Tobacco

In 2002, the entire tobacco industry of the province started with rectification and standardization, attached utmost importance to the market, to the structure, to the mechanism, to the network construction, to the science and technology and to the leading group, and made outstanding progress for various tasks and set up a record high for various economic indices. In 2002, the tobacco system of the province actualized an industrial and commercial tax and interest of RMB950 million with a growth rate of 66.6% upon last year, a totally industrial and commercial profit of RMB447 million with a growth rate of 102.3% upon last year, an industrial tax and interest of RMB406 million with a growth rate of 35.44% upon last year, an industrial profit of RMB37.18 million with a growth rate of 85.53% upon last year, a total commercial tax and interest of RMB548 million at a growth rate of 86.4% upon last year, a commercial profit of RMB410 million (including a compensated loss of RMB49.8 million) with a growth rate of 103.9% upon last year. Planted 83,000 mu of baked cigarettes and purchased 78,000 dans of tobacco leaves all the year.

Further standardized the economic order of the market and improved the management level of the industry. The whole industry of the province earnestly carried out the deployments of the State Tobacco Monopoly Administration and the Provincial Tobacco Monopoly Administration (Corporation), unified the ideology, improved the understanding, found out the gap and specified priorities and brought forward detailed tasks and objectives according to the requirement for rectifying and standardizing the economic order of the market. The Tobacco Monopoly Administration cleared the market, contained the source, shook up with harsh strikes, perfected the mechanism, and effectively carried out the centralized rectification of the cigarette market with stress upon fake cigarette crackdown and made an outstanding achievement for the rectification and standardization of the cigarette market order. In 2002, the entire tobacco industry of the province uncovered and prosecuted totally 50,291 various illegal tobacco cases, uncovered and confiscated 70,543 pieces of various illegal cigarettes, including 14,597 pieces of various false brand cigarettes and 160 pieces of smuggled cigarettes, collected RMB11.85 million fined or confiscated, smashed 12 fake cigarettes making sites, confiscated 30 fake cigarette making machines, pulled down 103 false brand cigarette regrating and selling sites, and destroyed 8,487 pieces of false brand cigarettes, and handed over 57 criminal suspect cases to the public security and juridical departments and detained 110 criminals. Tobacco industry laid stress upon the solution of nonstandard actions on production and operation links within the industry, and both Industrial enterprises and commercial enterprises strengthened the establishment and perfection of rules and regulations and regularized their own actions with regulations. Especially in respect of the rectification of financial order as a priority of the rectification and standardization of the whole industry of the province, faithfully investigated various illegal actions such as arbitrary sales promotion expenditures, concealed account book funds and small exchequer funds according to the unified deployment of the Provincial Tobacco Monopoly Administration (Corporation).

Further strengthened the macro-control, and maintained the stable development of economic operation. The entire tobacco industry of the province stuck to the economic macro-control guideline of "production control, sales promotion, stable price and efficiency improvement", continuously strengthened the monitoring and analysis of economic operation and maintained the stable development trend of economic operation of the whole industry of the province according to the overall requirement of "one subject, two main threads, three priorities, four balances and five musts" for economic operation. The cigarette was produced strictly in accordance with the quarterly production plan specified by the State Administration. Stuck to the principle of market demand and appropriate shortage, carried out monthly production and operation adjustment, and tightened up the inspection over the implementation of cigarette production plan and accordingly guaranteed the relative balance between cigarette production and sale. The purchase of cigarettes was based upon the contracts signed by municipal companies in various regions under the guidance of market, and we accurately grasped the purchase opportunities and strictly controlled the quality. In respect of cigarette sale, fully exerted the control role of municipal companies in various regions, attached importance to market research, strengthened market prediction, and correctly handled the relationship between the quantity and the price, and grasped the launch opportunity and rhythm and intensified the market fostering of locally produced cigarette and famous and top-quality cigarette of the industry. Continuously enlarged the scope of unified price on the basis of limited price for the wholesale across the province, conducted provincial wholesale at a unified price and readjusted the unified price according to the actual situation. In the same time, actively explored the management procedures of one retail price for cigarette market, established a new price management mechanism and carried out a tryout in Jinzhong, and consequently guaranteed the control of the industry over the market price, maintained the interests of retail customers and promoted the relationship of wholesale and retail customers. In respect of the production and operation of tobacco leaves, divided the work particularly and actualized an outstanding achievement for tobacco leaves sale, payment collection and capital circulation according to the guideline of "stable size, quality improvement, layout readjustment and structural optimization" put forward by the Provincial Tobacco Monopoly Administration (Corporation). Especially through the cooperation with Shanxi University of Agriculture as well as other units, the research and development of medical cigarette in our province made a breakthrough and passed the acceptance inspection and authentication for the subject organized by the State Administration. Additionally, our province features superior natural conditions for planting tobacco leaves, of which hills and red soil are favorable for the production of top-quality filling materials, and the special quality of tobacco leaves has won the high praise of some key factories nationwide. In the National Tobacco Leaves Trade Fair 2002, our province has signed a sales contract of totally 121,000 dans and set up a record high.

Further improved the cigarette quality, and continuously expanded the market of locally produced cigarette market. In 2002, the whole tobacco system of the province gave a priority to the brand fostering of locally produced cigarette, increased the awareness of enterprise cigarette for brand development, and steadily improved the product quality and actualized an overall profit from the sale of locally produced cigarettes. In order to improve the product quality, industrial enterprises reduced the tar content to 14.7mg on average with a decrease of 1.08mg upon the same period of 2002 in adoption of various measures such as adding combustion promoter, mixing into bulky yarn and slice cuts reasonably, adjusting cigarette weight scientifically and filter stick length and smoking resistance on one hand; on the other hand, sped up technical renovation, invested totally RMB58.03 million in 2002 for technical renovation with stress upon the renovation of cut tobacco making line. Commercial enterprises regarded the fostering of locally produced cigarette and the selling of locally produced cigarettes as new economic growth point, issued the schemes and assessment procedures on the production and sale of locally produced cigarette and realized efficiency from locally produced cigarettes. Locally produced cigarettes made profits on the whole and played a decisive role for the large-scale increase of the profit level of commercial enterprises.

Further renovated the ideological concept, and standardized the operation of cigarette sales network. With network construction of the entire tobacco industry of the province closely centering upon the target of "three satisfactions" put forward by the State Administration, further renovated the concept, strengthened the awareness of originality and practicalness, and further exerted the function of the cigarette sales network of the province, continuously strengthened knight services and standardized management and maximized the economic efficiency and social effect. Tobacco companies of various prefectures and municipalities unified their ideology, improved understanding and renovated continuously in adoption of a method "opening-up and introduction"; attached importance to practical efficiency and renovation, and shaped a new network construction situation with their own characteristics and actual efficiency through learning from the advanced and relying upon the local actuality in adoption of a new work concept. The entire province attached utmost importance to the assessment and encouragement of network construction, and many prefectural and municipal companies defined detailed assessment regulations in adoption of a two-day hundred-mark system, which connects the assessment of network constructors with the market management as well as monopoly administrators with the sales volume. Carried out an assessment of monopoly departments of the Administrations (Corporations) at county level month-by-month and site-by-site for each person, accordingly smashed the egalitarian practice completely, and fully mobilized the enthusiasm of workers and promoted the quality improvement of the network. In the same time, the Provincial Administration (Corporation) also initiated the work from the grassroots, mobilized the enthusiasm of grassroots network constructors through the public appraisal and selection of "twin top-ten-best model", and consequently improved the service level and service awareness of the provincial network construction and largely pushed forward the network construction on the whole. Through our efforts, the "four rates" level of network construction obviously improved with the access of licensed retail customers reaching 100%, the access rate of cigarette sale 96% on average, the distribution rate 96.5% on average and market share 93.2% all higher than the same period of last year.

Further improved cigarette market capability, and pushed forward the "domicile-based" monopoly management in an all-around way. In respect of the monopoly administration, the entire tobacco industry of the province gave prominence to the basis, established models, carried out "three higher levels" and "five target hitting", intensified the training and assessment and accordingly strengthened the construction of the monopoly administration team with a much higher market control capability. In order to continuously boost up "domicile-based" management, the Provincial Administration (Corporation) preliminarily specified a domicile-based administration mode for cigarette market focusing upon "six ones" through popularizing the experiences of Fenyang on the domicile-based administration of cigarette market. After the Fenyang "Domicile-based" Monopoly Administration On-the-spot Conference, various regions lost no time, attached importance to the progress and raised a wave of "learning from Fenyang and catching up with Fenyang so as to boost up domicile-based administration" in an all-around way in accordance with their own actual situations. In October 2002, the Provincial Administration (Corporation) convened a "Domicile-based" Management On-the-spot Conference in Datong, pushed forward the experience of Datong Municipal Administration on "domicile-based administration and standardized management" with a new mode of "establishing institutes with standards and establishing standardized institutes" spreading over the province rapidly, and the "domicile-based" management of our province stepped onto a new stage of "prosperity across the province, and pushing forward as a whole". Additionally, we carried out trainings on laws and regulations for the administrative monopoly law-enforcement personnel of the entire province, adopted a competence certification before taking a job, and organized unified exams on laws and regulations. Through strict trainings, assessments and exams, 1,027 of administrative tobacco monopoly law-enforcement personnel at various levels across the country are provided with an administrative law-enforcement certificate, and 184 with an administrative law-enforcement supervision certificate, and 1126 with "Certificate of Unified Exam of Monopoly Law-enforcement Personnel of Chinese Tobacco Industry".

Further strengthened the construction of spiritual civilization, the Party conduct and the clean and honest government, and greatly improved the outlooks of the industry. In respect of the construction of spiritual civilization, the Party Team of the Provincial Tobacco

Monopoly Administration (Corporation) gave priority to the theoretic learning in adoption of a system of "closed-type" learning for the core group and persistent half-an-hour learning ahead of the work hour for divisions and offices of the organ and some grassroots units. After the 6th Plenary Session of 15th National Congress and the 16th National Congress of CPC, improved the ideological knowledge of officials and workers effectively and maintained a high consistence with the Central Committee of CPC in adoption of various methods such as watching TV, reading documents, collective training, expert's instruction, discussion and symposium, picture exhibition and writing articles on what one has learned. After the learning, the officials and workers of the whole industry of the province obviously improved their theoretical accomplishment and the ethics awareness and changed their work style. In respect of the construction of spiritual civilization, Taiyuan Cigarette Factory won the honor of civilized unit at provincial level, and ten Prefectural and Municipal Tobacco Monopoly Administrations (Corporations) actualized an all-around victory, and 66 corporations at county level won the honor of civilized unit at prefectural/municipal level, and 59 corporations at county level won the honor of local civilized model unit. During the strive of the Organ of the Provincial Tobacco Monopoly Administration (Corporation) for civilized unit, with the great attention of the Party Team, the sponsorship of the Party Committee and the coordination and cooperation of divisions and offices, we actualized a great achievement, created a comfortable and vivid environment for the organ and also laid down a massive basis for the construction of civilized industry. In respect of the construction of leading groups, in 2002, carried out an assessment of incumbent leading groups and a commendation of reserved officials for 11 Prefectural and Municipal Administrations (Corporations), and also readjusted and reinforced the leading group of the Taiyuan Cigarette Factory. Carried out the construction of the Party conduct the clean and honest government as well as anti-corruption strike, and the chiefs of different departments at various levels strengthened the responsibility awareness, deepened the "three-no mechanism" of "doing not want to commit a corruption, cannot commit a corruption, have no courage to commit a corruption", and continuously tightened up the corruption prevention and control from the source and. In 2002, the entire system of the province accepted and handled letters of complaint, visits and telephone tip-offs for totally 65 times, conducted inquiry conversations for 35 personnel; investigated 18 clews of criminal cases preliminarily after checking including 12 cases put on record, and punished 22 persons, of which 21 punished by government disciplines, and two by the Party discipline, namely, serious warning of the Party; covered one official at county and division level, ten officials at township/section level, one average officials and other ten.

(By Sui Lianke & Zhang Ruili)

Inner Mongolia Tobacco

The Tobacco Monopoly Administration of the Inner Mongolia Autonomous Region and the Inner Mongolia Autonomous Region Corporation of China Tobacco Corporation are founded and transferred to a higher level in 1984. The Organ of the Regional Administration (Corporation) is provide with 11 divisions and offices, five Level-2 units directly under it, two cigarette factories, 14 Meng/Municipal Administrations (subsidiary companies), 76 Qi/County Administrations (Corporations) and six monopoly sale agencies. The whole system currently has 6,770 on-the-job workers and 2,300 hired workers, an annual production plan of 300,000 cartons of cigarettes and a planting plan of 80,000 dans of tobacco leaves. In 2002, produced 300,000 cartons of cigarettes with a growth rate of 7.14% (calculated upon comparable terms); sold 758,200 cartons of cigarettes with a growth rate of 7.17% (calculated upon comparable terms); held an industrial and commercial storage of 56,000 cartons under the limited storage index; actualized an industrial and commercial tax and interest of RMB889 million with a growth rate of 51.95% upon last year, including an industrial tax and interest of RMB478 million with a growth rate of 46.86% (calculated upon comparable terms) and a commercial tax and interest of RMB411 million with a growth rate of 43.7% (calculated upon comparable terms); actualized an industrial and commercial profit of RMB308 million with a growth rate of 78.96% (calculated upon comparable terms), including an industrial profit of RMB6 million and a commercial profit of RMB302 million, and set up a record high since the establishment of the tobacco industry of the Inner Mongolia.

Cigarette Production Management Industrial cigarette enterprises attached utmost importance to the standardized management, institution construction, metering management, quota management, group and team construction, information management, workers' training and On-the-spot management, and passed the attestation of ISO9000 Quality Management Standards (2000 Version) in this year. Hohhot Cigarette Factory purchased one new PROTOS-70 rolling and packaging machine, and Ulanhot Cigarette Factory was provided with one (set of) MK9-5 rolling and packaging machine, and purchased two (set of) new ZB43 and ZB42 rolling and packaging machines, two (set of) ZL21 filter stick forming machines and one (set of) FT64 tobacco cutter machine. Actualized totally 17 overall quality management achievements with an economic efficiency of over RMB4.90 million, of which one won the third prize of the State Administration for excellent QC management achievements. Produced cigarettes of Category-3 or higher that accounted for 8.28% of the total cigarette output with a growth rate of 3.67% (calculated upon comparable terms). The average tax and interest of each carton of cigarettes reached RMB1, 622.4 with a growth rate of 38.5% (calculated upon comparable terms).

Cigarette Sale and Network Construction Commercial enterprises put into service the urban network operation mode of "three-line mutual control plus three-level supervision", strengthened the management of urban market network of various Meng, municipalities, and Qi and counties, influenced and brought along the development of rural network with an integration of sales investigation and distribution for the rural network as well in adoption of the operational mode of "overall sales investigation, centralized distribution, monopoly sale combined and the separation of investigation from delivery" and "coordinated action of three types of personnel". In 2002, the whole region invested RMB27.13 million for the network renovation, and already built up 250 outlets; covered 81,621 supply retailers with urban and rural outlets and with an increase of 18,384 retailers upon the same period of last year; was provided with 192 outlets independently established, accounting for 76.8% of the total outlets with an increase of 16.4% upon last year. Analyzed the data and directed the operation in adoption of the informatization network. Paid attention to supporting the famous and the large with the sales volume of famous and top-quality cigarettes reaching 21.5% of the total sales volume of cigarettes and 36.81% of the total sales volume of cigarettes outside the region. The average gross profit ratio of commercial enterprises across the region reached 9.43% with a growth rate of 2.01% (calculated upon comparable terms).

Tobacco Leaves, Export and Import and Diversified Operation The production and operation of tobacco leaves carried out a contractual planting and purchase system with stress upon actualizing "2880" project target. In this year, purchased totally 99,900 dans of tobacco leaves, of which middle and high-quality tobacco leaves accounted for 91.99% with a growth rate of 9.92% (calculated upon comparable terms); the grade qualification rate of tobacco leaves reached 81.3%; sold 90,900 dans of tobacco leaves, and actualized a profit of RMB4.51 million with a growth rate of 192.86% (calculated upon comparable terms). Exported 1,238 cartons of cigarettes to Mongolia and Russia, signed a cigarette contract on the processing of 6,000 cartons of foreign-brand cigarettes with Mongolia, and entrusted Ulanhot Cigarette Factory for processing and already delivered 4,000 cartons. The diversified operation actualized a tax and interest of RMB12.67 million with a growth rate of 11.24% (calculated upon comparable terms); actualized a profit of RMB8.87 million with a growth rate of 34.6% (calculated upon comparable terms).

Monopoly Administration Centering upon the three-year objective of the monopoly administration, established basic achieves of cigarette retailers, improved the document and data base of cigarette retailers, and conducted an ABC management, forged a unified domicile-based administration mode with a network access rate of cigarette retailers of 99% across the region and a market share of 94.12%, and exerted the network function of "three-line mutual control plus three-level supervision" preliminarily. Carried out target-hitting activities of market cleanness rate. Attached utmost importance to internal management, and rectified and standardized the circulation order of "two cigarettes" and contained the circulation of cigarettes outside the system. Conducted exams and inspection on monopoly law enforcement. Intensified the inspection over fake, smuggled, illegal and out-of-quota cigarettes, strengthened the retail license management and laid out retailers reasonably. The management of tobacco leaves stuck to the coordinated operation with government, industrial and commercial administration, public security department as well as other departments and units and maintained the purchase order of the tobacco leaves market.

Rectification of Financial Order Specified organizational institution and post responsibilities, organized trainings on the application of financial software, and defined rectification scheme with stress upon rectifying concealed account book funds and small exchequer funds and conducted self-inspection. Carried out an assets evaluation for diversified operation and a special audit investigation on the loss of Category-4 and Category-5 cigarettes produced in the region and the revenue and expenditure of monopoly penalties. Cooperated with the audit department of the government to carry out an audit for the entire tobacco industry of the region, established a joint conference system of economic-responsibility audit and carried out an audit on incumbent economic responsibilities. The entire tobacco system of the region implemented totally 74 audit items with an audit coverage of up to 90% and an audit amount of nearly RMB800 million, uncovered an illegal amount of RMB9.5435 million, and uncovered an loss and waste amount of RMB1.8811 million and promoted an output reduction and income increase of RMB1.439 million all the year. The Regional Administration (Corporation) and two cigarette factories defined and implemented management procedures on public bidding of non-monopoly cigarette materials and quality/price-comparison purchase, and two cigarette factories saved a purchase cost of totally over RMB2 million in 2002 upon that of 2001.

Fake Cigarette Crackdown Carried out the activities of "Year of Fake Cigarette Crackdown", and defined a working system on striking illegal criminal activities of fake cigarette production and selling together with the local public security department and convened joint conferences regularly. Defined a tip-off and rewarding system. In 2002, the whole region investigated and prosecuted 18,995 cases, of which illegal transport cases without navicert and non-principal channel purchase cases accounted for 35.95% and 43.82% respectively, fake and smuggled cigarette cases for 7.55%, captured 887.2 dans of tobacco leaves, and smashed two fake cigarettes making sites and collected RMB2.5975 million fined or confiscated.

Safety Management Provided the safety department with computers, carried out trainings, and implemented *Production Safety Law of PRC* and conducted a regular self-inspection over the safety work and a tour inspection over the prevention of safety accidents and the rectification of hidden safety problems.

Technical Renovation Cooperated with industrial and commercial departments to renovate and develop old and new products, including Congrongwang, soft Congrong, latest Jinqingcheng, filter stick Yan brand, new hard Qianlishan, new Daqingshan, hard Qing brand, and red and golden Qingdian, Kangxi and special Xilinhe. The newly developed Muqinhe-branded cigarette finished a small-scale pilot production, and the Xiongnuewang-branded cigarette developed for Mongolian market is under test marketing. Upgrade 13 Class-C satellite stations, installed a high-speed information download system, and actualized the commissioning of satellite videoconference system across the region, carried out the construction of the security and protection system of the industrial Intranet and built up an internal website of the Regional Administration (Corporation). Conducted information education and training, and carried out an assessment and acceptance inspection.

Personnel Management Held the 5th Yong and Middle-aged Officials Training Course; continued to attach utmost importance to the teaching of MBA course and degree preparatory course; organized the 3rd "Management Renovation and Enterprise Development Strategies Refreshing Course" mainly for Directors (Managers) of Qi/County Administrations (Corporations); conducted training on relevant WTO knowledge for officials of the Organ at deputy-director level. Compiled and published the journal *Inner Mongolia tobacco*, revised and compiled *Inner Mongolia tobacco Annuals.* Received 50 graduates with higher or middle education background, and dispatched all to the grassroots. Learned and carried out *Regulations on the Selection and Appointment of Leading Officials of the Party and Governments.* Revised *Assessment procedures on the Annual Work of the Staff of the Organ of the Tobacco Monopoly Administration (Corporation) of the Inner Mongolia Autonomous Region*, and further improved the assessment system of "actual achievement assessment and the-last-one-wash-out". Carried out the inspection and clearing activities of education backgrounds and degrees, evaluated the competence of 21 engineers and one assistant engineer, and carried out the professional skill authentification for 325 junior, middle and senior technical workers.

The Construction of Spiritual Civilization, the Party Conduct and the Clean and Honest Government Centering upon the theme of "Year of Work Style Shift" and "Year of Investigation and Research", carried out an investigation and survey. Continued to stick to the system of theoretical learning, and carried out various learning on political theories and business. Learned the spirits of the 16th National Congress of CPC, and practiced the important thought of "Three Represents". Carried the task of "complete work style shift" put forward by the Regional Party Committee and Government, supported the poor and extended regards to the people. Carried out the match of badminton and ping pong of tobacco industry across the region. In 2002, the entire system presented eight civilized units, one civilized model unit at the regional level, 29 civilized units and one civilized industry at the Meng/municipal level, and Ulanhot Cigarette Factory won the honor of a national advanced unit on spiritual civilization construction. Standardized discipline inspection, supervision, work style rectification and statistics, conducted post trainings on professional skills and special investigation and survey, and initially conducted the pilot visit according to complaint letters. Established a supervisory system of discipline inspection and supervision, and revised the responsibility system of the construction of the Party conduct the clean and honest government as well as implementation procedures on the responsibility track-down.

Liaoning Tobacco

2002 is a year with a leap-forward development for Liaoning Tobacco. In this year, the whole industry of the province held high the banner of Deng Xiaoping Theory, carried out the important thought of "Three Represents" in an all-around way, and strived in a united way and advanced with originalities and efforts and actualized the quadrupling objective of the "15th Five-Year-Plan" with various economic operation indices at a record high.

All the year around, industrial and commercial enterprises actualized sales revenue of RMB9.29 billion, (including industrial enterprises with RMB1.85 billion and commercial enterprises RMB7.44 billion) with a growth rate of 7.9% (calculated upon comparable terms). Industrial and commercial enterprises actualized a tax and interest of RMB1.62 billion (including: industrial enterprises actualized a tax and interest of RMB960 million, and commercial enterprises actualized a tax and interest of RMB660 million) with a growth rate of 103.9% (calculated upon comparable terms). Industrial and commercial enterprises actualized a profit of RMB530 million (including: industrial enterprises actualized a profit of RMB47 million, and commercial enterprises actualized a profit of RMB482 million) with a growth rate of 143.1% (calculated upon comparable terms). Produced 380,000 cartons of cigarettes with an increase of 70,000 cartons and a growth rate of 22% (calculated upon comparable terms); purchased 950,000 cartons of cigarettes with an increase of 73,000 cartons (calculated upon comparable terms) and a growth rate of 8.3%; sold 956,000 cartons of cigarettes with an increase of 57,000 cartons and an growth rate of 6.3% (calculated upon comparable terms); at the end of year, the industrial and commercial storage was 84,000 cartons with a reduction of 19,000 cartons upon the limited storage index of the State Administration and a decrease rate of 18.4%; realized a tobacco leaves planting area of 153,000 mu with an increase of 21,800 mu, including an irrigated area of 104,000 mu. Purchased 293,500 dans of tobacco leaves, including 1333,000 dans of high-quality tobacco leaves, about 45.31%; an industrial and commercial tax and interest with an increase of RMB820 million (calculated upon comparable terms), an industrial and commercial profit with an increase of RMB310 million (calculated upon comparable terms), and a tax and duty with an increase of RMB510 million, and the gross profit of each carton through cigarette wholesale with an increase of RMB443 (calculated upon comparable terms) and the rate of debts of the assets of industrial and commercial enterprises with a decrease of 6.5% (calculated upon comparable terms).

In 2002, attached importance to the followings:

Laid Stress upon Efficiency, and attached Utmost importance to Structural Readjustment of Products Besides the development strategy of "joint operation of agriculture, industry and commerce, and boost-up of the industry with joint efforts" and "higher level, famous brand, and larger market share and efficiency improvement" put forwards two years ago, launched the operational strategy of "operation at different price phases with strategic deployment" and "seamless integration of different strategic deployments" in 2002 after an in-depth understanding and time-after-time practice. Industrial and commercial enterprises divided the market resources and calculated the market size according to different prize phases, and studied a capture strategy according to the market size. Regarded the price phase of over RMB100 and RMB30-60 as two priorities in need of the max efforts in order to capture one by one. Readjusted and withdrew from the price phase of less than RMB30 gradually. Implemented the strategy of joint production and processing in case of the price phase from RMB60-100. The restructuring of product resources rapidly evolved into market advantages, and market advantages evolved into efficiency advantages accordingly. According to the statistics at the end of the year, produced 20,504 cartons of Category-1 cigarettes with an increase of 15,291 cartons and a growth rate of 293.3% (calculated upon comparable terms) through the year; 26,247 cartons of Category-2 cigarettes with an increase of 20,410 cartons and a growth rate of 349.7% (calculated upon comparable terms). In the structural readjustment of products, two major series i.e. Renmindahuitang and Lanling grew up into flagship brands rapidly, and Renmindahuitang brand was appraised as a national top-quality cigarette of 2002. Sold 32,111 cartons of Renmindahuitang-series cigarettes and 19,535 cartons of Lanling-series cigarettes, accounting for 64.8% of the total sales volume at a price phase of over RMB50. The average industrial tax and interest of each carton of cigarettes reached RMB2, 450, and the average commercial gross profit of each carton of cigarettes reached RMB1144, with an increase of RMB1, 020 and RMB443 upon 2001 respectively.

Attached Utmost Importance to Internal Reform of Enterprises according to the Situation In order to meet the requirement of cigarette sales network for construction, various commercial enterprises explored initiatively and actively created conditions to push forward the management system reform of cigarette circulation field. Separated the function of governments and enterprises for the Administrations and Companies of a county, canceled the independent management right and legal personality of county-level companies, and accordingly reduced the interest subjects of the operation and forged competitive advantages of enterprises. By the end of 2002, seven subsidiary companies have already completed the reform of operation and management system. The enterprise reform focusing upon three systems including personnel, labor and distribution further deepened so as to solve the problem of swollen institution, excessive personnel and low efficiency and revive the enterprise vitality and development potentials. A competitive mechanism, in which internal officials of enterprise could be promoted or demoted, hired or fired with different incomes shaped initially.

Attached Utmost Importance to the Upgrade of Network Construction in view of China's Access into WTO We regarded the construction of cigarette sales network as a vital project for the development of the industry with China's access into WTO. Firstly, absorbed the experiences of others in adoption of a mode of opening-up and introduction. In this year, the Provincial

Administration and various commercial enterprises left their "home", actively participated in the transprovincial exchange of the industry on network construction, and went to Wuhan, Chengdu, Chongqing, Hefei, Ma'anshan, Nantong and Zhangzhou for learning, and absorbed the advantages of others for our use. Secondly, popularized the model, directed concretely and sped up the upgrade of network construction. The Provincial Administration convened the Provincial Network Construction Work Conference in November 2001, and March, July and October 2002 respectively, and summed up and researched the network construction. Summed up and publicized network construction models of subsidiary companies of Shenyang, Liaoyang, Tieling and Fushun during different periods, stuck to pushing forward on different stages and paid attention to overall deployment and the implementation; went forward one by one on different stages, and attached importance to the quality improvement vertically. At present, the network access rate of licensed retailers, network sales rate, and distribution rate and market share reach 94%, 96%, 95% and 87% respectively. Thirdly, attached importance to both management and service, and paid attention to "network consolidation" and "network use". In April 2002, the Provincial Administration conveneda Provincial Domicile-based Administration On-the-spot Conference in the company of Tieling Municipality, popularized domicile-based administration experiences of the company of Tieling, and carried out a "Three ones" retailer archives management system, "six meters" statistic system and seven domicile-based systems for cigarette retailers across the province in an all-around way, and accordingly, the domicile-based administration of the retailers of the whole industry in the province actualized standardization and routinization. The Provincial Administration (Corporation) regarded the faithful service as a basic consolidating work of the network architecture in order to meet the requirement of China's access into WTO, and put forward the requirement of "knight service, interest share and win-to-win purchase and selling". Some subsidiary companies launched various measures to strengthen their relationship with retailers, such as appraising and selecting model cigarette retailers, signing a civilized-operation agreement, regular symposium, and birthday party and birthday greetings. Gave priority to strengthening "five-place" services and management, consolidated the sales network and improved the market share continuously.

Attached Utmost Importance to Rectification, and paid Great Attention to Standardization of Tobacco Circulation Order According to the six requirements of the State Administration for rectifying and standardizing economic order of the tobacco market, strengthened the rectification of cigarette market. The Leading Group of Liaoning Province for economic order rectification and standardization of the market was advised to take the lead, and six functional departments officially issued *Notice on Rectification of Economic Order of the Market of the Whole Tobacco System of the Province market jointly.* Jointly issued *Working System on jointly Cracking down Criminal Activities of Fake Cigarette and Tobacco Leaves Making and Selling* with the Provincial Department of Public Security. Carried out a special rectification of economic order of the tobacco market in large scale with stress upon cracking down "fake, smuggled, illegal and non-quota" cigarettes for half a year across the province. During the rectification, clamped down 16,582 illegal cigarette booths of 165 market across the country such as Muyushi, Hanlingfu and xiangping trade city of Liaoyang city, wiped out 258 illegal wholesale regraters, smashed seven secrete cigarette factories, 49 fake cigarettes making sites and 625 fake cigarette selling sites, and captured 45 various fake cigarette machines, 22,117 pieces of various illegal cigarettes, 9,638 pieces of fake cigarettes and 1206 pieces of smuggled cigarettes. Uncovered 23,234 cases for common procedures and 13,206 cases for summary procedure with nine suspects sentenced, 39 detained and 14 with administrative detention. Monopoly administration realized "five breakthroughs". Strictly carried out "five prohibitions" standardizing cigarette operation, and continuously consolidated the rectification achievement of the circulation order of "two cigarettes". Organized the special rectification of financial order smoothly. Earnestly organized an account check of the payments for cigarettes and tobacco leaves of the industrial and commercial enterprises across the province, conducted the account check of the payments of "two cigarettes" with over 60 provinces and municipalities across the country for more than ten times successively, and finally verified an account receivable of RMB136 million and an account payable of RMB115 million for tobacco leaves as well as an account receivable of RMB32.64 million and an account payable of RMB71.97 for cigarettes.

Established Good Conduct, and strengthened Spiritual Civilization Construction Steadily attached importance to the learning and carryout of the spirits of the 16th National Congress of CPC, and the Party Team of the Provincial Administration learned in advance and took out five subjects for the key education of the whole industry of the province; drew up and sent down *Opinions of the Party Team of the Tobacco Monopoly Administration under the Liaoning Party Committee of CPC on Carrying out <Decisions of the Central Committee of CPC on Strengthening and Improving the Construction of the Party Conduct>* and strengthened the construction of the leading groups and the Party organizations at various levels in an all-around way under the subject of improving the leadership level and anti-corruption and risk-resistant capabilities of the Party organizations at various levels. In adoption of negative teaching materials such as Shenyang Muma criminal case and the corruption, bribery and official post purchase/selling case of Zhou Wei, former Director of tobacco monopoly of Shenyang city, carried out an education on clean and honest government among the officials of the Party and issued *Implementation Opinions on Construction Responsibilities of Clean and Honest Government.* Faithfully carried out the spirits of the 17th Political Work Conference of the State Administration, and earnestly conducted an education on the patriotism, the devotion to enterprise and post and citizens' ethics as well as various poverty relief and educational donation activities. Yingkou Cigarette Factory won the honor of an advanced spiritual civilization construction unit of Liaoning Province, and Benxi Company an advanced spiritual civilization construction unit of Benxi city and Anshan Municipal Company an advanced poverty relief unit of Anshan city. Yingkou Cigarette Factory, Shenyang Cigarette Factory and Shenyang Company won the honor of "Top 100 Taxation Enterprises of Liaoning Province".

Jilin Tobacco

Economic Efficiency set up a Record High On the basis of summarizing the "1234" trans-century reform and development strategies, at the beginning of 2002, the Provincial Administration (Corporation) put forward "1146" development strategy of Jilin Tobacco for 2002-2005, namely, "focusing upon one center (the center of improving economic efficiency), giving prominence to one main thread (the main thread of structural readjustment), implementing four major projects i.e. 'brand fostering', 'technical progress', 'network construction' and 'monopoly administration', carrying out six measures i.e. 'strengthening macro-control, continuing to attaching utmost importance to the standardization, speeding up informatization construction, strengthening enterprise management, and improving overall accomplishment and deepening institutional reform'". After one year of operation, "1146" development strategy initiated smoothly and maintained the sustained, healthy and rapid development of the economic efficiency of the whole industry. In 2001, the whole industry actualized an industrial and commercial tax and interest RMB980 million with a growth rate of 27.3% (calculated upon comparable terms), and in 2002, actualized an industrial and commercial tax and interest of RMB1.37 billion with a growth rate of 43% upon 2001, including a profit of RMB300.55 million with a growth rate of 80% (calculated upon comparable terms) 80% and set up a record high.

Made Breakthrough for Fake Cigarette Crackdown and the Investigation of Key Cases In 2002, the whole industry closely grasped the favorable opportunity of market clearing and rectification by the State Council and the provincial government, cooperated with relevant departments such as the public security intimately, and strengthened the strike and continuously consolidated the monopoly administration achievements already made. Firstly, attached more attention to clearing and rectifying cigarette businessmen in indoor trading markets and promoted the improvement of cigarette market order. Secondly, strengthened the strike against fake-brand cigarettes. The Provincial Administration defined "an scheme on joint fake cigarette crackdown" and "joint working system for fake cigarette crackdown" with the Department of Public Security of the Province, and organized two large-scale joint operations against fake cigarettes successively. The General Checking Detachment of the Provincial Administration and the 3rd Public Security Sub-bureau cooperated with the public security branch, smashed a secrete fake cigarette factory and confiscated one (set of) cigarette machine and a large quantity of raw and auxiliary materials. The Municipal Administration of Changchun smashed a fake-brand cigarette sub-packaging factory, and the Municipal Administration of Baishan smashed six tobacco cuts making sites, and the Municipal/Prefectural Administrations of Jilin, Yanbian, Jiutai and Fuyu each smashed one secrete tobacco cuts making site, and confiscated 14 tobacco cuts making machines. Especially on June 21, the Provincial Administration and the Department of Public Security of the Province successfully unearthed one illegal fake-brand-cigarette transport case, confiscated 1,150 pieces of fake-brand cigarettes with a case-involved value of over RMB600, 000 and captured 10 criminal suspects, and the public security branch has already wound up the investigation and will hand over the procuratorial branch for a public prosecution soon. The investigation and uncovering of this case forcefully cracked down rampant lawbreakers with an immeasurable awe effect. Thirdly, strengthened the track-down against criminals. Uncovered and prosecuted totally 33 cases each with a case-involved value of over RMB50, 000, detained 17 suspects, arrested 11 and sentenced 6 across the province. Fourthly, actively pushed forward domicile-based administration, and effectively improved the market monitoring capability. Established management archives of retailers widely, and carried out the responsibility system of monopoly checking officials for the businessmen within their management and the assessment and punishment mechanism connected with the sales task. Established a working system and workflow for domicile-based administration in order to push forward the domicile-based monopoly administration of the province steadily, and obviously improved the service concept of monopoly officials as well as the level of administration by law and standardized case handling.

Made Breakthrough for Network Construction 2002 is a year with a key breakthrough for the construction of cigarette sales network in our province. According to the requirement of the State Administration on the conference in Changdu, started with the shift of ideological concept, adopted a basic operation mode of "comprehensive sales investigation, centralized distribution, the separation of investigation from delivery, and monopoly sale combined" for urban network construction, sped up the network construction and promoted the overall boost-up of the provincial network construction and the improvement of management level in adoption of a means of overall development by breakthrough as well as the combination of urban and rural areas. Firstly, emancipated the mind, shifted the concept, and accordingly unified the knowledge of the leaders at various level towards the network construction. Through learning experiences of three provinces i.e. Gansu, Sichuan and Anhui, carried out an overall discussion on "emancipating the mind, and speeding up the development", changed over the understanding of all officials and workers of the whole industry towards the network construction from the root, and improved the consciousness and urgency awareness of network construction. Secondly, specified network construction mode and action program according to the actual situation. The Provincial Administration (Corporation) drew up and issued *Action Program on the Construction of Cigarette Sales Network of Jilin Province in 2002*, which defines the basic mode, objective and specific requirements for the network construction and provides the network construction of the province with a basis and specification. Thirdly, unified the ideology, practiced with great efforts and made a success through the tryout of network construction. Changchun, the provincial capital made a new progress for the network construction. In order to explore a network mode applicable for small and middle-sized cities and the rural area of our province, the Provincial Administration (Corporation) decided to conduct a tryout in Tonghua. The staff of the Municipal Administration (subsidiary company) of Tonghua including the principal, members of leading group and officials and workers all mobilized and attached utmost importance, and guaranteed the progress and quality of the tryout. The subsidiary company in Changchun set up the Sales Investigation Center, Distribution Center and Businessmen Management Center successively at the beginning of this year, remodeled the old mode of combined operation of sales investigation and distribution relying upon communities into current modern operation mode with vertical leadership, the separation of investigation from delivery, independent operation and three-line mutual control and scientific management. The overall boost-up of network construction and the continuous improvement of the management level promoted the stable development of cigarette sales volume. In this year, sold 788,000 cartons cigarettes with a growth rate of 0.3% (calculated upon comparable terms) and set up a record high.

Made Breakthrough for Development of Two Key Enterprises In 2002, two key enterprises i.e. Yanji Cigarette Factory and Changchun Municipal Administration (subsidiary company) played an increasingly important role, and especially exerted a gigantic function to bringing along the sustainable growth of the economic efficiency of the whole industry. Yanji Cigarette Factory actualized a synchronous growth of production and sale, particularly with a grow rate of sales volume higher than that of the output, which is a favorable trend. The structure of products obviously improved with the output of Category-1 and Category-2 cigarettes reaching 19,186 cartons with a growth rate of 12.1% (calculated upon comparable terms). The quality of economic operation obviously improved with a large-scale increase of economic efficiency indices. Actualized a sales revenue increase of RMB198.09 million and a growth rate of 22.3% upon the same period of last year, a tax and interest of RMB533.55 billion with a growth rate of 52.5% (calculated upon comparable terms), which accounted for 39% and 55.3% of the total tax and interest and the total industrial enterprise tax and interest of the whole industry respectively. Changchun Municipal Administration (subsidiary company) stuck to deepening the internal reform of enterprises, further improved the network construction, and consolidated monopoly administration achievements and actualized a large-scale growth of cigarette sales volume and economic efficiency. In 2002, the entire region sold totally 201,000 cartons of cigarette with a growth rate of 3.8% (calculated upon comparable terms), including 141,000 cartons of provincially produced cigarettes with a growth rate of 8.6% (calculated upon comparable terms), and the total sales volume and the sales volume of provincially produced cigarettes accounting for 25.5% and 25% of the total volume of the province respectively; improved the sales structure in large scale, with the sales revenue of one carton reaching RMB5,790 at a growth rate of 11% (calculated upon comparable terms); the entire region actualized a tax and interest of RMB105.49 million with a growth rate of 72.5% (calculated upon comparable terms), including a profit of RMB72.85 million with a growth rate of 77.3% (calculated upon comparable terms), accounting for 32.2% of the total profit amount of cigarette commercial enterprises of the province. The breakthrough development of two key enterprises ushered in the improvement of the structures of cigarette product and sale of the whole industry. In 2002, Category-1 and Category-2 cigarettes of industrial enterprises accounted for 4.6% of the total output with a growth rate of 1.4% (calculated upon comparable terms); the sales revenue of each carton of cigarettes of industrial enterprises reached RMB3, 494 with a growth rate of 16% (calculated upon comparable terms); the sales revenue of each carton of provincially produced cigarettes of commercial enterprise reached RMB3, 833 with a growth rate of 17.2% (calculated upon comparable terms).

Made Breakthrough for Informatization Construction and Technical Renovation
According to *Overall Layout on Informatization Construction of Tobacco Companies of Jilin Province*, carried out software development and tryout on sales investigation and distribution, e-commerce system, automatic office system, and distribution resources management system and monopoly administration system successively. 128KDDN private line of county companies and 2MSDH optical-fiber network of subsidiary companies and cigarette factories across the province all were put into service, and the information network completed the hardware installation, debugging and acceptance inspection, and "Jinye Sales Investigation & Distribution software" has already been popularized among county or higher-level companies for use. Completed the construction of seven Class-C satellite stations, and built up the high-speed information network of Jilin Tobacco with an integration of satellite and ground station focusing upon the latter. According to the "four priorities" put forward at the beginning of this year, actively carried out the development of new products and the renovation of traditional products in respect of technical progress, developed eight new products successively including soft Changbaishan and Xurihongji, renovated five traditional products including soft Changbaishen and red soft Ji, and actively conducted the research on reducing tar content and harmful substances in the cigarette fume, and strengthened the supervision and monitoring

over the product quality and consequently promoted the improvement of product structure, quality and technical content.

Made Great Achievements for Ideological and Ethic Education In 2002, the entire tobacco industry of the province carried out an ideological and ethic education widely, stuck to learning from original culture, conducted an education on traditional virtues and modern ethics, and started with finding out problems and mobilized the people to educate themselves; started with the overall and focused upon the actual effect for the establishment of good conduct; obviously promoted the enterprise management to a higher stage starting with the construction of enterprise culture. In October 2002, the National Tobacco Worker Political Seminar convened a secretary-general symposium in Jilin, popularized the experiences of the tobacco industry of Jilin Province, and briefed ideological and ethic education of the whole tobacco system of the province, which impressed the representatives on the conference deeply.

Tobacco Leaves Planting In 2002, the planting of tobacco leaves across the province continued to carry out the guideline of "market orientation, planned planting, quality foremost and layout readjustment" with stress upon "gross amount control, quality improvement, layout optimization and structural optimization". The whole province planted totally 189,000 mu of tobacco leaves, including 41,000 mu of sunned tobacco, 5,000 mu less than the planned amount. Purchased totally 286,000 mu of baked cigarettes, including 47,400 dans of high-quality cigarettes, accounting for 18.7% of the purchase amount, 43,00 dans of low-quality cigarettes, 16.9% of the purchase amount, with an average purchase price of RMB7.35/kg. Firstly, carried out the contractual production/purchase system of tobacco leaves in an all-around way. According to the requirement of the State Administration, our province signed baked cigarette production/purchase contracts printed uniformly by the provincial company with totally 11,116 tobacco growers before transplanting and effectively controlled the total production. Secondly, the technical content of tobacco leaves production obviously improved. The planting rate of new quality varieties reached 98.99% across the province, and the intensive seedling growing in greenhouses accounted for 74% of the total seedling-growing area; most producing areas adopted the special complex fertilizer containing 40% nitrate nitrogen for tobacco provided by the provincial company in an unified way, and niter fertilizer was popularized in major producing areas; the re-application of potassium popularized within a larger scope, and the prevention of plant diseases and insect pests went along imitatively and steadily, and bud control by agricultural chemical and second tip pruning were widely applied; on the basis of completed irrigation facilities for the entire western cigarette planting area, the auxiliary tobacco irrigation project was expanding towards the central and eastern tobacco planting area; the whole province newly established or renovated over 1,700 forced ventilation hothouses, over 2,100 stacked hothouses and over 100 Korean-type automatic hothouses, and accordingly created conditions to improve the baking quality tobacco leaves. Thirdly, further standardized the purchase. Examined and approved 62 set of baked cigarette samples and 35 set of sunned cigarette samples before the purchase so as to provide each purchase station with one set of qualified samples; issued *Implementation Procedures on the System of Tobacco Leaves Purchase Pre-inspection of Jilin Province*, carried out the purchase responsibility system and various purchase systems at various levels faithfully and further improved the grade purity of tobacco leaves with the average grade qualification rate of baked cigarette purchase across the province reaching 80.8% according to the inspection of the province. Fourthly, reformed the circulation system, and deepened the standardized operation. In this year, conducted a unified management through the contract system for provincial transfers, took a sample for testing from the key factory outside the province before the transfer in case of trans-provincial operation and guaranteed the implementation of shipping in order through detailed coordination.

Heilongjiang Tobacco

In 2002, the tobacco industry of Heilongjiang Province earnestly carried out the deployments of the State Tobacco Monopoly Administration, China Tobacco Corporation and the Provincial Party Committee and Government with stress upon "standardization, reform and renovation", attached utmost importance to the basis, to the standardization and to the implementation closely centering upon the establishment of "eight systems" and consequently made obvious achievements for various tasks. The sales volume cigarettes set up a new high. The whole industry of the province sold through retail and wholesale 46.893 billion cigarettes (937,900 cartons) with a growth rate of 4.72% (calculated upon comparable terms) and set up a record high. Economic efficiency set up a new high. The industrial and commercial enterprises of the whole industry of the province actualized a tax and interest of totally RMB1.433 billion (including a compensated loss of RMB39.63 million) with a growth rate of 60% (calculated upon comparable terms), including an industrial and commercial profit of RMB414 million (including a compensated loss of RMB39.63 million) with a growth rate of 79% (calculated upon comparable terms). The planting of tobacco leaves realized production control and quality improvement. In 2002, the whole province planted 400,000 mu of tobacco leaves, purchased 50,000 tons of baked cigarettes, including 13.7% of high-quality cigarettes with an increase of 1% (calculated upon comparable terms), 76% of middle-quality cigarettes with an increase of 0.43% (calculated upon comparable terms). The average price of each kilogram cigarettes reached RMB7.4 with an increase of RMB0.66 (calculated upon comparable terms). In 2002, exported 10,200 tons of tobacco leaves with a growth rate of 36% (calculated upon comparable terms), earned an foreign exchange of USD11.69 million through the export with a growth rate of 23% (calculated upon comparable terms) and set up a record high. In 2002, attached importance to the followings:

Constructed Coordinated Monopoly Administration System with Adequate Logistic Support In 2002, the whole industry of the province earnestly carried out "four objectives" and improved "five mechanisms", promoted the shaping of monopoly checking network mode and framework across the province on the whole and effectively cracked down "four illegal cigarettes". In 2002, the entire province uncovered totally over 47,000 various illegal cases, confiscated 21,000 pieces of various cigarette including 5853 pieces of fake brand cigarettes, uncovered 41 tons of tobacco leaves and finished tobacco cuts and 210,000 filter sticks; unearthed seven secrete cigarette factories, 12 secrete tobacco cuts factories and 21 tobacco machines with over RMB19.59 million fined or confiscated. The province evaluated and selected top ten fake/smuggled-cigarette crackdown cases, including three cases with a case-involved value of over RMB1 million and five with a case-involved value of RMB500,000-1,000,000. Strengthened the track-down against cigarette-involved criminals. In 2002, six suspects in fake-brand cigarette making, selling and transport cases were sentenced, and two for reeducation through labor, and 46 detained and 82 in administrative detention.

Constructed a Cigarette Production System with Better Quality, Structure and Efficiency in Conformity with Market Demand The Provincial Administration proposed to maximizing the efforts of the entire province to support the expansion and intensification of Harbin Cigarette Factory. After the Department of Science and Education of the State Administration invited the experts of Zhengzhou Academy to assist in technical testing and the renovation of technical process, Harbin Cigarette Factory obvious improved the quality of its products and set up a record high.

The Provincial Administration established Heilongjiang Tobacco Cigarette Technical Center in Harbin Cigarette Factor at the beginning of the year, renovated development strategies and developed Bai'nianlaobaduo, Laorenyi and Hongtaiyangdao market-popular cigarettes under the orientation of the market.

Built up Coordinated Networking Cigarette Marketing Network System with Clear "Three Lines" Covering the Market The commercial branch of the cigarette in the province earnestly carried out the deployments of the State Administration and the Provincial Administration, readjusted the strategy to overall sales investigation and distribution, and various prefectural and municipal subsidiary companies gradually canceled the sit-in-store operation at the beginning of May 2002, established sales investigation, distribution, checking and information centers, conducted sales investigation separated from distribution with full-time sales investigation and distribution and moved steadily closer to the objective of the urban and rural areas integrated as one for unified operation with monopoly sale combined, information management and higher accomplishment and stress upon encouragement.

In this year, through our down-to-earth work, we actualized 15 breakthroughs, including ideology and concept renovation, network construction boost-up mode, network construction pattern and mode, balanced development of integrated urban and rural areas, management system reform of county companies, management mechanism in combination of encouragements and restrictions, monopoly sale combined, accomplishment promotion of "three types of personnel", retailer-oriented service, informatization construction, standardized operation, macro-control, expanded and intensified organizational structure of the industry, major economic indices of the industry and two major efficiencies, and workers' mental outlook and etc.

Constructed a Tobacco Leaves Production and Management System Applicable for Market Demand, Production Base and Industrialized Operation In 2002, the Provincial Administration stuck to the guideline of "market orientation, planned planting, focus upon quality and layout readjustment" for the production of tobacco leaves, strictly controlled two contracts i.e. production and selling as well as planting with a total output of less than 50,000 tons and forged two major producing areas including Harbin and Mudanjiang, of which the planting area and commercial amount accounted for nearly 70% of the total amount of the province. Further improved the operation and management system of tobacco leaves, and readjusted interest relationships between enterprises. By 2002, have dismantled 17 hung rebaking production lines across the province and adopted relevant measures to reduce excessive staff and increase the efficiency. Carried out reviving the cigarette with science and education, gave a priority to tobacco leaves quality, and conducted standardized planting, and improved the structure of tobacco leaves and carved out a market both in other provinces and in the world with quality and credit.

Introduced Competition and Encouragement Mechanism and Energetic Enterprise Internal Management System The Provincial Administration perfected the target management year on year and mobilized the enthusiasm of enterprises and workers. Commercial cigarette enterprises continuously renovated and perfected the encouragement mechanism so as to mobilize the enthusiasm of all the staff to participate in the network construction. On one hand, readjusted the distribution system, and on the other hand, perfected the supervision and regulating mechanism. Industrial cigarette enterprises defined and carried out strict quality responsibility system so as to conduct a quality-wage system. The whole industry of the province introduced a competition mechanism and broke the rule to use talents.

Focusing upon the financial management, we strengthened the standardization construction of accounting basis. 81 enterprises of the whole industry of the province all actualized the target hitting and improvement of accounting basis; the IT application for accounting reached 100%, and the Provincial Administration (Corporation) took the lead in adopting of settled accounts inspection in the industry nationwide.

Constructed an Economic Operation Control and Management System with High Efficiency and Coordinated Operation The Provincial Administration drew up and carried out *Economic Operation Disciplines for the Tobacco Industry of Heilongjiang Province in 2002*, rectified and standardized the whole process of economic operation, and strengthened supervision and inspection.

In 2002, the Provincial Administration treated the structural readjustment as a main thread and readjusted the structure of products through strengthening industrial macro-control under the orientation of market; implemented the cooperation of industrial and commercial branches, and actively guided the consumption. The whole industry of the province cut down and reduced over 60 brands inside and outside the province upon last year.

Constructed and strengthened Measures, and Brought up and forged a Work Architecture of Highly-qualified Leading Official Team Strengthened the construction of leading groups at various levels, selected and appointed officials strictly in accordance with *Regulations on the Selection and Appointment of Leading Officials of the Party and Governments*, and stuck to selecting the officials with good conduct through a good system.

Through the activities of establishing "five-goods leading group", pushed forward the construction of leading groups of the whole industry of the province. In 2002, the Party Team of the Provincial Administration nominated the leading groups of 33 units such as Harbin Tobacco Subsidiary Company and Harbin Cigarette Factory as "five-goods leading group" of the whole industry of the province.

Built up a Construction System of the Party Conduct, Clean and Honest Government and Spiritual Civilization Applicable for the Development of the Industry Perfected the learning system, and regarded the learning of Deng Xiaoping Theory, important thought of Three Represents" and the spirits of the 16th National Congress of CPC as a priority of the whole industry of the province for the construction of spiritual civilization.

The construction of spiritual civilization made a great achievement. The Organ of the Provincial Administration has maintained the honor of provincial civilized model for four years, and the county or higher-level civilized units of the whole industry of the province reached 97%, which was nominated by the Provincial Party Committee and Government as a provincial advanced system for the construction of civilized units for three years successively.

Advanced models popped up consecutively, and the Provincial Administration ceremoniously commended the 2nd model workers and models of the whole industry of the province and the 2nd "Top Ten Golden Leaf Guards" of the province.

Further strengthened the construction of the Party conduct and clean and honest government. The launch of *Interim Provisions of Heilongjiang Province on Responsibility Investigation of Tobacco Industry* and *Interim Procedures of Heilongjiang Province on Discipline Inspection, Supervision and Case Investigation and Prosecution of Tobacco Industry and Detailed Rules on the Assessment of Responsibility System of the Construction of Clean and Honest government of the Party Members* standardized the investigation and prosecution of cases of the whole industry of the province, pushed forward the front of supervision and promoted the implementation of the responsibility system on construction of the Party conduct and clean and honest government and the provisions on the cleanness and self-discipline of leading officials.

Strengthened the democratic management of enterprises with efforts, carried out various authorities of the workers' congress and continuously promoted the openness of governmental and factory affairs.

(By Chen Lipeng)

Shanghai Tobacco

Shanghai Tobacco (Group) Corporation possesses the first-rate cigarette industry and auxiliary industries covering tobacco storage and transport, printing, machinery and materials, and is engaged in commerce, food, reality, finance and insurance, and hotel as well as other fields and turns out to be a large-scale diversified, intensive and modern enterprise focusing upon cigarette industry.

The (Group) Corporation implemented the strategy of "perfection and expansion" with an objective of "first-rate at home and advanced abroad", and the enterprises maintained a trend of sustainable, stable and healthy development, and the economic efficiency featured a trend of growth. In 2002, the (Group) Corporation actualized an industrial and commercial tax and interest of RMB12.8 billion, including a profit of RMB5 billion, with net assets reaching RMB20.4 billion. The (Group) Corporation won a number of laurels successively, such as "China Backbone" Outstanding State-owned Enterprise, the National "May 1" Labor Prize and the Image Prize of the Best Industrial Enterprise in Shanghai, and won the honor of the 1st Prize for economic operation quality and efficiency of the tobacco industry nationwide for eights years consecutively.

The (Group) Corporation attached importance to the construction of cigarette sales network, improved its competitive power continuously, and sped up the integration with the mainstream of the world, carried out numerous effective tasks, and shaped an advanced network operation mode in adoption of a means of telephone ordering, online distribution, electronic settlement and modern logistics with a content of standardized, routinized and informatized management under the objective of meeting the demands of customers, and established a standardized, scientific and high-efficient cigarette sales network architecture covering nearly 27,000 sites with reasonable layout, orderly operation, adequate control and fully exerted network function across the municipality.

The equipment level of the cigarette industry of Shanghai reached the advanced level in the world. A number of famous and top-quality cigarettes such as Zhonghua, Honghshuangxi and Mudan enjoyed a ready market across the country, exported to the overseas and won the favor of consumers. In recent years, launched low tar-content and harmful-substance products, endowed the cigarette of Shanghai with new life and competitive power. The (Group) Corporation has already set up ten tobacco leaves bases and seven oriented supply centers in 12 provinces and regions across the country and accordingly shaped a stable and reliable raw material supply system so as to guarantee the development of cigarette industry of Shanghai with top-quality raw materials.

Economic Operation of 2002 2002 is a year when Shanghai Tobacco (Group) Corporation further strengthened the strategy of "perfection and expansion" with consecutive leap-forwards and also a year when carried out the "Tenth Five-Year-Plan" of enterprises in an all-around way and pushed forward continuously. All the workers of the (Group) Corporation grasped the opportunities, advanced with the time, carried out various tasks with great efforts and originalities, perfected and enlarged the industry, replied to the competition and challenge with ease, and experienced various ordeals during the development of the enterprise, and completed the overall target of "121410" for enterprises and made abundant achievements for the construction of two civilizations.

1. The economic operation featuring a sustained, stable and healthy development maintained a favorable trend. In 2002, the (Group) Corporation continued to maintain a sustained, stable and healthy development trend, mainly including the sustained and balanced growth of cigarette production, a stable quality improvement and a record high of economic efficiency. All the year around, produced 1.38 million cartons of cigarette with a growth rate of 5.58% (calculated upon comparable terms); actualized an industrial and commercial tax and interest of RMB12.8 billion with a growth rate of 13.78% (calculated upon comparable terms), including a profit of RMB50 billion with a growth rate of 4.17% (calculated upon comparable terms); the net assets reached RMB20.4 billion with a growth rate of 23.63% (calculated upon comparable terms).

2. The market construction under the development orientation of standardization, routinization and informatization reached a new level. Firstly, the construction of cigarette sales network across the municipality made a great achievement. Centering upon the objective of "first-rate at home and advanced abroad", continuously perfected the network operation process of "telephone ordering, online distribution, electronic settlement and modern logistics", and sped up the integration with the world-advanced distribution mode and promoted the technical content of the sales network. By the end of 2002, cigarette network customers across the municipality reached up to 26,571, and the customers adopting telephone ordering and online distribution accounted for 93.49% and 6.27% of the total customers of cigarette retail network respectively; the customers adopting cigarette payment electronic settlement accounted for 94.31% of network customers. Secondly, the market construction outside the municipality guaranteed a stable price and sales volume. On one hand, attached importance to overall control, strengthened the marketing planning, and laid out the market reasonably and launched Shanghai-made cigarettes according the market demand. On the other hand, strengthened the identification of the demands of customers, sought for and explored the market of new products under specific objective and continuously expanded the market influence of Shanghai-made cigarettes. Thirdly, the construction of overseas market actualized three optimizations: optimized the structure of export products, optimized the structure of overseas market and optimized the cooperation form with customers. In 2002, the export of Shanghai-made cigarettes reached 77,400 cartons with a growth rate of 7.5% (calculated upon comparable terms); the export of self-run tobacco leaves reached 4,240 tons; the foreign exchange earned reached USD87.54 million with a profit of RMB42 million. Fourthly, the control capability of cigarette market improved continuously. Stuck to the guideline of "internal management and external crackdown" and "defense responsibilities", deepened the combination of monopoly sale, crackdown and prevention, and pushed forward the community-based management with efforts and explored a new mode of introducing the tobacco monopoly administration into the community and co-constructing the civilization with the community. In 2002, the whole municipality uncovered and prosecuted totally 14,578 illegal cases, clamped down 8,314 unlicensed dealers, smashed 38 fake cigarettes making sites and uncovered 6.748 million packs of fake-brand cigarettes with an indicated value of RMB89.23 million.

3. The market-oriented brand construction made new achievement. Firstly, the technical renovation and development capability of products improved. In 2002, successfully developed the 1st-generation low-harm Hongshuangxi cigarette; researched and developed new Mudan-branded cigarette for specific market demand; completed the research and development of 8mg Zhonghua-branded cigarette, 8mg Shanghai-branded cigarette and 5mg Hongshuangxi-branded cigarette by and large. Secondly, the control capability of product quality further intensified. According to the statistics, in 2002, the average tar weighted value of cigarette products of the company is 14.45mg with a decrease of 0.85mg upon that of last year i.e. 15.3mg; the average tar range value is 1.7mg. Thirdly, centering upon quality improvement, loss reduction and efficiency promotion, actively carried out the activities of quality shooting and QC group for the mass. In 2002, totally 136 QC groups of the (Group) Corporation registered and listed research subjects, and 1,017 workers participated in QC group activities, and the participation of numerous workers in QC group activities made abundant achievements.

4. The fundamental management under the objective of pushing forward the sustained progress of enterprises made a new progress. Firstly, continuously strengthened the development and management of human resources. Carried out talent borrow, and introduced high-level technicians; applied for the establishment of postdoctoral mobile station, and negotiated to introduce scientific research personnel with higher education background applicable for the technical development of enterprises; explored the mode of "subject-oriented" official training, and continuously improved the "complex-type" training method of workers and attached utmost importance to improving the originality awareness, professional capability and technical level of workers. Secondly, the framework of overall budget management shaped initially. In 2002, the Corporation officially issued two budget management procedures on the overall budget framework, namely, *Budget Workout Procedures* and *Budget Control Procedures* after the basic overall budget management system i.e. *Regulations on Budget Management* implemented Thirdly, steadily pushed forward the construction of raw material management system of tobacco leaves. Under the principle of meeting the demand of cigarette industry with quantity, quality and structure, continuously strengthened the construction of tobacco leaves bases and "maintenance and quality improvement" management of tobacco leaves raw materials. Fourthly, further strengthened the enterprise informatization management and construction. In 2002, centering upon the objective of "data share, system integration and resources optimization", constructed and implemented production and purchase-integrated system, quality integrated system and personnel information integrated system and also initiated financial integrated system.

5. Diversified investment operation with an objective of intensive commerce made a new progress. The construction of the third-party logistics center of modern commerce entered into a stage of overall implementation, and Shanghai Haiyan Logistics Development Co., Ltd. was officially established. According to the requirement of logistics distribution and intensive operation system, put forward the implementation plan of logistics distribution system and intensive operation information system. The diversified operation pushed forward steadily, and the third-industry management made a breakthrough with the shift of operation concept, and improved the quality of economic operation through the shift of operation strategy towards the market, marketing mode towards the brand and marketing means towards multi-channel. The investment abroad carved out during the standardization, and in combination of the assessment of assets, readjusted the stock right structure of some investment projects abroad, cleared the bad stock rights, and guaranteed the safety of investment and further optimized the structure of investments abroad.

6. The spiritual civilization construction with enterprise culture as a breakthrough brought along a new outlook. In 2002, the (Group) Corporation carried out an education with a theme of "perfection and expansion, and devotion to the work" among all workers; in combination of the education of *Implementation Outlines on the Construction of the Ethics of Citizens*, conveneda seminar on the construction of workers' ethics; pushed forward the characteristics construction of spiritual civilization through various promotional activities such as civilized units, civilized windows and civilized divisions and offices; continuously improved the accomplishment of the worker team and the civilization degree of the enterprise in adoption of various activities such as "weekend school" and "reviving China" readings. In respect of the construction of the Party conduct and clean and honest government, strengthened and perfected the educational activities on the Party conduct and clean and honest government strictly according to the requirement of the Party Organization and the Discipline Inspection Committee of higher authorities, combined the intensification of the fundamental management of enterprises with the supervision and restriction mechanism of enterprises integrally and consequently strengthened "two high-voltage lines" and "twin protection project". In the meantime, actively boosted the trouble-shooting project, continuously strengthened the cohesion force of the enterprise workers, and consolidated and perfected the multi-level worker's life guarantee system of "mutual help for a hospitalization, relief for a major illness and subsidy for a difficulty". The enterprise actualized obvious economic efficiency, and in the same time, the Corporation donated another RMB10 million for the municipal charitable foundation "China Charity & Education Foundation", and has already donated totally RMB53 million to China Charity & Education Foundation" by now with totally 5764 student/times receiving the assistance.

Development Trend of 2003 In 2003, the (Group) Corporation presented an overall guideline as follows: under the guidance of the spirits of the

16th National Congress of CPC, to carry out the requirements of the State Administration on "five guarantees" and the development plan of "Tenth Five-Year-Plan" of Shanghai Tobacco in an all-around way, continue to carry forward the enterprise spirit of "striving to be the first", further strengthen the strategy of perfection and expansion, and continuously increase the core competitive power of enterprises and maximize the efforts to build up Shanghai Tobacco into an enterprise group of "first-rate at home and advanced abroad". The enterprise objective of 2003 is called as "113110" in short, namely, to deepen one construction—spiritual civilization construction; grasp one priority—brand construction; actualize three breakthroughs—informatization construction, three-system reform and diversified operation; improve one capability—production control and guarantee capability; economic efficiency with an increase of 10%.

1. Maximize the efforts to shape a characteristic enterprise culture. Under the guidance of the important thought of "Three Represents" and the spirits of the 16th National Congress of CPC, to carry out a series of educational activities with the theme of "first-rate at home and advanced abroad", and renew the connotations of the enterprise spirits continuously. To exert the leading, model and exemplary role of the Party officials through carrying out the activities of the Party members' responsibility zone, the competition of "four leadings plus one first-rate" of the Party members, the establishment of the Party members' council system and deepening the construction of "five-goods leading group". To improve the accomplishment of technical worker team through establishing and perfecting the assessment, competition and encouragement mechanism of technical workers. To further deepen "people foremost" self-management of worker groups, push forward "the construction of worker's accomplishment project" and improve the democratic management level and state affairs participating and deliberating level of workers.

2. Maximize the efforts to foster cigarette brands with very strong vitality. Firstly, to organize the research and planning on the middle and long-term development strategies of cigarette brands, draw up a near and middle term brand implementation scheme, establish brand engineers and exert their active role to renovate and maintain the brands. Secondly, to continue to stick to the orientation of harm reduction with less tar on the basis of maintaining the inherent quality of cigarette products and meeting the demand of consumers in time, maintain a batch of famous-brand cigarettes from the angle of technology and image of cigarette products centering upon stabilizing and improving the quality of cigarette fume, and develop and reserve a batch of new cigarette products. In 2003, the average tar content weighted value of cigarette will try to reach 13.8mg.

3. Attach utmost importance to forging core product technologies with strong competitive power. According to the objective "advanced at home, and first-rate abroad" and under the guidance of the demands of the market and the society, to continue to stick to the product technology development orientation of harm reduction with less tar, plan closely centering upon the harm production with less tar, taste and style, appearance and package, and single-carton cost of products focusing upon improving and stabilizing the quality of cigarette fume, push forward a new round of technical renovation in an all-around way, and speed up the shaping of core technologies of products and support the improvement of core competitive power of the enterprises. The new round of technical renovation shall aim at the technical frontline, break through the key technologies, attach importance to the system integration, and shape intellectual property rights and speed up the transform and application.

4. Push forward the network construction with characteristics of modern logistics. According to the characteristics of modern market system i.e. unification, openness, competition and orderliness, to try to improve the network construction quality and operating level, and establish a network system of "telephone ordering, online distribution, electronic settlement and modern logistics" in an all-around way. To carry out various preparations for Haiyan Logistics and cigarette distribution, guarantee the normal operation of Haiyan Logistics Corporation and speed up the process of intensive commercial operation. With Haiyan Logistics Corporation as a flagship, to push forward the construction of intensive commerce in an all-around way, actively explore new industrial operation mode through the integration and allocation of assets and businesses, and try out the assessment of objective responsibility system for commercial corporations and make a new breakthrough for diversified operation and assets management.

Jiangsu Tobacco

In 2002, under the guidance of the important thought of "Three Represents" and the correct leadership of the State Tobacco Monopoly Administration and the Provincial Party Committee and Government, the tobacco system of Jiangsu Province grasped the opportunities, steadily pushed forward the work with efforts and made new achievements for various tasks.

Strengthened the Macro-control of the Economic Operation, promoted the Harmonious Development of Production and Sale and further improved the Quality and Efficiency of Economic Operation In 2002, the economic operation work of the whole tobacco system of the province with an objective of guaranteeing the stable and sustained development of the whole industry under the guideline of "production control, sales promotion, stable price and efficiency improvement", strengthened the macro-control, attached importance to handling the contradictions of gross amount and structure in the economic operation and overcame various difficulties such as cigarette tax rate change, smaller production plan, inadequate effective low-quality supply and stagnant sales volume growth. The sales volume of cigarette all the year slightly increased in a stable situation, and the price remained stable and the quality and efficiency of economic operation actualized new improvements.

In 2002, the whole tobacco system of the province produced totally 1.202 million cartons of cigarettes with a growth rate of 2.3% (calculated upon comparable terms), including totally 886,000 cartons of "major four famous cigarettes" with a growth rate of 18.5% (calculated upon comparable terms), accounting for 73.7% of the total output, higher than that of last year i.e. 63.7%. The whole system sold outside the system 2.1442 million cartons with a growth rate of 2.8% (calculated upon comparable terms). Actualized a cigarette sales revenue of RMB39.86 billion with a growth rate of 7.4% (calculated upon comparable terms), including a sales revenue outside the system of RMB22.902 billion with a growth rate of 11.3% (calculated upon comparable terms). Actualized a sales revenue of each carton of RMB10,681 with a growth rate of 8.2% (calculated upon comparable terms). Actualized a sales volume outside the system of 1.126 million cartons of locally made cigarettes with an increase of 2.8% (calculated upon comparable terms), and a sales volume outside the province of 137,900 cartons covering 32 provinces (municipalities and regions). Sold totally 867,800 cartons of cigarettes of other provinces with a growth rate of 33.5% (calculated upon comparable terms). The whole system actualized a tax and interest of RMB10.872 billion with a growth rate of 19.1% (calculated upon comparable terms), of which commercial enterprises actualized a tax and interest of RMB4.196 million with a growth rate of 14.7% (calculated upon comparable terms), and industrial enterprises actualized a tax and interest of RMB6.676 billion with a growth rate of 22.1% (calculated upon comparable terms). The whole system actualized a profit of RMB4.926 billion with a growth rate of 13.1% (calculated upon comparable terms), of which commercial enterprises actualized a profit of RMB3.259 billion with a growth rate of 14.3% (calculated upon comparable terms), and industrial enterprises actualized a profit of RMB1.667 billion with a growth rate of 10.1% (calculated upon comparable terms).

In 2002, the whole tobacco system of the province completed major economic indicators with a rank among the national tobacco industry as follows: a sales volume outside the system, the 3rd in the country; a cigarette sales revenue, the 2nd; an industrial and commercial tax and interest, the 4th; an industrial and commercial profit, the 3rd; an industrial tax and interest, the 5th; a commercial tax and interest, the 1st; an industrial profit, the 5th, and a commercial profit, the 1st. Jiangsu Tobacco further improved its role in the national tobacco industry.

With Stress upon "Four-without Target Hitting" Work, carried out "Year of Fake Cigarette Crackdown" Activities in Depth, and further rectified and standardized the Economic Order of Cigarette Market and increased the Management and Control over the Market In 2002, the monopoly administration of the whole tobacco system of the province continued to implement *Tobacco Monopoly Law* and tried to improve the supervision level. Centering upon the three-year-period objective of monopoly administration of our province, stuck to "internal management and external crackdown", carried out "Year of Fake Cigarette Crackdown" activities in depth, and earnestly conducted "Four-without Target Hitting" work, and strengthened the construction of team and continuously improved the accomplishment of law enforcement personnel and internal management level.

"Year of Fake Cigarette Crackdown" activities focusing upon four battles i.e. "Spring Thunder", "Lightning", "Clean-out" and "Four-without Target Hitting" effectively cracked down the crimes of illegal cigarette operations, and further improved the market cleanness rate and market control capability.

The entire province mobilized totally 181,769 person/times to crack down fake and smuggled cigarettes, uncovered and prosecuted 38,756 various cases, confiscated 14,150 illegal cigarette transport cases, uncovered 15,978 fake cigarette cases, confiscated 5,485.54 pieces of fake cigarettes, smashed 55 fake cigarette making sites and 830 fake cigarette selling and storage sites with RMB24.78 million fined or confiscated, arrested totally 148 illegal dealers, took 13 into custody, put 17 under surveillance and 30 for reeducation through labor and sentences 48.

The whole system earnestly carried out a responsibility track-down system of monopoly administration, further standardized the internal production and operation of the industry, strictly carried out cigarette production plans and relevant regulations on raw and auxiliary materials, special tobacco machinery and tobacco machine components, and rectified the production and operation orders. Attached utmost importance to carryout of *Lawsuit Standards on Administrative Punishment of Tobacco Monopoly* and strengthened the training so that the monopoly law-enforcement personnel can apply *Standards* proficiently to standardize the law enforcement and improve law enforcement level. Grasped the opportunity to participate in the unified exam of the monopoly law-enforcement personnel, and further improved the accomplishment of the monopoly team. Earnestly arranged and strengthened the trainings, and accordingly, the whole province completed the exam and assessment organized by the State Administration for the monopoly law-enforcement personnel of our province with high privation rate and good achievements.

According to the unified deployment of the State Administration, earnestly carried out the rectification of financial orders with stress upon "concealed account book funds", "small exchequer funds" as well as other illegal actions, researched and defined preventive measures, and further perfected the accounting system, and blocked up capital gaps and standardized the internal production and operation management of enterprises. Strengthened the management of the third-industry enterprises, grasped the opportunity of assets and capital verification with focus upon the liquidation of financial claims, and further specified the ownership, and solved the historical problems and cleared up the unfavorable influence.

Carried out the Work with Originalities and Appropriate Choices, boosted "the Separation of Investigation from Delivery, and Centralized Distribution and made a New Progress for Network Construction The whole tobacco system of the province made the best of and absorbed modern logistics technologies and information means, tried to promote the network construction level and exert the function of network, and went all out to actualize the shift from traditional sales mode to world-leading marketing mode and from extensive network to intensive network. Firstly, the entire province widely employed the separation of investigation from delivery and centralized distribution, and changed the traditional mode that integrated the investigation with delivery. Secondly, actively explored and applied modern marketing means such as telephone ordering and electronic settlement and popularized in a certain scope when transforming the operation mode of network in the meantime.

Various units of tobacco system of the province earnestly conducted cost reduction and efficiency improvement during the shift process of network construction mode according to the requirement of "four reduction plus one improvement". Readjusted cigarette retail market, and integrated network resources. At present, there are totally 247 wholesale stores across the province with a reduction of 631 upon that at the beginning of last year; 237 sales investigation stores with a reduction of 212 upon that at the beginning of last year; 7,439 employees hired by various sites with a reduction of 1,370 upon that at the beginning of last year; and, 425,000 retailers with a reduction of 64,000 upon that at the beginning of last year. Furthermore, various regions carefully checked and selected manufactures, brands and specifications in operation according to market demand, cut down excessive personnel, and strengthened the capital and expense management and controlled unreasonable expenditures. The network played a fundamental role in many aspects such as stable price, sales promotion, brand fostering, and the boost-up of economic operation quality and efficiency improvement, and the network construction is now pushing forward towards the satisfaction of three i.e. consumer, retailer and industrial cigarette enterprises.

Further sped up the industrial reform and

renovation, made great efforts to improve the core competitive power of Jiangsu Tobacco. From the strategic angle of the entire tobacco industry of the province, the tobacco system of Jiangsu province further strengthened the construction of tobacco leaves bases, increased the supports for these bases, and actively participate in the definition of technical production scheme of tobacco leaves bases, and earnestly carried out various technical measures, and effectively improved the infrastructure and condition of tobacco leaves bases and promoted the improvement of the planting and purchase level of tobacco leaves. Continued to attach importance to the transfer of applicable tobacco leaves, further optimized the stock structure and provided the cigarette production of our province with adequate raw material guarantee across the province.

Three cigarette factories earnestly digested and absorbed the equipment technologies and control technologies of new cut tobacco making lines and common engineering equipments during the technical renovation of "Ninth Five-Year-Plan", largely improved their technical and control technologies, and guaranteed the stable quality of products and further reduced the consumption of tobacco leaves and auxiliary materials. Various factories went all out to shape a technical renovation system, and Huaiyin and Xuzhou Cigarette Factories were approved to establish an industrial-level enterprise technology center, further boosted the renovation and development of tobacco technologies and gradually improved the scientific research and development capability of enterprises. Various cigarette factories carried out fundamental research on tobacco leaves and auxiliary materials in adoption of technical renovation project of "Ninth Five-Year-Plan" and the advantage of 1140CO_2 expansion tobacco cuts project that already put into production, improved the technical content of product recipe and boosted up the stability of product quality. Actively adopted tar-reduction technology and filter-stick filtrating technology, strengthened the research on the application of expansion tobacco cuts, and enlarged the application scope of raw materials and reduced the tart content of products continuously.

The entire province sped up the informatization continuously, actualized a broadband WAN connection at provincial, municipal and county levels in an all-around way, put into operation the videoconference system of the Provincial Administration (Corporation) with various Municipal Administrations (subsidiary companies) and factories and provided a facility for online conference, teleeducation and training. The management modernization driven by informatization now is going along step by step, and the informatization played a important role in industrial information share, business regrouping and process restructuring and positively improved the management level of the industry and promoted the reform and renovation of industrial management concept and management mode.

The Provincial Administration (Corporation) grasped the opportunity of the readjustment of some county (city) administrative regions across the province by the Provincial Government, canceled the legal personality of county-level tobacco companies within the same city, carried out a restructuring for the internal system, and accordingly reduced independent accounting units, strengthened the monopoly work and intensified the competitive strength of subsidiary companies. Various Municipal Administration (subsidiary companies) across the province earnestly carried out "three-fixing" work covering "functional allocation, and institutional and personnel establishments", effectively streamlined the institutions, specified the functions, and optimized the team and improved the comprehensive accomplishment of the industrial team and market competitive power.

The Provincial Administration (Corporation) publicly recruited and employed officials for some deputy-director-level posts of the Organ of the Provincial Administration (Corporation) from the whole tobacco system of the province according to the regulations on the selection of officials, activated the awareness of numerous officials and workers towards participation and competition, and improved the transparency of official selection, and unearthed young fellows qualified for "four modernizations" and boosted the vitality of enterprises. Various units also stuck to the principle of "openness, fairness, competition and choice of the best", pushed forward the reform of official and personnel system, optimized network employees and made great efforts to establish a mechanism of "competence to work both at the top and at the grass roots, effective encouragement, strict supervision, competition and choice of the best and vigorousness".

The education and training of the province with an objective of improving the comprehensive accomplishment of officials and workers started with market demand, industry demand and enterprise demand, carried out collective trainings and individual trainings and tightened up the post training with new knowledge, new technology, new technique and new method as main contents. Attached importance to bringing up the working ability in a post, production and operation skills and technical renovation capability of officials and workers, made great efforts to push forward the establishment of "enterprise capable of absorbing new ideas" and provided a human-resources guarantee for the promotion of the core competitive power of Jiangsu Tobacco.

Learned the spirits of the 16th National Congress of CPC in Depth, made Great Efforts to Practice the important thought of "Three Represents" and made a New Achievement for Spiritual Civilization Construction of the Industry Numerous officials and workers of the whole tobacco system of the province earnestly learned the "July 1" and "May 31" speeches by President Jiang Zemin and the report of the 16th National Congress of CPC in adoption of many forms, and continuously improved the consciousness and firmness for practicing the important thought of "Three Represents". Organized the Party's knowledge competition and speech contest of "learning Three Represents on the occasion of the 16th National Congress of CPC", carried out series of educational activities on "being a clean and honest officials on the occasion of the 16th National Congress of CPC" and greeted the 16th National Congress of CPC with practices. After the 16th National Congress of CPC, the Provincial Administration (Corporation) sent down *Notice on Learning and Carrying out the Spirits of the 16th National Congress of CPC* in time, and various units organized the staff to watch the live program of the conference, listened to the report of the instruction team, and held a course and raised a climax of learning the spirits of the 16th National Congress of CPC in a very short time.

The Party Organizations of the whole system at various levels earnestly carried out the spirits of the 17th Political Work Conference of the State Administration, and carried out the activities of "one grasp, two strives and three establishments" widely. According to *Implementation Opinions on Carrying out Civilized Industrial Activities in the Tobacco System of the Province* issued by the Party Team of the Provincial Administration, established a demonstration system of spiritual civilization and carried out the construction of spiritual civilization from a point to the overall. Some units have already been listed in provincial and even national spiritually civilized units. The whole system further strengthened three tasks of anti-corruption and tightened up the prevention and control of corruption from the source. Earnestly attached importance to the implementation of the responsibility system on the construction of the Party conduct and clean and honest government, and further established and perfected the responsibility network of anti-corruption and building up a clean government. Carried out promotional and educational activities with a theme of "establishing a correct philosophy towards power firmly" in depth, carried out diversified warning and instructive activities and further perfected the archives of division-level officials and the principals of country-level administrations (Corporations) on the clean and honest governance. Standardized handling procedures of complaints letters for the discipline inspection and supervision departments of the whole system, attached utmost importance to the checking of complaint letter handling, and strengthened the uncovering and prosecution of cases and forcefully promoted the construction of the Party conduct and clean and honest government of the entire system.

(By Li Yikuang & Zhuang Hua)

Zhejiang Tobacco

The tobacco industry of Zhejiang Province includes Hangzhou and Ningbo Cigarette Factories, 11 municipal tobacco subsidiary companies and 65 county-level companies with nearly 10,000 workers.

In 2002, numerous officials and workers of the tobacco industry of Zhejiang Province under the correct leadership of the State Administration and the Provincial Party Committee and Government under the inspiration of Zhejiang Tobacco spirits, went all out to implement "123" promotion project, pushed forward the strategy of sustainable development strategy and outstanding major business plus strong bybusiness in an all-around way with coordinated production and purchase, stable market, consolidated network, renovated management and high-speed economic efficiency growth and laid down a decisive and fundamental basis in order to actualize the objective of reviving the province with modern tobacco allsidedly.

Overfulfilled Various Economic Objectives determined by the Beginning of the Year allsidedly Actualized a gross output of 1.092 million cartons of cigarette with a growth rate of 3.8% (calculated upon comparable terms), actualized a gross industrial output value of RMB10.69 billion with a growth rate of 10.8% (calculated upon comparable terms); actualized an industrial added value of RMB8.17 billion with a growth rate of 16.5% (calculated upon comparable terms). Sold totally 1.604 million cartons of cigarettes with a growth rate of 3.5% (calculated upon comparable terms), and actualized a gross wholesales of RMB21.75 billion of cigarettes with a growth rate of 14.2% (calculated upon comparable terms). Actualized an industrial and commercial tax and interest of RMB12.29 billion with a growth rate of 19.6% (calculated upon comparable terms), including a tax and duty of RMB6.95 billion and a profit of RMB5.34 billion; actualized an industrial tax and interest of RMB7.61 billion with a growth rate of 13% (calculated upon comparable terms); actualize a commercial tax and interest of RMB4.68 billion with a growth rate of 32.3% (calculated upon comparable terms). Three subsidiary companies and two county-level companies across the province actualized a profit of over RMB100 million, and 14 county-level subsidiary companies exceeded RMB50 million, and 60 county-level companies exceeded RMB10 million.

Obviously perfected and expanded Major Brands The industrial and commercial branches cooperated to foster major brands of Zhejiang Tobacco with great efforts, and further optimized the production and sales pattern of cigarettes. The series of three national famous and top-quality cigarettes including Dahongying, Liqun and Wuyi actualized an output of over 340,000 cartons with a growth rate of 11.7% (calculated upon comparable terms). Eight backbone brands including Liqun, Xiongshi, Xin'anjiang, Xihu, Dahongying, Wuyi, and Shangyou and Gongdeng reached an output of 797,000 cartons, accounting for 73% of the gross amount with a growth rate of 22.4% (calculated upon comparable terms). It is especially inspiring that seven cigarette trademarks including Dahongying and Zhonghua all won the honor of "Chinese Famous Brand". Industrial enterprises cut down four average trademarks for cigarette production, and the trademark with an annual output less than 5,000 cartons all stopped production; the circulation field carried out trademark-reduction measures step by step according to the plan, and the manufactures and brands in operation reduced 10% upon last year. Market brands outside the province further centralized. Two factories cannibalized 177,000 cartons of cigarettes for other provinces, of which the gross amount kept balance while the structure largely improved with high-efficiency brands accounting for 63.1% of the gross amount, including 39,000 cartons of Liqun with a growth rate of 65.4% (calculated upon comparable terms), 26,000 cartons of Dahongying with a growth rate of 13.7% (calculated upon comparable terms) and 12,000 cartons of Wuyi with a growth rate of 14.7% (calculated upon comparable terms). The export maintained a high growth. Exported 268,000 cartons of cigarettes with a growth rate of 27.6% (calculated upon comparable terms), which quadrupled within three years; earned a foreign exchange of USD17.09 million with a growth rate of 33.3% (calculated upon comparable terms).

Optimization of Three Networks made a New Progress Under the principle of "integration, optimization and boost-up", readjusted the layout of sales outlets, reduced the direct operation cost of provincial sales network about RMB15 million with the network-access sales rate reaching up to 98%. Shaped service brand, deepened the operation concept of "customer foremost, and faithfulness oriented" among the people, and established a new dependent relationship between tobacco companies and cigarette dealers gradually and improved the credit and affinity. Optimized the layout of offices (detachments), established a central monopoly administration office for the monopoly administration network, and accordingly improved the orientation, effectiveness and market control capability of the management and shaped a pattern of outstanding offices and forceful detachments. Information network construction further deepened. The connection rate of industrial WAN reached the design requirement; OA system smoothly finished the extension across the province; business and monopoly application systems met the requirement of the industry for the ceaseless changes and development of operation and management modes.

Harshly cracked down "Four Cigarettes and One Network" The market cleanness rate obviously improved. In respect of the monopoly administration work, centering upon "Year of Fake Cigarette Crackdown" with stress upon "four cigarettes and one network", carried out three large-scale special operations i.e. cracking down the secrete cigarette transport and selling network of the suspects from Wenling, cracking down illegal cigarette machine assembly and regration and "clearing the market, cracking down regraters and guaranteeing the project" with our meticulous deployment in an all-around way. According to the requirement of rule by law and scientificalness, ceaselessly standardized and perfected the means of monopoly administration, issued various regulations on tip-off premium and license management, established the system of case-handling supervision with a nameplate, and actualized the online handling of "three licenses", online case handling and online information transmission by and large and pushed forward the reasonable layout of retail licenses. Strengthened the popularizing of laws and regulations on tobacco monopoly administration in adoption of various forms such as explaining the laws with cases. Since the implementation of the second round of the three-year-period target of monopoly administration, the market status of the province has fundamentally improved, and in 2002, the amounts of fake and smuggled cigarettes uncovered across the province reduced 89% and 50% respectively upon that of 2000.

Carried out the Wholesale "Uniform Price System" smoothly From the end of February of last year, the province unified the wholesale price threshold for all cigarette brands. Through the cooperation of production, sale and administration branches, the cigarette price was relatively stable across the province, and the market was further standardized. Actively explored the unification of retail prize when unifying the wholesale price threshold in the meantime. The unification of retail price in Taizhou, Zhoushan, Xiangshan, Xinchang and Jiangshan made a good achievement. Circulation enterprises across the province exerted the network function and strengthened fundamental management according to the requirement of major bands and overall market, further optimized the business structure on the basis of stable sales volume and universally presented a favorable situation with the growth rate of sales amount higher than that of sales volume and the growth rate of gross profit higher than that of sales amount.

Strengthened the Centralized Investment of Bybusiness Various regions further specified their investment orientation and development priorities. Jinhua, Shaoxing, Hangzhou, and Ningbo as well as other regions further optimized the investment structure with intensive and large-scale investments under the guidance of subsidiary companies. "Xiangyi Reality", a reality enterprise founded in Jinhua has already marched into Hangzhou. The member enterprises of "Xiangyi Tourism" obviously improved their management level, service quality and economic efficiency. Last year, in an unfavorable situation of stagnant stock market and increasingly growing capital operating risks and difficulties, the entire system actualized a profit of RMB318, 000 with a growth rate of 9.16% (calculated upon comparable terms) in adoption of a diversified operation besides the profit of cigarette retail.

Earnestly carried out Rectification and Standardization with Stress upon Financial Order Various regions regarded the rectification of financial order as a source of standardizing management and preventing corruption, attached great importance to the ideological guidance, and organized with great efforts through appropriate institutions and laid stress upon the rectification of small exchequer funds and concealed account book funds. In combination of the implementation of the uniform price system, various regions strengthened the rectification of eight types of cigarettes, and most units have already established management procedures for these. Standardized the purchase and selling channel, carried out the clearing and rectification of pooling tobacco enterprises and canceled the wholesale qualification of seven pooling tobacco enterprises. Drew up and issued *Interim Provisions of Zhejiang Province on Investment Management of the Tobacco System*, carried out an investigation and clearing on investments abroad, and dissolved and merged six enterprises and withdrew the investment from projects running with no income or under deficit for a long time.

Completed the Institutional Reform of Municipal Administrations allsidedly 11 Municipal Administrations (subsidiary companies) across the province completed the institutional reform smoothly. During the institutional reform, we carried out a public competition and selection of the best for the appointment of officials in an all-around way, and a number of excellent young and middle-aged officials were recruited for middle-level key posts of the Municipal Administration (subsidiary companies). On the occasion of the issuance of *Rules on Officials Appointment*, readjusted and enriched the leading groups of the Party and the administration of two cigarette factories and eight Municipal Administrations (subsidiary companies), appointed and removed totally 29 division-level leading officials, and made a new progress for the construction of leading groups. Carried out the supervision and regulating mechanism of leading officials with stress upon the principals and strengthened the supervisory management for the principals and leading groups.

Made New Progresses for the Construction of Work Style and Image Carried out the decision of the 6th Plenary Session of the 15th National Congress of CPC and conducted "Year of Work Style Construction" activities within the industry. Deepened the spirits of Zhejiang Tobacco, earnestly carried out the education under the theme of "work style shift to greet the challenge" and the activities under the theme of "comprehensive discussion on the image of Zhejiang Tobacco". Up to 18,800 person/times of the industry put forward their views online, proposed the originality of image design and image fostering, on the basis of which six major concepts of Zhejiang Tobacco, eight major image standards and three major regulations on language, service and behaviors shaped. Earnestly learned the "May 31" speech by President Jiang Zemin and the spirits of the 16th National Congress of CPC, and carried out a comprehensive discussion on the emancipation of the mind. Strengthened the construction of the Party conduct and clean and honest government, scientifically divided the responsibility objectives for the construction of the Party conduct and clean and honest government and specified the responsibility objects, assessment contents and responsibility track-down; tightened up the preventative education to further consolidate the ideological frontline of anti-corruption.

(By Luo Xiao)

Anhui Tobacco

In 2002, the tobacco industry of Anhui united to strive with efforts and sped up the development with stress upon pushing forward "six shifts", and smoothly actualized the objective of "comprehensive development at a higher level". Actualized a tax and interest of totally over RMB6 billion, a tax and duty of over RMB4 billion and a profit of RMB2 billion, all with a large-scale increase (calculated upon comparable terms) all the year.

Initiated the Strategic Shift allsidedly The entire industry increased the awareness of service and renovation, boosted up the service level and shaped a service-value chain initially. The agriculture evolved from the planned production to contractual production, established the ideology of offering services for industry and began to transform from grower to provider. The industry evolved from manufacturer to both manufacturer and service provider, researched the consumption and guided the market initiatively, and developed merchantable products.

The commerce offered service for the industry on front end, explored the market, fostered the brand, and provided retailers and consumers with services on back end and pushed forward service marketing and customer relationship management with focus upon the improvement of customers' "four degrees". Enterprises forged a new operation mode initially with a core of service under the orientation of market through structural readjustment and restructuring of business process. When providing market and customers with services, actively explored new fields, sped up the construction of modern logistics in the meantime and shaped an "Antai" service brand across the province initially.

Obviously improved the Quality of Economic Operation Optimized the layout of tobacco leaves production, planted and purchased strictly in accordance with the plan and the contract respectively, purchased 280,000 dans of tobacco leaves with a growth rate of high quality cigarettes reaching 6% (calculated upon comparable terms) and reversed the losses into profits. The industry sped up technical renovation, carried out alternate operation and shaped comparative advantages, and the product quality, competitive power and profit-making level of various factories largely improved. Produced 1.749 million cartons of cigarettes with a growth rate of 2.1% (calculated upon comparable terms) all the year. Further improved the centralization of brands with eight brands in possession of a production and sales volume of over 100,000 cartons and four brands over 150,000 cartons. The industry sold outside the province 280,000 cartons and actualized sales revenue of RMB1.92 billion with a growth rate of 33% and 26% respectively (calculated upon comparable terms). The commerce attached utmost importance to the market to boost up sales volume, readjusted the structure to improve efficiency and sold through wholesale 1.533 million cartons of cigarette with a growth rate of 7.4% (calculated upon comparable terms); sold 167,000 cartons of three major famous cigarettes with a growth rate of 23.8% (calculated upon comparable terms) and 436,000 cartons of five top-grade cigarettes with a growth rate of 42.1% (calculated upon comparable terms), and two sales volumes in above accounted for 39.4% of the total sales volume with a growth rate of 36.5% (calculated upon comparable terms) with corresponding sales revenue accounting for 60.8% of the total revenue with a growth rate of 35.5% (calculated upon comparable terms); the average price of every ten packs of cigarettes across the province was RMB28.5 with a growth rate of 10% (calculated upon comparable terms). The cigarette storage was reasonable with an average industrial and commercial storage through the year of 81,500 cartons. The storage of tobacco leaves reduced with obviously better structure, and particularly, the historical storage of provincially made tobacco leaves were dissolved by and large.

Further improved Market Order Maintained a high-pressure status of monopoly administration. Various units established the concept that the monopoly administration is a major economic growth point, continued to rectify and standardize the economic order of the market, set up a joint conference system with the public security department and strengthened the crackdown and track-down. Smashed 261 various fake cigarettes making and storage sites, confiscated 31,763 pieces of various illegal cigarettes, over 200 tones of tobacco cuts and tobacco leaves for fake cigarette making and 12 (set of) fake cigarette making machines, and detained, sentenced, arrested and reeducated through labor 304 suspects with over RMB13 million fined or confiscated all the year.

Domicile-based administration made a breakthrough. Some regions replying upon the force of the government and society promoted monopoly administration from industrial act to governmental act and social act; changed the internal mechanism and mobilized the enthusiasm of workers in adoption of competitive appointment, competitive bidding for task, and post evaluation and distribution readjustment; explored the combination of domicile-based administration with the customers' relationship management, established the Cigarette Dealers Association and carried out differential management and service for retailers; grasped the opportunity of discount sale and layout integration of retailers and carried out a comprehensive research on domicile-based administration in adoption of the technical means of one code for one retailer and a major measure of process optimization with focus upon internal mechanism shift and the accomplishment improvement of the personnel.

Established Information Platform initially, and continuously optimized the Business Mode Obviously sped up informatization, built up an industrial WAN based upon Internet, set up an information platform with sophisticated functions, and carried out new business systems online, covering commercial and industrial cigarette cannibalization, industrial material purchase, commercial service marketing, and capital pooling management successively with customer database, logistics information and telephone ordering systems under construction. Under the support of the information platform, optimized and perfected the business mode ceaselessly. Began to try out call center, telephone order and online ordering mode; sped up the construction of integrated comprehensive logistics and distribution system across the province, carried out specialized distribution, semi-automatic sorting and extended one code for one retailer; developed the monopoly towards a full-time branch, separated the functions of the market managerial staff and the checking personnel and ceaselessly improved domicile-based administration mode; further integrated the urban and rural networks, expanded the separation of investigation from delivery continuously and transformed the function of sales investigators from door-to-door order collection to customer manager. A high-efficiency and low-cost operation and management system with focus upon supply chain management, service marketing and customers relationship management is shaping gradually.

Pushed forward the Reform and Renovation in Depth The entire industry carried out objective management and achievement evaluation, connected with the distribution accordingly and shaped an impetus/pressure-balanced mechanism initially; conducted a competitive appointment within the whole industry of the province, and many units conducted competitive bidding for task; carried out social management for newly recruited personnel; adopted new achievement linkup procedures to materialize the connection between distribution and contribution; actively pushed forward the internal structural readjustment and personnel reduction for higher efficiency of enterprises, adopted a mode of "one factory plus three companies" and "one company plus three centers" and strengthened the assignment of redundant personnel to other jobs, the separation of major business from Bybusiness and peeling-off of excessive functions of enterprise; the close-off of Bozhou and Dangshan Cigarette Factories made a material breakthrough.

The renovation made a new progress. The agriculture popularized new technologies and techniques, and intensive hothouses have passed the acceptance inspection of experts organized by the State Administration, and are listed in the technology popularizing architecture for tobacco leaves planting nationwide this year. Centering upon "four reductions and four improvements", the industry carried out a technical renovation and launched a batch of original and high-technical content products, such as Huangshan Shijijingdian, Guobin Yingkesong, Guibin Yingkesong, Guangming Xinwan, 8+12 Hongsanhuan and Xiangmei, with the average tar content of provincially produced cigarettes reducing to 14.6mg/cigarette from 15.4mg/cigarette of last year. Some units realized abundant achievements for their original work, and the commerce explored new business modes such as telephone ordering, membership system, chain store and one price system; created a series of novel practices such as competitive appointment of posts, public bidding for the line, dynamic assessment, the selection of market management star and the governmental assessment of monopoly and extended to the whole province gradually.

Continued to strengthen Macro-control, and improved the Standardization Consciousness of Enterprises According to the comprehensive concept of alternate operation, the industrial enterprise consciously oriented the enterprise itself and the brand, and accordingly optimized the productivity pattern of the industry. Stuck to control the storage and production and determine the production according to the sale with appropriate shortage, and improved the structure of products when guaranteeing a stable market in the meantime, with the output of Category-1 and Category-2 cigarette presenting an increase of 12% and 138% respectively (calculated upon comparable terms) and the output of Category-5 cigarettes presenting a decrease of 20% (calculated upon comparable terms). Actively integrated the brands and cut down the brands and specifications for cigarette production from 52 and 133 at the beginning of last year to current 19 and 84 respectively, of which 53 specifications sold within the province shaped a brand architecture mainly including Huangshan, Yingkesong, Guangming, Dujiang, Shengtang, Dubao, Hefei, Hongsanhuan and Xiangmei by and large. Further rectified the cigarette price system within the province, standardized the publicity and sales promotion within the province, provided the proportion upper limit of the sales volume of locally made cigarettes by the companies at producing areas, focused upon regulating and controlling the production and sale of Category-5 cigarettes, adjusted and controlled the development rhythm reasonably and dissolved RMB620, 000 million of bad assets. Through the scientific regulation and control, the comprehensive strength of the industry further improved, and the harmonious development pattern between the industry and the commerce, enterprises and brands took shape initially.

Technical Renovation and Management reached a New Level Implemented the technical renovation project in an all-around way. Hefei Cigarette Factory took the lead in completing the comprehensive renovation, and Bengbu Cigarette Factory started the technical renovation of 50,000m^2 combined workshop at the end of last year, and Wuhu Cigarette Factory is now carrying out the selection of key equipment models, and Chuzhou Cigarette Factory has begun to implement the principal part of the technical renovation project, and Fuyang Cigarette Factory has already listed the technical renovation in the plan; in the same time, readjusted and utilized equipment resources reasonably according to the orientation of various factories. Various factories largely improved their technical equipment level, attached importance to combining technical renovation, technique and management and pushed forward the technical progress allsidedly.

Continued to strengthen the management basis. Carried out objective management and achievement evaluation, and explored the workers relationship management and supply chain management and accordingly promoted the shift from traditional management to modern management. The operation of application systems covering material purchase, automatic office and service marketing boosted up high-level and in-depth development of management and standardization. Strengthened various managements after the county-level legal personality canceled, perfected the systems and procedures on key decisions, investments, bulky capital use, capital project approval and public bidding, and strengthened budget management, carried out new rules on cost accounting, tightened up audit supervision and promoted the institutionalization and routinization of management and regulations. Earnestly carried out the special rectification of financial order, and strengthened the management of production safety.

Continued to strengthened the Construction of Team and Culture Organized the whole industry to learn and carry out the spirits of the 16th National Congress of CPC in depth, conducted warning educations, and attached utmost importance to the supervision and inspection over personnel selection and appointment, major investment and public biddings, carried out the rules covering conversation on clean and honest government, encouragement and warning, handling promise for complaint letters with signature and responsibility track-down, and further strengthened the construction of the Party conduct and the officials' work style; stuck to democratic centralism, standardized decision-making procedures, and the leading groups at various levels improved their capabilities for comprehensive control, operation and management; further strengthened ideological and political work, labor union, association and retired officials as well as other work and obviously improved the service awareness and work efficiency of the organ; advocated the learning-oriented work and work-oriented learning with totally 14,000 person/times participating in various trainings, held two training courses for division-level officials particularly and initiated a vigorous mass campaign of learning within the industry; actively fostered an industrial culture from a strategic angle of improving long-lasting competitive power of the industry, and the core value of "faithfulness, virtue, diligence, wisdom, and teamwork and share" was deeply rooted among the people, and the added and created value of services became a common understanding, and the diligence, wisdom and efficiency turned out to be conscious acts.

(By Li Jialin)

Fujian Tobacco

In 2002, the economic efficiency of the entire tobacco industry of the province went up rapidly, with a tax and interest of RMB6.06 billion at a growth rate of 18% upon last year and a profit of RMB2.12 billion at a growth rate of 28%. Three cigarette producing regions i.e. Sanming, Longyan and Nanping actualized a steady growth of both tobacco leaves quality and efficiency despite agricultural disasters. The entire province purchased 1.7 million dans of tobacco leaves, strictly controlled within the state plan and sold 1.59 million dans of tobacco leaves with an increase of 200,000 dans upon last year. Produced 985,300 cartons of cigarettes with a growth rate of 2.3% upon last year all the year. Sold 1.061 million dans of cigarettes with a growth rate of 9%. The sales volume of cigarette across the province broke through a historical one million cartons, including 884,000 cartons of locally made cigarettes with a growth rate of 0%, totally 199,000 cartons of Category-1 and Category-2 cigarettes, accounting for 18.8% of the total sales volume with a growth rate of 1.3%

(calculated upon comparable terms) and 596,000 cartons of Category-3 cigarettes, for 56.2% with a growth rate of 2.9%. Six backbone brands including Qipilang and Shishi actualized a total output of 831,000 cartons, accounting for 84.3% of the gross output with a growth rate of 6.4%; a sales volume of 750,000 cartons, accounting for 70.7% of the total sales volume with a growth rate of 4.8%, and improved the centralization of backbone brands steadily. In this year, the industry made obvious achievements for various tasks, boosted the overall situation with breakthroughs and pushed forward the comprehensive cigarette sales distribution of our province through the demonstration of cigarette network construction in Xiamen under the guidance of the model; the principals of the Administrations (Corporations) at various levels attached utmost importance to the improvement of cigarette market share in key counties by themselves, focused their attentions upon the construction of 66 monopoly administration offices and positively boosted up the improvement of market control capability and the fundamental construction of monopoly administration; "unified price defense" and "network construction breakthrough" from July to September further strengthened the comprehensive operational control of cigarette economy across the province.

Rectified and standardized Economic Order of Tobacco Market In 2002, the special operation of fake cigarette crackdown across the province made great achievement. Tobacco monopoly departments at various levels closely cooperated with the law enforcement branch such as the public security with an objective of "smashing the illegal sites, punishing criminals, destroying network and digging out backstage supporter", adopted emergency measures, investigated and prosecuted totally 19,000 cases, captured 1,301 suspects, detained 452, arrested 321, and re-educated through labor 77 and sentenced 183 all the year and heavily cracked down the fake cigarette making and selling network. After the special operation finished, tobacco and public security departments established a long-lasting cooperation mechanism and changed the fake cigarette crackdown from "containing" to "rooting out". The special rectification of tobacco industry on financial order rolled out in order allsidedly according to the requirement of the State Administration, and audit departments fully performed the supervision and service function of internal audit, completed 1,196 audit items and saved an expense of over RMB30 million. Enterprises set up a comprehensive budget management concept gradually, and the annual budget and monthly cash flow budget programming went along smoothly. The Capital Management Center of the industry was put into operation formally, and by the end of last year, the amount of loans within the membership units reached totally RMB1.69 billion and saved a financial expense of RMB6 million. Made an achievement for liquidizing remnant capital, transferring surplus and deficit capital and reducing financing cost and etc. The integration of multi-industrial enterprises and the asset and capital verification of the industry went along smoothly. According to the requirement of high standard, high starting point and high quality, initiated the standardization and construction of 208 monopoly administration offices in an all-around way, and largely reduced the blind area of monopoly administration. The crackdown against unlicensed operation and illegal channel stocking in the trading market as well as the reasonable layout of retail outlets made certain progress and pushed forward the clearing and rectification of the cigarette market of the province steadily. Strictly carried out the rules on material purchase and public bidding for project, carried out the system of price-comparison purchase, and public bidding for non-monopoly cigarette materials purchase and capital construction projects in an all-around way and further standardized material purchase and engineering project management consequently.

Revived the Cigarette Industry with Science and Technology The Provincial Administration (Corporation) strengthened the guidance for the technical work of the industry and shaped a scientific research mode of “industrial research relying upon technical center, agricultural research upon the cigarette research institute and joint problem shooting by both production and academic branches”. Three projects including *Evaluation on Soil Nutrients of Cigarette Producing Area in Fujian* won the honor of the Technical Progress Price of the State Administration, and 19 won the honor of the Technical Progress Price of the Provincial Administration. 160,000 mu of “Fujian-styled Top-quality Tobacco Leaves Base” of the province established successively and turned out to be a bridge between the new technology application and popularizing base and the cigarette producing area as well as factories. The producing area of tobacco leaves made a breakthrough for “quality improvement and nicotine control”, sped up conventional technologies such as mature plucking, popularized new operative technologies such as float seedling growing and changed the situation of long-time unsalable upper leaves. Carried out a domicile-based administration for tobacco growers in the producing area of tobacco leaves, improved the contract execution rate with the average planting area of each household across the province presenting a growth of 0.53 mu (calculated upon comparable terms) and the average cigarette planting income of each household a growth of RMB510 (calculated upon comparable terms), and a number of specialized cigarette-planting households popped up, and the large-scale planting of tobacco leaves realized an initial achievement. According to the overall requirement of “digital tobacco”, completed the construction of optical-fiber WAN of the whole industry of the province, on which tobacco leaves, monopoly, sales, e-commerce, capital settlement and statistics systems have already run, and actively applied the personnel, labor and capital and financial systems so as to law down a strong basis for the modernization of management and marketing means. The comprehensive implementation of digital monitoring project for cigarettes circulation provided technical support for the monopoly administration and market information integration. Longyan Cigarette Factory upgraded the management information system in an all-around way, and the management information system of Xiamen Cigarette Factory introduced the management concept of enterprise resources programming (ERP) and actualized the whole-course control over logistics, capital flow and information flow. On the basis of regular operation and maintenance of the quality management system, Longyan and Xiamen Cigarette Factories introduced ISO9004 System, established the self-evaluation, self-correction and self-perfection mechanism during the working process. Mass QC activities unfolded continuously, and QC groups of Xiamen and Longyan Factories won the honor of the national 2nd and 3rd QC Achievement prize of the industry respectively.

Construction of Public Relationship The entire industry strengthened the information transmission and communication with all circles of the society according to the plan and the objective, designed the visual identification system (VI) of the industry in a uniform way and attached importance to maintaining four relationships covering customers, government, news media and fellow units outside the province. Popularized the service concept of the industry with great efforts, namely, “ultimate faithfulness and complete devotion—the satisfaction of customers is our everlasting pursuit” in adoption various measures such as comprehensive sales investigation, delivery, retailers symposium and

Director (Manager) reception day system, and improved the popularity in the society and the satisfaction degree of customers. The Provincial Administration actively contacted and communicated with the Provincial Party Committee and Government as well as relevant departments, promoted the Provincial Government to issue *Procedures on Tobacco Monopoly Administration of Fujian Province*, and originally acquired the authorized industrial and commercial law-enforcement power for punishment against unlicensed operation within the tobacco industry nationwide and created an unprecedented favorable law-enforcement environment. Carried out the publicizing of industrial policies and images in adoption of mass media such as TV, broadcast, newspaper and journals successfully through convening reporters' talkfest and press conference as well as making news specials. In May, the whole industry of the province and the tobacco company of Zhangping Municipality participated in the National Technical Renovation Achievements Exhibition of tobacco industry and won a high praise. The Provincial Administration (Corporation) ceaselessly strengthened the interactive communication with the senior leaders of various Provincial Administrations (Corporations) and positively acted as a good go-between to facilitate industrial and commercial enterprises to explore the market, output the brand and exchange advanced experiences.

Team Construction The Provincial Administration earnestly attached great importance to the learning of the core group of the Party Team and strengthened the direction of the learning of the Party Teams of various District and Municipal Administrations in the meantime. Earnestly carried out *Regulations on the Selection and Appointment of Leading Officials of the Party and Governments* and stuck to the systems on democratic recommendation, pre-appointment bulletin and warning and encouraging conversations. Readjusted and enriched the leading groups of the Municipal Administration (subsidiary companies) and Xiamen Factory of Nanping, Ningde, Zhangzhou, Xiamen, Quanzhou, Putian and Fuzhou, and refreshed the age, speciality and knowledge structure of leading groups. Attached importance to promoting the accomplishment of monopoly administration personnel, sales investigators, deliverymen and cigarette technicians, and 1362 of 1985 monopoly administration personnel obtained the law enforcement qualification. Drew up *Work Book on Sales Investigators* so as to guide sales investigators to carry out marketing scientifically; strengthened the on-the-job training and professional skill authentication and completed the operation of tobacco leaves production and cigarette sales personnel with a certificate. Continued to carry out the project of "millions upon millions of talents", strengthened the introduction of talents, and in 2002, the whole industry of the province absorbed totally 72 graduates with undergraduate course or higher and laid down a talent basis for the development of the industry. Defined *Implementation Opinions on Official Training of Tobacco System of Fujian Province from 2002 to 2005*, held diversified trainings with abundant contents and tried to forge learning-oriented enterprises and knowledge-based teams for the industry. The construction of mass spiritual civilization made new achievements in adoption of the Singing Evening Party on the Occasion of the 16th National Congress of CPC, the 2nd "Chenxiang Cup" Basketball Games of the whole industry of the province and the publicity and educational activities on *Implementation Outlines on the Construction of the Ethics of Citizens*. Earnestly implemented *Rules on Cleanness and Self-discipline of Leading Officials* with stress upon the requirement of "six prohibitions" for leading officials put forward by the 5th Plenary Session of the Central Discipline Inspection Committee of CPC. Discipline inspection and supervision departments attached importance to preventing and controlling corruption from the source, actively participated in financial order rectification, comprehensive budget management and public bidding and exerted a role of supervision successfully.

(By Jiang Sheng)

Jiangxi Tobacco

In 2002, Jiangxi Tobacco maintained a fresh development trend on the basis of high-speed growth of three successive years.

The cigarette production and operation earnestly carried out the guideline of the State Administration on “production control, sales promotion, stable price and efficiency improvement”, strictly worked out a quarterly production plan, and divided and regulated the plan month by month, and strengthened storage control and actively carried out a pooling production with other provinces. Readjusted and optimized the structure of products, carried out production renovation and made great efforts to reduce the tar content of cigarettes. Laid stress upon expanding “Jinsheng” brand scale, and gave prominence to the enlargement of middle-grade cigarettes with a price of over RMB30/ten packs. Newly developed Zunpin Jinsheng and Xinping Hongri. Attached utmost importance to the enlargement and intensification of Nanchang Cigarette Factory and the reversion of Gannan Cigarette Factory from deficit to profit. Hurried up to implement the relocated technical renovation project of the Nanchang Cigarette Factory during “Tenth Five-Year-Plan”, of which the civil work commenced smoothly in September. The Gannan Cigarette Factory actualized no new deficit in the same year on the whole.

Cigarette sale stuck to the principle of standardization, efficiency, concentration and mutual benefit, actively fostered famous and top-quality cigarettes of tobacco industry nationwide, and the sales brands of cigarettes concentrated upon 36 famous and top-quality cigarettes of the industry, and the sales structure became adapted to the consumption demand of the market gradually. Relying upon the local market, standardized the operation and rectified the operation of the provincial company. Continued to strengthen network construction, pushed forward the network construction mode of “comprehensive sales investigation and centralized distribution” with efforts, and the system of the province relying upon informatization initially shaped a network pattern of three separate lines for mutual control and coordination i.e. sales investigation, delivery and checking. Actively carried out the management of retail customers relationship, conducted a unified wholesale cigarette price across the province cigarette and popularized the one-price system for cigarette wholesale and retail across the province positively.

The production and operation of tobacco leaves actualized obvious achievements despite the influence of floods. Planted 156,300 mu of tobacco leaves, and purchased 340,000 dans of tobacco leaves all the year, of which high-quality cigarettes accounted for 31.4% with a growth rate of nearly 10%, and low-quality cigarettes were controlled within 10%. The management of tobacco leaves production contracts went along smoothly in a stricter way. Pushed forward the informatization construction on tobacco leaves production and purchase actively, invested over RMB3 million once and provided all purchase stations with computers or POS. Went all out to popularize four practical techniques and actively generalized new varieties. Cooperated with Chinese Academy of Agricultural Sciences to carry out an general investigation on soils of major cigarette producing areas of the province in adoption of satellite positioning system, and established a soil database initially and implemented nitrogen-control and nicotine-reduction project. Attached utmost importance to key tobacco leaves bases and developed international-standard-compliant top-quality cigarette bases of about 1,000 mu successfully.

Gave prominence to two priorities i.e. domicile-based administration and fake and smuggled cigarette crackdown, strengthened the construction of monopoly team, enhanced the awareness of laws and disciplines, and service and renovation and earnestly tightened up monopoly administration. In the last ten days of September, carried out a contest on monopoly checking techniques of the whole tobacco system of the province, on which Yang Chuande, Deputy Director of the State Administration, Zhu Yingpei, Vice Governor of Jiangxi Provincial Government and Jie Guoxiong, Director of the Provincial Administration inspected the monopoly-checking contingent. According to the requirement of the State Administration on carrying out a unified exam for monopoly law-enforcement personnel, organized 184 monopoly administration officials at deputy-director or higher level of the county-level administrations and 599 monopoly-checking personnel at squadron leader or higher level to participate in the unified exam successively. Gave prominence to the concept of "operation" cases, continued to tighten up the rectification of the market and carried out a special operation against fake cigarettes for half a year in cooperation with the Department of Public Security of the Province. In 2002, the entire system of the province uncovered and prosecuted totally 2,581 fake cigarette making and selling cases and 234 smuggled cigarette cases, confiscated 8,460 pieces of fake brand cigarettes and 1,320 pieces of smuggled cigarettes, and smashed three fake cigarettes making sites, one secrete tobacco cuts producing site and one secrete filter stick producing site, destroyed 37 fake cigarette regrating and selling networks, nine illegal tobacco machine assembly and regrating groups, and arrested 153 suspects, and adopted criminal coercive measures for 114, sentenced 12 and re-educated through labor six. Strengthened the archive management of retailers, actively developed and applied the monopoly administration information system, and conducted unified codes for retailers with automatic classification. Strengthened the internal management, standardized case-handling procedures, tightened up the punishment standards, standardized the income of monopoly penalties, and carried out a checkoff of all incomes of the Tobacco Monopoly Administrations at various level across the province through local Industrial and Commercial Banks as a financial income at the provincial level.

With financial management as flagship, strengthened enterprise management in an all-around way. Conducted account designation system allsidedly, standardized the accounting, strengthened the capital safety management and rectified business and capital accounts in an all-around way. Conducted target-cost management and budget management, and made great efforts to carry out the incumbent economic responsibility audit of legal representatives and the evaluation and audit of internal control systems. Strengthened the technical quality management, and improved the technique specifications and reduced the consumption. Conducted a labor contract system and a post efficiency assessment, established and perfected the encouragement and punishment mechanism, and tightened up streamlining the organ and optimizing the personnel structure, boosted up reduction of redundant personnel and the improvement of efficiency and strengthened various specialized trainings and professional skill authentication. Carried out a special rectification of financial orders, pushed forward "debts clearing", and straightened out and disposed of small exchequer funds and concealed account book funds. Conducted the qualification authentification, quality/price-comparison purchase for cigarette material purchase and the public bidding for engineering projects allsidedly. Stuck to strengthening the safety management and actualized the target of "seven zeros" of safety work for eight years successively.

In 2002, the tobacco system of Jiangxi produced 500,600 cartons of cigarette with a growth rate of 2.01% upon the same period of last year and a regulated plan of 55,000 cartons; produced 64,200 cartons of Category-1 cigarettes, accounting for 12.83% of the gross output; produced 85,200 cartons of Category-2 cigarettes, accounting for 17.02%; sold 953,600 cartons of cigarettes with a growth rate of 3.81% upon the same period of last year; sold 150,600 cartons of provincially produced cigarettes wit a price of higher than RMB30/ten packs with a growth rate of 44.81% (calculated upon comparable terms); the sales revenue of each carton of provincially produced cigarettes reached RMB6,393 with a growth rate of 12.06% (calculated upon comparable terms). The entire system of the province actualized an industrial and commercial tax and interest of RMB2.679 billion with a growth rate of 25% (calculated upon comparable terms); commercial enterprises expanded and actualized a profit of RMB584 million with a growth rate of 73.38% (calculated upon comparable terms). Nanchang Subsidiary Company took the lead in actualizing a benefit of over RMB100 million, and a number of county-level companies with a benefit of over RMB10 million emerged within the system of the province.

Made prominent achievements for the construction of the work style and the team. Earnestly organized the officials, workers and the leading groups at various levels to learn the spirits of the 6th Plenary Session of the 15th National Congress of CPC, the "May 31" speech by President Jiang Zemin and the spirits of the 11th Provincial Representatives Conference of the Party and carried out activities to learn the experiences of Zhejiang Province. After the 16th National Congress of CPC, the entire industry reached a climax to learn and carry out the spirits of the 16th National Congress of CPC. Implemented the responsibility system on the construction of the Party conduct and clean and honest government in an all-around way, carried out achievement supervision in depth and strengthened the construction of the informant team of the Party conduct the clean and honest government. Carried out *Implementation Outlines on the Construction of the Ethics of Citizens*. Organized series of activities such as the Singers Contest of the workers, and the appraisal and selection of "twin civilization", advanced sales outlets, excellent monopoly administrators, and sales investigator and deliverymen and actively carried out donation activities for poverty relief and disaster area alleviation. Made new achievements for comprehensive control. The Provincial Administration (Corporation) won the honor of the National Law Popularization Advanced Unit, Civilized Unit of Jiangxi Province, the Provincial Comprehensive Control Advanced Unit and the Provincial Village-contracted Poverty Relief Advanced Unit. The State Administration awarded Wei Ping the honor of "Top Ten Golden Leaf Guard of China Tobacco".

(By Li Dingfang & Zuo Ronghua)

Shandong Tobacco

In 2002, Shandong Tobacco stuck to the guideline of "attaching utmost importance to the basis and making progress steadily" and the work priority of "standardization, reform and renovation" of the industry, adopted series of measures and actualized a rehabilitating development. Produced 112.915 billion cigarette all the year with a decrease rate of 3.15% upon last year. Sold 126.9 billion cigarette with a growth rate of 3.19% upon last year. Planted 555,000 mu of tobacco leaves and purchased 50,500 tons. Actualized an industrial and commercial tax and interest of RMB6.029 billion with a growth rate of 16.23% upon last year, including a profit of RMB1.42 billion with a growth rate of 4.94% upon last year.

Harmonious Development of Two Cigarettes Stuck to the guideline of "production control, sales promotion, stable price and efficiency improvement", actively readjusted and reduced the production plan according to the market and storage and arranged the cigarette production proportionally. According to the principle of supporting the outstanding and the strong, strengthened the technical development, improved the quality and technical content of the products, and intensified the marketing of superior brands in the same time, and expanded backbone enterprises and superior brands, and the sales volume of provincially produced famous key trademarks realized a growth rate of 34.6% upon last year. Strengthened the fostering and integration of brands, and cut down production trademarks from 42 to 37. Under the precondition of the ceaseless growth of the sales volume, actualized the appropriate shortage and balance of production and sale, boosted up the structure and efficiency promotion and largely relaxed the taxation reform pressure of industrial enterprises. Stuck to the work priorities of gross amount control, quality improvement, layout and structural optimization for tobacco leaves production, increased the production input, popularized advanced technologies, strengthened the purchase management, and obviously improved the quality and grade purity despite the serious drought with the proportion of high-quality cigarettes reaching 34.98% presenting a growth rate of 13.12% (calculated upon comparable terms) and the average output value of each mou an increase of RMB208 (calculated upon comparable terms).

Further deepened Network Construction Drew up a three-year plan of network construction. Jinan and Qingdao Municipal Companies participated in the coordinated network construction across the country, of which sales volumes of cigarettes actualized a growth rate of 18.77% and 8.01% respectively (calculated upon comparable terms). Carried out the coordinated network construction across the province, and 122 County-level Administrations (Corporations) of 14 Municipal Administration (Corporations) all actualized the integration of both urban and rural areas, the separation of investigation from delivery, comprehensive sales investigation and comprehensive distribution. The electronic settlement rate of urban area in Qingdao reached over 97%. Linyi Municipal Company acquired some experiences on online distribution.

Strengthened the Management in an All-around way, and pushed forward Reform Steadily Issued management procedures on cigarette products, price, production and sales plan, the opinions on structural readjustment of products and evaluation rules on industrial and commercial enterprises, and initially established and improved a scientific and high-efficient economic operation mechanism. Strengthened financial management, attached utmost importance to the carryout of law enforcement inspection and rectification of *Accounting Law,* improved the budget management and assessment, standardized capital management with an obviously higher service efficiency, which produced a direct economic efficiency of RMB120 million each year for the industry. Ceaselessly strengthened the audit work. Carried out an economic responsibility audit for 37 persons and over 3,900 economic-efficiency audit items, saved an expense of over RMB94 million and played a positive role to strengthen supervision and standardization and improve enterprise management. Issued *Management Procedures of Shandong Province on the Purchase of Tobacco Industry*, and strengthened material purchase management accordingly. Continued to conduct the qualification authentication for the purchase of non-monopoly cigarette materials and the price comparison purchase and saved a cost of over RMB18 million. Strengthened the fundamental management of enterprises, and Jiangjun Group and Qingdao Municipal Corporation won the honor of "Excellent Management and Renovation Enterprise of Shandong Province". The production safety went along allsidedly under the main thread of "three special rectifications", actualized the annual safety management objective with no serious or higher-grade fire accident, serious or higher-grade industrial accident, Party A's responsibility accident, serious equipment accident or serious stealing case. Actively pushed forward the structural readjustment of enterprise organizations. Defined a close-off scheme of small cigarette factories. Closed off five hung tobacco leaves rebaking factories before the due time. Reemployed the workers of former Yanzhou Cigarette Factory. Completed the restructuring of Shandong Tobacco Import & Export Corporation, former Ganlibao Rebaking Factory and Linyi Rebaking Factory as well as the establishment of Shandong Ruibosi Tobacco Co., Ltd.

Continued to strengthen Technical Work Tried out an appointment system for technical posts in two major technical centers i.e. Jinan and Qingdao. Arranged a special fund of RMB4.4 million to complete the approval and initiation of 19 key projects of the Municipal Corporation. Arranged a special fund of RMB10 million to tackle two key projects of major production brands i.e. the tar reduction of cigarettes and the prevention and curing of tobacco diseases. The technical renovation of Jinan and Qingdao Cigarette Factories went along smoothly. The capital management system won the honor of the 2nd Technical Progress Prize of the province.

Monopoly Administration made Great Achievements Carried out the deployment of the Special Operation Conference of the State Administration and the Ministry of Public Security on the crackdown of fake cigarettes in key areas, established a long-lasting cooperation mechanism with the public security department, and conducted a joint crackdown against fake cigarettes and began to adopt a rooting-out objective for fake cigarette making and selling in key areas. Strengthened the management of cigarette market, carried out a general investigation on retailers and a special rectification of "One-Hundred-Day Operation" for cigarette market and conducted target-hitting activities on market cleanness rate. In this year, uncovered and prosecuted 305,100 various cases with a total case-involved value of RMB197 million, including 118,600 fake cigarette cases with a value of RMB89.77 million; smashed 125 fake cigarettes making sites, confiscated 465 fake cigarette making machines, unearthed and disposed of 3,325 fake cigarette regrating and storage sites; confiscated 739 million fake cigarettes with an indicated value of RMB62.76 million; the public security and judicial authorities detained 990 illegal regraters, arrested 77 suspects and sentenced 68. The market cleanness rate increased from 87.4% of 2001 to 95.2%. In the same time, tightened up internal management. Improved rejection procedures of special tobacco equipments, issued interim procedures on internal tip-off, and strengthened the investigation and prosecution of internal cases and effectively standardized internal production and operation orders.

Further strengthened the Construction of Official and Worker Team Organized numerous Party members, officials and workers to learn the important thought of "Three Represents" and the spirits of the 16th National Congress of CPC earnestly. Faithfully carried out *Rules on Selection and Appointment of Officials*, strengthened the assessment of the officials and workers of the Organ of the Provincial Administration (Corporation) and the leading groups of the Municipal Administrations (Corporations) and organized the recommendation of backup officials of the leading group of the Provincial Administration (Corporation) and the competitive appointment of leading group members of some Municipal Administrations (Corporations). Carried out "Year of Competence" activities for the monopoly administration team, and held 1,485 training courses across the province. The Provincial Administration convened an analysis conference on typical cases, and over 280 persons participated in the exam organized by the State Administration in an uniform way for Directors and Deputy Directors of the Monopoly Administrations with a result ranking the 4th nationwide. Standardized labor management, and improved the reckoning-by-piece wage system. Strengthened the management and training of technicians, of which two won the title of technical master-hand. Earnestly carried out relevant policies and treatments of retired personnel, and further strengthened the Retired Cadres Affairs.

(By Cao Hongxiang)

Henan Tobacco

In 2002, the tobacco industry of Henan stuck to the principle of everlasting development and the top priority of stability, attached utmost importance to the carryout of various measures and actualized the desired objective smoothly.

Strengthened Macro-control and maintained Production/Sale Balance of "Two Cigarettes" Produced totally 2.816 million cartons of cigarettes (excluding exported cigarettes) all the year, sold through wholesale 2.4481 million cartons of cigarette within the province. The industry sold outside the province 620,200 cartons of cigarettes, and the industrial and commercial cigarette storage was 146,500 cartons at the end of the year. Purchased 121 tons of baked cigarettes, sold 124,300 tons of baked cigarettes with a commercial baked cigarette storage of 100,500 tons at the end of the year, exported 4,199 tons of tobacco leaves and 65,015 pieces of cigarettes and earned a foreign exchange of USD10.76 million.

Reversion from Deficit to Profit made an Initial Progress, Economic Efficiency Improved Obviously In view of the readjustment of cigarette taxation, adopted series of loss reduction measures, strictly controlled the cost and expense, saved non-production expenditure and reduced the industrial cost rate from 68.51% of last year to 60.04% with a decrease of 8.47%. Strengthened the budget management, and eight subsidiary companies established capital management centers. Improved the service efficiency of capital with a lightly lower sales expense ratio of the commerce despite the large-scale growth of network construction input. In this year, actualized an industrial and commercial tax and interest of RMB6.15 billion with a growth rate of 30.97% (calculated upon comparable terms) and set up a record high, including a profit of RMB1.006 billion with a growth rate of over 200% (calculated upon comparable terms). Eight cigarette factories with an amount of over 100,000 cartons actualized a profit of RMB302 million with an increase of

RMB421 million upon that of the same period, namely, a loss of RMB119 million; the commerce actualized a profit of RMB665 million with an increase of RMB136 million (calculated upon comparable terms). Taking into account the factor of a compensated historical loss, the operation of tobacco leaves made up deficits by and large.

Made Progress for Structural Readjustment, and improved Operation Quality The Provincial Government attached utmost importance to the institutional structure readjustment of enterprises, convened the Executive Meeting and the Work Conference successively for arrangement and deployment, and established a leading office and issued relevant policies. Huaibin, Dengzhou and Zhoukou Cigarette Factories stopped production, of which Huaibin Cigarette Factory has already initiated bankruptcy procedures. In the meantime, closed off 24 hung rebaking factories. Readjusted the structure of products, and the output of Category-3 or higher cigarettes reached 594,000 cartons, accounting for 21.1% of the gross amount. The industrial sales revenue of each carton of cigarettes realized RMB3, 326 with an increase of RMB156 upon last year; the commercial sales revenue of each carton of provincially produced cigarettes reached RMB4,112 with an increase of RMB345 upon last year. The trademark and specification of cigarettes reduced 15 and 9 respectively upon last year, and the average scale of each trademark reached 61,000 cartons. Launched five superior brands, namely, Hongqiqu, Jinmangguo, Dihao, Huangjinye and Shahe actualized an output of 332,600 cartons, accounting for 11.76% of the gross output. Readjusted the production layout of tobacco leaves with the proportion of new varieties and high-quality cigarettes reaching 71.8% and 32.8% respectively.

Sped up Network Construction, and improved Market Control Capability Carried out a network construction mode of "comprehensive sales investigation, comprehensive distribution, monopoly sale combined, and the separation of investigation from delivery" widely in county or higher-level cities, and some units adopted a coordination of urban and rural areas. The network construction in rural area adopted an operation mode of "the coexistence of three networks, the integration of investigation and delivery, standardized operation and knight service" and integrated the layout of sales outlets in rural area. Further improved the encouragement and regulating mechanism and obviously enhanced the service awareness of customer foremost. Pushed forward the construction of monopoly administration offices allsidedly, and deepened the "domicile-based" management of retailers and actively carried out cigarette market rectification and cleanness rate inspection. The license-holding rate of retailers and market cleanness rate across the province reached 97.3% and 97.8% respectively.

Ceaselessly deepened the Rectification and Standardization, and strengthened Enterprise Management Carried out a joint special operation against fake cigarettes with the public security department, smashed 442 fake cigarettes making sites and 55 fake cigarette selling networks, destroyed five illegal tobacco machine assembly groups, clamped down 58 tobacco cuts workshops, and confiscated 42,191 pieces of fake cigarettes and 234 various tobacco machines, and arrested 1,790 fake cigarette making and selling criminal suspect, of which 47 were sentenced and 40 re-educated through labor. Rectified the production and operation order, contained the excessive competition between enterprises and obviously reduced the circulation of "two cigarettes" outside the system. Carried out diversified asset and capital verifications of enterprises and applied for a booked loss of over RMB25 million as various assets. Strengthened audit supervision, completed 735 audit items covering economic responsibility, financial income and expense, and capital construction and technical renovation across the province, saved an expense of RMB41.11 million, and verified and reduced a project investment of RMB34.95. The special rectification of financial orders made a progress in adoption of a mode of payment first and goods later for the sale of cigarette within the province, and the due funds on account of industrial and commercial enterprises reduced RMB1.198 billion. Conducted "qualification authentication purchase" of non-monopoly cigarette materials and the membership reform for the trading of tobacco machine components so as to further standardize the purchase action. Strengthened quality management and supervision of cigarette products, and exerted the role of technical center with average tar content value of cigarette at the end of 2002 reaching 14.82mg presenting a decrease of 0.7mg (calculated upon comparable terms). Attached importance to the scientific research of tobacco, and the Provincial Administration arranged 14 projects in a uniform way. Completed the construction of 22 satellite network Class-C stations, put into operation the satellite network and mail system of the whole industry of the province, sped up the extension and application of industrial and commercial foundation software and actualized the online link-up of cigarette purchase and sales plans. Organized a comprehensive safety inspection, rectified 149 hidden accidents and actualized the safety work object by and large.

Attached Importance to Spiritual Civilization Construction, and maintained a Stable Overall Situation of the Industry Learned and carried out *Implementation Outlines on the Construction of the Ethics of Citizens*, conducted "image comparison, learning and practicing activities of the industry of Henan", and publicly appraised and selected "Ten Best Model" on devotion for the post. Earnestly carried out *Regulations on the Selection and Appointment of Leading Officials of the Party and Governments*, and assessed and readjusted some leading groups of industrial and commercial enterprises. Strengthened labor management, and standardized the labor relationship by law. Strengthened the macro-control of gross payroll, boosted up the reform of distribution system and improved the income of workers. Actively participated in the village-stationed work organized by the Provincial Party Committee and provided actual supports for relief sites. Strengthened the service management of retired officials and carried out "two treatments" smoothly. Carried out activities of "reading articles, pondering over clean and honest government and establishing an image", strengthened the education on the Party conduct and disciplines, and carried out the responsibility system on the construction of the Party conduct and clean and honest government, adopted "three standardizations plus one openness", and rectified the unhealthy tendency of the industry and sought for a solution to prevent and control corruptions from the source. Tightened up the investigation and prosecution of illegal cases, investigated and wound up 60 cases all the year, and punished 134 persons and recovered a direct economic loss of over RMB1 million. Strengthened the ideological and political work, maintained the stability and carried out the complaint-letter responsibility system, and dissolved the dispute in time and maintained the overall stability of the industry. Carried out the construction of spiritual civilization with another 12 units listed as a Provincial Civilized Unit.

(By Li Changyin)

Hubei Tobacco

In 2002, the tobacco system of Hubei earnestly carried out the guideline of "attaching utmost importance to the basis and making progress steadily" and the work priority of "standardization, reform and renovation" of the State Administration, continued to stick to the industrial strategy of "three limits" and "three guarantees", and maintained the production/sale balance of "two cigarettes" by and large despite the furious market competition of the industry, further optimized the structure of products and improved the economic efficiency, and pushed forward the restructuring and structural readjustment of enterprises and further strengthened the construction of spiritual civilization, the Party conduct and clean and honest government.

In 2002, the tobacco system of Hubei actualized an industrial and commercial tax and interest of RMB4.989 billion with an increase of RMB1.159 and a growth rate of 30% upon RMB3.838 billion of last year, including a tax and duty of RMB4.262 billion and a profit of RMB727 million. Industrial enterprises actualized a tax and interest of RMB4.06 billion with an increase of RMB963 million and a growth rate of 31.07% upon last year, actualized a profit of RMB147 million with a profit increase of RMB327 million upon the loss of RMB180 million of last year. Commercial enterprises actualized a tax and interest of RMB920 million with an increase of RMB187 million and a growth rate of 25.4% upon last year, including a profit of RMB580 million with an increase of RMB180 million and a growth rate of 45.2% upon last year. In 2002, produced 1.8004 million cartons of cigarettes with a decrease of 86,700 cartons and a decrease rate of 4.6% upon last year, including 4.87 billion (97,400 cartons) Category-1 cigarettes, 3.35 billion (67,000 cartons) Category-2 cigarettes and 23.84 billion (476,800 cartons) Category-3 cigarettes. The commerce sold within the province 1.513 cartons with an increase of 93,4 cartons and a growth rate of 6.57% upon 1.4196 cartons of last year, and the gross profit ratio of cigarette commercial enterprises across the province reached 13.63% on average with an increase of 0.57% upon last year. The province purchased totally 963,400 dans of baked cigarettes, accounting for 87.58% of the plan with an increase of 66,600 cartons (calculated upon comparable terms), and purchased 349,200 dans of sunned cigarettes with a decrease of 248,000 dans.

Continued to attach Utmost Importance to Rectification and Standardization, and contained Illegal Operation In 2002, Hubei Provincial Administration continued to give a priority to rectifying and standardizing the production and operation orders, especially attached utmost importance to the special rectification of financial order, earnestly carried out the self-inspection over the circulation orders of "two cigarettes" and guaranteed the ceaseless improvement of economic operation quality and the stable increase of economic efficiency. To conduct production control and storage reduction, the Provincial Administration strengthened the rectification from the source of the industry, strengthened the macro-control of cigarette production plan according to the principle of market and efficiency and cannibalized a production plan of totally 360,000 cartons to other provinces. Continued to strengthen the management of cigarette production plan, and sent out production-control and storage-reduction task groups to some industrial enterprises so as to perform on-the-spot supervision and control. Sent out task groups to inspect for many times, conducted restrictions from many aspects such as production progress and the supply of raw and auxiliary materials and contained the excessive and concealed production. In respect of the purchase of tobacco leaves, strictly controlled the planned planting area, stuck to purchasing according to the plan and contract and guaranteed the balance between production and sale consequently. In view of the tendency of increasing illegal operation, Hubei Provincial Administration contained the disorders harshly, and investigated and seriously punished units and individuals involved in illegal operation.

Stuck to strengthening Integration of Monopoly Administration and Network Construction, and improved Market Share and Control Capability of Cigarettes In 2002, Hubei Provincial Administration won the support of the Provincial Party Committee and Government and the cooperation of relevant departments, and went all out to carry out the rectification of tobacco market. The Provincial Administration and the Provincial Department of Public Security convened two conferences on the joint operation against fake and smuggled cigarettes across the province, deepened the special operations against cigarette regraters, making and selling sites and criminal groups, and especially strengthened the rectification of cigarette markets in Jianghan Plain, Xianning and Wuhan, and harshly investigated and prosecuted key criminal cases and strengthened the track-down against illegal cigarette regraters. In 2002, the entire province uncovered 34,655 various cases, including 59 cases with an involved value of over RMB50, 000, confiscated 66,717 pieces of various illegal cigarettes and prosecuted 645 illegal cigarette regraters, of which 48 were sentenced, 466 detained and 128 for labor reeducation and overawed illegal cigarette regraters. According to the requirement of the State Administration, Hubei Provincial Administration continued to crack down illegal tobacco machines, laid stress upon strengthening the investigation and solving of Dong Jianzhong illegal tobacco machine operation cases in Xiangfan, established a special investigation group to collect proof materials, and expanded the clews and captured Dong Jianzhong in May. In the same time, strengthened the supervision and control over major tobacco machine manufacturing enterprises of the province, and the Municipal Administration in Xiangfan, Wuhan, Xianning and Xiaogan sent out task groups to tobacco machine factories under the jurisdiction to inspect their production plans, accounts and statements and sales, imposed an effective supervision and control upon manufacturing and operation factories and prevented the inflow of tobacco machines into illegal cigarette factory. In this year, the whole province unearthed totally 13 illegal tobacco machine assembly and regrating groups, confiscated 45 tobacco machines, 1,260 pieces of components and 5,000 copies of drawings. Hubei Provincial Administration specified the priority of the network construction in 2002 i.e. to boost up the level of cigarette network construction with stress upon domicile-based administration on the basis of informatization in an all-around way. Drew up *Implementation Procedures on the Domicile-based Administration of Cigarette Market*, unified the mode of domicile-based administration, enriched the management team, and perfected the management procedures for dealers, and improved the responsibility and supervision mechanism of domicile-based administrators, sales investigators and deliverymen, and further perfected the sales investigation and distribution system centering upon knight service, standardized operation, specialized service and informatization management. On the basis of learning "comprehensive sales investigation, comprehensive distribution, the separation of investigation from delivery and monopoly sale combined" of Wuhan Cigarette Group several years ago across the province, adopted sales investigation through POS machines allsidedly, and provided 2804 POS machines across the province, and various units in Xiaogan, Xianning, Huanggang, Xiangfan and Shiyan implemented a one-price system for retailers and improved market control capability.

Stuck to the Strategy of "Reviving Cigarette with Science and Education", and ceaselessly improved Technical Level of "Two Cigarettes" Production In this year, the entire system of the province centered upon improving the production level of "two cigarettes" and increasing the technical content of "two cigarettes", went all out to carry out the strategy of "reviving the cigarette with science and education", organized meticulously, and tackled key problems jointly and made great achievements. In 2002, the average tar content of cigarettes across the province was 14.6mg/cigarette with a decrease of 1.1mg upon last year, which enjoyed a rank ascension from the 19th in 2001 nationwide to the 11th, and the cigarette brands with middle or low tar content obviously increased. Particularly, strengthened the technical input for famous and top-quality cigarette project, and improved the technical content and product quality of Hongjinlong, Jine and Huanghelou. Standardized the management of technical projects more strictly, and some projects made a big progress, of which "comprehensive auxiliary technical research on high-fragrance and appropriate-nicotine white cabo tobacco" project undertook by the white cabo tobacco experimental station won the 1st Technical Progress Prize of the State Administration. The Technical Center of Wuhan Cigarette Group passed the acceptance inspection of relevant ministries and commissions including the State Economic and Trade Commission smoothly and was nominated as a State-level Technical Center officially. Further pushed forward the informatization. The whole system of the province established 11 Class-C satellite stations of various subsidiary companies, Wuhan Cigarette Group and Sanxia Tobacco Co., Ltd. and etc., actualized a communication information network covering the Provincial Administration, the State Administration, the Provincial Administration and subsidiary companies with "integration of satellite and earth stations plus mutual reinforcement".

Went all out to Push forward Reform, and made a New Progress for Structural Readjustment and Internal Reform of Enterprises In 2002, Hubei Provincial Administration focused upon the main thread of readjustment, further unified the ideology, advanced despite difficulties and pushed forward structural readjustment and internal reform of enterprises with great efforts. After the merger of Xiangfan and Zaoyang Factories, it adopted an operation mode of "one factory at two sites" with redundant personnel, swollen institutions and a higher operation cost. In order to reduce excessive personnel and improve the efficiency, the Provincial Administration researched a scheme to assign relevant personnel to other jobs for several times. With our strenuous work, 988 workers of the factory selected a final solution, and the workers undertaking major business reduced 1,150, and a loss reduction of RMB170 million realized in the same year. The cigarette factory founded in 2001 left over a heavy debt and personnel burden after shut off due to its wrong operation. In order to solve the problems of workers reemployment, debts and financial claims of the cigarette factory, the Provincial Administration established a special task group to actively raise money, and solved the problem of over 900 regular workers and retirees and paid off sensitive debts through the transfer of financial claims, selling of tobacco leaves and equipments and the mortgage of assets. In the same time, Hubei Provincial Administration closely cooperated with local governments, patiently persuaded workers appealing to the higher authorities for help, and handled the mass petition events and maintained the stability of enterprises and society.

Focused upon the Core of Financial Management, and ceaselessly improved the Management Level and Economic Operation Quality of Enterprises In 2002, the tobacco system of Hubei province earnestly carried out the requirement of the State Administration, namely, "to focus upon the core of financial management rectification and standardization and promote the overall boost-up of the management level of enterprises", attached utmost importance to solve various problems such as loose production and operation management and cost control as well as wrong capital management centering upon improving economic operation quality and efficiency and further strengthened the financial management of enterprises. Carried out an inspection over the implementation of *Accounting Law* by industrial and commercial enterprises in an all-around way, carried out the target hitting and authentification of the standardization of fundamental accountings. The inspection and authentication promoted the financial management of enterprises, enhanced the concept of lawful operation and accounting of legal representatives of various units and improved the financial management level. The entire system of the province universally adopted a cost objective management, divided into the cost objective into various links covering the product development, production and operation and specified detailed responsibilities for each post with strict assessment and definite punishments and rewards. Most industrial enterprises conducted a "sunshine project" including qualification authentification, public bidding and price-comparison purchase for non-monopoly cigarette materials, arranged stock materials reasonably, reduced disuse of capitals and cut down production cost. Some enterprises held public biddings for development of new products and the renovation of traditional products, tackled key technical problems and maximized the potentials with less consumption. In the same time, strictly stipulated the initiation of multi-industrial projects under the approval of the Provincial Administration, put an end to arbitrary investments and prevented the loss of state-owned assets. Held public bidding for capital construction and technical renovation projects, and strengthened audit supervision.

Continued to stick to "grasp Both Links at the Same Time", and strengthen the Construction of Spiritual Civilization, the Party Conduct and Clean and Honest Government In 2002, the tobacco system of Hubei made efforts to practice the important thought of "Three Represents", learned the theories and improved the accomplishment in close combination of actual situation, and numerous officials and workers grasped the overall situation, supported the reform, were willing to devote, and represented a good political accomplishment and morality and showed off a number of advanced units and individuals on spiritual civilization construction. Totally four units of the system of the province won the honor of provincial civilized unit, and Huang Haitang, Director of Jianli Tobacco Administration was awarded the title of "Top Ten Golden Leaf Guard" by the State Administration. The Party Organizations at various levels actively carried out the ideological and political work, forcefully guaranteed the in-depth reform of enterprises and maintained the stability of enterprises. In respect of the construction of the Party conduct and clean and honest government, stuck to the principle of education priority, strengthened the corruption prevention from the source and actualized the objective of anti-corruption from both the phenomenon and the source. In this year, received totally 144 complaint letters and visits, put on record 27 cases, wound up 25 cases, and punished seven suspects with both criminal penalty and discipline punishment and recovered an economic loss of over RMB4 million. Strengthened the incumbent assessment and management of leading officials, widely conducted the incumbent audit and retiring audit for legal representatives of enterprises, strengthened the construction of the leading groups of various subsidiary (municipal) companies and cigarette factories, and earnestly carried the spirits of *Regulations on the Selection and Appointment of Leading Officials of the Party and Governments* of the Party and implemeneted a selection and appointment bulletin system of officials in an all-around way. Actively carried out cultural activities of enterprises, organized Wuhan Cigarette Group, Sanxia and Hongan Cigarette Factories to participate in singers contest of the provincial industry, and additionally, Wuhan Cigarette Group, Xiangfan and Lichuan Cigarette Factories conducted diversified cultural mass activities and accordingly promoted the enterprise brand and enriched the cultural life of workers.

(By Lin Wensheng & Yan Yuxin)

Hunan Tobacco

In 2002, the tobacco industry of Hunan Province under the correct leadership of the State Tobacco Monopoly Administration earnestly carried out the guideline of "attaching utmost importance to the basis and advancing with stability", closely stuck to the priority of "standardization, reform and renovation", made a new progress for various tasks with joint efforts of numerous officials and workers and continued to maintain a favorable trend of stable development.

Newly improved the Economic Operation Quality and Efficiency The whole province produced 2.4744 million cartons of cigarette with a growth rate of 1.32% (calculated upon comparable terms); actualized in the area under the jurisdiction a sales volume of 1.843 million cartons with a growth rate of 6.4% (calculated upon comparable terms); an industrial and commercial cigarette storage of 67,700 cartons with a decrease rate of 45.53% (calculated upon comparable terms). Actualized an industrial and commercial tax and interest of RMB11.7 billion with an increase of RMB1.4 billion and a growth rate of 13.69% (calculated upon comparable terms), including a profit of RMB2.6 billion with an increase of RMB1 billion and a growth rate of 65% (calculated upon comparable terms). The cigarette price across the province maintained stable on the whole, and the price of backbone trademarks slightly increased, and the retail price of some cigarettes increased steadily with a commercial gross profit ratio of 11.39% presenting a growth rate of 2.32% upon last year. The structure of cigarette products improved, and the concentration of brands further improved. The scale of famous and top-grade cigarettes such as Furongwang and Baisha expanded with a stable price. The proportion of tax and interest was 3.42:1 and obviously improved upon 5.43:1 of last year. Four major cigarette factories all actualized profits, and Changsha and Changde Cigarette Factories maintained a stable development, and 14 prefectural/municipal subsidiary companies all made profits. Exported totally 47,318 pieces of cigarettes and 2,909 tons of tobacco leaves, and earned a foreign exchange of USD7.80 million.

Made Achievements for the Construction of Cigarette Sales Network The construction of cigarette sales network across the province took shape. Largely improved the operation quality and level of the network, and actualized the objectives put forward by *Three-Year Layout of Hunan Province on the Construction of Cigarette Marketing Network*. Changsha Municipal Administration (Corporation) went all out to carry out "overall sales investigation, centralized distribution, the separation of investigation from delivery and monopoly sale combined", and turned back the passive situation of network construction according to the requirement of the State Administration on the coordinated network construction of 11 capital cities. The Provincial Administration (Corporation) organized the coordinated network construction of 13 municipalities (prefectures), boosted up the harmonious development of network construction, and largely improved the overall level of urban network construction with a market cleanness rate of up to 89% and a gross profit ratio of cigarette sale up to 13.6%. Stuck to the principle of adjusting measures to local conditions and seeking truth from facts, and pushed forward the rural network construction steadily.

The Order of tobacco Market further improved Last year, the special operation against fake cigarette made obvious achievements. Monopoly administration departments at various levels confiscated totally 34,478 pieces of fake cigarette, 129 fake cigarette making machines, 90 small tobacco cutters and 249 tons of raw and auxiliary materials, captured 249 fake cigarette making and selling criminal suspect, and sentenced 23 and re-educated through labor 23. Yongzhou Municipal Administration and Ningyuan County Administration maintained a harsh situation towards fake cigarettes making sites in Heting and assisted the public security department to capture all escaped criminal suspects and prevented the resurgence of fake cigarettes making sites in Heting. Further implemented the domicile-based administration for tobacco monopoly, and improved the market cleanness rate. Strengthened inspection and supervision over the production and operation activities, and harshly investigated a batch of internal illegal cases. Made a big progress to clear debts of tobacco leaves and cigarette payments, completed the account checking of tobacco leaves payments, revised and perfected the rules on the production, operation and management of tobacco leaves in view of existing problems. According to the unified deployment of the Provincial Administration, various units completed a self-inspection on the special rectification of financial orders initially, and defined an implementation scheme for rectification and improvement. The Four-Five law publicity and education of the whole industry across the province ceaselessly deepened. Organized monopoly administrators of the province to participate in law-enforcement qualification exam and carried out an evaluation for the records of monopoly law enforcement of some units.

Obviously improved Comprehensive Production Level of Tobacco Leaves The whole province planted 792,200 mu of tobacco leaves, purchased 1.6499 million dans of tobacco leaves with the proportion of high-quality cigarettes reaching 35.4% presenting a growth rate of 14.6% upon last year; the proportion of middle and low-quality reached 93.7% with a growth rate of 9.7% upon last year; the grade qualification rate of tobacco leaves out of the spot test of the State Administration reached 86% with a growth rate of 10% upon last year; the average purchase price was RMB9.45/kg with an increase of RMB1.46 upon last year. Actualized the objectives of income growth of growers, tax growth of government and efficiency improvement of tobacco branch. Due to the higher quality and better structure, the sale of tobacco leaves maintained a favorable trend, and most regions sold out tobacco leaves before the Spring Festival, and particularly, the sales volume outside the province increased over 200,000 dans upon last year.

Pushed forward the Structural Readjustment of Enterprises steadily Xingshao Cigarette Factory successfully applied for the approval of the State Council for its bankruptcy under the policy, issued a bankruptcy order and was prepared to begin bankruptcy liquidation immediately. Fenghuang Cigarette Factory has already stop production in March last year, and the re-employment of workers is going along. Under the approval of the State Administration, Yiyang Cigarette Materials Factory has already passed the disposal and distribution scheme on insolvent properties and will wind up with a bankruptcy. Chenzhou and Lingling Tobacco Leaves Rebaking Factories have already destroyed all four hung rebaking production lines. Dissolved Xiangnan Tobacco Group and Xiangnan Tobacco (Group) Co., Ltd., and restored the independent legal personality of Chenzhou Cigarette Factory and Chenzhou Municipal Tobacco Corporation. Made new achievements for reform of tobacco circulation enterprises. After Tongdao County Tobacco Corporation wound up with a bankruptcy, Huaihua Municipal Corporation established a cigarette distribution center in Tongdao and set up a new operation mechanism. In the same time, attached importance to maintaining the stability of enterprises and the society, solved the contradictions in time, and eliminated the problems from the burgeoning stage and the grassroots units, and pacified a number of collective petition events successfully and guaranteed the smooth carry out of the structural readjustment and the stability of the industry.

Strengthened the Internal Management of Enterprise Researched and carried out the asset and capital verification of multi-industrial enterprises, and saw into total assets on the whole. Internal audit and economic responsibility audit exerted a good role, and uncovered an illegal amount of RMB166 million and saved an expense of RMB43.67 million for the industry. Material purchases and engineering projects adopted a quality/price-comparison and public bidding with cost and expense effectively controlled. According to the requirement of the State Administration, earnestly organized and carried out the tryout on the qualification authentication purchase of non-monopoly materials, and the State Administration praised and extended our practice. Changde Cigarette Factory conducted a public bidding management for key engineering projects such as joint workshop in an all-around way with an actual technical renovation investment over RMB100 million lower than the design budget investment. Carried out "Year of Standardized Safety Management" activities widely with no serious safety responsibility accidents all the year. Made a big progress for informatization construction, and widely popularized and applied the cigarette marketing and tobacco leaves management information system across the province, and completed the demand survey, development and tryout of financial management and monopoly administration information systems. Continued to deepen the reform of labor, personnel and distribution systems, and realized obvious effect for efficiency improvement through excessive personnel reduction. Changde Cigarette Factory cut down and assigned over 500 persons to other jobs. 170 employees of Longshan Cigarette Factory terminated the contractual labor relationship with the enterprise. Smoothly actualized the merger of the Provincial Tobacco Technical School with the Professional Skill Authentication Station of the Provincial Administration and Xiangtan Tobacco School.

Made New Achievements for Reviving the Cigarette with Science and Technology The average tar content of cigarettes in our province was 14.44mg/each cigarette. Changsha Cigarette Factory successfully developed the first low-tar content and low-CO products within the industry—Baishahebai. Changde Cigarette Factory completed the major part of the joint workshop with an investment of nearly RMB10 billion and put into production, and accordingly improved the equipment level and production capability largely. Chenzhou and Lingling Cigarette Factories developed a natural plant extract cigarette Yipinchenzhou with a special function and a drug rehabilitating product Lanhua-branded cigarette respectively. Carried out an in-depth research on production technologies of famous, top-quality and characteristic tobacco leaves in accordance with the requirement of cigarette recipe, organized a general investigation on the quality of baked cigarettes and a research on regional quality and characteristics across the province, made great efforts to popularize *Research Project on Special Basic Fertilizers for Tobacco*, *Research and Application on Two Closed Grade Tests during the Purchase of Tobacco Leaves* as well as other scientific research achievements and promoted the improvement of production and purchase level of tobacco leaves consequently. Yongzhou Municipal Corporation established a tobacco leaves production technical park, and provided a demonstration with standardized zones and improved the quality of tobacco leaves, which became principal tobacco leaves of backbone products of some major cigarette factories at home. Utilized the opportunity that the State Administration held a national technical renovation achievements exhibition of tobacco industry, revealed the new technologies and achievements in the fields of tar reduction, technique, recipe and the improvement of cigarette smoking safety that Changsha, Changde and Chenzhou Cigarette Factories have made, and improved the image of Hunan Tobacco accordingly.

Strengthened Spiritual Civilization Construction The whole industry of the province earnestly learned and carried out the important thought of "Three Represents", "May 31" speech by President Jiang Zemin and the spirits of the 6th Plenary Session of the 15th National Congress of CPC and carried out the activities of "going to the grassroots for concrete work" and an education under the theme of "work style improvement, and corruption prevention" among leading officials at division level. After the 16th National Congress of CPC, the whole industry of the province reached a climax to learning and carrying out the spirits the 16th National Congress of CPC in adoption of various forms in a very short time, sorted out the development strategies of the local area and the units and defined measures to strengthen the construction of the Party Organization under the guidance of the spirits of the 16th National Congress of CPC. According to *Implementation Outlines on the Construction of the Ethics of Citizens* printed and issued by CCCPC, carried out "three virtues" education activities i.e. ideological moral character of leading officials, professional ethics of officials and workers and social morality of the whole industry of the province within in the industry in depth, and carried out the activities of "leading group striving for the advanced, leading officials acting as model, and the Party members striving for a model and knight service creating efficiency". Organized a tour seminar of "shining on the post" advanced events within the industry of the province, and produced a great effect. Further improved the responsibility system on the Party conduct and clean and honest government, strengthened the warning education for leading officials, and investigated and prosecuted a batch of illegal cases. Last year, the whole industry of the province received totally 103 complaint letters and tip-offs, put 56 cases on record and wound up 53, and punished 99 persons inn compliance with the disciplines of the Party and government and recovered an economic loss of over RMB3.50 million. Further strengthened the construction of leading groups, and readjusted and enriched the leading groups of eight units. Strengthened the training on political theories and business, and improved the comprehensive accomplishment of numerous officials and workers obviously.

Guangdong Tobacco

In 2002, the economic operation of Guangdong tobacco industry maintained a favorable development trend, actualized a large growth of industrial and commercial tax and interest with a slight growth of cigarette output and sales volume, and especially featured a large-scale growth of industrial profit. According to the statistics, the annual cigarette gross output reached 1.655 million cartons with an increase 34,000 cartons and a growth rate 2.1% upon 1.621 million cartons of last year; sold within the province 2.0262 million cartons of cigarette with an increase of 89,200 cartons and a growth rate of 4.61% upon 1.937 million cartons of last year; actualized an industrial and commercial (national enterprise) tax and interest of RMB5.663 billion with an increase of RMB563 million and a growth rate of 11.04% (calculated upon comparable terms) upon 2001, including an industrial tax and interest of RMB4.924 billion with an increase of RMB628 million and a growth rate of 14.62% upon RMB4.296 of last year.

Tobacco Leaves Production In 2002, Guangdong tobacco industry earnestly carried out the guideline of the State Tobacco Monopoly Administration for tobacco leaves production, namely, "market guidance, planned planting, quality priority and layout readjustment", gave prominence to scientific cigarette planting in large scale, and promoted technical progress with large-scale planting, and boosted up the large-scale planting level with technical progress and made a great achievement. Planted 2,666 hectares of baked cigarettes and purchased 30,200 tons of baked cigarettes all the year, including high-quality cigarettes for 52.7% and middle-quality cigarettes for 45.0%. To strengthen scientific cigarette planting and large-scale planting, the producing area of tobacco leaves across the province mainly focused upon the followings: firstly, attached importance to the readjustment of internal production layout of the producing area, and transferred and concentrated the planting plan in the most appropriate townships and villages. Secondly, set down preferential policies so as to mobilize the enthusiasm of major cigarette growers and boost up the development of tobacco leaves production towards a large-scale planting. Thirdly, canceled scattered plantings so as to transfer tobacco leaves production towards high-level, large-scale and intensive planting areas. According to the statistics, in this year, tobacco growers across the province reached 58,443 households with a decrease of over 20,000 upon last year and an average planting area each household of 0.0457 hectares presenting an increase of 0.0101 hectares upon last year.

Cigarette Production In 2002, various cigarette industrial enterprises in Guangdong gave a priority to the harm reduction with less tar content for cigarettes, actively applied new techniques, new technologies and new materials under the impetus of technical progress, stuck to technical development and research, made efforts to improve the technical content of cigarette products, and actively, gradually and steadily reduced the tar content and made a huge achievement. According to the statistics, in 2002, the average weighted tar content value of cigarettes in our province decreased to 14.4mg/cigarette with a reduction of 0.5mg upon 14.9mg of last year, of which the average weighted tar content value of baked cigarette was 14.6mg/cigarette, and that of hybrid cigarettes was 13.5mg/cigarette, and the cigarettes across the province maintained a low and middle tar content. Last year, launched six low tar content products successively: hard pack hybrid Hongmei (8mg), hard pack Techunjingpin Yeshu (10mg), Quanbaotechunjingpin Yeshu (10mg), hard pack Zhenpin Guangzhou (11mg), hard pack Jingdian Guangzhou (11mg) and hard pack Shijijingdian Guangzhou (11mg). At present, our province already has ten low tar content cigarette products. In particular, Wuyeshen cigarette produced by Meizhou Cigarette Factory experienced the time-after-time inspection of a dozen of national scientific research authorities including China Academy of Medicine, China Disease Prevention and Control Center, China Academy of Military

Medicine and Zhengzhou Tobacco Research Institute for three years, of which all the results proved a little harm from the cigarette. After China Toxicology Association appraised systematically, it won a certification on low-harm cigarettes in November 2002, which indicated that the technical level of industrial cigarette enterprises in our province actualized a new progress.

Standardized the Economic Order of Cigarette Market According to the spirits of videoconference held by the State Tobacco Monopoly Administration on rectification of tobacco industry, the standardization of the economic order of the market and economic operation in March 2002, our tobacco industry started according to the actuality, and actively rectified and standardized the economic order of the tobacco market. Firstly, strengthened the monopoly administration of tobacco leaves, guaranteed the standardized and orderly production and operation of tobacco leaves across the province and also standardized the transprovincial purchase of tobacco leaves in the same time. Secondly, strengthened monopoly administration of tobacco cuts, tightened up the rectification of production enterprise and workshops of tobacco cuts and firmly clamped down unlicensed tobacco cuts production as well as enterprises and workshops providing fake cigarettes making sites with tobacco cuts and tobacco leaves. Thirdly, ceaselessly cracked down fake cigarette making and selling and illegal tobacco machine assembly and regrating activities, straightened up the cigarette market order in East Guangdong completely and also heavily cracked down fake cigarette making and selling activities transferred to Zhujiang Delta. According to the statistics, smashed totally 838 cigarette fake cigarettes making sites, uncovered and prosecuted 5,433 various fake cigarette making and selling cases, captured 1,245 suspects, sentenced 160 and re-educated through labor 33 all the year across the province. Fourthly, standardized the construction of cigarette sales network of the province from a higher level in adoption of a comprehensive and stricter inspection and assessment. Last year, the Provincial Administration (Corporation) transferred some personnel from relevant departments, established a network-construction inspection group mainly covering cigarette sales companies, carried out a "carpet" inspection over the network construction in various areas of the province, inspected with a score for an immediate rectification, corrected some irregular actions during network construction and boosted up the network construction of the whole industry of the province onto a new stage. Fifthly, various industrial and commercial enterprise earnestly carried out *Accounting Law*, strengthened the standardization of basic accountings, defined the legal responsibility of the enterprise principal for the authenticity and integrality of accounting work and literature and perfected the detailed rules on accounting, strengthened the supervision system of accounting and tightened up the qualification management of accountants. In the same time, according to the deployment of the State Administration, carried out the special rectification on financial order in an all-around way. Sixthly, attached utmost importance to the audit supervision, promoted enterprises to increase income and save cost, and improved economic efficiency of enterprises accordingly. In this year, internal audit departments of tobacco system of our province audited totally 261 units (projects), including 13 incumbent and retiring economic responsibility audits, 31 financial income and expense audits, 213 economic contract audits and seven audit investigations with an involved audit value reaching up to RMB2.824 billion. Seventhly, to standardize tobacco material management and reduce the cost, faithfully attached importance to the qualification authentication of non-monopoly cigarette material suppliers, printed and issued *Implementation*

Opinions of Guangdong Province on the Purchase of Non-monopoly Cigarette Materials of Industrial Cigarette Enterprise (Draft) and *Implementation Arrangements of Guangdong Province on the Purchase of Non-monopoly Cigarette Materials of Industrial Cigarette Enterprise* and specified the contents and progress of qualification authentication. Eighthly, earnestly analyzed the new situation and new features of the production safety of the whole industry in the province, and perfected and renovated ceaselessly, and improved the level of safety management. In view of the severe situation on the production safety of the country and the industry nationwide, actualized the objectives on production safety of the tobacco industry of our province and guaranteed the smooth carryout of production and operation of the whole industry of the province.

(By Zhou Xiuwen & Li Xiaowen)

Guangxi Tobacco

In 2002, Guangxi tobacco industry stuck to the guideline of "attaching utmost importance to the basis and making progress steadily", focused upon the theme of development and the main thread of structural readjustment, and the tobacco industry of the region united as one, emancipated the mind, advanced with the time, and attached utmost importance to the basis and to the standardization, strengthened the management, and obviously improved the economic operation quality and efficiency and actualized a new leap-forward for the new undertaking.

Improved Economic Efficiency in Large Scale
In 2002, the region produced 889,000 cartons of cigarettes with a growth rate of 8.6% (calculated upon comparable terms); sold 1.0882 million cartons of cigarettes with a growth rate of 16.5% (calculated upon comparable terms), including 944,900 cartons of locally made cigarettes with a growth rate of 10.8% (calculated upon comparable terms); sold 143,200 cartons of cigarettes produced outside the region with a growth rate of 79.5% (calculated upon comparable terms). At the end of the year, the industrial and commercial storage was 63,500 cartons with a decrease rate of 49.8% (calculated upon comparable terms); actualized an industrial and commercial tax and interest of RMB2.004 billion with an increase of RMB459 million and a growth rate of 29.71% upon last year, and set up a record high for the amount of tax and interest. The whole region planted 113,200 mu of baked cigarettes, purchased 7,900 tons of baked cigarettes with a grade qualification rate of up to 80.8%.

Fundamental Work made Obvious Progress
Firstly, tobacco monopoly administration departments at various levels stuck to the priority of rectifying cigarette market and carried out the activities of "cracking down regraters, smashing sites and clamping down secrete distribution networks" in depth; conducted the special operation against fake and smuggled cigarettes in depth; cleared unlicensed operation, integrated retail booths, deepened domicile-based administration, standardized the operation order of the market, and further improved the market cleanness rate and actualized various tasks of "three-year-period objectives" by and large. In this year, uncovered and prosecuted totally 12,744 illegal tobacco cases, confiscated 33,802 pieces of various illegal cigarettes and 4,676 tons of tobacco leaves and tobacco cuts, smashed 2,265 illegal sites, and confiscated 492 (set of) fake cigarette making machines and handed over 583 suspects to the public security department. Secondly, carried out "public selection of the advanced" activities for network construction and

pushed forward the network construction in an all-around way. Boosted up the construction of computer network information system and sped up popularizing POS system to further promote the network management level accordingly; established an assessment system on the satisfaction, contribution and adherence of customers to further optimize service quality and harmonize the retail-wholesale relationship, and sped up the integration of wholesale and retail consequently. Thirdly, strengthened the construction of factory-sponsored bases with stress upon the construction of tobacco leaves bases, stuck to reviving the cigarette with science and technology with greater efforts, and carried out a domicile-based administration for baked cigarette production and further pushed forward the implementation of advanced practical technologies of top-grade baked cigarettes allsidedly. Furthermore, gradually perfected the storage condition of tobacco leaves and guaranteed the stable quality of raw materials. Fourthly, the technical renovation of the industry went along smoothly so as to further strengthen the industrial basis. Liuzhou Cigarette Factory completed the relocated renovation project covering from initiation and construction to the coordinated operation of rolling and packaging at the end of 2002 within merely more than one years and created a "Liuzhou Cigarette Miracle" of technical renovation project; the technical renovation project of Nanning Cigarette Factory on the former site has also entered into a decisive period.

Structural Readjustment made Initial Achievement Firstly, the structural readjustment of products made a new achievements, and the production trademark and specification of cigarettes were cut down to less than 30, and the scale merit of key brands cigarettes took shape initially. The development and renovation of new products made a new achievement, and newly developed Dadifeige, Jiujiuhongyun and Dabojue-branded cigarettes enjoyed a favorable market feedback and maintained a stable trend after launched into the market; in respect of the Zhenlong-branded cigarette, an image product of Guangxi during the spot test on the quality and market of national cigarette products in the second half year of 2002, hard pack Zhenlong cigarette got a total score of 94.1 with its visual quality and total score all ranking the 1st among 109 trademarks (specifications) of 51 cigarette production enterprises. Its upgraded product Yupinzhenlong launched into the market at the end of last year and further improved the brand image of Zhenlong. In the same time, made a great achievement for coordinated production and sale of cigarettes and processing cooperation of the brands supplied by the client as well. Secondly, the structural readjustment of enterprises made new breakthroughs and further optimized the resources allocation. Closed off or conducted a bankruptcy for seven small cigarette factories across the region; solved a series of disputes concerned with vested interests of the local, re-employment of workers and social stability after small cigarette factories were wound up, and shaped a multi-win situation. The preparation of the auxiliary materials producing project of Zhongshan and Fuchuan Cigarette Factories after wound up went along smoothly under the vigorous support of the local government. Additionally, closed off all tobacco leaves hung rebaking factories in the region; carried out the tryout of structural readjustment of the legal personality of commercial enterprises at county level and completed the restructuring of Fangchenggang and Wuzhou subsidiary companies. Thirdly, the structural readjustment of the industry featured new strategies. Under the principle of "achievements plus restrictions", stuck to the diversified operation and development strategy of relying, centering upon and serving the major business, and cleared 44 multi-industrial projects across the region by and large.

Rectification and Standardization ceaselessly deepened The region firmly investigated and corrected the actions against relevant regulations on cigarette production, trademark management, cigarette purchase, sale and price; strengthened the contract management of tobacco leaves planting and purchase, established series of rules and regulations on purchase, acceptance inspection, use and cannibalization, and standardized the purchase and sale of tobacco leaves and guaranteed the improvement of grade qualification rate of tobacco leaves; stuck to adopting a qualification authentication, public bidding and quality/price-comparison system for cigarette material purchase, technical renovation as well as other engineering projects allsidedly, and prevented the purchase through illegal channels, and reduced the cost and guaranteed quality accordingly; earnestly carried out the debt payoff of "two cigarettes" payments, and liquidated and paid off overdue payments of various commercial enterprise for the industry in the region and relaxed the capital shortage of industrial enterprises. Established a responsibility system and a responsibility track-down system on the special rectification of financial order, carried out a special rectification on financial order with stress upon the actions against the regulations on "two separate lines for income and expense", small exchequer funds and concealed account book funds, and made decisive achievements and turned back financial order obviously. In the meantime, established a capital settlement platform of the tobacco system of the region before the end of the year and laid down a basis for standardized capital management.

Strengthened Spiritual Civilization Construction The whole industry earnestly carried out "July 1" speech by President Jiang Zemin and *Decisions* of the 6th Plenary Session of the 15th National Congress of CPC, faithfully learned and carried out the spirits of the 16th National Congress of CPC, stuck to the guideline of "grasping the overall situation, giving a priority, solving problem from the source and boosting development" and further strengthened the prevention and control of corruption from the source; according to *Regulations on the Selection and Appointment of Leading Officials of the Party and Governments*, improved and conducted democratic recommendation, public selection, competitive appointment and pre-appointment bulletin system as well as other methods, selected the personnel scientifically and appointed reasonably, and shaped a vivid and energetic selection mechanism, in which the leading officials are competent to work both at the top and at the grassroots and completed the institutional reform of the Organ of the Regional Administration and the readjustment of leading groups of various Prefectural (Municipal) Administrations (Corporations). In the same time, carried out activities to learn from the fellow Wei Jianyu and the martyr Qing Yongqi, and carried forward the theme and good conduct and obviously turned back the work style of the industry.

(By Quan Weixin)

Hainan Tobacco

In 2002, the Tobacco Monopoly Administration (Corporation) of Hainan Province continued to carry out the guideline of "attaching utmost importance to the basis and making progress steadily" and the priority of "standardization, reform and renovation" put forward by the State Administration, closely centered upon the policy of "grasping one priority, consolidating two basses and ensuring three guarantees" of the whole industry of the province, deepened the industrial reform, and strengthened the monopoly administration, attached utmost importance to network construction, optimized the structure of products and strengthened the construction of two civilizations with great efforts, and made a new progress for various tasks and continued to maintain the favorable trend of stable development.

Attaching Utmost Importance to Standardizing Operation, and actualized Stable Growth of Economic Efficiency In 2002, the whole industry of the province produced totally 118,000 cartons of cigarettes with a growth rate of 5.4% (calculated upon comparable terms); sold 211,400 cartons of cigarettes with a growth rate of 1.4% (calculated upon comparable terms), including a sales volume of 211,00 cartons within the province with a growth rate of 1.52% (calculated upon comparable terms), 118,200 cartons of locally made cigarettes with a growth rate of 3.1% (calculated upon comparable terms) and 93,200 cartons of cigarettes produced outside the province with a decrease rate of 0.6% (calculated upon comparable terms). The whole industry of the province actualized an industrial and commercial tax and interest of RMB437 million with a growth rate of 12.6% (calculated upon comparable terms), including an industrial profit of RMB66.36 million with a growth rate of 66.52% (calculated upon comparable terms) and a commercial profit of RMB152 million with a growth rate of 16.96% (calculated upon comparable terms).

Pushed forward Win-to-Win Cooperation, and made Initial Achievements for Industrial Reform To speed up the development of former Hainan Cigarette Factory, under the principle of "mutual benefit and win-win" of Hainan Provincial Administration (Corporation), Hainan Provincial Tobacco Corporation and Yunnan Yuxihongta Tobacco (Group) Co., Ltd. co-invested and formally established Hainan Hongta Cigarette Co., Ltd. on the basis of the restructuring and renaming of Hainan Cigarette Factory on April 3, 2002. After the establishment of the corporation, it strengthened enterprise management, focused upon the improvement of product quality and technical renovation of equipments, attached importance to the structural readjustment of products, developed and launched a top-grade Yewang-branded cigarette , sped up the renovation of traditional products, and obviously improved the quality of locally made cigarettes in Hainan and featured an increasing market demand under the orientation of the market. The cigarettes produced by Yunnan Yuxihongta Group also enjoyed a sales growth in Hainan. Under the cooperation, Yuxi Group pumped capitals into Hainan Hongta Corporation, largely reduced the rate of debts of the enterprise from former 74.59% to 57.89%. The cooperation of both sides realized efficiency initially, reached the objective of win-win and forged a favorable situation for further cooperation of both sides.

Strengthened Network Construction, and improved the Quality of Network Construction The whole industry of the province ceaselessly strengthened macro-control, laid out the outlets reasonably, improved the sales investigation and distribution system, attached utmost importance to the stable price and sales promotion of cigarettes, and tightened up internal management, improved the service quality, made great efforts to push forward the modernization of cigarette sales network and information management and promoted the quality of network construction materially. At present, there are totally 76 cigarette wholesale outlets across the province with a network access sales rate of 100%, a network access rate of licensed retailers up to over 95%, an average distribution rate of urban outlets over 95% and an average distribution rate of township outlets over 90%, which consequently further consolidated the cigarette sales network of "with our own administration as the base and subject to our own administration and control" across the province. In the meantime, pushed forward the reform of commercial system with network construction, broke up current economic zones, re-laid out and integrated the network layout of the province, established four regional logistics centers around Haikou, Sanya, Qionghai and Danzhou, rectified management system, reduced management levels, cut down operation cost, and optimized the resources allocation of cigarette market and improved the market competitive power and control capability.

Strengthened Monopoly Administration, and further standardized Market Order Tobacco monopoly departments at various levels actively obtained the support and cooperation of the government and relevant law enforcement departments, and the Provincial Administration signed a memorandum against fake and smuggled cigarettes with Haikou Customs and the Provincial Department of Public Security respectively and established a joint conference system on the crackdown of fake cigarettes; strengthened domicile-based administration, and strictly standardized the management of retail licenses; tightened up the rectification of the market, carried out four major battles of "spring, summer, autumn and winter" and harshly cracked down illegal regration and selling of fake, smuggled and illegal-channel cigarettes. In this year, uncovered and prosecuted totally 3,229 illegal cases including 1,367 fake cigarette cases, confiscated 5391 pieces of various illegal cigarette including 1,643 pieces of fake cigarette, smashed 72 fake cigarette selling sits, four fake cigarettes making sites with totally RMB2.7634 million fined or confiscated and further standardized the market order.

Strengthened the Assets Management, and made Obvious Achievements for Financial Rectification The whole industry of the province earnestly carried out the deployments of the State Administration and the Provincial Administration, strengthened the assets management with a priority according to the actual situation and actively carried out the special rectification of financial order. The Provincial Administration liquidated 19 closed enterprises within its management, actively coordinated with financial and tax departments in view of the asset loss uncovered during the asset and capital verification in 2001 to seek for a pretax expenditure listing policy in order to reduce the burden of the enterprise. The municipal and county companies compensated an asset loss of totally RMB53 million, and the provincial company will be able to compensate a booked potential loss of about RMB100 million within five years under the approval of Haikou State Tax Bureau. By the end of 2002, the whole industry of the province presented a total indebtedness with a reduction of RMB290 million upon the beginning of 2000, a reduction of bank loan of RMB260 million and an assets-liabilities ratio of 52.2% with a decrease of 24%. On January 1, 2003, the capital management center of the industry of the province was put into pilot operation officially, and saved an interest payout of about RMB6 million each year according to a rough estimation.

Deepened the Personnel Reform, and improved Accomplishment of the Team Strengthened the readjustment, enrichment, and training and assessment of leading officials at various levels, and largely improved the knowledge structure of leading officials; carried out the work of "three-fixing" in depth, tightened up the reform, and renovated the appointment mechanism, and carried out public selection and competitive appointment for seven posts at deputy-division level and promoted five fellows to the posts of deputy-division level. After the work of "three-fixing" completed, the average age of the officials at division level of the Organ of the Provincial Administration reduced from former 45.4 to current 39.6 with merely 49 workers so as to actualize the objective of streamlining the institution and cutting down redundant personnel.

Implemented "Opening-up" Strategy, and initiated Strategic Steps for the Development of Export-oriented Economy In order to improve the core competitive power of the whole industry of the province, further explore the international market and actualize the rapid development of Hainan Tobacco, the Provincial Administration defined the strategies for the development of export-oriented economy, established foreign affairs offices exclusively responsible for the management and service of the export-oriented economy development, and issued policies on the international market development, and publicly recruited qualified personnel with relevant background for the work abroad from the whole industry of the province, who acted as project manager of the target market so as to explore South East Asian cigarette market.

Implemented the Requirement of "Three Represents", and pushed forward the Construction of the Party Conduct, Clean and Honest Government and Spiritual Civilization The Party Team of the Provincial Administration convened three learning symposia of the core group successively, made efforts to practice the important thought of "Three Represents", and attached utmost importance to the construction of the Party conduct and clean and honest government and obviously improved the consciousness of leading officials at various levels on self-discipline and cleanness; carried out the activities of learning from exemplary events of Wang Yuhao in depth, commended the advanced units and workers of the whole industry of the province, organized workers for a learning visit and survey abroad, and carried out the autumn sports games of the whole industry of the province, and consequently mobilized the enthusiasm of workers, enlarged their sight and enriched their cultural life in off hours, and improved the mental outlooks of the industry greatly, and maintained the stable ideology of workers with high enthusiasm and enhanced the bearing capability towards the reform.

(By Li Fangyou)

Chongqing Tobacco

2002 is a year when Chongqing Tobacco deepened the reform, sped up the development and obviously improved the quality of economic operation. The entire system of the municipality actualized a tax and interest of RMB2.33 billion with an increase of RMB400 million and a growth rate of 20% upon last year; actualized a profit of RMB500 million with a growth rate of 21%, including an industrial profit of RMB180 million and a commercial profit of RMB320 million; synchronously improved the economic indicators such as cost/expense availability, assets-liabilities ratio and single-carton consumption; the multi-industry realized a sales revenue of over RMB800 million with a growth rate of 21% all the year, and actualized a tax and interest of RMB64 million, including a profit of RMB38 million with a growth rate of 13%.

Strengthened Macro-control, and effectively solved Operation Problems In view of the outstanding problems existing in the economic operation of the industry, strengthened the regulation and control over the production and operation of "two cigarettes". In respect of cigarette, strengthened the coordination of the industry and the commerce, the readjustment of production and sale as well as the market development and tightened up the work of "storage control, sales promotion, stable price and efficiency improvement" so as to further optimize the structure of products, and the tax and interest of each carton of the industry and the wholesale income of each carton of the commerce exceeded RMB2, 500 and RMB6, 500 with an increase of RMB310 and RMB650 respectively; the production/sale rate reached 100%, and the market outside the municipality made a breakthrough with a sales volume of up to 57,000 cartons at a growth rate of 80%, and the processing of the brands supplied by the client and the export of our own brands initiated favorably; the brands further expanded, and seven major backbone brands actualized a sales volume of 117,000 cartons with an increase of 50,000 cartons and a growth rate of 82% upon last year; the industrial and commercial storage of the municipality reduced from 162,000 cartons at the beginning of last year to 107,000 cartons and solved the large storage bottleneck in the economic operation after the municipality directly under the State Council founded. In respect of tobacco leaves, stuck to the guideline of "gross amount control, quality improvement, layout and structural optimizations" and the policy of "quality improvement, gross amount guarantee, and structural readjustment and efficiency promotion", enhanced the scientific input, and strengthened the process control of various links such as planting, purchase, rebaking, and processing and sale. In this year, purchased 1.26 million dans of tobacco leaves with an increase of 230,000 dans and a growth rate of 22% upon last year; sold 890,000 dans of fresh cigarettes with an increase of 190,000 dans and a growth rate of 27%; the proportion of high-quality baked cigarettes reached 23% with an increase of 10%; the income of tobacco growers and local taxation increased over 50%, and the proportion of middle and low-quality cigarettes reduced 6%. Consequently, the thorny problem of tobacco leaves loss restricting the healthy development of Chongqing Tobacco began to dissolve.

Ceaselessly deepened the Reform and Adjustment, and effectively integrated the Industrial Resources In order to establish a streamlined, compact and high-efficient institution and integrate industrial resources in a better way, Chongqing Tobacco sped up structural readjustment in combination of the administrative system of the municipality according to the overall reform and development strategy of "group-based management, specialized labor division, market-oriented operation and intensive operation". Withdrew three subsidiary administrations in Wanzhou, Fuling and Qianjiang successively, closed off seven hung rebaking factories, and readjusted the structure and function of tobacco leaves companies and boosted up the integration and complementary advantages of industrial resources. In the meantime, actively sought for the support of the policy on structural readjustment and went all out to dissolve historical burdens. At presently, the Municipal Administration (Corporation) properly exerted the functions of "three centers" (decision-making & commend, service management, and guarantee & supervision), and various technical corporations as well as district and county companies largely improved their operation mechanism.

Strengthened Rectification and Standardization, and improved the Economic Operation Order continuously To standardize the actions of leading officials, strengthened the construction of the mechanism, established a responsibility track-down system and pushed forward the democratic and scientific decisions of leading groups at various levels on personnel, key projects and major expenditures; tightened up the audit and supervision, audited and reduced a contractual amount of totally RMB35 million, and investigated and prosecuted 18 persons. To standardize the operation, strictly carried out the sale within the area under the jurisdiction as well as one-price wholesale, and consolidated the structural rectification of the circulation fields of two cigarettes; pushed forward public bidding and quality/price-comparison purchase for cigarette materials, reduced the cost and improved the quality. To rectify financial order, strictly implemented *Accounting Law* and *Accounting Law* and guaranteed the authenticity of the data; carried out a complete online capital settlement and budget management, actualized two separate lines for income and expense, and controlled the cost and expense effectively with the work of debts payoff and the withdrawal of payment for goods better than previous years; strengthened investment control, asset and capital verification and rectification and actively contained "arbitrary investment, irresponsible guarantees and excessive expenses". In respect of production safety, carried out the activities of "Year of Production Safety", strengthened institutional construction and inspection and largely reduced the accident rate and economic loss.

The Demonstration of Coordinated Urban Network Construction boosted up Network Construction Monopoly sharply In respect of network construction, relied upon the objective of "Chongqing features, and first rate at home", grasped the opportunity of coordinated network construction, changed from the operation of products to network and customers, intensified customer concept, and improved service quality, and ceaselessly perfected and enriched the network construction mode of "retail-wholesale alliance, comprehensive investigation and distribution, three-line mutual control and four-line circulation", and further consolidated the relationship between the retail and wholesale and obviously improved network control capability and market share. Fourteen coordinated units and ten less advanced units across the municipality actualized a sales volume with a growth rate of 12% and 20% respectively, a sales revenue with a growth rate of 21% and 26% respectively and a profit with a growth rate of over 100%, and promoted the harmonious development of various regions. In respect of monopoly, pushed forward the target hitting of "domicile-based" management and retail license management, and established the Cigarette Retailers Association so as to promote optimized layout and standardized operation of retailers. Continued to consolidate and perfect the objective responsibility system of the government on fake cigarette crackdown, and carried out one-hundred-day fake cigarette crackdown and the rectification of hotels, restaurants and etc. On the occasion of the issuance of *No. 9 Summary* of the Municipal Politics and Law Committee, tightened up the crackdown against fake, smuggled and illegal cigarettes and cigarette-involved crimes. In this year, smashed six secrete cigarette factories and six fake cigarettes making sites, confiscated 27 fake cigarette machines, 8,600 pieces of fake cigarettes and 1,253 pieces of smuggled cigarettes and clamped down an illegal cigar operation network with a case-involved value of over RMB12 million. Handed over 170 suspects to the public security and judicial authorities of which 73 were detained and 32 sentenced, and greatly overawed criminals.

Pushed forward Science and Information synchronously, and improved Technical Renovation Capability To improve the quality guarantee capability of the products, invested over RMB400 million for technical renovation, completed the technical renovation of Qianjiang and Fuling, and completed and put into operation the technical center of industrial company and Wanxing Rebaking Factory in due time. In order to improve the technical content of products, industrial enterprises strengthened the research and development, actively carried out technical renovation, and widely applied new technologies, new techniques and new materials and made a progress for harm reduction with less tar content with an average tar content reducing to 14.5mg; popularized various practical techniques through the recipe improvement of cigarette fertilizer, made an initial achievement for nitrogen control and nicotine reduction of tobacco leaves and improved the applicability and safety accordingly. To renovate and promote tobacco industry and maximize potential advantages, in 2002, inputted totally over RMB50 million, sped up the informatization of the industry, and drew up and began to carry out the three-year informatization layout and effectively boosted up the operation level of agriculture, industry and commerce.

Strengthened the Construction of the Team, and obviously improved the Image of the Industry Centering upon "advocating good conduct, boosting up human enthusiasm and seeking for a fortune", further strengthened ideological and political work and the education on the situation, organized the learning of core groups and democratic seminar, earnestly carried out "May 31" speech and the spirits of the 16th National Congress of CPC and faithfully practiced the important thought of "Three Represents". According to *Rules on Selection and Appointment of the Officials of the Party and the Government*, strengthened democratic centralism and leaders' responsibility system, and strictly carried out the procedures on selection and appointment of officials, and actively improved the knowledge and age structures of leading groups at various levels and obviously enhanced the cohesive power and combat capability. Strengthened the construction of the Party conduct and clean and honest government, perfected the responsibility system of informants on the Party conduct and clean and honest government, and carried out activities with the Municipal Procuratorate jointly on the prevention of crimes by taking advantage of duty and strengthened the education management, supervision and inspection of officials. Carried out the construction of professional ethics and spiritual civilization in depth, and last year, another 12 units won the honor of municipal civilized unit, and the industrial company won the honor of "National May 1 Labor Prize" and the National Advanced Unit on Spiritual Civilization Construction, was listed in the rank of 36 key enterprises of the tobacco industry nationwide once again and became the 1st of top 50 enterprises of Chongqing industry. The synchronous progresses of two civilizations effectively boosted up the image and position of Chongqing Tobacco.

(By Pi Yifeng)

Sichuan Tobacco

In 2002, Sichuan tobacco industry earnestly carried out the spirits of the 16th National Congress of CPC and the important thought of "Three Represents", focused upon the theme of leap-forward development, the main thread of structural readjustment and the priority of brand development and network construction, supported major enterprises, fostered key brands, constructed large market, strengthened overall monopoly, and actualized harmonious development of production and sale, further improved the quality and efficiency and presented six major growths. Firstly, the cigarette production increased. The entire province produced totally 1.3413 million cartons of cigarettes with a growth rate of 0.9% upon 2001 (the same below); secondly, the sales volume of cigarettes exceeded 1.9 million with a growth rate of 6.09%; thirdly, purchased 1.298 million dans of tobacco leaves with a growth rate of 23.45%; fourthly, actualized an industrial and commercial tax and interest of RMB5.06 billion with a growth rate of 32%, and completed the tax and interest objective of "15th Five-Year-Plan" three years ahead of the schedule; fifthly, earned through export a foreign exchange of USD10.57 million with a growth rate of 18.3%; sixthly, actualized an industrial and commercial profit of RMB1.912 billion with an increase of RMB8.761 billion.

Sped up the Implementation of Brand Development Strategy The Provincial Administration (Corporation) gave a priority to the brand development, strengthened the guidance, drew up measures, attached utmost importance to the carryout, and further enhanced brand development awareness of the industry and shaped an atmosphere with an integration of industry and commerce and a solidarity of the entire industry favorable for the development of cigarette brands in Sichuan. Through our efforts, the province shaped six key cigarette brands including "Jiaozi, Guobao, Wuniu, Tianxiaxiu, Jiuzhaigou and Shenju. In 2002, produced 85,000 cartons, 39,000 cartons, 470,000 cartons (including pooling production outside the province) and 344,000 cartons of Jiaozi, Guobao, Wuniu and Tianxiaxiu-series of cigarettes respectively. Four major brands accounted for 67.4% of the gross output, actualized a tax and interest of RMB2.808 billion, accounting for 76.94% of total tax and interest of the industry. In adoption of the brand development strategy, Chengdu Cigarette Factory actualized a tax and interest of RMB2 billion with a growth rate of 18.1% (calculated upon comparable terms); Shifang Cigarette Factory actualized a tax and interest of RMB1.085 billion with a growth rate of 22.3% (calculated upon comparable terms). The Provincial Administration (Corporation) actively implemented a development strategy of Jinpanxi tobacco leaves and obviously improved the inherent quality and grade qualification rate of tobacco leaves with the proportion of middle and high-quality cigarettes reaching over 90% and setting up a record high. The credit and popularity of tobacco leaves in Sichuan further expanded and became an important economic growth point for tobacco development of our province.

Boosted up the Construction Level of Cigarette Sales Network in an All-around Way Various units closely centered upon the requirement of "network marketing, distribution operation, domicile-based management, regularized operation, standardized assessment and informatized processing" during the network construction, attached utmost importance to the consolidation, perfection, breakthrough and promotion of network construction and boosted up the network construction across the province onto a new stage. Chengdu subsidiary company took the lead in establishing a comprehensive logistics & distribution system in six urban districts in adoption of a mode of "comprehensive sales investigation, and centralized distribution", actualized the separation of commercial distribution from physical distribution, and improved the distribution efficiency and economic efficiency of cigarettes in large scale, actualized a tax and interest of over RMB500 million in the same year with a growth rate of 121.06% (calculated upon comparable terms) and played an important demonstrating and exemplary role. Three subsidiary companies i.e. Chengdu, Liangshan and Mianyang across the province with a tax and interest of over RMB100 million popped up, and 34 Municipal (district)/County Administration (Center) such as Shuangliu, Dujiangyan actualized a tax and interest of over RMB10 million. When attaching importance to the urban network, the Provincial Administration (Corporation) gave prominence to the priority, pushed forward as a whole, paid great attention to the network construction of 16 counties with a population of over 1 million, and actualized new progresses and improvement for the network construction in rural area through promoting the overall with breakthroughs, strengthening the basis, tightening up management, deepening reform and the separation of investigation from delivery. Various units stuck to carry out the guideline of knight services and "three satisfactions" through the entire process of network construction, adhered to the adoption of monopoly sale and domicile-based administration, and accordingly improved market control capability and market share, which reached over 91%. Consequently, the economic efficiency of cigarette sale largely improved, and the role of network further brought into play.

Further deepened the Reform and Renovation of the Industry In 2002, the Provincial Administration (Corporation) continued to strengthen the structural readjustment of industrial enterprises, and Chengdu Cigarette Factory withdrew the production site in Ziyang and assigned 596 workers to other jobs smoothly. 577 workers of the Peng'an Cigarette Factory were smoothly assigned to other jobs. Under the approval of the Provincial Party Committee and Government, the Provincial Administration (Corporation) further deepened the reform of commercial circulation system and canceled the legal personality of 134 county (district) companies except a few of units and established a cigarette marketing management center. The tobacco system of Aba Prefecture was transferred to a higher level officially at the end of the year, and will be established officially on January 1, 2003. Various units continued to deepen the reform of three systems within the enterprise and further enhanced the vitality of enterprises. Two advantageous key enterprises i.e. Chengdu and Shifang Cigarette Factories were losing no time to carry out the technical renovation project of "15th Five-Year-Plan". The relocation project of Chengdu Cigarette Factory broke earth formally on December 18. New technologies and new techniques such as defoliation redrying, expansion tobacco cuts, harm reduction with less tar and fragrance retaining made a new progress. The producing area of tobacco leaves went all out to push forward reviving the cigarette with science and technology and made new progresses for variety optimization, float seedling growing, balanced fertilization, scientific baking, and hothouse renovation and etc. At present, the province actualized the networked operation of system software on cigarette sales management by and large and further improved the level of informatization management.

Strengthened Monopoly and Fake Cigarette Crackdown, and further purified the Market In 2002, the whole industry of the province continued to strengthen the rectification and standardization and made new achievements. Various units intensified monopoly administration and obviously improved the market control capability. According to the "one-hundred-day fake cigarette crackdown" scheme, various regions got touch with local governments and relevant departments in time and drew up detailed action plan, and Chengdu, Deyang, Zigong, Neijiang, and Guang'an as well as other Municipal Administrations carried out a special operation against fake cigarette of "smashing illegal sites, destroying network, punishing criminals and digging out backstage supporter". In August, the Provincial Administration co-issued *Notice on Coordination Mechanism of Joint Operation against Fake Cigarette Making and Selling Criminal Activities* with the Provincial Department of Public Security, and various regions established a relevant joint conference and a coordination system so as to regularize and institutionalize the operation of tobacco and public security departments against fake cigarettes and realized a good effect. In this year, the province mobilized totally 80,800 person/times for fake cigarette crackdown, uncovered and prosecuted 52,200 various cases, including 6,812 fake cigarette cases and confiscated 17,300 pieces of fake cigarettes, 5,8373 tons of tobacco leaves and 0.35 tons of cigarette auxiliary materials; smashed 42 secrete cigarette factories, and confiscated 63 fake cigarette making machines. The juridical authorities detained 261 suspects, re-educated through labor five and sentenced 21 with RMB32.80 million fined or confiscated. At present, the province effectively contained the rampant fake cigarette making and selling and obviously reduced illegal operations. The province earnestly carried out *Rules of Sichuan Province on Tobacco Monopoly Administration*, and largely improved the law-enforcement environment. Various units standardized the production and operation of "two cigarettes" and further straightened up the economic order. Since last year, subsidy sale, encouragement sale, and sample cigarette-designated sale as well as other irregular actions have been eliminated by and large. Tobacco leaves were planted and purchased according to the plan and contract respectively so as to guarantee the carryout "twin control" policy on the whole. Stuck to "one-price system" for cigarette wholesale and maintained a stable price by and large. Various units actively carried out a special rectification of financial order, strengthened the guidance, deployed concretely with a priority, and attached utmost importance to the implementation and found no serious illegal actions. Further standardized material purchase, and carried out "sunshine project" smoothly. Various units attached utmost importance to the safety work, adopted various effective measures to prevent the occurrence of serious safety accidents and guaranteed the safety and stability of the whole industry.

Continued to push forward the Construction of the Party conduct, Clean and Honest Government and Spiritual Civilization The leading groups at various levels learned the spirits of the 16th National Congress of CPC and the important thought of "Three Represents", stuck to democratic centralism, carried forward the democracy within the Party, further improved the strength of the team and obviously enhanced the cohesive power and combat capability consequently; strengthened education, training and the construction of ideology and organization, obviously improved the accomplishment of the official team of the industry accordingly, and further strengthened the construction of the Party Organization at the grassroots, and exerted the exemplary role of the Party members in a better way and further intensified ideological and political work; widely carried out the construction of spiritual civilization and the establishment of advanced units and individuals, and inspired the spirits of officials and workers; further tightened up anti-corruption strike, controlled from the source, restricted with a system, and prevented from the ideology and consequently straightened up the Party conduct, work style and mental outlooks of the industry; leading officials and the organs at various levels changed over their work style, went deep into the grassroots, carried out investigation and research, strengthened the guidance and conducted the work with efforts, and the construction of two civilizations of Sichuan Tobacco actualized a new achievement.

(By Ma Shiqiang & Chen Min)

Guizhou Tobacco

In 2002, Guizhou Tobacco centered upon the profit, gave prominence to structural readjustment of enterprises, the construction of cigarette sales network and the extension of practical baking technologies, attached utmost importance to the management of efficiency project, famous and top-quality brand project and safety guarantee project, and established an encouragement and regulating mechanism, strengthened "five fundamental tasks" for the construction of leading groups, made obvious achievements for various tasks and actualized a rehabilitating development. The entire industry actualized a tax and interest of RMB5.018 billion with a growth rate of 25.3%

(calculated upon comparable terms). Industrial and commercial enterprises all made up the deficits and got surpluses, and actualized a profit of RMB825 million with a growth rate of 655.75% (calculated upon comparable terms).

Ceaselessly improved the Quality of Economic Operation Various industrial and commercial enterprises established budget management committees, strengthened the process control, and found out and solved problems in time, and guaranteed the smooth carryout of various task according to the objective and measures defined at the beginning of the year. Strengthened cost management, carried out "qualification authentication, public bidding and quality/price comparison" purchase for large amount of materials and held a public bidding for the production of special baked cigarette complex fertilizer. The expense of commercial sale and industrial cost reduced 1.42% and 1.5% respectively. Sped up the development of new products and the renovation of traditional products, and improved the structure and market competitive power of products. Completed the research and development of nine products successively, including Jiapin Huangguoshu, fully-packaged top-grade Zunyi, Zhenpin Guiyan, Jiapin Zunyi and capped Changzheng, coercively stopped the production of 17 cigarette trademarks, canceled ten cigarette trademarks and replaced 30 cigarette trademarks. Jiapin Huangguoshu and Changzheng brands actualized a sales volume of 28,900 cartons and 31,500 cartons respectively in the 1st year after launched into the market. The economic operation was harmonious, orderly and high efficient. The cigarette industry produced 1.7783 million cartons of cigarette, sold 1.8054 million cartons of cigarettes, including 848,100 cartons sold within the province with an increase of 47,100 cartons (calculated upon comparable terms), and actualized a production/sale rate of 101.52%, a sales revenue increase of each carton of RMB240, a profit of RMB170 million and a loss-compensated profit of RMB271 million with a growth rate of 268.38% (calculated upon comparable terms); the tobacco commerce sold 861,200 cartons of cigarettes, actualized a sales revenue growth of each carton of RMB847.5 and a gross profit ratio of 12.9% with a growth rate of 5.3% (calculated upon comparable terms) and actualized a profit of RMB619 million with an increase of RMB410 million and a growth rate of 195.74% (calculated upon comparable terms), which all exceeded the objective defined at the beginning of the year. At the end of the year, the assets-liabilities ratio of the entire tobacco industry of the province reduced 6.51% (calculated upon comparable terms).

Made Great Achievements for Extension of Practical Baking Technologies at the very Start The entire province gave a priority to the improvement of quality and market competitive power, and strengthened the readjustment of planting layout and "three optimizations"; Promoted the production of baked cigarette to shift from amount enlargement to quality and efficiency improvement. Defined primary technical measures of baked cigarette production and purchase and relevant extension requirements as well as the assessment, reward and punishment procedures on the extension of practical production and purchase technologies of baked cigarettes and put forward nine-100% requirements. Attached utmost importance to the production of the baked cigarettes in the top and last two counties and townships, and consequently boosted up the overall production level of baked cigarette across the province. Open-ground cigarettes and paddy-field cigarettes across the province accounted for 42.26% and 16.4% of the total transplanting area respectively, and the cigarette planting on sloping field with a gradient higher than 25 degrees, barren land and stony ground largely reduced. Actualized the transfer of baked cigarettes planting towards cigarette-planting master hands, major growers and intensive area on the whole. Tobacco departments at various levels changed work style, strengthened service guidance, supervision and inspection and promoted the implementation of practical technologies of baked cigarette. The province piled up and fermented totally 1.3197 piles of organic fertilizers, actualized a planting area of 93,600 mu in adoption of float and tray seedling growing, rebuilt 126,000 standard hothouses and newly constructed 58,000 standard hothouses. Increased ten top-grade baked cigarette bases established by cigarette factories from other province, co-founded 30,300-mu bases with British and American tobacco companies, and the quality of the tobacco leaves quality of the bases reached the world-leading level on the whole, and British and American tobacco companies purchased 100,000 dans of tobacco leaves in the same year with an increase of nearly 50,000 dans (calculated upon comparable terms). Improved the awareness of fostering pillar industry of baked cigarettes and increased the production input. Local governments arranged the production fund for baked cigarettes with 10% of the special tax income of baked cigarette growers in last year. The entire tobacco industry of the province inputted RMB237 million to support the production of baked cigarettes with an increase of RMB57 million (calculated upon comparable terms). The Agricultural Bank of China invested a small amount of poverty alleviation loan of RMB200 million to help poverty-stricken counties develop baked cigarette production. Various regions inputted a fund of RMB12.17 million for the construction of auxiliary cigarette irrigation facilities so as to build small water pool, ponds as well as other drought-fighting facilities with an irrigating area of 213,000 mu. Completed a general investigation on the cigarette–planting soils across the province, and specified the recipe of special basic fertilizers and after fertilizers for different baked cigarette producing areas and organized designated factories to produce 177,000 tons of special basic fertilizer and after fertilizer and 23,300 tons of cake fertilizer for baked cigarettes. Set down *Punishment Regulations on Actions Against <Management Procedures of Guizhou Province on Tobacco Leaves Purchase and Cannibalization>*, investigated and punished 25 discipline-breaking workers and put an end to the scare buying of tobacco leaves. Strengthened the sale of tobacco leaves, and by the end of 2002, the entire province sold totally 6.556 million dans of tobacco leaves. Tightened up the collection of overdue payments for tobacco leaves, and the commercial tobacco system of the province withdrew a tobacco leaves payment of RMB2.363 billion, and in the same year, the entire province purchased tobacco leaves with no "IOU" and cashed in an IOU of over RMB20 million left over from the past purchase of tobacco leaves. The quality of tobacco leaves improved with a better grade structure. The proportion of high-quality tobacco leaves and middle-quality tobacco leaves within a grade reached 33.15% and 91.83% respectively with a growth rate of 9.59% and 4.89% (calculated upon comparable terms); the average price of each dan was RMB437.54 with an increase of RMB29.66 (calculated upon comparable terms); the income of tobacco growers reached RMB2.07 billion with an increase of RMB604 million (calculated upon comparable terms).

Made Decisive Achievements for Construction of Cigarette Sales Network
Closely centering upon the construction objective of the cigarette sales network system, namely, "integration of urban and rural areas, unified operation, comprehensive sales investigation, centralized distribution, monopoly sale combined, information management and encouragement", carried out "principal" project and objective responsibility system of network construction, established an institution, perfected the system,

enriched the personnel, increased an input, and improved the sales investigation & distribution system, strengthened the construction of "sales investigator, deliveryman and supervisor" team, and conducted knight service across the whole process of network construction and actualized a dynamic domicile-based management of retail customers by and large. To boost up a comprehensive and harmonious development of the network construction across the province, the members of the Party Team of the Provincial Administration (Corporation) as well as divisions and offices of the organ attached importance to helping six subsidiary companies and 20 county companies and promoted the carryout of the responsibility system of network construction level by level. Ceaselessly improved the understanding, strengthened the work and standardized the operation, and promoted the shift of operation mode, turned back irregular operation within the industry completely with a number of advanced units featuring a strong basis and obvious efficiency for network construction, and established an urban and rural cigarette sales investigation & distribution system. Strengthened the combination of monopoly sale, and improved market cleanness rate. The Provincial Administration set up a leading institution with the Provincial Department of Public Security on the joint operation against fake cigarette making and selling criminal activities, established various working systems such as joint conference, supervision of key cases and policy research, specified responsibility and made a breakthrough for the track-down of fake cigarette making and selling suspects. In this year, smashed 81 fake cigarettes making sites, confiscated three large-scale tobacco machines, nine small-scale tobacco machines, 15 tobacco cutters, 1,94.3 tons of middle and low-quality tobacco leaves, 41 tons of tobacco cuts, 79,4 sheets of fake cigarette marks, 765,300 filter sticks and 13,900 pieces of fake brand cigarette, re-educated through labor two suspects, sentenced 13 with fixed-term imprisonment and detained 19 with a penalty. Network access rate of licensed retailers across the province reached 96.5% with a market cleanness rate of up to91.59%. Adopted "one-price system" for Level-3 cigarette wholesale across the province, readjusted the price of some provincially produced cigarettes for two times appropriately, and actively exerted the role of economic lever and price guidance in order to increase sales volume and improve the efficiency.

Strengthened Structural Readjustment of Enterprises Worked out the preparatory bankruptcy scheme and workers re-employment program of Qingsong Cigarette Factory and Guiding Cigarette Branch Factory, and carried out a special investigation and research on the bankruptcy closeoff of Liupanshui Cigarette Factory. The State Economic and Trade Commission issued a new list of projects proposed for enterprise bankruptcy under the policy in 2002, including Qingsong Cigarette Factory in September 2002. Completed the dissolution and merger of six county-level companies including Honghuagang, Shishui, Xishui, Kaili, Duyun and Tongren, closed off five hung rebaking enterprises in Tongzi County, Zunyi County, Weining County, Zhijin County and Jinsha County. By the end of 2002, 16 hung rebaking enterprises across the province all passed the acceptance inspection of the State Tobacco Monopoly Administration after completed halt production, workers' re-employment and assignment to other jobs, equipment destroy, withdrawal of tobacco monopoly & production license and standardized disposal of stored tobacco leaves.

Made Obvious Achievements for Construction of Spiritual Civilization, the Party Conduct and Clean and Honest Government Widely learned "May 1" speech by President Jiang Zemin, the important thought of "Three Represents" and the spirits of the 16th National Congress of CPC in depth, earnestly researched and arranged various tasks, and strengthened the consciousness for practicing the important thought of "Three Represents" under the guidance of the spirits of the 16th National Congress of CPC and the important thought of "Three Represents". Focused upon the implementation of *Implementation Outlines on the Construction of the Ethics of Citizens*, carried out the construction of professional ethics and the promotion of spiritual civilization in depth and donated funds and articles for poverty-stricken areas many times. The provincial company appropriated a special fund of RMB600, 000, and furthermore, subsidiary companies in Zunyi and Bijie also provided some funds to help tobacco growers suffering from disasters. The provincial company appropriated RMBRMB110, 000, and the officials and workers of the organ donated RMB110,000 to help Weining County build up a Hope elementary school. Convened the commending conference of advanced collectives and advanced (producers) workers of the whole tobacco system of the provinces, commended 40 advanced collectives and 60 advanced individuals and set up a model for numerous officials and workers to learn from and catch up with. Held a workers' artistic performance of the whole tobacco system of the province, which covered 17 units, recorded with a DVD and demonstrated the high-spirited mental outlooks of the workers of Guizhou Tobacco in face of difficulties. Surveyed, enriched and readjusted the leading groups of four District Administrations (Subsidiary Company), some cigarette factories and directly affiliated enterprises and institutions. Implemented the political and economic treatments of retired fellows smoothly. The Organ of the Provincial Administration (Corporation) newly constructed over 300m^2 of gymnastic and amusement place for retired fellows so as to enrich their cultural life. Further perfected the supervision and regulating mechanism on the construction of the Party conduct and clean and honest government. Totally 24 persons handed in gifts and monetary gifts amounting to RMB148, 200. Tightened up the case handling. Put 108 cases on record, wound up 91 cases, and punished 121 persons and recovered an economic loss of RMB1.4057 million all the year.

(By Chen Xiangfu, Xiao Jinghui, Huang Huoyue and Wang Qingde)

Yunnan Tobacco

In 2002, the State Tobacco Monopoly Administration and Yunnan Provincial Party Committee and Government paid great attention to the development of Yunnan Tobacco and provided vigorous support and forceful guidance. The chiefs of the State Administration and the Provincial Party Committee and Government visited Yunnan Tobacco for survey many times to direct the work. The whole tobacco system of the province always stuck to giving a priority to the sustainable, stable and healthy development of the whole tobacco system of the province, attached utmost importance to concept shift, explored the market with great efforts, actively readjusted the structure of products and ceaselessly deepened the reform. Accordingly, the market, price and marketing competitive power of "two-cigarette" products of Yunnan improved, and the economic efficiency increased steadily with a better market order. Strengthened enterprise management, made a new progress for technical renovation, pushed forward the construction of spiritual civilization continuously and completed various objectives defined at the beginning of the year.

Cigarette Production Strengthened macro-control, stuck to define a plan according to the market principle, carried out an analysis on the economic operation of the whole province regularly, and put forward directive opinions and specific measures and maintained the harmonious development of cigarette production and sale. Various tobacco enterprises adopted active marketing strategies and countermeasures and further strengthened the market development. Hongta Group, Kunming, and Qujing as well as other tobacco enterprises conducted technical cooperation and brand processing with cigarette enterprises of other provinces, and consolidated and enlarged the cigarette market with brands and technologies. Sped up the renovation of products and the development of new products continuously. Various tobacco enterprises developed a batch of new products such as soft Yuxi, Hongta Bojin series, Zhenpin Yunyan series, Honghe 88 &99, Jingpin Shilin series, Guobin series and Xiaoxiongmao successively, won popularity in the market, and improved the product structure of Yunnan cigarette and boosted up the efficiency of the whole tobacco system of the province. In 2002, the province produced totally 6.1031 million cartons of cigarettes (including 6.035 million cartons sold in domestic market) with a growth rate of 1.8% (calculated upon comparable terms); in 2002, actualized an industrial and commercial tax and interest of RMB35.3 billion with a growth rate of 7.48% (calculated upon comparable terms). In this year, exported totally 58,800 tons of tobacco leaves with a growth rate of 17.6% (calculated upon comparable terms); exported 70,700 cartons of cigarettes (including the export of Zhaotongxianfeng-branded cigarettes) with a growth rate of 6.8% (calculated upon comparable terms), and; actualized through export a foreign exchange of USD135 million with a growth rate of 20.54% (calculated upon comparable terms).

Cigarette Sale According to the overall deployment of the Provincial Administration (Corporation), strengthened network construction, boosted up the combination of monopoly sale, and consolidated the link of production and sale and actualized prominent achievements for cigarette sale with joint efforts of numerous officials and workers of the whole tobacco system of the province. In 2002, sold at home 6.0854 million cartons of cigarettes with a growth rate of 1.38% (calculated upon comparable terms); defined a sales plan for market cigarette of Yunnan of 1.15 million cartons, actually sold 1.249 million cartons and completed 108.61% of the annual plan with a growth rate of 5.66% (calculated upon comparable terms) upon 1.1821 million cartons of last year, including 216,900 cartons of Category-1 and Category-2 cigarettes, accounting for 17.37% of the total sales volume; the average gross profit ratio of cigarette sale was 10.58% with an growth rate of 0.04% upon last year. Sold 416,900 cartons of famous and top-quality cigarettes, accounting for 33.38% of the net sales volume of the province with a growth rate of 3.54% upon 352,700 cartons and 28.83% of last year. 16 prefectural/municipal companies except Dehong Prefectural Company across the province all overfulfiled the sales plan of the year, and some regions completed a sales volume 10% higher than the plan.

Monopoly Administration Earnestly carried out the priorities of the State Administration on rectifying and standardizing the market and economy in 2002, and resolutely cracked down "fake, smuggled, illegal and non-quota" cigarette and purified the cigarette market of our province allsidedly. Firstly, solved the problem from the root, and further tightened up the crackdown against fake cigarettes. Conducted a responsibility track-down system in the fake cigarette crackdown of this year, set up a spherical fund for "fake cigarette crackdown", strengthened the monopoly administration of transport links, and gave prominence to fake cigarette crackdown from the source and tightened up the investigation and prosecution of illegal tobacco machine assembly and regrating as well as key fake cigarette making cases; secondly, centering upon improving the market control capability in an all-around way, pushed forward the monopoly sale combination and domicile-based administration as a whole; thirdly, further strengthened the construction of monopoly checking team. Continued to center upon the objective of "standardized management, and regularized case handling" put forward by the State Administration for the construction of the team, started with "Year of Competence" activities of 2001, continued to strengthen the training on laws and regulations and earnestly organized the monopoly law-enforcement personnel to participate in the unified laws and regulations exam of the State Administration.

Rectified and standardized the Economic Order of the Market Focused upon the carryout of "charge rectification, disorder control and burden reduction", earnestly put in order the administrative charges of the Tobacco Monopoly Administration and laid stress upon the inspection of the income and expense of administrative penalties. Faithfully conducted a special rectification of financial order with stress upon the rectification of concealed account book funds and small exchequer funds and made decisive achievements. Rectified and standardized the market and the economy smoothly. On the Special Goods Payment Account-Checking (the 3rd batch) Conference of the State Administration for industrial and commercial enterprise nationwide, found out totally RMB870 million of goods payment that industrial enterprises of other provinces owed to Yunnan and signed an overdue payment confirmation letter and disposal agreement after meticulous checking under the supervision and urge of the Rectification Office of the State Administration. Actively carried out "Year of False Monopoly Crackdown" activities, attached importance to digging out illegal tobacco machine assembly and regrating group cases, and mobilized totally 99,800 person/times for crackdown, investigated and prosecuted 11,274 cases, confiscated 23,100 pieces of fake cigarettes, smashed 110 fake cigarettes making sites, confiscated 123 fake cigarette making machines, and investigated criminal responsibilities of 11 suspects and re-educated through labor 23 in 2002. Cigarette sales network focusing upon cities further expanded. Improved control capability of the market within the province in adoption of monopoly sale combination, sales investigation and distribution. Faithfully strengthened the audit work, and the entire system completed the cost audit of 893 construction projects, saved an expense of nearly RMB70 million; completed incumbent and retiring audit of 41 legal representatives of enterprises; carried out 63 financial audits and special audits, and saved an expense of RMB240 million. Continued to strengthen production safety, and the entire system organized totally six provincial safety inspections, found out and rectified over 100 hidden safety problems, and earnestly supervised and rectified various safety problems found out, put an end to fire accidents and contained the occurrence of serious accidents. Pushed forward allsidedly and standardized gradually the qualification authentication, quality/price comparison purchase and public bidding of cigarette materials, and further strengthened the standardization of new engineering projects.

Enterprise Management Strengthened reform, and boosted up management level and in-depth reform. The entire system centered upon financial management, continued to push forward budget management in an all-around way and issued assessment procedures of budget management. Actively cooperated with relevant departments of higher authorities to carry out the reform of tax system and the survey on structural readjustment, and organized an inspection over the law enforcement of *Accounting Law* and strengthened the financial analysis and prediction for economic operation of the entire province. Ceaselessly strengthened enterprise management. In particular, Honghe Cigarette Factory broke through the traditional management and renovated ceaselessly, and created management experiences with stress upon effective encouragement, efficiency, information management and teamwork, generated a high-efficient labor productivity and won the high praise of the leaders of the State Administration, which was popularized within the tobacco industry across the country. Carried out the work of income increase and expense reduction, ensured the income increase and expense reduction objective of RMB1 billion defined at the beginning of the year, of which the expense reduction objective of RMB500 million has already been actualized. Laid stress upon the support for Hongta Group, and made achievements initially. Strengthened the management of diversified investments, made initial achievements for assets reorganization, and improved the structure of investment, and alleviated the losses of hotels and improved the investment return steadily. Organized an asset and capital verification for 116 multi-industrial enterprises of tobacco system, submitted to the authorities and canceled various asset losses of RMB520 million after the verification, and saw into the total assets by and large. Continued to push forward the structural readjustment of enterprises resolutely. On the basis of meticulous survey, preset scheme, time-after-time opinions debriefing and unified ideology, completed separate tryouts of "three integrated as one" of Honghe Tobacco Enterprise. Closed off nine and stop the baking of five hung rebaking factories. Smoothly completed the transfer of Diqing Prefecture tobacco to a higher level. Actively explored the management mode of county-level companies, and established monopoly and sales institution in adoption of new mode. By virtue of assets and brands, explored the cooperation mode with cigarette factories of Hainan, Taiyuan, and Harbin and etc. During the reform and redundant personnel reduction for a higher efficiency of enterprises, the entire system laid off and retired 8,826 persons with an increase of 1,938 and a growth rate of 28.1% upon the end of last year by the end of 2002.

Tobacco Leaves Planting According to the tobacco leaves planting guideline of "market orientation, planned planting, quality foremost and layout readjustment", gave prominence to the priorities of "planting area control, quality improvement, and layout and structural optimizations", saw clearly the situation, unified the ideology, and changed over the concept, strengthened the management and resolutely gave a priority to the gross amount control and quality improvement of tobacco leaves; conducted a contract system allsidedly, and organized production and purchase strictly according to the state plan; attached utmost importance to one-hundred-percent carryout of various measures for reviving the cigarette with science and technology; purchased tobacco leaves rapidly in order; further perfected the quality of tobacco leaves, optimized the grade structure, strengthened the fundamental work, improved the grade qualification rate, standardized the circulation order and straightened up the operation. In this year, purchased 11.4924 million dans of baked cigarettes, accounting for 99.96% of the plan at an average purchase price of RMB10.28/kg with an increase of RMB0.63/kg (calculated upon comparable terms); the purchase amount reached up to RMB5.907 billion with an increase of RMB595 million (calculated upon comparable terms), and the paid special agricultural tax and additional tax reached RMB1.3 billion with an increase of RMB130 million (calculated upon comparable terms), of which high-quality cigarettes accounted for 40.16% with a growth rate of 4.39% (calculated upon comparable terms), and middle and high-quality cigarettes for 96.35% with a growth rate of 3.93% (calculated upon comparable terms) and low-quality cigarettes for 3.65% with a growth rate of 3.93% (calculated upon comparable terms); actualized a cigarette export stock-up of 1.126 million dans with an increase of 606,000 dans (calculated upon comparable terms). Additionally, in 2002, the entire province purchased 66,600 dans of spicy tobaccos at an average purchase price of RMB9.86/kg; purchase 47,000 dans of white cabo tobaccos at an average price of RMB9.14/kg, and the work of tobacco leaves maintained a stable development trend.

In sum, various tasks made a progress in an all-around way in 2002 with two highlights in the field of production and operation: firstly, the readjustment of product structure boosted up the efficiency; secondly, the brand pooling and expansion guaranteed the stability of the market outside the province and the sales volume. The achievement of 2002 was hard-earned and a fruit of resolutely emancipating the mind, changing over the concept, strengthening internal management, making great efforts to boost up the ability of revival and development in the buyer's market, and readjusting in difficulties and advancing in readjustments in recent years, an achievement of resolutely attaching utmost importance to "twin control" and "two improvements" of tobacco leaves and always consolidating the fundamental role of tobacco leaves for a long time, an initial effect of resolutely exploring the market with great efforts and ceaselessly improving the core competitive power of Yunnan Tobacco and a new step of resolutely pushing forward the reform and renovation, sticking to solving difficulties with a viewpoint of development and advancing with the time.

(By the Office of the Administration)

Tibet Tobacco

To boost up the rapid growth of the sales volume of Tibet Tobacco, the Party Committee of the Administration (Corporation) put forward a development strategy of "seeking for a survival from standardization, an efficiency from reform, a development from stability and a leap-forward from renovation" and defined a sales strategy of "seeking efficiency for middle and top-grade cigarettes, and market share for middle and low-grade cigarettes" in combination of the actual situation of Tibet. Firstly, organized an in-depth survey on cigarette market across the region, optimized the structure of cigarette varieties with cigarette brands in the market across the region reduced from 143 to 98, further strengthened the market regulation and control capability and guaranteed the stable cigarette price and adequate supply; secondly, established and perfected various rules and regulations on the management of cigarette sales, tightened up the management of cigarette cannibalization outside and inside the region and gradually standardized cigarette sales work; thirdly, actively explored the market in agricultural and pastoral areas, established cigarette retail and wholesale marketplaces in cooperation with Doilungdeqen County and Dagze County and actualized a good economic efficiency and social effect; fourthly, further improved the service quality and service attitude, expanded the service field and set up an image of Tibetan tobacco industry; fifthly, optimized storage structure, and ensured large-scale improvement of economic efficiency with sales volume of cigarette keeping balance with last year. Various regions maintained a favorable sales trend, of which Shigatse, Qamdo, Shannan, Nagqu, Nyingchi and Ngari completed of 92.4%, 147.8%, 100.8%, 55.7%, 128.3% and 82.3% of the annual sales plan respectively and actualized a profit of 91.7%, 114.4%, 103.1%, 24.7%, 267.4% and 32.5% of the annual plan respectively.

Monopoly Administration Firstly, strengthened the construction of monopoly law enforcement team. Set up the General Tobacco-Checking Detachment of the Autonomous Region. Shigatse, Shannan, Nyingchi and Ngari established the General Tobacco-Checking Detachment successively. Carried out collective business trainings for law enforcement personnel, and improved the comprehensive accomplishment of the team. Secondly, perfected the mode of domicile-based administration. Registered cigarette retailers in Lhasa including business address and operation mode with archives and carried out an effective supervision over retailers. Thirdly, earnestly carried out *Management Procedures of the Tibet Autonomous Region on Anti-fake Spray Codes of Cigarettes*. In order to crack down fake, smuggled and illegal cigarettes in Tibetan market and safeguard the interests of the state and the people, the Regional People's Government issued *Management Procedures of the Tibet Autonomous Region on Anti-fake Spray Codes of Cigarettes* and formally implemented from December 1. Our Administration invested over RMB200, 000 to carry out an in-depth learning and publicity for *Procedures* widely. Under the correct leadership of the Regional People's Government, our Administration with Lhasa Municipal Government, Lhasa Municipal Bureau of Public Security, Chengguan District Party Committee, relevant neighborhood committee, and the Regional Complaint Letter Office, Legal System Bureau and the Industrial and Commercial Bureau as well as other units smoothly solved the petition of some cigarette dealers in Chongsaikang due to the implementation of *Procedures*, and effectively contained the flooding of fake, smuggled and illegal cigarettes in Tibetan cigarette market. Fourthly, attached utmost importance to fake, smuggled and illegal cigarette crackdown. Strengthened the coordination with relevant law enforcement departments such as public security, technical supervision and the industry and commerce. In this year, mobilized totally over 7,000 person/times for market inspection, investigated and prosecuted 129 various cases, confiscated 385.76 pieces of fake, smuggled and illegal cigarettes with a case-involved value of up to RMB1.6937 million and triggered a strong echo across the region. According to the estimation, the cigarette market cleanness rate in Lhasa reached 66.9%, and the market cleanness rates in other areas also improved accordingly.

Major Economic Indicator completed In 2002, under the correct leadership of the State Administration and the vigorous support of the Party Committee and Government of the Autonomous Region, the officials and workers of Tibetan tobacco industry raised high the flag of Deng Xiaoping Theory, earnestly practiced the important thought of "Three Represents", continued to stick to the guideline of "attaching utmost importance to the basis, and making progress steadily" and the priorities of "standardization, reform and renovation", attached utmost importance to the carryout of various tasks defined at the beginning of 2002, emancipated the mind, carried out work steadily, advanced with the time, explored and renovated in adoption of "seeking for a survival from standardization, an efficiency from reform, a development from stability and a leap-forward from renovation" and made numerous achievements. In this year, cannibalized totally 34,000 cartons of cigarettes into the region, and sold 30,100 cartons of cigarettes with a sales revenue of RMB305.44 million; actualized a gross profit of RMB53.68 million with a growth rate of 46% upon last year; actualized a profit of RMB30.20 million; handed in various taxes and duties of RMB12.52 million.

Construction of Spiritual Civilization and the Party In view of various contradictions and problems in the institutional reform concerned with the vital interest of workers, carried out ideological and political work in depth, solved the problems at the grassroots on burgeoning stage and guaranteed the stability of the industry and the society. The Party Committee of the Organ organized officials and workers to learn "May 31" speech by President Jiang Zemin and the important thought of "Three Represents" in depth in adoption of various forms. According to the requirement of the Party Team of the State Administration and the Regional Party Committee, earnestly organized officials and workers to learn and carry out the spirits of the 16th National Congress of CPC closely in combination of the actual situation. Strengthened the construction of leading groups and official teams, strengthened the education and management of the Party members and officials and further perfected the supervision and regulating mechanism.

Institutional Reform According to the written reply to Guo Yan Ren [2002] 102, actively carried out various tasks such as institutional reform, selection of middle-level officials, personnel reposition and system construction and promoted the standardization and institutionalization of the work of the organ. Firstly, set up seven division and offices including the Office, Development Planning Division, Monopoly Administration Division, Sales Management Division, Financial Management and Supervision Division, Personnel and Labor Division and Discipline Inspection and Supervision Division, founded the Information Center, Distribution Center and Storage and Transport Center according to the demand of the work and perfected the institution accordingly. Secondly, successfully carried out the selection and appointment of middle-level officials. The Party Committee of the Administration (Corporation) defined *Opinion on Selection and Appointment of Middle-level Officials*, and handled affairs strictly according to relevant regulations. Thirdly, conducted a reposition for 156 employees to other jobs under the principle of overall stability and small readjustment. During the personnel reposition, stuck to ideological and political work foremost, closely relied upon numerous workers and guaranteed the solidarity of the personnel and stability of the work. Fourthly, established and perfected various rules. Defined the responsibilities of various divisions and offices, and specified responsibilities of various divisions, sections and specific personnel in details.

(By Tashi & Cheng Wei)

Shaanxi Tobacco

2002 is a year when Shaanxi Tobacco actualized new leap-forward development. Shaanxi Tobacco stuck to the guideline of "attaching utmost importance to the basis and making progress steadily" and the priorities of "standardization, reform and renovation", continued to implement the development strategies of "the southward transfer of North Tobacco", "one body plus two wings" "four wheel-driven" and "four majors", went all out to integrate cigarette brands, attached utmost importance to the rectification and standardization, carried out "one-price system" for cigarette sale, and steadily pushed forward the coordinated network construction across the province and boosted up the sustainable, stable and healthy development of the industry.

Actualized Historic Breakthrough for Economic Efficiency On the basis of a stable growth of two successive years, we set up a record high in 2002. The whole industry of the province actualized an industrial and commercial tax and interest of RMB2.525 billion with an increase of RMB593.60 million and a growth rate of 30.73% (calculated upon comparable terms), which was higher than the expected growth objective, higher than the growth rate of 2001 and higher than the growth of the entire industry and presented a favorable "three-higher" situation. Actualized a profit of RMB322 million with an increase of RMB207.42 million and a growth rate of 180.66% (calculated upon comparable terms), including a commercial profit of RMB247 million with a growth rate of146% (calculated upon comparable terms). Six subsidiary companies across the province actualized a profit of RMB20 million respectively. In this year, produced 1.0448 million cartons of cigarettes, and sold within the province 913,300 cartons with an industrial and commercial storage of 89,200 cartons at the end of the year. Earned through export a foreign exchange of USD8.39 million.

Made a Big Progress of the Brand Integration, and further optimized the Structure of Enterprises and Products Centering upon the development objective of "four majors", issued *Implementation Scheme on Brands Integration of Provincially Produced Cigarette*, specified four major brands i.e. Haomao Series, Houwang Series, Jinkayan'an and Xinshijigongzhu and 11 transitional trademarkts and 22 washout trademarks. In 2002, produced 90,200 cartons of Category-1 and Category-2 cigarettes, accounting for 8.64% of the gross output with a growth rate of 3.35% (calculated upon comparable terms). The improvement of product structure boosted up the industrial tax and interest of each carton with a growth rate of 22.28% (calculated upon comparable terms), including a profit growth rate of up to 417.45%. Lanhaomao and Jinka Houwang have been appraised as national top-grade cigarettes, and four brands i.e. Jinsihou, Houwang, Gongzhu and Zhuerkang with an annual production and sales volume exceeding 100,000 cartons took shape. "One body plus two wings" enterprise i.e. Baoji Cigarette Factory as the body and Hanzhong 2nd Cigarette Factory and Yan'an Cigarette Factory as two wings developed steadily, boosted up technical renovation, management renovation and marketing renovation, and produced totally 753,000 cartons of cigarettes, accounting for 72.07% of the gross output all the year; actualized a tax and interest of RMB1.767 billion, about 82.85% of the industrial tax and interest of the entire province with a growth rate of 18.8% (calculated upon comparable terms).

New Production Pattern of Tobacco Leaves took Shape initially In 2002, the entire province planted 480,000 mu of tobacco leaves and purchased 820,000 dans, of which middle and high-grade tobacco leaves accounted for up to 91.3% with a growth rate of 7% and raw tobacco hand-over and processing entrustment accounted for over 80%. Among the rest, South Shaanxi planted 270,000 mu of tobacco leaves, accounting for 56% of the total planting area, purchased 476,000 dans of tobacco leaves, 58% of the total purchase amount and actualized the objective of "tobacco leaves of South Shaanxi accounting for two thirds of the total of the province" by and large. Further improved the intensive production of tobacco leaves, and cut down planting counties to 34 and planting townships to 89 with the total area of connected planting lands each more than 100 mu reaching 21% of the total planting area. Attached utmost importance to four technologies and one development and consequently further improved the production level of tobacco leaves with the popularizing rate of pelleted seeds reaching 100%, balanced fertilizing technique over 70% and the renovation of standard hothouse reaching over 65%. The demonstration field of international-standard-compliant top-grade tobacco leaves in South Shaanxi reached 3,000 mu. On the basis of consolidating raw material bases co-founded by Shanghai and Jiangsu with

Ankang and Shangluo in South Shaanxi, Xunyang was formally selected by Shanghai Tobacco Group as base. On the National Tobacco Leaves Trade Fair, signed a contract on cannibalization of 265,000 dans for other province with an increase of 47,000 dans upon last year.

Pushed forward Coordinated Network Construction as a Whole Xi'an built up an comprehensive distribution pattern of "separate sales investigation, unified distribution, monopoly sale combined, bound assessment, structural reform, encouragement emphasis, and networked computers and high-efficient operation", improved the quality of network operation and boosted up the economic efficiency. In 2002, Xi'an Subsidiary Company actualized a profit of RMB90.63 million with a growth rate of 169.09% (calculated upon comparable terms). Carried out coordinated network construction among ten regional core cities across the province, unified the arrangement, training, inspection and assessment, and forged an urban cigarette sales network system of "integration of urban and rural areas, uniform operation, comprehensive sales investigation, centralized distribution, three-line operation, four-line run-through, bound assessment, encouragement emphasis, information management, accomplishment promotion, adherence fostering and win-win" initially, and the network played a more fundamental role for stable price, sales promotion, market regulation and famous and top-grade brand fostering. In this year, the network sold 44.271550 billion cigarettes, accounting for 96.9% of the total sales volume of the province. Under the facilitation of coordinated network construction, the entire province pushed forward "one-price system" for cigarette sale in depth, attached utmost importance to the sable price and sales promotion and boosted up the sales volume of cigarette steadily.

Made Obvious Achievements for Rectification and Standardization Centering upon the priority of rectification, the whole industry carried out a series of special rectification activities. Especially in the second half year of 2002, the Provincial Government convened two provincial videoconferences on the rectification and standardization of cigarette market across the province successively, and the public security, procuratorate, court and tobacco departments jointly issued *Notice of Relevant Issues on harshly Cracking down Criminal Activities Disturbing the Order of Tobacco Monopoly Administration*, carried out a special large-scale rectification of cigarette market across the province and made great achievement, investigated and prosecuted 28,497 various illegal cases, confiscated and purchased 33,134 pieces of illegal cigarettes, confiscated 20,705 pieces of fake brand cigarettes and 1,289 tons of tobacco leaves, smashed 114 fake cigarette making and selling sites, clamped down 162 illegal regraters, sentenced 11, re-educated through labor 13, arrested 18 and detained 76 all the year. The cigarette market order actualized an initial improvement. Carried out a special rectification of financial order in depth, actively cleared "chain debts", "small exchequer funds" and concealed account book funds and completed the asset and capital verification of multi-industrial enterprises. In this year, carried out quality/price comparison purchase for 24 kinds of non-monopoly materials of seven categories and saved a purchase cost of RMB11.50 million. Conducted a public bidding for 77 capital construction and technical renovation projects of the industry and saved a capital of RMB13.36 million.

Sped up Restructuring and Technical Renovation Withdrew the managerial authority of county-level companies and rebaking factories for tobacco leaves, and carried out a unified operation by subsidiary companies. Pushed forward "straight line cannibalization, and straight line settlement" of cigarettes and perfected the cannibalization control mechanism. Made a new progress for the structural readjustment of enterprises and the restructuring of cigarette sales pooling companies. The Provincial Government convened special work conferences and issued a summary of minutes on the closeoff of Yongshou Cigarette Factory and Yulin Cigarette Materials Factory. Drew up the restructuring scheme of sales pooling companies, which the Provincial Economic and Trade Commission has already submitted to relevant Municipal Governments for opinion debriefing, and in the meantime, boosted the merger and regrouping of Chengcheng Cigarette Factory, Xuyang Cigarette Factory and Hanzhong 1st Factory nationwide. Pushed forward informatization construction in an all-around way, and established WAN and satellite communication system of the whole industry of the province. Made a great progress for the tar content reduction of cigarettes, and newly developed nine cigarette products reduced the average tar content down to 11.4mg/cigarette; tobacco sheets and expansion tobacco cuts widely applied; Qinyan 1 passed the authentication of the National Tobacco Variety Appraisal Committee and became the 1st new variety developed by our province in the planting history of baked cigarette.

Strengthened the Construction of Spiritual Civilization allsidedly Completed the incumbent assessment of leading groups of 11 commercial enterprises and seven industrial enterprises, readjusted leading groups of six commercial enterprises, exchanged ten leading officials from different regions and improved the comprehensive function of leading groups. Various enterprises carried out a competitive appointment of middle-level officials, competitive employment of technicians and managerial staff at section or lower level and the employment of frontline workers with a certificate in an all-around way. Carried out the construction and practicing activities of civic virtues in depth and obviously improved the accomplishment of workers' team, and 79 units of the entire system won the honor of civilized units. Carried out anti-corruption from the source in depth, made government affairs public allsidedly, and established an incumbent audit system of legal representatives of enterprises and further perfected the supervision and check mechanism. Tightened up the investigation and prosecution of cases, checked 69 various illegal cases preliminarily, put 14 on record, wound up 12 with a winding-up rate of up to 85% and punished 31 persons according to the disciplines of the Party and the government.

(By Wang Yu)

Gansu Tobacco

In 2002, the tobacco industry of Gansu Province centered upon the development, started with the grassroots work, united as one, advanced despite difficulties, renovated and went all out in work, and maintained a favorable development trend on the basis of rapid development in recent years. The economic efficiency went up continuously and actualized a huge development on a new level.

Further improved the Concentration of Brands, and optimized Product Structure In this year, produced 399,900 cartons of cigarettes with a growth rate of 11.1% (calculated upon comparable terms), of which Category-3 or higher cigarettes reached 175,700 cartons, accounting for 43.92% of the gross output with a growth rate of 5.85% upon last year. Average annual output of single-brand cigarettes reached 80,000 cartons, and two major brands i.e. Lanzhou and Haiyan actualized an output of 374,200 cartons, accounting for 93.5% of the gross output.

Ceaselessly pushed forward Technical Renovation, and made New Achievements for Product Development and Renovation Introduced advanced high-speed rolling and packaging machine sets, renovated auxiliary equipments and further improved the technical level of equipments. Invested RMB30 million for the construction of technical center, sped up the technical progress and made a great achievement for product development, technical renovation and fundamental research. The average weighted tar content value of Lanzhou Cigarette Factory is 12.95mg, ranking the 2nd among 92 inspected enterprises during the quality inspection of cigarettes across the country. Zhenpinlanzhou became one of top-grade cigarette products nationwide with a comprehensive quality of cigarette products ranking the 5th within the whole industry. Developed Jixianglanzhou and Techunlanzhou-branded cigarettes in adoption of several new technologies with over 260 experiments within more than one year.

Made Great Progress for Structural Readjustment of Cigarette Enterprises, and actualized the Objective of One Factory at Two Sites by and large Completed the assets disposal of the former Qingyang Cigarette Factory in bankruptcy, and finished the bankruptcy; Heshui Cigarette Factory went into bankruptcy procedures by law and finished the audit and evaluation of bankruptcy assets; on the basis of the successful trusteeship of Lanzhou Cigarette Factory for Tianshui Cigarette Factory, two factories merged, and Tianshui Branch Factory has officially put into operation on December 25. Lanzhou Cigarette Factory was listed among 36 key industrial cigarette enterprises nationwide. Heshui Cigarette Factory went into bankruptcy, and Lanzhou and Tianshui Factories merged according to the policy of the state on tobacco industry, and the structural readjustment of cigarette industry made another great achievement and played a very important role to improve the concentration of production and brands, enhance the comprehensive strength, and perfect and expand the industry.

Further strengthened the Network Basis, and Effectively improved Operation Level and Comprehensive Management Level Increasingly perfected the sales investigation and distribution system of "comprehensive sales investigation, comprehensive distribution and monopoly sale combined", and further exerted the market analysis, demand prediction, retailer management, and service as well as other functions of sales outlets and extended the sales investigation service. The self-establishing rate of sales outlets reached 68%. The commerce sold outside the system 565,100 cartons of cigarettes with a growth rate of 8% (calculated upon comparable terms). Carried out activities to provide retailers with knight services in depth, defined image standards, civilized wording and service specifications and strictly controlled the quality of assessment service. Publicly selected and commended excellent law-abiding dealers and excellent dealers, conducted various activities such as providing poverty-stricken retailers with help and organizing artistic performance for law-abiding retailers, further consolidated the relationship with retailers and increased the emotional communication with retailers.

Made Obvious Achievements for the Crackdown of Fake Cigarette as well as Other Illegal Operations, and further standardized the Operation Order of the market Strengthened monopoly law enforcement and contained illegal operations accordingly. "Year of Fake Cigarette Crackdown" activities with stress upon smashing groups, digging out sites and clearing market" made an obvious achievement. In this year, investigated and prosecuted totally 38,709 various illegal cases and confiscated 17,450 pieces of cigarettes, including 5,756 fake cigarette cases and 5,884 pieces of fake cigarettes confiscated. Detained totally 61 fake cigarettes making and selling suspects and others criminals, arrested one, and sentenced eight and overawed criminals. The large-scale publicity on fake cigarette crackdown and identification actualized a good social benefit. The province input totally RMB60 million for monopoly administration and fake cigarette crackdown, established 360 monopoly administration offices and 150 monopoly checking detachments, provided 2,045 monopoly administrators and 401 monopoly vehicles, and the public security department set up 76 Special Offices with tobacco system.

Industrial and Commercial tax and Interest continued to maintain a High-speed Growth, more than quadrupled within Three Years, and the Strength of Enterprises further enhanced The whole industry actualized an industrial and commercial tax and interest of totally RMB2.159 billion with an increase of RMB529 million and a growth rate of 32.49% (calculated upon comparable terms) and ranked the first within the industry nationwide, which increased RMB1.749 billion upon RMB410 million of 1999 and more than quadrupled within three years and set up a record high; Actualized an industrial tax and interest of each carton reaching RMB3,580 with an increase of RMB612 (calculated upon comparable terms). The industry and commerce actualized a tax and duty of RMB1.313 billion, accounting for 9% of the total financial revenue of the province; actualized a profit of RMB846 million with an increase of RMB231 million and a growth rate of 37.53% (calculated upon comparable terms). The total assets of the industry reached RMB3.5 billion with a growth rate of 18% (calculated upon comparable terms), and the net assets reached RMB2.02 billion with a growth rate of 49% (calculated upon comparable terms). Since 1985, has already actualized a total industrial and commercial tax and interest of nearly RMB10 billion.

Deepened the Reform of Three Systems, and enhanced the Vitality of Enterprises Introduced competitive mechanism, made great efforts to select excellent young officials, carried out post alternation, official exchange between different regions and lower-level temporary position for official tempering, and accordingly deepened the reform of the official personnel system and boosted up the training and tempering of the business and managerial team of enterprises. Conducted a complete contractual labor system, and straightened up the labor relationship. Carried out the procedures of "piece-counting wage plus centesimal-system assessment", and effectively mobilized the enthusiasm of employees.

Strengthened Enterprise Management, and made Efforts to improve Management Level Gave a priority to standardizing the operation within the industry, perfected management rules, and solved problems from the root, and conducted comprehensive rectification and further standardized the internal operation of the industry. Carried out a special rectification of financial orders, prepared and established the capital management center of the entire tobacco industry of the province and strengthened the centralized uniform management of capital. Further perfected the construction of information infrastructure, and sped up the process of informatization. Completed the installation and debugging of Class-C satellite network, and connected with the industrial network successfully. Laid out and designed the security architecture of Provincial Area Network, and completed the installation and debugging of LAN of the Provincial Administration (Corporation).

Strengthened the learning and training of workers, and ceaselessly improved the comprehensive accomplishment of the team. Tightened up safety management, and guaranteed the smooth carryout of the production of the industry.

Carried out Construction Activities of Spiritual Civilization so as to provide an Ideological and Organizational Guarantee for the Reform and Development of the Industry Under the guideline of the important thought of "Three Represents" and the spirits of "May 31" speech by President Jiang Zemin, made great efforts to strengthen the construction of leading groups, actively carried out construction activities of spiritual civilization and improved the political theory accomplishment of the Party members and officials. Ceaselessly carried out the warning education on the Party conduct and clean and honest government and improved the consciousness towards cleanness and self-discipline. Closely centered upon the central task of the reform and development of the industry, and carried out ideological and political work in depth. Boosted up the construction of the Party Organization at the grassroots, and made great efforts to carry out the mass construction of spiritual civilization and construction activities of enterprise culture with the education of civic virtues and the construction of workers' ethics as breakthrough.

Qinghai Tobacco

In 2002, under the guideline of Deng Xiaoping Theory and the important thought of "Three Represents", the entire tobacco industry of the province earnestly carried out the spirits of the National Tobacco Work Conference and the Provincial Economic Work Conference, continued to stick to the guiding ideology of "attaching utmost importance to the basis and making progress steadily" and the priority of "standardization, reform and renovation", started with the actuality of Qinghai Tobacco, gave prominence to the priority, and attached utmost importance to the carryout and made new progresses for various tasks. In this year, sold totally 8.87676 billion cigarettes (177,000 cartons) with a growth rate of 8.2% (calculated upon comparable terms), actualized a sales volume of RMB1.67 billion with a growth rate of 43.6% (calculated upon comparable terms), actualized a tax and interest RMB160 million with a growth rate of 31.5% (calculated upon comparable terms) and set up a record high for various economic indicators.

Strengthen Cigarette Purchase/Sale Management, and maintained Stable Development for Economic Operation Under the guideline of "sales promotion, stable price and efficiency improvement", gave a priority to development, attached utmost importance to the basis, to the standardization and to the implementation, and made great efforts to strengthen the regulation and control of economic operation and maintained a favorable development trend. Improved the contract implementation rate and strictly controlled the stocking. Issued the planning indicators of cigarette sale of the whole tobacco system of the province in 2002, inspected the implementation progress month by month, and conducted macro-control in time, strengthened the assessment for responsibility objectives of economic operation earnestly and guaranteed the smooth completion of various sales indicators. Tightened up the structural readjustment of market and improved the concentration of brands. Closely grasped the opportunity of West Development and increasing floating population of Qinghai, attached importance to the market fostering and sales promotion of famous and top-quality cigarette as well as backbone brand cigarettes, and newly introduced 14 trademarks and specifications of famous and top-quality cigarettes and controlled the trademarks and specification of purchased cigarettes within 90. In this year, the sales volume of famous and top-quality cigarettes actualized a growth rate of 61.9% (calculated upon comparable terms) and effectively guaranteed the supply and demand of cigarette market across the province. Carried out price management and ensured the stability of cigarette price. Drew up management procedures on cigarette price, and actualized the classified management of cigarette prices across the province and maintained the stable price of cigarette market by and large.

Strengthened the Rectification with Stress upon the Standardization, and further tightened up Monopoly Administration Carried out fake and illegal cigarette crackdown in depth, and purified the cigarette market ceaselessly. In order to actualize the objective of obviously reducing fake cigarettes and illegal-channel cigarettes in the society, tobacco monopoly administration departments at various levels across the province earnestly carried out the spirits of the National Tobacco Monopoly Administration Videoconference, rectified and standardized the economic order of the market with fake and illegal cigarettes crackdown as breakthrough, and investigated and prosecuted a batch of key fake cigarette making and selling cases through smashing the sites, blocking up the source and clearing the market, harshly cracked down and effectively contained fake cigarette making and selling activities and improved the market cleanness rate. In order to institutionalize fake cigarette crackdown, the Provincial Administration co-issued *Working Systems and Responsibilities on Joint Crackdown against Fake Cigarette Making and Selling Criminal Activities* with the Provincial Department of Public Security, and established a persistently effective mechanism for fake cigarette crackdown initially. In 2002, the entire province mobilized totally 5,320 persons/times for fake cigarette crackdown, investigated and prosecuted 2,161 various illegal cases, investigated and prosecuted 290 fake cigarette cases, confiscated 264 pieces of fake brand cigarettes with RMB637,000 fined or confiscated and destroyed 730 pieces of fake brand cigarettes. Closely cooperated with news media, invited reporters to gather news during the law enforcement, exposed law breakers, and carried out a supervision over violent law breakers by public opinion and expanded the social effect of fake cigarette crackdown. Carried out target-hitting activities of cleanness rate of the cigarette market and further improved the control capability for cigarette market. The market share, licensed operate rate, legal-channel stocking rate and market cleanness rate across the province reached 89.55%, 92.41%, 87.43% and 89.2% respectively, and played an important role to maintain the normal and stable order of cigarette market. Strengthened the construction of law enforcement team. Held training courses for leading officials of the whole tobacco system of the province in charge of monopoly administration, and carried out trainings for 62 leading officials of the Tobacco Monopoly Administration at the county or higher level in charge of monopoly administration. Various prefectural and municipal administrations also held training courses on laws and regulations for law enforcement personnel successively. Conducted systematic business trainings for 201 monopoly law-enforcement personnel across the province, obviously improved the comprehensive accomplishment and the level of administration by law of monopoly law enforcement personnel and initially actualized “standardized management, and regularized case handling”.

Actively pushed forward the Construction of Cigarette Sales Network and Domicile-based Administration, and further improved Market Control Capability and Market Share Stuck to regarding the construction of cigarette sales network as a comprehensive task and a most valuable strategic fundamental project concerned with the healthy and long-term development of the tobacco industry, gave a priority to strengthening network construction and implementing domicile-based administration for the whole tobacco system of the province, learned and absorbed advanced experiences of Chengdu, Shanghai and Wuhan, changed over the concept, attached utmost importance to the implementation. Network construction took shape and played a positive role in many fields such as market control, customer service, brand fostering, stable price and output increase. Stuck to the principle of giving prominence to the priority with classified guidance, strengthened the network construction and established an urban cigarette sales network mode of "comprehensive sales investigation, comprehensive distribution, the separation of investigation from delivery and monopoly sale combined" around Xining and Golmud and a rural cigarette sales network mode of "integration of investigation and distribution with stress upon practical results" mainly covering eight counties under Xining Municipality and Haidong District. To improve the network infrastructure, input RMB11.2 million for network construction all the year, sped up the informatization process in the same time in adoption of a improvement-during-operation method and actualized the networking between the Provincial Administration (Corporation) with its directly affiliated units and various subsidiary companies. Convened a network construction experience exchange on-the-spot conference of the province, and boosted up the in-depth development of the network construction across the province. Enhanced the service awareness and strengthened the service function. The management and service for retailers gradually evolved towards materialization, popularization and standardization and the service means developed from unicity towards diversification with "domicile-based" management carried out step by step. Various prefectural and municipal administrations drew up *Detailed Rules on Domicile-based Administration*, laid out "domicile-based" management in details, carried out a survey to see into the actual situation, and established relevant archives and designated corresponding personnel, conducted classified management widely for dealers under the jurisdiction and established a three-personnel mutual control, three-line operation and three-level assessment system of domicile-based administrators, sales investigator and deliverymen. Improved the market share, licensed operate rate, legal-channel stocking rate and gross profit ratio largely. Convened the Provincial Domicile-based Administration Briefing On-the-spot Conference in Xining and further boosted up the level of domicile-based administration of the province.

Focused upon Rectifying and Standardizing Financial Management, and boosted up Management Level of Enterprises Focused upon rectifying and standardizing the financial order so as to improve the financial management level. Firstly, earnestly carried out new *Accounting Law* and standardized the accounting according to the law. Carried out a target hitting assessment on the fundamental accounting regulations, further standardized the accounting of enterprises, and strengthened internal supervision management, standardized the operation and boosted up the management level of enterprises. Secondly, carried out an asset and capital verification of multi-industrial enterprises, saw into the financial standing, specified the relations between ownership and management of enterprises and strengthened the management of state-owned assets. Thirdly, strengthened the management of monopoly penalties, regular charges and special fake cigarette crackdown funds in combination of the special rectification of financial order, cleared the in-and-out funds on account, concealed account book funds (small exchequer funds) and bank accounts, and improved the service efficiency of capital and reduced capital risks accordingly. Fourthly, according to *Interim Provisions on Budget Management of Enterprises and Institutions of Tobacco Industry*, carried out a budget management in an all-around way. Fifthly, strengthen the construction of institutions and cleared and perfected the internal control institution. Sixthly, strengthened the audit supervision, carried out the audit and survey on special funds, and strengthened the audit of fixed-assets investment and exerted the guidance, inspection, coordination and service role of audit supervision. Stuck to the guideline of "safety foremost, and prevention first", attached utmost importance to the carryout of safety responsibility system, and the entire system signed safety responsibility letters level and level, carried out the publicity and education on safety, organized an overall safety inspection for many times and rectified hidden safety problems with no serious safety responsibility accidents through the year.

Stuck to "Grasping Both Links at the Same Time and Attaching Sufficient Importance to Both", made New Progress for Ideological and Political Work and the Construction of the Party Conduct and Clean and Honest Government Earnestly carried out the theoretical learning system of the core group of the Party Team of the Provincial Administration, gradually institutionalized and standardized the learning of the core group of the Party Team, and promoted the shift of work style. The Provincial Administration and various prefectural and municipal administrations carried out an investigation and research in large scale, went deep into the grassroots and the frontline, consolidated the relationship between the officials and the mass and set up a favorable image of the Organ. Earnestly learned and carried out the spirits of the 6th Plenary Session of the 15th National Congress of CPC and the 16th National Congress of CPC, started with the construction of work style, made great efforts to strengthen ideological and political work and boosted up the harmonious and healthy development of two civilizations. Earnestly learned and carried out *Regulations on the Selection and Appointment of Leading Officials of the Party and Governments* and sped up the reform of personnel system. Stuck to the democratic centralism, and ceaselessly strengthened the construction of leading groups. Always regarded the faithful carryout of the democratic centralism as key content to strengthen the construction of ideology and politics of leading officials, consciously abided by and safeguarded the disciplines and the democratic centralism of the Party, correctly handled the relationships between the individual and the organization, democracy and centralism as well as freedom and discipline, and earnestly carried out the system of collective leadership in combination of labor division for different members and exerted the core role of leadership. Earnestly carried out *Directive Opinions on Standardizing the Labor Relationship in Compliance with the Laws* of the State Administration, and in this year, the Organ of Provincial Administration (Corporation), directly affiliated units and four subsidiary companies in Xining, Haixi and Haidong and Golmud all signed labor contracts with their workers, and smoothly passed the annual inspection of the Provincial Department of Labor and Social Security. Widely learned and carried out *Implementation Outlines on the Construction of the Ethics of Citizens*, conducted professional ethics contest activities within the whole tobacco system of the province in depth with a theme of "creating efficiency with knight services", stuck to honest operation, and standardized the service and established a favorable image of the industry. Under the guideline of "source control, partial breakthrough, and self-standardization and comprehensive boost-up", the construction of the Party conduct and clean and honest government made a new progress.

(By Dai Yuepeng)

Ningxia Tobacco

In 2002, under the correct leadership of the State Tobacco Monopoly Administration and the Party Committee and the Government of the Autonomous Region, the tobacco industry of Ningxia continued to stick to the industrial guideline of "attaching utmost importance to the basis and making progress steadily" and the priority of "standardization, reform and renovation", attached utmost importance to the basis, to the standardization and the implementation and made brand-new achievements in many fields such as economic operation, monopoly administration, and the spiritual civilization and the construction of the team.

The tobacco system of the region actualized an industrial and commercial tax and interest of RMB214.84 million with a growth rate of 70% upon last year. Actualized an industrial and commercial profit of RMB136.55 million with a growth rate of 87% upon last year. Wuzhong Cigarette Factory produced 23,00 cartons of cigarettes with a gross output value of RMB94.73 million and a growth rate of 9.6% upon last year; actualized a tax and duty of RMB45.36 million with a growth rate of 27.8% upon last year, and controlled the loss within RMB2 million. The entire region sold 169,000 cartons of cigarettes with a growth rate of 7.3% upon last year; the commerce actualized a sales revenue of RMB1, 317.53 million with a growth rate of 18% upon last year, a profit of RMB138.29 million with a growth rate of 87% upon last year and a tax of RMB32.93 million with a growth rate of 84% upon last year; the gross profit ratio of cigarette sale reached 15.1% with a growth rate of 4.7% upon last year. The circulation order of cigarette market was further standardized, and except several companies newly transferred to a higher level, market share and market cleanness rate reached about 85%, and the average network access sale reached around 80%.

Made great achievements for the construction of spiritual civilization, the Party conduct and clean and honest government. 15 subsidiary and county companies participated in and passed the assessment on the construction of spiritual civilization with the proportion of excellent and good units reaching 67%; leadings groups of 16 units participated in and passed the assessment on the construction of the Party conduct and clean and honest government as well as the anti-corruption work with the proportion of excellent and good units reaching 69%. The institutional construction, informatization construction as well as other fundamental tasks also made great achievements. "Deliberation rules of the Party Team", "regulations on recruiting fresh graduates from the universities" "financial management rules", "assessment procedures on economic operation quality and efficiency", "joint fake cigarette crackdown system" and "cigarette price management procedures" shaped an institutional management architecture with the characteristics of the industry. In this year, invested RMB780, 000 for informatization construction with a total investment reaching RMB921, 000. These infrastructural work played an actively role to standardize industrial management and improve economic operation efficiency. Completed the establishment of limited corporations and transfer to a higher level by and large. The workers team maintained stable ideology with no critical criminal cases or serious safety responsibility accident.

In sum, in 2002, the tobacco industry of Ningxia made material progresses for various infrastructural tasks, obviously improved the economic operation quality, and set up a record high for economic efficiency and presented a favorable flourishing development trend.

In respect of the work in 2002, we need to earnestly sum up some experiences and practices and carry forward in a new year.

Further established the Concept that Development is a Priority In this year, the tobacco industry of Ningxia attached utmost importance to the basis, to the standardization and to the implementation so as to grasp an opportunity for development, and this is a lead-forward of ideology; determining the development objective and carrying out step by step to actualize the desired achievement is the result of the strenuous efforts of the workers within the industry. Leading groups at various levels and all the workers are deeply concerned about the enterprise and always stick to the priority of development so as to lay down a stable basis for economic operation. Various affiliated units defined their development strategies according to the practical situation, objectively analyzed market environment, and made great efforts to solve the difficulties and weak links obstructing the development, modestly learned and absorbed the success experiences of fellow units and actualized leap-forward development for various tasks especially the production and operation. In this year, various subsidiary and county companies actualized an average profit growth of 1.36 times, and in particular, Yinchuan Municipal Corporation actualized a profit growth rate of 226%. Additionally, Guyuan, Wuzhong, Pingluo and Zhongning reached a profit growth rate of over 100%. Yinchuan Subsidiary Company defined a three-year development layout under the theme of the development with both originality and readjustment space. Other affiliated units also pondered over earnestly and deployed this task allsidedly, and were confident in the prosperous future, and the tobacco industry of Ningxia presented a flourishing development situation.

Strengthened Market Control, and improved Market Share gradually The development of Ningxia Tobacco cannot be separated from the monopoly system. In 2002, the tobacco industry of the region further strengthened market control as well as interrogation and inspection at road junctions, carried out fake and smuggled cigarette crackdown centering upon "Year of Fake Cigarette Crackdown" activities in depth and made certain achievements on the basis consolidating, expanding and rectifying the order of the cigarette market with stress upon domicile-based administration. In this year, mobilized 70,000 person/times for fake and smuggled cigarette crackdown, investigated and prosecuted 4,770 illegal cigarette cases, confiscated over 540,000 packs of fake-brand and smuggled cigarettes with over RMB2.40 million fined or confiscated; the Pengyang County Administration uncovered an illegal tobacco cuts processing site; the entire region handed over six cigarette-involved criminal cases to the political-legal organ and approved the arrest of two suspects; domicile-based administration made initial achievements, and Yinchuan Municipal Administration adopted an advanced management mode with IC card and POS machine as carrier, and Helan and Yongning County Administrations renovated and upgraded the former management system and actualized a classified dynamic management for retailers. Yinchuan Municipal Administration attached great importance to the market management, established and perfected the architecture of monopoly administration, defined the rules on assessment, encouragement and punishment of monopoly checking personnel, and established a management mechanism of "three-line extension, three-personnel coordination, information share, mutual supervision and unified assessment" in combination of monopoly sale, and accordingly improved the market control capability and recaptured a market share of nearly 30%. In 2002, the strenuous efforts of tobacco monopoly checking personnel of the entire region actualized the large-scale improvement of market cleanness rate and market share. The market cleanness rate of Yinchuan, Shizuishan, Guyuan and Zhongwei reached 90%. The monopoly administration of the tobacco industry of the region climbed up to a new stage.

Standardized the Operation, and maximized the Function of Sales Network Standardization generates efficiency. In 2002, the tobacco industry of Ningxia attached importance to the standardization, mainly covering three aspects i.e. standardized stocking, sale and price. Standardized stocking is to prohibit private contract signing in the trading market besides the contracts signed during the trade fair, with no circulation outside the system permitted; within the region, the regional company delivers goods to limited corporations, and the cigarette factory delivers goods to various units, and this is also a content of standardized stocking. Generally speaking, the stocking order of the second half-year was slightly better than that of the first half year. Standardized sale is to rectify the network according to the new requirement on the basis of network sale for many years and laid stress upon exerting the inherent function of network such as seizing market and guiding the consumption. Various subsidiary and county companies within the industry focused upon the market, attached great attention to the network with no nice but false appearance or falsifications for the inspection of higher authorities, and realized that the market development was network construction and the sales promotion was network expansion in deed and completely changed over the sales mode of large-volume export and import and relying upon major dealers for survival. Therefore, the exertion of network function presented an increasingly better development trend, namely, this year better than last year and the second half-year better than the first half year, and the network access sale climbed up steadily and the total sales volume went up steadily. In respect of the network access sale rate, Yinchuan, Shizuishan, and Zhongwei as well as other subsidiary and county companies were favorable, and among limited corporations, Pengyang County Company actualized a rapid progress in the second half year. Standardized price includes two tasks i.e. the establishment of pricing mechanism and the adoption of lowest price limit for the wholesale of the brands mainly sold. Facts proved that this was an effective measure to boost up gross profit ratio and maximize the efficiency although the price should float along with the change of supply and demand of the market according to relevant theories. However, under the tobacco monopoly system, the supply-demand relation more depends upon the administrative control than the market adjustment. Therefore, the practice of lowest price limit for cigarette wholesale is feasible and effective.

Locally made Cigarettes featured Increasing Credit and became New Economic Growth Point In 2002, the economic efficiency improved, and locally made cigarettes made up deficits with surpluses and became a highlight in the commercial link. For many years, the industry allocated the sales volume of locally made cigarettes with administrative means, and various enterprises within the industry regarded the sale of locally made cigarettes as political task and sold out at an extremely low price and even with losses. The locally made cigarettes became a burden for both the industry and the commerce with no brand awareness or sales strategies. This situation changed in 2002. Firstly, the officials and workers of Wuzhong Cigarette Factory held fast to their posts and worked cautiously and conscientiously despite the turbulent environment, guaranteed the product quality, and readjusted the brand structure according to market demand in time and ensured the supply for the market. Secondly, various commercial enterprises developed some marketing strategies and stuck to the sale at favorable prices instead of loss-suffering trades. Thirdly, the regional company conducted appropriate control measures, readjusted the production plan in time accordingly and maintained an appropriate-shortage balance between the supply and the demand. Therefore, the demand for locally made cigarettes exceeds the supply with an increasing price. According to a rough estimation, in this year, locally made cigarettes actualized a commercial gross profit of RMB8.87 million and put an end to the history of a loss of several million Yuan each year in order to sell locally made cigarettes. The situation reversed with an actual benefit increase of about RMB13 million, accounting for 20% of that of the entire region.

Strengthened the Construction of Systems, faithfully abided by Various Operation Disciplines Economic efficiency comes from standardized operation, and the standardized operation needs the guarantee of disciplines, and furthermore, the enforcement of disciplines relies upon the systems. In 2002, the Organ of the Regional Administration (Corporation) made great efforts for the construction of institutional systems and actively boosted up the growth of economic efficiency of the entire tobacco industry of the region. For example, established an open and transparent pricing system, and specified various operation disciplines, deliberation rules for power supervision, the responsibility system on the construction of the Party conduct and clean and honest government and the safety responsibility system. The integration of systems and disciplines shaped an operation mechanism of the enterprise to guarantee the safe operation and no efficiency loss for the enterprise. The Regional Administration (Corporation) and its affiliated units earnestly carried out various systems, strictly abided by various disciplines, and resolutely investigated illegal actions and handled accordingly. Strictly handled discipline-breaking problems of the leading group members of Zhongwei County Company without any hiding, and inspected faithfully; Qingtongxia Municipal Company took the lead in conducting a system of public governmental affairs within the industry. These practices of grassroots units won the unanimous praise of the workers of the industry.

Established Encouragement Mechanism, and boosted up Efficiency Improvement In this year, according to the actuality of the tobacco industry of Ningxia and the principle of "efficiency foremost, and with attention upon fairness", the regional company defined new procedures on the assessment, encouragement and punishment of economic operation quality and efficiency, made a breakthrough for the former "procedures" and obviously boosted up the economic efficiency of the entire tobacco industry of the region. Yinchuan, Zhongwei as well as other municipal and county companies gradually perfected an assessment system with sale-related wage, linked up responsibilities and benefits of different posts with network access sales rate, delivery rate and market share, tightened up the management with measurable assessment, definite encouragement and punishment and labor-oriented wage, and inclined wages and bonus towards the frontline, improved the wage level of "three personnel" in large scale, and consequently, activated the enthusiasm to explore the market, guide the consumption and complete the task initiatively, improved the service awareness and service quality towards retailers, and maximized the function of the network and promoted the improvement of economic efficiency as a whole. Some units such as Qingtongxia, Guyuan, Yinchuan and Yongning applied the encouragement mechanism among law-abiding retailers and realized a positive effect as well. The encouragement of retailers with meticulous work, accurate assessment, and legal financial and tax practices also was a rewarding attempt.

Xinjiang Tobacco

In 2002, according to the overall deployment and requirement of the State Administration, the Party Team of the Regional Administration (Corporation) continued to focus on the central task of economic construction, continued to stick to the priority of "standardization, reform and renovation", attached utmost attention to rectifying and standardizing the economic order of the market, and guaranteed the stable development of the economy of the industry and completed various economic indicators and tasks defined at the beginning of the year. In this year, planted totally 20,357 mu of tobacco leaves, including 1,427 mu of baked cigarettes and 18,930 mu of spicy tobaccos and purchased 38,113 dans of tobacco leaves, including an export of 3,024 dans; actualized a profit of RMB4 million with a decrease rate of 2.4% upon last year; earned through export a foreign exchange of USD4.06 million; produced 120,048 cartons of cigarettes with a growth rate of 8.74% upon last year; sold 357,118 cartons of cigarettes with a growth rate of 1.6% (calculated upon comparable terms), including 118,077 cartons of locally made cigarettes with a decrease rate of 3.2% (calculated upon comparable terms); actualized a commercial profit of RMB220 million with a growth rate of 22.2% upon last year; the region investigated and prosecuted totally 10,229 cigarette-involved cases, confiscated 4,946 pieces of various illegal cigarettes, including 2,343 pieces of fake cigarettes, with RMB3.1036 million fined or confiscated.

Tobacco Leaves Production According to the guideline of "gross amount control, quality improvement, reasonable layout and structural optimization" of the State Administration in 2002, earnestly carried out the overall requirement of the Regional Administration (Corporation), namely, "planting area control, quality first, market development, storage reduction, and intensified management and efficiency improvement". Firstly, reasonably cut down planting area with the orientation of the market, and carried out a three-level contractual system management focusing upon the standardization and further improved the standardization of tobacco leaves planting. Secondly, in view of the overstock of tobacco leaves, actively explored the market, made great efforts to expand the export and completed the desired sales volume of tobacco leaves of last year. Thirdly, conducted the structural readjustment of the varieties of tobacco leaves in time, cooperated with BAT company to plant "Izmir" experimentally, a new variety of spicy tobacco in Chabucha'er County and made a success. Fourthly, cut down the cost of tobacco leaves processing year-on-year, and further improved the processing quality of tobacco leaves. Fifthly, further improved various systems so as to carry out various tasks within the rules.

Cigarette Industry Under the direct leadership of Jiangjun Group and with the vigorous support of the Regional Administration (Corporation), Xinjiang Cigarette Factory stuck to the theme of self development, focused on the main thread of structural readjustment, the foundation of quality objective, the impetus of reviving the cigarette with science and education and the standard of customers' satisfaction, made great efforts to improve the core competitive power of enterprises, mainly covering the following five aspects; firstly, strengthened cost management, actively pushed forward budget management and implemented a strict public bidding system for the purchase of various materials and cut down management cost, production cost and operation cost of cigarette factories accordingly. Secondly, effectively carried out quality management activities by the mass, actively pushed forward ISO9002 Standards, conducted standardized and regularized management for various production processes so as to improve the production quality of cigarettes consequently. Thirdly, regarded the structural readjustment of products as key event greatly concerned with the survival and development of cigarette factories. Among the rest, Lanzui Xuelianwang cigarettes maintained a favorable sales trend after launched into the market, is a very successful brand that the cigarette factory has developed in recent years and reflected that the cigarette factory made an initial achievement for new product development. Fourthly, actively changed over the concept, strengthened the relations with commercial companies, boosted up the emotional liaison with retailers and improved the enthusiasm of retailers for the distribution of locally made cigarettes. Fifthly, strengthened management and actualized three major shifts of cigarette factories i.e. the shift from internal management emphasis to the combination of internal and external managements, the shift from self-evaluation to self-pressurization and the shift from coercive management to conscious management so as to gradually shape a scientific and people-oriented management mode within cigarette factories presently. Due to the carryout of various measures of cigarette factories with definite strategy and priority in last year, actualized the structural readjustment of cigarettes defined at the beginning of the year by and large, produced Category-3 or higher cigarettes accounting for 17% of the gross output and largely reduced the expected loss of the year with the handed-in tax and duty presenting a growth rate of 29.6% (calculated upon comparable terms).

Foreign Trade In face of the unfavorable situation of stagnant international market around, the import and export corporation overcame difficulties initiatively, sought for business opportunities actively, and visited Bandelan as well as other foreign companies and won the trust of customers with knight services last year. Due to the export growth of top-grade spicy tobaccos with a huge value, the import and export corporation actualized the export task of tobacco leaves of last year with an above quota of 38.7%, a profit of RMB3.8 million with an above quota of 9%; acted as an agent for the export of 780 pieces of cigarettes and also signed the tobacco-leaves export plan of this year.

Cigarette Sale Cigarette sale actualized a growth steadily, and structural readjustment made initial achievement. In 2002, under the guideline "production control, sales promotion, stable price and efficiency improvement", the Cigarette Sale completed the purchase and sale volume smoothly and attached importance to the followings: firstly, further strengthened the macro-control of the Regional Administration (Corporation) and standardized the operation of cigarettes. According to relevant regulations of the Regional Administration, defined a series of effective measures that exerted a positive direction role in order to standardize cigarette operation and economic operation quality across the region. Secondly, maximized the role of price lever, defined a unified wholesale price for cigarettes across the region after seeing into cigarette prices and storages at various areas of the region, and carried out a follow-up inspection over the implementation in various areas and accordingly, guaranteed the implementation of unified wholesale price across the region. Thirdly, under the principle of supports for the strong and outstanding enterprises and improvement of brand concentration, strictly controlled the stocking of cigarettes, strengthened the market fostering of famous and top-quality cigarettes, and improved the proportion of famous and top-quality cigarettes and guaranteed the realization of profits all the year consequently. Fourthly, actively cooperated with Xinjiang Cigarette Factory for structural readjustment of locally made cigarettes. On one hand, the Regional Corporation sold Xinpin Xuelianwang cigarettes exclusively and always maintained a "hunger-type" release so that this brand of cigarettes sold well after launched into the market. On the other hand, with part of market resources of Xinjiang as an exchange condition, cooperated with Yunnan Honghe and Dali as well as other advantageous enterprises to help Xinjiang Cigarette Factory develop two Category-3 cigarettes in compliance with the taste of consumers in Xinjiang. Fifthly, the Regional Administration (Corporation) conducted a tryout in five areas of North Xinjiang where locally made cigarettes mainly sold and made initial achievements. At the present, the average sales volume of locally made cigarettes in these five areas reached over 78.3%. The sales proportion of Category-3 or higher locally made cigarettes reached 18.1% across the region and completed the objective of the Regional Administration (Corporation) defined at the beginning of the year. Sixthly, continued to push forward "541" work efficiency-connected assessment procedures, especially strengthened the assessment on sales indicators of locally made cigarettes, and actively pushed forward the networking of computers to speed up information transmission. Accordingly, the Cigarette Sale in last year made a great progress on the basis of the previous year.

Network Construction Made material progresses for network construction and effectively integrated network resources. According to the overall scheme of network construction across the region during 2002-2003, the network construction in last year always focused upon the main thread of management and the impetus of renovation, attached importance to improving the overall operation level of the network, actualized network extension by and large, further optimized network layout, improved network quality, and standardized network management and completed the objectives of network construction during the year, with six outstanding features as follows: firstly, with the in-depth shift of concept, obviously sped up the construction of network informatization and enhanced the awareness of modern management. At present, ten areas have already completed the popularizing of sales and monopoly administration software, and some areas are popularizing currently. Secondly, harmonized the county-level network system, and one noncorporate county-level cigarette distribution center established its framework across the region smoothly. By the end of last year, 98.8% counties across the region have established their network framework and actualized "three-step" strategic objective of network construction by and large. Thirdly, changed network marketing mode from the root, extended a new network marketing mode of "comprehensive sales investigation, all-around delivery, monopoly sale combined and the separation of investigation from delivery" and actualized a shift from sit-in-store dealer to itinerant dealer. Fourthly, perfected the encouragement mechanism, broke up the status limit for employment of network personnel, conducted a public recruitment and competitive employment and obviously improved the accomplishment of network personnel. Fifthly, in view of the in-depth network construction, and effectively integrated the network resources across the region in time and optimized the network layout with outlet delivery rate reaching 90%. Sixthly, increased the input for network construction. By the end of December last year, the personnel of outlets have already reached 2,072 with a growth rate of 474 (calculated upon comparable terms). At present, the entire region has 362 outlet-delivery vehicles and 101 monopoly-checking vehicles. Seventhly, conducted a jurisdictional management for various prefectures of the region so as to maximize the enthusiasm of various prefectures for network construction and lay down a stable basis in order to boost up the construction level of "twin networks" across the region as a whole in future.

Monopoly Administration Strengthened monopoly administration, and further improved the market order. Last year, the monopoly administration across the region realized an outstanding achievement and carried out a lot of effective work in order to guarantee the completion of cigarette sales volume of the entire year, mainly as follows: firstly, established an ultimate objective of pushing forward domicile-based administration i.e. to improve the market cleanness rate. On the basis of classified management for retailers, defined output-related assessment procedures for retail, carried out a systematical monitoring and control and always controlled all the business activities of retailers under the system. Furthermore, in adoption of regular and annual assessment, the network access sales rate of cigarettes, the network access rate of licensed retailers and the market cleanness rate in various prefectural cities reached over 99%, 100% and 97.63% respectively. Secondly, actualized the shift from management to service, and conducted management through services. A mechanism of "three-personnel coordination plus three-line mutual control" has already been practically applied in monopoly administration. Thirdly, dig out deeply and punished harshly, attached utmost importance to the investigation and prosecution of key criminal cases and typical cases, actively sought for the cooperation of juridical organs such as public security and procuratorate and continued to implement track-down for case-involved principal criminals, of which four criminals were sentenced with fixed-term imprisonment, three with two-year, three-year and four-year imprisonment respectively and another one with a custody of six months. Fourthly, strengthened the construction of monopoly team, absorbed some highly-educated and politically-qualified employees by batches in adoption of a public recruitment from the society to solidify the posts of monopoly administration, and consequently, improved the cultural structure of monopoly administration personnel obviously and further standardized monopoly administration. Additionally, according to the overall deployment of the State Administration, held six training courses and exams on laws and regulations for monopoly law-enforcement personnel of the tobacco system across the region and issued certificates of administrative law enforcement accordingly last year. Through a series of concrete tasks, further improved the law awareness of numerous officials and workers of the entire region and improved the ideological awareness of the industry towards law-abiding operation obviously.

Financial Work Made obvious achievements for the special rectification of financial order, and further standardized financial management. Last year, we completed the special 1st-stage rectification of financial order of the entire industry with stress upon three fields i.e. "strengthening accounting, standardizing financial affairs and tightening up audit supervision". In this year, attached utmost importance to the centralized budget management by specialized department for financial expenses of the Organ of the Regional Administration (Corporation), issued relevant procedures on financial management in light of thorny problems existing in the financial management of the industry, and earnestly carried out self-inspection and self-correction with stress upon taxation due, tax evasion, private small exchequer funds, concealed account book funds and interception of penalty and confiscation income in compliance with special requirements of financial order rectification and particularly, checked up the accounts on the use and flow of sample cigarettes with cigarette factories at various areas. In case of some problems left over from special historical periods, handed accordingly on the occasion of this financial order rectification, completed the payoff of "two cigarettes" loans by and large and further strengthened the financial management across the region. In the meantime, we gave prominence to the audit supervision function of audit departments, completed totally 29 various audits all the year, conducted 22 audits on the investment projects of capital construction within the system, and carried out one special audit and saved a capital construction cost of RMB1.37 million.

Construction of Twin Civilizations "Grasping both links" made a new progress, and "twin civilizations" created a new situation. In 2002, we not only made favorable achievements for the construction of material civilization and actualized a harmonious development between the construction of "two civilizations" and that of the Party conduct and clean and honest government. Firstly, according to the requirement of "Three Represents" and the spirits of "May 31" speech and in combination of the actuality of the industry, started with attaching utmost importance to the education on the Party conduct and clean and honest government, stuck to focus upon the prevention, perfected the construction of systems, strengthened supervision and inspection and guaranteed the healthy development of the economic construction of the entire industry in last year. Secondly, the construction of spiritual civilization presented a new trend, and a diversified in-depth spiritual civilization construction featuring "creating elegant environment, and revealing tobacco image" was shaping within the industry. Thirdly, political learning and educational activities of workers put on the agenda. Especially after the 16th National Congress of CPC, learning and carrying out the spirits of the 16th National Congress of CPC under a theme of "learning the report, deliberating better-off life, discussing the reform and seeking for development" spread across the whole industry. Fourthly, pushed forward the reform of three systems in time, strengthened official exchange, post alternation and temporary posts at the grassroots for tempering officials of the organ, actively advocated the investigation and research, and enriched and perfected assessment procedures of the Organ of the Regional Administration (Corporation) and the industry, and intensified the macro-control function of the Regional Administration (Corporation).

Additionally, the informatization construction of the industry across the region made a material progress, and at present, cigarette sales and monopoly administration software are applied and popularized in an all-around way. Attached more importance to the safety of the industry and carried out various safety measures smoothly.

(By Zhang Shuwen)

Dalian Tobacco

In 2002, under the guideline of the spirits of the 6th Plenary Session of the 15th National Congress of CPC, Dalian Tobacco earnestly carried out the spirits of the National Tobacco Work Conference, centered upon improving economic operation quality and efficiency, focused upon the priority of rectifying and standardizing the economic order of the market, the main thread of implementing the optimized business process and upgraded management system, the impetus of deepening the reform and boosting the renovation and the objective of enhancing the market control capability, risk-resistance ability and core competitive power of Dalian Tobacco, and pushed forward various tasks in an all-around way and boosted up the economic efficiency steadily according to the requirement of "defining one theme, building up two channels, implementing three major systems and carrying out four requisitions". The tobacco system of the region sold totally 11.79477 billion cigarettes (235,895 cartons) with a decrease rate of 2.1% upon last year; actualized a tax and interest of RMB286 million with a growth rate of 36.19% upon last year, including a profit of RMB215 million with a growth rate of 27.97% upon last year and set a record high.

Further improved Economic Operation Quality and Efficiency with Stress upon Structural Readjustment of Brands The entire system closely stuck to the flagship of structural readjustment driving the growth of economic efficiency and made great efforts to organize market activities reasonably, guide the consumption, develop the market, foster the brand and improve structure grade in accordance with the requirement of the market. Centering upon the theme of "approaching the spring", carried out theme-defined marketing activities on different stages and publicized and promoted some key factories and brands on the occasion of major festivals so as to improve the social image of tobacco enterprises. Focusing upon establishing a marketing system with an integration of cannibalization, wholesale and retail and an internal operation mechanism in combination of purchase, sale, storage and management, according to the requirement of e-commerce, implemented brand management and market regulation and control, intensified the dynamic follow-up investigation, research and analysis on the market of various trademarks, and made great efforts to improve the orientation of brand management and carried out the brand operation strictly in conformity with the market; strengthened market prediction and the analysis on economic activities, made great efforts to improve the accuracy of planning and price control and carried out the monitoring and supervision of economic operation strictly in conformity with the market; in the meantime, according to the actuality of market operation and the requirement for establishing a safe storage mechanism, in order to meet the demand of retailers, strengthened purchase-sale connection, high-speed cannibalization, and allocation and transport, made great efforts to readjust salable goods supply, and controlled the storage reasonably and organized the goods supply strictly in conformity with the market under the precondition of standardizing the execution of contracts. Centering upon fostering major brands, further strengthened the marketing of 36 kinds of famous and top-quality cigarettes of the industry, made great efforts to improve the structure grade and brands concentration and actualized materials results for structural readjustment consequently; in the second half year, Yunnan Cigarette tried out a mode of various units submitting plans and municipal company ordering goods and organizing distribution exclusively in order to explore the experiences for centralized goods supply management and a unified market of the entire region. In respect of the economic operation all the year, the structural readjustment made obvious achievements, and the cigarette sale value of each carton reached RMB8,772 with a growth rate of 16.2% upon last year; the structural readjustment boosted up economic quality and efficiency, and the entire region actualized a sales revenue of RMB2.068 billion with a growth rate of 14.83% upon last year despite the slight decrease of sales volume.

Further boosted up Standardized Operation of Urban and Rural Cigarette Sales Network with Stress upon Modern Logistics System According to the objective of the second leap-forward of Dalian Tobacco for network construction, the tobacco system of the region went all out to perfect, integrate and upgrade the function of current cigarette sales network and made great efforts to push forward the development of the marketing network of Dalian Tobacco towards a modern logistics system. The function of distribution center further expanded, and the semi-automatic sub-packaging line put into operation, and the comprehensive network distribution under the support of intelligent cargo-allocation system ran successfully in four districts of the city, and for Yunnan Cigarette ordering goods collective, the municipal company began to distribute for subsidiary companies in a unified way. Various district (municipal) subsidiary companies conducted the separation of investigation from delivery in downtown area and further strengthened the function of sales investigation and delivery, and the rural mode with integration of investigation and distribution in rural area was further perfected. Further pushed forward the informatization process, made a new progress for the development and application of e-commerce that vigorously supported the operation of customer service center and logistics system. Telephone ordering and online settlement took the lead in starting up in the four districts of the city and was steadily popularized towards the entire region, and the construction of modern logistics system made a breakthrough and materially improved the modernization level and quality of the network operation. To construct customers' relationship management system, the municipal company established the Department of Major Customers, prepared and founded the Customers Association of Dalian Tobacco Company, and also initiated relevant fundamental work such as the construction of members club, flagship brand stores and franchised stores and explored some helpful strategies in order to carry out individualized services for different customers and further strengthen customers relationship management. Centering upon actualizing "three satisfactions" of retailers, consumers and industrial cigarette enterprises, various units carried out marketing activities according to the deployment at the beginning of the year, further activated the market, strengthened the services for retailers, improved the marketing quality of wholesale outlets at the grassroots and further standardized the network operation. The layout of new logistics center and the scheme of Houge warehouse renovation and expansion scheme have already passed the demonstration of experts.

Further strengthened the Law Enforcement and Market Management with Stress upon Rectifying and Standardizing the Economic Order of the Market Tobacco monopoly administration departments at two levels and monopoly checking teams at various levels continued to stick to the priority of rectifying and standardizing the economic order of the market, gave prominence to key criminal cases, smashed the sites, blocked up the illegal channel, cracked down fake cigarette making and selling, smuggled cigarettes and illegal-channel cigarette circulation activities, investigated and punished 5,000 illegal dealers/time, uncovered over 100 cases with a value of over RMB10,000, including over 20 cases with a value of over RMB50,000, smashed over 100 fake cigarette regrating (storage) sites, confiscated over 5,500 pieces of various illegal cigarettes, and handed over eight criminals to judicial organs for criminal responsibility investigation and detained one suspect; publicized key criminal cases through news media, shaped a monopoly law enforcement atmosphere against fake cigarettes and further standardized the cigarette market order in Dalian. Pushed forward the fundamental work such as regular market management, domicile-based administration and monopoly sale combination, explored and solved some deep-rooted contradictions and problems existing in the intensification of monopoly sale combination and domicile-based administration. In combination of the annual inspection over the retail licenses of tobacco monopoly, signed management agreements with numerous retailers across the entire region, and selectively signed standardized operation guarantees with some key retailers, and further strengthened the license management and created favorable conditions in order to tighten up the supervision by law, standardize the layout retail outlets reasonably, and rectify and standardize the cigarette market. When tightening up crackdown and management, the intelligent case-hearing system put into pilot operation in the meantime; in combination of Four-Five law publicity and law-enforcement qualification exam, carried out law publicity and education widely, and further strengthened the construction of law enforcement team; in adoption of various methods, such as, establishing monopoly market management center, providing a "legal service table", and conducting follow-up interview for retailers and carrying out inspection and assessment along a preset route, the requirement of standardized management and regularized case handling and the measure of one station for all were implemented in the construction of law enforcement team as well as law enforcement management and further improved the level of services for numerous retailers.

Further boosted up Enterprise Management with Stress upon Optimized Business Process The tobacco system of the region earnestly carried out the requirement of "defining one theme, building up two channels, implementing three major systems and carrying out four requisitions" with stress upon the implementation of the optimized business process, applied "objective system", "control and supervision system" and "encouragement system" in practical operation management of enterprises and made great efforts to conduct a whole-course management, whole-course control, whole-course supervision and whole-course assessment for various tasks as well as different links of various tasks through tightening up performance assessment and process control so as to boost up the standardized and harmonious operation of enterprises and further harmonize both internal and external supply chains of enterprises. Various units strictly carried out new *Accounting Law*, rectified and standardized the financial order according to the unified deployment of the State Administration, tightened up finance disciplines and financial systems, intensified the financial audit and audit supervision and further improved the standardization level of the financial management and audit work. Completed the asset and capital verification of multi-industrial enterprises smoothly; continued to carry out fixed-assets investments and project developments under the principle of public bidding and quality/price comparison purchase; further standardized administrative affairs, and improved the transparency, and; on the occasion of the archives management of the Municipal Administration promoted to the special class of the province and the excellent class of the industry, further improved the level of the archives management of the entire industry. Further standardized employment management, labor contract management and wage management, implemented relevant requirements of the reform of social security system in combination of the actual situation of enterprises and broke up the equalitarianism of distribution within certain scope at some extent. The entire system improved the safety awareness, further enhanced the safety responsibility awareness and intensified the basis of safety work. Dongfang Mansion tried to meet the demand of the market and improved operation and management level, and Chuntian Reality also attempted to enter into the market.

Further strengthened the Construction of Official and Worker Team with Stress upon the Shift of Work Style The tobacco system of the region earnestly carried out the spirits of the 6th Plenary Session of the 15th National Congress of CPC, faithfully learned "May 31" speech and the requirement of practicing "Three Represents" according to the actual situation, further strengthened the construction of ideology, organization and official and worker team with stress upon the construction of the work style, carried out *Implementation Outlines on the Construction of the Ethics of Citizens* with great efforts in combination of the actual situation of enterprises, and earnestly carried out the responsibility system on the construction of the Party conduct and clean and honest government, made great efforts to create outstanding industrial performance and offered a gift for the 16th National Congress of CPC. Various units earnestly carried out cultural construction activities of the enterprises under the theme of "approaching the spring", went all out to strengthen the cultural construction of enterprises and shaped a favorable cultural atmosphere of the enterprise; carried out the activities of building up an enterprise capable of absorbing new ideas in depth, obviously improved the enthusiasm of officials and workers for theories and business learning and carried out business training successfully; conducted public deliberation and work style rectification activities widely within the whole system that not only promoted the construction of the official and worker team, but also promoted the work style shift of the organ, and further mobilized the enthusiasm of numerous officials and workers for work and brought into full play the model role of the Party members and the exemplary role of officials and workers for loving tobacco and devoting to enterprise. Exerted the role of the Labor Union, the Communist Youth League as well as other organizations, and further enriched the cultural life of workers in off hours. Ceaselessly strengthened the management of official and worker team and especially the management of leading officials, and in combination of the optimized business process, various units implemented the construction responsibilities on the Party conduct and clean and honest government, carried out regular warning instructions and seriously dealt with illegal problems of some officials and workers. Further strengthened the construction of leading groups at various levels, obviously improved the leadership level at the grassroots, and various units created many fresh experiences and successful practices when they carried out the requirement of the Party Team in combination of the actuality of their units, and pushed forward various tasks. The entire system also organized to learn the spirits of the 16th National Congress of CPC, carried out in-depth learning activities among officials at division or higher level, inspired fighting will, and refreshed the spirits and created favorable conditions for the smooth carryout of the work in future.

Shenzhen Tobacco

In 2002, the tobacco industry of Shenzhen went all out to practice the important thought of "Three Represents", earnestly carried out the requirement of the State Administration for "standardization, reform and renovation", sought for the impetus from the reform and renovation, made progress through development, continued to optimize product structure, boosted up technical renovation, readjusted the sales network, pushed forward network construction, and actively fostered and explored cigarette market, strengthened monopoly administration, strengthened the work of export and import and pushed forward the construction of socialism spiritual civilization, the Party conduct and clean and honest government. In this year, the industry maintained a favorable production and sale trend, and the output, sales volume, total tax and interest and gross profit of cigarettes all set up a record high.

Obviously improved Economic Operation Quality and Level of the Industry The industry produced 11.76 billion cigarettes (235,200 cartons) (including an export of 260 million cigarettes i.e. 5,200 cartons) with a growth rate of 2.58% (calculated upon comparable terms). Actualized a gross industrial output value of RMB1.4 billion with a growth rate of 12.34% (calculated upon comparable terms); a tax and interest of each carton of RMB3,300 with a growth rate of 6.73% (calculated upon comparable terms), and an average labor productivity of each person of 540 cartons. The commerce purchased totally 14.639 billion cigarettes (292,771 cartons) with a growth rate of 21.8% (calculated upon comparable terms). In this city, sold 13.954 billion cigarettes (279,082 cartons) with a growth rate of 33.4% (calculated upon comparable terms), and at the end of the year, maintained a total industrial and commercial storage of 603 million cigarettes (12,069 cartons), including an industrial storage of 10 million cigarettes (25 cartons) and a commercial storage of 602 million cigarettes (12,044 cartons), with a reasonable storage structure. In this year, purchased 180,000 dans of tobacco leaves, including 40,000 dans of exported tobacco leaves and 140,000 dans of processed tobacco leaf defoliation. Purchased 1,258 tons of cellulose acetate and 460 tons of cigarette paper. All the year, actualized a total industrial and commercial tax and interest of RMB1,18828 billion with a growth rate of 15.3% upon last year, including a gross profit of RMB502.08 million with a growth rate of 24.3% (calculated upon comparable terms); a total tax and interest of industrial enterprises of RMB776.98 million with a growth rate of 11% (calculated upon comparable terms); a gross profit of RMB180.24 million with a growth rate of 27% (calculated upon comparable terms); a tax and interest of commercial enterprises of RMB411.30 million with a growth rate of 24% (calculated upon comparable terms); a gross profit of commercial enterprises of RMB321.84 million with a growth rate of 22.9% (calculated upon comparable terms). Actualized a total import/export turnover of RMB13.37 million, exported 330 million cigarettes (6,604 cartons) and 1,532 tons of tobacco leaves, and earned through export a foreign exchange of USD6.02 million and actualized a profit of RMB24.84 million.

Rectified and standardized the Economic Order of the Market with Great Efforts, and pushed forward Various Reforms of the Industry According to the deployment and requirement of the State Administration and in combination of the actuality of the industry, carried out a special rectification of financial order from August 2002, further strengthened the internal financial management of enterprises, established standardized, law-abiding and honest financial order gradually and promoted the development of the industry. In the meantime, centered upon the economic construction of the industry, implemented expense control, attached importance to capital management, perfected the appointment system of financial chiefs, carried out the fundamental work of accounting steadily, and strengthened internal audit supervision, completed the asset and capital verification of multi-industrial enterprises smoothly and maximized the core role of financial supervision and management in the fundamental management of enterprises. Further strengthened the macro-control and micromanagement over the production and operation of tobacco industry of the city, and guaranteed the smooth economic operation. To boost up the overall management level of network construction, actively pushed forward the informatization construction of the industry and attached utmost importance to the construction of the information system of the Xili Logistics Center and "the information management system of cigarette supply chain". Earnestly carried out "Month of Production Safety" activities, attached importance to the production safety, fire prevention and security work, and enhanced the awareness of workers towards production safety and guaranteed the safe production and operation of the industry. Actively pushed forward the technical renovation project of "Tenth Five-Year-Plan", strengthened technical renovation, and standardized equipment management, and eliminated the "bottleneck" restricting the production and solved the problem of supporting production facilities accordingly. Optimized the structure of traditional and new products with stress upon the development and renovation of Haorizi and Temeisi series, and researched and developed the first biological filter stick top-grade Haorizi at home. Further strengthened quality control, and perfected the quality management system.

Made New Progress for Cigarette Sale

Attached utmost importance to the network construction, went all out to foster and explore the cigarette market, especially the market of national famous and top-quality cigarette, devoted to brand perfection and expansion, developed and expanded the brands relying upon the network and improved the network quality through brands accordingly. Actively carried out a survey on network construction with a method of joining the regular work, and collected first-hand materials, and earnestly summed up the experiences and lessons on their own network construction; modestly learned the advanced network construction experiences of Shanghai and Anhui, sped up the construction of the Xili Logistics Center and actively pushed forward the modernization of logistics. Strengthened the management of retailers, enhanced the service awareness for retailers and went all out to develop network access retailers. By the end of December 2002, the network access retailers across the city reached 21, 513 with an increase of 8,206 and a growth rate of 61.7% upon the end of 2001 and completed the development target of the year by and large. The network construction made decisive achievements with an obviously higher cigarette market capability and market share. Effectively pushed forward the brand strategy and drew up a sophisticated marketing layout like a fishing net. Elaborately fostered famous and top-quality brands, and strengthened the terminal service awareness and provided the sales area with services in deed. Effectively integrated market resources, strengthened the fostering of brands and made great efforts to create new economic growth points of the industry. Further improved the market macro-control capability with the joint efforts of both the industry and the commerce. To meet the change of cigarette sales system of the industry, continued to actualize a commercial management mode of unified purchase, unified market allocation and unified wholesale and distribution price for cigarettes across the city.

Monopoly Administration developed in Depth

Continued to maintain a high-pressure situation against fake cigarettes with stress upon fake cigarette crackdown; clamped down the source of fake cigarette making, and tightened up the track-down of criminal responsibilities; actively carried out target hitting activities of market cleanness rate, and attached utmost importance to the combination of monopoly sale; tightened up internal management to push forward the construction of monopoly team; made great efforts to publicize monopoly laws and regulations, and sought for the supports of the government and the society so as to shape a joint force against fake cigarettes. In this year, mobilized totally 68,700 persons/time for monopoly law enforcement, handled 2,931 illegal cases, confiscated 5,611 pieces of fake cigarettes and 2,224 pieces of smuggled cigarettes, and smashed 18 fake cigarettes making sites, uncovered and confiscated 20 fake cigarette making machines, convened four fake cigarette destroying on-the-spot meetings, and captured a number of criminals successively, including one sentenced, and forcefully cracked down rampant cigarette criminals and actualized a new progress for monopoly administration.

Pushed forward the Construction of Spiritual Civilization of the Industry with Efforts Firstly, explored to establish a modern labor & personnel system of enterprises adapting to the market economy system, conducted "people foremost" genuinely and fully mobilized the enthusiasm of workers of the industry. Secondly, made great efforts to carry out ideological and political work. Earnestly learned and carried out the spirits of the 16th National Congress of CPC, went all out to practice the important thought of "Three Represents", stuck to the systems of the Party's democratic seminar, central learning group and the Party member appraisal through democratic discussions and adhered to the education on civic virtues. Actively carried out learning activities of models of the industry and diversified cultural and sports activities, and enhanced the cohesive power of enterprises. Faithfully safeguarded lawful rights and interests of workers, and promoted the democratic management of enterprises. Carried out the poverty alleviation, and took part in public-welfare activities enthusiastically. In 2002, the Municipal Administration (Corporation) won the honor of "civilized unit" of Shenzhen Municipal Government. Thirdly, strengthened the construction of the Party conduct and clean and honest government in an all-around way, earnestly carried out the responsibility system on the construction of the Party conduct and clean and honest government, and pushed forward the construction of the Party conduct and clean and honest government as well as the work of anti-corruption in depth. Totally 175 persons of the industry registered and handed in gifts amounting to RMB161, 325.

(By Chang Tianshan)

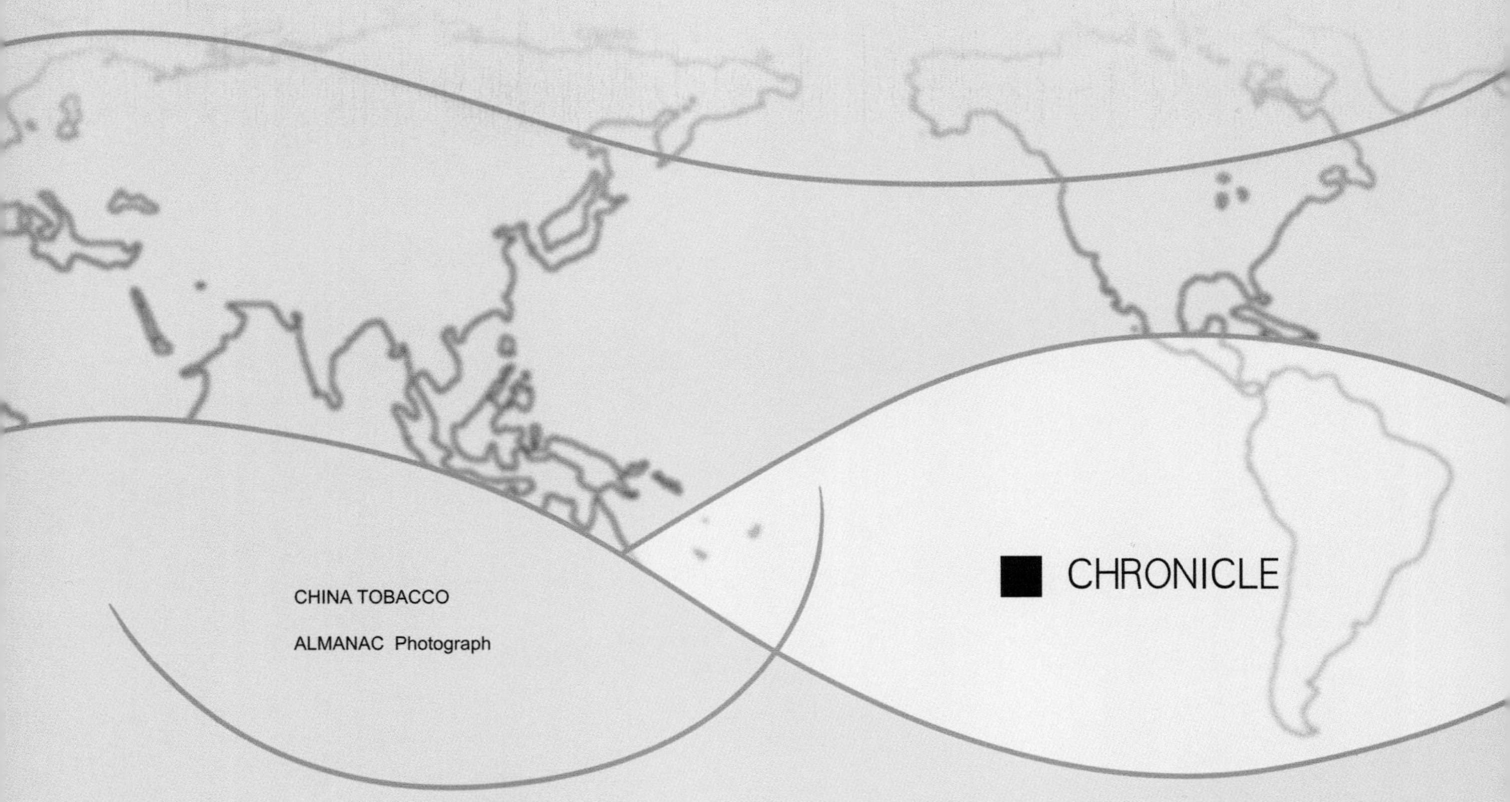

CHINA TOBACCO

ALMANAC Photograph

■ CHRONICLE

2002 Chronicle of Events of China's Tobacco Industry

January

16th-18th The National Tobacco Work Conference convened in Changsha, Hunan, with major contents as follows: to earnestly learn and carry out the spirits of the 6th Plenary Session of the 15th National Congress of CPC, the Central Economic Work Conference as well as relevant national conferences on economy, trade and planning, sum up the major work of the industry in 2001 with stress upon the rectification and standardization, arrange and deploy the work of 2002. Director Ni Yijin submitted a report of *Attach Utmost Importance to the Basis, to the Standardization and to the Implementation and Ensure New Progress for Various Tasks of Tobacco Industry in 2002* on the occasion.

February

26th-27th The National Informatization Work Conference of Tobacco Industry convened in Hangzhou, Zhejiang. Deputy Director Zhang Baozhen attended the conference and submitted a report of *Strengthen the Confidence and Go all out to Carry out the Informatization Construction of the Tobacco Industry*.

26th-27th The National Advanced Collectives and Individuals Commending Conference of the Financial Audit and Financial Accounting Audit of Tobacco Industry convened in Beijing. The Party Team members of the State Administration in Beijing all attended the conference, and Director Ni Yijin submitted a report of *Give Prominence to the Core Role of Financial Management, and Strengthen Financial Management and Audit Supervision*, and Director Pan Bixing submitted a report of *Give Prominence to the Standardization, Attach Utmost Importance to the Implementation and Go All out to Improve the Financial Audit Level of the Industry*.

28th The State Administration convened the National Tobacco Monopoly Administration Videoconference. Ni Yijin, Director and Yang Chuande, Deputy Director of the State Administration attended and released a speech.

March

11th The State Administration convened the Videoconference on Rectifying and Standardizing Economic Order of the Tobacco Market and Economic Operation of Tobacco Industry in 2002. Director Ni Yijin, Deputy Director Jiang Chengkang and Yang Chuande and Group Leader Ge Xiangjiu of the discipline inspection of the State Administration attended. Major contents of the conference as follows: to earnestly carry out the spirits of the National Videoconference on Rectifying and Standardizing the Economic Order of the Market and the National Tobacco Work Conference, sum up the rectification and standardization of the economic order of tobacco market as well as the operation of the industry in 2001 and specify major tasks and priorities of rectifying and standardizing the economic operation in 2002.

19th-24th The National Tobacco Leaves Work Summarizing and Commending Conference & Tobacco Leaves Trade Fair convened in Beijing. Deputy Director Jiang Chengkang attended and submitted a speech of *See into the Situation, Unify the Ideology, and Attach Utmost Importance to the Implementation and Push forward the Smooth Development of Tobacco Leaves Production in an All-around Way*. Major contents of the conference as follows: to sum up the production and purchase of tobacco leaves in 2001, arrange the production and purchase of tobacco leaves in 2002 and commend advanced prefectural (municipal) and county companies for tobacco leaves work nationwide.

20th-5th of April Ni Yijin, Director of the State Tobacco Monopoly Administration led a delegation to visit Spain, Cuba and France.

April

29th The Ground Breaking Ceremony of China Tobacco Museum convened in Shanghai. Director Ni Yijin, Director Pan Bixing and representatives of various Provincial Administrations (Corporations) attended, and so did relevant leaders of the Ministry of the Construction, the Party Committee, Government, the People' Congress and Political Consultative Conference of Shanghai Municipality.

May

18th-22nd The National Technical Renovation Achievements Exhibition of Tobacco Industry held in the Agricultural Exhibition Hall of Beijing. Vice Chairman Wang Guangying of the National People's Congress as well as relevant other leaders attended the opening ceremony. This is the first large-scale technical achievements exhibition of the industry organized by the State Tobacco Monopoly Administration and China Tobacco Corporation with a theme of "technical renovation, harm reduction with less tar content, focus on health and devotion to the society", and comprehensively revealed and reflected major tasks and outstanding achievements of tobacco industry in various fields such as implementing the strategy of "reviving the cigarette with science and education", pushing forward technical progress, strengthening technical renovation and actively researching and developing low tar-content and low-harm cigarette products in two decades.

25th-26th The National Economic Research Symposium of Tobacco Industry convened in Harbin. Pan Bixing and Yang Chuande, Deputy Directors of the State Administration attended. Director Pan Bixing released a speech of *Attach Importance to the Tobacco Economic Research*.

27th-29th The National Labor & Wage Work Conference of Tobacco System convened in Kunming Yunnan. Zhang Baozhen, Deputy Director of the State Administration attended and released a speech.

June

20th-21st The Party Team of the State Administration convened the 17th Political Work Conference of Tobacco System in Beijing. Director Ni Yijin and Deputy Director Jiang Chengkang of the State Administration attended and released a speech.

20th In accordance with Documents [2002] 188 & 189 of the Central Committee of CPC, CCCPC approved the appointment of Jiang Chengkang as the Party Team Secretary and Director of the State Tobacco Monopoly Administration and the dismissal of Ni Yijin from the Party Team Secretary and Director of the

State Tobacco Monopoly Administration; in accordance with Document Guo Ren Zi [2002] 53 of the State Council on July 4, 2002, Jiang Chengkang was appointed as Director of the State Tobacco Monopoly Administration and Ni Yijin dismissed from Director of the State Tobacco Monopoly Administration director; in accordance with Document Gan Ren Zi [2002] 191 of the Department of Organization under CCCPC on September 5, 2002, Jiang Chengkang was appointed as General Manager of China Tobacco Corporation, and Ni Yijin dismissed from General Manager of China Tobacco Corporation.

July

16th-18th The National Tobacco Monopoly Administration Directors (General Managers) Symposium convened in Hefei Anhui. Major contents of the conference as follows: to further carry out the spirits of the 6th Plenary Session of the 15th National Congress of CPC, the Central Economic Work Conference and the National Tobacco Work Conference, sum up the work of the first half year and deploy major tasks in the second half year. Director Jiang Chengkang submitted a report of *Maintain Favorable Development Trend, resolutely Carry out Five "Guarantees" and Complete Various Tasks of Tobacco Industry in 2002.*

25th-26th The National Retired Officials Work Conference of Tobacco System convened in Beijing. Zhang Baozhen, Deputy Director of the State Administration attended and released a speech.

August

5th The State Administration convened the National Videoconference on the Special Rectification of the Financial Order of Tobacco System. Director Jiang Chengkang attended and submitted a speech of *Improve the Ideological Understanding, Strength the Rectification, and Earnestly Organize and Attach Utmost Importance to the Special Rectification of Financial Order.* Ge Xiangjiu deployed the concrete implementation scheme of the special rectification.

15th The State Tobacco Monopoly Administration and the Ministry of Public Security convened the Summarizing and Commending Conference of the Special Operation against Fake Cigarettes ceremoniously in Beijing. Director Jiang Chengkang, Deputy Director Yang Chuande and Group Leader Ge Xiangjiu of the State Tobacco Monopoly Administration and Vice Minister Zhao Yongji of the Ministry of Public Security attended and commended 14 "Advanced Collectives of the Special Operation against Fake Cigarettes" and 50 "Advanced Individuals of the Special Operation against Fake Cigarettes".

20th The National 3rd Unit-to-Unit Support-for-Tibet Symposium & Donation Ceremony of Tobacco System convened in Lhasa. The State Administration and 11 Provincial Administrations (Corporations) donated RMB14.1 million for Tibetan Regional Administration, of which the State Administration donated RMB7 million, and Beijing, Shanghai, Jiangsu, Zhejiang, Fujian, Hunan, Guangdong, Shenzhen, Sichuan, Yunnan and Qinghai, totally 11 Provincial Administrations (Corporations) donated RMB7.1 million. Pan Bixing, Deputy Director of the State Tobacco Monopoly Administration, Raidi, Vice Secretary of the Party Committee and Director of the People' Congress of Tibet Autonomous Region and Dorjee, Vice Chairman of Autonomous Region attended the ceremony.

September

24th-26th The National Cigarette Sales Network Construction On-the-Spot Conference convened in Shanghai. Jiang Chengkang, Director of the State Administration attended and released a speech.。

28th The Appraisal Conference of "Embedded-type Spinning" Project convened in Nantong. Director Pan Bixing attended. According to the appraisal of the experts commission organized by the State Administration, the project successfully integrated the practical production experiences and the renovations of Nanxian in more than a decade, broke through the traditional theories and practices of America in the field of tobacco tows production, and improved the tows output about 20.7% and the production capability of low-grade tows about 3.92 times.

October

13th- 2nd of November Yang Chuande, Deputy Director of the State Tobacco Monopoly Administration led a delegation to attend the Session of IACC in Sweden, Netherlands and Morocco.

22nd-23rd The National Tobacco Leaves Work Symposium convened in Wuhan Hubei. Director Jiang Chengkang attended and released a speech.

25th The State Administration convened the Videoconference of the Offices and Foreign Affairs of Tobacco System. Deputy Director Zhang Baozhen attended and released a speech.

22nd-4th of November Ni Yijin led a delegation to visit Korea and Japan.

November

2nd-5th The National Discipline Inspection Group Leaders (Secretary of the Discipline Inspection Committee) Briefing Conference of the Provincial Administrations of Tobacco System convened in Fuzhou. Ge Xiangjiu, Member of the Party Team and Discipline Inspection Group Leader of the State Administration attended and released a summarizing speech.

9th-10th The Experts Symposium on the Development of Tobacco Technologies convened in Shenzhen, and Pan Bixing, Deputy Director of the State Administration attended. The experts put forward their opinions and suggestions on the status quo and future development trend of tobacco leaves production in China, development trend and task of tobacco technologies, the development trend of Chinese cigarette products and technologies and enhancing the core competitive power of enterprises.

20th The press conference of the Mango Cultural Relics Collection and Donation Ceremony co-held by China Tobacco Association and Henan Xinzheng Cigarette Factory convened in Beijing, and Zhang Baozhen, Deputy Director of the State Tobacco Monopoly Administration attended. The "mango" that Xinzheng Cigarette Factory donated was awarded by Chairman Mao in 1968 to Li Kuaifa, worker of Xinzheng Cigarette Factory and is a precious gift for China Tobacco Museum.

20th- 12th of December Pan Bixing, Director of the State Tobacco Monopoly Administration led a delegation to visit UAE, Italy, Tunis and South Africa.

21st China Tobacco Corporation donated RMB1 million for the first "Special Sand-control Foundation" in China of China Afforestation Foundation, and Yang Chuande, Deputy Director of the State Tobacco Monopoly Administration attended the donation ceremony. This is the first donation of the first "Special Sand-control Foundation" in China established by China Afforestation Foundation. This righteous act of China Tobacco Corporation was highly praised by the State Forestry Bureau and China Afforestation Foundation.

26th-10th of November Zhang Baozhen, Deputy Director of the State Tobacco Monopoly Administration led a delegation to visit Hungary, Ukraine, Singapore and Vietnam.

December

16th-18th The National Enterprise Structural Readjustment of Tobacco Industry Symposium convened in Haikou. Yang Chuande, Deputy Director of the State Tobacco Monopoly Administration attended and released a speech.

22nd-26th The 3rd Session of the 4th Executive Council of China Tobacco Association & the Academic Annual Session 2002 convened in Guangzhou. Pan Bixing, Deputy Director of the State Tobacco Monopoly Administration and Director-general of China Tobacco Association attended and released a speech of *Carry out the Spirits of the 16th National Congress of CPC in an All-around Way, and Make New Contribution to Improve the Overall Competitive Strength of China Tobacco.* During the session, held a Sino-foreign Technical Exchange and a Doctor Forum participated in by nearly 40 doctors. The participants of the session attended the Tobacco Technologies & Products Exhibition held by nearly 90 Chinese and foreign exhibitors. (By the Office of the State Tobacco Monopoly Administration)